VOCABOLARIO

USUALE TASCABILE

DELLA LINGUA ITALIANA

COMPILATO

DA ANTONIO BAZZARINI

AUTORE DELL'ORTOGRAFIA
ENCICLOPEDICA

*Un Vocabolario nazionale è la raccolta di
tutti i vocaboli ben usati dalla nazione,
e intesi d'uno stesso modo da tutti.*
MONTI *Prop.*

IN VENEZIA
COI TIPI DI A. BAZZARINI
1839

AL

PUBBLICO ITALIANO

. . . . *quod magis ad nos pertinet* . .
. . . . . . *agitamus.*   Horat.

Dopo la celebre Proposta dell' immortale Cav. Monti, io fui tra i primi a scuotere l'antico giogo in fatto di lingua coll'ardimentosa pubblicazione della mia *Ortografia enciclopedica della lingua italiana, Parte 1.ª*, opera di cui furono impressi QUATTROMILA esemplari, e di cui neppur uno esiste in commercio da più anni. Non dissimile favore ebbe in appresso la *Parte II.ª*, la parte cioè puramente *enciclopedica*, di cui similmente niun esemplare trovasi in commercio.

Le continue ricerche, fattemi da ogni parte d'Italia, mi aveano determinato di correre nuovamente il fortunato aringo, coll' intraprendere cioè la ristampa di tal Opera favoritissima, riunendo in un solo corpo entrambe le Parti in cui allora ebbi necessariamente a dividerla, e collocando ai rispettivi loro luoghi i vocaboli e termini compresi successivamente nell'*Appendice* e nel recente *Supplimento*, emendandone i difetti, risecando le superfluità, supplendo alle omissioni, ed accorciando soprattutto, senza toglierle chiarezza, le soverchie lungherie, male adatte allo scopo di essa.

Ma dovetti per poco ancora arrestarmi a fine di por mano frattanto alla pubblicazione di un *Vocabolario usuale tascabile*, possibilmente *compiuto*, della lingua nostra comune, senza che nè la mole nè il costo fossero d'impedimento all'uso od all'acquisto specialmente per la crescente GIOVENTÙ, siccome libro per essa essenzialissimo onde incominciare utilmente ad apprenderla fino dalla prima età: libro d'altronde che manca tra noi, sebbene in Francia, in Germania ed in Inghilterra da gran tempo comunissimo in quelle lingue. Nè i tanti Dizionarj che veggono tutto dì la luce in Italia potrebbero sopperire alla mancanza di quello da me ora intrapreso, mentre male avviserebbesi di trarre giovamento dagli stessi chi non sia già molto innanzi nella carriera e nell'amore degli studj; come non se n'è tratto fin qui da quelle tante raccolte di poche aride voci per alfabeto, conosciute sotto il nome di *ortografie da saccoccia*, quantunque abbiano avuto ed abbiano tuttavia l'onore di moltissime e copiosissime edizioni nelle principali città italiane, contandone la sola Venezia *ventitrè* in pochi anni: il che è una prova luminosissima del vero bisogno di un tal libro.

Ed è questo appunto il *Vocabolario* che, per me compilato sulle tracce dell'anzidetta mia

Ortografia enciclopedica e de' più recenti Vocabolarj italiani, cioè di quello della *Società Tramater* di Napoli, certo il più copioso di tutti, e che onorò la detta mia Opera collo spoglio delle molte sue giunte, e di quelli del *Manuzzi* di Firenze e del *Zanotti* di Verona, vede ora la luce co' miei proprj tipi, per sola mia cura ed a tutte mie spese, conforme al *Saggio* che offersi già in fine dell'Annunzio non ha guari pubblicato, sia quanto al formato, alla carta ed ai caratteri, sia quanto alla disposizione materiale e filologica de' vocaboli.

Mirando poi essenzialmente all'utilità dell'Opera, ho procurato che nulla mancasse al suo *possibile* perfezionamento, per quanto le angustie della ristrettissima sua mole il permisero. Egli è perciò che ciascun vocabolo è stato da me contrassegnato:

1.º dagli accenti grave, acuto, circonflesso, ove occorrono, onde non errare nella pronuncia del medesimo (*) ;

2.º dall' indicazione della parte del discorso a cui appartiene ;

3.º dai plurali de' nomi eterocliti, cioè che deviano dalle ordinarie regole della grammatica ;

(*) *Solo fu omesso in quelle voci che incominciano da vocale, per le quali ho creduto che bastar potesse l'avvertenza di ritenere accentata essa vocale, quando non abbiano verun altro accento intermedio: come, a cagion d'esempio, può osservarsi nelle seguenti simillime* Agata, Agáta, Ancora, Ancóra *ed altrettali.*

4.º dalle differenti maniere con cui può scriversi uno stesso vocabolo, e dalle più usuali significazioni di esso sì proprie, che traslate;

5.º dalla respettiva categoria di genere, se nome ed addiettivo, e di ordine, se verbo regolare od anomalo.

6.º Agl'infiniti poi de'verbi anomali e difettivi ho posto fra parentesi le desinenze di quei modi e tempi ne'quali escono fuor di regola; e vi ho dato pur luogo a quella della prima persona del presente indicativo di moltissimi verbi regolari nella prima e terza conjugazione, quando può cadere alcun dubbio intorno all'accento della penultima od antepenultima sillaba di essa persona, o quando abbiano esclusivamente o possano avere, oltre alla comune, anche la terminazione in *isco*.

Mi sono dato altresì cura di corredare questa mia laboriosa operetta, oltre che del *Prospetto* de'verbi ausiliarj e regolari, di un *Repertorio alfabetico* de'più frequenti nomi proprj storici, mitologici e geografici, riducendo gli stranieri alla corrispondente pronunzia italiana.

ANTONIO BAZZARINI .

CENNI

SULLA SINTASSI ED ORTOGRAFIA ITALIANA

———

Siccome ogni vocabolo dell'opera presente viene corredato di quanto mi è sembrato necessario alla conoscenza della parte del discorso cui appartiene; così sarebbe un portar vasi a Corinto l'intertenere ora di soverchio lo studioso sulle solite cantafere grammaticali. Credo anzi che bastar possano e debbano i soli Prospetti de'verbi ausiliarj e regolari, rimandando per tutt'altro chi ne avesse d'uopo ai tanti metodi vecchi e nuovi (checchè se ne ritragga) di apprendere la bellissima favella delle grazie.

E così pure intorno alle regole fondamentali sulla pronunzia ed ortografia, poco o nulla al certo potrei replicare a quanto fu già con precisione e chiarezza esposto, tra gli altri, dal ch. padre Soave in quell'aureo libretto che ha per titolo Elementi della pronunzia e dell'ortografia italiana, e ch'è, o almeno dovrebbe essere, per le mani di tutti. Il riprodurlo pertanto su queste pagine tal quale va esso malmenato per le panche delle scuole normali, potrebbe sembrare frivolezza; il ridire le cose stesse con altri termini, superfluità. Oltrachè, la natura stessa dell'opera è tale che sorpassa di buon grado a qualunque dottrina astratta, essendo anche per questa parte abbondevolmente proveduta di tutti quei pratici sussidj che potessero per avventura occorrere all'uopo: ed ove si hanno questi, a che giovano gli speculativi?

PROSPETTO I.

DE' VERBI AUSILIARJ

AVERE ED ESSERE

MODO INDICATIVO o DIMOSTRATIVO

Tempo presente

	sing.	plur.	sing.	plur.
pers. 1	Ho, ò	Abbiámo	Sono	Siámo
2	hai, ài	avéte	sei	siéte
3	ha, à	hanno, ànno	è	sono

Pendente, o passato imperfetto

	sing.	plur.	sing.	plur.
1	Avéva, avéa	Avevámo	Era	Eravámo
2	avévi	avevàte	eri	eravàte
3	avéra, avéa	avévano, avéano	era	érano

Passato indeterminato o rimoto

	sing.	plur.	sing.	plur.
1	Ebbi	Avémmo	Fui	Fummo
2	avesti	aveste	fosti	foste
3	ebbe	ébbero	fu	fúrono

Passati composti

	sing.		sing.	
sing.	1 Ho, ebbi, avéva		Sono, fui, era	
	2 hai, avesti, avévi	avúto	sei, fosti, eri	stato
	3 ha, ebbe, avéva		è, fu, era	
plur.	1 Abbiámo, avemmo, a-vevámo		Siámo, fummo, e-ravámo	
	2 avéte, aveste, aveváte	avúto	siéte, foste, eraváte	stati
	3 hanno, ébbero, avévano		sono, fúrono, érano	

Futuro

	sing.	plur.	sing.	plur.
1	Avró	Avrémo	Saró	Sarémo
2	avrái	avréte	sarái	saréte
3	avrà	avranno	sarà	saranno

pers.		*Passato futuro*			
sing.	1 Avrò			Sarò	
	2 avrái	} avúto		sarái	} stato
	3 avrà			sarà	
plur.	1 Avrémo			Sarémo	
	2 avréte	} avúto		saréte	} stati
	3 avranno			saranno	

MODO IMPERATIVO, ESORTATIVO o DEPRECATIVO

sing.	*plur.*	*sing.*	*plur.*
1	Abbiámo	. . . .	Siámo
2 abbi	abbiáte	sii *o* sia	siáte
3 abbia	abbiano	sia	siano, siéno

MODO SOGGIUNTIVO o CONGIUNTIVO

Tempo presente

sing.	*plur.*	*sing.*	*plur.*
1 Abbia	Abbiámo	Sia	Siámo
2 abbi, abbia	abbiáte	sii *o* sia	siáte
3 abbia	abbiano	sia	siano, siéno

Passato pendente

sing.	*plur.*	*sing.*	*plur.*
1 Avessi	Avéssimo	Fossi	Fóssimo
2 avessi	aveste	fossi	foste
3 avesse	avéssero	fosse	fóssero

Passato indeterminato

sing.	*plur.*	*sing.*	*plur.*
1 Avréi	Avremmo	Saréi	Saremmo
2 avresti	avreste	saresti	sareste
3 avrebbe	avrébbero	sarebbe	sarébbero

pers.   *Passati composti*

sing.
- 1 Abbia, avessi, avrei
- 2 abbi *o* abbia, avessi, avresti
- 3 abbia, avesse, avrebbe

    avúto

- Sia, fossi, sarei
- sii, *o* sia, fossi, saresti
- sia, fosse, sarebbe

    stato

plur.
- 1 Abbiámo, avéssimo, avremmo
- 2 abbiáte, aveste, avreste
- 3 abbiano, avéssero, avrebbero

    avúto

- Siámo, fóssimo, saremmo
- siáte, foste, sareste
- síano *o* siéno, fóssero, sarebbero

    stati

MODO INFINITO o INDEFINITO

pres. Avére   Essere
pass. Avére avúto   Essere stato

Futuro

Avére ad avére, *o* essere per avére   Essere per essere, avére ad essere

PARTICIPIO

pres. Avente   . . . . .
pass. Avúto   Stato

GERUNDIO

Avendo   Essendo

PROSPETTO II.

DE' VERBI REGOLÀRI

prima AMARE	*seconda* TEMERE CREDERE		*terza* SENTIRE

MODO INDICATIVO o DIMOSTRÀTIVO

Tempo presente

pers.		AMARE	TEMERE	CREDERE	SENTIRE
sing.	1	Amo	Temo	Credo	Sento
	2	ami	temi	credi	senti
	3	ama	teme	crede	sente
plur.	1	Amiámo	Temiámo	Crediámo	Sentiámo
	2	amáte	temete	credete	sentite
	3	amano	témono	crédono	séntono

Pendènte, o passato impérfetto

sing.	1	Amáva	Teméva, témea	Credéva, credéa	Sentíva
	2	amávi	temévi	credévi	sentívi
	3	amáva	teméva, témea	credéva, credéa	sentíva
plur.	1	Amavámo	Temevámo	Credevámo	Sentivámo
	2	amaváte	temeváte	credeváte	sentiváte
	3	amávano	temérano, te-méano	crédévano, crédeano	sentívano

Passato indeterminato o rimoto

sing.	1	Amái	Teméi, temetti	Credéi, credetti	Sentíi
	2	amasti	temesti	credesti	sentisti
	3	amò	temè, temette	credè, crédette	sentì
plur.	1	Amammo	Tememmo	Credemmo	Sentimmo
	2	amaste	temeste	credeste	sentiste
	3	amárono	temérono, temét-téro	credérono, cré-dettéro	sentírono

Passati composti

sing.	1	Hò	avéva	ebbi	
	2	hai	avévi	avesti	
	3	ha	avéva	ebbe	amáto temúto credúto sentít
plur.	1	Abbiámo	avevámo	avemmo	
	2	avéte	aveváte	aveste	
	3	hanno	avévano	ébbero	

Futuro

pers.					
sing.	1	Amerò	Temerò	Crederò	Sentirò
	2	amerái	temerái	crederái	sentirai
	3	amerà	temerà	crederà	sentirà
plur.	1	Amerémo	Temerémo	Crederémo	Sentirémo
	2	ameréte	temeréte	crederéte	sentiréte
	3	ameranno	temeranno	crederanno	sentiranno

Passato futuro

sing.	1	Avrò				
	2	avrái				
	3	avrà	amáto	temúto	credúto	sentíto
plur.	1	Avrémo				
	2	avréte				
	3	avranno				

MODO IMPERÁTIVO, ESORTATÍVO e DEPRECATIVO

sing.	2	Ami	Temi	Credi	Senti
	3	ama	tema	creda	senta
plur.	1	Amiámo	Temiámo	Crediámo	Sentiámo
	2	amáte	teméte	credéte	sentíte
	3	amino	témano	crédano	séntano

MODO SOGGIUNTIVO e CONGIUNTIVO

Tempo presente

sing.	1				
	2	ami	tema	creda	senta
	3				
plur.	1	amiámo	temiámo	crediámo	sentiámo
	2	amiáte	temiáte	crediáte	sentiáte
	3	ámino	témano	crédano	séntano

pers.

Passato pendente

		Amassi	Temessi	Credessi	Sentissi
sing.	1	Amassi	Temessi	Credessi	Sentissi
	2	amassi	temessi	credessi	sentissi
	3	amasse	temesse	credesse	sentisse
plur.	1	Amássimo	Teméssimo	Credéssimo	Sentíssimo
	2	amaste	temeste	credeste	sentiste
	3	amássero	teméssero	credéssero	sentíssero

Passato indeterminato

sing.	1	Ameréi	Temeréi	Crederéi	Sentiréi
	2	ameresti	temeresti	crederesti	sentiresti
	3	amerebbe	temerebbe	crederebbe	sentirebbe
plur.	1	Ameremmo	Temeremmo	Crederemmo	Sentiremmo
	2	amereste	temereste	credereste	sentireste
	3	amerébbero	temerébbero	crederébbero	sentirébbero

Passati composti

sing.
1 Abbia, avessi, avréi
2 abbi *o* ábbia, avessi, avresti
3 ábbia, avesse, avrebbe

plur.
1 Abbiámo, avéssimo, avremmo
2 abbiáte, aveste, avreste
3 ábbiano, avéssero, avrébbero

amáto temúto credúto sentíto

MODO INFINITO ó INDÉFINITO

prs.	Amáre	Temére	Crédere	Sentíre
pass.	Avére amáto	temúto	credúto	sentíto

Futuro

Avére ad amáre	a temére	a crédere	a sentíre
o essere	o essere	o essere	o essere
per amáre	per temére	per crédere	per sentíre

PARTICIPIO

prs.	Amante	Temente	Credente	. . . . .
pass.	Amáto	Temúto	Credúto	Sentíto

GERUNDIO

Amando	Temendo	Credendo	Sentendo —

ABBREVIATURE

abbr-eviatura
accr-escitivo
add-iettivo
agg-iunto
agric-oltura
alir-imenti
an. o anom-alo
anat-omia
archit-ettura
aritm-etica
art-icolo
assol-uto
assolut-amente
astr-onomia
att-ivo (verbo)
avv-erbio
avverb-ialmente
avvil-itivo
burl-esco
bot-anica
chim-ica
com-une
comm-ercio
comp-osto
comun-emente
cong-iunzione
conj-ugazione
contr-ario
decl-inazione
desin-enza
difett-ivo
dim-inutivo
erroneam-ente
eter-oclito
f. femminile

fig-uratamente
filos-ofia-ofico
fis-ica
francés-ismo
fut-uro
geogr-afia
geom-etria
generalm-ente
gramm-atica
grec-ismo
impers-onale
ind-icativo
indecl-inabile
interj-ezione
irr-egolare
ital-iano
lat-ino
leg-ale
log-ica-ico
m. maschile
marin-eria
mecc-anica
med-icina
mil-izia
mus-ica-icale
n. neutro
n. ass. neutro assoluto
np. neutro passivo
num-ero
pp. participio passato
p.pr. participio presente
pass-ivo-ato
partic-ella
pegg-iorativo
pers-ona

pitt-ura
pl-urale
poet-ico
poetic-amente
prep-osizione
pron-ome
propr-iamente
regolarm-ente
rett-orica
s. sostantivo
sf. sostantivo femm.
sm. sostantivo masch.
scult-ura
semplicem-ente
sign-ificato
simil-itudine
sin-onimo
sinc-ope-opato
sing-olare
specialm-ente
superl-ativo
T. termine
teol-ogia-ogico
trasl-ato
V. vedi
v. voce
v. al. voce alemanna
v. ebr. — ebraica
v. fr. — francese
v. gr. — greca
v. lat. — latina
v. sp. — spagnuola
verb-ale
veter-inaria
volg-armente

A

A, prima lettera dell'alfabeto e prima delle vocali - segno del 3 caso e prep. - col punto (a.), abbrev. di anno - coll'accento grave (à), per ha verbo - coll'apostrofo (a'), elisione di ai e agli.

Abaco. V. Abbaco.

Abadessa, sf. la superiora di un convento di monache.

Abadia, sf. convento di monaci specie di beneficio ecclesiastico.

Abate, sm. superiore di un'abadia - cherico semplicem.

Abatino, sm. dim. di abate (cherico)

Abatone, sm. ac.r. burl. di abate.

Abazia. V. Abadia.

Abaziale, add. com. attenente ad abate, o ad abazia.

Abbacare (da abbaco), n. ass. (pr. aco, chi ec.), calcolare - per simil. fantasticare - fig. imbrogliarsi, confondersi.

Abbacchiare, att. battere con bacchio o pertica.

Abbachista, sm. (pl. sti), che sa di abbaco, ragioniere.

Abbacinamento, sm. accecamento.

Abbacinare (gr. ino ec.), att. accecare - fig. trarre in errore.

Abbaco, sm. (pl. chi), tavoletta su cui s'imparano i conti - è l'arte di farli, aritmetica.

Abbadare, n. por mente.

Abbadessa. V. Abadessa.

Abbadia. V. Abadia.

Abbadinola, sf. dim. di abbadia.

Abbagliamento, sm. offuscamento - fig. illusione - errore.

Abbagliare, att. offuscare la vista - n. ass. e np. perdere la vista per soverchia luce - fig restare attonito, sorpreso.

Abbagliatamente, avv. in maniera poco apparente.

Abbaglio, sm. offuscamento - sbaglio, errore.

Abbaino, sm. apertura per trar lume dal tetto.

Abbajamento, sm. la voce del cane.

Abbajare, n. far la voce del cane. - per simil. gridare.

Abballare, e

Abballinare, att. mettere in balla.

Abbalordire (pr. sco ec.), n. e att. divenire, e far divenire balordo.

Abbambagiare, att. guarnire di bambagia.

Abbandonamento, sm. abbandono. - rilassamento.

Abbandonáre, *att.* lasciare affatto. -
-*np.* mancar di animo - lasciarsi andare senza ritegno.

Abbandonatamente , *avv.* senza
ritegno.

Abbandóno, *sm.* trascuranza totale - In abbandono, *avverb.*
senza cura.

Abbarbagliáre. V. *Abbagliare.*

Abbarbicamento, *sm.* radicamento.

Abbarbicáre (*da* barba , *radice*),
n. ass. e *np.* (*pr.* árbico, chi
ec.),l'attaccarsi delle pianticelle
colle loro radici alla terra.

Abbarráre, *att.* mettere sbarra per
impedire il passo.

Abbaruffamento , *sm.* scompiglio.

Abbaruffáre , *att.* scompigliare -
np. azzuffarsi.

Abbassamento, *sm.* inchinamento
- *fig.* avvilimento.

Abbassáre, *att.* volgere al basso -
fig. avvilire - *n.* scemare -
np. umiliarsi.

Abbasso, *avv.* di sotto.

Abbastanza, *avv.* sufficientemente.

Abbatacchiáre. V. *Batacchiare.*

Abbáte. V. *Abate.*

Abbáttere, *att.* rovesciare - *fig.*
deprimere - *np.* incontrarsi.

Abbattimento, *sm.* mancanza di
forze, o d'animo.

Abbazia. V. *Abadia.*

Abbaziále. V. *Abaziale.*

Abbecedário, *sm.* serie di voci per
alfabeto - libretto elementare
per la cognizione delle lettere.

Abbellimento, *sm.* ornamento -
fig. finzione.

Abbellíre (*pr.* sco, ce.), *att.* far
bello, ornare - *n. ass.* e *np.*
divenir bello - abbigliarsi.

Abbellitúra, *sf.* guernizione.

Abbenchè (*meglio* benchè), *avv.*
ancorchè, quantunque.

Abbendáre. V. *Bendare.*

Abbeveráre (*pr.* évero ec.) , *att.*
dar da bere alle bestie - *np.*
dissetarsi.

Abbeveratíccio, e

Abbeveráto, *sm.* residuo di bevanda assaggiata.

Abbeveratojo, *sm.* vaso dove be-
vono le bestie.

Abbiadáre, *att.* pascere di biada.

Abbici, e

Abbicci. V. *Abbecedario.*

Abbiettamente,*avv.*con abbiettezza

Abbiettáre, *att.* fare abbietto -
np. avvilirsi.

Abbiettezza, *sf.* avvilimento.

Abbietto, *add.m.* vile, spregevole

Abbiezione , *sf.* trascuratezza d
sottrarre alla violenza, potendo
i nostri naturali diritti - viltà

Abbigliamento, *sm.* addobbo.

Abbigliáre, *att.* addobbare - *np*
vestirsi elegantemente.

Abbináre, *att.* accoppiare.

Abbindolamento, *sm.* avvolgimen
to - *fig.* inganno.

Abbindoláre (*pr.* índolo ec.), *att*
avvolgere - *fig.* ingannare.

Abbisognáre, *n.* avere bisogno.

Abbjura, *sf.* ritrattazione.

Abbjuráre, *att.* ritrattarsi di un errore - *per trasl.* detestare.

Abbjurazióne. V. *Abbjura.*

Abboccamento, *sm.* conferenza di più persone - *nell'uso* appalto.

Abboccáre, *att.* pigliare colla bocca - e porsi alla bocca - *np.* unirsi con una o più persone a parlamento.

Abboccáto, *add. m.* agg. di *vino*, amabile al gusto.

Abboccatóre, *sm. nell'uso* appaltatore, impresario.

Abbocconáre, *att.* fare in bocconi - prendere in un boccone.

Abbombarsi, *np.* imbeversi.

Abbominábile, *add. com.* degno di abbominazione.

Abbominíre (*pr.* ómino *ec.*), *att.* detestare, abborrire.

Abbominazióne, *sf.* detestazione - profanazione.

Abbominévole, *add. com.* degno di disprezzo.

Abbominevolmente, *avv.* con abbominazione.

Abbominio, *sm.* odio, avversione.

Abbonacciamento, *sm.* calma.

Abbonacciáre, *att.* e *n.* mettere - e tornare in calma.

Abbonamento, *sm.* appalto-sconto.

Abbonáre, *att.* approvare un conto - *np.* appaltarsi.

Abbondantemente, *avv.* in gran quantità.

Abbondanza, *sf.* gran quantità.

Abbondáre, *n.* avere più del bisogno.

Abbondévole, *add. com.* copioso.

Abbondevolezza. V. *Abbondanza*

Abbondevolmente, *avv.* in abbondanza.

Abboníre (*pr.* sco *ec.*), *att.* perfezionare - placare.

Abbordággio, *sm.* l'azione d'investire una nave.

Abbordáre, *att.* investire una nave - *per simil.* fermare alcuno per parlargli.

Abbordo. V. *Abbordaggio.*

Abborrévole, *add. com.* che merita abborrimento.

Abborrimento, *sm.* odio, avversione.

Abborríre (*pr.* orrisco, *e* orro *ec.*), *att.* avere a schifo, detestare.

Abbottinamento, *sm.* sollevazione.

Abbottináre (*da* bottino), *att.* predare. - *np.* ammutinarsi.

Abbottonáre, *att.* affibbiare con bottoni.

Abbottonatúra, *sf.* quantità e ordine di bottoni in un vestito.

Abbozzamento. V. *Abbozzo.*

Abbozzáre, *att.* dar la prima forma alla grossa.

Abbozzáta. V. *Abbozzo.*

Abbozzatíccio, *add. m.* mezzo abbozzato.

Abbozzatúra. V. *Abbozzo.*

Abbozzo, *sm.*, forma imperfetta di checchessia.

Abbracciamento, *sm.* amplesso.

Abbracciáre (*da* braccio), *att.*

strignere fra le braccia - *fig.*
comprendere insieme cose diverse - *np.* accarezzarsi - congiungersi.

Abbracciáta, *sf.* vicendevoli ab-
bracciamenti.

Abbráccio, *sm.* abbracciamento.

Abbraccioni, *avv.* con abbracciamento.

Abbraciáre (*da brace*), *att.* infocare - *fig.* accendere d'amore.

Abbrancáre (*da branca*), *att.* prendere con violenza e tener forte
ciò che si piglia - (*da branca*)
unire insieme.

Abbreviamento, *sm.* accorciamento

Abbreviáre, *att.* accorciare.

Abbreviatamente *avv.* brevemente

Abbreviatívo, *add. m.* atto ad abbreviare.

Abbreviatúra, *sf.* parola abbreviata - legatura di più lettere
insieme.

Abbreviazióne, *sf.* sommario di
un discorso.

Abbrezzaire (*da brezza*). lo stesso
che abbrividare, o abbrividire.

Abbriváre, *n. ass.* principiare a
muoversi un naviglio, spinto
da vela o remi.

Abbrividáre, o

Abbrividíre (*pr. sco ec.*), *n. ass.*
avere de' brividi, tremar di
freddo.

Abbrívo, *sm.* principio di moto di
naviglio spinto da vela e remi.

Abbronzamento, *sm.* abbrucia-

mento superficiale della pelle

Abbronzáre (*da bronzo*), *att.* ridurre a colore del bronzo - per
simil. avvampare leggiermente
la pelle.

Abbronzíre. V. *Abbronzare.*

Abbrostíre. V. *Abbrostolire.*

Abbrostitúra, *sf.* scottatura.

Abbrostolíre (*pr. sco ec.*), *att.* leggiermente abbruciare - *np.* bi-
scottarsi.

Abbruciacchiáre, *att.* arsicciare

Abbruciamento, *sm.* incendio.

Abbruciáre, *att.* consumare col fuoco - *n. ass.* e *np.* soffrir troppo caldo.

Abbrucciatíccio, *add. m.* arsicciato

Abbrunamento, *sm.* offuocamento
della pelle cagionato dal sole

Abbrunáre, *att.* far bruno, oscuro - *n. ass.* far notte.

Abbrunimento, V. *Abbrunamento*

Abbruníre. V. *Abbrunare.*

Abbrustiáre, *att.* tor via colla fiamma la peluria degli uccelli:

Abbrustoláre (*pr. ústolo ec.*), att.
leggiermente avvampare.

Abbrustolíre. V. *Abbrustolare*

Abbrutimento, *sm.* stupidità.

Abbrutíre (*pr. sco ec.*), *att.* ridurre a stato di bruto.

Abbruttíre (*pr. sco ec.*), *att.* rendere brutto - *n. ass.* divenir brutto

Abbucináre. V. *Bucinare.*

Abbujáre, *att.* far bujo (oscuro
- *per simil.* offuscare. - *np*
farsi notte, annottare.

Abburattare, *att.* separare la farina dalla crusca - *fig.* dibattere una questione.

Abdicare (*pr.* àbdico, chè ec.), *att.* rinunziare volontariamente una dignità.

Abdicazione, *sf.* rinunzia volontaria di una dignità.

Aberrazione, *sf.* moto apparente ma poco sensibile di un astro - *fig.* pania, demenza.

Abetaja, *sf.* selva di abeti.

Abete, *sm.* albero che serve particolarmente per la costruzione delle navi - *fig.* e *poet.* nave.

Abetella, *sf.* abete reciso.

Abetina, *sf.* ragia dell'abete.

Abile, *add. com.* idoneo, capace.

Abilità, *sf.* idoneità, capacità di operare - *fig.* facoltà, forza.

Abilitare (*pr.* ìlito ec.), *att.* rendere idoneo a qualche cosa - dare facoltà altrui di fare alcuna cosa.

Abilitativo, *add. m.* atto ad abilitare

Abilitazione, *sf.* abilità dichiarata.

Abilmente, *add.* con abilità.

Abissare, *att.* profondare.

Abisso, *sm.* profondità qualunque - *fig.* eccesso di pene ec.

Abitabile, *add. com.* da potersi abitare.

Abitacolo (*v. lat.*), *sm.* abitazione.

Abitare (*pr.* àbito ec.), *att.* lo stare in un luogo, di domicilio permanente. N.

Abitato, *sm.* luogo abitato.

Abitazione; *sf.* luogo ove si abita.

Abitino, *sm. dim.* di abito.

Abito, *sm.* vestimento - veste religiosa - qualità acquistata per frequente uso - disposizione naturale.

Abituale, *add. com.* che si è convertito in abito.

Abituare (*pr.* tuo ec.), *att.* assuefare - *np.* accostumarsi.

Abitualmente, *avv.* per abito.

Abitudine, *sf.* esecuzione frequente di una medesima azione.

Abituro, *sm.* casa di villa.

Abjura. V. *Abbjura*.

Ablativo, *sm.* sesto caso de' nomi.

Ablazione (*v. lat.*), *sf.* purificazione legale presso gli Ebrei ed i Musulmani - sorso d'acqua e di vino con cui il sacerdote sciacquasi la bocca dopo la comunione.

Abolibile; *add. com.* che può abolirsi, annullarsi.

Abolire (*pr.* sco ec.), *att.* fare che vada in disuso, annullare.

Abolizione, *sf.* annullazione - remissione.

Aborigeni, *sm. pl.* i primi abitatori di un paese.

Aborticcio V. *Abortivo*.

Abortire (*pr.* sco ec.), *n. ass.* non giungere a fine, disperdersi.

Abortivo, *add. m.* nato innanzi al tempo.

Aborto, *sm.* parto immaturo - per *simil.* qualunque cosa non condotta a buon fine.

Abrogáre (v. lat.), att. annullare per autorità pubblica, rivocare.

Abrogazióne, sf. l'atto di rivocare una legge.

Abstémio. V. Astemio.

Abusáre, att. usar male – np. fare mal uso di una cosa.

Abusivamente, avv. per abuso.

Abusivo, add. m. fatto, o detto contro l'uso.

Abúso, sm. mal uso.

Acca (h). sf. l'ottava lettera dall'alfabeto – in sign. di niente.

Accadémia, sf. luogo ne'sobborghi di Atène, dove Platone insegnava la filosofia – oggi società di uomini studiosi stabilita con certe leggi ⊥ studio pubblico.

Accademicamente, avv. secondo il costume delle accademie.

Accadémico, sm. filosofo della setta platonica – membro di una società letteraria – add. m. di accademia.

Accademista, sm. (pl. sti), chi attende agli esercizj cavallereschi in un'accademia.

Accadére, imp. avvenire.

Accadimento, sm. avvenimento.

Accagionamento, sm. imputazione.

Accagionáre, att. incolpare.

Accagliáre, assi, att. e np. rappigliare o congelare il latte.

Accalappiáre (da calappio, laccio), att. rinchiudere nel laccio – fig. ingannare.

Accaldáre, att. riscaldare assai.

Accaloráre, att. riscaldare – fig. sollecitare con calore.

Accalorire. V. Accalorare.

Accampamento, sm. stazione dell'esercito nel campo.

Accampáre, att. porre l'esercito in campo.

Accanaláre, att. scavare a canale.

Accaníre (pr. sco ec.), att. aizzare il cane – animare a vendetta – np. stizzirsi – essere indefesso allo studio, al lavoro ec.

Accanitamente, avv. con rabbia canina.

Accannáre, att. afferrare per le canne della gola – fig. costringere, forzare.

Accannelláre, att. avvolgere filo sopra i cannelli.

Accanto, a canto, prep. o avv. appresso – poco dopo.

Accapezzáre, att. condurre a capo, conchiudere.

Accapigliarsi, np. azzuffarsi prendendosi pe' capelli.

Accappatojo, sm. cappa di pannolino che cuopre la persona nel pettinarsi.

Accappiáre, att. stringere con cappio, o nodo scorsojo ⊥ fig. trarre in inganno.

Accappiatúra, sf. cappio, o nodo scorsojo – fig. inganno.

Accapponáre, att. castrare i polli.

Accappucciáre. V. Incappucciare.

Accappucciáto, add. m. agg. d...

cavallo, che ha la testà corta.

Accapricciàre (*da* capriccio, *brici-di*), n. ass. e np. inorridire.

Accarezzamento, sm. carezza.

Accarezzáre, att. far carezze - *fig.* coltivare gelosamente.

Accarezzévole, add. com. che fa carezze.

Accarnáre e Accarníre (*pr. sco ec.*), att. penetrare nella carne.

Accartocciàre, att. avvolgere a cartoccio - np. attorcersi.

Accasamento, sm. matrimonio.

Accasáre, att. fabbricar case - maritare - np. andar ad abitare in un luogo - prender moglie.

Accatarramento, sm. infreddatura.

Accatarráre, n. ass. divenire catarroso.

Accatastáre (*da* catasta), ammassare - (*da* catasto), addecimare.

Accattabrighe, s. com. litigante.

Accattamento, sm. accoglienza - mendicità.

Accattamori, sf. donna vaga di acquistare amanti.

Accattapáne, s. com. pezzente.

Accattáre, att. chiedere e prendere in prestito - mendicare - procacciarsi blasimo, lode ec.

Accattatúra, sf. imprestito - questuazione.

Accattería, sf. mendicità.

Accatto, sm. questuazione.

Accattíno, sm. questuante.

Accavalcáre, att. sormontare.

Accavalciáre, att. stare a caval-

cioni, o accavalcioni.

Accavalcioni, e a cavalcioni, avv. con una gamba da una parte, e una dall'altra sopra qualche cosa.

Accavalláre, att. soprapporre.

Accavigliáre, att. avvolgere seta o filo sopra la caviglia.

Accecamento, sm. perdita della vista - *fig.* inganno; errore.

Accecáre, att. privare della vista - n. ass. e np. divenir cieco.

Accédere (*v. lat.*), n. accostarsi - *fig.* convenire nello stesso sentimento.

Acceffáre, att. afferrare col ceffo.

Acceleramento, sm. affrettamento.

Acceleráre (*pr.* élero ec.), att. affrettare - np. darsi fretta.

Acceleratamente, avv. con celerità, speditamente.

Accelerativo, add. m. che accelera, speditivo.

Acceleráto, add. m. agg. di moto, contrario all'*equabile*.

Accelerazióne. V. *Acceleramento*.

Accéndere (*pass.* ési, *pp.* éso), att. an. attaccar fuoco - *fig.* eccitare gli affetti dell'animo - np. prender fuoco - *fig.* sdegnarsi.

Accendévole, e *meglio*

Accendíbile, add. com. che può accendersi.

Accendimento, sm. infiammazione - *fig.* eccitamento di qualch passione.

Accenditojo, sm. mazza per accendere lumi.

Accennamento, *sm.* cenno - molto, indizio.

Accennáre, *att.* far cenno col capo o colla mano - far parola appena di un soggetto - leggiermente abbozzare.

Accenno, *sm.* avviso, avvertimento

Accensíbile. V. *Accendibile.*

Accensióne, *sf.* subitaneo accendimento di materie facili ad infiammarsi.

Accentáre, *att.* porre l'accento.

Accento, *sm.* posa sulle sillabe nel pronunziare un vocabolo - picciola linea che dinota tal posa - voce, parola.

Accentrarsi, *np.* raccogliersi nel centro.

Accentuáre, *att.* pronunziare, o scrivere le parole cogli accenti.

Accerchiamento, *sm.* recinto.

Accerchiáre, *att.* circondare - girare attorno.

Accerchielláre, *att.* intorniare di cerchielli.

Accertamento, *sm.* l'accertare.

Accertáre, *att.* far certo - *np.* chiarirsi di alcun dubbio.

Accertatamente, *avv.* con accertamento.

Accesamente, *avv.* ardentemente - con gran vivezza di colori.

Accessíbile, *add. com.* di facile accesso.

Accessióne, *sf.* accostamento - rimessa della febbre.

Accesso, *sm.* facoltà di accostarsi

- accessione di febbre.

Accessoriamente, *avv.* secondariamente.

Accessório, *sm.* aggiunta - *add. m.* secondario.

Accetta, *sf.* strumento per tagliare e spaccar legna.

Accettábile. V. *Accettevole.*

Accettamento, *sm.* accoglienza.

Accettáre, *att.* acconsentire alla offerta - approvare - ammettere - aggradire - promettere il pagamento della somma compresa in una lettera di cambio.

Accettazióne, *sf.* l'atto di acconsentire alla offerta - promessa di pagamento di una lettera di cambio

Accettévole, *add. com.* degno di essere accettato.

Accettevolmente, *avv.* volentieri.

Accetto, *sm.* accoglienza - *add. m.* grato - ricevuto.

Acchetáre, *att.* calmare - *np.* cessare di dolersi.

Acchiappáre, *att.* prendere all'improvviso chi fugge - colpir bene.

Acchiocciolarsi (*pr.* ócciolo ec.), *np.* porsi a guisa di chiocciola, rannicchiarsi.

Acchiúdere (*pass.* úsi, *pp.* úso), *att. an.* chiudere in mezzo.

Accia, *sf.* filo non aggomitolato.

Acciabattamento, *sm.* operazione grossolana.

Acciabattáre, *att.* rattoppare le ciabatte - *fig.* operare alla grossa e senza diligenza.

Acciaccamento, sm. ammaccatura.

Acciaccare, att. pestare grossamente, ammaccare.

Acciacco, sm. (pl. cchi), oltraggio - indisposizione.

Acciajare, att. acconciare coll'acciajo.

Acciaino, sm. pezzo di acciajo per affilare i coltelli.

Acciajo, sm. ferro affinato - poet. spada.

Acciajuolo, sm. fucile.

Acciarino. V. Acciaino.

Acciaro. V. Acciajo.

Accidentale, add. com. che viene per accidente.

Accidentalità, sf. effetto del caso.

Accidentalmente, avv. per caso.

Accidentato, add. m. colpito da accidente, nel 2 sign.

Accidente, sm. avvenimento inaspettato - morte improvvisa - Per accidente, avverb. accidentalmente.

Accidentoso, add. m. repentino.

Accidia (v. gr.), sf. pigrizia nel fare i suoi doveri.

Accidiato. V Accidioso.

Accidiosamente, avv. con pigrizia.

Accidioso, add. m. infingardo.

Acciecare. V. Accecare.

Accigliamento, sm. increspamento delle ciglia per isdegno, o tristezza

Accigliare, att. cncina le palpebre - np. aggrottare le ciglia, adegnarsi.

Accignere (pass. insi, pp. into), att.

anom. V. Cignere - np. intraprendere, o prepararsi ad intraprendere una cosa.

Accignimento, sm. apparecchio.

Accingere. V. Accignere.

Acciò, e meglio

Acciocchè, cong. affinchè.

Acciottolare (pr. ottolo ec.), att. lastricare co' ciottoli.

Accipigliarsi (da cipiglio), np. increspare le ciglia per isdegno.

Acciuffare, att. pigliare pel ciuffo.

Accivanzare. V. Civanzare.

Accivettato, add. m. dicesi di uccello che fugge dalle insidie del cacciatore - fig. astuto, accorto.

Acclamare, att. mandar voci di allegrezza con plauso.

Acclamazione, sf. voce di giubilo.

Acclive (v. lat.), add. com. alquanto ripido a salirsi, contrario di declive.

Acclività, sf. ripidezza.

Acclidere. V. Acchiudere.

Accoccare, att. adattare lo strale sull'arco, contrario di scoccare.

Accodare, att. legare le bestie da somm.le une dietro le code delle altre - np. andar dietro ad alcuno

Accoglienza, sf. dimostrazione di affetto nel ricevere alcuno.

Accogliere (pass. olsi, pp. olto), att. anom. ricevere con dimostrazione di affetto - mettere insieme, ragunare.

Accoglimento. V. Accoglienza

Accoglitticcio, add. m. ragu...

in fretta e senza distinzione.

Accollàre, *att.* addossare – *np.* prendere sopra di sè, obbligarsi.

Accolta. V. *Raccolta.*

Accoltellàre, *att.* ferir di coltello.

Accoltellàta. V. *Coltellata.*

Accomandànte, *sm.* che dà una somma in accomandita.

Accomandàre. V. *Raccomandare.*

Accomandatário, *sm.* quegli che riceve in accomandita, e sotto il cui nome va la ditta.

Accomàndita, *sf.* compagnia di negozio, ove da una o più persone vien data ad un terzo una somma per trafficare.

Accomiatàre, *e* Accommiatàre, *att.* dar commiato, licenziàre – *np.* pigliar licenza, congedarsi.

Accomodàbile, *add. com.* che può accomodàrsi.

Accomodamente, *avv.* acconciamente, con ordine.

Accomòdamento, *sm.* acconciamento – aggiustamento.

Accomodàre (*pr.* òmodo ec.), *att.* rimettere in sesto; acconciare – aggiustàre – *np.* adattarsi – mettersi a sedere.

Accomodatamente, *avv.* agiatamente, molto bene.

Accomodativo, *e* Accomodatízio, *add. m.* che accomoda, o si accomoda – atto ad accomodàre.

Accompagnamento, *sm.* compagnia – Dicesi anche di cose che stanno in giusta armonia con altra.

Accompagnàre, *att.* accoppiare una persona o una cosa con un'altra – *np.* unirsi in compagnia – *ed anche* in matrimonio.

Accompagnatùra, *sf.* compagnia di una persona da un luogo ad un altro – tratto di civiltà che si usa dalla camera alla scala – qualunque cosa che serva di corredo ad un'altra.

Accomunamento, *sm.* comunànza, partecipazione.

Accomunàre, *att.* far comune ciò ch'è proprio – far entrare a parte – *np.* usare famigliarmente con alcuno.

Acconcezza, *sf.* ornamento – comodità – aggiustatezza.

Acconciàbile, *add. com.* che può acconciarsi.

Acconciamente, *avv.* con bell'ordine – molto a proposito.

Acconciamento, *sm.* accomodamento – *talvolta* arte, magistero.

Acconciàre, *att.* mettere in buon sesto, accomodare – collocare in matrimonio – mettere al servigio altrui – *np.* assettarsi – adattarsi – porsi a stare con altri.

Acconciatamente. V. *Acconciamente.*

Acconciatùra, *sf.* abbigliatura (e dicesi di capelli, vesti ec.)

Acconcio, *sm.* opportunità – In acconcio, *avverb.* opportunamente – *add. m.* assettato, disposto – opportuno – *agg.* di

. acque o *frutta*, preparate con agro, zucchero ec.

Accondiscéndere. V *Condiscendere*

Accenfarsi. V. *Confarsi*.

Accensentimento, *sm.* assenso.

Accensentire, (*p. pr.* enziente), *n.* conformarsi all'altrui desiderio.

Accontentáre. V. *Contentare.*

Ac onto, *sm.* anticipazione di alcuna somma che si dà o si ricere per aggiustarsene al saldo del conto.

Accoppáre (*da* coppa), *att.* dare sulla coppa – *popolarm.* uccidere – (*da* coppo), coprire di coppi un tetto, un muro ec.

Accoppiábile, *add. com.* che può accoppiarsi.

Accoppiamento, *sm.* l'unione di due cose o persone.

Accoppiáre (*da* coppia), *att.* unire insieme più cose a due a due – *np.* accompagnarsi.

Accoramento, *sm.* dolore profondo.

Accoráre, *att.* trafiggere il cuore di uno con trista nuova – *talora* anche far animo, o coraggio, che meglio dicesi rincorare – *np.* affliggersi.

Accorciamento, *sm. l' opposto di* allungamento – fig. gram. colla quale si fa più corta una parola

Accorciáre , *att.* far più corto, *contrario di allungare.*

Accorciatamente, *avv.* in maniera accorciata.

Accorciativo, *add. m.* atto ad

accorciare, o abbreviare.

Accorciatura. V. *Accorciamento*.

Accordamento. V. *Accordo*.

Accordáre; *att.* unire strumenti e voci in modo che consuonino – *fig.* riunire gli animi – permettere – *np.* convenire – restare d'accordo.

Accordatamente, *avv.* d' accordo.

Accordatúra , *sf.* tensione delle corde di uno strumento musicale in modo ch' esse possano armonizzare.

Accordo, *sm.* consonanza di strumenti e di voci – concordanza di opinioni – convenzione per terminare una lite o conchiudere un negozio – D'accordo, *avv.* concordemente.

Accòrgersi (*pass.* orsi, *pp.* orto), *np. an.* venire a cognizione di una cosa colla conghiettura di un'altra – avvedersi – presentire.

Accorgimento , *sm.* avvedutezza – intendimento.

Accórre, *sinc. di* accogliere. V.

Accórrere (*pass.* orsi, *pp.* orso), *n. an.* correre con prestezza – e correre in ajuto.

Accorrimento, *sm.* concorso.

Accortamente ; *avv.* con accortezza – avvedutamente.

Accortezza, *sf.* avvedutezza; sagacità, scaltrezza.

Accorto, *pp. di* accorgersi – e verbo *fare*, informare – verbo *stare*, perciò in guar-

Accocciarsi, *np.* ristringersi nelle cosce abbassandosi.

Arcostamento, *sm.* appressamento.

Accostáre , *att.* approssimare – *np.* farsi vicino.

Accostévole, *add. com.* che facilmente si accosta.

Accosto, a costo, *prep.* vicino.

Accostumáre , *att.* dar costumi , ammaestrare – avvezzare – *np.* assuefarsi.

Accortumatamente, *avv.* per costume – con buon costume.

Accovacciarsi, *np.* strignersi in sè stesso – appiattarsi.

Accozzamento, *sm.* riunione di più cose.

Accozzáre , *att.* mettere insieme – *np.* unirsi – azzuffarsi.

Accreditáre (*pr.* édito ec.), *att.* porre in credito (stima) – nell'uso allibrare a credito – *np.* acquistare riputazione.

Accréscere (*pass.* ebbi, *pp.* accresciuto), *att. an.* aumentare – *np.* farsi maggiore, ingrandirsi.

Accrescimento , *sm.* aumento in grandezza o lunghezza.

Accrescitivamente, *avv.* per accrescimento.

Accrescitivo, *add. m.* che accresce.

Accrespáre. V. *Increspare.*

Accrespatura, *sf.* grinza, piega.

Accúbito (*v. lat.*), *sm.* il giacere a tavola degli antichi.

Accudíre (*pr.* acc. ec.), *n.* applicarsi, attendere a checchessia.

Accumulamento, *sm.* adunamento.

Accumuláre (*pr.* úmulo ec.), *att.* mettere insieme.

Accumulatamente, *avv.* in cumulo.

Accuoráre. V. *Accorare.*

Accuratamente , *avv.* con molta cura, diligentemente.

Accuratezza, *sf.* cura assidua.

Accuráto, *add. m.* diligente, esatto.

Accúsa, *sf.* ciò ch'è detto o scritto dall'accusatore in giudizio o fuori – co' verbi dare, o fare, accusare.

Accusábile, *add. com.* che si può accusare.

Accusáre , *att.* manifestare in giudizio o fuori le altrui colpe – *ed anche* confessare le proprie – avvisare di avere ricevuto una lettera – *np.* incolparsi.

Accusativo, *sm.* il 4 caso de' nomi.

Accusatóre, *sm.* chi accusa altrui in giudizio o fuori.

Accusatório, *add. m.* che contiene accusa.

Acerbamente, *avv.* immaturamente – *più comun.* aspramente.

Acerbáre, *att.* inasprire.

Acerbetto, *add. m. dim. di* acerbo.

Acerbezza, e

Acerbità, *sf.* crudezza, immaturità – *fig.* severità, rigore.

Acerbo, *sm.* immaturo – *fig.* di tenera età – aspro, ruvido.

Acero, *sm.* albero alpino durissimo, che serve a lavori di tornio.

Acertimamente, *avv.* con estima

la fierezza.

Acerrimo, *add. superl. di* acre, fierissimo, pertinacissimo.

Acervo (*v. lat. e poet.*), *sm.* mucchio di roba.

Acetire (*pr. sco ec.*), *n.* divenire aceto (*proprio del vino*)

Aceto, *sm.* vino inforzato.

Acetosa, *sf.* erba di cui si fa una bevanda delicata che sa di aceto.

Acetoso, *add. m.* che sa di aceto.

Acetume, *sm.* cose di sapore acetoso, come capperi e simili.

Acidezza, e

Acidità, *sf.* qualità di ciò ch'è acido.

Acido, *add. m.* che ha sapore acuto e forte.

Acidume, *sm.* cose acide.

Acino, *sm.* il granello dell'uva.

Acinoso, *add. m.* pieno di acini.

Acqua, *sf.* fluido di prima necessità nella vita.

Acquaforte, *sf.* acqua preparata con acidi fortissimi.

Acquajo, *sm.* condotto nella cucine con cui si dà sfogo alle acque immonde (*volg.* lavandino)

Acquajuolo, *sm.* colui che annaffia i prati – *add. m.* agg. di chi sta nell'acqua, o intorno alle acque.

Acquare. V. *Adacquare.*

Acquario. V. *Aquario.*

Acquartierarsi, *np.* pigliar quartiere.

Acquaruolo, *sm.* venditore d'acqua.

Acquatico, *add. m.* (*pl.* ci, chi), agg. di animali e piante che vivono nell'acqua, o presso alle acque.

Acquatile. V. *Acquatico.*

Acquattare, *att.* appiattare – *np.* nascondersi.

Acquavite, *sf.* liquore spiritoso che si estrae dal vino.

Acquazzone, *sm.* pioggia dirotta e precipitosa.

Acquedotto. V. *Acquidotto.*

Acqueo, *add. m.* di acqua.

Acquerella, *sf.* pioggia minuta.

Acquerellare, *att.* toccare i disegni con acquerello.

Acquerello, *sm.* vinello – colore annacquato.

Acquetare, *att.* mettere in quieto – *np.* darsi pace.

Acquetta, e

Acquicella, *sf. dim. di* acqua – piccola pioggia – piccolo fiume.

Acquidoccio. V. *Acquidotto.*

Acquidoso. V. *Acquoso.*

Acquidotto, *sm.* canale murato per condurre acqua di luogo in luogo

Acquiescenza, *sf.*, e

Acquietamento, *sm.* il darsi pace.

Acquietare. V. *Acquetare.*

Acquirente, *sm.* colui che acquista pagando un prezzo.

Acquisito, *add. m.* acquistato.

Acquisizione (*v. lat.*) *sf.* acquisto.

Acquistare, *att.* venire in possesso.

Acquisto, *sm.* l'azione di entrare in possesso – *ed anche* la cosa stessa acquistata.

Acquitrino, *sm.* acqua che gonfia

la terra per mancanza di scolo.

Acquivento. V. *Acquazzone.*

Acquolina, *sf. dim.* di acqua – pioggia minuta – salivazione.

Acquosità, *sf.* umore acquoso.

Arquóso, *add. m.* di qualità d'acqua

Acre, *add. com.* di sapore piccante – aspro, difficoltoso.

Acremente, *avv.* fieramente.

Acrimónia, *sf.* qualità di ciò ch'è acre – *fig.* asprezza d'animo.

Acuire (*v. lat.*), *att.* (*pr.* sco ec.) aguzzare.

Aculeáto, *add. m.* armato di punte.

Acúleo, *sm.* pungiglione, punta.

Acúme (*v. lat.*), *sf.* acutezza (e dicesi sia della vista, che dell'ingegno)

Acuminato, *add. m.* aguzzo.

Acutamente, *avv.* sottilmente.

Acutezza, *sf.* sottigliezza – *fig.* perspicacia.

Acúto. *add. m.* aguzzo, cioè assottigliato in punta.

Ad, *prep.* usata in vece di a, quando le succede vocale.

Adacquamento, *sm.* innaffiamento.

Adacquáre, *att.* dare acqua, innaffiare, irrigare.

Adagiáre, *att.* dare altrui le necessarie comodità – *np.* prendersi i suoi comodi – sedere mollemente.

Adágio, ad agio, *avv.* lentamente.

Adamante (*v. poet.*) V. *Diamante.*

Adamantino, *add. m.* duro come il diamante.

Adattábile, *add. com.* facile ad adattarsi.

Adattamento, *sm.* accomodamento.

Adattáre, *att.* accomodare con proporzione e convenienza una cosa ad un'altra – *np.* accomodarsi.

Adatto, *add. m.* atto, abile – opportuno.

Addaziáre, *att.* sottoporre a dazio.

Addebilíre, e

Addebolíre. V. *Indebolire.*

Addecimáre (*pr.* écimo ec.), *att.* sottoporre a decima.

Addecimazióne, *sf.* l'addecimare.

Addensamento, *sm.* ristringimento di materia.

Addensáre, *att.* ristringere le parti di un corpo.

Addentáre, *att.* prendere co' denti.

Addentato, *pp.* di addentare – fornito di denti.

Addentrarsi, *np.* internarsi.

Addentro, a dentro, *avv.* internamente.

Addestramento, *sm.* ammaestramento.

Addestráre, *att.* ammaestrare coll'esercizio.

Addetto, *add. m.* destinato ad un particolare ministero.

Addi, a di, *avv.* nel giorno.

Addiacciáre. V. *Agghiacciare.*

Addiacente, jacente, *add. com.* che giace accanto.

Addicáre, e

Addicazióne. V. *Abdicare*, e

Addicazione.

Addietro, o dietro, *avv. di tempo, di stato, di moto* - col verbo andare, retrocedere - col verbo dare, cedere, e *fig.* peggiorare - col verbo mettere, non curare.

Addiettivamente, *avv.* a modo di addiettivo.

Addiettivo, *sm.* aggiunto (e dicesi di nome che non si regge da sè, ma si unisce al sostantivo)

Addimanda. V. *Dimanda.*

Addimandare. V. *Dimandare.*

Addimesticare (*pr.* estico, chi ec.), *att.* rendere domestico - *np.* divenire famigliare.

Addimorare. V. *Dimorare.*

Addimostrare. V. *Dimostrare.*

Addio, *avv.* che si usa nell'accomiatarsi con alcuno - *Dare l'addio,* licenziare.

Addirsi (*pr.* ico, *pp.* itto, e meglio etto), *imp.* convenire, affarsi - dedicarsi.

Addirimpetto. V. *Dirimpetto.*

Addirizzamento, *sm.* direzione - *fig.* correzione.

Addirizzare, *att.* far diritto ciò ch'è torto - *fig.* rimettere sulla buona strada - *np.* farsi diritto.

Additamento, *sm.* cenno.

Additare, *att.* mostrare col dito accennando.

Addivenire (*pr.* engo, *pass.* enni, *fut.* errò ec., *pp.* enuto), *n. anem.* accadere - divenire.

Addizionale (*v. fr. e dell'uso*), *add. com.* aggiunto.

Addizione (*v. lat.*), *sf.* aggiunta - il sommare (*prima operazione aritmetica*)

Addobbamento, *sm.* ornamento.

Addobbare, *att.* ornare.

Addobbo, *sm.* arnese per ornamento delle stanze.

Addogliare, *att.* apportar doglia.

Addolcimento, *sm.* mitigamento.

Addolcire (*pr.* sco ec.), *att.* far dolce - *fig.* mitigare - *np.* calmarsi.

Addolcitivo, *add.* lenitivo.

Addolorare, *att.* recar dolore e *n.* e *np.* prendersi affanno di una cosa.

Addomanda. V. *Domanda.*

Addomandare, *att.* chiedere per sapere - *np.* aver nome.

Addomesticare. V. *Addimesticare*

Addomestichevole, *add. com.* trattabile.

Addoppiamento. V. *Addoppiatura*

Addoppiare, *att.* aggiungere ad una cosa altrettanta quantità (e dicesi propr. del filo)

Addoppiatura, *sf.* la cosa addoppiata.

Addoppio, a doppio, *avv.* doppiamente.

Addormentamento, *sm.* assonnamento - sopore.

Addormentare, *att.* far dormire - *fig.* rendere disattento - intormentire - *np.* prendere sonno - impigrirsi.

Addormentaticcio, *add. m.* mezzo addormentato.

Addormire, *att.* indurre sonno - *np.* addormentarsi.

Addossamento, *sm.* carico, o incarico - accusa.

Addossire, *att.* porre addosso - attribuire, accagionare - *np.* incaricarsi di una cosa.

Addosso, *avv.* sulla persona - col verbo *mettere*, imputare - col verbi *andare, dare, venire*, investire, attaccare - col verbo *rimanere*, restare a carico.

Addottorare, *att.* promuovere al grado di dottore - *np.* riportare la laurea.

Addottrinamento, *sm.* ammaestramento.

Addottrinare, *att.* ammaestrare - *np.* prendere lezione.

Addrizzare, *sinc. di* addirizzare. V.

Addurare. V. *Indurare.*

Addurre (*sinc di* addúcere *inus.*) (*pr.* óco, *pass.* ussi, *fut.* urrò, *pp.* otto), *att. anom.* arrecare - *fig.* cagionare - produrre.

Adeguamento, *sm.* pareggiamento.

Adeguare, *att.* far eguale, pareggiare - *ed anche* paragonare.

Adeguatamente, *avv.* in modo confacente.

Adempiere, *att.* mettere ad esecuzione - *np.* avverarsi.

Adempimento, *sm.* compimento.

Adempire. V. *Adempiere.*

Adequare. V. *Adeguare.*

Adequatamente, *avv.* aggiustatamente.

Adequato, *add. m.* perfettamente corrispondente.

Adequazione. V. *Adeguamento.*

Aderbare, *att.* pascere di erba.

Aderente, *add. com.* che combacia bene - *sm.* partigiano.

Aderenza, *sf.* relazione d'amicizia - propensione - clientela.

Aderimento. V. *Adesione.*

Aderire (*pr.* sco ec.), *n.* condiscendere alla voglia altrui.

Adescamento, *sm.* allettamento insidioso.

Adescare, *att.* allettare con esca - *fig.* lusingare - *np.* invaghirsi.

Adesione, *sf.* unione di parti per solo mutuo contatto - *fig.* condiscendenza.

Adesivo, *add. m.* che si unisce, si accosta ec.

Adesso, *avv.* presentemente.

Adiacente. V. *Addiacente.*

Adiacenza, *sf.* luogo vicino.

Adipe (*v. lat.*), *sm.* grasso - *fig.* sacrifizio.

Adipóso, *add. m.* pieno di grasso.

Adiramento, *sm.* collera.

Adirarsi, *np.* muoversi ad ira.

Adiratamente, *avv.* con ira.

Adire (*v. lat.*), *att.* (*pr.* sco ec.), e *n.* andare al possesso.

Adirosamente. V. *Adiratamente*

Adiróso, *add. m.* inclinato all'ira.

Adito, *sm.* ingresso - facoltà di

åre col verbo *dare* , porgere opportunità.

Adiutóre, jutóre, *sm.* che ajuta.

Adiuváre, juváre. V. *Giovare.*

Adizzamento. V. *Aizzamento.*

Adizzare. V. *Aizzare.*

Adocchiamento , *sm.* occhiata.

Adocchiáre,*att.*scoprire una cosa con l'occhio-guardar fisamente

Adolescente, *s.* e *add. com.* ch'è nell' adolescenza - crescente.

Adolescenza, *sf.* età in cui si cresce ancora.

Adombrábile , *add. com.* che può adombrarsi.

Adombráre, *att.* far ombra parando il lume - ombreggiare coi colori - *np. fig.* insospettirsi.

Adonestáre. V. *Coonestare.*

Adontáre , *att.* recare onta -*np.* offendersi.

Adoperábile,*add. com.* servibile.

Adoperáre, *att.* valersi di checchessia-*np.* mettere l'opera sua per venire a capo di qualche cosa

Adoppiamento, *sm.* sopore prodotto dall' oppio.

Adoppiáre, *att.* dare l' oppio.

Adopráre, *sinc. di* adoperare. V.

Adorábile , *add. com.* degno di adorazione.

Adoráre , *att.* riverire con sensi di umiltà e di divozione.

Adoratóre, *sm.* che adora, o presta - ammiratore - amante.

Adorazióne, *sf.* culto reso a Dio.

Adornáre,*imp.*far reazo (ombra)

Adornamento. V. *Ornamento.*

Adornáre. V. *Ornare* - *np.* vestirsi con ricercatezza.

Adornatamente,*avv.* con eleganza

Adorno, *add. m.* abbellito.

Adottamento, *sm.* l'azione di adottare.

Adottáre , *att.* eleggere in figlio legalmente - approvare , ammettere.

Adottívo, *add. m.* che appartiene per adozione.

Adozióne , *sf.* elezione in figlio.

Adro, *add. m.* nero-*fig.* mesto.

Aduggiamento, *sm.* ombra.

Aduggiáre,*att.* far uggia (ombra)

Aduguáre. V. *Adunghiare.*

Aduláre , *att.* lodare soverchiamente per interesse.

Adulatóre, *sm.* falso lodatore.

Adulazióne, *sf.* lode eccessiva.

Adulteramento.V.*Adulterazione*

Adulteráre (*pr.* últero ec.), *n.* commettere adulterio - *att.* falsificare.

Adulterazióne, *sf.* falsificazione.

Adulteríno, *add. m.* nato di adulterio - *fig.* non legittimo.

Adultério, *sm.* peccato contro la fede conjugale.

Adúltero, *add.* e *sm.* chi commette adulterio.

Adulto, *add. m.* ch' è cresciuto negli anni.

Adunamento, *sm.* cumulo.

Adunanza , *sf.* numero di persone raccolte in un luogo.

Adunáre, *att.* mettere insieme – *np.* raccogliersi più persone in un medesimo luogo.

Adunáta. V. *Adunanza.*

Aduncáre, *att.* fare adunco.

Adunco, *add. m.* (*pl.* chi), torto in punta, uncinato.

Adunghiáre, *att.* afferrare colle unghie.

Adunque, *cong. che Inferisce conclusione, come* perciò, però.

Adusto, *add. m.* abbrustolito, arido – *agg.* d' *uomo*, scarno, magro ec.

Adventiccio. V. *Avventiccio.*

Aer, *v. poet. sinc. di*

Aere. V. *Aria.*

Aéreo, *add. m.* di aria, o dell'aria – *agg.* di *progetto* e simile, senza fondamento.

Aeriforme, *add. com.* sottile e trasparente come l' aria.

Aeronáuta, *sm.* (*pl.* ti), colui che ascende per aria nel pallone volante.

Aescamento. V. *Adescamento.*

Aescáre. V. *Adescare.*

Afa, *sf.* vampa affannosa di caldo – col verbo *fare,* venire a noja.

Afelio, *sm.* la maggior distanza de' pianeti dal sole.

Affábile, *add. com.* che tratta con famigliarità.

Affabilità, *sf.* famigliarità.

Affabilmente, *avv.* con dolcezza di modi.

Affaccendarsi, *np.* affaticarsi.

Affaccendáto, *add. m.* ch' è immerso in affari.

Affacchináre e affacchinarsi, *n.* e *np.* faticar da facchino.

Affacciáre, *att.* appianare un oggetto solido–*fig.* mostrare alla finestra – *np.* mettere fuori la faccia per esser visto–presentarsi a trattar qualche negozio.

Affamáre, *att.* far patir la fame.

Affamáto, *pp.* di affamare – *fig.* vorace, ingordo – bramoso.

Affamiliarizzáre V *Addimesticare*

Affangáre, arsi, *att.* e *np.* empiere, ed empiersi di fango.

Affannamento, *sm.* ambascia.

Affannare, *att.* dare affanno – *np.* prendersi affanno.

Affanno, *sm.* ambascia – fatica – respiro accelerato pel troppo correre.

Affannosamente, *avv.* con affanno.

Affannóso, *add. m.* che reca affanno o fastidio.

Affardelláre, *att.* far fardello.

Affáre, *sm.* negozio, faccenda – condizione, qualità.

Affarsi, *np. anom.* convenir bene una cosa.

Affarúccio, *sm. dim.* di affare (negozio)

Affasciáre, *att.* far fascio (e dicesi *delle biade*)

Affascinamento, *sm.* malía.

Affascináre (*pr.* áscino ec.), *att* ammaliare – abbagliare, offuscare.

Afascinatóre, *sm.* maliardo.

Afascinazióne. V *Affascinamento*

Afastelláre, *att.* far fastello – *fig.* confondere in disordine.

Afastidíre (*pr.* sco ec.), *att.* recare fastidio.

Afatato (*da* fata), *add. m.* agg. d'uomo, invulnerabile – agg. d'arme, impenetrabile.

Afaticaménto, *sm.* esercizio faticoso.

Afaticáre, *att.* imporre, o dare fatica – *np.* durar fatica.

Afatto, *avv.* interamente.

Afatturaménto, *sm.* maleficio.

Afatturáre, *att.* nuocere con malefizj.

Afatturáto, *pp. di* afatturare – fabbricato con artificio.

Afatturatóre, *sm.* stregone.

Afatturazióne. V. *Affatturamento*

Afazzonaménto, *sm.* adornamento.

Afazzonáre, *att.* ornare – *np.* acconciarsi di vestito.

Afè, *specie di giuramento affermativo*.

Afermaménto, *sm.* asseveranza – conferma.

Afermáre, *att.* dire di sì – *np.* assicurarsi.

Afermataménte, *avv.* con certezza

Afermatíva, *sm. contr. di* negativa

Afermativaménte. ▼. *Affermatamente*.

Afermatívo, *add. m.* che afferma.

Afermazióne, *sf.* asseveranza.

Aferríre, *att.* pigliare e tenere

stretto con forza – *fig.* intendere con prontezza.

Affettaménto. V. *Affettazione*.

Affettáre (*coll' e stretta*), *att.* tagliare in fette – (*coll' e larga*) aspirare ambiziosamente ad una cosa – *più com.* porre soverchio studio nei modi e nelle parole.

Affettataménte, *avv.* con affettazione – con ansietà.

Affettáto, *pp. di* affettare – caricato ne' modi e nella persona.

Affettatúzzo, *sm. dim. di* affettato.

Affettazióne, *sf.* ricercatezza – portamento affettato.

Affétto, *sm.* passione dell'animo – amore – *In pitt.* espressione delle figure – *add. m.* disposto.

Affettuosaménte, *avv.* con affetto – di cuore.

Affettuóso, *add. m.* amoroso.

Affezionaménto, *sm.* amore.

Affezionáre, *att.* rendere affezionato – *np.* prendere affetto.

Affezionataménte, *avv.* con affezione, cordialmente.

Affezióne, *sf.* affetto, amore – stato morboso del corpo.

Affibbiáglio, *sm.* ciò con che si affibbia.

Affibbiáre, *att.* congiungere insieme con fibbia – *fig.* tirare (e *dicesi di percosse*)

Affibbiatúra, *sf.* ciò con che si affibbia – parte del vestito ove si affibbia.

Affidáre, *att.* assicurare – commettere all'altrui fede - *np.* confidarsi.

Affievolimento, *sm.* indebolimento

Affievolíre, (*pr.* sco ec.), *att.* indebolire - *n. ass.* venir meno.

Affíggere (*pass.* issi, *pp.* itto, isso), *att. anom.* attaccare - *per simil.* fissare lo sguardo - *np.* restarsi immobile.

Affigurare. V. *Raffigurare.*

Affilamento, *sm.* assottigliamento.

Affiláre, *att.* assottigliare il taglio - *np.* mettersi in fila.

Affilatúra, *sf.* assottigliatura del taglio de' rasoj e simili.

Affiliazióne, *sf.* aggregazione di un individuo a qualche corpo.

Affinamento, *sm.* perfezione.

Affináre, *att.* ridurre sottile - perfezionare - purificare.

Affinchè, *cong.* acciocchè.

Affíne, a fine, *avv.* con intenzione - co' verbi *condurre, recare, venire,* finire, compiere.

Affíne, *sm.* parente per affinità.

Affinità, *sf.* grado di parentela tra i consanguinei della moglie e quelli del marito - somiglianza fra cose diverse.

Affiocamento, *sm.* raucedine.

Affiocáre, *n.* divenir fioco (rauco)

Affisáre. V. *Affissare.*

Affissamente, *avv.* intentamente.

Affissamento, *sm.* guardatura.

Affissáre, *att.* guardar fisso - *fig.* applicar la mente ad alcuna cosa.

Affissazióne, *sf.* guardatura - *più comun.* attenta applicazione della mente.

Affissióne, *sf.* l'atto di attaccare un cartello e simili.

Affisso, *sm.* le particelle *mi, ti, ci* ec. allorchè uniscousi ai verbi - cartello, bando ec. attaccato alle cantonate.

Affittajuólo, *sm.* colui che prende in affitto.

Affittáre, *att.* dare a fitto una casa, o uno stabile qualunque.

Affitto. V. *Fitto.*

Affittuále, e

Affittuário. V. *Affittajuolo.*

Afflíggere (*pass.* issi, *pp.* itto), *att. anom.* dare afflizione - molestare - *np.* addolorarsi.

Afflittívo, *add. m.* che induce afflizione - agg. di *pena,* corporale - agg. di *poesia,* lamentevole.

Afflizióne, *sf.* sensazione molesta prodotta dal percepire che si fa un male incorso o temuto.

Affluentemente, *avv.* copiosamente.

Affluenza, *sf.* concorso abbondante di un fluido in qualche parte - *per simil.* concorso di persone.

Affluíre (*pr.* sco ec.), *n.* abbondare.

Afflusso, *sm.* concorso di umori.

Affocáre, *att.* mettere a fuoco.

Affogamento, *sm.* soffogamento - oppressione.

Affogáre, *att.* uccidere alcuno chiudendogli il respiro–*n. ass.* e *ap.* morire per soffogazione.

Affollamento, *sm.* calca di gente.

Affollare (*da folla*), *att.* calpestare, opprimere – *np.* concorrere in folla.

Affollatamente, *avv.* in folla.

Affollamento, *sm.* celerità precipitosa.

Affoltire (*da folla*), *att.* stringere insieme – *np.* concorrere in folla.

Affondamento, *sm.* sommersione.

Affondáre, *att.* mandare a fondo sommergere – far più fondo uno scavo – *n. ass.* andare a fondo – *np.* sommergersi.

Affondatúra, *sf.* scavamento.

Affondere (*pass.* úsi, *pp.* úso), *att. anom.* versare un liquore in un altro.

Affondo, a fondo, *avv.* nel fondo – col verbo *andare*, sommergersi.

Afforcáre, *att.* impiccare sulla forca.

Affortire (*pr. sco ec.*), *n. ass.* divenir forte, acido.

Afforza, a forza, *avv.* forzatamente.

Afforzamento, *sm.* fortificamento.

Afforzáre, *att.* rendere più forte – *fig.* avvalorare – *np.* crescere in forza.

Affossamento, *sm.* l'escavazione di una fossa.

Affossáre, *att.* cingere di fosse un luogo.

Affossáto, *pp.* di affossare – *agg.* di *occhi*, incavati.

Affrángere. V. *Frangere*.

Affralíre (*pr. sco ec.*); *att.* rendere frale, indebolire.

Affrancáre; *att.* liberare dalla servitù – dar vigore, animare – *np.* prendere coraggio.

Affrancáto, *sm.* schiavo fatto libero

Affrancazióne, *sm.* pagamento del prezzo per liberarsi dal canone.

Affrángere. V. *Frangere*.

Affrappáre. V. *Frappare*.

Affratellamento, *sm.*, e

Affratellanza, *sf.* grande famigliarità.

Affratellarsi, *np.* dimesticarsi.

Affreddáre, *att.* far divenir freddo – *np.* divenir freddo – *fig.* mancar di fervore.

Affrenamento, *sm.* reprimimento.

Affrenáre, *att.* tenere a freno – porre il freno – *np.* contenersi.

Affrescáre, *n. ass.* lo spirare un'aria più fresca.

Affrettamento, *sm.* fretta.

Affrettáre, *att.* sollecitare – *np.* darsi fretta.

Affrettatamente, *avv.* frettolosamente, con fretta.

Affrico, *sm.* vento che spira tra l'austro e lo zeffiro, *altr.* libeccio.

Affrieogna, *sf.* specie di uxa.

Affricogne, *sm.* nome della vite che produce l'affricogna.

Affrittellare, *att.* cuocere le uova in padella senza sbatterle.

Affrontamento, *sm.* incontro del nemico a fronte.

Affrontare, *att.* l'attaccare il nemico a fronte – *np.* venire a battaglia.

Affronto, *sm.* aggressione, assalto – ingiuria, insulto.

Affumare. V. *Affumicare.*

Affumicamento, *sm.* spandimento del fumo.

Affumicare (*pr.* úmico, chi ec.), dar fumo ad una cosa.

Affuocare. V. *Affocare.*

Affusione, *sf.* l'azione di versare o spruzzare un liquore sopra qualche cosa.

Aforismo (*v. gr.*), *sm.* detto che in poche parole racchiude una sentenza generale.

Afrezza, *sf.* sapore acerbo.

Afro, *add. m.* aspro, immaturo.

Agà, *sm.* titolo di alcuni capitani turchi.

Agata, *sf.* pietra nobile, trasparente e di varj colori.

Agáta, *sf.* la quantità di filo che sta sull'ago.

Agente, *p. pr. di* agire, – *sm.* colui che fa i fatti, e tratta i negozj altrui – *fisico* o *meccanico,* il corpo che imprime il moto – *morale,* ciò che produce un fenomeno spettante

all'animale.

Agenzia, *sf.* il ministero di un agente – o il luogo dove risiede

Agevolamento, *sm.* facilitazione

Agevolare (*pr.* évolo ec.), *att.* rendere facile – appianare le difficoltà – ajutare.

Agévole, *add. com.* facile – agile

Agevolezza, *sf.* facilità, – maniera dolce – mansuetudine.

Agevolmente, *avv.* senza difficoltà.

Aggarbare. V. *Garbare.*

Aggavignare, *att.* prendere o stringere con forza.

Aggelare, *att.* agghiacciare – *np.* divenir freddo.

Aggelazione, *sf.* congelamento.

Aggentilire. V. *Ingentilire.*

Aggerminare. V. *Germinare.*

Aggettivamente, *avv.* a modo d'aggettivo.

Aggettivo. V. *Addiettivo.*

Aggetto, *sm.* ciò che sporta fuori da un muro.

Agghermigliare, *att.* afferrare con mano, ghermire.

Agghiacciamento, *sm.* congelamento.

Agghiacciare, *att.* far divenir ghiaccio – *n. ass.* e *np.* divenire ghiaccio.

Agghiaccio, *sm.* quel campo ove i pastori chiudono il gregge.

Agghiadamento, *sm.* intirizzimento.

Agghiadare, *n. ass.* sentire e patire

freddo eccessivo.

Agiacente, *add. com.* contiguo.

Agiacenza, *sf.* appartenenza.

Agiacére (*pass.* acqui), *n. anom.* giacere appresso.

Agiardinàto, *add. m.* copioso di giardini.

Aginocchiarsi. V. *Inginocchiarsi*

Agio, *sm.* vantaggio che si dà o si riceve nel cambio della moneta.

Agiogàre, *att.* mettere il giogo a' buoi.

Aggiornamento , *sm.* ritardo - assegnazione del giorno.

Aggiornáre , *att.* assegnare il giorno - far giorno, illumina- re-*n. ass.* e *np.* farsi giorno.

Aggiotàggio, *sm.* traffico usurario.

Aggiramento , *sm.* movimento in giro - *fig.* raggiro, frode.

Aggiràre, *att.* circondare - *fig.* ingannare - *np.* muoversi in giro - *fig.* cercar la via dopo essersi smarrito.

Aggiráta, *sf.* giravolta.

Aggiudicáre (*pr.* údico, chi ec.), *att.* assegnare per sentenza checchessia ad alcuno.

Aggiudicazióne, *sf.* assegnamento per sentenza.

Aggiugnere (*pass.* unsi, *pp.* un- to), *att. an.* accrescere , au- mentare - *np.* unirsi insieme.

Aggiugnimento, *sm.* aggiunta.

Aggiùngere. V. *Aggiugnere*.

Aggiunta, *sf.* ciò che si aggiugne.

Aggiunto, *sm.* aggettivo - mini- stro, collega, *quasi* ajuto.

Aggiustàbile, *add. com.* che può aggiustarsi.

Aggiustamento, *sm.* accordo fra parti ch' erano in discordia.

Aggiustáre, *att.* ridurre al giusto - accomodare-*np.* accordarsi.

Aggiustatamente, *avv.* convene- volmente.

Aggiustatezza, *add. f.* puntualità, esattezza.

Agglomerarsi (*o. lat.*) , *np.* (*pr.* ómero ec.), aggiungersi insieme

Agglutináre (*pr.* útino ec.), *att.* attaccare con glutine (colla)

Aggobbíre (*pr.* sco ec.) , *n. ass.* diventar gobbo,

Aggomitoláre (*pr.* itolo ec.), *att.* avvolgere il filo in gomi- toli - *np.* rannicchiarsi.

Aggradáre , *imp.* (cogli affissi mi , ti , ci , vi ec.), andare a grado, a genio.

Aggradévole, *add. com.* che piace.

Aggradevolmente, *avv.* con piacere.

Aggradimento, *sm.* dimostrazione di avere grato ciò che viene offerto.

Aggradíre (*pr.* sco ec.), *att.* esse- re a grado - avere in pregio.

Aggraffáre, *att.* pigliare col graf- fio o rampino - pigliare con violenza - *fig.* rapire.

Aggrampáre , *att.* pigliare colle grampe (unghie)

Aggranáre. V. *Granire*.

Aggranchiáre, *n. ass.* essere preso dal granchio - *più comun.* essere assiderato dal freddo.

Aggrandimento, *sm.* il fare, o divenir grande.

Aggrandíre (*pr.* sco ec.), *att.* far più grande, accrescere - *n. ass.* e *np.* divenir grande.

Aggrappamento *sm.* afferramento.

Aggrappáre, *att.* pigliare e tener forte - *np.* arrampicarsi.

Aggraticciáre, *att.* avvolgere e quasi intrecciare insieme.

Aggratigliáre, *att.* imprigionare.

Aggravamento, *sm.* l'atto di aggravare - carico, peso - accusa.

Aggraváre, *att.* aggiugnere peso a peso - accusare - *n. ass.* peggiorare nella malattia - *np.* addossarsi.

Aggrávio, *sm.* gravezza - imposizione - danno - ingiuria.

Aggraziatamente, *avv.* con grazia.

Aggregamento, *sm.* unione di più cose.

Aggregáre (*pr.* ággrego ec.), *att.* aggiugnere al numero, associare.

Aggregazióne, *sf.* unione - associazione ad un corpo morale.

Aggressióne, *sf.* l'azione di chi è primo ad attaccare.

Aggressóre, *sm.* chi assale pel primo.

Aggrinzáre, *att.* increspare.

Aggrinzíre (*pr.* sco ec.), *n. ass.* e *np.* divenir rugoso.

Aggroppáre. V. *Aggruppare.*

Aggrottáre, *att.* corrugar le ciglia.

Aggrottescáto, *add. m.* agg. di pittura fatta a grottesca, cioè a capriccio.

Aggrovigliarsi, *np.* avvilupparsi (*e dicesi del filo*)

Aggrumarsi, *np.* coagularsi.

Aggruppamento, *sm.* avviluppamento, intrecciamento.

Agguppáre, *att.* far gruppo, intricare.

Agguagliamento, *sm.* pareggiamento.

Agguagliáre, *att.* far uguale - mettere a confronto.

Agguagliatamente, *avv.* in proporzione.

Agguáglio, *sm.* paragone - proporzione.

Agguantáre, *att.* prendere con violenza.

Agguáto, *sm.* luogo nascosto dove osservare inosservato - *fig.* insidia, inganno - simulazione.

Agguerríre (*pr.* sco ec.), *att.* ammaestrare nella guerra.

Agguindoláre, *pr.* índolo ecc.) *att.* formar la matassa sull'arcolaio - *fig.* ingannare.

Aghetto, *sm.* cordicella di seta o refe con puntala all'estremità per affibbiare le vesti.

Agiatamente, *avv.* con agio, comodamente.

Agiatezza, *sf.* lo stato del ricco è del benestante - comodità.

Agiáto, *add. m.* benestante -

lesto nell' operare.

Agile, *add. com.* snello - disinvolto.

Agilità, *sf.* destrezza, leggerezza.

Agilmente, *avv.* con agilità.

Agio, *sm.* comodità - opportunità - ricchezza - col verbo *avere*, cioè spazio di tempo, o comodo - col verbo *dare*, porgere opportunità.

Agire (*pr.* sco ec.), *n. ass.* fare il suo effetto, operare - nell'uso sostenere agenzia.

Agitamento, *sm.* dimenamento.

Agitare (*pr.* ágito ec.), *att.* dimenare, scuotere - travagliare - trattare le cause - *np.* moversi con ismania.

Agitazione, *sf.* movimento - inquietudine.

Agli, *art. pl. m. che si appone al 3 caso, come alli, ma dinanzi a vocale, o a s, seguendo altra consonante.*

Agliata, *sf.* savore con aglio.

Aglio, *sm.* cipolla di sapore acutissimo.

Agna (*v. poet.*) V. *Agnella.*

Agnascenza, *sf.* prima derivazione

Agnato, *sm.* parente in linea maschile (*diverso da cognato, che inchiude le femmine venienti dallo stesso padre*).

Agnazione, *sf.* parentela in linea mascolina.

Agnella, *sf.* e

Agnello, *sm.* parto della pecora.

Agnizione, *sf.* riconoscimento.

Agnolo, *sm. abbr. di* angelo. V.

Agnome (*v. lat.*), *sm.* soprannome.

Agnusdeo, *sm.* quella cera benedetta ov' è improntata l'immagine dell'agnello, figura di G. C.

Ago, *sm.* (*pl.* ghi), piccolo strumento d'acciajo a tempra per cucire - l' aculeo delle vespe.

Agognare, *att.* bramare con ansietà.

Agonale, *add. com.* spettante ad agone (certame)

Agóne, *sm. accr. di* ago - (*v. gr.* e *poet.*), certame, e il campo ove si facevа.

Agonía (*v. gr.*), *sf.* l' estremità del dolore, o della malattia - angoscia - punto di morte.

Agonizzante, *p. pr.* di agonizzare - *add. o s. com.* moribondo.

Agonizzare, *n. ass.* essere in agonia di morte.

Agorajo, *sm.* fabbricatore di aghi - ed il boccinolo nel quale si tengono.

Agosto, *sm.* l' ottavo mese dell'anno volgare.

Agramente, *avv.* aspramente.

Agrário (*v. lat.*), *add. m.* della campagna.

Agrestamente, *avv.* rusticamente.

Agreste (*v. lat.*), *add. com.* salvatico - *fig.* aspro, fiero.

Agrestemente. V. *Agrestamente.*

Agrestezza, *sf.* salvatichezza -

sapore acuto degli agrumi - *fig.* rustichezza.

Agresto , *sm.* uva acerba - e estratto della medesima.

Agresta, sta. V. *Agresto*.

Agrostume, *sm.* cose di sapore agro

Agretto, *ad. m. dim.* di agro.

Agrezza, *sf.* asprezza.

Agricola (*v. lat.*) e

Agricoltore , *sm.* chi coltiva i campi.

Agricoltura, *sf.* coltivazione dei campi - e l'arte di coltivarli.

Agrigno, *add. m.* che ha dell'agro, acidetto.

Agrimensore , *sm.* colui che fa professione di misurar terreni.

Agrimensura, *sf.* l'arte di misurare i terreni.

Agro, *sm.* sugo del limone o simile agrume - *add. m. contr.* di dolce - *fig.* severo, scortese, importuno.

Agrume, *sm.* nome generico degli ortaggi di sapore aspro - *fig.* cosa fastidiosa.

Agucchiare, *att.* cucire coll'ago.

Aguglia, *sf. propr.* l'ago magnetico - piramide, che meglio dicesi guglia.

Agugliare. V. *Agucchiare*.

Aguzzamento, *sm.* arrotamento.

Aguzzare, *att.* fare aguzzo - *fig.* rendere più penetrante l'ingegno - invogliar maggiormente - provocar la fame.

Aguzzatura, *sf.* la punta che ri-

sulta dall'aguzzare.

Aguzzino (zz *dolci*), *sm.* colui che presiede agli schiavi.

Aguzzo, *add. m.* acuto, appuntato - *fig.* perspicace.

Ah, *interj. esprimente diversi affetti dell'animo.*

Ahimè, *interj.* di dolore.

Ai, ed a', *art. del* 3 *caso m. pl.*

Aja, *sf.* spazio piano di terra adattato per battervi il grano - *per simil.* spartimento netto dei giardini - governante.

Ajata, *sf.* tanta quantità di grano in paglia, quanta basta ad empire l'aja.

Ajo, *sm.* educatore.

Aissare. V. *Aizzare*.

Aita (*v. poet.*), *sf.* ajuto.

Aitare (*v. poet.*) (*pr.* aito *ec.*), *att.* ajutare.

Ajuola, *sf. dim.* di aja nei due primi significati.

Ajuolo, *sm.* rete da pigliare uccelli, che adattasi sull'aja.

Ajutante, *p. pr.* di ajutare - *sm.* compagno di servizio - ufficiale di esercito.

Ajutare, *att.* porgere ajuto - *np.* ingegnarsi.

Ajuto , *sm.* mezzo con cui si scampano, o si alleggeriscono i mali - assistenza per agevolare le operazioni - favore, protezione.

Aizzamento, *sm.* istigazione.

Aizzare, *att.* incitare il cane a

mordere – *per simil.* provocare, istigare.

Al, *art. del 3 caso sing. m.*

Ala, *sf.* (*pl.* ale, *e* ali), ciò che
serve agli uccelli ed agl'insetti per volare – sfilata di
soldati fermi pel passo di alcun personaggio – corno di
esercito.

Alabarda, *sf.* arme in asta.

Alabardiére, *sm.* soldato armato
di alabarda.

Alabastro, *sm.* sostanza marmo-
rea leggiera e trasparente.

Alacrità, *sf.* brio, vivacità.

Alamáro (*v. spagn.*), *sm.* grosso
bottone con riscontri.

Aláno, *sm.* specie di grosso cane
inglese.

Aláři, *sm. pl.* ferri da cammino
per sostenere le legna.

Aláto, *add. m.* che ha ale – *fig.*
veloce – *sm.* uccello.

Alba, *sf.* primo crepúscolo della
mattina.

Albagia, *sf.* pomposa estimazione
di sè stesso.

Albaginóso, *add. m.* borioso.

Albeggiamento, *sm.* l' atto del-
l' albeggiare.

Albeggiáre, *n. ass.* tendere al
bianco – spuntare l'alba.

Alberáre. V. *Inalberare.*

Alberatúra, *sf.* termine generico
ch'esprime tutti gli alberi di
una nave.

Alberéta, *sf.* e

Albereto, *sm.* luogo piantato ad
alberi.

Alberetto, *sm. dim. di* albero.

Albergáre, *att.* dare alloggio –
n. stare d'alloggio – dimorare.

Albergatóre, *sm.* chi tiene albergo,
locandiere.

Albergo, *sm.* (*pl.* ghi), casa
pubblica per alloggiare forestieri – *fig.* ricovero – col
verbo *dare*, albergaro – col
verbo *prendere*, fermarsi ad
albergare.

Albero, *sm.* nome generico d'o-
gni pianta legnosa – antenna di
una nave – descrizione genea-
logica di una famiglia.

Albiccio, *add. m.* tendente al
bianco, bianchetto.

Albicocca, *sf.* (*pl.* cche), frutto
che partecipa del sapore della
pesca.

Albicocco, *sf.* (*pl.* cchi), albero che produce le albicocche.

Albio (*dal lat.* alveum), *sm.*
conca da acqua ed altro per
polli, porci e simili.

Albóre (*v. lat.*), *sm.* il primo
apparire dell'alba – *fig.* primo
indizio di cosa gradevole che
sia per accadere.

Albúgine, *sf.* macchia biancastra
che si forma nella pupilla dell'-
occhio, e gli fa perdere la
vista.

Albúme, *sm.* il bianco dell'uovo.

Alcalde, *sm.* giudice in Ispagna.

Alcali, sm. sale fisso.

Alcalíno, add. m. che ha dell'alcali.

Alchimìa, sf. chimica sublime – fig. artifizio, inganno.

Alchimista , sm. (pl. sti), chi esercita l'alchimia.

Alcool, sm. spirito di vino raffinatissimo.

Alcoráno , sm. libro della legge maomettana.

Alcóva , sf. stanza divisa in due da pilastri ed un arco, ad uso di riporvi un letto.

Alcúno, pron. partitivo di quantità indeterminata.

Aleggiáre, n. ass. scuotere le ale leggiermente.

Alenamento, sm. ansamento.

Alenáre, att. ansare.

Alenóso, add. m. ansante.

Alfa, sf. la prima lettera dell'alfabeto greco.

Alfabetáre, att. disporre con ordine alfabetico.

Alfabeticamente, avv. per alfabeto.

Alfabetico, add. m. ch'è secondo l'ordine dell'alfabeto.

Alfabeto , sm. ordine delle lettere, di cui è composta la scrittura di ciascuna lingua.

Alfiére, sm. chi porta la bandiera (grado di milizia) – uno dei pezzi al giuoco degli scacchi.

Alga, sinc. di aliga, sf. (pl. ghe), erba marina.

Algebra, sf. scienza che insegna a sciogliere i problemi col mezzo delle equazioni.

Algebráico, add. m. spettante all'algebra.

Algebrista, sm. (pl. sti), chi professa l'algebra.

Algente, add. com. che agghiaccia.

Algére (v. lat.), difett. imp. (di cui non trovasi che il pass. alsi; also, e il p. pr. algente), agghiacciare.

Algóre (v. lat.), sm. freddo grande.

Algóso, add. m. pieno di alga.

Alidóre, sm. caldo eccessivo.

Alienábile, add. com. che può alienarsi.

Alienamento, sm. allontanamento – vendita.

Alienáre, att. trasferire in altrui dominio sia vendendo, sia donando – np. separarsi, allontanarsi.

Alienatamente, avv. con alienazione di mente.

Alienazióne, sf. traslazione di dominio, vendita – di mente, distrazione, o astrazione; delirio.

Aliéno , add. m. straniero – non inclinato.

Aligà. V. Alga.

Aligero (v. lat.), add. m. alato.

Alimentáre, att. nutrire – conservare una cosa acciò non cessi di esistere – np. cibarsi.

Alimentáre, add. com. e

Alimentizio, add. m. nutritivo.

Alimento, sm. ogni cibo di che

l'animale si nudrisce — tutto ciò che mantiene in vigore cosa qualunque.

Alimentóso, *add. m.* che dà alimento.

Alìpede, *add. com.* alato ai piedi.

Alitáre (*pr. álito ec.*), *n.* respirare.

Alito, *sm.* respiro — leggiero soffio di vento.

Allaccévole, *add. com.* atto ad allacciare.

Allacciamento, *sm.* annodamento.

Allacciáre, *att.* legare con laccio, o fascia — *np.* legarsi attorno le vesti.

Allacciatúra, *sf.* fascia con cui si allaccia o stringe qualche cosa.

Allagamento, *sm.* trabocco d'acque da un fiume o dal mare.

Allagáre, *att.* coprire d'acqua a guisa di lago.

Allagazióne, *sf.* inondazione.

Allampanáre (*pr. ámpano ec.*), *n. ass.* ardere di sete, o arrabbiare dalla fame.

Allampanáto, *pp.* di allampanare — smunto, secco estremamente.

Allardáre, *att.* conciare col lardo.

Allargamento, *sm.* dilatamento pel largo.

Allargáre, *att.* accrescere per larghezza, distendere — *la mano*, essere liberale — *il cuore*, rallegrarsi — *le ale*, arricchirsi — *np.* dilatarsi, o farsi più comodo — scostarsi.

Allarmáre, *att.* dar l'allarme — mettere paura — *np.* intimorirsi.

Allarme, o all'arme, grido col quale si chiamano i soldati a prendere l'armi.

Allatináre, *att.* tradurre in latino.

Alláto, a lato, *avv.* accanto, presso.

Allattamento, *sm.* l'azione di allattare.

Allattáre, *att.* nutrire con latte — *n. ass.* prendere il latte.

Alleanza, *sf.* unione di due persone o famiglie col mezzo del matrimonio — trattato di amicizia fra più sovrani.

Alleáto, *add. m.* ch'è in alleanza.

Allegábile, *add. com.* che può essere allegato, o citato.

Allegacciáre, *att.* stringere con legaccia.

Allegagióne. V. *Allegazione.*

Allegamento, *sm.* quell'impressione molesta che fanno a'denti le frutta acerbe. — V. *Allegazione.*

Allegáre, *att.* citare documenti autorevoli — *n. ass.* l'attaccarsi delle frutta — *i denti*, intormentirli mangiando cose agre.

Allegazióne, *sf.* citazione di un'autorità — difesa.

Alleggerimento, *sm.* diminuzione di peso — *fig.* sollievo d'animo.

Alleggerìre (*pr. sco ec.*), *att.* scemare il peso — sollevare — *np.* vestire abiti più leggieri.

Allegorìa (*v. gr.*), *sf.* concetto

espresso con parole che hanno letteralmente un diverso significato.

Allegoricamente, *avv.* con allegoria, figuratamente.

Allegorico, *add. m.* che deve intendersi in senso figurato.

Allegorista , *sm.* (*pl.* sti) , che stia sull'uso delle allegorie.

Allegorizzare, *n, ass.* dire per allegoria.

Allegramente, *avv.* con allegrezza - *per trasl.* francamente.

Allegramento, *sm* conforto.

Allegrare , *att.* recare allegria - *np.* gioire - *fig.* ravvivarsi - congratularsi.

Allegrezza, *sf.* sensazione piacevole nata dal percepire un bene atteso o conseguito - contentezza di cuore.

Allegria, *sf.* vivacità di temperamento, giovialità.

Allegro, *add. m.* che ha, o reca allegria - agg. di *colore* , vivace - agg. di *suono*, o *canto*, contrario di *grave*.

Alleluja, *sf.* voce ebr. esprimente giubilo, e significa *lodate il Signore*.

Allelujare, *n. ass.* cantare alleluja.

Allenamento, *sm.* allentamento.

Allenare , *att.* (dal latino *lenis*, molle) , allentare - (*da lena*). invigorire - *np.* avvalorarsi.

Allenire (*pr.* sco ec.), *att.* render lene, mitigare - *n.* prender

lena, rinvigorire.

Allentamento, *sm.* cessazione - rilassamento - lentezza.

Allentare , *att.* render lento - più *comun.* render molle, contrario di *tirare*.

Allessare. V. *Lessare*.

Allesso, *add. m.* cotto nell'acqua - *sm.* carne, o pesce allesso.

Allestire (*pr.* sco ec), *att.* preparare - *np.* apparecchiarsi.

Alletamare. V. *Letamare*.

Allettamento, *sm.* lusinga.

Allettare , *att.* invitare con lusinghe - *il sonno*, conciliarlo - (*da letto*), stendere nel letto - *per simil.* spianare a terra (e dicesi delle biade atterrate dal vento) - *np.* mettersi a letto.

Allettativa, *sf.* lusinga.

Allettatizio, *add. m.*, e

Allettevole , *add. com.* atto ad allettare, lusinghevole.

Allevamento, *sm.* educazione.

Allevare, *att.* levar su, alzare (e dicesi delle piante) - nutrire - educare - talora anche alleviare - *n. ass.* attiguare.

Allevatore, *sm.* nutritore, ajo.

Allevatrice, *sf.* nutrice , balia - ed anche levatrice, mammana

Allevatura. V. *Allevamento*.

Alleviamento, *sm.* alleggerimento.

Alleviare, *att.* alleggerire - *np.* sgravarsi.

Allezzare (*da lezzo*), *n.* puzzare.

Allibráre, *att.* mettere a libro, registrare.

Allietáre, *att.* far lieto.

Alliévo, *sm.* chi viene ammaestrato in alcun' arte liberale – *talora anche seguace,* od emulatore del maestro.

Alligamento, *sm.* l'appigliarsi delle piante.

Alligáre (*da legno*), *n. ass.* far radice (*proprio delle piante*) – *fig.* dicesi di molte altre cose sì fisiche, che morali.

Allindáre, e

Allindíre (*pr. sco ec.*), *att.* far lindo, cioè pulito, netto – *np.* acconciarsi.

Allineamento, *sm.* l'atto di schierare in linea i soldati.

Allineáre, *att.* schierare in linea.

Allistáre. V. *Listare.*

Allivelláre, *att.* dare un fondo a livello.

Allividíre (*pr. sco ec.*), *n. ass.* divenir livido.

Allocco, *sm.* (*pl.* cchi), uccello notturno – *fig.* goffo.

Allocuzióne (*v. lat.*), *sf.* aringa, discorso.

Allodiále, *add. com.* agg. di terre possedute con assoluta proprietà, *opposto di feudale.*

Allòdola, *sf.* uccelletto di passaggio assai stimato.

Allodoletta, *sf. dim.* di allodola.

Allodolino, *sm.* pulcino dell'allodola.

Allogamento, *sm.* il dare a fitto o a pigione.

Allogáre, *att.* porre al suo luogo – porre uno a servizio – dare in affitto o a pigione – e dare a frutto danari ec.

Allogazióne, *sf.* scrittura di pagamento per una lavoro da farsi.

Alloggiamento, *sm.* luogo dove si alloggia – *Nella milizia,* luogo coperto per difendersi dal nemico.

Alloggiáre, *att.* dare alloggio – *n. ass.* stare d'alloggio.

Allòggio, *sm.* abitazione.

Allontanamento, *sm.* scostamento

Allontanáre, *att.* rimuovere da sè – *np.* discostarsi.

Alloppiamento, *sm.* bevanda alloppiata.

Alloppiáre, *att.* addormentare con alloppio.

Allòppio. V. *Oppio.*

Allòra, *avv.* in quel tempo.

Allorino, *sm. dim.* di alloro – *add. m.* fatto di alloro.

Allòro, *sm.* albero infruttifero, sempre verde.

Allucignoláre (*pr. ignolo ec.*), *att.* avvolgere a foggia di lucignolo.

Allucináre (*pr. úcino ec.*), *att.* abbagliare – *np.* travedere, ingannarsi.

Allucinazióne, *sf.* abbaglio.

Allúdere (*pass.* úsi, *pp.* úso), *n. an.* accennare col discorso cosa già intesa.

Allumáre, *att.* dar lume – accendere.

Alláme, *sm.* specie di sale acido minerale.

Allumináre (*pr.* úmino ec.), *att.* dar lume – miniare.

Allungamento, *sm.* aumento in lunghezza.

Allungáre, *att.* crescere in lunghezza – *il passo,* camminare più presto – *il vino,* annacquarlo – *np.* distendersi.

Alluogáre. V. *Allogare.*

Allupáre (*da lupo*), *n. ass.* aver gran fame – *np.* vestirsi da lupo.

Allusióne, *sf.* relazione fra una cosa ed un' altra.

Allusívo, *add. m.* che ha relazione con un'altra cosa.

Alluvióne (*v. lat.*), *sf.* aumento di acqua in un fiume.

Alma (*v. poet.*) V. *Anima.*

Almanaccáre, *n. ass. fig.* far castelli in aria.

Almanacco (*v. arab.*), *sm.* (*pl.* cchi), lunario.

Almanco, e

Alméno, *avv.* e *cong.* che costituisce termine nel meno.

Almirante. V. *Ammiraglio.*

Almo (*v. lat.*), *add. m.* eccellente, singolare.

Aloè, *sm.* pianta che dà un frutto amarissimo usato in medicina.

♦, *sf.* ed anche *m.*, monta-

gna alta e dirupata – *nel pl.* montagne altissime che fasciano l'Italia al nord.

Alpestre, *add. com.* montuoso, scosceso.

Alpigiáno, *add. m.* abitatore delle alpi.

Alquanto, *avv. di quantità* – *add. m.* alcun poco.

Altaléna, *sf.* e

Altaléno, *sm.* un legno biticato sopra un altro.

Altamente, *avv.* in modo alto – profondamente – ad alta voce – nobilmente.

Altána, *sf.* loggia aperta sopra il tetto della casa.

Altáre, *sm.* mensa su cui si offrono sagrifizii a Dio.

Altaríno, *sm. dim. di* altare.

Altéa, *sf.* erba medicinale.

Alteramente, *avv.* con alterigia – magnificamente.

Alteráre (*pr.* áltero ec.), *att.* far che una cosa perda alcuna delle sue qualità, senza cambiar natura – *np.* incollerirsi.

Alteratamente, *avv.* adiratamente

Alterazióne, *sf.* mutazione di qualità di una cosa – movimento d'f sdegno.

Altercamento. V. *Altercazione.*

Altercáre, *n.* contendere.

Altercazióne, *sf.* contrasto.

Alterezza, *sf.* generoso abborrimento per cose od azioni vili – forte estimazione di sè.

Alterigia, sf. arroganza.

Alternáre, att. operare a vicenda.

Alternatamente, avv. a vicenda.

Alternativa, sf. scelta fra due proposte.

Alternativamente, avv. a vicenda.

Alternazione, sf. operazione a vicenda.

Altéro, add. m. agg. di cosa grande, maestosa ec. — e fig. di chi sente altamente di sè.

Altezza, sf. elevatezza — titolo che si dà ai principi.

Alticcio, add. m. alterato alquanto dal vino.

Altieramente. V. Alteramente.

Altierezza. V. Alterezza.

Altiéro. V. Altero.

Alto, sm. altezza — add. m. sublime, eccelso — avv. altamente — col verbo fare, fermarsi.

Altramente V. Altrimente.

Altresì, avv. in oltre.

Altrettále, add. com. (comp. di altro e tale), altra cosa, e persona, simile.

Altrettanto, add. m. quanto l'altro correlativo — avv. tanto quanto, in egual numero.

Altri, pron. pers. (che serve al primo caso sing.), altr'uomo, altra persona.

Altrice (v. poet.), sf. nutrice.

Altriéri, avv. due giorni fa.

Altrimente, e

Altrimenti, avv. diversamente.

Altro, pron. add. m. diverso —

in forza di sm., altra cosa.

Altronde, avv. d'altra parte.

Altróve, avv. in altro luogo.

Altrui, pron. (che non ha relazione che a persona, e non si usa che nei casi obbliqui coi segnacasi di, a, da), lo stesso che altro.

Altúra, sf. eminenza — fig. alterigia, arroganza.

Alunno, sm. scolare, allievo.

Alveáre, sm. cassetta entro a cui le api fabbricano il mele.

Alveo, sm. letto di un fiume.

Alvino, add. m. di alvo (ventre), che appartiene al basso ventre.

Alvo (v. lat.), sm. ventre, e propr. basso ventre.

Alzaja, sf. fune che serve a tirare contr'acqua i navicelli ne' fiumi.

Alzamento, sm. l'elevarsi in alto.

Alzáre, att. levare in alto — np. salire in su — la voce, gridar forte — le corna, insuperbire — il fianco, mangiare lautamente — il gomito, bere di soverchio — le mani, percuotere.

Amábile, add. com. degno di essere amato — agg. di vino, abboccato, soave.

Amabilità, sf. unione di grazie in una persona.

Amabilmente, avv. con amabilità.

Amadóre. V. Amatore.

Amalgamáre. (pr. algamo ec.)

3

att. unire insieme diversi metalli fissi - *per simil.* mescolare alla rinfusa cose diverse.

Amante, *s. com.* amatore, amoroso - damerino, drudo - dilettante - *di sè stesso,* egoista.

Amanuense (*v. lat.*), *sm.* copista.

Amaramente, *avv.* con amarezza - *fig.* con cordoglio - *e talora* aspramente.

Amaranto, *sm.* fioretto autunnale di color porporino - ed il colore stesso.

Amarasca, *sf.* (*pl.* sche), sorta di ciriegia agresta.

Amarasco, *sm.* (*pl.* schi), l'albero che produce le amarasche.

Amáre, *att.* voler bene - *n. ass.* essere innamorato - *Amar meglio,* scegliere piuttosto.

Amareggiamento, *sm.* amarezza - *fig.* afflizione.

Amareggiáre, *att.* rendere amaro - *fig.* recare dispiacere.

Amarella, *sf.* erba camamilla.

Amarezza, *sf.* sapore amaro - *fig.* dispiacere, cordoglio.

Amarezzáre. V. *Marezzare.*

Amaricante, *add. com.* che tira all'amaro, amarognolo.

Amáro, *add. m. contr.* di dolce - *fig.* doloroso - *sm.* cosa amara.

Amarógnolo, *add. m.* che ha dell'amaro.

Amatista, *sf.* pietra preziosa di colore violaceo porporino, du-

ra come il diamante.

Amatóre, *sm.* amante, amoroso - dilettante di un'arte.

Amatório, *add. m.* amoroso.

Amázone, e

Amázzone (*v. gr.*), *sf.* nome d donne bellicose nell'Asia oggidì donna capace di ardit imprese, eroina.

Ambascería, *sf.* uffizio d'amba sciatore - ed il corteggio de medesimo.

Ambáscia, *sf.* difficoltà di respi rare - *fig.* dolore, affanno.

Ambasciadóre, *sm.* quegli ch rappresenta un governo press un altro (*quello dei Pap dicesi* Nunzio)

Ambasciáre, *n. ass.* respirare co affanno, ansare - essere in a bascia - *np.* affannarsi.

Ambasciáta, *sf.* l'oggetto dell spedizione di un ambasciater

Ambasciatóre. V. *Ambasciador*

Ambe, e

Ambedúe. V. *Ambo.*

Ambiadúra. V. *Ambio.*

Ambidue. V. *Ambo.*

Ambiente, *sm.* quel fluido cl circonda una cosa (*e suol d dell'aria*)

Ambiguamente, *avv.* con aml guità, dubbiamente.

Ambiguità, *sf.* doppio senso parole - oscurità.

Ambíguo, *add. m.* dubbioso - c si può pigliare in più sensi

Ambio, *sm.* passo corto e veloce specialm. del cavallo.

Ambire (*pr.* sco ec.), *att.* desiderare – agognare.

Ambito, *sm.* circonferenza, recinto – broglio.

Ambizionare, *att.* aspirare, brogliando, ad una dignità – e *n. ass.* far vana mostra, pompa ec.

Ambizione, *sf.* soverchia cupidità d'onore e di maggioranza.

Ambiziosamente, *avv.* con ambizione, con vanità.

Ambiziosetto, *add. m. dim. di* ambizioso, vanerello.

Ambizioso, *add. m.* soverchiamente cupido di onori – *e in buon senso* brameso.

Ambo, *pron. pers. com.* (*pl.* ambi *m.*, ambe *f.*), l'uno e l'altro – *sm. sing.*, due dei numeri giocati al lotto, ai quali è assegnato un premio se vengono estratti.

Ambra, *sf.* sostanza trasparente, sommamente elettrica, di consistenza gommosa, di odore di trementina, e di origine ancora non bene certa.

Ambrare, *att.* dare l'odore di ambra a checchessia.

Ambrosia (*v. poet.*), *sf.* cibo favoloso degli dei.

Ambrosiano, *add. m.* agg. di *rito*, canto e simili della chiesa di Milano, da s. Ambrogio arcivesc. di quella città nel IV sec.

Ambulanza (*v. fr.*), *sf.* spedale ambulante nell'armata per le prime cure de' feriti.

Amenamente, *avv.* con amenità.

Amendue. V. *Ambo.*

Amenità, *sf.* bellezza, piacevolezza, di un paese – fluidità varietà di discorso – giocondità di passatempi.

Amenizzare, *att.* rendere ameno, elegante ec.

Ameno, *add. m.* piacevole, delizioso a vedersi.

Anfibio (*v. gr.*), *add. m.* agg. di animale che vive in acqua e in terra.

Amianto, *sm.* materia minerale fibrosa ed incombustibile, di cui gli antichi tessevano tele per avvolgervi i cadaveri da bruciarsi, onde conservarne le ceneri.

Amicabile, *add. crm.* conveniente ad amico.

Amicabilmente, *avv.* da amico.

Amicare, *att.* rendere amico, pacificare – *np.* farsi amico, cattivarsi l'affezione di alcuno.

Amichevole. V. *Amicabile.*

Amichevolmente, *avv.* da amico.

Amicizia, *sf.* affetto disinteressato che si porta ad una persona, e che da quella viene ricambiato – concordia tra popoli, principi ec.

Amico, *sm.* che ama per amicizia – *add. m.* favorevole, propizio.

Amido, sm. materia bianca farinacea, la quale seccata e stemperata poi nell'acqua serve a dar la salda alla biancheria.

Amistà (v. poet.) V. Amicizia.

Ammaccamento. V. Ammaccatura.

Ammaccáre, att. pestare grossamente – np. acciaccarsi.

Ammaccatúra, sf. contusione.

Ammacchiarsi, np. inselvarsi.

Ammaestrábile, add. com. atto ad essere ammaestrato.

Ammaestramento, sm. istruzione – ricordo, avviso.

Ammaestráre, att. insegnare, instruire.

Ammaestratívo, add. m. che ammaestra, instruttivo.

Ammaestráto, pp. di ammaestrare, istrutto – scienziato – disciplinato – perito.

Ammaestratóre, sm. maestro.

Ammaestrazióne. V. Ammaestramento.

Ammaestrévole V Ammaestrabile

Ammaestrevolmente. V. Maestrevolmente.

Ammagliáre, att. legare checchessia con corda a guisa di rete.

Ammagráre, att. rendere magro.

Ammagrire (pr. sco ec.), n. ass. divenir magro.

Ammajarsi, np. ornarsi di fiori come il majo (albero alpestre)

Ammaináre (pr. áino ec.), att. raccogliere le vele – abbassare

la bandiera in segno di rispetto, o di sommissione.

Ammalàre, n. ass., e

Ammalarsi, np. cadere infermo.

Ammalatíccio, add. m. di poca sanità, infermiccio.

Ammaláto, add. e sm. infermo.

Ammalatúccio, add. m. malsano

Ammaliamento, sm. l'azione di ammaliare.

Ammaliáre (pr. álio, álii ec.) att. incantare per fattucchieri – far divenire stupido.

Ammaliatóre, sm. maliardo, fattucchiero, stregone.

Ammaliatúra. V. Ammaliamento

Ammaliziáto, add. m. malizioso

Ammandorláto, add. m. fatto a mandorla.

Ammandriáre, att. riunire il bestiame in mandria.

Ammanettáre, att. mettere le manette (funzione degli sbirri)

Ammanieráre, att. dar modo garbo affettato.

Ammanieráto, pp. di ammanierare, garbato – In pitt. che discosta dal vero, e segue un maniera tutta particolare di pittore.

Ammannajáre, att. uccidere coll mannaja, decapitare.

Ammannáre. V. Ammannire.

Ammannimento, sm. apparecchi

Ammannire (pr. sco ec.), mettere all'ordine, appare chiare.

Ammáno ammano, *e meglio a mano a mano*, *avv.* successivamente, di seguito.

Ammaséte, *att.* calmare il furore (*e dicesi d' uomini e di fiere*)

Ammansire (*pr.* sco ec.), *n. ass.* farsi mansueto, mitigarsi.

Ammantáre, *att.* vestire con eleganza e dignità – coprire semplicem. – *fig.* nascondere, palliare – *np.* vestirsi.

Ammantáto, *pp.* di ammantare, ben vestito – chiuso in un manto.

Ammanto (*v. poet.*), *sm.* ogni sorta di veste.

Ammarcimento, *sm.* il marcire delle piaghe.

Ammarcire (*pr.* sco ec), *n. ass.* divenir marcio, putrefarsi.

Ammarginarsi (*pr.* árgino ec.), *np.* il riunirsi dei due margini di una ferita.

Ammarinare, *att.* fornire una nave di marinaj.

Ammartelláre, *att.* percuotere col martello – *fig.* dar gelosia, cura, fastidio ec.

Ammassamento, *sm.* massa, mucchio, adunamento.

Ammassáre, *att.* far massa, mettere insieme – *np.* adunarsi, raccogliersi.

Ammassicciáre, *att.* V. *Ammassare* – *np.* indurirsi.

Ammasso, *sm.* cumulo, mucchio.

Ammatassáre, *att.* riunire in matassa.

Ammattíre (*pr.* sce ec.), *n. ass.* divenir matto, impazzire.

Ammattonamento, *sm.* pavimento di mattoni.

Ammattonáre, *att.* far pavimento di mattoni.

Ammattonáto, *sm.* il pavimento di mattoni.

Ammazzamento, *sm.* l'azione di uccidere, uccisione.

Ammazzáre (*da mazza*), *att.* propr. percuotere con mazza – uccidere – *np.* uccidersi – (*da mazzo*) V. *Ammazzolare*.

Ammazzatojo. V. *Macello*.

Ammazzeráre (*pr.* ázzero ec. *att.* assodare, indurire (*e dicesi della pasta ed anche della terra*)

Ammazzoláre (*pr.* ázzolo ec.), *att.* fare mazzi o mazzetti (*delle di fiori e d'erbe*)

Ammeláre, *att.* spargere di mele.

Ammenda, *sf.* rifacimento di danno – gastigo – riparo.

Ammendábile, *add. com.* facile ad ammendarsi.

Ammendamento, *sm.* correzione di costumi – riparo – miglioramento.

Ammendáre, *att.* ridurre a miglior essere – rimediare – compensare i danni – *np.* emendarsi – correggersi.

Ammendazione. V. *Ammendamento*.

Amméttere (*pass.* isi, *pp.* esso), *att. an.* introdurre – accettare

– concedere – fare luogo.

Ammezzamento, *sm.* divisione per metà.

Ammezzáre (zz *dolci*), *att.* tagliare nel mezzo – dividere per metà – (zz *aspre*), *n. ass.* divenir mezzo, essere più che maturo.

Ammezzíre (*pr.* zco ec.), *n. ass.*, e

Ammezzirsi, *np.* divenir fracido.

Ammiccáre, *att.* accennare cogli occhi, o colla mano.

Amminicoláre (*pr.* ícolo ec.), *att.* sostenere con amminicoli.

Amminícolo, *sm.* appoggio – cavillo per allungar una lite.

Amministráre, *att.* maneggiare gli affari altrui – *i sacramenti,* conferirli.

Amministratóre, *sm.* fattore, agente.

Amministrazióne, *sf.* maneggio degli affari – *della giustizia,* l'esercizio di essa.

Amminutáre, *att.* sminuzzare.

Ammirábile, *add. com.* degno di ammirazione.

Ammirabilmente V *Mirabilmente*

Ammiragliáto, *sm.* l'uffizio dell'ammiraglio – e il luogo dove si aduna l'ammiralità.

Ammiráglio, *sm.* titolo di capitano generale delle armate di mare – e il vascello su cui monta il capitano stesso.

ammiralità, *sf.* nome collettivo di tutti gli ufficiali di marina.

Ammirando, *add. m.* mirabile.

Ammiráre, *att.* osservare con maraviglia.

Ammiratívo, *add. m.* di ammirazione (*e dicesi quel punto* (!) *che si pone dopo le interj.*)

Ammiratóre, *sm.* chi ammira.

Ammirazióne, *sf.* commozione dell'anima al vedere cosa sorprendente.

Ammissíbile, *add. com.* che può ammettersi.

Ammissióne, *sf.* ricevimento – facoltà di entrare.

Ammitto (*v. lat.*), *sm.* quel pannolino che il sacerdote s'indossa pel primo nel pararsi.

Ammodernáre, *att.* ridurre all'uso moderno.

Ammogliáre, *att.* dar moglie – *np.* prender moglie.

Ammogliazzáto, *add. m.* malamente ammogliato.

Ammoinamento, *sm.* carezzamento

Ammoináre (*pr.* íno ec.), *att.* far moine (vezzi, carezze (*pro prio di donne e di bambini*)

Ammolestamento V *Molestamenti*

Ammolestáre. V. *Molestare.*

Ammollamento, *sm.* bagnamento

Ammolláre, *att.* far molle, bagnare – *n. ass.* essere molle umido – *np.* bagnarsi – *fig* addolcirsi – rallentarsi.

Ammollatívo, *add. m.* atto ad ammollare (*e si usa parlando di ventre*) mollиente , *add. com.* che ammollisce (*e dicesi de' medicamenti*)

ammollimento, *sm.* mollificazione – *fig.* lenimento.

ammollire (*pr.* sco ec. , *p. pr.* olliente), *att.* mollificare – *fig.* toccare il cuore – rendere effeminato.

ammollitivo, *add. m.* atto ad ammollire.

ammonimento , *sm.* avviso–istruzione – consiglio.

ammonire (*pr.* sco ec.), *att.* avvertire – istruire – correggere– consigliare.

ammonitóre, *sm.* chi ammonisce.

ammonitório, *add. m.* che ammonisce.

ammonizione, *sf.* correzione – avvertimento.

ammontare , *att.* far monte o massa, ammassare.

ammonticchiáre, e

ammonticelláre , *att.* far piccoli monti, e mucchi di checchessia.

ammorbáre , *n. ass.* essere preso da morbo contagioso – *att.* empiere di puzzo, impestare.

ammorbidáre (*pr.* órbido ec.), e

ammorbidire (*pr.* sco ec.) , *att.* togliere la durezza, modificare – *fig.* rendere trattabile.

ammorsellato , *sm.* manicaretto di carne minuzzata con uova sbattute.

ammortimento, *sm.* mortificazio-

ne, o estinzione del senso in alcun membro del corpo.

Ammortire (*pr.* sco ec.), *n. ass.* svenire – *att.* ammorzare.

Ammortizzazióne, *sf.* estinzione di un livello, o di un debito.

Ammorzáre, *att.* spegnere – *fig.* mitigare.

Ammosféra. V. *Atmosfera.*

Ammostáre, *att.* pigiare l'uva per cavarne il mosto.

Ammostatojo, *sm.* ordigno con cui si ammosta l'uva.

Ammottamento, *sm.* scoscendimento della terra.

Ammottáre, *n. ass.* lo smoversi della terra in luogo pendío.

Ammovimento , *sm.* movimento verso altrui.

Ammozzamento, *sm.* indurimento della terra.

Ammozzarsi, *np.* dividersi i mezzi (*e dicesi quando la terra s'impoverisce di umido*)

Ammozzicáre (*p. ozzica, chi ec.*), *att.* tagliare in pezzi.

Ammucchiáre , *att.* far mucchio.

Ammuffire, *n. ass.* essere compreso da muffa.

Ammuricciáre , *att.* ammontare sassi intorno a checchessia.

Ammusarsi, *np.* riscontrarsi muso con muso (*e dicesi propriamente delle bestie*)

Ammutinamento, *sm.* sollevazione di soldati, o di popolo.

Ammutináre (*pr.* ino ec.) , *att.*

provocare a sedizione – *np.* sollevarsi, ribellarsi.

Ammutire (*pp.* sco ec.), *n. ass.* perdere la parola per timore o maraviglia.

Ammutolire (*pr.* sco ec.), *n. ass.* divenir mutolo.

Amnistía (*v. gr.*), *sf.* perdono generale che si accorda da' sovrani a'sudditi ribelli.

Amo, *sm.* piccolo strumento d'acciajo per pigliar pesci.

Amomo, *sm.* arboscello aromatico.

Amoráccio, e

Amorazzo, *sm. pegg.* di amore.

Amóre, *sm.* passione per cui il cuore è mosso verso ciò che gli pare piacevole, e ne fa l'oggetto de'suoi desiderj – benevolenza, amicizia semplicem. – *proprio*, propensione al nostro bene personale.

Amoreggiamento, *sm. propr.* amore impudico.

Amoreggiáre, *n. ass.* fare all'amore.

Amoretto, *sm. dim.* di amore, cioè amore di passatempo, galanteria.

Amorévole, *add. com.* benevolo, cortese.

Amorevolezza, *sf.* dimostrazione di affetto.

Amorevolmente, *avv.* con amore.

Amoríno, *sm. dim.* di amore – *In mit.* il dio Cupido.

Amorosamente, *avv.* con amore.

Amoróso, *add. m.* pieno di amore – *sm.* amante.

Amorotto, *sm.* amore appena nato

Amovibile, *add. com.* che si può rimuovere.

Ampiamente, *avv.* largamente.

Ampiáre. V. *Ampliare.*

Ampiezza, *sf.* estensione, larghezza

Ampio, *add. m.* largo, spazioso, abbondante.

Amplamente. V. *Ampiamente.*

Amplesso, *sm.* abbracciamento.

Ampliamento, *sm.* dilatamento.

Ampliáre, *att.* far ampio, dilatare

Ampliatívo, *add. m.* atto ad ampliare.

Ampliazióne, *sf.* aumento – *d.* largamente.

Amplificáre (*pr.* ifico, chi ec.) *att.* ingrandire – magnifica con parole.

Amplificatívo, *add. m.* che ingrandisce.

Amplificazióne, *sf.* ingrandimento – *fig. rett.* colla quale si estende un pensiero enumerandone le parti e le circostanze

Amplo. V. *Ampio.*

Ampolla, *sf.* vasetto di vetro.

Ampolletta, e

Ampollína, *sf. dim.* di ampolla.

Ampollosamente, *avv.* con gonfiezza.

Ampollosità, *sf.* gonfiezza di parole e di stile.

Ampollóso, *add. m.* gonfio, esagerato.

Amputamento, *sm.* troncamento
(*detto di alcun membro del*
corpo a mano del chirurgo)

Amuleto, *sm. propr.* medicamento
contro i veleni − *e in gene-*
rale medicamento superstizioso
che si porta addosso.

Anace. V. *Anice.*

Anacoreta, *sm.* (*pl.* ti), solitario.

Anacreontica, *sf.* (*pl.* che), canzone sullo stile di quelle di
Anacreonte.

Anacronismo (*v. gr.*), *sm.* errore di cronologia, per cui si
trasporta un tempo in un altro.

Anagramma (*v. gr.*), *sm.* (*pl.*
mmi), disposizione delle lettere in modo che di una parola se ne forma un'altra di
diverso significato.

Analisi (*v. gr.*), *sf.* risoluzione
di un corpo ne' suoi principj
− esame di un discorso − *men-*
tale, l'azione di analizzare con
la mente, ovvero il risultamento di quest'azione.

Analitica, *add. m.* risolutivo.

Analizzare, *att.* far l'analisi −
fig. esaminare diligentemente
un discorso ec.

Analogamente, *avv.* con corrispondenza.

Analogia (*v. gr.*), *sf.* relazione e
convenienza di più cose diverse fra loro.

Analogicamente, *avv.* convenientemente.

Analogico, *add. m.* proporzionale.

Analogismo (*v. gr.*), *sm.* argomentazione dalla causa all'effetto.

Analogo, *add. m.* (*pl.* ghi), di
proporzione simile.

Anarchia (*v. gr.*), *sf.* mancanza
di legittimo governo in una
nazione.

Anarchico, *add. m.* agg. di stato
senza capo legittimo che lo
governi.

Anatema (*v. gr.*), *sm.* (*pl.* mi),
scomunica.

Anatematizzare, e

Anatemizzare, *att.* scomunicare.

Anatomia (*v. gr.*), *sf.* arte di
tagliare e scomporre le parti
costituenti il corpo animale.

Anatomico, *add. m.* spettante al-
l' anatomia.

Anatomista, *sm.* (*pl.* sti), chi
esercita l'anatomia.

Anatomizzare, *att.* far l'anatomia de' cadaveri.

Anitra. V. *Anitra.*

Anca, *sf.* (*pl.* che), l' osso tra
il fianco e la coscia.

Ancella, *sf.* serventa, serva.

Anche, *cong.* ancora.

Anchina, *sf.* tela gialla di cotone
che viene dalle Indie.

Ancidere (*v. poet.*). V. *Uccidere.*

Ancilla (*v. lat.*). V. *Ancilla.*

Ancipite (*v. lat.*), *add. com*
agg. di ferro, di doppio taglio
− di animale, anfibio.

Anco (poetic.), cong. ancora.

Ancóna, sf. quadro grande da altare.

Ancora, sf. strumento di ferro a più punte ricurve, il quale, gettato in mare legato ad una gomena, assicura la nave - fig. simbolo della speranza.

Ancóra, cong. che significa continuazione, altresì, eziandio.

Ancoràggio, sm. ciò che si paga al principe per gettar l'áncora, e fermarsi in un porto.

Ancoráre, n. ass., e

Ancorarsi, np. (pr. áncore ec.), gettare l'áncora.

Ancorchè, cong. quantunque.

Ancúde (v. poet.), sinc. di

Ancúdine, sf. strumento di ferro su cui i ferraj battono il ferro.

Andamento, sm. l'andare - il modo di procedere di una cosa.

Andána, sf. luogo dove si fanno le funi.

Andante, p. pr. di andare, che va consecutivo - sm. tempo di musica lento.

Andantemente, avv. senza interrompimento.

Andantíno, sm. un po' più vivace (T. di mus.)

Andáre (pr. vo, vai, va; andiámo, andáte, vánno, pass. andái ec.. fut. andrò, andrái ec.), n. ass. muoversi da luogo a luogo, camminare - trapassare (proprio del tempo.) - unito

ad un gerundio, indica un'azione continuata, come vo leggendo, passeggiando ec.

Andáre, sm. passo - modo di procedere - a grand'andare, di buon passo - a lungo andare, col tempo - a tutt'andare, quanto si può mai.

Andáta, sf. gita, viaggio.

Andáto, pp. di andare - agg. di cosa, cioè perduta.

Andatúra, sm. modo di andare, portamento.

Andazzo, sm. usanza di corta durata.

Andirivièni., sm. giravolta - per simil. favolata di parole.

Anditíno, sm. dim. di andito.

Andito, sm. passaggio stretto che unisce più stanze.

Andrivièni. V. Andirivièni.

Anéddoto (v. gr.), sm. parte staccata di storia - e storia aneddota, i fatti segreti di una storia.

Anelante, p. pr. di anelare, ansante - fig. bramoso.

Anelantemente., avv. con anelito - fig. bramosamente.

Aneláre, n. ass. respirare con affanno, ansare - att. desiderare con ardenza.

Anelito, sm. affanno di petto, ansamento.

Anelletto, e

Anellíno, sm. dim. di anello.

Anello, sm. (pl. elli m., e ella f.).

cerchietto di metallo prezioso per portare in dito - anelli diconsi pure quei cerchi che formano le catene.

Anelito, add. m. che patisce d'anelito, asmatico.

Anemolo, e

Anemone, sm. gentile fior porporino.

Aneto, sm. pianta ortense simile al finocchio.

Aneurisma (v. gr.), sm. (pl. smi), dilatamento d'arteria.

Anfibio. V. Amfibio.

Anfibologia (v. gr.), sf. discorso ambiguo, equivoco.

Anfibologicamente, avv. con sentimento equivoco.

Anfibologico, add. m. ambiguo.

Anfiteatro (v. gr.), sm. fabbrica di figura ovale destinata ai pubblici spettacoli diurni.

Anfora (v. gr.), sf. sorta di vaso di una certa capacità di liquido.

Angaria. V. Angheria.

Angariare, att. aggravare i sudditi o il commercio o la servitù

Angelesco, add. m. (pl. schi), di angelo.

Angelicamente, avv. da angelo.

Angelico, add. m. di angelo, a guisa di angelo - per trasl. bello in supremo grado.

Angelo (v. gr.) sm. creatura spirituale ed intelligente della gerarchia celeste - fig. dicesi

di persona illibatissima - o che si distingue per istraordinaria bellezza.

Angere (v. poet.), imp. affliggere.

Angheria, sf. aggravio - violenza.

Angheriare. V. Angariare.

Angina, sf. forte infiammazione della gola.

Angioletto, e

Angiolino, sm. dim. di angiolo,

Angiolo. V. Angelo.

Anglicana, add. f. agg. della Chiesa d'Inghilterra.

Anglicismo, sm. voce, o maniera di dire inglese.

Angolare, add. com. che ha angoli, o è posto in angolo.

Angolarmente, avv. a modo di angolo.

Angolato, add. m. che ha angoli.

Angolo, sm. incontro di due linee che si tagliano vicendevolmente - cantonata - luogo ritirato.

Angonia. V. Agonia.

Angore (v. lat.), sm. afflizione.

Angoscia, sf. travaglio, affanno.

Angosciare, att. dare angoscia - np. affannarsi.

Angosciosamente, avv. con angoscia, affannosamente.

Angoscioso, add. m. pieno affanni.

Anguilla, sf. pesce senza squame della forma di un angue (pe), onde trae il nome.

Anguillaja, sf. luogo

ova si moltiplicano le anguille.

Anguinája, sf. quella parte del corpo umano, ch'è tra la coscia e il basso ventre.

Anguria, sf. frutto di una pianta annuale, rotondo, con dura scorza levigata verde e polpa spugnosa mangiabile, detto in Toscana cocomero.

Anguicola, sf. pesce di mare, le cui ossa rilucono la notte di un color verde.

Angustia, sf. strettezza, brevità di tempo a fare una cosa – affanno, afflizione.

Angustiare, att. mettere in angustia – np. affannarsi.

Angustioso, add. m. pieno di angustie.

Angusto (v. lat.), add. m. stretto

Anice, sm. seme tondo e lunghetto simile al finocchio.

Anile (v. lat.), add. com. vecchio

Anima, sf. in generale, il principio della vita di ogni essere organizzato – e più propr. dell'anima umana, sostanza immateriale ed immortale dell'uomo – intelletto – spiritomente – essenza – ogni parte interna, o sostegno di checchessia.

Animalaccio, sm. pegg. di animale.

Animalcule, sm. minutissimo animale, inusit.

Animale, sm. nome generico d'ogni corpo animato. – e più propr.

---

di quello che manca della parte razionale, comun. bruto, bestia – per ischerno dicesi di nomo sciocco e stupido – add. com. che appartiene all'animal.

Animalesco, add. m. (pl. schi), di animale (e più propr. di bruto e bestia), brutale, bestiale.

Animaletto, e

Animalino, sm. dim. di animale

Animalità, sf. ragione formale dell'animale.

Animalone, sm. accr. di animale.

Animalaccio, e

Animalazzo, sm. dim. di animale.

Animare (pr. animo ec.), att. (da animo), far coraggio – (da anima), infondere l'anima – np. accendersi d'entusiasmo.

Animatamente, avv. con coraggio.

Animato, pp. di animare – che ha anima, o vita – incoraggiato – fervente.

Animatore, verb. m. che anima, o infonde l'anima.

Animazione, sf. l'atto del dare o del ricevere l'anima.

Animella, sf. parte molle e spugnosa dell'animale.

Animetta, sf. dim. vezzegg. di anima.

Animo, sm. parte intellettiva dell'anima ragionevole – fig. intenzione – proponimento – volontà – consiglio – coraggio – ardimento – col verbo fare, incoraggiare.

Animosamente, avv. coraggiosamente, arditamente.

Animosità, sf. ardire, intrepidezza – avversione.

Animoso, add. m. coraggioso – temerario.

Animuccia, sf., e

Animuccio, sm. dim. di anima e animo.

Anitra, sf. uccello acquatico simile all'oca.

Anitrella, sf. dim. di anitra.

Anitrino, sm. pulcino dell'anitra.

Anitrio. V. Nitrio.

Anitrire. V. Nitrire.

Annacquamento, sm. il mischiare l'acqua col vino.

Annacquáre, att. mescolare l'acqua col vino.

Annaffiamento, sm. irrigazione.

Annaffiáre, att. bagnare con acqua a guisa di pioggia.

Annaffiatojo, sm. stromento di latta con boccinolo forato, per annaffiare.

Annáli, sm. pl. narrazione nuda dei fatti d'anno in anno.

Annalista, sm. (pl. sti), scrittore di annali.

Annasamento, sm. odoramento.

Annasáre, att. fiutare col naso.

Annaspáre, att. avvolgere il filo sull'aspo.

Annáta, sf. lo spazio di un anno.

Annebbiamento, sm. l'effetto della nebbia sulle piante e sui vegetabili.

Annebbiáre, att. offuscare con nebbia – n. ass. dicesi delle frutta, le quali colpite in fiore dalla nebbia, non allignano;

Annebbiáto, pp. di annebbiare, agg. di frutta o biade guaste dalla nebbia.

Annegamento, sm. sommersione;

Annegáre, att. sommergere – np. morir soffogato sott'acqua;

Annegazione, sf. fig. rinunzia alla propria volontà.

Anneghittíre (pr. sco ec.), n. ass. divenire pigro, infingardo.

Anneráre. V. Annerire.

Annerimento, sm. l'effetto di annerire.

Anneríre (pr. sco ec.), far nero, oscurare – np. imbrunirsi (detto dell'aria)

Annesso, sm. cosa aggiunta a checchessia.

Annestamento, sm. innesto.

Annestáre. V. Innestare.

Annettere (pass. ettei, o essi, pp. esso), att. an. allacciare.

Annichilamento, sm. annientamento.

Annichiláre (pr. ichilo ec.), att. ridurre al niente, annientare – np. umiliarsi troppo.

Annidáre, e

Annidiáre, att. porre il nido – np. eleggersi luogo per abitare;

Annientamento, sm. distruzione totale.

Annientáre, att. ridurre al niente;

Annighittire. V. *Annaghittire.*

Annitrire. V. *Nitrire.*

Annitrito. V. *Nitrito.*

Anniversário, sm. giorno fisso fra l'anno, in cui si celebra la memoria di checchessia – funerale annuale.

Anno, sm. spazio di tempo che consuma il sole apparentemente nel girare il zodiaco

Annobilire (pr. sco ec.), n. ass. diventar nobile – att. fig. ornare, abbellire.

Anpodamento, sm. l'annodare – e il nodo stesso.

Annodáre, att. stringere con nodo – fig. congiungere.

Annodatúra, sf. nodo – e più propr. articolazione.

Annojamento, sm. noja.

Annojáre, att. recar noja – np. infastidirsi.

Annomáre, att. additare per nome

Annóna (v. lat.), sf. provvista di viveri per impedire la carestia.

Annonário, add. m. appartenente ad annona.

Annóso, add. m. che ha molti anni, vecchio, antico.

Annotáre, att. fare annotazione.

Annotatóre, sm. osservatore – glossatore.

Annotazióne, sf. osservazione fatta per ricordo di checchessia – commento, glossa.

Annottáre, n. ass. farsi notte.

Annoveráre (pr. óvero ec.), att. mettere insieme contando – ascrivere al numero.

Annuále, add. com. che si rinnova ogni anno.

Annualmente, avv. di anno in anno.

Annuário. V. *Annuale.*

Annubilare. V. *Annuvolare.*

Annuenza, sf. consenso.

Annugoláre. V. *Annuvolare.*

Annuire (v. lat.) (pr. sco ec.), n. condiscendere.

Annuláre, add. com. ch'è a foggia di anello.

Annulário. V. *Anulario.*

Annullamento. V. *Annullazione.*

Annulláre, att. distruggere affatto – dichiarare invalido e senza effetto, abolire (e dicesi di leggi, editti ec.)

Annullazióne, sf. distruzione totale – abolizione.

Annumeráre. V. *Annoverare.*

Annunciáre. V. *Annunziare.*

Annunziamento, sm. predizione – avviso.

Annunziáre, att. predire – avvisare – far sapere.

Annunziáta, sf. la Vergine annunziata, o la sua Immagine.

Annunziazióne, sf. predizione – avviso – il mistero dell'annunziazione della B. Vergine.

Annúnzio, sm. avviso – ambasciata.

Annuo. V. *Annuale.*

Annuvoláre (pr. úvolo ec.), att. e n. coprirsi il cielo di nuvole - fig. offuscarsi.

Annuvolíre. V. Annuvolare.

Ano, sm. orifizio dell' intestino retto.

Anodino, add. m. agg. di medicamento che mitiga il dolore, calmante.

Anomalìa (v.gr.), sf. irregolarità.

Anomalo, add. m. irregolare (agg. di verbo presso i gramm.)

Anonimo (v. gr.), add. m. senza nome (e dicesi di scrittura che non porta il nome dell'autore)

Anotomia. V. Anatomia.

Ansamento, sm. respiro affannoso.

Ansáre, n. ass. respirare con frequenza affannosa.

Anseático, add. m. agg. di alcune città commercianti unite insieme con certe leggi.

Ansia, e

Ansietà, sf. respiro affannoso - avv. brama ardente.

Ansiosamente, add. con gran desiderio.

Ansioso, add. m. impaziente.

Antagonista (v. gr.), sm. (pl. sti), contradditore - emulo.

Antartico, add. m. meridionale.

Antentto, sm. atto o scrittura antecedente.

Antecedente, add. com. detto o fatto innanzi.

Antecedentemente, avv. innanzi

Antecedenza, sf. il precedere -

gli antenati.

Antecédere. V. Precedere.

Antecessóre, sm. quegli che fu prima nello stesso grado - In pl. gli antenati.

Antefatto, sm. azione precedente.

Antemeridiáno. V. Antimeridiano.

Antemurále, sm. muro di difesa - fig. protezione, ajuto.

Antenáto, sm. progenitore. - In pl. serie delle generazioni trapassate di una famiglia.

Antenna, sf. albero da nave che regge la vela - per simil. ogni legno lungo e dritto.

Antepenúltimo, add. m. che precede il penultimo.

Anteporre (pr. ongo, pass. ósi, fut. orrò, pp. osto), att. an. porre avanti - preferire.

Anterióre, add. com. ch'è innanzi.

Anteriorità, sf. preminenza.

Anteriormente, avv. prima.

Antesignáno, sm. guida - maestro - modello.

Anticáglia, sf. nome generico di cose antiche.

Anticamente, avv. a' tempi andati.

Anticámera, sf. prima stanza di un appartamento.

Antichità, sf. qualità di cosa antica - fig. le generazioni trascorse.

Anticipáre (pr. ícipo ec.), att. vantaggiarsi nel tempo, cominciare innanzi - prevenire.

Anticipatamente, avv. innanzi al
tempo, avanti tratto.

Anticipazione, sf. l' anticipare -
: nell'uso, pagamento prima del
tempo.

Antico, add. m. (pl. chi), ch'è
· passato da secoli - passato di
moda, opposto di moderno.

Anticonóscere. V. Antivedere.

Anticristiáno, add. m. opposto al-
· la dottrina del Cristianesimo.

Anticristo, sm. seduttore de' popoli alla fine del mondo.

Antidáta, sf. data anteriore al
· giorno in cui si scrive.

Antidoto (v. gr.), sm. contrav-
· veleno - per simil. pronto rimedio.

Antifona (v. gr.), sf. versetto che
· precede il salmo.

Antifonário, sm. libro corale del-
· le antifone - e colui che in
coro le intuona.

Antifosso, sm. fosso innanzi ad
· un altro per ricevere gli scoli
della campagna.

Antimeridiáno, add. m. avanti
mezzodì.

Antimónio, sm. minerale com-
: posto di solfo e mercurio.

Antimúro, sm. muro avanti ad
· un altro.

Antipapa, sm. (pl. pi), falso papa
surrogato al papa vero.

Antipasto, sm. vivanda che si
· pone la prima a mensa.

Antipatía (v. gr.), sf. ripugnanza

reciproca che previene quasi
l' attenzione - contraggenio.

Antipático, add. m. che desta
avversione.

Antipenúltimo. V. Antepenul-
timo.

Antipodi (v. gr.), sm. pl. abitatori della terra sotto di noi.

Antipolítico, add. m. contrario
alla buona politica.

Antiporre. V. Anteporre.

Antiporta, sf. , e

Antiporto, sm. andito che passa
fra una porta e l' altra della
casa - porta avanti un'altra.

Antiquária, sf. la scienza delle
cose antiche.

Antiquário, sm. conoscitore di
cose antiche - add. m. che
appartiene all' antiquaria.

Antiquáto, add. m. passato in
disuso - ed anche confermato
da lungo uso.

Antíquo (v. lat. e poet.) V. Antico.

Antitesi (v. gr.), sf. fig. rett. per
cui si contrappongono cose diverse in uno stesso periodo.

Antivedére (pr. edo, eggo o eggio, poss. idi, fut. edrò, m. pr.
eggente), att. an. vedere avanti, prevedere, indovinare.

Antivedimento, sm. previsione ·
accorgimento.

Antiveggente, p. pr. di antivedere - indovino - provido.

Antivenire(pr. engo, ieni ec., pas

ansi, *fut.* errò, *p. pr.* eniente, epiente), *n. an.* antivare innanzi, anticipare.

antivigilia, *sf.* giorno innanzi la vigilia.

antologia (*v. gr.*), *sf. propr.* raccolta di fiori — e *fig.* dei più bei squarci di eloquenza, o di poesia, o di storia.

antonomasia (*v. gr.*); *sf. fig. rett.* per cui si usa il nome appellativo in vece del proprio.

antonomasticamente, *avv.* per antonomasia.

antonomastico, *add. m.* detto per antonomasia.

antro (*v. lat.*), *sm.* caverna.

antropofago (*v. lat.*), *sm.* (*pl.* gi, ghi), mangiatore di uomini.

anulare, *add. com.*, è

anulario, *add. e sm.* il quarto dito della mano cominciando dal pollice, così detto perchè in quello suolsi portare l'anello.

anzi, *avv.* ma, piuttosto — *prep.* avanti.

anzianità, *sf.* maggioranza più per età, che per grado.

anziano, *add. m.* maggiore per età, seniore.

anziché anzi che, *avv.* prima che.

anzidetto, *add. m.* detto prima.

anzinato, *add. m.* prima nato.

anvedere. V. *Antivedere*.

anvenire. V. *Antivenire*.

anzare, *att.* cercare la fiera, annusare l'orma.

Aorta, *sf.* la grande arteria.

Apatia (*v. gr.*), *sf.* stato dell'anima, in cui la percezione del bene e del male non desta la menoma sensibilità.

Apatico, *add. m.* insensibile.

Apatismo, *sm.* professione d'insensibilità.

Apatista, *sm.* (*pl.* sti), chi professa apatia.

Apatistico, *add. m.* indifferente.

Ape, *sf.* pecchia (*insetto che fa la cera e il mele*)

Aperiente, *p. pr. dell'inus. v. lat.* aperire, che apre (*e dicesi propr. delle medicine*)

Aperitivo, *add. m.* che ha virtù di aprire (*detto delle medicine*)

Apertamente, *avv.* chiaramente.

Apertura, *sf.* spazio vuoto, fenditura — *fig.* opportunità — di mente, facilità di comprendere.

Apiario, *sm.* alveare.

Apice (*v. lat.*), *sm.* cima, sommità.

Apocrifo (*v. gr.*), *add. m.* agg. di scritto o libro, di autore incerto, o di dubbia fede.

Apogeo (*v. gr.*), *sm.* il punto della massima distanza di un pianeta dalla terra.

Apologetico, *add. n.*, difensivo.

Apologia (*v. gr.*), *sf.* scritto in difesa di checchè sia.

Apologista *sm.* (*pl.* sti) difensore.

Apologo (*v. gr.*) *sm.* (*pl.* gi, ghi), favola morale.

Apoplesia, e

4

Apoplessía (v. gr.), sf. sospensione subitanea de'sensi e del moto per tutto il corpo.

Apoplético, add. m. infermo di apoplessía.

Apostasía (v. gr.), sf. rinnegamento della propria religione.

Apóstata, sm. (pl. ti), chi rinnega la propria religione.

Apostatáre, n. rinunziare alla propria religione.

Apostéma (v. gr.), sm. (pl. me f. e mi m.), l'umore.

Apostoláto, sm. grado e dignità di apostolo.

Apostolicamente, avv. alla maniera degli Apostoli.

Apostólico, add. m. di Apostolo.

Apóstolo (v. gr.), sm. nome dei dodici discepoli di G. C. da lui inviati a predicare pel mondo il Vangelo.

Apostrofáre (pr. ostrofo ec.), att. fare apostrofe - e segnare con apostrofo.

Apóstrofe (v. gr.), sm. fig. rett. per cui l'oratore volge talora il discorso ad altra persona od a cosa inanimata.

Apóstrofo (v. gr.), sm. virgoletta che si pone in fine delle parole troncate.

Apoteósi (v. gr.), sf. annoveramento fra gli Dei.

Appeciáre, att. pacificare.

Appagamento, sm. contentamento.

Appagáre, att. soddisfare l'altrui

volontà. - np. contentarsi.

Appajáre, att. accoppiare due cose della stessa specie.

Appalesamento. V. Palesamento

Appalesáre. V. Palesare.

Appallottoláre (pr. ottolo ec.), att. ridurre in pallottole.

Appaltáre, att. dare in appalto.

Appaltatóre, sm. impresario.

Appalto, sm. convenzione per cui si assume da alcuno di provvedere lo Stato di una merce, pagando una somma al Principe per averne l'esclusiva - contratto pel quale uno per una somma stabilita imprende di fare un lavoro, una fabbrica ec.

Appannábile, add. com. facile ad appannarsi.

Appannaggio, sm. assegnamento

Appannamento, sm. offuscamento

Appannáre, att. offuscare (e dicesi propr. de'cristalli) - fig. offuscare l'intelletto.

Appannáto, pp. di appannare - poco vivace.

Apparamento, sm. apparato.

Appaáre, att. apparecchiare - imparare.

Apparáto, sm. apparecchio (e dicesi ordinariamente delle chiese)

Apparatúra, sf. addobbo.

Apparecchiamento, sm. preparamento.

Apparecchiáre, att. mettere in ordine - n. ass. preparare

. mensa - *np.* disporsi , acci
gnersi.

Apparecchio, *sm.* apprestamento
(*per lo più della mensa*)

Appareggiare. V. *Pareggiare.*

Apparentarsi. V. *Imparentarsi.*

Apparentemente , *avv.* in apparenza.

Apparenza , *sf.* mostra , faccia
esterna - abbigliamento - finzione, simulazione.

Apparimento. V. *Apparizione.*

Apparire (*pr.* isco, isce, *o* appare, *pl.* iscono, *o* appajono,
pass. arii, *o* arvi, *p. pr.* a-
reute, *o* iscente, *pp.* arito, *o*
arso) , *n. an.* farsi vedere -
essere manifesto - sembrare.

Appariscente, *add. com.* di bella
presenza.

Appariscenza , *sf.* bella presenza, *o* mostra.

Apparizione , *sf.* manifestazione
di un oggetto per sè stesso
invisibile, che si fa visibile.

Appartamento, *sm.* aggregato di
più stanze.

Appartare, *att.* mettere da parte
- *np.* segregarsi.

Appartatamente, *avv.* a parte.

Appartenenza , *sf.* cosa che appartiene.

Appartenere (*pr.* ergo, *pass.* en-
ui, *fut.* errò), *n. an.* convenire - essere dovuto - *ed an-*
che essere parente.

Appassionamento , *sm.* attacco

della passione.

Appassionarsi , *np.* provar passione.

Appassionatamente, *avv.* con passione.

Appassionatezza. V. *Appassio-*
namento.

Appassionato , *pp. di* appassionarsi , dominato da una passione - *ed anche* mesto, afflitto.

Appassire (*pr.* sco ec.), *n. ass.*
divenir passo (floscio) - *fig.*
illanguidire.

Appasticciare, *att.* cucinare a uso
di pasticcio.

Appellabile, *add. com.* che può
appellarsi.

Appellabilità , *sf.* facoltà di appellarsi.

Appellare, *att.* dare il nome, nominare - *n. ass.* e *np.* richiamarsi da una sentenza per
tentare nuovo giudizio.

Appellativo, *add. m.* denominativo - agg. di nomi che convengono ad una medesima specie, *opposto a* proprio.

Appellazione, *sf.* espressione del
nome - *per* appello. V.

Appello, *sm.* dimanda di nuovo
giudizio a giudice superiore -
nell'uso rassegna.

Appena, a pena, *avv.* a fatica.

Appendere (*pass.* ési, *pp.* éso) ,
att. an. appiccare - sospendere.

Appendíce (v. lat.), sf. aggiunta.

Appestáre, att. ammorbare.

Appetenza, sf. appetito.

Appetíbile, add. com. da essere appetito (desiderato)

Appetíre (pr. sco ec.), att. bramare - avere appetito.

Appetitívo, add. com. che solletica l'appetito.

Appetíto, sm. desiderio ardente di una cosa - fame.

Appetitosamente, avv. con appetito - con grande avidità.

Appetitoso, add. m. che aguzza l'appetito.

Appetto, a petto, avv. dirimpetto.

Appezzáre, att. tagliare a pezzi.

Appiacevolíre (pr. sco ec.), att. rendere piacevole.

Appianáre, att. far piano - fig. rimuovere le difficoltà.

Appiastricciamento, sm. miscuglio di cose - e per simil. di parole.

Appiastricciarsi, np. imbrattarsi.

Appiattamento, sm. occultamento.

Appiattáre, att. occultare - np. nascondersi.

Appiattatamente, avv. nascostamente.

Appiccágnolo, sm. qualunque cosa a cui si possa appendere un'altra.

Appiccáre, att. attaccare una cosa coll'altra - per impiccare. V.

Appiccaticcio, add. m. attaccaticcio - agg. di uomo, impor-

tuno - agg. di morbo, contagioso.

Appiccatojo. V. Appiccagnolo.

Appiccatúra, sf. congiugnimento

Appicciníre (pr. sco ec.), att. rendere piccino, scorciare.

Appicciolíre (pr. sco ec.), att. far più piccolo.

Appicco, sm. (pl. cchi), attaccamento - fig. pretesto.

Appiccolíre. V. Appicciolire.

Appiè, appiede, e a piè, a piedi, avv. di sotto.

Appiéno, a pieno, avv. pienamente, affatto.

Appigionamento, sm. l'appigionare.

Appigionáre, att. dare a pigione.

Appigliamento, sm. unione di una cosa con l'altra.

Appigliarsi, np. attaccarsi - fig. attenersi - prendere radice (detto delle piante)

Appinzáre, att. pungere (proprio delle vespe, zanzare ec.)

Appiombo, e a piombo, avv. perpendicolarmente.

Applaudere. V. Applaudire.

Applaudimento, sm. applauso.

Applaudíre (pr. sco ec.), n. far segno di allegrezza o di approvazione col battere le mani - np. pavoneggiarsi.

Applausíbile. V. Plausibile.

Applauso, sm. segno di approvazione con battuta di mani e simili.

Applicábile, add. com. che

applicarsi, adattarsi ec.

Applicamento, *sm.* adattamento.

Applicante, *p. pr.* di applicare — *nell'uso* concorrente.

Applicare (*pr.* applico, chi ec.), *att.* apporre una cosa sovra un'altra in modo che vi stia attacata — *fig.* riferire una cosa ad un'altra — *nell'* uso, concorrere — *np.* dedicarsi a una cosa.

Applicatamente, *avv.* con attenzione.

Applicazione, *sf.* l'atto di applicare una cosa — *fig.* l'attenzione con cui si fa una cosa.

Appo, *prep.* appresso.

Appóco appóco, *e* a poco a poco, *avv.* poco per volta.

Appoggiamento, *sm.* sostegno.

Appoggiare, *att.* accostare una cosa ad un'altra — *np.* valersi del sostegno altrui.

Appoggiatojo, *sm.* ciò che serve di appoggio.

Appoggiatura, *sf.* appoggio — ornamento di musica.

Appoggio, *sm.* qualunque cosa che serva di sostegno — *fig.* ajuto, protezione.

Appollajarsi, *np.* l'andare dei polli a dormire.

Appomiciare, *att.* dar la pomice, lisciare, pulire.

Apposticalo, *sm.* aggiunta.

Apporre (*sinc. del lat.* apponere) (*pr.* ongo, oni, ec., *pass.* osi, *fut.*

porrò, *pp.* osto), *att. an.* porre sopra, aggiungere — incolpare — contraddire — *np.* dar nel segno, indovinare.

Apportare, *att.* trasferire una cosa da un luogo in un altro — riferire — cagionare — (*da* porto), *n.* pigliar porto, approdare.

Appositamente, *avv.* acconciamente, a posta.

Apposito, *add. m.* posto sopra — *più comun.* fatto a posta.

Apposizione, *sf.* l'atto di accostare una cosa ad un'altra.

Apposta, a posta, *avv.* a bello studio, pensatamente.

Appostamento, *sm.* agguato, insidia.

Appostare, *att.* osservare cautamente ove sia riposto checchessia — *nell'uso* prendere posto — *e np.* accamparsi.

Appostatamente, *avv.* a posta.

Apposto, *pp.* di apporre, posto sopra — attribuito a torto.

Apprendere (*pass.* ési, *pp.* éso), *att. an.* imparare — comprendere, intendere — *np.* attaccarsi — mettersi in apprensione.

Apprendimento, *sm.* conoscimento — insegnamento.

Apprendista, *sm.* (*pl.* sti), chi si esercita per farsi esperto in una professione.

Apprensibile, *add. m.* atto ad apprendersi.

Apprensione, *sf.* percezione — timore

Apprensíva, *sf.* potenza dell' apprendere.

Apprensivo, *add. m.* che si sgomenta per poco.

Appresentáre, *att.* recare innanzi.

Appressamento, *sm.* avvicinamento

Appressáre, *att.* avvicinare — *np.* accostarsi.

Appresso, *avv. e prep.* vicino - dopo, *e* dietro.

Appressochè, *e* appresso che, *avv.* dopo che.

Apprestamento, *sm.* apparecchiamento.

Apprestáre, *att.* preparare.

Apprezzabile, *add. com.* pregevole

Apprezzamento, *sm.* stima.

Apprezzáre (*da prezzo*), *att.* giudicare il prezzo di una cosa — avere in pregio.

Approcciarsi, *np.* avvicinarsi.

Appróccio, *sm.* trincea coperta per accostarsi al nemico senza essere offeso.

Approdáre, *n.* andare a riva.

Appròdo, *sm.* l'atto di approdare, ingresso nel porto.

Approfittáre, *att.* recar utile — *n. ass.* cavar profitto — *np.* vantaggiarsi, valersi.

Approfondáre, *att.* scavare a fondo — *fig.* internarsi in una cosa

Approntáre, *att.* tenere in pronto.

Appropiáre. V. *Appropriare.*

apropósito, *e* a proposito, *avv.* acconcio.

priáre, *att.* attribuire — *np.*

farsi proprio.

Appropriatamente, *avv.* con proprietà.

Appropriazióne, *sf.* attribuzione.

Approssimamento, *sm.* avvicinamento.

Approssimáre (*pr.* óssimo ec.), *att.* avvicinare.

Approssimatívo, *add. m.* che di poco si allontana.

Approssimazióne, *sf.* avvicinamento.

Approvábile, *add. com.* da, o che può approvarsi.

Approváre, *att.* tener per buono, o per vero.

Approvatamente, *avv.* con approvazione.

Approvazióne, *sf.* l'approvare.

Approvigionamento, *sm.* provvedimento di vettovaglia.

Approvigionáre. *att.* fornire di vettovaglie.

Appuntábile, *add. com.* da essere appuntato.

Appuntamento, *sm.* accordo, convenzione.

Appuntáre, *att.* (*da punto*), attaccare con punti — (*da punta*), far la punta, aguzzare — scrivere per memoria.

Appuntatamente, *avv.* per l'appunto, precisamente.

Appuntatúra, *sf.* nota che si fa a chi manca al suo uffizio — censura, biasimo.

Appuntelláre. V. *Puntellare.*

Appentino, e

Appunto, *o a punto*, *avv.* esattamente; nè più nè meno.

Appunto, *sm. in comm.* il saldo di un conto,

Appuramento, *sm.* schiarimento.

Appurare, *att.* mettere in chiaro, verificare.

Appuzzare, *att.* recar puzzo.

Aprico (*v. lat. e poet.*), *add. m.* (*pl.* ci, chi), esposto al sole.

Aprile, *sm.* il quarto mese dell'anno volgare.

Aprimento, *sm.* l'aprire.

Aprire (*pass.* aprii, *o* apersi, *p. pr.* aprente, *o* aperiente, *pp.* aperto), *att. an.* disgiungere e allargare le parti congiunte di checchessia (*e dicesi comun. delle imposte degli usci e delle finestre*) - *fig.* palesare, manifestare.

Apritúra. V. *Apertura.*

Aquario, *sm.* uno de' segni del zodiaco.

Aquila, *sf.* uccello di rapina notissimo.

Aquilino, *add. m.* di aquila - *agg.* a naso, adunco come il becco dell'aquila.

Aquilonare, *add. com.* verso aquilone, settentrionale.

Aquilone, *sm.* vento di tramontana - la parte settentrionale.

Ara (*v. lat.*), *sf.* altare.

Arabescáto, *add. m.* ornato di arabeschi.

Arabesco, *sm.* (*pl.* schi), fregio di foglie, fiori ec. che si usa nel disegno - *add. m.* al modo di Arabia.

Arábico, *add. m.* di Arabia.

Arábile, *add. com.* che può ararsi.

Arabismo, *sm.* modo di parlare degli Arabi.

Aráldica, *sf.* cognizione di ciò che spetta alle armi gentilizie.

Araldo, *sm.* messaggiero, banditore.

Aramento. V. *Aratura.*

Aráncia, *sf.* il frutto dell'arancio.

Aráncio, *sm.* albero che produce l'arancia - *add. m.* di colore d'arancia.

Aráre, *att.* lavorar la terra coll'aratro.

Aratolo. V. *Aratro.*

Aratório, *add. m.* per arare (*detto degli arnesi e del terreno*)

Aratro, *sm.* strumento per arare.

Aratúra, *sf.* l'azione e il modo di arare - e la quantità del terreno arato.

Arazzo, *sm.* panno tessuto a figure.

Arbitramento, *sm.* compromesso.

Arbitráre (*pr.* árbitro ec.), *att.* giudicare non con rigore di legge, ma come pacificatore.

Arbitrariamente, *avv.* a sua voglia

Arbitrário, *add. m.* che dipende dall'arbitrio altrui.

Arbitráto, *add. m.* fatto ad arbitrio.

Arbítrio, *sm.* facoltà della volontà di determinarsi nella scelta di una cosa piuttosto che di un'altra - facoltà - potestà - capriccio - *ed anche* il giudizio degli arbitri.

Arbitro, *sm.* giudice eletto dalle parti.

Arboráto, *add. m.* piantato ad alberi, o vestito di alberi.

Arbore. V. *Albero.*

Arbóreo, *add. m.* di quantità, o forma di albero.

Arbuscello, *sm.* piccolo albero.

Arbusto, *sm.* frutice, sterpo.

Arca (*v. lat.*), *sf.* (*pl.* che), cassa - *assolut.* quella che fece Noè per salvarsi dal diluvio - e quella ov'erano riposte le tavole della legge presso gli Ebrai.

Arcaismo (*v. gr.*), *sm.* parola fuori di uso.

Arcáme, *sm.* scheltro.

Arcanamente, *avv.* segretamente.

Arcángelo, e

Arcángiolo (*v. gr.*), *sm.* spirito angelico del secondo ordine.

Arcáno, *sm.* cosa difficile a comprendersi, mistero - *add. m.* segreto, misterioso.

Arcáta, *sf.* spazio quanto tira un arco.

Arcáto, *add. m.* piegato in arco, curvo.

Arcatúra, *sf.* curvità.

Arcávolo, *sm.* il padre del bisavolo

Archeggiáre, *att.* piegare a foggia d'arco.

Archeologia. V. *Antiquaria.*

Archetipamente, *avv.* per modello.

Archétipo (*v. gr.*), *sm.* prima forma, modello.

Archetto, *sm. dim. di* arco - bacchetta piegata dagli uccellatori per prenderne uccelli.

Archiátro (*v. gr.*), *sm.* primo medico - *ed anche* medico del principe.

Archibugiáre, *att.* uccidere con archibugio.

Archibugiáta, *sf.* colpo d'archibugio.

Archibugio, *sm.* arma da fuoco, *volg.* schioppo.

Archibusiére, *sm.* soldato armato d'archibugio.

Archibúso. V. *Archibugio.*

Archiginnásio (*v. gr.*), *sm.* università.

Archipénzolo, *sm.* strumento con cui gli architetti trovano il piano delle fabbriche.

Architettáre, *att.* ideare e ordinare una fabbrica secondo le regole d'architettura.

Architetto, *sm.* chi esercita l'architettura.

Architettonicamente, *avv.* in maniera architettonica.

Architettónico, *add. m.* ch'è secondo i principj d'architettura.

Architettúra (*v. gr.*), *sf.* l'arte di fabbricare.

Architráve, *sm.* la parte che posa sul capitello delle colonne.

Anfitriclino (v. gr.), sm. soprintendente alla mensa.

Archiviare, att. registrare le scritture in un archivio.

Archivio (v. gr.), sm. luogo ove conservansi le scritture pubbliche.

Archivista, sm. (pl. sti), chi ha cura dell'archivio.

Arci, partic. che da sè nulla significa, ma unita ad un superlativo ne accresce la forza, come arcifreddissimo, e ad un titolo, esprime maggioranza di dignità, come arciduca, arcivescovo ec.

Arciere, e

Arciero, sm. tiratore d'arco.

Arcigno (per trasposizione in vece dell'icus, acrigno), add. m. alquanto agro - fig. severo, zotico.

Arcione, sm. la parte arcata della sella o del basto.

Arcipelago (v. gr.), sm. (pl. ghi), mare pieno d'isole o scogli.

Arcipresso. V. Cipresso.

Arcipretale, add. com. di arciprete.

Arcipretato, sm. dignità di arciprete.

Arciprete, sm. dignità ecclesiastica con giurisdizione.

Arcivescovado, sm. dignità suprema di chiesa metropolitana - e l'abitazione dell'arcivescovo.

Arcivescovo (v. gr.), sm. vescovo metropolitano, che ha sotto di sè diversi vescovi suffraganei.

Arco, sm. (pl. chi), strumento piegato a semicerchio per iscagliar frecce o palle - parte di un cerchio - per simil. ogni cosa curva - trionfale, edifizio eretto in memoria di alcun grande avvenimento.

Arcobaleno, e

Arcoceleste. V. Iride.

Arcolajo, sm. strumento rotondo che si aggira sopra un perno, sul quale si adatta la matassa per dipanarla.

Arconte (v. gr.), sm. magistratura suprema degli antichi Ateniesi.

Arcova. V. Alcova.

Arcovata, sf. serie di più archi per uso di acquidotti o simili.

Arcuato, add. m. piegato ad arco.

Arcuccio, sm. arnese arcato che si pone nelle culle de' bambini, acciò non restino soffocati dalle coperte.

Ardente, p. pr. di ardere - infocato - cocente - agg. d'animo, animoso - di cavalla, impetuoso - d'occhi, infiammati d'amore, o d'ira.

Ardentemente, avv. con ardore.

Ardenza, sf. ardore (e dicesi ordinariam. de' cavalli.)

Ardere (pass. arsi, pp. arso att. an. abbruciare - fig.

siderare ardentemente - n. ass.
essere consumato dal fuoco -
spandere gran calore.

Ardimento , sm. audacia - coraggio.

Ardimentóso, add. m. coraggioso.

Ardíre (pr. sco ec.)), n. difett.
aver animo - osare.

Ardíre, sm. V. Ardimento.

Arditamente, avv. con coraggio-
ed anche con temerità.

Ardilezza , sf. coraggio a tutta
prova - temerità.

Ardóre, sm. calore veemente -
fig. desiderio intenso.

Arduamente, avv. con difficoltà.

Arduità, sf. ripidezza - fig. difficoltà.

Arduo, add. m. difficile.

Area (v. lat.), sf. V. Aja - In
archit. lo spazio compreso fra
le mura dell' edifizio - in
geom. la superficie piana di
qualunque figura.

Aréna, sf. sabbia - luogo destinate ai pubblici spettacoli.

Arenamento. V. Arrenamento.

Arenare. V. Arrenare.

Arenante , sm. combattente nel-
l' arena.

Arenarsi, np. sprofondarsi nel-
l'arena.

Arenosità, sf. materia arenosa.

Arenóso , add. m. di qualità
d' arena.

reopagita , sm. (pl. ti) , giudice
nell'Areopago.

Areópago (v. gr.), sm. (pl. ghi),
tribunale dell'antica Atene.

Areostático, add. m. che si regge in aria.

Areóstato, sm. pallone volante.

Arganáre (pr. árgano ec.), att.
passar i metalli per le prime
trafile.

Argano , sm. strumento per alzare pesi enormi.

Argentajo V. Argentiere.

Argentáre. V. Inargentare.

Argentário. V. Argentiere - add.
m. spettante agli argentai o
argentieri.

Argénteo (v. lat.), add. m. d'argento.

Argentería, sf. quantità di argento lavorato.

Argentiéra, sf. miniera d'argento.

Argentiére, sm. artefice che lavora l'argento.

Argentíno, add. m. d' argento ,
o simile all' argento.

Argento, sm. metallo bianco assai
duttile e malleabile.

Argilla, sf. terra tenace con cui
si fanno le stoviglie.

Argilláceo, add. m. della natura dell' argilla.

Argillóso, add. m. che contiene
dell'argilla.

Arginamento, sm. formazione degli argini.

Argináre (pr. árgino ec.) , att.
fare gli argini a una corrente.

Arginatúra. V. Arginamento.

Argine, sm. riparo di terra sulle rive de' fiumi per contenere le acque - per simil. riparo qualunque - fig. impedimento, ostacolo.

Argomentare, n. ass. addurre argomenti - trarre induzioni.

Argomentazione, sf. raziocinio, dimostrazione.

Argomento, sm. prova - raziocinio - conghiettura - soggetto di un componimento.

Arguire (pr. sco ec.), n. ass. trarre induzione, inferire.

Argutamente, avv. sagacemente.

Argutezza, sf. sottigliezza.

Arguto, add. m. vivace, sottile.

Arguzia, sf. vivezza sia nello scrivere che nel parlare - concetto o motto arguto.

Aria, sf. fluido trasparente, elastico, respirabile, che circonda il globo - per trasl. apparenza della faccia, cera - fig. orgoglio - In mus. parte concertata a rigore di tempo e di strumentatura - In marin. la direzione di uno de' venti accennati nella bussola - In pitt. quel fondo del quadro che rappresenta l' azzurro celeste.

Aridamente, avv. con aridità.

Aridezza, e

Aridità, sf. mancanza di umido - e fig. di fervore nelle cose spirituali.

Arido, add. m. secco, asciutto - fig. dicesi di un soggetto che non somministra materia da poter ragionare.

Arieggiare, n. aver qualche rassomiglianza.

Ariete (v. lat.), sm. montone - costellazione del zodiaco - macchina da guerra presso gli antichi per battere in breccia le mura delle città - In Idraul. macchina per sollevare l'acqua a grandi altezze.

Arietta, sf. dim. di aria (per lo più musicale)

Arimmetica. V. Aritmetica.

Aringa, sf. (pl. ghe), ragionamento pubblico - specie di pesce insalato ed affumicato.

Aringare, att. parlamentare.

Aringatore. sm. pubblico dicitore.

Aringo, sm. (pl. ghi), propr. giostra - gara, cimento - lo spazio ove si deve giostrare - discorso animato.

Arioso, add. m. ch' è ben ventilato - fig. bizzarro - vistoso, avvenente.

Ariostista, sm. (pl. sti), partigiano dell' Ariosto.

Arista, sf. la schiena del porco.

Aristarco, sm. (pl. chi), nome proprio di un grammatico greco - fig. critico severo.

Aristato, add. m. che ha resta.

Aristocratico, add. e m. (pl. ci, chi), di aristocrazia.

Aristocrazìa (v. gr.), sf. forma di governo, in cui il sommo imperio sta nel consiglio dei più scelti cittadini.

Aristotelicamente, avv. seguendo la scuola di Aristotile.

Aristotélico, add. m. secondo i precetti di Aristotile.

Aritmetica (v. gr.). sf. (pl. che), scienza del numerare.

Aritmeticamente, avv. con modo aritmetico.

Aritmetico, sm. chi professa l'aritmetica – add. m. ch' è fondato sull' aritmetica.

Arlecchino, sm. maschera bergamasca, che rappresentava un servo sciocco e ridicolo nell' antica commedia italiana.

Arlotto, sm. uomo goffo, inetto, e gran mangiatore.

Arma. V. Arme.

Armàdio, sm. arnese di legno per riporvi checchessia, il quale apresi e chiudesi a guisa di uscio.

Armadùra, sf. guernimento d' armi – que' legnami posti a sostegno delle fabbriche.

Armajuòlo, sm. chi fabbrica, rassetta o forbisce le armi.

Armamento, sm. arnesi da guerra – ed anche armadura,

Armàre, att. fornire, o vestire uno d' armi – far l'armadura alle fabbriche – np. munirsi d' armi per difesa od offesa.

Armàta, sf. moltitudine di gente armata per combattere – navale, moltitudine di navilj di guerra.

Armatamente, avv. con armi.

Armatóre, sm. capitano di nave armata per corseggiare – e la nave stessa.

Armatùra. V. Armadura.

Arme, sf. strumento qualunque di ferro o acciajo per difesa od offesa – lo stemma gentilizio di una famiglia – nel pl. gli stromenti di ciascuna arte o professione – gente d' arme, soldatesca – fatto d' armi, battaglia – piazza d' arme, fortezza.

Armeggiamento, sm. giuoco d'arme

Armeggiàre, n. ass. giocar d' arme – fig. confondersi nel discorrere o nell' operare – dimenarsi colle mani e coi piedi,

Armeggiatóre, sm. giostratore.

Arméggio, sm. fig. intrigo.

Armellìna, sf. pelle d'armellino.

Armellìno, sm. animaletto del Nord, ricercatissimo pel suo pelo estremamente candido.

Armentàrio, sm. che ha la cura degli armenti, pastore.

Armento, sm. greggia di pecore o di altri grossi animali domestici.

Armerìa, sf. luogo ove si ripongono le armi.

Armìgero, add. m. che porta ed

usà le armi.

Armilla, *sf.* girella che dai guerrieri antichi portavasi al braccio sinistro.

Armillare, *add. com.* agg. di *sfera*, strumento composto di cerchi a foggia d'armille, che serve a rappresentare i movimenti de' pianeti.

Armista, *sm.* (*pl.* sti), libro ove sono registrate le armi gentilizie di uno stato.

Armistizio, *sm.* sospensione di armi, o di guerra.

Armonia (*v. gr.*), *sf.* concerto di voci o di suoni - proporzione e corrispondenza di parti in checchessia = *fig.* concordia - *prestabilita*, serie inalterabile di pensieri e di sentimenti in corrispondenza con un'altra serie pure inalterabile di moti organici.

Armonica, *sf.* (*pl.* che), strumento musicale inventato da Franklin.

Armonicamente, *avv.* con armonia.

Armonico, *add. m.* (*pl.* ci, chi), che rende armonia - ben disposto, proporzionato.

Armoniosamente, *avv.* con armonia.

Armonioso, *add. m.* pieno d'armonia.

Armonista, *sm.* (*pl.* sti), compositore di musica.

Armonizzamento, *sm.* dolcezza di suono.

Armonizzare, *n. ass.* rendere armonia - stare in giusta proporzione - *att. fig.* conciliare gli animi.

Arnese, *sm.* nome generico di tutte le masserizie, strumenti da lavoro ec.

Arnia, *sf.* cassetta da pecchie.

Aromatico, *add. m.* (*pl.* ci, chi), che ha odore e sapore di aromo.

Aromatizzare, *att.* dare odore e sapore di aromato.

Aromato, e

Aromo (*v. gr.*), *sm.* nome generico di ogni droga o pianta, che mandi odore fragrante ed abbia sapore acuto.

Arpa (*v. gr.*), *sf.* strumento a corde, di figura triangolare, molto armonioso.

Arpagone, *sm.* ferro uncinato per aggrappare qualche cosa (*volg.* rampicone)

Arpeggiamento. *V. Arpeggio.*

Arpeggiare, *n. ass.* toccare con velocità le corde di uno strumento d'una stessa consonanza.

Arpeggio, *sm.* quel suono in cui si fanno sentire tutti i tuoni d'accordo uno dopo l'altro.

Arpese, *sm.* lamina di ferro con cui si uniscono pietre con pietre.

Arpia (*v. gr.*), *sf.* mostro alato e rapace della favola - *fig.*

uomo interessato ed avaro -
ed anche meretrice.

Arpicordo, *sm.* strumento musicale simile all'arpa.

Arpione, *sm.* ferro uncinato che
s'ingessa nel muro, e su cui
si aggirano le imposte di porte e finestre - *talora anche* attaccagnolo, *o* appiccagnolo.

Arrabbiamento, *sm,* rabbia, stizza.

Arrabbiáre, *n. ass.* divenire rabbioso (*proprio de'cani*) · *fig.*
fieramente adirarsi.

Arrabbiatamente, *avv.* con rabbia.

Arraffáre, *e*

Arraffiáre, *att.* strappar di mano.

Arrampicáre, *n. ass.* e

Arrampicarsi (*pr.* ámpico, chi
ec.), *np.* attaccarsi colle rampe
(*proprio de'gatti*) - *per simil.*
dicesi d'uomo che cammini
colle mani e co'piedi in qualche luogo difficile.

Arrancáre (*da* anca), *n. ass.* il
camminare degli zoppi o sciancati - *per simil.* affaticarsi per
troppa fretta di camminare -
fig. affannarsi.

Arrancato, *pp. di* arrancare -
In marin. dicesi *vroga arran-
cata,* cioè di tutta forza.

Arrancidíre (*pr.* sco ec.), *n. ass.*
divenir rancido (*e dicesi delle
cose grasse, oleose ec.*)

Arrandelláre, *att. propr.* il serrare le corde col mandello co-

me si fa dai facchini - *p
simil.* legare stretto con che
chessia.

Arrantoláto, *add. m.* che ha
rantolo, catarroso.

Arrappáre. V. *Arraffare.*

Arraspáre. V. *Raspare.*

Arrecáre, *att.* portare - cagionare

Arredáre, *att.* fornire di arred

Arrédo, *sm.* arnese, suppellettile

Arrembággio, *sm.* l'incontro d
due navi che si accostano pe
combattere.

Arrembáre, *n. ass.* venire al
l'arrembaggio.

Arrenamento, *sm.* il dare di un
nave in fondi bassi e ghia
josi - *fig.* raffreddamento nel
l'operare.

Arrenáre (*da* arena), *n. ass.* da
re in secco colla nave - *fig*
raffreddarsi in operare - *att.*
stropicciare con sabbia.

Arrendére (*pass.* ési, *pp.* éso)
att. dare in mano - *np.* cedere - darsi per vinto - umiliarsi - rassegnarsi - allen-
tarsi (*parlando di corde*) -
piegarsi (*parlando di alberi*)

Arrendévole, *add. com.* che facilmente cede - pieghevole.

Arrendevolezza, *sf.* flessibilità,
pieghevolezza.

Arrendevolmente, *avv.* senza difficoltà.

Arrendibilità, *sf.* attitudine di
potersi piegare.

arrendimento, *sm.* sommissione.

arrestamento, *sm.* l'atto di arrestare – cattura.

arrestáre, *att.* impedire ad una
cosa il moto incominciato –
trattenere – *np.* fermarsi.

arresto, *sm.* V. *Arrestamento* –
In legge sequestro di persona
o di roba – *Nella mil.* gastigo
che obbliga un individuo a
stare un dato tempo in un
luogo.

Arretrarsi, *np.* farsi indietro.

Arretrato, *pp.* di arretrarsi –
agg. di *debito, interesse* ec.,
non pagato a suo tempo.

Arricchimento, *sm.* l'acquistare
ricchezze.

Arricchire (*pr.* sco ec.), *att.* far
ricco – *np.* divenir ricco.

Arricciamento, *sm.* increspamento – ribrezzo, raccapriccio.

Arricciáre, *att.* inanellare con
arte i capelli – dare il secondo
intonaco al muro – *np. fig.*
sdizirsi – il naso, mostrare
di avere a sdegno qualche cosa.

Arricciatúra, *sf.* acconciatura
de' capelli a ricciolini – la seconda incalcinatura del muro.

Arridere (*pass.* isi, *pp.* iso), *n.*
mostrarsi ridente – essere favorevole.

Arringáre. V. *Aringare.*

Arringo. V. *Aringo.*

Arrischiáre, *att.* mettere a rischio – *np.* avventurarsi.

Arrischiatamente, *avv.* con rischio.

Arrischiévole, *add. com.* che si
arrischia facilmente.

Arrisicáre. V. *Arrischiare.*

Arriváre, *att.* accostare alla riva
– *n.* giungere – accadere.

Arrivo, *sm.* il momento in cui
uno giugne.

Arrocáre, *n. ass.* diventar rauco.

Arroccáre, *n. ass.* porre il filato
sulla rocca – *Agli scacchi,*
porre il rocco a lato del re.

Arrogante, *add. com.* presuntuoso, audace,

Arrogantemente, *avv.* con arroganza, presontuosamente.

Arroganza, *sf.* smodata pompa
di qualità che uno presume di
possedere – insolenza, audacia.

Arrogáre, *n.* e

Arrogarsi (*pr.* ogo, chi ec.), *np.*
attribuirsi arrogantemente –
att. adottare per via di arro-
gazione.

Arrogazióne, *sf.* attribuimento –
presso i legisti, adozione di
persona libera.

Arrógere, (*pr.* ogi, oge, *le più*
usitate), *difett.* aggiungere.

Arroláre, *att.* scrivere a ruolo
(*detto di soldati di nuova leva*)

Arroncamento, *sm.* l'arroncare.

Arroncáre, *att.* tagliare colla
ronca l'erbe selvatiche.

Arrossáre, e

Arrossíre (*pr.* sco ec.), *n. ass.*

divenire rosso - *fig.* vergognarsi.

Arrostire (*pr. sco ec.*), *att.* cuocere senz'acqua - *per simil.* dicesi dell'effetto del sole quando è troppo cocente.

Arrosto, *sm.* vivanda arrostita - *avverb.* cotto senz'acqua.

Arrotamento, *sm.* aguzzamento.

Arrotare, *att.* assottigliare il taglio de' ferri colla ruota - uccidere col supplizio della ruota - *np.* agitarsi con ismania.

Arrotino, *sm.* chi fa il mestiere di arrotare i ferri taglienti.

Arrotolare (*pr. otolo ec.*), *att.* avvolgere a guisa di rotolo.

Arrovellare, *att.* far arrabbiare - *n. ass.* e *np.* arrabbiarsi.

Arroventamento, *sm.* infocamento.

Arroventare, e

Arroventire (*pr. sco ec.*), *att.* far rovente, infocare.

Arrovesciamento, *sm.* l'atto di arrovesciare.

Arrovesciare, *att.* volgere una cosa al contrario del suo diritto - gettare per terra.

Arrovesciatura, *sf.* rivolgimento contrario.

Arrovescio, e a rovescio, *avv.* all'opposto.

Arrossire (*ss dolci*) (*pr. sco ec.*), *att.* rendere più rosso o ruvido - *n. ass.* divenire rosso.

Arruffare (*da ruffa*), *att.* scompigliare i capelli - *np.* scapigliarsi.

Arrugginire (*pr. sco ec.*), *att.* far rugginoso - *n. ass.* e *np.* prendere la ruggine.

Arruolamento. V. *Arrotamento*

Arruolare. V. *Arrotare*.

Arruotino. V. *Arrotino*.

Arruotolare. V. *Arrotolare*.

Arruvidare (*pr. uvido ec.*), e

Arruvidire (*pr. sco ec.*); *n. ass.* farsi ruvido.

Arsenale, *sm.* luogo pubblico dove si fabbricano e si custodiscono le navi e le armi da guerra.

Arsenico (*v. gr.*), *sm.* metallo sommamente venefico.

Arsicciare, *att.* abbruciacchiare.

Arsiccio, *add. m.* alquanto arso

Arsione, *sf.* incendio - calore eccedente - sete eccessiva.

Arsura, *sf.* ardore - sete - mancanza di pioggia - e *fig.* di danari, povertà.

Artatamente, *avv.* con arte.

Arte, *sf.* voce astratta, che abbraccia ogni esercizio della mente e della mano - maestria nell'operare - astuzia, stratagemma - Ad arte, *avv.* artificiosamente.

Artefatto, *add. m.* fatto col magistero dell'arte, opposto a naturale.

Artefice, *sf.* esercitatore di un'arte

meccanica - coll' agg. di somma, Iddio.

Artificiale. V. *Artificiato.*

Artifizio. V. *Artifizio.*

Artigiana. V. *Artigiano.*

Artemisia, *sf.* erba odorosa.

Aorta (*v. gr.*), *sf.* vaso che porta il sangue dal cuore a tutte le parti del corpo.

Aortico, *add. m.* appartenente al arteria.

Arteriuzza, *sf. dim. di* arteria.

Artetica, *sf.* (*pl. che*), infermità che porta dolore alle giunture.

Artetico, *add. m.* appartenente alle giunture.

Artichiocco. V. *Carciofo.*

Artico, *add. m. agg. del* polo e delle terre settentrionali.

Articolare (*pr. icolo ec.*), *att.* organizzare e formare le membra - *n. ass.* pronunziare articolatamente - *in forza di add. com.* appartenente ad articolo o giuntura.

Articolatamente, *avv.* ordinatamente - distintamente.

Articolazione, *sf.* nodo, giuntura - *in gramm.* pronunzia distinta delle parole.

Articoletto, *sm. dim. di* articolo (capitolo)

Articolo (*dal lat.* artus), *sm.* nodo, giuntura - *fig.* parte di una scrittura, capitolo-dogma di fede - momento di tempo - *in gramm.* particella declinaz-

bile che precede i casi de' nomi - nell' uso talora mesce, mascerizia e simili.

Artiere. V. *Artefice.*

Artificiale, *add. com.* non naturale.

Artificialmente. V. *Artifiziosamente.*

Artificiato, *add. m.* fatto con artificio - *fig.* falsificato.

Artificio. V. *Artifizio.*

Artificiosamente, *avv.* con artifizio, maestrevolmente.

Artificioso, *add. m.* fatto ad arte - ingegnoso.

Artifiziale. V. *Artificiale.*

Artifizialmente, e

Artifizialmente. V. *Artificiosamente.*

Artifiziato. V. *Artificiato.*

Artifizio, *sm.* l'operare con arte - e maestria di operare - ordigno ingegnoso - astuzia, stratagemma.

Artifiziosamente. V. *Artificiosamente.*

Artifizioso. V. *Artificioso.*

Artigianesco, *add. m.* (*pl. schi*), di artigiano.

Artigiano, *sm.* V. *Artefice.* - *add.m.* ch'esercita un mestiere.

Artigliare, *att.* prendere o ferire coll' artiglio.

Artigliato, *pp. di* artigliare - fornito di artigli.

Artigliere, *sm.* maneggiatore di artiglieria.

5

Artiglieria, *sf.* ogni sorta di grosse armi da fuoco, come cannoni, bombe ec. — ed il corredo necessario pel servizio delle armi stesse.

Artiglio, *sm.* ugna adunca degli uccelli di rapina.

Artimone, *sm.* la maggior vela della nave.

Artista, *sm.* (*pl.* sti), chi professa le arti liberali — coll' agg. di *eterno*, Iddio.

Artritico. V. *Artetico.*

Arturo, *sm.* una delle stelle fisse.

Aruspicare (*pr.* uspico, chi ec.), *n. ass.* prendere gli aruspici.

Aruspice (*v. lat.*), *sm.* sacerdote presso i romani che presagiva l'avvenire dall' osservazione de' visceri delle vittime sacrificate.

Aruspicio (*v. lat.*), *sm.* l'arte degli aruspici.

Arzente, agg. di *acqua*, spirito di vino.

Arzigogolare (*pr.* ogolo ec.), *n. ass.* ghiribizzare.

Arzigogolo, *sm.* ghiribizzo.

Asce, *sf.* strumento tagliente de' legnajuoli,

Ascella, *sf.* quel concavo ch'è sotto il braccio.

Ascendentale, *add. com.* dicesi della linea retta delle persone, da cui uno è nato.

Ascendente, *p. pr.* di ascendere, che ascende, o per cui si

ascende — *sm.* influsso, superiorità — *nel pl.* antenati, contrarj di discendenti.

Ascendenza, *sf.* gli antenati per linea retta.

Ascendere (*pass.* esi, *pp.* eso), *n. an.* salire — *sf.* crescere di grado — ammontare.

Ascendimento, *sm.* e.

Ascensione, *sf.* salita — ascesa al cielo del Redentore, e il giorno di tale festività.

Ascesa. V. *Ascensione.*

Ascesso, *sm.* tumore contenente sostanza marciosa.

Asceta (*v. gr.*), *sm.* (*pl.* ti), chi si dà alla vita spirituale.

Ascetico, *add. m.* (*pl.* ci, chi) contemplativo.

Ascetismo, *sm.* esercizio della vita degli asceti.

Aschio, V. *Astio.*

Ascia, V. *Asce.*

Asciare, *att.* digrossare i legni coll' ascia.

Asciata, *sf.* colpo di ascia.

Asciolvere, *n. ass.* far colazione — *e in forza di sm.* la colazione stessa.

Ascite (*v. gr.*), *sf.* idropisia del basso ventre.

Ascitico, *add. m.* che ha l'ascite.

Ascitizio, *add. m.* accattato, non proprio.

Asciugamento, *sm.* l'azione di asciugare.

Asciugare (*pr.* iga, o asciutte

att. togliere l'umido, seccare.

Asciugatojo, sm. pannolino per asciugarsi.

Asciuttamente, avv. avidamente – in brevi parole.

Asciuttezza, sf. aridità.

Asciutto, add. com. contr. di mollo – fig. di poche parole – senza danari.

Ascolta, sf. sentinella.

Ascoltare, att. star ad udire con attenzione.

Ascolto, sm. l'ascoltare.

Ascóndere. V. Nascondere.

Ascondimento. V. Nascondimento.

Ascosamente, avv. di nascosto.

Ascoso, e

Ascosto, pp. di ascondere (osservando che più grato riesce ascoso da nascondere, come per lo contrario nascosto da nascondere)

Ascrittizio, add. m. ascritto a una colonia.

Ascrivere (pass. issi, pp. itto), att. an. annoverare – attribuire – imputare – np. appropriarsi, arrogarsi.

Ascrizione, sf. il mettere a numero

Asfisia (v. gr.), sf. subitaneo mancamento di respiro e di pulsazione.

Asiatico, add. m. (pl. ci, chi), dell'Asia – agg. di lusso, eccessivo – di stile, diffuso – di costumi, effeminati. ...

Asciuttinio, sm. lo stile prolisso.

Asilo, sm. ricovero – protezione.

Asima. V. Asma.

Asinaggine, e

Asineria, sf. ignoranza crassa – rozzezza – increanza.

Asinescamente, avv. con inciviltà.

Asinesco, add. m. (pl. schi), di maniera d'asino.

Asinino, add. m. di razza d'asino.

Asinire. V. Inasinire.

Asino, sm. animale quadrupede da basto e soma – fig. zotico, incivile – ignorante.

Asma (v. gr.), sf. malattia dei polmoni, accompagnata da difficoltà di respirazione.

Asmatico, add. m. (pl. ci, chi), che patisce d'asma.

Asola, sf. orlo delle due estremità dell' ucchiello.

Asolare (pr. asolo ec.), n. ass. rigirare con frequenza intorno a un luogo – andare ai freschi – np. stare in luogo aperto ed arioso per godere del fresco.

Asolo, sm. respiro – sollievo.

Aspárago. V. Sparagio.

Aspe (v. poet.) V. Aspide.

Aspergere (pass. ersi, pp. erso), att. an. spruzzare leggermente.

Aspergolo. V. Aspersorio.

Aspersione, sf. l'atto di spruzzare

Aspersorio, sm. strumento sacerdotale per aspergere coll'acqua santa.

Aspettamento, sm. l'aspettare.

Aspettáre, *att.* attendere senza muoversi – *n. ass.* indugiare – – *np.* appartenere – immaginarsi

Aspettativa, e

Aspettazione, *sf.* speranza di buona riuscita.

Aspetto, *sm.* indugio – sembianza della faccia umana – veduta – facciata di una casa.

Aspide, e

Aspido, *sm.* piccolo serpe velenoso

Aspiráro, *n.* desiderare – far disegno sopra una cosa.

Aspiratamente, *avv.* con aspirazione.

Aspiráto, *pp. di* aspirare – pronunziato con asprezza di fiato.

Aspirazione, *sf.* il mandar fuora il fiato – modo aspro di pronunziare alcuna lettera.

Aspiro, *sm.* nell'uso desiderio e speranza di conseguire un posto, un impiego ec.

Aspo. V. *Naspo.*

Asportàbile, *add. com.* che può asportarsi.

Asportáre, *att.* portare da un luogo in un altro.

Asportazione, *sf.* l'azione di trasportare fuori di stato i proprj prodotti.

Asporto. V. *Trasporto.*

Aspramente, *avv.* con asprezza.

Aspreggiáre, *att.* inasprire – trattare con asprezza, *contr. di* ezzeggiare.

...za, *sf.* qualità di sapore

aspro – *fig.* inaguaglianza di una superficie – ruvidezza – austerità.

Asprigno, *add. m.* che ha dell'aspro.

Aspro, *add. m.* acerbo (proprio delle frutta immature) – *fig.* rozzo, intrattabile, austero – dicesi altresì del suono della Z, opposto di dolce.

Assaggiamento, *sm.* l'assaggiare.

Assaggiáre, *att.* gustare leggiermente per distinguere il sapore – far saggio, provare.

Assaggio. V. *Saggio.*

Assai, *avv.* abbastanza – molto.

Assaissimo, *add. e avv. superl.* d'assai, moltissimo.

Assalimento, *sm.* assalto.

Assalire (*pr.* algo, áli, ále, *pl.* aliámo, alíte, álgono, *pass.* alíi e alsi), *att. an.* affrontare con animo di offendere.

Assalitore, *sm.* chi assale il primo, aggressore.

Assaltamento, *sm.* l'azione di assaltare.

Assaltáre. V. *Assalire.*

Assalto, *sm.* propr. l'atto d'investire una fortezza per impadronirsene.

Assaporamento, *sm.* assaggiamento.

Assaporáre, *att.* gustare con piacere (più che assaggiare) – *fig.* fermarsi con diletto su checchessia. ....

Assalire, att. assagliar taluno contro alcuno.

Assalimento, sm. assalimento violento.

Assalire, att. assaltare alla strade i viandanti per derubarli - fig. recare altrui grave danno.

Assassinio, sm. rapina.

Assassino, sm. chi assalta per rubare - sicario.

Asse; sf. legno segato per lungo, tavola - sala - se tal si aggirano le ruote di carro o carrozza - In astr. quella linea che immaginiamo passante pel centro della terra e finire ai due poli.

Assecondáre. V. *Secondáre.*

Assedáre, n. ass. e meglio

Assedersi, np. an. (pr: iddo, o egge ec.), porsi a sedere accanto.

Assediáre; att. serrarsi con l'esercito intorno a luoghi muniti, per impadronirsene - fig. importunare.

Assedio, sm. l'accamparsi di un esercito intorno ad una piazza per espugnarla.

Assegnabile, add. com: che può assegnarsi.

Assegnamento, sm. ragione di credito che si cede altrui, acciocché se ne valga a suo tempo - vendita - stipendio.

Assegnáre, att. prescrivere -

stabilire in provvisione.

Assegnatamente, avv. scartamente.

Assegnatezza, sf. strettezza, parsimonia.

Assegnazióne, sf. prescrizione, assettamento di credito.

Assegno, sm. provvisione - rendita.

Asseguire. V. *Conseguire.*

Assembléa, sf. pubblica radunanza.

Assembramento, sm. riunione, ammassamento.

Assembráre, att. mettere insieme, raccogliere - schierare truppe - np. radunarsi in assemblea.

Assennáre (*da* senno), att. fare avvertito, o cauto.

Assennatamente, avv. con senno.

Assennatezza, sf. senno, prudenza.

Assennáto; pp. *di* assennare, pien di senno, giudizioso.

Assenso, sm. approvazione.

Assentamento, sm. allontanamento.

Assentarsi, np. allontanarsi da un luogo.

Assente, add. com. lontano.

Assentire, n. prestare assenso - att. approvare.

Assénza; sf. lontananza.

Assénzio; sm. erba amarissima.

Asserarsi, np. farsi sera.

Asserenáre, att. far sereno - np. fig. disporsi la tristezza.

Asserimento, sm. affermazione.

Asserire (pr. sce, pp. ito o as-serto), att. sostenere affer-mativamente.

Assertivamente, avv. affermati-vamente.

Assertiva, sf. affermazione.

Assertivo. V. Asseverativo.

Asserto, sm., e

Asserzione, sf. proposizione af-fermativa.

Assessorato, sm. l'uffizio del-l'assessore.

Assessore, sm. uffiziale subalter-no dato a' primi magistrati per assisterli col consiglio.

Assestamento, sm. accomodamento.

Assestare, att. accomodare esat-tamente.

Assetare, att. far soffrire la sete.

Assetato, pp. di assetare, che ha molta sete.

Assetire (pr. sco, ec.), n. ass. avere, o patir sete - fig. ar-dere di desiderio.

Assettamento, sm. acconciamento.

Assettare, att. mettere in assetto - np. abbigliarsi - porsi a sedere.

Assettatamente, avv. con bell'or-dine.

Assettatura, sf. acconciatura.

Assetto, sm. ordine - addobbo.

Asseveranza, sf. costante affer-mazione.

Asseverare (pr. ero ec.), att. asserire costantemente.

Asseveratamente, avv. accurata-mente.

Asseverativo, add. m. che af-ferma con sicurezza.

Asseverazione. V. Asseveranza

Assicella, sf. dim. di asse (tavola

Assicuramento, sm. sicurtà - cauzione.

Assicurare, att. far sicuro - mettere in sicuro - porre so-stegno sotto cosa che vacilla - dar cauzione - np. rendersi certo - prendere sicurtà - avventurarsi - ricoverarsi.

Assicuratore, sm. chi fa assicu-razione - mallevadore.

Assicurazione, sf. sicurtà cauzione.

Assiderare (pr. idero ec.), n. ass. gelar dal freddo.

Assiderazione, sf. intirizzimento.

Assiduamente, avv. di continuo.

Assiduità, sf. applicazione con-tinua.

Assiduo, add. m. incessante.

Assieme, avv. in compagnia.

Assiepare, att. chiudere con siepe.

Assillo, sm. insetto alato nojoso agli armenti più della mosca

Assimiglianza. V. Somiglianza.

Assimigliare. V. Assomigliare.

Assimilare (pr. imile ec.), att. formare a similitudine.

Assimilazione, sf. facoltà per cui alcuni corpi ne tramutano altri in natura simile alla propria.

Assioma (v. gr.), sm. (pl. mi) proposizione per sè evidente

- ... Tutti ammessa.

Assiso, *pp. dell' inss. verbo assistere; sedato.

Assistente, *p. pr. di assistere,*
che presta assistenza - e talora stabile.

Assistenza, *sf.* aiuto - soccorso
- consiglio.

Assistere, *n.* trovarsi presente -
att. aiutare - consigliare.

Asso, *sm.* parete di assi o tavole in vece di muro.

Asso, *sm.* l' unità ne' dadi e
nelle carte da giuoco.

Assocciare, *att.* dare a soccio il
bestiame; cioè a mezzo guadagno ed a mezza perdita.

Associare, *att.* accompagnare -
e nell'uso ricevere in società
di negozio.

Associazione, *sf.* accompagnamento - in comm. contratto
di società fra più persone per
operare di concerto - In log.
unione e confronto di più idee
che fa la mente per trarne
giudizio.

Assodamento, *sm.* induramento.

Assodare, *att.* far sodo, indurire - rendere più stabile - *np.*
maturare di senno.

Assoggettare, *att.* rendere soggetto.

Assolato, *add. m.* agg. di terreno posto a mezzogiorno.

Assolito, *add. m.* esposto al sole.

Assolcare, *att.* lavorare a solchi.

Assoldare (*da soldo*), *att.* far
soldati - *np.* farsi soldato.

Assolinare, *att.* esporre checchessia al sole perchè si asciughi.

Assolvere (*pass.* olsi, *pp.* oluto,
è assolto), *att. an.* sciogliere
- liberare da accuse, o da
promesse - dare l' assoluzione sacramentale.

Assolutamente, *avv.* generalmente - senza eccezione.

Assoluzione, *sf.* remissione della
colpa - sentenza giudiziaria
per cui un accusato viene dichiarato innocente.

Assomigliamento, e

Assomiglianza. V. *Somiglianza.*

Assomigliare, *att.* confrontare -
agguagliare - *n. ass. e np.*
essere simile.

Assonnamento, *sm.* addormentamento.

Assonnare, *att.* far addormentare - *n. ass.* aver sonno -
fig. essere trascurato.

Assopimento, *fig.* sopore - *fig.*
indolenza.

Assopire (*pr.* sco ec.), *att.* indurre sopore - *fig.* sedare,
calmare - *n. ass.* essere preso
da sopore.

Assorbente, *p. pr. di assorbire,*
che assorbe (*voce usata dai
medici anche in forza di sm.*)

Assorbere, e

Assorbire (*pr.* orbo e isco, *pp.*
ito e assorto), *att.* inghiotti-

re i liquidi - sacchiara.

Assordàggine, sf. sordità.

Assordamento, m. stordimento.

Assordáre, e

Assordíre (pr. sco ec.), att. in-
dutre sordità - fare un gran
fracasso - n. ass. divenir sordo.

Assortimento, sm. diverse cose
ordinate insieme - ed anche
scelta.

Assortíre (pr. isco ec.), att. (da
sorta, specie), scegliere - da
sorte, fortùna), trarre a sorte.

Assorto, pp. di assorbere o as-
sorbíre - fig. profondamente
immerso in qualche pensiero.

Assottigliamento, sm. scemamento - fig. perfezione.

Assottigliáre, att. far sottile -
fig. rendere perspicacè - n.
ess. dimagrare.

Assottigliatúra, sf. affilatura.

Assozzáre, att. lordare - np. divenir sozzo.

Assuefáre, att. an. avvezzare -
np. abituarsi.

Assuefazióne, sf. consuetudine -
abito.

Assúmere (pass. unsi, pp. unto),
att. an. addossarsi un carico.

Assunta, sf. salita al cielo della
ss. Vergine.

Assunto, sm. carico - impegno
- proposizione che s'imprenda a provare.

Assuntore, sm. nell' uso appal-
latore.

Assunzióne, sf. innalzamento.
V. Assunta.

Assurdamente, avv. stravagantemente.

Assurdità, sf. ripugnanza del ver

Assurdo, sm. cosa che offende
senso comune - add. m. ch
non può stare.

Asta, sf. specie di scettro antic
- e di arme guerresca - ma
niera di vendere all' incant
- prima parte della scrittur

Astante, add. com. presente -
assistente - sm. infermier
negli spedali.

Astèmio (v. lat.), add. m. ch
non beve vino.

Astenersi (pr. engo, ieni ec.
pass. enni, fut. errò), np. a
tenersi lontano da qualche c
sa - contenersi.

Astenimento. V. Astinenza.

Astérgere (v. lat.), att. an. (pass
etsi, pp. erto), lavare - mo
dare.

Asterisco (v. gr.), sm. (pl. schi)
stelletta (*) che si usa nei li
bri per accennare una nota.

Astersióne, sf. lavanda.

Astersivo, add. m. che ha virt
di astergere.

Astinente, add. m. temperante
continente.

Astinenza, sf. propr. temperan
intorno ai cibi - e temperan
za delle passioni, che megl
dicesi continenza.

Astio, sm. tristizia proveniente dal bene altrui – più comun. odio, avversione.

Astrarre, e

Astrarre (pr. aggo, pass. assi, fut. arrò, pp. atto), att. an. cavar fuori – fare astrazione, cioè percepire esclusivamente l'uno o l'altro dei componenti di un qualunque composto

Astratto, pp. di astrarre – sbadato – stravagante – sm. concezione di forma o qualità di una cosa, senza esprimere il soggetto.

Astrazione, sf. operazione della mente, per cui ella separa cose naturalmente fra loro congiunte, opposto di composizione – alienazione della mente dai sensi.

Astrignere (pr. igno, o ingo, pass. insi, p. pr. ignente, o ingente, pp. etto), att. an. sforzare.

Astringenza, sf. la forza di astringere.

Astringere. V. Astrignere.

Astro (v. gr.), sm. nome generico di tutti i corpi luminosi celesti.

Astrolabio, sm. strumento per conoscere il moto degli astri.

Astrologare (pr. ologo, ghi ec.), att. esercitare l'astrologia – fig. congetturare.

Astrologia (v. gr.), sf. propr. scienza delle stelle – più co-

mune quell'arte chimerica che pretende di predire il futuro coll'ispezione degli astri.

Astrologico, add. m. (pl. ci, chi), spettante all'astrologia.

Astrologo, sm. (pl. gi, ghi), chi esercita l'astrologia.

Astronomia (v. gr.), sf. scienza che tratta del corso degli astri.

Astronomicamente, avv. in modo astronomico.

Astronomico, add. m. di astronomia.

Astronomo, sm. professore di astronomia.

Astruso, add. m. difficile a intendersi.

Astuccio, sm. guaina per custodire oggetti facili a smarrirsi.

Astutamente, avv. con astuzia.

Astuto, add. m. scaltro – malizioso, furbo.

Astuzia, sf. attitudine ad ingannare – e a prevedere gl'inganni – e talora l'inganno stesso.

Atavo, sm. padre del bisavolo.

Ateismo (v. gr.), sm. empio sistema ch'esclude dall'universo l'Autore di esso.

Ateista, sm. (pl. sti), chi nega l'esistenza di Dio, e non professa alcuna religione.

Ateneo (v. gr.), sm. propr. luogo pubblico in Atene dove s'insegnavano le scienze – oggidì pubblica adunanza di

.... studiosi — ed il luogo
...... stesso ove si adunano.

Ateo. V. Ateismo.

Atlante, sm. propr. monte del-
l'Africa — collezione di carte
geografiche.

Atleta (v. gr.), sm. (pl. ti) combattente ne' giuochi pubblici
degli antichi greci e romani.

Atletico, add. m. di atleta — fig.
di robusta complessione.

Atmosfera (v. gr.), sf. aria che
circonda la terra.

Atmosferico, add. m. dell'aria.

Atomo (v. gr.), sm. corpicciuolo
risguardato per la sua piccolezza come indivisibile.

Atonia (v. gr.), sf. rilassamento
delle membra, onde nasce e-
strema debolezza.

Atrabiliare, add. com. di atrabile.

Atrabile, sm. umor melanconico
alterato.

Atrabiliario. V. Atrabiliare.

Atrio, sm. primo ingresso di un
edifizio.

Atro, add. m. nero — fig. funesto.

Atroce, add. com. crudele.

Atrocemente, avv. crudelmente.

Atrocità, sf. crudeltà somma.

Attaccabile, add. com. che può
essere attaccato.

Attaccagnolo. V. Appiccagnolo.

Attaccamento, sm. l'azione di
attaccare — fig. affetto, amicizia.

Attaccare, att. unire una cosa

..... un'altra — prendere
dice ..... ammalò, assalito —
cavalli, adattarli alla carroza

Attaccamento, avv. odi atta-
camento.

Attaccaticcio, add. m. che si
..... si attacca.

Attaccatura, sf. unione.

Attacco, sm. (pl. cchi), l'azio
di attaccare — affetto — assal-
di città, o combaciamento
battaglia.

Attalché, e a tal che, avv. ta
mente che.

Attamente, avv. acconciamente.

Attamento, sm. adattamento.

Attanagliare, att. tormentare
condannati con tanaglie.

Attapinare, n. ass. menar vit
stentata — np. quietarsi di
speratamente.

Attardarsi, np. farsi tard.

Attare. V. Adattare.

Attecchire (pr. sco ec.), n. ass.
crescere, avanzarsi (detto del
le piante)

Attediare, att. recat tedio — np
annoiarsi.

Atteggiamento, sm. gesto, pos
tura.

Atteggiare, att. dar l'attitudi
— n. ass. gestire — np. mo
versi colla persona.

Atteggiatamente, avv. con adi
gesti.

Atteggio, sm. nell'uso serie d
atti forzati.

Attempona, np. ...

Attemperare. V. *Temperare*.

Attendamento, sm. stazione dell'esercito nel campo - e il campo attendato.

Attendarsi, np. accamparsi.

Attendere (*pass.* dei, *pp.* eso), n. ass. usare attenzione - applicarsi - *att.* aspettare - mantenere la promessa.

Attendibile, *add. com.* di che si dee far caso (e si usa per lo più colla negativa)

Attenente, *p. pr.* di attenere - sm. parente, congiunto.

Attenenza, sf. appartenenza - parentela.

Attenere (*pr.* engo, ieni ec., *pass.* enni, *fut.* errò) , *att. an.* osservare la promessa - appartenere - np. conformarsi - essere parente.

Attentamente, *avv.* con attenzione

Attentare. V. *Tentare* - np. arrischiarsi, osare.

Attentato, sm. sforzo, tentativo - azione criminosa non consumata.

Attento, *add. m.* diligente.

Attenuare, *att.* assottigliare - diminuire - n. ass. dimagrare.

Attenuazione, sf. diminuzione.

Attenzione, sf. applicazione dell'occhio o della mente ad una cosa - nell'uso talora per aspettamento, aspettativa.

Attergare, *att.* porre a tergo.

Atterramento, sm. demolizione di una fabbrica.

Atterrare, *att.* gettare a terra - *fig.* tarlare - deprimere.

Atterrimento, sm. terrore.

Atterrire (*pr.* isco ec.), *att.* incutere terrore - np. spaventarsi.

Attesa, sf. aspettamento - indugio

Attestare, *att.* far che una cosa accozzi coll'altra - far testimonianza.

Attestato, sm. testimonianza scritta - prova o fede di ossequio.

Attestatore, sm. chi fa testimonianza.

Attestatura, sf. accozzamento di due oggetti.

Attestazione, sf. testimonianza.

Attezza. V. *Attitudine*.

Atticamente, avv. con eleganza di lingua.

Atticismo, sm. eleganza del parlare attico - e per simil. di ogni altra lingua.

Attico, add. m. elegante, pulito (detto di linguaggio o discorso)

Attignere (*pr.* ingo, *pass.* insi, *pp.* into), *att. an.* tirar l'acqua dal pozzo, o il vino dalla botte - *fig.* trarre congiettura - penetrare il senso delle parole.

Attiguo, *add. m.* che quasi tocca, vicinissimo.

Attillatamente, *avv.* con pulitezza...

tura, adornatamente.

•Attillàto, *add. m.* ricercato nel vestire.

Attillatura, *sf.* squisitezza affettata di vestire.

Attimo, *sm.* momento di tempo.

Attinenza. V. *Attenenza.*

Attingere. V. *Attignere.*

Attiraglio (*v. fr.*), *sm.* assortimento di diverse cose — *Nella mil.* tutto il corredo che serve all'artiglieria.

Attirare, *att.* tirare a sè — *np.* tirarsi addosso — *e fig.* meritarsi.

Attitàre (*pr. àttito ec.*), *att.* incamminare gli atti giudiziarj.

Attitazione, *sf.* l'andamento di una lite.

Attitùdine, *sf.* disposizione naturale a riuscir bene in qualche cosa. — atteggiamento.

Attivamente, *avv.* con attività — *In grammo.* opposto di passivamente.

Attività, *sf.* potenza attiva — prontezza nell'operare.

Attivo, *add. m.* che opera — spedito nell'operare — *In gramm.* ch'esprime azione.

Attizzamento, *sm. fig.* incitamento, instigamento.

Attizzare, *att.* unire i tizzoni perchè meglio brucino — *fig.* stimolare, incitare.

Atto, *sm.* azione — gesto, cenno — compartimento di drammi —

scrittura giudiziaria — Ra deliberazioni di un'assemblea — memorie autentiche — a *m.* idoneo, capace.

Attondàre, *att.* ridurre a rotondo

Attonito, *add. m.* stupido per maraviglia.

Attorcere (*pr. orco; pass.* orsi *pp.* orto), *att. an.* avvolgere una cosa in sè stessa, o più cose insieme.

Attore, *sm.* chi agisce — *In giu* dizio chi domanda — *In tea* commediante.

Attorniàre, *att.* circondare — girare attorno.

Attorno, a torno, *avv.* in giro.

Attortigliàre. V. *Attorcere.*

Attorto, o a torto, *avv.* senza ragione.

Attoscàre, (*sinc. di attossicare*) *att.* avvelenare. — *fig.* cruciare, affliggere — *n. ass.* render cattivo odore.

Attossicamento, *sm.* avvelenamento.

Attossicàre. V. *Attoscare.*

Attraente, *p. pr. di attrarre* che ha forza di tirare a sè — *f* allettevole.

Attraére. V. *Attrarre.*

Attrappàre, *att. fig.* ingannare.

Attrarre (*sinc. di attirare*) *att. an.* (*pr.* aggo, ài, ae, aggia mo, aete, aggono, — *pass.* assi *fut.* arrò, *pp.* atto), tirare a sè — *e per simil.* tirare a sé allettamento.

Allettivo, *sf.* allettamento.

Attrattivo, *add. m.* che ha forza
  d'attrarre, lusinghevole.

Attraversamento, *sm.* impedimento,
  intoppo.

Attraversare, *att.* porre a traverso – *fig.* porre ostacoli –
  n. ass. andare a traverso.

Attraverso, a traverso, *avv.* obbliquamente.

Attrazione, *sf.* la forza e l'atto
  di trarre a sè.

Attrezzare, *att.* provvedere di
  attrezzi una nave.

Attrezzo, *sm.* nome generico degli oggetti di guerra, di marina ec. (*quelli delle arti diconsi arnesi, o strumenti*)

Attribuire (*pr. sco ec.*), *att.* appropriare – aggiudicare – *np.*
  arrogarsi – usurparsi.

Attributo, *sm.* ciò che necessariamente conviene a cosa o
  persona – proprietà – *nell'uso*
  appartenenza, giurisdizione.

Attribuzione, *sf.* appropriazione-
  appartenenza.

Attrice, *sf.* operatrice – donna che
  rappresenta sulla scena.

Attristamento, *sm.* tristezza, afflizione.

Attristare, *att.* indurre tristezza
  – *np.* divenir malinconico.

Attristire. V. *Attristare.*

Attritamento, *sm.* sminuzzamento

Attritare. V. *Tritare.*

Attrito, *sm.* resistenza de' corpi
  alla forza motrice – fregamento – *add. m.* che ha il dolore di attrizione.

Attrizione, *sf.* stritolamento –
  fig. dolore soprannaturale delle proprie colpe (*men perfetto
  però della* contrizione)

Attruppamento, *sm.* unione tu-
  multuosa di molte persone.

Attrupparsi, *np.* riunirsi in truppa

Attuale, *add. com.* effettivo –
  presente.

Attualità, *sf.* astratto di attuale.

Attualmente, *avv.* in atto e in
  fatto.

Attuare, *att.* ridurre all'atto,
  effettuare.

Attuario, *sm.* chi tiene cura degli atti pubblici.

Attuffamento, *sm.* immersione.

Attuffare, *att.* immergere nell'acqua o in altro liquido – *np.*
  ficcarsi sotto acqua – ne' piaceri, ne' vizj ec., darvisi in
  preda.

Attutire, e

Attutire (*pr. sco ec.*), *att.* smorzare – fare star cheto uno che
  meni chiasso – *fig.* calmare,
  mitigare.

Audace, *add. com.* ardito – sfacciato – temerario.

Audacia, *sf.* ardire soverchio –
  temerità.

Auditore, *sm.* consigliere del principe i in fatto di grazia e di

ginstizia.

Auge, sm. colmo, sommità – per simil. altezza di gloria, di felicità ec.

Augello (v. poet.) V. Uccello.

Augnare, att. tagliare a forma di ugna, cioè obbliquamente.

Augurale, add. com. di augure.

Augurare (pr. auguro ec.), att. desiderare bene o male ad alcuno.

Augure, sm. presso gli antichi, preposto agli augurj.

Augurio, sm. presagio, preso dal volo, o dal canto degli uccelli.

Augusto, add. m. titolo che si dà agl'Imperatori da Cesare Augusto in poi – ed assolut. la persona dell'Imperatore – per simil. maestoso, venerando.

Aula (v. lat.), sf. sala reale.

Aulico, add. m. di corte – agg. altresì del Consiglio supremo dell'Impero d'Austria.

Aumentabile, add. com. che può aumentarsi.

Aumentare, att. accrescere – n. ass. e np. crescere.

Aumentativo, add. m. che ha forza di aumentare.

Aumentazione, sf., e

Aumento, sm. accrescimento con aggiunta di cosa simile.

Auna, sf. misura di lunghezza, corrispondente a due braccia.

Auncinare. V. Uncinare.

Aunghiare V. Augnare

Aura, sf. venticello ... poetic. aria – fig. favore, ... plauso.

Aureo, add. m. d'oro, o simile all'oro – per simil. eccellente, perfetto – agg. di regola quella che in aritmetica ... cosi regola del tre.

Aureola, sf. quel cerchio luminoso di cui gli artisti circondano il capo de'santi.

Auricolare e ...

Auriculare, add. com. dell'orecchio (agg. propr. del dito mignolo) – agg. altresì di confessione, quella che si fa in segreto all'orecchio del sacerdote.

Aurifero, add. m. che porta oro o contiene particella d'oro.

Auriga (v. lat.), sm. (pl. ghi) cocchiere.

Auro (v. lat. e poet.) V. Oro.

Aurora V. Alba. – boreale vapor infocato che si scorge talora nell'aria verso settentrione.

Ausiliare, add. com. presso gramm. agg. dei due verbi essere e avere.

Ausiliario, add. m. dà ajuto (agg. per lo più di milizie).

Auspicato, add. m. bene augurato

Auspice, sm. colui che presso gli antichi presedeva alle ... da parte dello ...

Auspicio, e ...

Auspicio, sm. presagio che pigliavasi dall'osservazione del volo degli uccelli - favore, protezione.

Austeramente, avv. con austerità.

Austerità, sf. propr. asprezza (qualità di sapore) = fig. rigidezza, severità.

Austero, add. m. aspro - fig. severo.

Australe, add. com. meridionale.

Austro, sm. vento di mezzodì (volg. ostro)

Autentica, sf. (pl. che), testimonianza autorevole.

Autenticamente, avv. in forma autentica.

Autenticare (pr. entico, chi ec.), att. dichiarare solennemente meritevole di fede un documento, una scrittura ec.

Autenticazione, sf. approvazione autorevole.

Autenticità, sf. legalità.

Autentico, add. m. (pl. ci, chi), a cui può prestarsi fede - sicuro.

Autografo (v. gr.), add. m. scritto di mano dell'autore.

Automa, sm. (pl. omi), e

Automato (e gr.), macchina che per forza di molla si muove da sé.

Autore, sm. quegli dal quale alcuna cosa trae la sua origine, chi scrive sopra argomenti scientifici.

Autorevole, add. com. d'autorità.

Autorevolmente, avv. con autorità.

Autorità, sf. facoltà che emana da Dio, o dagli uomini, o dalle leggi - testimonianza di un autore.

Autorizzare, att. dare autorità.

Autorizzazione, sf. facoltà di operare, trattare ec.

Autrice, sf. di autore - origine, cagione.

Autunnale, add. com. d'autunno.

Autunno, sm. stagione dell'anno tra la state ed il verno.

Avania, sf. imposizione rigorosa - per simil. ingiustizia.

Avante (poetic. per la rima), e

Avanti, prep. dinanzi, alla presenza - prima - avv. innanzi, piuttosto.

Avantiché, e avanti che, avv. prima che - piuttosto.

Avanzamento, sm. progresso - innalzamento - preminenza.

Avanzare, att. mettere in avanzo - accumulare - oltrepassare, superare - inviare - n. ass. sovrabbondare - sporgere in fuori, - crescere -, np. farsi innanzi - far progressi.

Avanzaticcio, sm. rimasuglio.

Avanzato, agg. di avanzare - agg. di età, di notte, di cui è trascorsa una gran parte.

Avanzo, sm. il rimanente di una cosa - profitto.

Avaramente, avv. con avarizia.

ed eterno cupidamente.

Avaria, *sf.* computazione del danno che si fa nel getto di una nave.

Avarizia, *sf.* smodata cupidigia, e tenacità degli averi – sordidezza.

Avaro, *sm.* tenace de' beni di fortuna – *add. m.* ingordo, sordido – per *simil.* scarso.

Avarone, *sm. accr.* di avaro.

Avellana, *sf.* nocciuola.

Avellano, *sm.* l'albero che produce l'avellana.

Avello, *sm.* arca, o cassa sepolcrale.

Avena, *sf.* strumento pastorale da fiato – sorta di biada per i cavalli.

Avere (*v. ausil. an.* col quale si formano i tempi composti dei verbi attivi, e di cui reggasi la conf. nel Prospetto preliminare), possedere – avanti un infinito, dovere, come avere a scrivere, e leggere ec. – avanti un nome prende il sign. del medesimo, come avere amore, a grado ec., lo stesso che amare, gradire ec.

Avere, *sm.* facoltà, patrimonio.

Averno, *sm.* l'inferno dei Gentili – *add. m.* di averno, infernale.

Avidamente, *avv.* con avidità.

Avidezza, e

Avidità, *sf.* desiderio insaziabile.

Avido, *add. com.* ingordo – *fig.* bramoso.

Avito (*v. lat.*), *add. m.* che proviene dagli avi.

Avo. V. *Avolo.*

Avocare (*v. lat.*) *att.* (*pr.* èco, chi ec.), levare una causa da un tribunale e portarla ad un altro, d'ordine supremo.

Avolio. V. *Avorio.*

Avolo, *sm.* padre del padre e della madre, *volg.* nonno.

Avoltojo, *sm.* uccello di rapina.

Avorio, *sm.* dente d'elefante.

Avvrire. V. *Aprire.*

Avvallamento, *sm.* abbassamento di un solido.

Avvallare (*da valle*), *att.* spingere in giù – *n. ass.* abbassarsi (e dicesi ordinariam. del terreno, degli argini ec.)

Avvaloramento, *sm.* incoraggiamento.

Avvalorare, *att.* dar valore, incoraggiare – *np.* rinvigorirsi.

Avvampamento, *sm.* infiammamento.

Avvampare, *n. ass.* prendere vampa, accendersi.

Avvantagiare, *att.* accrescere, migliorare – oltrepassare, superare – *n. ass.* pigliar vantaggio – *np.* crescere, aggrandirsi.

Avvantaggio. V. *Vantaggio.*

Avvantaggiosamente. V. *Vantaggiosamente.*

vantaggioso. V. *Vantaggioso.*

vvedersi (*pr.* édo, eggo, éggio, *pass.* idi, *fut.* edrò, *p. pr.* eggente), *np.* accorgersi per indizj di cosa non bene chiara e lontana.

vvedimento, *sm.* accorgimento.

vvedutamente, *avv.* accorta mente.

vvedutezza, *sf.* sagacità.

vveduto, *pp. di* avvedersi - accorto, sagace.

vvegnachè, *s'avvegna* che, *avv.* benchè, quantunque - *più comun.* poichè.

vvelenamento, *sm.* attossicamento.

vvelenare, *att.* dare il veleno - *fig.* corrompere - *n. ass.* puzzare - *np.* uccidersi col veleno.

vvenente, *add. com.* ben formato, bello, grazioso.

vvenentemente, *avv.* con buona grazia.

vvenenza, *sf.* grazia di forma e di portamento, leggiadria.

vvenimento, *sm.* caso avvenuto - venuta - *nell'* uso innalzamento, assunzione.

vvenire (*pr.* engo, iéni ec., *pass.* enni, *p. pr.* eniente, *pp.* enuto), *imp.* accadete - *np.* incontrarsi a caso, abbattersi.

vvenire, *sm.* il tempo futuro - *add. com.* futuro.

vventiccio. V. *Avventiccio.*

vventamento, *sm.* scagliamento.

Avventare, *att.* scagliare con veemenza - *np.* correre furiosamente addosso.

Avventataggine, *sf.* inconsideratezza.

Avventatamente, *avv.* impetuosamente.

Avventatezza. V. *Avventataggine.*

Avventato, *pp. di* avventare - *per simil.* precipitoso, inconsiderato.

Avventiccio, e

Avventizio, *add. e sm.* provento straordinario incerto.

Avvento, *sm.* venuta - tempo che precede il Natale di G. C.

Avventore, *sm.* compratore che si serve ad una bottega continuamente.

Avventura, *sf.* avvenimento straordinario - sorte buona e sinistra.

Avventurare, *att.* arrischiare - *np.* mettersi a pericolo.

Avventuratamente, *avv.* fortunatamente.

Avventuriere, *sm.* soldato di ventura, cioè volontario - *nell'uso* girovago in cerca sempre di miglior vendita.

Avventurosamente. V. *Avventuratamente.*

Avventuroso, *add. m.* fortunato - favorevole.

Avveramento, *sf.* conferma di un fatto.

6

Avvenire, *att.* confermare per vero - *np.* verificarsi.

Avverbiale, *add. com.* ch'è a modo di avverbio.

Avverbialmente, *avv.* a maniera di avverbio.

Avverbio, *sm.* una delle parti del discorso indeclinabili, la quale, aggiunta ad un verbo, ne determina l'azione.

Avverdire (*pr. sco ec.*), *att.* dare il verde, o far verdeggiare - *n. ass.* divenir verde, verdeggiare.

Avversamente, *avv.* sinistramente.

Avversare, *att.* contrariare.

Avversario, *sm.* nemico - *add. m.* contrario.

Avversione, *sf.* contrarietà - ripugnanza.

Avversità, *sf.* stato di nemica fortuna.

Avverso, *add. m.* contrario - opposto - sinistro.

Avvertentemente, *avv.* scientemente.

Avvertenza, *sf.* circospezione - osservazione.

Avvertimento, *sm.* avviso - consiglio - ricordo - ammonizione.

Avvertire (*pr. erto, e isco ec.*), *att.* ammonire - avvisare - osservare.

Avvertitamente, *avv.* con avvertenza.

Avvertito, *pp. di* avvertire - col verbo *fare,* avvisare - col

verbo *stare,* usare avverten

Avvezzamento, *sm.* assuefazio

Avvezzare (*da vezzo, costum att.* accostumare, abituare *np.* assuefarsi.

Avvezzo, *add. m.* assuefatto.

Avviamento, *sm.* incamminamen to di negozio o di arte.

Avviare (*pr. io, ii ec.*), *att.* i camminare - dar principio per simili, addestrare - *np.* me tersi in via verso un luogo.

Avvicendamento, *sm.* alternazion

Avvicendare, *att.* alternare - *np* mularsi a vicenda.

Avvicendevole. V. *Vicendevol*

Avvicendevolmente. V. *Vicen devolmente.*

Avvicinamento, *sm.* accostamento

Avvicinare, *att.* far vicino, ap pressare.

Avvignare, *att.* ridurre un luog a vignato.

Avvilimento, *sm.* abbiezione - abbattimento d'animo.

Avvilire (*pr. sco ec.*), *att.* ren dere spregevole - ed anch pusillanime - *np.* perdersi d'a nimo.

Avvilitivo, *add. m.* che avvilisc

Avviluppamento, *sm.* scompiglio

Avviluppare, *att.* intricare (*dett di fila*) - *fig.* mettere in pe ricolo - *np.* non trovar vers a venire a capo di una cosa.

Avviluppatamente, *avv.* scompi gliatamente.

Avvinare, att. infondere poco vino in altro liquido.

Avvinazzare, n., e

Avvinazzarsi, np. ubbriacarsi.

Avvincere (da vinco), att. att. (pass. insi, pp. into) legare.

Avvisamento, sm. notizia - ponderazione.

Avvisare, att. dare avviso - avvertire, ammonire - divisare - np. immaginarsi - incontrarsi.

Avvisatamente, avv. con giudizio.

Avviso, sm. annunzio - opinione - disegno — accortezza.

Avvistare (da vista), att. misurare colla vista.

Avviticchiare, att. cingere intorno con viticci - per simil. abbracciare strettamente.

Avvivamente, sm. spicco maggiore

Avvivare, att. far vivo - dare vigore - np. prendere vigore.

Avvizzire, e

Avvizzire (pr. sco ecc.), n. ass. divenir vizzo (floscio)

Avvocato, sm. protettore, mediatore - perito in legge, e difensore di cause.

Avvocatura, sf. difesa per mano di avvocato - diritto di nominare a un benefizio vacante.

Avvolgere (pass. olsi, pp. olto), att. an. porre una cosa intorno ad un'altra in giro quasi cingendola - np. aggirarsi - ripiegarsi in giro.

Avvolgimento, sm: l'atto e l'effetto di avvolgere - fig. maneggio artizioso di affari - inganno.

Avvoltatura, sf. avvolgimento di cosa pieghevole.

Avvolticchiare. V. Attorcere.

Avvoltolatamente, avv. confusamente.

Azienda, sf. amministrazione delle cose domestiche.

Azionario. V. Azionista.

Azione, sf. operazione, fatto - rappresentazione teatrale - In pitt. atteggiamento espressivo delle figure - In comm. somma di danaro messa in società di commercio - In poes. evento reale o immaginario, che forma il soggetto del poema e del dramma - In legge diritto ad ottenere ciò ch'è suo.

Azionista, sm. (pl. sti), chi mette una somma in una società di negozio.

Azza, sf. asta con ferro in cima da una parte appuntato, e dall'altra a foggia di martello.

Azzannare, att. afferrare colle zanne.

Azzardare, att. arrischiare - np. cimentarsi.

Azzardo, sm. cimento, rischio.

Azzardoso, add. m. pericoloso.

Azzeccáre, *att.* colpire – *fig.* toccare il punto.

Azzimáre (*pr.* imo ec.), *att.* adornare con squisitezza – *np.* pulirsi, lisciarsi.

Azzimella, *sf.* pane azzimo.

Azzimo (*v. gr.*), *add. m.* senza lievito – *fig.* indigesto.

Azzittarsi, *np.* cessar di parlare o di cantare.

Azzonzáre, *n. ass.* andare a zonzo (attorno), come le zanzare, senza oggetto.

Azzoppáre, *att.* storpiare – *n. ass.* divenir zoppo.

Azzuffamento, *sm.* zuffa, baruffa.

Azzuffarsi, *np.* venire a baruffa o a battaglia.

Azzurreggiáre, *n. ass.* pendere all' azzurro.

Azzurríccio, e

Azzurrogno, *add. m.* che ha del l' azzurro.

Azzurrino, *add. m.* di colore az zurro.

Azzurro, *add. m.* agg. di color ceruleo (*volg.* turchino)

Azzurrógnolo, *add. m.* che pende all' azzurro.

B

B, lettera labiale, seconda dell' alfabeto, e prima delle consonanti.

Babbéo, e

Babbióne, *add.* e *sm.* semplice, scimunito.

Babbo, *sm.* padre (*voce bambinesca di più facile pronuncia che* papà)

Babbuino, *sm.* specie di scimia – *per simil.* diresi ad uomo deforme, o mentecatto.

Babele, e

Babilonia; *sf.* capitale della Caldea – *fig.* confusione.

Bacáre (da baco, *vermicello*), *n. ass.* farsi verminoso (*delle

delle frutta)

Bacca, *sf.* (*pl.* cche), frutto d alcuni alberetti, *altr.* cóccoh

Baccalà, *sm.* merluzzo spaccato secco.

Baccanále, *sm.* feste degli antich in onore di Bacco – *imac* st lo stesso – *add. com.* appar tenente a baccanale.

Baccanella, *sf.* frastuono di per sone adunate per sollazzarsi.

Baccáno, *sm.* romore, fracasso.

Baccante, *com.* seguace di Bac

Bacáre. V. *Baccheggiare,*

Baccellería, *sf.* grado di mez tra il cavaliere ed il donz lo, tra il dottore e lo studen

Baccelliere, sm. graduato in armi e in lettere.

Baccello, sm. guscio che racchiude i grani dei legumi.

Baccheggiare (da Bacco), n. ass. menar festa e romore come le baccanti.

Bacchetta, sf. verga - legno per calcare la carica nei fucili - usata da battere il tamburo.

Bacchettare, att. far passare un soldato tra due file di compagni per essere battuto con verghe.

Bacchettata, sf. colpo di bacchetta.

Bacchetto, sm. dim. di Bacco (piccola figura di Bacco)

Bacchettona, sf. di

Bacchettone, sm. falso ostentatore di pietà.

Bacchettoneria, sf. pietà affettata.

Bacchiare. V. Abbacchiare.

Bacchifero, add. m. che produce bacche.

Bocchio, sm. mazza, pertica.

Bacherozzo, e

Bacherozzolo, sm. dim. di baco (vermetto)

Baciamano, sm. saluto, o atto di salute baciando la mano propria o d'altrui.

Baciare, att. l'atto di dare un bacio - essere a contatto una cosa coll'altra - np. darsi cambievolmente de' baci.

Bacile, e

Bacino, sm. vaso ad uso per lo più di lavarsi le mani e il viso.

Bácio, sm. appressamento delle labbra chiuse a checchessia, aprendole quindi con qualche forza, in segno di amore o di riverenza.

Bacio, sm. terreno volto a tramontana.

Baciuccáre, e

Baciucchiáre, att. dar piccoli e frequenti baci.

Baco, sm. (pl. chi), nome generico di ogni vermetto.

Bacucco, sm. (pl. cchi), cappuccio per coprire il volto (onde imbacuccarsi)

Badáre, n. perdere il tempo - osservare attentamente - al negozio, attendervi - alla casa, custodirla - colla negativa, non curare, non dar retta.

Badessa. V. Abadessa.

Badía. V. Abadia.

Badiále, add. com. grosso oltre l'ordinario.

Badíle, sm. pala di ferro con manico di legno.

Baffo, sm. mustacchio.

Bagáglia, e più com.

Bagáglie, sf. pl. tutto ciò che di servizio alla persona si conducono dietro gli eserciti e i viaggiatori.

Bagáglio. V. Bagaglie.

Bagaglióne, sm. chi porta le bagaglie (detto talora anche per ingiuria)

Bagagliúme, sm. quantità di bagaglie.

Bagáscia, sf. (pl. sce), meretrice.

Bagáscio, sm. drudo di meretrice.

Bagattella, sf. cosa frivola.

Bagattíno, sm. antica moneta veneta, del valore di un quarto di quattrino.

Baggéo, add. e sm. pomo scipito.

Baggianáta, sf. cosa sciocca.

Baggiáne, sf. pl. buone parole per infinocchiare alcuno.

Baggiáno. V. Baggeo.

Baggioláre (pr. àggiolo, ec.), att. porre i baggioli.

Baggiolo, sm. sostegno per reggere i marmi.

Bagiána, sf. fava fresca sgranata – fig. inezia.

Baglióre, sm. splendore che abbaglia.

Bagnajuolo, sm. chi tiene il bagno.

Bagnáre, att. spargere umido su checchessia – np. ricevere la pioggia – più comun. prendere il bagno.

Bagnatúra, sf. bagno – e la stagione per farlo.

Bagno, sm. vasca per bagnarsi – nell' uso immersione e soggiorno del corpo in un liquido, e l'atto d'immergersi – serraglio di schiavi o condannati per delitti (altr. ergastolo) – nel pl. le acque termali.

Bagnuolo, sm. umettazione di qualche parte piagata del corpo.

Bagordáre, n. ass. correre to... cia – far conviti – gozzoviglia

Bagordo, sm. festeggiamento c... moroso, gozzoviglia, crapul

Baja, sf. burla, scherzo – baga... tella – In geogr. seno di mar...

Bajáre. V. Abbajare.

Bailo, sm. governatore, diretto... re – aio, custode.

Bajo, add. m. colore rossicci... de' cavalli.

Bajocco, sm. (pl. cchi), mone... romana, la centesima parte ... uno scudo.

Bajonetta, sf. arma appuntat... fitta al moschetto de' soldati

Balaustráta, sf. serie di balau... stri con pilastrini a convenie... te distanza.

Balaústro, sm. colonnetta per o... namento di parapetti.

Balbettáre, n. ass. pronunzia... con impedimento di lingua.

Balbo, add. m. che balbetta,

Balbúzie, sf. difetto di pronunzi...

Balbuziente, add. com. che balbett...

Balbuzzáre, n. ass. tartagliare.

Balconáta, sf. balcone lungo.

Balcóne, sm. finestra di casa m... bile – e nell' uso finestra qua... lunque.

Baldacchíno, sm. arnese che ... tiene per onore sopra le co... sacre, o sui seggi dei gran pe... sonaggi.

Baldanza, sf. sicurezza d'animo coraggio – ardire.

Baldanzosamente, avv. con baldanza.

Baldanzoso, add. m. audace, ardito

Baldoria, sf. fiamma di materie secche di breve durata – fig. allegrezza effimera.

Balena, sf. pesce di smisurata grandezza dell'ordine de'cetacei.

Balenamento, sm. lampo – sfolgoramento.

Balenare, n. ass. lampeggiare – in sign. att. spargere lume come di baleno.

Baleno, sm. accensione subitanea di luce nelle nuvole, che precede il tuono.

Balestra, sf. arnese guerresco per iscagliare sassi e frecce.

Balestrare, att. tirar colla balestra – per simil. scagliare – fig. travagliare.

Balestrata, sf. distanza quanto tira una balestra.

Balestriera, sf. feritoja nelle muraglie per offendere senza essere offesi.

Balestriere, sm. tiratore di balestra

Balestruccio, sm. rondine domestica.

Balì, sm. chi gode un baliaggio.

Balìa, sf. potestà, autorità.

Balia, sf. colei che allatta i figli altrui.

Baliaggio, sm. grado nelle religioni militari.

Balistico, sm. presso manuale

per l'allattamento di un fanciullo.

Balista (v. gr.), sf. strumento militare antico che si adattava sulle mura per lanciar grosse pietre – macchina per muover pesi.

Balistica, sf. scienza che insegna a misurare il moto de'corpi gravi spinti in aria.

Balla, sf. quantità di mercanzia messa assieme entro involglio di tela.

Ballabile, add. com. adattato alla danza – sm. la parte di un ballo teatrale che si esegue danzando.

Ballare, n. ass. muovere i piedi saltando a misura di suono – per simil. dicesi di cosa che non istà ferma dove si colloca.

Ballata, sf. ballo – canzone antica che cantavasi a ballo.

Ballatojo, sm. passaggio esterno per comunicazione fra più camere.

Ballerina, sf. che balla di professione in teatro.

Ballerino, sm. chi fa professione di ballare in teatro – ed anche maestro di ballo.

Balletto, sm. dim. di ballo – ed altresì ballo figurato teatrale di non lunga durata.

Ballo, sm. arte di muovere le gambe a misura di tempo

azione mimica teatrale - o l'atto stesso del ballare, danza.

Ballotta, sf. castagna lessa - voto che si dà nei partiti delle assemblee.

Ballottàre, att. mandare a partito in un'assemblea una proposta.

Ballottazióne, sf. il mandare a partito una proposta.

Balneàrio (v. lat.), add. m. di bagni.

Baloardo. V. Baluardo.

Baloccagióne, sf., e

Baloccamento, sm. trastullo - svariamento.

Baloccàre, att. tener a bada - np. perdere il tempo divagandosi.

Balocco, sm. (pl. occhi), passatempo, trastullo - add. m. balordo.

Balordàggine, sf. stupidità.

Balordamente, avv. scioccamente.

Balordo, add. m. stordito - smemorato.

Balsamazióne. V. Imbalsamazione.

Balsamico, add. m. che sa, ed ha le qualità di balsamo.

Balsamine, sm. albero che dà il balsamo orientale.

Balsamita, sf. menta romana.

Balsamo, sm. sostanza resinosa, odorifera e medicinale che si estrae dal balsamino - per simil. dicesi a più sorte di olj ed unguenti preziosi.

Balteo (v. lat.), sm. cintura per postare la spada.

Balzardo, sm. bustione - fig. astuto

Balza, sf. luogo scosceso - guarnizione appié della gonnella.

Balzana, sf. guarnizione all'estremità delle vesti.

Balzano, add. m. che ha un segno o macchia bianca (o dicesi dei cavalli) - agg. di cervello stravagante.

Balzàre, n. ass. il risaltare di un corpo elastico battuto sopra un corpo duro, come il pallone e simili - andare prestamente in un luogo.

Balzellàre, n. ass. balzare leggiermente, saltellare.

Balzo, sm. V. Balza - risaltamento della palla percossa in terra, salto.

Bambàgia, sf. cotone filato.

Bambagine, sm. tela di bambagia.

Bambinàggine, sf. puerilità.

Bambinesco, add. m. (pl. schi), puerile.

Bambino, sm. fanciullino nell'infanzia.

Bambocciàta, sf. azione puerile, o sciocca - In pitt. pittura rappresentante piccole figure e capricci campestri.

Bamboccio, sm. bambino grassotto - figura umana fatta di cenci - fig. dicesi d'uomo semplice ed inesperto.

Bambola, sf. fantoccio di cenci per trastullo de' fanciulli.

Bamboleggiàre, n. ass. far cose

di bambini.

Bimbolo. V. *Bambino.*

Banca, sf. (pl. che), luogo dove si pagano gli stipendj a'soldati - dilla di chi paga e sconta cambiali.

Bancarotta, sf. fallimento fraudolato.

Banchettare, att. convitare - n. ass. gozzovigliare.

Banchetto, sm. convito.

Banchi, sm. pl. luogo di mercanti, più comun. borsa.

Banchiere, sm. chi tien banco per contare e prestar denari - e al giuoco, per giocare contro tutti.

Banco, sm. (pl. chi), tavola dei giudici, de'notaj, de'mercanti e simili - scabello di legno - seggio de'rematori sulla nave - deposito di sabbia all'imboccatura de'grandi fiumi.

Banda, sf. parte, lato - per trasl. unione di persone di un medesimo partito - unione di sonatori che precede la marcia dei soldati - un certo numero di soldati distaccati dal grosso dell'esercito - In pl. le milizie paesane.

Bandella, sf. spranga di ferro che sostiene le imposte degli usci.

Banderajo, sm. chi fa bandiere, e paramenti da chiesa.

Banderuola, sf. dim. di bandiera

- quel pezzo di drappo che sta alla punta della lancia de'soldati - per simil. quella lastra di ferro volubile che si pone sulle torri de'cammini per conoscere i venti - fig. dicesi di persona incostante.

Bandiera, sf. drappo legato all'asta per insegna di battaglia.

Bandinella, sf. cortina.

Bandire (pr. sco ec.), att. mandare in bando, esiliare - notificare al pubblico per araldo - pubblicare sulle cantonate.

Bandita, sf. luogo riservato per caccia e pastura.

Bandito, pp. di bandire - in forsa di sm. esule - malandrino.

Banditore, sm. chi pubblica il bando, o l'editto.

Bando, sm. editto - esilio.

Bandoliera, sf. pendone di cuojo a traverso le spalle de'soldati per sostenerne la giberna.

Bandolo, sm. capo della matassa.

Bandone, sm. larga piastra di ferro.

Bara, sf. cataletto.

Barabuffa, sf. scompiglio.

Baracane, sm. panno di pelo di capra.

Baracca, sf. (pl. cche), tenda militare.

Barare (da baro), att. truffare, fraudare (per lo più nel giuoco)

Beraria. V. *Bareria.*

Baritono (v. gr.), sm. pescigrosso

Barattáre, *att.* scambiare cosa con cosa – sostituire a cosa buona altra inferiore di pregio – *fig.* fraudare.

Baratteria, *sf.* truffa, frode.

Barattiére, *sm.* truffatore.

Baratto, *sm.* cambio, permuta.

Baráttola, *sm.* vaso da conserva.

Barba, *sf.* pelo del mento – *per simil.* radice sottile di alcune pianticelle – *volg.* zio.

Barbabietola, *sf.* specie di bietola di cui la grossa radice si mangia cotta.

Barbacáne, *sm.* muraglia a scarpa per fortificazione.

Barbagianni, *sm.* uccello notturno – *per simil.* scimunito.

Barbáglio, *sm.* abbagliamento di occhi.

Barbaramente, *avv.* crudelmente.

Barbareggiáre, *n. ass.* scrivere e parlare scorrettamente.

Barbarescamente. V. *Barbaramente.*

Barbaresco, *add. m.* (*pl.* schi), di Barberia – barbaro, V.

Barbárie, *sf.* crudeltà – rusticità – così si chiama pure l'impero degli errori nocivi all'umana felicità.

Barbarismo, *sm.* il parlare con parole o improprie o straniere alla lingua.

Barbarizzáre, *n. ass.* dire o scrivere barbarismi.

Bárbaro (*v. gr.*), *add. m.* nato

in paese di costumi e leggi rozze – crudele.

Barbassoro, *sm.* uomo spudorato ostentatore, omaccione (*detto per ischerzo, e talora per ischerno*).

Barbatella, *sf.* ramicello di qualunque albero, che si pianta acciocchè barbichi.

Barbazzale, *sm.* catenella che stringe la barbozza del cavallo.

Barbaresco, *add. m.* V. *Barbaresco* – *sm.* colui che custodisce i cavalli corridori – cavallo barbaro – lingua dei popoli di Barberia.

Bárbero, *sm.* cavallo corridore della Barberia – *add. m.* V. *Barbaro.*

Barbicaja, *sf.* ceppo di radici di alcuni alberi a fior di terra.

Barbicamento, *sm.* prima vegetazione della pianta.

Barbicáre (*pr.* bárbico, chi *ec.*) *n. ass.* prendere radice.

Barbiére, *sm.* quegli che rade barba – o quegli ch'esercita la bassa chirurgia.

Barbieria, *sf.* la bottega del barbiere.

Barbino, *add. m.* agg. di cane pelo ricciuto, detto anche barbone.

Barbitonsóre. V. *Barbiere.*

Barbogio, *sm.* vecchio che farfaglia – ed anche vecchio di crepito.

Barbone, *sm.* che tiene la bar

lunga - specie di cane, detto anche barbino.

Barbellàre, n. ass. parlar confusamente fra' denti.

Barbozza, sf. mento del cavallo.

Barbugliamento, sm. pronunzia confusa di parole.

Barbugliàre, n. ass., parlare in gola e interrottamente.

Barbùto, add. m. che ha folta barba.

Barca, sf. (pl. che), naviglio di mediocre grandezza — massa di cose, come biade, legna ec.

Barcajuolo, sm. chi governa la barca.

Barcàta, sf. il carico di una barca.

Barcheggiàre, n. ass. fig. maneggiarsi con destrezza.

Barchéggio, sm. l'andare delle barche dalla nave alla spiaggia pei trasporti.

Barcheréccio, sm. quantità di barche.

Barcile, sm. antenna che regge il pagliajo.

Barcollamento, sm. ondeggiamento

Barcollàre, n. ass. non istar fermo in piedi, vacillare.

Barda, sf. antica armatura di cuojo pe' cavalli.

Bardamentàre, e

Bardàre, att. mettere la barda e bardatura al cavallo.

Bardatùra, sf. tutti gli arnesi che servono per bardamentare

un cavallo.

Bardella, sf. sella senza arcioni.

Bardellàre, att. mettere la bardella ad una bestia da soma.

Bardotto, sm. muletto per uso del malattiere — uomo che tira la barca come un cavallo.

Barella, sf. dim. di bara, propr. quell'arnese di legno su due stanghe da trasportare sassi, terra e simili.

Bareria, sf. truffa, frode (specialm. nel giuoco)

Bargello, sm. anticam. titolo di signoria — oggidì capitano de' birri.

Bargiglione, sf. quella pelle rossa che pende sotto il becco de' galli.

Bariglione, sm. botte per riporre salumi.

Barile, sm. piccola botte per misura di liquidi.

Barilotto, sm. barile di mezzana grandezza.

Barilozzo, sm. barile da polvere.

Baritono (v. gr.), add. e sm. voce fra il basso e il tenore.

Barlume, sm. luce confusa e incerta — fig. leggiera apparenza.

Baro, sm. propr. giocatore fraudolente — truffatore.

Barocciajo, sm. conduttore di baroccio.

Baroccio, sm. carretta piana a due ruote.

Barometro (v. gr.), sm. strumento con cui si misura la

gravità dell'aria.

Baronaggio, sm. grado e giurisdizione di barone.

Baronale, add. com. di barone.

Baronare, n. ass. vagabondare.

Baronata, sf. bricconata.

Barone, sm. signore con giurisdizione - vagabondo, birbone (quasi accr. pegg. di baro) - specie di giuoco di dadi.

Baronescamente, avv. da birbone.

Baronesco, add. m. (pl. schi), vile, basso.

Baronessa, sf. moglie di barone.

Baronetto, sm. titolo di nobiltà in Inghilterra tra il cavaliere ed il barone.

Baronia, sf. giurisdizione di barone.

Barra, sf. tramezzo per separare - sala de' giudizj pubblici (frances.).

Barrare. V. Abbarrare, ed anche Barare.

Barricare (pr. barrico, chi ec.), att. impedire il passaggio ai nemici, attraversando le vie con carri, botti, alberi ed altro.

Barricata, sf. riparo di legnami o d'altro per chiudere un passo.

Barrietta, sf. sorta di giuoco dell'antica ginnastica con i-stecco o picca - steccato - per trasl. ciò che serve di coafino, o di difesa.

...ire (pr. sco ec.), n. ass. far

la voce dell'elefante.

Barrito, sm. la voce dell'elefante.

Baruffa, sf. confuso azzuffamento.

Barullo, sm. rivenditore a minuto.

Barzelletta, sf. facezia.

Barzellettare, n. ass. dire facezie.

Basamento, sm. quella parte della colonna che da terra va sino al tronco.

Basare (da base), att. fondamentare.

Bascià (v. arab.), sm. governatore di provincia nell'impero ottomano.

Base, sf. V. Basamento - fig. principio di qualunque cosa.

Basette, sf. pl. mustacchi.

Basilica (v. gr.), sf. (pl. che), tempio, o chiesa principale.

Basilico: V. Bassilico.

Basilisco (v. gr.), sm. (pl. schi), serpente favoloso.

Basire (pr. sco ec.), n. ass. morire, o essere presso a morire - svenire semplicem.

Bassà. V. Bascià.

Bassamente, avv. vilmente.

Bassamento. V. Abbassamento.

Bassare. V. Abbassare.

Bassetta, sf. sorta di giuoco di carte.

Bassetto, sm. specie di contrabbasso.

Bassezza, sf. contr. di altezza - fig. avvilimento - viltà - igno...

...ilità di natali.

basilico sm. sorta d'erba odorosa

basso, sm. profondità - strumento musicale a corda come un grosso violino - la voce più profonda del canto - add. m. profondo - fig. abbietto, vile - agg. di voce, poca, o piana - di fondo, poca altezza d'acqua - di rilievo, scultura ch'esce dal piano - avv. bassamente.

bassone, sm. strumento da fiato, più comun. fagotto.

bassotto, add. m. di bassa statura.

Basta, sf. cucitura a punti grandi.

Bastajo, sm. facitore di basti.

Bastante, add. com. sufficiente.

Bastantemente, avv. a sufficienza.

Bastanza, sf. durata - sufficienza.

Bastarda, sf. piccola galea - bastardella, V.

Bastardaggine V. Bastardigia.

Bastardare. V. Bastardire.

Bastardella, sf. vaso di rame per cuocere vivande - abusivam. carnezza a figura di due piedi.

Bastardigia, sf. la condizione del bastarda.

Bastardire (pr. sco ec.), n. ass. tralignare, degenerare.

Bastardo, add. e sm. nato d'illegittimo matrimonio.

Bastardume, sm. progenie bastarda - per simil. rimessi-

...tici superflui delle piante.

Bastare, n. essere sufficiente.

Bastaro. V. Bastajo.

Bastevole, add. com. sufficiente.

Bastevolezza, sf. sufficienza.

Bastevolmente. V. Bastantemente.

Bastia, sf. stacconto - In geogr. città di Corsica.

Bastimento, sm. nave grossa.

Bastina, sf. basto leggiero.

Bastionare, att. fortificare con bastioni.

Bastione, sm. terrapieno.

Bastita, sf. fortificazione.

Basto, sm. arnese che si mette a' giumenti per adattar loro la soma - fig. aggravio.

Bastonare, att. percuotere col bastone.

Bastonata, sf. percossa di bastone.

Bastonatura, sf. l'atto di bastonare.

Bastone, sm. fusto di legno mondo - fig. appoggio, sostegno - In plu. uno de' quattro semi delle carte da giuoco.

Batacchiare, att. battere con batacchio.

Batacchio, sm. bastone, o pertica.

Batista, add. e sf. tela finissima (o gr.), nome del Procuratore di G. C.

Batocchio, sm. battaglio delle campane.

Batolo, sm. falda del cappuccio - panno che copre le spalle de'parochi e prevosti.

Batosta, sf. contesa di parole.

Batostàre, n. contendere, altercare - att. combattere.

Battadóre, sm. colui che batte il grano sull'aja.

Battáglia, sf. fatto d'armi fra due eserciti e propr. quando esso decide la somma delle cose - fig. presso gli ascetici, forte tentasione - contrasto di pensieri e di passioni.

Battagliàre, att. combattere - affrontare il nemico.

Battagliére, add. m. bellicoso - sm. combattente.

Battàglio, sm. quel ferro che sta appeso entro le campane, per farle sonare movendole.

Battaglióne, sm. numero di soldati (ordinariam. la terza parte di un reggimento)

Battaglista, sm. (pl. sti), pittore di battaglie.

Battellante. V. *Battelliére*.

Battellàta, sf. il carico di un battello.

Battelliére, sm. conduttore di un battello.

Battello, sm. nome generico dei piccoli navili atti a navigare specialmente sui fiumi, sugli stagni e simili.

Battente, p. pr. di battere - sm. quella parte dell'imposta che batte nello stipite.

Bàttere, att. percuotere - picchiare - assolut. battere le biade - np. far duello - dar la disciplina - moneta, improntarla - il fuoco, accenderle - il nemico, superarlo - una piazza, espugnarla - la ritirata, retrocedere ec.

Battería, sf. quantità di cannoni disposti per battere una piazza, o posti ai fianchi di un vascello da guerra.

Battesimále, add. com. di battesimo.

Battésimo (v. gr.), sm. il primo dei sette sacramenti della Chiesa.

Battezzàre, att. amministrare il battesimo - per simil. porre o dare il nome - bagnare in qualunque modo.

Battibùglio, sm. parapiglia.

Batticuòre, sm. palpitazione per eccessiva paura o timore.

Battifuòco. V. *Fucile*.

Battiláva, sm. (pl. mi), chi batte la lana.

Battilòro, sm. artefice che riduce l'oro in foglie.

Battimento, sm. il battere - di cuore, palpitazione - d'arteria, pulsazione.

Battipàlo, sm. macchina con maglio da battere i pali.

Battiporto, sm. parte delle navi per cui si entra.

Battistério, e

Battistéro (v. gr.), sm. luogo dove si battezza.

Battistràda, sm. cavalcante che

precede. di qualche tratto il viaggiatore.

Battito, sm. tremito di cuore.

Battoja, sf. strumento degli stampatori per pareggiare la forma del carattere.

Battitojo, sm. parte dell' imposta che batte nello stipite - e quella dello stipite, battuta da essa imposta.

Battitura, sf. percossa.

Battologìa (v. gr), sf. il parlare prolisso, asialismo.

Battuta, sf. misura di tempo nella musica - di polso, pulsazione.

Baule, sm. valigia da viaggio.

Bautta, sf. specie di maschera veneziana.

Bava, sf. umore spumoso ch'esce dalla bocca degli animali.

Bavaglio (da bava), sm. pannolino che si mette al collo dei bambini.

Bavaro. V. Bavero.

Bavella, sf. filo de' bozzoli in caldaja prima di cavarne la seta.

Bavero, sm. collare del mantello.

Bavoso, add. m. piena di bava.

Bazza (zz dolci), sf. una presa di carte al giuoco.

Bazzecole, sf. pl. bagattelle.

Bazzica (zz aspre), sf. (pl. che), giuoco di carte.

Bazzotto (zz dolci), add. m.

mezzo cotto (si dicesi delle uova)

Beáre, att. far beato.

Beatamente, avv. felicemente.

Beatificare (pr. ifico, chi ec.), att. far beato e felice.

Beatificazione, sf. innalzamento alla gloria celeste - culto di beato dato dal Papa ad alcun servo di Dio.

Beatitúdine, sf. stato di felicità.

Beáto, add. m. felice.

Beccáccia, sf. uccello di passo.

Beccaccino, sm. uccello di palude minore della beccaccia.

Beccafíco, sm. (pl. chi), uccelletto delicato che passa al tempo de' fichi.

Beccajo, sm. macellatore di animali.

Beccamorto, sm. seppellitore di cadaveri.

Beccáre, att. prendere il cibo col becco - fig. guadagnare - rubare.

Beccáro. V. Beccajo.

Beccáta, sf. colpo di becco.

Beccherìa, sf. luogo del macello delle bestie.

Becchíno. V. Beccamorto.

Becco, sm. (pl. cchi), parte ossea appuntata per cui prendono cibo gli uccelli - coll' e stretto), il maschio della capra.

Beccúccio, sm. canaletto storto de' vasi di vetro.

Befána, sf. spauracchio delle donnicciuole, per cui vuolsi

bambini. — per tondi donna
brutta.

Beffa, *sf.* burla, scherno.

Beffando, *add. e m.* che si diletta di beffare.

Beffare, *att.* metter in ridicolo
— *np.* non curare.

Beffeggiamento, *sm.* derisione.

Beffeggiare (*frequent. di beffare*),
att. deridere.

Bega, *sf.* (*pl.* ghe), briga, contrasto.

Belamento, *sm.* il belare della
pecora.

Belare, *v. ass.* far la voce della
pecora.

Belato, *sm.* voce della pecora.

Belladonna, *sf.* erba di cui ser-
vivansi le donne invece di
belletto.

Bellamente, *avv.* con bel modo.

Belleggiare, *n. ass.* far bella mostra di cherchessia.

Bolletta, *sf.* terra deposta dalle
acque delle inondazioni.

Belletto, *sm.* mistura per colo-
rirsi il viso.

Bellezza, *sf.* tutto ciò che risulta piacevole da una giusta proporzione dalle sue parti.

Bellico. V. *Ombelico*.

Bellico, *add. m.* guerresco.

Bellissimamente, *avv.* valorosamente.

...icoso, *add. m.* valoroso.
sm. V. *Bellezza*. — *add.*
avvenente, leggiadro —

avv. graziosamente.

Belo. V. *Belato*.

Benaffetto, *add. m.* affezionato.

Benaugurato, *add. m.* di buon
augurio.

Benavventurato, *add. m.* felice.

Benchè, *avv.* quantunque.

Bencreato, *add. m.* educato nel
buon costume.

Benda, *sf.* fascia che si avvolge
al capo.

Bendare, *att.* coprire gli occhi
con benda.

Bendatura, *sf.* acconciatura di
benda.

Bendone, *sm.* striscia pendente
da mitrie, cuffia e simili.

Bene, *sm.* tutto ciò ch'è buono
ed utile alla natura umana —
opera virtuosa — *in pl.* ricchezza — roll' agg. di *sommo*
tedio — *Bene sommo dell'uomo*, la sua perfetta felicità —
fisico, ogni sensazione piacevole — *morale*, quello che risulta dalle azioni moralmente
buone.

Bene, *avv.* rettamente — acconciamente — per appunto.

Benedetto, *sm.* mal caduco —
add. m. che ha avuto la benedizione.

Benedire (*pr.* ico, ici ecc., *pass.*
issi, *pp.* etto), *att. att.* compartire benedizione — conse-
crare alcuna cosa al culto divino — prosperare.

Benedizióne, sf. l'atto del benedire.

Benefattóre, sm. chi fa bene altrui.

Beneficàre (pr. éfico, chi ec.), att. fare beneficj.

Beneficenza, sf. propensione di giovare altrui, ancorchè non sia in grave bisogno.

Beneficiáta, sf. nell' uso l'introito di una serata a beneficio di un virtuoso di teatro.

Beneficio, sm. servigio che si presta altrui — uffizio sacro con rendita — privilegio.

Benefico, add. m. che fa del bene.

Benefizio. V. Beneficio.

Benemerenza, sf. diritto che si acquista alla riconoscenza altrui per beneficio fatto.

Benemérito, sm. servigio prestato, contr. di demerito — add. m. che ha bene operato in servigio altrui.

Beneplácito, sm. libera volontà.

Benestante, add. e s. com. che sta bene, agiato, facoltoso.

Beneviso. V. Benvisto.

Benevogliente, add. com. che vuol bene.

Benevogliénza, e

Benevolenza, sf. il voler bene, affezione.

Benevolo, add. m. che vuol bene — affezionato.

Benignamente, avv. con benignità — affabilmente.

Benignità, sf. disposizione a far del bene a tutti — amorevolezza — dolcezza (detto di clima)

Benigno, add. m. amorevole, affabile — benefico — dolce.

Benintéso, add. m. dicesi del complesso di un lavoro bene ideato.

Benmontáto, add. m. che ha buona cavalcatura — per trasl. che ha buon vestito, buoni arredi.

Bennáto, add. m. di buona e civile famiglia — avventurato.

Benservito, sm. licenza in iscritto che si rilascia nel congedare un servo.

Bensì, avv. afferm. sì bene.

Bentenúto, add. m. ben conservato — riconoscente.

Benvisto, add. m. accetto, gradito.

Benvolentiéri, avv. più che volentieri.

Benvolére, sm. benevolenza.

Benvolére (comp. di volere. V.), n. ass. voler bene.

Beóne, sm. gran bevitore.

Bere (sinc. di bevere), att. an. (pr. bevo, pass. bevvi, o bevéi, fut. berò, o beverò, pp. beúto, e bevúto), prendere per bocca alcun liquido per dissetarsi.

Bere, sm. bevanda, bibita.

Bergamotto, add. m. odora spiritoso di limone.

Berillo, sm. gemma trasparente e verdiccia.

Berlína , sf. palco su cui si e-
spongono pubblicamente i malfattori.

Berlingaccio , sm. l'ultimo gio-
vedi di carnovale (comun. giovedì grasso)

Bernesco, add. m. (pl. schi), faceto sullo stile del Berni (agg.
di componimento o di stile)

Berretta, sf. qualunque foggia di
coperta di testa che non sia
cappello.

Berrettajo , sm. fabbricatore di
berrette.

Berrettino, sm. berretta piccola
combaciante il capo - add. m.
agg. di colore bigio cenerognolo.

Berretto. V. Berretta.

Berrettone , sm. superl. di berretta o berretto (e dicesi il
casco de' granatieri)

Borsagliare , att. molestare con
artiglierie a colpi misurati.

Bersagliere , sm. propr. chi tira
a bersaglio.

Berságlio, sm. segno per aggiustare il tiro di cannone, o di
moschetto, o di arco - qualunque oggetto preso di mira.

Berta, sf. burla; beffa.

Berteggiare, att. motteggiare.

Bertesca, sf. (pl. sche), specie di
riparo amovibile, di cui ser-
vivansi i soldati antichi.

Bertone, sm. amante disonesto.

Bertuccia, sf. nome che si dà al-

---

la scimia codata.

Bestemmia (v. gr.), sf. parole
empie contro Dio , o le cose
sante - fig. maldicenza - imprecazione.

Bestemmiare , n. ass. proferir
parole empie contro Dio o le
cose sante - att. maledire.

Bestemmiatóre, sm. che bestemmia

Béstia, sf. nome generico di tutti
gli animali bruti - fig. uom
senza criterio.

Bestiale, add. com. da bestia.

Bestialità , sf. cosa da bestia -
fig. sproposito madornale.

Bestialmente, avv. da bestia.

Bestiáme, sm. quantità di bestie
domestiche - grosso , cavalli
e bovi - minuto, pecore e capre

Bestiolína, sf. e

Bestiolíno, sm. dim. di bestia.

Bestione, sm. propr. bestia grande - fig. uomo fiero e brutale

Bestiuola, sf., e

Bestiuolo, sm. dim. di bestia -
fig. uomo di poco senno.

Béttola, sf. osteria dove si vende vino a minuto.

Bettolante , add. com. che frequenta le bettole.

Bettoliere, sm. padron di bettola

Bettónica, sf. (pl. che), erba
medicinale conosciutissima.

Bevanda, sf. ciò che si beve.

Beveraggio, sm. bevanda - sonnifero - mancia.

Beveratojo, sm. vaso dove be

rono le bestie.

erere. V. *Bere.*

ereccio, *add. m.* gradevole a bere.

everone, *sm.* bevanda cattiva – il miscuglio di acqua e di crusca che si dà a' cavalli e simili animali.

evibile, *add. com.* buono a bere, o che si può bere.

evitore, *sm.* che beve di soverchio

erone, *sm.* che beve assai.

evuta, *sf.* tirata di bere – vaso di vetro per dare da bere agli ammalati.

ey, *sm.* titolo di governatore turco.

ezzicare, (*pr.* bézzico, chi ec.), *att.* ferire di becco – *fig.* molestare – *np.* garrire pungendosi di parole.

ezzo, *sm.* antica moneta veneziana del valore di mezzo soldo

iacca, *sf.* (*pl.* cche), materia bianca che serve ai pittori per colore, ed ai medici per fare impiastro.

iada, *sf.* qualunque genere di semente.

iadajuolo, *sm.* venditore di biade,

iancastro, *add. m.* che tira al bianco.

iancheggiamento, *sm.* il dare nel bianco.

iancheggiare, *n. ass.* tendere al bianco.

iancheria, *sf.* ogni sorta di tela

da bucato.

Bianchezza, *sf.* il color bianco.

Bianchire (*pr.* sco ec.), *att.* V. *Imbiancare* – far divenir bianco l'argento – *n. ass.* divenir bianco

Bianco, *sm.* (*pl.* chi), *l' opposto del* nero – materia per imbiancare i muri – *add. m.* che ha bianchezza.

Biasciare, p

Biasicare (*pr.* áscico, chi ec.), *att.* il masticare di chi non ha denti – *fig.* parlare stentatamente.

Biasimare (*pr.* ásimo ec.), *att.* censurare, tacciare.

Biasimévole, *add. com.* degno di biasimo.

Biasimevolmente, *avv.* con biasimo.

Biasimo, *sm.* riprovazione – macchia – col verbo *dare,* biasimare – col verbo *portare,* essere biasimato.

Bibbia (*v. gr.*), *sf.* la raccolta dei libri del vecchio e nuovo Testamento.

Bibita, *sf.* bevuta.

Biblico, *add. m.* appartenente alla Bibbia.

Bibliofilo (*v. gr.*), *sm.* amatore di libri.

Bibliografia (*v. gr.*), *sf.* scienza del bibliografo.

Bibliografo, *sm.* chi è versato nella cognizione dei libri.

Bibliomania (*v. gr.*), *sf.* passio

ne eccessiva pei libri.

Biblioteca (v. gr.), sf. (pl. che), raccolta numerosa di libri, altr. libreria.

Bibliotecario, sm. soprintendente alla libreria.

Bica, sf. (pl. che), massa di covoni.

Bicchiere, sm. vaso di vetro ad uso di bere.

Bicocca, sf. (pl. cche), casuccia in luogo elevato.

Bicorno, add. com. a due corna.

Bicornia, sf. ancudine a due punte.

Bicornuto, add. m. di due corna.

Bidello, sm. servo di università, o di accademia.

Bidente, sm. forca di ferro a due denti.

Biecamente, avv. stortamente - con mal occhio.

Bieco, add. m. (pl. chi), storto, travolto (detto degli occhi) - agg. di atto, vituperevole.

Biennio, sm. lo spazio di due anni.

Bietola, sf. erba da mangiare.

Bietolone, add. e sm. fig. dappoco, scimunito.

Bietta, sf. pezzo di ferro o di legno che si adopera per serrare o per ispaccare legna.

Bifolco, sm. (pl. chi), colui che lavora la terra co' buoi.

-carsi, np. diramarsi a modo forca.

...to, add. m. diviso a modo ca.

Biforme, add. com. che ha due forme, o sembianze.

Bifronte, add. com. che ha due fronti, o facce.

Biga, sf. (pl. ghe), carro a due cavalli.

Bigamia (v. gr.-lat.), sf. matrimonio contratto con due persone in uno stesso tempo.

Bigamo, sm. che ha due mogli a un tempo.

Bigatto, sm. animaletto che rode le biade - baco da seta.

Bighero, sm. fornitura di abiti a merletti.

Bigio, add. m. di colore simile a cenerognolo - fig. malvagio.

Biglia (v. fr.), sf. palla da bigliardo.

Bigliardo (v. fr.), sm. giuoco di trucco a tavola - e la tavola stessa.

Biglietto. V. *Viglietto*.

Bigoncia, sf. vaso di legno a doghe per someggiare il mosto - cattedra per parlamentare.

Bigonciuolo, sm. secchia di legno per manovali.

Bigottismo, sm. bacchettoneria.

Bigotto, add. m. falso divoto.

Bilancia, sf. strumento a due braccia uguali per conoscere la differenza del peso de'corpi - uno de'segni del zodiaco.

Bilanciajo, sm. chi fa le bilance.

Bilanciare, att. pesare con bilancia - fig. disaminare.

Bilancino, sm. quel legno mobile a cui si attaccano le tirelle del cavallo da carrozza - e il cavallo sinistro della stessa.

Bilancio, sm. pareggiamento - ristretto di conti.

Bile, sf. liquido animale di cui si fa la secrezione nel fegato - fig. collera, sdegno.

Bilia, sf. legno storto con cui i vetturali stringono le some.

Bilicare (pr. bilico, chi ec.), att. equilibrare - fig. esaminar bene prima di risolversi.

Bilico, sm. (pl. chi), positura di un corpo sopra un altro, pendente ugualmente da ogni banda.

Bilingue, add. com. che ha due lingue - fig. bugiardo.

Bilione, sm. un milione di milioni

Bilioso, add. m. che ha soverchia bile.

Bilustre (v. lat.), add. com. di due lustri.

Bimbo, sm. bambino.

Bimestre (v. lat.), add. com. e sm. lo spazio di due mesi.

Binamille, e

Binamille, sm. semituono musicale

Binario, add. m. che è composto di due numeri.

Binato, add. m. gemello.

Bindello, sm. nastro.

Binderia, sf. inganno.

Bindolo, sm. aspo per matasse - fig. aggiramento.

Binomio, add. m. che ha due nomi.

Bioccolo, sm. particella di lana spiccata dalla pecora.

Biografia (v. gr.), sf. descrizione della vita di alcuno.

Biografo, add. sm. scrittore di vite.

Biondeggiare, n. ass. apparire biondo.

Biondezza, sf. color biondo.

Biondo, add. m. di colore tra giallo e bianco.

Bioscio, add. m. che appena si sente parlare per difetto di denti.

Bipartirsi, np. (pr. arto, e isco ec.), separarsi in due parti.

Bipartito, pp. di bipartirsi, dimezzato.

Bipede (v. lat.), add. com. e sm. che ha due piedi.

Bipenne (v. lat.), sf. scure a due tagli.

Biquadro, sm. segno musicale che rimette il tuono al suo primo essere.

Birba, sf. frode, malizia - detto d'uomo, furbo.

Birbantare, n. ass. vivere limosinando.

Birbante, e

Birbone, sm. vagabondo, furbo.

Birboneggiare, n. ass. vagabondare.

Birboneria, sf. azione indegna.

Bircio, add. m. losco, o lusco,

di corta vista.

Biròccio, *sm.* carrozza scoperta a due luoghi ed a quattro ruote.

Birra, *sf.* Bevanda composta di biade.

Birraria, *sf.* luogo dove si fabbrica o si vende la birra.

Bitro, *sm.* ministro di giustizia che cattura i malfattori.

Bisacce, *sf. pl.* quelle due tasche legate con cigna che si appongono all'arcione di dietro delle selle per viaggio.

Bisarcávolo, *sm.* il padre dell'arcavolo.

Bisavo, e

Bisavolo, *sm.* il padre dell'avolo (*volg.* bisnonno)

Bisbetico, *add. m.* stravagante.

Bisbigliamento, *sm.* mormorio.

Bisbigliare, *n. ass.* far susurro parlando pian piano.

Bisbiglio, *sm.* mormorio.

Bisca, *sf.* (*pl.* sche), luogo dove si tiene giuoco pubblico.

Biscaccia, *sf. pegg.* di bisca.

Biscajuolo, *sm.* colui che frequenta la bisca.

Biscazza. V. *Biscaccia*.

Biscazzare, *n. ass.* giocare il suo.

Biscazziere, *sm.* chi tiene la bisca.

Buschero, *sm.* legnetto fitto nel manico degli strumenti ad arco per allentare o stringere le corde.

Bochetto, *sm.* banchetto del

, calzolajo.

Bischizzare, *n. ass.* lambiccar il cervello, fantasticare.

Bischizzo, *sm.* ripiego.

Biscia, *sf.* serpe.

Bisciabóva, *sf.* turbine.

Biscio, *sm.* vermicciuolo che genera tra pelle e pelle.

Biscióne, *sm.* biscia grossa.

Biscolore, *att. com.* di più colori

Biscottare, *att.* cuocere due volte

Biscotterfa, *sf.* luogo ove sono i forni del biscotto — *comm.* ogni sorta di pasticceria.

Biscottino, *sm.* pasta con zucchero cotta a modo di biscotto

Biscotto, *sm.* pane cotto due volte

Biscromá, *sf.* nota musicale che vale la metà della semicroma

Bisestile, *add. com.* l'anno bisesto.

Bisesto, *sm.* l'anno che ha il mese di febbrajo con un giorno di più.

Bisgénero, *sm.* marito della nipote.

Bissillabo, *add. m.* di due sillabe

Bislacco, *add. m.* (*pl.* cchi), stravagante.

Bislungo, *add. m.* (*pl.* ghi), che più lungo che largo.

Bisnipóte, *sm.* figlio del nipote.

Bisnonno. V. *Bisavolo*.

Bisogna, *sf.* affare, negozio.

Bisognáre, *imp.* essere di necessità — essere utile, aver bisogno.

Bisognévole, *add. com.* necessario.

Bisogno, *sm.* mancanza di qualche cosa necessaria - *morale,* sensazione che ci porta al vero, al bello ed al buono.

Bisognóso, *add. m.* che ha bisogno.

Bisso (*v. gr.*), *sm.* tela finissima e preziosa di lino presso gli antichi.

Bisticciamento, *sm.* contrasto.

Bisticciare, *n.*, è meglio

Bisticciarsi, *np.* altercare.

Bisticcio, *sm.* scherzo che risulta da più voci simili.

Bistondo, *add. m.* che tende al tondo.

Bistori, *sm.* coltello chirurgico a lama sottile per le incisioni.

Bistorta, *sf.* tortuosità.

Bistorto, *add. m.* tortuoso.

Bisulco, *add. m.* (*pl.* chi), che ha le ugne fesse.

Bisunto, *add. m.* molto unto.

Bitorzo, e

Bitorzolo, *sm.* prominenza nodosa che sporge dalla superficie.

Bitume, *sm.* minerale untuoso che facilmente abbrucia.

Bituminóso, *add. m.* che ha del bitume.

Bivio, *sm.* imboccatura di due strade.

Bizzarramente, *avv.* capricciosamente.

Bizzarria, *sf.* umore stravagante - capriccio - facezia arguta.

Bizzarro, *add. m.* capriccioso, stravagante - vivace, spiritoso.

Bizzóchera, *sf.* bacchettona.

Bizzóco, *sm.* (*pi.* chi), falso divoto, bacchettone.

Blandimento, *sm.* accarezzamento.

Blandíre (*pr.* sco *ec.*), *att.* accarezzare, lusingare.

Blandizie, *sf. pl.* lusinghe, carezze.

Blando (*v. lat.*), *add. m.* piacevole, affabile.

Blasóne, *sm.* arte di fare e di conoscere le armi gentilizie.

Blasonista, *sm.* (*pi.* sti), intelligente dell'arte del blasone.

Bleso, *add. m.* balbuziente.

Bloccare, *att.* assediare alla larga.

Blocco, *sm.* (*pl.* cchi), assedio posto alla larga.

Bo. V. *Bue.*

Boare. V. *Muggire.*

Boaro, *sm.* guardiano dei bovi.

Boato, *sm.* muggito di bue - *per simil.* rimbombo.

Bocca, *sf.* (*pl.* cche), meato per cui si respira e si mangia dagli animali - *per simil.* dicesi dell'apertura di molte cose - *parlando dei fiumi o strade,* entrata - *di fuoco,* ogni arme da sparare.

Boccaccesco, *add. m.* (*pl.* schi), e

Boccaccévole, *add. com.* dello stile del Boccaccio.

Boccaccevólmente, *avv.* alla maniera del Boccaccio.

Boccale, *sm.* vaso di terra cotta

con boccuccio per bere - misura di capacità.

Boccata, *sf.* quanta materia sta nella bocca.

Boccatura, *sf.* la maggior larghezza della nave.

Boccetta, *sf.* piccolo vaso da liquori – fiore non aperto ancora.

Boccheggiamento , *sm.* moto di bocca.

Boccheggiare, *n. ass.*, fare moti di bocca – agonizzare – *fig.* mangiare di nascosto.

Bocchetta , *fig. dim.* di bocca – quella parte della scarpa che copre il collo del piede – quella piastra di metallo che per ornamento s' incastra alla imboccatura della chiave.

Boccia, *sf.* fiore non anco aperto – vaso di vetro per liquori.

Bocciuolo , *sm.* fiore non aperto – piccolo cilindro di vetro unito a certi vasi per far colare in minor quantità il liquore – spazio nelle canne tra un nodo e l' altro.

Boccola, *sf.* cerchio di ferro per fortificare il mozzo delle carrozze.

Boccone, *sm.* quantità di cibo preso in bocca in una volta – *per simil.* pezzuolo di checchessia – *avv.* colla faccia verso terra, *contr. di* supino.

·iare, *att.* chiamar uno forte palesar cosa segreta.

sf. (*pl.* ghe), piccolo pe-

sce di mare.

Bogara, *sf.* rete estesissima per pescare.

Boja, *sm.* carnefice.

Bojardo, *sm.* titolo di dignità in Russia e nella Transilvania.

Bojessa, *sf.* la moglie del boja.

Boldrone, *sm.* il pelo più lungo delle pelli.

Boleto, *sm.* fungo.

Bolgia, *sf.* sacca, o tasca – *In Dante*, spartimenti dell' inferno , ove sono cruciati diversamente i dannati.

Bolino. V. *Bulino.*

Bolla, *sf.* vescichetta che fa l'acqua bollendo o gorgogliando – bollo, sigillo – scrittura pontificia – diploma imperiale.

Bollare, *att.* segnare con bollo.

Bollario, *sm.* libro che contiene le bolle pontificie.

Bolletta. V. *Bulletta.*

Bollettino. V. *Bullettino.*

Bollicamento, e

Bollichio, *sm.* leggiero bollimento.

Bollimento, *sm.* il moto del fluido nel bollire.

Bollire (*pr.* ollo, o isco, *p. pr.* bollente, *o* bogliente), *n. ass.* il rigonfiare dei liquidi per troppo calore – *fig.* essere infiammato di ardore per una cosa.

Bollitura. V. *Bollimento* – decozione.

Bollo, *sm.* suggello.

Bollore, *sm.* gonfiamento di ciò

che bolle - *fig.* sollevamento di animo.

Bolo, *sm.* sorta di terra limosa per far vasi - pillola.

Bolsaggine, *sf.* difficoltà di respiro (*detto propr. de'cavalli*)

Bolsa, *add. m.* che tosse di frequente.

Bomba (*v. gr.*), *sf.* palla di ferro incendiaria.

Bombarda, *sf.* macchina antica di guerra per lanciar grosse pietre - nave piatta per servizio dei mortaj da assedio.

Bombardare, *att.* gettar bombe.

Bombardiere, *sm.* che scarica le bombarde.

Bombice, *sm.* baco da seta.

Bombola, *sf.* vaso di vetro di collo corto.

Bompresso, *sm.* l'albero delle navi che sporge fuori della prua.

Bonaccia, *sf.* calma di mare - *fig.* ogni sorta di buona fortuna.

Bonacciare, *n.ass.* calmarsi il mare.

Bonaccio, *add. m.* di buon naturale

Bonaccioso, *add. m.* ch'è in bonaccia.

Bonamente, *avv.* da senno.

Bonariamente, *avv.* alla buona, senza malizia.

Bonarietà, *sf.* semplicità di natura.

Bonario, *sm.* buono, semplice.

Bonificamento, *sm.* cosa ridotta in buono stato.

Bonificare (*pr.* fico, chi ec.), *att.* migliorare - menar buono un

credito preteso.

Bonificazione, *sf.* miglioramento di un terreno.

Bontà, *sf.* disposizione a bene operare - cortesia, affabilità - *fisica*, tendenza a produrre il piacere, o ad impedire il dolore - *morale*, consuetudine di fare il bene morale, e decisa intenzione di acquistarla - *negativa*, l'astenersi dal male potendo commetterlo.

Bonzo, *sm.* sacerdote chinese.

Bora. V. *Borea*.

Borbogliamento, *sm.* rumore.

Borboglio, *sm.* rumore negl'intestini per fiato o depravata digestione.

Borbottamento, *sm.* brontolamento

Borbottare, *n. ass.* brontolare fra i denti - recitare sotto voce - romoreggiare.

Borbottio. V. *Borboglio*.

Borbottone, *add. m.* brontolone.

Borchia, *sf.* piccolo scudo di metallo per ornamento.

Bordare, *att.* battere qualcosa nell'acqua per lavarla - bastonare.

Bordata, *sf.* cammino della nave bordeggiando.

Bordato, *add. m. agg.* di drappo di seta a liste di varj colori.

Bordatura, *sf.* orlatura di qualunque lavoro o per fortezza o per ornamento - legname esterno che fascia l'ossatura della nav

Bordeggiàre, *n. ass.* navigare contro vento girando la nave or di qua, or di là.

Bordellàre, *n. ass.* frequentare i bordelli.

Bordello, *sm.* postribolo, lupanare – *fig.* rumore, frastuono.

Bordo, *sm.* fianco della nave – l'orlo estremo di un vaso – frangia.

Bordóne, *sm.* bastone da pellegrino.

Bórea, *sm.* vento di tramontana.

Boreàle, *add. com.* settentrionale.

Borgaja. V. *Borgo.*

Borghése, *sm.* cittadino (*contr. di* forese)

Borghesia, *sf.* cittadinanza.

Borghigiàno, *sm.* abitatore di borgo.

Borgo, *sm.* (*pl.* ghi), riunione di case senza cinto di mura – contrada di città.

Borgomastro, *sm.* capo di comune in Germania ed in Olanda.

Boria, *sf.* albagia, vanità.

Boriàre, *n. ass.* aver boria.

Boriosamente, *avv.* con boria.

Boriosità. V. *Boria.*

Boriósò, *add. m.* altero, vano.

Bornio, *add. m.* losco.

Borra, *sf.* cimatura di panni – *fig.* superfluità di parole.

Borràccia, *sf.* fiasca da viaggio.

Bórro, *sm.* torrente che scende per dirupi scoscesi e sassosi.

Burróne, *sf.* borro grande.

rsa, *sf.* sacchetto da riporre mari – quel cartoccio rivesti-

lo di drappo in cui si ripone il corporale – riunione dei negozianti, e il luogo ove si adunano – il ripostiglio dei testicoli – quel guscio membranoso che racchiude il seme di alcune piante.

Borsajuólo, *sm.* ladro.

Borsellíno, *sm. dim. di* borsa.

Borzacchino, *sm.* stivaletto a mezza gamba.

Boscáglia, *sf.* bosco grande.

Boscajuólo, *sm.* chi taglia, o frequenta, o custodis e il bosco.

Boscaréccio. V *Boschereccio.*

Boscáta, *sf.* luogo piantato a bosco.

Boscáto, *add. m.* che ha bosco.

Boscheréccio, *add. m.* di bosco.

Boschetto, *sm. dim. di* bosco.

Boschivo, *add. m.* adattato, e tenuto a bosco.

Bosco, *sm.* (*pl.* schi), macchia di alberi salvatici – frasche disposte pei bachi da seta.

Boscoso, *add. m.* pieno di boschi.

Bosforo, *sm.* stretto di mare (e *propr. quello dei Dardanelli*)

Bosso, e

Bóssolo, *sm.* sorta di arboscello sempre verde.

Bossolotto, *sm.* vaso da raccogliere le limosine.

Botánica (*b. gr.*), *sf.* (*pl.* che), scienza delle piante.

Botánico, *sm.* chi professa la botanica – *add. m.* apparte-

mente e botanica.

Bosola, *sf.* buca sotterranea.

Botta, *sf.* colpo, percossa – lanterna per far caccia di notte – rospo.

Bottaccio, *sm.* bariletto – gran recipiente di acqua per mandare mulini.

Bottajo, *sm.* chi fa e rassetta botti

Bottina, *sf.* tela di cotone.

Bottarga, *sf.* (*pl.* ghe), uova di pesce seccate al fumo.

Botte, *sf.* vaso di legno a doghe da tener vino – chiavica o tromba che conduce l'acqua sotto la corrente di un canale – gabbione di fascine pieno di sassi per deviare le correnti.

Bottega, *sf.* (*pl.* ghe), stanza ove gli artefici lavorano, o i mercanti vendono le merci.

Bottegajo, *sm.* chi tiene bottega.

Botteghino, *sm.* piccola bottega.

Bottiglia (*v. fr.*), *sf.* vaso di vetro per conservare vini prelibati.

Bottiglieria, *sf.* stanza ove si conservano le bottiglie.

Bottiglione, *sm.* votatore di bottiglie.

Bottino, *sm.* preda de' soldati – ricetto d'acque sotterra – cassetta in fondo alle carrozze.

Botto, *sm.* colpo – Di botto, *avverb.* subito.

Bottonajo, *sm.* chi fabbrica, o

vende bottoni.

Bottonatura. V. *Abbottonatura.*

Bottoncino, *sm. dim.* di bottone – qualunque cosa che tondeggi sopra qualche lavoro.

Bottone, *sm.* pallottolina per affibbiare i vestiti – boccia di alcuni fiori – qualunque parte di strumento che abbia la figura di bottone.

Bottoniera, *sf.* ordine di bottoni in una veste.

Bove. V. *Bue.*

Bovile, *sm.* la stalla de' bovi.

Bovina, *sf.* sterco di bue.

Bovino, *add. m.* di bue.

Bozza, *sf.* abbozzo di pittura, o di scultura – prima prova degli stampatori.

Bozzare. V. *Abbozzare.*

Bozzima, *sf.* impasto dei tessitori per ammorbidire la tela prima di tesserla.

Bozzo, *sm.* pezzo di pietra lavorata rusticamente.

Bozzolajo, *sm.* ciambella.

Bozzolo, *sm.* enfiatura – gomitolo dove si rinchiude il baco da seta.

Braca, *sf.* (*pl.* che), cavo. V. *Calsoni.*

Bracalone, *add.* e *sm.* colui a cui cadono le brache sino alle ginocchia – *fig.* scialacquatore.

Braccare, è

Braccheggiare, *att.* e *n. ass.* cercar qua per tutto.

Bráccia, *sf. pl.* misura di cinque piedi (*in Venezia* passi)

Bracciále, *sm.* macica dentata di legno per giocare al pallone.

Braccialetto, *sm. dim. di* bracciale - smaniglio.

Bracciáta, *sf.* tanta materia quanta può stringersi colle braccia.

Bracciére, *sm.* colui che dà il braccio alle dame.

Bráccio, *sm. (pl. ccia f.)*, membro umano che deriva dalla spalla e termina alla mano - *fig.* protezione - misura lineare - spazio oblungo di terra, o di mare, o di fiume - ramo della vite e simili (*nei due ultimi sign. nel plur. fa* bracci *m.*)

Bracciolare, *sm.* misura di un braccio.

Bracciotto, *sm.* braccio carnoso.

Bracciuolo, *sm.* appoggio delle braccia.

Bracco, *sm. (pl. cchi)*, cane da caccia.

Brace, *sf.* carbone minuto acceso che resta dalle legne bruciate

Brache, *sf. pl.* calzoni larghi - mutande.

Brachiére, *sm.* sostegno di cuojo per reggere gl'intestini abbassati.

Braciéra, *sf.* e

Braciére, *sm.* vaso di rame o di ferro per accendervi la brace onde scaldarsi.

ciuola, *sf.* fetta sottile di car-

ne da cuocere sulla graticola.

Bracmáno, *sm.* filosofo indiano.

Braghiére. V. *Brachiere.*

Brama, *sf.* desiderio ardente.

Bramáre, *att.* desiderare ardentemente.

Brameggiáre, *n. ass.* aver molta voglia.

Bramíno. V. *Bracmano.*

Bramosamente, *avv.* con brama.

Bramosía. V. *Brama.*

Bramóso, *add. m.* desideroso.

Branca, *sf. (pl. che)*, zampa di uccello di rapina - *fig.* parte, ramo o simili di checchessia. - branche *diconsi le parti che stringono negli strumenti da presa.*

Brancáre. V. *Abbrancare.*

Brancáta, *sf.* quanto può stare nella mano.

Bránchio, *sf. pl.* le alette dei pesci vicino al capo.

Brancicamento, *sm.* toccamento leggiero di mano.

Brancicáre (*pr.* àncico, chi ec.), *att.* toccare leggermente, palpeggiare.

Branco, *sm. (pl. chi)*, moltitudine di animali della stessa specie.

Brancoláre (*pr.* àncolo ec.), *n. ass.* andare a tasto.

Brancolóne, *avv.* al tasto.

Brandéllo, *sm.* pezzuolo di checchessia.

Brandimento, *sm.* l'atto di brandir

Brandire (pr. sco ec.), att. vibrare, muovere scotendo (e dicesi delle armi da taglio)

Brando (v. poet.), sm. spada.

Brano, sm. pezzo staccato con violenza.

Brasile, sm. in geogr. impero dell'America merid. – legno rosso per tingere – sorta di tabacco da masticare.

Bravamente, avv. con bravura.

Braváre, n. ass. minacciare con arroganza.

Braváta, sf. smargiassata.

Braveggiáre, n. ass. fare il bravo.

Bravería, sf. millanteria.

Bravo, sm. uomo prezzolato al delitto, sicario – add. m. coraggioso, prode – dotto, perito.

Bravúra, sf. gran coraggio, prodezza.

Bréccia, sf. apertura fatta nelle mura di una città con artiglierie per entrarvi a forza.

Brenna, sf. cavallo cattivo, rozza.

Brétto, add. m. sterile – tenace – sciocco – meschino.

Breve, sm. piccolo involto con reliquie da tenersi al collo – decreto o indulto pontificio – nota musicale – add. com. corto – piccolo – agg. di sillaba, senza accento nella pronunzia – avv. con brevità.

Brevemente, avv. con poche parole – in breve tempo.

Brevetto, sm. rescritto del principe

Breviáre. V. Abbreviare.

Breviário, sm. libro delle ore canoniche – compendio, sommario.

Brevità, sf. poca durata – cortezza.

Brezza, sf. venticello notturno e mattutino assai frizzante.

Brezzeggiáre, n. ass. lo spirare della brezza – o di qualunque vento leggiero.

Brezzóne, sm. vento gagliardo.

Briachezza. V. Ubbriachezza.

Briáco. V. Ubbriáco.

Bricca, sf. (pl. cche), luogo scosceso.

Bricco, sm. (pl. cchi), asino – montone – vaso da caffè.

Bricconáta, sf. azione indegna.

Bricconcello, add. e sm. dim. di briccone (ma non dicesi che di fanciullo malizioso)

Briccóne, add. e sm. malvagio

Bricconeggiáre, n. ass. menar vita da briccone.

Bricconería, sf. furfanteria.

Bricia, e

Briciola, sf. minuzzolo di pane.

Briéve. V. Breve.

Brievemente. V. Brevemente.

Briga, sf. (pl. ghe), fastidio, molestia – faccenda – litigio.

Brigadiére, sm. comandante militare di una brigata.

Brigante, sm. faccendiere – intrigante – sedizioso.

Brigantino, sm. piccolo naviglio a remi.

Brigáre, *att.* cercare – *np.* prendersi briga, adoperarsi.

Brigata, *sf.* gente adunata insieme – adunanza di amici – squadrone di esercito – *per simil.* branco di uccelli.

Briglia, *sf.* strumento per frenare e dirigere il cavallo.

Brigliajo, *sm.* chi fa le briglie.

Brigóso, *add. m.* rissoso, litigoso.

Brilla, *sf.* macine di marmo per mondare il riso.

Brillamento, *sm.* tremolio scintillante – lustro – gloria.

Brillantáre, *att.* tagliare una gemma a faccette.

Brillante, *sm.* diamante brillantato.

Brilláre (*da* brilla), *att.* spogliare del guscio il riso, orzo, o altra biada – *n. ass.* tremolare scintillando – *fig.* giubilare per gioja.

Brillo, *add. m.* mezzo ubbriaco – *sm.* diamante falso.

Brina, *sf.* rugiada congelata – – *fig.* prima canizie.

Brinata. V. *Brina.*

Brináto, *add. m.* coperto di brina – *fig.* mezzo canuto.

Brindisi, *sm.* il bevere alla salute di alcuno – invito che si fa bevendo.

Brinóso, *add. m.* pieno di brina.

Brio, *sm.* aria sciolta ed avvenente di una persona – leggiadria.

Brióso, *add. m.* gioviale, alleg.

Briváre. V. *Abbrivare.*

Brívido, *sm.* tremito cagiona dal freddo o dalla febbre.

Brizzoláto, *add. m.* macchia di varj colori

Brocca, *sf.* (*pl.* cche), vaso terra cotta per tener acqua.

Broccatello, *sm.* sorta di drapp

Broccáto, *sm.* drappo di seta fiorami.

Brócco, *sm.* (*pl* cchi), fuscell pungente – piccolo gruppo drappi – bersaglio.

Bróscolo, *sm.* germoglio de'cavo

Broda, *sf.* il fondo brodoso de la minestra – ogn' intingol lungo e poco saporito – a qua imbrattata di fango.

Brodetto, *sm.* zuppa con uov battute – qualunque miscuglio

Brodiglia, *sf.* acqua fangosa.

Brodo, *sm.* *propr.* decotto d carne – *per simil.* ogni altr decotto.

Brodolóso, *add. m.* imbrattat di broda, sporco.

Brodóso, *add. m.* abbondante d sugo.

Brogliáre, *n. ass.* tumultuare – procacciarsi occultamente l'al trui favore.

Bróglio, *sm.* sollevazione – pro cacciamento di suffragi.

Brolò, *sm.* terreno piantato a alberi fruttiferi.

Bróncio, *sm.* segno di cruccí

che appare in volto.

Bronco, *sm.* (*pl.* chi), sterpo grosso – *nel pl.* ramificazioni di
arterie.

Broncóne, *sm. accr. di* bronco –
palo per sostenere le viti.

Brontoláre (*pr.* óntolo ec.), *att.*
mormorare sottovoce.

Brontolìo, *sm.* romore confuso.

Brontolóne, *sm.* che sempre bron-
tola.

Bronzino, *add. m.* di colore del
bronzo.

Bronzista, *sm.* (*pl.* sti), artefice
che lavora in bronzo.

Bronzo, *sm.* rame mescolato con
stagno – busto di bronzo.

Brozza, *sf.* bollicella pruriginosa.

Brucáre (*da* bruco), *att.* sfrondare
i rami degli alberi – scortecciare – *fig.* portar via.

Bruciaticcio, *sm.* avanzo di cosa
bruciata.

Brucióre, *sm.* calore ardente –
per simil. prurito – *fig.* cruccio.

Bruco, *sm.* (*pl.* chi), insetto pernicioso alle piante.

Brulicame. V. *Bulicame.*

Brulicáre, e

Brullicáre (*pr.* úlico, úllico, chi
ec.), *n. ass.* muoversi leggiermente.

Brullo, *add. m.* spogliato, nudo.

Brulotto (*v. fr.*), *sm.* naviglio in-
cendiario.

Bruma, *sf.* il cuore del verno.

Brumale, *add. com.* invernale.

Brunazzo, *add. m.* alquanto bruno.

Brunezza, *sf.* colore nereggiante.

Brunire (*pr.* sco ec.), *att.* dare
il lustro a' metalli.

Brunitojo, *sm.* strumento da brunire

Brunitúra, *sf.* lustro che si dà
ai metalli.

Bruno, *add. m.* di color nereggiante – oscuro – *sm.* abito
di lutto.

Bruolo. V. *Brolo.*

Bruscamente, *avv.* con modo aspro.

Bruscáre, *att.* levare i rami inutili

Bruschezza, *sf.* asprezza – *fig.*
austerità.

Brusco, *add. m.* (*pl.* schi), aspro –
fig. austero – *sm.* minuzzolo
di legno o paglia.

Brúscolo, *sm.* V. *Brusco.*

Brustoláre. V. *Abbrustolare.*

Brutále, *add. com.* da bruto, bestiale.

Brutalità, *sf.* costumi e atti da
bruto.

Brutalmente, *avv.* a modo dei bruti

Bruto, *sm.* animale senza ragione – *add. m.* ferino.

Bruttamente, *avv.* sconciamente.

Bruttáre, *att.* imbrattare – *n.*
lordarsi – *fig.* sfregiarsi.

Bruttezza, *sf.* deformità – lordura

Brutto, *add. m.* deforme – lordo – disonesto – disdicevole.

Bruttúra, *sf.* schifezza – deformità – *fig.* laidezza di costumi.

Bruzzo, e

Bruzzolo, *sm.* la prima alba.

Bua (v. puerile), sf. male.

Buaccio, sm. pegg. di bue - fig. ignorantaccio.

Buaggine, sf. dabbenaggine.

Bubbola, sf. uccello che si pasce di cose immonde - fig. fandonia.

Bubbolare (pr. hubbolo ec), att. trafugare - n. ass. tremar dal freddo - np. scialacquare.

Bubbone, sm. tumore nelle glandule dell'inguine.

Buca, sf. (pl. che), apertura più profonda che larga - luogo sotterraneo da ripor grano.

Bucare, att. fare il buco, forare.

Bucato, sm. imbiancatura di panni lini con lisciva.

Buccia, sf. (pl. cce), corteccia, scorza - pelle degli animali - per simil. superficie.

Buccina (v. lat.), sf. tromba militare.

Buccinare, att. fig. manifestare con publicità.

Buccintoro, sm. celebre navilio dorato che fu de' Veneziani.

Buccola, sf. borchia per ornamento.

Buccolica (v. gr.), sf. (pl. che), poesia pastorale - in gergo il mangiare.

Bucherare (pr. búchero ac.), att. far buchi, foracchiare - fig. brogliare.

Bucicare (pr. búcico, chi ec.), n. ass. muoversi pian piano.

Bacinamento, sm. voce vag mormorio - per simil. fischi mento degli orecchi.

Bucinare, n. ass. o np. impe correr voce.

Buco, sm. (pl. chi), pertu - luogo nascosto.

Budellame, sm. quantità di b della.

Budello, sm. (pl. elli m., e megl ella f.), canale membranoso p cui dal palato il cibo esce escremento.

Bue, sm. (pl. buoi), toro doma per giogo o per macello (vol manzo) - fig. uomo stolido tardo ad apprendere.

Buessa, sf. di bue.

Bufalo. V. Bufolo.

Bufera, sf. vento impetuoso.

Buffa, sf. propr. vento (on buffare, sbuffare ec.) - p comun. beffa, burla - visie dell'elmo.

Buffare, n. ass. far vento - d facezie - fig. far la spia.

Buffata, sf. soffio di vento.

Buffettare, n. ass. gettar vent per bocca.

Buffetto, sm. colpo di un dit che scocchi di sotto con altr dito - piccolo armadio - ag di pane del più bianco.

Buffo, sm. soffio di bocca no continuato - add. m. buffuuc sco, giocoso - sm. personag gio buffo nella commedia.

Buffonàra. V. *Buffoneggiare.*

Buffóne, sm. chi trattiene la brigata col far ridere – vaso di vetro ove gl'incisori tengono il lume lavorando di notte.

Buffoneggiare, n. ass. fare il buffone.

Buffoneria, sf. atto da buffone.

Buffonescamente, avv. da buffone.

Buffonesco, add. m. (pl. schi), da buffone, scurrile.

Bifolo, sm. animale da giogo, più forte del bue, e quasi indomito.

Bugànza, sf. pedignone, gelone.

Bugìa, sf. menzogna per ingannare – strumento a cera per farsi lume con poco incomodo.

Bugiardamente, avv. falsamente.

Bugiardo, add. m. menzognero.

Bugigattolo, sm. piccolo pertugio – ripostiglio.

Bignola, sf. e

Bugnolo, sm. arnese di paglia per tenervi biada o granaglie.

Bujo, sm. oscurità – add. m. oscuro – fig. astruso.

Balbo, sm. cipolla di alcune piante – In anat. gemma dell'occhio.

Balbóso, add. m. che ha bulbo, e che nasce da bulbo.

Bulicàme, sm. sorgente d'acqua.

Bulicàre (pr. bùlico, chi ec.), n. ass. bollire (detto propr. delle acque che scaturiscono bollendo)

Bulino, att. effigiare con bulino.

Bulino, sm. scarpelletto d'ac-

ciajo per intagliare ne' metalli – e talora l'incisore stesso.

Bulletta, sf. polizzetta improntata col sigillo pubblico per contrassegno di licenza di portar merci liberamente – chiodo corto e cappellato.

Bullettino, sm. scrittura breve – pezzetto di pannolino che, intriso d'unguento, si mette sopra le piaghe – abusiv. le notizie ufficiali che si promulgano dal Governo – e per simil. alcune notizie letterarie o scientifiche.

Buonamente, avv. alla buona.

Buondì, avv. buongiorno (maniera di salutare)

Buòno, add. m. che possiede tutte le buone qualità – valente. in qualche mestiere od arte – utile, piacevole, gustoso – onorevole – acconcio, idoneo – sm. persona dabbene – cosa buona – Buon gusto, facoltà di discernere le bellezze naturali e di applicarle – Buon senso, abilità di pronunziare giudizj veri sulle cose che sono atte a tutti.

Buonòra, e buon'ora; avv. di buon mattino.

Bura, sf. quel trave dell'aratro che si attacca al giogo.

Burattàre. V. *Abburattare.*

Burattello, sm. dim. di buratto.

Burattino, sm. figurino di cenci

per rappresentare commedie.

Buratto, *sm.* staccio per abburattare la farina.

Burbanza, *sf.* pompa vana, ambizione, albagia.

Burbanzosamente, *avv.* fastosamente, orgogliosamente.

Burbanzoso, *add. m.* orgoglioso.

Bárbero, *add. m.* rigido, austero.

Burchiello, *sm. dim. di* burchio.

Búrchio, *sm.* barca coperta da trasporto pei fiumi.

Bure, *sm.* il manico dell'aratro.

Burgrávio, *sm.* titolo di dignità in Germania.

Burla, *sf.* scherzo, celia.

Burláre, *att.* pigliar a giuoco, beffare - scherzare - *n. ass.* non dire o non far da senno - *np.* non far conto, farsi beffe di checchessia.

Burlescamente, *avv.* da burla - scherzevolmente.

Burlesco, *add. m.* (*pl. schi*), faceto, scherzevole.

Burletta, *sf.* farsa comica.

Burlévole, *add. com.* da burlarsene - burlone, motteggiatore.

Burlevolmente. V. *Burlescamente.*

Burlóne, *add. e sm.* che si diletta di burle, faceto.

Burò (*v. fr. e di uso*), *sm.* officio, luogo di studio ec.

Barrajo, *sm.* chi fa e vende burro.

Burrasca, *sf.* (*pl. sche*) sollevamento di mare per vento gagliardo - *fig.* disgrazia immi-

nente - col verbo *correre*, esere in pericolo.

Burrascóso, *add. m.* procelloso.

Burro. V. *Butirro.*

Burróne, *sm.* luogo scosceso, rupato e profondo.

Busca, *sf.* (*pl. sche*), il cerca del cane da caccia.

Buscáre, *att.* acquistare cercando - *np.* procacciarsi con industri

Busécchia, *sf.* e

Busécchio, *sm.* budellame di por o di altri animali.

Bussa, *sf.* affanno cagionato fatica. - *In pl.* battiture.

Bussamento, *sm.* picchiamento.

Bussáre, *att.* battere, percuoter - *n. ass.* picchiare alla porta

Bussetto, *sm.* stromento di bos solo de' calzolaj per lustrare le scarpe.

Busso, *sm.* strepito, fracasso.

Bússola, *sf.* rotella di cartone cui è segnata la rosa de' venti e in mezzo alla quale sta l'ag magnetico - antiporta di stanse - sedia portatile chiusa da ogni banda (*volg.* portantina)

Bussoletto, *sm.* cilindretto vuoto per iscuotere i dadi.

Busta, *sf.* astuccio, o guaina grande - custodia da libri.

Busto, *sm.* corpo dell'uomo senza testa, mani e piedi - statua d'uomo dalla testa sino a petto, senza le braccia - vest affibbiata che cuopre il dorso delle donne.

Botirro, *sm.* la parte più densa del latte.

Buttàre, *att.* gettare con mano – *np.* lasciarsi cadere.

Buttarga, *sf.* (*pl.* ghe), uova di pesce seccata e affumicate.

Butterato, *add. m.* che porta nel volto le margini o cicatri-

ci del vajuolo.

Buttero, *sm.* segno del vajuolo.

Buzzicare (*pr.* búzzico, chi ec.), *n. ass.* muoversi pian piano.

Buzzicchio, *sm.* leggiero movimento – mormorio – bisbiglio.

Buzzo (*v. bassa*), *sm.* ventre.

Buzzóne (*v. bassa*), *add. e sm.* che ha gran ventre, panciuto – *Nel fiorent.* agnello fatto.

C

C, terza lettera dell'alfabeto, e la seconda delle consonanti – num. rom. dinotante *cento.*

Cabala (*v. ebr.*), *sf.* arte d'indovinare col mezzo di numeri – *fig.* raggiro.

Cabalista, *sm.* (*pl.* sti), chi fa le cabale – *fig.* cavillatore.

Cabotaggio, *sm.* navigazione lungo le coste da porto a porto.

Cacajuola (*v. bassa*), *sf.* flusso di ventre, soccorrenza.

Cacare, *n.* evacuare gli escrementi del ventre.

Cacata, *sf.* evacuazione del ventre – *fig. in modo basso,* impresa andata a male.

Cacatojo, *sm.* cesso, latrina.

Cacatura, *sf.* l'atto del cacare – gli escrementi delle mosche e simili insetti.

Cacca (*v. fanciullesca*), *sf.* (*pl.* cche), feccia del ventre, sterco.

Caccao, *sm.* mandorla indiana, che abbrustolita serve di base alla cioccolata.

Caccia, *sf.* inseguimento di animali salvatici – la preda stessa – e tutta la brigata di cacciatori e di cani.

Caccigióne, *sf.* la preda dei cacciatori.

Cacciamento. V. *Discacciamento.*

Cacciàre, *att.* mandar via – spingere e ficcar con violenza – trar fuori, cavare – *n. ass.* andare a caccia – *np.* introdursi senza essere invitato.

Cacciàta, *sf.* espulsione.

Caccialoja, *sf.* strumento di ferro da ficcar chiodi – conio di legno con cui gli stampatori serrano le forme.

Cacciatóra, *sf.* veste corta da cacciatore.

Cacciatóre, *sm.* colui che va a

caccia - persecutore.

Cáccole, *sf. pl.* cispa degli occhi - sterco attaccato a' peli della capre e alla lana delle pecore.

Caccolóso, *add. m.* cisposo.

Cachessía (*v. gr.*), *sf.* sovrabbondanza di cattivi umori - scolorimento di volto.

Cachéttico, *add. m.* affetto di cachessia - malaticcio.

Cácio, *sm.* latte rappreso in forma, *volg.* formaggio.

Caciuóla, *sf.* cacio schiacciato in forma rotonda.

Cacofonía (*v. gr.*), *sf.* suono ingrato di lettere, o sillabe, od anche di voci o strumenti discordanti.

Cacografía (*v. gr.*), *sf.* errore nello scrivere.

Cadávere, *sm.* corpo morto umano.

Cadavérico, *add. m.* che ha il colore di cadavere.

Cadaúno, *pron. m.* ciascuno.

Cadénte, *p. pr. di* cadere - *agg.* di età, vecchiaja - di anno, che sta per finire - di stella, meteora ignea che scorre velocemente per aria o si dilegua.

Cadénza, *sf.* caduta - posa che si fa in cantando, suonando e ballando - desinenza - passaggio da un tuono all'altro.

Cadére (*pr.* cado, *pass.* caddi, *fut.* cadrò, *pp.* caduto), *n. ass.* an-

andare precipitosamente dall'alto al basso - incappare - venire in acconcio.

Cadetto, *add. m. agg.* di fratello minore - giovane nobile che serve nella milizia volontariamente.

Cadévole, *add. com.* facile a cadere - *fig.* non durevole.

Cadì, *sm.* giudice presso i turchi.

Cadimento, *sm.* caduta - *fig.* caduta in peccato - rovina - sbigottimento.

Caducéo, *sm.* verga di Mercurio (símbolo di pace).

Caducità, *sf.* fragilità - invalidità di scritture per mancanza di adempimento di qualche condizione.

Cadúco, *add. m.* (*pl.* ci, chi), passeggiero - fragile - *agg.* di male. V. *Epilessia*.

Cadúta, *sf.* il cadere - *fig.* rovina - fallo - pendio.

Caffè, *sm.* ghianda arabica, della quale tostata si fa la bevanda dello stesso nome - e la bottega dove si vende tale bevanda.

Caffeísta, *sm.* (*pl.* sti), dilettante, o intendente di caffè.

Caffettiéra, *sf.* vaso in cui si fa - bollire il caffè.

Caffettiére, *sm.* chi tien bottega di caffè.

Caffo, *add. e sm.* dispari.

Cagionamento, *sm.* producimento - indisposizione.

Cagionare, att. essere cagione.

Cagione, sf. ciò da cui deriva l'effetto - scusa, pretesto - ripiego - indisposizione - colpa.

Cagionévole, add. m. di debole complessione - ammalaticcio.

Cagliare, n. ass. rappigliarsi - fig. mancar d'animo.

Càglio, sm. ciò che si adopera per far rappigliare il latte.

Cagna, sf. la femmina del cane.

Cagnescamente, avv. con mal occhio - rabbiosamente.

Cagnesco, add. m. (pl. schi), da cane - rabbioso.

Cagnotto, sm. sgherro.

Caicco, sm. (pl. cchi), piccolo naviglio a remi per servizio di nave grossa.

Caimacan, sm. luogotenente del gran visir presso i turchi.

Cala, sf. seno di mare.

Calabrone, sm. grossa vespa con forte pungiglione.

Calafatare, att. stoppare i navigli con pece.

Calafato, sm. colui che calafata o ristoppa le navi.

Calamajo, sm. vaso per l'inchiostro - pesce noto.

Calamaretto, sm. dim. di calamajo (pesce)

Calamaro. V. Calamajo.

Calamento, sm. discesa.

Calamistro, sm. strumento di ferro per arricciare i capelli.

Calamita, sf. pietra che attrae il ferro - ago della bussola - fig. attrattiva.

Calamità, sf. avversità, disgrazia.

Calamitare, att. dare la calamita - np. acquistare la virtù della calamita.

Calamitosamente, avv. sventuratamente, agramente.

Calamitoso, add. m. disgraziato - doloroso - compassionevole.

Calamo (v. lat.), sf. pianta simile alla canna - penna da scrivere.

Calanca, sf. (pl. che), piccolo seno di mare.

Calancà, sf. tela stampata a fiori e figure.

Calandra, sf. uccelletto da gabbia di canto piacevole.

Calandrino, sm. dim. di calandra o calandro.

Calandro. V. Calandra.

Calappio, sm. laccio insidioso, trappola.

Calare, att. mandare dall'alto in basso - diminuire di prezzo - n. ass. e np. discendere - declinare - scemare.

Calata, sf. discesa.

Calca, sf. (pl. che), moltitudine di gente stretta insieme.

Calcabile, add. com. atto ad essere calcato.

Calcagnare, n. ass. menar le calcagna fuggendo.

Calcagno, sm. (pl. agni m. e agna f.), parte deretana del

piede, che calca il suolo.

Calcamento, *sm.* pressione fatta co'piedi.

Calcáre, *att.* aggravare co'piedi – e aggravare, premere *semplicem.* – far calca, affollarsi – *fig.* opprimere.

Calcatamente, *avv.* con calca.

Calcatúra, *sf.* pressione.

Calce. V. *Calcio* e *Calcina* – prodotto de'metalli calcinati.

Calcedónio, *sm.* pietra preziosa.

Calcetto, *sm.* scarpetta di lana e lino – scarpa leggiera.

Calcína, *sf.* pietra cotta in fornace per uso di murare.

Calcináccio, *sm.* pezzo di calcina rasciutta e secca nelle rovine delle muraglie.

Calcinajo, *sm.* pila da tenere il cuojo in calcina.

Calcináre, *att.* ridurre in calcina.

Calcinazióne, *sf.* l'operazione di convertire i sassi in calcina, o di disorganizzare i metalli.

Cálcio, *sm.* percossa col piede – piede dell'archibugio – antico giuoco in Firenze.

Calcitráre (*pr.* cálcitro ec.), *n. ass.* trar de'calci – *fig.* far resistenza.

Calcitróso, *add. m.* che tira calci – *fig.* ostinato.

Calcografía (*v. gr.*), *sf.* l'arte d'intagliare in rame.

Calcógrafo, *sm.* incisore in rame.

Cálcole, *sf. pl.* regoli sui quali

il tessitore tiene i piedi.

Calcoláre (*pr.* cálcolo ec.), *n. ass.* far calcoli o conti.

Calcolatóre, *sm.* computista.

Cálcolo, *sm.* pietruzza, sassolin – e quella pietruzza che genera nelle reni e nella ve scica – piccolo bilancio arit metico.

Calcolóso, *add. m.* che gener calcoli – o che li patisce.

Caldája, *sf.* vaso grande di ra me per bollirvi checchessia.

Caldamente, *avv.* con calore con gran premura od affetto con veemenza.

Caldána, *sf.* l'ora più calda de giorno – scalmana.

Caldaníno, *sm. dim. di* caldano.

Caldáno, *sm.* vaso per tene carboni accesi – la stanza su periore al forno.

Calderajo, *sm.* lavoratore di u tensili di rame.

Calderóne, *sm.* caldaja grande.

Caldevotto, *sm.* piccola caldaja.

Calderúgio, *sm.* uccelletto col ca po rosso.

Caldezza, *sf.* qualità di ciò ch ha calore, e di chi lo pro muove – *fig.* affetto gagliardo

Galdo, *sm.* calore – *fig.* fervo re – commozione – desideri – *add. m.* che ha calore focoso – affettuoso – *avv.* cal damente.

Caldolóso, *add. m.* che tem

notte il caldo.

Caldùra, *sf.* calore.

Calefaciente (*v. lat.*), *add. com.* che riscalda.

Calefàre. V. *Calafatare.*

Calendário, *sm.* tavola de' giorni festivi e feriali dell'anno.

Calende, *sf. pl.* il primo dì di ogni mese.

Calepino, *sm.* grosso vocabolario.

Calère (*pr.* cale, *pass.* calse); *imp.* essere a cuore, importare.

Calessibile, *add. com.* praticabile con carri (*agg. di* strada)

Calesso, *sm.* sedia a due ruote e ad un cavallo.

Calestro, *sm.* terreno magro.

Calettàre, *att.* commettere il legame a dente.

Calìa, *sf.* minutissima particella dell'oro, che si spicca da esso nel lavorarlo.

Calibro, *sm.* vano della canna di qualunque arme da fuoco – *fig.* qualità di una persona.

Calice, *sm.* vaso sacro per la messa – *poet.* qualunque bicchiere – e la stessa bevanda contenutavi – coperta esterna verdiccia che cinge le foglie di un fiore.

Calidità, *sf.* calidezza, calore.

Caldo, *add. m.* leggermente caldo, tiepido.

Califfo (*v. arab.*), *sm.* titolo del capo de' saraceni.

Caligine, *sf.* nebbia folta – *fig.*

tenebre – infermità degli occhi.

Caliginoso, *add. m.* nebbioso – nuvoloso, oscuro.

Calla, e

Callaja, *sf.* apertura di siepe – caterrata delle acque.

Calle, *sm. ed anche f.* via stretta, strada.

Callidità (*v. lat.*); *sf.* astuzia.

Callido, *add. m.* astuto, furbo.

Calligrafia (*vi gr.*), *sf.* arte del bello scrivere.

Calligrafo, *sm.* maestro di calligrafia.

Calliope, *sf.* musa che presiede al poema epico.

Callista, *sm.* (*pl.* sti), tagliatore di calli.

Callo, *sm.* pelle indurita alle mani ed ai piedi.

Callóne, *sm.* apertura nelle peschiere de' fiumi pel passo delle barche.

Callosità, *sf.* pelle indurita.

Callóso, *add. m.* pieno di calli.

Calma, *sf.* bonaccia, tranquillità dell'aria, del mare – e *fig.* dell'animo.

Calmante, *p. pr. di* calmare, che calma (è *detto per lo più della medicina*)

Calmàre, *att.* abbonacciare – *fig.* appacire – *np.* rasserenarsi.

Calmùc, *sm.* sorta di panno laso con lungo pelo (*detto anche* pelone)

Calo, *sm.* colata – diminuzione

di peso - scemamento.

Calore, sm. sensazione eccitata dall'azione del fuoco o del sole - fig. amore fervido - fervore, veemenza - gran premura

Calórico, sm. sostanza occulta che produce sugli organi la sensazione del calore.

Calorímetro (v. gr.-lat.), sm. strumento che determina la quantità del calore.

Calorosamente, avv. con calore.

Caloróso, add. m. che ha calore.

Calpestamento, sm. calcamento co' piedi.

Calpestáre, att. pestare co' piedi.

Calpestío, sm. il rumore di molta gente che passa.

Calúggine, e

Calúgine, sf. quella prima peluria che gli uccelli cominciano a mettere nel nido - per simil. il primo pelo che spunta nel viso a' giovanetti.

Calúnnia, sf. falsa accusa - col verbo dare, apporre il falso.

Calunniáre, att. apporre altrui falsamente alcun'azione infamante.

Calunniatóre, sm. falso accusatore.

Calunniosamente, avv. per, o con calunnia.

Calunnióso, add. m. falso - vago di calunniare.

Calvário, sm. monte su cui fu crocifisso N. S.

Calvezza, sf. stato di chi è calvo.

Calvinismo, sm. setta di Calvino

Calvinista, sm. (pl. sti), seguaci di Calvino - per ischerzo dicesi anche di chi è calvo.

Calvizie. V. Calvezza.

Calvo, sm. chi ha la parte superiore del capo senza capelli - add. m. senza capelli.

Calza, sf. vestimento a maglia della gamba.

Calzamento, sm. tutto ciò che cuopre il piede.

Calzante, p. pr. di calzare - fig. che quadra bene - pungente.

Calzáre, att. vestire il piede e la gamba di scarpa, calza ec. - n. ass. portare le calze - fig. quadrare - tornar bene - sm. stivaletto che fascia la gamba.

Calzaretto, sm. dim. di calzare.

Calzáto, pp. di calzare. - agg. di cavallo, che ha macchie bianche dal piede al ginocchio.

Calzatúra. V. Calzamento.

Calzetta, sf. calza nobile.

Calzolajo, sm. lavoratore di scarpe e simili calzature.

Calzolería, sf. bottega di calzolajo

Calzóne, e più spesso

Calzóni, sm. pl. parte di vestiario dalla cintura al ginocchio.

Camaleonte, sm. piccolo serpente quadrupede come la lucertola

Camamilla, sf. erba odorosa medicinale.

Camarlingo, sm. (pl. ghi), tesoriere - anticam. cameriere.

Camáuro, *sm.* berrettino proprio del sommo Pontefice.

Cambellotto, *sm.* drappo antica. di pelo di cammello, oggi di pelo di capra.

Cambiábile, *add. com.* facile a cambiarsi.

Cambiále, *sf.* cedola mercantile di pagamento.

Cambiamento, *sm.* mutazione.

Cambiáre, *att.* mutare – alterare – contraccambiare – *np.* mutar colore – trasmutarsi.

Cambiário, *add. m.* appartenente a cambio mercantile.

Cambio, *sm.* trasmutazione – baratto – traffico di cedole o di monente.

Cambista, *sm.* (*pl.* sti), chi dà o piglia danari a cambio.

Cambraja, *sf.* sorta di tela finissima.

Cámera, *sf.* stanza per dormire – *di commercio*, assemblea di negozianti per trattare di affari – *ottica*, cassetta ove col mezzo di una lente si veggono ingrandite le figure sottoposte – *apostolica*, l'uffizio delle pubbliche scritture – *Camere del Parlamento*, adunanza dei rappresentanti la nazione, per trattare le cose di stato.

Camerale, *add. com.* attenente alle camere, o all'uffizio del pubblico erario.

Cameráta, *sf.* società di gente che vive insieme – *sm.* compagno *semplicem.*

Camerella, *sf. dim. di camera* chiuso di cortine che accolgono il letto.

Cameriéra, *sf.* e

Cameriére, *sm.* chi fa i servigi di camera.

Camerino, *sm.* stanzino.

Camerista, *sf.* donna che serve una principessa.

Camerlingo. V. *Camarlingo*.

Cámice, *sm.* veste lunga bianca che fa parte de' paramenti sacerdotali.

Camicia, *sf.* (*pl.* ce), veste bianca di pannolino che si porta indosso sulla carne.

Camiciuola, *sf.* farsetto che si porta sulla camicia.

Cammello, *sm.* grosso quadrupede da soma, gibboso e di lungo collo.

Cammelloto. V. *Cambellotto*.

Camméo, *sm.* gemma figurata, per lo più legata in anello.

Camminare, *n. ass.* far viaggio – affrettare il passo.

Camminata, *sf.* sala – passeggiata.

Camminetto, *sm.* cammino ove si fa fuoco.

Cammino, *sm.* strada – e la direzione di essa – vano nel muro di una stanza per accendervi il fuoco.

Camomilla. V. *Camamilla*.

Camóscia. V. *Camossa.*

Camosciáre, *att.* dare la concia alla pelle del camoscio.

Camóscio, *sm.* il maschio della capra – e la pelle di detto animale – *add. m.* schiacciato (*detto il naso*).

Camózza, *sf.* capra salvatica.

Campagna, *sf.* paese aperto – stagione di guerreggiare – rasa, spoglia di alberi.

Campagnuolo, *add. com.* di campagna – contadino.

Campale, *add. com.* dicesi di battaglia di terra, a differenza di *navale.*

Campamento, *sm.* scampo.

Campana, *sf.* strumento metallico sonoro per invitare il popolo alla chiesa o per altri pubblici usi – *in generale* qualunque vaso che serva rovesciato.

Campanajo, *sm.* sonatore e custode delle campane.

Campanella, *sf. dim.* di campana – qualunque cerchio che serve a legarvi alcuna cosa.

Campanello, *sm. dim. di* campana.

Campanile, *sm.* torre in cima della quale stanno le campane.

Campáre, *att.* salvare – *n. ass.* uscir di pericolo – vivere.

Campeggiáre, *n. ass.* sudare a torno coll'esercito.

Campéggio, *sm.* albero americano, che serve alla tintura.

Campestre, *add. com.* di campagna – salvatico.

Campidóglio, *sm.* il più celebre dei sette colli di Roma.

Campióne, *sm.* guerriero, lottatore – libro ove sono registrati tutti i possidenti di una comune – mostra, *propr.*, di drappo per far conoscere la qualità di esso.

Campo, *sm.* pezzo di terra seminativa – luogo ove un esercito pianta gli alloggiamenti – e l'esercito stesso in campagna.

Canáglia, *sf.* gentaglia.

Canále, *sm.* scavo artificiale per fare scorrere le acque – ogni luogo per cui scorre l'acqua – stretto di mare prolungato.

Cánapa, *sf.* pianta di cui la corteccia macerata si fila per farne tela, o si avvolge per fare corde e simili – la stoppa che esce dalla stessa canapa pettinata.

Cánape, *sm.* corda fatta di canapa.

Canapè (*v. fr.*), *sm.* letticciuolo per sedersi di giorno.

Canaríno, *sm.* uccellino gentile giallo, originario delle Isole Canarie.

Canaváccio, *sm.* pannolino grosso per uso di cucina.

Cancellábile, *add. com.* che può cancellarsi.

Cancellamento, *sm.* cassazione

Cancellàre, *att.* cassare una scrit-
tta - abolire.

Cancellàta, *sf.* chiusa di cancelli.
Cancellatùra, e

Cancellazione, *sf.* cassatura di
scritto.

Cancelleresco, *add. m.* (*pl.* schi),
di cancelleria (*agg. di* carattere)

Cancellería, *sf.* residenza del
cancelliere.

Cancellieráto, *sm.* carica di cancelliere.

Cancelliére, *sm.* colui che registra gli atti pubblici - segretario *semplicem.*

Cancello, *sm.* imposta di ferro
e di legno composta di assicelle ad una certa distanza fra
loro.

Canceróso, *add. m.* che ha della
malignità del canchero.

Cànchero, *sm.* tumore maligno
che rode la carne.

Cancheróso. V. *Canceroso.*

Cancréna, *sf.* parte mortificata
per cagione d'infiammazione
e di piaga.

Cancrenáre, *n. ass.* farsi canceroso.

Cancro (*v. lat.*), *sm.* granchio -
una delle costellazioni.

Candéla, *sf.* cera, o sevo lavorato in forma cilindrica per
accendersi e far lume.

Candelàbro (*v. lat.*), *sm.* gran
candelliere ad uso di chiesa -

candelliere a più lumi.

Candelája, e

Candelára, *sf.* festa della purificazione della Madonna.

Candelliére, *sm.* arnese di metallo o di legno che sostiene
le candele.

Candente (*v. lat.*), *add. com.*
infocato.

Candidamente, *avv.* con sincerità.

Candidáto, *sm.* aspirante ad impieghi - *add. m.* imbiancato.

Candidezza, *sf.* bianchezza e-
strema.

Cándido, *add. m.* bianco - *fig.*
senza macchia.

Candire (*pr.* sco ec.), *att.* conciar frutte facendole bollire
nello zucchero - cristallizzare lo zucchero dopo averlo liquefatto.

Candíto, *sm.* tutto ciò ch'è conciato con zucchero.

Candóre, *sm.* bianchezza - *fig.*
splendore - ingenuità - purità.

Cane, *sm.* animale domestico per
guardia e per caccia - detto
d'uomo, avaro, tenace - titolo dell'imperatore de' Tartari - nome di una specie di
grossi pesci marini - di una
costellazione celeste - di uno
stromento per cavare i denti
- e della morsa del fucile
che tiene la pietra focaja.

Canestro, *sm.* specie di paniere.

Cánfora, *sf.* gomma odorosa di

un albero Indiano detto stesso nome.

Canforato, *add. m.* che sa di canfora.

Cangiàbile, *add. com.* mutabile.

Cangiante, *p. pr. di* cangiare (*detto per lo più di colori*)

Cangiare: V. *Cambiare*.

Cangréna. V. *Cancrena*.

Canibale, *sm.* che si ciba di carne umana.

Caniccio, *sm.* graticcio di canne.

Canicola, *sf.* costellazione meridionale – e la stagione canicolare.

Canile, *sm.* letto de'cani – e qualunque lettuccio miserabile – *add. com.* di cane.

Caninamente, *avv.* a modo di cane.

Canino, *add. m.* di, o da cane – agg. dì *fame*, rabbiosa – di *dente*, quello che sta fra gl'incisori ed i molari – di *animo*, crudele.

Canizie, *sf.* canutezza – vecchiezza.

Canna, *sf.* pianta di lungo fusto, vuoto e nodoso – cilindro dell'archibugio che contiene la carica – zufolo – canale della gola.

Cannamèle, *sf.* canna da zucchero.

Cannella, *sf. dim.* di canna – tubo di legno che si pone in fondo alle botti per cavare il vino – aromato che viene dallo stesso (*forse il cinnamo-*

mo degli antichi)

Cannellato, *add. m.* di color cannella.

Cannello, *sm.* pezzuolo di canna tagliato tra un nodo e l'altro per incannarvi sopra il filo

Canneto, *sm.* luogo piantato a canne.

Canniccio. V. *Caniccio*.

Cannocchiale, *sm.* strumento ottico che avvicina e ingrandisce gli oggetti lontani.

Cannonamento, *sm.* sparo di molte e frequenti cannonate.

Cannonata, *sf.* colpo di cannone

Cannone, *sm.* pezzo di canna per incannar le matasse – doccione di piombo per condurre l'acqua – parte dello stivale che fascia la gamba – pezzo di artiglieria.

Cannoneggiare, *n. ass.* frequente sparare di cannoni.

Cannoniéra, *sf.* buca donde si spara il cannone dalle mura o dalla nave – piccola barca piana che porta una batteria galleggiante per assediare città marittime.

Cannoniére, *sm.* chi spara il cannone.

Canone (*v. gr.*), *sm.* regola e massima stabilita – parte segreta della messa – annuo livello che si paga al padrone di un fondo.

Canonica, *sf.* (*pl. che*), abitazione de'canonici o del paroco.

Canonicale, *add. com.* di canonico, o di canonicato.

Canonicamente, *avv.* secondo le regole della Chiesa.

Canonicato, *sm.* dignità ecclesiastica con prebenda.

Canonico, *sm.* chi è investito di canonicato – *add. m.* secondo i canoni o le regole della Chiesa – *agg.* di *diritto*, la scienza fondata sulle leggi ecclesiastiche – di *libri*, quelli della sacra Scrittura – di *ore*, le laudi che sono obbligati a recitare giornalmente gli ecclesiastici.

Canonista, *sm.* (*pl*: sti), dottore in diritto canonico.

Canonizzare, *att.* dichiarare solennemente un defunto meritevole di culto religioso – *fig.* accreditare, autenticare.

Canonizzazione, *sf.* l'atto solenne che dichiara santo o beato un defunto.

Canoro, *add. m.* armonioso.

Canova, *sf.* stanza terrena ove si tiene il vino.

Canoveccio. V. *Canavaccio*.

Canovajo, *sm.* custode della canova de' vini.

Cansare. V. *Scansare*.

Cantabile, *add. com.* che può cantarsi – tempo musicale larghetto, o comodo.

Cantambanco, *sm.* (*pl*. chi),

ciurmadore, cerretano.

Cantante, *p. pr.* di cantare – *s. com.* chi fa professione di cantare in teatro.

Cantare, *att. e n. ass.* modulare la voce (*proprio dell' uomo e degli uccelli*).

Cantaride, *sf.* insetto che serve di base ai vescicatorj.

Cantaro, *sm.* vaso per uso di deporvi gli escrementi del ventre.

Cantata, *sf.* composizione musicale.

Cantatella, *n. ass.* cantar sotto voce.

Cantica, *sf.* (*pl*. che), numero determinato di canti di un poema – uno dei libri della sacra Scrittura.

Cantico, *sm.* inno sacro – canzone semplice.

Cantiere, *sm.* luogo dove si fabbricano le navi.

Cantilena, *sf.* modo di cantare, e di leggere, prolungato e stucchevole.

Cantina, *sf.* luogo sotterraneo per tenere il vino.

Cantiniere, *sm.* chi ha cura della cantina.

Cantino, *sm.* la corda più sottile del violino e di altri strumenti di corde.

Canto, *sm.* modulazione della voce umana – verso di alcuni uccelli – arte di cantare – parte di poema epico – onde, lato - angolo.

Cantonáta., sf. angolo esterno delle case.

Cantóne, sm. angolo per lo più interno - parte di città.

Cantóre, sm. che canta - fig. poeta

Cantoría, sf. tribuna ove stanno i cantori in chiesa.

Cantorino, sm. libro corale del canto.

Cautamente, avv. da uomo prudente - cautamente.

Cautezza. V. Canizie.

Canúto, add. m. bianco di pelo - vecchio.

Canzonáre, att. non dir da senno - mettere in ridicolo.

Canzóne, sf. poesia lirica.

Canzonetta, sf. dim. di canzone.

Canzoniére, sm. raccolta di canzoni

Caos (e poet. caosse), sm. la materia del mondo ancor confusa e senza forma - per simil. ogni confusione di cose.

Capáce, add. com. atto a contenere - abile - idoneo - persuaso.

Capacità, sf. estensione di ciò che può in sè contenere una cosa - fig. abilità.

Capacitáre (pr. ácito ec.), att. rendere capace (persuaso) - o atto a comprendere - np. rimanere appagato, convinto ec.

Capanna, sf. ogni stanza di frasche, di paglie, e simili per mettersi al coperto dalle in-

temperie - tugurio di contadini.

Capannello, sm. massa di legni sottili per appiccarvi fuoco - adunanza d'uomini, crocchio.

Capannúccia, sf. dim. di capanna - il presepio che si fa nelle case pel ss. Natale.

Caparbieria, e

Caparbietà, sf. ostinatezza.

Capárbio, add. m. ostinato.

Caparra, sf. ciò che si paga anticipatamente per la sicura esecuzione del contratto - fig. contrassegno, prova di sicurezza dell'adempimento di alcuna cosa.

Caparráre, att. dar caparra - fig. dare un contrassegno.

Capecchio, sm. la prima pettinatura del lino.

Capellamento, sm. quantità, qualità e acconciamento de' capelli - fig. fila sottilissime delle barbe degli alberi.

Capellatúra, e

Capelliéra, sf. tutti i capelli del capo.

Capello, sm. pelo lungo del capo - pelo qualunque.

Capellúto, add. m. che ha molti capelli.

Capestro, sm. fune per impiccare - per legare gli animali - e per molti lavori meccanici.

Capezzále, sm. guanciale lungo quanto è largo il letto.

Capézzolo, sm. punta della mamnella ond' esce il latte.

Capibile, *add. com.* che può capirsi, intelligibile.

Capigliatúra. V. *Capellatura.*

Capillare, *add. com.* simile a capello - sottilissimo.

Capimento, *sm.* capacità di un recipiente.

Capinéra, *sf.* e

Capinéro, *sm.* uccelletto gentile.

Capíre (*pr.* sco ec), *att.* essere capace a ricevere in sè - *fig.* comprendere coll' intelletto - *n.* entrare - contenere.

Capitále, *sm.* fondo di danaro posto a traffico - e danaro dato altrui ad interesse - *In geogr.* città primaria di un regno, o di una provincia - *add. com.* del capo - agg. di pena, di morte - di *odio*, inestinguibile ec.

Capitalmente, *avv.* principalmente - mortalmente.

Capitána, *add. e sf.* agg. della nave principale di una squadra.

Capitanáre, *att.* fornire di capitano - e *n. ass.* condurre, comandare come capitano.

Capitanáto, *sm.* dignità e giurisdizione del capitano.

Capitaneria, *sf.* ufficio, e autorità di capitano.

Capitáno, *sm.* condottiere, comandante - *Nella mil.* capo di una compagnia - *In marin.* chi comanda un vascello - ca-

po di satellizio.

Capitáre (*pr.* ápito ec.), *n.* far capo in un luogo - arrivare.

Capitáto, *add. m.* (da capitare), arrivato- (da capo), che ha capo

Capitazióne, *sf.* tributo sulle teste de' sudditi, *altr.* testatico.

Capitello, *sm.* la parte superiore ornata della colonna.

Capitoláre (*pr.* itolo ec.), *att.* dividere in capitoli le materie che si scrivono - stipulare - *n. ass.* far convenzioni, trattare, rendersi (e *dicesi delle piazze*)

Capitoláre, *add. com.* di capitolo, o appartenente a capitolo di canonici, di claustrali e simili.

Capitolazióne, *sf.* trattato - e *parlando di piazze assediate*, convenzione di resa.

Capitolino, *add. m.* del Campidoglio (*agg. di Giove e di alcune famiglie romane*)

Capitolo, *sm.* parte della scrittura (*del ricominciarsi da capo*) - materia di cui si tratta - poesia in terza rima - adunanza di canonici, claustrali ec. - 'e il luogo ove si adunano.

Capitomboláre (*pr.* ombolo ec.), *n. ass.* cadere a capitombolo - e fare capitomboli.

Capitómbolo, *sm.* salto col capo all' ingiù.

Capo, *sm.* testa degli animali, e sede degli organi de' sensi -

fig. intelletto, giudizio - duce, guida - origine donde alcuna cosa deriva - parte di discorso - *In geogr.* punta di terra che sporge in mare, *altr.* promontorio.

Capocáccia, *sf.* soprintendente alla caccia.

Capócchia, *sf.* capo, o estremità di bastone, di chiodi e simili.

Capochino, *sm.* saluto coll'abbassare il capo.

Capogíro, *sm.* vertigine alla testa.

Capolavóro, *sm.* lavoro perfettissimo (*franc.* capo d'opera)

Capolevare, *n. ass.* cadere col capo all'ingiù.

Capolíno, *sm. dim. di* capo - col verbo *fare*, guardar di soppiatto.

Capomaestro, *sm.* soprintendente alle fabbriche.

Capomándria, *sm.* guardiano d'armenti.

Capomése, *sm.* il primo dì del mese

Capomorto, *sm.* fondo delle distillazioni.

Caporággine, e

Capoboria, *sf.* ostinazione.

Capopágina, *sm.* fregio in capo alle pagine dei libri.

Capoparte, *sm.* capo di partito.

Capoparto, *sm.* ripurgamento dopo il parto.

Capopiéde, e capopiè, *avverb.* a rovescio.

Caporale, *sm.* grado di milizia - capo di una squadra di sbirri - *add. com.* principale.

Caporione, *sm.* capo - principale

Caporovéscio, *avv.* sossopra.

Caposcuola, *sm.* maestro di pittura che ha molti allievi od imitatori.

Caposoldo, *sm.* accrescimento di paga al soldato benemerito.

Caposquadra, *sm.* comandante di una squadra.

Capotasto, *sm.* legnetto su cui posano le corde degli strumenti a corda sul manico.

Capoverso, *sm.* principio del verso,

Capovolgere (*pass.* olsi; *pp.* olto), *att. an.* volgere sossopra.

Cappa, *sf.* mantello con cappuccio di dietro - canale del fumo ne' cammini.

Cappélla, *sf.* luogo nelle chiese o nelle case, ov'è un altare per celebrare la messa - piccolo oratorio - quantità di musici, deputati a cantare in una chiesa.

Cappellájo, *sm.* facitore e venditore di cappelli.

Cappellanía, *sf.* beneficio del cappellano.

Cappellíno, *sm.* prete beneficiato - stipendiato per dir la messa in alcune case particolari.

Cappelletto, *sm.* armatura antica per difendere il capo - parte superiore dei padiglioni - coperchio di boccia da stillare

ppelliéra, *sf.* custodia ove si
ripongono i cappelli.

ppello, *sm.* copertura del capo
- osse che tiene unite le cosce
del torchio da stampa – coperta della padella nella campana distillatoria – copertojo
dei condotti de' cammini.

ippero, *sm.* frutice, e frutto di
esso che serve per condimento

ippie, *sm.* annodamento che,
tirato l'uno de' capi, si scioglie

apponaja, *sf.* gabbia per ingrassare il pollame.

apponáre, *att.* castrare i polli.

appóne, *sm.* gallo castrato.

appotto, *sm.* ferrajuolo senza
bottoni – mantello da marinaj.

appuccino, *sm.* frate di una
delle regole di s. Francesco.

appúccio, *sm.* quella parte della
tonaca con cui i frati cuopre-
no la testa.

apra, *sf.* la femmina del capro.

apraja e

apriro, *sm.* guardiano di capre.

apretto, *sm.* figlio della capra.

apriccio, *sm.* brivido per freddo e per timore – fantasia.

apricciosamente, *avv.* a capriccio,
di propria fantasia.

apriccióso, *add. m.* bizzarro,
stravagante.

apricorno, *sm.* uno de' dodici segni del zodiaco sotto la figura
di un capro.

aprifoglio, *sm.* pianta selvatica,

eltr. madre selva.

Capriguo. V. *Caprino.*

Caprile, *sm.* la stalla delle capre.

Caprino, *add. m.* di capra.

Capriòla, *sf.* salto nel ballo – e
salto del cavallo di maneggio.

Capriolàre, *n. ass.* far capriole.

Capriolo, e

Capriuolo, *sm.* quadrupede agilissimo fra i selvatici – viticcio con cui la vite si attacca
a' pali o agli alberi.

Capro, *sm.* il maschio della capra, volg. becco.

Cupróna, *add. f.* agg della lana
ruvida e grossolana.

Capróne, *sm.* becco grande.

Capsióso (v. lat.), *add. m.* fallace, insidioso.

Carabina, *sm.* moschetto corto
dei cavalleggieri.

Carabiniére, *sm.* soldato a cavallo armato di carabina.

Caracollàre, *n. ass.* volteggiare
col cavallo.

Caracollo, *sm.* giro intorno che
si fa fare al cavallo.

Caraffa, *sf.* vaso di vetro.

Caramente, *avv.* amorevolmente
– a caro prezzo.

Caratante, *sm.* chi ha parte, e
è interessato in un'impresa.

Caratáre, *att.* pesare minutamente
le gioje.

Caratello, *sm.* botticino per vini
generosi.

Carato, *sm.* la ventiquattresima

9

parte dell'oncia nel peso dell'oro - come della caroba - In comm. porzione in cui si divide un'impresa sociale.

Carattere, sm. segno impresso - lettere dell'alfabeto, e lettere di varie specie e grandezze per la stampa - indole personale - segno spirituale indelebile impresso nell'anima dai sagramenti del battesimo, cresima ed ordine sacro - qualità di rappresentanza pubblica - naturale, disposizione fisica a contrarre alcune particolari abitudini - morale, costume dell'individuo, formato e sostenuto in forza di alcuni principj pratici.

Caratteristica, sf. (pl. sche), qualità che distingue essenzialmente una cosa dall'altra.

Caratteristico, add. m. agg. di ciò che qualifica una cosa.

Caratterizzare, att. qualificare.

Caravella, sf. grossa nave da guerra turca.

Carbonaja, sf. fornace dove si fa il carbone - e il luogo dove si conserva.

Carbonajo, sm. chi fa, vende o porta il carbone.

Carbonato, sm. sale formato dalla combinazione dell'acido carbonico con una base salificabile.

...occhio, sm. rubino risplen-

...dentissimo - tumore pestilenziale.

Carbone, sm. legno arso (e dice tanto dell'acceso che non à più fiamma, che dello spento prima che incenerisca) - fossile, materia minerale dura infiammabile, usata come carbone artificiale.

Carbonella, sf. polvere di carbone, o carbone minuto.

Carbonico, add. m. agg. dell'acido che procede dall'unione del carbonio coll'ossigeno.

Carbonio, sm. parte combustibile del carbone.

Carbonizzazione, sf. l'azione di ridurre un corpo in carbone.

Carcame, sm. tutte le ossa di un animale morto, tenute insieme da nervi, altr. scheletro.

Carceramento, sm. imprigionamento.

Carcerare (pr. carcero ec.), att. mettere in carcere.

Carcerazione. V. Carceramento.

Carcere, sm. luogo pubblico dove si tengono rinchiusi i rei, altr. prigione.

Carceriere, sm. custode delle carceri.

Carciofaja, sf. luogo piantato carciofi.

Carciofo, sm. cardo mangiabile prodotto dalla pianta dello stesso nome.

Carco (e. poe.) V. Carica.

Cardamòmo, e

Cardamóne, *sm.* seme aromatico e medicinale d'Arabia.

Cardáre, *att.* tirar fuora il pelo del panno col cardo – *ed anche* pettinar la lana.

Cardatùra, *sf.* l'operazione del cardare, e la materia che si leva co' cardi.

Cardeggiáre, *att.* pettinare col cardo – *fig.* mordere aspramente la fama altrui.

Cardellino, *sm.* uccelletto gentile e canoro.

Cardiaco, *add. m.* del cuore, o che appartiene al cuore – e agg. di mal di cuore.

Cardialgia (*v. gr.*), *sf.* mal di cuore con nausea.

Cardinalato, *sm.* dignità di cardinale.

Cardinale, *sm.* prelato del sacro Collegio del Papa – *add. com.* principale, ed è agg. specialm. di *virtà*, *punti*, *venti*.

Cardinalesco, *add. m.* (*pl.* schi), di cardinale.

Cardinalismo, *sm.* dignità di cardinale.

Cardinalizio, *add. m.* agg. per lo più del cappello de' cardinali.

Cardine, *sm.* ferro ingessato nel muro, su cui si avvolge l'imposta di uscio o finestra – polo del mondo.

Cardo, *sm.* erba spinosa di più

specie – stromento per levare il pelo al panno, e per cardare la lana e il cotone.

Cardóne, *sm.* il cardo degli orti.

Careggiáre, *att.* vezzeggiare.

Caréna, *sf.* parte inferiore della nave.

Carenàggio, *sm.* il luogo, l'azione, e l'effetto del carenare.

Carenáre, *att.* sbandare il naviglio per rassettargli il fondo.

Carestía, *sf.* penuria di viveri.

Carezza, *sf.* vezzo, amorevolenza.

Carezzamento, *sm.* blandimento.

Carezzáre, *att.* far carezze.

Carezzévole, *add. com.*, che accoglie amorevolmente.

Carezzevolmente., *avv.* con carezze, amorevolmente.

Cariarsi, *np.* diventar carioso (*proprio delle ossa*)

Cariàtidi, *sf. pl.* figure egiziane per sostegno di cornici, modiglioni e simili.

Cárica, *sf.* (*pl.* che), peso, soma, quanto porta un giumento, una nave, un carro ec. – impiego pubblico – *In mil.* attacco di due eserciti – quantità di polvere e di piombo per cannone, moschetto e simili

Caricáre (*pr.* cárico, chi ec.), *att.* porre soma addosso – n. aggravare – *np.* addossarsi.

Caricatamente, *avv.* con carica, o caricatura.

Caricàto, *pp.* di caricare – *fig.*

studiato, affettato.

Caricatore, verb. m. che carica —
sm. il proprietario delle mercanzie che formano il carico
del bastimento — o il luogo
acconcio per dette carica.

Caricatúra, sf. V. Carica (paso)
in pittura in cui siano accre-
sciuti i difetti del soggetto
ritratto.

Cárico, sm (pl. chi), peso, roba
cariata — ministero — imposta
del principe — add. m. aggra-
vato—agg. di colore, forte assai.

Cárie, sf. corruzione delle ossa,

Carióso, add. m. guasto dalla carie

Carisma (v. gr.), sm. (pl. smi),
grazia dello Spirito Santo.

Carità, sf. una delle virtù teologali — amore del prossimo —
compassione — limosina.

Caritatevole, add. com. compassionevole — limosiniere.

Caritatevolmente, avv. con carità
— amorevolmente,

Carme (v. lat. e poet.), sm. verso — componimento poetico.

Carmelitáno, sm. religioso del-
l'ordine del Carmine.

Carminare, att. V. Cardare —
In med. sciogliere le ventosità del ventre.

Carminatívo, add. m. che dissi-
pa i fiati, risolvente.

Carmínio, sm. polvere rossa per
miniare.

Carnacciuto, add. m. ch'è bene

in carne, polputo.

Carnagióne, sf. colore e qualità
di carne nell'uomo.

Carnale, add. m. di carne, —
secondo la carne — lussurioso.

Carnalità, sf. concupiscenza di
carne, lussuria — strettezza di
parentela.

Carnalmente, avv. secondo la
carne, lussuriosamente.

Carname, sm. massa di carne
fracida — e qualità di carne.

Carnascialáre, n. ass. far carnevale — e darsi buon tempo,
gozzovigliare, in qualunque stagione.

Carnasciále. V. Carnovale.

Carne, sf. sostanza molle degli
animali fra la pelle e le ossa —
per simil. la polpa di tutte le
frutta — concupiscenza, lussuria

Carnéfice, sm. ministro di giustizia pubblica, volg. boja,

Carnovále. V. Carnovale.

Carnevalesco, add. m. (pl. schi),
di carnevale.

Carniére, sm. tasca de' cacciatori

Carnificina, sf. strazio della carne,
martirio.

Carnivoro, add. m. che si ali-
menta di carne.

Carnosità, sf. pienezza di carne,

Carnóso, add. m. pieno di carne,
polputo.

Carnovale, sm. tutto il tempo
che decorre dall'Epifania alla
Quaresima.

Carnovaleggiare. V. Carnevaleggiare.

Carnovalesco. V. Carnevalesco.

Carnuto: V. Carnoso.

Caro, sm. carestia – add. m. di alto prezzo – fig. grato – tenuto in pregio.

Caroba, sf. frutto del carobolo.

Carobolo, sm. l'albero che produce le carobe.

Carogna, sf. cadavere fetente di animale.

Carola (v. poet.) sf. ballo in circolo.

Carolare, n. ass. far carole.

Carolo, sm. malattia del riso in erba.

Caronte, sm. quel nocchiero che, secondo la favola, trasporta le anime all'inferno, traversando la palude di Acheronte.

Carosello, sm. festeggiamento a cavallo.

Carota, sf. pianta, e radice gialla di essa mangiabile – fig. finzione, menzogna.

Carovana (v. arab.), sf. compagnia di mercanti e di viaggiatori che si uniscono per traversare i grandi deserti dell'Arabia.

Carpentiere (v. lat. e fr.), sm. fabbricatore di carri.

Carpetta, sf. gonnella grossolana.

Carpine, e

Carpino, sm. albero fronzuto da spalliera.

Carpione, sm. pesce di lago delicatissimo.

Carpire (pr. oro: ee), att. pigliare con violenza.

Carpo, sm. giuntura della mano tra la palma ed il polso.

Carpone, e

Carponi, avv. colle mani per terra.

Carradore, sm. fabbricatore e conduttore di carri.

Carraja, sf. strada carreggiabile.

Carrajo. V. Carradore.

Carrata, sf. il carico di un carro.

Carrattiere, sm. chi conduce le carra delle munizioni da guerra.

Carreggiabile, add. com. agg. di strada, o simile, per cui può passare un carro.

Carreggiare, n. ass. guidare il carro – att. trasportar roba sul carro.

Carreggiata, sf. parte della strada battuta da'carri.

Carreggio, sm. quantità di carri.

Carretta, sf. piccolo carro a due ruote – in. mil. carro coperto.

Carrettajo. V. Carrettiere.

Carrettare, n. ass. tirare o guidare carretta.

Carrettata, sf. il carico di una carretta.

Carrettiere, sm. guidatore di carrette, o di carri.

Carrettone, sm. carro grande per trasporto di mercanzie, di materiali ed altro.

Carriaggio, sm. carro a quattro

ruote per trasporti ad uso di eserciti.

Carriéra, *sf.* corso de'cavalli.

Carriuola, *sf.* letticciuolo colle ruote - carretto con una ruota e due braccia.

Carro, *sm.* (*pl.* carri *m.* e carra *f.*), arnese da trasporto con due ruote.

Carrozza, *sf.* carro nobile a quattro ruote e tirato da due o più cavalli, *altr.* cocchio.

Carrozzàbile, *add. com.* agg. di strada, o simile, cioè praticabile con carrozze.

Carrozzajo, *sm.* fabbricatore di carrozze.

Carrozzàta, *sf.* quante persone entrano in una carrozza.

Carrozziére, *sm.* chi guida la carrozza, *altr.* cocchiere - *più comun.* carrozzajo.

Carrozzino, *sm. dim. di* carrozza.

Carrúcola, *sf.* strumento con girella da tirar su pesi colle funi

Carta, *sf.* composto di stracci di lino ridotti in fogli sottilissimi per iscrivere o stampare - scrittura o contratto - costituzione politica di uno Stato.

Cartabello. V. *Scartabello.*

Cartáceo, *add. m.* di carta, o simile a carta.

Cartajo. V. *Cartolajo*

'ertapécora, *sf.* pelle di pecora 'onciata ad uso di scrivere, '*tr.* pergamena.

Cartáro. V. *Cartolaio.*

Cartáta, *sf.* quanto sta avvolto in un foglio di carta.

Carteggiáre, *n. ass.* tener corrispondenza di lettere.

Cartéggio, *sm.* commercio di lettere.

Cartella, *sf.* penzuolo di carta - striscia di carta od altro per iscrizioni - e la iscrizione stessa - coperta o guaina per conservare scritture e disegni.

Cartello, *sm.* manifesto pubblico - libello infamatorio - lettera di disfida.

Cartellóne, *sm. accr. di* cartello, e propriamente quello che annuncia al pubblico l'opera serale del teatro.

Cartesiáno, *add. m.* del sistema di Cartesio.

Cartiéra, *sf.* fabbrica di carta.

Cartiglia, *sf.* ognuno de' quattro semi delle carte da giuoco.

Cartilagine, *sf.* parte media fra la durezza dell'osso e la morbidezza della carne.

Cartilaginóso, *add. m.* che ha cartilagini.

Cartóccio, *sm.* recipiente conico fatto di carta - carica di polvere di un cannone - *In archit.* membro d'ornato de'capitelli compositi.

Cartolájo, *sm.* venditore di carta

Cartoláre, *att.* porre i numeri alle carte dei libri.

Cartoláre e

Cartolaro, sm. libro di memorie.

Cartóne, sm. composto di cenci
macerati e ridotti in foglio
grosso – fig. abbozzo sopra una
carta grande di alcune opere
da dipingersi a fresco – lustro
che si dà a' panni lani.

Cartuccia, sf. pezzetto di carta –
carica di un fucile da soldato.

Casa, sf. edificio murato per
abitazione – schiatta illustre –
patria – famiglia – patrimonio – di correzione, il luogo
dove sono rinchiusi i discoli.

Casacca, sf. (pl. che), veste maschile contadinesca.

Casale, sm. mucchio di case in
contado, piccolo villaggio.

Casalingo, add. m. (pl. ghi), domestico – da casa – fatto in casa

Casamatta, sf. scavo sotterraneo
nelle fortificazioni.

Casamento, sm. casa grande.

Casáto, sm. cognome di famiglia – e la famiglia stessa.

Casatella, sf. sorta di cacio di
piccola forma.

Cascamorto, sm. che fa l'innamorato.

Cascante, p. pr. di cascare – per
simil. dirupato – soverchiamente lezioso e affettato.

Cascáre, n. ass. V. Cadere. –
non sostenersi – fig. perdersi
di animo.

Cascáta, sf. caduta – salto rapido

di una corrente.

Cascaticcio, add. m. facile a cadere – di debole complessione.

Caschetto, sm. dim. di casco, sorta
di armatura di testa.

Cascina, sf. luogo ove stanno le
vacche, e dove si fa il cacio
ed il butirro.

Casco, sm. (pl. schi), elmo dei
soldati.

Caseggiato, sm. edificio, casamento

Casella, sf. spazio quadro dove
gli aritmetici rinchiudono i
numeri nel fare i calcoli.

Caseréccio. V. Casalingo.

Caserma (sinc. di casa d'arme),
sf. alloggiamento de' soldati.

Casimir, sm. sorta di pannina di
Francia o d'Inghilterra.

Casino, sm. piccola casa di delizie

Casipola, sf. casa piccola e cattiva

Casista, sm. (pl. sti), teologo
perito ne' casi di coscienza.

Caso, sm. vocabolo generico
d'ogni fatto che sia accaduto, o che sia per accadere –
accidente impreveduto – figurazione di un fatto di coscienza, di legge ec. – In
gramm. una delle diverse parti
d'ogni nome.

Casoláre, sm. casa diroccata.

Casóso, add. m. che fa caso di
tutto.

Casotto, sm. piccolo tugurio.

Cassa, sf. arnese di legno
riporvi qualche cosa.

comp. arnese da riporvi mercanzie da trasporto – armario
ferrato da riporre denari –
tamburo – custodia del castello degli oriuoli da tasca –
presso gli stampatori, quadri-
lungo di legno diviso in varj
spartimenti, in ciascuno dei
quali sono distribuite le di-
erse lettere, d'onde il compositore le trae per comporre ciò che si vuole stampare.

Cassáre, att. cancellare – dichiarare invalida una scrittura.

Cassatúra, sf. cancellatura di penna

Cassazióne, sf. annullamento di
qualche atto o scrittura.

Cássero, sm. la parte superiore
di un vascello.

Casseróla, sf. vaso di rame da
cucina.

Cassetta, sf. parte della carrozza ove siede il cocchiere.

Cassettajo, sm. chi fa le casse
o cassette.

Cassettino, sm. ripostiglio delle
scrivanie e degli armadj.

Cassettóne, sm. arnese di legname con diversi cassettini
per riporre vestimenta.

Cássia, sf. frutto medicinale di
un albero africano.

Cassiére, sm. chi tiene la cassa
dei danari.

Casso, sm. parte concava del
corpo circondata delle costole – add. m. (v. poet.), privo-

speato – vaso.

Castagna, sf. frutto del castagno

Castagnáccio, sm. pane di farina di castagne.

Castagnajo, sm. coltivatore di ca-
stagni – e venditore di castagne

Castagno, sm. albero di montagna che produce le castagne –
add. m. di colore di castagna.

Castalderia, sf. fattoria.

Castaldo, sm. soprintendente alle possessioni altrui, più comun. fattore – guardiano.

Castamente, avv. pudicamente.

Castellanía, sf. uffizio di castellana

Castelláno, sm. capitano, signore, e abitatore di castello.

Castello, sm. mucchio di case
circondato di mura – fortezza – ponticello sulla coperta
delle grosse navi – macchina
per affondar pali – tutta la
macchina degli oriuoli – tutto
il telajo dei tessitori di tela
– e in generale, qualunque macchina composta di più pezzi,
i quali servano concordemente a uno stesso fine, in diversi
usi meccanici.

Castigáre, att. dare castigo, punire

Castigo, sm. (pl. ghi). pena.

Castimonia, sf. pudicizia.

Castità, sf. virtù che raffrena
l'appetito de' piaceri sensuali.

Casto, add. m. pudico – puro –
agg. di stile, purgato.

Custóde, sm. parte dell' suole

dove è posta la gemma.

Castore. V. *Castoro.*

Castore, sm. la costellazione dei gemelli.

Castòro, sm. animale anfibio dell'America con pelo finissimo ad uso di cappelli.

Castràre, att. tagliare i testicoli.

Castràto, sm. grosso castrato.

Castratúra, e

Castrazióne, sf. l'operazione di castrare.

Castrense (v. lat.), add. com. che si acquista in guerra.

Castróne. V. *Castrato.*

Castroneria, sf. sproposito – balordaggine.

Casuale, add. com. accidentale.

Casualità, sf. ciò che procede dal caso.

Casualmente, avv. accidentalmente

Casipola. V. *Casipola.*

Cataclismo (v. gr.), sm. diluvio – bagno che cade sopra tutte le parti del corpo.

Catacomba (v. gr.), sf. luogo sotterraneo dove anticam. si seppellivano i morti.

Catafalco, sm. (pl. chi), edificio piramidale coperto di drappi neri, eretto nelle chiese per sovrapporvi i cadaveri che si vogliono suffragare.

Cataletto, sm. feretro, bara.

Catalogo, sm. (pl. ghi), enumerazione dei titoli dei libri e dei nomi dei loro autori, dis-

posti con ordine alfabetico.

Cataplasma (v. gr.), sm. (pl. smi), impiastro per maturare o risolvere i tumori.

Catapulta, sf. macchina antica di guerra per saettare.

Cataratta. V. *Cateratta.*

Catarrale, add. com. di catarro.

Catarro, sm. umore superfluo alla testa o al petto.

Catarróso, add. m. che soffre di catarro, o che cagiona catarro

Catasta, sf. massa di legne – e in genere, ogni massa o cumolo di checchessia – rogo sul quale gli antichi ardevano i loro morti.

Catastàre. V. *Accatastare.*

Catasto, sm. sorta di gravezza del principe, altr. censo – decima – libro ove sono descritti i beni de' cittadini.

Catàstrofe (v. gr.), sf. mutazione improvvisa da una fortuna in un'altra – scioglimento dell'intreccio dell'azione di un dramma.

Catechési (v. gr.), sf. istruzione elementare.

Catechismo (v. gr.), sm. dottrina cristiana – e il libro che la contiene.

Catechista, sm. (pl. sti), chi insegna la dottrina cristiana.

Catechizzare (v. gr.), att. istruire – e propr. insegnare dottrina cristiana.

Catecúmeno (*v. gr.*) *sm.* nuovo discepolo della fede non ancora battezzato.

Categoria (*v. gr.*), *sf.* ordine e serie di alcune cose.

Categoricamente, *avv.* in modo categorico - distintamente.

Categórico, *add. m.* ordinato, preciso, distinto.

Caténa, *sf.* unione di più anelli fra loro connessi - collana di gioje - lunga spranga di ferro per collegare due opposti muri - strumento di agrimensura - sostegno dell'oriuolo - sorta di ricamo alle vesti donnesche - *fig.* legame amoroso - schiavitù - *In geogr.* lunga fila di montagne.

Catenáccio, *sm.* bastone di ferro con cui si chiudono internamente le due imposte di una porta.

Catenella, *sf. dim. di* catena - specie di ricamo nei vestimenti a guisa di catena.

Cateratta, *sf.* apertura da chiudersi ed aprirsi per isgorgo delle acque - *In chir.* valame dell'occhio - *In geogr.* alta cascata dei fiumi.

Caterva, *sf.* moltitudine di persone e di bestie.

Catinella, *sf.* e

Catinello, *sm.* vaso più piccolo del catino, per uso di lavarsi le mani.

Catino, *sm.* vaso da terra o di rame per varj usi.

Catinozza, *sf.* vaso a doghe ne uso di conservare la carne salata.

Catóne, *sm.* nome celebre nella storia rom., che per traslato si dà ad uomo rigido e savio o che fa mostra di essere tale

Catórcio, *sm.* chiavistello.

Catramáre. V. *Incatramare.*

Catráme, *sm.* specie di resina che si cava dagli abeti e dai pini

Cáttedra, *sf.* luogo eminente de predicatori nelle chiese, e de maestri nelle scuole - sedia pontificale.

Cattedrále, *add. e sf.* chiesa metropolitana.

Cattedrante, *sm.* lettore pubblico di scienze nelle università.

Cattedrático, *add. m.* di cattedra - *sm.* cattedrante.

Cattivamente, *avv.* tristamente - miseramente.

Cattiváre, *att.* far alcuno schiavo o servo - fare ubbidiente - *np.* procacciarsi.

Cattivéria, e

Cattivezza, *sf.* tendenza ad apportar dolore, a non porre ostacolo, potendolo fare, ed a privar del piacere - pravità

Cattivagità.

Cattività, *sf.* schiavitù.

Uivo, *add. m.* prigioniero schiavo - misero - disgustoso

- più comun. ribaldo, tristo.

Cattolicamente, avv. da cattolico, piamente.

Cattolichismo, e

Cattolicismo, sm. dottrina cattolica, e coloro che la professano.

Cattòlico (v. gr.), add. m. universale – agg. di chiesa, la riunione de' fedeli battezzati sotto uno stesso capo.

Cattùra, sf. arresto di alcuno per ordine della giustizia.

Catturàre, att. imprigionare.

Caudatário (v. lat.), sm. colui che sostiene l'estremità delle vesti prelatizie, che dicesi coda.

Caudáto (v. lat.), add. m. che ha la coda – agg. di sonetto, quello a cui dopo l'ultima terzina si aggiungono altri versi

Cáusa, sf. lite che si agita in tribunale – cagione donde nasce l'effetto – efficiente, quella che contiene in sè la ragione dell'effetto – occasionale, quella che determina la causa efficiente a produrre l'effetto col rimuovere che fa gli ostacoli – causa, o la causa prima, per eccellenza, Iddio – cause seconde, le creature

Caussile, add. com. di causa.

Causalità, sf. la cagione che produce l'effetto.

Causalmente, avv. con causa, secondo ragione.

Causáre, att. cagionare – accagionare, incolpare – n. est. trattare una causa.

Causídico, sm. chi difende cause in giudizio.

Cáustico, sm. medicamento esterno che corrode la carne – add. m. per trasl. mordace, piccante.

Cautamente, avv. con cautela.

Cautáre. V. Cautelare.

Cautela, sf. accortezza, precauzione – cauzione, sicurtà – sicurezza, difesa.

Cauteláre, att. dare sicurtà, assicurare – np. mettersi al sicuro

Cautelatamente. V. Cautamente.

Cautério (v. gr.), sm. rottorio fatto nella carne per espurgo di umori superflui.

Cauterizzáre, att. fare cauterio.

Cautezza. V. Cautela.

Cáuto, add. m. accorto, guardingo – assicurato con cauzione.

Cauzióne, sf. sicurtà – malleveria – accortezza, precauzione.

Cava, sf. buca, fossa – mina – miniera di pietre o di metalli – fig. cosa di cui si abbonda.

Cavadenti, sm. chi fa professione di cavare i denti, dentista.

Cavalcábile, add. com. che può cavalcarsi.

Cavalcamento, sm. l'atto di cavalcare.

Cavalcante p. pr. di cavalcare – sm. chi guida i cavalli anteriori delle mute stando cavallo.

Cavalcare, *n. ass.* andare a cavallo - *att.* soprastare, signoreggiare.

Cavalcata, *sf.* moltitudine di persone a cavallo.

Cavalcatojo, *sm.* luogo rialto per montare più comodamente a cavallo.

Cavalcatura, *sf.* bestia che si cavalca.

Cavalierato, *sm.* grado e dignità di cavaliere.

Cavaliere, *sm.* colui che cavalca - rango di nobiltà - soldato a cavallo - uno dei pezzi del giuoco degli scacchi.

Cavaliero. V. *Cavaliere.*

Cavallaro, *sm.* pastor dei cavalli.

Cavalleggiero, *sm.* soldato a cavallo con leggiera armatura.

Cavallerescamente, *avv.* a guisa di cavaliere, nobilmente.

Cavalleresco, *add. m.* (*pl.* schi), cavaliere.

Cavalleria, *sf.* grado di cavaliere - milizia a cavallo.

Cavallerizza, *sf.* arte di maneggiare il cavallo, e il luogo destinato a tale insegnamento.

Cavallerizzo, *sm.* maestro di cavalcare - soprintendente alle stalle del principe.

Cavalletta, *sf.* locusta simile al grillo - *fig.* doppiezza - inganno.

Cavalletto, *sm. dim.* di cavallo - strumento a quattro piedi

per sostenere pesi - congegnamento di più travi per sostener tetti.

Cavallina, *sf.* puledra del cavallo - sterco di cavallo.

Cavallino, *add. m.* di cavallo - *sm.* puledro del cavallo.

Cavallo, *sm.* quadrupede domestico che serve a molti usi dell'uomo - *da tiro*, palafreno - *da corso*, corsiere - *da battaglia*, destriere - *da coprire*, stallone - uno de' pezzi del giuoco degli scacchi.

Cavallone, *sm. accr. di* cavallo - onda gonfia del mare burrascoso.

Cavamento, *sm.* l'atto del cavare.

Cavana, *sf.* luogo nell'acqua ove si tiene la barca al coperto.

Cavare, *att.* tirar fuori - *n. as.* scavare la terra - *np.* sottrarsi.

Cavastracci, *sm.* strumento per nettare la canna del moschetto

Cavata, *sf.* scavamento, fossa - suono tratto maestrevolmente da uno strumento.

Cavatina, *sf.* breve aria musicale.

Caverna, *sf.* luogo sotterraneo naturale, grotta.

Cavernosità, *sf.* spazio vuoto.

Cavernoso, *add. m.* vuoto.

Cavezza, *sf.* fune da tener legati i giumenti alla mangiatoja.

Cavezzone, *sm.* arnese che si mette alla testa de' cavalli per maneggiarli.

Caviale, sm. salsa di nova di pesce.

Cavicchia, sf. e

Cavicchio, sm. piccole legnetto a guisa di chiodo che si ficca nel muro per allaccarvi alcuna cosa.

Cariglia, sf. uno degli ossi della gamba - quel palo di ferro che fa girare la macchina dei mulini - cavicchia.

Cavillare, n. ass. sottilizzare - inventare ragioni false.

Cavillazione, sf. e

Cavillo, sm. falso pretesto, sofisticheria.

Cavillosamente, avv. con cavillazione, sofisticamente.

Cavilloso, add. m. che usa cavilli - sofistico.

Cavità, add. f. vuoto nel mezzo di un corpo piegato in arco.

Cavo, sm. incavatura - forma ove si gettano le figure di gesso o di altra materia - canapo grosso delle navi - add. m. concavo.

Cavolo, sm. ortaggio per mangiare, di diverse specie.

Cazza sf. vaso di ferro - mestola.

Cazzare, att. tirare a sè una fune, opposto di mollare.

Casserola. V. Casserola.

Cazzo (v. plebea ed oscena), sm. membro virile.

Cazzotto, sm. pugno forte dato sotto mano.

Cucnola, sf. mestola de'muratori.

Ce, ci, affissi de' verbi in luogo dei pronomi noi, a noi.

Cecaggine, sf. cecità.

Cecare. V. Accecare.

Cece, sm. pianta erbacea, leguminosa - e frutto di essa.

Cecità, sf. privazione della vista - fig. offuscamento dell'intelletto.

Cedente, p. pr. di cedere - sm. colui che cede altrui qualche sua ragione.

Cedere (pass. cedéi, o cessi, pp. cedúto, o cesso), att. an. rinunziare altrui una cosa - n. ass. confessarsi inferiore - ritirarsi - rinculare.

Cedévole, add. com. pieghevole.

Cedevolezza, sf. pieghevolezza.

Cedola, sf. scrittura privata obbligatoria - pezzuolo di carta, polizza.

Cedolone, sm. accr. di cedola (polizza) - cartello.

Cedrato, sm. agrume di grat'esimo odore, e la pianta che lo produce - add. m. che ha odore, o sapore di cedrato.

Cedro, sm. pianta sempre verde, e frutto di essa odorosissimo, più grosso e più polputo del limone - legno di cedro.

Cedronella, sf. erba che sa di cedro, altr. melissa.

Céduo (v. lat.), add. m. da tagliare (agg. di bosco)

Cefalalgia (v. gr.), sf. dolore

' capo accidentale.

Ceffata, *sf.* schiaffo.

Ceffo , *sm.* il muso del cane, *e per ischerzo* il volto dell'uomo.

Gelamento , *sm.* occultamento, nascondimento.

Celáre, *att.* nascondere – tenere segreto – *np.* non lasciarsi vedere.

Celáta, *sf.* imboscata – *più comun.* elmo.

Celatamente, *avv.* di nascosto.

Celebrábile, *add. com.* degno di essere celebrato.

Celebramento, *sm.* encomio, lode.

Celebrante, *p. pr. di* celebrare, che celebra o loda – *sm.* sacerdote che dice messa attualmente.

Celebráre (*pr.* célebro *ec.*), *att.* esaltare, encomiare – *n. ass.* dir la messa.

Celebrazióne, *sf.* il celebrare.

Célere, *add. com.* di gran fama.

Celebrità, *sf.* pompa solenne – *più comun.* gran nome o fama.

Célebre, *add. com.* veloce.

Celerità, *sf.* velocità.

Celeste, *add. com.* di cielo – sovrumano, divino – *agg.* di *colore*, ceruleo, azzurro.

Celestiale, *add. com.* del cielo.

Celestino , *sm.* color celeste o ceruleo.

Celia, *sf.* scherzo, burla.

...re, *n. ass.* non dire da senscherzare.

Celibáto, *sm.* lo stato di chi vive senza pigliar moglie o marito.

Céliba, *add. com.* che non è congiunto in matrimonio.

Cella, *sf.* stanza terrena – cameretta dei claustrali.

Cellerajo, *sm.* amministratore del monastero – cantiniere.

Cémbalo, *sm.* strumento da tasto – e strumento formato d'un cerchio, su cui è distesa una pergamena, che si suona battendolo.

Cementáre, *n. ass.* calcinare.

Cementazióne, *sf.* calcinazione.

Cemento (*v. lat.*), *sm.* calcina.

Cena, *sf.* pasto che si fa la sera.

Cenácolo, *sm.* sala di convito – e *propr.* il luogo dell'ultima cena di G. C.

Cenáre, *n. ass.* mangiar da sera.

Cenciajo, e

Cenciajuolo, *sm.* chi raccoglie cenci

Cencio, *sm.* straccio di pannolino o lana – *In pl.* abiti miseri e laceri.

Cencioso, *add. m.* rattoppato – *agg.* di *persona*, che ha indosso veste misera e lacera.

Ceneráta, *sf.* composto di cenere e di acqua, lisciva.

Cénere, *sf.* quella polvere nella quale si risolve la legna nel bruciare.

Cenericcio,

Cenerino, e

Ceneriguolo, *add. m.* di color

di cenere.

Cenno, *sm.* segno o gesto per farsi intendere senza parlare — breve scritto, o ragionamento di checchessia.

Cenobio (*v. gr.*), *sm.* vita in comune, e *propr.* convento di monaci.

Cenobita, *sm.* (*pl.* ti), monaco.

Cenotafio (*v. gr.*), *sm.* sepolcro vuoto eretto in onore di qualche defunto.

Censo, *sm.* tributo — rendita del pubblico — ricompensa — credito fruttifero assicurato su fondi — *Presso i romani*, ruolo della popolazione che facevasi ogni tanto tempo — *Presso i moderni*, la misura dei terreni pel riparto delle imposte.

Censore, *sm.* magistrato presso i romani che vegliava sui costumi — *oggi*, revisore di componimenti.

Censuare, *att.* sottoporre a censo.

Censuario, *add. m.* che paga frutti del censo.

Censuazione, *sf.* sottoponimento al censo — e l'azione per cui si dà o si riceve il censo.

Censura (*v. lat.*), *sf.* correzione, riprensione — magistratura incaricata di rivedere i manoscritti da stamparsi a fine di purgarli da ciò che fosse contrario alle leggi — sorta di pena canonica, come la sco-

munica, l'*interdetto* ec.

Censurabile, *add. com.* che può censurarsi.

Censurare, *att.* giudicare delle opere altrui — criticare.

Centauro, *sm.* mostro favoloso mezz'uomo e mezzo cavallo.

Centellino, e

Centello, *sm.* piccolo sorso di vino.

Centenario, *add. m.* che ha vissuto cent'anni.

Centesimo, *sm.* la centesima parte di un intiero — *add. m.* centuplicato.

Centina, *sf.* armatura degli archi — sagoma per qualunque getto.

Centinajo, *sm.* la somma di cento.

Cento, *add. num. com.* dieci decine — e numero altresì *indeterm.* esprimente gran quantità.

Centone, *sm.* composto di versi o di pezzi di varj autori.

Centrale, *add. com.* che si riferisce al centro.

Centrifugo, *add. m.* (*pl.* ghi) che tende ad allontanarsi dal centro, *contrario di*

Centripeta, *add. com.* (*pl.* ti, o te), che tende al centro.

Centro, *sm.* punto nel mezzo del cerchio — *fig.* la parte più essenziale di una cosa.

Centumviri, *sm. pl.* magistrato di cento uomini presso gli antichi romani.

Centuplicare (*pr.* uplico, chi ec.), *att.* moltiplicare per cento.

Céntuplo, *add. m.* cento volte maggiore.

Centúria, *sf.* spazio di cent'anni, secolo - compagnia di cento fanti - molte altre cose composte di cento parti.

Centurione, *sm.* capitano di cento soldati presso i romani.

Ceppaja, *sf.* la parte del ceppo a cui sono attaccate le radici.

Ceppo, *sm.* base o piede dell'albero - legno su cui si decapitano i delinquenti - strumento con cui si serrano i piedi ai condannati - stipite di famiglia.

Cera, *sf.* sostanza molle e gialliccia di cui le api formano i loro figli - questa stessa materia imbiancata e ridotta in torce e candele - *sf.* aria di volto, aspetto, sembianza.

Carajuolo, *sm.* chi imbianca la cera - e chi lavora figure di cera.

Ceralacca, *sf.* composto di gomme, spirito di vino e vermiglione, che ridotto in cannette serve a sigillare lettere o involti, *altr.* cera di Spagna.

Cérbero, *sm.* cane a tre teste, che i pagani fingevano guardiano dell'Inferno.

Cerbiatto, *sm.* cervo giovane.

Cerbottana, *sf.* massa vuota da gettar pale col fiato contro uccelli - piccola canna per re altrui piano all'orecchio

Cercáre, *att.* adoperarsi per trovare, rintracciare.

Cerchiaja, *sm.* chi fa i cerchi da botte.

Cerchiáro, *att.* cignere - porre i cerchi alle botti.

Cerchiatúra, *sf.* l'atto di cerchiare.

Cérchio, *sm.* linea curva equidistante da un punto medio detto *centro*, e che si confonde alle due estremità, *altr.* circolo - legame rotondo di legno o di ferro per legar botti, tine, ruote e simili - corona, ghirlanda - adunanza d'uomini, *che pare di essi* circolo

Cércine, *sm.* avvolto di panno che si pongono in testa i facchini per salvarla dal peso sovrapposto - cuscinetto circolare alla testa de' bambini per ripararli dalle cadute.

Cercóne, *sm.* vino guasto.

Cereále, *add. com.* agg. d'ogni pianta il cui frutto possa ridursi in farina da far pane.

Cerebello. *sm.* la parte posteriore del cervello.

Cerebrále, *add. com.* appartenente al cervello.

Cérebro. V. Cervello.

Ceremonia. V. Cerimonia.

Ceremoniále, *sm.* libro dei riti per le funzioni solenni.

Ceremoniére, *sm.* maestro di ceremonie.

Céreo, *sm.* candela grossa di cera - *add. m.* di cera.

Cerere, *sf.* dea delle biade presso i pagani e presso i poeti.

Cerimonia, *sf.* culto esteriore di religione - rito nelle funzioni solenni - formalità - onoranza privata fra persone bennate.

Cerimoniale. V. *Ceremoniale.*

Cerimonioso, *add. m.* che tratta con cerimonie.

Cerna, *sf.* cosa cattiva separata dalla buona.

Cernere. V. *Scernere.*

Cernida, *sf.* milizia gregaria.

Cero. V. *Cereo.*

Cerona, *sf. accr. di* cera (aria di volto), cioè allegra.

Ceroplasta, *sm.* (*pl.* sti), artefice che lavora figure di cera.

Cerotto, *sm.* composto farmaceutico da applicare sui malori.

Ceretano, *sm.* saltambanco.

Cerro, *sm.* albero ghiandifero simile alla quercia.

Certame (*v. lat. e poet.*), *sm.* combattimento.

Certamente, *avv.* senza dubbio.

Certezza, *sf.* stato dell'intelletto, ch'è in opposizione allo stato di dubbio.

Certificare (*pr.* fico, chi ec.), *att.* rendere certo - confermare

Certificato, *sm.* attestazione in iscritto.

Certo, *sm.* certezza - *add. m.* sicuro, indubitato - *pron.* al-

cuno - *avv.* certamente.

Certosa, *sf.* monastero di Certosini.

Certuno. V. *Alcuno.*

Cervellata, *sf.* sorta di salsiccia.

Cervello, *sm.* (*pl.* elli *m.* e ella *f.*), il viscere racchiuso nel cranio degli animali - *fig.* intelletto, giudizio.

Cervicale, *add. com.* appartenente alla cervice.

Cervice (*v. lat.*), *sf.* la parte di dietro del collo - *e talora anche* tutto il capo.

Cervicoso, *add. m.* ostinato.

Cerviere, *sm.* specie di lupo di acutissima vista, creduto il *lince* degli antichi.

Cerviero, *add. m.* agg. di *lupo* - e agg. di *occhio*, linceo, cioè di vista acutissima.

Cerùleo, *add. m.* di color del cielo (*detto propr. del mare*)

Cerume, *sm.* colature ed avanzi di candele di cera - *per simil.* materia gialla che si genera nelle orecchie.

Cervo, *sm.* quadrupede salvatico velocissimo, con lunghe corna ramose.

Cerziorare, *att.* informare l'idiota dell'importanza di un atto che si vuol fare - *np.* uscir di dubbio.

Cesare, *sm.* titolo degl'Imperatori da Giulio Cesare in poi.

Cesareo, *add. m.* di Cesare,

imperiale.

Cesellare, *att.* lavorare col cesello figure di metallo.

Cesellatore, *sm.* chi lavora di cesello.

Cesello, *sm.* scarpelletto degli argentieri per intagliare i metalli.

Cesoje, *sf. pl.* strumento a due lamine per tagliare.

Cespo, e

Cespuglio, *sm.* ammasso di erbe o di virgulti.

Cessante, *p. pr.* di cessare - *agg.* di lucro, qualsivoglia mancanza o cessazione di guadagno.

Cessare, *n. ass.* tralasciare - mancare, finire - *att.* sospendere un'azione, ovvero darle fine.

Cessazione, *sf.* interruzione di cosa incominciata.

Cessionario, *sm.* quegli a cui si fa la cessione.

Cessione, *sf.* rinunzia ad altrui de' beni, ragioni, diritti ec.

Cesso, *sm.* condotto da immondizie, latrina.

Cesta, *sf.* ampio canestro senza manico ad uso di portar quantità di robe in una volta.

Cestire (*pr.* sco ec.), *n. ass.* faro il cesto (*e dicesi delle biade*)

...to (*coll' e stretta*), *sm.* mucchio di messe che fanno sulla ...re alcune piante - (*coll' e ...ga*), armatura della mano

nel giuoco del pugilato antico - ed il giuoco stesso.

Cestone, *sm.* cesta grande, ad uso per lo più di someggiare.

Cesura (*v. lat.*), *sf.* tagliamento.

Cetaceo, *add. m. agg.* di pesce della maggiore grossezza.

Cetera. V. Cetra.

Cetereggiare, *n. ass.* sonare la cetra.

Ceterista, *s. com.* (*pl.* sti *m.*, e ste *f.*), sonatore, e sonatrice di cetra.

Ceterizzare. V. Cetereggiare.

Ceto (*v. lat.*), *sm.* nome generico d'ogni gran pesce di mare - condizione di persone.

Cetra, *sf.* strumento musicale a corda.

Che, *pron.* relativo com. e entrambi i generi e numeri, il quale, e la quale, i quali, o le quali - *in forza di sost.* cosa - *coll'interrog.* che cosa? - *in forza di add. com.* quale.

Cherica. V. Chierica.

Chericale, *add. com.* di cherico.

Chericato, *sm.* stato del cherico - clero.

Cherico (*v. gr.*), *sm. propr.* iniziato agli ordini minori - ecclesiastico qualunque.

Chermes, *sm.* grana che serve a tingere in rosso.

Chermisì, *sm.* rosso porporino più acceso.

Chermisino, *add. m.* di colore

ñ chermisi.

Chermesi, sm. nome gr. generico di qualunque pentola.

Cherubino (m. ebr.), sm. spirito del secondo ordine degli angeli

Chetamente, avv. senza rumore – segretamente – tranquillamente

Chetare. V. *Acchetare.*

Cheto, add. m. tacito, silenzioso – segreto, occulto.

Chi, pron. relativo com. o entrambi i generi e numeri, quegli, o coloro, che.

Chiacchiera, sf. ciarla, cicaleccio.

Chiacchieramento, sm. voce sparsa e non vera.

Chiacchierare (pr. acchiero ec.), n. ass. parlare senza conclusione – cicalare per passatempo.

Chiacchierata, sf. ciarleria.

Chiacchierone, sm. gran parlatore di baje.

Chiamare, add. nominare uno acciò si accosti o risponda – mandar ad invitare taluno a venire – eleggere – chiedere, e domandare.

Chiamata, sf. invito – inspirazione divina – segno nelle scrittura per indicar note o correzioni.

Chiappa, sf. la parte più carnosa del deretano, altr. natica.

Chiara, sf. il bianco dell'uovo.

Chiaramente, avv. con chiarezza.

Chiarare, att. cavar di dubbio.

Chiarata, sf. mediocremente di chiara d'uovo sbattuta.

Chiarezza, sf. lucidezza – celebrità – facile intelligenza di scrittura – nobiltà di lignaggio – ordine giudizioso delle idee, e quello di parole meglio appropriate per l'espressione di un concetto.

Chiarificare (pr. ifico, chi ec.), att. far chiaro – fig. trar di dubbio.

Chiarire (pr. sconosc.) V. *Chiarificare* – n. ass. uscir di dubbio

Chiaro, sm. chiarume, luce – add. m. contr. di oscuro – di suono (rauco) – di torbido – fig. celebre – manifesto – intelligibile – avv. chiaramente.

Chiarore, sm. splendore, luce.

Chiaroscuro, sm. rilievo in pittura fatto con diverse gradazioni del medesimo colore.

Chiassata, sf. grande strepito.

Chiasso, sm. vicolo – postribolo – fracasso grande.

Chiavajo, e

Chiavajuolo, sm. custode, e facitore di chiavi.

Chiavare, att. chiudere con chiave.

Chiave, sf. strumento di ferro con cui si apre e si chiudono le porte – arnese per accordare gl'instrumenti musicali – e figura musicale che denota la varietà e diversità dei tuoni e delle voci – stru

mento da cavare i denti —
contraccifera, onde si spiega
ed intende la cifera.

Chiavica, sf. (pl. che), fogna.

Chiavistello. V. Catenaccio.

Chiazza, sf. macchia sulla pelle.

Chiazzare, att. spargere 'di macchie.

Chicchera, sf. vasetto, per lo più
di porcellana o majolica, da
prendere caffè o cioccolata.

Chicchessia, chi che sia, pron.
com. chiunque, qualunque

Chieddere (pass. ési, pp. esto),
att. an. dimandare per avere.

Chiedibile, add. com. che si può
chiedere.

Chiedimento, sm. domanda.

Chierica, sf. (pl. che), tonsura,
o tosatura rotonda che si fanno i chierici nel mezzo del capo

Chiericale. V. Chericale.

Chiericato. V. Chericato.

Chierico. V. Cherico.

Chierisia. V. Clero.

Chiesa (v. gr.), sf. la congregazione dei fedeli — tempio ove
si presta pubblico culto a Dio.

Chiesola, sf. cassetta nelle navi
ove si tiene la bussola.

Chiesuola, sf. dim. di chiesa.

Chichino, add. e sm. falso divoto.

Chiglia, sf. la parte inferiore
del naviglio.

Chiliade (v. gr.), sf. spazio di
mille anni — qualunque aggregato di cose diverse ordinate

a migliaja.

Chilificare (pr. ifico, chi ec.), n.
ass. fare il chilo.

Chilificazione, sf. formazione del
chilo.

Chilo (v. gr.), sm. sugo bianco
che lo stomato estrae dai cibi
e che si converte in sangue.

Chimera (v. gr.), sf. mostro favoloso con faccia di lione,
corpo di capra e coda di dragone — fig. immaginazione vana — progetto aereo.

Chimerico, add. m. vano, senza
fondamento.

Chimerizzare, n. ass. fare castelli
in aria.

Chimica (v. gr.), sf. (pl. che)
arte di separare e scomporre
le diverse sostanze de' corpi
misti.

Chimicamente, avv. secondo l'arte
chimica.

Chimico, sm. chi esercita la chimica — add. m. che appartiene
alla chimica.

Chimo (v. gr.), sm. pasta in cui
cominciano a convertirsi gli
alimenti nelle stomaco prima
di essere ridotti in chilo.

China, sf. scesa, pendio — corte
cia febbrifuga peruviana, detta
anche chinachina.

Chinamento, sm. abbassamento.

Chinare, att. piegare abbass
abbassare — np. inchinarsi.

Chinatura, sf. curvatura.

Chincaglia. V. *Chincaglierìa*.

Chincagliére, sm. venditore di chincaglie.

Chincaglierìa (v. mod.), sf. mercanzuole di metallo.

Chinéa, sf. cavalla ambiante - più comun. cattiva cavalcatura.

Chinévole, add. com. pieghevole.

Chino, sm. pendìo -. add. m. piegato, genuflesso.

Chintana, sf. segno ove andavano a ferire i giostratori.

Chioccia, sf. gallina che cova.

Chiocciáre, n. ass. il mandar fuori la voce che fa la chioccia - per simil. rammaricarsi per qualche fisica indisposizione

Chiocciola, sf. lumaca - nicchio marino - *Nelle viti*, la vite femmina.

Chiodagióne, sf. nome collettivo di ogni sorta di chiodi.

Chiodaiuolo, sm. facitore di chiodi

Chiodáre. V. *Inchiodare*.

Chiodería, sf. assortimento di chiodi.

Chiodo, sm. ferro acuto da una parte e col cappello dall'altra.

Chioma, sf. capigliatura del capo - fig. il raggio delle comete.

Chiomato, add. m. che ha chioma.

Chiosa (v. gr.), sf. spositione di cosa oscura, che si pone al margine o sotto al testo di un libro.

Chiosáre, att. interpretare.

Chiosatóre, sm. interprete.

Chiostra, sf. e

Chiostro, sm. luogo chiuso per abitarvi persone sacre, monastero, convento - ed altresì la loggia intorno al cortile dei conventi - fig. solitudine - grotta, spelonca - serraglio di fiere.

Chiováre (da chiovo, *chiodo*), att. pungere nel vivo il piede al cavallo nel ferrarlo.

Chiovatúra, sf. puntura con chiodo.

Chiovo. V. *Chiodo*.

Chiozzo, sm. pesciolino di fiume assai delicato.

Chirágra (v. gr.), sf. gotta delle mani.

Chirógrafo (v. gr.), sm. scrittura autentica obbligatoria.

Chiromanzìa (v. gr.), sf. preteso indovinamento dalla osservazione delle linee della mano.

Chirurgìa (v. gr.), sf. arte di operare colle mani sul corpo umano.

Chirúrgico, add. com. attenente a chirurgia

Chirúrgo, sm. (pl. ghi), chi professa la chirurgia -

Chitarra, sf. strumento musicale a corda.

Chiúdere (pass. usi, pp. uso), att. an. serrare - circondare - impedire il passo - ristringere

Chiunque, pron. indeclinabile com. ogni persona.

Chiurlo, sm. caccia notturna -

fig. balorda.

Chiusa, sf. riparo, ... fine de'sonetti, epigrammi e simili componimenti.

Chiuso, sm. luogo serrato.

Chiusura, sf. luogo chiuso - parlandosi di conventi di monache, clausura.

Ci. V. Ce,

Ciabatta, sf. scarpa vecchia.

Ciabatteria, sf. roba di poco conto.

Ciabattino, sm. racconciatore di scarpe rotte (detto anche d'ogni cattivo artefice)

Cialtrone, sm. uomo vile, gaglioffo

Ciambella, sf. composto circolare di fior di farina, uova, zucchero e burro.

Ciambellajo, sm. facitore e venditore di ciambelle.

Ciambellino, e

Ciamberlano (dalla o. fr. chambre, camera), gentiluomo di anticamera al servizio de'principi.

Ciampicare (pg. ampico, chi ec.), n. ass. camminare a stento.

Ciancia, sf. (pl. ce), ciarla, frascheria - (al pl. parole vane, chiacchiere.

Cianciare, n. ass. chiacchierare.

Ciangottare, n. ass. parlar male ... lingua.

..., sf. vana loquacità - ... vaga.

..., n. ass. parlare ...

Ciarlataneria, sf. atti e parole di ciarlatano - soverchia loquacità.

Ciarlatanismo, sm. professione del ciarlatano.

Ciarlatano, sm. saltimbanco - vano parlatore.

Ciarliere,

Ciarliero, e

Ciarlone, sm. soverchiamente verboso.

Ciarpa (v. fr.), sf. cintura de'militari -. drappo che portano le donne sulle spalle - arnese vile e vecchio.

Ciarpame, sm. quantità di ciarpe (robe vili)

Ciarpare, n. ass. operar presto e male.

Ciarpone, sm. imbroglione.

Ciascheduno, e meglio

Ciascuno, pron. m. qualunque uomo.

Cibare, att. dare il cibo - ap. prendere cibo.

Cibaria, sf. tutto ciò che appartiene al nutrimento, vettovaglia

Cibario, add. m. che serve di cibo, nutritivo.

Cibo, sm. qualunque cosa mangiabile, alimento.

Ciborio, sm. tabernacolo degli altari ove sta riposta la pisside, o la pisside stessa.

Cicala, sf. insetto volante che annoja col suo stridere.

Cicalamento, sm. loquacità ...

Cicalare, ... parlare troppo

e inconsideratamente - *att.* svelare i segreti altrui.

Cicalata, *sf.* cicaleccio - discorso su qualche novella sparsa - canzone burlesca.

Cicaleccio, *sm.* discorso in comune sui fatti altrui.

Cicaleria, *sf.* loquacità fretta e smoderata.

Cicalìo, *sm.* discorso vano, o confuso.

Cicalone, *sm.* chi favella troppo, chiacchierone.

Cicatrice, *sf.* segno di piaga sanata.

Cicatrizzare, *n. ass.* fare la cicatrice.

Cicatrizzazione, *sf.* saldatura di ferita.

Cicerone, *sm.* nome proprio del celebre oratore romano, *per sim.* detto di persona eloquente - nell'uso, chi guida i forestieri a veder le cose rare della città.

Ciceroniano, *add. m.* di Cicerone - seguace di Cicerone.

Cicisbeare, *n. ass.* vagheggiar donne, fare il galante.

Cicisbeatura, *sf.* amoreggiamento lezioso ed affettato.

Cicisbeo, *sm.* damorito.

Ciclico (*v. gr.*), *add. m.* circolare.

Ciclo (*v. gr.*), *sm.* figura perfettamente rotonda, circolo - un certo periodo di anni progressivo che, terminato, ricomincia da capo.

Ciclopi, *sm. pl.* nome de' giganti con un solo occhio in fronte, i quali nella favola erano i ministri di Vulcano.

Cicogna, *sf.* sorta di uccello grosso.

Cicoria, *sf.* erba amara che si mangia in insalata, *altr.* radicchio.

Cicuta, *sf.* erba velenosa.

Ciecamente, *avv.* senza vedere - *fig.* inavvedutamente.

Cieco, *sm.* (*pl.* chi), chi è privo del vedere - *add. m.* acciecato - *fig.* occulto - che non conosce ragione - bujo, oscuro.

Cielo, *sm.* lo spazio in cui muovonsi gli astri - clima - soffitto di una stanza - coperto di una carrozza - *fig.* providenza divina - paradiso.

Ciera. V. Cera (aria di volto)

Cifera. V. Cifra.

Cifrista, *sm.* (*pl.* sti), scrittore di cifre.

Cifra, *sf.* scrittura di convenzione, non intesa da chi non ne ha la chiave - abbreviatura di nome.

Cifrare, *att.* porre la cifra del proprio nome ad un lavoro - *n. ass.* scrivere in cifra.

Ciglio, *sm.* (*pl.* cigli *m.*, e ciglia *f.* più *frequent. usato*), l'arco peloso sopra l'occhio e talora l'occhio stesso.

Ciglione, *sm.* terreno rilevato sostiene il campo contro le a

Cigliúto, *add. m.* che ha ciglia lunghe e folte.

Cigna, *sf.* striscia larga di cuojo.

Cignále, *sm.* porco salvatico.

Cignáre, *att.* legare con cigna.

Cignatúra, *sf.* ciò che fascia un edifizio e ne collega le parti.

Cignere (*pass.* cinsi, *pp.* cinto), *att. an.* legare le vesti intorno alla persona – attorniare – *np.* fasciarsi con benda, nastro e simili.

Cigno, *sm.* uccello acquatico bianchissimo e di soavissimo canto (*simbolo perciò del canto poetico*)

Cigolamento, *sm.* stridore di ciò che cigola.

Cigoláre (*pr.* cigolo ec.), *n. ass.* lo stridere di ferri o di legni o di corde che si freghino insieme – fischiare.

Cigolío, *sm.* stridore per confricazione.

Cilecca, *sf.* (*pl.* cche), allettamento per burlare.

Cilestro, *add. m.* agg. di *colore*, ceruleo, azzurro.

Cilíccio, e

Cilício, *sm.* camiciuola di setole di cavallo, o di peli irsuti di caprone, usata specialmente dagli antichi penitenti.

ilindrico, *add. m.* che ha la figura di cilindro.

...ndro (*o. gr.*), *sm.* corpo lun... e rotondo.

Cilízio, V. *Cilicio*.

Cima, *sf.* sommità, vetta.

Cimáre, *att.* radere il pelo al panno lano. – *per simil.* recidere la sommità di checchessia.

Cimáta, *sf.* l'operazione di cimare i panni lani.

Cimatúra, *sf.* il peluzzo cimato dal panno.

Cimbalo, V. *Cembalo*.

Cimentáre, *att.* porre a cimento – avventurare – *n. pass.* porsi a pericolo, arrischiarsi.

Cimento, *sm.* sperimento – rischio, pericolo.

Cimentóso, *add. m.* pericoloso.

Cimetta, *sf.* ramuscello di pianta.

Címice, *sm.* insetto di pessimo odore.

Cimiére, e

Cimiéro, *sm.* l'impresa che portasi da' cavalieri in cima all'elmo – *fig.* le corna.

Cimitério, e

Cimitéro (*v. gr.*), *sm.* luogo sacrato ove si seppelliscono i morti.

Cimossa, *sf.* l'estremità de' lati del panno.

Cina. V. *China*.

Cinábro, *sm.* colore rosso vivissimo – *poetic.* il vermiglio delle labbra.

Cinciglio, *sm.* pendone delle vesti militari anche dalla cintura in giù.

Cincinno, *sm.* ricciolino di capelli

Cinerário, *add. m.* agg. di quelle urne ove chiudevansi le ceneri de'morti abbruciati.

Cinerizio, *add. m.* del color della cenere.

Cingere. V. *Cignere.*

Cinghia. V. *Cigna.*

Cinghiale. V. *Cignale.*

Cinghiare. V. *Cignare.*

Cinghiata, *sf.* colpo dato con cinghia - *fig.* motteggio.

Cinghiatura, *sf.* parte del corpo del cavallo dove si cinghia.

Cingolo, *sm.* cintura.

Cinguettamento, *sm.* cicalando.

Cinguettare, *n. ass.* balbettare - ciarlare a lungo annojando.

Cinguetteria. V. *Cinguettamento.*

Cinico (*v. gr.*), *add. m.* agg. di una setta di antichi filosofi severi ed importuni - *per simil.* mordente - trascurato.

Cinigia, *sf.* cenere calda con brage di fuoco.

Cinismo, *sm.* setta de' cinici.

Cinnamomo, *sm.* specie di aromato degli antichi (*forse la nostra* cannella)

Cinocefalo (*v. gr.*), *sm.* sorta di scimia che ha il muso molto simile a quello del cane.

Cinoglossa (*v. gr.*), *sf.* erba detta *volg. lingua di cane.*

Cinosura (*v. gr.*), *sf.* costellazione detta anche *orsa minore,* e la sua stella luminosa, che chiamasi *stella polare* -

per *trasl. poetic.* guida, scorta.

Cinquantina, *sf.* la somma di cinquanta.

Cinquantino, *sm.* specie di formentone che in cinquanta giorni si semina e si raccoglie.

Cinquecentista, *sm.* (*pl. sti*), autore del mille cinquecento, o imitatore degli scrittori di quell'epoca.

Cinquesimo. V. *Quinquennio.*

Cinquina, *sf.* quantità di cinque numeri - *nel giuoco del lotto,* la combinazione di cinque numeri che riescono.

Cinta, *sf.* cingolo - cerchio.

Cialo, *sm.* cintura - fianco.

Cintola. V. *Cintura.*

Cintolo, *sm.* fascia che stringe.

Cintura, *sf.* fascia al mezzo della persona - fianco - la fascia che sostiene la spada.

Cinturino, *sm.* quella parte dei calzoni che si affibbia sotto al ginocchio.

Ciò, *pron. com.* quello, questo, o codesto.

Cioca, *sf.* (*pl. oche*), gruppo di frutta o di fiori uniti insieme - quantità di capelli che hanno la stessa piega.

Ciocché, *pron. com.* quello che.

Cioccoleita, *sf.* e

Cioccolatte, *sm.* composto di vi ingredienti, il principale quali è la mandorla del caca

Cioccolattiera, *sf.* vaso ove

. bolle la cioccolata.

Cioccolattiere, sm. fabbricatore di cioccolata.

Cioè, avv. ch'è quanto dire.

Cioncare, n. ass. bere smoderatamente, tracannare.

Cionco, add. m. (pl. chi), scemo, monco.

Ciondolamento, sm. l'atto del ciondolare, e la cosa che ciondola.

Ciondolare (pr. ondolo ec.), n. ass. star pendoloni.

Ciondolo, sm. cosa ch'è pendula - In pl. orecchini.

Ciondolone, sm. chi non riesce a far nulla.

Ciotola, sf. vaso da bere senza piede - scodella.

Ciotto, sm. V. Ciottolo - add. m. scemo, manco.

Ciottolare. V. Acciottolare.

Ciottolo, sm. sasso bistucco e liscio.

Cipiglio, sm. corrugamento della fronte per isdegno.

Cipiglioso, add. m. torvo, bieco.

Cipolla, sf. radice bulbosa, agrissima - Il bulbo di ogni erba che si assomigli alla cipolla.

Cipollata, sf. vivanda di cipolle.

Cippo, sm. tronco di colonna con iscrizione per denotar confine.

Cipresso, sm. albero maestoso piramidale, sempre verde (simbolo di morte)

Ciprigna, sf. soprannome di Ve-

nere, dal tempio che avea in Cipro.

Ciprigno, add. m. di Venere.

Ciragra. V. Chiragra.

Circa, prop. presso a poco.

Circense (v. lat.), add. com. nome generico di tutte le sorte di giuochi o combattimenti che facevansi nel circo romano.

Circo, sm. grande anfiteatro pei giuochi pubblici nell'antica Roma.

Circolare (pr. circolo ec.), n. ass. volgersi intorno - più comun. dicesi del sangue, delle voci vaghe, della moneta - disputare in pubblico.

Circolare, add. com. ch'è a foggia di cerchio - agg. di lettera, quella che in più copie conformi si dirama a diverse persone.

Circolarmente, avv. in giro.

Circolazione, sf. rigiramento in circolo (e dicesi per lo più de'fluidi ne'corpi) - In mus. modulazione per tutti i tuoni.

Circolo, sm. cerchio - adunanza di persone, crocchio - In geogr. provincia - riziboo, il far servire una seconda proposizione in prova della prima, e questa in prova della seconda

Circoncidere (pass. isi, pp. iso) att. an. tagliare intorno.

Circoncisione, sf. taglio del prepunzio, praticato dagli ebrei dai musulmani.

Circondamento, sm. accerchiamento.

Circondáre, att. accerchiare, attorniare.

Circondário, sm. territorio interno ad una città.

Circonferenza, sf. linea che chiude la figura circolare — per simil. cincuita, giro (detto anche di cose che non sono affatto circolari)

Circonflessióne, sf. piegatura in cerchio.

Circonflesso, add. m. agg. di accento, cioè misto di grave e di acuto.

Circonflettere (pp. esso), att. an. piegare attorno — np. ripiegarsi.

Circonfluenza, sf. concorrenza dalle parti che sono d'intorno.

Circonlocuzióne, sf. giro di parole, altr. con v. gr. perifrasi.

Circonscrivere. V. Circoscrivere.

Circospetto. V. Circospetto.

Circonspezióne. V. Circospezióne.

Circonvallàre, att. cingere, munire all'interno.

Circonvallazióne, sf. fosso con parapetto fortificato, ... che si pratica negli assedj delle piazze per difesa degli assedianti, e perché non entrino in quelle soccorsi.

Circonvenire (pr. engo, ieni ec., pass. enni, pp. enuto), att. an.

insidiare, sorprendere.

Circonvenzióne, sf. insidia.

Circonvicino, add. m. confinante.

Circonvoluzióne, sf. avvolgimento intorno ad un centro comune.

Circoscrivere (pass. issi, pp. itto) att. an. assegnare termini o confini, ristringere.

Circospetto, add. m. guardingo, cauto, prudente.

Circospezióne, sf. prudenza, cautela

Circostante, add. com. che sta intorno, circonvicino.

Circostanza, sf. qualità che accompagna un fatto e lo fa migliore o peggiore

Circostanziáre, att. specificare ogni circostanza.

Circuimento, sm. l'atto di circuire

Circuíre (pr. sco ec.), att. attorniare.

Circuito, sm. spazio determinato, recinto — cerchio.

Cinquiscidio, sf. aggiramento.

Ciriègia, sf. frutto del ciriegio.

Ciriègio, sm. albero che produce le ciriege.

Cisalpino, add. m. ch'è di qua dalle Alpi.

Cispa, sf. umore che si addensa intorno alle palpebre degli occhi.

Cisposo, add. m. che ha cispa.

Cisterna, sf. pozzo per conservare l'acqua piovana.

Citáre, att. chiamare in giudizio a un tempo determinato — produrre testimonianze o decamenti.

Citarista. V. Cetarista.

Citareggiare. V. Cetareggiare.

Citatoria, sf. lettera con cui si cita.

Citazione, sf. l'atto di chiamare in giudizio.

Citeriore, add. com. ch'è di qua.

Citerista. V. Cetarista.

Citrato (v. lat.), add. m. di cedro.

Città, sf. grande aggregato di case, palazzi e pubblici edificj, per lo più cinto di mura.

Cittadella, sf. fortezza a difesa della città.

Cittadinanza, sf. adunanza di cittadini - privilegio di cittadino.

Cittadinesco, add. m. (pl. chi), all'uso di città - civile.

Cittadino, sm. abitatore di città - ammesso agli onori e privilegj di città - add. m. di città.

Citaco, sm. (pl. chi), asino giovane.

Ciuffare. V. Acciuffare.

Ciuffo, sm. riccio natusale o posticcio di capelli.

Ciurma, sf. schiavi di galera - moltitudine di gentaglia.

Ciurmadore, sm. saltambanco, cerretano.

Ciurmaglia, sf. plebaglia.

Ciurmatore. V. Ciurmadore.

Ciurmeria, sf. quegli urli o schiamenti che fanno i ciurmatori.

Civaja, sf. nome generico di ogni legume.

Civanzare, att. provvedere - np. approfittarsi.

Civanzo, sm. profitto, guadagno.

Civetta, sf. uccello notturno.

Civettare, n. ass. uccellare colla civetta - fig. amoreggiare.

Civetteria, sf. e

Civettismo, sm. i lezj delle donne.

Civico (v. lat.), add. m. di città, cittadinesco.

Civile, add. com. cittadinesco - dotato di civiltà, urbano - di condizione media tra il nobile ed il plebeo - Nel foro, agg. di controversie ove non abbia luogo delitto (che allora dicessi criminale)

Civilizzare, att. torre dallo stato di barbarie, altr. incivilire.

Civilmente, avv. con civiltà.

Civiltà, sf. costume de' vivere civile, urbanità, creanza.

Clamide (v. gr.), sf. sopravveste militare - manto reale.

Clamore, sm. rumore di voci confuse.

Clamoroso, add. m. che si fa con grande strepito.

Clandestinamente, avv. in modo clandestino.

Clandestino (v. lat.), add. m. occulto, segreto (agg. per lo più di matrimonio)

Clangore (v. lat.), sm. fragore di tromba.

Clarificare. V. Chiarificare.

Classare. V. Classificare.

Classificazione, sm. ordinamento in classi.

Clase, *sf.* ordine - grado - abdizione.

Clássico, *add. m.* di prima classe, eccellente - agg. di *autore*, che fa autorità.

Classificáre (*pr.* ifico, chi ec.), *att.* disporre in classi o serie.

Cláusola, *sf.* particella di discorso che racchiude senso perfetto - articolo particolare in un contratto o in un testamento.

Claustrále, *add. com.* monastico.

Cláustro (*v. lat.*), *sm.* chiostro.

Cláusula. V. *Clausola*.

Clausúra, *sf.* obbligo di alcuni ordini religiosi di non uscire dal convento, e di non ammettervi alcuno.

Clava (*v. lat.*), *sf.* mazza pesante e nodorosa.

Clavicola, *sf.* osso dello stomaco

Clavigero, *add. m.* che tiene le chiavi.

Clemente, *add. com.* che ha clemenza, benigno.

Clementemente, *avv.* con clemenza

Clemenza, *sf.* virtù che muove a perdonare le offese, e ad alleggerire la pena.

Clericále. V. *Cherícale*.

Clericáto. V. *Cherícato*.

Clero (*v. gr.*), *sm.* il corpo dei chierici o sacerdoti in generale.

Clessidra, (*v. gr.*), *sf.* orinolo a acqua.

Cliente, *add. com.* la persona per cui l'avvocato agita la causa - aderente - partigiano.

Clientéla, *sf.* protezione - tutti i clienti di un avvocato.

Clima (*v. gr.*), *sm.* (pl. mi), lo spazio di superficie terrestre, compreso tra due paralleli di latitudine, nella moderna geografia corrispondente ciascuno a un grado del meridiano - temperatura d'aria - paese.

Climatérico (*v. gr.*), *add. m.* agg. di ogni settimo o nono anno della vita umana - *fig.* pericoloso.

Clinica (*v. gr.*), *sf.* metodo di trattar gli ammalati.

Clinico, *att. m.* pratico (agg. di medico e di medicina)

Clistére, e

Clistéro (*v. gr.*), *sm.* lavativo.

Clivo, *add. m.* posto a pendio.

Cloaca (*v. gr.*), *sf.* (pl. che), scolo sotterraneo delle acque, oggidì fogna privata, latrina.

Coabitáre (*pr.* àbito ec.), *n.* abitare insieme.

Coabitazióne, *sf.* lo stare insieme dei conjugati.

Coacerváre, *att.* raccorre insieme.

Coadjutóre, *sm.* aggiunto alle funzioni di un altro per ajutarlo.

Coadjuváre, *att.* ajutare.

Coadunáre, *att.* raccorre insieme

Coagoláre. V. *Congelare*.

Coágolo. V. *Coaguto*.

Coaguláre (*pr.* àgolo ec.) e

addensarsi, come liquida (o dicesi del latte). — np. rappigliarsi.

Coágulo, sm. materia acida colla quale si rappiglia il latte.

Coartáre (v. lat.), att. ristrignere, limitare, e ridurre alle strette.

Coartazióne, sf. ristrignimento, restrizione.

Coattivo (v. lat.), add. m. che ha forza di costringere.

Coazióne (v. lat.), sm. costrignimento, sforzamento.

Cobalto, sm. semimetallo non malleabile.

Cocca, sf. (pl. cche), punta di ago o di freccia.

Coccáre, V. Accoccare.

Cocchiére, sm. guidatore di cocchio, e carrozza.

Cócchio, sm. carro a due ruote degli antichi — oggidì ogni sorta di carrozza elegante.

Cocchiume, sm. turacciolo della botte.

Cocciniglia, sf. insetto americano che, seccato, serve a tingere in rosso chermisì.

Cocco, sm. (pl. cchi), bacca di un frutice per tingere in rosso — albero indiano.

Coccodrillo, sm. grosso anfibio dalla figura della lucertola, che abita nei fiumi della zona torrida.

Cóccola, sf. nome generico delle

lacchè di alcuni alberi.

Cocente, add. com. ardente.

Cocito, sm. fiume favoloso dell' inferno.

Cocitúra, sf. decotto — scottatura — il tempo necessario a cuocere checchessia.

Cocolla, sf. veste con cappuccio dei frati.

Cocomerajo, sm. campo seminato a cocomeri.

Cocómere, sm. grosso mellone, detto anche anguria.

Cocuzza, e

Cocúzzolo, sm. il mezzo dell' occipite — per simil. sommità acuta.

Coda, sf. la parte finale della spina dorsale ne' bruti — capelli lunghi legati insieme — strascico del manto dei prelati — ultima parte di un esercito.

Codardamente, avv. vilmente.

Codardia, sf. viltà d' animo — poltroneria.

Codardo, add. m. vigliacco.

Codanna, sf. l' ultima parte di checchessia.

Codazzo, sm. seguito di gente che corteggia.

Codesto. V. Cotesto.

Codetta, sf. la farina inferiore del frullone.

Codiare, att. seguitare uno senza farsi vedere, per ispiare i fatti suoi.

Codice, sm. raccolta di leggi —

libro antico manoscritto.

Codicillo, *sm.* aggiunta, o mutazione nel testamento.

Codognata, *sf.* conserva di cotogno.

Coeguale, *add. com.* insieme eguale

Coercitivo, *add. m.* che ha forza
di costringere.

Coerede, *s. com.* compagno nel-
l'eredità.

Coerente, *add. com.* che ha connessione.

Coerentemente, *avv.* in coerenza.

Coerenza, *sf.* congiungimento -
per trasl. connessione fra diverse parti di un tutto.

Coesione, *sf.* unione di parti
stretta tra loro da una forza.

Coesistenza, *sf.* esistenza di più
cose insieme nello stesso tempo.

Coetaneo, *add. m.* della stessa età.

Coeterno, *add. m.* che esiste con
altri da tutta l'eternità.

Coero (v. lat.), *add. com.* della
stessa età.

Cofano, *sm.* corbello, canestro.

Coffa, *sf.* paniera di vinchi fatto
a campana - piano di tavole
sugli alberi delle navi.

Coglia, *sf.* borsa de' testicoli,
altr. scroto.

Cogliere (pr. colgo, pass. colsi,
pp. colto), *att. an.* spiccare
erbe, fiori o frutta delle loro
piante - prendere - raccogliere - trovare - incontrare.

Coglione, *sm.* testicolo - fig. in

modo basso, uomo gaglioffo e
balordo.

Coglioneria (v. bassa), *sf.* balordaggine - cosa da niente.

Cognatizio, *add. m.* appartenente
a cognazione.

Cognato, *sm.* marito della sorella
- *add. m.* congiunto di cognazione.

Cognazione, *sf.* parentela fra tutti
i discendenti dello stesso ceppo.

Cognito, *add. m.* conosciuto.

Cognizione, *sf.* facoltà dell'intelletto di apprendere la verità, opposto d'ignoranza -
idea, notizia - In legge, facoltà di giudicare.

Cognome, *sm.* nome di famiglia.

Cognominare (pr. omino ec.), *att.*
porre il cognome - np. aver
cognome.

Cogolo, *sm.* pietra tondeggian-
te, viva e bianca di torrente.

Cogoma *sf.* sorta de' vaso da scaldare bevande.

Coincidenza, *sf.* stato di due cose che coincidono.

Coincidere (pass. isi, pp. iso),
n. ass. concorrere nello stesso
punto.

Coità, *sm.* atto venereo.

Cojame, *sm.* cuojo grosso.

Col, *prep. artic. comp.* di con e lo.

Colà, *avv.* in quel luogo.

Cola (coll' o stretto), *sf.* strumento da colare il vino.

Colaggiù, *avv.* in quel basso luogo.

Colamento, sm. l'azione del colare.

Colàre, att. far passare cosa liquida per feltro, onde purificarla – liquefare i metalli – fig. dissipare – n. ass. gocciolare – a fondo, sommergere.

Colascione, sm. strumento musicale a due corde.

Colassú, avv. in quel luogo alto.

Colatojo, sm. strumento da colare.

Colatúra, sf. feccia di cosa liquida colata – ciò distrutta – avanzo di candele.

Colei, pron. fem. di colui.

Colendissimo, add. m. rispettabilissimo (titolo di rispetto che si usava nelle lettere)

Colère (v. lat. e poet.), difett. venerare.

Colezione, sf. refezione fuori del pranzo e della cena.

Colica (v. gr.), sf. (pl. che), dolori violenti nel basso ventre.

Colla, sf. composto tenace per attaccare insieme i legnami.

Collacrimàre (pr. ácrimo ec.), att. compiangere.

Collana, sf. catena d'oro o di gioje che si porta pendente o intorno al collo.

Collàre, sm. striscia di cuojo legata al collo per lo più dei cani – e quella striscia bianca e cerulea che portano al collo i sacerdoti.

Collaterale, add. m. consanguineo in linea trasversale.

Collatòre, sm. quegli che conferisce o ha facoltà di conferire un beneficio.

Collazionàre, att. riscontrare le copie di scritture cogli originali

Collazione, sf. ragionamento insieme – comparazione – riscontro – concessione di benefici ecclesiastici.

Colle, sm. monticello.

Collèga, sm. (pl. ghi), compagno nell'ufficio.

Collegamento, sm. e

Colleganza, sf. unione.

Collegàre (pr. égo, ghi ec.), att. congiugnere insieme – np. unirsi in lega.

Collegato, sm. confederato.

Collegiale, sm. allievo di collegio.

Collegialmente, avv. unitamente – ed anche col consenso di tutto il collegio.

Collegiàre, n. ass. consultare – conchiudere di concerto.

Collegiàta, sf. chiesa con collegio o capitolo di canonici

Collègio, sm. adunanza di uomini autorevoli – luogo di educazione.

Collèra, sf. ira, stizza.

Collericamente, avv. con collera

Collèrico, add. m. facile all'ira, iracondo.

Colletta, sf. raccolta (per lo più di limosine) – orazione per qualche bisogno che si aggiugne nella messa.

Collettivamente, *avv.* tutti, o tutto insieme.

Collettivo, *add. m.* che comprende tutto un genere.

Collettizio, *add. m.* raccolto in fretta.

Collettore, *sm.* colui che raccoglie.

Collezione, *sf.* raccolta.

Collidere (*pass.* isi , *pp.* iso), *n. ass. an.* il battersi di due corpi fra loro.

Collimare (*pr.* mo ec.), *n. ass.* mirare ad un medesimo fine.

Collina, *sf.* sommità del colle – In *pl.* più colli continuati.

Colliquare, *att.* liquefare – *np.* sciogliersi.

Colliquativo, *add. m.* atto a liquefare – agg. di *sudore*, *diarrea* ec., proveniente da consunzione.

Colliquazione, *sf.* liquefazione, scioglimento – consunzione.

Collirio, *sm.* medicamento pegli occhi.

Collisione, *sf.* battimento di due corpi a contatto – concorso di parole.

Collo, *sm.* la parte che unisce il capo al busto – *per simil.* la parte più sottile delle bottiglie, fiaschi o simili – carico o fardello di mercanzia – e quella parte altresì della camicia che cuopre il collo.

Collocamento, *sm.* assettamento.

Collocare (*pr.* colloco, chi cò.),

att. porre al suo luogo – *np.* accomodarsi.

Collocazione, *sf.* ragionamento fra più persone.

Colloquio, *sm.* parlamento insieme

Collottola, *sf.* la parte dereta tra il collo e l'occipite.

Collusione, *sf.* inganno tra più litiganti che se la intendono insieme – intelligenza segreta per ingannare.

Colmare, *att.* empiere a trabocco – *np.* riempirsi.

Colmata, *sf.* rialzamento di terreno portato dalle alluvioni.

Colmatura, *sf.* ciò che sopravanza dopo empiuto il vaso.

Colmo, *sm.* cima, sommità – *fig.* grandezza di stato – grado massimo di checchessia – *add. m.* traboccante – *per simil.* rilevato

Colombaja, e

Colombara, *sf.* torretta per ritiro dei colombi.

Colombina, *sf.* sterco di colombo.

Colombo, *sm.* uccello domestico, *altr.* piccione.

Colonia, *sf.* popolo che va ad abitare un nuovo paese colle stesse leggi del natio.

Colonna, *sf.* grosso pilastro cilindrico, destinato a reggere edifizj – *fig.* appoggio, ajuto – una certa quantità di soldati.

Colonnata, *sf.* e

Colonnato, *sm.* quantità e ordine di colonne – porticato – *add. m.*

ornato di colonne.

Colonnello, *sm.* capo di reggimento (*grado militare*)

Colòno, *sm.* abitatore di una colonia – *più comun.* conduttor di podere rustico, agricoltore.

Coloramento, *sm.* tintura di colore.

Coloráre, *att.* tingere con colore – *fig.* simulare – *np.* imbellattarsi il viso.

Coloratamente, *avv.* simulatamente

Colóre, *sm.* ciò che rende visibile la superficie de' corpi – la tinta che si stempra per tingere o dipingere – *fig.* apparenza, finzione.

Colorire. V. *Colorare.*

Colorista, *sm.* (*pl.* sti), intendente dell'arte del colorito.

Colorito, *sm.* modo di colorire.

Colossále, *add. com.* simile a colosso, grande oltre il naturale.

Colosséo, *sm.* l'anfiteatro di Roma, ornato di statue colossali.

Colosso, *sm.* statua di figura gigantesca – *per simil.* uomo straordinariamente grande.

Colpa, *sf.* mancamento contro le leggi o il costume, reità, errore – cagione.

Colpévole, *add. e s. com,* delinquente, reo.

Colpevolmente, *avv.* con colpa.

Colpire (*pr.* sco ec.), *att.* dar colpi – cogliere percotendo – dare nel segno – *n. pass.* battersi, ferirsi.

Colpo, *sm.* percóssa, botta – cidente impensato – detto gnto, motto – *In pitt.* penn lata – *colpo d' occhio*, ved delziosa estesissima.

Coltellájo, e

Coltelláro, *sm.* fabbricatore coltelli.

Coltellata, *sf.* ferita con colte – *fig.* dolore per trista nu va o per ingiuria.

Coltelliéra, *sf.* custodia dove ripongono più coltelli.

Coltellinajo. V. *Coltellajo.*

Coltello, *sm.* strumento da tag di più forme – *fig.* pensie affannoso.

Coltivábile, *add. com.* che p essere ridotto a coltura (*ag per lo più di terreno*)

Coltivamento. V. *Coltivazione*

Coltiváre, *att.* esercitare l'agr coltura – *fig.* ammaestrare aver cura – venerare.

Coltivazione, *sf.* il coltivare terra – e l'arte di coltivarl

Colto, *add. m.* coltivato – *f* ammaestrato, incivilito – *p* di cogliere, raccolto – sorpre all'impensata.

Coltra. V. *Coltre.*

Coltráre, *att.* arare col coltro.

Coltre, *sf.* coperta da letto – dra po nero da coprire catafalchi

Coltrice, *sf.* cuscino di pium

Coltro, *sm.* vomero tagliente un solo lato.

Coltrice , *sm.* coperta da letto piena di bambagia.

Coltura, *sf.* coltivamento , e il luogo coltivato – allevamento dello spirito negli studj – civiltà.

Colubrina, *sf.* cannoncello lungo e sottile.

Colubro (*v. lat. e poet.*), *sm.* serpe

Colui, *prom. m.* quegli (*sf.* colei, *pl. com.* coloro)

Coluro (*v. gr.*), *sm.* uno de'due cerchi massimi della sfera, che tagliano l'equatore ne' quattro punti corrispondenti alle quattro stagioni.

Coma (*v. lat. e poet.*), *sf.* chioma – virgola, *altr.* comma.

Comadre. V. *Comare.*

Comandamento. V. *Comando.*

Comandante, *sm.* grado militare sia terrestre che marittimo.

Comandare, *att.* commettere che si faccia alcuna cosa – *n. ass.* signoreggiare.

Comando, *sm.* facoltà di comandare – precetto – ordine di fare alcuna cosa – e la cosa stessa comandata

Comare, *sf.* donna che tiene a battesimo o a cresima – *nell'uso volg.* levatrice.

Combaciamento, *sm.* contatto.

Combaciare, arsi, *n. ass. e np.* l'unirsi bene insieme di due corpi, come legno con legno, pietra con pietra e simili –

(*da bacio*), baciarsi insieme.

Combattenti , *sm. pl.* soldati in battaglia.

Combattere, *n. ass.* battersi insieme guerreggiando – contrastare – *att.* agitare, angustiare – importunare.

Combattimento, *sm.* mischia parziale – *fig.* agitazione d'animo.

Combinare, *att.* mettere a due a due, accoppiare – e per estens. mettere più cose insieme.

Combinazione , *sf.* accozzamento di più cose insieme.

Combriccola, *sf.* adunanza d' uomini per consultare tra loro alcuna mala azione.

Combustibile, *add. com.* atto ad ardere – *sm.* tutti gli oggetti che servono ad ardere.

Combustibilità , *sf.* proprietà di poter essere acceso e consumato dal fuoco.

Combustione (*v. lat.*), *sf.* abbruciamento di materia combustibile – *fig.* affanno – confusione.

Come, *avv. comp.* a guisa – in qual modo – quanto – poichè – benchè – mentre – comunque ec.

Comedia. V. *Commedia.*

Comentare. V. *Commentare.*

Comentario. V. *Commentario.*

Comento. V. *Commento.*

Cometa (*v. gr.*), *sf.* corpo luminoso che apparisce straordinariamente in cielo, circondato per lo più da una fulgida chioma.

Comicamente, *avv.* in maniera comica.

Cómico, *sm.* attore di teatro — autore di commedie — *add. m.* appartenente a commedia.

Comignolo, *sm.* la parte più alta del tetto — e *per simil.* di checchessia.

Cominciamento, *sm.* principio.

Cominciáre, *att.* principiare — *n. ass.* aver principio.

Comino, *sm.* pianta erbacea, ed il seme odoroso della medesima.

Comitíva, *sf.* compagnia, e *propr.* corteggio.

Cómito, *sm.* capo de' marinaj.

Comiziále, *add. com.* appartenente a comizio — *agg.* di *morbo*, comun. detto *mal caduco.*

Comízio (*v. lat.*), *sm. propr.* adunanza del popolo romano per eleggere i magistrati — *oggidì* ogni adunanza dove per via di voti si fanno elezioni o si trattano gravi affari di stato, *altr.* dieta, congresso.

Comma (*v. gr.*), *sf.* in *gramm.* virgola — nella *mus.* il più piccolo di tutti gl'intervalli sensibili del tuono.

Commándita. V. *Accomandita.*

Commédia (*v. gr.*), *sf.* poema in più atti, da rappresentarsi sul teatro per istruire e dilettare.

Commediante, *sm.* attore di commedie.

Commediógrafo (*v. gr.*), *sm.* scrittore di commedie.

Commediola, *sf.* piccola commedia.

Commemorábile, *add. com.* degno di memoria.

Commemoráre (*pr. émoro ec.*), *at.* richiamare a memoria.

Commemorazióne, *sf.* ricordanza.

Commenda, *sf.* beneficio ecclesiastico dato a prete o a cavaliere.

Commendábile, *add. com.* lodevole.

Commendáre, *att.* lodare — approvare.

Commendatário, *sm.* chi fonda e possiede commenda.

Commendatízia, *sf.* lettera di raccomandazione.

Commendatóre, *sm.* lodatore — chi è investito di commenda.

Commendazióne, *sf.* encomio, lode.

Commendévole. V. *Commendabile.*

Commensále, *add. e s. com.* chi sta alla medesima mensa.

Commensurábile, *add. com.* chi ha una misura comune.

Commensurabilità, *sf.* proporzione di misura comune fra due numeri o grandezze.

Commensuráre, *att.* misurare insieme una cosa con un'altra.

Commentáre, *att.* interpretare.

Commentário, *sm.* libro di memorie.

Commento, *sm.* interpretazione, dichiarazione di parole, o sentenze.

Commerciante, *sm.* mercatante.

Commerciáre, *n.* far commercio.

trafficare, mercanteggiare.

Commércio, *sm.* facoltà di trafficare e di trattare insieme nella società – traffico – cambio
di merci o derrate.

Commesso, *sm.* persona mandata
in cambio di sè – *Nelle arti,*
commettitura di legni, pietre
dure e simili – *add. m.* unite
insieme, combaciato – fitto.

Commessúra, *sf.* il vano ove si
incontra un legno.

Commestíbile, *sm.* cibo – *add. m.*
mangiabile.

Commestione. V. *Commistione.*

Comméttere (*pass.* isi, *pp.* esso),
att. an. comandare, ordinare
– affidare, rimettere in altrui
– *Nelle arti* unire bene, innestare, incastrare – *np.* rimettersi in altrui.

Commettitúra, *sf.* l'arte di unire
più cose insieme – e il luogo
ove si unirono.

Commiáto, *sm.* licenza di partire.

Commilitóne, *sm.* compagno di
milizia – e *fig.* di sventure.

Comminàre (*v. lat.*), *att.* minacciare la pena ai trasgressori di
una legge che si bandisce.

Comminatória, *sf.* intimazione del
giudice con minaccia di pena.

Comminazióne, *sf.* minaccia giudiziale – e minaccia *assolut.*

Commiseramento. V. *Commisera-
zione.*

Commiseráre (*pr.* isero ec.), *att.*

compassionare.

Commiserativo, *add. m.* atto a
destare compassione.

Commiserazióne, *sf.* sentimento di
pietà e compassione per le
sciagure altrui.

Commissaría, *sf.* e

Commissariáto, *sm.* uffizio del
Commissario.

Commissário, *sm.* quegli a cui è
raccomandato qualche pubblico incarico, ed anche alcuna
particolare incombenza – ese-
cutore testamentario.

Commissionário, *sm.* che fa le
commissioni per un altro.

Commissióne, *sf.* incombenza.

Commistióne, *sf.* mescolanza.

Commisto, *add. m.* mescolato.

Commisuráre. V. *Commensurare.*

Commorante, *add. com.* che ha
stanza fissa.

Commovimento, *sm.* e

Commozióne, *sf.* concitamento –
– perturbazione.

Commuòvere (*pass.* ossi, *pp.* osso), *att. an.* muovere gli affetti altrui – *np.* sentirsi mosso da qualche affetto.

Commutábile, *add. com.* che può
mutarsi e scambiarsi.

Commutáre, *att.* cambiare.

Commutazióne, *sf.* scambiamento
– commovimento, perturbazione.

Comodaménte, *avv.* con comodità – agevolmente.

Comodante, *sm.* che comoda (dà

in prestito)

Comodáre (*pr.* ómodo ec.), *att.* dare in imprestito.

Comodatário, *m.* quegli che riceve ad imprestito.

Comodáto (*v. lat.*), *sm.* prestazione gratuita di cosa da restituirsi a un dato tempo.

Comodità, *sf.* ciò che dà agio di fare in tempo e agevolmente checchessia – opportunità.

Comodo, *sm.* tutto ciò che produce quiete – agio – opportunità – imprestito – cameretta per isgravare il ventre – *add. m.* acconcio, opportuno, agiato.

Compadre. V. *Compare.*

Compadróne, *sm.* ugualmente padrone.

Compagináre (*pr.* ágino ec.), *att.* concatenare – *nelle stamp.*, ridurre la composizione a pagine regolari.

Compaginatúra, *sf.* concatenamento – riducimento a pagine.

Compagnia, *sf.* più persone unite insieme per conversare – per opere spirituali – per commercio – per un'impresa qualunque – brigata di soldati sotto un capitano.

Compagno, *sm.* chi fa compagnia – socio – e *fig.* seguace – *add. m.* simile, uguale.

Compagnóne (*v. fr.*), *sm.* collega, camerata – persona gioviale.

Companático, *sm.* tutto ciò che si mangia col pane.

Comparábile, *add. com.* che può essere paragonato.

Comparáre, *att.* confrontare, paragonare – *np.* mettersi a paragone.

Comparativamente, *avv.* rispettivamente.

Comparativo, *add. m.* agg. di nome, che indica alcun eccesso di diminuzione o di accrescimento col positivo.

Comparazióne, *sf.* paragone, confronto.

Compáre, *sm.* chi tiene a battesimo o a cresima.

Comparíre (*pr.* arisco, o aisce o áre; *pass.* arvi, arsi, arii, arve, arse, ari; *pp.* arso), *n. ass.* gn. farsi vedere, mostrarsi – presentarsi in giudizio.

Compariscente, *add. com.* che fa bella mostra.

Compariscenza, *sf.* mostra di sé in pubblico.

Comparizióne, *sf.* il comparire in giudizio.

Comparsa, *sf.* il comparire – arrivo inaspettato – *Nel fo*cilazione a comparire in giudizio – *In teatro*, persone che hanno parte sulla scena.

Compartecipáre (*pr.* écipo ec.), *n.* partecipare insieme.

Compartécipo, *add. com.* insie

partecipe.

Compartimento, sm. distribuzione.

Compartire (pr. arto, o artisco ec.), att. distribuire le parti - dare gratuitamente.

Comparto. V. Compartimento.

Compassáre, att. misurare col compasso – fig. fare o misurare per l'appunto.

Compassionáre, att. avere compassione.

Compassióne, sf. sentimento di pietà del male altrui.

Compassionévole, add. com. che muove a compassione, o che prova compassione.

Compasso, sm. stromento geometrico per misurare – spartimento.

Compatibile, add. com. degno di compatimento – che può stare insieme con altra cosa – tollerabile.

Compatibilità, sf. il potersi accoppiare insieme.

Compatibilmente, avv. in modo compatibile.

Compatimento, sm. compassione – tolleranza.

Compatire (pr. sco ec., p. pr. aziente), att. an. avere compassione del male altrui – e avere compatimento, cioè usare indulgenza, tollerare.

Compatriota, e

Compatriotta, s. com. (pl. ti, li m., e te, tte f.), della

medesima patria.

Compatriotto, sm. V. Compatriotta.

Compatto, add. m. le cui parti sono molto unite e ristrette.

Compéllere (v. lat.), att. an. (pass. ulsi. pp. ulso), costrignere

Compendiáre, att. ridurre in compendio.

Compéndio, sm. sunto di un'opera.

Compendióso, add. m. succinto.

Compensáre, att. contraccambiare.

Compensazióne, sf. contrapponimento del debito e del credito tra di loro – contraccambio – ricompensa.

Compenso, sm. ripiego, riparo – soddisfazione.

Cómpera. V. Compra.

Comperáre. V. Comprare.

Competènte, add. com. conveniente.

Competentemente, avv. convenientemente.

Competenza, sf. concorrenza.

Compétere, n. ass. gareggiare – convenire – appartenere.

Competitóre, sm. emulo, rivale.

Compiacente, add. com. cortese.

Compiacenza, sf. diletto che si prova per le proprie azioni – condiscendenza alle trame altrui.

Compiacére (pr. áccio, áci ec., pass. acqui, acesti ec. pp. aciúto), n. an. fare altrui cosa grata – np. dilettarsi-degnarsi.

Compiacimento. V. *Compiacenza*.
Compiágnere, e
Compiángere (*pr.* ango, *pass.* ansi, *pp.* anto), *att. m.* entrare
a parte del dolore altrui - *np.*
lamentarsi, rammaricarsi.
Compianto, *sm.* condoglianza,
lamento.
Compiegáto, *add. m.* piegato insieme con altra cosa.
Cómpiere, *att.* dare compimento,
finire - *n. ass.* venire a fine.
Compiéta, *sf.* l'altima delle ore
canoniche, e il tempo in cui
la si recita.
Compiláre, *att.* distendere articoli, patti, convenzioni ec. in
iscritto - raccogliere insieme.
Compilatóre, *sm.* raccoglitore.
Compilazióne, *sf.* il compilare, e
la cosa compilata.
Compimento, *sm.* ultimazione di
un lavoro e di un'opera.
Compíre. V. *Compiere*.
Compitamente, *avv.* interamente
- civilmente - cortesemente.
Compitáre (*pr.* cómpito ec.), *att.*
accozzare le lettere dell'alfa-
beto per sillabare.
Compitezza, *sf.* cortesia, civiltà.
Cómpito, *sm.* assegno di lavoro
che suol darsi a' fanciulli dal
maestro.
Compito, *add. m.* civile, cortese.
Compiutamente, *avv.* interamente
Complessióne, *sf.* naturale di-
posizione del corpo.

Complessívo, *add. m.* atto
abbracciare, comprendere
Complesso, *sm.* aggregato di p
cose - il tutto composto
più parti - *add. m.* membr
to, grasso.
Completáre. V. *Compiere*.
Completamento, *sm.* e
Completazióne, *sf.* V. *Comp
mento*.
Compléto, *add. m.* compiuto.
Complicáto, *add. m.* inviluppat
Complicazióne, *sm.* avvolgime
to di più cose insieme.
Cómplice, *s. com.* compagno
delitto, correo.
Complicità, *sf.* partecipazione
uno stesso delitto.
Complimentáre, *att.* far compl
menti.
Complimentário, *sm.* il prin
ministro di una casa di co
mercio.
Complimento, *sm.* parole corte
verso altrui.
Complimentóso, *add. m.* che
molti complimenti.
Complíre (*pr.* sco ec.), *n.* esse
utile, vantaggioso ec.
Complotto, *sm.* cospirazione.
Componente, *p. pr. di* compon
- *sm.* ingrediente.
Componere. V. *Comporre*.
Componimento, *sm.* la cosa co
posta - ogni sorta di poesia
prosa d'invenzione - pacifi
mento - ordine nello tum

mènto di un soggetto pittorico.

Comporre (sinc. di componere), att. an. (pr. ongo, oni ec., pass. osi, pp. osto), porre insieme, cioè fare checchessia coll'unione di varie parti – mescolare varie cose per farne una – inventare – mettere d'accordo, riconciliare – accozzare i caratteri per la stampa – np. accordarsi, aggiustarsi – rimettersi in calma.

Comportàbile, add. com. atto a comportarsi.

Comportamento, sm. modo di procedere, condotta.

Comportàre, att. tollerare – soffrire con pazienza – permettere – np. trattar bene o male colle persone.

Compósito, add. com. agg. di un ordine di architettura, composto degli altri quattro.

Compositoio, sm. strumento in cui pongonsi le lettere ad una ad una per la stampa.

Compositóre, sm. quegli che nelle stamperie mette insieme i caratteri – maestro di musica.

Composizióne, sf. mescolanza di cose, e il risultato di esse – accordo – aggiustamento – pacificazione – invenzione pittorica, o poetica, o musicale.

Compostamente, avv. acconciamente – moderatamente.

Compostezza, sf. aggiustatezza di abito o di costume – modestia.

Composto, sm. risultanza di più cose mescolate insieme – add. m. contr. di semplice – modesto.

Compra (stac. di compera), sf. acquisto a prezzo di danaro.

Compràre (sinc. di comperare), att. acquistare per prezzo, contr. di vendere.

Compréndere (pass. ési, pp. éso), att. an. intendere pienamente – circondare – contenere in sè – np. divulgarsi.

Comprendibile. V. Comprensibile

Comprendimento, sm. intelligenza

Comprensibile, add. com. che può comprendersi, intelligibile.

Comprensibilità, sf. natura delle cose di poter esser comprese.

Comprensiva, sf. facoltà di comprendere.

Comprensivo, add. m. atto a comprendere, o a comprendersi – che comprende o abbraccia più cose.

Comprensóri, sm. pl. i beati nel cielo.

Compressibilità, sf. proprietà di poter essere compresso.

Compressióne, sf. azione per cui le parti di un corpo sono ridotte ad occupare uno spazio infinite.

Comprimere (pass. essi, pp. esso) att. an. stringere con forza, fig. raffrenare.

Compromesso, *sm.* sentenza di arbitri.

Compromettere (*pass.* isì, *pp.* esso), *n. ass.* rimettere in altri le sue differenze – *att.* e *np.* mettere, e mettersi a rischio.

Compromissário, *sm.* quegli a cui è affidato il disbrigo di una lite.

Comproprietà, *sf.* proprietà comune a più persone.

Comproprietário, *sm.* chi possiede in comune.

Comprováre, *att.* provare insieme – approvare.

Compúgnere (*pr.* ungo, *pass.* unsi, *pp.* unto), *att. an.* recar afflizione – *np.* pentirsi.

Compugnimento. V. *Cumpunzione*

Compulsáre, *att.* forzare altrui a comparire in giudizio.

Compulsória, *sf.* lettera giudiziale che sforza a pagare i diritti del fisco.

Compúngere. V. *Compugnere*.

Compunzióne, *sf.* afflizione d'animo con pentimento.

Computáre (*pr.* cómputo ec.), *att.* calcolare – annoverare.

Computista, *sm.* (*pl.* sti), ragioniere, contabile.

Computistería, *sf.* la professione, e lo scrittojo del computista.

Cómputo, *sm.* calcolo di tempo.

Comunále, *add. com.* consueto, ordinario – di comunità.

Comunanza, *sf.* accomunamento.

Comunáre. V. *Accomunare*.

Comúne, *sm.* V. *Comunità* – *add. com.* di pubblica ragione – generale – ordinario – *In gramm.* quel genere che serve per l'uno e per l'altro sesso – *agg.* di *senso*, facoltà di giudicáre sanamente.

Comunella (*v. bassa*), *sf.* accomunamento.

Comunemente, *avv.* ordinariamente – universalmente.

Comunicábile, *add. com.* da poter essere comunicato.

Comunicáre (*pr.* único, chi ec.), *att.* rendere comune – far sapere – amministrare la ss. Eucaristia – *n.* e *n. ass.* entrare a parte, partecipare.

Comunicativa, *sf.* facilità di spiegare le proprie idee.

Comunicazióne, *sf.* partecipazione – notificazione – mezzo di unione.

Comunichino, *sm.* particola onde si amministra l'Eucaristia.

Comunióne, *sf.* partecipazione in comune – unione di molte persone in una fede – il sagramento dell'Eucaristia, e l'atto di ricevere questo sagramento.

Comunità, *sf.* il corpo de' cittadini – colleganza, unione.

Comunque, *avv.* in qualunque modo

Con, *prep. congiunt.* insieme.

Conáto (*v. lat.*), *sm.* sforzo.

Conca, *sf.* (*pl.* che), vaso grande

di terra cotta – e ogni altro vaso di qualsivoglia materia , di
grande apertura – conchiglia.

Concambio. V. *Contraccambio*.

Concatenamento. V. *Concatenazione*.

Concatenáre, *att.* collegare insieme

Concatenazione, *sf.* connessione
di cose o d'idee.

Concavità, *sf.* la cavità o pron-
fondità di un corpo.

Concavo , *sm.* V. *Concavità* –
add. m. che ha concavità,
contr. di convesso.

Concedere (*pass.* edei, edetti, e
essi, *pp.* eduto, esso), *att. an.*
dare facoltà – accordare – acconsentire.

Concento , *sm.* armonia di più
accordi.

Concentramento. V. *Concentrazione*.

Concentráre, *att.* spignere al centro – *np.* internarsi in checchessia.

Concentrazione, *sf.* il concentrarsi,
e l'effetto della cosa concen-
trata.

Concentrico , *add. m.* agg. dei
cerchi aventi un centro comune.

Concepibile, *add. com.* che può
concepirsi.

Concepimento , *sm.* l'atto di
concepire – intendimento.

Concepíre (*pr.* sco ec.. *pp.* ito,
ito e concetto), *att. e n. ass.*
rimanere gravida (*proprio del-*

le *femmine*) – *per simil.* comprendere – ideare – immaginare

Concérnere, *n.* avere relazione.

Concertáre, *att.* unire bene in
tuono più strumenti musicali
– *fig.* disporre per ottener
buon fine.

Concerto, *sm.* consonanza di voci
o di suoni – accordo di più cose

Concessionário , *sm.* quegli a cui
è fatta la concessione.

Concessione, *sf.* il concedere, e
la cosa concessa.

Concesso, *sm.* la proposizione con-
ceduta per vera in una disputa

Concettivo, *sm.* motto arguto.

Concetto, *sm.* la cosa immaginata
– pensiero – riputazione (e va
unito per lo più a buono, e
cattivo)

Concettóso, *add. m.* fecondo di
motti arguti.

Concezióne, *sf.* l'atto del concepire – il giorno in cui si
celebra la festa della Concezione di M. V.

Conchiglia, *sf.* nicchio marino.

Conchiúdere (*pass.* úsi, *pp.* úso),
att. an. chiudere e stringere
insieme – condurre a fine un
negozio – finire un discorso.

Conchiusióne. V. *Conclusione*.

Concia, *sf.* l'arte di conciare le
pelli – e il luogo ove si conciano – medicamento di vini
o di frutta con ingredienti spi-
ritosi.

Conciáre. V. *Acconciare.*

Conciatóre, sm. propr. chi acconcia le pelli.

Conciatúra. V. *Acconciatura.*

Conciliàbile, add. com. che può conciliarsi.

Conciliábolo, sm. adunanza faziosa.

Conciliáre, att. unire, accordase-pacificare - np. farsi amico.

Conciliativo, add. m. atto a conciliare.

Conciliatóre, sm. pacificatore.

Conciliazióne, sf. accomodamento, pacificazione.

Concilio, sm. adunanza d'uomini per consultare - e comun. l'adunanza de' Padri della Chiesa.

Concimáre (pr. imo ec.), att. letamare i campi.

Concime, sm. letame per l'ingrasso delle terre.

Cóncio. V. *Concime* - add. m. acconciato, assettato.

Concionáre, n. ass. ragionare in pubblico - predicare.

Concióne (v. lat.), sf. ragionamento pubblico, aringa.

Concisamente, avv. succintamente.

Concisióne, sf. brevità nel dire.

Conciso, add. m. succinto, breve.

Concistório, e

Concistóro, sm. adunanza dei cardinali convocati dal papa per consulta - per simil. adunanza qualunque.

...amento, sm. commovimento

Concitáre (pr. cncito ec.), att. muovere a fare - agitare - np. tirarsi addosso,

Concitazióne, sf. alterazione d'animo.

Concittadíno, sm. della medesima città

Conclave, sm. luogo dove adunansi i cardinali per creare un nuovo papa.

Conclavista, sm. (pl. sti), cortigiano di cardinale in conclave

Concludente, add. com. efficace.

Concludentemente, avv. efficacemente.

Concludere. V. *Conchiudere.*

Conclusióne, sf. termine di un discorso - conseguenza che si cava dalle premesse di un ragionamento.

Concomitante, add. com. che accompagna necessariamente.

Concordante, add. com. conforme.

Concordanza, sf. conformità - *In gramm.* accordo fra nomi e verbi, fra sostantivo e addiettivo ec. - *In mus.* accordo fra più suoni - *In pitt.* armonia fra le parti ec.

Concordáre, att. mettere d'accordo - n. e np. essere d'accordo, convenire.

Concordáto, sm. convenzione fra il papa e qualche altro sovrano

Concorde, add. com. d'accordo, uniforme.

Concordemente, avv. d'accordo

Concórdia, sf. conformità di voleri – conciliazione.

Concorrente, sm. competitore, emulo – candidato

Concorrenza, sf. competenza, gara.

Concórrere (pass. orsi, pp. orso), n. ass. an. correre insieme – gareggiare – cooperare a una cosa in qualsivoglia modo.

Concorso, sm. moltitudine di gente – esame da sostenersi in concorrenza d'altri.

Concozióne, sm. il cuocersi dei cibi nello stomaco.

Concréto, add. m. agg. di qualità che si considera congiunta al soggetto, opposto di astratto.

Concrezióne, sf. consolidamento di sostanze minerali o terrose per mezzo di un processo chimico.

Concubina, sf. donna che convive illecitamente con uomo.

Concubinário, sm. chi tiene la concubina.

Concubinato, sm. stato della concubina o del concubinario.

Conculcamento, sm. calpestamento – oppressione – oltraggio.

Conculcare, att. calpestare – fig. opprimere – vilipendere.

Conculcazióne. V. Conculcamento

Concuócere (pass. cossi, pp. cotto), att. an. il digerire dei cibi che fa lo stomaco.

Concupiscenza, sf. desiderio sensuale – corrotta natura che porta al male.

Concupiscibile, add. com. che nasce dalla concupiscenza.

Concussióne, sm. scotimento – angheria o ingiustizia fatta per avidità di danaro.

Condanna, sf. sentenza a pena.

Condannabile, add. com. degno di condanna.

Condannáre, att. sentenziare a pena

Condegnamente, avv. in modo proporzionato al merito.

Condegno, add. m. proporzionato al merito.

Condennáre. V. Condannare.

Condensábile, add. com. che può condensarsi.

Condensabilità, sf. la proprietà che ha un corpo di scemare di mole senza minorare di massa.

Condensamento. V. Condensazione.

Condensáre, att. ristringere la materie in modo che occupino meno posto – np. diventare più denso.

Condensazióne, sf. ristringimento di materia.

Condimento, sm. tutto ciò che vale a migliorare il sapore delle vivande.

Condire (pr. sco ec.), att. porre condimenti sulle vivande.

Condiscendenza, sf. pieghevolezza al parere o desiderio altrui.

Condiscéndere (pass. ési, pp. és att. an. scendere insieme –

concorrere nel patere altini, accoasentire.

Condiscépolo , *sm.* compagno di scuola.

Coaditúra. V. *Coadimento.*

Condizionále, **add.** *com.* sotto-posto a condizione.

Condizioualmente. V. *Condizionatamente.*

Condizionáre, **all.** abilitare, disporre − *np.* rendersi idoneo a checchessia.

Coodizionatamente, **aov.** con condizione.

Coadizionáto , **add.** *m.* sottoposto a condizione, *contr. di* assoluto.

Condizióne, *sf.* stato di persoua, e di cosa, o di luogo − professione − limitazione − patto.

Condoglienza, *sf.* lameuto − doglianza.

Condolersi (*pr.* olgo , uóli ec. , *pass.* olsi, *pp.* oluto), *np. an.* dolersi delle proprie o delle altrui sventure.

Condonábile, **add.** *com.* che può perdonarsi.

Condonáre, **all.** perdonare.

Coadotta , *sf.* scorta , guida − modo di vivere, rontegno − veltura − impiego di professore salariato.

ndoltiere, *sm.* capitano − chi onduce o fa condurre da un ogo all'altro le mercanzie.

tto , *sm.* canale per con-

durre acqua.

Condurre (*sinc. dell'inus.* conducere) (*pr.* úco, *pass.* ussi, *pp.* otto). **all. an.** guidare − far arrivare − muovere a fare − operare in un lavoro secoado le regole dell'arte − *np.* avviarsi verso un luogo.

Conduttóre, *sm.* chi conduce − chi prende a fitto, pigione o nolo beni altrui.

Conduzióne, *sf.* il prendere ad affitto, pigione o nolo.

Confabuláre (*pr.* àbulo ec.), n. ragionare insieme.

Confaceute, e ↘

Confacévole, **add.** *com.* dicevole , convenieule − adattato, proporzionato.

Confarsi (*pr.* si confà, *pass.* féce, *pp.* fatto), *np. imp.* star bent, convenire.

Confederarsi (*pr.* édero ec.), *np.* collegarsi.

Confederazióne, *sf.* unione, alleanza

Conferenza, *sf.* confrouto − più cómun. abboccameoto di più persone.

Conferire (*pr.* sco ec.) , *all.* comunicare altrui i proprj peasieri − dar cariche, privilegj ec. − *n.* giovare − contribuire − paragunare.

Conferma. V. *Confermazione.*

Confermáre, **all.** readere più fermo, consolidare − teaer ferma − approvare − dar nuoei tiscontri di un fatto – conferire il sagramento della Confermazione, *altr.* cresimare.

Confermazióne, *sf.* approvazione - il sagramento della cresima.

Confessáre, *att.* affermare ciò di che altri richiede – palesare – far quitanza – udire i peccati altrui *(proprio de' sacerdoti)* - *np.* accusarsi, e manifestare le proprie colpe al sacerdote.

Confessionále, e

Confessionário, *sm.* luogo ove i sacerdoti ascoltauo le confessioni.

Confessióne , *sf.* affermazione del domandato – accusa o dichiarazione delle proprie colpe al sacerdote – e il sagramento stesso della Confessione o penitenza – professione di fede – ricevuta, quietanza.

Confesso, *add. m.* che ha confessaio.

Confessóre , *sm.* sacerdote che ascolta i peccati in confessione.

Confettáre, *att.* condire a modo di confettura – *fig.* rendere grato, piacevole.

Confettiéra , *sf.* vaso da tenere confetti.

Confettiére, *sm.* chi fa o vende confetti.

Confetto, *sm.* aromato qualunque vestito di zucchero.

Confettura, *sf.* quantità di confetti.

Confezióne, *sf.* composizione qua-

lunque – *e particolarm.* ogni sorta di confettura.

Conficcáre, ficcar chiodi per unire – *fig.* imprimere nella memoria.

Confidanza. V. *Confidenza.*

Confidáre, *n. ass.* comunicare i proprj segreti – *np.* fidarsi in uno

Confidente , *sm.* amico a cui si confidano i più segreti pensieri – *add. com.* famigliare, intrinseco.

Confidentemente, *avv.* con confidenza.

Confidenza, *sf.* speranza grande, fiducia – comunicazione di cosa segreta – intima amicizia.

Confidenziále *add. com.* amichevole

Configgere (*pass.* issi, igesti eo., *pp.* itto, e isso), *att. an.* conficcare.

Configuráre, *att.* rappresentare a somiglianza di altra cosa.

Configurazióne, *sf.* la figura sotto cui si presentano i corpi.

Confinante, *sm.* convicino.

Confináre, *att.* mandare in luogo determinato - porre i confini o termini – *n.* essere confinante o contiguo.

Confinazióne, *sf.* stabilimento di confini.

Confine, *sm.* termine, limite - esilio in luogo determinato.

Confisca. V. *Confiscazione.*

Confiscáre, *att.* aggiudicare al sco i beni di un condannal

Confiscazione, sf. l'atto del confiscare - e la roba confiscata.

Conflitto (v. lat.), sm. combattimento.

Confluente, sm. quel punto ove due fiumi si congiungono.

Confluenza, sf. luogo ove due correnti s'incontrano.

Confóndere (pass. úsi, pp. úso), att. an. porre in disordine - mescolare insieme confusamente - convincere con ragioni - non fare distinzione di cose o persone - np. restar confuso.

Confondíbile, add. com. che può confondersi.

Conformáre, att. far conforme - np. adattarsi all'altrui volere.

Conformazióne, sf. struttura di un corpo.

Conforme, add. com. somigliante - avv. in conformità.

Conformemente, avv. in modo conforme.

Conformità, sf. somiglianza di forma.

Confortamento. V. Conforto.

Confortáre, att. alleggerire il dolore altrui, consolare - esortare - ricreare - dare speranza - np. darsi pace.

Confortatóre, sm. quegli che accompagna, confortandolo, il paziente al supplizio.

Conforto, sm. speranza di più lieto avvenire - consolazione - esortazione - ajuto.

Confratérnita, sf. compagnia che si aduna per cose spirituali.

Confricáre (pr. ico, chi ec.), att. fregare - e np. stropicciarsi.

Confricazióne, sf. fregamento.

Confróntare, att. paragonare una cosa con un'altra - n. tornar bene al confronto, corrispondere.

Confronto, sm. paragone.

Confusamente avv. in disordine.

Confusióne, sf. disordine delle cose per non essere a loro luogo - turbamento dell'animo, vergogna.

Confúso, add. m. mescolato alla rinfusa, disordinato - sbalordito - svergognato - indistinto - non chiaro.

Confutábile, add. m. che può confutarsi.

Confutáre (pr. cónfuto ec.), att. ribattere le ragioni dell'avversario.

Confutazióne, sf. parte del discorso diretta a dissolvere gli argomenti dell'avversario.

Congedáre, att. licenziare - np. pigliare licenza di partirsi.

Congedo, sm. licenza di partirsi.

Congegnáre, att. mettere insieme ingegnosamente alcune cose in guisa che bene si combacino le une colle altre.

Congelamento. sm. agghiacciamento.

Congeláre, n. ass. il rappigliarsi dei liquidi per troppo freddo.

Congelazióne. V. Congelamento.

Congestióne (*v. lat.*), *sf.* ammasso di umori in alcuno de' solidi del corpo.

Congettúra. V. *Conghiettura.*

Congetturáre. V. *Conghietturare.*

Conghiettúra, *sf.* presunzione di cosa fatta o possibile, tratta da certi indizj.

Conghietturáre, *att.* e *n. ass.* sospettare che si dieno ·verità, intorno alle quali non siamo certi – argomentare da certi indizj.

Congiúgnere. V. *Congiungere.*

Congignimento, *sm.* unione – atto carnale.

Congiúngere (*pass.* unsi, *pp.* unto), *att. an.* attaccare insieme due cose – *np.* avvicinarsi bene – usare carnalmente.

Congiungimento. V. *Congiugnimento.*

Congiunta, *sf.* moglie.

Congiuntamente, *avv.* unitamente.

Congiuntivo, *sm.* uno de'modi con cui si conjugano i verbi, altr. soggiuntivo – *add. m.* che congiunge, o atto a congiungere.

Congiunto, *sm.* parente – *add. m.* attaccato, unito.

Congiuntúra, *sf.* termine o estremità ove si collegano le parti – occasione – opportunità.

Congiunzióne, *sf.* unione – partic. gramm. con la quale si unisce uno con l'altro membro.

Congiúra, *sf.* unione di più contro lo stato o il principe.

Congiuráre, *n. ass.* cospirare contro lo stato – far complotto segreto per nuocere ad alcuno.

Congratularsi (*pr.* átulo ec.), *np.* rallegrarsi con alcuno delle sue felicità.

Congratulazióne, *sf.* complimento di piacere per altrui felicità.

Cóngrega, *sf.* (*pl.* ghe), unione di sacerdoti per celebrare i divini uffici.

Congregáre(*pr.* oóngrego, ghi ec.), *att.* unire insieme, adunare.

Congregazióne, *sf.* compagnia, adunanza – e le persone adunate.

Congresso, *sm.* adunanza di sovrani o ministri per trattare negozj di pace o di guerra.

Congruente, *add. com.* corrispondente.

Congruenza, *sf.* convenienza di cose fra loro.

Cóngruo, *add. m.* conveniente.

Conguagliáre, *att.* pareggiare.

Conguaglio, *sm.* pareggio.

Coniáre, *att.* improntare monete o medaglie col conio.

Cónico, *add. m.* di figura del cono.

Coníglio, *sm.* quadrupede domestico timidissimo.

Cónio, *sm.* strumento di metallo per·improntare monete e medaglie – e l'impronta stessa.

Conjugale, *add. com.* maritale.

Conjugáre (*pr.* úgo, ghi ec.), *att.* congiungere insieme. – *In* gramm. recitare i verbi per ordine di tempi e di modi.

Conjugáto, sm. ammogliato.

Conjugazióne, sf. variazione dei verbi.

Conjuge, s. com. moglie, o marito - In pl. il marito e la moglie.

Connaturále, add. com. di somigliante natura.

Connazionále, add. com. della stessa nazione.

Connessióne, sf. congiugnimento - relazione di più cose fra loro.

Connéttere (pass. essi, pp. esso), att. an. unire insieme.

Connivenza, sf. condiscendenza.

Connúbio (v. lat.), sm. maritaggio.

Connumeráre (pr úmero ec.), att. mettere nel numero.

Cóno (v. gr.), sm. fig. geom. solida, rotonda e piramidale.

Conócchia, sf. quantità di lino o di canapa che sta nella rocca per filarsi - e la rocca stessa.

Conoscente, sm. persona di conoscenza.

Conoscenza, sf. cognizione - sapere, scienza - famigliarità con alcuno.

Conóscere (pass. obbi, pp. osciúto), att. an. acquistare idee o nozioni avvertite - comprendere coll'intelletto - avere pratica di alcune cose, intendersene - e avere dimestichezza con alcuno.

Conoscibile, add. com. atto ad

essere conosciuto.

Conoscimento, sm. comprendimento

Conquassábile, add. com. soggetto a conquassarsi.

Conquassamento. V. Conquass

Conquassáre, att. far sì che una parte si urti e sbatta coll'altra - mettere in conquasso o rovina

Conquasso, sm. sbattimento - crollamento - rovina.

Conquidere (pass. isi, pp. iso att. an. ridurre a mal termine - abbattere - importuna - np. darsi inquietudine.

Conquista, sf. la cosa conquistata

Conquistáre, att. appropriar l'altrui coll'armi.

Consacráre, att. far sacro coll debite cerimonie - rendere ce lebre - dedicare checchessi ad alcuno, e in particolarità servigio di Dio - fare il Sa gramento dell'altare - np. a plicarsi, dedicarsi.

Consacrazióne, sf. dedicazione.

Consagráre. V. Consacrare.

Consanguíneo, add. m. del me desimo sangue.

Consanguinità, sf. parentela fi consanguinei.

Consapévole, add. com. informa to del fatto - complice.

Conscienza. V. Coscienza.

Cónscio (v. lat.), add. m. con saputo o consapevole.

Conscritto, add. m. agg. dei se natori romani - sm. volg. gio vone chiamato per età alle armi

Conscrivere (*pass. issi, pp. itto*), *att. an.* mettere a ruolo.

Consecráre. V. *Consacrare.*

Consecrazione. V.*Consacrazione.*

Consecutivamente, *avv.* di seguito

Consecutivo, *add. m.* che viene immediatamente dopo.

Consegna, *sf.* custodia.

Consegnáre, *att.* dare in custodia, e dare in mano.

Consegnatário, *sm.* quegli a cui è stata data in custodia alcuna cosa.

Consegráre. V. *Consacrare.*

Consegrazione. V.*Consacrazione.*

Conseguente, *sm.* la proposizione che risulta dalle premesse.

Conseguentemente, *avv.* in, o per conseguenza.

Conseguenza, *sf.* risultato delle premesse.

Conseguibile, *add. com.* che può conseguirsi.

Conseguimento, *sm.* il conseguire

Conseguire (*pr.* éguo, e isco ec., *att.* ottenere – *n. ass.* venire dopo – succedere.

Conseguitáre (*pr.* éguito ec.), *n. ass.* venire dopo – derivare.

Consenso, *sm.* approvazione – reciproca corrispondenza delle parti.

Consentáneo (*v. lat.*), *add. m.* conveniente.

Consentimento, *sm.* approvazione – conformità di parere.

Consentire. V. *Acconsentire.*

Consenziente, *p. pr. di consentire* – *sm.* complice.

Conserto, *add. m.* tessuto insieme

Conserva, *sf.* luogo ove si ripongono le vettovaglie – frutta confettate – ricetto d'acqua, vasca.

Conserváre, *att.* mantenere nel suo essere.

Conservatório, *sm.* luogo di ricovero per fanciulle e fanciulli.

Conservazione, *sf.* il conservare, e l'effetto di tale azione – delle ipoteche, uffizio in cui si tiene registro dei debiti che gravitano sopra i beni immobili dei cittadini.

Consesso, *sm.* adunanza di persone di alto affare.

Considerábile, *add. com.* osservabile – notabile.

Considerabilmente, *avv.* notabilmente.

Consideráre (*pr.* ídero ec.), *att.* attentamente osservare – ponderare – tenere in pregio.

Considerazióne, *sf.* ponderazione – attenzione nel fare – stima.

Considerévole. V. *Considerabile.*

Consigliáre, *att.* dare consigli – *n. ass.* o *np.* prendere consiglio

Consigliatamente, *avv.* con ponderazione.

Consigliére, *sm.* chi consiglia.

Consiglio, *sm.* avvertimento di fare o di non fare checchessi

- prudenza nell'operare - pubblica adunanza d'uomini che consigliano - provvedimento.

Consimile, add. com. che ha somiglianza.

Consistente, p. pr. di consistere - add. com. tenace.

Consistenza, sf. stabilità - solidità.

Consistere (pass. stei, o stetti), n. an. aver fondamento o essenza in una cosa - stare insieme - n. ass. fig. durare.

Consòcio, sm. compagno di negozio.

Consolare, att. alleggerire il dolore altrui - np. darsi pace.

Consolare, add. com. attenente al console.

Consolato, sm. dignità di console.

Consolazione, sf. conforto.

Console, sm. primo magistrato della rep. rom. - rappresentante di una nazione, che risiede nelle città marittime di un'altra per sostenere i diritti commerciali de' suoi patriotti.

Consolidare (pr. òlido ec.), att. riunire insieme, saldare (e dicesi per lo più delle ferite) - fig. confermare - np. riunirsi in un solo i beni prima divisi in più.

Consonante, add. com. che ha consonanza - sm. lettera dell'alfabeto non vocale.

Consonanza, sf. accordo di voci - fig. uniformità - conformità.

Consonare (pr. ono ec.), att. ac-

cordare il suono di una voce con l'altra.

Consono (v. lat.), add. m. che ha consonanza - fig. conforme.

Consorte, s. com. moglie, o marito - compagno, compartecipe.

Consòrzio, sm. compagnia.

Constare, imp. essere noto - essere composto.

Constrìgnere. V. Costrignere.

Construire. V. Costrùire.

Consueto, add. m. usitato, solito.

Consuetùdine, sf. uso da lungo tempo introdotto - costume - dimestichezza, famigliarità.

Consulente, add. com. che consulta o consiglia (e dicesi di avvocato, medico ec.)

Consulta, sf. conferenza di più persone che consultano - corpo di consiglieri.

Consultare, n. ass. esaminare qual partito si abbia da prendere nelle cose dubbie - att. domandare consiglio o istruzione.

Consulto, sm. scrittura dell'avvocato a favore del cliente - parere di più medici sullo stato di un ammalato.

Consumare, att. ridurre a nulla - logorare - impiegare - compire - np. struggersi, dimagrare - ardentemente desiderare.

Consumazione, sf. distruzione - compimento.

Consumo, sm. spaccio di merci o uso delle medesime - log...

mento per uso frequente.

Consuntivo, *add. m.* che ha forza di corrodere.

Consunto, *add. m.* consumato.

Consunzione, *sf.* distruzione - estensione.

Consuonare. V. Consonare.

Consustanziale, *add. com.* di una stessa sostanza (*attributo della* SS. Trinità)

Consustanzialità, *sf.* unità e identità di sostanza.

Consustanzialmente, *avv.* in modo consustanziale.

Contabile, *sm.* ragioniere.

Contabilità, *sf.* computisteria.

Contadinesco, *add. m.* (*pl.* schi), da contadino.

Contadino, *sm.* abitatore di campagna - agricoltore.

Contado, *sm.* campagna intorno alla città - distretto.

Contagio, *sm.* male attaccaticcio - peste - *fig.* vizj morali che si dilatano per mal esempio.

Contagioso, *add. m.* attaccaticcio.

Contamento, *sm.* il contare, e l'atto di contare danari - racconto.

Contaminabile, *add. com.* atto ad essere contaminato.

Contaminare (*pr.* amino ec.), *att.* macchiare - *fig.* corrompere.

Contaminazione, *sf.* macchia - *fig.* disonestà.

Contante, *sm.* moneta corrente.

... *add.* numerosa - raccon...

... *n. ec.* ripetere - avere

autorità, credito.

Contatto, *sm.* toccamento reciproco.

Conte, *sm.* titolo di nobiltà (*fem.* contessa)

Contea, *sf.* dominio del conte.

Conteggiare, *n.* fare i conti - *att.* mettere in conto.

Contegno, *sm.* condizione, stato - apparenza - portamento - sostenutezza di persona - condotta, cioè maniera di condursi, governarsi ec.

Contegnoso, *add. m.* che sta in contegno, sostenuto.

Contemperare (*pr.* empero ec.), *att.* ridurre una cosa al temperamento (misura) di un'altra.

Contemplabile, *add. com.* degno di essere contemplato.

Contemplare, *att.* far uso di molta attenzione.

Contemplativa, *sf.* facoltà di contemplare - quella virtù che anche dicesi *ascetica.*

Contemplativo, *add. m.* dedito alla contemplazione - accencio a contemplarsi.

Contemplazione, *sf.* l'atto del contemplare - In teol. elevazione della mente a Dio.

Contemporaneamente, *avv.* nel medesimo tempo.

Contemporaneo, *add. e sm.* che vive nella stessa età.

Contendere (*pass.* esi, *pp.* eso), *n. ass. ec.* questionare - resistere - gareggiare - *att.* vietare

Contenenza, sf. contenuto.

Contenére (pr. cngo, tini er., pass. cani, pp. cnato), att. cu. comprendere in sé, racchiudere – fig. reprimere – np. temperarsi

Contentamento, sm. soddisfazione.

Contentáre, att. appagare l'altrui voglia – np. essere soddisfatto.

Contentezza, sf. soddisfazione dell'animo al vedere o udire cosa grata.

Contento, sm. sensazione piacevole dipendente dalla percezione del conseguimento di un bene – add. m. lieto, soddisfatto

Contenúto, sm. ciò che racchiudesi in un recipiente, o in uno scritto, e in un discorso.

Contenziosamente, avv. con modo contenzioso.

Contenzióso, add. m. litigioso.

Conterminále, add. com. che termina insieme.

Contermináre (pr. érmino ec.), n. essere confinante.

Conterráneo, add. m. della medesima terra, paesano.

Contésa, sf. contrasto, litigio.

Contéssere (pp. essuto, e contesto), att. an. tessere insieme, intrecciare.

Contestábile, sm. dignità militare.

Contestáre, att. intimare, notificare – protestare contro.

ntestazióne, sf. il contestare.

ntesto, sm. testo che precede

e segue alcun testo particolare di un libro.

Contezza, sf. notizia, informazione

Contiguità, sf. contatto, vicinanza

Contiguo, add. m. vicino sicché si tocchi.

Continente, add. com. che contiene – che ha virtù di contenere – sm. vaso di capacità – In geogr. terraferma vastissima.

Continenza, sf. virtù per la quale l'uomo tempera l'impulso delle passioni inclinanti a dilettevole – modo di contenersi – riserbo in checchessia

Contingente, add. com. che accade – che può essere e non essere, fortuito – sm. rata da pagarsi, o da riscuotersi.

Contingenza, sf. cosa contingente – caso possibile.

Contingibile, add. com. che può accadere.

Contingibilità, sf. possibilità che una cosa avvenga.

Continuamente, avv. senza interrompimento.

Continuáre, att. proseguire una cosa incominciata – n. durare – non cessare.

Continuatamente, avv. senza intervallo di tempo.

Continuatore, sm. chi prosegue un'opera da altri incominciata

Continuazióne, sf. proseguimento – tempo che dura una

a continuata - e la cosa stessa continuata.

Continuità, *sf.* permanenza di una cosa nel medesimo grado e nella medesima operazione.

Continuo, *add. m.* non interrotto - assiduo.

Contista, *sm.* (*pl.* sti), computista

Conto, *sm.* calcolo - registro delle partite - *fig.* stima - guisa - *add. m.* noto, manifesto.

Contorcere (*pass.* orsi, *pp.* orto), *att. an.* attortigliare - rivolgere contro di sè - *np.* divincolarsi.

Contorcimento, *sm.* divincolamento

Contornare, *att.* fare i contorni a checchessia - *np.* riunirsi più persone in circolo.

Contorno, *sm.* vicinanze di un paese - estremità delle figure di qualunque lavoro.

Contorsione, *sf.* divincolamento, convulsione.

Contra, *prep.* contrariante.

Contrabbandiére, *sm.* chi fa contrabbandi.

Contrabbando, *sm.* cosa proibita in commercio.

Contrabbasso, *sm.* grosso strumento a corda per fare il basso nella musica.

Contrabbilanciáre, *att.* contrappesare.

Contraccambiáre, *att.* scambiare una cosa incontro di un'altra ricevuta - ricompensare.

Contraccámbio, *sm.* cosa di egual pregio data in compenso della ricevuta - ricompensa, rimunerazione eguale o adeguata.

Contracchiáve, *sf.* chiave falsificata.

Contráda, *sf.* strada di luogo abitato - paese.

Contraddánza, *sf.* sorta di ballo.

Contraddíre (*pr.* íco, *pass.* issi, *pp.* etto), *n. an.* dire e sostenere il contrario - *att.* contrariare, opporsi - *np.* cadere in contraddizione.

Contraddistínguere (*pass.* insi, *pp.* into), *att. an.* contrassegnare.

Contraddittório, *add. m.* opposto, contrario - *sm.* proposizione contrariante.

Contraddizióne, *sf.* contrarietà al parere altrui - opposizione.

Contradóte, *sf.* dono che il marito fa alla moglie quasi in compensamento della dote.

Contraente, *sm.* chi fa un contratto, una convenzione ec.

Contraére. V. *Contrarre.*

Contraffáre (*pr.* fò, *pass.* feci, *pp.* fatto), *att. an.* imitare altrui ne'gesti e nel favellare - falsificare monete, scritture e simili - ritrarre al naturale - *np.* travestirsi, trasfigurarsi.

Contraffazióne, *sf.* contravvenzione, trasgressione - imitazione fatta per l'appunto.

Contrafforte, *sm.* riparo a un muro, acciò non cada.

Contraffosso, *sm.* sorta di fortificazione militare.

Contraggénio, *sm.* avversione.

Contralto, *sm.* una delle voci acute della musica – *e* chi canta in tal voce.

Contrammandáre, *att.* rivocare l'ordine dato.

Contrammandáto, *sm.* rivocamento del mandato.

Contrammárcia, *sf.* marcia di soldati opposta alla già cominciata.

Contrammína, *sf.* mina fatta dai difensori per distruggere l'effetto di altra fatta dagli aggressori.

Contrammiráglio, *sm.* ufficiale di marina subordinato all'ammiraglio e al viceammiraglio.

Contrannaturále, *add. m.* contrario alla natura.

Contrappélo, *sm.* pelo volto al contrario.

Contrappesáre, *att.* adeguar peso con peso.

Contrappéso, *sm.* ciò che pesa quanto un'altra materia sulla bilancia.

Contrapponimento, *sm.* opposizione.

Contrapporre (*sinc. dell'Inus.* contrapponere), *att. an.* (*pr.* ongo, óni ec., *pass.* ósi, *pp.* osto), porre all'incontro –

ap. opporsi.

Contrapposizióne, *sf.* opposizion – situazione di cosa opposta.

Contrapposto. V. *An'itesi.*

Contrappotenza, *sf.* forza che distrugge l'opposta.

Contrappunlista, *sm.* (*pl.* sti) chi sa il contrappunto.

Contrappunto, *sm.* l'arte di comporre in musica.

Contrárgine, *sm.* argine parallelo ad un altro per rinforzo.

Contrariamente, *avv.* al contrario.

Contrariáre, *att.* attraversare i disegni di un altro, opporvisi.

Contrarietà, *sf.* opposizione – avversione, ripugnanza – avversità.

Contrário, *sm.* cosa contraria – *add. m.* opposto, o avverso.

Contrarre (*sinc. di* contraere), *att. an.* (*pr.* aggo, ái ec., *pass.* assi, *pp.* alto), fare un contratto, stabilire un accordo – *n. ass.* congiungersi in matrimonio – ristrignere – attrarre.

Contrascrivere (*pass.* issi, *pp.* itto), *n.* scrivere il contrario, o in contrario.

Contrassegnáre, *att.* segnare, notare a riscontro.

Contrassegno, *sm.* segno per riconoscere – testimonianza, indizio.

Contrastábile, *add. com.* che ha ragioni in favore e in contrario.

Contrastáre, *att.* contrariare – *a*

farsi competitore.

Contrasto, sm. opposizione – altercazione.

Contrattáre, att. patteggiare per vendere o comprare.

Contrattazióne. V. *Contratto.*

Contrattempo, sm. tempo fuori dell'ordinario – *fig.* ostacolo, inciampo – *avv.* fuor di tempo.

Contrattile, add. com. che ha facoltà di contrarsi.

Contratto, sm. scrittura obbligatoria fra due o più persone.

Contravvedére (*pr.* édo, eggo, e éggio, édi ec., *pass.* idi, *fut.* edrò ec), att. an. vedere mal volentieri, e di mal occhio.

Contravveléno, sm. ciò che vale a togliere l'effetto del veleno.

Contravvenire (*pr.* engo, iéni ec., *pass.* enni, *pp.* enúto), n. an. venire contro o incontro – *per simil.* preoccupare – e più comm. disubbidire alla legge.

Contravventóre, sm. chi disubbidisce alla legge.

Contravvenzione, sf. trasgressione

Contrazione, sf. ritiramento dei nervi – raggrinzamento della faccia.

Contribuire (*pr.* sco ec.), att. e n. concorrere alla spesa – *per simil.* giovare, ajutare ec.

Contribuzione, sf. concorrimento in qualunque modo a checchessia – imposta militare nel paese conquistato per risparmiare

il saccheggio.

Contristamento, sm. afflizione.

Contristáre. V. *Attristare.*

Contrito, add. m. pentito.

Contrizióne, sf. pentimento delle proprie colpe per amor divino.

Contro, *prep.* V. *Contra* – *In forza di sm.* contr. di pro.

Controllare (*v. fr.*), att. riscontrare, collazionare.

Controlleria, sf. riscontro, confronto.

Controllóre, sm. quegli che rivede i conti.

Contrordine, sm. rivocazione di un ordine.

Controsenso, sm. senso contrario.

Controstòmaco, avv. di mala voglia

Controvérsia, sf. questione (per lo più tra cattolici ed eretici)

Controversista, sm. (*pl.* sti), chi esamina controversie teologiche

Controverso, add. m. contrario – disputato e non deciso.

Controvértere (*pp.* erso), att. an. porre in questione, agitare.

Controvertibile, add. com. disputabile, litigioso.

Controvoluntà, avv. mal volentieri.

Contumáce, add. com. caduto in contumacia – disubbidiente.

Contumácia, sf. disubbidienza alle intimazioni del giudice – ostinazione – quello spazio di tempo in cui si ritengono lazzeretto le persone e le sospette di pestilenza.

Contumaciàle, add. com. di contumacia.

Contumèlia (v. lat.), sf. ingiuria, villanìa.

Contumeliòso, add. m. ingiurioso.

Conturbàre, att. alterare – fig. togliere la tranquillità.

Contusióne, sf. ammaccatura.

Contutore, sm. compagno nella tutela.

Convalescente, add. com. uscito di poco da malattia.

Convalescenza, sf. principio di sanità dopo malattia.

Convalidàre (pr. àlido ec.), att. dare maggiore forza ad argomenti, opinioni e simili – np. rinforzarsi.

Convéllere (pp. ulso), att. an. stirare – np. contorcersi per convulsione.

Convenévole, sm. ciò che conviene – In pl. cerimonie, complimenti – add. com. conforme al dovere – dicevole – idoneo – opportuno.

Convenevolezza. V. Convenienza.

Conveniente, add. com. giusto, ragionevole – acconcio.

Convenientemente, avv. a dovere.

Convenienza, sf. ciò ch' è conveniente, l'onesto – proporzione – attitudine – ragionevolezza – In pitt. relazione delle parti accessorie colle principali di un soggetto.

Convenìre (pr. engo, iéni ec. pass. enni, pp. enùto), n. ass. an. venire più persone nel medesimo luogo – e venire nello stesso sentimento – accordarsi del prezzo nelle compre e vendite – np. avere proporzione – essere conveniente – att. citare uno in giudizio.

Conventìcola, sf. adunamento segreto.

Convento, sm. adunanza – più comun. abitazione dei frati.

Conventuàle, add. m. agg. di frate di uno degli ordini francescani.

Convenzióne, sf. concordato fra due o più persone-accordo, e le condizioni dell'accordo stesso.

Conversàre, n. stare in compagnia – trattenersi – sm. conversazione.

Conversazióne, sf. trattenimento fra più persone amiche.

Conversióne, sf. rivolgimento – mutazione di vita.

Converso, sm. religioso non professo – add. m. rivolto.

Convertìre (pr. erto, o ertisco ec., pass. ertii, o ersi ec., pp. ertìto, o erso), att. an. trasmutare – far rivolgere dal male al bene – np. ravvedersi.

Convessità, sf. superficie esternamente piegata in arco, opposto di concavità.

Convesso, add. m. curvo esternamente, *opposto di concavo.*

Convicino, *add. m.* confinante.

Convincentemente, *avv.* in modo convincente.

Convincere (*pass. insi, pp. into*), *att. an.* provare a uno il suo fallo – *e più propr.* condurre altrui per via di ragioni a confessar vero ciò ch'egli negava – *np.* persuadersi.

Convincimento, *sm.* e

Convinzione, *sf.* persuasione.

Convitare, *att.* invitare a pranzo più persone.

Convitato, *sm.* l'invitato a pranzo

Convito, *sm.* splendido desinare o cena.

Convitto, *sm.* il convivere più persone insieme – e il luogo ove convivono.

Convittore, *sm.* chi convive in un collegio.

Convivere (*pass. issi, pp. ivúto e issúto*), *n.ass.* vivere insieme

Convocáre (*pr. cónvoco, chi ec.*), *att.* chiamare in adunanza.

Convocazione, *sf.* adunanza.

Convogliáre, *att.* accompagnare per sicurezza.

Convóglio, *sm.* accompagnamento per sicurezza – quantità di navi mercantili scortate da navi da guerra – vettovaglie per eserciti o per città accompagnate da buona scorta di soldati

Convólgere (*pass. olsi; pp. olto*), *att. an.* voltare più volte.

Convulsióne, *sf.* moto involontario dei muscoli del corpo.

Convulsívo, *dd. m.* cagionato, e accompagnato da convulsioni, o che cagiona convulsione.

Convulso, *add. m.* preso da convulsione.

Coobbligarsi (*pr. óbbligo, ghi ec.*), *np.* obbligarsi con altri.

Coonestamento, *sm.* scusa plausibile

Coonestáre, *att.* dar colore di giustizia a cosa che pare mal fatta, o mal detta.

Cooperáre (*pr. ópero ec.*), *n.* concorrere all'esito di una cosa

Cooperazióne, *sf.* operazione accoppiata ad altra.

Coordináre (*pr. órdino ec.*), *att.* ridurre in ordine.

Coordinazióne, *sf.* ordine di una cosa con altre.

Coorte (*v. lat.*), *sf.* la decima parte di una legione romana.

Copérchio, *sm.* ciò che cuopre un vaso.

Coperta, *sf.* cosa che cuopre – la parte superiore della nave – l'apparecchio a mensa per un convitato – *fig.* pretesto.

Copertamente, *avv.* segretamente.

Coperto, *sm.* luogo coperto – tetto delle fabbriche – *pp. di* coprire – velato – *fig.* simulato

Copertúra, *sf.* ciò che cuopre in generale – *fig.* apparenza.

Cópia, *sf.* abbondanza, dovizia – esemplare – la cosa copiata –

quadro o scultura ad imitazione di un altro.

Copialèttere , *sm.* registra mercantile delle corrispondenze.

Copiáre , *att.* trascrivere – imitare servilmente – dipingere quadri d'altrui invenzione.

Copiosamente, *avv.* in copia, abbondantemente.

Copióso, *add. m.* abbondante.

Copista, *sm.* (*pl.* sti), chi copia, o trascrive.

Coppa, *sf.* la parte di dietro del capo – vaso da bere – *In pl.* uno de' quattro semi delle carte da giuoco.

Cóppano, *sm.* piccola barca.

Coppella, *sf.* vasetto fatto di cenere di corna, in cui gli orefici danno la prova all'argento.

Coppetta, *sf.* vasetto di vetro per tirare il sangue alla pelle.

Céppia, *sf.* due cose diverse congiunte insieme.

Coppiére, *sm.* chi serve di coppa.

Coppo, *sm.* vaso di terra da olio, o da acqua – tegola.

Coprimento , *sm.* il coprire, e la cosa con che si cuopre.

Coprire (*pass.* ersi, *pp.* erto), *att. an.* porre alcuna cosa sopra un' altra che la occulti o la difenda – *fig.* nascondere, dissimulare – *Nella mil.* difendere – *In pitt.* colorire assai – *sp.* mettere in capo cappello o berretta.

Copulatívo, *add. m.* congiuntivo.

Corággio, *sm.* grandezza d'animo a fare o sopportare cose gravi.

Coraggiosamente, *avv.* con coraggio, valorosamente.

Coraggióso, *add. m.* che ha coraggio, intrepido.

Corale, *add. com.* addetto al coro.

Corallina , *sf.* musco marittimo usato in decotto per distruggere i vermi del corpo umano.

Corallo (*v. gr.*) , *sm.* sostanza pietrosa e ramosa a guisa di pianta, la quale si produce nel fondo del mare.

Coráme. V. *Cujame.*

Coráta, *sf.* le parti intorno al cuore.

Coratella, *sf.* il fegato e gli altri visceri degli animali verso la regione del cuore.

Corazza, *sf.* armatura antica del busto – *per simil.* difesa.

Corazziéra, *sm.* soldato a cavallo armato di corazza.

Corba, *sf.* cesta intessuta di vimini.

Corbáme , *sm.* il complesso dei legni che formano l'ossatura de' bastimenti.

Corbellàre, *att.* schernire.

Corbellería, *sf.* frascheria.

Corbello , *sm.* arnese tessuto di strisce di legno.

Corbézzola, *sf.* il frutto del corbezzolo.

Corbézzolo , *sm.* arbusto sempre verde, che dà un frutto simile come la ciriegia.

Corbo. V. Corvo.

Corda, sf. fila di canapa attorta insieme con altre per legare (in marin. cavo) - filo di metallo o di budello per gl'instrumenti musicali.

Cordaggio, sm. assortimento di corde.

Cordajo, e

Cordajuolo, sm. chi fa, o vende corde.

Cordame. V. Cordaggio.

Cordelliera, sf. catena di montagne

Corderia, sf. luogo dove si fabbricano le corde.

Cordiale, sm. brodo con uova stemprate - comun. qualunque bevanda ristorativa - add. com. di cuore - sincero.

Cordialità, sf. affetto cordiale.

Cordialmente, avv. con tutto il cuore.

Cordiera, sf. manico del violino.

Cordiglio, sm. cingolo de' sacerdoti e de' frati.

Cordoglio, sm. dolore profondo.

Cordonata, sf. scala a cordoni di pietra invece di gradini.

Cordone, sm. grossa corda - cinto del cappello - risalto esterno delle muraglie - linea di soldati che circondano un paese infetto, acciò non si dilati il contagio.

Core (v. poet.) V. Cuore.

Coreggia, sf. cintura di cuojo-fiato

Coreggiuolo, sm. strumento villico

per battere le messi.

Coreografia (v. gr.), sf. l'arte della danza mimica.

Coribante, sm. nome degli antichi sacerdoti di Cibele.

Coricare (pr. corico, chi ec.), att. distendere - np. porsi a letto - fig. il tramontare del sole

Corifeo (v. gr.), sm. direttore del coro nelle antiche tragedie - fig. capo di setta - e generalm. chiunque è il primo in ogni ordine.

Corista, sm. (pl. sti), capo del coro - e chi canta in coro - fistino per accordare gl'instrumenti.

Cornacchia, sf. uccello minore, ma quasi simile al corvo.

Cornamusa, sf. strumento pastorale da fiato.

Cornata, sf. colpo di corno.

Cornea, sf. una delle tuniche dell'occhio.

Corneo, add. m. della natura del corno.

Cornetta, sf. strumento musicale da fiato.

Cornice, sf. membro d'architettura

Cornicione, sm. la cornice finale di una fabbrica.

Corniola, sf. sorta di pietra dura rossa.

Corniola, sf. frutto del corniolo.

Corniolo, sm. arboscello che dà un frutto simile alla giuggiola.

Corno, sm. (pl. corni m., e più comun. corna f.) parte osed acuta, che spunta in capo a certi quadrupedi – strumento da fiato – *corna* diconsi le punte della luna; i lati di un esercito schierato; le braccia de'fiumi e delle strade.

Cornucópia, *sf.* corno grande pieno di frutta (*simbolo dell'abbondanza*)

Cornúto, *add. m.* che ha corna.

Coro, *sm.* cerchio di persone – schiera – *Nella mus.* tutta la turba dei coristi che accompagnano col canto il primo cantore – luogo nelle chiese ove si cantano le ore canoniche.

Corografía (*v. gr.*), *sf.* descrizióne di un paese.

Corolla, *sf.* la parte del fiore più colorita.

Corollário, *sm.* aggiunta alle conclusioni di una dimostrazione.

Coróna, *sf.* ghirlanda di foglie o di fiori – ornamento del capo del re – sovranità – simbolo del martirio – cerchio qualunque – arnese per numerare il rosario – anello che circonda i pianeti – segno musicale indicante sospensione – la parte più folta de'rami in un albero – *In archit.* membro piano della cornice.

Coronáre, *att.* porre la corona in capo ad alcuno – cignere – adornare.

Coronazióne, *sf.* l'atto di coronare.

Corpacciáto, *add. m.* grosso di corpo, pingue.

Corpo, *sm.* sostanza dotata di lunghezza, larghezza, altezza, peso, densità ec. – ogni porzione di materia isolata dalle altre – il composto di carne e di ossa dell'animale – *fig.* tutto il complesso di città, repubbliche, stati, compagnie ec. – *Nella mil.* adunamento considerabile di truppe.

Corporále, *sm.* pannolino sul quale si consacra l'ostia nella messa – *add. com.* di corpo, o che ha corpo.

Corporalmente, *avv.* col corpo.

Corporatúra, *sf.* tutto il composto del corpo.

Corporazióne, *sf.* aggregazione ad un corpo morale.

Corpóreo, *add. com.* di corpo – di sostanza corporea – materiale

Corpulento. V. *Corpacciuto.*

Corpulenza, *sf.* grossezza di corpo.

Corpúto. V. *Corpacciuto.*

Córre, *sinc. di* cogliere. V.

Corredáre, *att.* fornire di corredi – *fig.* adornare – fortificare – provvedere.

Corrédo, *sm.* fornimento di bianchérie e suppellettili.

Corréggere (*pass. essi, pp. etto*), *att. an.* ammonire – gastigare – purgare – purificare – *np.* ravvedersi, emendarsi.

Correlatívo, *add. m.* che ha

relazione.

Correlazióne, *sf.* relazione reciproca.

Corrente, *sf.* acqua che corre - *fig.* opinione comune - *add. com.* veloce - vulgato - proclive - agg. di *acqua, contr.* di *stagnante* - agg. di *mese, costo, moneta,* cioè in corso.

Corrente, e

Correntemente *avv.* senza intoppo.

Correntìa , *sf.* la corrente dell'acqua ne' fiumi.

Corréo, *sm.* complice nel delitto.

Córrere (*pass.* corsi, *pp.* corso), *n. ass. an.* andare con velocità - e andare all'ingiù (*parlando de' fiumi, torrenti e simili*) - circolare (*detto del sangue*) - scorrere - essere divario tra cosa e cosa.

Correspettività , *sf.* corrispondenza reciproca.

Correspettìvo , *add. m.* corrispondente.

Correttamente, *avv.* senza errore.

Correttòre, *sm.* che corregge.

Correzióne, *sf.* emenda - ammonizione - castigo - riforma.

Corridojo, *sm.* andito interno delle fabbriche.

Corridóre, *sm.* cavallo da cossa.

Corriéra, *sf.* barca che porta dispacci, ordini ec.

Corriére, e

Corriéro, *sm.* chi porta le lettere per posta,

Corrispondente, *sm.* chi ha relazioni lontane di negozj - *add. avv.* conveniente, conforme.

Corrispondenza , *sf.* conformità - convenienza.

Corrispóndere (*pass.* ósi, *pp.* osto), *n. an.* essere conveniente - contraccambiare.

Corrivo, *add. m.* facile a fare, o a credere.

Corroboráre (*pr.* óboro ec.), *att.* fortificare - rinvigorire - *fig.* avvalorare, convalidare.

Corroborativo, *add. m.* ristorativo.

Corródere (*pass.* ósi, *pp.* óso), *att. an.* consumar lentamente.

Corrómpere (*pass.* uppi, *pp.* otto), *att. an.* guastare - *fig.* depravare - sedurre con lusinghe, o con doni.

Corrosióne, *sf.* lento consumamento.

Corrosivo, *add. m.* che lentamente consuma.

Corrottamente, *avv.* con corruzione

Corrotto, *sm.* pianto che si fa pé morti.

Corrucciarsi, *np.* adirarsi.

Corrúccio, *sm.* collera, stizza.

Corruccioso, *add. m.* sdegnoso.

Corrugáre, *att.* increspare.

Corrugazióne, *sf.* raggrinzamento.

Corruttela , *sf.* corruzione - depravazione di costumi.

Corruttìbile , *add. com.* facile a corrompersi - e *fig.* a lasciarsi subornare.

Corruzióne, sf. putrefazione -
fig. depravazione - violazione
- subornazione - polluzione.

Corsa, sf. moto impetuoso.

Corsàle, e

Corsáro, sm. ladro di mare.

Corseggiàre, n. ass. far il corsale.

Corsía, sf. corrente de' fiumi -
spazio nelle navi per camminare da poppa a prua.

Corsiére, e

Corsiéro, sm. cavallo rapido al
corso.

Corsívo, add. m. che corre -
agg. di carattere, quello ch' è
più atto alla velocità dello
scrivere - e presso agli stampatori, quello ch'è simile allo
scritto, a differenza del tondo.

Corso, sm. moto accelerato di
chi corre - scorrimento del-
l' acque ne' fiumi, torrenti e
simili - passeggio pubblico -
la strada principale di una città

Corsojo. V. *Scorsojo.*

Corte, sf. palazzo de' principi,
altr. reggia - la famiglia ed il
corteggio del principe - foro -
cortile - sbirraglia.

Cortéccia, sf. scorza degli alberi
- *fig.* apparenza.

Corteggiàre, att. far corteggio ai
gran signori - *per simil.* fat
all'amore.

Cortéggio, sm. servità ossequiosa
che si presta altrui, e specialmente ai gran signori.

Cortegianesco. V. *Cortigianesco*

Cortegiàno. V. *Cortigiano.*

Cortello. V. *Coltello.*

Cortéo, sm. seguito di person
che accompagnano la spos:
novella.

Cortése, add. com. di modi gentili - compiacente - umano.

Cortesemente, avv. con cortesia

Cortesía, sf. costume di aver per
ciascuno il dovuto riguardo -
buona grazia - compiacenza -
liberalità - e nell' uso mancia.

Cortezza, sf. brevità di tempo o
di cosa, *contr.* di lunghezza.

Cortigianería, sf. azione o tratto da cortigiano.

Cortigianesco, add. m. (*pl.* schi)
da cortigiano.

Cortigiáno, sm. gentiluomo di corte - add. m. addetto alla corte.

Cortile, sm. spazio scoperto d
una casa.

Cortína, sf. parte del cortinaggi
- tenda - velo con che si c
prono le immagini.

Cortinàggio, sm. tenda da' c
dere il letto.

Corto, add. m. di poca lunghe
za, *contr.* di lungo - brev
succinto - sm. cortezza, b
vità - avv. brevemente.

Corvetta, sf. uno dei lanci
cavallo - piccola nave.

Corvettàre, n. ass. far corret
saltare (*proprio de'cavalli*)

Corvo, sm. grosso uccello

che si pasce di carname.

Cosa, *sf.* nome generalissimo di tutto ciò che esiste, ma senza significato quando non si sappia a che allude.

Cosacco, *sm.* (*pl.* cchi), *propr.* soldato di cavalleria russa - *per simil.* masnadiero.

Coscia, *sf.* (*pl.* sce), parte del corpo dal ginocchio all'anguinaja.

Coscienza, *sf.* conoscimento di sé medesimo e delle proprie azioni - *erronea*, il supporre falsamente un dovere, oppure una libertà morale in ciò ch'è vietato dalle leggi.

Coscritto. V. *Conscritto.*

Coscrivere. V. *Conscrivere.*

Così, *avv.* in questo modo.

Cosmogonía (*v. gr.*), *sf.* scienza della formazione dell'universo.

Cosmografia (*v. gr.*), *sf.* descrizione delle parti del mondo.

Cosmopolita (*v. gr.*), *sm.* (*pl.* ti), cittadino del mondo tutto.

Cospargere (*pass.* arsi, *pp.* arso), *att. an.* spargere intorno.

Cospergere (*pass.* ersi, *pp.* erso), *att. an.* leggermente bagnare.

Cospetto (*v. lat.*), *sm.* presenza

Cospicuamente, *avv.* chiaramente.

Cospicuo (*v. lat.*), *add. m.* esposto alla vista - *fig.* chiarissimo.

Cospirare, *att.* tendere concordemente ad un fine buono o cat-

tivo - congiurare.

Cospirazione, *sf.* congiura.

Costa, *sf.* V. *Costola* - fianco di nave - spiaggia - salita di colle - lato.

Costà, *avv.* in cotesto luogo.

Costante, *add. com.* fermo, perseverante.

Costantemente, *avv.* immutabilmente.

Costanza, *sf.* fortezza nelle avversità - perseveranza nel bene.

Costáre, *n.* valere - essere manifesto (*che meglio dicesi constare*)

Costato, *sm.* luogo dove sono le costole - *per simil.* lato.

Costeggiáre, *att.* navigar lungo le coste.

Costellazióne, *sf.* aggregato di più stelle che formano una figura immaginaria.

Costernarsi, *np.* perdersi d'animo.

Costernazióne, *sf.* sbigottimento.

Costì, *avv.* in cotesto luogo.

Costiéra, *sf.* spiaggia - pendice continuata di colline.

Costipáre, *att.* condensare, restringere - rinserrare ciò ch'è troppo aperto - generare stitichezza - *np.* nell'uso raffreddarsi

Costipazióne, *sf.* ristringimento di ventre - e nell'uso infreddatura.

Costituíre (*pr.* sco ec., *pp.* uito, uto), *att. an.* deliberare, stabilire - eleggere a qualche do - assegnare - fondare

Costituto, sm. l'esame fatto al reo dal giudice.

Costituzione, sf. codice di leggi di uno stato - legge, decreto - complessione.

Costo, sm. opera.

Costola, sf. osso arcato del petto - In pl. le doghe delle botti.

Costrignere, e

Costringere (pr. ingo, pass. insi, pp. etto), att. an. stringere insieme - legare strettamente - sforzare - condensare.

Costruire (pr. sco ec., pass. ussi, pp. utto, o uito), att. fabbricare - In gramm. ordinare le parti del discorso.

Costrutto, sm. profitto, utile - ordine del discorso - add. m. fabbricato.

Costruzione, sf. fabbricazione - ordinamento del discorso.

Costui, pron. m. questi, o quest'uomo (fem. costei, pl. com. costoro)

Costumanza, sf. usanza.

Costumare. V. Accostumare. - n. ass. e np. essere in uso.

Costumatezza, sf. buon costume.

...umato, add. m. di buon co-...ne, disciplinato- assuefatto.

..., sf. usanza, consuetudine

...o di trattare o di proce-

...esecuzione frequente

...sse azioni. - In pitt. e

...so de' tempi e de' luo-

...osservarsi ne' soggetti.

Cotale, pron. com. correlat...
di quale o di che - sm. me...
bro virile.

Cotanto, pron. m. sì grande...
avv. tanto.

Côte, sf. pietra da affilar ras...

Cotenna, sf. la pelle del porco - fig. detto di persona, avaro - anche rozzo, zotico ec. - qu... la parte del sangue cavato da... le vene che galleggia sul sier...

Cotesto, pron. di pers. o di cos... indicante oggetto accennato, prossimo alla persona o ad cosa di cui si parla.

Cotidianamente, avv. giornalmen...

Cotidiano, add. m. giornaliero.

Cotogna, sf. sorta di frutto agr... to ed acetoso.

Cotognata, sf. e

Cotognato, sm. conserva di cot...gne con mele e zucchero.

Cotogno, sm. l'albero che pr...duce le cotogne.

Cotone, sm. bambagia.

Cotonina, sf. tela grossa di coton...

Cotta, sf. sopravveste di pann...lino increspato di cui si v...stono i preti - quantità...roba cotta in una volta.

Cotticcio, add. m. mezz'ubbri...co - fig. alquanto innamorat...

Cotto, sm. coltura - pietra co...ta - add. m. ubbriaco - p...dutamente innamorato.

Cottura, sf. l'atto di cocer...

Coturno, sm. stivaletto a me...

m gamba usato dagli attori delle antiche tragedie.

Cova, *sf.* V. *Covo.* - tempo della covatura.

Coriccio, e

Covicciolo, *sm.* luogo dove riposano gli animali quadrupedi.

Covàre, *att. e n. ass.* lo stare che fanno gli uccelli sulle uova per riscaldarle - *fig.* stare acquattato - nodrire segreti progetti d'odio, vendetta o mala azione qualunque.

Covile, *sm.* luogo dove riposa l'animale - *fig.* lettuccio.

Covo, *sm.* tana da fiere - nido degli uccelli.

Covone, *sm.* fascio di paglia.

Covrire. V. *Coprire.*

Cocione, *sf.* cocitura - digestione (*che meglio dicesi* concozione)

Cozzare, *att.* percuotere colle corna - *np.* abbattersi - incontrarsi.

Cozzo, *sm.* colpo di corna.

Cranio, *sm.* cassa ossea che copre e rinchiude il cervello.

Crapola, e

Crapula, *sf.* eccesso nel mangiare e nel bere.

Crapulàre (*pr.* ápulo ec), *n. ass.* gozzovigliare, stravizzare.

Crapulóne, *sm.* dato alla crapula.

Crassezza, *sf.* densità de' fluidi.

Crasso, *add. m.* molto denso - agg. d'*ignoranza*, cioè grandissima e non iscusabile.

Cratére (*r. gr.*), *sm.* gran vaso presso i greci ad uso di mescolare l'acqua col vino - *oggi* vaso a bocca larga per bere - *per simil.* l'apertura de' vulcani.

Cravatta, *sf.* fazzoletto che si porta al collo.

Creanza, *sf.* consuetudine di evitare quanto può recar ad altri fastidio - modo urbano e civile di trattare.

Creàre, *att.* trarre dal nulla (*proprio della sola Divinità*) - costituire, eleggere - originare - allevare - ammaestrare ec. (*proprio del tempo e degli uomini*)

Creàto, *add. m.* limitato, finito - *ben creato*, di buoni costumi - *mal creato*, senza creanza - *Il creato*, l'universo.

Creatóre, *sm.* il solo Iddio, come quegli che dal nulla diè esistenza alle cose.

Creatùra, *sf.* ogni cosa creata - persona umana - allievo di alcuno.

Creazióne, *sf.* formazione dal nulla - elezione.

Credenza, *sf.* atto dell'intelletto, per cui acconsente a checchessia sulla fede altrui - fede, e, per antonomasia, quella de' dogmi della religione cristiana - credulità - opinione - credito - segretezza - armario da cucina ove ripongonsi le

stoviglie - tavola apparecchiata per disporvi gli utensili di
un banchetto, o di un battesimo, o di una messa solenne.

Credenziále, add. com. agg. di
lettera che presentano gli ambasciadori per essere accredi-
tati presso i governi esteri.

Credenziéra, sf. armadio dove
si ripongono le cose da mangiare.

Credenziére, sm. colui che ha
cura della credenza.

Crédere, att. prestar fede - n.
ass. professar la fede cristiana - essere di parere - dare
a credenza.

Credíbile, add. com. da essere
creduto.

Credibilità, sf. motivi su cui si
appoggia la credenza.

Credibilmente, avv. in modo da
credersi.

Crédito, sm. opposto di debito -
opinione che uno sia in buono
stato di affari - buona fama.

Creditore, sm. quegli a cui deb-
besi pagare.

Crédo, sm. simbolo apostolico.

Credulità, sf. facilità a credere.

Crédulo, add. m. facile a credere.

Crema, sf. fior di latte - composto di latte, uova, farina e
zucchero sbattuto insieme e
rappreso al fuoco.

·mísi, sm. color rosso vivo.

·misino, add. m. di colore di
cremisi, scarlatto.

Cremore, sm. l'estratto di alcune materie - di tartaro, la
parte più pura della gruma
di botte, per uso di medicina.

Cren, sm. pianta ortense, di cui
si mangiano le radici per
condimento de' cibi.

Crena, sf. pelo lungo che pende dalla parte superiore del
collo del cavallo.

Crepacuóre, sf. grande affanno.

Crepáre, n. ass. fendersi, spaccarsi - fig. rodersi per rabbia - morire (modo basso)

Crepatúra, sf. fessura di muro
o di legno.

Crepitáre (pr. épito ec.), n. ass.
scoppiettare.

Crepoláre (pr. épolo ec.), n. ass.
fendersi a minuto in più luoghi

Crepúscolo, sm. quella luce che
vedesi avanti il levare e dopo
il tramontare del sole.

Crescenza, sf. crescimento - al-
luvione - inondazione.

Créscere (pass. ebbi, pp. esciúto)
att. aumentare - n. ass. farsi
più grande - moltiplicare.

Crescimento. V. Accrescimento

Crésima (v. gr.), sf. il secondo
de' sagramenti della Chiesa
per cui si conferma nel cristiano la grazia ricevuta nel
battesimo, onde dicesi anche
Confermazione.

Cresimáre (pr. ésimo), att. con

ferve la cresima.

Crespa, *sf.* grinza della pelle -
In pl. le pieghe delle vesti.

Crespo, *add. m.* grinzoso, rugoso - agg. di *velo*, sorta di
velo ricciuto per abiti donne-
schi o per paramenti.

Cresta, *sf.* quella carne rossa a
merletti che hanno sulla testa
le galline - *per simil.* sommità
o cima *(e dicesi delle montagne)* - abbigliamento donnesco
del capo.

Creta. V. *Argilla*.

Cribrare *(v. lat.)*, *att.* vagliare -
fig. purgare.

Cricca, *sf.* (*pl.* cche), sorta di
giuoco di carte - compagnia,
crocchio.

Criminale, *add. com. che si applica a tutto ciò che riguarda
il tribunale dei delitti e delle pene.*

Criminalista, *sm.* (*pl.* sti), perito
nelle materie criminali.

Criminalmente , *avv.* in forma
criminale.

Crimine *(v. lat. e poet.)*, *sm.*
azione contraria ad una legge
divina od umana , a cui va
annessa una pena - imputazione di delitto.

Criminoso, *add. m.* vizioso con
malizia.

Crine, *sm.* pelo lungo del cavallo
- *poet.* capelli del capo umano.

Criniera, *sf.* i crini del collo del

cavallo.

Crinito , *add. m.* che ha crini
(agg. specialm. delle comete).

Crisalide *(v. gr.)*, *sf.* bruco chiuso
nel bozzolo.

Crise, e

Crisi *(v. gr.)*, *sf.* cambiamento
della malattia - *fig.* scioglimento prossimo di checchessia.

Crisma, *sinc. di* cresima. V.

Crisolito *(v. gr.)*, *sm.* pietra preziosa di color d' oro.

Cristallino, *add. m.* di cristallo
- *fig.* limpido, chiaro.

Cristallizzare , *att.* congelare a
guisa di cristallo.

Cristallizzazione, *sf.* operazione
per cui le parti di un corpo
sciolte in un fluido si ricon-
densano sotto altra figura solida.

Cristallo, *sm.* materia vitrea trasparente - specchio da mirarsi
- *poet.* acqua chiara - *In chim.*
qualunque materia cristallizzata

Cristere *(v. gr.)*, *sm.* lavativo.

Cristianamente, *avv.* con modo
cristiano.

Cristianesimo, e

Cristianismo, *sm.* il pòpolo cristiano - la religione cristiana.

Cristianità, *sf.* la repubblica, e
la religione cristiana.

Cristiano , *sm.* chi professa la
religione di G. C. - *add. m.*
conveniente a cristiano.

Cristo *(v. gr.)*, *sm.* unto del S

gnere (attributo del Marte)

Critério (v. gr.), sm. perspicacia accompagnata dal buon senno

Critica (v. gr.), sf. (pl. che) nello giudizio delle cose - censura (per lo più in mala parte)

Criticare (pr. tico, chi ec.), att. giudicare delle cose altrui notandone le bellezze e i difetti.

Critico, sm. chi esamina e dà giudizio de' componimenti - add. m. abusiv. pericoloso.

Crivellare, att. separare col crivello - bucare a modo di crivello - fig. censurare.

Crivello, sm. vaglio da nettar granaglie.

Crocchio, sm. conversazione piacevole.

Croce, sf. due legni a traverso l'uno dell'altro - patibolo de'malfattori presso i giudei, divenuto segno di gloria presso i cristiani - afflizione - travaglio.

Crociata, sf. la lega generale dei cristiani che andavano a combattere in Terra santa.

Crocicchio, sm. incrociamento di strade.

Crocidare (pr. cido ec.), n. ass. far la voce del corvo.

...ttera, sf. qualsivoglia attraversamento a foggia di croce.

...fero, sm. chi porta la croce ... processioni.

...gere (pas. issi, pp. isso),

att. ... conficcare in croce - fig. dare gran travaglia, in... - np. martirizzarsi.

Crocifissione, sf. supplizio della croce - e l'atto di crocifiggere.

Crocifisso, pa. di crocifiggere - add. m. fig. angustiato, tormentato - sm. l'immagine di N. S. G. C. confitto in croce.

Crocione, sm. accr. di croce - moneta imperiale coll'impronta della croce.

Crogiuolo, sm. vaso di terra cotta, ove si fondono i metalli.

Crollamento, sm. scotimento.

Crollare, att. dimenare, scuotere - n. ass. e np. uscir d'ordine, d'equilibrio.

Crollo, sm. scotimento - fig. danno, rovina.

Croma, sf. figura musicale.

Cromatico, add. m. semitonato.

Cronaca, e

Cronica (v. gr.), sf. (pl. che), storia disposta secondo l'ordine de'tempi.

Cronico (v. gr.), add. m. agg. di male, cioè lungo, lento, opposto di acuto.

Cronista, sm. (pl. sti), scrittore di croniche.

Cronografia (v. gr.), sf. descrizione de'tempi e dell'epoche.

Cronologia (v. gr.), sf. la scienza de'tempi e dell'epoche.

Cronologicamente, avv. secondo l'ordine de'tempi.

Cronológico, *add. m.* appartenente a cronologia.

Cronologista, *sm.* (*pl.* sti), e

Cronologo, *sm.* (*pl.* ghi), professore di cronologia.

Cronómetro (*v. gr.*), *sm.* nome
generico di tutti gli strumenti che misurano il tempo.

Cronóscopo (*v. gr.*), *sm.* oriuolo
a sole.

Crosciáre (*v. poet.*), *n. ass.* piovere a rovescio.

Cróscio, *sm.* romore di liquido
bollente.

Crosta, *sf.* escremento risecco
sopra una piaga marciosa –
per simil. tutto ciò che s' in-
durisce alla superficie di una
cosa – corteccia del pane.

Crostáceo, *add. m.* agg. di pesci con nicchio.

Crostino, *sm.* fettuccia di pane
arrostita.

Crucciáre, *att.* far adirare – *sp.*
iscollerirsi.

Cruccio, *sm.* collera, stizza –
afflizione d' animo.

Crucciosamente, *avv.* stizzosa-
mente.

Cruccioso, *add. m.* stizzito, incollerito.

Crudamente, *avv.* con modo aspro.

Crudele, *add. com.* che non ha
pietà, inumano.

Crudeltà, *sf.* fierezza d' animo –
azione barbara.

Crudezza, *sf.* asprezza di sapore,

immaturità – *In pitt.* difetto dei
lineamenti, del colorito e simili mancanti di grazia.

Crudo, *add. m.* non cotto – acerbo, immaturo – *fig.* crudele.

Cruento (*v. lat.*), *add. m.* san-
guinoso.

Cruna, *sf.* il foro dell' ago ove
s' infila il refe.

Crusca, *sf.* (*pl.* sche), buccia del
grano che si separa dal buratto – nome dell' Accademia
fiorentina istituita per purgare
la lingua italiana – ed il vocabolario compilato dall' Accademia stessa.

Cruscante, *add. com.* del vocabolario della Crusca (aggr. di
vocabolo, frase ec.) – soverchiamente attaccato alla Crusca.

Cruschello, *sm.* crusca minuta
della seconda stacciata.

Cubáttolo, *sm.* strumento di verghe di legno da pigliare uccelli al tempo delle nevi.

Cubatúra, *sf.* l' arte di misurare
lo spazio occupato da un solido

Cúbico, *add. m.* che ha la forma
di cubo.

Cubitále, *add. com.* di cubito –
grande assai (*agg. di lettere*)

Cúbito, *sm.* gomito – misura antica della lunghezza presa dal
gomito all' estremità del dito
medio.

Cubo, *sm.* figura solida di sei
facce quadrate e uguali.

Cuccagna, sf. paese favoloso di piaceri - fig. abbondanza, felicità.

Cucchiajo, sf. ordigno a foggia di gran cucchiajo per nettare porti e canali.

Cucchiajata, sf. quantità di roba che sta sul cucchiajo.

Cucchiajo, sm. strumento concavo col quale si piglia il cibo.

Cuccia (v. fr.), sf. il letto de' cani

Cucciare (v. fr.), n. ass. il coricarsi de' cagnolini - fig. giacersi (modo basso)

Cuccio, e cucciolo, sm. cane piccolo - fig. uomo inesperto.

Cucuma. V. Cogoma.

Cucina, sf. stanza ove si cuociono le vivande.

Cucinare, att. cuocere le vivande

Cuciniere, sm. cuoco.

Cucire, att. congiugnere pezzi di panno, tela ec. con refe, spago, o simili.

Cucito, sm. cucitura - è il lavoro che si cuce.

Cucitura, sf. l'azione di cucire - e il modo con cui una cosa è cucita.

Cuculiare, n. ass. fare il verso del coculo - att. beffare.

Cuculo, sm. uccello grosso quanto un piccione, così detto dal suono del suo verso.

Cucurbita (v. lat.), sf. zucca - vaso di vetro da stillare.

Cucuzza, sf. zucca - il mezzo

dell' occipite.

Cucuzzolo, sm. estremità del capo

Cuffia, sf. copertura ornata del capo femminile.

Cugino, sm. figlio di zio o di zia - titolo di onore che i monarchi conferiscono ai principi che per sangue o dignità sono loro prossimi.

Cui, pron. relat. com. di persona, quale, o chi, e che serve in tutti i casi, fuorchè nel primo

Culatta, sf. parte deretana di più cose.

Culattare, att. far battere a taluno il deretano in terra, tenendolo pe' piedi e per le braccia.

Culattata, sf. battuta di culo in terra.

Culeggiare, n. ass. dimenare il culo in camminando.

Culiseo. V. Colosseo.

Culla, sf. letticciuolo de' bambini

Cullare, att. dimenar la culla.

Culmine (v. lat.), sm. sommità - parte più elevata di un arco.

Culo, sm. parte di dietro del corpo, colla quale si siede, perciò detto anche il sedere - per simil. e in modo basso, fondo di checchessia.

Culto, sm. tributo di onore e di venerazione che si rende a Dio con atti interni ed esterni - religioso, complesso degli atti di religione - add. m. coltivato - addottrinato, erudito ec. -

usato, elegante.

Cultore, sm. coltivatore - veneratore - amatore (e dicesi riguardo alle belle arti)

Cultura. V. Coltura.

Cumulare. V. Accumulare.

Cumulatamente, avv. in cumulo.

Cumulativamente, avv. tutto insieme.

Cumulativo, add. m. atto ad accumulare.

Cumulo, sm. mucchio di cose ammassate senza ordine.

Cuna. V. Culla.

Cuneo, sm. figura solida geometrica che dalla base va a finire in acuto.

Cuocere (pass. cossi, pp. cotto), att. an. apprestare le vivande al fuoco - l'azione del sole nel disseccare i vegetabili - e quella del freddo nel guastare le piante - fig. molestare - innamorare ardentemente - n. ass. e np. divenire cotto - fig. affliggersi.

Cuoco, sm. (pl. chi), chi appresta le vivande.

Cuojo, sm. (pl. cuoj m., e cuoja f.), pelle concia di bue -per simil. buccia - scaglia.

Cuore (e poet. core), sm. viscere principale degli animati situato nel petto, e centro alla circolazione del sangue - sede di tutti gli affetti - fig. coraggio - per simil. centro, mezzo di

checchessia - In pl. uno dei quattro semi delle carte da giuoco.

Cupidamente, avv. avidamente.

Cupidigia, e

Cupidità, sf. appetito disordinato.

Cupido, add. m. bramosissimo - avido, avaro.

Cupido, sm. l'amore favoloso figurato in un fanciullo alato e cieco, o bendato.

Cupo, sm. profondità - oscurità - add. m. profondo - oscuro - fig. taciturno, pensoso - agg. di colore, scure - di suono, non chiaro.

Cupola, sf. volta rotonda di grandi e sontuosi edifisj.

Cura, sf. premura, sollecitudine - custodia - diligenza - assistenza del medico - regolamento di un ammalato - offizio del curatore - parrocchia.

Curare, att. medicare le infermità - fig. correggere (detto dei visj e de' mali costumi) - procurare, procacciare - n. aver cura - tener conto - e np. darsi briga e pensiero.

Curativo, add. m. atto a curare o a preservare.

Curato, sm. sacerdote che ha cura d' anime con giurisdizione - coadjutore al paroco.

Curatore, sm. chi ha cura di alcuna cosa - amministrator' patrimonj pupillari.

Cùria, sf. luogo ove si agitano le cause – uffizio di cancelleria vescovile – divisione del popolo in tribù presso gli ant. rom.

Curiále, sm. uomo di legge, legale.

Curiàndolo, sm. sorta di pianta ombrellifera, ed il seme di essa

Curióne, sm. sacerdote romano presso ogni curia.

Curiosamente, avv. con curiosità.

Curiosità, sf. stimolo a conoscere i fatti altrui – desiderio di imparare cose nuove – cosa rara

Curióso, add. m. soverchiamente vago di vedere e di sapere.

Curro, sm. grosso cilindro che si sottopone ai pesi gravi per farli scorrere più facilmente.

Cursóre, sm. colui che corre – ministro che porta altrui gli ordini del tribunale.

Curva, sf. linea i cui diversi punti declinano dalla retta.

Curvàre, att. piegare in arco.

Curvatúra, sf. piegatura in arco.

Curùle, add. f. agg. della sedia de'magistrati romani.

Curvo, add. m. piegato in arco – fig. supplichevole.

Cuscìno, sm. guanciale corto.

Custóde, sm. colui che ha in custodia alcuna cosa.

Custódia, sf. guardia, cura – astuccio per custodire cose di pregio – ripostiglio di cose sacre.

Custodíre (pr. sco ec.), att. guardare, conservare.

Cutáneo, add. m. della cute.

Cute (v. lat.), sf. la pelle del corpo.

Cutìcola, sf. membrana esteriore della pelle.

Czar, sm. antico titolo degl'imperatori delle Russie.

Czara, e Czarína, sf. imperatrice delle Russie.

D

D, quarta lettera dell'alfabeto, e terza fra le consonanti – numero rom. dinotante cinquecento.

Da, art. indeterm. del sesto caso.

Dabasso, da basso, d'abbasso, avv. dalla parte di sotto.

Dabbenàggine, sf. probità – più comun. semplicità, sciocchezza

Dabbéne, e da bene, add. com.

onesto, probo.

Daccanto, e da canto, avv. e prep. da parte.

Daddovéro, e da dovero, avv. da senno, seriamente.

Dado, sm. osetto a sei facce quadre con numero di punti per giocare – per simil. qualunque piedestallo quadro su cui posi statua o altro – quadunque gran fabbricato quadrangolare.

Dáino, *sm.* animale quadrupede salvatico, quasi simile al capriuolo.

Dalmática (*v. lat.*), *sf.* paramento ecclesiastico, *altr.* tonicella.

Dama, *sf.* donna nobile, gentildonna – sorta di giuoco con pedine su'lo scacchiere.

Damascáre, *att.* essere a opera

Damasco. V. *Damasco.*

Dameggiáre, *n. ass.* fare il damerino.

Damería, *sf.* sussiego di dama.

Damerino, *sm.* vagheggiator di donne.

Damigella, *sf.* fanciulla nubile di gentile origine – e donzella nobile che serve alle principesse.

Damigiána, *sf.* grossa bottiglia vestita di vimini.

Damma, *sf.* la femmina del daino.

Dammasco, *sm.* (*pl.* schi), drappo di seta a fiori (*da Damasco, donde fu portato in Europa*)

Danáro, *sm.* moneta della minor valuta – moneta in generale – la ventiquattresima parte dell'oncia – *In pl.* uno de'quattro semi delle carte da giuoco.

Dannabile, *add. com.* biasimevole.

Dannáre, *att.* condannare – biasimáre – *np.* andare all'intorno.

Dannáto, *sm.* chi andò all'inferno, reprobo.

Dannazióne, *sf.* condanna – perdizione eterna.

Danneggiamento, *sm.* discapito.

Danneggiáre, *att.* recar danno altrui – e *np.* restare danneggiato – far danno a sè stesso.

Dannevolmente, *avv.* biasimevolmente.

Danno, *sm.* nocumento o pregiudizio fatto o ricevuto nei beni, o nella fama, o nella sanità.

Dannosamente, *avv.* con danno.

Dannóso, *add. m.* nocivo.

Dante, *sm.* pelle concia di daino – nome del più celebre dei nostri poeti.

Dantesco, *add. m.* (*pl.* schi), sullo stile di Dante.

Dantista, *sm.* (*pl.* sti), chi studia o imita Dante.

Danza, *sf.* ballo in generale.

Danzáre, *n. ass.* ballare.

Dappiè, da piè, e

Dappiéde, *avv.* dalla parte più bassa – sotto.

Dappocággine, *sf.* insufficienza a fare, incapacità.

Dappóco, e da poco, *add. m.* inetto – infingardo.

Dappói, e de poi, *avv.* dopo.

Dappoichè, e da poi che, *avv.* dopo che, poichè.

Dappresso, da presso, *avv.* vicino.

Dardeggiáre, *n. ass.* lanciar dardi.

Dardo, *sm.* lanciuola di legno

con punta di ferro che lancia-
vasi dagli antichi in battaglia.

Dare (pr. do, pl. danno, pass.
diedi, o detti, pp. dato), att.
en. donare – consegnare – produrre – percuotere – np. battersi – rendersi – dedicarsi.

Dàrsena, sf. parte interna del
porto, ove si ritirano le piccole navi.

Dassai, e d'assai, avv. di molto –
add. com. sufficiente – valoroso.

Data, sf. il giorno della spedizione di lettera o di altro
affare – collazione di beneficj – qualità, natura.

Datàrio, sm. capo della dateria.

Datería, sf. uffizio di spedizione
della corte di Roma.

Dativo, sm. il terzo caso de' nomi.

Dato, pp. di dare – sm. quantità cognita – avv. supposto.

Dàttero, e

Dàttilo, sm. albero, e frutto della
palma.

Dattorno, e d'attorno, avv. intorno.

Davanti, avv. innanzi – alla presenza.

Davanzale, sm. cornice di pietra
sulla quale posano le finestre.

Davanzo, e d'avanzo, avv. sovrab-
bondantemente – pur troppo.

Darvantàggio, d'arvantaggio, e
da vantaggio, avv. di più.

vvero, e da vero. V. Daddovero.

Daziere, sm. chi riscuote il dazio.

Dàzio, sm. ciò che si paga al
principe per l'introduzione, o
esportazione di merci.

Dazione, sf. l'atto del dare –
arrendimento.

Dea, sf. deità femminile favolosa
– poetic. l'innamorata.

Debellàre, att. sconfiggere il nemico in guerra – per trasl.
estirpare un male.

Debile. V. Debole.

Debilitamento, sm. scemamento
di forze.

Debilitàre (pr. ilito ec.), att. af-
frevolire le forze – np. divenir
debole.

Debilitazione. V. Debilitamento.

Debitamente, avv. come conviensi.

Debito, sm. obbligo di pagare altrui qualche somma di danaro
– per simil. dovere, obbligo
di fare, di dire ec. – add. m.
dovuto – convenevole – giusto.

Debitore, sm. chi è in obbligo di
pagare.

Debole, sm. difetto morale pre-
dominante in alcuno – add.
com. mancante di forze – poco
efficace – insufficiente – languido

Debolezza, sf. mancanza di forza
– fig. insufficienza – imprudenza.

Debolmente, avv. con debolezza
– languidamente – poveramente

Dècade (v. gr.), sf. volume che
contiene dieci libri.

Decadenza, *sf.* lenta diminuzione di forza e di prosperità.

Decadére (*pass.* addi, *pp.* adúto), *n. ass.* andare in decadenza.

Decadimento. V. *Decadenza.*

Decalogo (*v. gr.*), *sm.* (*pl.* ghi), discorso in dieci articoli - e *propr.* i dieci comandamenti della legge divina.

Decampamento, *sm.* levata del campo.

Decampáre, *n. ass.* levare il campo - e *fig. nell'uso*, rinunziare, cedere, spogliarsi di sue ragioni ec.

Decanáto, *sm.* uffizio del decano.

Decáno, *sm.* il primo dignitario delle chiese cattedrali o collegiate - il capo di diversi ordini di persone, *altr.* anziano.

Decantáre, *att.* divulgare lodando.

Decapitáre (*pr.* ápito ec.), mozzare il capo.

Decapitazióne, *sf.* troncamento del capo.

Decasillabo (*v. gr.*), *add. m.* di dieci sillabe.

Decembre. V. *Dicembre.*

Decémviri (*v. lat.*), *sm. pl.* magistrato di dieci giudici presso gli antichi romani.

Decennale, *add. com.* di dieci anni - *sm.* compendio di cose fatte in dieci anni.

Decennário, *add. m.* di dieci.

Decénnio (*v. lat.*), *sm.* spazio di dieci anni.

Decente, *add. com.* che ha decenza - che sia bene.

Decentemente, *avv.* con decenza.

Decenza, *sf.* decoro - civiltà.

Decesso (*v. lat.*), *sm.* partenza - per simil. nell'uso morte - *add. m.* partito - morto.

Dechináre. V. *Declinare.*

Decidere (*pass.* isi, *pp.* iso), *att. en.* troncare - *fig.* risolvere - disbrigare.

Desiferáre, e

Decifráre, *att.* dichiarare la cifra.

Décima, *sf.* gravezza sui beni stabili che importa il decimo del prodotto - quella parte di frutti che in alcuni luoghi pagasi annualmente alla Chiesa.

Decimale, *add. com.* che appartiene a decima - agg. di calcolo per decimi, centesimi, millesimi ec.

Decimáre (*pr.* décimo ec.), *att.* imporre la decima - *per simil.* levar parte di checchessia - uccidere un soldato per diecina.

Decimazióne, *sf.* esecuzione militare di morte di uno per dieci.

Décimo, *sm.* la decima parte - *add.* numerale ordinat. di dieci.

Decina, *sf.* l'aggregato di dieci unità.

Decisióne, *sf.* risolvimento di una quistione.

Decisivamente, *avv.* in modo decisivo.

Decisivo, *add. m.* che de

Declamáre, *n. ass.* arringare - lavelre contro checchessia.

Declamazióne , *sf.* arringa - e modo di arringare.

Declinábile, *add. com.* che può declinarsi.

Declináre, *att.* abbassare - sfuggire la percossa, o l'assalto - *In gramm.* recitare per ordine i casi de'nomi - *n. ass.* cadere a basso - mancar di forza - piegarsi verso qualche luogo - andare in decadenza.

Declinazióne, *sf.* scemamento - *In gramm.* serie de'casi dei nomi - *In astr.* abbassamento.

Declíve , *add. com.* che piega all'ingiù.

Dechívio, *sm.* pendío.

Decolláre, *att.* tagliare la testa.

Decollazióne, *sf.* decapitazione.

Decoráre, *att.* ornare, abbellire.

Decorazióne, *sf.* adornamento.

Decóro, *sm.* costume di non fare cosa che meriti biasimo dalle persone oneste, e di fare ciò ch'è degno della loro approvazione - convenienza di onore propria a ciascuno nel suo essere.

Decorosaménte, *avv.* con decoro.

Decoróso, *add. m.* che ha decoro.

Decórrere (*pass.* orsi, *pp.* orso), *n. ass.* passare - trapassare - e nell'uso aver corso.

Decorso, *sm.* trascorrimento (*detto per lo più del tempo*) -

add. m. trapassato.

Decotto, *sm.* e

Decozióne, *sf.* bevanda medicinale fatta d'erbe o altro - *In comm.* fallimento.

Decremento, *sm.* scemamento.

Decrepitezza , *sf.* vecchiezza estrema.

Decréscere (*pass.* ebbi, *pp.* esciuto), *n. ass.* scemare.

Decrescimento. V. *Decremeto.*

Decretále, *sf.* statuto canonico - e *comun.* tutto il corpo delle leggi canoniche.

Decretalista , *sm.* (*pl.* sti), pratico delle leggi canoniche.

Decretáre, *n. ass.* ordinare per decreto.

Decréto , *sm.* ordine di chi ha autorità di emanarlo.

Decúbito (*v. lat.*). *sm.* il giacere a letto per malattia.

Décuplo (*v. lat.*) , *add. m.* duplicato dieci volte.

Decúria, *sf.* squadra di dieci soldati romani a cavallo.

Decurióne, *sm.* capo di decuria.

Decursióne, *sf.* corsa che si faceva nel circo.

Dédica, *sf.* (*pl.* che), offerta ossequiosa di cosa durevole.

Dedicáre (*pr.* dédico, chi ec.) , *att.* offerire qualche opera , apponendovi il nome di colui a cui s'intitola - *np.* offriesi.

Dedicatória, *sf.* lettera con cui si dedica altrui qualche opera.

Dedicazióne, *sf.* consacrazione di un tempio – e l'annua festa in memoria di tale consacrazione – l'atto di dedicare altrui un' opera qualunque – e la lettera con cui si dedica.

Dédito, *add. m.* inclinato.

Dedizióne (*v. lat.*), *sf.* volontaria sommissione.

Dedurre (*pr. úco, pass. ussi, pp. otto*), *att. an.* trarre nozioni dai fatti e discorsi altrui – produrre le proprie ragioni in giudizio – *e nell'uso* detrarre, diffalcare ec.

Deduzióne, *sf.* conseguenza – *In comm.* sottrazione, diffalco.

Defalcáre. V. *Diffalcare.*

Defatigáre (*v. lat.*), *att.* stancare – *fig.* infastidire.

Deferénte, *add. com.* che trasporta – che condiscende.

Deferénza, *sf.* condiscendenza rispettosa.

Deferíre (*pr. sco ec.*), *n.* conformare la sua opinione a quella di un superiore – *att.* denunziare, *altr.* riferire.

Defesso (*v. lat.*), *add. m.* stanco, *contr. d'*indefesso.

Deficiente, *add. com.* mancante.

Deficienza, *sf.* mancanza, penuria.

Definibile, *add. com.* che può definirsi.

Definíre. V. *Diffinire.*

Definitivaménte, *avv.* in modo definitivo.

Definitívo, *add. m.* che definisce o risolve.

Definizióne. V. *Diffinizione.*

Defloráre (*v. lat.*), *att.* disflorare, cioè guastare al fiore la sua bellezza – *fig.* torre la virginità.

Deflorazióne, *sf.* disfioramento – *fig.* sverginamento, stupro.

Deformáre. V. *Difformare.*

Deformazióne, *sf.* mutazione in brutto.

Deformè, *add. com.* che non è ben formato – brutto.

Deformeménte, *avv.* con deformità.

Deformità, *sf.* bruttezza.

Defraudáre, *att.* torre, o non dare altrui ciò che gli è dovuto.

Defunto (*v. lat.*), *add. e sm.* trapassato, morto.

Degeneráre, (*pr. énero ec.*), *n. essere,* o divenir dissimile a' genitori – *fig. dicesi d'ogni cosa che si muta in peggio.*

Degénere, *add. com.* dissimile dai suoi maggiori.

Deglutizióne (*v. lat.*), *sf.* inghiottimento.

Degnaménte, *avv.* secondo il merito, meritamente.

Degnáre, *n.* mostrare di gradire le cose offerte da inferiori – *att.* rendere degno – e *np.* compiacersi di fare altrui grazia ec.

Degnazióne, *sf.* benevolenza di superiore verso l'inferiore.

Degnévole, *add. com.* che

gua, affabile, cortese.

Degno, *add. m.* meritevole – conveniente – ragguardevole.

Degradamento. V. *Degradazione.*

Degradare, *att.* privare del grado e della dignità – *n. ass. nell'* uso scemare di pregio.

Degradazione, *sf.* l'atto del degradare.

Degrado, *sm.* scemamento di pregio, deterioramento.

Deh, *interj. che serve a diversi affetti, e segnatamente di preghiera e di desiderio.*

Dei, *sm.* titolo del governatore di Tunisi.

Deicida, *sm.* (*pl.* di), uccisore di Dio, cioè di G. C. Uomo e Dio.

Deicidio, *sm.* morte intentata contro Dio (e *propr. il misfatto degli ebrei che condannarono a morte C. G.*)

Dejetto (*v. lat.*), *add. m.* avvilito, umiliato.

Dejezione (*v. lat.*), *sf.* avvilimento.

Deificare (*pr.* ifico, chi ec.), *att.* annoverare fra gli Dei.

Deificazione, *sf.* divinizzazione.

Deismo, *sm.* sistema di coloro che ristringonsi ad ammettere un Dio segregato dall' universo come sua causa prima ed autore della sola religione naturale.

Deista, *sm.* (*pl.* sti), colui che professa il deismo.

Deità. V. *Divinità.*

Delatore, *sm.* chi riferisce in giudizio o fuori i fatti altrui.

Delazione, *sf.* accusa segreta.

Delegare (*pr.* delego, ghi ec.), *att.* mandare alcuno con facoltà di agire ec.

Delegato, *sm.* giudice che rappresenta il principe in cause particolari.

Delegazione, *sf.* l'uffizio e la giurisdizione del delegato.

Delfino, *sm.* pesce di mare dell' ordine dei cetacei – titolo che davasi al primogenito del re di Francia.

Delia (*v. poet.*), *sf.* la luna.

Delibare (*v. lat. e poet.*), *att.* gustare, assaggiare.

Deliberare (*pr.* ìbero), *att.* risolvere – prendere un partito – consultare fra sè.

Deliberatamente, *avv.* con animo risoluto.

Deliberatario, *sm.* quegli a cui fra molti concorrenti è aggiudicato un lavoro od oggetto qualunque contrastato.

Deliberazione, *sf.* esame sopra un partito da prendere – risoluzione – l'atto di allogare un lavoro.

Delicatamente, *avv.* con delicatezza – pulitamente.

Delicatezza, *sf.* morbidezza – fiatezza di lavoro – punto d'onore

Delicato, *add. m.* morbido al tatto–

squisito - di gentile complessione - *fig.* scrupoloso.

Delineamento , *sm.* abbozzo o schizzo con linee.

Delineare, *att,* disegnare con linee - *fig.* descrivere con parole.

Delinquente, *add.* e *s. com.* colpevole, malfattore.

Deliquio, *sm.* svenimento.

Delirare, *n. ass.* essere fuor di sè.

Delirio, *sm.* alienazione di mente - *fig.* stoltezza.

Delitto, *sm.* grave trasgressione delle leggi.

Delizia, *sf.* squisitezza di tutto ciò che soavemente diletta i sensi - *Im pl.* agj, morbidezze.

Deliziare, *att.* rendere delizioso - e *np.* godere delizie.

Deliziosamente, *avv.* con delizia.

Delizioso, *add. m.* pieno di delizie - piacevole al sommo grado

Delubro (*v. lat.* e *poet.*), *sm.* tempia.

Deludere (*pass.* usi, *pp.* uso), *att.* mancare alla speranza altrui

Demandare, *att.* commettere.

Demarcazione (*v. fr.* e dell' uso), *sf.* linea - serviente di limite fra due stati.

Demente, *add. com.* pazzo, folle.

Demenza, *sf.* pazzia, sciocchezza.

Demergere (*pass.* ersi, *pp.* erso), *att. an.* mandare a fondo.

Demeritare (*pr.* erito ec.), *n. ass.* rendersi immeritevole.

Demeritevole. V. *Immeritevole.*

Demerito, *sm.* azione che merita gastigo.

Demersione, *sf.* sommersione.

Democraticamente, *avv.* in modo democratico.

Democratico, *add. m.* attenente a democrazia.

Democrazia (*v. gr.*), *sf.* forma di governo, in cui la somma delle cose sta nelle mani del popolo.

Demolire (*pr.* sco ec.), *att.* atterrare (e dicesi di fabbriche)

Demolizione, *sf.* atterramento.

Demone. V. *Demonio.*

Demoniaco, *add. m.* indemoniato.

Demonio (*v. gr.*), *sm.* angelo ribelle, *altr.* diavolo - *fig.* uomo astuto e che riesce in ogni impresa.

Demoralizzare, *att.* corrompere i costumi.

Demoralizzazione, *sf.* depravazione

Denaro. V. *Danaro.*

Denegare (*pr.* ego, ghi ec.), *altr.* non voler accordare, ricusare.

Denigrare, *att. propr.* macchiare di nero - *fig.* infamare.

Denigrazione, *sf.* infamazione.

Denominare (*pr.* omino ec.), *att.* dare il nome.

Denominativo, *add. m.* che esprime il nome.

Denominatore, *sm.* numero che nei rotti si trova posto sotto ad un altro.

Denominazione, *sf.* nome dato a checchessia.

Denotáre, *att.* móstrare, indicare
— contrassegnare — accennare
nominatamente.

Denso, *add. m.* spesso-compatto.

Dentále, *sm.* legno a cui si attacca il vomero per arare —
sorta di pesce — *add. com.* attenente a' denti.

Dentáta, *sf.* colpo di dente, morso.

Dentáto, *add. m.* che ha denti.

Dentatúra, *sf.* ordine de' denti.

Dente, *sm.* osso che per le gen-
give spunta dalle mascelle per
triturare il cibo — *fig.* potere,
forza — invidia, maldicenza.

Dentecchiáre, *n. ass.* mangiare
alcun poco, rosecchiare.

Dentello, *sm.* ornamento sottoposto alla cornice, consistente
in una fila di tacche a guisa
di denti.

Dentiéra, *sf.* dentatura posticcia.

Dentizióne, *sf.* lo spuntare dei
denti.

Dentro, *avv. e prep.* nella parte
interna.

Denudáre, *att.* spogliare — *fig.*
palesare.

Denúnzia. V. *Dinunzia.*

Denunziáre. V. *Dinunziare.*

Depauperáre (*v. lat.*) (*pr.* áupe-
ro ec.), *att.* impoverire.

Dependenza. V. *Dipendenza.*

Depennáre. V. *Dipennare.*

Deperimento, *sm.* deterioramento.

Deperíre (*pr.* sco ec.), *n. ass.* deteriorare, guastarsi.

Depilatório, *sm.* pasta per fa
cadere i peli.

Deploràbile, *add. com.* lagrimevol

Deploráre, *att.* compiagnere.

Deponente, *p. pr. di* deporre —
Nella gramm. lat. verbo ch
ha significato attivo, e termi
nazioni passive.

Deporre (*pr.* ongo, oni ec., *pass*
osi, *pp.* osto), por giù ciò ch
si portava — calare abbasso —
fig. dare in deposito — far de
posizione in giudizio — priva
re di una carica.

Deportáre, *att.* confinare in luo
go lontano, relegare.

Deportazióne, *sf.* relegazione,
esilio perpetuo.

Depositáre (*pr.* ósito ec.), *att.*
affidare altrui una cosa in deposito.

Depositário, *sm.* colui a cui si
affida in deposito.

Depósito, *sm.* cosa affidata in
consegna per essere poi resti-
tuita-sepolcro, urna particolare

Deposizióne, *sf.* attestazione di
testimonj in giudizio — privazione di ufficio per sentenza —
afflusso di umori in qualche
parte del corpo — fecce di liquidi — abbassamento di cosa
dall'alto.

Deposto, *sm.* attestazione in giudizio — la deposizione di G. C.
dalla croce.

Depravamente. V. *Depravazione*

Depravàre, *att.* guastare, viziare (detto di costumi).

Depravatòre, *sm.* corruttore di costumi, di gusto ec.

Depravazióne, *sf.* corruzione di costumi.

Deprecazióne (*v. lat.*), *sf.* preghiera per ottenere remissione di qualche colpa.

Depredamento. V. *Depredazione.*

Depredàre, *att.* saccheggiare.

Depredazióne, *sf.* saccheggiamento.

Depressióne, *sf.* abbassamento – *fig.* oppressione.

Deprimere (*pass.* essi, *pp.* esso), *att. an.* tener basso – *fig.* avvilire, umiliare.

Depuramento. V. *Depurazione.*

Depuràre, *att.* separare dalle fecce – purgare.

Depurazióne, *sf.* purificazione – chiarificazione.

Deputàre (*pr.* députo ec.), *att.* eleggere alcuno con mandato speciale per trattare un negozio

Deputàto, *sm.* chi è mandato con speciale commissione per trattare negoj per lo più pubblici.

Deputazióne, *sf.* missione di più deputati.

Derelitto, *add. m.* lasciato in abbandono.

Derelizióne, *sf.* abbandono totale.

Deretanamente, *avv.* di dietro.

Deretano, *sm.* il di dietro.

Deridere (*pass.* isi, *pp.* iso), *att. m.* mettere in derisione, scher-

nire, beffare.

Derisibile, *add. com.* degno di scherno.

Derisióne, *sf.* scherno, beffa.

Derisóre, *sm.* schernitore.

Derisòrio, *add. m.* che mostra derisione.

Derivàre, *n. ass.* trarre origine – scaturire.

Derivazióne, *sf.* origine.

Dermologìa (*v. gr.*), *sf.* trattato della pelle.

Derogàre (*pr.* dérogo, ghi ec.), *n.* togliere o scemare l'autorità, la forza ec. di una legge, di un contratto o simili.

Derogazióne, atto che distrugge o modifica un altro precedente.

Derràta, *sf.* il ricavo delle possessioni (*particolarm.* granaglie, frutta e simili)

Derubamento, *sm.* furto.

Derubàre, *att.* involare.

Desco, *sm.* (*pl.* schi), tavola da mangiare.

Descrittìvo, *add. com.* che descrive.

Descrivere (*pass.* issi, *pp.* itto), *att. an.* esporre con parole quanto è da sapersi intorno ad alcuna cosa – registrare – delineare.

Descrizióne, *sf.* esposizione di alcuna cosa in iscritto, o a voce

Deserto, *sm.* luogo solitario e sterile – *add. m.* abbandonato – incolto.

Desertóre. V. *Disertare.*

Deserzióne, *sf.* fuga di un soldato dalla milizia.

Desiabile. V. *Desiderabile.*

Desiáre. V. *Desiderare.*

Desiderábile, *add. com.* da essere desiderato.

Desideráre (*pr.* ídero ec.), *att.* muoversi coll'appetito verso una cosa che ci piaccia, coll'idea di possederla.

Desiderévole. V. *Desiderabile.*

Desidério, *sm.* inclinazione al possesso di un bene che non si ha.

Desiderosamente, *avv.* con desiderio.

Desideróso, *add. m.* vago di possedere un bene di cui è privo.

Desidia (*v. lat.*), *sf.* pigrizia.

Designáre, *att.* destinare, deputare.

Designazióne, *sf.* destinazione.

Desináre (*pr.* désino ec.). *n. ass.* – *propr.* mangiare circa il mezzodì – *att.* mangiare a pranzo.

Desináre, *sm.* pranzo.

Desinenza, *sf.* terminazione (*per lo più di voci, versi e simili*)

Desío (*v. poet.*). V. *Desiderio.*

Desióso. V. *Desideroso.*

Desístere (*pass.* stei, o stetti, *pp.* stito), *n. an.* cessar di fare.

Desolamento. V. *Desolazione.*

Desoláre (*pr.* ólo ec.), rendere solitario o disabitato – sterminare, distruggere.

Desolazióne, *sf.* guasto, rovina –

eccessivo dolore.

Despotismo. V. *Dispotismo.*

Déspota (*v. gr.*), *sm.* (*pl.* ti) monarca assoluto.

Despumazióne, *sf.* depuramento degli umori che bollono.

Desso, *pron. relat. pers. m.* quegli stesso.

Destáre, *att.* svegliare dal sonno – *fig.* eccitare, ravvivare – *np.* svegliarsi.

Destináre, *att.* eleggere alcuno a fare – stabilire – assegnare

Destinazióne, *sf.* deliberazione nell'uso la cosa, o il luogo destinato.

Destíno, *sm.* divinità dei gentili che regolava gli eventi umani – *presso noi*, disposizione della provvidenza divina.

Destituíre (*pr.* sco ec., *pp.* uito e úto), *att. an.* abbandonare, privare ec. – *e nell'uso* deporre, levare d'impiego.

Destituzióne, *sf. nell'uso* degradazione.

Desto, *add. m.* che non dorme – *fig.* accorto, vigilante.

Destra, *sf.* la mano opposta alla sinistra.

Destramente, *avv.* con destrezza – *fig.* sagacemente.

Destreggiáre, *n. ass.* procedere con destrezza, o avvedutezza.

Destrezza, *sf.* agilità di membra – *fig.* accortezza, sagacità.

Destriéro, *s*

Destriero, sm. cavallo nobile di maneggio.

Destro, sm. comodità, opportunità - add. m. opposto di sinistro - agile - fig. accorto, favorevole - avv. destramente.

Desumere (pass. unsi, pp. unto), att. an. conghietturare, dedurre

Detenere (pr. engo, iéni ec., pass. enni, pp. enuto), att. an. trattenere - tener prigione.

Detentore, sm. possessore di mala fede.

Detenzione, sf. il detenere in carcere - e il ritenere presso di sè alcuna cosa contro le leggi.

Detergere (v. lat.) att an. (pass. ersi, pp. erso), mondare, nettare.

Deterioramento, sm. peggioramento

Deteriorare, att. peggiorare - e n. ass. farsi peggiore.

Determinare (pr. érmino ec.), att. porre termine, limite o fine - fig. deliberare, stabilire ciò ch'è da farsi - specificare, individuare.

Determinatamente, avv. precisamente, per l'appunto.

Determinazione, sf. decisione, risoluzione.

Detersivo, add. m. che deterge e monda (detto de'medicamenti)

Detestabile, add. com. abbominevole.

Detestabilmente, avv. abbomi-

nevolmente.

Detestare, att. avere in orrore.

Detestazione, sf. abbominazione.

Detonazione, sf. strepito del tuono, del terremoto, dell'archibugio ec.

Detrarre (pr. aggo, pass. assi, pp. atto), att. an. sottrarre, diffalcare - togliere assolutamente - mormorare di alcuno.

Detrattore, sm. maldicente.

Detrazione, sf. scemamento, diminuzione - fig. diffamazione.

Detrimento (v. lat.), sm. danno.

Detronizzare, att. levar dal trono.

Detta, sf. tutto il debito, o credito - buona fortuna nel giuoco, contr. di disdetta.

Dettagliare (v. fr. e dell'uso), att. descrivere minutamente.

Dettagliatamente (v. fr. e dell'uso), avv. distintamente.

Dettaglio (v. fr. e dell'uso), sm. relazione distinta - In dettaglio, avv. al minuto.

Dettame, sm. insegnamento intrinseco della ragione - assioma pratico ossia morale.

Dettare, att. e n. ass. dire a chi scrive ciò che ha da scrivere - per simil. insegnare, e propr. suggerire.

Dettato, sm. tessitura del discorso - composizione - proverbio.

Dettatura, sf. l'atto di dettare, e le cose dettate.

Detto, sm. parola - motto arguto

– add. m. pronunziato - sopra nominato - chiamato per nome.

Deturpàre, att. imbrattare.

Deuteronòmio (v. gr.), sm. uno de'libri della Sacra Scrittura, il quinto del Pentateuco.

Devastamento. V. Devastazione.

Devastàre, att. dare il guasto – saccheggiare.

Devastazione, sf. guasto di un paese, di una campagna, fatto da nemici, da insetti, da meteore e simili.

Devenìre (pr. engo, ieni ec., pass. enni, pp. enuto), n. ass. venire all'atto di qualche cosa.

Deviamento, sm. l'uscir fuori della diritta via – fig. svagamento.

Deviàre, n. uscir dalla via – fig. uscir di regola – np. scostarsi dal proposito.

Deviazione. V. Deviamento.

Devòlvere (v. lat.) att. an. (pass. olsi, pp. oluto), far passar altrove (detto di dominj e simili) – np. passare che fa il diritto da una ad altra persona.

Devoluzione, sf. caduta di un diritto che da una persona passa in un'altra.

Devotamente, avv. con devozione – rispettosamente.

Devòto. V. Divoto.

Devozione, sf. pia affezione dell'anima verso Dio e verso le cose sacre – ossequio riverente verso altrui – ubbidienza.

Di, art. indeterm. di estensione num. – prep. che serve a usi nel discorso.

Di (sinc. del lat. dies), sm. giorno

Diabolicamente, avv. pessimamente.

Diabolico, add. m. di diavolo – fig. pessimo.

Diaconàto, sm. il secondo deg... ordini sacri.

Diàcono (v. gr.), sm. promosso diaconato.

Diadèma (v. gr.), sm. (pl. mi) propr. fascia o benda, di c... i re si cingevano la fronte i segno della loro regia digni... – oggidì ogni corona reale ed anche corona semplicem...

Diàfano (v. gr.), add. m. trasparent...

Diaforètico (v. gr.), add. m. ch... fa sudare.

Dialèttica (v. gr.), sf. (pl. che) l'arte di discorrere e disputa... accuratamente.

Dialèttico, sm. professore di di... lettica, o logica – add. m. ... tenente alla dialettica.

Dialetto, sm. linguaggio parti... colare di una città o provin... cia, che si discosta alcun po... dalla lingua comune della n... zione.

Dialogismo (v. gr.), sm. discors... per dialogo.

Dialogista, sm. (pl. sti), comp... nitore di dialoghi.

Dialogo (v. gr.), sm. (pl. ghi), ...

corso fra due o più persone – trattato per via d'interlocutori.

Diamante (v. gr.), sm. pietra preziosa durissima e lucentissima.

Diamantino, add. m. di diamante – fig. durissimo.

Diametralmente, avv. per opposto.

Diametro (v. gr.), sm. linea che divide il cerchio per mezzo.

Diana, sf. dea de' cacciatori presso i pagani – poet. la luna – agg. della stella che apparisce innanzi al sole.

Dianzi, avv. poco fa.

Diario (v. lat.), sm. giornale – add. m. del giorno.

Diarrea (v. gr.), sf. evacuazione liquida e frequente di escrementi.

Diaspro, sm. pietra dura verdiccia più opaca dell' agata, di minor pregio tra le gioje.

Diastole (v. gr.), dilatamento del cuore.

Diatriba (v. gr), sf. disputazione fervida.

Diavoleria, sf. cosa diabolica – fig. malignità – intrigo.

Diavolini V. Diavoloni.

Diavolo (v. gr.), sm. angelo ribelle – fig. uomo cattivo, perverso

Diavoloni, sm. pl. confetti di sapore acutissimo.

Dibattere, att. sbattere in un vaso materie diverse per incorporarle insieme – fig. disputare – pp. agitarsi.

Dibattimento, sm. agitazione – controversia.

Diboscare, att. diradicare il bosco – cacciar dal bosco le fiere.

Dibruscare, att. potare i rami inutili.

Dibucciare, att. levar la buccia, scontecciare.

Dicadere (pass. addi, pp. adéto), n. an. peggiorare di stato.

Dicadimento, sm. passaggio di buono in cattivo stato.

Dicastero (v. gr.), foro giudiziale, tribunale – oggidì qualunque uffìcio ove trattansi i pubblici affari.

Dicembre, sm. ultimo mese dell' anno.

Diceria, sf. ragionamento stucchevole per troppa lunghezza – voce o notizia vaga che va per le bocche della gente.

Dicervellare, att. trarre di cervello, sbalordire.

Dicevole, add. com. conveniente.

Dicavolmente, avv. convenevolmente.

Dichiarare, att. manifestare, spiegare – definire – eleggere.

Dichiaratamente, avv. apertamente, espressamente.

Dichiarazione, sf. esposizione, spiegazione di un senso oscuro.

Dicibile, add. com. da dirsi.

Diciferare, e

Dicifrare. V. Deciferare.

Dicitore, sm. parlatore – oratore

Dicitúra, *sf.* maniera di esprimere i proprj concetti - stile.

Didascálico (*v. gr.*), *add. m.* dottrinale.

Dieciua. V. *Decina.*

Diéresi (*v. gr.*), *sf.* divisione di una sillaba in due.

Diéta (*v. gr.*), *sf.* regola di vitto che si prescrive agli ammalati - *fig.* astinenza - assemblea dei capi di un corpo politico.

Dietético, *add. m.* regolato nel vitto - astinente.

Dietreggiáre, *n. ass.* dare addietro, rinculare.

Dietro, *prep. contr. d'innanzi.*

Difalcáre. V, *Diffalcare.*

Diféndere (*pass. ési, pp. éso*), *att. an.* salvare da pericoli od offese - preservare, riparare - *np.* fare schermo, difesa.

Difensivo, *add. m.* atto a difendere.

Difensóre, *sm.* protettore, avvocato.

Difésa; *sf.* protezione, schermo - tutto ciò che serve a preservarsi dai nemici.

Difettáre, *n. ass.* aver difetto.

Difettívo, *add. m.* imperfetto - *In gramm.* agg. di verbo che sia mancante di qualche tempo, modo o persona.

Difetto, *sm.* imperfezione - mancanza - colpa.

Difettóso, *add. m.* imperfetto.

Diffalcáre, *att.* scemare, detrarre.

Diffálco, *sm. (pl chi),* scemamento, deduzione.

Diffamáre, *att.* macchiare la fama altrui con maldicenza.

Diffamatório, *add. m.* che reca disonore.

Diffamazióne, *sf.* maldicenza.

Differente, *add. com.* dissimile.

Differentemente, *avv.* diversamente.

Differenza, *sf.* diversità - controversia - *In matem.* eccesso di una quantità sopra un'altra.

Differenziáre, *att.* far distinzione fra due o più cose - *n. ass.* essere differente, dissimigliare.

Differíre (*pr. sco ec.*), *att.* mettere ad un altro tempo, prorogare - *n. ass.* essere differente.

Difficile, *add. com.* non facile, faticoso - *per trasl.* detto di persona, tenace, ostinato, bisbetico, intrattabile.

Difficilmente, *avv.* con difficoltà.

Difficoltà, *sf.* ostacolo ad ottenere una cosa, o a pervenire ad un fine.

Difficoltáre, *att.* render difficile.

Difficoltóso, *add. m.* difficile - che molte difficoltà in tutto.

Difficultà. V. *Difficoltà.*

Difficultáre. V. *Difficoltare.*

Diffída, *sf. nell'uso* premonizione.

Diffidáre, *n.* non aver fiducia, sospettare - *att.* torre la speranza; disanimare - e *nell'uso* avvertire, intimare ec.

Diffidente, add. com. sospettoso.

Diffidenza, sf. poca fede – sospetto di essere ingannato.

Diffinire (pr. sco ec.), att. decidere – dar la diffinizione o spiegazione di checchessia.

Diffinitivamente. V. Definitivamente.

Diffinitivo. V. Definitivo.

Diffinizione, sf. detto che in breve spiega la natura di una cosa – decisione.

Diffondere (pass. usi, pp. uso), att. an. spargere largamente d'ogni intorno – np. dilatarsi – parlare a lungo.

Difformare, att. ridurre in cattiva forma – rendere deforme.

Difforme, add. com. mancante di forma, sproporzionato – brutto

Difformità, sf. diversità di forma o di figura – bruttezza.

Diffusamente, avv. copiosamente.

Diffusione, sf. spargimento abbondante.

Diffuso, add. m. sparso – prolisso – e talora ben circostanziato.

Diffilare, att. muovere velocemente verso alcuno.

Diga, sm. (pl. ghe), argine.

Digerente, add. com. che ha facoltà digestiva.

Digerire (pr. sco ec.), att. conoscere il cibo nello stomaco – fig. pensar molto sopra una materia per ben ordinarla.

Digestione, sf. cozione del cibo nello stomaco.

Digestivo, add. m. che ajuta e facilita la digestione.

Digesto, sm. raccolta delle decisioni de'più celebri giureconsulti romani, altr. Pandette – add. m. digerito – fig. ben ordinato.

Digiogare, att. sciogliere i buoi dal giogo.

Digiunare, n. ass. osservare il digiuno prescritto dalla Chiesa – mangiar poco per astinenza.

Digiuno, sm. astinenza di qualità e quantità di cibi – fig. lungo privazione – add. m. vuoto di cibo – astinente, sobrio

Dignità, sf. merito – aspetto maestoso – grado eminente.

Dignitoso, add. m. degno – maestoso – grave.

Digradare, att. dividere in gradi – V. Degradare.

Digradazione, sf. scendimento a grado per grado – impicciolimento per gradi degli oggetti lontani – giusta disposizione di colori – V. Degradazione.

Digrassare, att. levare il grasso.

Digredire (pr. sco ec., pp. edito, e esso), n. ass. che uscir di strada – fig. partirsi dalla materia, uscir d'argomento nel parlare.

Digressione, sf. discorso estraneo all'argomento principale.

Digressivo, add. m. che fa, e

ha in sè digressione.

Digrignáre, att. e n. ass. mostrare i denti arrotandoli (proprio de'cani)

Digrossamento, sm. assottigliamento – disegno, abbozzo – ammaestramento ne'primi principj di checchessia.

Digrossáre, att. assottigliare – abbozzare – fig. dirozzare, cioè istruire la gente rozza nei primi principj di checchessia.

Digrumáre, att. masticare lungamente il cibo come gli animali ruminanti – fig. pensar lungamente sopra una cosa.

Digumanáre, att. sbattere acqua o altro liquido in un vaso – fig. agitare.

Dilaceráre. V. Lacerare.

Dilagáre. V. Allagare.

Dilaniáre, att. sbranare – np. straziarsi.

Dilapidáre (pr. ápido ec.), att. scialacquare il suo.

Dilatamento, sm. allargamento.

Dilatáre, att. far più largo lo spazio, distendere – fig. ampliare, ingrandire – np. occupare un maggiore spazio – diffondersi – divulgarsi.

Dilatório, add. m. che importa dilazione.

Dilavamento, sm. l'atto, e l'effetto di dilavare.

Dilaváre, att. portar via in lavando.

Dilazionáre, n. ass. indugiare, differire.

Dilazióne, sf. indugio, ritardo.

Dileggiamento, sm. derisione.

Dileggiáre, att. beffare, deridere.

Dileguamento, sm. sparizione.

Dileguársi, np. allontanarsi con gran prestezza, e quasi sparire – perdersi di vista.

Dilemma (v. gr.), sm. (pl. mmi), argomento di due parti contrarie che stringono ugualmente l'avversario.

Dilettamento, sm. diletto, piacere

Dilettante, sm. chi si esercita per diletto in un' arte.

Dilettáre, att. e n. ass. recare diletto – np. compiacersi.

Dilettazióne. V. Dilettamento.

Dilettévole, add. com. che diletta

Dilettevolmente, avv. con diletto

Diletto, sm. contento, piacere – la persona amata – add. m. accetto, gradito.

Dilettóso, add. m. piacevole, grazioso.

Dilezióne, sf. benevolenza, affezione (più che amore)

Dilicatamente. V. Delicatamente.

Dilicatezza. V. Delicatezza.

Dilicáto. V. Delicato.

Diligénte, add. com. che opera con diligenza.

Diligentemente, avv. esattamente, accuratamente.

Diligénza, sf. esattezza, accuratezza – aggidi grande, cappaza capace di molte persone, la quale partendo a certe ore determinate verso un luogo, corre a passo di posta.

Diloggiare. V. *Sloggiare.*

Dilombarsi, *np.* guastarsi i lombi - *fig.* affaticarsi nel lavoro.

Dilucidare (*pr.* úcido ec.), rischiarare, dichiarare.

Dilucidazione, *sf.* spiegazione, illustrazione.

Diluente, *add. com.* che diluisce, o atto a diluire.

Diluire (*pr.* sco ec.), *att.* rendere più fluidi gli umori del corpo animale.

Dilungamento, *sm.* allontanamento - prolungamento.

Dilungare, *att.* far più lungo - prolungare - rimuovere da sè - *np.* discostarsi - dipartirsi dal soggetto di cui si tratta.

Dilungo, e di lungo, *avv.* di seguito - senza fermarsi.

Diluviano, *add. m.* del tempo del diluvio.

Diluviare, *n. ass.* piovere dirottamente - *att.* mangiare a crepa pelle.

Diluvio, *sm.* trabocco d'acqua che inonda - *ed assolut.* il diluvio universale - *fig.* soverchia abbondanza - invasione di popoli.

Dimagramento, *sm.* estenuazione.

Dimagrare, *att. e n. ass.* rendere, e divenir magro.

Dimagrazione. V. *Dimagramento.*

Dimanda. V: *Domanda.*

Dimandare. V. *Domandare.*

Dimani; *avv.* il giorno veniente.

Dimembrare. V. *Smembrare.*

Dimenare; *att.* agitare.

Dimenio, *sm.* lo spesso dimenarsi.

Dimensione, *sf.* estensione misurabile di un corpo.

Dimenticanza, *sf.* il perdere la memoria di una cosa.

Dimenticare (*pr.* éntico, chi ec.), *att.; n. ass. e np.* perdere la memoria delle cose, scordarsi.

Dimentichévole, *add. com.* facile a dimenticarsi.

Dimentico, *add. m.* (*pl.* chi), di poca memoria.

Dimesso, *add. m.* abbandonato - negletto - umile.

Dimesticamente. V. *Domesticamente.*

Dimesticare. V. *Domesticare.*

Dimestichezza. V. *Domestichezza.*

Dimettere (*pass.* isi, *pp.* esso), *att. an.* abbandonare - tralasciar di usare - perdonare - nell'uso privare d'impiego - *np.* abbassarsi, avvilirsi. - e nell'uso disfarsi di una carica, rinunziarla ec.

Dimezzamento, *sm.* divisione per mezzo.

Dimezzate, *att.* dividere per mezzo.

Diminuire (*pr.* sco ec.), *att.* ridurre a meno - scemare - *np.* venire o ridursi a meno.

Diminutivo, *add. m.* che diminuisce - *sm.* voce esprimente diminuzione.

Diminuzione, *sf.* scemamento.

Dimissoria, *sf.* lettera del proprio vescovo che testifica aver uno ricevuto gli ordini sacri.

Dimissoriale, *add. com.* attinente a dimissoria.

Dimora, *sf.* permanenza - tempo che si sta in un luogo - *fig.* dilazione, indugio.

Dimorante, *add. com.* che abita.

Dimorare, *n.* star fermamente in un luogo.

Dimostrabile, *add. com.* che può dimostrarsi.

Dimostrare, *att.* far palese, manifestare - provare la verità di ciò che si asserisce - far vedere - *np.* comparire.

Dimostrativo, *add. m.* che dimostra - *In rett.* agg. di uno de' tre generi dell'eloquenza.

Dimostrazione, *sf.* manifestazione - prova evidentissima della verità - argomento logico composto di due proposizioni certe che inducono a conclusione infallibile.

Dinanti, e

Dinanzi, *prep. e avv.* in faccia - *sm.* prospetto - parte della persona ch'è innanzi - *add. com.* prossimo passato - anteriore - antecedente.

Dinasta (*v. gr.*), *sm.* (pl. sti),

signore di piccolo stato.

Dinastia (*v. gr.*), *sf.* serie di sovrani della medesima famiglia.

Dinegare. V. *Denegare.*

Dinnanzi. V. *Dinanzi.*

Dinominare. V. *Denominare.*

Dinotare. V. *Denotare.*

Dintorno, *sm.* vicinanza - estremità di cosa qualunque - *avv.* in giro da ogni parte.

Dinudare. V. *Denudare.*

Dinumerare (*v. lat. e dello stile grave*) V. *Numerare.*

Dinumerazione. V. *Numerazione.*

Dinunzia, *sf.* protesta, intimazione - accusa.

Dinunziare, *att.* protestare, intimare - accusare.

Dio, *sm.* l'Ente necessario, creatore e conservatore del tutto.

Diocesano, *add. m.* della diocesi.

Diocesi (*v. gr.*), *sf.* l'estensione della giurisdizione di un vescovo.

Diottrica (*v. gr.*), *sf.* scienza che considera i raggi refratti della luce.

Dipanare, *att.* aggomitolare il filo.

Dipartenza, *sf.* l'atto di dipartirsi - separazione.

Dipartimento, *sm.* allontanamento - divisione di terreno d'altro.

Dipartire, *att.* dividere in più parti - separare - *np.* allontanarsi - e *fig.* differire di pensiero - scostarsi dai consigli altrui.

Dipartita, sf. partenza.

Dipelàre, att. svellere i peli.

Dipellàre, att. levar la pelle.

Dipendente, sm. persona inferiore.

Dipendenza, sf. derivazione, origine - soggezione - attenenza.

Dipéndere, n. derivare, trar l'origine - essere soggetto, subordinato ec.

Dipennàre, att. cancellare.

Dipíguere, e

Dipíngere (pr. ingo, pass. insi, pp. into), att. an. rappresentare con colori - per simil. descrivere con parole.

Dipinto, sm. figura dipinta.

Dipintóre, sm. pittore.

Dipintúra, sf. la cosa rappresentata per via di colori - e l'arte stessa del dipingere, più comun. pittura.

Diplòma (v. gr.), sm. (pl. mi), lettera sovrana che accorda alcun privilegio.

Diplomática, sf. (pl. che), parte della politica che tratta del gius pubblico.

Diplomático, add. m. appartenente a' diploma o a diplomatica - Corpo diplomatico, tutti gli ambasciadori di diverse nazioni che risiedono alla corte di un principe.

Dipopolàre. V. Spopolare.

Diportamento. V. Portamento.

Diportarsi, np. spassarsi - procedere bene, o male.

Diporto, sm. passatempo, spasso - modo di procedere.

Diradàre, att. rendere meno spesso - o meno frequente.

Diradicàre. V. Sradicare.

Diramàre, att. troncare i rami - fig. diffondere, pubblicare - np. partirsi in più rami - fig. divulgarsi.

Diramazióne, sf. ramificazione - estensione in più parti - e nell'uso diffusione di un ordine, di un decreto ec.

Dire (sinc. dal lat. dicere), att. an. (pr. dico, pass. dissi, pp. detto), manifestare il proprio concetto ad altrui con parole - parlare - nominare, chiamare - affermare - riferire ec.

Dire, sm. il parlare - dicitura.

Direttamente, avv. per linea retta - a dirittura.

Direttóre, sm. chi dirige.

Direttório, add. m. appartenente a direzione - sm. calendario ecclesiastico - nome di un magistrato repubblicano in Francia

Direzióne, sf. linea del retto cammino - regola - condotta.

Dirígere (pass. essi, pp. etto), att. an. addirizzare - e nell'uso regolare, reggere ec.

Dirimente, add.com. agg. di quegli impedimenti per cui è nullo il matrimonio.

Dirimpetto; e di rimpetto, a in faccia.

Dirittamente, *avv.* per linea retta – *fig.* giustamente.

Diritto, *sm.* il giusto – giustizia – ragione sopra cosa, o contro persona – tributo in generale – *naturale*, la facoltà di operare a seconda dei nostri naturali sentimenti; e la scienza che ne tratta – *civile*, e *canonico*, lo studio delle leggi civili, e delle ecclesiastiche – *add. m.* in linea retta – ritto in piedi – giusto – accorto – *contr. di* rovescio – *avv.* dirittamente.

Dirittura, *sf.* il giusto – giustizia – linea retta.

Dirizzare, *att.* far diritto il torto – *fig.* ristabilire, racconciare.

Diro (*v. lat. e poet.*), *add. m.* empio, crudele.

Diroccamento, *sm.* atterramento (*propr. di fabbriche*)

Diroccare, *att.* atterrare, rovinare

Dirompere (*pass.* uppi, *pp.* otto), *att. an.* fare arrendevole – fiaccare – disordinare.

Dirottamente, *avv.* fuor di misura.

Dirotto, *add. m.* arrendevole – scosceso – agg. di *pioggia*, strabocchevole.

Dirozzamento, *sm.* l'atto di dirozzare – abbozzo – *fig.* primo insegnamento.

   ...are, *att.* levare la rozzezza – dare i primi rudimenti – ...le arti, fare il primo abbo...

Dirugginire, *att.* nettare il ferro dalla ruggine.

Dirupamento, *sm.* caduta rovinosa di rupe, balza e simili – e il luogo dirupato.

Dirupare, *att.* gettar da rupe, precipitare – e *np.* scendere con impeto dalla rupe.

Dirupato, *add. m.* pieno di dirupi, scosceso – *sm.* precipizio di rupe.

Dirupo, *sm.* precipizio, balza.

Dis, *partic.* che aggiunta in principio di una voce, ha quasi sempre forza di rivolgerla in senso contrario e negativo.

Disabbellire (*pr.* sco ec.), *att.* torre gli abbellimenti – e *np.* disabbigliarsi.

Disabitare (*pr.* abito ec.), *att.* spogliare di abitatori – e *np.* apopolarsi.

Disabitato, *add. m.* senza abitatori – deserto.

Disaccare, *att.* cavar fuori del sacco.

Disacconcio. V. *Sconcio.*

Disacerbare, *att.* levar l'acerbezza – *fig.* addolcire, mitigare.

Disadattamente, *avv.* senza attitudine, sconciamente.

Disadatto, *add. m.* non atto – incomodo a maneggiarsi.

Disadorno, *add. m.* privo di ornamento.

Disaffezionato, *add. m.* senza affezione.

Disagévole, *add. com.* faticoso, difficile.

Disagevolezza, *sf.* difficoltà.

Disaggradévole, *add. com.* spiacevole, disgustoso.

Disagiáre, *n. ass.* privare d'agio, recare incomodo – *np.* patir disagio.

Disagiatamente, *avv.* con disagio.

Disàgio, *sm.* incomodo – carestia – difetto di sanità.

Disagióso, *add. m.* incomodo.

Disalberáre (*pr.* álbero ec.), *att.* levare gli alberi da un bastimento.

Disamábile, *add. com.* che non è amabile, o non sa farsi amare.

Disamáre, *att.* cessar di amare.

Disaméno, *add. m.* spiacevole – *e detto di persona*, rozzo, scortese

Disámina, *sf.* esame – discussione.

Disamináre (*pr.* ámino ec.), *att.* esaminare minutamente.

Disamoráre, *att. e n. ass.* togliere, o perdere l'amore.

Disamoráto, *add. m.* senza amore.

Disamóre, *sm.* mancanza di amore.

Disamorévole, *add. com.* poco cortese, sgarbato.

Disamorevolezza, *sf.* privazione di affetto – azione sgarbata.

Disancoráre (*pr.* áncoro ec.), *n. ass.* levar le ancore, salpare.

Disanimáre (*pr.* ánimo ec.), *att.* privar d'anima, uccidere – torre l'animo, scoraggiare – *np.* perdersi d'animo, avvilirsi.

Disappassionatamente, *avv.* senza passione – con indifferenza.

Disappassionatezza, *sf.* indifferenza

Disapplicáre (*pr.* ápplico, chi ec.), *n.* cessare di applicarsi.

Disapplicazióne, *sf.* trascuratezza.

Disapprèndere (*pass.* ési, *pp.* éso), *att. an.* perdere la cognizione di ciò che si era appreso.

Disapprováre, *att.* non approvare.

Disapprovazióne, *sf.* riprovazione.

Disappunto, *sm.* nell'uso danno, pregiudizio.

Disargináre (*pr.* árgino ec.), *att.* levare gli argini.

Disarmaménto, *sm.* il disarmare – *fig.* toglimento de'mezzi necessarj alla difesa.

Disarmáre, *att.* spogliar delle armi – *fig.* troncare i mezzi ad ottenere la cosa bramata – far deporre la collera – *Nella mil.* licenziare l'esercito – *In archit.* torre i sostegni di volte, ponti e simili.

Disarmo, *sm.* l'atto di disarmare una nave, cioè di levarle gli attrezzi, munizioni ec.

Disarmonìa, *sf.* discordanza.

Disarmónico, *add. m.* discordante.

Disasperáre (*pr.* áspero ec.), *att.* togliere la speranza.

Disasprìre (*pr.* sco, *e* aspro ec.), *att.* mitigare, addolcire.

Disastro (*quasi* cattivo astro), *sm.* sciagura, disgrazia.

Disastróso, *add. m.* che reca disaltroy pericoloso.

Disattento, *add. m.* spensierato,

Disattenzione , *sf.* negligenza - distrazione.

Disavanzo, *sm.* scapito, perdita.

Disavvantaggio. V. *Svantaggio.*

Disavvedutezza, *sf.* inavvertenza.

Disavveduto, *add. m,* malaccorto, imprudente.

Disavventura, *sf,* mala ventura, sciagura.

Disavvezzare, V. *Divezzare,*

Disbaragliare. V. *Sbaragliare.*

Disbarazzare, V, *Sbarazzare,*

Disbarcare. V. *Sbarcare.*

Disborso, *sm.* l'atto di cavar danaxi dalla borsa - e per trasl, pagamento in danaro.

Disbramare , *att.* soddisfare la brama - *np,* sfamarsi.

Disbranare. V. *Sbranare.*

Disbrigare , *att.* trar di briga - *fig.* risolvere, terminare speditamente checchessia - *np.* torsi d'impaccio.

Disbrigo, *sm.* (*pl.* ghi), nall'uso definizione, deliberazione ec.

Discacciare, *att.* cacciar via,

Discalzare. V, *Scalzare,*

Discalzo. V. *Scalzo.*

Discapitare. V. *Scapitare.*

Discapito. V. *Scapito.*

Discaricare. V. *Scaricare,*

Discarico. V. *Scarico.*

Discaro, *add. m.* mal gradito.

Discatenare. V. *Scatenare.*

Discendente, *add. com.* disceso,

origiuato da chicchessia - *sm.* successore.

Discendenza , *sf.* stirpe, origine - successione di figli e nipoti,

Discendere (*pass.* ési, *pp.* eso), *n. an.* venire a basso, *contr.* di salire - essere a pendio - *fig.* passare d'uno in altro discorso - trarre origine.

Discendimento, *sm.* e

Discensione, *sf.* V. *Discesa,*

Discepolato, *sm.* il tempo che si sta sotto la cura del maestro.

Discepolo, *sm.* scolare, allievo.

Discernente, *add. com,* che discerne o distingue,

Discernere, *att,* vedere e conoscere distintamente cogli occhi e coll'intelletto - giudicare che una cosa non è l'altra, distinguere,

Discernimento , *sm.* distinzione di una cosa da un'altra - *fig.* facoltà di distinguere un'idea dalle altre, donde la rettitudine nel giudicare.

Discervellarsi. V. *Dicervellarsi,* *np.* applicarsi con troppa attenzione.

Discesa , *sf.* l'atto, ed il luogo per cui si discende - calata - *In fis.* tendenza de'corpi verso il centro.

Dischiavare, *att.* aprire con chiave

Dischiedere (*pass.* ési, *pp.* esto), *att. an.* non essere convenevole ed opportuno, *contr. di* schiettare.

Dischierare, att. disfar le schiera – e np. uscia di! schicia.

Dischiudere: V. Schiodare.

Dischiudere (pass. usi, pp. uso),
att. an. aprire.– fig. manifestare

Dischiumare: V. Schiumare.

Discignere (pr. ingo, pass. insi,
pp. into), att. an. sbiogliere.

Discigliere (pr. olgo, pass. olsi,
pp. olto), att. an. levate i
legami – fig. liberare.

Discioglimento, sm. slegamento –
liquefazione di nevi e di ghiacci

Disciorre, sinc. di disciogliere. V.

Disciplina, sf. ammaestramento
– maestra – regola di vivere
a norma di certe leggi – sorta di sferza – per simil. penitenza – correzione.

Disciplinare, att. ammaestrare –
np. percuotersi colla disciplina

Disciplinato , add. ms ammaestrato – morigerato – erudito.

Disco (x. gr.), sm. (pl. schi),
esercizio ginnastico degli antichi, che consisteva nel lanciare alla maggiore distanza
una pietra o una lastra rotonda.– per simil. la sfera visibile de' pianeti.

Discolo, add. m. di cattiva vita.–
dissoluto.

Discolpa, sf. giustificazione da
colpa.

Discolpare, att. scusare – np.
giustificarsi da una accusa.

Discompagnare. V. Scompagnare.

Discomporre. V. Scomporre.

Disconoscente. V. Sconoscente.

Disconoscenza. V. Sconoscenza.

Disconoscere (pass. obbi, pp.
osciuto), att. an. non conoscere.

Disconsentire, n. non prestar consenso.

Disconvenévole. V. Sconvenevole.

Disconvenienza. V. Sconvenienza.

Disconvenire, imp. non istar
bene, disdirsi.

Discoprimento, sm. manifestazione

Discoprire (pass. ersi, pp. erto),
att. an. levar ciò che cuopre.–
fig. manifestare.

Discoraggiare. V. Scoraggiare.

Discordante, add. com. non conforme – di opinione diversa.

Discordanza, sf. dissonanza – fig.
discordia – discrepanza – Il
gramm. sconcordanza.

Discordare , n. am. non essere
d'accordo – fig. essere di diverso opinione.

Discorde, add. com. di diversa
opinione.

Discordia, sf. disunione d'animo,
dissensione.

Discorrere (pass. orsi, pp. orso),
n. correre intorno – fig. ragionare conversando – att. discutere esaminando partitamente

Discorrimento, sm. corso di fluidi
e di tempo.

Discorso, sm. raziocinio – ragionamento – il favellare.

Discortése. V. *Scortese.*
Discortesía. V. *Scortesia.*
Discostamento, *sm.* allontanamento
Discostáre, *att.* allontanare alquanto.
Discosto, *prep. e avv.* lontano.
Discrédere, *att. an.* non credere più ciò che si credeva - non prestar fede.
Discreditáre (*pr. édito ec.*), *att.* levare il credito - diffamare - *np.* perdere la buona fama.
Discrédito, *sm.* perdita del buon nome - dicielina.
Discrepanza, *sf.* disparere - divario fra due o più cose.
Discrepáre (*pr. díscrepo ec.*), *n. ass.* essere di diverso parere.
Discretamente, *avv.* con moderazione.
Discretezza, *sf.* moderazione.
Discréto, *add. m.* moderato - facile - riconoscente.
Discrezióne, *sf.* giudizioso e prudente riguardo di procedere negli atti e nelle parole - discernimento - *In archit.* divisione, spartimento.
Discussióne, *sf.* dibattimento - il dichiarare le dubbiezze o le difficoltà di una cosa.
Discútere (*pr. úto, pass. ussi, pp. usso*), *att. an.* esaminare sottilmente.
Disdegnáre, *att. e n. ass.* dar segni di disprezzo - *np.* adirarsi.
Sdegno, *sm.* indignazione.

Disdetta, *sf.* rifiuto di continuar la società di negozio - sfortuna
Disdicévole, *add. com.* che non conviene, sconvenevole.
Disdicevolezza, *sf.* sconvenienza
Disdire (*pr. ico, pass. issi, pp. etto*), *att. an.* negare la cosa chiesta - proibire - ritrattar la parola data - *n.* non essere conveniente - e *np.* ritrattarsi.
Disdoro, *sm.* disonore, vergogna.
Diseccamento, *sm.* asciugamento.
Diseccáre, *att.* rasciugare - *n. ass. e np.* inaridire.
Disegnáre, *att.* rappresentare con linee - additare - destinare - *fig.* concepire col pensiero.
Disegno, *sm.* rappresentazione di un soggetto per via di linee - e l'arte medesima che insegna a fare tali rappresentazioni - *fig.* pensiero, intenzione, progetto.
Disennáto, *add. m.* privo di senno.
Disenteria. V. *Dissenteria.*
Diseppellíre (*pr. sco ec.*), *att.* cavar dalla sepoltura.
Diseredáre, *att.* privare dell'eredità.
Diseredazióne, *sf.* privazione dell'eredità.
Diserráre. V. *Disserrare.*
Disertáre, *att.* quasi ridurre a diserto, guastare, distruggere - fuggire dalla milizia.
Diserto. V. *Deserto.*
Disertóre, *sm.* soldato che abban-

dans furtivamente la milizia.

Disfacimento, sm. distruzione di un corpo - e per trasl. scioglimento di checchessia.

Disfamare. V. *Sfamare.*

Disfare (*pr.* fò, *pass.* féci, *pp.* fatto), *att. an.* guastare ciò ch'era fatto - scemperare - *np.* distruggersi.

Disfasciare. V. *Sfasciare.*

Disfatta, *sf.* sconfitta di un esercito in battaglia.

Disfavillare. V. *Sfavillare.*

Disfavore, *sm.* svantaggio, danno.

Disfavorevole, *add. com.* che nuoce, o è contrario.

Disfida, *sf.* invito a battaglia, o a prova qualunque.

Disfidare, *att.* chiamare l'avversario a cimento.

Disfigurare, *att.* guastare la figura.

Disfiorare. V. *Sfiorare.*

Disfogare. V. *Sfogare.*

Disgiungere (*pr.* ungo, *pass.* unsi, *pp.* unto), *att. an.* separare le cose congiunte - scompagnare.

Disgiugnimento, *sm.* separazione - scompagnamento.

Disgiuntamente, *avv.* separatamente.

Disgiuntivamente, *avv.* in modo che di due parti una se ne prenda e non l'altra.

Disgiuntivo, *add. m.* che disgiunge, o atto a disgiugnere.

Disgiunzione, *sf.* l'atto di disgiugnere.

Disgombrare. V. *Sgombrare.*

Disgradevole, *add. com.* spiacevole.

Disgradire (*pr.* sco, ec.), *att. e n. ass.* non avere a grado.

Disgrazia, *sf.* perdita dell'altrui grazia, o favore - mala ventura - caso funesto.

Disgraziatamente, *avv.* sfortunatamente.

Disgraziato, *add. m.* sfortunato - che ha perduto il favore altrui.

Disgustare, *att.* recare altrui disgusto.

Disgustevole, *add. com.* disgradevole.

Disgusto, *sm.* dispiacere.

Disgustoso, *add. m.* dispiacevole.

Disigillare. V. *Dissigillare.*

Disimbarazzare, arsi, *att. e np.* levare, e levarsi d'imbarazzo.

Disimparare, *att.* scordare l'imparato.

Disimpegnare, *att.* levare d'impegno - *nell'uso* eseguire - *np.* liberarsi dall'impegno.

Disimpegno, *sm.* il cavarsi con bel modo da un'obbligazione contratta.

Disingannare, *att.* far conoscere l'inganno, l'errore.

Disinganno, *sm.* conoscimento dell'inganno preso.

Disinnamorarsi, *np.* perdere l'amore a persona, o a cosa.

Disinteresse, *sm.* non curanza del guadagno, o della propria utilità.

Disiavolla, add. ... ...
. maniera.

Disinvoltura, sf. brio, franchezza.

Disio (v. poet.). V. Desidério.

Disiôso. V. Desideroso.

Disistima, sf. disprezzo.

Disleale, add. com. mancante di
. lealtà.

Dislealtà, sf. perfidia.

Dismembráre. V. Smembrare.

Dismesso, add. m. dismesso.

Dismettere. V. Dimettere.

Dismisúra, sf. eccesso di chec-
. chessia.

Disnamorarsi. V. Disinnamorarsi.

Disnodáre, att. sciorre il nodo.

Disobbedienza. V. Disubbidienza.

Disobbedire. V. Disubbidire.

Disobbligante, add. com. scortese.

Disobbligáre (pr. obbligo, ghi ec.),
. att. cavar d'obbligo, usar
scortesia o inciviltà — np. liberarsi da un obbligo.

Disoccupáre (pr. occupo ec.), thar-
re di occupazione — lasciare li-
. bero uno spazio, — np. libe-
. rarsi dalle occupazioni — fig.
ricreare la mente.

Disonestà, sf. sfacciataggine di costumi — impurità — smoder-
. tezza.

Disonesto, add. m. impudico —
. dissoluta, — sconvenevole.

Disonoráre, att. torre l'onore, la
fama, infamare.

Disonóre, sm. infamia, ignominia.

Disonorévole, add. com. che ar-

reca disonore.

Disopra, e di sopra, avv. sopra
questo luogo.

Disorbitante. V. Esorbitante.

Disorbitanza. V. Esorbitanza.

Disordinanza, sf. confusione.

Disordináre (pr. órdino, ec.), att.
guastar l'ordine — an. uscire
di regola nelle azioni della
vita — np. confondersi, scom-
. pigliarsi.

Disordinatamente, avv. senza ordine — fuor di misura.

Disordine, sm. guastamento d'ordine — scompiglio — danno
sregolatezza — cattiva condizione.

Disorganizzáre, att. sconvolgere, turbare — scomporre.

Disossáre, att. cavar l'osso dalle
carne — np. fig. consumarsi
sino alle ossa.

Disotterráre, att. cavar di sotterra.

Disotto, e di sotto, avv. dalla
parte di sotto.

Dispaccio, sm. lettera di negozj
di stato.

Disparáre. V. Disimparare.

Disparáto, add. m. che non ha
che fare col soggetto.

Disparére, sm. contrarietà di opinione.

Dispari, add. com. non pari (
dicesi dei numeri).

Disparità, sf. disuguaglianza.

Dispendio, sm. spesa continuata.

Dispendioso, add. m. che costa

Dispensa, *sf.* distribuzione – com-
partizio delle cose da mangiare
– derogazione da una legge
ecclesiastica.

Dispensáre, *att.* distribuire –
togliere alcun impedimento canonico – *np.* astenersi – dis-
obbligarsi.

Dispensiére, *sm.* chi ha la cura
della dispensa.

Disperáre, *att.* far perdere la
speranza – *n.* ass. non avere,
o perdere la speranza – *np.*
darsi alla disperazione.

Disperatamente, *avv.* con disperazione – senza modo o termine.

Disperáto, *add. m.* fuor di speranza – furioso – agg. d' impresa, che non può più vincersi – di malattia, incurabile.

Disperazione, *sf.* perdita di speranza – cosa disperata.

Dispérdere (*pass.* ersi, *pp.* erso),
att. an. mandare in perdizione
– dissipare – *np.* abortire.

Dispérgere (*pass.* ersi, *pp.* erso),
att. an. spargere – scialacquare
– sbaragliare, disordinare.

Dispersione, *sf.* spargimento –
distruzione – *infis.* punto d'onde i raggi della luce rifratti
cominciano a divergere.

Dispetto, *sm.* offesa, dispiacere
usato altrui – dispregio.

Dispettosamente, *avv.* con dispetto

Dispettoso, *add. m.* scortese,

sgarbato – fastidioso, intrattabile.

Dispiacente, *add. com.* spiacevole.

Dispiacenza, *sf.* e

Dispiacére, *sm.* disgusto – molè-
stia – ingiuria, insulto.

Dispiacére (*pr.* áccio, ácc ec., *pass.*
acqui, *pp.* aciuto), *n. ass.* recar fastidio, disgusto ec.

Dispiacévole. V. *Spiacevole.*

Dispiacimento, *sm.* rincrescimento.

Dispietáto, *add. m.* che non ha
pietà, crudele.

Disponíbile, *add. com.* che si può
disporre.

Disporre (*pr.* ngo, ni ec., *pass.*
ósi, *pp.* osto), *att. an.* mettere
in buon ordine – accomodare –
persuadere – indurre – fare ciò
che si vuole di cosa o di persona.

Disposizione, *sf.* compartimento
ed ordine delle parti d' un
tutto – abitudine naturale –
operazione che nasce dall' a-
bito di già fatto – intenzione –
deliberazione.

Dispossessáre, *att.* spogliar del
possesso.

Dispostezza, *sf.* bene ordinata disposizione delle membra, leggiadria della persona.

Disposto, *add. m.* ordinato –
pronto – stabilito – acconcio.

Dispoticamente, *avv.* con autorità
assoluta.

Dispotico, *add. m.* assoluto.

Dispotismo, *sm.* autorità asso-

che risiede in una sola persona, per cui a sua voglia dispone della vita, della morte e delle sostanze de'suoi sudditi.

Dispregévole, *add. com.* di poco o nessun pregio – degno di disprezzo.

Dispregiáre, *att.* avere, o tenere a vile – *ed assolut.* non curarsi

Disprégio, *sm.* disistima di persona, o di cosa.

Disprezzáre. V. *Dispregiare.*

Disprezzo. V. *Dispregio.*

Dispùta, *sf.* quistione, contesa.

Disputàbile, *add. com.* non ben discusso o deciso.

Disputáre (*pr.* dísputo ec.), *n.* difendere la propria opinione contro l'altrui – *att.* discutere.

Disquisizióne, *sf.* diligente esame.

Disradicáre. V. *Sradicare.*

Dissanguáre, *att.* trarre quasi tutto il sangue.

Dissapóre, *sm.* principio di disgusto.

Disseccáre. V. *Diseccare.*

Disseminare (*pr.* émino ec.), *att.* spargere in qua e in là come chi semina – *fig.* diffondere calunnie, errori e simili.

Dissensióne, *sf.* discordia, controversia.

Dissenteria (*v. gr.*), *sf.* scioglimento di ventre con flusso sanguigno.

Dissentíre (*p. pr.* enziente), *n. ass.* ... essere di diverso parere.

Discorráre, *att.* aprire – *fig.* manifestare al di fuori ciò che si ha nell'animo – *np.* dischiudersi – *fig.* tornare in libertà.

Dissertazióne, *sf.* scritto erudito su qualche materia.

Dissestáre, *att.* levare di sesto, disordinare – *fig.* sconcertare negli affari.

Dissesto, *sm.* nell'uso disordine, sconcerto, danno.

Dissetáre, *att.* cavar la sete.

Dissìdio, *sm.* dissensione.

Dissigilláre, *att.* aprire carte sigillate.

Dissìllabo, *add. m.* di due sillabe

Dissimigliáre, *n. ass.* essere dissimile.

Dissímile, *add. com.* che non ha la medesima forma; o le medesime qualità.

Dissimuláre (*pr.* ímulo ec.), *att.* fingere – nascondere con astuzia i propri pensamenti.

Dissimulazióne, *sf.* studio di nascondere il proprio pensiero.

Dissipaménto, *sm.* dispergimento – lo spendere oltre le proprie forze.

Dissipáre, *att.* disfare, dissolvere – disperdere – distruggere – scialacquare le proprie sostanze

Dissipatóre, *sm.* chi spende senza misura, scialacquatore, prodigo

Dissipazióne, *sf.* scialacquamento

Dissodáre, *att.* rompere il terreno prima sodo per prepararlo alla coltivazione.

Dissolùbile, *add. com.* atto ad essere disciolto.

Dissolutezza, *sf.* sfrenatezza di costumi.

Dissolutìvo, *add. m.* che ha facoltà di dissolvere o stemperare

Dissolùto, *add. m. propr.* sciolto, stemperato – *fig.* licenzioso nei costumi, disonesto.

Dissoluzióne, *sf.* disfacimento delle parti di un corpo – *fig.* distrazione.

Dissolvente, *add. com.* che dissolve o scioglie.

Dissólvere, *att.* disfare, disunire – distemperare.

Dissomiglianza, *sf.* disuguaglianza nelle forme, nella fisonomia, nelle proprietà.

Dissomigliáre, *n. ass.* non avere somiglianza – non corrispondere all'originale.

Dissonanza, *sf.* falso accordo – diversità di suoni, di parole e simili.

Dissotterráre. V. Disotterrare.

Dissuadére (*pass.* ési, *pp.* áso), *att. an.* rimuovere alcuno dall'esecuzione di qualche disegno.

Dissuasióne, *sf.* l'effetto di consigli atti a distorre uno dal suo proposito.

Dissuetùdine, *sf.* disuso.

Dissuggelláre, *att.* levare il suggello.

Distaccamento, *sm.* l'atto di di-

staccare – *fig.* disamore – In mil. squadra di soldati.

Distaccáre, *att.* disgiungere cose attaccate insieme – *fig.* alienare, rimuovere – In mil. separare dal grosso dell'esercito una parte di soldati per mandarla in alcun luogo – *np.* separarsi.

Distacco, *sm.* (*pl.* cchi), separazione violenta – *fig.* alienamento d'animo.

Distante, *add. com.* lontano.

Distanza, *sf.* lo spazio fra un luogo e un altro, o fra un tempo e un altro.

Distáre (*pr.* stò, *pass.* stetti, *pp.* státo), *n. an.* essere lontano o discosto – differire.

Distemperáre (*pr.* émpero ec.), *att.* disciogliere col mezzo di liquori acri – *fig.* distruggere.

Distèndere (*pass.* ési, *pp.* éso), *att. an.* allentare – allargare e allungare – *fig.* esporre ordinatamente in iscritto i proprj pensieri – *np.* dilatarsi – favellare a lungo – avviarsi ordinatamente.

Distensióne, *sf.* stiramento, od allargamento di una cosa.

Distésa, *sf.* estensione.

Distesamente, *avv.* diffusamente – a lungo.

Dístico (*v. gr.*), *sm.* composizioncella poetica compresa in due versi.

Distillamento, sm. caduta di liquidi a goccia a goccia.

Distillare, att. estrarre artificiosamente le parti più spiritose di un fluido – n. ass. e np. cadere a goccia a goccia.

Distillazione, sf. operazione chimica per mezzo della quale si cava l'umido da qualunque sostanza – In med. le caduta degli umori superflui dalla testa.

Distinguere (pass. insi, pp. into), att. an. discernere con alcuno dei sensi – o discernere colla mente – far distinzione fra due o più cose – considerare minutamente – np. rendersi illustre, segnalarsi.

Distinta, sf. nell'uso nota specificata.

Distintamente, avv. specificatamente.

Distintivo, sm. segno onde una cosa si distingue – add. m. che distingue.

Distinto, add. m. diverso – circostanziato – specioso – eminente, esimio.

Distinzione, sf. separazione, spartimento – proprietà per cui una cosa si distingue – preferenza – stima.

Distogliere. V. Distorre.

Distornare, att. volgere altrove.

Distorre (sinc. di distogliere), att. (pr. olgo, pass. olsi,

pp. olto), rimuovere da un proponimento – np. scostarsi, lasciar di fare una cosa.

Distorto, a

Distrarre (pr. aggo, pass. assi, pp. atto), att. an. propr. trarre per forza – più comunem. distornare – levare furtivamente una parte di checchessia – np. svagarsi.

Distrattamente, avv. con distrazione.

Distrazione, sf. specie di sonno nella veglia, per cui l'uomo non avverte alle proprie funzioni – smagamento – dissipazione di checchessia.

Distretto, sm. contado – parte di provincia.

Distrettuale, add. com. del distretto.

Distribuire (pr. isco ec.), att. dare a ciascuno la sua porzione – disporre con ordine.

Distributivo, add. m. agg. di giustizia, che dà premio o pena secondo il merito.

Distribuzione, sf. il distribuire, e la porzione distribuita – compartimento ordinato delle parti di un edificio, di un discorso ec.

Distrigare, att. sgombrare – dicifrare – np. trarsi d'impaccio.

Distruggere (pr. aggo, pass. ussi, pp. utto), att. an. ridurre al niente le figura – np. consusuapxi – *fig.* affliggersi.

Distraggitore, e

Distrattore, *sm.* chi distrugge.

Distruzione , *sf.* ravina totale, annientamento.

Disturbáre, *att.* recare disturbo – interrompere.

Disturbo, *sm.* imbarazzo, impedimento – molestia.

Disubbidiente, *add. com.* che non ubbidisce.

Disubbidienza , *sf.* colpa di chi non ubbidisce.

Disubbidire (pr. sco, ec.), n. contravvenire al comando.

Disugguaglia. V. *Disugguagliare.*

Disugguaglianza, *sf.* divario, differenza.

Disuguale, *add. com.* che non è uguale – scabro, aspro (detto di superficie solida)

Disumanáre, *att.* rendere inumano – e np. spogliarsi d'umanità – trasformarsi.

Disumáno, *add. m.* che non ha senso d'umanità, crudele.

Disunióne, *sf.* disgiungimento – *fig.* discordia.

Disunire (pr. sco ec.), att. disgiungere – e np. separarsi.

Disusanza, *sf.* cosa uscita d'uso.

Disusáre, *att.* lasciar di usare – dimettere l'uso – np. quedersi d'uso.

Disuso. V. *Disusanza.*

Disutile, *add. com.* che torna in isvantaggio, svantaggioso – e

---

detto di persona, dispettle.

Disvantággio. V. *Svantaggio.*

Disvelamento, *sm.* scoprimento, manifestazione.

Disveláre, *att. propr.* levare il velo, scoprire – *fig.* far manifesto, palesare – np. darsi a conoscere.

Disvéllere. V. *Svellere.*

Disviamento. V. *Deviamento.*

Disviáre. V. *Deviare.*

Disviziáre, *att.* correggere i vizj di taluno – e np. abbandonare il vizio.

Disvolére (pr. oglio , pass. olli, pp. oluto), att. non voler più.

Ditále, *sm.* la parte del guanto che fascia un dito – anello per cucire.

Dita (pl. poet.), *sm.* infame.

Dilaráre. V. *Dilaniare.*

Ditirambo (v. gr.), sm. componimento in lode di Bacco.

Dito, *sm. (pl. diti m., e dita f.)* una delle estremità delle mani e de' piedi – misura lineare.

Ditta, *sf.* società di negozianti.

Dittatóre, *sm.* supremo magistrato nella repubblica romana.

Dittatura, *sf.* dignità del dittatore

Dittongo (v. gr.), sm. (pl. ghi), unione di due vocali in una sola.

Diurético (v. gr.), add. m. che facilita l'espulsione delle orine

Diurno, sm. libro delle ore canoniche – add. m. giornaliero

Diva (*v. poet.*), *sf.* Dea.

Divagamento, *sm.* distrazione.

Divagare, *att.* distrarre – *n. ass.* e *np.* andare vagando.

Divampare, *att.* infiammare, accendere – *n. ass.* ardere.

Divano, *sm.* consiglio de' ministri dell'impero ottomano.

Divario, *sm.* differenza.

Divastare. V. *Devastare.*

Divellere. V. *Svellere.*

Divenire (*pr.* engo, ieni ec., *pass.* enni, *pp.* enuto), *n. ass. an.* cangiarsi – accadere – passare da un discorso all'altro.

Diventare, *n. ass.* farsi diverso da prima – *att.* trasmutare, trasformare.

Diverbio, *sm.* dialogo – contesa.

Diversamente, *avv.* al contrario.

Diversificare (*pr.* ifico, chi ec.), *att.* far diverso – *n. ass.* e *np.* essere diverso.

Diversione, *sf.* deviazione – cambiamento di direzione per opposta via.

Diversità, *sf.* differenza.

Diversivo, *sm.* canale che devia parte delle acque di un fiume – *fig.* fatto secondario che distrae l'attenzione del primario – *add. m.* che devia.

Diverso, *add. m.* che non è simile, differente.

Divertimento, *sm.* trattenimento piacevole, passatempo.

Divertire (*pr.* erto, e isco ec.), *att.*

an. rivolgere altrove – *n. ass.* – deviare – rallegrare – *np.* passare il tempo in sollazzo.

Divezzare, *att.* disusare – slattare – *np.* lasciar l'uso.

Diviare. V. *Deviare.*

Dividendo, *sm.* il numero da dividersi.

Dividere (*pass.* isi, *pp.* iso), *att. an.* disunire, separare – spartire, distribuire – *fig.* porre in discordia.

Divietare, *att.* proibire.

Divieto, *sm.* proibizione – interdetto.

Divinamente, *avv.* in modo divino – *fig.* eccellentemente.

Divinamento. V. *Divinazione.*

Divinare (*v. lat.*), *att.* predire il futuro.

Divinazione, *sf.* indovinamento, e ciò che si pretende indovinare.

Divincolamento, *sm.* contorcimento.

Divincolare (*pr.* incolo ec.), *att.* piegare a guisa di vinco – *np.* contorcersi.

Divinità, *sf.* essenza e natura di Dio – è lo stesso Dio – *fig.* eccellenza, somma perfezione.

Divinizzare, *att.* far divino.

Divino, *add. m.* che appartiene a Dio – *fig.* eccellente.

Divisa, *sf.* vestimento che distingue il grado di chi lo porta.

Divisamento, *sm.* pensiero, disegno.

Divisáre, *att.* immaginare, pensare

Divisíbile; *add. com.* che può dividersi.

Divisióne, *sf.* separazione, spartimento – *fig.* discordia – una delle prime quattro operazioni aritmetiche – grosso distaccamento di un esercito.

Divisóre, *sm.* il numero che divide.

Divisório, *add. m.* egg. di muro, che serve a dividere due case, due stanze contigue ec.

Divo (*v. poet.*), *add. m.* divino.

Divoráre, *att.* mangiare con ingordigia – *fig.* distruggere – i *libri*, leggerli rapidamente – la *strada*, camminare in fretta.

Divoratóre, *sm.* gran mangiatore.

Divórzio, *sm.* separazione legale fra marito e moglie.

Divotamente. V. *Devotamente.*

Divóto, *add. m.* dedito alla pietà, pio – rispettoso – ossequioso – affezionato.

Divozione. V. *Devozione.*

Divulgamento, *sm.* pubblicazione, manifestazione.

Divulgáre, *att.* pubblicare – *np.* spargersi una notizia.

Dizionário, *sm.* libro ove sono raccolte per alfabeto le varie dizioni o vocaboli di una lingua, altr. vocabolario.

Dizióne (*dal lat.* dictio), *sf.* vocabolo, parola – modo di dire – (*dal lat.* ditio), giurisdi-

zione, dominio.

Dóccia, *sf.* canaletto per cui scorre l'acqua – *In marin.* canale per gettar fuora del vascello l'acqua assorbita dalla tromba – *In med.* liquido che si gronda sulla parte inferma.

Docciône, *sm.* strumento di terra cotta, di cui si fanno i condotti per mandarvi l'acqua.

Dócile, *add. com.* atto ad apprendere – pieghevole all'altrui parova.

Docilità, *sf.* attitudine ad apprendere – pieghevolezza alle insinuazioni altrui.

Documento, *sm.* insegnamento – più comun. scrittura che prova una verità.

Dodicína. V. *Dozzina.*

Dóga, *sf.* (*pl.* ghe), striscia di legno per far il corpo alle botti.

Dógana, *sf.* luogo ove si lasciano le mercanzie per gabellarle.

Doganiére, *sm.* ministro di dogana.

Doge, *sm.* titolo del primo magistrato presso le cessate repubbliche di Venezia e di Genova.

Doglia, *sf.* dolore, afflizione – *In pl.* i dolori del parto.

Dogliánza, *sf.* lamento.

Dogliosamente, *avv.* con doglia.

Doglióso, *add. m.* addolorato – che cagiona dolore – che seguo di dolore.

Dogma (*v. gr.*), *sm.* (*pl.*

principio stabilito in materia
di religione o di scienza.

Dogmatica, add. m. appartenente
a dogma.

Dolce, addiacm, soave al palato,
soave di suono - fig. piacevole - tranquillo - temperato -
affabile - agevole - avv. dolcemente.

Dolcemente, avv. con dolcezza,
soavemente - con grazia.

Dolcezza, sf. sapore delle cose
dolci - soavità d'armonia -
affabilità - in pitt. morbidezza.

Dolcificare (pr. fico, chi ec.),
att. raddolcire, mitigare.

Dolcigno, add. m. che ha del
dolce.

Dolciume, sm. nome collettivo
di tutte le cose dolci.

Dolente, add. com. addolorato,
afflitto.

Dolere (pr. dolgo, duoli ec., pass.
dolsi, pp. doluto), n. ass. sentir dolore - np. lagnarsi di
alcuno - aver compassione.

Dolo (a, dat.), sm. inganno malizioso.

Dolore, sm. passione del corpo,
o dell'animo.

Dolorosamente, avv. con dolore.

Doloroso, add. m. penoso, grave
- fig. calamitoso, infelice.

Dolosamente, avv. con dolo (inganno)

Dolosità, sf. inganno, frode.

Doloso, add. m. che s'acchiude

inganno, fraudolento.

Domabile, add. com. atto ad essere domato.

Domanda, sf. inchiesta - preghiera - istanza.

Domandare, att. chiedere notizia di alcuna cosa - fare inchiesta - np. aver nome, chia-
marsi.

Domani, avv. il giorno veniente.

Domaniale, add. com. appartenente al regio patrimonio.

Domare, att. far mansueto, addimesticare - fig. soggiogare -
fiaccar l'orgoglio - ammorbidire

Domattina, avv. al principio del
giorno di domani.

Domenica, sf. (pl. che), giorno
dedicato al Signore, e il primo
della settimana.

Domenicale, add. com. del signore e padrone.

Domesticamente, avv. famigliarmente.

Domesticare. V. Addimesticare.

Domestichévole, add. com. proprio del vivere civile.

Domestichezza, sf. famigliarità -
intrinsichezza.

Doméstico, add. m. famigliare -
patrio, contr. di straniero -
a contr. di salvatico (detto di
animali, o di frutti, o di terreni) - di casa, casalingo.

Domiciliario, add. m. appartenente a domicilio.

Domicilio, sm. luogo dove uno

stabilmente abita.

Dominante, *add. com.* che domina (signoreggia) – *sf.* capitale, metropoli.

Dominare (*pr. dómino ec.*), signoreggiare – soprastare.

Dominatore, *sm.* che signoreggia, signore, sovrano.

Dominazione, *sf.* signoria, imperio – *In pl.* uno degli ordini della gerarchia celeste.

Dominicale. V. *Domenicale.*

Dominio, *sm.* signoria, padronanza – proprietà – possesso – paese soggetto alla giurisdizione di un principe.

Dominò (*v. fr.*), *sm.* foggia di maschera.

Domma. V. *Dogma.*

Dommatico. V. *Dogmatico.*

Domo, *add. m.* domato, soggiogato – addomesticato – *fig.* macero consumato.

Don (*sinc. di donno, signore*), *sm.* titolo di principi, nobili, monaci e preti.

Donante, *sm.* chi fa il dono.

Donare, *att.* dare volontariamente senza contraccambio, regalare – *np.* dedicarsi, applicarsi.

Donatario, *sm.* quegli che riceve il dono.

Donativo, *sm.* regalo.

Donatore, *sm.* chi dona.

Donazione, *sf.* dono di checchessia – atto solenne per cui taluno trasferisce ad un altro il possesso di alcuna parte o di tutti i suoi beni.

Donde, *avv.* da, e da qual luogo – per qual cagione – *pront.* di cui – da chi.

Dondolare (*pr. dóndolo ec.*), *att.* dimenare, tentennare – *n. ass.* star pensieroso – *e np.* muoversi in qua e in là – *fig.* consumare il tempo senza far nulla.

Donna (*sinc. del lat. domina, signora, padrona*), *sf.* nome generico della femmina dell' specie umana – moglie – quel tabernacolo di casa dei pezzi per giocare a scacchi, altr. regina.

Donnaiuolo, *sm.* chi volentieri pratica con donne.

Donnescamente, *avv.* a modo di donna.

Donnesco, *add. m.* (*pl. chi*), da donna.

Donno (*sinc. del lat. dominus*), *sm.* signore, padrone.

Donnola, *sf.* animaletto salvatico che fa guerra a' colombi.

Dono, *sm.* ciò che si dà altrui senza pretendere restituzione o contraccambio, altr. regalo.

Donzella, *sf.* fanciulla da marito – damigella – cameriera.

Donzello, *sm.* giovane nobile – scudiero – servente di magistrati.

Dopo, *prep.* di poi.

Doppiamente, *avv.* due volte – simulatamente.

Doppiáre. V. *Addoppiare.*

Doppiáre, sm. torcia di cera – candelliere.

Doppiezza, sf. simulazione.

Dóppio, sm. due volte tanto – il suono di più campane insieme – add. m. duplicato – di due sorte – fig. simulato.

Doráre. V. *Indorare.*

Doratúra. V. *Indoratura.*

Doreria, sf. quantità d'oro lavorato.

Dórico, add. m. agg. di uno dei cinque ordini d'architettura.

Dormiente, add. com. che dorme.

Dormiglióne, add. m. che dorme assai.

Dormiglioso, add. m. sonnacchioso

Dormíre, n. ass. essere immerso nel sonno – fig. operare trascuratamente – e rimanersi negghittosamente in suo stato misero o malvagio.

Dormíre, sm. il tempo in cui uno è addormentato.

Dormitório, sm. camera con più letti – andito de' conventi dove sono le celle de' religiosi.

Dorsále, add. com. del dorso – agg. della spina ossea delle reni.

Dorso, sm. la parte di dietro dell'animale, compresa tra le spalle e le reni, altr. schiena.

Dosáre, att. proporzionare le dosi degl' ingredienti.

Dose, sf. quantità determinata di

doaghe ch'entrano in un composto.

Dosc. V. *Dose.*

Dotale, add. com. appartenente a dote.

Dotáre, att. assegnare le dote – per simil. assegnare una rendita a qualche stabilimento – privilegiare di qualche dono.

Dotazione, sf. assegnamento dotale – provvedimento qualunque.

Dote, sf. ciò che la moglie reca al marito pel sostenimento dei pesi di cui s'incarica sposandola – assegno annuo fatto a qualche stabilimento o luogo pio – prerogativa d'ingegno – ornamento.

Dottamente, avv. sapientemente

Dotto, add. m. scienziato – pratico – versato.

Dottorále, add. com. di dottore.

Dottoráre. V. *Addottorare.*

Dottoráto, sm. grado di dottore.

Dottóre (dal lat. doctor), sm. laureato – maestro.

Dottoressa, sf. donna che vuol fare la saputa.

Dottrína, sf. scienza – erudizione – libretto dei principali articoli della religione cristiana.

Dottrináre. V. *Addottrinare.*

Dottrinále, add. com. instruttivo

Dottrinário, sm. chi sparge dottrine o massime erronee.

Dove, avv. dovunque – all'incontro.

Dovére (*pr.* devo, debbo e dég-
gio, *pass.* dovéi, dovetti, *fut.*
dovrò, *pp.* dovúto), *att. an.*
essere debitore – *n. ass.* esser
obbligato a qualche cosa – essere necessario o conveniente –
esser utile od opportuno – essere in procinto di fare o dire
checchessia.

Dovére, *sm.* obbligazione di fare
o di astenersi, relativa all' una
– o all' altra legge o diritto – obbligo qualunque – convenienza.

Doveróso, *add. m.* ch' è di dovere – convenevole.

Devizia, *sf.* ricchezza – abbondanza.

Doviziosamente, *avv.* copiosamente

Devizioso, *add. m.* abbondante,
copioso.

Dovunque, *avv.* in qualunque
luogo.

Dozzina, *sf.* quantità di dodici
– A dozzina, *avv.* col verbo
stare, cioè in casa d' altri pagando mensualmente un prezzo
stabilito.

Dozzinale, *add. com.* da dozzina,
cioè di mediocre bontà.

Dozzinante, *sm.* nell'uso quegli
che sta a dozzina.

Drago. V. *Dragone.*

Dragomano (*v. gr.*), *sm.* interprete.

Dragóne (*v. gr.*), *sm.* serpente
favoloso – oggidì genere di
rettili, dalla rassomiglianza col

dragone della favola – tromba
marina – meteora ignea che
scorrendo per l'aria si estingue
– In mil. soldato a cavallo
gravemente armato.

Dramma, *sf.* ottava parte del-
l'oncia – *fig.* piccolissima parte di checchessia – *sm.* (*pl.*
mmi), componimento poetico
rappresentativo.

Drammatico, *add. m.* attenente
a dramma (rappresentazione)

Drappello, *sm.* squadra d'uomini
che segue un' insegna – *poetic.*
compagnia di gente che va a
diporto.

Drapperia, *sf.* quantità di droppi,

Drappo, *sm.* tela per lo più di
seta a diverse fogge – ogni sorta di vestimento.

Dritto. V. *Diritto.*

Drizzare. V. *Dirizzare.*

Droga, *sf.* (*pl.* ghe), nome generico degli aromati ed ingredienti medicinali.

Drogheria, *sf.* quantità di droghe
– fondaco di droghe.

Droghiere, *sm.* mercante di droghe.

Dromedario, *sm.* quadrupede della specie de' cammelli.

Druda, *sf.* donna di mal affare,
concubina.

Drudo, *sm.* amante disonesto,
altr. bertone – *add. m.* inclinato a fare all' amore.

Druido, *sm.* sacerdote degli antichi popoli settentrionali.

Dubbiamente, avv. con dubbietà.

Dubbiezza, sf. stato dell'intelletto che trovasi in dubbio – ambiguità, incertezza.

Dubbio, sm. incostanza – tenzone – questione che si propone a sciogliere – negativo, sospensione di giudizio per mancanza di prove – positivo, sospensione di giudizio, dipendente da un eguale peso di prove d'ambe le parti – add. m. incerto, ambiguo.

Dubbiosamente, avv. con ambiguità.

Dubbioso, add. m. ambiguo, incerto – pericoloso – perplesso – irresoluto.

Dubitare (pr. dùbito ec.), n. ass. stare in dubbio – temere – avere sospetto.

Dubitativamente, avv. con incertezza.

Dubitativo, add. m. dubbioso, incerto.

Duca, sm. (pl. chi), capitano di esercito – guida – scorta – titolo di principato.

Ducale, add. com. di duca.

Ducato, sm. titolo e dominio di un duca – moneta d'argento.

Duce. V. *Duca*.

Duellare, n. ass. far duello.

Duellista, sm. (pl. sti), chi fa duelli.

Duello, sm. combattimento di due persone per disfida.

Duetto, sm. canto a due voci.

Dulcismo. V. *Manicheismo*.

Dulia (v. gr.), sf. culto reso agli angeli ed ai santi.

Duna, sf. elevazione di sabbia formata dalle acque lungo i lidi del mare.

Dunque, partic. cong. che induce conseguenza.

Duodeno, sm. primo intestino dopo lo stomaco.

Duolo (v. poet.), sm. dolore – lamento.

Duomo, sm. la chiesa cattedrale.

Duplicare (pr. dùplico, chi ec.), att. addoppiare.

Duplicatamente, avv. doppiamente.

Duplicato, add. m. doppio – sm. doppia copia di una scrittura.

Duplice (v. lat.), add. com. doppio.

Duplo (v. lat.), sm. doppio, duplicato.

Durabile. V. *Durevole*.

Durabilità, sf. stabilità.

Durabilmente. V. *Durevolmente*.

Duramente, avv. con durezza – aspramente – difficilmente.

Durare, n. ass. stare in lungo – perseverare – resistere – sostenere una fatica, una spesa ec.

Durata, sf. estensione di tempo – stabilità – perseveranza.

Durabile, add. m. stabile, permanente.

Durazione, sf. permanenza – il permanere, o nel modo di essere, o nel tempo della durata.

Durévole, *add. com.* di lunga durata - stabile - permanente.

Durevolmente, *avv.* stabilmente - lungamente.

Durezza, *sf.* qualità dè' corpi che resistono al tatto - *fig.* asprezza, severità ne' modi - ostinazione - crudezza, *opposto a* morbidezza.

Duro, *sm.* la parte più dura - *add. m.* che resiste al tatto, *contr. di* tenero - *fig.* robusto, crudele - aspro - difficile - ostinato - ' che apprende con difficoltà e slento.

Duttile (*v. lat.*), *add. com.* che si guida come, e dove si vuo- le - arrendevole (*detto di alcuni metalli*)

Duttilità, *sf.* qualità di alcuni metalli che facilmente diventano arrendevoli.

Dutto, *sm.* canale o vaso de' fluidi nel corpo dell'animale.

Duumvirále, *add. com.* de' duumviri.

Duumviráto, *sm.* dignità de' duumviri - signoria di due persone.

Duùmviro (*v. lat.*), *sm.* nome che i romani davano a diversi loro magistrati composti di due persone - *per simil.* uno dei due di qualsivoglia altro magistrato di due individui.

E

E, seconda lettera vocale, e quinta dell'alfabeto - *cong.*, talora anche coll'agg. del *d* (*ed*) per isfuggire l'incontro delle vocali - coll'apostrofo (*e'*), in vece di *egli* - coll'accento grave (*è*), terza pers. sing. del pr. Ind. del v. *essere*.

Ebanista, *sm.* (*pl.* sti), lavoratore di ebano.

Ebano, *sm.* albero delle Indie; ed il legno di esso, molto duro, pesante e nero.

Ebrezza, *sf.* ubbriachezza - *fig.* perturbamento cagionato da veemente passione.

Ebbro, *add. m.* ubbriaco.

Ebdomadário, *sm.* capo del coro nella sua settimana (*T. eccl.*)

Ebetazióne (*v. lat.*), *sf.* ottusità d'intelletto.

Ebollire. V. *Bollire.*

Ebollizióne, *sf.* veemente agitazione di un fluido esposto all'azione del fuoco.

Ebraicamente, *avv.* all'uso degli ebrei.

Ebraico, *add. m.* (*pl.* ci, chi), appartenente agli ebrei.

Ebraismo, *sm* setta, e costume degli ebrei.

Ebraizzare, *n. ass.* imitare le

16

costumanze degli ebrei.

Ebréo, *sm.* chi professa le leggi
.ed i costumi degl'israeliti –
fig. usurajo – monopolista –
add. m. ebraico.

Ebrezza, ed

Ebrietà. V. *Ebbrezza.*

Ebrio, ed

Ebro. V. *Ebbro.*

Ebullizióne. V. *Ebollizione.*

Ebúrneo (*v. lat.*), *add. m.* d'avorio – *per simil.* simile all'avorio.

Ecatombe (*v. gr.*), *sf. pl.* sacrifizio di cento bovi, o di cento
vittime della medesima specie.

Eccedente, *add.* com. eccessivo.

Eccedentemente, *avv.* a dismisura.

Eccedenza, *sf.* eccesso.

Eccédere, *n. ass.* passare i dovuti
termini – uscire dal convenevole.

Eccellente, *add. com.* perfetto
nel suo essere.

Eccellentemente, *avv.* ottimamente

Eccellentíssimo, *add. m. superl.*
di eccellente – qualificazione
che suol darsi a'nobili ed ai
dottori.

Eccellenza, *sf.* somma bontà –
squisitezza – qualità rara – titolo de'gran signori.

Eccelso, *add. m.* sublime – *fig.*
magnifico.

centrico, *add. m.* che ha centro diverso.

pire (*v. dell'uso*). V. *Ec-
ttuare.*

Eccessivamente, *avv.* fuormisura

Eccessívo, *add. m.* smoderato.

Eccesso, *sm.* sopravanzo – *fig*
smoderatezza – misfatto – stra
vaganza.

Eccétera, *sf. nota di abbreviata*
ra che si fa da chi scrive.

Eccetto, e

Eccettochè, *avv.* fuorchè.

Eccettuáre, *att.* non comprender
nel numero, e nella regola.

Eccettuatívo, *add. m.* agg. di par
ticella, o congiunzione espri
mente eccezione.

Eccettuazióne, ed

Eccezióne, *sf.* esenzione da regola
da legge, da numero e simili.

Eccezionábile, *add. com.* sogge
to ad eccezione.

Eccezionáre (*v. dell'uso*). V. *E*
cettuare.

Eccheggiáre, *n. ass.* risona
per eco.

Eccidio, *sm.* strage, sterminio.

Eccitamento, *sm.* stimolo – pro
vocamento – aizzamento.

Eccitáre (*pr. éccito ec.*), *att.* de
stare – stimolare – cagionare -
far venir voglia – *np.* destars
nella fantasia.

Eccitatívo, *add. m.* atto ad ec
citare.

Ecclesiástico, *sm.* (*pl.* ci, chi)
uomo dedicato alla chiesa
add. m. addetto alla chiesa
opposto di laico.

Ecclissáre. V. *Eclissare.*

ECC   EDI 243

Iclisse. V. *Eclisse.*

Ecco, *avv.* in presenza - *sm.* V. *Eco*

Icheggiare. V. *Eccheggiare.*

Iclissare, *att. propr.* l' oscurare del sole o della luna - *per simil.* offuscare - *np.* abbujarsi.

Eclisse, e

Eclissi (*v. gr.*), *sm.* oscurazione del sole o della luna o di altro corpo celeste per l'interposizione di altro pianeta.

Eclittica (*v. gr.*), *sf.* (*pl.* che), quel cerchio che il centro del sole descrive apparentemente nel suo annuo progresso - *In geogr.* uno de' circoli massimi della sfera.

Eco (*v. gr.*), *sm.* (*pl.* chi), voce che, ripercossa da un corpo solido, si ripete alle orecchie - ed il luogo donde parte questa ripetizione di suono.

Economato, *sm.* uffizio dell'economo.

Economia (*v. gr.*), *sf.* l'arte di bene amministrare gli affari domestici - *coman.* risparmio - *rurale*, regola di agricoltura - *animale*, armonia tra i solidi e i fluidi del corpo animale - *cristiana*, tutto ciò che ha relazione col patto di grazia fra gli uomini e Dio col mezzo di N. S. G. C.

Economica, *sf.* (*pl.* che), la parte dell'etica che tratta del governo della famiglia.

Economicamente, *avv.* con risparmio,

Economico, *add. m.* fatto con risparmio.

Economizzare, *att.* amministrare con economia (risparmio)

Economo, *sm.* amministratore.

Eculeo, *sm.* sorta di cavalletto su cui si distendevano e si tormentavano i delinquenti ed i martiri.

Ecumenico (*v. gr.*), *add. m.* universale (*agg. di* concilio)

Edace (*v. lat.*), *add. com.* che divora, o consuma.

Eddomadario. V. *Ebdomadario.*

Edera, *sf.* pianta che striscia sugli alberi e sulle muraglie.

Edificamento, *sm.* fabbricazione.

Edificare (*pr.* ifico, chi ec.). *att.* costruire, fabbricare - *fig.* dar buon esempio.

Edificazione, *sf.* costruzione - buon esempio.

Edificio, e

Edifizio, *sm.* palagio, tempio, casa - macchina artificiosa.

Edile, *sm.* magistrato presso gli antichi romani, il quale soprintendeva alle fabbriche pubbliche ed alle grasce.

Edito (*v. lat.*), *add. m.* pubblicato.

Editore, *sm.* chi stampa le opere altrui.

Editto, *sm.* legge pubblicata.

Edituo (*v. lat.*), *sm.* custode del tempio.

Edizióne, *sf.* pubblicazione di alcun'opera colla stampa.

Edotto (*v. lat. e dell' uso*), *add. m.* informato, instrutto.

Educánda, *sf.* fanciulla ch'è in serbo in un monastero.

Educáre (*pr. éduco, chi ec.*), *att.* allevare, istruire fanciulli.

Educazióne, *sf.* governo di fanciulli in ciò che riguarda i costumi e l'istruzione.

Efemeridi. V. *Effemeridi.*

Effabile, *add. com.* che può esprimersi, *contr. d'* ineffabile.

Effe, la sesta lettera del nostro alfabeto, e il carattere che la esprime.

Effeméridi (*v. gr.*), *sf. pl.* libro in cui giorno per giorno si scrivono le cose che sopravvengono.

Effeminatamente, *avv.* da femmina, cioè troppo delicatamente.

Effeminatezza, *sf.* morbidezza soverchia – rilassatezza di costumi.

Effeminato, *add. m.* di costumi, o d'animo femminile – dato ai piaceri.

Effemminatamente. V. *Effeminatamente.*

Effemminatezza. V. *Effeminatezza*

Effemminato. V. *Effeminato.*

Efferatezza, *sf.* fierezza, crudeltà.

Efferato, *add. m.* crudele, inumano.

Effervescenza, *sf.* bollore – *fig.* fervore.

Effettivamente, *avv.* realmente.

Effettivo, *add. m.* ch'è in effetto.

Effetto, *sm.* ciò che una o più cause producono – successo – fine – sostanza – avere.

Effettualmente. V. *Effettivamente.*

Effettuáre (*pr. ettuo ec.*), *att.* eseguire cosa ideata.

Efficáce, *add. com.* che produce il suo effetto.

Efficacemente, *avv.* con efficacia.

Efficácia, *sf.* energia di una cagione nel produrre il suo effetto.

Efficiente, *add. com.* che opera con effetto.

Efficienza, *sf.* l'effetto sicuro.

Effigiáre, *att.* formar l'effigie di checchesia.

Effigie, *sf.* sembianza, immagine.

Effimera (*v. gr.*), *sf.* febbre che dura per lo più un solo giorno.

Effimero, *add. m.* che dura un solo dì.

Efflorescenza, *sf.* sollevamento di minute bollicole sulla cute.

Effluvio (*v. lat.*), *sm.* esalazione rapida di particelle che traspirano da' corpi.

Effóndere (*pass. usi, pp. uso*), *att. an.* spander fuori – *np.* spargersi.

Effrenatamente. V. *Sfrenatamente.*

Effrenato. V. *Sfrenato.*

Effumazióne, *sf.* esalazione di fumo o di vapori.

Effusióne, *sf.* versamento di fluido (*per lo più di sangue*)

Esimera, ed

Efimero. V. *Effimera*, ed *Effimero*

Eforo (*v. gr.*), *sm.* primo magistrato degli spartani, corrispondente al tribuno de'romani.

Egida, *sf. propr.* lo scudo di Minerva – *fig.* protezione.

Egira, *sf.* modo di contare gli anni presso i maomettani, cioè dalla fuga di Maometto dalla Mecca.

Egloga (*v. gr.*), *sf.* (*pl.* ghe), poesia pastorale.

Egloghista, *sm.* (*pl.* sti), compositore di egloghe.

Egoismo, *sm.* amor proprio che pecca di eccesso.

Egoista, *sm.* (*pl.* sti), chi non bada che al bene di sè stesso.

Egregiamente, *avv.* in sommo grado di eccellenza.

Egrégio, *add. m.* esimio, segnalato.

Egro (*v. lat. e poet.*), *add. m.* infermo – languente – afflitto.

Eguaglianza. V. *Uguaglianza.*

Eguagliare. V. *Uguagliare.*

Eguale. V. *Uguale.*

Egualire (*pr.* sco ec.), *att.* rendere eguali e lisce le diverse parti di un lavoro.

Egualmente, *avv.* a un modo.

Eh, *interj.* di preghiera, di lamento, d'indignazione e di interrogazione.

Elà. V. *Olà.*

Elaborare (*v. lat.*), *att.* far alcuna cosa con molta applicazione e fatica.

Elaboratezza, *sf.* squisita diligenza nel comporre.

Elargire (*v. lat.*), *att.* (*pr.* sco ec.), usare liberalità – dispensare largamente.

Elasticità (*v. gr.*), *sf.* proprietà di un corpo, per cui si rimette nella figura ed estensione che per qualche esterna causa aveva perduta.

Elástico, *add. m.* (*pl.* ci, chi), *agg.* di que' corpi i quali, percossi, cambiano figura, ma si sforzano di riprenderla, o compressi fanno forza per rimettersi in libertà.

Elce, *sf.* albero ghiandifero, sempre verde.

Elefante, *sm.* il maggior quadrupede conosciuto.

Elegante, *add. com.* terso – leggiadro, avvenente.

Elegantemente, *avv.* con eleganza.

Eleganza, *sf.* squisitezza di parlare, di scrivere, e di gusto in generale.

Eléggere (*pass.* essi, *pp.* etto), *att.* scegliere – deputare – nominare ad alcuna carica.

Eleggibile, *add. com.* degno di essere eletto.

Eleggibilità, *sf.* capacità di essere eletto.

Elegía (*v. gr.*), *sf.* poesia flebile.

Elegiaco, *add. m.* di elegia.

Elementare, *add. com.* che tratta di elementi.

Elemento, *sm.* principio onde si compongono i misti - *In pl.* princìpj di ogni scienza od arte.

Elemosina, *sf.* ciò che si dà ai poveri per carità.

Elemosiniére, *sm.* che fa limosine.

Elencáre, *att.* descrivere, registrare in un elenco.

Elenco (*v. gr.*), *sm.* (*pl.* chi), indice di qualsivoglia materia.

Elettivamente, *avv.* per elezione.

Elettívo, *add. m.* che si fa per elezione.

Eletto, *add. m.* scelto - innalzato ad un posto - predestinato.

Elettóre, *sm.* che elegge - titolo di que' principi che avevano il voto nella elezione degli imperatori di Germania.

Elettricamente, *avv.* per virtù elettrica.

Elettricismo, *sm.* e

Elettricità, *sf.* (*v. gr.*), proprietà di alcuni corpi, stropicciati che sieno, di attirarne e respingerne degli altri - potere di un fluido particolare il cui accumulamento si manifesta con scintille, che fa provate al sistema nervoso sensazioni più o meno forti, e che produce effetti analoghi e identici a quelli del fulmine.

Elettrico, *add. m.* che ha virtù di attirare col fregamento.

Elettrizzamento, *sm.* l'atto a l'effetto dell' elettrizzare.

Elettrizzáre, *att.* comunicare la virtù elettrica - *np.* prendere la virtù elettrica.

Elettrizzazióne. V. *Elettrizzamento.*

Elettro (*v. gr.*), *sm.* sorta di metallo misto di gran valore presso gli antichi - ambra gialla

Elettuário, *sm.* medicamento composto di varie droghe scelte.

Elevamento. V. *Elevazione.*

Eleváre, *att.* levare in alto, innalzare - *fig.* promuovere a dignità, ad onori.

Elevatézza, *sf.* altezza - *fig.* dignità - *d' animo*, nobiltà di sentimenti.

Elevazióne, *sf.* innalzamento - *fig.* esaltazione - *In astr.* l'altezza del polo sull'orizzonte - l'atto del sacerdote quando innalza l'ostia ed il calice dopo la consacrazione.

Elezióne, *sf.* scelta - nomina.

Elice. V. *Elce.*

Elicóna, *sm.* monte dai poeti dedicato alle muse.

Elidere (*v. lat.*), *att. an.* (*pass.* ísi, *pp.* íso) levar via, troncare

Elimináre (*v. lat. e dell'uso*), *att.* (*pr.* ímino ec.), togliere, rimuovere.

Elisio (*v. gr.*), *sm.* il paradiso de' gentili e de' poeti, altr. campi elisj - *add. m.* dell' esilio.

Elisióne (*v. lat.*), *sf.* sottraimento di vocale che finisce e principia la parola.

Elìre (v. gr.), sm. liquore spiritoso, aromatico e medicinale.

Elle, la undecima lettera dell'alfabeto italiano, ed il carattere che la esprime.

Elleboro, sm. pianta medicinale.

Ellera. V. Edera.

Ellissi (v. gr.), sf. fig. gramm. per cui si lascia qualche parola nel discorso.

Elmo, sm. armatura del capo dei soldati a cavallo.

Elocuzióne, sf. maniera di esprimere i proprj sentimenti.

Elógio (v. gr.), sm. orazione in lode di qualcheduno.

Elogista, sm. (pl. sti), compositore di elogi.

Eloquente, add. com. che parla con facondia.

Eloquentemente, avv. con facondia.

Eloquenza, sf. l'arte di ben parlare, facondia.

Elóquio (v. lat.), sm. ragionamento - linguaggio.

Elsa, ed

Else, sf. manico della spada.

Elucubrazióne (v. lat.), sf. squisita diligenza nel comporre.

Eludere (v. lat.), att. an. (pass. ńsi, pp. ńso), render vani i disegni altrui.

Elusióne, sf. contravvenzione colorata da qualche artificioso pretesto.

Elusório, add. m. appropriato ad eludere.

Emanáre (v. lat.), n. trarre la sua origine - att. metter fuori, pubblicare.

Emanazióne, sf. l'emanare, e la cosa emanata - derivazione.

Emancipáre (v. lat.), att. (pr. ácipo ec.), liberare dall'autorità paterna - np. uscir dai limiti.

Emancipazióne, sf. atto giudiziale, per cui i figli vengono liberati dalla potestà paterna.

Embléma (v. gr.), sm. (pl. mi), figura simbolica accompagnata da un motto esprimente qualche concetto.

Emblemático, add. m. simbolico.

Embrice, sm. tegola piana per copertura de'tetti.

Embrióne (v. gr.), sm. il feto nell'utero prima della formazione de'lineamenti.

Emenda, sf. correzione - risarcimento del danno.

Emendábile, add. com. facile ad emendarsi.

Emendáre, att. correggere - rifare il danno - np. cangiar tenore di vita.

Emendazióne, sf. correzione - cambiamento di male in bene.

Emergente, sm. caso impensato - add. com. agg. di danno, quello che deriva dall'inadempimento di un obbligo verso altrui.

Emergenza, *sf.* caso impensato.

En.ergere (*v. lat.*), *n. ass. an.*
(*pass.* ersi, *pp.* erso), venir a
galla – *fig.* derivare.

Emetico (*v. gr.*), *add. m.* che
provoca il vomito.

Emicrania (*v. gr.*), *sf.* forte do-
lor di capo.

Emigrare (*v. lat.*), *n.* passare dal
proprio paese ad abitarne un
altro.

Emigrazione, *sf.* passaggio da uno
in altro paese.

Eminente, *add. com.* più alto
degli altri – *fig.* sublime.

Eminentemente, *avv.* in supremo
grado.

Eminentissimo, *add. m. superl. di*
eminente – titolo de' cardinali della chiesa romana.

Eminenza, *sf.* altura che sovrasta l'addiacente campagna –
collinetta – gonfiezza – titolo
de' cardinali.

Emisfero (*v. gr.*), *sm. propr.* la
metà di una sfera – *più comun.*
la metà del globo terrestre.

Emissario, *sm.* cavallo da razza –
persona mandata per iscoprire
le mire di un'altra.

Emistichio (*v. gr.*), *sm.* la metà
di un verso.

Emme, la duodecima lettera del-
l'alfabeto italiano, ed il carattere che la esprime.

Emolliente, *add. e sm.* agg. di
medicamento che ammollisce

le durezze.

Emolumento, *sm.* assegno mensuale di un impiegato.

Emorragia (*v. gr.*), *sf.* profflu-
vio di sangue.

Emorroide (*v. gr.*), *sf.* indurimento dell'orifizio dell'ano
per soverchio calore.

Emozione, *sf.* entusiasmo – scossa

Empiamente, *avv.* con empietà.

Empiastro, *sm.* medicamento che
si applica sulle gonfiezze.

Empiere, *att.* mettere dentro
a un recipiente vuoto tanta
materia, quanta può contener-
ne – compiere – adempiere.

Empietà, *sf. propr.* disprezzo delle cose sacre – *e in generale*
scelleratezza, iniquità ec.

Empio, *add. e sm.* che disprezza
Dio e le cose sacre – *e per
estensione*, iniquo, malvagio ec.

Empire. V. *Empiere.*

Empireo (*v. gr.*), *sm.* seggio dei
beati – *add. m.* del cielo, celeste.

Empirico (*v. gr.*), *add. m.* agg.
di medico il quale agisce per
sola esperienza.

Empirismo (*v. gr.*), *sm.* medicina pratica.

Empito, *sm.* veemenza – furia.

Emporio (*v. lat.*), *sm.* piazza ove
abbonda d'ogni genere di mercanzie.

Emugnere. V. *Smugnere.*

Emulare (*pr.* emulo ec.), *n.* andare a gara, gareggiare.

Emulazióne, *sf.* rivalità che sti-mola a superare altri in cose lodevoli.

Emulo, *add.* e *sm.* rivale, com-petitore.

Emulsióne, *sf.* sorta di bevanda medicinale.

Emúngere. V. *Smugnere.*

Encénia (*v. ebr.*), *sf.* ricorso di solennità annuale presso gli ebrei.

Enciclico (*v. gr.*), *add. m.* agg. di lettera che si scrive per dare lo stesso ordine e lo stesso avviso a molte persone ed in più luoghi, *altr.* circolare.

Enciclopedía (*v. gr.*), *sf.* dot-trina o scienza universale.

Enciclopédico, *add. m.* (*pl.* ci, chi), versato in ogni genere di dottrine.

Encomiáre, *att.* lodare.

Encomiaste, ed

Encomiatóre, *sm.* lodatore, pane-girista.

Encomio, *sm.* lode.

Endecasíllabo (*v. gr.*), *add.* e *sm.* agg. di verso di undici sillabe.

Endice, *sm.* segno – uovo che si lascia nel nido delle galli-ne per indicare loro dove debbano andare a fare le uova.

Endivia. V. *Indivia.*

Energia (*v. gr.*), *sf.* forza dell'at-to operativo – efficacia.

Energicamente, *avv.* con energia.

Energico, *add. m.* che ha energia.

Energúmeno (*v. gr.*), *add.* e *smf.* indemoniato.

Enfasi (*v. gr.*), *sf.* gran pompa nel dire.

Enfaticamente, *avv.* con enfasi.

Enfático , *add. m.* che esprime più di quello che dice.

Enfiagióne, *sf.* e

Enfiamento , *sm.* gonfiezza di qualche parte del corpo.

Enfiáre, *att.* e *n. ass.* far ingros-sare, ed ingrossare per en-fiagione – *fig.* insuperbirsi.

Enfiáto, *sm.* gonfiezza – *add. m.* gonfio – *fig.* superbo.

Enfiatúra. V. *Enfiazione.*

Enfiteusi, *sm.* affitto di terre sterili dato in perpetuo a tal-uno, acciò le coltivi e ne goda i frutti, pagando all'affittante un'annua ricognizione che di-cesi *livello* o *censo enfiteutico.*

Enfiteúta, *sm.* (*pl.* ti), livellario.

Enigma (*v. gr.*). *sm.* (*pl.* mi), detto oscuro che sotto il ve-lame delle parole nasconde senso allegorico.

Enigmaticamente, *avv.* in modo enigmatico.

Enigmático, *add. m.* allegorico, figurativo.

Enimma. V. *Enigma.*

Enimmaticamente. V. *Enigma-ticamente.*

Enimmático. V. *Enigmatico.*

Enne, decimaterza lettera dell'al-fabeto italiano, ed il carattero che le esprime.

Enorme, *add. com.* eccedente la norma, smisurato – *fig.* orribile – scellerato.

Enormemente, *avv.* smisuratamente – *fig.* scelleratamente.

Enormità, *sf.* deformità – *fig.* eccesso di scelleratezza.

Ente, *sm.* ogni cosa che esista – supremo, Dio – *ideale,* ò *di ragione,* che non esiste fuorchè nell' immaginazione, opposto di reale – *contingente,* quello la cui esistenza non è necessaria – *necessario,* quegli la cui inesistenza sarebbe impossibile.

Entimema (*v. gr.*), *sm.* (*pl.* mi), argomento che consta di due proposizioni, dell'antecedente, e del conseguente dedotto da quello.

Entità, *sf.* essenza – importanza.

Entrambi, *pron. com. pl.* l'uno e l'altro.

Entrante, *add. com.* penetrativo – *fig.* convincente – agg. di persona che s'introduce con buone maniere.

Entrare, *n.* andare entro, *contr.* di uscire – intromettersi a far checchessia.

Entrata, *sf.* luogo onde si entra, ingresso – introduzione – principio delle sonate d'istrumenti – rendita.

Entratura, *sf.* facoltà di poter entrare – accesso.

Entro, *prep.* e *avv.* nello spazio – in quel luogo.

Entusiasmo (*v. gr.*), *sm.* esaltamento d'immaginazione – estro poetico o profetico.

Entusiasta, *sm.* (*pl.* sti), visionario, fanatico.

Enumerare. V. *Numerare.*

Enumerazione, *sf.* l'atto di enumerare o contare.

Enunciare, *att.* nominare, allegare.

Enunciativa, *sf.* esposizione dei motivi di un contratto o simile.

Enunciazione, *sf.* enumerazione.

Eoni, *sm. pl.* intelligenze immortali immaginate dall' eretico Valentino.

Eòo (*v. poet.*), *add. m.* (*pl.* eòi), orientale.

Epa, *sf.* quella parte del nostro corpo nella quale si racchiudono gl'intestini, *volg.* pancia.

Epatta (*v. gr.*), *sf.* l'aggiunta di undici giorni all' anno lunare per pareggiarlo col solare.

Epicamente, *avv.* in modo epico.

Epico (*v. gr.*), *add. m.* eroico (agg. di poema)

Epicureo (*v. gr.*), *sm. propr.* filosofo seguace di Epicuro – e *per estensione,* uomo voluttuoso

Epedemia (*v. gr.*), *sf.* morbo diffuso fra gli abitanti di una città o di una regione.

Epidemico, *add. m.* agg. di morbo che si propaga in un paese.

Epidérmide (*v. gr.*), *sf.* la parte superiore della cute.

Epifania (*v. gr.*), *sf.* apparizione, manifestazione – solennità de' cristiani, nella quale si rammemora l'apparizione della stella a' magi.

Epigrafe (*v. gr.*), *sf.* inscrizione che si mette sugli edificj o sulle medaglie.

Epigramma (*v. gr.*), *sm. pl.* mmi), breve poesia concettosa.

Epigrammático, *add. m.* appartenente ad epigramma.

Epilessìa (*v. gr.*), *sf.* convulsione fortissima accompagnata da privazione de' sensi e che ripetesi a certi periodi.

Epiléttico, *add.* e *sm.* che patisce epilessia.

Epilogáre (*pr.* ilogo, ghi ec.), *att.* ricapitolare con brevità le cose dette.

Epilogo (*v. gr.*). *sm.* (*pl.* ghi), breve riassunto delle cose dette.

Episcopále, *add. com.* vescovile.

Episcópio, *sm.* palazzo vescovile, *comun.* vescovado.

Episodio (*v. gr.*), *sm.* digressione – racconto staccato che uno storico o un poeta inserisce nell'azione principale.

Epistola (*v. gr.*), *sf.* lettera missiva – e quella che leggesi nella messa prima del vangelo.

Epistoláre, *add. com.* proprio delle lettere (*agg.* di stile)

Epistolário, *sm.* raccolta di lettere.

Epitaffio (*v. gr.*), *sm.* iscrizione sepolcrale in onore di persona defunta.

Epitalámio (*v. gr.*), *sm.* poesia in occasione di nozze.

Epitalámico, *add. m.* nuziale.

Epiteto (*v. gr.*), *sm.* aggiunto che dichiara la qualità o la differenza dell'idea rappresentata dal suo sostantivo.

Epitomáre (*pr.* ìtomo ec.), *att.* compendiare.

Epitome (*v. gr.*), *sm.* compendio di un libro.

Epizozìa (*v. gr.*), *sf.* malattia epidemica delle bestie.

Epoca (*v. gr.*), *sf.* (*pl.* che), punto fisso nella storia donde si cominciano a contare gli anni.

Epulóne (*v. lat.*), *sm.* nome proprio nell'evangelio – per simil. ghiottone.

Equàbile, *add. com.* uniforme – *agg.* di moto, cioè nè troppo accelerato, nè troppo ritardato.

Equabilità, *sf.* conformità tra le relazioni, e le proprietà di cose paragonabili.

Equabilmente, *avv.* con equabilità.

Equamente, *avv.* con equità.

Equanimità (*v. lat.*), *sf.* moderazione d'animo.

Equatóre, *sm.* circolo equinoziale che ha per contro i poli del mondo.

Equazióne, *sf.* pareggiamento.

Equestre , *add. com.* di cavalleria - agg. di *statua*, quella
che rappresenta una persona
a cavallo.

Equiángolo, *add. m.* di angoli
uguali.

Equidistante , *add. com.* egualmente distante.

Equidistanza, *sf.* distanza uguale.

Equilátero, *add. m.* che ha lati
uguali.

Equilibráre, *att.* mettere in equilibrio.

Equilibrio , *sm.* contrappesamen-
to, o stato di esatta uguaglianza di peso fra due corpi,
cosicchè uno non penda più
dall' una parte che dall'altra.

Equinoziále, *sm.* V. *Equatore.* -
il tempo dell' equinozio - *add.
com.* di equinozio.

Equinozio , *sm.* uguaglianza del
giorno e della notte.

Equipaggiamento , *sm.* provvisione di quanto è necessario
per allestire un bastimento.

Equipaggiáre, *att.* fornire di equipaggio un esercito, un naviglio ec.

Equipaggio , *sm.* provvisione di
ciò che bisogna per viaggiare
- nome collettivo che comprende tutte le persone di una
nave, eccetto gli ufficiali superiori - fornimento di quan-

lo occorre ad un esercito in
cammino.

Equiparáre, *att.* paragonare - e
nell' uso agguagliare.

Equisono, *add. m.* di suono eguale

Equità, *sf.* temperamento al rigore della legge scritta, giustizia.

Equitazióne (*v. lat.*), *sf.* l' arte
del cavalcare.

Equivalente, *add. com.* di eguale
valore e pregio.

Equivalenza , *sf.* eguaglianza di
valore e pregio.

Equivalére (*pr.* algo, *pass.* alsi ,
pp. alúto), *n. an.* essere di
egual valore - corrispondere.

Equivocamente , *avv.* in modo
equivoco.

Equivocare (*pr.* ivoco, chi ec.),
n. ass. sbagliare nel significa-
cato delle parole, o nella sostanza delle cose.

Equivoco, *sm.* (*pl.* ci , chi), voce
che ha doppio significato - cosa
presa per un' altra - *add. m.*
dubbio, ambiguo.

Equo (*v. lat.*), *add. m.* giusto.

Equóreo (*v. lat. e poet.*) , *add.
m.* del mare , marino.

Era, *sf.* epoca memorabile da cui
si cominciano a contare gli
anni - e la serie altresì degli
anni che si contano da quel
punto.

Erário, *sm.* tesoreria del pubblico.

Erba , *sf.* nome generico delle

piante botaniche che non fanno fusto.

Erbáceo, *add. m.* d'erba – agg. di quella pianta che non acquista consistenza legnosa.

Erbággio, *sm.* ogni sorta d'erba da mangiare.

Erbajo, *sm.* luogo dov'è molta erba

Erbajuolo, *sm.* chi raccoglie e vende erbe (*e specialm. medicinali*)

Erbário, *sm.* libro contenente una raccolta di piante secche – *add. m.* spettante all'erbe, o alla botanica.

Erbeggiáre, *n. ass.* crescere e verdeggiare come l'erba.

Erbivoro, *add. m.* che si pasce d'erbe.

Erbóso, *add. m.* pieno d'erba.

Erbucce, *sf. pl.* erbe odorifere da mescolarsi coi condimenti delle vivande.

Ercole, *sm.* eroe fortissimo dell'antichità – *fig.* uomo robustissimo.

Erculeo, *add. m.* di Ercole – e *fig.* di membra robuste.

Eréde, *s. com.* chi succede nei beni di chi muore.

Eredità, *sf.* successione nei beni di chi muore o per diritto naturale, o per nomina di testatore.

Ereditáre (*pr. édito ec.*), *att.* succedere nella proprietà dei beni di chi muore – *fig.* imitare le virtù degli antenati.

Ereditário, *add. m.* che viene per ragione di eredità.

Eremita (*v. gr.*), *sm.* (*pl.* ti), uomo che vive nell'eremo per penitenza – *fig.* uomo casalingo.

Eremitággio. V. *Romitaggio.*

Eremo (*v. gr.*), *sm.* abitazione solitária di un eremita – *e in più largo sign.*, luogo deserto e alpestre.

Eresía (*v. gr.*), *sf.* opinione erronea contro la fede cristiana.

Eresiarca (*v. gr.*), *sm.* (*pl.* chi), capo di setta eretica.

Ereticále, *add. com.* di eresia.

Ereticalmente, *ed*

Ereticamente, *avv.* da eretico.

Erético (*v. gr.*), *sm.* chi opina erroneamente e professa pubblicamente massime contrarie alla religione cattolica – *add. m.* che contiene eresia.

Erezióne, *sf.* l'innalzare in linea retta – fondazione di monastero, di cappella o simili.

Ergástolo (*v. gr.*), *sm.* carcere con pena di lavori forzati.

Ergere (*pass. ersi*), *ed*

Erigere (*pass. essi, pp. etto*), *att. an.* innalzare – sollevare – fondare – *np.* sorgere.

Erinni, *sf. pl.* furie della favola.

Ermafrodíto (*v. gr.*), *s. e add. m.* che partecipa de' due sessi.

Ermellino. V. *Armellino.*

Ermenéutica (*v. gr.*) *sf.* (*pl.* che), interpretazione della S. Scrittura

Ermeticamente, *avv. propr.* col sigillo di Ermete - *ed in senso più esteso*, in modo che non vi penetri aria.

Ermo, *add. m.* solitario, deserto

Ernia (*v. gr.*), *sf.* nome generico di varj tumori dell'addome.

Ernioso, *add. m.* che ha ernia.

Eroe (*v. gr.*), *sm.* personaggio illustre specialmente per valor guerriero - *In mit.* semideo - *In rett.* il primo personaggio di un poema, o di un dramma.

Erogare (*v. lat.*), *att.* distribuire

Erogazione (*v. lat. e del foro*), *sf.* distribuzione - spesa.

Eroicamente, *avv.* da eroe.

Eroico, *add. m.* sublime, eccelso - agg. di *verso*, quello de'poemi epici - di *poema*, quello che descrive grandi azioni straordinarie.

Eroicomico, *add. m.* agg. di *poema*, cioè parte serio e parte faceto.

Eroina, *sf.* donna illustre.

Eroismo, *sm.* ciò che costituisce il carattere di un eroe.

Erpete (*v. gr.*), *sm.* efflorescenza erisipelatosa della pelle.

Erpetico, *add. m.* che partecipa dell'erpete, o n'è affetto.

Erpicare (*pr.* érpico, chi ec.), *att.* spianar la terra coll'erpice.

Erpice, *sm.* strumento villico per ispianare la terra lavorata.

Errabondo, *add. m.* ramingo.

Errante, *add. com.* ch'erra e sbaglia - vagabondo - *Cavalieri erranti*, dicevansi quelli che andavano cercando avventure - *Stelle erranti*, diconsi quelle che hanno moto, a differenza delle fisse.

Errare, *n. ass.* andar qua e là senza saper dove - traviar dal bene, fallire - *np.* prendere abbaglio, ingannarsi.

Errata, *sf.* il confronto degli errori e delle correzioni, che suole mettersi nei libri stampati

Erratamente, *avv.* con errore.

Errato, *add. m.* pieno di errori, o fatto con errore - sbagliato

Erre, *sf.* la diciassettesima lettera dell'alfabeto italiano, ed il carattere che la esprime.

Erroneamente, *avv.* con errore.

Erroneo, *add. m.* che contiene errore.

Errore, *sm.* inganno dell'intelletto, falso giudizio - l'andare vagando - difetto contro le regole di un'arte - mancamento, colpa.

Erta, *sf.* la salita di un colle.

Ertezza, *sf.* ripidezza.

Erto, *add. m.* ripido, scosceso.

Erubescenza, *sf.* rossore cagionato da vergogna.

Erudimento, *sm.* dirozzamento - più comun. insegnamento.

Erudire (*v. lat.*), *att.* (*pr.* sco er.)

att. ammaestrare – *np.* istruirsi.

Erudito, *add.* e *sm.* dotto, letterato.

Erudizione, *sf.* dottrina, scienza *(e principalmente quella delle antichità)*

Eruttare *(v. lat.), att.* e *n. ass.* mandar fuori a guisa di rutto – *per simil.* dicesi dell'esplosione violenta de'vulcani.

Eruttazione, *sf.* il trarre rutti.

Eruzione, *sf.* subitanea e violenta uscita di checchessia, e specialmente de'vulcani – sbocco di sangue.

Esacerbamento, *sm.* irritamento.

Esacerbáre, *att.* cagionare acerbezza, irritare – *np.* inasprirsi

Esacerbazione, *sf.* irritazione – *In med.* istantaneo aumento d'intensità nei sintomi delle malattie.

Esageráre *(pr. ágero ec.), att.* dir più che non è, amplificare

Esagerazione, *sf. fig.* rett. per cui s'ingrandisce un fatto oltre la verità, *altr.* iperbole – *In pitt.* maniera di rappresentare le cose oltre il naturale, *altr.* caricatura.

Esagono *(v. gr.), sm.* figura piana di sei angoli.

Esalamento, *sm.* evaporamento.

Esaláre, *att.* mandar fuori, spandere – *n. ass.* disperdersi nell'aria *(proprio de'vapori, odori ec.)* – *fig.* prender aria, ricrearsi – *lo spirito,* morire.

Esalazione, *sf.* vapore che si solleva come fumo – ricreazione

Esaltamento. V. *Esaltazione.*

Esaltáre, *att.* levare in alto – *fig.* lodare a cielo – *ed anche* conferire dignità, onori ec. – *np.* farsi più ardente – insuperbirsi.

Esaltazione, *sf.* innalzamento – promozione a gran dignità – festa del ritrovamento della ss. Croce.

Esáme, *sf.* ricerca esatta.

Esámetro *(v. gr.), s.* e *add. m.* verso che consta di sei misure o piedi.

Esámina, *sf.* ricerca esatta per iscoprire la verità o la falsità di una cosa.

Esamináre *(pr. ámino ec.), att.* interrogare giudizialmente – considerare – discutere – far saggio, o prova.

Esángue *(v. lat.), add. com.* senza sangue – *fig.* languido, semivivo – snervato.

Esanimáre *(v. lat.), att. (pr. ánimo ec.),* privare di vita – *np.* perdere la vita.

Esanimáto, *add. m.* estinto.

Esánime *(v. lat.) (quasi senza anima), add. com.* semivivo.

Esantéma *(v. gr.), sm. (pl. mi),* efflorescenza od eruzione cutanea.

Esarca *(v. gr.), sm. (pl. chi)* governatore delle provincie ita liane sotto l'impero d'Oriente.

Esasperáre (*pr.* áspero ec.), *att.* inasprire - *np.* irritarsi.

Esattamente, *avv.* con esattezza.

Esattezza, *sf.* diligenza, accuratezza nell'operare.

Esatto, *add. m.* puntuale, diligente - *pp. di* esigere, riscosso.

Esattóre, *sm.* riscotitore di pubbliche gabelle.

Esaudíre (*pr.* sco ec.), *att.* compiacere altrui in ciò che dimanda.

Esauríbile, *add. com.* che può esaurirsi, *contr. di* inesauribile.

Esauríre (*pr.* sco ec.), *att.* finir di vuotare - consumare totalmente.

Esáusto, *add. m.* vuoto - privo affatto - consumato.

Esazióne, *sf.* riscotimento di ciò ch'è dovuto.

Esborso, *sm.* pagamento.

Esca, *sf.* (*pl.* sche), cibo - fungo arboreo per accendere il fuoco - *fig.* allettamento ingannevole - stimolo.

Escandescenza, *sf.* ira subitanea.

Escara (*v. gr.*), *sf.* crosta che si forma nelle piaghe.

Escavazióne, *sf.* lo spurgo di pozzi e canali - *e generalm.* l'atto di scavare e trar dalla terra checchessia.

Escíre. V. *Uscire.*

Escíta. V. *Uscita.*

Esclamáre, *n. ass.* gridare ad

alta voce.

Esclamativo, *add. m.* che esprime esclamazione.

Esclamazióne, *sf.* grido per allegrezza, dolore, sdegno ec.

Esclúdere (*pass.* úsi, *pp.* úso), *att. an.* rifiutare, *contr. di* ammettere - levar via.

Esclusióne, *sf.* l'atto d'impedire che una cosa non s'inframmetta con altre - *fig.* rimovimento, allontanamento.

Esclusíva, *sf.* ripulsa.

Esclusivamente, *avv.* eccettuando.

Esclusívo, *add. m.* che esclude.

Esclúso, *add. m.* rigettato - eccettuato.

Escoriazióne, *sf.* ferita o piaga superficiale della pelle.

Escorporáre. V. *Scorporare.*

Escrementizio, *add. m.* che partecipa della natura degli escrementi.

Escremento, *sm.* il superfluo del cibo, che non potendo esser assimilato in sangue si perde per secesso.

Escrementóso, *add. m.* feccioso.

Escrescenza, *sf.* crescimento sopra il piáno solito - protuberanza - rigonfiamento d'acqua

Escrezióne, *sf.* separazione del corpo degli umori e delle materie inutili.

Esculápio, *sm.* dio della medesima presso i gentili - *vi* dicesi di medico eccellente.

Ecursióne, *sf.* scorreria.

Ecusàbile. V. *Scusabile,*

Ecusáre. V. *Scusare.*

Ecusazióne. V. *Scusa.*

Ecussióne, *sf.* l'atto di costringere giudizialmente un debitore al pagamento.

Escútere (*v. lat. e dell'uso*), *att.* costringere, compulsare giudizialmente.

Esecràbile, *add, com.* degno di esecrazione.

Esecrando, *add. m.* detestabile,

Esecráre (*pr. ésecro ec.*), *att.* maledire – detestare,

Esecráto, *pp. di esecrare* – *add. m.* che cessa di essere consacrato,

Esecrazióne, *sf.* maledizione – abborrimento.

Esecutáre, *att. presso i forensi* fare atto esecutivo – *e nell'uso* anche giustiziare.

Esecutivamente, *avv.* per via di mandato esecutivo.

Esecutivo, *add. m.* che eseguisce – agg. di *mandato*, quell'ordine del giudice, per cui si può restringere il debitore al pagamento.

Esecutòre, *sm.* ministro di giustizia,

Esecutòria. V. *Esecutivo.*

Esecuzióne, *sf.* adempimento di un ordine – punizione di morte – quell'atto giuridico con cui per via di mandato esecutivo si costringe un debitore

al pagamento – e l'atto altresì di eseguire un pezzo di musica

Eseguíbile, *add. com.* che può eseguirsi.

Eseguimento, *sm.* adempimento.

Eseguíre (*pr. sco ec.*), *att.* mettere ad effetto.

Esémpio, *sm.* azione virtuosa e viziosa da imitare o sfuggire – modello, esemplare.

Esempláre, *sm.* modello di scrittura – *add, com.* eccellente nel suo genere – *detto di persona,* di buoni costumi.

Esemplarità, *sf.* bontà di costumi.

Esemplarmente, *avv.* per via di esempio – ottimamente.

Esemplificáre (*pr. ífico, chi ec.*), *att.* recare esempi.

Esentáre, *att.* liberare da un obbligo – *np.* esimersi,

Esento, *add. com.* libero – escluso.

Esenzióne, *sf.* privilegio che dispensa da alcuna obbligazione,

Eséquie, *sf. pl.* funerale – preci che si cantano dinanzi al cadavere di un defunto.

Esercente, *add. com.* che esercita un'arte.

Esercíbile, *add. com.* che può esercitarsi (*e dicesi per lo più d'arte meccanica*)

Esercitáre (*pr. ército ec.*), *att.* tenere in esercizio – adoperare – praticare – *Nella mil,* rendere abile alle armi – *np.* fare esercizio in una cosa per

17

ammaestrarsi in quella.

Esercitazióne, *sf.* uso frequente di fare alcuna cosa.

Esército, *sm.* moltitudine di gente disciplinata alla guerra — *per simil.* gran quantità di persone.

Esercízio, *sm.* fatica per esercitare il corpo — la pratica di un'arte — *Nella mil.* l'arte di maneggiare le armi e di far le evoluzioni.

Esibíre (*pr.* sco ec.), *att.* offrire — *Nel foro*, presentare le scritture in giudizio — *np.* offrirsi pronto a checchessia.

Esibita, *sf.* presentazione di scrittura per pagamento.

Esibito, *sm. nell' uso forense*, ricorso, instanza.

Esibitóre, *sf.* chi presenta una lettera o simile.

Esibizióne, *sf.* offerta — presentazione.

Esigente, *add. com.* che esige — incontentabile.

Esigenza, *sf.* bisogno — convenienza — spediente.

Esigere (*v. lat.*), *att. an.* (*pass.* igéi ec. *pp.* esatto), riscuotere per via di giustizia — richiedere autorevolmente una cosa come dovuta.

Esigíbile, *add. com.* che può esigersi o riscuotersi.

Esiglio. V. *Esilio.*

Esiguo (*v. lat.*), *add. m.* picco-

lo — tenue — sottile.

Esilaráre (*v. lat.*), *att.* (*pr.* ilaro ec.), rendere ilare, rallegrare.

Esile (*v. lat.*), *add. com.* tenue, sottile — *fig.* di poco pregio.

Esiliáre, *att.* mandare in esilio — bandire — confinare — *n. ass.* andare o stare vagando fuori di patria.

Esílio, *sm.* scacciamento dalla patria — bando.

Esímere (*v. lat.*), *n. difett.* esentare — e *np.* sottrarsi.

Esímio (*v. lat.*), *add. m.* eccellente, singolare.

Esinanire (*v. lat.*), *att.* (*pr.* sco ec.), annichilare — *np.* assaliarsi fino al nulla.

Esistenza, *sf.* lo stato attuale di ciò ch'esiste.

Esístere, *n. ass.* essere in atto — vivere — trovarsi.

Esitáre (*pr.* ésito ec.), *att.* vendere — *n. ass.* stare dubbioso.

Esitazióne, *sf.* dubbio — incertezza a risolversi.

Esito (*v. lat.*), *sm.* uscita — fine — smercio.

Esiziále (*v. lat.*), *add. com.* pernicioso.

Esódo (*v. gr.*), *sm.* uno dei libri della Sacra Scrittura, secondo del Pentateuco, contenente la storia dell'uscita degli ebrei dall'Egitto.

Esófago (*v. gr.*), *sm.* capo della gola.

Esonerare (*v. lat. e dell' uso*) (*pr.* ónero ec.), *att.* esimere da un aggravio, da una spesa - ed anche da un ufficio.

Esorbitante, *add. com.* eccedente.

Esorbitantemente, *avv.* con esorbitanza.

Esorbitanza, *sf.* eccesso.

Esorcismo (*v. gr.*), *sm.* invocazione del nome di Dio contro il demonio - benedizioni ecclesiastiche di cose naturali.

Esorcista, *sm.* (*pl.* sti), uno degli ordini minori.

Esorcizzare, *att.* fare gli esorcismi.

Esordiente, *s. com.*, nell' uso chi è novello nell'arte del canto, del ballo, o della declamazione, *e propr.* chi si presenta per la prima volta al pubblico sulla scena.

Esordio, *sm.* principio di un discorso oratorio.

Esortare, *att.* indurre con ragioni a fare una cosa.

Esortazione, *sf.* persuasione - insinuazione - breve discorso per eccitare a divozione.

Esoso (*v. lat.*), *add. m.* odioso, abbominevole.

Esotico (*v. gr.*), *add. m.* forestiere, *contr.* d'indigeno (e dicesi delle piante)

Espandere. V. *Spandere.*

Espansione, *sf.* dilatamento - In fis. il dilatarsi de'corpi o per rarefazione o per elasticità.

Espansivo, *add. m.* atto a dilatarsi

Espediente, *sm.* mezzo di ottenere un fine - *add. com.* utile, conveniente.

Espellere (*v. lat.*), *att. an.* (*pass.* ulsi, *pp.* ulso), mandar fuori, scacciare.

Esperia (*v. gr. e poet.*) *sf.* l'Italia.

Esperienza, *sf.* conoscimento acquistato per lunga pratica - e la pratica stessa - cimento - prova.

Esperimentare, *add. com.* fondato sull' esperienza.

Esperimentare, *att.* conoscere per esperienza, provare.

Esperimento, *sm.* esperienza, prova - *In filos.* prova dell' effetto o del risultato di certe applicazioni od osservazioni, per iscoprire le leggi della natura intorno ai suoi fenomeni ed alle cause di quelli.

Esperio (*v. gr. poet.*), *add. m.* della sera, occidentale.

Espero (*v. gr. e poet.*), *sm.* nome del pianeta di Venere, allorchè appare la sera dopo il tramonto del sole.

Espertamente, *avv.* maestrevolmente.

Esperto, *add. m.* pratico, versato.

Espettativa, o

Espettazione, *sf.* speranza che accadrà cosa, o arriverà persona.

Espettoráre (*pr.* éttoro ec.), *att.* mandar fuori dal petto sputando.

Espettorazióne, *sf.* spurgo del petto.

Espiáre, *att.* purgare da macchia – esplorare (*meno usato*)

Espiatório, *add. m.* attenente ad espiazione.

Espiazióne, *sf.* purgazione da colpe col soffrire le pene ingiunte – sacrifizio offerto a Dio per implorare misericordia.

Espiláre (*v. lat.*), *att.* rubar con inganno.

Espilazióne (*v. lat.*), *sf. propr.* furto di chi sottrae alcuna cosa da un' eredità.

Espirazióne, *sf.* quel moto per cui si manda fuori l' aria inspirata ne'polmoni.

Esplicábile, *add. com.* atto a spiegarsi, *contr.* d'inesplicabile.

Esplicáre (*v. lat.*), *att.* (*pr.* ésplico, chi ec.), spiegare.

Esplicitamente, *avv.* in modo esplicito, espressamente.

Esplícito (*v. lat.*), *add. m.* espresso, formale, *contr.* d'implicito.

Esplorare (*v. lat.*), *att.* spiare, indagare.

Esploratóre, *sm.* spia – *Nella mil.* soldato mandato ad esplorare le mosse dell'inimico.

Esplorazióne, *sf.* ricerca, indagine.

Esplosióne, *sf.* scoppio prodotto specialmente dalla polvere di artiglieria.

Esporre (*sinc.* di esponere), *att. an.* (*pr.* ongo, ói ec., *pass.* ósi, *pp.* osto), spiegare, dichiarare – mettere all'aria aperta – o alla vista.

Esportáre, *att.* portar merci nazionali fuori del proprio paese.

Esportazióne, *sf.* l'atto di trasportare mercanzie all' estero, *contr.* d'importazione.

Espositóre, *sm.* interprete.

Esposizióne, *sf.* interpretazione – il mettere in mostra – porre il SS. alla pubblica adorazione in luogo eminente.

Espressamente, *avv.* formalmente – a bella posta.

Espressióne, *sf.* dichiarazione – forza delle parole – *In pitt. e mus.* imitazione al naturale degli affetti – *In med. e chim.* lo spremere i sughi delle piante.

Espressívo, *add. m.* ch' esprime con forza e naturalezza.

Espresso, *sm.* cosa precisa, o rivolta a disegno particolare – corriere spedito per un oggetto straordinario.

Esprimente, *add. com.* che spiega bene.

Esprìmere (*pass.* essi, *pp.* esso), *att. an.* manifestare con chiarezza – rappresentare al vivo

Espugnábile, *add. com.* che può

espugnarsi.

Espugnare, *att.* prendere per forza una piazza – *fig.* vincere i rigori di una persona.

Espulsione, *sf.* il cacciare con violenza – evacuazione – parto.

Espulsivo, *add. m.* che spinge fuori.

Esse, *sf.* la diciottesima lettera dell' alfabeto italiano, ed il carattere che la esprime.

Essenza, *sf.* ciò che costituisce una cosa – complesso delle proprietà essenziali – *In chim.* liquore balsamico tratto per distillazione da un corpo.

Essenziale, *add. com.* che importa grandemente, necessario.

Essenzialità, *sf.* ciò che costituisce l'essenza di una cosa.

Essenzialmente, *avv.* necessariamente.

Essere (*verbo ausiliario, detto per eccellenza sostantivo, che non segue alcuna conjugazione, e il solo rigorosamente necessario in una lingua*), avere essenza ed esistenza (*è propr. esprime l'esistenza astratta, a differenza del verbo esistere, esprimente l'esistenza positiva e reale*)

Essere, *sm.* essenza – esistenza – condizione.

Essiccante, *add. com.* che prosciuga, *contr.* di umettante.

Esso, *pron. pers. m.* lo stesso che egli.

Estasi (*o. gr.*), *sf.* alienamento de'sensi per contemplazione – *In med.* delirio.

Estate, *sf.* quella delle quattro stagioni ch'è dominata dal caldo

Estatico, *add. m.* rapito in estasi – meravigliato al sommo.

Estemporaneamente, *avv.* all'improvviso.

Estemporaneo, *add. m.* improvviso (*agg. per lo più di poesia e di poeta*)

Estendere. V. *Distendere.*

Estendibile, *add. com.* che può estendersi.

Estensione, *sf.* dilatazione – ampiezza – *In fis.* dimensione in lunghezza, larghezza e profondità.

Estensivamente, *avv.* per estensione.

Estensivo, *add. m.* che estende.

Estensore, *sm.* nell'uso compilatore, scrittore.

Estenuare, *att.* dimagrare lentamente – *np.* distraggersi – consumarsi.

Estenuazione, *sf.* dimagramento.

Esteriore, *add. com.* ch'è di fuori

Esteriorità, *sf.* ciò che mostrasi al di fuori.

Esteriormente, *avv.* al di fuori.

Esterminare. V. *Sterminare.*

Esterminio, *sm.* guasto totale, distruzione.

Esternamente, *avv.* dalla parte esterna.

Esternáre, *att.* manifestare ciò che si ha nell'animo.

Esterno, *add. m.* ch'è di fuori – straniero.

Estesamente, *avv.* diffusamente.

Estimáre. V. *Stimare.*

Estimazióne, *sf.* buon concetto.

Estimo, *sm.* imposizione desunta dalle stime de' fondi.

Estinguere (*pass.* insi, *pp.* into), *att. an.* spegnere – *fig.* uccidere – *un debito*, soddisfarlo.

Estinguibile, *add. com.* atto ad estinguersi.

Estinto, *add. m.* spento, smorzato – morto – pagato o soddisfatto (*parlandosi di debito*)

Estinzióne, *sf.* spegnimento di fuoco, di fiamma, di luce – pagamento di un debito.

Estirpáre, *att.* svellere fino alla radice – *fig.* distruggere.

Estirpazióne, *sf.* schiantamento

Estivo, *add. m.* della state.

Estóllere (*pass.* olsi, *pp.* olto), *att. an.* levare in alto, alzare – *fig.* innalzare con lodi.

Estórcere, ed

Estórquere (*pass.* orsi, *pp.* orto), *att. an.* torre a forza.

Estorsióne, *sf.* esazione violenta ed ingiusta.

Estorto, *pp.* di *estorquere,* preso a forza, usurpato.

Estradotále, *add. com.* agg. di beni che non entrano nella dote.

Estragiudiziále, *add. com.* agg.

di scrittura non esposta agli occhi del giudice.

Estragiudizialmente, *avv.* fuori del giudizio.

Estraneamente, *avv.* in modo estraneo.

Estráneo, *add. m.* che non ha relazione colla cosa – *sm.* forestiero.

Estraordinário. V. *Straordinario.*

Estrarre (*pr.* aggo, *pass.* assi, *pp.* atto), *att. an.* cavar fuori – portar merci fuori di stato – levar il sugo.

Estratto, *sm.* compendio di un'opera o scrittura – la parte più pura di un vegetabile – essenza

Estrazióne, *sf.* l'atto di cavare essenze dai vegetabili – schiatta originaria di una famiglia.

Estremamente, *avv.* oltre misura.

Estremità, *sf.* l'estrema parte di una cosa – *fig.* calamità – eccesso.

Estrémo, *sm.* l'ultimo segno al quale una cosa possa giugnere – *fig.* avvenimento felice e disgraziato in sommo grado della vita dell'uomo – *add. m.* ultimo, finale.

Estrinsecamente, *avv.* al di fuori.

Estrinseco, *add. m.* (*pl.* ci, chi), ch'è fuori, esterno.

Estro (*v. gr.*), *sm.* agitazione cerebrale, per cui sovente si ottengono pensieri opportuni all'intento – fantasia, entusiasmo *(per lo più poetico)*

Estuante, *add. com.* fervente.

Esuberante, *add. com.* eccedente.

Esuberanza, *sf.* soprabbondanza.

Esulare *(pr. ésulo ec.), n. ass.* andare, o stare in esilio.

Esulceramento. V. *Esulcerazione.*

Esulceráre *(pr. úlcero ec.), att.* cagionare un'alcera.

Esulcerazióne, *sf.* formazione dell'ulcera – e l'ulcera stessa.

Esule, *add. com.* ch'è in esilio.

Esultáre, *n. ass.* non capire in sè per la gioja.

Esultazióne, *sf.* allegrezza manifestata con atti esterni e quasi con risalti delle membra.

Età, *sf.* corso ordinario della vita – *del mondo,* un numero determinato di secoli.

Etere *(v. gr.), sm.* la parte più alta e più sottile dell'aria – *poetic.* l'aria respirabile.

Etéreo, *add. m.* dell'aria – celeste.

Eterizzáre, *att.* ridurre alla purità e sottilità dell'etere.

Eternale, *add. com.* di eternità.

Eternamente, *avv.* per sempre.

Eternáre, *att.* perpetuare – e *np.* immortalarsi.

Eternità, *sf.* misura interminabile di ciò che non ha principio, nè mezzo, nè fine – *opposto di tempo – fig.* lunga durata.

Eterno, *add. m.* che non ba nè principio, nè fine *(attributo proprio di Dio) – e più lar-*

gamente, perpetuo, immortale.

Eteróclito *(v. gr.), add. m.* che non ha regola, irregolare *(e dicesi propr. in gramm. di quei nomi che si declinano fuori delle regole usate)*

Eterodosso *(v. gr.), add. e sm.* non ortodosso.

Eterogéneo *(v. gr.), add. m.* di genere diverso, *opposto di* omogeneo.

Etica *(v. gr.), sf. (pl. che),* la scienza de' costumi, *altr.* filosofia morale.

Etichetta, *sf.* minuta ed esatta costumanza di cerimonie per lo più presso le corti.

Etico *(v. gr.), add. m. (pl. ci, chi),* agg. di febbre cronica che porta a consunzione – *sm.* infermo di febbre etica.

Etimologìa *(v. gr.), sf.* parte della grammatica che spiega l'origine e la derivazioue delle parole.

Etimológico, *add. m.* appartenente ad etimologia.

Etimologista, *sm. (pl. sti),* intendente di etimologia.

Etnico *(v. gr.), add. e sm.* idolatra.

Etra, *sinc.* di etera o etere. V.

Ettágono, *sm.* figura geometrica di sette angoli.

Eucaristía *(v. gr.), sf.* il SS. Sacramento dell'altare.

Eucarístico, *add. m. (pl. ci, chi),* dell'Eucaristia.

Eumènidi, *sf. pl.* furie infernali.

Ennúco (*v. gr.*), *sm.* (*pl.* chi), uomo mutilato, addetto al servizio dei serragli orientali.

Euro, *sm.* vento orientale, *volg.* scilocco.

Evacuamento. V. *Evacuazione.*

Evacuáre, *att.* vuotare - purgarsi a forza di rimedj - abbandonare militarmente una piazza o un paese.

Evacuazione, *sf.* sgravio di escrementi - uscita di truppa da una piazza o da un paese per cederne il possesso.

Evádere (*v. lat.*), *n. an.* (*pass.* asi, *pp.* áso), liberarsi da guai - sottrarsi inosservato - *nell'uso* rispondese, definire ec.

Evangelico, *add. m.* dell'evangelio, o conforme all'evangelio.

Evangèlio (*v. gr.*), *sm.* libro delle gesta e della dottrina di G. C.

Evangelista, *sm.* (*pl.* sti), scrittore dell'evangelio.

Evangelizzáre, *att. e n. ass.* esporre e predicare l'evangelio.

Evaporamento. V. *Evaporazione.*

Evaporáre. V. *Svaporare.*

Evaporazione, *sf.* dissipamento della parte più sottile di un liquido che bolle.

Erasióne, *sf.* disbrigo di affari - ed anche fuga, scappata.

Evenienza, *sf.* nell'uso occorrenza.

Evento, *sm.* caso, accidente - effetto, fine.

Eventuale, *add. com.* casuale.

Eventualità, *sf.* casualità.

Evidente, *add. com.* chiaro, manifesto.

Evidentemente, *avv.* ad evidenza.

Evidenza, *sf.* chiarissima intuizione della verità, che esclude qualsivoglia benchè menomo dubbio - *fisica*, o *di fatto*, quella con cui si conoscono le verità fisiche - *morale*, quella con cui si conoscono le verità risultanti dalle testimonianze.

Evitàbile, *add. com.* che può evitarsi, o facile ad evitarsi.

Evitáre, *att.* scansare, sfuggire.

Evisióne (*v. lat. e forense*), *sf.* azione di chi ripete il suo posseduto da altri.

Evo (*v. lat.*), *sm.* età, secolo (*e propr. quel tempo in cui cominciarono a decadere le scienze e le belle arti fino all'invasione de' barbari*)

Evocáre (*v. lat.*), *att.* (*pr.* èvoco, chi ec.), chiamar fuori (*e dicesi propr. delle anime, degli spiriti ec.*)

Evoluzione, *sf.* esercizio militare o navale.

Esiandio, *avv.* ancora.

F

F (effe), lettera labiale dentale, la sesta del nostro alfabeto, e la quarta delle consonanti.

Fa, sm. quarta nota musicale.

Fabbisogno, sm. nell' uso conto anticipato o preventivo.

Fàbbrica, sf. (pl. che), costruzione - e la cosa fabbricata, edificio - fucina di manifatture.

Fabbricàre (pr. àbbrica, chi, ec.), att. edificare con opera di mano - fig. dicesi anche delle opere d'ingegno.

Fabbricato, sm. fabbrica, edificio.

Fabbricatóre, sm. lavorante di manifattura.

Fabbricazióne, sf. magistero d'arte manuale.

Fabbricière, sm. soprintendente alla fabbrica ed all'amministrazione economica di una chiesa.

Fabbrile, add. com. di fabbro.

Fabbro, sm. lavoratore di ferramenti - artefice di qualunque cosa.

Faccenda, sf. affare, negozio - operazione.

Faccendiére, sm. chi s'intriga di tutto.

Facchinàre, V. Affacchinare.

Facchinería, sf. fatica da facchino.

Facchino, sm. chi porta pesi.

Faccia, sf. (pl. cce), il volto dell'uomo - il primo lato che un corpo presenta all'occhio - superficie - ciascuna pagina di un libro - facciata o prospetto di una fabbrica - fig. sembianza, apparenza - sfacciataggine.

Facciàta, sf. prospetto anteriore di una fabbrica.

Face, sf. faccola - fig. lume, splendore.

Facetamente, avv. giocosamente.

Faceto, add. m. lepido, giocoso.

Facezia, sf. detto o motto arguto e piacevole.

Fàcile, add. com. agevole - probabile - agg. d' uomo, trattabile.

Facilità, sf. disposizione nelle cose per poterle fare o dire senza difficoltà - docilità, pieghevolezza - prontezza maestrevole nell' operare.

Facilitàre (pr. ilito ec.), att. diminuire le difficoltà - agevolate.

Facilitazióne, sf. disposizione della cosa a facilità.

Facilmente, avv. senza fatica od ostacolo - probabilmente.

Facimento, sm. l'atto di fare.

Facinoróso, add. m. scellerato.

Facitóre, *sm.* che fa - creatore.

Facoltà, *sf.* potere o attitudine di operare - diritto o permissione di poter fare o dire alcuna cosa - proprietà - divisione delle scienze che s'insegnano nelle università - beni proprj di una persona.

Facoltativo, *add. m.* che dà facoltà o diritto di alcuna cosa.

Facoltizzáre, *att. nell'uso* dare facoltà.

Facoltóso, *add. e sm.* molto agiato de' beni di fortuna.

Facondamente, *avv.* con facondia.

Facóndia, *sf.* abbondanza di parole - *più comun.* eloquenza.

Facondo, *add. m.* eloquente.

Fággio, *sm.* albero alpestre, molto ramoso e che si eleva a grande altezza.

Fagiáno, *sm.* uccello salvatico, assai stimato, e tenuto nei parchi de' grandi per oggetto di lusso.

Fagiuólo, *sm.* sorta di legume notissimo - *fig.* minchione.

Fáglio, *sm.* mancanza di un seme al giuoco di carte.

Fagotto, *sm.* piccolo fardello - sorta di strumento da fiato per basso.

Faina, *sf.* animale simile al gatto, nemico delle galline.

Falange (*v. gr.*), *sf. propr.* un certo corpo di soldati usato da'Macedoni - *oggi nello stile*

elevato, qualunque corpo d'esercito scelto, squadrone - *per simil.* quantità di persone o di animali - uno delle tre ossa delle dita.

Falbalà, *sf.* ornamento increspato all'estremità delle vesti donnesche.

Falcáre, *att.* piegare a falce o in arco.

Falce, *sf.* strumento adunco di ferro per segar erba, grano ec.

Falcetto, *sm.* strumento somigliante, ma più piccolo della falce.

Falciáre, *att.* tagliare colla falce l'erba de' prati.

Falciáta, *sf.* colpo di falce.

Falcídia, *sf.* legge romana (*proposta da Cajo Falcidio*) per cui il quarto de' legati, che eccedono il quarto dell'eredità, sta a favor dell'erede - *fig.* sottrazione.

Falcidiáre, *att.* sottrarre, defalcare.

Falconáre, *n. ass.* cacciar col falcone.

Falcóne, *sm.* uccello di rapina, della specie degli sparvieri, facile ad ammaestrarsi per la caccia.

Falda, *sf.* il pezzo della sopravveste dalla cintura al ginocchio - quella parte del cappello che si stende in fuori - *In pl.* radici di monte.

Faldistóre, *sm.* sedia usata dai

prelati nei pontificali.

Falegname, *sm.* artefice che lavora di legname.

Falerno, *sm. propr.* il celebre antico vino di Falerno – *e talora* qualunque vino squisito.

Falla, *sf.* forame per cui entra l'acqua in un vascello.

Fallace, *add. com.* che non corrisponde all'aspettazione, falso.

Fallacemente, *avv.* falsamente.

Fallacia, *sf.* falsa apparenza.

Fallare, *n. ass.* commetter fallo, errare – mancare – *att.* prevaricare.

Fallibile, *add. com.* soggetto a fallare, *contr.* d'infallibile.

Fallibilità, *sf.* possibilità di errare, *contr.* d'infallibilità.

Fallimento, *sm.* fallo, mancanza – *e più comun.* la mancanza dal commercio de' negozianti – *o meglio* cessazione dei loro pagamenti.

Fallire (*pr.* sco ec.), *n. ass.* errare – restar deluso – *In comm.* mancar di denari per fare i dovuti pagamenti.

Fallo, *sm.* errore – mancanza – colpa.

Fallò, *sm.* fuoco di stipa che fa gran fiamma e presto finisce.

Falsamente, *avv.* contro verità – con inganno.

Falsare. V. *Falsificare.*

Falsariga, *sf.* (*pl.* ghe), foglio rigato in nero per iscrivere diritto sulla carta sovrapposta.

Falsario, *sm.* che fa falsità.

Falsetto, *sm.* voce acuta più di testa che di petto.

Falsificare (*pr.* ifico, chi ec.), *att.* contraffare checchessia per ingannare – adulterare con cattivi ingredienti.

Falsificazione, *sf.* contraffacimento – adulterazione.

Falsità, *sf.* vizio di chi dice una cosa e ne fa un'altra con animo d'ingannare – cosa falsa – falsificazione.

Falso, *sm.* detto o asserto non conforme alla cosa significata – *add. m.* non vero, contraffatto.

Fama, *sf.* divulgamento di checchessia – buon nome, riputazione.

Fame, *sf.* bisogno di mangiare – *fig.* desiderio intenso di checchessia – carestia.

Famelico, *add. m.* molto affamato – avido.

Famigerato, *add. m.* famoso.

Famiglia, *sf.* complesso d'individui attenenti che dipendono dalla podestà di un capo – tutti i servi di un padrone – casato – *fig.* tutta una specie di alberi o di piante.

Famigliare, *sm.* servo – amico intrinseco – *add. com.* della famiglia, domestico.

Famigliarità, *sf.* intrinsichezza.

Famigliarizzarsi, *np.* prendere

domestichezza, addomesticarsi.

Famigliarmente, avv. alla famigliare, confidentemente.

Famiglio, sm. servo – sbirro.

Familiare. V. Famigliare.

Familiarità. V. Famigliarità.

Familiarmente. V. Famigliarmente.

Famosamente, avv. con fama.

Famóso, add. m. di gran fama, rinomato.

Fanále, sm. lanterna per far lume – torre dei porti di mare ove sta di notte acceso un gran lume per governo dei naviganti.

Fanático, add. e sm. (pl. ci, chi), – entusiasta – visionario.

Fanatismo, sm. azione di fanatico o furioso – entusiasmo eccessivo di religione.

Fanciulla, sf. giovinetta da marito.

Fanciullàggine, sf. azione da fanciullo.

Fanciullesco, add. m. (pl. schi), da fanciullo.

Fanciullezza, sf. età da' sette ai quindici anni.

Fanciullo, sm. giovinetto ch'è tra l'infanzia e l'adolescenza.

Fandónia, sf. favola – bugia.

Fanello, sm. uccelletto di dolce canto.

Fanfalúca, sf. (pl. che), frasca che abbruciata si leva in aria – fig. cosa senza fondamento.

Fanghiglia, sf. luogo pieno di fango

Fángo, sm. (pl. ghi), terra imbevuta d'acqua – fig. vizio qualunque – intrigo.

Fangóso, add. m. imbrattato di fango

Fantaccino, sm. soldato semplice.

Fantasía (v. gr.), sf. potenza immaginativa dell'anima – idea – pensiero – cosa fantastica – invenzione strana – pezzo di musica strumentale eseguito nel momento stesso che si compone.

Fantásima, e

Fantasma (v. gr.), sm. immagine e apparenza di cosa concepita dalla fantasia – illusione.

Fantasticáre (pr. ástico, chi ec.), n. ass. vagare colla fantasia o immaginazione.

Fantastichería, sf. immaginazione falsa – capriccio.

Fantástico, add. m. (pl. ci, chi), immaginario – inquieto – stravagante.

Fante, sm. servo – soldato d'infanteria – la minor figura di ciascun seme delle carte da giuoco.

Fantería, sf. soldatesca a piedi.

Fantesca, sf. (pl. sche), serva.

Fantíno, sm. colui che cavalca sui barberi nudi quando corrono il palio.

Fantoccio, sm. figurino di legno o di stracci – fig. uomo sciocco o semplice – In pitt. figura malfatta.

Faraone. *sm.* nome di alcuni re egiziani – sorta di giuoco d'azzardo.

Fardello, *sm.* involto di panni.

Fardo, *sm.* collo mercantile d'indaco, caffè e simili.

Fare (*sinc. dal lat.* facere), *att. an.* (*pr.* fo, *pass.* feci, *pp.* fatto), operare – produrre – creare – comporre – fabbricare – essere cagione – eleggere – eseguire, compiere ec.

Faretra (*v. gr.*), *sf.* guaina dove si portano le frecce.

Faretrato, *add. m.* armato di faretra.

Farfalla, *sf.* insetto alato leggierissimo – *fig.* uomo volubile.

Farfallone, *sm. accr.* di farfalla – *fig.* dello spropositato.

Farina, *sf.* sostanza dei semi delle biade macinate – *fig.* la parte migliore di checchessia.

Farinaceo, *add. m.* facile a stritolarsi.

Faringe, *sf.* il principio della gola.

Farinoso, *add. m.* che contiene molta farina – *In bot.* dicesi delle foglie che hanno una certa lanuggine bianca.

Fariseo, *sm.* seguace di un'antica setta ebraica che professava grande austerità apparente – *fig.* ipocrita finissimo.

Farmaceutico, *add. m.* attenente alla farmacia.

Farmacia (*v. gr.*), *sf.* parte della medicina che insegna la scelta e la preparazione dei medicamenti – *nell'uso*, speziaria.

Farmacista, *sm.* chi esercita la farmacia.

Farmaco (*v. gr.*), *sm.* (*pl.* chi, ci), medicamento, rimedio.

Farmacopea (*v. gr.*), *sf.* fondaco di medicinali, *volg.* speziaria – trattato sull'arte di comporre i rimedj, *più propr.* farmacologia.

Farnetico. V. *Frenetico.*

Faro, *sm.* la torre de' porti, su cui, durante la notte, sta acceso un gran lume – stretto di mare.

Farraggine e

Farragine, *sf.* mescolanza confusa di più cose.

Farro, *sm.* specie di biada che si mangia in minestra.

Farsa, *sf.* breve e giocosa rappresentazione teatrale – *fig.* qualunque impresa sciocca.

Farsetto, *sm.* vestito corto da uomo

Fasano. V. *Fagiano.*

Fasci, *sm. pl.* mazzi di verghe e di scuri che portavansi dinanzi ai magistrati romani in segno di autorità.

Fascia, *sf.* (*pl.* sce), striscia di pannolino per avvolgere specialmente i bambini.

Fasciare, *att.* avvolgere con fascia.

Fasciatúra, sf. il fasciare, e la cosa che fascia.

Fascicolo, sm. dim. di fascio - cumulo di carte spettanti ad una stessa materia unite insieme - parte di un volume che si dirama prima che il tutto sia impresso.

Fascina, sf. fascetto di legne minute o di sermente.

Fascinazióne, sf. e

Fáscino, sm. incantesimo.

Fáscio, sm. raccolta di cose pesanti legate insieme - fig. peso, aggravio.

Fase, sf. e più romun.

Fasi (v. gr.), sf. pl. le diverse apparenze della luna o di alcun altro pianeta.

Fastello, sm. fascio di legna, paglia, erbe e simili.

Fasti, sm. pl. memorie, registri pubblici.

Fastidio, sm. noja, molestia - nausea.

Fastidióso, add. m. importuno - stucchevole - nauseante - stizzoso.

Fastidíre. V. Infastidíre.

Fastigio, sm. sommità, cima - finimento di un edificio.

Fasto, sm. pomposa grandezza.

Fastosamente, avv. con fasto.

Fastóso, add. m. pieno di fasto.

Fata, sf. maga - In pl. donne favolose, finte immortali e di gran potenza.

Fatale, add. com. inevitabile — funesto.

Fatalismo, sm. sistema erroneo che esclude la Provvidenza ed ammette che tutto avvenga per ineluttabile necessità.

Fatalista, sm. (pl. sti), quegli che segue la falsa dottrina del fatalismo.

Fatalità, sf. destino inevitabile.

Fatalmente, avv. per fatalità.

Fatáto, add. m. agg. di persona, invulnerabile - d'arme, impenetrabile.

Fatica, sf. (pl. che), ciò che si patisce nell'operare - e l'opera stessa - molestia - pena - difficoltà.

Faticáre. V. Affaticare.

Faticatóre, sm. gran lavoratore.

Faticosamente, avv. con fatica - difficilmente.

Faticóso, add. m. che apporta fatica - malagevole.

Fatidico (v. lat.), add. m. indovino

Fato (v. lat.), sm. destino, cioè il succedere necessario ed immutabile degli eventi.

Fatta, sf. foggia, sorta.

Fattamente, avv. in guisa - effettivamente.

Fattezza, sf. forma del volto - e in generale, apparenza esteriore di checchessia.

Fattibile, add. com. che può farsi.

Fattíccio, add. m. di grosse membra, ben complesso.

Fattízio, *add. m.* fatto con arte, opposto di naturale.

Fatto, *sm.* cosa fatta o da fare - negozio, affare - *In pl. comun.* azioni grandi, gesta - *pp.* di *fare*, compiuto.

Fattojo, *sm.* edificio dove si fa l' olio.

Fattóre, *sm.* creatore - autore - agente - *In aritm.* i due termini della moltiplicazione che costituiscono il prodotto.

Fattoressa, *sf. di* fattore.

Fattoría, *sf.* ministero del fattore, o agente, e il luogo ove risiede - tenuta di beni - luogo ove risiede un numero considerabile di agenti di commercio per conto dei loro principali.

Fattucchieria, *sf.* maleficio.

Fattúra, *sf.* operazione, e l'opera stessa - manifattura - prezzo dell' opera - *In comm.* la nota de'pesi, misure ed altro delle cose che si commettono, si mandano o si ricevono.

Fatturáre, *att.* adulterare, falsificare. V. *Affatturare.*

Fattuita, *sf.* stolidezza.

Fátuo (*v. lat.*), *add. m.* sciocco - *agg.* di *fuoco*, meteora luminosa che nelle notti calde ed oscure si scorge sui cimiterj, sulle paludi, od altri luoghi umidi e grassi.

Fauci, *sf. pl.* imboccatura della canna della gola.

Fáuno, *sm.* dio favoloso de' boschi.

Faustamente, *avv.* felicemente.

Fausto, *add. m.* di buon augurio - prospero - felice.

Fautore, *sm.* che tien da taluno, partigiano.

Fava, *sf.* sorta di legume - *fig.* superbia sciocca.

Favata, *sf.* vivanda di fave - *fig.* millanteria.

Favella, *sf.* il favellare o parlare - linguaggio.

Favelláre, *n. ass.* manifestare i concetti dell'animo colle parole

Favilla, *sf.* parte minutissima di fuoco, scintilla - *fig.* ogni menoma cagione da cui può nascere grave disordine.

Favilláre. V. *Sfavillare.*

Favo, *sm.* tessuto di cera, ove le api ripongono il mele.

Fávola, *sf.* cosa inventata - intreccio di componimento poetico - fatto immaginato per insinuare in chi lo legge alcuna verità morale - canzone giocosa - frottola.

Favoleggiamento, *sm.* narrazione di favole.

Favoleggiáre, *n. ass.* raccontar favole - e *n.* beffarsi.

Favoleggiatóre, *sm.* compositore di favole o novelle, novelliere.

Favolosamente, *avv.* fintamente.

Favoloso, *add. m.* non vero.

Favóne, *sm.* favo di mele - *fig.* uomo orgoglioso.

Favónio, *sm.* venticello marino di ponente, *altr.* zeffiro.

Favóre, *sm.* grazia che si conferisce o si ricove.

Favoreggiáre, *att.* proteggere – tener dal partito di alcuno.

Favoreggiatóre, *sm.* protettore – parziale.

Favorévole, *add. com.* parziale-propizio.

Favorevolmente, *avv.* con favore.

Favorire (*pr.* sco ec.), *att.* assistere uno – tener dalla sua parte – concorrere ad avvalorare alcuna cosa – usare cortesia.

Favorito, *sm.* colui ch'è in grazia de' grandi – *add. m.* protetto – che ha ricevuto favori.

Fazione, *sf.* fattezza – apparenza esteriore – unione di persone male intenzionate, setta – fatto d'arme.

Fazioso, *add.* e *sm.* capo di partito

Fazzoletto, *sm.* panno di lino o di bambagia o di seta per nettarsi il naso, o per asciugarsi la faccia

Fè, *abbrev. di* fede. V.

Febbrajo, *sm.* secondo mese dell'anno volgare.

Febbre, *sf.* eccessivo calore nel sangue.

Febbricitante, *add.* e *s. com.* che ha febbre.

Febbricitáre (*pr.* ìcito ec.), *n. ass.* essere compreso da febbre.

Febbrifero, e

Febbrifico, *add. m.* (*pl.* ci, chi),

che cagiona o induce febbre.

Febbrifugo, *sm.* (*pl.* ghi), rimedio che fuga la febbre.

Febbrile, *add. com.* di febbre.

Febéa (*v. poet.*), *sf.* la luna.

Febéo (*v. poet.*), *add. m.* di Febo e Apollo – poetico.

Febo (*v. poet.* e *mitol.*), *sm.* Apollo, o il sole.

Féccia, *sf.* (*pl.* cce), superfluità, deposito di liquore – *fig.* la parte peggiore di checchessia.

Feccióso, *add. m.* che ha della feccia – *fig.* fastidioso – vile

Feciále, *sm.* nome de' sacerdoti romani che consacravano gli atti di pace e di guerra.

Fecondábile, *add. com.* che può essere fecondato.

Fecondante, *add. com.* che feconda.

Fecondáre, *att.* far fecondo – fertilizzare,

Fecondazióne, *sf.* l'atto di fecondare.

Fecondità, *sf.* qualità per cui una cosa è feconda.

Fecondo, *add. m.* prolifico – fertile – agg. d' *ingegno*, di pronta e viva immaginazione.

Fede, *sf.* credenza fondata sulle testimonianze – la prima delle virtù teologali – religione-fiducia – lealtà – credenza – testimonianza.

Fedecommissário. V. *Fidecommissario.*

Fedecommisso. V. *Fidecommisso.*

Fedele, *sm. propr.* chi professa la fede cristiana – *add. com.* leale – sincero.

Fedelmente, *avv.* con fedeltà, lealmente – schiettamente – divolamente.

Fedeltà, *sf.* osservanza di fede.

Fegatello, *sm.* pezzetto di fegato, avvolto nella rete del suo animale.

Fégato, *sm.* viscere del basso ventre.

Felce, *sf.* pianta boschereccia, alpestre.

Fele (*v. poet.*). V. *Fiele.*

Felice, *add. com.* fortunato – prospero – fausto.

Felicemente, *avv.* con felicità.

Felicità, *sf.* stato di contentezza – prosperità – successo fortunato – *imperfetta,* bene contingente e minore di quello che si potrebbe da noi possedere – *perfetta,* stato dell'anima libera perpetuamente da ogni dolore, e partecipe del piacere nella maggiore sua intensità.

Felicitáre (*pr.* ícito ec.), *att. e n. ass.* rendere, e divenir felice.

Fello, *add. m.* malvagio, tristo.

Fellóne, *add. m.* ribelle al suo signore.

Fellonescó, *add. m.* (*pl.* schi), pieno di fellonie.

Fellonía, *sf.* tradimento, ribellione – perfidia.

Felpa, *sf.* drappo per lo più di seta con pelo più lungo del velluto.

Feltráre, *att.* sodare il panno a guisa di feltro – passare i liquidi pel feltro onde purificarli.

Feltratúra, *sf.* l'azione di feltrare il panno.

Feltrazióne, *sf.* colamento di liquori per via di feltro.

Feltro, *sm.* panno non tessuto, ma compresso ad uso di feltrare i liquidi.

Felúca, *sm.* (*pl.* che), piccolo naviglio che va a vele e a remi.

Felze, *sf.* quello spazio coperto a guisa di stanza nelle barche per difesa dalla pioggia, dal vento e dal sole.

Fémina, e

Fémmina, *sf. opposto di maschio.*

Femmíneo, *add. m.* di femmina.

Femminièra (*v. scherz.*), *sf.* le femmine, e il luogo dove stanno.

Femminiére, e

Femminiéro, *add. m.* che volentieri pratica con femmine – *più comun.* donnajuolo.

Femminile, *add. com.* di femmina.

Femminilmente, *avv.* con modi o costumi di femmina.

Femminino, *add. m.* di genere di femmina.

Fémore, *sm.* osso della coscia.

Fendénte, *sm.* colpo di scimitarra.

Fendere (*pass.* fendéi e fensi ec., *pp.* fendúto e fesso), *att. an.* spaccare pel lungo – dar la prima aratura al campo – *np.* screpolare.

Fenditúra, *sf.* fessura, crepatura – spiraglio.

Fenice, *sf.* uccello favoloso, che gli antichi credettero unico nella sua spezie, e che rinascesse dalle sue ceneri – *fig.* cosa rara ed unica – simbolo dell'eternità sopra gli antichi monumenti, e della risurrezione sui moderni.

Fenile, *sm.* luogo dove si ripone il fieno.

Fenómeno (*v. gr.*), *sm.* qualunque effetto che apparisce nel mondo fisico.

Féra. V. *Fiera.*

Feráce, *add. com.* fertile, fecondo.

Feracità, *sf.* fertilità della terra.

Ferále, *sm.* V. *Fanale* – *add. com.* funesto – funebre – (*da* fera o fiera), ferino.

Féretro (*v. gr.*), *sm.* cataletto.

Féria (*v. lat.*), *sf. nel foro di* festivo, cioè vacante – *presso gli eccl. all'opposto,* ciascun giorno della settimana non festivo.

Feriále, *add. com.* di lavoro.

Ferialmente, *avv.* ordinariamente.

Feriáre, *n. ass.* cessare dalle occupazioni forensi.

Feriáto, *add. m.* di feria o vacanza.

Ferigno, e

Feríno, *add. com.* di, o da fieri

Ferire (*pr.* sco ec.), *att.* percuotere con ferro in fino all'effusione del sangue.

Ferita, *sf.* taglio o squarcio fatto in alcuna parte carnose del corpo con ferro tagliente o acuto

Ferità, *sf.* asprezza di natura crudeltà.

Feritoja, *sf.* stretta apertura nelle muraglia.

Ferma, *sf.* accordo di prende o persona a servizio, o foad ad affittanza, per un tempo determinato.

Fermáglio, *sm.* ciò che tiene ferami o affibbia i vestimenti.

Fermamente, *avv.* con fermezza – costantemente – senza dubbi

Fermáre, *att.* impedire ad una cosa il moto incominciato – *np.* cessar di muoversi.

Fermáta, *sf.* pausa – riposo.

Fermentáre, *att. e n. ass.* il commuoversi delle parti di alcuna materia per effetto del calore *altr.* lievitare – *fig.* il commuoversi degli animi per partito malcontento o simili.

Fermentazióne, *sf.* ebollizione naturale o artificiale, delle materie vegetabili o animali per cui le loro parti si disciolgono – *fig.* esaltamento animi.

Fermento, *sm.* lievito – *fig.* com

movimento d'animo.

Fermezza, sf. virtù dell' animo per cui uno persiste in un proponimento – perseveranza.

Fermo, sm. la cosa fermata, cioè stabilita, patto – arresto – add. m. senza moto – stabilito – costante – ostinato.

Fernambúco, s. com. in Geogr. città del Brasile – sm. legno brasiliano, volg. verzino.

Fero (v. poet.) V. Fiero.

Feróce, add. com. fiero, crudele – terribile, spaventevole.

Ferocemente, avv. fieramente.

Ferocia, sf. crudeltà selvaggia.

Ferocità, sf. propr. animosità nel combattere – per trasl. crudeltà.

Ferragosto, sm. il primo di a- gosto, e festa usata in quello.

Ferrajo, sm. artefice che lavora il ferro, più comun. fabbro ferrajo, e fabbro assolut.

Ferrajuolo, sm. mantello senza maniche da avvolgersi intor- no alla persona.

Ferramento, sm. la quantità di ferri occorrente a fortificare un lavoro – In pl. moltitudi- ne di strumenti di ferro, o gli attrezzi di una fucina.

Ferrare, att. munire di ferro checchessia (e propr. dicesi dei cavalli e de'giumenti)

Ferrareccia, sf. nome collettivo di ogni sorta di ferri grossi.

Ferraria, sf. fabbrica di ferri

grossi da fabbro, altr. magona.

Ferratura, sf. il ferrare le bestie.

Férreo, add. m. di ferro – fig. durevole.

Ferraria, sf. quantità di ferramenti

Ferriata. V. Inferriata.

Ferriera, sf. tasca de' ferri dei manescalchi – fabbrica ove si fonda o si affina il ferro.

Ferrigno, add. m. che ha del ferreo – fig. duro – impene- trabile – robusto.

Ferro, sm. il più duro ed utile d'ogni metallo – e in gener. qualunque strumento, anche non di ferro, proprio d'arte mecca- nica – fig. spada.

Ferruginoso, add. m. che par- tecipa della natura del ferro – ed anche del colore del ferro o della ruggine.

Fertile, add. com. fecondo (det- to propr. di terreno) – abbon- dante.

Fertilezza, e

Fertilità, sf. proprietà del suolo di moltiplicare le semenze e di dar vigore alle piante.

Fertilizzare, att. fecondare.

Fertilmente, avv. fecondamente – abbondantemente.

Fervente, add. com. che bolle – fig. intenso – ansioso.

Ferventemente, avv. con fervore.

Fervenza, sf. bollore, fervore – veemenza.

Fervere, difett. imp. (usato nella 3 pers. del pr.), bollire - fig. essere veemente.

Fervidamente, avv. con fervore - ardentemente.

Fervidezza, sf. caldezza - fig. affetto ardente.

Férvido, add. m. ardente, focoso - fig. veemente.

Ferrore, sm. calor eccessivo di fuoco e di sole - fig. passione forte.

Ferroroso, add. m. che ha fervore.

Ferza. V. Sferza.

Fesso, sm. V. Fessura - add. m. crepolato, spaccato.

Fessura, sf. piccola crepatura.

Festa, sf. giorno festivo - fig. lieta accoglienza - carezze.

Festeggiamento, sm. dimostrazione di giubilo.

Festeggiare, att. solennizzare una festa - far lieta accoglienza ad alcuno.

Festeggio. V. Festeggiamento.

Festevole, add. còm. allegro, giocoso.

Festevolmente, avv. allegramente.

Festino, sm. trattenimento notturno per lo più di ballo.

Festività, sf. giorno festivo - festa - piacevolezza, giocondità.

Festivo, add. m. di festa - giulivo.

Festone, sm. ornamento a serto nei giorni di solennità - In archit. ornamento a foggia di ghirlanda composta di frutta o fiori.

Festosamente, avv. con festa.

Festoso. V. Festevole.

Festuca, sf. (pl. che), fascellino di paglia o simili.

Fetente, add. com. che puzza.

Fetidamente, avv. con fetore.

Fetido, add. m. puzzolente.

Feto, sm. la creatura formata nel ventre della madre.

Fetore, sm. cattivo odore, puzzo.

Fetta, sf. parte piana tagliata dal tutto.

Fettuccia, sf. nastro.

Feudale, add. com. di feudo.

Feudatario, sm. che ha feudo, o in feudo - add. m. appartenente a feudo.

Feudista, sm. (pl. sti), giureconsulto che tratta dei feudi.

Feudo, sm. diritto che soleva concedersi ad alcuno dal principe sopra qualche possessione con obbligo di prestargli omaggio o di pagargli un canone annuo.

Fiaba. V. Favola.

Fiacca, sf. (pl. cche), fracasso - popolarm. spossatezza.

Fiaccamente, avv. in modo fiacco.

Fiaccamento, sm. rottura.

Fiaccare, att. rompere con violenza - stancare, affievolire - fig. reprimere.

Fiacchezza, sf. mancamento di forze - debolezza.

Fiacco, sm. (pl. cchi), rovina - add. m. debole, spossato.

Fiaccola, sf. facella accesa - prop.

b fiammella della lucerna.

Fàle, sm. cera di cui sono tessute le celle delle pecchie.

Famma, sf. vampa lucida di fuoco - fig. fuoco amoroso - rossore per subitaneo eccitamento di affetto.

Fiammante, add. com. ardente - fig. veemente.

Fiammeggiante, add. com. che fiammeggia (risplende) - per simil. rosseggiante.

Fiammeggiare, att. e n. ass. gettar fiamme - risplendere - per simil. dicesi altresì della vivacità dei colori.

Fiammella, sf. splendore simile a fiamma.

Fiancàre. V. Fiancheggiare.

Fiancàta, sf. colpo di sprone nel fianco del cavallo - lo sparo di tutta l'artiglieria d'un fianco della nave.

Fiancheggiamento, sm. l'effetto del fiancheggiare.

Fiancheggiàre, att. aggiungere forza ai fianchi o lati - fig. dare ajuto, favorire - Nella mil. costruire mura e bastioni per difendere una piazza.

Fianco, sm. (pl. chi), parte del corpo tra le cosce e le costole - per simil. lato, banda.

Fiancùto, add. m. che ha gran fianchi.

Fiasca, sf. (pl. sche), vaso schiacciato più grande del fiasco.

Fiaschetta. V. Giberna.

Fiasco, sm. (pl. schi), vaso rotondo di vetro vestito di paglia, e la quantità del liquore che contiene.

Fiàta, sf. volta (non mai disgiunta però da add. numerali o di quantità)

Fiatamento, sm. respirazione.

Fiatàre, n. ass. respirare - colla negati a tacere.

Fiato, sm. alito, respiro.

Fibbia, sf. strumento di metallo per affibbiare.

Fibra, sf. filo di carne muscolare, che ha forza di contrarsi.

Fibrosità, sf. sostanza di fibre.

Fibróso, add. m. che ha fibre.

Ficaja, sf. l'albero del fico.

Ficcamento, sm. l'atto di ficcare, cioè d'introdurre checchessia con qualche forza in un recipiente.

Ficcanàso, s. com. che ficca il naso per tutto, indiscretamente curioso.

Ficcàre, att. introdurre per forza una cosa in un'altra - np. cacciarsi dentro - fig. introq mettersi non richiesto in qualche affare.

Fico, sm. (pl. chi), albero noto ed il frutto di esso.

Fidanza, sf. sicurtà sull'alt fede - fiducia - confidenza.

Fidanzàre, att. assicurare - fede di sposo.

Fidanzato, *add* e *sm.* promesso in matrimonio.

Fidàre, *att.* V. *Affidare* - *np.* aver ferma opinione di non essere ingannato.

Fidamente, *avv.* con fidanza - con integrità.

Fidato, *add. m.* assicurato sull'altrui fede - fedele.

Fidecommissàrio, *sm.* quegli in cui va il fidecommisso.

Fidecommisso, *sm.* legato che sta sempre nella famiglia, perchè inalienabile per volontà del fondatore.

Fidejussiòne (*v. lat.*), *sf.* sicurtà, malleveria.

Fidejussòre (*v. lat.*), *sm.* mallevadore.

Fido, *add. m.* fedele - confidente.

Fiducia, *sf.* speranza di venire a fine della cosa incominciata - fidanza.

Fiduciàle, *add. com.* che dà fiducia.

Fiducialmente, *avv.* con fiducia.

Fiduciariamente, *avv.* in modo fiduciario.

Fiduciàrio, *add. m.* agg. di erede, cioè quegli che dee consegnare ad un altro la roba lasciata dal testatore.

Fiele, *sm.* umore acre gialliccio che sta presso al fegato - *fig.* amarezza d'animo - rancore.

Fieno, *sm.* erba tagliata e seccata per pasto del bestiame.

Fiéra, *sf.* animale salvatico che non mai si domestica - gran mercato in un tempo stabilito fra l'anno, dove da ogni parte concorrono mercanti e manifattori per vedere e comprare.

Fieramente, *avv.* crudelmente.

Fierezza, *sf.* crudeltà - salvatichezza - *In pitt. e scult.* forza grande congiunta a franchezza di disegno.

Fiéro, *add. m.* crudele - aspro - altero - veemente.

Fiévole, *add. com.* di poca forza, debole.

Fievolezza, *sf.* debolezza.

Fievolmente, *avv.* debolmente.

Figgere (*pass.* issi, *pp.* itto), *att. an.* ficcare.

Figliàre, *att.* far figliuoli - produrre (*ma non dicesi che delle bestie e delle piante*)

Figliastro, *sm.* figlio del marito di altra moglie, o della moglie di altro marito.

Figliatùra, *sf.* tempo del figliare delle bestie.

Fíglio, *sm.* il generato (*detto propr. dell'uomo*)-*fig.* derivato

Figliòccio, *sm.* il battezzato rapporto al suo padrino.

Figliolanza, *sf. nell'uso* tutti i figli di un padre.

Figliuòlo. V. *Figlio.*

Figùra, *sf.* la forma esteriore, e i contorni di una cosa materiale - limitazione dello spade circoscritto dalla estensione fisica – immagine scolpita o dipinta – *Figure* diconsi i tropi grammaticali e rettorici; carte diverse positure di ballo e di scherma; i disegni geometrici ec.

Figurante, *add. e s. com.* che rappresenta in teatro senza parlare.

Figurare , *att.* rappresentare – fingere – significare – descrivere – *n. ass.* far bella mostra di sè – *fig.* essere in carica eminente – *np.* immaginarsi.

Figuratamente, *avv.* per figura, od allegoria.

Figurativo, *add. m.* che rappresenta sotto figura.

Figurato , *add. m.* effigiato – espresso sotto figura – allegorico.

Figurazione, *sf.* figura.

Figurino, *sm.* giovine vanerello – modello del vestire come prescrive la moda.

Figurista, *sm.* (*pl.* sti), pittor di figure.

Fila, *sf.* numero ordinato di cose – serie – *Nella mil.* soldato sotto l'armi.

Filaccia, *sf.* fila logore.

Filaloro, *sm.* quegli che riduce l'oro e l'argento in fila.

Filamento , *sm.* filo sottilissimo di lino, canapa ec. , non che dei muscoli, nervi ec.

Filantropía (*v. gr.*) , *sf.* amore de' nostri simili e della loro società.

Filantropo, *sm.* che ama gli uomini in generale.

Filare, *sm.* fila di alberi.

Filare, *att.* torcere lino, canapa, cotone o seta per ridurli in filo – *fig.* ordinare, disegnare – gettar sottilmente (*detto dei fluidi*) – *Nella mil.* marciare in colonna e in ordine di parata.

Filarmónico (*v. gr.*), *sm.* amante o dilettante di musica.

Filastrocca, *sf.* (*pl.* cche), lunghezza di ragionamenti stucchevoli.

Filatamente, *avv.* ordinatamente.

Filatíccio, *sm.* filato di seta stracciata.

Filato, *sm.* ogni cosa filata.

Filatojo, *sm.* strumento di legno da filare.

Filatúra , *sf.* l'arte e l'atto di filare – ed il filato medesimo.

Filetto, *sm.* legamento membranoso sotto la lingua.

Filettáre, *att.* ornare con filetti.

Filetto, *sm.* ornamento di una o due piccole scanalature nei vasellami di metallo – ornamento d'oro o di seta per ricamare – sottilissimo tratto che collega le aste nello scrivere – *In archit.* spezie di corona sopra un membro più grande.

Filiále, *add. com.* di, o da figliuolo

Filialmente, *avv.* in modo filiale

Filiéra, *sf.* strumento di acciajo a più fori graduati per ridurre in filo i metalli.

Filiggine. V. *Fuliggine.*

Filigrána, *sf.* specie di lavoro in oro ed in argento imitante l'arabesco.

Filo, *sm. (pl.* fili *m. e* fila *f.),* quello che si trae filando – *per simil.* metallo passato per filiera e ridotto come filo – ed ogni altra cosa che si riduca o sia conformata a guisa di filo – linea – ordine di checchessia – *fig.* la continuazione delle cose – il taglio di coltello o spada – *delle reni, della schiena,* la spina dorsale.

Filología *(v. gr.), sf.* studio di letteratura universale.

Filológico, *add. m.* appartenente alla filologia.

Filologo, *sm. (pl.* gi, ghi), amante della varia letteratura.

Filoméla, e

Filoména *(v. gr. e poet.), sf.* nome dato al rosignolo per la dolcezza del suo canto.

Filóne, *sm.* vena principale di una miniera – corrente media di un fiume.

Filosofa. V. *Filosofessa.*

Filosofáre, *n. ass.* studiate filosofia – discorrere fra sè.

Filosofastro, *sm.* filosofo di poco valore.

Filosofessa, *sf. di* filosofo.

Filosofía *(v. gr.), sf.* amore della sapienza – studio della natura e della morale fondato sulla ragione e sulla esperienza – sistema di qualche filosofo sopra alcuna parte di filosofia.

Filosoficamente, *avv.* da filosofo.

Filosófi o, *add. com. (pl.* ci, chi), di filosofia.

Filósofo *(v. gr.), sm.* amatore della sapienza, e degli studj della natura.

Filtro *(v. gr.), sm.* bevanda amorosa presso gli antichi – *In chim.* pezzo di panno, tela o simile che si adopera per filtrare o passare i liquori.

Filugello, *sm.* baco da seta, altr. bigatto.

Filza, *sf.* più cose infilzate insieme.

Finále, *add. com.* ultimo – *fig.* qualsivoglia cosa con cui si dà fine a checchessia – *sm.* pezzo di musica che chiude un atto dell'opera.

Finalmente, *avv.* alla fine.

Finamente, *avv.* con finezza – con accortezza.

Finanze *(frances.), sf. pl.* l'entrate del principe e del pubblico.

Finanziére *(v. frances.), sm.* chi ministra finanze.

Finca, *sf. (pl.* che), nell'uso

partimento, divisione.

Finchè, fin che, *avv.* sino a che.

Fine, *s. com.* opposto di principio - compimento - scopo - oggetto di ogni azione - col verbo *fare,* finire - col verbo *avere*, cessare - *add. com.* sottile, *opposto a* grosso - *fig.* scaltro.

Finestra , *sf.* apertura per illuminare le stanze.

Finestraro, *sm.* artefice che fornisce le finestre di vetri.

Finezza, *sf.* sottigliezza - qualità di ciò ch' è ottimo nel suo genere - accoglienza - favore - astuzia - squisitezza.

Fingere (*pass.* finsi, *pp.* finto) , *att. es.* inventare - simulare - far vista.

Fingimento, *sm.* invenzione.

Finimento, *sm.* il finire - conclusione - ornamento - *In pl.* tutto ciò che serve per attaccare i cavalli alle carrozze - *Nelle arti*, tutto ciò che serve ad abbellire.

Finire (*pr.* sco ec.), *att.* dar compimento - e *n. ass.* cessare - morire.

Finitezza, *sf.* squisito compimento.

Fino, *add. m.* perfetto, ottimo - *fig.* accorto - scaltro - *prep.* in fino a - *avv.* finora.

Finocchio, *sm.* pianta che dà semi aromatici dello stesso nome.

Finora, *e* fin ora, *avv.* in fino a

questo punto.

Finta, *sf.* finzione.

Fintamente, *avv.* con finzione.

Finto, *add. m.* non sincero - bugiardo.

Finzione, *sf.* simulazione.

Fio, *sm.* feudo - pena - *e volg.* l' y greco detto ipsilon.

Fiocaggine, *sf.* raucedine.

Fioccare , *n. ass.* cadere a fiocchi (*e dicesi della neve o di altra cosa che cada in abbondanza*)

Fiocco, *sm.* (*pl.* cchi) , bioccolo di lana - nastro accappiato per ornamento.

Fiochezza. V. *Fiocaggine.*

Fiocina, *sf.* strumento di ferro con molte punte per pigliare i pesci che vengono alla superficie del mare.

Fioco, *add. m.* (*pl.* chi), che ha la voce impedita per umidità di catarro, *altr.* rauco - *agg.* di *lume,* debole, languido.

Fionda. V. *Frombola.*

Fioraja, *sf. e*

Fiorajo, *sm.* chi vende fiori.

Fioraliso, *sm.* fiore campestre azzurro e bianco.

Fiorame , *sm.* ogni genere di fiori da giardini.

Fiordaliso, *sm.* giglio.

Fiore, *sm.* germoglio delle piante , che contiene gli organi della generazione delle medesime, e che costituisce un loro carattere - *fig.* la massa del vino al fine della botte - la parte più bella e più nobile di qualsivoglia cosa - uno dei quattro semi delle carte da giuoco.

Fiorente, *add. com.* ch'è in fiore

Fiorentina, *sf. nell' uso* lucerna usata primamente in Firenze.

Fiorescente, *add. com.* agg. della pianta all' epoca che mette i fiori.

Fiorello, *sm. dim. di* fiore - passo di ballo - spada senza punta che serve alla scherma - *In pl.* diconsi gli ornamenti della eloquenza, e le grazie del canto

Fiorifero, *add. m.* che produce fiori.

Fiorino, *sm.* moneta fiorentina, dal giglio impressovi - e moneta d'argento di Germania del valore di mezzo tallero.

Fiorire (*pr.* sco ec.), *n. ass.* produrre fiori - *fig.* dar segno di buon effetto - essere in buono stato - *att.* spargere di fiori

Fiorista, *sm.* (*pl.* sti), pittore, lavoratore e coltivatore di fiori

Fiorita, *sf.* vaga mostra di vasi di fiori in un giardino - festoni di verzure, o fiori sparsi per le strade in occasione di feste.

Fiorito, *add. m.* sparso di fiori - di *stile,* ornato, eloquente

Fioritura, *sf.* la stagione in cui si fioriscono.

Fiottáre, *n. ass.* ondeggiare tempestosamente (*proprio dei laghi e dei fiumi*)

Fiotto, *sm.* ondeggiamento romoroso del mare agitato.

Fiottóso, *add. m.* rumoroso, ondeggiante.

Firma, *sf.* sottoscrizione.

Firmamento, *sm.* il cielo stellato.

Firmare, *att.* sottoscrivere le scritture.

Fisamente, *avv.* con attenzione.

Fisáre, *att.* guardare con occhio fermo.

Fiscále, *sm.* capo del fisco - *add. com.* addetto al fisco.

Fiscella, *sf.* cestella di vinchi.

Fischiamento. V. *Fischio.*

Fischiáre, *n. ass.* mandar fuori il fischio.

Fischiáta, *sf.* fischi fatti dietro ad uno per derisione.

Fischietto, *sm. dim. di* fischio - *In marin.* strumento da fiato di suono acutissimo, che serve al capo dell' equipaggio per dare gli ordini alla ciurma.

Fischio, *sm.* suono acuto che si fa colla bocca o con qualche strumento che ajuta a fischiare.

Fisco (*v. gr.*), *sm.* pubblico erario, al quale si devolvono le facoltà de' malfattori e di chi muore senza erede.

Fisica (*v. gr.*), *sf.* (*pl.* che), scienza delle cose naturali, delle loro cagioni, fenomeni al effetti.

Fisicamente, *avv.* secondo la fisica – *ed anche* realmente, effettivamente.

Fisico, *sm.* scienziato di fisica – medico – *add. m.* naturale.

Fisiologia (*v. gr.*), *sf.* parte della fisica, che indaga le cause naturali delle azioni del corpo umano in istato di sanità.

Fisiológico, *add. m.* appartenente a fisiologia.

Fisonomia. V. *Fisonomia.*

Fisonomista. V. *Fisonomista.*

Fiso, *add. m.* fermo a considerare – *avv.* fissamente.

Fisoléra, *sf.* sorta di barchetta leggiera e veloce.

Fisonomía (*v. gr.*), *sf.* lineamenti del volto, da' quali pretendesi di pronosticare dell' indole delle persone.

Fisonomista, *sm.* (*pl.* sti), chi dalle fattezze del volto pretende conoscere l'indole delle persone.

Fissamente, *avv.* con occhio fisso.

Fissáre, *att.* fermare l'occhio addosso.

Fissazione, *sf.* V. *Affissazione.*

Fissezza, *sf.* immobilità, stabilità di cosa che non può muoversi.

Fisso, *add. m.* intento a checchessia cogli occhi – fermo.

Fissura. V. *Fessura.*

Fistola, *sf.* ulcera profonda e callosa che manda materia acre e virulenta – strumento mu-

sicale da fiato usato da' pastori e composto di più cannucce scaleggiate secondo i tuoni – *poetic.* simbolo della poesia pastorale.

Fistoloso, *add. m.* forato come cannello – *agg.* di *piaga*, infistolita.

Fitología (*v. gr.*), *sf.* trattato sulle piante – *e improp.* descrizione delle piante (*che meglio dicesi* fitografia)

Fitotomía (*v. gr.*), *sf.* anatomia delle piante.

Fitta, *sf.* terreno che non sostiene il piede – dolore acuto e intermittente.

Fittajuolo, *sm.* chi tiene a fitto le altrui possessioni.

Fittízio, *add. m.* non naturale, finto

Fitto, *sm.* il prezzo o canone annuo, *propr.* di una possessione, che pagasi al proprietario – *add. m.* folto, denso.

Fittuário. V. *Fittajuolo.*

Fiumána, *sf.* impeto del fiume che cresce.

Fiúme, *sm.* corrente di acqua dolce perenne, che dalla sorgente va a perdersi ordinariamen' nel mare.

Fiutáre, *att.* attrarre l' od delle cose col naso, annasa

Fiuto, *sm.* l'atto di fiutare – il senso dell'odorato.

Flaccidezza, *sf.* floscezza.

Flaccide, *add. m.* che ha p

duto l'elasticità, snervato.

Flagellàre, *att.* battere con verghe - *fig.* travagliare, tribolare.

Flagellazióne, *sf.* battitura con verghe - *assolut.* le sofferenze di N. S. alla colonna.

Flagello, *sm.* verga, sferza - *fig.* disgrazia grande, rovina - strage, mortalità - quantità, abbondanza di cose o di persone, moltitudine.

Flámine, *sm.* sacerdote presso i romani, ministro de'sacrifizj.

Flanella, *sf.* spezie di pannina leggiera di lana.

Flato (*v. lat.*), *sm.* aria morbosa racchiusa nel corpo animale.

Flatulenza, e

Flatuosità, *sf.* ventosità.

Flatuóso, *add. m.* che genera flato.

Flautíno, *sm. dim.* di flauto - strumento musicale con cui si accordano gli altri strumenti.

Flautista, *sm.* (*pl.* sti), sonatore di flauto.

Flàuto, *sm.* strumento musicale da fiato.

Flèbile, *add. com.* lamentevole.

Flebilmente, *avv.* in modo flebile.

Flebotomía (*v. gr.*), *sf.* l'arte di salassare o cavar sangue.

Flebòtomo, *add.* e *sm.* chi cava sangue.

Flegetonte, *sm.* fiume favoloso dell'inferno.

Flemma (*v. gr.*), *sf.* umore crudo che si genera nel corpo - *la*

chim. fluido acqueo ed insipido che si estrae da tutti i corpi per distillazione - *fig.* tardità, lentezza.

Flemmático, *add. m.* (*pl.* ci, chi), di natura e qualità della flemma ; o cagionato da soverchia flemma - *fig.* paziente, moderato - tardo, lento.

Flessibile, *add. com.* pieghevole.

Flessibilità, *sf.* facilità a piegarsi.

Flessióne, *sf.* proprietà di piegarsi che hanno le articolazioni.

Flessuóso, *add. m.* che ha molte pieghe.

Flógosi (*v. gr.*), *sf.* infiammazione del sangue.

Florescenza. V. *Fioritura.*

Floridamente, *avv.* in modo florido

Floridezza, *sf.* stato di prosperità di una nazione, di una famiglia, di un individuo - stile ornato.

Flórido, *add. m.* fiorito - *fig.* vigoroso.

Florilégio, *sm. propr.* raccolta di fiori - e *per trasl.* di cose scelte.

Floscezza, *sf.* fievolezza.

Flóscio, *add. m.* snervato - morbido, *contr. di* ruvido.

Flotta, *sf.* armata navale.

Flottáre. V. *Fluitare.*

Flottiglia, *sf.* piccola flotta.

Flottazióne, *sf.* galleggiamento.

Fluente, *add. com.* che scorre

Fluidezza, e

Fluidità, *sf.* proprietà di scorrere inerente in alcuni corpi, *opposto a* solidità.

Fluido, *sm.* corpo le cui particelle cedono alla più piccola impressione, come l'acqua, il sangue ec. - *add. m.* liquido, *opposto a* solido.

Fluire (*v. lat.*), *n.* (*pr.* sco ec.), *ass.* scorrere - *att.* esalare.

Fluitàre (*pr.* úito ec.), *n. ass.* galleggiare.

Fluore (*v. lat. e med.*), *sm.* scorrimento di umori, flusso.

Flussione (*v. lat.*), *sf.* scorrimento di sangue, o di catarro, *volg.* reumatismo.

Flusso, *sm.* scioglimento di ventre, dissenteria - moto periodico del mare verso terra, *contr. di* reflusso.

Flutto, *sm.* onda grossa del mare.

Fluttuante, *add. com.* ondeggiante

Fluttuàre (*pr.* últuo ec.), *n. ass.* ondeggiare - e *per trasl.* essere dubbioso, irresoluto.

Fluttuazione, *sf.* ondeggiamento - *per trasl.* perturbazione d'animo - instabilità.

Fluttuoso, *add. m.* burrascoso - *fig.* turbolento.

Fluviàle, e

Fluviátile (*v. lat.*), *add. com.* di fiume.

Fora, *sf.* (*pl.* che), grosso vitello marino.

Focaccia, *sf.* (*pl.* acce), pane schiacciato, cotto per lo più sotto la cenere.

Focaja, *add. f.* agg. di pietra da archibugio.

Focàra, *sf.* spezie di braciera.

Focaróne. V. *Focone.*

Foce, *sf.* sbocco di un fiume nel mare.

Foco (*v. poet.*) V. *Fuoco.*

Focolàre, *sm.* cammino - *fig.* casa o famiglia.

Focóne, *sm. accr. di* fuoco, gran fuoco - il foro dell'archibugio - *In marin.* cassone di ferro, nel quale si fa la cucina per l'equipaggio.

Focosamente, *avv.* ardentemente - *per trasl.* con intenso desiderio - furiosamente.

Focóso, *add. m.* ardente - d'animo caldo - molto lascivo.

Fodera, *sf.* il panno posto per fortezza sotto al vestito.

Foderàre (*pr.* ódero ec.), *att.* soppannare le vesti - *In marin.* rivestire l'opera della nave di tavole, di foglie di rame o simile per impedire che l'abbordatura non sia corrosa dai vermi di mare.

Fódero, *sm.* guaina da riporre la spada, o qualunque altro ferro da taglio.

Foga, *sf.* (*pl.* ghe), impeto, furia.

Fóggia, *sf.* (*pl.* gge), guisa, modo - usanza di vestire.

Foggiàre, *att.* dar foggia e l

ma - formare.

Foglia, *sf.* parte di cui si vesto-
no le piante erbacee (*quella
degli alberi e delle piante ramose più propr. dicesi* fronda)
- *ed assolut.* la foglia de'gelsi.

Fogliame, *sm.* quantità di foglie.

Fogliatura, *sf.* maniera pittorica
di rappresentare i fogliami.

Foglio, *sm.* carta da scrivere,
stampare ec.

Fogliuto, *add. m.* pieno di foglie.

Fogna, *sf.* condotto sotterraneo
per isgorgare immondezze.

Fola, *sf.* frottola favola.

Folaga, *sf. (pl.* ghe), sorta di
uccello acquatico.

Folata, *sf.* quantità di cosa che
passi presto, come *folata di
vento, di uccelli ec.*

Folgorare (*pr.* olgoro ec.), *n. ass.*
lo scagliare dal cielo la folgore - *per simil.* far checchessia con gran celerità -
att. colpire colla folgore -
scorrere velocemente - *impers.*
risplendere.

Folgorato, *add. m.* percosso dalla
folgore.

Folgore, *s. com.* la saetta che
viene dal cielo, *altr.* fulmine
- *fig.* cosa che prontamente
colpisce.

Folgore. V. *Fulgore.*

Folgoreggiare, *att.* colpire colla
folgore - *n. ass.* risplendere.

Folla, *sf.* moltitudine di gente.

Follare, *att.* premere, e purgare
panni, drappi e simili per
renderli più forti.

Follatore, *sm.* che folla i panni,
o pigia l'uva.

Follatura, *sf.* l'azione di follare
il panno.

Folle, *add. com.* pazzo, sciocco.

Folleggiamento. V. *Follia.*

Folleggiare, *n. ass.* vaneggiare -
infuriare.

Follemente, *avv.* stoltamente.

Folletto, *sm.* spirito aereo immaginato dagli sciocchi - *fig.*
uomo robusto, fiero, atti-
vissimo.

Follia, *sf.* stoltezza, pazzia.

Follicolo, *sm.* tunichetta che
racchiude il seme delle piante.

Foltezza, *sf.* spessezza di cose
unite insieme.

Folto, *add. m.* fitto, spesso.

Fomentare, *att. propr.* applicare il fomento - *fig.* incitare,
promuovere.

Fomentatore, *sm.* instigatore.

Fomento, *sm.* medicamento che,
applicato esteriormente a parte
inferma del corpo, la riscalda,
ammollisce e fortifica.

Fomite, *sm.* esca che facilmente
si accende - *fig.* concupiscenza

Fondaco, *sm. (pl.* chi), bottega
ove si vendono panni a minuto;
e *nell'uso,* anche altre cose in
quantità - magazzino di vettovaglie - gran copia di checchessia

Fondamentále, *add.*, *com.* che serve di fondamento, o di appoggio.

Fondamentáre, *att.* gettare i fondamenti.

Fondamento, *sm.* (*pl.* ti, *m.* e ta *f.*), muro sotterraneo su cui posano gli edifizj - *fig.* base di checchessia - cagione - motivo.

Fondáre, *att.* fare o gettare i fondamenti - alzare una fabbrica, edificare - instituire per la prima volta - stabilire - *fig.* riporre speranza - *np.* assicurarsi - confermarsi.

Fondatamente, *avv.* con fondamento.

Fondatóre, *sm.* institutore.

Fondazióne, *sf.* principio di città, d'imperio, o di stabilimento durevole qualunque - dotazione per qualche comunità.

Fóndere (*pass.* úsi, *pp.* úso), *att. an.* liquefare i metalli.

Fonderia, *sf.* luogo ove si fondono i metalli - e l'arte di fonderli.

Fonditóre, *sm.* colui che fonde i metalli.

Fondo, *sm.* la parte inferiore di checchessia - la parte più lontana o rimota - e la parte più segreta - *fig.* il colmo, l'estremo - beni stabili, capitali ec. - *In marin.* la superficie della terra sotto l'ac-

qua del mare - *In pitt.* la superficie colorata del quadro sulla quale rilevansi le figure - *add. m.* profondo.

Fontána, *sf.* luogo d'onde sgorga acqua viva.

Fontaniére, *sm.* custode, o soprintendente alle fontane.

Fontáno, *add. m.* di fonte.

Fonte, *s. com.* sorgente d'acqua viva perenne - *fig.* principio, origine.

Foracchiáre, *att.* forare con ispessi e piccoli fori.

Foraggiamento, *sm.* procacciamento di foraggio.

Foraggiáre, *n. ass.* andare per foraggio - *att.* saccheggiare.

Foraggio, *sm.* vettovaglia - *e in generale* provvisione di fieno, paglia e simili pel bestiame.

Foráme, *sm.* piccolo buco.

Foráneo, *add. m.* che abita fuori di città - *agg.* di *vicario*, quel paroco di campagna che ha la sorveglianza di alcune parocchie e dirama le ordinanze del vescovo, rimettendo ad esso gli affari di quelle.

Foráre, *att.* bucare - *In marin.* trivellare.

Fórbici, *sf. pl.* strumento di ferro per tagliare telerie, panni e simili.

Forbire (*pr.* isco, *e* forbo ec.), *att.* dare l'ultima politura ai metalli - nettare - asciugare.

Forbitezza. *sf.* pulitezza, nettezza - e *fig.* eleganza di stile.

Forbito, *pp. di* forbire - *fig.* terso, elegante (*detto di stile*)

Forca, *sf.* (*pl.* che), bastone che finisce in due o tre braccia - patibolo dove s'impiccano i malfattori.

Forcáta, *sf.* parte del corpo umano, ove cominciano le cosce.

Forcella, *sf.* piccolo ferro o legno, a guisa di forca.

Forchetta, *sf.* strumento di metallo con cui s'infilza la vivanda per mangiare.

Forcipe (*v. lat.*), *sm.* tanaglia chirurgica per l'estrazione del feto.

Forcola, *sf.* quel pezzo di legno che sorge dal capo di banda delle barche a remi con un incavo, al quale si appoggia il girone o manico del remo per vogare.

Forcolo, *sm.* strumento villereccio tagliente per potare le viti.

Forcone, *sm.* asta che finisce con un ferro a tre punte per nettare le stalle.

Forcúto, *add. m.* che ha forma di forca.

Forense, *add. com.* attenente al foro

Forése, *add. e s. com.* che abita fuori di città, campagnuolo, contadinesco (*contr. di* borghese)

Foresta, *sf.* bosco vastissimo di grosse piante.

Foresteria, *sf.* quantità di forestieri - luogo ove si alloggiano i medesimi nelle comunità religiose, e nei palazzi di campagna.

Forestiére, e

Forestiéro, *add. e s.m.* d'altro paese, straniero.

Foresto, *add. m.* salvatico, disabitato.

Fórfora, *sf.* quella polvere escrementizia che si genera tra' capelli.

Forgóne, *sm. nell'uso* carrettone.

Foriére, *sm.* che corre avanti - uno dei bassi gradi militari - *fig.* indizio di cosa ch'è per accadere.

Forma, *sf.* tutto ciò che serve a dare una stabilita figura ad una cosa - e modo con chi vedesi la figura - foggia, guisa - apparenza - proprietà - norma o regola - modello.

Formaggio, *sm.* il latte cagliato e preparato nelle forme, donde trae il nome, *altr.* cacio.

Formále. *add. com.* che dà forma alla materia, *contr. di* materiale - espresso, preciso.

Formalità, *sf.* modo di procedere nell'amministrare la giustizia - *per simil.* cerimonia.

Formalizzarsi, *np.* badar troppo per sottile alla forma delle cose - pigliare in mala parte, scandalizzarsi.

Formalmente, *avv.* essenzialmente.

Formare, att. dare la forma o l'essere — produrre — fabbricare — comporre.	pratica per scrimmiali e simili.
Formazione, sf. l'atto di formare una cosa.	Formula. V. Formola.
Formella, sf. buca in terra per piantarvi alberi - ornamenti di un riquadro, particolarmente nei giardini.	Formulario. V. Formolario.

Formare, att. dare la forma o l'essere — produrre — fabbricare — comporre.

Formazione, sf. l'atto di formare una casa.

Formella, sf. buca in terra per piantarvi alberi - ornamenti di un riquadro, particolarmente nei giardini.

Formento. V. Frumento.

Formentone, sm. grano turco.

Formica, sf. (pl. che), piccolissimo insetto, simbolo della provvidenza.

Formicajo, sm. mucchio di formiche.

Formicare, n. ass. dicesi di cose che muovonsi in gran numero a guisa delle formiche.

Formicolajo. V. Formicajo.

Formicolamento, sm. sentimento come di formiche le quali camminassero dentro le membra, per allentata circolazione del sangue.

Formicolare (frequent. di formicare), n. ass. (pr. icolo ec.), essere numeroso e spesso come le formiche.

Formicolio. V. Formicolamento.

Formidabile, add. com. spaventevole, tremendo.

Formola, sf. modo di dire — maniera obbligatoria di esprimersi nei contratti e simili.

Formolario, sm. stile de' notaj - libro che contiene le formole.

Formula. V. Formola.

Formulario. V. Formolario.

Fornace, sf. edifizie da cuocere calcina, mattoni, vetri, metalli e simili.

Fornaciajo, sm. chi lavora alla fornace.

Fornajo, sm. chi fa, cuoce il pane.

Fornello, sm. piccolo forno da cucina, o da officina.

Fornicare (pr. ico, chi va), n. ass. passare contro il nono precetto del decalogo.

Fornicazione, sf. peccato contro il nono precetto del decalogo.

Fornimento, sm. ciò che bisogna per far un lavoro o per esercitare un mestiere — compimento — provvigione.

Fornire (pr. isco ec.), att. dare compimento (che meglio dicesi finire) — desistere, cessare — guarnire — provvedere — somministrare.

Fornitura, sf. fregio, guarnitura - e nell'uso appalto, somministrazione.

Forno, sm. luogo ad uso di cuocere il pane.

Foro, sm. buco, pertugio - luogo ove si giudica, tribunale - piazza (alla lat.)

Forosetta, sf. villanella.

Forse, avv. per avventura, a caso.

Forsennatamente, avv. da pazzo.

Forsennatezza, sf. stoltezza.

19

Fecondio, add. m. sopra diverso.

Forte, sm. cittadella munita –
l' abilità maggiore di alcuno –
add. com. gagliardo – difficile
– fermo – prode – avv. con
forza – ad alta voce.

Fortemente, avv. con forza.

Fortezza, sf. virtù morale, per
cui l' uomo resiste con coraggio alle avversità – robustezza – piazza fortificata –
tutto ciò che nelle arti serve
a rassodare una cosa per più
lunga durata.

Fortificamento, sm. il fortificare,
e la cosa che fortifica.

Fortificare (pr. fico, chi ec.), att.
rendere forte, rassodare –
corroborare – munire – np.
divenir forte – ed altresì munirsi, ripararsi.

Fortificazione, sf. V. Fortificamento – l' arte di rendere
difesa una piazza dagli attac-
chi del nemico, altr. architettura militare.

Fortilizio, sm. rocca in luogo
elevato e scosceso per punto
di appoggio in tempo di guerra.

Fortino, sm. piccolo forte.

Fortore, sm. sapor forte.

Fortuitamente, avv. per caso.

Fortuito, add. m. casuale.

Fortume, sm. cose di sapor forte.

Fortuna, sf. presso i gentili, la
dea della buona e della trista sorte – oggidì propr. mu-

tabilità delle cose temporali
secondo la divina disposizione – ventura buona o cattiva
– condizione di stato – burrasi

Fortunatamente, avv. per buona
fortuna.

Fortunato, add. m. favorito
dalla fortuna.

Forza, sf. tutto ciò che dà im
pulso – causa del moto – ga
gliardia – dominio, podestà
equivalenza – violenza.

Forzamento, sm. violenza.

Forzare, att. costringere con vi
lenza.

Forzatamente, avv. per forza
di mala voglia.

Forzato, sm. condannato ai pu
blici lavori – add. m. vi
lentato – contro sua vogli

Forziere, sm. cassa da viaggio
scrigno.

Forzosamente, avv. con forza.

Forzoso, e

Forzuto, add. m. robusto.

Foscamente; avv. oscuram
– fig. in modo burbero.

Fosco, add. m. (pl. schi), os
ro – caliginoso – fig. turba

Fosforo (v. gr.), sm. la stella
Venere e mattutina – ma
ria ignea che si ascende
sè e diventa luminosa.

Fossa, sf. terreno scavato in lu
go o per piantagione di albe
o per isolo di acque, o
sepoltura di morti.

Fossáto, sm. piccolo torrente.

Fossile (pr. lat.), add. com. che si cava di sotto terra, o ch' è di quella natura o qualità – sm. sostanza qualunque stata lungamente sepolta.

Fosso, sm. fossa grande – In arch. mil. scavamento di terra attorno alle mura delle fortezze.

Fra, prep. in mezzo – sm. accorc. di frate.

Fracassáre, att. rompere in molti pezzi – guastare, rovinare.

Fracasso, sm. rovina – gran rumore – fig. pompa, comparsa – gran quantità di gente.

Fracidáre (pr. ácido ec.), n. ass. imp7utridire.

Fracidezza, sf. putrefazione.

Frácido, add. m. putrefatto.

Fracidáme, sm. più cose fracide insieme.

Fragária, sf. pianta che fa le fragole.

Frágile, add. com. che facilmente si rompe – fig. debole – che dura poco – soggetto a cadere in fallo.

Fragilezza, e

Fragilità, sf. facilità di rompersi – fig. facilità a cadere in fallo – debolezza d'animo.

Fragnere. V. Frangere.

Fragola, sf. frutto noto odoroso e gratissimo di una pianticella che si coltivasi ne' giardini.

Fragóre, sm. rumor grande – suono di tromba.

Fragoróso, add. m. rimbombante.

Fragrante, add. com. odoroso.

Fragranza, sf. buon odore.

Fraile (v. poet.), add. com. fragile – In forza di sm., il corpo umano.

Frailezza. V. Fragilità.

Frammassóne (v. fr.), sm. sorta di settario moderno, altr. libero muratore.

Frammento (v. lat.), sm. rottame – opera o componimento di cui siesi perduta gran parte.

Frammettere (pass. isi, pp. esso), att. an. mettere fra una cosa e l'altra.

Frammischiáre, att. mescolare una cosa coll'altra.

Frana, sf. quantità di terra smossa sul fianco di una montagna.

Franáre, n. ass. lo smoversi della terra in luoghi scoscesi.

Francamente, avv. con franchezza.

Francáre, att. assicurare – batteria, ro in molti, gruppi ec.; farli esenti da ogni dispendio.

Francatúra, sf. il francare le lettere alla posta.

Francesismo, sm. voce o maniera di dire francese.

Franchezza, sf. ardimento – schiettezza – esenzione.

Franchigia, sf. libertà – esenzione da tributo, o da giurisdizione ordinaria – sicurezza

Franco, sm. (pl. chi), lire di Francia - In più nome in O- ccidente di tutti i popoli occi- dentali dell' Europa - add m. libero, immune - coraggioso - pratico o contr. di stentato.

Frangente, sm. congiuntura dif- ficile e pericolosa.

Frangere (pass. basi, pp. atto), att. an. rompere - fig. inter- rompere - vincere, domare - np. impietosirsi.

Frangia, sf. guarnizione.

Frangiare, att. contornare di fran- gia - fig. colorare un discorso

Frangibile, add. com. facile a frangersi.

Frantume, sm. quantità di fram- menti.

Framezzato, add. m. infetto di malfrancese.

Frantesimo. V. Francesismo.

Frappa, sf. ritaglio de' vestimen- ti - In più, più foglie o fron- di disegnate insieme.

Frappare, att. far le frappe a' ve- stimenti - fig. avvilupparecon parole, ingannare.

Frappatore, sm. imbroglione.

Frappola, sf. inezia.

Frapporre (pass. osi, pp. osto), att. an. porre frammezzo.

Frasaio, sm. raccoltardi frasi.

Frasca, sf. (pl. sche), rametto fronzuto - fig. nomo leggiero.

Frascato, sm. pergola di frasche.

Frascheggiare, n. ass. il rumo-

reggiare delle frasche mosse da chicchessia - fig. scherzare, folleggiare.

Frascheggio, sm. rumore che fan- no le frasche mosse dal vento.

Frascheria, sf. bagattella, inezia.

Fraschetta, s. com. uomo o donna volubile - presso gli stampatori, telaretto di ferro con varii spar- timenti, che mettesi sul foglio da stampare, affinchè ciò che ha da rimaner bianco non ven- ga macchiato.

Frasconaja, sf. bosco artificial- mente adattato per pigliar uccelli - fig. ornamento vano.

Frase (v. gr.), sf. modo di dire di una lingua.

Fraseggiare, n. ass. usar frasi nello scrivere o nel parlare.

Fraseologia (v. gr.), sf. raccol- ta di frasi p di espressioni eleganti di qualche lingua o scrittore.

Frassino, sm. albero alto e bel- l'altissimo delle nostre foreste, il quale ama di crescere nei ter- reni leggieri ed umidi.

Frastagliare, att. tagliar minu- to - fig. imbrogliarsi talvolta chiaretto.

Frastornare, att. far tornare in- dietro - fig. impedire il con- seguimento di un fine o trattar piuttosto di ost' opera.

Frastuono, sm. strepito confuso.

Frate (sync. di fratello), sm.

religioso regolare.

Fratellanza, sf. amicizia intrinseca

Fratellevole add. com. da fratello

Fratello, sm. nato dallo stesso padre e dalla stessa madre - amico intrinseco - fig. simile naturale, bastardo - uterino, della stessa madre, ma di padre diverso - cugino, figlio di fratelli e di sorelle del padre.

Fratería, sf. compagnia di frati, e gli stessi frati.

Fraternale, add. com. di fratello

Fraternamente, avv. da fratello.

Fraternità, sf. concordia da fratelli - fig. dimestichezza amichevole.

Fraternita, sf. adunanza divota di secolari, altr. compagnia.

Fraterno, add. m. di, o da fratello

Fratesco, add. m. (pl. schi), attenente a frate.

Fratismo, sm. stato e qualità di frate

Fratricida, sm. (pl. di), uccisore di fratello.

Fratricidio, sm. uccisione di fratello.

Fratta, sf. luogo intricato da pruni.

Frattanto, e fra tanto, avv. in questo mentre.

Frattura, sf. rottura di ossa o di altra cosa consistente.

Fraudare. V. Defraudare.

Fraude. V. Frode.

Fraudolentemente, avv. con inganno.

Fraudolento, add. m. ingannatore

Fraudolenza. V. Frode.

Frazione, sf. rottura. - In aritm. parte di un numero intero.

Fréccia, sf. (pl. cce), bastoncello con punta di ferro che scagliasi negli eserciij di caccia e di guerra.

Frecciare, att. colpire con freccia.

Frecciata, sf. colpo di freccia - fig. motto pungente.

Freddamente, avv. con freddezza - fig. senza spirito.

Freddezza, sf. qualità delle cose fredde - fig. pigrizia - indifferenza - diminuzione di amore e di amicizia.

Freddo, sm. privazione di calore opposto di caldo - add. m. privo di calore - fig. pigro, inerte

Freddoloso, add. m. che teme molto il freddo.

Freddura, sf. gran freddo - infreddatura - fig. cosa di poco conto.

Fregagione, sf. stropicciamento.

Fregamento, sm. collisione di due corpi che si toccano - In mecc. attrito o resistenza che un corpo in moto incontra in quello su cui muovesi.

Fregare, att. stropicciare leggermente.

Fregata, sf. nave da guerra di secondo ordine.

Fregatura. V. Fregamento.

Fregiare, att. porre fregi od ornamenti - guernire.

Frégio, sm. guarnizione di molti... e arnesi - fig. pregio, onore - In archit. fascia che separa l'architrave dalla cornice.

Frego, sm. (pl. ghi), linea fatta con penna o con pennello.

Frégola, sf. fregamento dei pesci ai sassi nella stagione in cui depongono le uova - per trasl. voglia grande - bizzarria.

Frèmere, n. ass. far rumore colla voce (proprio delle bestie feroci e dell'uomo incollerito)

Frèmito, sm. rumore aspro di voce racchiusa fra le fauci, mossa da passione violenta, - per simil. dicesi anche del mare in burrasca, del leone che rugge, di moltitudine che frastuona ec.

Frenáre, att. mettere in freno - fig. reprimere gli affetti.

Frenesía (v. gr.), sf. delirio prodotto da infiammazione del cervello - pensiero fantastico.

Freneticáre (pr. etico, chi ec.), n. ass. delirare, vaneggiare.

Frenético, add. m. (pl. ci, chi), infermo di frenesia.

Freno, sm. morso, briglia - fig. governo, ritegno.

Frequentáre, att. tornare spesso ai medesimi luoghi.

Frequentatívo, add. m. che indica frequenza.

Frequénte, add. com. che accade spesso - assiduo, continuo.

Frequentemente, avv. con frequenza, spesso.

Frequénza, sf. ripetizione di un atto - moltitudine di persone, concorso.

Frescamente, avv. con freschezza - fig. poco fa.

Freschezza, sf. freddo temperato - vigor di gioventù - vivezza di carne.

Fresco, sm. (pl. schi), freddo temperato - pittura a fresco - Fresco chiamasi da' veneziani l'unione di molte gondole e barchette, che concorrono al gran canale, e vanno avanti ed indietro, come le carrozze in corso - add. m. che ha freschezza - fig. recente - non affaticato - novello - Di fresco, avv. poco fa.

Frescúra, sf. temperatura media tra il caldo ed il freddo.

Frétta, sf. sollecitudine, premura.

Frettolosamente, avv. con fretta.

Frettolóso, add. m. che ha fretta, o che opera con fretta.

Friábile (v. lat.), add. e com. che si scioglie o sminuzza colla sola confricazione delle dita.

Friabilità, sf. facilità di essere sminuzzato.

Fricasséa (v. fr.), sf. vivanda di cose minuzzate cotte in padella.

Fríggere (pass. issi, pp. itto), att. an. cuocere checchessia in padella con olio, butirro ec. – n. ass. ardere, bruciare.

Frigid cosa, e

Frigidità, sf. qualità frigida – impotenza all'atto conjugale.

Frigido, add. m. di qualità fredda – impotente al coito.

Fringuello, sm. uccelletto gentile.

Frittata, sf. vivanda di nova battute e fritte in padella.

Frittella, sf. pasta tenera fritta.

Frittume, sm. cosa fritte, o da friggere.

Frittura, sf. l'atto di friggere, e la cosa fritta.

Frivolezza, sf. bagattella.

Frivolo, add. m. di poca importanza.

Frizzamento, sm. pungimento di materia corrosiva sulla pelle.

Frizzante, add. m. che frizza e punge (e dicesi del vino, dell'aria – fig. dei concetti arguti ec.)

Frizzare, n. ass. sensazione dolorosa che cagionano gli acidi, le punture, le ammaccature sulla carne viva – fig. essere ingegnoso, spiritoso.

Frizzo, sm. bruciore – fig. concetto arguto e mordace.

Frodare, att. V. Defraudare – nascondere – dissimulare.

Froda, sf. inganno occulto.

Frodo, sm. il nascondere mercanzie per non pagar gabella.

Frodolento. V. Fraudolento.

Frollamento, sm. macerazione

---

delle carne da mangiare – per simil. floscezza delle membra.

Frollo, add. m. agg. di carne da mangiare che sia diventata tenera – fig. fiacco, spossato.

Fromba, e

Frombola, sf. funicella per iscagliare sassi rotandola.

Frombolière, sm. chi scaglia sassi colla frombola.

Fronda, e

Fronde, sf. propr. foglia di albero o di pianta ramosa.

Frondeggiare, n. ass. cominciare a spuntar le frondi e foglie degli alberi.

Frondoso, add. m. che ha frondi.

Frontale, sm. ornamento od armadura della fronte – parte della briglia che fascia la fronte al cavallo – nome di due muscoli della fronte.

Fronte, sf. parte della faccia sopra gli occhi – e talora anche tutto il capo, o tutto il volto – la parte da canti di checchessia – In archit. il principale aspetto di un edificio.

Fronteggiare, att. stare o essere a fronte, o sui confini.

Frontispicio. V. Frontispizio.

Frontiéra, sf. confine di uno stato.

Frontispicio, e

Frontispizio, sm. prospetto, facciata principale di un edificio + prima faccia o pagina di un libro

Frontuto, sm. (pl. ti) chi ha

...possessione lungo un fossato.

Frontiere, sm. piastre di ferro nei cammini per riparo del muro.

Frottato, add. m. che ha molti fronti.

Frotta, sf. moltitudine di gente riunione.

Frottola, sf. canzone giocosa — baja, fandonia.

Frottoláre (pr. ottolo ec.), n. ass. comporre frottole.

Frugacchiáre, frequent. di frugare.

Frugale, add. com. parco, sobrio (detto di vitto e simili)

Frugalità, sf. moderazione nel vitto

Frugáre, att. e n. ass. andar tentando e cercando in luoghi riposti — fig. incitare, stimolare

Frugifero, add. m. fruttifero di biade.

Frugivoro, add. m. che si ciba solo di biade ed altri frutti della terra.

Frugnoláre, e

Frugnoláre, att. andare alla caccia o alla pesca col frugnuolo — per simil. mettere il lume agli occhi per abbagliare.

Frugnuolo, sm. specie di lanterna che mostra l'oggetto dinanzi senza lasciar vedere chi lo porta.

Fruire (v. lat.), n. (pr. uo ec.), godere.

Fruizione (v. lat.), sf. godimento.

Frulláre, n. ass. il romoreggiare degli uccelli che volano —

...nell' muovere in giro — sbattere la cioccolata disciolta nel vaso.

Frullino, sm. arnese per istemperare la cioccolata.

Frullo, sm. rumore di alcuni uccelli quando levansi a volo — fig. cosa di pochissimo o niun conto — nell' uso frullino.

Frullone, sm. ordigno per burattare la farina — sorta di calesso scoperto a quattro ruote.

Frumentáceo, add. m. agg. di piante che producono spighe.

Frumento, sm. la migliore fra tutte le biade, altr. per eccellenza grano.

Fráscolo, sm. fuscellino secco se per gli alberi.

Frusta, sf. sferza — gastigo infamante per malfattori.

Frustáre, att. battere con frusta.

Frusto, sm. pezzuolo — add. m. logoro — fig. sjustato.

Frustráneo, add. m. inutile, vano.

Frustráre, att. rendere vane le speranze altrui.

Frútice, sm. arbusto o sterpo.

Fruttaglia, sf. ogni genere di frutti.

Fruttajuolo, sm. chi vende frutte.

Fruttáre, att. fare o render frutto — fig. esser utile, giovare.

Fruttiera, sf. vaso da frutta.

Fruttifero, add. m. che fa frutto

Frutto, sm. (pl. tti m. tte, tta f.), propr. il prodotto degli alberi — e in generale, tutto ciò che la terra produce per alimento

dell'uomo – entrata, rendita
– l'effetto di una buona cagione – profitto, guadagno –
interesse di danari prestati.

Fruttuosamente, avv. con frutto,
utilmente.

Fruttuoso, add. m. che fa frutto
– o rende profitto.

Fucilare, att. uccidere col fucile
o moschetto.

Fucilata, sf. colpo di fucile.

Fucile, sm. ordigno d'acciajo per
accender fuoco – comun. archibugio.

Fuciliere, sm. soldato armato di
fucile, o archibugio.

Fucina, sf. fornace dove i fabbri
battono il ferro.

Fuco, sm. (pl. chi, ci), ape grossa
che consuma, ma non fa mele.

Fuga, sf. (pl. ghe), il fuggire –
scampo – quantità determinata
di note musicali – di stanze,
quantità di stanze in fila.

Fugace, add. com. che fugge –
fig. di corta durata, transitorio.

Fugacità, sf. prontezza nel fuggire.

Fugare, att. mettere in fuga.

Fuggiascamente, avv. senza fermarsi – furtivamente.

Fuggiasco, add. m. (pl. schi), che
fugge di nascosto.

Fuggibile, add. com. da fuggirsi.

Fuggire, n. ass. partire con prestezza – porsi in sicuro.

Fuggita, sf. partenza rapida, fuga.

Fuggitivo, add. m. che fugge, o

rifugge al nimico – fig. transitorio (che meglio dicesi fugace)

Fulgidezza, sf. lucentezza.

Fulgido, add. m. lucido.

Fulgore (v. lat.), sm. splendore.

Fuliggine, sf. materia nera che
il fumo lascia su pe' cammini.

Fuligginoso, add. m. pieno di fuliggine, o simile alla fuliggine.

Fulminante, add. com. che fulmina – che uccide all'istante.

Fulminare (pr. fúlmino ec.), att.
percuotere col fulmine – per
simil. battere con artiglierie –
fig. mandare scomuniche.

Fulmine, sm. folgore celeste,
altr. saetta.

Fulmineo, add. m. che fulmina –
e per simil. che colpisce come
il fulmine.

Fulvo (v. lat. e poet.), add. m.
di color rossiccio.

Fumajuolo, sm. la torretta del
cammino.

Fumare, n. ass. fare, o mandare
fumo – evaporare (che meglio
dicesi sfumare) – pipare.

Fummeggiare, att. degradare i
colori col chiaroscuro.

Fumicare. V. Affumicare.

Fumigazione, sf. il fumicar leggermente.

Fumigio. V. Suffumigio.

Fummare. V. Fumare.

Fummo, e meglio

Fumo, sm. vapore che esala dalla materia che bollono o che bruciano – *fig.* superbia, fasto.

Fumosità, *sf.* esalazione fumosa.

Fumoso, *add. m.* che ha fumo – *fig.* che presume di sè – albagioso, altero.

Funajuolo, *sm.* chi fa e vende funi.

Funambolo (*v. lat.*), *sm.* ballatore sulla corda.

Funame. V. *Cordame, Cordaggio*

Funata, *sf.* molti legati a una fune

Fune (*v. lat.*), *sf.* più corde avvolte insieme.

Funebre (*e poetic.* anche funebre), *add. com.* da morto.

Funerale, *sm.* gli ultimi onori che si rendono ad un defunto. *altr.* mortorio – *add. com.* attenente a mortorio.

Funereo, *add. m.* di morte.

Funestare, *att.* attristare con novelle sgradevoli.

Funesto, *add. m.* luttuoso – doloroso – infausto.

Fungaja, *sf.* luogo abbondante di funghi.

Fungere (*latinismo dell'uso*), *difett.* fare, esercitare ec.

Fungo, *sm.* (*pl.* ghi), pianta senza fiori e senza seme, prodotta dal suolo per soverchia umidità o calore – *In chir.* escrescenza carnosa nelle piaghe.

Fungoso, *add. m.* pieno di funghi – fracido, marcioso.

Funzionario, *sm.* nell'uso chi è costituito in qualche officio e

magistratura.

Funzione, *sf.* operazione, incombenza.

Fuochista, *sm.* (*pl.* sti), chi fabbrica i fuochi artificiali.

Fuoco, *sm.* (*pl.* chi), quella mistura di luce e di calore che si produce nel bruciare de'corpi – *fig.* vivacità – azione ardente – *artificiale*, preparazione di polvere d'archibugio da ardersi in occasione di pubbliche feste – *fatuo*, fiammella fosforica che si accende sui luoghi umidi nella notti estive.

Fuocoso. V. *Focoso.*

Fuora, e

Fuori, *avv. e prep.*, opposto di entro – eccetto – oltre.

Fuorché, *avv.* salvo, eccetto.

Fuormisura, *avv.* smisuratamente.

Fuoruscito, *sm.* bandito – malfattore.

Furberia, *sf.* azione da furbo, astuzia – ribalderia.

Furbescamente, *avv.* maliziosamente.

Furbesco, *add. m.* (*pl.* schi), da furbo, malizioso.

Furbo, *sm.* vagabondo, impostore – *add. m.* accorto, destro.

Furente, *add. com.* infuriato.

Furfante, *sm.* persona di mal affare.

Furfanteria, *sf.* azione iniqua.

Furia, *sf.* veemenza impetuosa – fretta grande – rabbia – furore – gran quantità – *In pl.*

quei tre spiriti infernali, *altr.* detti *Eumenidi, Erinni e Dire*

Furibondo, *add. m.* furioso, violento.

Furiosamente , *avv.* con furia.

Furioso, *add. m.* preso da furore – pazzo – impetuoso.

Furore, *sm.* ira eccessiva – impetuosità – veemenza d'amore – entusiasmo poetico.

Furtivamente, *avv.* di nascosto.

Furtivo, *add. m.* occulto, segreto.

Furto , *sm.* rubamento, e la cosa rubata.

Fuscello, *sm.* pezzuolo sottile di legno, paglia o simili.

Fusibile, *add. com.* che può fondersi.

Fusibilità , *sf.* qualità de' metalli che li dispone alla fusione.

Fusione, *sf.* struggimento o liquefazione di metalli.

Fuso, *sm.* (*pl.* fusi *m.* e fusa *f.*), strumento noto per filare a

mano – *In archit.* fusto della colonna – *Nelle arti*, legno che sorregge la forma delle campane – ferro appuntato dei doganieri per tentare se nei sacchi e simili siavi occultata roba di contrabbando – cilindro che fa girare le macine ec. – *add. m.* (*da* fondere), liquefatto.

Fusta, *sf.* specie di naviglio da remo di basso bordo o da corseggiare.

Fustagno , *sm.* sorta di tela bambagina.

Fusto, *sm.* gambo di erba – pedale o stipite degli alberi – colonna – tronco, o busto – *per simil.* corporatura dell'uomo – *Nelle arti*, la canna delle chiavi – lo stile della stadera ove sono segnate le libbre.

Futuro, *add. m.* che ha da venire – *In gramm.* quel tempo ch' esprime azione da farsi.

G

G , lettera linguale, la settima dell' alfabeto italiano e la quinta delle consonanti.

Gabarra, *sf.* specie di grossa barca piatta ad uso di carico o di discarico de'bastimenti.

Gabbamondo, *sm.* intrigante.

Gabbanella, *sf.* piccolo gabbano.

Gabbáno, *sm.* mantello con ma-

niche, palandrano.

Gabbáre , *att.* ingannare – *np.* farsi beffe.

Gabbatóre, *sm.* ingannatore.

Gabbia, *sf.* arnese per rinchiudere uccelli, o altri animali – *per simil.* prigione.

Gabbiano, *sm.* uccello acquatico.

Gabbiata , *sf.* quanti uccelli od

altri animali consimili in una gabbia.

Gabbione, sm. gran cesta di vimini ripiena di sassi e terra, per riparo de' fiumi, o per difesa degli accampamenti.

Gabbo, sm. illusione - inganno.

Gabella, sf. dazio che per imposta di dettato si paga al principe.

Gabellare, att. sottoporre a gabella - pagar la gabella.

Gabelliere, sm. riscotitore di gabelle e dazj - ed anche, appaltatore di gabelle.

Gabinetto, sm. stanza di ritiro - segreteria delle corti.

Gaggia, sf. sorta di fiorellino giallo; e la pianta di esso.

Gagliardamente, avv. gran forza.

Gagliardia, sf. robustezza di corpo - prodezza.

Gagliardo, add. m. robusto - prode.

Gagliofaggine, e

Gaglioferia, sf. scempiaggine - fig. sudiceria, ribalderia.

Gaglioffo, add. e sm. uomo da nulla - o che non è atto che a ribalderia.

Gagnolare (pr. gagnolo ec.), n. ass. il mandar fuora la voce del cane quando si duole.

Gagnolio, sm. il gagnolare del cane

Gajamente, avv. festevolmente.

Gajezza, sf. allegrezza che si scorge nelle persone contente.

Cajo, add. m. contento di cosa, allegro, festevole.

Gala, sf. ornamento delle vesti - sfoggia, sfarzo, lusso.

Galana, sf. testuggine marina.

Galano, sm. fiocco di nastro.

Galante, add. com. premuroso di piacere - che ha leggiadria nel tratto e nel vestire, meglio elegante.

Galanteria, sf. gentilezza di tratto - cosa graziosa - e talora nell' uso civetteria - ed anche intrigo amoroso.

Galantuomo, sm. uomo dabbene.

Galassia (v. gr.), sf. via lattea.

Galea. V. Galera.

Galeato (v. lat.), add. m. che ha l'elmo in testa.

Galeone, sm. grossa nave da trasporto (e propr. quelle navi che mandavansi dagli spagnuoli a caricare i tesori dell' America)

Galeotta, sf. piccola galera.

Galeotto, sm. forzato alla galera - fig. astutaccio.

Galera, sf. antico naviglio da guerra a remi e vele.

Galla, sf. escrescenza leggierissima di alcuni alberi ghiandiferi, di forma simile a pallottola.

Galleggiante, sm. corpo che galleggia e soprannuota sopra di un fluido stagnante o corrente.

Galleggiare, n. ass. stare a galla.

Galleria, sf. stanza di pitture

sculture ed altri oggetti pregevoli di belle arti - *Nella mil.* strada coperta che conduce alla mina - *In marin.* balcone che sporge dalla poppa del bastimento.

Galletta, *sf.* sorta di uva di granello lunghetto come i reni de' galli - *In marin.* biscotto tondo e schiacciato - *e nell'uso,* bozzolo di seta.

Gallicano, *add. m.* agg. del clero e della chiesa di Francia.

Gallicismo. V. *Francesismo.*

Gallico, *add. m.* della Gallia o Francia - agg. di morbo contagioso, *altr.* mal francese.

Gallina, *sf.* la femmina del gallo.

Gallinaccio, *sm.* sorta di uccello domestico, alquanto più grosso che il gallo, *altr.* pollo d'India.

Gallinajo, *sm.* luogo dove stanno le galline.

Gallinella, *sf.* uccello acquatico - pesce di mare - pianterella che si trova fra le biade.

Gallo, *sm.* uccello domestico di bassa vita, il maschio delle galline.

Gallonare, *att.* guarnire di galloni.

Gallone, *sm.* guarnizione d'oro o d'argento - misura di liquidi.

Galloscia. V. *Galla* - e *Galoscia,* soprascarpe.

Gallozzare, *n. ass.* rallegrarsi soverchiamente.

Galoppare, *n. ass.* correre di

galoppo.

Galoppata, *sf.* corsa di galoppo.

Galoppo, *sm.* il passo più veloce del cavallo.

Gamba, *sf.* la parte del corpo dal ginocchio al piede.

Gambale, *sm.* pedale dell'albero - arnese da tener tesi gli stivali.

Gambero, *sm.* animale acquatico del genere de' testacei.

Gambettare, *n. ass.* dimenar la gamba.

Gambiera, *sf.* armadura della gamba.

Gambo, *sm.* fusto di pianta dalle radici in su, che sostiene foglie, fiori e frutta (*nell'erbe detto*).

Gambuto, *add. m.* (*da gambo*), che ha gamba - (*da gamba*), che ha le gambe lunghe.

Gamella, *sf.* catino di legno pei marinari e soldati.

Ganascia, *sf.* (*ed anco*), mascella - *In pl.* le morse della tanaglia.

Gancio, *sm.* uncino per afferrare, ritenere, od attaccarvi checchessia.

Gangherare (*pr. ganghero ec.*), *att.* armare di gangheri le imposte.

Ganghero, *sm.* strumento di ferro a guisa di anello confitto nelle imposte, e che si aggira sui cardini per aprir e chiuder porte e finestre.

Gangrena. V. *Cancrena.*

Ganimede, sm. in mit. il coppiere di Giove – per trasl. giovane galante, zerbinotto.

Gara, sf. senso di anima nobilmente accesa di gloria, che, eccitata dall'esempio di alcuna virtù, si propone d'imitarla, e di vincerla.

Garamone, sm. carattere mezzano per la stampa.

Garante, add. e sm. mallevadore.

Garantire. V. Guarentire.

Garbare, n. ass. piacere, soddisfare

Garbatamente, avv. con garbo, o grazia.

Garbatezza, sf. buona grazia, gentilezza.

Garbato, add. m. (da garbare), soddisfatto – (da garbo), grazioso, gentile.

Garbino, sm. vento che soffia tra ponente e mezzodì, altr. libeccio

Garbo, sm. grazia, gentilezza – Nelle arti curvatura, piegatura in arco di alcune opere.

Garbuglio, sm. confusione, scompiglio.

Gareggiamento. V. Gara.

Gareggiare, n. ass. fare a gara.

Garetta, sf. in Mil. torretta per sentinella, altr. bertesca, casotto.

Garetto, sm. parte della polpa della gamba, che confina col calcagno.

Gargarismo, sm. acqua preparata che trattasi nella gola spingendola col fiato , per ammollire le fauci infiammate.

Gargarizzare , n. ass. rinfrescarsi le fauci con gargarismi.

Gargherismo. V. Gargarismo.

Garofano, sm. aromato delle Molucche a foggia di chiodetto.

Garrimento, sm. altercamento.

Garrire (pr. sco ec.), n. ass. fare il verso degli uccelli quando stridono – altercare – rimordere (parlando di coscienza)

Garrulità, sf. difetto di chi parla troppo – maldicenza.

Garrulo, add. m. ciarlone.

Garza, sf. sorta di uccello – e sorta di trina (guarnizione a traforo)

Garzare, att. cardare il panno, per trarne fuora il pelo.

Garzo, sm. l'operazione di garzare i panni.

Garzone, sm. giovanetto dai sette ai quattordici anni – giovane scapolo, cioè senza moglie – lavorante salariato.

Garzuolo, sm. le foglie di dentro di ogni cesto d'erba.

Gas, sm. parte volatile delle sostanze alcaline o fermentanti.

Gastigamento, sm. punizione.

Gastigare, att. punire, correggere

Gastigatezza, sf. rigorosa osservanza delle regole dell'arte, particolarmente nello scrivere.

Gastigato, add. m. punito – vo

golato, scatto.

Castigazione, sf. e

Gastigo, sm. (pl. ghi), punizione.

Gastricismo (v. gr.) sm. denominazione generica di tutte le affezioni gastriche.

Gástrico, add. m. appartenente allo stomaco.

Gattajuóla, sf. buca che si fa nell'uscio, acciò vi passi il gatto

Gatto, sm. animale quadrupede domestico che tien netta la casa da' topi – In idraul. macchina da affondare pali – In mil. sorta d'ariete degli antichi per battere le mura delle città – strumento per riconoscere i difetti nel vano dei cannoni – In bot. primo fiore di alcune piante.

Gáudio, sm. senso di contentezza d'animo, giocondità.

Gavazzáre, n. ass. tripudiare.

Gavazzo, sm. strepito di voci e di strumenti per oggetto di allegria, tripudio.

Gavetta, sf. matassina di corda metallica assai fina.

Gavigne, sf. pl. parte del collo tra le orecchie e le mascelle.

Gavotta, sf. specie di ballo vivace e spedita.

Gazofilácio, sm. tesoro – ripostiglio di arredi preziosi.

Gazza, sf. uccello facile ad imitare la favella umana.

Gazzella, sf. sorta di animale qua-

drupede velocissimo, quasi simile alla capra.

Gázzera. V. Gazza.

Gazzetta, sf. foglio periodico delle notizie del giorno.

Gazzettiére, sm. estensore di gazzette.

Gazzettino, sm. foglietto d'avvisi per lo più urbani.

Gelamento, sm. agghiacciamento.

Gelare, n. ass. l'indurirsi dei liquidi per freddo eccessivo.

Gelatína, sf. brodo rappreso – vivanda fatta con esso, entro vi carne o uccellame.

Gelatinóso, add. m. rappreso e denso come gelatina.

Geláto, sm. liquore, frutto e simile ad uso di rinfresco – add. m. agghiacciato.

Gelidezza, sf. freddezza eccessiva.

Gélido, add. m. gelato, fresco.

Gelo, sm. eccesso di freddo – ghiaccio – conserva di frutti ridotti a consistenza di gelatina.

Gelóne. V. Pedignone.

Gelosamente, avv. con gelosia – con gran riserva.

Gelosía, sf. penosa commozione prodotta dal percepire come ostacolo al nostro bene chi lo possede, o chi lo può possedere in luogo di noi – passione degli amanti che la loro sospettare della fedeltà reciproca – per trasl. sospetto qualunque – ingraticolato di

: legno alla fioritra, principalmente
vede senza esser diluito; ed
ha luce senza esser offuso dal
sole.

Geloso, *add. m.* preso da gelosia,
sospettoso – *fig.* sollecito, premuroso.

Gelso, *sm.* albero la cui foglia è
cibo ai bachi da seta.

Gelsomino, *sm.* pianta che dà fiori bianchi odoriferi – ed il
fiore stesso.

Gemebondo, *add. m.* che geme.

Gemello, *sm.* chi è nato con un
altro fratello allo stesso parto
– *In pl.* uno de' segni del zodiaco, *altr.* gemini – *add. m.*
doppio, o simile ad un altro.

Gemere, *n. ass.* versare umore
a goccia a goccia – lamento prolungato – piangere sospirando
per profondo dolore – il flebile cantare della tortora – il
romoreggiare confuso del mare,
di pesci ec. – *In agric.* il lagrimare della vite.

Geminare (*v. lat.*), *att.* (*pr. gémino ec.*), raddoppiare.

Gemini (*v. lat.*) V. Gemello
nel 2 sign.

Gemino, *add. m.* doppio, duplicato.

Gemito, *sm.* umore incassato
dalla terra e dalle mura.

Gemito, *sm.* sospiro – pianto.

Gemma, *sf.* nome collettivo delle pietre preziose e delle gioje
– *In agric.* l'occhio delle viti

ed altre piante, per cui esce il
rampollo – *In anat.* il bello
dell'occhio.

Gemmato, *add. m.* tempestato di
gemme.

Gendarme ({*v. fr.*}), *sm.* soldato
destinato a custodire il buon
ordine interno delle città e
provincie.

Genealogia (*v. gr.*), *sf.* albero
di ascendenza e discendenza di
una famiglia.

Genealogico, *add. m.* appartenente a genealogia.

Genealogista, *sm.* (*pl. sti*), che
fa la genealogia delle famiglie.

Generalato, *sm.* carica di generale

Generale, *add. com.* che comprende i più de' particolari –
sm. capitano di eserciti – capo
di religione.

Generalità, *sf.* universalità.

Generalizzare, *att.* ridurre al generale – *In mat.* e *filos.* considerare maggiormente sotto ipotesi

Generalmente, *avv.* comunemente

Generamento, *sm.* il generare –
il produrre – il cagionare

Generare (*pr. gènero ec.*), *att.*
dare l'essere naturalmente –
produrre – cagionare.

Generativo, *add. m.* atto a generare.

Generazione, *sf.* l'atto di generare – stirpe, razza – specie,
nazione – periodo della vita
di un uomo.

Genere, sm. ciò che contiene la specie - *In gramm.* l'accidente del nome che distingue il maschile dal femminile - *Nella mus.* maniera di disporre i suoni per formar un canto - umano, tutta la stirpe umana.

Genericamente. V. *Generalmente.*

Generico, add. m. generale.

Genero, sm. marito della figliuola.

Generosamente, avv. con generosità.

Generosità, sf. grandezza d'animo - liberalità.

Generoso, add. m. magnanimo - liberale - agg. di *terra,* fertile - di *vino,* gagliardo - di *destriero,* brioso ec.

Genesi (v. gr. principio), sf. primo libro del vecchio Testamento e del Pentateuco, che contiene la storia della creazione e le vite de' primi patriarchi - *fig.* generazione.

Genetliaco (v. gr.), add. m. della nascita, nativo; ed agg. a *poesia,* natalizio.

Gengiva, sf. la carne che fascia i denti.

Gentaja, sf. razza di gente vile.

Geniale, add. com. di genio - che incontra il genio de' più.

Genialità, sf. simpatia.

Genialmente, avv. di genio - simpaticamente.

Genio, sm. facoltà inventrice, per cui, mediante l'analisi, si sco-

prio nuova verità - disposizione naturale ad una cosa, piuttosto che ad un' altra - nome straordinario - quello spirito buono o cattivo che, secondo i gentili, accompagnava l'uomo dalla culla sino alla tomba.

Genitale, add. com. che appartiene o concorre alla generazione.

Genitivo, sm. il 2 caso de' nomi.

Genito (v. lat.), sm. figliuolo - add. m. generato.

Genitore, sm. e

Genitrice, sf. il padre e la madre.

Genitura, sf. nascimento.

Gennajo, sm. primo mese dell'anno

Gentaglia, sf. feccia del popolo.

Gente, sf. moltitudine d'uomini - nazione, popolo.

Gentildonna, sf. propr. donna gentile - *più comun.* donna nobile.

Gentile, add. com. grazioso, amabile - contr. di rozzo, e di gagliardo - sm. adoratore degl'idoli, pagano.

Gentilesimo, sm. la religione o setta de' gentili.

Gentilezza, sf. costume di avere per ciascuno il dovuto riguardo - bella maniera - amorevolezza - delicatezza di complessione.

Gentilità. V. *Gentilesimo.*

Gentilizio, add. m. appartenente alla famiglia.

20

Gentilmente, *avv.* con leggiadria - cortesemente, nobilmente.

Gentiluomo, *sm. propr.* uomo gentile - *più comun.* uomo di nascita nobile.

Genuflessione, *sf.* l'inginocchiarsi.

Genuflesso, *add. m.* inginocchiato.

Genuino, *add. m.* naturale-schietto

Genziana, *sf.* erba medicinale amarissima.

Geodesia (*v. gr.*), *sf.* quella parte della geometria pratica che insegna a descrivere, misurare e dividere le terre, e a fare tutte le operazioni geometriche relative alla campagna.

Geografia (*v. gr.*), *sf.* descrizione del globo terracqueo, e particolarmente delle parti cognite ed abitabili di esso.

Geografico, *add. m.* di geografia.

Geografo, *sm.* professore di geografia.

Geologia (*v. gr.*), *sf.* trattato sulle diverse parti costituenti la terra.

Geometra, *sm.* (*pl.* tri), professore di geometria.

Geometria (*v. gr.*), *sf.* scienza delle proporzioni lineari, superficiali e solide.

Geometrico, *add. m.* di geometria.

Georgica (*v. gr.*), *sf.* (*pl.* che), quella poesia nella quale contengansi i precetti dell'agricoltura (*titolo notissimo di un poema di Virgilio*)

Georgico, *add. m.* appartenente alla coltura ed aratura della terra.

Georgofilo (*v. gr.*), *sm.* amante dell'agricoltura - titolo di alcune accademie che s'intrattengono di cose spettanti all'agraria.

Geranio, *sm.* pianta botanica notissima di più specie

Gerarca (*v. gr.*), *sm.* (*pl.* chi), capo di gerarchia.

Gerarchia (*v. gr.*), *sf.* ordine dei diversi cori angelici, e de' diversi gradi dello stato ecclesiastico.

Gergo, *sm.* (*pl.* ghi), parlare oscuro e di convenzione fra pochi.

Gerla, *sf.* arnese a guisa di gabbia piramidale, ad uso di portar roba dietro le spalle.

Germanico, *add. m.* di Germania, tedesco.

Germano, *add. m. agg.* di fratello nato dallo stesso padre e dalla stessa madre.

Germe, *sm.* il primo sviluppo delle piante - principio - *sf.* disposizione.

Germinare (*pr.* germino ec.), n. ass. germogliare.

Germinazione, *sf.* il primo sboccio delle piante, e la prima messe de' semi.

Germogliare, *n. ass.* mandar fuori i primi germogli.

Germoglio, *sm.* il ramicello che

esce dalla gemma od occhio delle piante— rampollo, pollone.

Geroglifico (v. gr.), add. e sm. (pl. ci, chi), figura mistica usata dagli egiziani antichi per esprimere i loro concetti, in vece di caratteri.

Gerrettiéra. V. *Giarrettiera*.

Geràndio, sm. parte indecl. dei verbi, come *amando, leggendo* ec.

Gesso, sm. sostanza fossile calcarea, la quale serve a varj usi.

Gessóso, add. m. che ha natura di gesso.

Gesta, te

Geste *sf. pl.* imprese, azioni memorabili.

Gestazióne (v. lat.), sf. il tempo della gravidanza.

Gestióne (v. lat.), sf. nell'uso maneggio d'affari.

Gestíre (pr. sco ec.), n. ass. far gesti.

Gesto, sm. (pl. sti m., ste e sta f.), movimento delle membra che dà espressione alle parole.

Gesù (v. ebr. Salvatore), sm. il Verbo eterno incarnato.

Gettamento, sm. l'atto di gettare.

Gettáre, att. rimuovere da sè con violenza — formare campane, cannoni e simili di metallo liquefatto — sboccare — sbocciare — versare — np. avventarsi.

Gettatóre, sm. fonditore di metalli — fig. scialacquatore, prodigo.

Géttito, sm. getto per bocca, vo-

mito— e nell'uso imposta— tassa

Getto, sm. il gettare — zampillo di acqua — smalto di ghiaja e calcina — *In agric.* germoglio — *In marin.* l'azione di gettare in mare tutto il carico e una parte di esso per alleggerire la nave e scampar dal pericolo.

Gettóne, sm. pezzo di metallo coniato per contare i punti di vincita o di perdita al giuoco.

Ghermíre (pr. sco ec.), afferrare colle branche — *per simil.* pigliare con forza e violenza — np. azzuffarsi insieme.

Gheróne, sm. giunta che si fa alle camice o ad altra veste — lembo — falda.

Ghetto, sm. serraglio di più case ove, in alcune città, abitavano gli ebrei.

Ghiacciaja, sf. luogo dove si conserva il ghiaccio.

Ghiacciáre. V. *Agghiacciare*.

Ghiáccio, sm. acqua congelata dal freddo.

Ghiacciuolo, sm. umore che si congela nel cadere.

Ghiádo, sm. freddo eccessivo.

Ghiaja, sf. rena grossa con sassuoli.

Ghiajáta, sf. spandimento di ghiaja per assodar luoghi fangosi.

Ghiajóso, add. m. che ha ghiaja.

Ghianda, sf. frutto della quercia, del cerro, leccio e simili —

estremità del member ....

Ghiandìfera, *sf.* che porta o produce ghiande.

Ghìbea. V. *Ghiaja.*

Ghibellìno, *sm.* partigiano per l'imperatore. *contr.* a guelfo, partigiano del papa, ne' sec. XII, XIII, XIV.

Ghiéra, *sf.* cerchietto di metallo posto all'estremità de' tubi acciocché non si rompano.

Ghignàre. V. *Sogghignare.*

Ghignàta, *sf.* riso beffardo e maligno.

Ghignazzàre. *n. ass.* ridere malignamente, o sconciamente.

Ghigno, *sm.* tacito sorriso.

Ghinéa, *sf.* sorta di moneta d'oro d'Inghilterra.

Ghiotta, *sf.* tegame bislungo che si mette sotto l'arrosto per raccogliere l'unto che ne scola.

Ghiotto, *add. m.* goloso - gustoso - *fig.* volonteroso - appetibile.

Ghiottóne, *sm. accr.* di ghiotto, mangione.

Ghiottoneria, *sf.* ingordigia di vivande delicate.

Ghiozzo (*coll'o stretto e colle* zz *aspre*), *sm.* piccolo pezzetto di checchessia - (*coll'o largo e colle* zz *dolci*), pesciatello di acqua dolce.

Ghiribizzàre, *n. ass.* fantasticare - *att.* indagare.

Ghiribizzo, *sm.* capriccio.

Ghiribizzoso, *add. m.* capriccioso.

Ghirlanda, *sf.* corona di fiori ed erbe per ornamento della testa.

Ghirlandìna. V. *Inghirlandare.*

Ghiro, *sm.* animale delle lepre, poco dissimile dal topo, il quale dorme tutto il verno e si desta in primavera.

Già, *avv.* per l'addietro, altra volta - omai - ....

Giacché, *avv.* poiché.

Giaco, *sm.* (*pl.* chi), ...

Giacènte, *p. pr.* di giacere - *add. com.* posto, situato - *agg.* di eredità, quella di cui non è ancora deciso chi debba essere l'erede.

Giacère (*pr.* accio, aci ec., *pass.* acqui, acesti ec., *pp.* aciuto), *n. ass.* ... stare col corpo disteso - essere collocato - stagnare (*stat fermo*) (*detto dell'acqua*) - *np.* coricarsi - sdrajarsi, e talora, ...

Giacimento, *sm.* il giacere.

Giacintìno, *add. m.* del colore del giacinto.

Giacìato, *sm.* pianta, e fiore odoroso di essa - sotto di pietra preziosa.

Giacitùra, *sf.* il modo di giacere - positura, situazione - ordine e collocazione delle parole.

Giàco, *sm.* (*pl.* chi), antica armatura da dosso fatta di maglie di ferro commettate insieme, ch...

portavasi prima dell'uso delle armi da fuoco.

Giaculatória, sf. aspirazione a Dio.

Giallastro, add. m. che piega al giallo.

Gialleggiáre, n. ass. tirare al giallo.

Giallezza, sf. color giallo.

Giallo, sm. uno dei colori primitivi conosciutissimo, simile a quello dell'oro, dello zafferano e simili — add. m. di color d'oro — per simil. pallido.

Giallógnolo, add. m. che tira al giallo.

Giammai, avv. lo stesso che mai.

Giannizzero, sm. soldato a piedi della milizia turca.

Giansenismo, sm. dottrina di Giansenio, vescovo d'Ypres in Fiandra, intorno la grazia ed il libero arbitrio.

Giansenista, sm. (pl. sti), seguace della dottrina di Giansenio.

Giardiniére, e

Giardiniéro, sm. chi ha la cura del giardino.

Giardino, sm. orto delizioso — fig. luogo o paese amenissimo e fertilissimo.

Giarrettiéra, sf. legaccia da calze — distintivo di un ordine cavalleresco inglese.

Giáva, sf. parte del naviglio dove si custodiscono gli attrezzi.

Giavazzo, sm. bitume nero.

Giavellotto, sm. sorta picca degli antichi.

Gibèrna, sf. tasca di cuoja che i soldati tengono appesa al tergo, per riporvi le cariche dell'archibugio.

Gigante, sm. nome di straordinaria statura.

Giganteggiáre, n. ass. mostrarsi più grande.

Gigantesco, add. m. (pl. schi) di gigante (detto anche di cosa inanimate)

Gigantessa, sf. di gigante.

Gigliáto, sm. zecchino fiorentino — add. m. sparso di gigli — improntato col giglio.

Giglio, sm. pianta bulbosa, e fiore di essa odoroso e per lo più bianco (simbolo dell'innocenza)

Gineceo (v. gr.), sm. conservatojo di donne, per lo più nobili.

Ginepraja, sm. luogo piantato a ginepri — fig. intrigo.

Ginépro, sm. frutice odoroso che dà gran quantità di coccole aromatiche, usate in medicina.

Ginestra, sf. pianta le cui vermene macerata danno un filo assai forte per tesserne grosse vele.

Ginnásio (v. gr.), sm. luogo ove in antico si esercitava la gioventù nella ginnastica — oggi luogo destinato all'istruzione pubblica mezzana.

Ginnastica (v. gr.), sf. (pl. che) arte di fare varj esercizj del corpo per oggetto di difesa, di sanità o di divertimento.

Ginocchio, sm. (pl. occhi m., ed ecchia f.), la piegatura tra la gamba e la coscia.

Ginocchioni, avverb. sulle ginocchia.

Giocàre. V. Giuocare.

Gióco. V. Giuoco.

Giocolàre (pr. ócolo ec.), n. ass. far giochetti - e fig. far lezj e smorfie.

Giocolatóre, sm. che fa giuochi di mano.

Giocondamente, avv. con giocondità.

Giocondità, sf. contentezza di animo, giubilo.

Giocondo, add. m. lieto, contento - piacevole.

Giocosamente, avv. per burla.

Giocoso, add. m. festevole, faceto.

Giogaja, sf. la pelle de' buoi pendente dal collo - catena di montagne.

Giógo, sm. (pl. ghi), strumento di legno con cui si uniscono i buoi al lavoro - fig. servitù - unione conjugale - sommità de'monti.

Gioja, sf. qualunque pietra preziosa - eccesso di allegrezza - fig. cosa che si tiene carissima.

Giojelliére, sm. negoziante e lavoratore di gioje.

...iello, sm. più gioje legata ...eme.

Giojosamente, avv. con gioja.

Giojoso, add. m. molto lieto e contento.

Gioire (pr. sco ec.), n. ass. brillar di gioja, rallegrarsi - att. godere, possedere.

Giornale, sm. libro dove si notano giorno per giorno le partite de'negozii, o i pubblici fatti - foglio periodico di novelle letterarie - add. com. quotidiano.

Giornaliére, sm. operajo a giornata

Giornaliero, add. m. d'ogni giorno.

Giornalista, sm. (pl. sti), scrittore di giornale letterario o politico.

Giornalmente, avv. di giorno in giorno.

Giornàta, sf. la durata di un giorno - il cammino o il lavoro che si fa in un giorno - fig. corso della vita - battaglia campale.

Giorno, sm. propr. l'opposto di notte - naturale, quel tempo che comprende tutto il giro apparente del sole, cioè il giorno e la notte - artifiziale, quello che corre dal nascere del sole al tramontare - civile, lo spazio che corre dalla mezzanotte fino alla mezzanotte del giorno seguente.

Giostra, sf. sorta di passatempo a cavallo - scaramuccia.

Giostràre, n. ass. armeggiare a cavallo.

Cioramento, *sm.* utile – ajuto.

Giovanastro, *sm.* giovane inesperto *e più comun.* scapestrato.

Giovane, *add. e s. com.* fresco di età, cioè nell'età che segue all'adolescenza.

Giovanezza. V. *Gioventù.*

Giovanile, *add. com.* di, o da giovane.

Giovanotto, *sm.* giovane che si accosta alla virilità.

Giovàre, *att.* porgere ajuto – *contr. di* nuocere – *n.* esser utile – piacere – *np.* servirsi.

Gióve, *sm.* dio del cielo presso i gentili – *In astr.* uno dei pianeti superiori.

Giovedì. *sm.* il quinto giorno della settimana.

Giovenca. *sf.* (*pl.* che), vacca giovane.

Giovenco, *sm.* (*pl.* chi), vitello che si piega all'aratro.

Giovenile. V. *Giovanile.*

Gioventù, *sf.* età media fra l'infanzia e la virilità – quantità indeterminata di giovani.

Giovévole, *add. com.* che reca giovamento, utile.

Giovevolezza, *sf.* utilità.

Gioviále, *add. com.* allegro, ilare.

Giovialità, *sf.* allegria naturale.

Giovialóne, *add. accr. di* gioviale, molto allegro.

Giovinastro. V. *Giovanastro.*

Giovine. V. *Giovane.*

Giovinezza. V. *Gioventù.*

Giovinotto. *Giovanotto.*

Giracápo, *sm.* vertigine – disturbo

Giraffa, *sf.* quadrupede da cavalcare, con le gambe dinanzi lunghissime.

Giramento, *sm.* avvolgimento in giro.

Giràndola, *sf.* tonda macchinetta di fuochi lavorati – *fig.* intrigo – *per simil.* moto in giro.

Girandoláre (*pr.* àndolo *ec.*), *n. ass.* fantasticare.

Giràre, *n. ass.* muovere in giro – voltare – *fig.* tramutare –*In comm.* far girata di cambiali – *np.* muoversi in givo.

Girarrosto, *sm.* macchinetta per girare lo spiedo e cuocere l'arrosto.

Girasole, *sm.* pianta che dà un fiore col raggio giallo, molto grande, e che dicesi volte sempre al sole.

Giráta, *sf.* rivoluzione – giro di carte al giuoco – cessione di una cambiale.

Giratário, *sm.* quegli al quale vien fatta la girata o cessione di una cambiale.

Giravolta, *sf.* movimento in giro.

Gire, *n. difett.* (*ind. pl.* giamo, gite, giva *ec.*; gii, gisti *ec.* – *sogg.* giamo, giate; gissi, gisse *ec.*, *pp.* gito), andare *np.* morire.

Girella, *sf.* piccola ruota eb gira – *fig.* stravaganza.

Girello, *sm.* corchietto - fondo di carciofo.

Girévole, *add. com.* che gira - *detto di persona* volubile.

Girevolmente, *avv.* in giro.

Girigógolo, *sm.* intrecciatura di linee fatte a capriccio con la penna.

Giro, *sm.* cerchio, circuito - rivolgimento - viaggio, o camminata in diversi luoghi - ordinata collocazione delle parole.

Giróvago, *add. m.* (*pl.* ghi), vagabondo.

Gita, *sf.* andata - passeggiata - piccolo viaggio.

Gitarella, *sf. dim. di* gita, viaggetto

Gittáre. *V.* Gettare.

Giù, *avv.* a basso, *contr. di* su.

Giubba, *sf.* sottoveste - lunga e folta chioma che cuopre il collo al leone, al cavallo e ad altri animali.

Giubbóne, *sm.* vesta stretta che cuopre il busto.

Giubiláre (*pr.* úbilo ec.), *n. ass.* far grande allegrezza - *att. nell'uso,* dispensare alcuno da una carica conservandogli lo stipendio.

Giubiláto, *sm.* dispensato dall'impiego senza perdita dell'onorario.

Giubilazione, *sf.* allegrezza - e *nell'uso* dispensa dall'impiego con pensione.

Giubileo (*v. ebr.*), *sm. propr.*

remissione d'ogni genere - ogni piena remissione dei peccati concessa dal pontefice ogni venticinque anni.

Giúbilo, *sm.* allegrezza interna manifestata con atti esterni di canto, riso e simili.

Giudáico, *add. m.* ebraico - *agg. di* bitume, l'asfalto del mar Morto.

Giudaismo, *sm.* rito giudaico.

Giudaizáre, *n. ass.* imitare i riti giudaici.

Giudéo, *sm. propr.* di Giudea - chi professa la legge mosaica - *più comun.* ebreo, ed israelita - *fig.* ostinato, perfido.

Giudicáre (*pr.* údico, chi ec.), *n. ass.* applicare la legge ad alcun fatto, o la pena alla colpa - accorgersi che di due idee o di due cose, l'una non è l'altra, o non è come l'altra - *ed* esprimere il detto sentimento con parole - essere di parere - *att.* assolvere, o condannare dando sentenza.

Giudicáto, *sm.* decisione di lite.

Giudicatúra, *sf.* uffizio e giurisdizione di giudice - decisione di lite pronunziata dal giudice.

Giúdice, *sm.* magistrato che ha podestà di giudicare - *in pl.* libro canonico del vecchio Testamento che narra la storia di ciò che accadde agl'israeliti dalla morte di Giosuè fino a quella di Sansone, e di coloro che li hanno condotti per lo spazio di questo tempo.

Giudiciale, add. com. appartenente a giudizio.

Giudicialmente, avv. in forma giudiciale.

Giudiciariamente, avv. in via giudiziaria.

Giudiciário, add. m. appartenente a giudice, o a giudizio – agg. di astrologia, quella che pretende di predire il futuro.

Giudicio, sm. facoltà dell'animo di conoscere la relazione fra una e più idea e di giudicarne – sentenza – opinione, parere – uso di ragione – senno, prudenza.

Giudiciosamente. V. Giudiziosamente.

Giudicioso. V. Giudizioso.

Giudiziale. V. Giudiciale.

Giudizialmente. V. Giudicialmente.

Giudiziário. V. Giudiciario.

Giudizio. V. Giudicio.

Giudiziosamente, avv. con giudizio.

Giudizioso, add. m. che ha giudizio, savio.

Giuggiola, sf. frutto del giuggiolo.

Giuggiolo, sm. albero duríssimo che produce le giuggiole.

Giúgnere (pr. ugno, ugni e ugni ec., pass. unsi, ugnesti e ungesti, unse ec., pp. unto),

att. en. unire insieme – accrescere – mettere il giogo ai buoi – n. ass. arrivare in un luogo.

Giugnimento, sm. aggiunta.

Giugno, sm. sesto mese dell'anno volgare.

Giugulare (v. lat.), add. com. della gola.

Giulebbe, e

Giulebbo (v. arab.), sm. bevanda medicinale composta di sughi d'erbe o di pomi, addolcita con zucchero.

Giulivamente, avv. lietamente.

Giulivo, add. m. lieto, contento.

Giumella, sf. tanto quanto entra nel cavo delle due mani.

Giumento, sm. bestia da soma.

Giuncata, sf. latte rappreso sopra i giunchi.

Giunchiglia, sf. specie di fiore giallo odoroso.

Giunco, sm. (pl. chi), pianta perenne de' luoghi paludosi, che non fa foglie, ma molti fusti lunghi e sottili.

Giúngere. V. Giugnere.

Giungimento. V. Giugnimento.

Giunóne, sf. la moglie di Giove e la regina del cielo, secondo la mitologia – In astr. uno dei pianeti superiori.

Giunta, sf. accrescimento, soprappiù – schiva – magistrato istituito per la spedizione di qualche affare, e che finisce con quello.

Giuntatóre, *sm.* truffatore.

Giunteria, *sf.* trufferia.

Giuntúra, *sf.* unione di due cose insieme – articolazione delle ossa.

Giuocáre, *n. ass.* sperimentare la fortuna al giuoco per ricrearsi – scommettere – scherzare – circolare liberamente (*detto dell' aria*)

Giucatóre, *sm.* chi ha il vizio del giuoco – *ed* esperto nel giuoco.

Giuóco, *sm.* (*pl.* chi), trattenimento piacevole con carte od altro fra più pèrsone per oggetto di ricrearsi – béffa, burla – *In pl.* scherzi d' acque ne' giardini – pubblici spettacoli presso gli antichi per occasione di triemfi, di funerali, di fauste ricordenze.

Giuocoláre. V. *Giocolare.*

Giuocolatóre. V. *Giocolatore.*

Giuramento, *sm.* affermazione di una cosa chiamando in testimonio Dio o cose sacre.

Giuráre, *n. ass.* affermare con giuramento.

Giuratamente, *avv.* con giuramento.

Giuráto, *add. m.* confermato con giuramento.

Giureconsulto *sm.* chi attende alla scienza delle leggi.

Giurídica, *add.* attenente alle

forme della giustizia.

Giurisdizióne, *sf.* diritto di rendere ragione altrui – ed il territorio in cui un giudice può esercitare un tale diritto.

Giurisperito, e.

Giurisprudente, *sm.* versato nella scienza legale.

Giurisprudenza, *sf.* scienza delle leggi; ovvero, secondo Ulpiano, notizia delle divine cose e delle umane, la scienza del giusto e dell' ingiusto.

Giurista, *sm.* (*pl.* sti), dottore in legge, *altr.* legista.

Giúro (*v. poet.*) V. *Giuramento*

Gius (*v. lat.*), *sm.* scienza delle leggi – diritto.

Giusta, *prep.* secondo, conforme.

Giustezza, *sf.* esattezza.

Giustificante, *add. com.* che giustifica (*agg. per lo più di grazia*)

Giustificáre (*pr.* ifico, chi ec.), *att.* provare con ragioni la verità – mondare dal peccato – rendere conto del fatto – *np.* scolparsi.

Giustificazióne, *sf.* prova di ragioni che giustifica – discolpa.

Giustízia, *sf.* costante e perpetua volontà di dare a ciascuno ciò che per diritto gli appartiene – *In teol.* grazia santificante.

Giustiziáre, *att.* eseguire sopra i condannati dalla giustizia la sentenza di morte.

Giustiziére, sm. carnefice.

Giusto, sm. giustizia, equità – add. m. retto – equo – onesto – leale – proporzionato – avv. giustamente – appunto.

Giuvenca. V. Giovenca.

Glaciale (v. lat.), add. com. ghiacciato – freddissimo.

Gladiatóre, sm. combattente negli antichi pubblici spettacoli.

Glandola, e ghiandula, sf. corpo molle e spugnoso che trovasi in più parti del corpo umano, e che serve alla separazione di qualche particolare umore dalla massa del sangue.

Glauco (v. lat.), add. m. di color celeste.

Gleba (v. lat.), sf. zolla di terra.

Gli, art. m. pl. innanzi a vocale o s impura.

Globo, sm. corpo rotondo – ed assolut. il globo terracqueo.

Globosità, sf. ritondezza.

Globoso, add. m. sferico, rotondo.

Globuláre, add. com. conformato a foggia di globetto.

Globuloso, add. m. sparso di globetti.

Gloria, sf. onore acquistato per virtù o per opere insigni, celebrità – grandezza di stato – la vita eterna – In pitt. veduta del paradiso dipinto nelle volte delle chiese.

Gloriáre, att. V. Glorificare –

np. vanagloriarsi.

Glorificáre (pr. ifico, chi ec.), dar gloria – lodare, onorare – In teol. beatificare.

Glorificazióne, sf. esaltazione.

Gloriosamente, avv. splendidamente.

Glorioso, add. m. che ha o arreca gloria – vanaglorioso.

Glosa, sf. spiegazione – commento sul testo di qualche autore.

Glossário, sm. dizionario in cui le voci sono spiegate con glose.

Glútine (v. lat.), sm. materia viscosa come colla.

Glutinóso, add. m. viscoso.

Gnaoláre, e gnauláre (pr. solo, e úlo), n. ass. far la voce del gatto, miagolare.

Gnaulío, sm. il gnaolare di uno o più gatti.

Gnocco, sm. (pl. cchi), spezie di pasta di forma rotonda – sorta di pera – fig. uomo grossolano.

Gnomóne, sm. l'ago che mostra le ore sugli oriuoli a sole.

Gnomónica (v. gr.), sf. (pl. che), arte di fare oriuoli solari.

Gobba, sf. propr. la parte rialzata del dorso de' cammelli – per simil. il dorso storto dell'uomo.

Gobbo, add. e sm. uomo che ha la gobba – per simil. qualunque prominenza difettosa nelle opere dell'arte o della natura.

Goccia , sf. (pl. cce), stilla, lagrima.

Gocciamento, sm. distillamento.

Gocciáre, att. fare stillar un liquore a goccia a goccia - e n. ass. stillare a goccia a goccia.

Gócciola. V. Goccia - macula rotonda che termina nel fondo in acute.

Gocciolamente. V. Gocciamento.

Gocciolare. V. Gocciare.

Gocciolatojo, sm. uno de'membri de'cornicioni, che agevola lo scacciolare dell'acqua.

Godére, n. ass. ed att. pigliarsi diletto di ciò che si ha, compiacersi - possedere l'usufrutto - vivere senza pensieri.

Godibile , add. com. che può godersi.

Godimento, sm. diletto, piacere - nell'uso possesso usufruttuario.

Goffaggine, sf. mal garbo nel dire e nell'operare.

Goffamente, avv. sgarbatamente.

Goffo, add. m. scimunito, sgarbato.

Gogna, sf. berlina.

Gola , sf. la parte dinanzi del collo - fig. golosità - condotto dal cammino, del posso o dell'acquajo - In geogr. stretto di montagna ec.

Goletta, sf. estremità della ... interna al collo - In marin. l'ingresso ad un porto o ad una rada, molto stretto

ripetitivamente alla sua lunghezza - piccola nave che serve a navigare presso le spiagge.

Golfo, sm. seno di mare.

Golosamente, avv. con golosità.

Golosità , sf. avidità di gola - cosa ghiotta.

Goloso , add. m. avido di cibi delicati, ghiotto.

Gomena , sf. grosso canapo che tiene le ancore delle navi.

Gomito, sm. (pl. ti m., e ta f.), l'estrema parte dell'articolazione del braccio - angolo di muraglia - sorta di misura, più comun. cubito.

Gomitolare. V. Aggomitolare.

Gomitolo, sm. filo avvolto in palla - fig. sciame di parchie.

Gomma , sf. umore viscoso che esce dagli alberi (collettivo di tutte le resine)

Gommifero, e

Gommoso, add. m. che ha, o produce gomma.

Gomona. V. Gomena.

Gondola, sf. barchetta coperta usata particolarm. dai veneziani.

Gondoliere , sm. barcajuolo di gondola.

Gonfalone, sm. bandiera, insegna di guerra.

Gonfaloniere , sm. alfiere - supremo magistrato in alcune città

Gonfiagione, sf. enfiatura.

Gonfiamento, sm. rilevamento - fig. alterigia.

Gonfiáre, att. empiere di vento – n. ass. ingrossare – fig. insuperbire.

Gonfiatojo, sm. strumento da gonfiare il pallone.

Gonfiatúra, sf. tumidezza – fig. adulazione.

Gonfiezza, sf. enfiagione – fig. superbia.

Gonfio, add. m. tumido, rilevato – fig. altero, vano.

Gongoláre (pr. óngolo ec.), n. ass. giubilare.

Gonna, e

Gonnella, sf. sottoveste femminile.

Gonzo, add. m. goffo, sciocco.

Gora, sf. canale d'irrigazione.

Gorbia, sf. piccolo ferro piramidale che si pone in fondo al bastone per ficcarlo in terra – bastone ferrato – scarpello da intagliare.

Gordiáno, add. m. agg. di un nodo ingegnoso di Gordio re di Frigia, che niuno sapeva sciorre, e che Alessandro il grande sciolse tagliandolo – fig. negozio intricatissimo.

Gorga, sf. (pl. ghe), canna della gola, altr. strozza – lena nel favellare.

Gorgheggiamento. V. Gorgheggio

Gorgheggiáre (da gorga), n. ass. fare trilli cantando.

Gorgheggio, sm. trillo o tremolio di voce.

Gorgiéra, sf. collaretto.

Gorgo, sm. (pl. ghi), vertice d'acqua – fumicello.

Gorgogliamento, sm. ribollimento.

Gorgogliáre, n. ass. il romoreggiare dell'acqua corrente o bollente.

Gorgoglio. V. Gorgogliamento.

Gorgoglióne, sm. vermetto dei legumi, altr. tonchio.

Gorgozzúle, sm. canale della respirazione.

Gorna, sf. pietra incavata negli edifisj per dar esito alle acque piovane.

Góta, sf. guancia – faccia.

Gotico, add. m. agg. di ordine architettonico usato dal tempo dei Goti.

Gotta, sf. specie d'infiammazione delle giunture de' piedi o delle mani, che ne impedisce il moto (e che dicesi perciò anche podagra, se cade altresi ne' piedi, chiragra, se nelle mani, gonagra, se nelle ginocchia)

Gotto, sm. bicchiere.

Gottóso, add. m. infermo di gotta.

Governante, add. com. che governa – sf. aja.

Governáre, att. provvedere il ben essere di ciò ch'è sotto la propria custodia o giurisdizione, reggere – accomodare accondíre – coltivare le terre – dirigere il timone delle navi

Governatóre, sm. rappresentante del principe in una provincia.

- In marin. pilota.

Governo, sm. amministrazione di uno stato - e talora chi lo ministra - regola, norma - scienza di governare - In marin. timone - In agric. concime, o letame.

Gozzo, sm. vescica ove gli uccelli ripongono il mangiare - enfiamento di gola.

Gozzoviglia, sf. stravizzo.

Gozzovigliare, n. ass. godere, scialacquare.

Gozzuto, add. m. che ha gozzo, o enfiamento di gola.

Gracchiare, n. ass. far la voce della cornacchia.

Gracidare (pr. àcido ec.), n. ass. far il verso de' ranocchi, o dell'oca, o del corvo.

Gracile, add. com. magro - debole - dilicato.

Gracilità, sf. magrezza - debolezza di salute.

Gradatamente, avv. per gradi.

Gradazione, sf. il salire, o lo ascendere per gradi.

Gradévole, add. com. gradito, piacevole.

Gradevolmente, avv. di buon grado.

Gradimento, sm. piacere - accettazione.

Gradinata, sf. scalinata.

Gradino, sm. scalino, o scaglione.

Gradire (pr. sco ec.), att. avere a grado, accettare - n. com-

piacere.

Grado, sm. gradino - condizione, - dignità - la 360.ª parte di qualunque circolo - misura di quantità nei termometri e simili - misura di prossimità o lontananza di parentado - piacere - nelle università, qualità conferita agli studenti in attestato del loro profitto nelle facoltà.

Graduale, sm. versetto che si canta dopo l'epistola nella messa.

Graduare, att. distinguere in gradi - conferire alcun grado, o dignità.

Graduato, add. m. che ha grado - bene ordinato.

Graduazione, sf. l'andare per gradi - e il distinguere in gradi - promozione, a dignità.

Graffiare, att. stracciare la pelle colle unghie od altro - fig. rapire.

Graffiatura, sf. lo straccio che che fa il graffiare.

Gràffio, sm. strumento di ferro uncinato - graffiatura.

Gragnuola. V. Grandine.

Gramaglia, sf. veste di lutto, altr. bruno e corrotto.

Gramatica. V. Grammatica.

Gramaticale. V. Grammaticale.

Gramàtico. V. Grammatico.

Gramezza, sf. tristezza, malinconia

Gramigna, sf. erba serpeggiante

nei campi.

Gramignáceo, add. m. ch'è della specie delle gramigne.

Grammática (v. gr.), sf. (pl. che). arte di leggere e scrivere, e di comporre regolarmente il discorso.

Grammaticále, add. com. attenente a grammatica.

Grammaticalmente, avv. secondo le regole della grammatica.

Grammatico, sm. professore, od anche studioso di grammatica.

Gramo, add. m. mesto, tapino – malsano, infermiccio.

Grámola, sf. stramento da dirompere il lino – ordigno per assodare la pasta.

Gramoláre (pr. ámolo ec.), att. dirompere il lino – preparare la pasta.

Gramoláta, sf. acqua concia e congelata a modo di semolino, che si usa come bevanda, volg. granita.

Grana, sf. coccole di una pianta che servono a tingere in rosso scarlatto – scabrosità di superficie – sorta di tabacco.

Granáglia, sf. V. Filigrana – In pl. biade.

Granájo, sm. stanza ove si ripongono le biade.

Granáta, sf. mazzo di scope per ispazzare – sorta di bomba, che si lanciava a mano dai granatieri.

Granatiére, sm. soldato scelto, una volta lanciatore di granate

Granáto, sm. gioja di color vinato – sorta di melo, altr. melagrano, e volg. pomo granato – add. m. che ha fatto il granello

Grancévola, sf. sorta di granchio marino, le cui ovaje diconsi coralli per essere di colore rubicondo.

Gránchio, sm. nome generico di varie specie di animali acquatici, più grossi de' gamberi – fig. errore – In med. ritiramento de' muscoli – In astr. uno de' segni del zodiaco.

Gráncia, sf. ulcere che si forma nella bocca, nelle fauci ec.

Granciporro, sm. specie di granchio marino.

Grande, sm. chi per nobiltà e ricchezza eccede gli altri – add. com. agg. dinotante estensione in lunghezza, larghezza, profondità – fig. nobile – maestoso – illustre – straordinario ec.

Grandeggiáre, n. ass. far da grande

Grandemente, avv. con grandezza.

Grandezza, sf. altezza, lunghezza e larghezza di un corpo – di animo, magnanimità.

Grandigia, sf. alterigia.

Grandináre (pr. ándino ec.), n. ass. imp. cadere la grandine – att. scagliare a guisa di grandine.

Grandine, sf. gocciole d'acqua congelate nella regione media dell'atmosfera e che sotto varie figure cadono nelle stagioni calde sulla terra (altr. gragnuola e volg. tempesta)

Grandiosità, sf. magnificenza.

Grandioso, add. m. magnifico - vasto, amplo.

Granduca, sm. (pl. chi), titolo di principe indipendente che possiede granducato.

Granducale, add. com. spettante al granduca, o al granducato.

Granducato, titolo che si dà ai ducati delle provincie più grandi e più nobili, come la Toscana e simili.

Granduchessa, sf. moglie di granduca.

Granello, sm. (pl. elli m., ed ella f.) seme di biade - acino dell'uva, e vinacciuolo dell'acino - qualunque particella di checchessia.

Granelloso, add. m. pieno di granelli; ruvido.

Granfatto, e gran fatto - avv. molto.

Granimento, sm. il granire delle biade.

Granire (pr. sco ec.), n. ass. fare il granello (detto delle biade prossime a maturarsi) - att. ridurre i metalli in piccoli granelli - e dar la grana ai lavori di oreficeria.

Granito, sm. marmo durissimo.

Granitojo, sm. cesello per granire

Granitura, sf. formazione del granello; e l'epoca in cui le biade graniscono - l'atto e l'effetto di granire i metalli.

Grano, sm. nome dato per eccellenza alla specie migliore de' frumenti, e sotto del quale tutte le biade sono comprese - granello o seme delle biade stesse - acino - una delle parti dell'oncia.

Granoso, add. m. ben granito.

Grappolo, sm. raspo sul quale sono attaccati gli acini dell'uva.

Gràscia, sf. (pl. sce), nome generico di tutte le cose necessarie al vitto, altr. vittuaglia.

Graspo, sm. grappolo da cui è stata levata l'uva.

Grassezza, sf. stato di persona soverchiamente aggravata di grasso - fig. copia, abbondanza.

Grasso, sm. parte del corpo animale bianca ed untuosa che serve a temperare la massa del sangue - add. m. pingue - fig. fertile - utile - denso

Grassume, sm. materia grassa - concime o letame.

Grata, sf. V. Graticola - inferriata di finestra.

Gratamente, avv. con gratitudine

Gratella. V. Graticola.

Graticcio, sm. strumento di vimini di varie forme.

Graticola, sf. arnese da cucina per arrostire carne, pesce ec.

Grillcolare. V. *Ingratizolare.*

Gratificáre (*pr.* tfico, chi ec,).
att. rendere grato – ricompensare – *n.* far cosa grata.

Gratificazióne, *sf.* dono – ricompensa.

Gratis, *avv. lat.* gratuitamente.

Gratisdàto, *add. m.* dato senza
pagamento o senza merito.

Gratitúdine, *sf.* propensione di
rendere il beneficio a quel
grado a cui lo si ricevette dal
benefattore.

Grato, *add. m.* riconoscente –
accetto, gradito.

Grattáre, *att.* fregar la pelle
colle ugne onde promovere il
prurito – tritare pane o cacio
colla grattugia.

Grattatúra, *sf.* l'atto del grat-
tare, ed il segno che resta
nella pelle di chi si è grattato.

Grattúgia, *sf.* arnese per tritare
formaggio o pane.

Grattugiáre, *att.* tritare pane o
cacio colla grattugia.

Gratuitamente, *avv.* senza pagamento.

Gratúito, *add. m.* dato in dono.

Gratulazióne. V. *Congratulazione.*

Graváme, *sm.* aggravio, peso.

Gravamento, *sm.* gravezza –
imposta.

Graváre, *att. e n. ass.* essere
pesante – dar molestia – metter imposta – *np.* abbassarsi o
fare, adontarsi.

Gráve, *add.* com. pesante – maestoso – nojoso – pigro – difficile – *sm.* cosa che abbia
gravità.

Gravemente, *avv.* con gravezza
– grandemente – pericolosa-
mente.

Gravezza, *sf.* forza de' gravi
tendente al centro – peso –
fig. noja, travaglio – difficoltà
– aggravio – durezza – contegno grave – eccesso – imposta
– incomodo, ec. –

Gravicémbalo, *sm.* strumento
musicale.

Gravidanza, *sf.* lo stato della
donna che ha concepito.

Grávido, *add. m.* grave del peso
– pregno (*proprio della femmina*)

Gravità, *sf.* tendenza naturale
de' corpi verso un centro comune – peso – *fig.* contegno
grave e maestoso.

Gravitáre (*pr.* ávito ec.), *n.*
ass. premere col proprio peso.

Gravitazióne, *sf.* pressione che
un corpo esercita sopra un
altro sottoposto.

Gravosamente, *avv.* gravemente
– acerbamente.

Gravóso, *add. m.* pesante – *fig.*
nojoso, severo.

Grázia, *sf.* garbo e venustà nel-
l'operare e nel conversare –
concessione fatta da persona
superiore – condiscensione di

21

pena – favore – *In teol.* dono di libera beneficenza divina
che santifica le anime.

Graziáre, *att.* conceder grazia –
assolvere.

Graziáto, *add. m.* che ha ricevuto alcuna grazia.

Graziosamente, *avv.* con grazia
– di buon animo.

Graziosità, *sf.* gentilezza – detto
grazioso.

Grazioso, *add. m.* avvenente,
leggiadro – benigno – dato
per grazia.

Grecamente, *avv.* alla greca –
in lingua greca.

Grecismo, *sm.* maniera greca.

Grecista, *sm.* (*pl.* sti), professore
di lingua greca.

Grecizzáre, *n. ass.* dire o scrivere in lingua greca.

Greco, *add. m.* di Grecia – *sm.*
nome di vento che soffia dalla
parte ov'è per noi la Grecia.

Gregário (*v. lat.*), *add. m. propr.*
agg. de' soldati collettivi –
fig. comune.

Greggia, *sm.* o

Gréggia, *sf.* quantità di bestiame della stessa specie, che
vive in mandria.

Gréggio, *add. m.* non pulito (e
dicesi de' metalli non lavorati, di qualunque manifattura
abbozzata, e delle tele non
imbiancate)

Grembiale, *sm.* pezzo di pannoli-

 no o di altra materia che portano le donne dinanzi alla veste.

Grembiata, *sf.* quanta roba entra nel grembiale.

Grembo, *sm.* la parte del corpo
dal bellico quasi sino alle ginocchia – *fig.* centro (e dicesi specialmente parlando della
terra) – utero.

Gréppia, *sf.* mangiatoja nelle
stalle.

Greppo, *sm.* luogo dirupato.

Gréppola, *sf.* crosta che fa il vino entro alla botte.

Greto, *sm.* terreno ghiajoso.

Grétola, *sf.* vimine di gabbia –
fig. scappatoja, sutterfugio.

Grettezza, *sf.* meschinità, spilor-
ceria.

Gretto, *add. m.* angusto – *fig.*
meschino – spilorcio.

Greve (*v. poet.*). V. *Grave.*

Grezzo. V. *Greggio.*

Grida, *sf.* bando – *fig.* voce
pubblica – riprensione.

Gridáre, *n. ass.* mandar fuori voce alta – lodare altamente –
att. pubblicare – riprendere
(che meglio dicesi sgridare)

Grido, *sm.* (*pl.* idi *m.*, e ida *f.*)
clamore – fama.

Grifágno, *add. m.* agg. di uccello
di rapina – *fig.* rapace.

Grifo, *sm.* muso del porco, o
altr. grugno.

Grigio, *add. m.* di colore oscuro misto di bianco (detto per

lo più di palo)

Griglia, sf. nell'uso pensiera, e gelosia, ed anche cancello:

Grillàre, n. ass. prop. far la voce del grillo — cominciare a bollire — e per simil, innamorarsi,

Grilletto, sm. nelle armi da fuoco, quel ferretto che, toccato, fa scoccare il fucile.

Grillo, sm. animaletto della specie degli scarafaggi — In pl. fig. fantasie.

Grimaldello, sm. strumento di ferro per aprire le serrature senza chiave.

Grinza, add. m. grinzo, rugoso.

Grinza, sf. crespa, ruga.

Grinze, e

Grinzóso, add. m. pieno di grinze, rugoso.

Grisetto, add. e sm. spezie di color grigio chiaro.

Grisa. V. Griglia.

Grisola, sf. graticcio di vimini o di cannucce palustri.

Grisolito. V. Crisolito.

Gronda, sf. l'estremità esterna dei tetti.

Grondaja, sf. l'acqua che scola dai tetti.

Grondàre, n. ass. scolare a piombo — versarsi.

Groppa, sf. schiena degli animali quadrupedi.

Groppo. V. Gruppo.

Grossamente, avv. rozzamente

Grossezza, sf. la circonferenza di cosa materiale — corpulenza — gravidanza — fig. ignoranza.

Grosso, sm. la parte maggiore di checchessia — sorta di moneta — la decima parte di un'oncia metrica — add. m. contr. di sottile e minuto — agg. di dito, il pollice — fig. rozzo, ignorante.

Grossolanamente, avv. materialmente.

Grossoláno, add. m. di qualità ordinaria — materiale.

Grotta, sf. caverna — fig. ricovero — nascondiglio.

Grottesca, sf. (pl. sche), sorta di pittura capricciosa.

Grottesco, add. m. (pl. schi), capriccioso.

Gru, e grue, sf. grosso volatile.

Gruccia, sf. bastone forcuto che serve di appoggio agli sciancati,

Grufolàre (pr. ùfolo ec.), n. ass. il razzolare del porco col grifo.

Grugnire (pr. sco ec.), n. ass. lo stridere del porco.

Grullo, add. m. mezz'addormentato — fig. silenzioso.

Gruma. V. Greppola.

Grumo, sm. quagliamento del sangue, o del latte.

Grumolo, sm. il cesto formato dalle foglie insieme raccolte di alcune erbe.

Grumoso, add. m. che ha gruma

- quagliato (detto di sangue
e latte)

Groppiera, sf. far groppa.

Groppo, sm. macchia – drappello
: – quantità di figure volte insieme – involto di monete – nodo
– fig. difficoltà ec.

Guadagnare, att. acquistar danari
– con industria e fatica – np. me-
ritare.

Guadagno, sm. ciò che si trae
dal traffico e dall'industria.

Guadáre, att. passar un fiume a
guado o a guazzo.

Guado, sm. luogo basso del fiume
dove può passarsi a piedi o a
cavallo – fig. via o mezzo da
riuscire in checchessia.

Guadóso, adds. m. che si può
guadare.

Guaina, sf. fodero di spada o di
coltello.

Guajo, sm. malanno – imbroglio.

Guaire (pr. sco ec.), n. ass. rammaricarsi (e dicesi propr. del
cane quando è tocco da qualche percossa)

Gualchiera, sf. macchina che soda
il panno.

Gualcire (pr. sco ec.), att. piegare un drappo alla rinfusa,
sicchè mostri più pieghe senza
ordine e fuor di luogo.

Gualdrappa, sf. drappo che cuopre la groppa del cavallo.

Guáncia, sf. (pl. ce), parte del
volto che forma le parole di

terali della bocca.

Guanciale, sm. cuscino sul quale per lo più si posa la guancia quando si giace.

Guanciáta, sf. colpo di mano sulla guancia; schiaffo.

Guantajo, sm. lavorator di guanti.

Guantiera, sf. bacino.

Guánto, sm. veste della mano.

Guardaboschi, sm. guardiano dei
boschi.

Guardacorpo, sm. milizia che
guarda la persona del principe.

Guardacoste, sm. corpo di milizie, o nave da guerra, a difesa
delle coste di mare.

Guardacuore, sm. specie di farsetto o di sottoveste.

Guardamáno, sm. manopola.

Guardaporto, sm. che soprintende
alla custodia di un porto.

Guardaportone, sm. servo che
sta a custodia della porta nei
palagi de' grandi e de' ricchi.

Guardáre, att. dirizzare la vista
verso un oggetto – tenere in
guardia, custodire – por mente,
badare – far guardia – np.
astenersi – e stare in guardia.

Guardaroba, sf. stanza dove si
conservano i vestiti.

Guardasigilli, sm. ministro che
appone il sigillo di stato.

Guardatura, sf. il modo col quale si guarda.

Guardia, sf. custodia – difesa –
riparo – vigilanza – custode di

– plabhetta di soldati che di
notte gira per la città – elsa
della spada.

Guardiano, sm. custode di persona e di cose – superiore di
un convento di frati.

Guardinfante, sm. arnese di cerchi usato una volta dalle donne per gonfiarsi le gonnella.

Guardingo, add. m. cauto, circospetto.

Guarentigia, sf. salvezza – cautela – difesa.

Guarentire (pr. con ec.), att. difendere – salvare.

Guaribile, add. com. che può
guarirsi.

Guarigione, sf. ritorno di sanità.

Guarire (pr. sco ec.), att. e n. ass.
restituire, e ricuperare la sanità.

Guarnigione, sf. soldati di presidio in una piazza.

Guarnimento, sm. provvedimento
di ciò ch'è necessario alla
difesa – fortificazione – provvisione – siepe – fornimento
di vesti, arnesi ec., più comun. guarnizione.

Guarnire (pr. sco ec.), att. munire per sicurezza maggiore
– ornare con guarnizioni –
np. fortificarsi.

Guarnizione, sf. tutto ciò che
serve di ornamento alla vesti.

Guastamento, sm. devastazione.

Guastamestieri, sm. chi si pone
a fare ciò che non sa.

Guastare, att. deformare, sconcia-
re – mandare a male – cotò
rompere – devastare, distruggere – np. putrefarsi.

Guastatore, sm. corrompitore e
dissipatore – soldato destinato
a spianare le strade, ad aprire i passaggi e simili.

Guasto, sm. devastazione – danno, rovina – add. m. corrotto – devastato, malconcio e
difformato.

Guatamento, sm. osservazione fissa

Guatare, att. mirare attestandole
e per curiosità o per maraviglia

Guattera, sm. servo del cuoco.

Guattire. V. Guaire.

Guazza, sf. rugiada copiosa.

Guazzabuglio, sm. confusione;
mischiglio.

Guazzare, att. sbattere cose liquide entro un vaso – passare a
guazzo un fiume – n. ass. il dI
battersi de' liquidi ne' vasi sce-
mi – np. bagnarsi.

Guazzo, sm. luogo pieno di acqua ove si possa passare a
guazzo, cioè senza naviglio –
ammollamento di suolo – per
simil. umidità – pittura fatta
con colori stemprati nell'acqua.

Guelfa, contr. di Ghibellino. V.

Guercio. V. Losco.

Guerrire. V. Guarnire.

Guerra, sf. dissidio fra due stati,
che si diffinisce coll'armi – per
simil. discordia, contesa – fig.

travaglio, contrasto d'affetti.

Guerreggiàre, n. ass. operare ostilmente contro i nemici in tempo di guerra.

Guerresco, add. m. (pl. schi), di guerra.

Guerriéro, sm. soldato valoroso, ed atto a nobili imprese — add. m. di guerra.

Gufo, sm. uccello notturno.

Guglia, sf. colonna piramidale.

Gugliàta, sf. quantità di filo da poter cucire in una distesa di braccio.

Guida, sf. conduttore, scorta — fig. precettore, maestro.

Guidàre, att. mostrare il cammino conducendo — dirigere.

Guiderdonàre, att. ricompensare.

Guiderdóne, sm. mercede data in ricompensa di servigj prestati.

Guindolo, sm. arcolajo.

Guinzàglio, sm. striscia di cuojo per condurre il cane a caccia.

Guisa, sf. modo, maniera — maniera — volontà.

Guizzàre, n. ass. lo scuotersi che fanno i pesci nell'acqua.

Guizzo, sm. il moto del pesci nell'acqua.

Gúscio, sm. corteccia di noci, mandorle, ec. — involucro dell testuggini, conchiglie e simili — involto del guanciale.

Gustàre, att. assaporare, assaggiare — per simil. avere a grado — provar diletto — esser soddisfatto.

Gusto, sm. uno de' cinque sentimenti del corpo, che risiede nella lingua e nel palato, e per cui comprendonsi i sapori — fig. idoneità ad esser solleticati dalla bellezza o bontà reale od apparente, per cui il gusto riesce buono o cattivo — stile di un caposcuola di pittura, o scultura, o architettura.

Gustosamente, avv. saporitamente — piacevolmente.

Gustóso, add. m. piacevole al gusto, saporito — dilettevole.

Gutturàle, add. com. pronunziata colla gola, aspirato in gola.

Gutturalmente, avv. colla gola, in gola.

H (acca), ottava lettera dell'alfabeto — Non ha suono presso di noi, e non si usa per iniziale fuorchè in ho, hai, ha, ed hanno del verbo avere (sebbene da taluni sogliano scriversi anche senza l'h, sostituendovi in cambio un accento, come ò, ài; à ed ànno); per modi dopo il c e il g (che, chi, ghe, ghi); e per finale in qualche interjezione (deh, eh, ec.

I

I, nona lettera dell'alfabeto e terza delle vocali – coll'apostrofo (i'), lo stesso che *io* pron. – semplice, lo stesso che *li*, o *gli*, art. pl. di *il* – nota del num. *uno*.

Ibrido (*v. gr.*), *add. m.* agg. di animali o di piante che nascono da due specie diverse.

Icnografia, *sf.* disegno pianto di una fabbrica.

Iconoclasta, *sm.* (*pl.* sti), eretico sprezzatore delle sacre immagini.

Iconologia (*v. gr.*), *sf.* interpretazione degli emblemi.

Iddio. V. *Dio.*

Idea (*v. gr.*), *sf.* immagine che la mente si forma di una cosa, ancorchè non veduta – immagine della memoria – concetto, pensiero – forma, modello – maniera, stile.

Ideale, *add. com.* ch'esiste nell'idea – fantastico – immaginario.

Idealismo, *sm.* sistema, secondo il quale la materia non è che un'idea dell'anima.

Idealista, *sm.* (*pl.* sti), filosofo che segue il sistema dell'idealismo.

Ideare, *att.* immaginare, inventare – *np.* figurarsi nella mente.

Identicamente, *avv.* con modo identico.

Identico, *add. m.* (*pl.* ci, chi), che è compreso sotto una stessa idea.

Identificare (*pr.* ifico, chi ec.), *att.* comprendere due cose sotto una stessa idea – *np.* immedesimarsi.

Identità, *sf.* l'essere due cose comprese sotto la stessa idea.

Idillio (*v. gr.*), *sm.* sorta di componimento poetico, pastorale.

Idioma (*v. gr.*), *sm.* (*pl.* mi), linguaggio proprio di qualche provincia.

Idiota (*v. gr.*), *add. com.* e *sm.* (*pl.* ti m., e te f.), ignorante.

Idiotaggine, *sf.* ignoranza in fatto di letteratura.

Idiotismo (*v. gr.*), *sm.* vizio nel parlare o nello scrivere proprio della plebe.

Idolatra (*v. gr.*), *sm.* (*pl.* tri), adoratore d'idoli.

Idolatrare, *n. ass.* adorare gl'idoli – *att. fig.* amare perdutamente.

Idolatria (*v. gr.*), *sf.* adorazione o culto degl'idoli.

Idolo, *sm.* statua rappresentante una falsa divinità – *fig.* oggetto di una passione.

Idoneamente, *avv.* adattamente.

Idoneità, *sf.* abilità a checchessia.

Idòneo, *add. m.* capace, abile.

Idra, *sf.* serpente acquatico favoloso, munito di sette teste, lequali ripullulavano ogni volta che alcuna se ne troncasse.

Idràulica (*v. gr.*), *sf.* (*pl.* che), scienza che misura il moto delle acque.

Idrocefalo (*v. gr.*), *sm.* idropisia della testa.

Idrofobìa (*v. gr.*), *sf.* orrore dell'acqua cagionato da veleno rabbioso.

Idrofobo, *add. e sm.* pauroso dell'acqua – compreso da rabbia.

Idrografìa (*v. gr.*), *sf.* scienza che tratta delle acque de'laghi, de'fiumi e spezialm. del mare.

Idrologìa (*v. gr.*), *sf.* scienza dell'acqua e delle sue proprietà.

Idròmetro (*v. gr.*), *sm.* strumento con cui si misura la gravità specifica delle acque.

Idrometrìa (*v. gr.*), *sf.* scienza che insegna a misurare il moto, la velocità e la forza dell'acqua.

Idrope. V. *Idropisia.*

Idròpico, *add. e sm.* infermo d'idropisia.

Idropisìa (*v. gr.*), *sf.* adunamento d'acqua in alcun viscere del corpo.

Idrostatica (*v. gr.*), *sf.* (*pl.* che), scienza che tratta dell'equilibrio o della gravità dell'acqua.

Igéa, *sf.* la sanità.

Igiéne, *sf.* scienza che tratta della sanità.

Ignáro, *add. m.* che non sa.

Ignavìa, *sf.* infingardaggine.

Ignávo, *add. m.* pigro, inerte.

Igneo (*v. lat.*), *add. m.* di fuoco.

Ignìfero (*v. lat.*), *add. m.* che manda fiamme.

Ignìto (*v. lat.*), *add. m.* che ha natura di fuoco – infocato.

Ignìvomo, *add. m.* che vomita fuoco (*agg. di* vulcano)

Ignòbile, *add. com.* vile, abbietto.

Ignobilità, *sf.* bassezza di condizione.

Ignominìa, *sf.* infamia – scorno.

Ignominiòso, *add. m.* infame – che reca infamia.

Ignorante, *add. com.* privo di sapere – zotico.

Ignorantemente, *avv.* con ignoranza

Ignoranza, *sf.* difetto di cognizioni – mancanza d'informazione di alcun fatto – *avventizia*, privazione parziale di cognizioni, attesa la loro moltitudine – *naturale*, totale privazione di cognizioni – *volontaria*. V. *Imperizia.*

Ignoráre, *att.* non sapere.

Ignòto, *add. m.* non conosciuto.

Ignùdo, *add. m.* spogliato – *fig.* mancante affatto del necessario.

Igròmetro (*v. gr.*), *sm.* strumento per misurare i gradi di umidità e secchezza dell'aria.

Il, *art. m. sing. de' nomi non*
  comincianti da vocale, e di
  s seguita da altra consonante.
Ilare (*e lat.*), *add. com.* allegro.
Ilarità, *sf.* giovialità, allegria.
Iliade (*di gr.*), *sf.* celebre poema
  di Omero sulla distruzione di
  Troia — *fig.* serie di mali.
Illanguidire (*pr. sco ec.*), *att. e*
  n. ass. rendere, e divenir lan-
  guido.
Illaqueare, *att.* cogliere nel laccio.
Illativo, *add. m.* che serve a
  trarre schiarimento o conse-
  guenza.
Illazione, *sf.* conseguenza che si
  deduce da un argomento.
Illecito, *add. m.* non lecito, proi-
  bito — *sm.* cosa illecita.
Illegale, *add. com.* contro la legge.
Illeggiadrire (*pr. sco ec.*), *att.*
  rendere leggiadro.
Illegittimità, *sf.* mancanza delle
  qualità volute dalla legge.
Illegittimo, *add. m.* che non ha
  le qualità richieste dalla legge
  — bastardo.
Illeso, *add. m.* non danneggiato
  — intatto, salvo.
Illibatezza, *sf.* purità, mondezza.
Illibato, *add. m.* senza macchia.
Illiberale, *add. com.* contr. di
  liberale — *agg. d'arte*, mec-
  canica.
Illimitatamente, *avv.* senza restri-
  zione.
Illimitato, *add. m.* senza confine.

Illiquidire (*pr. sco ec.*), *att.* divenir liquido.
Illiquido, *add. m.* non liquido,
  non chiaro (*detto di conto e*
  simile)
Illitterato, *add. m.* che non è
  versato nelle lettere, idiota.
Illudere (*pass.* usi, *pp.* uso), *att.*
  ingannare.
Illuminare (*pr.* umino ec.), *att.*
  dar luce, schiarare — *fig.* ammaestrare — correggere.
Illuminazione, *sf.* spargimento di
  luce — quell'apparecchio di
  lumi che si fa per la città, o
  nei teatri, o nei palagi, in occasione di festa.
Illusione, *sf.* apparenza ingannevole — pensiero vano.
Illusoriamente, *avv.* in modo illusorio.
Illusorio, *add. m.* fallace, ingannevole.
Illustrare, *att.* dichiarare — illuminare — rendere rinomato —
  mettere in chiaro.
Illustratore, *sm.* chi prende a
  spiegare e dichiarare alcuna
  parte di letteratura.
Illustrazione, *sf.* dichiarazione,
  schiarimento.
Illustre, *add. com.* chiaro, luminoso — per trasl. di nobile ed
  civile estrazione.
Illustrissimo, *add. m.* superl. di
  illustre (*propr.* titolo di rispetto che si dà a persone dig-

·· *gnambdedi*) ·· ·) ·· · · · pojsti *ilslecadimento*)

Illuvióne, *sf.* inondazione.

Imágine. V. *Immagine.*

Imbaccuccáre , *att.* incappucciare – *np.* nascondersi il capo nel cappuccio, o nel mantello.

Imbaldanzíre (*pr. sco ec.*), *n. ass.* farsi ardito.

Imballággio (*v. fr.*) , *sm.* involtura delle balle – ciò che si spende a far imballare oggetti mobili, mercanzie ec.

Imballáre, *att.* mettere nella balla – involtare per sicurezza di trasporto.

Imbalsamáre, *att.* ungere con balsamo checcbessia per conservarla (*e dicesi per lo più dei cadaveri umani*)

Imbalsamazióne, *sf.* l'atto d'imbalsamare.

Imbambagiáre V. *Abbambagiare.*

Imbandieráto, *add. m.* agg. di nave con una o più bandiere spiegate.

Imbandigióne, *sf.* vivanda apparecchiata.

Imbandíre (*pr. sco ec.*), *att.* allestir vivande per porle in tavola.

Imbalsamáre, *att.* ingombrare – *per trasl.* dare briga, imbrogliare – *np.* nell'uso, impacciato.

Imbarazzo, *sm.* impedimento – *per trasl.* ostacolo, disturbo.

Imbarbarire e.

Imbarbaríre (*pr. sco ec.*), *n. ass.* divenir barbaro (*e dicesi dei*

Imbarbogíre (*pr. sco ec.*), *n. ass.* perdere il senno per vecchiezza.

Imbarcáre; *att.* mettere in barca – *n. ass. e np.* entrare in barca – *fig.* mettere, o entrare in un'impresa da non se ne poter sbrigar sì facilmente.

Imbarco, *sm.* (*pl.* chi), l'imbarcare, o imbarcarsi.

Imbastardimento , *sm.* degenerazione di razza animali o vegetabili.

Imbastardíre. V. *Bastardire.*

Imbastáre, *att.* mettere il basto.

Imbastíre (*pr. sco ec.*), *att.* unire pezzi di vestimento con punti lunghi , per poterli più acconciamente cucire in sodo.

Imbastitúra, *sf.* cucitura a punti lunghi.

Imbattersi, *np.* incontrarsi a caso.

Imbauláre, *att.* chiudere in baule oggetti da trasportarsi.

Imbaváre, *att.* imbrattar di bava.

Imbeccáre, *att.* mettere il cibo in becco agli uccelli – *fig.* istruire di nascosto.

Imbeccáta , *sf.* quanto entra nel becco di un pulcino – *fig.* suggerimento occulto – occasione inaspettata – infreddatura.

Imbecilla, *add. com.* debole d'animo e d'intelletto.

Imbecillità, *sf.* debolezza d'animo.

Imbelle (*v. lat.*), *add. com.* codardo, debole.

Imbellettáre, att. lisciare il viso
con belletto.

Imberbe (v. lat.), add. com.
che non ha barba.

Imbercíáre. V. Imbrecciáre.

Imbestiáre, irsi (pr. sco ec.),
n. ass. e np. imbestialirsi.

Imbestiáre, att. ridurre a stato
di bestia – n. ass. e np. pigliar costumi di bestia.

Imbévere (pass. evvi, pp. evú-
to), att. ass. attrarre umore,
succhiare – np. inzupparsi – fig.
mettersi in capo alcuna cosa.

Imbevúto, pp. d' imbévere – fig.
impressionato.

Imbiaccáre, att. coprire colla
biacca – np. lisciarsi.

Imbiancamento, sm. l' imbiancare.

Imbiancáre, att. e n. ass. fare,
e divenir bianco – np. impallidire.

Imbiancatóre, sm. chi imbianca
le muraglie, o le tele.

Imbiancatúra. V. Imbiancamento.

Imbianchíre. V. Imbiancare.

Imbiondíre (pr. sco ec.), att. e
n. ass. fare, e divenir biondo.

Imbizzarríre (pr. sco ec.), n. ass.
fieramente adirarsi.

Imboccáre, att. mettere il cibo
in bocca altrui – fig. mettere
gli in bocca le parole – porsi
a bocca uno strumento da fiato.

Imboccatúra, sf. la parte della
briglia che va in bocca al cavallo – la foce di un fiume –

la parte di uno strumento musicale che si tiene in bocca
per dargli fiato.

Imbolsimento, sm. difficoltà di
respirare.

Imbolsíre (pr. sco ec.), n. ass.
divenir bolso (detto per lo più
de' cavalli e buoi)

Imboníre (pr. sco ec.), att. quietare, placare – np. tranquillarsi

Imborsáre, att. riscuotere.

Imboscáre, att. nascondere frà
boschi (e dicesi di milizie in
guerra) – np. appiattarsi.

Imboscáta, sf. insidia; agguato –
Nella mil. il luogo ove stanno
le truppe appiattate.

Imboschíre (pr. sco ec.), n. ass.
sorgere bosco in terra prima
coltivata.

Imbossoláre (pr. óssolo ec.), att.
mettere le massicce a' pulcini
– e mettere nel bossolo.

Imbottáre, att. mettere il vino
nella botte.

Imbottigliáre, att. chiudere nei
le bottiglie vini prelibati per
meglio conservarli.

Imbottíre (pr. sco ec.), att. stivar
di piume, cotone od altra di bambagia – fig. tropparsene.

Imbottitúra, sf. ciò che s'imbot-
tisce, e l'azione dell'imbottire.

Imbozzimáre (pr. óssimo ec.), att.
dar la bozzima all'ordito delle
matele.

Imbracciáre, att. cignersi una stica

... per applicarvi meglio un ordigno con cui muoverla.

Imbracciáre, att. adattarsi al
braccio scudo, bracciale da
pallone o simili.

Imbracciatúra, sf. quella parte
delle scude o simile arnese
onde s'imbraccia.

Imbragáre, att. fortificare con
istriscia di carta la piaga lacera del foglio...

Imbracciáre (pr. uso ec.), att.
impugnare (detto di spada ec.)

Imbrattáre, att. lordare — fig.
offuscare — np. insudiciarsi.

Imbroccáre, att. dar nel segno
— fig. consegnare il ritratto.

Imbriacáre, avi, n. ass. e np.
divenir ubbriaco.

Imbriaccáre (pr. sco ec.), n. ass.
divenir briccone.

Imbrigliáre, att. mettere la briglia al cavallo — fig. tenere
in freno, reprimere.

Imbroccáre, att. colpir nel segno.

Imbroccáta, sf. colpo di spada
— pure vien da alto a basso di
punta.

Imbiadáre, a...

Imbrodoláre (pr. ódolo ec.), att.
propr. imbrattare di brodo, e
da persona d'aguirl altra cosa
che imbratti.

Imbrogliáre, att. confondere, avviluppare.

Imbróglio, sm. negozio che non
ha né dell'onesto, né del...

chiaro nel suo andamento.

Imbroglióne, sm. avviluppatore,
intrigante.

Imbrunitóre, sm. artefice che bru-
nisca i metalli.

Imbrunitúra. V. Brunitura.

Imbruscáre (pr. sco ec.), n. ass.
farsi brusco (acido) (e dicesi
di bevanda)

Imbucáre, att. mettera nella buca — np. fig. appiattarsi.

Imbucatáre, att. mettere in bucato.

Imbudelláre, att. ficcar la carne
trita nelle budella per farne
salsiccie.

Imbullettáre, att. mettere le bul-
lette alle scarpe, sedie ec.

Imbúto, sm. strumento a campana per imbottigliar liquori.

Iméne, sm. la membrana della
virginità — In mit. imeneo.

Imenéo, sm. divinità favolosa
che presedeva a' matrimonj
— oggidì poetic. nozze.

Imitábile, add. com. da imitarsi.

Imitáre, att. seguire l'esempio
altrui.

Imitatóre, sm. chi segue l'esempio altrui.

Imitazióne, sf. il seguire lo stile
di uno scrittore, o di un artefice.

Immacoláto, add. senza macchia

Immaginábile, add. com. che si
può immaginare.

Immaginaménto, sm. pensiero,
concetto.

Immagináre (pr. ágino ec.),

... formare l'idea di qualche
che cosa – divisare.

Immaginario, add. m. ideale.

Immaginativa, e

Immaginazione, sf. potenza del-
l'anima, per cui alla coscienza
piace e forma le idee delle
cose, variamente combinando-
le a suo piacere – fantasia,
concetto, pensiero.

Immagine, sf. figura dipinta, o
stampata, o in rilievo – sembianza – impronta, ritratto.

Immaginoso, add. m. fantastico.

Immago (v. poet.) V. Immagine.

Immagrire. V. Smagrire.

Immalinconire (pr. sco ec.), n.
ass. divenir malinconico, ra-
tristarsi.

Immancabilmente, avv. senza fallo

Immanità (v. lat.), sf. crudeltà
enorme.

Immansueto, add. m. feroce, indomito.

Immantinente, avv. subito.

Immarcescibile (v. lat.), add.
com. che non può marcire o
corrompersi, incorruttibile.

Immarginare (pr. argino ec.), att.
congiugnere le parti divise –
np. congiugnersi.

Immascheramento, sm. travesti-
mento.

Immascherarsi (pr. schero ec.),
np. coprirsi con maschera, travestirsi.

Immaterialità, add. sm. incorpo-

tuo, spirituale.

Immaterialità, sf. esser spoglio
di materia.

Immaterialmente, avv. senza mescolanza di materia.

Immattire (pr. sco ec.), ass. m.
divenir matto, impazzire.

Immaturamente, avv. prima del
tempo.

Immaturità, sf. stato del frutto
non maturo – e fig. di negozio non ancora condotto a fine.

Immaturo, add. m. non maturo,
acerbo – fig. prima del tempo, intempestivo.

Immedesimare, att. di due cose
farne una sola – np. identi-
ficarsi.

Immediatamente, avv. senza mezzo – subito.

Immediato, add. m. di seguito.

Immedicabile, add. com. incurabile.

Immemorabile, add. com. di cui
non è noto il principio.

Immemore (v. lat.), add. com.
che non si ricorda.

Immensamente, avv. con immensità – smisuratamente.

Immensità, sf. estensione immensa – di Dio, attributo
incomparabile suo, per cui egli
trovasi in ogni luogo.

Immenso (v. lat.), add. m. senza
misura o limiti.

Immensurabile, add. m. che non
può misurarsi.

Immérgere (*pass.* ...., ...), ..., attuffare in ...... liquida – *np.* applicarsi intei- .... in ....

Immeritamente, *avv.* senza me- .ito. – ingiustamente.

Immeritáto, *add. m.* non meritato.

Immeritárole, *add. com.* indegno.

Immeritevolmente , *avv.* senza .merito.

Immersione, *sf.* l'atto d'immer- .gere una cosa in un liquido.

Imminente, *add.com.* che sovrasta.

Imminenza, *sf.* cosa che sta per accadere.

Immischiáre, *att.* mescolare – *np.* .frammescolarsi.

Immissióne (*v. lat. e for.*) *sf.* .l'atto di mettere in possesso.

Immissivo, *add. m.* che dà fa- coltà di entrare in possesso.

Immitáre. V. Imitare.

Immobile, *add. com.* senza moto .... *agg.* di beni e stabili, case e poderi.

Immobilità *sf.* stabilità.

Immobilmente, *avv.* senza muo- versi.

Immoderatamente , *avv.* – senza moderazione.

Immoderato. V. Smoderato.

Immodestamente, *avv.* sfacciata- mente.

Immodestia, *sf.* sfacciata arditez- za di fare o dire in presenza d'altri cosa disonesta – con- tegno scandaloso.

Immodesto , *add. m.* che opera o parla con immodestia.

Immollamente, *avv.* bagnamente.

Immollare, *att.* bagnare – met- tere in molle.

Immondezza, e

Immondizia, *sf.* sporcizia – *fig.* .disonestà – oscenità.

Immondo, *add. m.* lordo, impuro.

Immorale , *add. com.* regolato nei costumi.

Immoralità , *sf.* abituale inten- zione .... contratta consuetudi- ne di contratte azioni ......

Immorare (*v. lat. e dell'uso*), *n. ass.* intertenersi.

Immorsáre, *att.* fermare a denti.

Immortaláre, *att.* rendere immor- tale nella memoria degli uo- mini – *np.* rendersi celebre nel mondo.

Immortale, *add. com.* che non può morire – *fig.* di fama durevole.

Immortalità, *sf.* esenzione da mor- te, eternità di vita.

Immortalándre. V. Immortalare.

Immoto, *add. com.* che non si muove.

Immune, *add. com.* esente – libero.

Immunità, *sf.* esenzione da qual- che ufficio, dazero, tributo ec. – franchigia concessa da prin- cipi a qualche città.

Immutábile, *add. com.* che non .può mutarsi.

Immutabilità , *sf.* condizione di .ciò che non può cambiarsi.

Immutabilmente, *avv.* senza mutarsi.

Immutáre, *att.* cangiare, variare.

Immutazióne, *sf.* cambiamento.

Imo, *sm.* (*senza pl.*), parte inferiore, fondo, *contr.* di sommità – *add. m.* basso, *contr.* di sommo – *fig.* abbietto, vile.

Impacchettáre, *att.* involtare.

Impacciáre, *att.* ingombrare, impedire – *np.* ingerirsi ne'fatti altrui.

Impáccio, *sm.* impedimento – intrigo – noja.

Impadronirsi (*pr.* sco, *ec.*), *np.* farsi padrone, impossessarsi.

Impagábile, *add. com.* che non ha prezzo.

Impagináre. V. *Campaginare.*

Impagliáre, *att.* coprir di paglia.

Impaláre, *att.* porre il palo alla viti – sorta di supplizio presso i turchi.

Impalcamento, *sm.* intavolatura.

Impalcáre, *att.* fare il palco ad una casa.

Impalcatúra. V. *Palco.*

Impallidire (*pr.* sco ec.), *n. ass.* divenir pallido – intimorirsi.

Impallidíre, *att.* unire palma a palma, segno di promessa per lo più matrimoniale.

Impalpábile, *add. com.* che non è palpabile per la somma sua sottigliezza.

Impaludáre, *n. ass.* diventar palude (*detto de' terreni ove le*

acque stagnano) – affondare in una palude.

Impaniamento, *sm.* invischiamento.

Impaniáre, *att.* imbrattare di pania o vischio – *n. ass. fig.* rimaner preso da inganno – e da qualche affetto vizioso.

Impannáre, *att.* coprire di panno.

Impannáta, *sf.* telajo di legno alle finestre con carta o tela invece di vetri.

Impantanáre, *n. ass.* divenire pantano – ed entrarvi dentro.

Impapacchiáre, *att.* imparar poco.

Imparadisáre, *att.* mettere in paradiso, beatificare – lodare al cielo, esaltare.

Imparagonábile, *add. com.* che non ammette paragone.

Imparáre, *att.* apprendere coll'intelletto.

Impareggiábile, *add. com.* che non ha pari.

Imparentarsi, *np.* divenir parente.

Impari, *add. com.* non pari, altro, dispari.

Imparità. V. *Disparità.*

Impartíbile *add. com.* indivisibile.

Impartíre (*v. lat.*) *sm.* (*pr.* sco ec.), far parte – distribuire.

Imparziále, *add. com.* che non prende parte.

Imparzialità, *sf.* equità di chi non prende parte a favore di uno piuttostochè di un altro.

Impassíbile, *add. com.* non soggetto a passione.

Impassibilità, sf. .... la passione.

Impastainato, am. mescolanza di più cose insieme a maniera di pasta.

Impastáre, att. coprire di pasta — e attaccare con pasta — fig. mescolare più cose insieme — In pitt. distendere bene i colori sulla tela, acciò si sallino secondo la debita gradazione.

Impasticciáre, n. far pasticcio.

Impasto; sm. l' impastare — In pitt. l' applicare i colori più o meno carichi sul quadro.

Impastojáre; att. legare l'una all'altra le gambe anteriori del cavallo, così che possa muoversi appena, ma non fuggire.

Impastriáre. V. Rimpastáre.

Impattáre, n. ass. non vincere nè perdere al giuoco.

Impatto, sm. lo sterco o letto per le bestie nelle stalle.

Impaurire (pr. sco ec.), att. far paura — e np. sbigottirsi.

Impavidamente, avv. senza timore.

Impávido (v. poet.), add. m. intrepido, coraggioso.

Impazientíre, arsi, att. e np. far perdere, e perdere la pazienza.

Impaziente, add. com. che non ha pazienza.

Impazientemente, avv. con impazienza.

Impazientírsi (pr. sco ec.), np. in impazienza.

Impazienza, sf. inquietudine di chi soffre.

Impazzamento, sm. delirio, insania — fig. cosa o azione stravagante.

Impazzáre, e

Impazzíre (pr. sco ec.), n. ass. perdere la ragione — fig. essere ardentemente innamorato — trovar grande imbarazzo in un lavoro.

Impeccábile, add. com. che non può peccare.

Impeccabilità, sf. impotenza al peccare.

Impeciáre, att. turar con pece.

Impeciatúra, sf. impiastramento di pece.

Impedíbile; add. com. che può impedirsi.

Impedimento; sm. cosa che impedisce, ostacolo.

Impedíre (pr. sco ec.), att. contrariare, opporsi.

Impegnáre, att. dare, o mettere in pegno — np. adoperar ogni sforzo per riuscire.

Impegno, sm. promessa, ... obbligazione — costanza e fermezza nel durare in una impresa, per giungere a buon fine.

Impegoláre (pr. égolo, ec.), att. impiastrare con pegola.

Impelagáre, arsi (pr. élago, ghi ec.), att., n. e np. mettere o mettersi in pelago — fig. V. Imbarazzare.

Impelarsi, np. sporcarsi di peli.

Impellicciate, att. mettere la pelliccia - np. coprirsi di pelliccia.

Impenetrabile, add. com. che non può essere penetrato - fig. incomprensibile.

Impenetrabilità, m. proprietà di un corpo; che non ammette in sé luogo ad altro corpo.

Impenitente, add. com. ostinato nel male.

Impenitenza, sf. perseveranza nel vizio, che si oppone al pentimento.

Impennamento, sm. espansione delle penne al volo.

Impennare, att. far pennuto - np. vestirsi di penne - fig. alzarsi a volo - e per simil. il reggersi de' cavalli su' piedi posteriori quando sono in ardenza.

Impensatamente, avv. d'improvviso.

Impensato, add. m. senza pensarci - inaspettato.

Imperadore, sm. presso i romani, prop. capitano supremo - presso i moderni, supremo signor di un imperio.

Imperadrice, sf. moglie d'imperadore.

Imperare, n. ass. dominare.

Imperativo, add. m. che comanda - sm. uno de' modi de' verbi.

Imperatore. V. Imperadore.

Imperatorio, add. m. agg. per lo più di medaglie coniate al tempo degl'imperadori romani.

Imperatrice. V. Imperadrice.

Impercettibile, add. com. che non si può comprendere.

Impercettibilità, sf. incomprensibilità.

Impercettibilmente, avv. incomprensibilmente.

Imperdonabile, add. com. che non può perdonarsi.

Imperfettamente, avv. in modo imperfetto.

Imperfetto, add. m. non finito - difettoso - sm. uno de' tempi de' verbi.

Imperfezione, sf. difetto.

Imperforato, add. m. che non ha foro.

Imperiale, add. com. d'imperio, o d'imperadore - sm. gran baule di cojame, che si affibbia sulle carrozze da viaggio.

Imperio, sm. supremo dominio - vasto aggregamento di stati sotto un solo principe.

Imperiosamente, avv. con grande autorità od alterigia.

Imperiosità, sf. modo di chi comanda con molta superiorità od alterigia.

Imperioso, add. m. orgoglioso, altero.

Imperito, add. m. inesperto.

Imperizia, sf. mancanza volontaria di cognizioni necessarie all'esercizio del proprio do-

22

veze (per lo più; parlando d'asti e mastini)

Imperláva, att. adornare con perle.

Impernáre, att. porre sul perno.

Impèro. V. Imperio.

Imperscrutàbile, add. com. che non si può intendere, né ricercare (e dicesi propr. dei giudizi d'Iddio)

Imperseverante, add. com. che non ha la fermezza necessaria a vincere gli ostacoli che incontra - incostante.

Imperseveranza, sf. incostanza.

Impersonale, add. com. agg. di verbo che si conjuga colla sola terza persona del singolare.

Impertanto, avv. nondimeno.

Impertérrito (v. lat.), add. m. che non si lascia scuotere da timore o da avversità.

Impertinente, add. com. ch'è fuori di proposito - più comun. insolente.

Impertinenza, sf. cosa fuori del dovere - insolenza, offesa.

Imperturbàbile, add. com. che non può torsi di calma.

Imperturbabilità, sf. tranquillità d'animo a fronte d'ogni avversità.

Imperversamente, sm. furore.

Imperversàre, n. ass. infuriare (e dicesi di venti e tempeste)

Impervertíre (pr. sco ec.), n. ass. prevaricare.

...re, att. cominciare il con-

toglie, meglio appostare.

Impelíre (pr. sco ec.), att. chiamare, citare in giudizio.

Impeto, sf. moto violento.

Impetràre, att. ottenere con preghiera - n. ass. (da pietra, poetic.), impietrire.

Impetrazione, sf. l'atto di ottenere mediante preghiera.

Impetuosamente, avv. con impeto.

Impetuosità, sf. moto violento di chi è offuscato da forte passione - urto di soldati in un attacco.

Impetuoso, add. m. furioso.

Impiagàre, att. far piaga col ferire - fig. innamorare.

Impiantarsi, np. collocarsi.

Impianto, sm. il primo stabilimento di un negozio.

Impiastràre, att. distendere impiastro su checchessia - np. insudiciarsi.

Impiastricciàre, att. imbrattare.

Impiastro. V. Empiastro.

Impiccàre, att. sospendere per la gola - np. fig. andare in disperazione.

Impicciàre, att. imbrogliare - np. prendersi impiccio.

Impiccio, sm. briga, fastidio.

Impiccolíre (pr. sco ec.), att. far più piccolo - n. ass. diventar piccolo.

Impiegàre, att. porre, collocare - incaricare - dare un impiego - mettere a frutto il denaro

Impiégo, sm. (pl. ghi); uffizio - ministero - professione.

Impietosire, usi (pr. sco ec.), att. e np. muovere, e muoversi a pietà.

Impietramento, sm. induramento come pietra.

Impietrare, e

Impietrire (pr. sco ec.), n. ass. divenir pietra.

Impigrire, irsi (pr. sco ec.), n. ass. e np. divenir pigro.

Impinguare (v. lat.), att. ingrassare.

Impiombare, att. fermare con piombo - chiudere con piombo i denti guasti.

Impiombatura, sf. l'impiombare ferro o altro nelle muraglie.

Impiumare, att. fornire di piume - np. coprirsi di piume.

Implacabile, add. com. che non si può placare.

Implausibilmente, avv. senza plauso

Implicanza, sf. contraddizione.

Implicare (v. lat.), att. (pr. implico, chi ec.), avviluppare - np. confondersi, imbrogliarsi.

Implicazione, sf. avviluppamento.

Implicitamente, avv. non espressamente, indirettamente.

Implicito (v. lat.), add. m. che si comprende necessariamente.

Implorare, att. chiedere umilmente, quasi plorando (piangendo)

Impoetarsi, np. divenir poeta.

Impolitico, add. m. (pl. ci, chi), contrario alla buona politica - imprudente.

Impolluto (v. lat.), add. m. non macchiato, puro.

Impoltronire (pr. sco ec.), n. ass. divenir poltrone.

Impolverare (pr. olvero ec.), att. spargere polvere su checchessia - np. imbrattarsi di polvere - incipriarsi.

Imponere. V. Imporre.

Imporporare (pr. orporo ec.), att. tignere di porpora - o np. coprirsi di porpora, o diventar rosso come porpora.

Imporre (sinc. d'imponere), att. (pr. an. ongo, oni ec., pass. osi, pp. osto), porre sopra - commettere - comandare - porre aggravj - sopraffare con apparenti ragioni.

Importante, add. com. di conseguenza, rilevante.

Importanza, sf. ciò per cui una cosa rileva più o meno.

Importare, att. far conoscere, significare - montare a certa somma o valuta - n. ass. essere degno di considerazione.

Importazione, sf. introduzione nello stato di merci straniere.

Importo, sm. nell'uso costo, spesa.

Importunare, att. mancar con domande.

Importunità, sf. fastidiosa pertinacia nel domandare.

Impertína, add. m. nojoso.

Imposizióne, sf. gravezza, imposta - cerimonia ecclesiastica, per cui il vescovo, distendendo le mani sul capo, conferisce alcuni sagramenti.

Impossessarsi, np. farsi possessore.

Impossibile, add. com. che non può accadere - difficilissimo.

Impossibilità, sf. ciò che non può farsi colle forze naturali - estrinseca, cioè che sia erroneo ciò ch'è vero fisicamente o moralmente - intrinseca, che la cosa sia e non sia nel medesimo istante.

Impossibilitáre (pr. ilito ec.), att. togliere la possibilità di fare.

Imposta, sf. gravezza, gabella - legname che aggirandosi su cardini chiude usci e finestre.

Impostáre, att. mettere a libro una partita di dare o avere - mettere alla posta le lettere.

Impostóre, sm. chi imputa altrui falsa accusa - ipocrita.

Impostúra, sf. falsa accusa.

Impotente, add. com. che manca di forze.

Impotenza, sf. mancanza di podestà, o di forza - incapacità di consumare il matrimonio.

Impoverimento, sm. riducimento a povertà.

Impoverire (pr. sco ec.), att. e n. ass. fare, o divenir povero.

Impraticábile, add. com. che

non si può praticare, o frequentare, o eseguire.

Impratichire, irsi (pr. sco ec.). att. e np. rendere, o farsi pratico.

Imprecáre (v. lat.) att. (pr. impreco, e poetic. éco, chi ec.), augurar male.

Imprecazióne (v. lat.), sf. l'augurar male ad alcuno.

Impregnáre, att. ingravidare - n. ass. concepire.

Imprendere (pass. ési, pp. éso) att. an. mettersi ad un'impresa - incominciare a fare.

Imprendimento, sm. il mettersi all'impresa.

Imprenditóre, sm. chi imprende o assume un'impresa.

Impresa, sf. ciò che uno piglia a fare - unione di un corpo figurato, con o senza motto per significare qualche concetto.

Impresário, sm. chi assume qualche impresa - appaltatore.

Impressionáre, att. fare impressione - np. imprimersi opinione sì altamente in capo da esserne assai difficilmente distolto.

Impressióne, sf. la cosa impressa - stampa - opinione o immagine impressa nella mente col mezzo de' sensi.

Impressóre, sm. stampatore.

Imprestanza, sf. il prestare, e cosa prestata.

Imprestáre, *att.* dare alcuna cosa per uso con patto di renderla a un dato tempo.

Imprestito. V. *Imprestanza.*

Impretensibile, *add. com.* che non può lasciarsi o cambiarsi.

Impreziosire (*pr. sco ec.*), *n. ass.* crescere di pregio – *fig.* farsi desiderare.

Imprigionamento, *sm.* carceramento.

Imprigionáre, *att.* mettere in prigione – tener sì forte una cosa, che non possa muoversi.

Imprímere (*pass. essi, pp. esso*), *att. an.* impostare, scolpire, stampare – *np. fig.* apprendere in guisa una cosa da non scordarsene sì facilmente.

Improbábile, *add. com.* che manca di prove, *contr. di* probabile.

Improbabilità, *sf.* mancanza di prove.

Improméttere. V. *Promettere.*

Impronta, *sf.* immagine impressa.

Improntamento, *sm.* impressione.

Improntáre, *att.* imprimere.

Impronto. V. *Impronta.*

Impropério, *sm.* villania di parole.

Impropriamente, *avv.* senza la debita proprietà, o convenienza.

Improprietà, *sf.* qualità di ciò ch'è improprio.

Impróprio, *add. m.* sconveniente

Improvidamente, *avv.* sconsigliatamente.

Improvido, *add. m.* imprudente

Improvvisamente, *avv.* all'improvviso.

Improvvisáre, *att. e n. ass.* comporre versi all'improvviso.

Improvvisatóre, *sm.* poeta estemporaneo.

Improvviso, *add. m.* non preveduto – *sm.* poesia estemporanea.

Improvvisto, *add. m.* sproveduto.

Imprudente, *add. com.* sconsiderato.

Imprudentemente, *avv.* senza prudenza, incautamente.

Imprudenza, *sf.* inconsideratezza nell'operare.

Imprunáre, *att.* chiudere con pruni i passi dei campi.

Impúbe, e

Impúbere (*v. lat.*), *add. com.* che non è ancor giunto alla pubertà

Impudente (*v. lat.*), *add. com.* sfacciato.

Impudenza (*v. lat.*), *sf.* fatto e detto senza i dovuti riguardi al luogo, al tempo, alle persone – sfacciataggine.

Impudicízia, *sf.* vizio contrario alla castità.

Impudíco, *add. m.* (*pl. ci, chi*), disonesto, lascivo.

Impugnábile, *add. com.* che può contrariarsi.

Impugnáre, *att.* stringere col pugno (*detto propr. di spada o simili*) – raccogliere in pugno – *fig.* contrariare, contraddire

Impugnatóre, *sm.* oppositore.

Impugnatúra, *sf.* il luogo dove s'impugna la spada.

Impugnazióne, *sf.* contraddizione.

Impulsióne, *sf.* e

Impúlso, *sm.* moto che un corpo comunica ad un altro — *fig.* - incitamento, stimolo.

Impunemente, *avv.* senza punizione

Impunità, *sf.* assoluzione da pena.

Impunito, *add. m.* esente da pena.

Impuntuále, *add. com.* che manca di puntualità.

Impuramente, *avv.* impudicamente.

Impurità, *sf.* lordura - disonestà.

Impúro, *add. m.* non puro, guasto — *fig.* disonesto.

Imputáre (*pr.* impúto, *poet.* úto, ec.), *att.* incolpare.

Imputazióne, *sf.* accusa senza prove sufficienti.

Imputridíre (*pr.* sco ec.), *n. ass.* divenir putrido, marcíre.

In, *prep.* di stato e di moto.

Inábile, *add. com.* non abile, - inetto, incapace.

Inabilità, *sf.* mancanza di cognizioni o di requisiti o di attitudine a fare una cosa — *In legge*, incompetenza di diritto.

Inabilitáre, arsi (*pr.* ilíto ec.), *att. e np.* rendere, e rendersi inabile

Inabissáre, *att.* cacciar negli abissi - *np. fig.* ingolfarsi in intrighi.

Inabitábile, *add. com.* che non si può abitare.

Inabitáto, *add. m.* non abitato.

Inaccessíbile, *add. com.* d'impossibile accesso.

Inacetáre, *att.* spruzzar di aceto.

Inacetíre (*pr.* sco ec.), *n. ass.* inforzare (*detto del vino*)

Inacidíre, irst (*pr.* sco ec.), *n. ass. e np.* farsi acido.

Inadeguataménte, *avv.* fuor di proporzione.

Inadeguáto, *add. m.* che non è confacente al soggetto - sproporzionato.

Inadempiménto, *sm.* mancanza di osservanza di obbligo.

Inarzáre, *att.* distendere i covoni sull'aja per batterli.

Inalberáre (*pr.* albero ec.), *att.* mettere gli alberi alle navi - inalzare una bandiera - *np.* arrampicarsi - *fig.* insuperbire.

Inalienábile, *add. com.* che non può alienarsi.

Inalienabilità, *sf.* il non potere essere alienato.

Inalteríbile, *add. com.* che non può cambiarsi.

Inalterabilità, *sf.* immutabilità.

Inalterabilménte, *avv.* senza alterazione.

Inalveáre, *att.* incanalare le acque di un fiume.

Inamábile, *add. com.* che non può amarsi.

Inamidáo, V. *Inamidáre*.

Inamidáre (*pr.* amido ec.), *att.* dare l'amido alle biancherie.

Inammissíbile, *add. com.* che...

si può ammettere, o concedere.

Inamendabile, *add. com.* incorreggibile.

Innanellare. V. *Innanellare*.

Inanimare. V. *Innanimare*.

Inanimato, *add. m.* senz'anima.

Inanità (*v. lat.*), *sf.* vacuità – *fig.* vanità.

Inappellabile, *add. com.* che non ammette appellazione.

Inappellabilmente, *avv.* senza che vi sia luogo ad appellazione.

Inappetenza, *sf.* mancanza di appetito, avversione al cibo.

Inappuntabile, *add. com.* esattissimo.

Inarborare, *att.* piantare d'alberi – V. *Inalberare*.

Inarcamento, *sm.* incurvazione.

Inarcare, *att.* piegare in arco – *np.* incurvarsi.

Inargentare, *att.* coprire con foglia d'argento sottilissima.

Inaridire (*pr. sco ec.*), *att.* disseccare – *n. ass.* divenir arido – *fig.* mancar di fervore.

Inarpicare, *att.* (*pr. árpico, chi ec.*), *n. ass.* e *np.* attaccarsi a rami di alberi o a scogli per salirvi sopra senza scala.

Inarrivabile, *add. com.* che non si può arrivare – inimitabile.

Inasinire (*pr. sco ec.*), *n. ass.* divenir asino, o simile all'asino.

Inaspettatamente, *avv.* all'improvviso.

Inasprire (*pr. sco ec.*), *att.* irritare – *n. ass.* incrudelire.

Inattaccabile, *add. com.* che non può attaccarsi o espugnarsi.

Inattendibile, *add. com.* che non merita attenzione, inammissibile.

Inaudito, *add. m.* non più udito.

Inaugurare (*v. lat.*), *att.* (*pr. inauguro ec.*), promuovere solennemente a qualche carica.

Inaugurazione, *sf.* buon augurio nell'altrui promozione.

Inavvedutamente, *avv.* per mancanza di attenzione.

Inavveduto, *add. m.* sconsiderato.

Inavvertentemente, *avv.* senza avvertenza.

Inavvertenza, *sf.* mancanza di attenzione.

Inazione, *sf.* stato di ozio.

Incadaverire (*pr. sco ec.*), *n. ass.* divenir cadavere, o simile a cadavere.

Incagliare, *n. ass.* arrenare (detto propr. delle navi che danno in secco) – *per tras.* trovare intoppo – *att.* opporre inciampo.

Incaglio, *sm.* arrenamento delle navi – *fig.* ostacolo, intoppo, difficoltà.

Incalcinare, *att.* mettere la calcina.

Incallimento, *sm.* induramento.

Incallire (*pr. sco ec.*), *n. ass.* fare il callo, indurire – *fig.* formarsi un abito cattivo.

Incalmire. V. *Innestare*.

Incalzare, *att.* perseguitar chi fugge – stimolare.

Incamerare (*pr. àmero ec.*), *att.*

confiscare.

Incamerazione, sf. unione di beni confiscati alla regia camera.

Incamiciare, att. coprir muri con calce – np. mettersi la camicia indosso.

Incamiciatura, sf. intonaco delle muraglie.

Incamminamento, sm. avviamento.

Incamminare, att. avviare – fig. indirizzare – np. mettersi in cammino.

Incanalare, att. ristringere in canale le acque correnti.

Incanalatura, sf. estremità più sottile di un legno o metallo, per commettervene un altro.

Incancellabile, add. com. che non può cancellarsi.

Incancherire (pr. sco ec.), n. ass. divenir canceroso. (detto di piaga incurabile)

Incannare, att. avvolgere filo sopra cannello o rocchetto.

Incannatojo, sm. spezie di arcolajo per incannar filati.

Incannucciata, sf. fasciatura fatta con assicelle a qualche membro che abbia l'osso infranto.

Incantare, att. rendere all'incanto – fig. sorprendere per la maraviglia – n. ass. rimanere estatico.

Incantesimo, sm. arte colla quale si pretendeva un tempo di operare fuor dell'ordine della natura per virtù di parole

fattucchieria delle fate nella favola.

Incantevole, add. com. che incanta, e sorprende.

Incanto, sm. cosa meravigliosa e stupenda – antican. incantesimo, stregoneria – oggidì, pubblica maniera di vendere o comperare checchessia per la maggiore offerta.

Incantucciarsi, np. ritirarsi in un canto – fig. badare a' fatti suoi.

Incanutire (pr. sco, ec.), n. ass. divenir canuto, invecchiare.

Incapace, add. com. inabile.

Incapacità, sf. impotenza a fare, inabilità – mancanza delle necessarie cognizioni.

Incapernire. V. Caperrare.

Incaponire, irsi (pr. sco ec.), n. ass. e np. ostinarsi.

Incappare, n. cadere in insidie – imbattersi a caso – inciampare.

Incappellare, arsi, att. e np. mettere, e mettersi il cappello.

Incappucciare, att. coprire col cappuccio – np. avvoltarsi il capo – farsi frate.

Incapricciarsi, np. invaghirsi.

Incarbonire (pr. sco ec.), n. ass. divenir carbone.

Incarcerare. V. Carcerare.

Incaritare (pr. arico, chi ec.), att. porre carico o peso addosso ad alcuno – più comun. dare commissione a uno di fare in sue veci.

Incùmbico, sm. (pl. chi); peso - incombenza - obbligo.

Incarnàre, att. ficcare nella carne, ferire - np. prendere carne umana, farsi uomo (e s'intende del Verbo eterno).

Incarnazióne, sf. mistero della incarnazione di G. C.

Incarognire (pr. sco ec.), n. ass. divenir carogna, - fig. il radicarsi profondamente del male.

Incartocciàre, att. mettere nel cartoccio - e np. ravvolgersi a guisa di cartoccio.

Incassamento, sm. il riporre alcuna cosa in cassa per trasportarla sicura.

Incassàre, att. mettere in cassa - adattare checchessia nella sua guaina - incastrare.

Incassatùra, sf. incavo ove una cosa è incassata.

Incasso, sm. il vano ove si debba congegnar checchessia - nell'uso riscossione.

Incastonàre, att. incassar le gioje ne' castoni.

Incastràre, att. commettere bene una cosa entro l'altra.

Incastratùra, sf. luogo dove si congiugne una cosa entro un'altra.

Incastro, sm. strumento di ferro tagliente per paraggiare le unghie alle bestie che si ferrano.

Incatenamento, sm. legamento con catena. - In archit. collegazione delle muraglie.

Incatenàre, att. mettere in catena, o legare con catena - impedire il passo con catena a traverso - In archit. fortificare con catene le muraglie e le volte - fig. stringere coi lacci d'amore.

Incatenatùra, sf. legamento con catena.

Incatramàre, att. impeciare con catrame.

Incautamente, avv. sconsideratamente.

Incàuto, add. m. imprudente.

Incavàre, att. fare incavo o cavo.

Incavatùra, sf. stato di ciò ch'è incavato, e la cavità stessa.

Incavezzàre, att. mettere la cavezza ai giumenti.

Incavigliàre. V. Accavigliare.

Incàvo, sm. scavo, fossa - In marin. l'altezza del vascello dal di sotto del primo ponte sino alla colomba - In scult. lavoro d'intaglio in metallo o legno, per formar poi le impronte delle figure o cifre.

Incèndere (np. incenso e incéso), att. an. appiccar fuoco - np. invaghirsi - adirarsi.

Incendiàrio, add. m. che incendia - sm. chi è autore volontario di un incendio.

Incèndio, sm. vasto abbruciamento - fig. affanno eccessivo.

Incenerire (pr. sco ec.), att. ridurre in errore - *fig.* sedurre, gere.

Incensamento, *sm.* l'incensare - *fig.* adulazione.

Incensáre, *att.* ardere incensi in onore di Dio - *fig.* adulare.

Incensiére, *sm.* vaso ove si arde l'incenso.

Incenso, *sm.* gomma odorifera, che stilla da un albero arabico, e che si arde in onore di Dio.

Incentivo, *sm.* impulso, stimolo.

Inceppáre, *att.* porre in ceppi - *fig.* porre ostacoli acciò un negozio proceda lentamente, o non ottenga il suo fine.

Inceráre, *att.* impaniare con cera.

Incerato', *sm.* tela incerata per difendere dall'acqua.

Incertezza, *sf.* mancanza di dati per sapere l'esito di un negozio che può riuscir bene o male.

Incerto, *sm.* ciò che non è certo - nell'uso provento casuale di qualche carica - *add. m.* non certo o sicuro, dubbioso.

Incessante, *add. com.* continuo.

Incessantemente, *avv.* senza cessare, continuamente.

Incestáre, *att.* mettere nelle ceste.

Incesto, *sm.* fornicazione con parenti o affini.

Incestuoso, *add. m.* macchiato d'incesto.

Incetta, *sf.* compera di merci per rivenderle a più alto prezzo.

Incettáre, *att.* comperar merci

----

le prima che giungano ai mercati per rivenderle con maggior guadagno e tempo più opportuno.

Inchiesta, *sf.* domanda, ricerca - perquisizione minuta e diligente - investigazione.

Inchinamento, *sm.* abbassamento.

Inchináre, *att.* abbassare - *np.* piegare il capo per riverenza.

Inchino, *sm.* riverenza piegando il capo e il ginocchio.

Inchiodáre, *att.* conficcare con chiodi - le artiglierie, ficcare un chiodo nel focone per renderle inservibili.

Inchiostro, *sm.* materia liquida e nera per iscrivere o stampare.

Inchiúdere (*pass.* usi, *pp.* uso), *att. an.* chiudere, serrar dentro - comprendere.

Inciampáre, *n. ass.* porre piede in fallo, intoppare.

Inciampo, *sm.* intoppo - *fig.* difficoltà.

Incidente, *add. com.* che ha relazione - *sm.* cosa che avviene fra un'altra - episodio di drammi o commedie.

Incidentemente, *avv.* per caso, di passaggio.

Incidenza, *sf.* digressione.

Incidere (*v. lat.*), *att. an.* (*pass.* isi, *pp.* iso), tagliare - scolpire in rame o in legno.

Incinta, *add. f.* gravida.

Incipiente (*v. lat.*), *av. com.* che

cipiante — add. m. che comincia.

Incipriáre, att. spargere i capelli di polvere di Cipro.

Incirca, e in circa, avv. a un dipresso.

Incirconciso, add. m. non circonciso (e dicesi di cristiano per opposizione ad ebreo)

Incisione, sf. taglio — l'arte di rilevare le figure di rilievo da un corpo solido.

Incisóre, sm. colui che incide o intaglia — agg. di dente, uno dei denti dinanzi.

Incitamento, sm. provocamento.

Incitáre (pr. incito, e poet. itoec.), att. provocare, stimolare.

Incivile, add. com. scostumato.

Incivilíre (pr. sco ec.), att. dirozzare — n. ass. o np. apprendere maniere gentili.

Incivilmente, avv. rusticamente.

Inciviltà, sf. scostumanza.

Inclemente, add. com. severo — agg. di aria, o stagione, rigida.

Inclemenza, sf. severità nella esecuzione della sentenza — fig. rigidezza (detto dell'aria ec.)

Inclinabile, add. com. che può essere piegato.

Inclinamento, sm. stato di cosa che pende.

Inclináre, att. piegare — n. pendere — essere disposto a checchessia — il muoversi de' pianeti verso l'orizzonte.

Inclinato, add. m. abbassato — fig. disposto, propenso.

Inclinazione, sf. piegatura — fig. propensione, tendenza — In fis. la mutua tendenza di due corpi ad avvicinarsi fra loro.

Inclito (v. lat.), add. m. preclaro.

Includere. V. Inchiudere.

Inclúsa, sf. lettera chiusa entro un'altra.

Inclusivamente, avv. compreso anche.

Incoativo, add. m. che incomincia

Incoáto (v. lat.), add. m. incominciato.

Incoccáre. V. Accoccáre.

Incoerente, add. com. che non si accorda.

Incoerenza, sf. sconnessione — discordanza.

Incógnito, add. m. sconosciuto — sm. nell' uso dicesi di personaggio di alto affare che viaggia senza il corteggio dovuto al suo grado.

Incolláre, att. unire più cose con colla.

Incolpábile, add. com. senza colpa.

Incolpáre, att. dar colpa, accusare.

Incoltamente, avv. senz' arte.

Incolto, add. m. non coltivato — fig. d'intorno.

Incólume (v. lat.), add. com. sano e salvo.

Inconfutata. V. Incumbenza.

Incumbere, imp. appartenere.

Incombustibile, add. com. che

può essere consumato dal fumo.

Incombusto (v. lat.), add. m. illeso dalle fiamme.

Incominciamento, sm. principio.

Incominciáre, att. principiare.

Incommutábile, add. com. che non può mutarsi.

Incomodáre, att. dar disagio.

Incomodità, sf. disagio.

Incómodo, sm. disagio - disavvantaggio - add. m. disagiato.

Incomparábile, add. com. che non ha pari.

Incompatibile, add. com. che non può stare unito con altra cosa senza distruggerla.

Incompetenza, sf. inabilità del giudice per mancanza di giurisdizione.

Incompiúto, add. m. imperfetto.

Incomposto, add. m. male ordinato - disadorno.

Incomprensibile, add. com. che non si può comprendere.

Incomunicábile, add. com. che non si può comunicare altrui - mancante di comunicazione.

Inc"oncepibile, add. com. che non può concepirsi colla mente.

Inconciliábile, add. com. che non può conciliarsi.

Inconcludente, add. com. che non conclude, di ninn rilievo.

Inconcusso (v. lat.), add. m. non abbattuto, illeso - incorrotto.

Incongruente, add. com. disconvenevole.

Incongruentemente, avv. fuor di proposito.

Incongruenza, sf. sconvenienza.

Inconsapévole, add. com. non informato.

Inconseguente, add. com. che opera o parla non conformemente ai proprj principj.

Inconseguenza, sf. falsa conseguenza - irregolarità nel parlare o nell'operare.

Inconsideratezza, sf. il fare o parlare senza riflessione.

Inconsiderato, add. m. imprudente

Inconsiderazione, sf. inavvertenza

Inconsolábile, add. com. dolente per perdita di cosa o persona carissima, che non possa racquistarsi.

Inconsutile (v. lat.), add. com. senza cucitura.

Incontaminato, add. m. senza macchia.

Incontanente, avv. subito.

Incontentábile, add. com. che non è mai contento.

Incontentabilità, sf. insaziabilità.

Incontestábile, add. com. che non può essere contraddetta.

Incontinente, add. com. disonesta.

Incontinenza, sf. abitudine di chi non sa tenere a freno la concupiscenza colla ragione.

Incontráre, att. imbattersi, fare incontro - n. accadere.

Incontrastábile, add. com. da non potersi contrastare, certissima

Incontrastabilmente , avv. senza contrasto.

Incontro, sm. l'imbattersi di due persone, o il toccarsi di due cose – prep. rimpetto – inverso

Incontroverso , add. m. non mai contrastato.

Incontrovertibile , add. com. che non può cadere in controversia.

Inconturbabile , add. com. tranquillo a tutta prova.

Inconveniente, add. com. contrario alla convenienza – sm. e

Inconvenienza, sf. disordine.

Inconvincibile , add. com. che non si può convincere.

Incoraggiamento, sm. l'incoraggiare – coraggio.

Incoraggiáre , att. far animo a proseguire con favore in un'impresa con soccorsi o premj.

Incoráre, att. mettere in cuore , persuadere – incoraggiare.

Incordamento, sm. tensione delle corde di uno strumento.

Incordáre, att. mettere le corde agli strumenti di suono.

Incordáto, add. m. messo in corde (parlando di strumenti)

Incordatúra, sf. l'atto di mettere le corde ad uno strumento di suono – morbosa contrazione di muscoli.

Incorniciáre, att. mettere la cornice

Incoronáre, att. imporre corona.

Incoronazióne, sf. l'atto d'incoronare.

Incorporamento , sm. unione di più corpi insieme.

Incorporáre (pr. órporo ec.), att. confondere più corpi insieme – Nella mil. unire diverse truppe in un solo corpo.

Incorporazióne. V. Incorporamento.

Incorpóreo, add. m. che non ha corpo, spirituale.

Incorreggíbile, add. com. che non riceve correzioni.

Incórrere (pass. orsi , pp. orso), n. an. fig. cadere entro.

Incorrótto, add. m. non guasto – fig. giusto.

Incorruttibile, add. com. che non soggiace a corruzione – fig. che non si lascia vincere coi donativi.

Incorruttibilità, sf. impotenza a corruzione – fig. amministrazione esatta della giustizia, senza dar luogo ad allettamenti d'interesse.

Incostante, add. com. variabile.

Incostanza, sf. mancanza di perseveranza – mutabilità.

Incotto, sm. lividore nelle coscè per fuoco tenuto sotto la gonnella.

Increanza, sf. atto non conforme al modo di vivere civile.

Increáto, add. m. non creato.

Incredibile, add. com. difficil a credersi – che supera og credenza, maraviglioso.

Incredibilmente , avv. in mo

da non credersi.

Incredulità, sf. non credenza alla fede.

Incrédulo, add. m. che non crede.

Increscere. V. Rincrescere.

Increscimento. V. Rincrescimento.

Increspamento, sm. raggrinzamento – corrugamento delle acque quando vi spiri venticello.

Increspare, att. ridurre in crespe.

Incrociamento, sm. attraversamento di una cosa con altra a guisa di croce.

Incrociare, att. attraversare due cose a modo di croce – In marin. lo scorrere delle navi per dar la caccia al nemico.

Incrociatura. V. Incrociamento.

Incrocicchiare. V. Incrociare.

Incrostare, att. accomodar sopra pietre o muro marmi più sottili o più preziosi.

Incrostatura, sf. marmi sottili adattati su checchessia per ornamento – intonaco.

Incrudelire (pr. sco ec.), att. inasprire – rendere crudo un metallo sicché non regga al martello – n. ass. inferocire.

Incruento (v. lat.), add. m. che non versa sangue (agg. del SS. Sacrifizio dell'altare)

Incubo, sm. spirito che si credeva giacere colle donne.

Incude (v. poet.), sinc. di

Incudine. V. Ancudine.

Inculcare, att. replicare per per-

suadere.

Inculcatamente, avv. a forza di repliche.

Inculto (v. lat.) V. Incolto.

Incumbenza, sf. carico, commissione.

Incuorare. V. Incorare.

Incurabile, add. com. senza rimedio.

Incuria (v. lat.), sf. negligenza.

Incursione, sf. scorreria di nemici.

Incurvare, att. piegare.

Incurvatura, sf. piegatura.

Incutere (v. lat.), att. an. (pass. ussi, pp. usso), far risentire, imprimere (timore)

Indaco, sm. (pl. chi), sugo di una pianta indiana, che serve a tingere in turchino azzurro.

Indagare, att. ricercare minutamente.

Indagazione, e

Indagine, sf. ricerca diligente.

Indarno, avv. inutilmente.

Indebitamente, avv. in modo sconvenevole.

Indebitarsi (pr. ebito ec.), np. far debiti.

Indebito, add. m. sconvenevole.

Indebolimento, sm. decadenza di forze.

Indebolire (pr. sco ec.), n. ass. scemare le forze – att. debilitare.

Indecente, add. com. che non conviene.

Indecenza, sf. azione o discorso contrario all' onestà.

Indeciso, add. m. che pende ancora — nell' uno irresoluto.

Indeclinábile, add. com. che non si può declinare (e dicesi dai grammatici del nome e di ogni altra parte del discorso che non si declini)

Indecoroso, add. m. sconvenevole

Indefessamente, avv. senza stancarsi.

Indefesso, add. m. che non si stanca mai.

Indefettibile, add. com. immancabile.

Indeficiente, add. com. continuo.

Indeficienza, sf. abbondanza.

Indefinibile, add. com. che non può definirsi.

Indefinitamente, avv. senza fine — ed anche senza definizione.

Indefinito, add. m. non determinato.

Indegnamente, avv. senza merito.

Indegnità, sf. mancanza di merito — cosa indegna — iniquità, perfidia

Indegno, add. m. immeritevole.

Indelebile, add. com. che non si può cancellare.

Indelebilmente, avv. in modo indelebile.

Indemoniato, add. m. spiritato.

Indenne (v. lat.), add. com. che non riceve danno.

Indennità, sf. scampo da danno.

Indennizzare, att. risarcire il danno sofferto.

Indennizzazione, sf. risarcimento di danno.

Indentro, avv. nella parte interiore.

Indescrivibile, add. com. che non si può descrivere.

Indeterminato, add. m. irresoluto.

Indeterminazione, sf. dubbiezza, irresoluzione.

Indettare, att. e np. restare d'accordo di quel che s'ha a dire.

Indi, avv. di quivi — da quel tempo, o da quel luogo.

Indiamantare, att. ridurre a foggia di diamante.

Indiana, sf. sorta di tela stampata.

Indiavolare, n. entrare nelle furie

Indicare (pr. indico. chi ec.), att. accennare, dinotare.

Indicativo, add. m. che accenna, o dinota — In gramm. il primo de' modi del verbo.

Indicazione, sf. dimostrazione.

Indice, sm. ciò che indica o accenna — il dito accanto al pollice — tavola dalle materie che si contengono in un libro.

Indicibile, add. com. da non potersi dire.

Indietreggiare, n. ass. dare indietro, rinculare.

Indietro, avv. nella parte posteriore.

Indifferente, add. com. che non si determina per una parte o per l'altra.

Indifferentemente, *avv.* senza differenza o divario.

Indifferenza, *sf.* stato dell'animo
che non propende nè per una
parte nè per l'altra.

Indigeno (*v. lat.*), *add. m.* ch'è
nativo del paese (*contr. di forestiere, e, parlando di piante,
contr. di esotico*)

Indigente, *add. com.* bisognoso.

Indigenza (*v. lat.*), *sf.* mancanza
del necessario, miseria.

Indigestione, *sf.* difficoltà di digerire.

Indigesto, *add. m.* difficile a digerire – *fig.* non bene ordinato

Indignazione, *sf.* sdegno.

Indilatamente, *avv.* immediatamente.

Indipendente, *add. com.* libero.

Indipendenza, *sf.* stato libero.

Indipendentemente, *avv.* senza
dipendenza.

Indirettamente, *avv.* per modo
indiretto.

Indiretto, *add. m.* non diretto.

Indirizzamento. V. *Indirizzo.*

Indirizzare, *att.* mettere per la
retta via – mostrare la via –
dedicare – *n. ass. e np.* andare verso un luogo o una
persona.

Indirizzo, *sm.* inviamento – intitolazione o dedica di un libro, di una lettera e simili.

Indisciplinato, *add. m.* sregolato
– ignorante.

Indiscretamente, *avv.* senza di-
screzione.

Indiscretezza, *sf.* soverchio rigore
– facilità di mancare ai riguardi.

Indiscreto, *add. m.* non moderato

Indiscrezione. V. *Indiscretezza.*

Indispensabile, *add. com.* di cui
non può farsi a meno.

Indispensabilmente, *avv.* necessariamente.

Indisposizione, *sf.* poca sanità.

Indisposto, *add. m.* infermiccio.

Indissolubile, *add. com.* che non
si può sciogliere.

Indistintamente, *avv.* senza distinzione.

Indistinto, *add. m.* confuso –
indiviso.

Indivia, *sf.* sorta di erbaggio che
si mangia in insalata.

Individuale, *add. com.* particolare a un solo.

Individuare, *att.* specificare chi
e che cosa.

Individuo, *sm.* persona in particolare.

Indivisamente, *avv.* senza far divisione.

Indivisibile, *add. com.* che non
si può dividere.

Indivisibiltà, *sf.* unione inseparabile.

Indiviso, *add. m.* non diviso.

Indiziare, *att.* porre in sospetto.

Indizio, *sm.* segno, sentore.

Indole, *sf.* rivoluzione di di

periodo di quindici anni, indipendente dai movimenti celesti, che serve alla cronologia romana - convocazione di
un sinodo ecclesiastico.

Indocile, *add. com.* che non si
lascia guidare.

Indocilità, *sf.* incapacità di ammaestramento.

Indole, *sf.* naturale di ogni persona.

Indolente, *add. com.* che non si
duole, insensibile.

Indolenza, *sf.* privazione di dolore - indifferenza d'animo,
insensibilità.

Indomabile, *add. com.* difficile
a domarsi.

Indómito, *add. m.* non domato.

Indoráre, *att.* coprire con foglia
d'oro.

Indoratóre, *sm.* colui che indora.

Indoratúra, *sf.* l'indorare - *fig.*
apparenza vana.

Indosso, e in dosso, *avv.* intorno
al dosso o dorso.

Indotto, *add. m.* ignorante.

Indovinamento, *sm.* predizione
del futuro, pronostico.

Indovinare, *att.* antivedere il
futuro.

Indovinello, *sm.* detto oscuro per
fare che altri ne indovini il
significato.

Indovino, *sm.* chi pretende di
predire il futuro.

Indrizzo, *sinc.* d'indirizzare. V.

Indrizzo, *sinc.* d'indirizzare. V.

Indubitábile, *add. com.* che non
può mettersi in dubbio, certo.

Indubitatamente, *avv.* senza dubbio.

Indugiáre, *att.* mandare in lungo - *n. ass.* temporeggiare.

Indúgio, *sm.* ritardo.

Indulgente, *add. com.* che per-
dona o compatisce.

Indulgenza, *sf.* condiscendenza -
compatimento - tesoro dei meriti di G. C. applicato a' fedeli da chi ne ha autorità.

Indulto, *sm.* perdono - dispensa
dalle astinenze quaresimali che
si accorda dal papa per mezzo dei vescovi.

Induramento, *sm.* assodamento -
fig. ostinazione.

Induráre, *att.* e *n. ass.* fare o
divenir più duro. - *e fig.* più
ostinato.

Indurre (*pr. úco, pass. mai, pp.
otto*), *att. an.* introdurre -
fig. muovere a fare.

Industre, *add. com.* industrioso,
ingegnoso.

Indústria, *sf.* destrezza ingegnosa
- esercizio, arte.

Industriarsi, *np.* applicarsi destramente ad arte o lavoro.

Industriosamente, *avv.* ingegnosamente.

Industrioso, *add. m.* che sa adoperarsi, ingegnoso.

Indusione, *sf.* introduzione - *fig.*
persuasione - conseguenza.

Inebbriamento, sm. ebbrezza.

Inebbriàre, att. ubbriacare.

Inedia (v. lat.), sf. astinenza di cibo.

Inedito, add. m. non pubblicato.

Ineffàbile, add. com. che non si può esprimere.

Inefficáce, add. com. che non produce effetto.

Inefficácia, sf. il non produrre effetto.

Ineguaglianza, sf. disparità.

Ineguále, add. com. non eguale.

Inelegánte, add. com. non ornato.

Ineluttàbile (v. lat.), add. com. inevitabile, invincibile.

Inemendàbile, add. com. incorreggibile.

Inenarràbile, add. com. da non potersi narrare.

Inerènte (v. lat.), add. com. di sua natura attaccato.

Inerenza, sf. unione di cose per natura inseparabili — connessione di un accidente colla sua sostanza.

Inerme (v. lat.), add. com. senza armi.

Inerte, add. com. infingardo.

Inerudito, add. m. senza erudizione.

Inerzia, sf. passività della materia sì riguardo alla quiete che al moto — infingardaggine.

Inesatto, add. m. non riscosso.

Inesauribile, add. com. che non si secca, o non finisce mai.

Inesausto, add. m. che non viene meno.

Inescare. V. Adescare.

Inescusàbile, add. com. che non può scusarsi.

Inescusabilmente, avv. senza scusa.

Ineseguibile, add. com. che non si può eseguire.

Inesigibile, add. com. difficile a riscuotersi.

Inesione, sf. punto ove si attaccano due oggetti di simil natura.

Inesoràbile, add. com. implacabile.

Inesorabilmente, avv. senza pietà.

Inesperienza, sf. mancanza di esperienza.

Inesperto, add. m. mal pratico, imperito.

Inespiàbile, add. com. che non può espiare o purgare (e dicesi di colpa, macchia ec.)

Inesplicàbile, add. com. che non si può spiegare.

Inesprimibile, add. com. che non può esprimersi con parole.

Inespugnàbile, add. com. insuperabile, invincibile.

Inestimàbile, add. com. che non ha prezzo.

Inestinguibile, add. com. che non può spegnersi.

Inestricàbile, add. com. che non si può svolgere.

Inettitudine, sf. mancanza di attitudine a fare checchessia.

Inetto, add. m. disadatto.

Inevàso, add. m. nell'uso si dice

deciso o risoluto, pendente.

Inevitàbile, add. com. da non potersi scansare.

Inevitabilmente, avv. senza scampo

Inézia, sf. bagattella, scioccheria.

Infagottarsi, np. avvolgersi come in fagotto.

Infallìbile, add. com. che non può errare - certissimo.

Infallibilità, sf. carattere della chiesa cattolica, che, riunita, non può errare nelle sue decisioni dommatiche.

Infallibilmente, avv. senza fallo.

Infamàre, att. offendere il buon nome di alcuno pubblicamente.

Infamatorio, add. m. che reca infamia.

Infàme, add. com. di mala fama.

Infàmia, sf. macchia grave e notoria nell'onore.

Infamità, sf. azione infame.

Infangàre, arsi, att. e np. lordare, e lordarsi di fango.

Infante (v. lat.), sm. bambino che non ha ancora acquistata la facoltà della favella - titolo dei primogeniti reali di Spagna.

Infanteria. V. Fanteria.

Infanticidio, sm. uccisione del feto nato.

Infantile, add. com. da bambino.

Infànzia, sf. prima età dell'uomo.

Infarinatùra, sf. aspersione leggiera di farina - fig. cognizione superficiale.

Infastidìre (pr. sco ec.), att. recar fastidio -. np. annojarsi.

Infaticàbile, add. com. che non si stanca mai, instancabile.

Infatuàre (v. lat.), att. preoccupare uno in favore di persona o cosa immeritevole, a segno ch'ei non possa sì facilmente disingannarsi - n. ass. divenire insipido.

Infàusto, add. m. malaugurato.

Infecondità, sf. sterilità.

Infecondo, add. m. sterile.

Infedéle, add. com. che non serba fede - sm. idolatra - agg. di memoria, labile.

Infedeltà, sf. mancanza di fede.

Infelìce, add. com. sventurato.

Infelicità, sf. sofferenza di mali che nel numero, nella intensità e nella durazione superano i beni.

Infellonire (pr. sca ec.), n. ass. incrudelire.

Inferigno, add. m. agg. di pane fatto di farina e cruschello.

Inferiore, add. com. più basso, men degno.

Inferire (pr. sco ec.), att. trarre conseguenza, dedurre.

Infermàre, n. ass. cader malato.

Infermería, sf. stanze destinate agl'infermi in comunità.

Infermìccio, add. m. malsano.

Infermiére, sm. chi ha cura dei malati nelle infermerie.

Infermità, sf. malattia.

Inferno, *add. m.* malato.

Infernale, *add. com.* d'inferno.

Inferno, *sm.* luogo di eterna perdizione - *fig.* grave e lungo affanno - *add. m.* infernale.

Infervoire (*pr.* sco ec.), *n. ass.* infuriarsi.

Inferriata, *sf.* graticola di ferro che si mette alle finestre.

Infervorare, *att.* infiammare - *np.* accendersi d'amor, di virtù.

Infestamento, *sm.* molestia.

Infestare, *att.* importunare - molestare - disturbare.

Infesto, *add. m.* molesto, importuno.

Infettare, *att.* propagare il contagio.

Infetto, *add. m.* corrotto, guasto.

Infeudare, *att.* dare in feudo.

Infezione, *sf.* corruzione - contagio.

Infiacchire (*pr.* sco ec.), *att.* e *n. ass.* rendere, e divenir fiacco.

Infiammabile, *add. com.* che si accende con facilità.

Infiammare, *att.* accendere - *fig.* eccitare qualsivoglia affetto.

Infiammazione, *sf.* accendimento di fiamma - *In med.* calore prodotto in alcuna parte del corpo da eccessivo ingorgamento di sangue.

Infiascare, *att.* mettere nel fiasco.

Infido (*v. lat. e poet.*), *add. m.* infedele.

Inferire (*pr.* sco ec.), *n. ass.*

incrudelire a guisa di fera.

Infievolire (*pr.* sco ec.), *att.* indebolire - *np.* scemar di forza

Infiggere (*pass.* issi, *pp.* itto), *att. an.* ficcar entro, conficcare.

Infilare, *att.* passar un filo nel foro di un ago.

Infilzare, *att.* forare facendo restare l'oggetto nella cosa che si fora.

Infilzata, *sf.* lunga serie di cose o di parole.

Infimo, *add. m.* ultimo di luogo e di condizione.

Infinattanto, e in fino a tanto - *avv.* sino a che.

Infingardaggine, *sf.* pigrizia.

Infingardire (*pr.* sco ec.), *att.* e *n. ass.* rendere, e divenire infingardo.

Infingardo, *add. m.* pigro.

Infingere (*pr.* ingo, *pass.* issi, *pp.* into), *n. ass.*, e più comun. *np.* far vista - dissimulare.

Infinità, *sf.* moltitudine innumerabile.

Infinitamente, *avv.* senza fine.

Infinito, *add. m.* che non ha principio né fine - innumerevole - *In gramm.* uno de'modi de'verbi.

Infinocchiare, *att.* dare ad intendere.

Infiorare, *att.* abbellire con fiori - e spargere fiori sopra checchessia.

nfistolíre (pr. sco ec.), n. ass. convertirsi in fistola.

nflessìbile, add. com. ostinato – inesorabile.

nflessibilità, sf. – ostinazione.

nflessibilmente, avv. senza piegarsi – per trasl. ostinatamente.

nflessióne (v. lat.), sf. piegamento (detto per lo più della voce)

nfliggere (v. lat.), att. an. (pass. issi, pp. itto), stabilire una pena a un reo.

nfluènte, add. com. che influisce – che sbocca (detto di fiumi, di vene ec.)

nfluenza, sf. V. Influsso – nell'uso potere che da un maggiore deriva indirettamente sull'inferiore.

nfluíre (pr. sco ec.), n. ass. infondere le sue qualità – scorrere entro (detto de' fluidi)

nflusso, sm. infondimento delle qualità proprie in altrui – scorrimento di un fiume in un altro.

nfocáre, att. dare o allaccar fuoco – fig. e np. concitare e concitarsi.

nfondere (pass. úsi, pp. úso), att. an. immergere – trasfondere

nformáre, att. dar forma a checchessia – mettere in forma – ragguagliare – istruire – n. ass. formare il processo informativo – np. prendere le occorrenti notizie.

Informatìvo, add. m. che dà informazione.

Informazióne, sf. ragguaglio intorno a checchessia.

Informe, add. com. che non ha la debita forma – irregolare – brutto, mal fatto.

Informicolamento, sm. dolore simile alle morsure di molte formiche.

Infortíre (pr. sco ec.), n. an. divenir forte, o acido.

Infortúnio, sm. disgrazia.

Inforzáre. V. Rinforzare, e Infortíre.

Infuscíre, att. mettere nella forma.

Infra, prep. dentro.

Infracidamento, sm. marcimento.

Infracidáre (pr. ácido ec.), n. ass. divenir fracido.

Infragranti (avv. lat.), sul fatto.

Inframmettere (pass. isi, pp. esso), att. an. mettere frammezzo – np. entrare di mezzo.

Infrángere (pr. ango, pass. ansi, pp. anto), att. an. ammaccare, rompere grossamente.

Infrangìbile, add. com. da non potersi rompere – fig. inviolabile.

Infrascáre, att. coprir di frasche – fig. caricar d'inutili ornamenti – mettere i bachi da seta sul bosco.

Infrascritto, add. m. scritto sotto.

Infrazióne, sf. violazione di una legge, o di un trattato.

Infreddamento. V. Infreddatura.

Infreddáre, n. ass. prender catarro alla testa per cagione di freddo.

Infreddatura, sf. raffreddore.

Infrenáre. V. Frenare.

Infrequente, add. com. non frequente, o non frequentato.

Infrigidire (pr. sco ec.), att. indurre frigidità - n. ass. divenir freddo.

Infruttifero, add. m. che non dà frutto.

Infruttuosamente, avv. senza frutto

Infruttuóso, add. m. sterile - inutile.

Infuóri, avv. fuori.

Infuriáre, n. ass. dar nelle furie.

Infuriáto, add. m. furibondo.

Infusíbile, add. com. che non può fondersi.

Infusióne, sf. l'infondere le sue qualità in checchessia - modo di estrarre l'essenza de' vegetabili tenendoli a macerare nell'acqua senza farli bollire.

Ingabbiáre, att. mettere in gabbia - per simil. rinchiudere.

Ingaggiáre, att. convenir con pegno - impegnare alcuno con prezzo a farsi soldato - e np. farsi soldato.

Ingaggio, sm. quel prezzo che vien dato perché alcuno entri volontario nella milizia.

Ingagliardíre (pr. sco ec.), att. e n. ass. rendere, o divenir gagliardo - np. rinforzarsi.

Ingannáre, att. dire e mostrare una cosa per un'altra - np. pigliare abbaglio.

Ingannévole, add. com. pieno d'inganno.

Ingannevolmente, avv. con inganno

Inganno, sm. azione che in qualunque modo tragga altrui in errore - sbaglio.

Ingarbugliáre, att. confondere - fig. aggirare.

Ingegnarsi, np. industriarsi.

Ingegnére, sm. inventore d'ingegni od ordigni meccanici - soprintendente alle fortificazioni di una piazza - volg. architetto.

Ingegno, sm. genio rivolto alla esecuzione, per cui vinciamo rapidamente e nel miglior modo gli ostacoli che oppongonsi al nostro divisamento - industria, sagacità - parte della chiave che agisce entro la serratura.

Ingegnosamente, avv. industriosamente.

Ingegnóso, add. m. industrioso.

Ingelosíre (pr. sco ec.), att. e n. ass. dare, o prendere gelosia

Ingemmáre, att. adornare con gemme - e per simil. con fiori - In agric. innestare a occhio.

Ingenerire. V. Generare.

Ingénito (v. lat.), add. m. innato, naturale.

Ingente (v. lat. e dell'uso), add. com. estremamente grande.

Ingentilíre (*pr.* sco ec.), *att.* nobilitare – rendere gentile – addomesticare – *n. ass. e np.* acquistar gentilezza.

Ingenuamente, *avv.* sinceramente.

Ingenuità, *sf.* schiettezza.

Ingenuo (*v. lat.*), *add. m. propr.* nato libero – sincero, leale.

Ingerenza, *sf. nell'* uso incombenza, incarico.

Ingerirsi (*pr.* sco ec.), impacciarsi negli affari altrui.

Ingessare, *att.* impiastrare con gesso.

Inghiaiare, *att.* coprire di ghiaja una strada.

Inghiottíre (*pr.* sco ec.), *att.* spignere il boccone giù per la gola.

Inghirlandáre, *att.* ornare con ghirlanda, incoronare.

Ingiallíre (*pr.* sco), *n. ass.* divenir giallo.

Ingiardinato, *add. m.* pieno di giardini.

Inginocchiarsi, *np.* piegare le ginocchia a terra.

Inginocchiatojo, *sm.* arnese per inginocchiarsi.

Inginocchióni, *avv.* colle ginocchia in terra.

Ingiojellare, *att.* ornare di gioje.

Ingiúgnere (*pr.* ungo, *pass.* unsi, *pp.* unto), *n.* commettere, ordinare, comandare.

Ingiuria, *sf.* oltraggio recato altrui con fatti o con parole. –

Ingiurióso, *add. m.* che reca ingiuria.

Ingiustamente, *avv.* a torto.

Ingiustizia, *sf.* qualunque atto contrario al giusto.

Ingiusto, *add. m.* contrario alla giustizia.

Ingojáre, *att.* inghiottire senza masticare – *fig.* appropriarsi.

Ingolfamento, *sm.* avanzamento in alto mare – *fig.* l'implicarsi intensamente in gravi cure.

Ingolfarsi, *np.* internarsi – darsi tutto ad un lavoro.

Ingollare. V. *Ingojare.*

Ingombráre, *att.* imbarazzare.

Ingombro, *sm.* impedimento, impaccio – *add. m.* impedito.

Ingordigia, *sf.* brama smoderata.

Ingordo, *add. m.* avidissimo.

Ingorgamento, *sm.* luogo dove l'acqua che scorre è in parte ritenuta, e rigira – *In med.* sovrabbondanza di umore in alcuna parte del corpo.

Ingorgáre, *n. ass.* far gorgo o vortice (*e dicesi particolarm. delle acque*) – *In med.* degli umori del corpo allorchè si arrestano in alcuna parte di esso.

Ingorgo. V. *Ingorgamento.*

Ingozzare, *att.* mandare giù del gozzo – *fig.* tollerare le ingiurie senza risentirsi.

Ingrandimento, *sm.* maggiore estensione, ampliazione.

Ingrandire. V. *Aggrandire.*

Ingrassare, att. impinguare — concimare i campi — n. ass. e np. divenir grasso.

Ingrasso, sm. concime.

Ingraticolare (pr. ícolo ec.), att. chiudere con graticole le aperture.

Ingratitudine, sf. dimenticanza de' benefizj ricevuti.

Ingrato, add. m. sconoscente — nojoso, spiacevole.

Ingravidare (pr. ávida ec.), att. e n. ass. rendere, o divenir gravida.

Ingrediente, sm. ciò ch'entra nei medicamenti, nelle vivande, e in qualunque composto.

Ingresso, sm. entrata — e il luogo donde si entra.

Ingroppare, att. V. Aggroppare — portarsi in groppa.

Ingrossamento, sm. gonfiamento.

Ingrossare, att. e n. ass. fare, o divenir grosso — ingravidare — fig. leggermente adirarsi.

Inguantarsi, np. mettersi i guanti.

Inibire (v. lat.), att. (pr. ecc ec.), proibire.

Inibitoria, sf. decreto che proibisce

Inibizione, sf. proibizione del magistrato.

Iniezione, sf. introduzione di un fluido in alcuna cavità del corpo.

Inimicare, att. seminar discordie — np. farsi nemico.

Inimicizia, sf. avversione conce-

pita contro alcuno.

Inimico. V. Nemico.

Inimitabile, add. com. che non può imitarsi — perfetto, eccellente.

Iniquamente, avv. ingiustamente.

Iniquità, sf. ingiustizia, malvagità.

Iniquo, add. m. ingiusto, malvagio.

Iniziale, add. com. agg. di lettera che comincia la parola.

Iniziare, att. dar principio — ammettere alla cognizione del culto intimo — cominciare a istruire nella religione o in qualche scienza.

Iniziato, add. m. ammesso alla partecipazione de' sacri misteri.

Inmalinconire (pr. sco ec.), n. ass. divenire malinconico.

Innacquare, att. mescolare acqua con vino — adacquare.

Innaffiare. V. Annaffiare.

Innaffiatojo. V. Annaffiatojo.

Innalzamento, sm. sollevamento.

Innalzare, att. sollevare — fig. esaltare.

Innamorare, att. accendere d'amore — np. invaghirsi — porre affezione a checchessia.

Innanellamento, sm. riccio di capelli.

Innanellare, att. dare il riccio ai capelli.

Innanimire (pr. ánime ec.), att. dar coraggio.

Innanzi, prep. avv. prima, avanti — piuttosto.

Inaspáre. V. *Annaspare*.

Innasprire, *att.* esacerbare.

Innato, *add. m.* connaturale.

Innavigábile, *add. com.* che non può navigarsi (*detto di fiume*).

Innebriare. V. *Inebbriare*.

Innegábile, *add. com.* che non può mettersi in dubbio.

Innestamento. V. *Innesto*.

Innestáre, *att.* incastrare un ramicello di una pianta in un'altra – *fig.* congiungere, attaccare.

Innestatúra, *sf.* luogo ov' è innestata la pianta.

Innesto, *sm.* ramicello innestato.

Inno, *sm.* breve componimento poetico in onore di Dio, e dei Santi.

Innocente, *add. com.* che non offende – *fig.* che non ha colpa.

Innocentemente, *avv.* senza colpa e malizia.

Innocenza, *sf.* nettezza di colpa – qualità di ciò che non reca nocumento.

Innoltrarsi, *np.* andare più oltre.

Innovare, *att.* far di nuovo.

Innovazione, *sf.* introduzione di cosa da prima non usata.

Innumerábile, *add. com.* che non si può numerare.

Innumerabilmente, *avv.* senza numero.

Innumerévole. V. *Innumerabile*.

Inobbedienza, *sf.* ripugnanza di obbedire.

Inoculazione, *sf.* innesto del vajuolo.

Inodorífero, *add. m.* che non rende odore.

Inofficioso, *add. m.* agg. di testamento per cui il legittimo erede viene ingiustamente spogliato dell' eredità.

Inoliáre, *att.* ungere con olio.

Inoltrarsi. V. *Innoltrarsi*.

Inoltre, e in oltre, *avv.* di più.

Inondáre, *att.* allagar i terreni.

Inondazione, *sf.* allagamento naturale, od artificiale di terreni.

Inonestà, *sf.* indecenza.

Inonesto, *add. m.* contrario alla onestà.

Inonorato, *add. m.* lasciato senza i meritati onori.

Inópia (*v. lat.*), *sf.* mancanza del bisognevole.

Inopináto (*v. lat.*), *add. m.* non preveduto.

Inopportúno, *add. m.* fuor di tempo e di luogo.

Inordinatezza, *sf.* confusione di cose, o d' idea.

Inordinato, *add. m.* senza ordine.

Inorgoglire (*pr. sco ec.*), *att.* e *n. ass.* rendere, e divenir orgoglioso.

Inornáto, *add. m.* disadorno.

Inorpellamento, *sm.* finzione.

Inorpelláre, *att. propr.* ornare con orpello – e *fig.* dare apparenza.

Inorridire (*pr. sco ec.*), *att.* destare spavento – *n. ass.* e *np.* essere compreso da orrore – farsi più orrido (*detto di ca-*

schi e luoghi montuosi)

Inospitale, *add. com.* che non alloggia volentieri - agg. di paese, che non fa buon viso ai
forestieri.

Inospitalità, *sf.* cattivo trattamento usato verso de' forestieri.

Inospite (*v. lat.*), *add. com.* solitario.

Inossare, *n. att.* divenir osso.

Inosservanza, *sf.* il non conformarsi alle leggi divine od u-
mane.

Inosservato, *add. m.* senza essere veduto.

Inquietare, *att.* tòr la quiete - *np.*
andare in impazienza.

Inquietezza, *sf.* stato di agitazione dell'animo o della persona.

Inquieto, *add. m.* senza quiete,
cioè travagliato nell'animo da
noja o affanno - che reca inquietudine.

Inquietudine, *sf.* sensazione molesta, nata dal percepire un
male rimotamente possibile.

Inquilino (*v. lat.*), *sm.* abitatore
di casa altrui.

Inquisire (*pr.* sco ec.), *att.* processare i rei in causa criminale.

Inquisito, *add. m.* accusato criminalmente, processato.

Inquisitore, *sm.* diligente ricer-
catore - titolo di chi presiede
al tribunale della inquisizione.

Inquisizione, *sf.* esame in materia criminale - tribunale ec-

clesiastico per procedere contro gli eretici, i miscredenti ec.

Insaccare, *att.* mettere in sacco.

Insalato. V. *Salare.*

Insalata, *sf.* erbe crude condite
con sale, olio e aceto.

Insalubre, *add. com.* malsano.

Insalutato, *add. m.* non salutato.

Insalvatichire (*pr.* sco ec.), *att.*
e *n. ass.* rendere, e divenir
salvatico - e *fig.* zotico.

Insanabile, *add. com.* incurabile.

Insanabilmente, *avv.* senza speranza di guarigione.

Insanguinare (*pr.* ánguino ec.),
att. bruttar di sangue.

Insania (*v. lat.*), *sf.* stoltezza.

Insanire (*v. lat.*), *n. ass.* (*pr.* sco
ec.), impazzire.

Insano (*v. lat.*), *add. m.* stolto.

Insaponare, *att.* stemperare il sapone nelle biancherie per la-
varle, o sulla barba per ra-
derla.

Insaziabile, *add. com.* che niente
può saziare - *fig.* incontentabile.

Insaziabilità, *sf.* smoderato appetito di checchessia, ingordigia.

Insciente, *add. com.* ignorante.

Inscrivere (*pass.* issi, *pp.* itto),
att. ant. porre inscrizione -
mettere a ruolo.

Inscrizione, *sf.* titolo - contrassegno.

Insegna, *sf.* bandiera - divisa, ec., distinto.

Insegnamento, sm. ammaestramento.

Insegnáre, att. ammaestrare alcuno in cosa ch'ei non sappia.

Inseguire, att. perseguitare.

Inselciato, add. m. lastricato di selci.

Inselvarsi, np. fuggir pel bosco, imboscarsi - divenir bosco.

Inselvatichire. V. Insalvatichire.

Insensatàggine, e

Insensatezza, sf. stoltezza.

Insensato, add. m. stupido, stolto.

Insensibile, add. com. che non si apprende con veruno dei sensi del corpo - privo di senso o sentimento.

Insensibilità, sf. stupidità.

Insensibilmente, avv. a poco a poco - senz'accorgersene.

Inseparabile, add. com. che non può separarsi - che sta sempre insieme.

Inseparabilmente, avv. senza separazione.

Insepolto, add. m. non seppellito

Inserimento. V. Inserzione.

Inserire (pr. sco ec.), att. mettere una cosa dentro un'altra - aggiugnere.

Inserrare, att. serrare dentro.

Inserviente, add. com. che serve.

Inserzione, sf. l'atto di porre una cosa entro un'altra.

Insetto, sm. nome generico di più specie di picciolissimi animali, de'quali altri si strisciano sulla terra come i lombrichi, altri camminano come le formiche, ed altri volano come le mosche, le farfalle e simili.

Insidia, sf. inganno teso di nascosto.

Insidiare, att. tendere inganni occultamente.

Insidiosamente, avv. con insidia.

Insidioso, add. m. che nasconde inganni.

Insieme, avv. unitamente.

Insigne, add. m. famoso, illustre.

Insignificante, add. com. di poca importanza.

Insignire (pr. sco), att. decorare con distintivi d'onore persone di gran merito.

Insino, avv. fino.

Insinuante, add. com. che t'introduce - di maniere obbliganti.

Insinuare, att. indurre a fare, persuadere - np. introdursi destramente nell'animo altrui.

Insinuazione, sf. esortazione - nell'uso presentazione, ed anche informazione, ragguaglio.

Insipidezza, sf. scipitezza di cose o di parole - sciocchezza.

Insipido, add. m. senza sapore - fig. senza vivacità o cultura.

Insistenza, sf. fermezza e quasi ostinazione nel domandare, o nell'adoperarsi per ottenere un intento.

Insistere (pass. stei, e stetti), n. an. star fermo in alcun propondimento senza mai stancarmi finché siasi ottenuto quanto si brama.

Insito (*v. lat.*), *add. m.* innato, ingenito - inserito nell'interno.

Insoave, *add. com.* spiacevole al gusto.

Insociabile, *add. com.* che non ama la compagnia.

Insoffribile, *add. com.* che non si può soffrire.

Insolcáre. V. *Solcare.*

Insolente, *add. com. propr.* inso- lito - *fig.* petulante.

Insolentemente, *avv.* con inso- lenza.

Insolentire (*pr.* sco *ec.*), *n. ass.* farsi ardito.

Insolenza, *sf.* arroganza, sfaccia- taggine.

Insolitamente, *avv.* fuor dell'usato.

Insolito, *add. m.* inusitato.

Insolubile. V. *Indissolubile.*

Insoluto, *add. m.* che non è sciol- to - e nell'uso non pagato o saldato.

Insorgente (*v. dell'uso moderno*), *sm.* ribelle, rivoltoso.

Insorgere (*pass.* orsi, *pp.* orto), *n. an.* alzarsi contro, sollevarsi.

Insormontabile, *add. com.* che non si può superare.

Insospettire (*pr.* sco *ec.*), *att.* e *n. ass.* mettere, ed entrare in sospetto.

Insostenibile, *add. com.* che non si può sostenere.

Insozzáre, *att.* e *n. ass.* bruttare, e bruttarsi.

Insperabile, *add. com.* che non può sperarsi.

Insperatamente, *avv.* contro ogni aspettazione.

Insperato, *add. m.* inaspettato.

Inspettore, *sm.* chi ha la soprin- tendenza.

Inspezione, *sf.* soprintendenza.

Inspirare, *att.* infondere pensiero o affetto - *contr. di* respirare.

Inspirazione, *sf.* impulso interno ad operare - *contr. di* espirazione.

Instabile, *add. com.* incostante.

Instabilità, *add. f.* incostanza nel- l'operare - variabilità delle umane cose.

Installare, *att. nell'uso* mettere in possesso.

Installazione, *sf.* l'atto di mettere in possesso.

Instancabile, *add. com.* che non si stanca mai.

Instancabilmente, *avv.* senza stan- carsi.

Instantaneamente, *avv.* in un istan- te, subito.

Instantaneo, *add. m.* di brevissi- ma durata.

Instante, *sm.* momento di tem- po - colui che fa instanza in giudizio.

Instantemente, *avv.* con calore.

Instanza, *sf.* perseveranza nel domandare - supplica.

Instare (*v. lat.*), *n.* insistere nella domanda.

Insterilire (pr. sco ec.), n. ass. divenire sterile.

Instigare, att. stimolare con calore a fare alcuna cosa per lo più non buona.

Instigazione, sf. incitamento al male

Instillare, att. infondere a stilla a stilla - insinuare a poco a poco buone o cattive massime nell' animo altrui.

Instinto, sm. stimolo interno antecedente all'avvertenza e provocante ad azioni particolari - disposizione particolare ne'bruti che li rende atti a conoscere ciò che loro giova o nuoce.

Instituire (pr. sco ec. pp. uito, e uto), att. an. dar principio, fondare, ordinare.

Instituto, sm. divisamento - ordine (monastico) - sorta di accademia.

Institutore, sm. fondatore.

Instituzione, sf. cominciamento - fondazione - addottrinamento.

Instruire, (pr. sco ec., pp. uito e instrutto), att. an. comunicare agli altri ciò che non sanno - ammaestrare.

Instrumentale. V. Strumentale.

Instrumento. V. Strumento.

Instruttivo, add. m. che instruisce.

Instrutto, add. m. ammaestrato - provveduto, apparecchiato -

Instruttore, sm. maestro.

Instruzione, sf. ammaestramento.

Instupidire, n. divenire stupido.

Insucidire (pr. acido ec.), att. lordare.

Insufficiente, add. com. che non basta.

Insufficienza, sf. scarsezza di facoltà o di mezzi per giugnere ad un fine.

Insulso, add. m. che non ha sapore - sciocco, sciamunito.

Insultare, att. ingiuriare.

Insulto, sm. affronto di parole che offendono i riguardi dovuti ad una persona.

Insuperabile, add. com. che non può superarsi.

Insuperbire (pr. sco ec,), att. e n. ass. rendere, e divenire superbo.

Insurrezione, sf. sollevazione.

Insussistente, add. com. che non sussiste.

Insussistenza, sf. debole fondamento di checchessia.

Intaccamento, sm. infedeltà di amministrazione.

Intaccare, att. far tacche nella superficie di alcuna cosa - togre alcun poco da un tutto - fig. far debito - offendere l'onore.

Intaccatura, sf. piccolo taglio.

Intacco, sm. (pl. cchi), sottrazione occulta di parte di un tutt' fig. danno, pregiudizio.

Intagliare, att. scolpire in rilie'

Intagliatore, sm. scultore in leg' " in pietra, o in metallo.

Intaglio, sm. lavoro di riliero o
d'incavo.

Intanarsi, np. entrare in tana -
fig. rendersi solitario.

Intangibile, add. com. che non si
può toccare - incorporeo.

Intanto, avv. frattanto.

Intarlare. V. Tarlare.

Intarsiare, att. commettere insieme diversi pezzetti di legame di varj colori.

Intarsiatura, sf. commettitura a
lavoro di tarsia.

Intascare, att. mettere in tasca.

Intatto, add. m. non toccato -
puro.

Intavolare (pr. avolo ec.), att.
pattare al giuoco degli scacchi
- e, accomodare le pedine e
gli altri pezzi sul tavoliere -
porre in tavola - nelle arti,
impalcare, incrostare - un negozio, un affare ec., cominciar-
lo, farne la proposizione ec.

Intavolato, sm. assito.

Integerrimo, add. m. superl. d'integro, giustissimo.

Integrale, add. com. necessario
alla integrità di un tutto.

Integrità, sf. stato di cosa non mu-
tilata - fig. rettitudine, lealtà
-, perfezione.

Integro, add. m. intero - giusto.

Intelajare, att. mettere nel telajo.

Intelajatura, sf. unione di più
pezzi di legname.

Intellettiva, sf. facoltà dell'intelletto.

Intellettivo, add. m. d'intelletto.

Intelletto, sm. facoltà di conoscere e di usare l'attenzione necessaria alle funzioni dell'anima

Intellettuale, add. com. appartenente all'intelletto.

Intellezione, sf. nozione che l'a-
nima ha di sè stessa e de' pro-
prii fenomeni.

Intelligente, add. com. che intende

Intelligenza, sf. V. Intelletto -
cognizione - corrispondenza -
in pl. angeli.

Intelligibile, add. com. atto ad
essere inteso.

Intemerata, sf. intrigo - azione
spiacevole, lunga e tediosa.

Intemerato (v. lat.), add. m. senza macchia.

Intemperante, add. com. sregolato.

Intemperanza, sf. abuso dei piaceri innocenti della vita, particolarmente di quelli del gusto.

Intemperie, sf. qualunque cambiamento di freddo, caldo o
umido, che accada nell'atmosfera.

Intempestivamente, avv. fuor di
tempo.

Intempestivo, add. m. ch'è fuor
di tempo.

Intendente, add. com. che intende -sm. titolo di magistratura.

Intendenza, sf. intendimento -
uffizio dell'intendente.

Intendere (pr. esi, pp. eso), att.

an. apprendere coll'intelletto
— essere intento a checchessia
— *n.* avere intenzione — *np*
essere d'accordo.

Intendimento, *sm.* intelligenza —
intenzione, proponimento — senso di parole, significato.

Intenerimento, *sm.* sentimento di
tenerezza, compassione.

Intenerire (*pr.* sco ec.), *att. e n.*
ass. far divenire, e divenir tenero — *np. fig.* provar compassione.

Intensamente *avv.* profondamente

Intensione. *sf.* pienezza dell'essere di una cosa o qualità.

Intenso, *add. m.* veemente, penetrante — attento.

Intentare, *att.* procurar di fare —
farsi attore in giudizio.

Intento, *sm.* intenzione — scopo —
disegno — *add. m.* occupato in
una cosa con tutta la mente.

Intenzionato, *add. m.* che ha intenzione.

Intenzione, *sf.* avvertenza diretta
ad un fine.

In tepidire. V. *Intiepidire.*

Interamente, *avv.* compiutamente.

Intercalare, *sm.* verso che si ripete dopo due strofe di una
canzone — giorno che si aggiugne al febbrajo dell'anno bisestile.

Intercedere (*pass.* essi, *pp.* esso),
att. an. adoperarsi presso alcuno a favore d'altri — inter-

porsi per ottenere una grazia.

Intercessione, *sf.* meditazione.

Intercessore, *sm.* chi prega per
un altro.

Intercettare, *att.* arrestar lettere
missive e simili per iscoprire
qualche disegno.

Intercetto, *add. m.* trattenuto.

Intercolonnio, *sm.* lo spazio tra
una colonna e l'altra.

Intercostale, *add. com.* ch'è tra
una costola e l'altra.

Intercutaneo, *add. m.* ch'è tra
pelle e carne.

Interdetto, *sm.* censura ecclesiastica, con cui si sospende un
prete dalle sue funzioni, o si
priva un popolo dell'uso dei
sacramenti — *add. m.* vietato.

Interdire (*pass.* issi, *pp.* etto),
att. an. vietare — punire d'interdetto.

Interessamento, *sm.* il pigliar cura
di un negozio altrui come se
fosse proprio — premura.

Interessante, *add. com.* che importa assai.

Interessare, *att.* far partecipe di
una cosa — *np.* prendersi cura
impegnarsi, adoperarsi.

Interessato, *add. m.* che ha parte all'utile — avaro.

Interesse, *sm.* frutto di danari —
utilità — *in pl.* affari.

Interjezione, *sf.* una delle parti
del discorso, esprimente qualche affetto dell'anima.

Internale, *add. com.* temporaneo.

Interióra, *sf. pl.* visceri degli animali.

Interióre, *sm.* la parte interna - *add. m.* interno.

Interiormente, *avv.* di dentro.

Interlineáre, *att.* segnare con linea tra verso e verso.

Interlocutóre, *sm.* attore di commedie.

Intermédio (*v. lat.*), *add. m.* ch'è di mezzo.

Intermétte (*pass.* isi, *pp.* esso), *att.* tralasciare - *n. ass.* divenire intermittente (*detto del polso, della febbre ec.*)

Intermezzo, *sm.* poesia fra un atto e l'altro.

Interminábile, *add. com.* infinito.

Intermissióne, *sf.* interrompimento

Intermittente, *add. com.* che batte irregolarmente, come il polso in tempo di febbre.

Intermitténza, *sf.* irregolarità nel moto.

Internamente, *avv.* al di dentro.

Internarsi, *np.* profondarsi - *fig.* andare al fondo della cosa.

Interno, *sm.* lo spazio ch'è dentro - *fig.* il segreto dell'anima - *add. m.* di dentro.

Internúnzio, *sm.* chi rappresenta il nunzio del papa presso di una corte in mancanza del nunzio.

Intero, *add. m.* tutto di un pezzo - *fig.* sincero.

Interpellàre, *att.* chiamare giuridicamente - domandare - nel P uso sentir il parere.

Interpolatamente, *avv.* di tempo in tempo.

Interporre (*pr.* ongo, oni ec. *pass.* ósi, *pp.* osto), *att. an.* porre fra l'una cosa e l'altra - *np.* entrare di mezzo.

Interpósto, *sm.* V. *Interposizione.*

Interpretáre, *att.* indagare il vero senso di un testo, di una legge e simili.

Intérprete, *sm.* chi esamina e spiega pensieri, parole o scritti non bene intesi.

Interpretazióne, *sf.* esposizione, spiegazione di cosa oscura.

Interpunzióne, *sf.* punteggiatura nello scrivere.

Interráto, *add. m.* coperto di terra.

Interregno, *sm.* l'intervallo che passa tra la morte di un principe e la elezione di un altro.

Interrogáre (*pr.* érrogo, ghi ec.) *att.* domandare per sapere.

Interrogatívo, *add. m.* che interroga.

Interrogatório, *sm.* serie d'interrogazioni fatte dal giudice in un processo.

Interrogazióne, *sf.* l'interrogare.

Interrómpere (*pass.* uppi, *pp.* otto), *att. an.* impedire la continuazione.

Interrottamente, *avv.* a più riprese.

Interruzióne, *sf.* sospensione di discorso, di lavoro e simili.

Interstizio, *sm.* spazio di mezzo.

Intertenére (*pr.* engo, iéni ec., *pass.* enni, *pp.* enúto), *att. ass.* trattenere – *np.* passare il tempo ragionando.

Intertenimento, *sm.* passatempo.

Intervallo, *sm.* la distanza tra due estremi o di tempo o di luogo – *In med.* il tempo tra una febbre intermittente e l'altra – *In fis.* il tempo tra l'arrestarsi di una corrente e la sua ricomparsa – *In mus.* la differenza fra due tuoni, uno acuto ed uno grave.

Intervenire (*pr.* engo, iéni ec., *pass.* enni, *pp.* enúto), *n. an.* aver parte, o trovarsi presente ad alcuna cosa – *imp.* accadere.

Intervento, *sm.* l'intervenire – interposizione, mediazione.

Intéso, *sm.* patto, convenzione – *add. m.* intento, attento – (*da intendere*), compreso coll'intelletto.

Intéssere (*pass.* esséi, o essi ec., *pp.* essúto, o intesto), *att. an.* intrecciáre insieme.

Intestáre, *att.*, *nelle arti* mettere due pezzi a contrasto colle loro testate – *In comm.* registrare un conto, una partita in testa ed in nome di uno – *np.* stare ostinato nella sua opinione.

Intestinále, *add. com.* degl'intestini.

Intestíno, *sm.* (*pl.* ini *m.* o ina o ina *f.*), canale degli alimenti – *add. m.* interno.

Intesto, *add. m.* intessuto, cioè intrecciato insieme.

Intiepidíre (*pr.* sco ec.), ridurti a calore moderato – *fig.* mancare di fervore.

Intieramente. V. *Interamente.*

Intiéro. V. *Intero.*

Intígnere (*pr.* ingo, *pass.* insi, *pp.* into), *att. an.* tuffar leggermente checchessia in cosa liquida.

Intimamente, *avv.* intrinsecamente.

Intimáre, *att.* far sapere con autorità, ordinare.

Intimazióne, *sf.* notificazione autorevole.

Intimo, *add. m. sup.* d'interno, – *sm.* amico – *agg.* di *senso*, cóscienza.

Intimoríre (*pr.* sco ec.), *att.* e *n. ass.* recare, e aver timore.

Intíngere. V. *Intignere.*

Intíngolo, *sm.* vivanda brodosa.

Intirizzimento, *sm.* lo istirizzire dal freddo.

Intirizzire (*pr.* sco ec.), *n. ass.* non potersi piegare per effetto di troppo freddo.

Intisichíre (*pr.* sco ec.), *n. ass.* divenir tisico.

Intitoláre (*pr.* itolo ec.), *att.* dare il titolo – attribuire – dedicare.

Intitolazione, *sf.* iscrizione di un libro - dedica.

Intollerábile, *add. com.* insopportabile.

Intollerante, *add. com.* impaziente.

Intolleranza, *sf.* impazienza.

Intonacáre (*pr.* ónaco, chi ec.), *att.* dare l' ultima mano di calcina alle muraglie.

Intónaco, *sm.* (*pl.* chi), l' ultima arricciatura de' muri.

Intonazióne, *sf.* principio del canto.

Intopparsi, *np.* abbattersi in checchessia.

Intoppo, *sm.* cattivo incontro - ostacolo, inciampo,

Intorbidáre (*pr.* órbido ec.), *att.* far torbido un liquido da prima chiaro - *fig.* guastare i disegni altrui - *n. ass.* e *np.* divenir torbido.

Intormentire (*pr.* sco ec.), *n. ass.* perdere per freddo o per altra cagione il senso delle membra per alcun tempo.

Intorniáre. V. *Attorniare.*

Intorno, *prep.* circa, presso a poco.

Intorpidíre (*pr.* sco ec.), *att.* e *n. ass.* rendere, e divenir torpido, cioè privo di senso e moto.

Intorcere. V. *Attorcere.*

Intossicáre. V. *Attossicare.*

Intra, *prep.* nel mezzo.

Intralciáre, *att.* avviluppare.

Intramezzáre, *att.* mettere tra

mezzo, frapporre.

Intrassitivo, *add. m.* che non passa da persona a persona - *In gramm.* agg. di verbo, la significazione del quale non si parte dal suo principio, nè passa in alcun termine.

Intraprendente, *add. com.* capace di ardite imprese.

Intrapréndere (*pass.* ési, *pp.* éso), *att. an.* pigliar a fare.

Intraprésa. V. *Impresa.*

Intrattábile, *add. com.* fantastico, rigido - *detto di cosa,* difficile a maneggiarsi.

Intrattenére (*pr.* engo, iéni ec., *pass.* enni, *pp.* enúto), *att. an.* tener a bada - fermare - *np.* passare il tempo ragionando.

Intrattenimento, *sm.* ritardo - passatempo.

Intresciáre, *att.* collegare, unire in treccia.

Intréccio, *sm.* collegamento, e quasi tessitura di più cose fra loro - accidenti che collegansi coll' azione di un dramma o di un poema, e che conducono allo scioglimento.

Intrepidamente, *avv.* senza timore.

Intrepidezza, *sf.* gran coraggio nel pericolo.

Intrépido, *add. m.* che affronta il pericolo anche a rischio della vita.

Intricáre, V. *Intrigare.*

Intridere (*pass.* isi, *pp.* iso), *att.*

stemperare - imbrattare.

Intrigáre, *att.* avviluppare insieme - *np. fig.* intromettersi in qualche affare senza esserne richiesto.

Intrigo, *sm.* (*pl.* ghi), imbarazzo - *fig.* raggiro, cabala.

Intrinseco, *add. m.* (*pl.* chi), famigliare, amicissimo - intimo, cordiale.

Intrinsicarsi, *np.* prendere dimestichezza.

Intrinsichezza, *sf.* intima amicizia, cordialità.

Intristire, *n.* divenir cattivo - non attecchire.

Intriso, *add. m.* stemperato - imbrattato, lordo.

Introdurre (*pr.* úco, *pass.* ussi, *pp.* otto), *att. an.* condur dentro - promuovere un discorso - mettere in uso.

Introduzióne, *sf.* l'introdurre - principio - prologo di un libro.

Introito, *sm.* entrata - esordio - principio della messa - nell'uso riscossione, esazione ec.

Intromettere (*pass.* isi, *pp.* esso), *att. an* metter dentro - *np.* ingerirsi - farsi mediatore.

Intronamento, *sm.* stordimento.

Intronáre, *att.* stordire.

Intronizzáre, *att.* mettere in trono.

Intronizzazione, *sf.* collocamento sul trono.

Intrúdere (*v. lat.*), *att. an.* (*pass.* úsi, *pp.* úso), spinger dentro

- *np.* ficcarsi dove non si dovrebbe.

Intrusióne, *sf.* introduzione forzata - elezione non legittima.

Intuitivo, *add. m.* agg. di quella visione mentale, con cui l'anima astratta dai sensi tutta si immerge nella contemplazione di Dio.

Intuizióne, *sf.* visione beatifica.

Intumescenza, *sf.* gonfiamento.

Intuonáre. V. *Intonare.*

Inturgidire (*pr.* sco ec.), *n. ass.* gonfiarsi.

Inulto (*v. lat. e poet.*), *add. m.* invendicato.

Inumanamente, *avv.* senza umanità.

Inumanità, *sf.* crudeltà, barbarie.

Inumano, *add. m.* crudele.

Inumidire. V. *Umidire.*

Inurbanamente, *avv.* senza civiltà

Inurbanità, *sf.* inciviltà.

Inurbáno, *add. m.* incivile.

Inusitatamente, *avv.* fuori del solito.

Inusitato, *add. m.* che non è più in uso.

Inútile, *add. com.* che non reca alcun vantaggio.

Inutilmente, *avv.* senza utilità.

Invádere (*v. lat.*), *att. an.* (*pass.* ási, *pp.* áso), occupare un paese con eserciti - *fig.* attaccare i diritti altrui.

Invaghire (*pr.* sco ec.), *att.* innamorato - *n. e np.* accendersi d'amore, o di desiderio di checchessia.

Invalidamente, avv. di niun valore.

Invalidità, sf. nullità.

Invàlido, add. m. che non ha forza in giudizio - impotente - inefficace - Nella mil. inabile alla guerra.

Invalso, add. m. che ha preso piede.

Invanire (pr. sco ec.), att. rendere vano o inutile - n. ass. divenir vano o superbo.

Invàno, e in vano, avv. senza effetto.

Invariabile, add. com. immutabile.

Invariabilmente, avv. senza variazione.

Invasamento, sm. l'invasare - fanatismo.

Invasàre, att. mettere in vaso - per trasl. assalire (proprio di demonj negli ossessi) - n. ass. imprimersi nella mente.

Invasàto, add. m. riposto in vaso - fig. spiritato, ossesso - immerso in qualche vizio - agitato da qualche passione.

Invasione, sf. l'entrare d'uomini o di bestie in paesi altrui per danneggiarli.

Invecchiàre, n. ass. divenir vecchio

Inveire (pr. sco ec.), n. declamare contro persona o vizio.

Invelenire (pr. sco ec.), n. ass. incrudelire.

Inventàre, att. essere il primo autore di checchessia.

Inventariàre, att. far lista degli oggetti di una casa ec.

Inventàrio, sm. registro di masserizie o d'altro.

Inventìva, sf. facoltà d'inventare.

Inventòre, sm. primo ritrovatore di una cosa.

Invenzióne, sf. primo ritrovamento di checchessia, scoperta - acutezza di mente che facilita di trovar nuove cose - In rett. scelta degli argomenti per provare l'assunto - In poes. inviluppo del fatto principale con altri particolari - In pitt. scelta degli oggetti che hanno da entrare nella composizione del quadro.

Inverdire (pr. sco ec.), n. ass. divenir verde.

Invereondia, sf. sfacciataggine.

Inverecondo, add. m. sfacciato.

Inverisimiglianza, sf. ciò che rende un fatto assai dubbioso.

Inverisimile, add. com. non verisimile.

Invermigliáre, att. tignere di vermiglio - n. pass. divenir rosso.

Invernàta, sf. durata dell'inverno.

Inverniciáre, att. dar la vernice.

Inverniciatura, sf. lo stato della cosa inverniciata - fig. apparenza ingannevole.

Inverno, sm. la più fredda delle quattro stagioni dell'anno.

Inverso, *prep.* dalla parte - *add.*
m. rovesciato.

Invértere (*pass.* ersi, *pp.* erso),
att. an. stravolgere, rovesciare.

Invescáre, e

Inveschiáre. V. *Impaniare.*

Investigábile, *add. com.* che non
si può rintracciare - *e talora
in senso opposto,* possibile a
investigarsi.

Investigáre (*pr.* igo, ghi ec.), *att.*
cercare diligentemente.

Investigazióne, *sf.* ricerca esatta.

Investíre, *att.* dare il possesso di
stati, feudi, beneficj ec. - impiegar danaro in checchessia -
affrontare, assalire - colpire.

Investitúra, *sf.* concessione di
dominio, di beneficio ec. fatta
con certe formalità.

Inveteráto, *add. m.* invecchiato.

Invetriáta, chiusura di vetri alle
finestre.

Invettíva, *sf.* riprensione ingiu-
riosa.

Inviamento. V. *Avviamento.*

Inviáre, *att.* mandare alcuno verso un luogo - V. *Avviare.*

Inviáto, *sm.* persona inviata da
un principe ad un altro, per
cagion di negoziati o di com
plimento - *add. m.* mandato.

Invídia, *sf.* sensazione penosa,
nata dal vedere negli altri
quel bene che vorremmo noi
stessi, per cui poi ci diventano odiosi.

Invidiáre, *att.* sentir dolore del
bene altrui - *e talora desiderare un bene simile a quello
di un altro, senza provarne
dolore.

Invidióso, e

Invido (*v. lat. e poet.*), *add. m.*
che si duole del bene altrui.

Invigiláre (*pr.* igilo ec.), *n. ass.*
badare attentamente a checchessia.

Inrigorire (*pr.* sco ec.), *att. e n.
ass.* dare, e pigliar vigore.

Inviluppáre. V. *Avviluppare.*

Invincibile, *add. com.* che non
può vincersi.

Invio, *sm.* indirizzo.

Inviolábile, *add. com.* che non si
può violare.

Inviolabilmente, *avv.* con intera
fede.

Invioláto, *add. m.* non corrotto.

Inviperíre (*pr.* sco ec.), *n. ass.*
incrudelire a guisa di vipera.

Invischiáre. V. *Impaniare.*

Invisibile, *add. com.* che non si
può vedere, o che non si lascia vedere.

Invisibilità, *sf.* stato di ciò che
non può vedersi.

Invitante, *add. com.* che invita,
o alletta.

Invitáre, *att.* dire o far dire a
taluno, che farebbe cosa grata
ad intervenire ad un convito,
festa o simile - (*da* vite), serrar la vite, *contr. di* svita

Invito, sm. chiamata a cosa piacevole - proposta di quanto si vuol giocare.

Invitto (v. lat.), add. m. non vinto, invincibile.

Invocàre, att. chiamàre in ajuto pregando.

Invocazióne, sf. preghiera a Dio per ottenere la sua assistenza - In poes. preghiera che il poeta fa in principio di un poema a qualche divinità.

Invogliáre, att. destar voglia o desiderio in alcuno - np. entrare in voglia, desiderare.

Invóglio, sm. materia con cui si avvolge - fagotto - pacchetto.

Involáre, att. rubare di nascosto - np. sparire.

Involatóre, sm. ladro.

Involgere. V. Avvolgere.

Involontariamente, avv. contro volontà.

Involontário, add. m. senza concorso di volontà.

Involto, sm. più cose avvolte entro una stessa coperta.

Invulnerabile (v. lat.), add. com. che non può essere ferito.

Inzaccheráto, add. m. pieno di zacchere o schizzi di fango.

Inzeppáre. V. Zeppare.

Inzibettáto, add. m. profumato.

Inzoccoláto, add. m. che ha gli zoccoli in piedi.

Inzotichire (pr. sco ec.), n. ass. divenire zotico.

Inzuccheráre (pr. úcchero ec.), att. aspergere di zucchero - fig. addolcire.

Insuppáre, att. intingére materie porose in liquidi - np. inumidirsi.

Io, pron. com. di prima persona.

Ipérbole (v. gr.), sf. esagerazione.

Iperbolicamente, avv. con esagerazione.

Iperbólico, add. m. esagerativo.

Iperdulia (v. gr.), sf. culto che prestasi alla Madre di Dio (superiore a quello de' santi detto dulia, ed inferiore a latria, che prestasi a Dio)

Ipocondria (v. gr.), sf. umore malinconico.

Ipocondriaco, e

Ipocóndrico, add. m. che patisce ipocondria.

Ipocrisia (v. gr.), sf. religione simulata ad oggetto di servire al proprio interesse anche a costo dell' altrui danno.

Ipócrita, sm. (pl. ti), falso divoto.

Ipotéca (v. gr.), sf. (pl. che) obbligazione de' beni del debitore in favore del creditore.

Ipotecáre, att. dare in ipoteca.

Ipotecário, add. e sm. avente il diritto d' ipoteca.

Ipotesi (v. gr.), spiegazione conghietturale di qualsivoglia soggetto oscuro per noi, altr. supposto.

Ipoteticamente, avv. per supposto

difesa.

Ipotetico, *add. m.* supposto, immaginario.

Ippocratismo, *sm.* filosofia d'Ippocrate (famoso medico greco) applicata alla medicina.

Ira, *sf.* subitaneo movimento dell'animo, sospinto da tristezza, con offuscazione della mente.

Iracondia, *sf.* interno stimolo che, non abusato, provoca alla difesa.

Iracondo, *add. m.* che si adira facilmente.

Irascibile, *sm.* appetito che muove l'animo all'ira.

Irato, *add. m.* pieno d'ira.

Ire, *n. difett. (che non si usa che nell'imperf. Iva, nell'imperat. Ite, nell'inf. Ire, e nel pp. Ito), andare.*

Iride (*v. gr.*), *sf.* arco baleno - cerchio colorato intorno alla pupilla dell'occhio - *fig.* trasparenza di cristalli e di gomme.

Ironia (*v. gr.*), *sf.* senso contrario a quello che suonano le parole, usato per derisione.

Ironicamente, *avv.* con ironia.

Iroso, *add. m.* facile all'ira.

Irradiare, *att.* illuminare co' raggi - *n. ass.* spandere raggi, risplendere.

Irradiazione, *sf.* spandimento di luce da un corpo luminoso.

Irragionévole, *add. com.* ch'è fuori, o contro ragione.

Irragionevolezza, *sf.* stato di ciò che non è secondo ragione, e la cosa stessa irragionevole.

Irrazionale, *add. com.* incapace di ragione.

Irreconciliabile, *add. com.* che non si può riconciliare - ostinato nell'odio.

Irrecuperabile, *add. com.* che non si può ricuperare.

Irrefragabile, *add. com.* che non si può confutare.

Irrefragabilità, *sf.* certezza di ciò che non si può confutare.

Irregolare, *add. com.* fuor di regola, o d'ordine.

Irregolarità, *sf.* l'essere mancante di ciò che la legge prescrive - il non essere in regola - impedimento canonico a ricevere gli ordini sacri.

Irreligione, *sf.* mancanza di ogni religione, compresa ancora la naturale.

Irreligioso, *add. m.* che non ha religione - mancante di rispetto alle cose sacre.

Irremeabile (*v. lat. e poet.*), *add. com.* che non torna indietro (*parlando di tempo*) - che non può rivalicarsi (*parlando di fiumi*)

Irremediabile, *add. com.* senza rimedio.

Irremissibile, *add. com.* che non può perdonarsi.

Irremissibilmente, avv. senza scampo.

Irreparàbile, add. com. che non si può riparare, o scansare.

Irreparabilmente, avv. senza riparo o rimedio.

Irreperìbile, add. com. che non si può trovare.

Irreprensibile, add. com., che non si può riprendere o biasimare — esatto ne' suoi doveri.

Irrequiéto, add. m. inquieto.

Irresistìbile, add. com. a cui non si può resistere.

Irresolutezza, sf. V. Irresolu-zione.

Irresolúto, add. m. che non sa risolversi.

Irresoluzióne, sf. dubbiezza a determinarsi.

Irrettattàbile, add. com. che non può ritrattarsi.

Irreverènza, sf. il negare con segno manifesto la debita soggezione o rispetto.

Irrevocàbile, add. com. che non può rivocarsi, fermissimo.

Irridere (v. lat.), att. (pass. ísi, pp. íso), schernire.

Irriflessívo, add. m. che non riflette, spensierato — distratto.

Irrigàre, att. innaffiare seminati o campi con acqua condotta ad arte — parlando di fiumi, scorrere per un paese.

Irrigazióne, sf. innaffiamento.

Irrigidire (pr. sco ec.), att. e n. ass.

far divenire, e divenir rigido.

Irrimediàbile V. Irremediàbile.

Irrisióne (v. lat.), sf. derisione, scherno.

Irrisolúto. V. Irresolúto.

Irrisóre, sm. beffeggiatore.

Irrisório, add. m. che deride.

Irritáre, a. provocare — np. adirarsi.

Irritatívo, add. m. che irrita (proprio de' medicamenti gagliardi)

Irritazióne, sf. provocamento — stimolo.

Irrito (v. lat.), add. m. invalido.

Irriverenza. V. Irreverenza.

Irroráre (v. lat.), att. aspergere di rugiada — fig. bagnare.

Irrugginìre (pr. sco ec.), n. ass. prendere la ruggine.

Irruzióne, sf. scorreria di nemici in un paese.

Irsúto (v. lat.), add. m. peloso, ruvido.

Irto (v. lat.), add. m. ruvido.

Iscrivere. V. Inscrivere.

Iscrizióne. V. Inscrizione.

Isola, sf. terra tutta circondata dall' acqua.

Isolàno, add. e sm. abitatore d' isola.

Isolàto, add. m. staccato da tutte le bande — sm. ceppo di case poste in isola.

Ispezióne. V. Inspezione.

Ispido (v. lat.), add. m. peloso, ruvido — fatto spinoso.

Ispiraióne. V. *Inspirazione.*

Istantáneo. V. *Instantaneo.*

Istanza. V. *Instanza.*

Istigáre. V. *Instigare.*

Istituíre. V. *Instituire.*

Istmo (*v. gr.*), sm. lingua di terra fra due mari, che unisce la penisola al continente, o un continente all'altro.

Istoria. V. *Storia.*

Istradamento, sm. avviamento.

Istradáre, att. incamminare.

Istrice, sm. quadrupede vestito di lunghi pungiglioni sul dorso.

Istrióne (*v. gr.*), sm. commediante.

Istruire. V. *Instruire.*

Istrumento. V. *Strumento.*

Italianamente, avv. all'italiana.

Italianáre, att. ridurre all'italiana.

Italiáno, add. m. d'Italia.

Italicismo, sm. maniera di dire all'italiana.

Italico e

Italo, add. m. d'Italia.

Iteráre (*v. lat.*), att. (pr. itero ec.), ripetere.

Iteratamente, avv. ripetutamente.

Itinerario (*v. lat.*), sm. descrizione di viaggi.

Itterízia (*v. gr.*), malattia prodotta dallo spargimento della bile per tutte le parti del corpo

Ivi, avv. in quel luogo, quivi.

J

J (pronunciasi *je*), la decima lettera dell'alfabeto italiano, e la ultima delle consonanti, usata nel principio, nel mezzo o nel fine delle parole: nel fine però quasi come ausiliaria, facendo l'ufficio di un doppio *ii*. Ora la si vorrebbe da taluni bandire affatto.

Jaculatória. V. *Giaculatoria.*

Jalappa, sf. radice resinosa purgante.

Jattanza (*v. lat.*), sf. millanteria, ostentazione.

Jattúra (*v. lat.*), sf. il getto in mare — *fig.* danno, rovina, perdita

Iemále (*v. lat.*), add. com. invernale.

Jena, sf. animale ferocissimo dell'Africa, non molto dissimile dal lupo.

Jeri, avv. il giorno prossimo passato

Jerlaltro, avv. il di innanzi a jeri

Jermattína, avv. la mattina di jeri

Jernotte, avv. la notte prossima passata.

Jeroglifico. V. *Geroglifico.*

Jerséra, avv. la sera di jeri.

Jonadáttico, add. m. aggiunto di una specie di gergo capriccioso;

Jónico, add. m. agg. di uno de' cinque ordini d'architettura - di una setta di filosofi - e di un genere di versi latini.

Jota, *sf.* nome di una lettera greca - *fig.* niente, zero.

Jugale, *add. com.* di, o da giogo - *In pl.* conjugi o conjugati.

Júgero (*v. lat.*), *sm.* misura di campo, cioè tanta estensione di terreno quanta in un giorno si può arare da un pajo di buoi.

Jugulare. V. *Giugulare.*

Junióre (*v. lat.*), *add. m.* Il più giovane (*e dicesi per lo più parlando di fratello*)

Jure (*v. lat.*), *sm.* ragion civile.

Jus. V. *Gius.*

Juspadronato, e

Juspatronato, *sm.* diritto che il fondatore di un beneficio ha alla nomina di chi debba esserne investito.

Jusquiamo, *sm.* pianta narcotica ora molto usata.

K

K (cappa), lettera greca, non usata da noi fuorchè nei nomi proprj o geografici stranieri, che per lo più non cambiano ortografia, essendosi sostituito il C o CH in luogo di essa.

L

L (elle), lettera linguale, l'undecima del nostro alfabeto e l'ottava delle consonanti - *num. rom.* dinotante *cinquanta.*

La, *pron. f.*, 4 caso di ella, lo stesso che lei, colei, quella - ed *art. f.* del 1 e 4 caso *sing.*

Là, *avv.* in quel luogo.

Labarda. V. *Alabarda.*

Labaro, *sm.* famosa insegna militare di Costantino.

Labbiale, *add. com.* che appartiene alle labbra, e si pronunzia colle labbra.

Labbro, *sm.* (*pl.* bbri *m.*, bbra *f.*, e *poetic.* bbia), estremità della bocca - *per simil.* orlo.

Labe (*v. lat.*), *sf.* macchia.

Laberinto (*v. gr.*), *sm.* luogo pieno di vie intricate sì che non trovisi uscita - oggi piccolo boschetto tagliato in vialetti intricati, per ornamento de' giardini - *fig.* imbroglio, confusione.

Labiale. V. *Labbiale.*

Labile (*v. lat.*), *add. com.* facile

a cadere - fragile - passeggiero.

Labirinto. V. *Laberinto.*

Laboratório, *sm.* luogo dove i farmacisti tengono i fornelli.

Laboriosamente, *avv.* con gran fatica.

Laborioso, *add. m.* molto faticoso - amante del lavoro.

Lacca, *sf. (pl. cche)*, gomma orientale che serve a far vernici e cera da suggelli - color rosso usato da'pittori - e *Lacchetta*, anca e coscia di quadrupede.

Lacchè, *sm.* servitore da corso.

Láccio, *sm.* legame - *fig.* ogni sorta d'insidia - vincolo amoroso - il supplizio della forca.

Laceramento, *sm.* squarciamento - *fig.* afflizione cocentissima.

Lacerare (*pr.* lácero ec.), *att.* stracciare - *fig.* togliere altrui la fama colla maldicenza - affliggere assai.

Lacerazione. V. *Laceramento.*

Lácero, *add. m.* stracciato.

Laconicamente, *avv.* in poche parole.

Lacónico, *add. m.* conciso - di poche parole.

Laconismo (*v. gr.*), *sm.* modo di dire breve e conciso.

Lácrima. V. *Lagrima.*

Lacúna. V. *Laguna.*

Laddóve, e là dove, *avv.* purchè - dove, *avversativo.*

Ladreria, *sf. nell'* uso ruberia.

Ladro, *add. e sm.* chi ruba di nascosto.

Ladronaja, *sf.* moltitudine di ladri - amministrazione ingiusta.

Ladróne, *sm.* chi ruba con violenza, assassino.

Ladronéccio, e

Ladronéggio, *sm.* ruberia.

Laentro, e là entro, *avv.* dentro quel luogo.

Laggiù, *avv.* in quel basso luogo.

Lagnarsi, *np.* rammaricarsi, dolersi.

Lagno, *sm.* lamento compassionevole, senza espressione di parole - *nell'* uso rimostranza, doglianza.

Lago, *sm. (pl.* ghi), grande radunata d'acqua circondata da terra.

Lágrima, *sf.* umore che stilla dagli occhi o per dolore, o per tenerezza - *per simil.* gocciola.

Lagrimále, *add. com.* agg. dei vasi per cui scorrono le lagrime.

Lagrimáre (*pr.* lágrimo ec.), *n. ass.* versar lagrime, piangere - *per simil.* gocciolare - *att.* compiangere.

Lagrimáto, *add. m.* bramato ardentemente (*ove parlisi di cosa considerabile*) - deplorato (*se di cose spiacevoli*)

Lagrimazióne, *sf.* infermità che fa lagrimare gli occhi.

Lagrimévole, *add. com.* atto a

muovere le lagrime - deplorabile, compassionevole.

Lagrimoso, *add. m.* bagnato di
lagrime.

Laguna, *sf.* acqua stagnante, palude - *per trasl.* vuoto.

Lai (*v. poet.*), *sm. pl.* lamenti.

Laicale, *add. com.* secolaresco.

Laico (*v. gr.*), *sm.* chi non è
iniziato nelle cose di chiesa,
secolare - *oggi comun.* frate
converso.

Laidezza, *sf.* bruttezza, schifezza - *fig.* oscenità di vizj, costumi ec.

Laido, *add. m.* deforme, schifoso
- *fig.* disonesto - malvagio.

Lama, *sf.* valle paludosa e fangosa - piastra di ferro tagliente - *sm.* sacerdote tartaro sui
confini della China.

Lambiccare, *att.* passare per
lambicco, distillare - *fig.* esaminare accuratamente.

Lambicco, *sm.* (*pl.* cchi), vaso
da distillare.

Lambire (*pr.* sco, e *poet.* lam-
bo ec.), *att.* leccare - *per simil.* toccar leggiermente.

Lambrusca, *sf.* e.

Lambrusco, *sm.* (*pl.* sche *f.* e
schi *m.*), vite ed uva salvatica.

Lamentamento, *sm.* e

Lamentanza, *sf.* V. *Lamento.*

Lamentare, *att.* deplorare, compiangere - e *più comun. np.*
far doglianza ad uno, dolersi.

Lamentazione, *sf.* V. *Lamenta.*
- *In pl.* i Treni di Geremia.

Lamentevole, *add. com.* dolente.

Lamento, *sm.* doglianza - gemito.

Lamia (*v. gr.*), *sf.* fantasma in
forma di donna incantatrice
per somma bellezza.

Lamia, *sf.* la specie più grossa
dei pesci cani.

Lamiera, *sf.* usbergo di lama di
ferro - ferrareccia in lastra.

Lamina, *sf.* piastra di metallo.

Lampada, e

Lampana, *sf.* luminare notissimo
a olio che tiensi sospeso per
le più innanzi a cose sacre.

Lampante, *add. com.* risplendente - chiarissimo.

Lampeggiamento, *sm.* il lampeggiare.

Lampeggiare, *n. ass.* risplendere
a guisa di baleno.

Lampione, *sm.* fanale e lanterna
che si adatta alle carrozze e
simili per far lume in tempo
di notte.

Lampo (*v. gr.*), *sm.* baleno, e
splendore di fuoco rassomigliante il baleno - *fig.* momentanea
apparenza di checchessia.

Lampone, *sm.* frutto simile alla
mora.

Lampreda, *sf.* pesce di fiume
della specie delle anguille.

Lana, *sf.* il pelo delle pecore e
de' montoni di cui si fanno i
panni ed altro.

Lanajuo̅lo, *sm.* artefice di lana.

Lanato, *add. m.* coperto di lana.

Lance (*r. lat. e poet.*), *sf.* bilancia.

Lancetta , *sf.* strumento chirurgico per cavar sangue – ferro che mostra le ore negli orinoli.

Lancia, *sf.* (*pl.* ce), lunga asta con punta di ferro di cui erano armati i cavalieri antichi – e il cavaliere stesso armato di lancia – *In marin.* barchetta che per comodo di discesa è portata sulle grosse navi.

Lanciare, *att.* scagliare – *np.* avventarsi - *un bastimento* , farlo scendere in mare dal cantiere.

Lanciata, *sf.* colpo di lancia.

Lanciero , *add. m.* agg. di cavaliere armato di lancia.

Lancio, *sm.* salto grande.

Landa, *sf.* pianura infruttifera.

Langravio , *sm.* titolo principesco nell'impero germanico.

Languente, *add. com.* che languisce.

Languidamente, *avv.* debolmente.

Languidezza , *sf.* fiacchezza per bisogno di cibo – *fig.* freddezza nell'agire.

Languido, *add. m.* senza forze – floscio.

Languire (*pr.* sco, *e poet.* languo ec.), *n. ass. an.* mancar di forze, svenire – venir meno.

Languore , *sm.* rilassamento di membra – infermità fisica, e morale.

Lanifero, *add. m.* che produce lana (*proprio della pecora e di alcune piante*)

Lanificio, *sm.* arte di lavorar la lana – qualunque lavoro di lana.

Lanigero. V. *Lanifero.*

Lano, *add. m.* di lana (*agg. per lo più di* panno)

Lanoso, *add. m.* che ha la pelle naturalmente coperta di lana – *per simil.* barbuto, peloso.

Lanterna, *sf.* strumento in cui si conserva il lume per vedere e non essere veduti di notte – fanale delle torri di marina e delle navi – macchina ottica che ingrandisce le piccole immagini, e che volg. si chiama *lanterna magica.*

Lanuggine, e

Lanugine , *sf.* primi peli della barba – qualunque peluria.

Lanuginoso, *add. m.* che ha lanugine.

Lanuto, *add. m.* coperto di lana.

Lanzo, *sm.* fante armato di lancia nelle milizie antiche.

Laonde, *avv.* perciò.

Lápida. V. *Lapide.*

Lapidare (*v. lat.*), *att.* (*pr.* lápido ec.), uccidere altrui con sassi.

Lapidária, *sf.* scienza delle inscrizioni.

Lapidário, *add. m. agg.* dello stile delle inscrizioni - *sm.* chi attende alla scienza delle inscrizioni - dilettante, o negoziante, o lavorante di pietre preziose.

Lapidazióne, *sf.* il lapidare.

Lápide (*v. lat.*), *sf.* pietra che cuopre una sepoltura - pietra liscia in cui si scolpiscono inscrizioni e fregi sepolcrali.

Lapídeo (*v. gr.*), *add. m.* di pietra.

Lapillo, *sm.* corpo cristallizzato.

Lapis (*o. lat.*), *sm.* pietra naturale molto dura di color rosso, della quale si valgono i pittori per fare i disegni sui fogli, *altr.*. matita - *piombino*, matita artificiosa che serve similmente a disegnare.

Lapislázulo, *sm.* pietra preziosa azzurra venata in oro.

Láppola, *sf.* erba campestre i cui frutti uncinati si attaccano facilmente alle vesti.

Lardáre, *att.* mettere pezzetti di lardo nelle carni da arrostire.

Lardatúra, *sf.* condimento con lardo.

Lardelláre. V. *Lardare.*

Lardello, *sm.* pezzuol di lardo.

Lardo, *sm.* grasso di porco salato. e *talora* strutto.

Largamente, *avv.* estesamente - copiosamente - diffusamente.

Largáre. V. *Allargare.*

Largheggiáre, *n. ass.* usare liberalità - essere largo in promettere.

Larghezza, *sf.* una delle tre dimensioni di un corpo solido - *fig.* liberalità - abbondanza.

Largimento, *sm.* concessione.

Largíre (*pr.* sco ec.), *att.* concedere gratuitamente - donare generosamente.

Largità, e

Largizióne, *sf.* liberalità, generosità.

Largo, *sm.* (*pl.* ghi), larghezza - spazio - *add. m.* - spazioso - copioso - liberale - *avv.* largamente.

Largúra, *sf.* grande spazio, spaziosità.

Lari, *sm. pl.* dei domestici dei gentili, riguardati come protettori delle case.

Lárice, *sm.* albero alto resinoso e molto resistente all'acqua.

Laringe, *sf.* la parte superiore dei polmoni.

Larva, *sf.* essere fantastico, il quale si supponeva apparire talvolta agli uomini e spaventarli, *altr.* fantasma - *fig.* ombra - apparenza vana - maschera.

Lasagna, *sf.* pasta sottilissima tagliata a lunghi nastri, per uso di minestra.

Lasagnóne, *sm* uomo grande e scipito - *nell'uso* millantatore.

re – smargiasso. spaccone ec.

Lasca, *sf.* (*pl.* sche), pesce di acqua dolce di carne sanissima.

Lascáre (*v. marinaresca*), *att.* allentare, lasciar andare.

Lasciáre, *att.* non prendere – far erede – abbandonare.

Láscio, e

Láscito, *sm.* legato fatto per testamento.

Lascivamente, *avv.* con lascivia.

Lascivia, *sf.* abuso dell' amore sessuale.

Lascivo, *add. m.* licenzioso, disonesto – esultante, saltellante, vivace.

Lassáre, *att.* stancare – *n. ass.* e *np.* aprirsi, sfasciarsi.

Lassativo, *add. m.* mollificante.

Lassezza, *sf.* stanchezza.

Lasso, *add. m.* stanco, spossato – *fig.* infelice – rilassato (*parlandosi di morale o di costumi*)

Lassù, e là su, *avv.* di sopra.

Lastra, *sf.* pietra piana da lastricare strade – *per simil.* dicesi del ghiaccio, del cristallo, de' metalli in lamine ec.

Lastricamento, *sm.* copertura di lastre.

Lastricáre (*pr.* lástrico, chi ec.), *att.* coprire il suolo con lastre, mattoni o simili.

Lastricáto, *sm.* incrostatura di pietre sul terreno.

Lástrico, *sm.* (*pl.* chi), pavi-

mento lastricato.

Látebra, e latébra (*v. lat. e poet.*), *sf.* nascondiglio – oscurità.

Latente, *add. com.* che sia ascoso.

Laterále, *add. com.* di fianco.

Lateralmente, *avv.* da' fianchi.

Latinamente, *avv.* alla latina.

Latinante, *add. com. e sm.* parlante in latino.

Latinismo, *sm.* modo di dire alla latina.

Latinista, *sm.* (*pl.* sti), chi ben conosce il latino.

Latinità, *sf.* favella latina.

Latinizáre, *att.* dire o tradurre in latino – dare una terminazione latina a voce di altra lingua.

Latino, *sm.* lingua morta, che si parlò da' latini e poi da'romani in Italia, e che si usa tuttora dalla chiesa romana, e presso i dotti – *add. m.* del Lazio – *In marin.* agg. di vela triangolare.

Latitúdine (*v. lat.*), *sf.* larghezza – estensione – *In geogr.* la distanza di un luogo dall'equatore verso il polo.

Lato, *sm.* fianco – banda – *add. m* (*v. lat.*), largo.

Latóre (*v. lat.*), *sm.* portatore.

Latráre, *n. ass.* abbajare.

Latráto, *sm.* abbajamento – *fig.* lamento continuato.

Latría (*v. gr.*), *sf.* culto che si rende al solo Dio.

Latrina, *sf.* fogna, cloaca.

Latrocínio, *sm.* ladroneccio.

Latta, *sf.* lamiera di ferro sottilmente distesa e coperta di stagno.

Lattajo, *sm.* venditor di latte.

Lattajuolo , *sm.* uno de' primi
denti che spuntano a' lattanti.

Lattante , *add. com.* e *sm.* che
prende il latte.

Lattare. V. *Allattare.*

Lattáta, *sf.* bevanda di semi di
popone o simili, *altr.* semata.

Lattato. V. *Latteo.*

Latte , *sm.* sugo ch' esce dalle
poppe delle femmine – *di gallina,* ora sbattute o cotte in
brodo.

Látteo, *add. m.* che somiglia al
latte, bianchissimo – agg. di
via, striscia lucente nel firmamento composta di una stermi-
nata moltitudine di stelle che
non si distinguono ad occhio
nudo.

Latticínio, *sm.* tutto ciò ch' è
fatto di latte.

Lattiginóso, *add. m.* che fa latte
– di sostanza simile al latte.

Lattóne, *sm.* latta di ottone.

Lattúga, *sf. (pl.* ghe), erba ortense da insalata.

Láudano, *sm.* estratto dell' oppio.

Láude. V. *Lode.*

Láudo, *sm. presso i forensi,* confermazione.

Láurea, *sf.* corona d' alloro – ultimo atto per cui uno studente

di università vien dichiarato
abile ad esercitare l' arte nelle cui discipline venne instrutto.

Laureáto, *add. m.* coronato d' alloro – addottorato.

Laureazione, *sf.* la funzione nel
conferire la laurea.

Lauro, *sm.* alloro.

Lautamente. *avv.* splendidamente.

Lautezza , *sf.* splendidezza, abbondanza.

Láuto, *add. m.* splendido.

Lava, *sf.* materia vetrosa ferri-
gna che sgorga liquida da' vulcani e che raffreddandosi s'in-
durisce.

Lavácro, *sm.* luogo o recipiente
d' acqua per lavarsi – *per simil.* bagno – *fig.* il battesimo,
e la confessione sacramentale.

Lavagna , *sf.* pietra schistosa in
lastre, per coprir tetti e per
disegnare.

Lavamáni, *sm.* arnese che sostiene la catinella per lavarsi il
viso e le mani.

Lavanda, *sf.* V. *Lavacro.* – sorta d' erba odorosa, *altr.* spigo.

Lavandaja, *sf.* e

Lavandajo, *sm.* chi lava i panni
a prezzo.

Laváre, *att.* mondare coll' acqua.

Lavativo, *sm.* serviziale.

Lavatojo, *sm.* luogo dove si lava.

Lavatúra, *sf.* bagnatura – e il
liquido nel quale si è lavata
alcuna cosa.

Lavéggio, *sm.* vaso per cuocervi
le vivande in vece di pajuolo.

Lavorante, *add. com.* che lavora
– *sm.* operajo.

Lavoráre, *n. ass.* operare manualmente – e *fig.* coll'intelletto – coltivare la terra.

Lavoratóre, *sm.* agricoltore – manifattore qualunque.

Lavóro, *sm.* opera manuale –
manifattura – artifizio.

Lazzeggiáre, *n. ass.* fare lazj al-
l'usanza de' comici.

Lazzo, *sm.* atto e gesto per lo più
giocoso de' comici.

Lazzeretto. V. *Lazzaretto.*

Lazzeggiáre. V. *Lazzaggiare.*

Lazzaretto, *sm.* edifizio ne' porti
di mare per contenervi in contumacia le persone e le mercanzie provenienti da luoghi
sospetti di contagio.

Lazzeruolo, *sm.* albero che produce un frutto agro-dolce della figura e grossezza della ciriegia.

Lasso. V. *Lasso.*

Ledia, *add. com.* fedele – schietto – onesto nell'operare.

Lealmente, *avv.* con lealtà.

Lealtà, *sf.* costante intenzione o
contratta abitudine di essere
sinceri nelle parole, giusti nei
contratti, e mantenitori delle
promesse.

Leatico, *sm.* (*pl.* ci, chi), sorta
di uva e di vino nero squisito,

altr. aluatica.

Lebbra (*v. gr.*), *sf.* sorta di scabbia molto comune presso gli
ebrei antichi, ora poco conosciuta.

Lebbroso, *add. m.* infetto di lebbra

Leccarda, *sf.* V. *Ghiotta.*

Leccardo, *add. m.* ghiotto, goloso.

Leccáre, *att.* leggermente fregare
colla lingua – *per simil.* toccare alcun poco – *fig.* adulare.

Leccatamente, *avv.* con ricercat-
tezza.

Leccáto, *add. m.* forbito, liscio –
affettato – soverchiamente studiato.

Leccheggiáre, *n. ass.* trar qualche profitto oltre il salario.

Léccio, *sm.* albero ghiandifero
sempre verde.

Lecca, *sm.* (*pl.* cchi), cosa ghiotta
– *fig.* adescamento.

Leccneria, e

Leccornía, *sf.* ghiottoneria.

Lecitamente, *avv.* con permissione.

Lécito, *add. m.* permesso, giusto
– *sm.* cosa lecita.

Lédere (*v. lat.*), *att. an.* (*pass.*
lesi, *pp.* leso), offendere.

Lega, *sf.* (*pl.* ghe), alleanza difensiva ed offensiva tra principi – misura di più miglia –
quantità di basso metallo mischiato in giusta proporzione
con uno più nobile.

Legáccia, *sf.* e

Legaccio , *sm.* qualunque cosa con che si lega,

Legale, *add. com.* di legge – secondo la legge – *sm.* giure consulto.

Legalità , *sf.* autenticazione di scritture.

Legalizzare , *att.* rendere autentica una scrittura per autorità pubblica.

Legalizzazione, *sf.* autenticazione.

Legalmente, *avv.* secondo la legge.

Legame, *sm.* vincolo – *fig.* impedimento – servitù.

Legamento, *sm.* legame – unione – correlazione.

Legare , *att.* strignere con legame checchessia, *contr. di* sciogliere – *fig.* costrignere – tenere unito – incastrare – *n.* far legati nei testamenti – *np.* obbligarsi.

Legatario , *sm.* quegli in favore del quale è fatto il legato.

Legato (*v. lat.*), *sm.* inviato – prelato che il papa manda come ambasciatore presso qualche sovrano , e *nella storia rom.* luogotenente di un supremo capitano – donativo lasciato altrui per testamento, *altr.* lascio o lascito – *add. m.* stretto con fune o simile – *fig.* obbligato per doverne per affetto.

Legatore, *sm.* chi lega i libri.

Legatura, *sf.* spazio cinto dal

legame – e il legame stesso – modo onde è legato un libro.

Legazione, *sf.* ambasceria pontificia – giurisdizione del legato.

Legge, *sf.* regola stabilita dall'autorità divina od umana , che obbliga gli uomini ad alcune cose , e ne vieta loro alcune altre, a fine di pubblica utilità – studio della giurisprudenza – *fig.* ordine con cui una cosa deve eseguirsi.

Leggenda, *sf. anticam.* libro del servizio divino – vita di santo – iscrizione intorno ai margini delle monete, e motto allusivo a qualche figura nelle medesime – narrazione, storiella.

Leggere (*pass.* lessi, *pp.* letto), *att. an.* rilevar caratteri scritti o stampati – *fig.* conoscere ai contrassegni – insegnare (e dicesi di professori di scienze)

Leggerezza, *sf. contr. di* gravità – agilità – *fig.* incostanza – cosa di poco momento – fragilità umana.

Leggermente. V. *Leggiermente.*

Leggero. V. *Leggiero.*

Leggiadramente , *avv.* graziosamente.

Leggiadria , *sf.* bello che deriva dalla conveniente disposizione delle parti – garbo, galanteria – graziosità di discorso.

Leggiádro, *add. m.* grazioso, garbato, avvenente - magnanimo, generoso.

Leggibile, *add. com.* facile a leggersi.

Leggiermente, *avv.* con leggierezza

Leggiéro, *add. m.* di poco peso, agevole - snello - *fig.* di poca importanza - incostante.

Leggio, *sm.* strumento su cui tengonsi aperti i libri.

Legióne, *sf.* corpo di soldati che presso i romani equivalera al moderno reggimento.

Legislativo, *add. m.* agg. della potestà di far leggi.

Legislatóre, *sm.* chi ordina le leggi di uno stato.

Legislatúra; *sf.* facoltà di far leggi.

Legislazióne, *sf.* compilazione di leggi - le leggi stesse.

Legista, *sm. (pl.* sti), giureconsulto

Legittima, *sf.* parte di eredità che per diritto spetta ai figliuoli

Legittimamente, *avv.* secondo la legge, giustamente.

Legittimáre (*pr.* ittimo ec.), *att.* riconoscere legalmente per suoi i figli o nipoti nati prima di matrimonio.

Legittimo, *add. m.* ch'è secondo la legge.

Legna, *sf. (pl.* gne, e gna), le gname da abbruciare.

Legnaggio, *sm.* stirpe.

Legnaja, *sf.* e

Legnajo, *sm.* massa o magazzino di legna.

Legnajuolo, *sm.* falegname.

Legnáme, *sm.* nome collettivo di ogni sorta di legni da costruzione.

Legnáre, *n. ass.* far o raccoglier legne da abbruciare - *att. fig.* bastonare.

Legne, *sf. pl.* V. Legna.

Legno, *sm. (pl.* gni m., gne, gna f.), la materia solida degli alberi - *fig.* albero - nave e carrozza.

Legnoso, *add. m.* che tiene del legno.

Legúme, *sm.* nome collettivo di qualunque seme mangiabile in minestra.

Lei, *pron. f. sing.* ne' casi obbliqui di ella.

Lembo, *sm.* la parte estrema della veste - e *fig.* di checchessia.

Lena, *sf.* respiro - posa - *fig.* vigore.

Léndine, *sm.* e più spesse *f.* uovo di pidocchio.

Lene (*v. lat.*), *add. com.* piacevole - molle, mite, soave ec.

Lenificáre (*pr.* ifico, chi ec.), *att.* ammollire, mitigare.

Lenimento, *sm.* mitigamento, ammollimento.

Lenire (*v. lat.*) V. Lenificare.

Lenitívo, *add. m.* che ha forza di lenire o mitigare, (agg. per lo più di rimedj).

Lente, *sf.* sorta di legume minuto – cristallo colmo o concavo.

Lentezza, *sf.* mancanza di celerità nel muoversi e nell'operare.

Lenticchia. V. *Lente* (legume)

Lentiggine, *sf.* macchia a foggia
di lente che si sparge sul viso.

Lento, *add. m. propr.* arrendevole – non ben teso, *contr. di*
tirato – *fig.* tardo nell'operare

Lenza, *sf.* setole annodate per
attaccarvi l'amo.

Lenzuolo, *sm.* pannolino per uso
di letto.

Leone (*v. gr.*), *sm.* quadrupede
feroce fortissimo, con lunghi
velli al collo, e coda lunghis-
sima – *fig.* uomo forte e potente – uno dei segni del zodiaco

Leonessa, *sf.* la femmina del leone.

Leopardo, *sm.* quadrupede feroce velocissimo e superbamente
macchiato.

Lepidamente, *avv.* scherzevolmente.

Lepidezza, *sf.* facezia.

Lepido, *add. m.* faceto.

Lepore (*v. lat. e poet.*), *sm.* grazia, garbo.

Lepre, *sf.* quadrupede salvatico
timidissimo e velocissimo al
corso.

Lesina, *sf.* ferro appuntatissimo
per cucire le scarpe.

Lesione (*v. lat.*), *sf.* offesa, danno

Lesivo, *add. m.* che impor-

ta danno.

Leso (*v. lat.*), *add. m.* offeso,
dannificato.

Lessare, *att.* cuocere nell'acqua.

Lessico (*v. gr.*), *sm.* dizionario,
vocabolario.

Lessicografo (*v. gr.*), *sm.* compilatore di dizionarj.

Lesso. V. *Allesso.*

Lestezza, *sf.* agilità – *fig.* accortezza.

Lesto, *add. m.* presto, agile –
fig. scaltro, astuto.

Letamajo, *sm.* luogo dove si ra-
guna il letame.

Letamare, *att.* spargere di letame.

Letame, *sm.* concime per ingrassare i campi.

Letargo, *sm.* [(*pl.* ghi), sopore
profondo – *fig.* mancanza colpevole di attività.

Letificare (*pr.* ifico, chi ec.), *att.*
rallegrare.

Letizia (*v. lat.*), *sf.* sommo grado
di allegrezza.

Lettera, *sf.* carattere dell'alfabeto di più forme, e grandezza
– foglio scritto che si manda
agli assenti sigillato e con
soprascritta – *di cambio*, foglio che ordina pagamento di
danaro dato a cambio.

Letterale, *add. com.* secondo il
senso delle parole.

Letteralmente, *avv.* secondo la
lettera.

Letterario, *add. m.* di letteratura

Letteráto, *add. m. e sm.* versato nelle, studio delle belle lettere.

Letteratúra, *sf. propr.* scienza delle belle lettere - dottrina, sapere.

Letticciuólo, *sm. dim. di* letto.

Lettiéra, *sf.* legname del letto - asse che sta da capo al letto.

Lettíga, *sf.* (*pl.* ghe), sedia chiusa portatile.

Letto, *sm.* (*pl.* tti *m. e* tta *f.*), arnese per dormire - fondo de' fiumi.

Lettóre, *sm.* chi legge - professore pubblico di alcuna scienza - uno de' quattro ordini minori della Chiesa.

Lettúra, *sf.* il leggere - carattere da stampa di mezzana grandezza.

Leva, *sf.* strumento meccanico a foggia di stanga per alzare o muover pesi - scelta di giovani atti alle armi.

Levamento, *sm.* nascimento - elevamento - rimovimento.

Levante, *sm.* uno de' quattro punti cardinali, *opposto a* ponente - nome di vento.

Leváre, *att.* alzare - rimuovere - *n. ass. e np.* uscir dal letto - partirsi - apparir de' pianeti - cominciar de' venti a soffiare, o de' vapori ad elevarsi.

Leváta, *sf.* il levarsi del sole, di pianeta o stella - partenza.

Levatojo, *add. m. agg. di* ponte da alzarsi e calarsi sulle fosse che circondano luoghi fortificati

Levatrice, *sf.* donna che asiste ai parti.

Levigáre (*v. lat.*), *att.* (*pr.* levigo, ec.), far liscio.

Levigazióne, *sf.* l'atto di levigare

Levíta, *sm.* (*pl.* ti), israelita della tribù di Levi, destinato al servizio del tempio.

Levità, *sf.* leggerezza.

Levítico, *sm.* uno de' sacri libri, il terzo del Pentateuco, che prende il nome dalle leggi e cerimonie appartenenti spe-cialmente a' leviti.

Levriére, *sm.* sorta di cane agilissimo da caccia.

Lézia, *sf. e*

Lezio, *sm.* (*pl.* lezi, *più comun.* usato), smorfie specialmente di donne o fanciulli.

Lezióne, *sf.* il leggere - cose insegnate dal maestro volta per volta - capitolo della scrittura che si recita nell' uffizio divino - *fig.* ammaestra-mento, istruzione.

Leziosággine, *sf.* mollezza affet-tata.

Leziáto, *add. m.* smorfioso.

Lezzo, *sm.* puzza - *fig.* iniquità nella condotta morale.

Lì, *avv.* in quel luogo, quivi.

Libano, *sm.* catena di montagne dell' Asia minore, famose pei loro cedri.

Libàre (v. lat.), att. assaggiare colla estremità delle labbra – fig. gustare il bello di un'arte qualunque.

Libazione, sf. spargimento di un liquido usato negli antichi sacrifizj dopo di averlo assaggiato.

Libbra, sf. peso comune di dodici once.

Libéccio, sm. vento che spira dalle coste affricane.

Libellista, sm. (pl. sti), scrittore di libelli infamatorj.

Libello (v. lat.), sm. librello – domanda giudiziaria fatta per iscrittura – scritto infamante.

Liberale, add. com. generoso – amorevole – licenzioso – Arti liberali diconsi la grammatica, rettorica, pittura, scultura, architettura, musica ec.

Liberalità, sf. propensione e consuetudine di dare anche a chi non ha titolo di ricevere.

Liberalmente, avv. generosamente.

Liberamente, avv. sinceramente – assolutamente – spontaneamente – senza impedimento.

Liberàre (pr. libero ec.), att. mettere in libertà; esimere da un aggravio – rilasciare all'incanto al maggior offerente – np. trarci d'impaccio.

Liberazione, sf. scampo, salvezza.

Libercolo, add. m. dim. di libro.

Libero, add. m. non soggetto –

sincero – licenzioso.

Libertà, sf. podestà di vivere e di operare a suo talento, contr. di servitù – potere di determinarsi liberamente al bene o al male – sociale, facoltà di valersi de' proprj diritti.

Libertinaggio, sm. sfrenatezza di costumi.

Libertino, add. e sm. presso i romani, chi dopo essere stato servo divenne libero (più propriam. dicesi de' figli di esso) – nell'uso dissoluto.

Liberto, sm. schiavo fatto libero.

Libidine, sf. appetito disonesto.

Libidinoso, add. m. inclinato alla libidine.

Libito (v. lat.), sm. piacimento, volontà.

Libra (v. lat.), sf. bilancia – uno de' segni del zodiaco.

Librajo, sm. venditore di libri.

Libràre (v. lat.), att. pesare – np. equilibrarsi.

Librário, add. m. de' libri (agg. per lo più dell'arte o della mercatura di essi)

Librazione, sf. apparente ondeggiamento della luna.

Libreria, sf. raccolta di molti libri per uso di studio, o di commercio – l'arte o professione del librajo.

Libro, sm. quantità di fogli cuciti insieme – una delle parti in cui sia diviso un volume.

Licenza, *sf.* concessione personale – arbitrio contro le regole di un'arte – commiato,
congedo – odio ad ogni legge
perchè impone doveri.

Licenziáre, *att.* accommiatare –
dar permissione – *np.* congedarsi.

Licenziáto, *add. m.* congedato – *sm.*
chi ottenne il grado accade-
mico inferiore al dottorato.

Licenziosamente, *avv.* sregolatamente.

Licenzióso, *add. m.* di costumi
sregolati.

Licéo (*v. gr.*), *sm.* célebre scuola
di Aristotile – oggi luogo pubblico di letterarj esercizj.

Licere (*v. lat.*), *n. difett.* (di
cui non trovasi usato che il pr.
lice, nel verso, ed il pp. lícito
e lécito, comune alla prosa ed
al verso), essere lecito, o convenevole.

Lichéne, *sm.* nome generico di
alcune piante o muschi, che
germogliano sui tronchi degli
alberi, sulle pietre ec.

Licóre (*v. poet.*). V. *Liquore.*

Lido, *sm.* spiaggia di mare –
poetic. paese qualunque.

Lietamente, *avv.* allegramente.

Liéto, *add. m.* contento, giulivo.

Liéve, *add. com.* leggiero – veloce – agevole – di poca importanza.

Lievemente, *avv.* leggermente –
pian piano – dolcemente.

Lievitáre (*pr. évito ec.*), *n. ass.*
il rigonfiare della pasta mediante il lievito.

Liévito, *sm.* fermentazione di
farina.

Ligamento, *sm.* V. *Legamento*
– *In anat.* parte fibrosa che
unisce insieme, chiude e stringe le giunture del corpo animale.

Ligio, *add. m.* dipendente, subordinato al volere ed al desiderio altrui.

Lígneo (*v. lat.*), *add. m.* di legno.

Ligustro, *sm.* pianta molto lo-
data dai poeti per la bianchezza de' suoi fiori.

Lima, *sf.* strumento meccanico
di acciajo dentato che rode
legno e ferro – *fig.* passione
che consuma.

Limáccio, *sm.* fango prodotto
dalle paludi.

Limaccióso, *add. m.* fangoso.

Limáre, *att.* pulire colla lima –
fig. rodere – consumare –
pulire gli scritti dando loro
l'ultima correzione.

Limatézza, *sf. fig.* correzione e
purgatezza di stile.

Limatúra, *sf.* polvere che si
stacca dalla cosa limata.

Limbo, *sm.* luogo dove si trat-
tennero i patriarchi fino alla venuta del messia – e il luogo

altresì destinato a coloro che sono solamente macchiati di peccato originale.

Limitáre, *sm.* soglia dell'uscio - *fig.* principio.

Limitáre (*pr.* limito, ec.), *att.* por limite, ristrignere.

Limitataménte, *avv.* con restrizione.

Limitativo, *add.* che limita o restrigne.

Limitazióne, *sf.* restrizione.

Límite, *sm.* termine, confine.

Limítrofo, *add. m.* confinante.

Limo (*v. lat. e poet.*), *sm.* fango.

Limoncello, *sm.* specie di piccolo limone molto sugoso.

Limóne, *sm.* agrume quasi simile al cedro, che contiene un sugo eccellente per fare bevande.

Limonéa, *sf.* bevanda con agro di limone e zucchero stemperati nell'acqua.

Limósina. V. *Elemosina.*

Limosináre (*pr.* osino ec.), *n. ass.* - *att.* oro, mendicare.

Limosiniéro, *sm.* dispensator di limosina.

Limóso, *add. m.* fangoso.

Limpidézza, *sf.* trasparenza d'acqua o di cristallo - chiarezza - *fig.* nettezza, purità.

Límpido, *add. m.* chiaro, trasparente.

Linajuólo, *sm.* chi vende il lino.

Linária, *sf.* lino salvatica che

nasce lungo le rive de' fossi

Lince (*v. lat.*), *sm.* animale di acutissima vista ; d'onde

Lincéo, *add. m.* agg. di vista acutissima.

Lindézza, *sf.* attillatura nel vestire.

Lindo, *add. m.* attillato - pulito.

Lindúra. V. *Lindezza.*

Línea, *sf.* lunghezza senza larghezza - serie di parenti, o discendenza - *In geogr.* per eccellenza, l'equatore - *Nella stamp.* riga - *Nella mil.* ordinanza di truppe sul campo - *In marin.* fila di navi disposte in battaglia - *In pl.* quei lineamenti che son formati dalla piegatura della mano.

Lineaménto, *sm.* disposizione di linea - *In pl.* fattezze del volto umano.

Lineáre, *add. m.* di linea.

Lineáre, *att.* V. *Delineare.*

Linfa (*v. lat.*), *sf.* acqua - *In med.* umore del corpo animale che ha grande affinità col sangue.

Linfático, *add. m.* (*pl.* ci, chi), appartenente a linfa.

Língua, *sf.* membro del corpo animale, per cui si gustano i sapori e si modula la voce - linguaggio - *In geogr.* porzione di terra che s'immette nel mare - zampognetta degli strumenti da fiato, più campa-

linguella o linguetta.

Linguacciúto, *add. m.* che parla assai.

Linguàggio, *sm.* la favella di una nazione.

Linguàle, *add. com.* della lingua.

Linguella, e

Linguetta, *sf.* sampognetta degli strumenti da fiato.

Linimento, *sm.* sorta di unguento per addolcire la parte inferma stropicciandola con quello.

Lino, *sm.* pianta che macerata dà materia atta a filarsi – *In poes. fig.* stame simbolico delle parche – *add. m.* di lino.

Liocorno, *sm.* animale che ha un solo corno nel mezzo della fronte

Liofante. V. *Elefante.*

Lióne. V. *Leone.*

Lionessa. V. *Leonessa.*

Lioparde. V. *Leopardo.*

Lippo (*v. lat.*), *add. m.* cisposo.

Liquàbile, *add. com.* che può liquefarsi.

Liquabilità, *sf.* proprietà di un corpo di potersi liquefare.

Liquefáre (*pr.* fo, *pass.* féci, *pp.* fatto), *att. an.* struggere un corpo solido – *np.* struggersi.

Liquidáre (*pr.* iquido), *att.* pareggiare un credito.

Liquidazióne, *sf.* il ridurre una qualche somma dubbiosa; o il fissare le pretensioni rispettive di due persone alla stessa somma.

Líquido, *sm.* corpo fluido, che ha la proprietà di scorrere e di bagnare i corpi immersivi + *add. m.* fluido, corrente – chiaro.

Liquóre, *sm.* qualunque fluido – e più particolarm. bevanda composta con ispirito di vino, droghe, zucchero ec., *altr.* rosolio.

Lira, *sf.* moneta d'argento o ideale del valore ordinariam. di venti soldi – strumento musicale a corde come la chitarra.

Lírica, *sf.* (*pl.* che), genere di poesia in rime armoniose e facili al canto.

Lírico, *add. m.* agg. di poesia atta al canto – e di poeta autore di un tal genere di poesia.

Lisca, *sf.* (*pl.* sche), materia legnosa che cade dal lino nel pettinarlo – spina del pesce – *per simil.* cosa da nulla.

Liscezza, *sf.* morbidezza.

Líscia, *sf.* strumento di ferro per dare la salda alle biancherie – pialla (arnese de' fa legnami) – *sine.* di lisciva, bucato.

Lisciamento, *sm.* il lisciare – *fig.* adulazione.

Lisciáre, *att.* stropicciare una cosa acciò si faccia più morbida – *fig.* adornare – adulare – *np.* darsi il belletto.

Liscio, *sm.* belletto delle donne – *add. m.* morbido, levigato.

Lisciva, sf. acqua bollita con cenere per nettar biancherie.

Lista, sf. pezzo di checchessia più lungo che largo – segno – fila – catalogo – indice.

Litanie (v. gr.), sf. pl. preci ecclesiastiche.

Litargirio, sm. sostanza metallica usata nella composizione degli empiastri, per dar loro maggior consistenza.

Lite, sf. controversia – processo che si fa dinanzi ai tribunali per ottenere il suo contrastato da altri.

Litigare (pr. litigo, ghi ec.), att. contendere in giudizio.

Litigio. V. Lite.

Litigioso, add. m. accattabrighe.

Lito. V. Lido.

Litografia (v. gr.), sf. propr. descrizione delle pietre – arte novissima di stampare scritture o figure disegnate sopra una pietra (che meglio direbbesi litotipografia)

Litologia (v. gr.), sf. parte della storia naturale che tratta delle specie e delle qualità delle pietre.

Litorale, add. m. di lido – sm. le spiagge o lidi di tutto un paese.

Litotomia (v. gr.), sf. arte chirurgica di estrarre il calcolo dalla vescica.

Litterale. V. Letterale.

Litteralmente. V. Letteralmente.

Littore, sm. guardia consolare presso i romani, armata di fascio e scure.

Lituo, sm. bacchetta degli auguri.

Litura (v. lat.), sf. macchia, o cancellatura di scritto.

Liturgia (v. gr.), sf. studio del sacri riti; e la scienza che ne tratta.

Liuto, sm. strumento musicale a corde.

Livellamento. V. Livellazione.

Livellare, att. aggiustare più cose ad un piano – np. mettersi allo stesso piano – e fig. allo stesso grado di cognizioni, stimarne ec.

Livellario, sm. chi paga livello.

Livellazione, sf. l'operazione di livellare.

Livello, sm. censo annuo che si paga al padrone de' fondi. V. Enfiteusi – piano orizzontale.

Lividezza, sf. quella nerezza che fa il sangue venuto alla pelle, cagionata per lo più da percosse – fig. colore smorto.

Livido, add. m. di colore tra nero e rosso – smorto.

Livore, sm. invidia, rancore.

Livrea, sf. colore uniforme degli abiti che indossano i servi di uno stesso padrone.

Lizza, sf. trincea; riparo – steccato che circonda il luogo dei tornamenti.

Lo, art. m. sing. lo usa si si ro tale o all S seguita da altra consonante - pron. rel., 4 caso sing. m. di egli.

Locale, add. com. di luogo - sm. nell'uso, edificio, casamento ec.

Località, sf. positura del luogo.

Locanda , sf. albergo per alloggiare forestieri.

Locandiere, sm. chi tiene locanda.

Locare, att. V. Collocare - nel foro, appigionare od affittare.

Locatário, sm. chi prende ad affitto o pigione.

Locatóre, sm. chi dà in affitto o pigione.

Locazióne, sf. l'atto di affittare fondi o appigionare case per un certo prezzo e tempo.

Locusta, sf. sorta di cavalletta simile al grillo.

Locuzióne, sf. favella–modo di dire

Lodáre, att. dar lode, encomiare – approvare.

Lode, sf. encomio - In pl. una delle parti del divino officio, più comun. laudi.

Lodévole, add com. degno di lode.

Lodola. V. Allodola.

Lóggia, sf. (pl. gge), edifizio aperto.

Loggiato, sm. portico.

Lógica (v. gr.). sf. (pl. che), arte di ben pensare, e di bene usare della ragione.

Lógico, add. m. di logica - sm. che ha logica.

Lóglio, sm. erba che nasce fra il grano o di seme cattivo.

Logoráre (pr. lógoro ec.), att. consumare per uso, o per andare di tempo.

Lógoro, add. m. quasi consumato.

Lombáre, add. com. appartenente ai lombi.

Lombáta, sf. parte del corpo dell'animale ove stanno attaccati i lombi.

Lombo, sm. arnione dell'animale – fianco.

Lombríco, sm. (pl. chi), verme senza gambe che sta sotterra.

Longanimità, sf. tolleranza, sofferenza.

Longévo (v. lat.), add. m. di lunga età, vecchio.

Longitudinále, add. com. disteso pel lungo.

Longitúdine (v. lat.), sf. lunghezza - In geogr. distanza di un paese dal primo meridiano verso levante o ponente.

Lontananza, sf. distanza da un luogo

Lontáno, add. m. distante - fig. diverso – alieno da far chessia – avv. da lungi.

Lonza, sf. lupa cerviera.

Loppa , sf. guscio che si separa dalle granaglie nel mondarle.

Loquáce, add. com. che parla assai.

Loquacità, sf. smania di chiacchiere.

Loquéla, sf. facoltà di parlare – favella, linguaggio.

Lord (v. ingl.), sm. signore (titolo d' onore che dassi in Inghilterra ai nobili, titolati od insigniti di qualche dignità)

Lordamente, avv. sporcamente.

Lordare, att. imbrattare - fig. guastare.

Lordezza, sf. bruttura.

Lordo, add. m. imbrattato, sporco - fig. scostumato - agg. di peso, non netto di tara.

Lordume, sm. e

Lordura, sf. immondezza - fig. scostumatezza.

Lorica (v. lat.), sf. (pl. che), corazza (sorta di armatura antica che fasciava il busto del soldato)

Loro, num. pl. com. de' pron. egli ed ella.

Losco, add. m. (pl. schi), chi è di vista corta, e che per vedere aggrotta le ciglia - cieco da un occhio - fig. ottuso.

Loto (v. lat.), sm. fango - In chim. composto di sostanze tenaci per chiudere le commessure de' vasi nelle distillazioni.

Lotta (v. lat.), sf. contrasto di forza e di destrezza, a corpo a corpo, senz'arme, per giuoco o per esercizio - fig. contesa.

Lottare, n. att. giocare alla lotta.

Lottatore, sm. che giuoca alla lotta - per simil. combattente.

Lotteria, sf. nell' assa lotto.

Lotto, sm. giuoco di sorte, in cui si guadagna per l'estra-

elasto di polizze beneficiate.

Lozione (v. lat.), sf. lavamento.

Lubricare (pr. lubrico, chi ec.), att. rendere lubrico (detto dell'effetto di alcuni cibi o rimedj sul ventre)

Lubricità, sf. contr. di stitichezza.

Lubrico, add. m. (pl. ci, chi), sdrucciolevole - sciolto, contr. di stitico - fig. inchinevole a disonestà.

Lucchetto, sm. sorta di piccola serratura.

Luccicare (pr. luccico, chi ec.), n. ass. il risplendere delle cose lisce e lustre.

Lucchio, sm. splendore, scintillamento.

Luccio, sm. pesce di acqua dolce.

Lucciola, sf. sorta di mosca notturna, il cui ventre risplende di una luce nuova.

Luce, sf. splendore che emana dal sole, e da alcun corpo per sè luminoso - la pupilla dell'occhio - fig. giorno - vita - oggetto amato - In pl. poet. occhi

Lucente, add. com. che risplende.

Lucentezza, sf. splendore, chiarezza.

Lucerna, sf. vaso con olio e lucignolo ad uso di far lume.

Lucerniere, sm. strumento che sostiene la lucerna.

Luceria, e

Lucertola, sf. rettile con quattro gambe bassissime.

Lucherino , sm. uccelletto con
   penne verdi e gialle.

Lucidamente, avv. con chiarezza.

Lucidáre (pr. lúcido ec.), att.
   dar luce, illuminare – fig.
   rendere chiaro , illustrare –
   copiar disegni o pitture al riscontro della luce.

Lúcido, add. m. lucente – liscio.

Lucifero , sm. pianeta di Venere
   che si mostra alla mattina –
   nome del capo degli angeli ribelli – add m. (v. lat.), che
   apporta luce.

Lucignolo , sm. fila di bambagia
   unite insieme; che ardono nelle candele e nella lucerna.

Lucráre (v. lat), att. guadagnare.

Lucro (v. lat.), sm. guadagno.

Lucrosamente, avv. con guadagno.

Lucróso, add. m. che reca lucro.

Lumáca, sf. (pl. che), chiocciola.

Lucubráto (v. lat.), add. m. che
   costa molto studio (detto di
   scritti)

Luculento (v. lat.), add. m. luminoso, lucente.

Ludíbrio, sm. scorno , derisione,
   ingiuria.

Lue (v. lat.), sf. contagio.

Lúglio, sm. nome del quinto mese astronomico, e settimo del-
   l'anno volgare.

Lúgubre, e poet. lugúbre, add.
   com. funesto, triste – da lutto.

Lui, pron. m. di egli ne' casi
   obbliqui.

Lume , sm. splendore che emana
   dalla luce – lucerna o candela
   accesa – vista – fig. notizia –
   scorta – poet. occhio.

Lumeggiamento , sm. l'atto di
   lumeggiare.

Lumeggiáre, att. illuminare – In
   pitt. porre colori più chiari
   alle parti più luminose dei
   corpi.

Lumiéra, sf. arnese che sostiene
   molti lumi per uso di rischia-
   rar le stanze.

Luminária, sf. illuminazione fe-
   stiva.

Lumináre, sm. lume, splendore –
   fig. uomo di chiarissima fama.

Luminello, sm. anelletto dove si
   infila il lucignolo della lucerna.

Lumináso, add. m. lucente – il-
   luminato.

Luna , sf. propr. satellite della
   terra che la illumina in tempo
   di notte – il corso di essa –
   ciascuna delle sue fasi – in
   astron. pianeta secondario.

Lunáre, add. com. della luna –
   mensuale.

Lunário, sm. almanacco ove sono
   segnate le variazioni della luna

Lunarísta, sm. (pl. sti), che fa i
   lunarii.

Lunático, add. m. (pl. ci, chi),
   che patisce d'incostanza nel
   cervello.

Lunazióne, sf. corso mensuale
   della luna.

Lunedì, *sm.* il secondo giorno della settimana.

Lunetta, *sf.* cerchietto da orecchi – sostegno dell'ostia consacrata nell'ostensorio – cerchio superiore delle casse degli oriuoli da tasca.

Lungamente, *avv.* per molto tempo

Lunge, *avv.* e *prep.* lontano.

Lungheria, *sf.* prolissità.

Lunghesso, *prep.* rasente, accosto.

Lunghezza, *sf.* estensione in lungo – durata.

Lungi. V. *Lunge.*

Lungo. *add. m.* (*pl.* ghi), che ha lunghezza, contr. di corto. – *fig.* tardo – lento – *prep.* accosto – *avv.* lungamente.

Luogo, *sm.* (*pl.* ghi), spazio non resistente, occupato da qualsiasi corpo particolare – paese – possessione – agio, comodo.

Luogotenente, *sm.* chi esercita le funzioni di un altro.

Lupa, *sf.* la femmina del lupo – *fig.* meretrice – avarizia.

Lupanare, *sm.* postribolo.

Lupercali, *sf. pl.* feste degli antichi romani instituite in onore del dio Pane e della lupa che allattò Romolo e Remo.

Lupinella, *sf.* e

Lupinello, *sm.* pianta che si semina per pastura fresca e per fieno, *vulg.* lupi o salvatico.

Lupino, *sm.* pianta che fa i baccelli simili a quei delle fave,

con un seme amarissimo.

Lupo, *sm.* animale selvatico veracissimo – *fig.* divoratore delle sostanze altrui.

Luppolo, *sm.* erba strisciante, il cui frutto è ingrediente principale della birra.

Lurido (*v. lat.*), *add. m.* livido, squallido – lordo, sordido.

Lusco. V. *Losca.*

Lusinga, *sf.* (*pl.* ghe), falsa dolcezza di atti o di parole per guadagnare l'animo altrui – speranza, fiducia.

Lusingare, *att.* allettare con parole, o con carezze.

Lusinghiero, *add. m.* che alletta.

Lussarsi, *np.* slogarsi le ossa.

Lussazione, *sf.* slogamento delle ossa.

Lusso, *sm.* superfluità nel vitto o vestito, eccesso nel trattamento.

Lussureggiare, *n. ass.* vivere negli agi e nelle delizie – *per simil.* parlando di piante, crescere vigorose.

Lussuria, *sf.* smoderato appetito carnale – soprabbondanza di piaceri – soverchio rigor delle piante.

Lussuriosamente, *avv.* con lusso – *più comun.* con lussuria.

Lussurioso, *add. m.* che ama il lusso – *più comun.* immerso ne' piaceri del senso – *parlando di piante,* rigoglioso.

Lustrále, *add. com.* agg. di acqua usata dai gentili per aspergere il popolo.

Lustrare, *att,* dare il lustro – *Nelle arti,* tirare a pulimento marmi o metalli.

Lustratúra, *sf.* pulitura di marmi o metalli.

Lustrazione, *sf.* sacrificio di espiazione presso i gentili.

Lustrino, *sm.* sorta di drappo di seta – *In pl.* piastrelle di ra-

me inargentato o dorate, che si usano in alcuni ricami.

Lustro, *sm.* spendore – decoro – pulimento – lo spazio di cinque anni – *add. m.* rilucente.

Luteranismo, *sm.* professione delle massime di Lutero.

Lutto, *sm.* mestizia per morte di parenti o di gran personaggi.

Luttuosamente, *avv,* con lutto.

Luttuoso, *add. m.* lagrimevole, doloroso.

M

M (emme), lettera consonante liquida, la nona delle consonanti e la duodecima dell'alfabeto italiano – num. rom. dinotante *mille.*

Ma, *cong. che disingue,* o *eccettua,* o *contraria.*

Macáco, *sm.* (*pl.* chi), sorta di scimia senza barba, con natiche nude e lunga coda.

Maccabei, *sm. pl.* ultimi libri del vecchio Testamento, che contengono la storia degli ebrei sotto il governo de' primi principi della stirpe degli Asmonei.

Maccheroni, *sm. pl.* pasta ridotta in cannelli per uso di minestra.

Maccheronico, *add. m.* agg. di poesia scherzevole mista di volgare e latino.

Macchia, *sf.* segno – lordura – *fig.* colpa – infamia – bosco folto di arboscelli – siepe folta di verdi spini.

Macchiare, *att.* lordare – *sf.* contaminare.

Macchiavellismo, *sm.* massime o maniera di pensare di Macchiavelli (*gran politico e storico del XV sec.*)

Macchiavellista, *sm.* (*pl.* sti), chi professa le massime di Macchiavelli.

Macchina (*v. gr.*), *sf.* nome generico di qualunque ordigno ingegnoso che serva ad usi meccanici – qualunque strumento di fisica, di meccanica, di guerra ee. – *per simil.* qualunque macchina semovente – *fig.* uomo grande e grosso –

macchinazione.

Macchinalmente, avv. a guisa di macchina.

Macchinare (pr. macchino ec.), att. disporre, ordire inganni.

Macchinatore, sm. chi ordisce insidie.

Macchinazione, sf. insidia, inganno.

Macchinista, sm. (pl. sti), inventore, fabbricatore, soprintendente di macchine.

Macellajo, sm. beccajo.

Macellare, att. l'uccidere alcune specie di bestie per cibo dell'uomo.

Macello, sm. luogo dove si macellano le bestie, e dove si vende la carne macellata, altr. beccheria – per simil. grande uccisione d'uomini, strage.

Macerare (pr. macero ec), att. ammollire una cosa col tener la nell'acqua – infrangere percotendo – fig. mortificare – affliggere.

Macerazione, sf. l'atto di macerare checchessia nell'acqua – fig. mortificazione.

Maceria (v. lat.), sf. muriccia rovinosa.

Macero, add. m. ridotto mediante l'acqua a trattabilità e pastosità – pesto; infranto – fig. afflitto – spossato.

Macigno, sm. pietra durissima.

Macilente, add. com. magro,

munto.

Macilenza, sf. estenuazione di carni.

Macina, sf. pietra circolare da mulini.

Macinare (pr. macino ec.), att. ridurre in polvere checchessia colla macina (particolarm. il grano e le biade)

Macinatura, sf. l'azione di macinare – e la cosa macinata.

Macula (v. lat.). V. Macchia.

Maculare. V. Macchiare.

Madama (frances.), sf. signora (nome di onore che si dà alle donne civili)

Madamigella (frances.), sf. signorina (detto delle nobili)

Madia, sf. spezie di cassa per farvi il pane.

Madido (v. lat. e poet.), add. m. umido.

Madonna (quasi mia donna o signora), sf. nome di onore che si dava alle donne – per eccellenza, la SS. Vergine.

Madornale, add. com. grande (detto de' rami maggiori delle piante) – fig. agg. di errore, grossissimo.

Madre, sf. femmina che ha figliuoli, altr. genitrice – titolo che si dà per venerazione alle monache – Nelle arti, strumento dentro a cui un oggetto prende figura – la chiocciola della vite – la forma ove si gettano i caratteri da stampa.

Madreggiáre, *n. ass.* somigliare la madre ne' costumi, *volg.* matrizzare.

Madreperla, *sf.* conchiglia lucente come argento che racchiude le perle.

Madreviste, *sf.* chiocciola con cui si forma la vite.

Madrigále, *sm.* poesia lirica breve, rimata e concettosa.

Madrigna. V. *Matrigna.*

Madrina, *sf.* levatrice, *oggi* comare.

Maestà, *sf.* sembianza veneranda ed autorevole – titolo d'imperatore e re.

Maestóso, *add. m.* venerando – grave – augusto.

Maestranza, *sf.* quantità di artefici che attendono ad un lavoro.

Maestrévole, *add. com.* da maestro

Maestrevolmente, *avv.* con maestria.

Maestria, *sf.* perizia da maestro in qualsivoglia professione od arte.

Maestro, *sm.* professore di un'arte – ammaestratore – padrone di bottega di alcun'arte – dottore – superiore di ordine – nome di vento tra tramontana e ponente – *di casa*, maggiordomo – *di cappella*, compositore di musica – *add. m.* dotto – esperto – principale – agg. di

libro, quaderno de' conti – di strada o via, quella che conduce da un luogo principale ad altro luogo grande.

Maga, *sf.* (*pl.* ghe), strega, incantatrice.

Magagna, *sf.* difetto, vizio.

Magagnáre, *att.* guastare.

Magazinággio, *sm.* l'uso del magazzino – e ciò che si paga per avere un tal uso.

Magazziniére, *sm.* chi è preposto alla cura de' magazzini.

Magazzino, *sm.* stanza dove si ripongono le mercanzie.

Maggio, *sm.* il quinto mese dell'anno volgare.

Maggióranza, *sf.* preminenza – la parte più nobile – e *impropr.* la più numerosa.

Maggiordómo, *sm.* soprintendente alla casa de' grandi.

Maggióre, *add. comp. com.* più grande – superiore – uscito di minorità, – *sm.* grado militare tra il luogotenente colonnello ed il primo capitano di un reggimento – *sf.* prima proposizione di un sillogismo.

Maggiorenne, *add. com.* maggiore di età.

Maggiormente, *avv.* molto più.

Magia (*v. gr. – pers.*), *sf.* la dottrina degli antichi sapienti e filosofi persiani che chiamavansi *magi* – oggidì incantesimo, malia.

26

Magico, *add. m.* di, o per magia o per incanto - *fig.* sorprendente - *agg.* di *lanterna*, macchinetta ottica per cui all'oscuro piccole immagini veggonsi ingrandite nel muro a seconda delle distanze.

Magi, *sm. pl.* nome che gli antichi persiani davano ai loro sapienti - que' tre personaggi che vennero dall'Oriente per adorare Gesù bambino.

Magióne, *sf.* abitazione, casa.

Magistério, e

Magistéro, *sm.* uffizio di maestro - maestria - disciplina, insegnamento.

Magistrale, *add. com.* di maestro - principale.

Magistralmente, *avv.* da maestro.

Magistrato, *sm.* collegio d'uomini legalmente instituito, con potestà di giudicare e far eseguire le leggi.

Magistratúra, *sf.* uffizio e giurisdizione del magistrato.

Máglia, *sf.* concatenamento di anelletti di ferro per far le armature - e l'armatura stessa - vani delle calze e delle reti.

Máglio, *sm.* grosso martello per varj usi.

Magnanimità, *avv.* grandezza di animo.

Magnanimo, *add. m.* di gran cuore.

Magnáno, *sm.* artefice di lavori minuti di ferro.

Magnáte, *sm.* personaggio di alto grado.

Magnésia, *sf.* sostanza calcarea assorbente, che si usa per medicamento.

Magnéte (*v. lat.*), *sm.* sostanza che attrae il ferro, *volg.* calamita.

Magnético, *add. m.* calamitato.

Magnetismo, *sf.* la virtù della calamita.

Magnificamente, *avv.* con magnificenza.

Magnificáre (*pr. fico; chi ec.*), *att.* aggrandir con parole.

Magnificenza, *sf.* virtù che mira ad opere grandi, splendidezza, sontuosità.

Magnífico, *add. m.* splendido.

Magniloquenza, *sf.* gravità di stile.

Magno (*v. lat.*), *add. m.* grande (*agg. per lo più di personaggi assai illustri nella storia*)

Mago (*v. gr. pers.*), *sm.* (*pl. gi, ghi*), sapiente, filosofo - chi si applica alla magia superstiziosa.

Magóna. V. *Ferriera*, e *Ferreccia*.

Magramente, *avv.* scarsamente.

Magrezza, *sf.* macilenza, estenuazione.

Magro, *add. m.* smunto, gracile - *fig.* detto del terreno, arido, sterile ec.

Mai, *avv.* in alcun tempo - *colla negat.* in nessun tempo.

Majále, *sm.* porco castrato.

Majo, *sm.* albero alpestre che fa i fiori simili alla ginestra, e i frutti a foggia di grappoli.

Majólica, *sf.* (*pl.* che), terra da stoviglie.

Majorána, *sf.* sorta d'erba odo rosa delle campagne.

Majorascáto, *sm.* possesso di certe rendite assegnate al majorasco.

Majorasco, *sm.* (*pl.* schi), eredità che spetta al fratello maggiore.

Majúscola, *sf.* lettera grande.

Majúscolo, *add. m.* grande (*propr. agg. di* carattere)

Malaccolto, *add. m.* accolto di mala grazia.

Malacconcio, *add. m.* disadatto.

Malaccorto, *add. m.* improvido.

Malacreanza, *sf.* inciviltà.

Maladettamente, *avv.* bestialmente.

Maladire. V. *Maledire.*

Malaffetto, *add. m.* che non ama - indisposto di salute.

Málaga, *sf.* specie di vino di Spagna.

Malagévola, *add. com.* difficile.

Malagevolezza, *sf.* difficoltà - arduità ad ottenere un fine.

Malamente, *avv.* alla peggio.

Malandáre, *n. ass.* (*che non si usa fuorchè nell' inf. e nel*

pp.), condursi a mal termine tanto di sanità, quanto di fortune

Malandrino, *sm.* assassino.

Malanno, *sm.* somma sciagura.

Malatíccio, *add. m.* infermiccio.

Maláto, *add. sm.* infermo.

Malattía, *sf.* stato di un corpo vivente, in cui viene impedito da alcuna delle sue funzioni vitali, o naturali, o animali.

Malaugurdso, *add. m.* di mal augurio, sciagurato.

Malaventúra, *sf.* disgrazia.

Malavoglienza, *sf.* il voler male.

Malavvedutamente, *avv.* incautamente.

Malavveduto, *add. m.* incauto.

Malcaduco. V. *Epilessia.*

Malcáuto, *add. m.* incauto.

Malconcio, *add. m.* maltrattato.

Malcontento, *add. m.* non contento

Malcostumáto, *add. m.* di cattivi costumi.

Malcreáto, *add. com.* scostumato.

Maldicente, *add. com.* che dice male di altri.

Maldicenza, *sf.* l'andar narrando fatti non pubblici o non veri, i quali offendano il buon nome altrui.

Maldisposto, *add. m.* d'animo volto al male.

Male, *sm. contr. di* bene - *In mor.* pena - scandalo - misfatto - *In med.* infermità - *fisico*, ogni sensazione dolorosa - *morale*, quello che deriva dall' errore volontario e dal l'azione prava.

Maledico. V. *Maldicente.*

Maledire (*pr. ico, ci ec., pass. issi, pp etto), att. an.* imprecar male altrui.

Maledizione, *sf.* imprecazione.

Maleficio, *sm.* misfatto – danno tentato con veleni contro animali e piante – incantesimo.

Malefico, *sm. (pl. ci, chi),* danneggiatore – *add. m.* che fa male

Malefizio. V. *Maleficio.*

Malevoglienza, e

Malevolenza, *sf.* mal animo, malignità.

Malevolo. *add. m.* che vuol male.

Malfattore, *sm.* che commette o ha commesso misfatti.

Malgrido, *avv.* a dispetto.

Malia, *sf.* specie d' incantesimo, con cui nella favola le fate toglievano agli uomini l'uso libero della mente o delle membra, trasformavano piante ec.

Maliardo, *sm.* ammaliatore.

Malignamente, *avv.* con malignità.

Malignare, *att.* trattare – e interpretare malignamente.

Malignità, *sf.* malvagità d' animo, disposto a nuocere altrui anche senza proprio utile.

Maligno, *add. m.* malvagio, malefico – *In med.* pericoloso.

Malinconia (*v. gr.*), *sf.* malattia per lo più immaginaria, accom-

pagnata da timore e da tristezza d'animo.

Malinconico, *add. m. (pl. ci, chi),* che ha, o cagiona malinconia – taciturno, mesto.

Malizia, *sf.* inclinazione a nuocere – mala volontà – astuzia.

Maliziare, *n. ass.* darsi al maligno.

Maliziosamente, *avv.* con inganno.

Malizioso, *add. m.* pieno di malizia, furbo.

Malleabile, *add. com.* che regge al martello (e *dicesi di que' metalli i quali col mezzo di ripetute percosse pigliano qualunque forma senza stritolarsi*)

Mallevadore, *sm.* chi si obbliga per altri.

Malleveria, *sf.* obbligazione del mallevadore per la sicurtà di un contratto.

Mallo, *sm.* la prima scorza tenera della noce e della mandorla.

Malmenare, *att.* conciar male – palpeggiare – *fig.* travagliare.

Malnato, *add. m.* ignobile.

Malo, *add. m.* cattivo.

Malora, *sf.* rovina, perdizione.

Malore, *sm.* malattia – *fig.* afflizione.

Malpiglio, *sm.* guardatura bieca.

Malpratico, *add. m. (pl. ci, chi),* inesperto.

Malsano, *add. m.* infermiccio – *parlando d' aria,* insalubre.

Malsicuro, *add. m.* non bene as-

- sicurato.

Malta, *sf.* impasto di calcina con arena per murare.

Maltrattare, *att.* trattar male – usar villanie.

Malva, *sf.* erba comunissima, assai mollificante.

Malvagia, *sf.* sorta di vino greco delicatissimo (*dalla città dello stesso nome in Morea donde viene*)

Malvagio, *add. m.* pessimo (*detto delle persone meglio che delle cose*)

Malvagità, *sf.* perversità.

Malvasia. V. *Malvagia.*

Malvedére (*pr.* édo, eggo, e éggio , *pass.* idi, *pp.* edúto, e visto), *att. an.* veder di mal occhio.

Malvivente, *add. com.* di mala vita.

Malvolentieri, *avv.* di mala voglia.

Malvolére, *sm.* cattiva intenzione.

Malvoluto, *add. m.* odiato.

Mamma (*v. fanciull.*), *sf.* madre – mammella.

Mammalucco , *sm.* (*pl.* cchi), schiavo cristiano presso gli egizj.

Mammana, *sf.* governante di zitelle – *più comun.* levatrice.

Mammella, *sf.* poppa delle femmine.

Mammola, *sf.* sorta di violetta campestre primaticcia di color cerulea.

Manata, *sf.* tanta materia, quanta si può tener in una mano.

Mancamento, *sm.* penuria – bisogno – scemamento – imperfezione – colpa.

Mancante, *add. com.* che vien meno.

Mancanza, *sf.* difetto, privazione – colpa leggiera, o senza malizia.

Mancáre, *n. ass.* non essere a sufficienza – venir meno – desistere , cessare – commettere errore , cadere in peccato – *att.* scemare, diminuire.

Manchévole, *add. com.* che manca, o ha difetto – caduco, fragile.

Mancia, *sf.* regalo non pattuito.

Manciata. V. *Manata.*

Mancino, *sm.* chi adopera naturalmente la mano sinistra in cambio della destra – *add. m.* sinistro.

Mancipáre, *att.* V. *Emancipare* – (*da* mancipio, schiavo), assoggettare.

Mancipio (*v. lat.*), *sm.* schiavo.

Manco, *add. m.* (*pl.* chi), scemo – sinistro, *opposto a* destro – *avv.* meno.

Mandamento, *sm.* commissione – ordine – divisione territoriale negli Stati Sardi.

Mandante, *p. pr. di* mandare – *sm.* chi fa procura.

Mandáre, *att.* comandar che si vada – e comandare a persona lontana – spedire.

Mandarino, sm. titolo di nobiltà o dignità nell'impero chinese.

Mandatario, sm. chi fa per commissione altrui.

Mandato, sm. commissione – procura legale.

Mandibola, sf. mascella superiore.

Mandola. V. Mandorla.

Mandola, sf. strumento musicale a corde d'acciajo, simile alla chitarra.

Mandolino, sm. strumento musicale più piccolo della mandola.

Mandorla, sf. frutto più piccolo della noce, e di figura quasi orale.

Mandorlato, sm. composto per lo più di mandorle.

Mandorla, sm. albero che produce le mandorle.

Mandra, sf. gregge.

Mandracchio, sm. la parte interna di un porto.

Mandragola, sf. pianta de' luoghi ombrosi, che produce una bacca globosa di un forte odore narcotico.

Mandria. V. Mandra.

Mandriano, sm. custode della mandria.

Mane (e. lat.), sf. mattina.

Maneggevole, add. com. atto a maneggiarsi.

Maneggiare (dal lat. manibus agere), att. trattar colle mani – e trattar con arte uno

strumento, un'arma o simile – reggere, governare – n. pass. adoperarsi.

Maneggio, sm. negozio, affare; e la direzione di esso – esercizio di cavalli, e il luogo dove si maneggiano, altr. cavallerizza.

Manella, sf. e

Manello, sm. manata di spighe.

Manescalco. V. Maniscalco.

Manesco, add. m. (pl. schi), facile a maneggiarsi – inclinato a percuotere, e a rubare.

Manette, sf. pl. arnesi di ferro per legare i rei.

Manganare (pr. mangano ec.), att. lustrare le tele col mangano.

Manganello, sm. strumento da guerra – abus. grosso bastone.

Manganese, sm. ferro mineralizzato

Mangano, sm. macchina militare antica per iscagliar pietre – oggi macchina da lustrare i panni, facendoli passare col mezzo di rulli sotto gravissimo peso.

Mangereccio, add. m. atto, e buono a mangiarsi.

Mangeria, sf. guadagno illecito.

Mangiapane, sm. uomo dapoco.

Mangiare, att. masticare il cibo – fig. consumare le altrui facoltà – scialacquare.

Mangiare, sm. l'atto del mangiare – cibo.

Mangiativo, add. m. buono a

mangiarsi.

Mangiatoja, *sf.* arnese ove nelle stalle si dà il mangiare alle bestie.

Mangiatóre, e

Mangióne, *sm.* chi mangia assai.

Manía (*v. gr.*), *sf.* stato in cui l'uomo ha perduto l'uso della ragione – desiderio ardente – affetto esagerato per checchessia

Maníaco, *add. e sm.* (*pl. ci, chi*), assalito da mania.

Mánica, *sf.* (*pl. che*), quella parte della veste, che cuopre il braccio.

Manicaretto, *sm.* vivanda composta di più cose appetitose.

Manichéi, *sm. pl.* setta di eretici che sostenevano due principj indipendenti, l'uno autore del bene, l'altro del male.

Manicheismo, *sm.* sistema assurdo di Manete e de' suoi discepoli e fautori, chiamato anche *duismo*, o *dualismo*.

Mánico, *sm.* (*pl. chi*), parte di alcuni strumenti che si tiene in mano per poterli adoperare.

Manichíno, *sm.* ornamento dei polsi nelle camicie.

Manicotto, *sm.* arnese per lo più di pelle, per riparar le mani dal freddo.

Maniéra, *sf.* modo di operare – foggia – qualità – costume – creanza – *In pitt.* particolarità di un caposcuola.

Manieráre. V. *Ammanierare*.

Manieróso, *add. m.* di maniere gentili.

Manifattóre, *sm.* artefice.

Manifattúra, *sf.* nome generico di tutti gli oggetti che si fanno con artificio di mano nelle basse arti e mestieri – e la stessa opera di mano.

Manifatturiére. V. *Manifattore*

Manifestamente, *avv.* palesemente.

Manifestáre, *att.* far palese.

Manifesto, *sm.* relazione di mercanzie per la dogana – scrittura per far publiche le sue ragioni in cose di gran rilievo – ragionata dichiarazione di guerra fra uno stato e l'altro – *nell'* uso programma – *add. m.* noto, palese – *avv.* manifestamente.

Maniglia, *sf.* V. *Smaniglia.* – capitello per tener in mano la sega – il secondo mattadore nel giuoco dell'ombre – *Nelle arti*, pezzi di metallo attaccati a bauli o forzieri, per alzarli od aprirli – ferri per cui passano i cignoni delle carrozze

Maniglio. V. *Smaniglio*.

Manigoldo, *sf.* carnefice – *per ingiuria*, furfante.

Manipoláre (*pr. ípolo ec.*), *att.* lavorar con mano.

Manípolo (*v. lat.*), *sm.* tanta quantità d'erbe, di spighe ec. quanta ne può contenere la mano del mietitore – striscia

di drappo che pende dal braccio sinistro del sacerdote nel
celebrare la messa.

Maniscalco, *sm.* (*pl.* schi), chi
medica e ferra i cavalli.

Manna (*v. ebr.*), *sf.* propr. cibo
miracoloso caduto dal cielo agli
ebrei nel deserto – liquore che
stilla dal frassino e dall'olmo –
fig. ogni cibo squisitissimo.

Mannaja, *sf.* scure del carnefice
e del beccajo.

Mano, *sf.* membro del corpo
umano che termina il braccio
– *fig.* ajuto – virtù, possanza
– forza, autorità – banda –
lato – carattere di scrittura.

Manomettere (*pass.* isi, *pp.* esso),
att. an. cominciare a servirsi
di cosa che a poco a poco si
consuma – *fig.* guastare – liberare da servitù.

Manopola (*v. gr.*), *sf.* propr. antico guanto di ferro – oggi riparo della mano usato da alcuni artefici nel lavorare.

Manoscritto, *sm.* libro scritto a
mano.

Manovale, *sm.* chi porta i materiali al muratore.

Manovella. V. *Leva.*

Manovra, *sf.* tutti i cordami di
una nave – e le operazioni
er governarla – *abusiv.* eser-
j militari.

vrare, *att.* maneggiare i
lami del vascello.

Mansionário, *sm.* assistente alla
chiesa, e residente presso di
quella.

Mansióne (*v. lat.*), *sf.* stanza –
soprascritta di lettera – seb-
l'uso incombenza.

Mansuefáre (*pr.* fò, *pass.* féci,
pp. fatto), *att. an.* rendere
mansueto, addomesticare.

Mansueto, *add. m,* mite, pacifico.

Mansuetúdine, *sf.* naturale di-
posizione dell'animo alla dolcezza ed alla benignità.

Mantéca. V. *Pomata.*

Mantelletta, *sf.* ornamento delle
spalle proprio di certe dignità.

Mantello, *sm.* vestimento con
bavero, che si porta sugli altri
panni – colore del pelo del
cavallo – *fig.* scusa, pretesto.

Mantenére (*pr.* engo, iéni ec.,
pass. enni, *pp.* enúto), *att. an.*
conservare – dare il vitto –
np. sussistere, nudrirsi.

Mantenimento, *sm.* conservazione – vitto – e in generale
tutto ciò che serve a sostenere la vita – osservanza.

Mántice, *sm* strumento che attrae e manda fuori l'aria,
per soffiare nel fuoco o agli
organi – *fig.* instigazione.

Mantiglia, *sf.* sorta di abbigliamento donnesco per coprire
le spalle.

Mantile, *sm.* piccola tovaglia.

Manto, *sm.* vestimento di grandi personaggi – *fig.* protesta.

Manuale, *add. com.* di mano.

Manualmente, *avv.* con mano.

Manumissióne, *sf.* liberazione da schiavitù.

Manutensióne, *sf.* sicurtà pel mantenimento della cosa.

Manzo, *sm.* bue giovine.

Maomettáno, *sm.* seguace di Maometto.

Maomettismo, *sm.* religione e dottrina di Maometto.

Mappamondo, *sm.* carta generale della superficie del mondo rappresentata in due emisferi.

Maragóne, *sm.* corvo acquatico – uomo che s' immerge sino al fondo del mare per ripescar cosa sommersa, o per raccorre le conchiglie delle perle – garzone di falegname.

Marasca, *sf.* (*pl.* sche), sorta di ciriegia agretta.

Marasmo, *sm.* eccessiva magrezza.

Maraviglia, *sf.* grata sensazione che accompagna l' improvvisa avvertenza da noi fatta al vero, al bello ed al buono.

Maravigliáre, arsi, *n. ass.* e *np.* rimanere attonito.

Maraviglióso,-*add. m.* stupendo.

Marca (*v. al.*), *sf.* (*pl.* che), confine – e in oggi provincia – contrassegno impresso sulle merci, per mostrarne l' artefice, e il luogo ove furono fatte.

Marcáre, *att.* contrassegnare im-

provisando, *altr.* marchiare.

Marchesáto, *sm.* stato e dominio di marchese.

Marchése (*da marca*), *sm.* titolo di signoria media tra quella del duca e quella del conte.

Márchio, *sm.* segno, impronta.

Márcia, *sf.* (*pl.* ce), umore putrido delle piaghe – cammino di eserciti.

Marciapiéde, *sm.* lastrico laterale delle strade per camminare a piedi.

Marciáre (*dal fr.* marcher), *n. ass.* il muoversi degli eserciti – partirsi *semplicem.*

Marciáta, *sf.* il marciare degli eserciti – *più comun.* il suono delle bande che accompagna le marce.

Márcio, *add. m.* fracido – *sm.* posta doppia al giuoco.

Marcióso, *add. m.* pieno di marcia.

Marcíre (*pr.* sco ec.), *n. ass.* divenir marcio – *fig.* guastarsi.

Marco, *sm.* (*pl.* chi), peso di moneta e di metalli fini – contrassegno (*più comun.* marchio).

Mare, *sm.* riunione di tutte le acque che circondano la terra, *altr.* oceano – *fig.* ogni straordinaria abbondanza.

Maréa, *sf.* i due moti periodici del mare (*altr.* flusso e riflusso).

Mareggiáre, *n. ass.* ondeggiare con pericolo di naufragio – *fig.* provare giramenti di cap

Maremma, *sf.* campagna vicina al mare.

Maresciallo, *sm.* dignità militare di primo ordine.

Marescalco. V. *Maniscalco.*

Maretta, *sf.* piccola conturbazio-
ne del mare.

Marezzare, *att.* dare il marezzo.

Marezzo, *sm.* ondeggiamento di
color variato.

Marga, *sf.* (*pl.* ghe), specie di
creta pingue e calcaria, buona
da ingrassare i campi.

Margarita, e

Margherita (*v. gr.*), *sf.* perla -
sorta di fiore (*più comun.*
margheritina)

Margheritina, *sf.* pianta perenne
delle colline - *In pl.* quei
piccoli globetti di vetro dei
quali si fanno vezzi ed altri
ornamenti.

Marginale, *add. com.* posto al
margine.

Margine (*e poet.* margo), *sm.*
saldatura di ferite, *altr.* cicatrice - estremità - spazio laterale dei libri stampati.

Margotta, *sf.* parte di una pianta che dopo essere stata alcun
tempo sepolta acciò produca
radici, si trasporta altrove.

Margravio, *sm.* dignità sovrana
in Germania, corrispondente
al nostro *marchese.*

Marina, *sf.* costa di mare - nel-
l'uso tutto ciò che si riferisce
all'uso del mare.

Marinajo, *sm.* uomo che fa il
servizio della nave.

Marinare, *att.* conciare il pesce
affinchè si conservi. V. *Ammarinare.*

Marinaresca, *sf.* (*pl.* sche), tutta
la ciurma di una nave.

Marinaresco, *add. m.* (*pl.* schi),
di marinajo.

Marinaro. V. *Marinajo.*

Marineria, *sf.* arte del marinajo
- moltitudine di naviganti.

Marino, *add. m.* di mare.

Maritaggio, *sm.* matrimonio.

Maritare, *att.* dar marito alle
femmine - *np.* prender marito
- *fig.* dicesi di tutte quelle
cose che volentieri si accop-
piano, come la vite all'olmo ec.

Marito, *sm.* uomo congiunto in
matrimonio.

Marittimo, *add. m.* di mare.

Mariuolo, *add. e sm.* furfante.

Marmista, *sm.* (*pl.* sti), lavoratore di marmi.

Marmitta (*v. fr. e dell' uso nella mil.*), *sf.* pentola, pignatta.

Marmo, *sm.* pietra viva deriva-
ta di molte qualità e colori -
per trasl. statua - *fig.* durezza di cuore, insensibilità.

Marmorare (*pr.* mármoro ec.)
att. colorare a marmo.

Marmoreo, *add. m.* di marmo,
e della natura del marmo.

Marmorino, *add. m.* di marmo

- sm. sorta di colore che tira del marmo.

Marmorizzato, add. m. venato a foggia di marmo.

Marmotta, sf. specie di topo montano.

Marra. V. Marga.

Maroso, sm. fiotto di mare, ondata - fig. travaglio d'animo.

Marra, sf. strumento rustico per radere il terreno - e strumento de'manovali per far la calcina.

Marrocchino, sm. cuojo di capra conciato e tinto.

Marrone, sm. strumento più stretto della marra - specie di castagna - fig. errore.

Marte, sm. dio della guerra presso i mitologi - In astr. uno dei pianeti del sistema solare.

Martedì, sm. terzo dì della settimana.

Martellare, att. percuotere col martello - fig. travagliare, tormentare.

Martellata, sf. colpo di martello.

Martellina, sf. stromento da muratori e scarpellini.

Martello, sm. strumento per battere (di più foggia secondo gli usi delle diverse arti) - fig. tormento - gelosia.

Martire (v. gr.), sm. chi patisce tormenti ed anche la morte violenta per la fede di G. C.

Martire, sm. dolore intenso.

Martirio, sm. tormento, supplizio

- fig. dolore acutissimo.

Martirizzare, att. tormentare - np. fig. darsi pena.

Martirologio, sm. catalogo e storia de' martiri.

Martora, sf. animale salvatico, di cui è assai stimata la pelle.

Mattoriare. V. Martirizzare.

Martoro (v. poet.), sm. grave dolore.

Marza, sf. ramoscello che si taglia da un albero per innestarlo in un altro.

Marzajuolo, add. m. di marzo.

Marziale, add. com. di Marte, cioè guerresco - In chim. agg. di sistema ove sia unito del ferro.

Marzo, sm. il terzo mese dell'anno volgare, il primo dell'astronomico.

Marzocco, sm. (pl. cchi), figura di lione scolpito o dipinto - fig. uomo vile e sciocco.

Marzolino, e

Marzuolo, add. m. agg. di biade che si seminano nel marzo.

Mascalcia, sf. l'arte del ferrare e del medicare i cavalli.

Mascalzone, sm. malvivente.

Mascella, sf. quell'osso ove sono incassati i denti.

Mascellare, add. com. agg. di dente laterale.

Maschera, sf. coperta della faccia per non essere conosciuto - fig. finzione.

Mascherare, att. (pr. maschero ec.), coprire con maschera -

fig. fingere – *np.* andar ma-
-scherato

Mascheráta, *sf.* unione di gente
in maschera.

Mascheróne, *sm.* testa deforme
posta per ornamento alle fontane, grotte ec.

Maschile, *add. com.* di maschio
– genere de' nomi, *opposto di*
femminile.

Máschio, *sm. contr.* di femmina
– *Nelle arti,* cilindro di ferro,
che confronta colla madrevite
– coltello de'cimatori – *In ar-*
chit. mil. sorta di fortificazione – *add. m.* di sesso maschile
– *fig.* robusto – generoso.

Mascolino. V. *Maschile.*

Masnáda, *sf.* compagnia per lo più
di malfattori.

Masnadiéro, *sm.* assassino di strada.

Massa, *sf.* quantità indeterminata
di checchessia ammontata insieme – *In mil.* colonna di
truppe serrata strettamente.

Massacro (*frances.*), *sm.* strage.

Massajo, *sm.* custode di cose
pubbliche – economo.

Massería, *sf.* casa dei lavoratori
di campagna.

asserizia, *sf.* arnesi di casa –
strumenti d'arti e d'agricoltura.

iccio, *add. m.* grosso, forte.

iima, *sf.* proposizione che
r la sua evidenza serve di
incipio ad arte o scienza.

iamente, e

Mássime, *avv.* principalmente.

Mássimo, *add. m. superl.* di grande.

Masso, *sm.* sasso grossissimo.

Mastello, *sm.* vaso di legno a
doghe per trasporto di liquidi.

Masticáre (*pr.* mástico, chi ec.),
att. disfare il cibo coi denti –
fig. borbottare – bene esaminare alcuna cosa seco stesso.

Mastice, *sf.* gomma resinosa del-
l'albero lentischio o mastice –
specie di colla da falegnami.

Mastino, *sm.* cane grosso da
mandria.

Mastro, *sm.* V. *Maestro* – *add.*
m. principale.

Matassa, *sf.* quantità di filo avvolto sull'aspo – *fig.* gruppo
di cose, o numero confuso di
persone.

Matemática (*v. gr.*), *sf.* (*pl.* che),
scienza che tratta delle quantità.

Matemático, *sm.* professore di
matematica – *add. m.* spettante a matematica.

Materasso, *sm.* sacco ripieno per
lo più di lana, schiacciato e
trapuntato, per dormirvi sopra,
volg. stramazzo.

Materassajo, *sm.* lavoratore di
materassi.

Matéria, *sf.* sostanza estesa, di-
visibile e mobile, la quale in
diversi modi raccolte e variamente combinata è il primo
elemento di tutti i corpi in
natura – ciò che si adopera in

qualunque componimento - cagione, motivo - amore marcioso.

Materiale, *sm.* nome collettivo di tutti gli oggetti preparati per qualsivoglia uso determinato - *add. com.* di materia - *fig.* rozzo, grossolano.

Materialismo, *sm.* empio sistema, secondo il quale anche i principj pensanti sono materia.

Materialista, *sm.* (*pl.* sti), chi professa la dottrina del materialismo.

Materialmente , *avv.* fisicamente - grossolanamente.

Maternale, *add. com.* e

Materno, *add. m.* di madre.

Matita (*v. gr.*), *sf.* sostanza minerale di color bruno giallo o rossigno , di cui servonsi i pittori per disegnare.

Matitatojo, *sm.* cannuccia di metallo per fermare la matita.

Matricale, *sf.* sorta d' erba così detta perchè assai acconcia a sedare le male affezioni della matrice.

Matrice, *sf.* parte della femmina dove sta chiuso il feto sino al parto.

Matricidio, *sm.* uccisione della madre.

Matricola, *sf.* tassa che si paga alla respettiva magistratura per esercitare un' arte o professione - e il libro dove si registra chi paga siffatta tassa -

Nella mil. e *nella scuola* registro, ruolo.

Matricolare (*pr. icolo ec.*) , *att.* registrare alla matricola.

Matrigna, *sf.* moglie del padre di chi perdè la madre - *fig.* cattiva madre.

Matrimoniale, *add. com.* di matrimonio.

Matrimonio, *sm.* contratto civile ed ecclesiastico fra uomo e donna per vivere insieme sino alla morte - uno dei sette sacramenti della chiesa cattolica.

Matrina. V. *Madrina.*

Matrizzare. V. *Madreggiare.*

Matrona , *sf.* donna autorevole per età o per nobiltà - donna attempata, aja di fanciulle.

Matronale, *add. com.* di matrona.

Matta, *sf. al giuoco della bassica,* una carta (che ordinariamente è un sette) la quale si fa contare quanti punti si vuole , onde meglio accomodarsi per la vincita.

Mattadore (*v. sp.*), *sm.* soprannome delle tre prime carte del giuoco delle ombre, che sono *spadiglia, maniglia* e *basto.*

Mattana, *sf.* specie di malinconia che nasce dal non saper ch si fare.

Mattare , *att. nel giuoco di scacchi*, dare scacco matt *fig.* superare.

Mattezza, *sf.* pazzia.

Mattina, *sf.* la prima parte del giorno dal levar del sole a mezzodì.

Mattinata, *sf.* tutto lo spazio della mattina.

Mattino, *sm.* mattina - levante.

Matto, *add. m.* pazzo, stolto - *sm.* carta da tarocchi, e da minchiate.

Mattonáre, *att.* fare il pavimento con mattoni.

Mattonato, *sm.* suolo lastricato di mattoni.

Mattone, *sm.* pezzo di terra cotta quadrangolare per far muri e pavimenti.

Mattutino, *sm.* principio del giorno - ora canonica - *add. m.* di mattina.

Maturamente, *avv.* con maturità.

Maturáre, *n. ass.* il venir delle frutta a perfezione - *att. fig.* dare compimento - fare con consiglio e prudenza.

Maturità, *sf.* grado di perfezione - *fig.* età perfetta - saviezza.

Matúro, *add. m.* stagionato - *fig.* di età perfetta - prudente.

Mausoléo, *sm.* stabile monumento funebre innalzato con pompa a qualche illustre defunto. (da *Mausolo re di Caria, a cui morto la vedova Artemisia eresse un monumento che venne annoverato fra le sette meraviglie del mondo) - cata-*

falco sontuoso durante l'esequie.

Mazza, *sf.* bastone - braccio del torchio nelle stamperie - bastone nodoroso e ferrato - grosso martello di ferro per ispezzar sassi - *fig.* insegna da capitano.

Mazzapicchio, *sm.* martello di legno per cerchiar le botti - sorta di pillone per assodar la terra, e per battere i selciati delle strade.

Mazzata, *sf.* colpo di mazza.

Mazzetta, *sf.* sorta di martello de' cesellatori e degli argentieri.

Mazzo, *sm.* piccolo fascetto d'erbe o di fiori - martello dei macellaj per ammazzar le bestie - maglio delle cartiere - quantità di checchessia unita in fascio.

Mazzuólo, *sm.* martellino di ferro ad uso degli scarpellini - martello de' magnani con due bocche senza penna per battere il ferro a morsa.

Me, *pron. pers. sing.* d' io nei casi obbliqui.

Meandro (*v. gr.*), *sm.* giro tortuoso (*dal serpeggiare di un fiumicello di tal nome nella Jonia) - *fig.* raggiro, intrigo.

Meáto (*v. lat.*), *sm.* poro de' corpi.

Meccanica (*v. gr.*), *sf.* (*pl. che*), scienza matematica mista, che misura la resistenza ed il moto de' gravi, e ne agevola il maneggio coll'uso delle macchine.

Meccànico, *add. m.* (*pl.* ci, chi), agg. delle arti ove più opera la mano che l'intelletto – *sm.* chi esercita le arti meccaniche – professore della scienza meccanica.

Meccanismo (*v. gr.*), *sm.* struttura di un corpo o di una macchina composta di più parti.

Mecenate, *sm.* nome del celebre favorito di Augusto e proteggitore generosissimo delle lettere – *oggidì* chiunque protegge i coltivatori delle scienze e delle arti.

Medaglia, *sf.* impronta simbolica con inscrizioni coniata per conservare l'effigie d'uomini illustri e la memoria di azioni generose.

Medesimamente, *avv.* parimente.

Medesimità, *sf.* stato di cosa che in nulla è diversa da un'altra con cui è paragonata.

Medesimo, *pron. m.* istesso.

Mediante, *prep.* col mezzo – nel mezzo.

Mediatore, *sm.* quegli che s'intromette fra l'una parte e l'altra.

Mediazione, *sf.* interposizione.

Medicamento, *sm.* rimedio.

Medicare (*pr.* médico, chi ec.), *att.* curare le infermità.

Medicastro, *sm.* medico di poco valore.

Medicatura, *sf.* applicazione dei rimedj.

Medicina, *sf.* scienza od arte di conservare la sanità – medicamento – *fig.* provvedimento.

Medicinale, *sm.* medicamento – *add. com.* appartenente a medicina.

Medico, *sm.* dottore in medicina – *add. m.* curativo.

Medio, *sm.* il dito più lungo della mano – *add. m.* di mezzo.

Mediocre, *add. com.* ch'è di mezzo fra gli estremi, cioè nè buono nè cattivo.

Mediocremente, *avv.* mezzanamente.

Mediocrità, *sf.* qualità di ciò che tiene il mezzo fra due estremi

Meditare (*pr.* médito ec.), *att. e n.* considerare attentamente alcuna cosa (*e dicesi frequentemente delle cose sacre o spirituali*) – fantasticare.

Meditatamente, *avv.* a bella posta.

Meditazione, *sf.* atto per cui l'anima tutta raccolta in sè stessa impiegasi alla contemplazione di alcuna verità.

Mediterraneo, *add. m.* agg. di mare, che per uno stretto s'insinua e si estende entro terra.

Meglio, *avv. comp.* più bene piuttosto – *add. comp.* di buono, migliore.

Mela, *sf.* frutto di figura rotonda buono a mangiare, vo

pomo.

Melagrána, sf. sorta di frutto che contiene molti granelli rossi, vinosi e mangiabili.

Melagráno, sm. albero che produce la melagrana.

Melanconía. V. *Malinconia.*

Melaráncia, sf. (pl. ce), sorta di agrume rotondo come una mela e di color rancio.

Melaráncio, sm. albero che dà la melarancia.

Meláto, add. m. condito con mele - dolce - *fig.* lusinghiero.

Mele, sm. sugo dolce che le api succhiano dalle piante e che raccolgono nelle cellette dei loro fiali.

Melensággine, sf. balordaggine.

Melenso, add. m. scimunito.

Melissa, sf. erba cedronella.

Mellifero, add. m. che produce il mele.

Mellifluo (v. lat.), add. m. d'onde esce o scorre mele - *fig.* dolce, soave (*detto di parole*)

Mallóne, sm. frutto estivo del genere delle zucche con dura corteccia alla quale internamente sta attaccata una sostanza bulbosa gustosissima (*in Tosc.* popone) - *fig.* riferito ad uomo, sciocco.

Melma, sf. belletta ch'è in fondo alle paludi.

Molo, sm. albero che produce le mele.

Melocotogno. V. *Cotogno.*

Melodía (v. gr.), sf. soavità di canto o di suono.

Melodióso, add. m. che ha melodia.

Melodramma (v. gr.), sm. (pl. mmi), dramma per musica.

Melpómene, sf. quella delle nove muse che presiede alla tragedia.

Membrána, sf. carta pecora - parte fibrosa reticolare delle piante.

Membranóso, add. m. che ha sostanza di membrana.

Membro, sm. (pl. bri m., e bra f.), parte esteriore del corpo animale (*contr. di viscere*) - ogni parte d'architettura - ed ogni parte di un periodo - individuo di un corpo morale.

Membrúto, add. m. di grosse membra.

Memorábile, add. com. e

Memorándo, add. m. degno di memoria.

Memória, sf. potenza nobilissima della mente, per cui dessa ritiene o richiama le idee semplici, o le immagini delle cose vedute, immaginate, o intese - ricordo, annotazione - fama - riputazione.

Memoriale, sm. ricordo - supplica

Menáre, att. condurre da un luogo in un altro - dimenare.

Menarrosto, sm. macchinetta di ferro da cucina, la quale chi forza di molle fa girare l'arresto.

Menatojo, *sm.* ordigno per dimenare alcuna cosa.

Menda, *sf.* rifacimento di danno – difetto di tessitura nel panno

Mendace, *add. com.* bugiardo.

Mendáre. V. *Emendare*.

Mendicante, *add. com.* e *sm.* che vive di elemosine.

Mendicáre (*pr.* ico, chi ec.), *att.* domandare la limosina per vivere – *fig.* ricercare con sollecitudine – *n. ass.* essere sproveduto affatto di checchessia.

Mendicità, *sf.* estrema povertà.

Mendico, *add.* e *sm.* (*pl.* ci, chi), accattone – *fig.* privo.

Meno, *avv.* manco, *contr.* di più – *add. comparat. com.* minore.

Menomáre (*pr.* ménomo ec.), *att.* diminuire – *n. ass.* mancare.

Ménomo. V. *Minimo*.

Mensa, *sf.* tavola apparecchiata per mangiare – tavola dell'altare in cui si celebra la messa – *eucaristica*, il SS. Sacramento.

Ménsola, *sf.* uno de' membri di architettura, ch'è sostegno di trave o cornice o altro ch'esca dalla dirittura del piano ov'è affisso.

Menstruo, *sm.* purga mensuale delle donne.

Mensuale, *add. com.* d'ogni mese.

Menta, *sf.* erba odorifera e cor-

roborante lo stomaco.

Mentále, *add. com.* di mente.

Mentalmente, *avv.* colla mente.

Mente, *sf.* quel principio pel quale l'uomo intende, conosce e pensa, intelletto – *fig.* volontà, intenzione, pensiero – memoria.

Mentecattággine, *sf.* infermità di mente, pazzia.

Mentecatto, *add. m.* infermo di mente, pazzo.

Mentire (*pr.* sco, e mento ec.), *n. ass.* dir bugia – *att.* falsificare – deludere.

Mentíta, *sf.* accusa di menzogna.

Mentitóre, *sm.* bugiardo.

Mento, *sm.* la parte estrema del viso sotto la bocca.

Mentováre (*pr.* méntovo ec.), *att.* far menzione, nominare.

Mentre, *avv.* in quel tempo.

Mensionáre. V. *Mentovare*.

Menzióne, *sf.* ricordo, memoria.

Menzogna, *sf.* bugia.

Menzognéro, *add. m.* bugiardo.

Meramente, *avv.* solamente.

Meraviglia. V. *Maraviglia*.

Meravigliáre. V. *Maravigliare*.

Mercadante, *sm.* chi esercita la mercatura.

Mercantáre, *n. ass.* V. *Mercanteggiare* – stiracchiare il prezzo di un'opera fatta.

Mercante. V. *Mercadante*.

Mercanteggiáre, *n. ass.* comprare e vendere, barattare o cambia-

27

re per far guadagno.

Mercantile, *add. com.* di mercante o di mercatura.

Mercanzia, *sf.* gli oggetti che sono in commércio, e intorno ai quali si aggira il traffico.

Mercáre (o, per lo più poet.) V. *Mercanteggiare.*

Mercatante. V. *Mercadante.*

Mercáto, *sm.* luogo dove si fanno compre e vendite all'ingrosso – adunanza di gente per vendere o comprare – trattato del prezzo della mercanzia – ed il prezzo stesso.

Mercatúra, *sf.* l'arte e l'esercizio di mercanteggiare,

Merce, *sf.* qualunque sorta di manifattura o di derrata che sia oggetto di traffico.

Mercè, e

Mercéde, *sf.* ricompensa – stipendio – grazia – ajuto – cosa meritoria,

Mercenário, *add.* e *sm.* chè serve a mercede, cioè a prezzo pattuito.

Mercería, *sf.* cose minute per vestire – la bottega del merciajo.

Merciajo, *sf.* venditore di mercerie,

Mercimónio, *sm.* traffico illecito.

Mercoledì, e mercordì, *sm.* il quarto giorno della settimana.

Mercúrio, *sm. in mit.* dio dell' eloquenza, del commercio e de' ladri – *In astr.* uno dei

pianeti, il più vicino al sole – *In fis.* argento vivo.

Merda (*v. bassa*) V. *Sterco.*

Merdocco, *sm.* (*pl.* cchi), unguento o impiastro per levare i peli

Merenda, *sf.* il mangiare fra il desinare e la cena.

Merendáre, *n. ass.* far merenda.

Meretríce, *sf.* donna di mala condotta.

Mérgere (*pass.* ersi, *pp.* erso), *att. an.* tuffare.

Mergo, *sm.* (*pl.* ghi), uccello acquatico.

Meridiáno, *sm.* cerchio massimo della sfera, che passando pe' due poli segna il mezzodì a tutti i popoli sottopostivi – *add. m.* di mezzo giorno.

Meridionale, *add. m.* dalla parte di mezzodì.

Meriggio, *sm.* luogo esposto a mezzodì – il tempo del mezzd

Merilamente, *avv.* secondo il merito – a ragione.

Meritáre (*pr.* mérito ec.), att. rimunerare – *n. ass.* esser degn

Meritévole, *add. com.* che merit

Mérito, *sm.* bontà morale dell azioni dell' uomo, ed il premio dovuto ad esse – pregio virtù – frutto di danaro – ricompensa – gratitudine – onore lode – *add. m.* meritato, dovu

Meritório, *add. m.* degno premio.

Merlatúra, *sf.* ornamento di m

Merletto , *sm.* forniture di refe e altro in forma di merlo.

Merlino, *sm.* grosso spago o funicella (*In Venezia* forzino)

Merlo, *sm.* uccelletto di macchia tutto nero – sorta di pesce marino – *In archit.* becchetto che sporge sopra le muraglie.

Merlotto, *sm.* merlo giovane – *fig.* balordo.

Merluzzo, *sm.* baccalà.

Mero, *add. m.* puro, schietto.

Merto (*poet.*), *abbr. di* merito. V.

Mesàta, *sf.* un mese intero – più *comun.* il salario di un mese.

Méscere (*pr.* mesco, sci ec., *pp.* esciúto, *e meglio* misto), *att. an.* mescolare – versare il vino nel bicchiere.

Meschiamento, *sm.* mescolanza.

Meschinità, *sf.* miseria, povertà.

Meschino, *add. m.* misero.

Mescolanza, *sf.* il confondere insieme più cose di diversa qualità.

Mescolare (*pr.* mescolo ec.), *att.* confondere fra loro cose diverse

Mescúglio. V. *Miscuglio.*

Mese , *sm.* la dodicesima parte di un anno.

Mesentério (*v. gr.*), *sm.* membrana che sostiene gl'intestini.

Messa, *sf.* il sacrifizio che offeriscono i sacerdoti cristiani a Dio – germoglio delle piante – portata di vivande.

Messaggería, *sf.* ambasceria.

Messaggiére, e

Messaggio, *sm.* chi porta le ambasciate.

Messále, *sm.* libro della messa.

Messe (*v. lat.*) , *sf.* ricolta di biade mature.

Messére, *sm.* padron di casa.

Messía , *sm.* il Mandato da Dio (*titolo di N. S. G. C.*)

Messo, *sm.* V. *Messaggio* – famiglio.

Mestàre, *att.* agitare con mestola o con mano (*detto di medicamenti o farinacei inzuppati nell'acqua*)

Mestiére , *sm. propr.* esercizio di opera manuale senza verun soccorso d'ingegno – bisogno.

Mestízia, *sf.* afflizione, tristezza.

Mesto , *add. m.* afflitto – *fig.* tetro.

Méstola, *sf.* strumento da cucina per mestare o tramenare le vivande – cazzuola de'muratori

Méstruo. V. *Menstruo.*

Metà , *sf.* una delle due parti eguali in cui sia stato diviso un tutto.

Meta, *sf.* fine, scopo, termine.

Metacarpo (*v. gr.*), *sm.* parte della mano tra il polso e le dita.

Metafísica (*v. gr*) , *sf.* (*pl.* che), scienza degli enti.

Metafísico, *add. m.* (*pl.* ci, chi), di metafisica – astratto – *sm.* professore di metafisica.

Metáfora (*v. gr.*), *sf.* figura rett. per cui ad un vocabolo, per cagione di somiglianza, si dà un significato diverso dal proprio.

Metállico, *add. m.* di metallo.

Metallína, *sf.* rame nero, o regolo della prima fusione.

Metallo (*v. gr,*), *sm.* materia fusibile, semplice, pesante e fissa, che si fonde al fuoco, e si riduce in lamine col martello, come l' oro, l'argento, il rame ec. – suono di voce.

Metallurgìa (*v. gr.*), *sf.* parte della chimica che tratta della preparazione de'metalli e della depurazione di ogni minerale.

Metamórfosi (*v. gr.*), *sf.* cambiamento di forma.

Metempsicósi (*v. gr.*), *sf.* passaggio dell'anima umana dopo la morte dal proprio corpo in quello di alcun bruto (*dottrina falsa di alcuni pagani*)

Meteóra (*v. gr.*), *sf.* apparenza ed effetto di fenomeni aerei, come l'arco baleno, il fulmine ec.

Meteorologìa (*v. gr.*), *sf.* scienza delle meteore.

Metodicamente, *avv.* con ordine.

Metódico, *add. m.* ordinato.

Metodo (*v. gr.*), *sm.* ordine de' pensieri e delle azioni – *analitico*, retta deduzione di proposizioni generali dalle particolari – *sintetico*, retta deduzione di proposizioni partico-

lari dalle generali.

Metraglia , *sf.* rottami di ferro per caricare i cannoni.

Metricamente, *avv.* in versi.

Métrico, *add. m.* regolato sul metro

Metro (*v. gr.*), *sm.* misura lineare divisa in dieci palmi , ognuno de'quali diviso in dieci dita – *In poes.* sistema di piedi di giusta lunghezza.

Metrópoli (*v. gr.*), *sf.* città principale – chiesa arcivescovile.

Metropolitáno, *sm.* arcivescovo di una metropoli.

Méttere (*pass.* misi, *pp.* messo, *att. an.* porre, collocare, introdurre – *n. ass.* germogliare (*detto delle piante*) – cominciare a nascere , spuntare (*detto de'denti, delle penne o simili*) – sboccare (*detto dei fiumi*) – *np.* imprendere a fare una cosa – entrare, avviarsi.

Mezzána, *sf.* mattone da pavimenti – una delle vele delle navi pendente dall'albero così detto che sta ritto sulla poppa.

Mezzanamente , *avv.* mediocremente.

Mezzáno , *sm.* mediatore – *add. m.* di mezza qualità o statura.

Mezzína, *sf.* vaso da acqua per uso di cucina.

Mezzo (un aspro), *add. m.* fracido

Mezzo (un dolci), *sm.* la metà – la distanza eguale fra due estremi – mediazione – *add. m.*

mediocre - interposto - *ave*, quasi - alquanto.

Mezzodi, e

Mezzogiorno, *sm.* punto cardinale, *opposto a settentrione* - metà del giorno - vento che spira da quella parte.

Mezzule, *sm.* quel pezzo anteriore della botte dove s'incastra la cannella.

Mi, *partic. che si affigge sovente a' verbi in luogo di me, o a me*, 4 o 3 *caso del pron.* io.

Miagolare (*pr.* ágolo ec.), *n. ass.* far la voce del gatto.

Miagolío, *sm.* voce prolungata del gatto.

Miasma (*v. gr.*), *sm.* (*pl.* smi), esalazione contagiosa che si solleva dalle paludi, o da luoghi infetti.

Mica (*v. lat.*), *sf.* (*pl.* che), minuzzolo.

Miccia, *sf.* (*pl.* cce), corda concia per dar fuoco alle artiglierie.

Micidiale, *add. com.* che reca morte.

Microscopio (*v. gr.*), *sm.* strumento diottrico che serve ad ingrandire le cose minutissime, ed a farne vedere distintamente le parti.

Midolla, *sf.* il di dentro della crosta del pane - la parte più interna della pianta - quella sostanza grassa priva di senso,

che sta dentro le ossa - *fig.* la parte migliore di checchessia.

Midollo, *sm. lo stesso che midolla, in tutti li suoi sign., fuorchè nel primo.*

Miele. V. *Mele*.

Mietere, *att.* tagliar le biade quando sono mature.

Mietitura, *sf.* il tempo del mietere - e la messe mietuta.

Migliajo, *sm.* (*pl.* ja *f.*), somma che arriva al numero di mille.

Miglio, *sm.* (*pl.* glia *f.*), misura lineare di distanza fra luogo e luogo - sorta di biada minutissima.

Migliorare, *att.* ridurre in meglio - *n. ass.* acquistar miglior essere - riaversi di una malattia - prosperare.

Migliore, *add. comparat. com. di* buono, *cioè* più buono.

Mignatta, *sf.* animaletto che nasce in paludi, e che applicato a qualunque parte esterna del corpo ne succhia il sangue, *altr.* sanguisuga - *fig.* chi illecitamente cava danari di dosso ad altri.

Mignolo, *add. m.* agg. del dito minore della mano o del piede.

Milione, *sm.* somma di mill migliaja.

Militante, *add. com.* che milita agg. di *chiesa*, tutti i fede viventi

Militáre, n. ass. esercitare l'arte della milizia – essere in favore (detto per lo più delle ragioni che si adducono in prova)

Militáre. sm. soldato – add. com. di milizia.

Militarmente, avv. all'uso dei soldati.

Milite (v. lat.), sm. soldato.

Milizia, sf. arte della guerra – gente armata.

Millantáre, att. vantare, esagerare

Millantatóre, sm. vantatore.

Millantería, sf. vanto ambizioso, ostentazione.

Mille, add. com. somma di dieci centinaja.

Millésimo, sm. spazio di mille anni – data di alcuna scrittura – add. m. di mille.

Milza, sf. viscere umano di funzioni tuttavia ignote.

Mímico, add. m. da mimo.

Mimo (v. gr.), sm. attore comico che nella commedia antica significava buffone.

Mina, sf. misura di biade, cioè la metà dello stajo – strada coperta per arrivare alle mura di una fortezza, onde farla saltar in aria con polvere d'artiglieria.

Minaccévole, add. com. che minaccia.

Mináccia, sf. (pl. cce), il minacciare.

Minacciáre, att. promettere al-

trui danno o gastigo con aspre parole e gesti.

Mináre, att. scavar vie sotterranee – fig. ordire insidie che lentamente inducano a danno.

Minatóre, sm. chi fa mine.

Minchiáte, sf. pl. sorta di giuoco di carte poco dissimile dal tarocco.

Minchionáre (v. bassa), att. burlarsi di alcuno.

Minchióne (v. bassa), add. e sm. sciocco – che si lascia sopraffare.

Minchionería (v. bassa), sf. cosa di poco e di niun momento – sproposito – detto giocoso.

Mineeále, sm. nome collettivo di tutte le sostanze che si scavano dalla terra – add. com. appartenente a miniera.

Mineralogía (v. gr.), sf. scienza che tratta de' minerali.

Minestra, sf. vivanda di pane od altro cotta nel brodo.

Miniáre, att. maniera di dipingere con acquerelli sull'avorio piccoli ritratti – fig. perfezionare un lavoro – imbellettare.

Miniatúra, sf. l'arte del miniare – e la pittura miniata.

Miniéra, sf. cava di metalli, marmi, fossili ec.

Mínimo, add. m. superl. di piccolo, cioè il più piccolo.

Mínio, sm. ossido rosso di piombo, per lo più ad uso di dipingere.

Ministério, e

Ministéro, sm. uffizio, impiego – opera – governo de' ministri di un principe.

Ministrare, att. servire – porgere – maneggiare.

Ministro, sm. chi ministra, o ha il maneggio di checchessia.

Minorare, att. diminuire.

Minorasco, sm. (pl. schi), fidecommisso del minor fratello.

Minóre, add. com. comparat. di piccolo, cioè più piccolo – sf. la seconda proposizione di un sillogismo – sm. chi non è giunto all' età richiesta per esercitare alli legali.

Minorità, sf. stato di chi non è giunto all'età prescritta dalla legge per esser libero dalla podestà paterna o tutoria.

Minotáuro (v. gr.), sm. mostro favoloso mezzo uomo e mezzo toro.

Minuetto, sm. sorta di ballo grave.

Minuíre. V. Diminuire.

Minúscolo (v. lat.), add. m. piccolo.

Minúta, sf. abbozzo di scrittura.

Minutáglia, sf. quantità di cose minute – plebaglia.

Minutamente, avv. in minute parti – particolarmente – precisamente.

Minutante, sm. scrittore di minute

Minutezza, sf. piccolezza – cosa di poca importanza.

Minúto, sm. la sessantesima par-

te di un grado di cerchio – e la sessantesima parte di un'ora – add. m. piccolissimo – di bassa condizione – di poca importanza.

Minúzia, sf. piccolezza – parte minima di checchessia.

Minuzzáme, sm. quantità di minuzzoli, di pezzuoli ec.

Minuzzáre, att. tritare a pezzuoli

Minúzzolo, sm. minutissima parte di checchessia.

Mio, sm. la cosa di mia proprietà – pron. m. di me.

Miope (v. gr.), sm. chi vede gli oggetti vicini distintamente, e confusamente i lontani.

Mira, sf. segno nell' archibugie per aggiustare il colpo – fig. pensiero, scopo.

Mirabile, add. com. maraviglioso

Mirabilmente, avv. in modo maraviglioso.

Mirácolo, sm. evento soprannaturale.

Miracolosamente, avv. per miracolo.

Miracolóso, add. m. soprannaturale.

Miráre, att. guardar fissamente – n. per transl. volgere il pensiero ad ottener checchessia.

Mirra (v. gr.), sf. gomma odorifera d'Arabia.

Mirtillo, sm. coccola della mortella.

Mirto, sm. V. Mortella.

Mis, *partic. che messa in prin-tipio di parola ha forza di ne-gativa.*

Misantropía (*v. gr.*), *sf.* abitua-le avversione alla società.

Misàntropo (*v. gr.*), *sm.* nemico degli uomini - *ed anche chi* schiva trovarsi in società.

Miscellánea, *sf.* complesso di cose diverse fra loro (*detto per lo più di libri o scritture*)

Miscelláneo, *add. m.* misto, vario.

Míschia, *sf.* questione, contesa - *per simil.* disputa.

Mischiáre, *att.* V. *Mescolare* - *np.* ingerirsi.

Miscredente, *add. com.* che non crede alla rivelazione.

Miscredenza, *sf.* il non credere che si dia religione rivelata - mancanza di fede.

Miscúglio, *sm.* mescolanza con-fusa di più cose.

Miserábile, *add. com.* ch'è in miseria - degno di compassio-ne - troppo stretto (*parlando di vestiti*)

Miseramente, *avv.* infelicemente.

Miserando, *add. m.* degno di compassione.

Miséria, *sf.* mancanza del ne-cessario - sordidezza - cosa di niuna considerazione.

Misericórdia, *sf.* affetto di com-passione per le miserie altrui con disposizione di sollevarle.

Misericordióso, *add. m.* che pan-

te misericordia.

Mísero, *add. m.* infelice - scarso - sordido.

Misfatto, *sm.* colpa grave, delitto

Missionário, *sm.* sacerdote spe-dito per le missioni.

Missióne, *sf.* il mandare - *e propr.* oggidì spedizione di sa-cerdoti a predicare la fede di Cristo agl'infedeli, o ad in-struire i cristiani.

Missívo, *add. m. agg. di* lette-ra o foglio, *opp. di* responsivo.

Misterioso, *add. m.* non facile ad intendersi, o indovinarsi.

Mistéro (*v. ebr. gr.*), *sm.* segreto sacro, arcano - tutto ciò che la Chiesa propone ai fedeli come punto di fede - ceremo-nia religiosa - soggetto sacro da contemplarsi.

Misticamente. *avv.* in senso mi-stico od allegorico.

Místico, *add. m.* (*pl. ci, chi*), misterioso, allegorico.

Mistióne, *sf.* mescolamento.

Misto, *add. m.* mescolato.

Mistúra, *sf.* mescolanza - e l'ag-gregato delle cose mescolate.

Misúra, *sf.* quantità determinata sia di lunghezza, che di capa-cità - e lo strumento per deter-minarla - termine prescritto a certe cose - *fig.* provvedi-mento - partito - contraccambio.

Misuráre, *att.* trovar la quantità ignota con un'altra conosciuta

- scrivere passeggiando - *fig.* considerare, ponderare - *np.* uba ispendere più di quello che comporta il proprio avere.

Misuratamente, *avv.* moderatamente.

Mite (*v. lat.*), *add. com.* mansueto.

Mitigare (*pr.* mitigo, ghi ec.), *att.* far mite, addolcire.

Mitigativo, *add. m.* atto a mitigare.

Mitologia (*v. gr.*), *sf.* studio o trattato intorno alle credenze religiose o favole degli antichi popoli - e *oggidì*, anche dei moderni non cristiani.

Mitologico, *add. m.* spettante a mitologia.

Mitra, e mitria (*v. gr.*), *sf.* ornamento pontificie del capo, usato dai vescovi ed altri prelati nelle sacre funzioni.

Mitrato, *add. m.* che porta od ha facoltà di portare la mitra.

Mobile, *add. com.* che può muoversi - *sm.* suppellettile, opposto di stabile.

Mobilità, *sf.* facilità di essere mosso.

Moccichino, *sm.* fazzoletto da naso.

Moccio, *sm.* escremento del naso.

Moccolo, *sm.* avanzo di candela - moccio pendente dal naso - fungo della lucerna o della candela accesa.

Moda, *sf.* usanza che corre.

Modellare, *att.* far modelli.

Modello, *sm.* rilievo in piccolo di opera che si vuol fare in grande - *fig.* esemplare.

Moderare (*pr.* modero ec.), *att.* modificare, temperare - *np.* reprimere l'impeto della collera e di altro affetto.

Moderatamente, *avv.* con moderazione.

Moderatezza, e

Moderazione , *sf.* temperamento dato alle cose, ed agli affetti dell'animo.

Modernamente, *avv.* all'uso moderno.

Moderno, *add. m.* de'nostri giorni, o secondo l'usanza d'oggidì.

Modestamente, *avv.* con modestia.

Modestia, *sf.* sentimento ispirato dalla cognizione temperante del proprio merito - onestà di atti e di parole.

Modesto, *add. m.* ritenuto, composto - moderato.

Modico (*v. lat.*), *add. m.* poco, piccolo - e talvolta moderato, discreto.

Modificare (*pr.* ifico, chi ec.), *att.* moderare, temperare - produrre cangiamento.

Modificazione, *sf.* ciò che dà a una cosa, questa o quella maniera di essere, senza cangiare perciò di essenza.

Modo, *sm.* maniera, guisa, mete

zo - umana - misura , regola - volontà - temperamento - ripiego - *In gramm.* una delle quattro divisioni del verbo - *In fisol.* modificazione - *In pl.* agi, ricchezze.

Modulàre (*v. lat.*), att. (*pr. mó-dulo ec.*), regolare il canto.

Modulazione , *sf.* l' arte di regolare la voce nel canto.

Moggio, *sm.* misura di granaglie.

Moglie , *sf.* femmina congiunta in matrimonio.

Moine, *sf. pl.* carezze, vezzi.

Mola , *sf.* pietra da macinare (*altr.* macina) - *e* da aguzzare o affilare.

Molàre, *add. com. agg. di* pietra da macine - *e di* dente mascellare.

Molàto, *add. m.* affilato alla mola.

Molcere (*v. lat. e poet.*), att. difett. (usato nelle sole voci molce, molcéva, molcendo), alquanto meno che *addolcire.*

Mole, *sf.* macchina - edificio grandioso - *fig.* gran disegno.

Molécola , *sf.* piccola particella di un corpo - complesso di atomi.

Molestàre, att. recar molestia.

Moléstia, *sf.* importunità - vessazione.

Molesto, *add. m.* importuna, fastidioso.

Molino. V. *Mulino.*

Molla, *sf.* facoltà naturale che ha

in alcuni di piegarsi agevolmente e di ritornare al suo essere - *per simil.* elasticità - *fig.* qualunque cosa che giovi a muovere l' animo altrui.

Mollàre, *n. ass.* cessare, desistere - *att.* allentare (*detto di corde e simili*)

Molle, *add. com.* umido, bagnato - *fig.* benigno - debole - morbido - pieghevole.

Molle, *sf. pl.* arnese di ferro per rattizzare il fuoco.

Mollica, *sf.* (*pl. che*), granchiolino di tenero guscio.

Molleggiàre, *n. ass.* piegarsi facilmente per ogni verso.

Mollemente, *avv.* dolcemente - debolmente - effeminatamente.

Molletta, *sf.* ferro a cui si raccomanda la secchia nell' attigner acqua.

Molletta, *sf. pl. dim. di* molle, arnese per ismoccolare la candela.

Mollezza, *sf.* pieghevolezza - *fig.* morbidezza - effeminatezza.

Mollica, *sf.* (*pl. che*), polpa del pane.

Molliccio, *add. m.* alquanto molle.

Mollificàre (*pr.* ifico, chi ec.) *att.* rendere molle - *fig.* rammorbidire, addolcire.

Mollificativo, *add. m. agg.* dei rimedj atti a lubrificare il corpo.

Mollizie, *sf.* (*v. lat.*), mollezza - *fig.* delicatezza.

Mollusco, *add. e sm (pl. schi.ogg.* di certi insetti marini senza guscio

Molo, *sm.* muraglione ne' porti per difendere i navigii dall' impeto del mare.

Molosso, *sm.* specie di cane grande e feroce.

Moltiforme, *add. com.* che ha più forme.

Moltiplicando, *sm.* numero da moltiplicarsi per un altro.

Moltiplicáre (*pr.* íplico, chi ec.), *att.* accrescere di numero e di quantità – fare la terza operazione dell'aritmetica – *n. ass.* crescere in numero per via di generazione (*detto di animali e di vegetabili*)

Moltiplicatamente, *avv.* con accrescimento.

Moltiplicatore, *sm.* quel numero per cui si fa la moltiplicazione aritmetica, *altr.* fattore.

Moltiplicazióne, *sf.* accrescimento in numero – la terza operazione dell' aritmetica.

Moltiplice, *add. com.* di varie maniere.

Moltiplicità, *sf.* numero indefinito di cose.

Moltitúdine, *sf.* numero copioso di persone o di cose.

Molto, *sm.* gran quantità – *add. m.* assai – in gran copia – *avv.* assai – grandemente.

Momentáneo, *add. m.* di breve durata.

Momento, *sm.* breve spazio di tempo + importanza – *in mecc.* quel grado di violenza che acquistano i corpi gravi a misura che si avvicinano al centro.

Monacale, *add. com.* di monaco e monaca.

Monacáre, arsi (*pr.* mónaco, chi ec.), *att.* e *np.* fare, e farsi monaco e monaca.

Monachetto, *sm.* uccello acquatico bianchissimo con ciuffo e qualche marchia nera sulle ali.

Monachíno, *sm.* uccello di passo di canto dolce, *altr.* fringuello marino.

Monachismo, *sm.* la vita monastica – nome collettivo di tutti i monaci.

Mónaca, ca (*v. gr.*), *sm.* e *f.* (*pl.* ci, chi, che), religioso e religiosa regolare.

Mónade (*v. gr.*), *sf.* elemento semplice ed indivisibile de' corpi, e, secondo Leibnitz, ogni altro ente semplice e immateriale.

Monárca (*v. gr.*), *sm.* (*pl.* chi), supremo signore (*titolo d' imperadori e re*)

Monarchía (*v. gr.*), *sf.* signoria suprema – vasta aggregato di provincie governate da un solo.

Monárchico, *add. m.* di monarchia.

Monastério, e

Monastéro (*v. gr.*), *sm.* convento

: di monaci o di monache.

Monástico, *add. m. (pl. ci, chi)*,
: di monaco; claustrale.

Monco, *add. m. (pl. chi)*, senza
: una mano, o con mano storpiata – tronco.

Mondamente, *avv.* con nettezza.

Mondano, *add. m.* di mondo –
profano.

Mondáre, *att.* levare la scorza
– nettare – purgare.

Mondatúra, *sf.* il mondare – e
la cosa gettata via mondando
– *In agric.* il tempo del
mondare.

Mondezza, *sf.* nettezza – parità.

Mondiale, *add. com.* del mondo.

Mondiglia, *sf.* ciò che si spur-
ga nel mondare.

Mondo, *sm.* il globo terrestre
che noi abitiamo – e parte di
esso, regione – *fig.* il genere
umano – gran numero di persone – e quantità grande di
cosa – la società in generale
– *add. m.* netto, puro, schietto.

Moneta, *sf.* metallo coniato per
ispendere.

Monetato, *add. m.* agg. di metallo coniato.

Mongibello, *sm.* vulcano di Sicilia–*fig.* grande incendio interno

Monile (*v. lat.*), *sm.* collana
d'oro o di gioje.

Monistéro. V. *Monastero.*

Monitore, *sm.* V. *Ammonitore*
– nome di una gazzetta uffi-

viale di Francia.

Monitório, *sm.* precetto, ordine.

Monócolo (*v. gr. – lat.*), *sm.* che
ha un sol occhio.

Monogamia (*v. gr.*), *sf.* stato di
chi ebbe ed ha una sola moglie

Monogramma (*v. gr.*), *sm.* (*pl.*
mmi), posizione di tutto un
nome in una sola cifra.

Monólogo (*v. gr.*), *sm.* (*pl.* ghi)
scena di un'opera teatrale, ove
recita una sola persona.

Monopólio (*v. gr.*), *sm.* incetta fatta da taluno di tutta
una mercanzia per essere sola
a rivenderla e maggior prezzo
che se fosse venduta da più.

Monopolista, *sm. (pl. sti)*, faci-
tor di monopolj.

Monosillabo (*v. gr.*), *add. m.*
agg. di parola di una sola sillaba

Monotonia (*v. gr.*), *sf.* uniformità stucchevole nel suono, e
nel tuono di voce.

Monótono, *add. m.* ch'è sempre
sullo stesso tuono.

Monsignore (*v. fr.*), *sm.* mio signore (*titolo prelatizio*)

Montagna, *sf.* alto monte.

Montagnoso, *add. m.* di montagna

Montagnuola, *sf. dim.* di montagna

Montagnuolo , *add. m.* abitato
di montagna.

Montanaro, *sm.* uomo rozzo di
montagna.

Montanello, *sm.* uccellino genti-
macchiato in rosso alla front

ed al petto, altr. fanclla.
Montáno, add. m. di montagna.
Montáre (da monte), n. ass. salire ad alto - fig. crescere di stato - e di prezzo - salire a cavallo - caricar l'orinolo - mettere insieme più pezzi di un ordigno, contr. di smontare - il congiungersi degli animali.
Montatojo, sm. rialto per salire a cavallo, o in carrozza.
Monte, sm. montagna minore - massa di checchessia - luogo pubblico ove si danno o si pigliano danari ad interesse - e luogo pubblico altresì dove col pegno si prestano danari con piccolo interesse.
Montóne, sm. il maschio della pecora - In mil. antica macchina di guerra per battere muraglie - In astr. ariete celeste (uno de' segni del zodiaco)
Montuosità, sf. eminenza.
Montuóso, add. m. alpestre.
Monumento, sm. edifizio pubblico eretto in memoria di alcun fatto, o di alcun personaggio illustre - tomba sontuosa.
Mora, sf. frutto del moro - sorta di giuoco da bettole - (v. lat.) indugio.
Morale, sf. la scienza de' costumi - add. com. ben costumato.
Moralista, sm. (pl. sti), professor di morale.

Moralità, sf. costante intenzione e contratta abitudine di non fare che azioni buone - insegnamento - senso allegorico.
Moralizzáre, n. ass. ridurre a moralità.
Moralmente, avv. con moralità.
Morbidamente, avv. con morbidezza.
Morbidezza, sf. trattabilità, delicatezza - fig. effeminatezza - In pitt. e scult. pastosità.
Morbido, add. m. trattabile, delicato - In pitt. carnoso, pastoso.
Morbifero, add. m. dannoso alla sanità.
Morbino, sm. voglia di ridere e far ridere.
Morbo, sm. malattia contagiosa - odore pestilenziale.
Morboso, add. m. che ha del morbo, o lo muove.
Morchia, sf. feccia dell'olio.
Mordáce, add. com. che morde - fig. satirico - maldicente - che stringe fortemente (parlando di strumenti da presa)
Mordacità, sf. forza di mordere - fig. acrimonia.
Mordente, add. com. che morde - fig. pungente - sm. composto di materie stemperate coll'olio, che i doratori distendono ugualmente sui legni da indorarsi o inargentarsi senza bruttura.
Mordere (pass. morsi, pp. mor-

so), add. m. stringere co' denti, alzo masticare — fig. dir
male di uno — o riprenderlo
con parole pungenti.

Morecci, add. m. (pl. schi), di
moro.

Moretto, add. m. nerastro.

Moribondo, add. m. ch'è in
punto di morte.

Moriccia, sf. muro rovinoso — e
muro senza calce fatto per
sostegno di campi.

Moriente, add. com. che muore,
e sia per morire.

Morigerare (pr. igero, ec.), att.
ridurre a buon costume — ed
anche raffrenare.

Morione, sm. antica armatura
del capo, e che ora scorgesi
sulle armi gentilizie.

Morire (pr. muojo, muoso, e
moro, pass. morii, fut. morrò,
e morirò, p. pr. morente e
moriente, pp. morto), n. ass.
an. uscir di vita — fig. mancare — finire — perdere la
forza — att. ammazzare, acci-
dere (ma in questa sign. non
si usa che il solo pp. morto,
accompagnato dagli ausiliarj
essere od avere)

Mormorare (pr. mormoro ec.),
n. ass. romoreggiare — parlare
sommessamente — fig. dir male
di alcuno.

Mormorazione, sf. detrazione di
fama.

Mormorio, sm. rumor confuso
che fa il mare, il vento, l'acqua di un fiume ec. — fig.
biasimo, riprensione.

Moro, sm. V. Gelsa. — nome nera
di Etiopia — add. m. nero.

Moroide. V. Emorroide.

Moroso, add. m. che indugia —
sinc. di amoroso. V.

Morsa, sf. tanaglia fissa de' fab
bri — In pl. mattoni che
sporgono in fuori per collegar
vi nuovo muro.

Morsello, sm. bocconcello.

Morsetta, sf. piccola morsa da
tenersi in mano per lavori sottili di ferraj.

Morsicare. V. Mordere.

Morso, sm. colpo di denti —
la ferita del mordere — ferro
della briglia — quantità di cibo
spiccato co' denti — fig. puntura, dolore.

Morsura, sf. il mordere, e il
segno che lascia il morso.

Mortadella, sf. sorta di salsic
ciotto.

Mortajo, sm. vaso di pietra o di
metallo per pestare e polveriz
zare — pezzo di artiglieria da
gettar bombe.

Mortale, sm. chi è soggetto a
morire — uomo e donna —
add. com. di poca durata —
che reca morte — gravissimo.

Mortaletto, sm. strumento di
metallo a foggia di un piccol

mortajo, che si carica con polvere e che si spara in occasione di solennità.

Mortalità, *sf.* gran quantità di gente che muore in breve spazio di tempo per effetto spezialmente di mali contagiosi.

Mortalmente, *avv.* con pericolo di morte – con peccato mortale – grandissimamente.

Morteretto. V. *Mortaletto.*

Morte, *sf.* cessazione della vita – l'atto di morire – *In pitt. e scult.* scheletro umano armato di falce o di un oriuolo a polvere – *civile*, pena per cui uno è spogliato d'ogni diritto e vantaggio della civile società – col verbo *dare*, uccidere.

Mortella, *sf.* piccolo arboscello, dalle foglie e da'fiori del quale si distilla un'acqua per uso di farmacia, *altr.* mirto officinale o comune.

Mortifero, *add. m.* che reca morte

Mortificàre (*pr.* fico, chi, ec.), *att.* rintuzzare il vigore – *per simil.* reprimere gli appetiti disordinati colle austerità – *fig.* attristare – *np.* rendere insensibile – praticare penitenze, macerarsi.

Mortificazióne, *sf.* asprezza di vita – austerità – disgusto – *In med.* estinzione del senso in qualche membro.

Morto, *sm.* cadavere – defunto – *add. m.* uscito di vita – *fig.* estinto, spento – ammortito – mortificato – *agg.* di acqua, stagnante – di *danaro*, infruttifero – di *lingua*, quella che più non parlasi dal volgo.

Mortòrio, *sm.* osservanza nel seppellire i morti, funerale.

Mosàico, *sm.* (*pl.* ci, chi), pittura fatta di pietruzze e di pezzuoli di smalto colorati e commessi.

Mosca, *sf.* (*pl.* sche), piccolo insetto alato e nojoso della stagione estiva – pizzo di barba sul labbro inferiore e sul mento.

Moscadella, *sf.* sorta di uva, così detta dal sapore che ha di moscado.

Moscadello, *sm.* vino fatto dell'uva moscadella – *add. m.* agg. di alcune sorte di frutta che hanno un odore simile al moscadello.

Moscàdo, *sm.* materia odorifera, più *comun.* muschio – sorta di vino, *altr.* moscadello – *add. m.* agg. d'una noce indiana aromatica.

Moscajo, *sm.* quantità di mosche.

Moscajuola, *sf.* arnese per cacciar le mosche – e per difendere la carne ed altri commestibili dalle mosche.

Moscardino, *sm.* sorta di uccello di rapina – confezione da te

nar in bocca per far lesto fatto – nell'uso domestico pro-
fessatamente attillato.

Moscardo, sm. il maschio dello
sparviere.

Moscadello. V. *Moscadello.*

Moscato, sm. V. *Moscado* –
add. m. agg. di mantello bianco de' cavalli sparso di mac-
chiette nere.

Moscerino, sm. piccolo insetto
volatile, romante per aria.

Moschea, sf. tempio turchesco.

Moscherino. V. *Moscerino.*

Moschettare, att. uccidere con
moschetto.

Moschettata, sf. colpo di moschetto.

Moschetteria, sf. quantità di mo-
schettieri – e di colpi di moschetto.

Moschettiere, sm. soldato armato
di moschetto.

Moschetto, sm. arme da fuoco più
grossa dell'archibugio.

Mosciolino. V. *Moscerino.*

Moscone, sm. mosca grande.

Mossa, sf. il muoversi – sommossa, ribellione – *In pl.* luogo donde partonsi i cavalli
nelle corse.

Mostacchio, sm. quella parte della barba che nasce sul labbro
superiore.

Mostaccio, sm. ceffo, muso.

Mostaccione, sm. colpo di mano
aperta sul mostaccio.

Mostarda, sf. mosto cotto che
infusovi il seme di senape, serve di salsa alle vivande.

Mosto, sm. quell'umore ch'esce
dall' uva appena schiacciata, e
che purificato diventa vino.

Mostoso, add. m. che ha del
mosto.

Mostra, sf. ambizione dimostrazione, ostentazione – apparenza – rassegna di eserciti –
saggio di checchessia – scar-
bellolo di bottega per far vedere le mercanzie – quadrante
degli oriuoli – rivolta de'vestiti

Mostrare, att. porre l'oggetto
innanzi alla vista – manifestare, palesare – dare segno
o indizio – n. ass. sembrare,
parere – far vista, fingere –
np. farsi vedere, apparire.

Mostro, sm. animale conformato
fuori dell'ordine della natura
– prodigio – cosa rara – add.
m. sinc. di mostrato.

Mostruosità, sf. deformità singolare di membra.

Mostruoso, add. m. ch'è fuor
d'ogni naturale proporzione,
deforme.

Mota, sf. fango liquido.

Motivare, att. rimembrare – appoggiare con motivi, dimostrare.

Motivo, sm. ciò che muove a
fare, o a dire, cagione – causa
producente effetto – *In mu.*
pensiero musicale – *Nel fore*

fondamento della sentenza -
add. m. che muove, o atto a
muovere.

Moto, sm. passaggio da luogo a
luogo - impulso - *In mecc.*
quello stato di un corpo per
cui egli è successivamente presente in diverse parti dello
spazio.

Motore, sm. chi muove - forza
che dà l'impulso alle macchine - coll'agg. di *primo*, o
eterno, Iddio.

Motta, sf. rovina di terreno, e
la parte del terreno stesso
scosceso.

Motteggiamento. V. *Motteggio.*

Motteggiare, n. ass. scherzare
con motti piacevolmente - burlare - att. pungere alcuno con
motteggi.

Motteggio, sm. arguzia, facezia
- burla, scherzo.

Mottetto, sm. breve componimento musicale da cantarsi in
chiesa.

Motto, sm. detto breve, arguto e
piacevole - parola.

Moluproprio, sm. risoluzione spon-
tanea del principe.

Movente, sm. ciò che dà impulso.

Movenza, sf. movimento, moto.

Movibile, add. m. che può muoversi.

Movimento, sm. commozione -
tumulto - impulso - *Nella mil.*
mutazione di luogo, e qua-

lunque evoluzione.

Mozione, sf. movimento, moto
- *fig.* impulso.

Mozzamento, sm. troncamento.

Mozzare, att. tagliare in tronco.

Mozzetta, sf. veste prelatizia.

Mozzicare (pr. mózzico, chi ec.).
att. mutilare.

Mozzicone, sm. tronco di candela.

Mozzo, sm. servo che fa le faccende più vili - *In marin.*
ragazzo che sulle navi serve il
capitano ed altri ufficiali - add.
m. sinc. di mozzato (troncato)

Mucchio, sm. quantità di cose
accumulate insieme.

Mucido, add. m. vizzo, floscio.

Mucilaggine, sf. sugo viscoso spre-
muto da' semi, erbe e simili.

Mucilagginoso, add. m. di qualità di mucilaggine, viscoso.

Mucosità, sf. viscosità.

Mucoso, add. m. viscoso.

Muda, sf. rinnovazione delle penne degli uccelli - cambiamento

Muffa, sf. specie di fungo che
nasce su tutte le sostanze vegetabili, ed animali che si pu-
trefanno - *In pitt.* rifioritura
de' colori nelle pitture a fresco - *fig.* albagia.

Muffare. V. *Ammuffare.*

Mugghiamento. V. *Muggito.*

Mugghiare, n. ass. propr. l'urlare del bestiame bovino - e
fig. del vento, del mare in
tempesta, e di chiunque la-

28

mentisi per acerbissimo dolore.

Mugghio. V. *Muggito.*

Muggire (*pr.* sco ec.). V. *Mugghiare.*

Muggito, *sm. propr.* suono della voce del bestiame bovino, che si estende anche a' leoni e ad altre bestie – *per simil.* grido lamentevole di chi è sopraffatto da dolore o da altro violentissimo affetto.

Mugnajo, *sm.* mocinatore di biade.

Mugnere (*pr.* mungo, *pass.* munsi, *pp.* munto), *att. an.* premere le poppe degli animali per trarne il latte – *fig.* trarre altrui da dosso alcuna cosa.

Mugolare (*pr.* mugolo ec.), *n. ass.* mandar fuori un lamento inarticolato come fa il cane per allegrezza o dolore.

Mugolio, *sm.* lamento confuso.

Mulaggine, *sf.* ostinazione da mulo.

Mulattiere, *sm.* guidator di muli.

Mulatto, e

Mulazzo, *sm.* chi è generato da un europeo e da una mora, o viceversa, il cui colore partecipa del nero e del bianco.

Molenda, *sf.* prezzo della macinatura che si paga al mugnajo.

Muliebre (*v. lat.*), *add. com.* di donna.

Mulinare, *att.* pensar fissamente – fantasticare: ... V. *Mugnajo?*

Mulinello, *sm.* qualsivoglia strumento con ruota – vertice d'acque – *fig.* rigiro.

Mulino, *sm.* macchina o edifizio per macinar le biade, messo in moto o da acqua o da vento o da animale.

Mulo, *sm.* animale fortissimo da soma e da tiro, generato da un asino e da una cavalla, che non propaga la sua specie – *fig.* bastardo – ostinato

Multa (*v. lat.*), *sf.* pena in danaro.

Multare, *att.* condannare a pagare una somma in danaro.

Mummia, *sf.* cadavere secco d'Etiopia o d'Egitto, conservato col mezzo di balsami e aromi – *per simil.* uomo secco

Municipale, *add. com.* agg. di legge particolare a qualche paese o provincia – e di magistrato rappresentante là ove risiede.

Municipio, *sm. presso i romani* città che si governava con proprie leggi e godeva della cittadinanza romana – ogni città rappresentata da un magistrato di più membri, che veglia sulla polizia interna di ...

Munificenza, *sf.* liberalità somma

Munire (*pr.* sco ec.), *att.* fortificare – provvedere del necessario.

Munizione, *sf.* fortificazione piombo ridotto in pallottole

per cavare gli architetti
approvvigionamento di ogni
sorta di attrezzi militari e di
commestibili che si convengono ad un esercito, e al presidio di una piazza.

Muovère (pass. mossi, pp. mosso), att. en. levar d'un luogo per porre in un altro —
fig. indurre — commuovere gli
affetti — n. ass. aver origine,
derivare — pullular delle piante — spuntare i denti — np.
partire.

Muraglia. V. Muro.

Muragliòne, sm. grossa muraglia.

Muràle, add. com. di muro —
agg. di corona, quella che
davasi dai romani al primo
che saliva sulle mura di una
città assediata.

Murare, att. commettere sassi
e mattoni con calce — circon-
dar di mura — chiudere con
muro.

Murata, sf. parte più forte di
una cittadella.

Muratóre, sm. chi esercita il
mestiere di murare.

Muriccia, sf. monte di sassi, ro-
vinaccio.

Muricciolo, sm. piccolo muro
basso che in alcune città trovasi alle porte delle case per
uso di sedere.

Muro, sm. (pl. muri m. e mu-

ra f.) mattoni collegati con
calce l'uno sopra l'altro —
fig. difesa, riparo.

Musa (v. gr.), sf. nome di nove
deità nella favola, che pre-
siedono alla poesia, alla musica, al ballo ec.

Musica. V. Musaico.

Muscato, add. m. che sa di muschio.

Múschio, e

Musco, sm. sorta di vegetabile
che si genera sulle pietre e
sui pedali degli alberi — materia odorifera che si raccoglie
in una vescica dell' animale
asiatico detto gazzella.

Muscolare, add. com. di mu-
scolo.

Múscolo, sm. parte carnosa, fibrosa e nervosa del corpo animale destinata ad essere l'organo del moto — spezie di conchiglia marina bivalve.

Muscolòso, add. m. pieno di muscoli.

Muscóso, add. m. di musco.

Muséo (v. gr.), sm. raccolta di
cose rare e preziose, come
oggetti di storia naturale, medaglie ec.

Museruola, sf. specie di gabbia
che si mette al muso delle bestie feroci acciocchè non mor-
dano, e delle bestie da lavoro
acciocchè non si perdano a
mangiare lavorando — parte

della briglia che stringe· la
bocca al cavallo.

Música (*v. gra*), *sf.* arte del
suono e del canto.

Musicale, *add. com.* attenente a
musica.

Musicáre (*pr. música, chi ec.*),
n. ass. cantar di musica –
esercitarsi nella musica.

Músico, *sm.* (*pl. ci, chi*), chi
compone la musica, e chi la
eseguisce.

Muso, *sm.* parte della testa degli animali bruti dagli occhi
all' estremità delle labbra.

Mussolina, *sf.* tela finissima di
cotone.

Mussulmáno, *sm.* maomettano.

Mustacchio. V. *Mostacchio*.

Mula, *sf.* scambio, vicenda – ciò
che si tiene in serbo per
mutare.

Mutábile, *add. com.* che può essere mutato.

Mutabilità, *sf.* facilità ad essere
mutato – volubilità – incostanza – leggerezza.

Mutabilmente, *avv.* con incostanza.

...ande, *f. pl.* brache di te-
..., che si portano sotto i cal-
...ni.

Mutáre, *att.* cambiare – variare
– passare da uno stato ad un
altro – e recare da una lingua
in un'altra – *np.* trasferirsi
da luogo in luogo – cambiarsi
di panni.

Mutazióne, *sf.* cambiamento.

Mutilamento. V. *Mutilazione*.

Mutiláre (*pr. mútilo ec.*), *att.*
troncare da un tutto alcun suo
membro.

Mutilazióne, *sf. propr.* privazione di un membro del corpo o
per accidente o per malattia
o per operazione chirurgica.

Mútilo, *add. m.* mozzo, troncato.

Muto, *sm.* chi non ha l'uso della favella. – *add. m.* che non
parla, taciturno.

Mutolezza, *sf.* privazione della
favella.

Mútolo. V. *Muto*.

Mutuamente, *avv.* scambievolmente.

Mutuante, *add. com.* e *sm.* chi
dà danari a mutuo.

Mutuatário, *sm.* chi piglia danari a mutuo.

Mutuazióne, *sf.* scambievolezza.

Mútuo, *sm.* imprestito di danaro
con interesse. – *add. m.* reciproco, scambievole.

N

N (enne), lettera consonante semivocale, decimaterza dell'alfabeto italiano.

Nabissare, *sinc.* d'inabissare. V.

Nacchera, *sf.* strumento simile al tamburo di suono, ma non di forma, che suonasi per lo più a cavallo — e strumento altresì fanciullesco, composto di legnetti, nicchi o gusci di noce, che, posto fra le dita della mano sinistra, si batte colla destra.

Nadir (*v. arab.*), *sm.* punto astronomico ove terminerebbe sotto i nostri piedi una perpendicolare tirata in basso dai medesimi (*opposto di zenit*)

Najadi, *sf. pl.* ninfe favolose dei fonti.

Nano, *sm.* uomo piccolissimo, *opposto di gigante.*

Nappa, *sf.* fiocco.

Nappello (*v. poet.*), *sm.* vaso da bere, bicchiere.

Narciso, *e* narcisso, *sm.* sorta di pianta perenne, che si coltiva ne' giardini a cagione del bel fiore che produce.

Narcotico (*v. gr.*), *add. e sm.* che fa dormire.

Nardo, *sm.* pianta aromatica delle alpi.

Nare, nari, *e*

Narice, narici, *sf. pl.* i buchi del naso.

Narrare, *att.* raccontare per filo.

Narrativa, *sf.* esposizione di un fatto.

Narrativo, *add. m.* che narra.

Narrazione, *sf.* ordinato racconto.

Nasale, *add. com.* che spetta al naso.

Nasare. V. *Annusare.*

Nasata, *sf.* percossa di naso — l'atto di fiutare una cosa — *fig.* ripulsa — negativa sgarbata.

Nascente, *add. com.* che nasce — *sm.* chiunque nasce a parto.

Nascere (*pass.* nacqui, *pp.* nato), *n. ass.* venire al mondo — spuntare — apparire — scaturire — aver origine.

Nascimento, *sm. e*

Nascita, *sf.* cominciamento della esistenza — schiatta, stirpe, condizione.

Nascondere (*pass.* osi, *pp.* oso, *e* osto), *att. an.* sottrarre dalla vista altrui.

Nascondiglio, *sm.* luogo atto a nascondere checchessia.

Nasello, *sm.* sorta di pesce di mare — ferro nel saliscendo, che ricete la stanghetta della serratura.

Naso, *sm.* membro dell' animale ove risiede l'organo dell' odorato - *fig.* estremità.

Naspare. V. *Annaspare.*

Naspo, *sm.* bastone falso con doppia inciocciatura per farvi sopra la matassa.

Nassa, *sf.* castella o rete da pescare.

Nasso, *sm.* albero alpestre, simile all'abete.

Nastro, *sm.* fettuccia, tessuta di seta, o di lana, o di refe (*volg.* bindello)

Nasuto, *add. m.* che ha gran naso.

Natale, *sm.* nascimento - *add. com.* natio.

Natalizio, *add. m.* agg. di giorno in cui uno è nato - o di cose appartenenti a quel giorno.

Natante, *add. com.* che nuota - che sta a galla, galleggiante.

Natare (*v. lat.*) V. *Nuotare.*

Natica, *sf.* (*pl. che*), chiappa del deretano.

Naticuto, *add. m.* che ha grosse natiche.

Natio, *add. m.* nativo, patrio.

Natività, *sf.* nascita.

Nativo, *add. m.* che si ha dalla nascita.

Natta, *sf.* tumore carnoso - sorta di stuoja usata da' marinai.

Natura, *sf.* complesso di tutti gli enti, de' loro fenomeni, delle leggi degli uni e degli altri - cagione, essenza a forma

delle cose create - universo - ordine con cui e per cui tutto ha principio, incremento e fine - proprietà particolare di qualunque cosa - tendenza a ciò che giova - lume per cui si discerne il bene dal male - temperamento - inclinazione.

Naturale, *sm.* indole particolare di ciascuna persona - proprietà di una cosa - *add. com.* secondo la natura - senza artificio - non falsificato.

Naturalezza, *sf.* proprietà naturale - perfetta rassomiglianza.

Naturalista, *sm.* (*pl. sti*), professore di cose naturali - disegnatore del naturale.

Naturalmente, *avv.* per natura - senza sforzo.

Naturare, *att.* ridurre in natura o proprietà.

Naufragare (*pr. naufrago, ghi ec*), *n. ass.* sommergersi.

Naufragio, *sm.* sommergimento per rottura della nave.

Naufrago, *add. m.* (*pl. ghi*), che ha fatto naufragio.

Nausea (*v. gr.*), *sf.* quel fastidio che sentesi allo stomaco quando è eccitato al vomito - *per simil.* contraggenio.

Nauseante, *add. com.* che induce nausea.

Nauseare, *att.* muovere a nausea.

Nauseoso, *add. m.* che fa nausea.

Nautica (*v. gr.*), *sf.* (*pl. che*),

arte o scienza di navigare.

Nautico, *add. m.* spettante alla navigazione.

Navale, *add. com.* attenente a nave.

Navata, *sf.* quanto può caricare una nave in una volta – andito di un edifizio tra due ordini di colonne.

Nave, *sf.* edifizio di legno che si muove per acqua per forza di remi o di vele (*oggidi anche* di vapore) – andito di chiesa tra due file di colonne, detto anche *navata*.

Navicella, *sf. dim.* di nave – vaso ove sta l'incenso che si arde nel turribolo.

Navicellaio, *sm.* chi guida il navicella.

Navicello, *sm.* barca da trasporto per fiumi o canali.

Navigabile, *add. com.* che si può navigare.

Navigare (*pr.* navigo, ghi ec.), *n.* andare per acqua in nave.

Navigatore, *sm.* chi naviga.

Navigazione, *sf.* l'arte di navigare.

Naviglio, *sm.* nome generico di ogni legno da navigare – canale navigabile.

Navile, e navilio, *sm.* moltitudine di legni da navigare.

Nazionale, *add. com.* di nazione, o della stessa nazione.

Nazionalità, *sf.* qualità di nazionale, e diritto di nazionalità.

Nazione, *sf.* popolo che vive sotto le stesse leggi e costumanze, o che parla una stessa lingua – origine – luogo natale.

Nè, *partic. negativa.*

Ne, *pron. pers. dimostr.* – talvolta *partic. riempit.*

Nebbia, *sf.* vapore denso ch'esce da luoghi acquosi a guisa di fumo – *fig.* offuscamento di intelletto.

Nebbione, *sm.* nebbia alta e folta.

Nebbioso, *add. m.* di nebbia – *fig.* offuscato.

Necessariamente, *avv.* per necessità.

Necessario, *sm.* ciò di che non si può fare a meno – cameretta del cesso – *add. m.* che è di necessità – *agg.* di erede, quegli che a tenore delle leggi di natura e civili debbe succedere alla eredità di chi muore.

Necessità, *sf.* estremo bisogno – ciò che si fa in forza di un potere irresistibile – *In fis.* mancanza di un mezzo materiale per operare.

Necessitare (*pr.* essito ec.), *att.* sforzare, violentare (*più che* incitare.) – *n. ass.* fare di mestieri.

Nefandezza, *sf.* iniquità – sodomia.

Nefando, *add. m.* da non doversi dire, iniquissimo.

Nefasto, *add. m.* di cattivo augurio

Negàbile, *add. com.* che può negarsi.

Negare, *att.* non concedere - impedire.

Negativa, *sf.* il negare, *contr.* di assenso.

Negativo, *add. m.* che ha forza di negare, *contr.* di affermativo.

Negazióne, *sf. contr.* di affermazione - *In filos.* privazione di una proprietà di cui un soggetto non è capace.

Neghittosamente, *avv.* con infingardaggine.

Neghittóso, *add. m.* infingardo - pigro - ozioso.

Neglettamente, *avv.* con poca cura.

Negletto, *add. m.* disprezzato - trascurato.

Negligentàre, *att.* trascurare.

Negligente, *add. com.* che trascura il proprio dovere, *contr.* di diligente.

Negligentemente, *avv.* con trascuranza.

Negligenza, *sf.* trascuraggine nell'eseguire i proprj doveri.

Negoziante, *sm.* chi traffica all'ingrosso.

Negoziàre, *att.* fare e trattar negozj - trattar le cose di stato presso le corti de'principi.

Negoziàto, *sm.* negozio, trattato.

Negoziatóre, *sm.* chi negozia di finanze - incaricato di affari presso una corte sovrana.

Negoziazióne, *sf.* traffico - ma...

negozio di affari di stato.

Negózio, *sm.* traffico, faccenda, affare.

Negrezza. V. *Nerezza.*

Negro, *add. m.* V. *Nero* - *fig.* funesto.

Neprofúmo, *sm.* fuliggine tratta dai legni resinosi abbruciati.

Negromante, *sm.* chi professa la negromanzia.

Negromanzía (*v. gr.*), *sf.* nome che davasi una volta all'arte di conoscere le cose nascoste sotterra - preteso indovinamento col richiamare in vita i morti.

Nembo, *sm.* subita ed impetuosa procella - *per simil.* grande diffusione o spargimento di checchessia a guisa di pioggia.

Nemíco. V. *Nimico.*

Nénia (*v. gr.*), *sf.* canto funebre.

Néo, *sm.* macchia nericcia con pelo o senza che viene sulla faccia - *per simil.* piccolo difetto.

Neofito (*v. gr.*), *sm.* cristiano di fresco battezzato.

Neología (*v. gr.*), *sf.* arte di formare nuove voci.

Neologismo (*v. gr.*), *sm.* abuso di voci nuove.

Nepote. V. *Nipote.*

Nepotismo, *sm.* cura di esaltare i nipoti, e predominio di essi nel pontificato.

Nequíssimo, *add. superl. m.* inf...

quissimo.

Nequizia, sf. somma malvagità.

Nerastro, add. m. alquanto nero.

Nerbo, sm. V. Nervo – fig. forza

Nerboruto, e

Nerbuto, add. m. di gran nervi
– fig. robusto.

Nereggiante, add. com. che tira
al nero.

Nereggiare, n. ass. tendere al nero

Nereide, sf. ninfa favolosa del
mare.

Nerezza, sf. color nero.

Nericcio, add. m. che tende al nero

Nero, sm. l'uno dei due estremi
dei colori, opposto a bianco –
add. m. oscuro, bujo – fig.
malvagio, iniquo – triste.

Nervata, sf. colpo di nervo.

Nervo, sm. parte del corpo del-
l'animale a guisa di cordicella,
la quale conferisce ai membri
la forza del muoversi e del
sentire – fig. forza.

Nervoso, add. m. pieno di nervi.

Nervuto. V. Nerbuto.

Nesciente. V. Insciente.

Nescienza, sf. ignoranza.

Nespola, sf. frutto a foggia di
piccola mela, col fiore coronato

Nespolo, sm. albero che produce
la nespola.

Nessuno, add. m. nemmen uno.

Nettamente, avv. politamente –
puramente.

Nettare, att. levar via le macchie e brutture, pulire.

Nettare, sm. bevanda favolosa
degli dei – umore dolce dei
fiori ricercato dagl'insetti.

Nettareo, add. m. di qualità di
nettare – soave, squisito.

Nettezza, sf. pulitezza – fig. purità, lealtà.

Netto, add. m. senza macchia, o
vizio, o pericolo – al netto,
avverb. detratti cali e spese
(detto di mercanzia o altro)

Neutrale, add. com. che non tiene da veruna parte fra le litiganti.

Neutralità, sf. stato di chi non
prende parte per alcuno.

Neutro (v. lat.), add. m. nè l'uno,
nè l'altro – In gramm. agg.
di que'nomi o verbi che hanno
genere o azione indeterminata.

Neve, sf. vapor congelato nella
mezzana ragione dell'aria – fig.
candore – per trasl. canizie.

Nevicare (pr. névico, chi ec.), n.
ass. impers. cader neve – att.
spargere a guisa di neve, cioè
in copia.

Nevicoso. V. Nevoso.

Nevigare. V. Nevicare.

Nevischio, sm. il nevicar sottile.

Nevoso, add. m. carico di neve.

Nezza. V. Nipote.

Nibbio, sm. spezie di falco che
per ordinario insidia alle galline

Nicchia, sf. incavo artefatto nei
muri per riporvi statue – per
simil. ripostiglio.

Nicchio, sm. guscio di pesce marino

Nicoziana. V. *Tabacco.*

Nidata, sf. covata di uccelli.

Nidificare (pr. ifico, chi ec.), n. ass. far nido - fig. fermar dimora.

Nido, sm. covo di uccelli o d'insetti - fig. ricovero.

Niego, sm. (pl. ghi), il negare.

Niello, sm. incisione sull'oro od altro metallo col bolino, come si tratteggia sulla carta colla penna.

Niente, pron. negat. m. nulla.

Nientedimeno, ec.

Nientemeno, avv. non pertanto.

Nimicare, att. trattar da nimico, perseguitare.

Nimicizia. V. *Inimicizia.*

Nimico, sm. che odia e perseguita, avversario, - add. m. avverso, contrario.

Nimistà (v. poet.), add. f. contr. di amistà (amicizia)

Ninfa (v. gr.), sf. divinità campestre de' gentili e de' poeti, che si credeva presedesse alle acque dei fiumi e delle fontane.

Ninfea, sf. pianta palustre, le cui foglie galleggiano sull'acque

Ninnare, att. cantarellare cullando per conciliare il sonno ai bambini.

Ninnolare (pr. ninnolo ec.), n. ass. perdere il tempo in trastulli fanciulleschi.

Nipote, s. com. figlio e figlia di fratello o di sorella.

Nipotismo. V. *Nepotismo.*

Nitido (v. lat.), add. m. chiaro lucente.

Nitore (v. lat.); sm. lucentezza.

Nitrire (pr. sco ec.), n. ass. far la voce del cavallo.

Nitro, sm. sale volatile solfureo che svapora dai luoghi umidi.

Nitroso, add. m. che ha del nitro

Niuno. V. *Nessuno.*

No, avv. negat. contr. di sì.

Nobile, add. com. adorno delle prerogative di nascita illustre o di rare virtù - fig. ragguardevole, dignitoso.

Nobilitare (pr. alito ec.), far nobile

Nobilmente, avv. da nobile, signorilmente.

Nobiltà, sf. chiarezza di sangue o di dignità, o di virtù - de' nobili - eccellenza di animo di pensieri, di concetti ec.

Nocca, sf. (pl. cche), congiuntura delle dita - pianta medicinale detta anche *elleboro.*

Nocchiero, e

Nocchiero, sm. quegli che regge il timone della nave secondo gli ordini del pilota.

Nocchio, sm. nodo dell'albero.

Nocchiuto, add. m. nodoso.

Nocciolo, sm. osso nelle frutta.

Nocciuola, sf. piccola noce che racchiude un seme rotondo mangiabile.

Nocciuolo, sm. albero che

duce la nocciuola.

Noce, sm. albero che produce la noce – e sf. il suo frutto.

Nocella. V. Nocciuola.

Nocevole, add. com. e

Nocivo, add. m. che nuoce, o atto a nuocere.

Nocumento, sm. danno, pregiudizio

Noderoso, e

Noderuto, add. m. pieno di nodi.

Nodo, sm. aggruppamento di nastro, corda o fune – gruppo nell'aguglia ta del pese – escrescenza nel fusto dell'albero – congiuntura delle mani e dei piedi – interrompimento delle canne, delle viti e delle piante annuarie.

Nodosità, sf. durezza del legno presso al nodo.

Nodoso. V. Noderoso.

Nodrire. V. Nutrire.

Noi (e nui poetic. per la rima), prima pers. pl. del pron. io.

Noja, sf. tedio, fastidio.

Nojare, att. recar fastidio.

Nojosamente, avv. con noja.

Nojoso, add. m. molesto.

Noleggiare, att. e n. dare o prendere a nolo propr. bastimenti, ma si dice anche d'altro.

Nolo, sm. pagamento pattuito per l'uso di cosa prestata ad un tempo fisso.

Nomade (v. gr.), add. e sm. propr. pastore errante.

Nomare, att. porre il nome, e

chiamar per nome.

Nome, sm. vocabolo con cui, per generale convenzione si esprime una qualche idea, o si denota il soggetto di cui si parla – fig. fama.

Nomenclatura (v. lat.), sf. ordine di vocaboli.

Nomina, sf. presentazione a qualche grado o dignità da chi ha il diritto di farle.

Nominale, add. com. che appartiene a nome – nell'uso, di nome soltanto.

Nominanza. V. Rinomanza.

Nominare. V. Nomare. – proporre ad un impiego, carica e dignità.

Nominatamente, avv. a uno a uno

Nominativo, sm. primo caso del nome.

Nominato, add. m. chiamato – rinomato.

Nominazione, sf. imponimento di nome – diritto di nominare a benefizio, grado o simile.

Non, avv. negativo.

Nona, sf. una delle ore canoniche, e il tempo nel quale si dice o si suona.

Nonagenario, add. m. di novant'anni.

Noncurante, add. com. sprezzante

Noncuranza, sf. disistima – disprezzo.

Nondimeno, avv. non pertanto.

None, sf. pl. il sesto giorno do

po le calende di marzo, maggio, luglio, e ottobre; ed il
quarto dopo le calende degli
altri mesi.

Nomo. V. *Avolo.*

Nono, *add. num. m. ordinat. di*
nove.

Nonusanza, *sf. e*

Nonuso, *sm.* mancanza d'uso.

Norcino, *sm.* basso chirurgo da
brachieri.

Norma, *sf.* squadra – *per simil.*
modello – regola.

Nord (*v. ingl.*), *sm.* settentrione (*uno dei quattro punti*
cardinali)

Nostrale, *e*

Nostrano, *add. com.* del nostro
paese, *contr. di* straniero.

Nostro, *pron. possess. m.* di noi.

Nota, *sf.* ricordo scritto – annotazione – macchia – *In pl.* segni dei suoni musicali, o delle voci – *poetic.* parole.

Notabile, *add. com.* ragguardevole – *sm. pl.* le persone pri-
marie di un paese.

Notabilmente, *avv.* considerabilmente.

Notajo, *sm.* persona autorizzata
a scrivere gli atti pubblici,
segnandoli colla cifra del suo
tabellionato, acciò abbiano
valore presso chiunque.

Notamento, *sm.* il nuotare nel-
l'acqua.

Notante. V. *Nuotante.*

Notare, *n. ass.* reggersi a galla
nell'acqua – inscrivere – contrassegnare – por mente – tacciare

Notarile, *add. com.* appartenente
a notajo.

Notariato, *sm.* l'ufficio del notajo.

Notatojo, *sm.* vescica piena di
aria nei pesci.

Notatore, *sm.* chi si esercita nel
nuoto.

Noteria, *sf.* la professione del
notajo.

Notificare (*pr. fico, chi ec*), *att.*
far noto.

Notificazione, *sf.* il far palese –
la comunicazione in iscritto e a
stampa al pubblico delle superiori disposizioni – e il foglio
stesso che notifica.

Notizia, *sf.* cognizione, ragguaglio, avviso.

Noto, *sm.* vento meridionale –
add. m. conosciuto, palese.

Notomia. V. *Anatomia.*

Notomista. V. *Anatomista.*

Notomizzare. V. *Anatomizzare.*

Notorio, *add. m.* manifesto, pubblico.

Nottambulo, *sm.* chi dormendo sorge da letto, ed agisce senza
svegliarsi.

Nottare. V. *Annottare.*

Nottata, *sf.* spazio di una intera
notte.

Notte, *sf.* la parte del giorno che
il sole percorre sotto l'orizzonte. – *fig.* tenebre della

te–cecità d'occhi, o della mente.

Nottola, *sf.* pipistrello.

Nottolaia, *sf.* vagamento notturno.

Notturno, *add. m.* di notte.

Novamente. V. *Nuovamente.*

Novantena, *sf.* quantità numerica che arriva al novanta.

Novatore, *sm.* promotore di nuove erronee dottrine.

Novazione, *sf.* mutazione di un contratto in un altro.

Novella, *sf.* narrazione favolosa – notizia.

Novellamente, *avv.* di nuovo.

Novellamento, *sm.* raccolto di novelle.

Novellare, *att.* raccontar novelle.

Novelliere, *sm.* narrator di novelle.

Novellista, *sm.* (*pl.* sti), scritter di novelle.

Novello, *add. m.* recente – giovane, ed anche il più giovane.

Novembre, *sm.* penultimo mese dell'anno.

Novena, *sf.* pratica divota che continua nove giorni di seguito.

Novennio, *sm.* spazio di nove anni.

Noverare. V. *Annoverare.*

Novero, *sm.* numero – aggregamento.

Novilunio, *sm.* il tempo della luna nuova.

Novissimi, *sm. pl.* i quattro estremi dell'uomo, cioè morte, giudizio, inferno, e paradiso.

Novità, *sf.* cosa nuova, o insolita.

Novizia, *sf.* sposa novella.

Noviziato, *sm.* il tempo e il luogo dove i monaci tengono i nuovi religiosi.

Novizio, *sm.* chi fa l'anno di prova in un monastero – *add. m.* nuovo nell'esercizio di alcun'arte.

Novo (*v. poet.*) V. *Nuovo.*

Nozione, *sf.* cognizione dell'oggetto acquistata mediante i sensi, o col mezzo della riflessione.

Nozze, *sf. pl.* sposalizio – e il convito di esso.

Nube. V. *Nuvola.*

Nubile, *add. com.* da marito.

Nuca, *sf.* (*pl.* che), la parte posteriore del collo.

Nudamente, *avv.* senza vesti – *fig.* schiettamente – senza ornamenti.

Nudare, *att.* spogliare – *per simil.* privare.

Nudità, *sf.* stato di chi è nudo.

Nudo, *add. m.* spogliato di vestimenti, o di arredi.

Nudrire. V. *Nutrire.*

Nugola. V. *Nuvola.*

Nulla, *sm.* privazione di esistenza – *partic. negat.*, lo stesso che niente.

Nullità, *sf.* qualità di ciò ch'è nullo ed invalido.

Nullo, *sm.* nessuna persona – *add. m.* niuno – invalido – inutile.

Nume (*v. poet.*), *sm.* deità.

Numerabile, *add. com.* che si

può numerare.

Numerale, *add. com.* di numero.

Numerare (*pr. numero* ec.), raccogliere per numero.

Numerario, *add. m.* agg. del valore immaginario delle monete – *sm.* nell' uso, danaro, moneta, contante.

Numeratore, *sm.* chi numera – *In aritm.* quel numero di una frazione che sta sopra al denominatore.

Numerico, *add. m.* di numero.

Numero, *sm.* aggregato di più unità, o di più cose della medesima specie – armonia del verso e della prosa. – *In gramm.* uno degli accidenti del nome, cioè singolare o plurale.

Numerosamente, *avv.* in gran numero.

Numeroso, *add. m.* di molto numero.

Numismatica (*v. gr.*), *sf.* (*pl. che*), arte o scienza di distinguere le monete e le medaglie antiche.

Numismatico, *add. m.* (*pl. ci, chi*), appartenente alle medaglie antiche – *sm.* dotto in numismatica.

Nuncupativo (*v. lat.*), *add. m.* agg. di testamento fatto a voce e non in iscritto.

Nunziare. V. *Annunziare.*

Nunziatura, *sf.* dignità ed uffizio

del nunzio apostolico.

Nunzio, *sm.* messaggiere – ambasciatore del papa.

Nuocere (*pr. nuoco, nuoci e nuocio, nuoce* ec., *pass. nocqui, nocesti* ec., *p. pr. nocente, pp. nociuto*), *n. an.* recar danno.

Nuora, *sf.* moglie del figlio.

Nuotare. V. *Notare* nel (1 *sing.*)

Nuoto, *sm.* il nuotare.

Nuova, *sf.* notizia, annunzio.

Nuovamente, *avv.* di nuovo – poco fa.

Nuovo, *add. m.* fatto di fresco – moderno – mal pratico – insolito – strano.

Nutricare. V. *Nutrire.*

Nutrice, *sf.* balia.

Nutrimento, *sm.* cibo.

Nutrire (*pr. sco* ec.), *add.* alimentare, cibare.

Nutritivo, *add. m.* che ha virtù di nutrire.

Nutrizione, *sf.* azione vitale da cui risulta l'accrescimento e la riparazione delle parti del corpo animale o vegetale.

Nuvola, e

Nuvolo, *sm.* vapore addensato nell' aria.

Nuvoloso, *add. m.* coperto di nuvole – *fig.* fosco, turbato, contr. di sereno.

Nuziale, *add. com.* di nozze.

O

O, quarta lettera vocale, e decimaquarta dell' alfabeto italiano - art. del vocat., e partic. disgiuntiva - preceduta dall' h (ho), o soprappostovi l'accento grave (ò), è prima pers. sing. del verbo *avere* - e succeduta dalla stessa (oh), è interjezione.

Obbediente, *add. com.* che obbedisce.

Obbedienza, *sf.* l'atto di chi obbedisce - regola monastica.

Obbedire (*pr.* sco ec.), *n.* eseguire i comandi altrui - essere subordinato.

Obbiettare, *att.* opporre ragioni a ragioni.

Obbiettivo, *add. m.* agg. di una lente che ricove le forme degli oggetti - *sm.* lente, se convesso da ambe le parti; mezza lente, se da una parte piana.

Obbietto, *sm.* scopo, mira.

Obbiezione, *sf.* ragione in contrario.

Obbliare. V. *Obliare.*

Obbligante, *add. com.* che obbliga - cortese - gentile.

Obbligantemente, *avv.* con modi cortesi.

Obbligare (*pr.* obbligo, ghi ec.), *att.* stringere uno a fare una cosa o con iscritti, o con parole, o con fatti - *np.* promettere di fare una cosa.

Obbligatorio, *add. m.* che obbliga.

Obbligazione, *sf.* l'atto col quale alcuno si obbliga, o pel quale è obbligato a fare qualche cosa.

Obbligo, *sm.* (*pl.* ghi), dovere personale di fare alcuna cosa o per ufficio, o per impegno assunto.

Obblio, *sm.* dimenticanza.

Obbliquamente, *avv.* di qua e di là, *contr. di* rettamente.

Obbliquo, *add. m.* non retto, torto - *fig.* ingiusto - ambiguo - dubbio - *In gramm.* agg. di tutti i casi de' nomi, tranne il nominativo.

Obblivione, *sf.* dimenticanza.

Obbrobrio, *sm.* infamia, disonore.

Obbrobrioso, *add. m.* vergognoso, disonorante.

Obelisco (*v. gr.*), *sm.* (*pl.* schi), mole di pietra quadrangolare, più larga in fondo che in cima, eretta per ornamento in qualche luogo pubblico (*altr.* guglia, piramide)

Oberato, *add. m.* fallito.

Oberazione, *sf.* nell'uso fallimento.

Obietto. V. *Obbietto.*

Oblazióne (*v. lat.*), *sf.* offerta.

Obliáre, *att.* dimenticare, scordarsi.

Oblío. V. *Obblio.*

Oblíquo. V. *Obblique.*

Oblungo, *add. m.* (*pl.* ghi), più lungo che largo.

Oboè, *sm.* strumento musicale da fiato.

Obolo, *sm.* piccola moneta degli antichi – *In farm.* peso di dieci grani.

Oca, *sf.* (*pl.* che), uccello acquatico domestico e salvatico – sorta di giuoco che si fa co' dadi.

Occasionále, *add. com.* che porge occasione, o che avviene per occasione.

Occasionáre, *att.* dare occasione.

Occasióne, *sf.* opportunità di fare o non fare checchessia – cagione, motivo.

Occáso, *sm.* il tramonto del sole, *altr.* occidente o ponente – per simil. fine, morte.

Occhiaja, *sf.* cavità che serve di cassa all'occhio.

Occhialajo, *sm.* fabbricatore di occhiali.

Occhiále, *sm.* strumento con uno o due vetri che si tiene agli occhi per ischiarire o ingrandire o avvicinare gli oggetti – *add. com.* attenente ad occhio – agg. di *dente*, quello che ha corrispondenza col-

l'occhio.

Occhialista. V. *Occhialajo.*

Occhiáre. V. *Adocchiare.*

Occhiáta, *sf.* tanta lontananza quanta può scorgersi coll'occhio – sguardo semplice.

Occhiellatúra, *sf.* parte del vestito ove sono gli occhielli.

Occhiello, *sm.* piccola apertura per far passare i bottoni nei vestiti.

Occhio, *sm.* organo della vista – e la vista stessa – *fig.* cosa carissima – intelletto – persona che osserva gli altrui andamenti – gemma o rampollo di alberi – macchia nera nei fagiuoli nostrali – e le macchie altresì nella coda del pavone – *In archit.* ogni finestra rotonda – *In tipog.* la grossezza del carattere che si adopera.

Occhiolíno, *sm. dim. vezzegg.* di occhio.

Occhióne, *sm. accr. di* occhio.

Occhiúto, *add. m.* pieno d'occhi – *fig.* vigile, accorto.

Occidentále, *add. com.* di occidente, o dalla parte di occidente.

Occidente, *sm.* quello de' quattro punti cardinali ove il sole tramonta.

Occorrenza, *sf.* negozio, affare.

Occorrere (*pass.* orsi, *pp.* orso), *n. an.* farsi incontro – e più comun. accadere - venire in mente - bisognare.

Occorso, sm. incontro - add. m. accaduto.

Occultamente, avv. di nascosto.

Occultamento, sm. nascondimento

Occultáre, att. nascondere.

Occultazióne, sf. V. Occultamento - In astr. sparizione passeggiera di un pianeta o di una stella per interposizione della luna.

Occulto, add. m. ascoso, contr. di palese.

Occupáre (pr. óccupo ec.). att. usurpare illegittimamente - e talora impadronirsi legittimamente - impedire occupando - sottentrare in luogo di un altro - pigliare con arte, sorprendere (detto di fiere e pesci che s'insidiano colla caccia o colla pesca) - dar lavoro, impiegare - np. attendere a qualche operazione.

Occupáto, add. m. affaccendato - ingombrato - impedito.

Occupazióne, sf. negozio, faccenda.

Océano (v. gr.), sm. la vasta collezione di acqua salsa e navigabile, che avvolge i continenti e le isole - fig. cosa vasta, o immensa.

Oculáre, add. com. attenente all'occhio - agg. di testimonio, cioè di veduta.

Oculármente, avv. di veduta -

a occhi veggenti.

Oculatamente, avv. con avvertenza o circospezione.

Oculatezza, sf. vigilanza, cautela.

Oculáto, add. m. cauto, vigilante.

Oculista, sm. (pl. sti), chirurgo che cura le malattie degli occhi

Oda, e ode (v. gr.), sf. sorta di poesia lirica a modo di canzone

Odiáre, att. avere in odio, o a sdegno.

Odiernamente, avv. in oggi.

Odierno, add. com. d'oggidì, moderno.

Odio, sm. avversione all'oggetto molesto - abborrimento contro persona o cosa, prodotto da invecchiate cagioni.

Odiosámente, avv. con odio.

Odiosità, sf. qualità di cosa odiosa.

Odiósa, add. m. molesto, nojoso.

Odoráre, n. ass. percepire gli odori, e mandare odore - att. annasare - fig. spiare.

Odoráto, sm. senso dell'odorare, che risiede nel naso.

Odóre, sm. soave svaporazione di parti sottili che emanano da alcuni corpi - e talora fetore, puzzo - fig. indizio, sentore - In pl. atomi, profumi, fiori.

Odorífero, add. m. che manda odore.

Odorosámente, avv. con odore.

Odoróso. V. Odorifero.

Offella, sf. sorta di pasta sfogliata.

Offéndere (pass. ési, pp. éso),
att. an. far danno, o ingiuria.

Offensivamente, avv. con offesa.

Offensivo, add. m. che offende.

Offensóre, sm. chi offende.

Offerente, add. com. che offre.

Offerire (pr. offro, pass. offrii,
o offersi, pp. erto), att. an.
esibire, porgere – dedicare a
Dio – np. presentarsi.

Offerta, sf. esibizione – ciò che
si offre a Dio o alla chiesa.

Offertorio, sm. parte della messa
nella quale il sacerdote fa la
offerta, e l'antifona che viene
recitata o cantata prima del-
l'offerta stessa.

Offesa, sf. danno, ingiuria.

Officiale, sm. ministro militare o
civile.

Officiare. V. Ufficiare.

Officina (v. lat.), sf. bottega
dove si fabbricano manifatture.

Officio ed offizio, sm. dovere –
obbligo – servigio o piacere
che si rende altrui – luogo ove
si adunano più impiegati per
attendere alle loro incomben-
ze – ore canoniche.

Officiosamente. avv. cortesemente.

Officiosità, sf. cortesia, urbanità.

Officioso, add. m. civile, urbano.

Offuscamento, sm. oscuramento.

Offuscare, att. indurre oscurità –
fig. abbagliar la mente.

Offuscazione, sf. adombramento.

Oftalmia (v. gr.), sf. infiamma-

zione degli occhi.

Oggetto, sm. ciò che si presenta
alla mente o per mezzo della
sensazione, o della immaginazione – soggetto di un'arte o
di una scienza – scopo, fine –
e nell'uso cosa, masserizia ec.

Oggi, oggidì, e oggigiorno, avv.
in questo dì – nel tempo presente.

Oggimai, avv. ora, adesso.

Ogni, pron. com. tutto il numero preso individualmente e
qualunque.

Ognissanti, sm. festa di tutti i
santi.

Ognora, avv. sempre.

Ognuno, pron. m. ciascuno.

Oh, interj. esprimente diversi affetti dell'animo.

Ohimè, interj. di dolore e di
lamento – sospiro.

Ohibò, interj. di dispetto, di na-
sea, o di negazione.

Oimè. V. Ohimè.

Olà, interj. di chi chiama: chi è lì

Oleosità, sf. qualità di cosa pingue

Oleoso, add. m. agg. di sostanza
che ha dell'olio.

Olezzante, add. com. che manda
grato odore.

Olezzare (v. per lo più poet.), v.
ass. spirare odor soave.

Olezzo, sm. odore grato.

Olfato (v. lat.). V. Odorato.

Oliato, add. m. condito o unto
d'olio.

Olibano, *sm.* incenso.

Oligarchía (*v. gr.*), *sf.* forma di governo, in cui l' amministrazione sta nelle mani di pochi.

Olimpíade (*v. gr.*), *sf.* spazio di quattro anni che formava l'era de' greci; o il loro modo di contare gli anni dai giuochi che si celebravano ogni quadriennio nella città di Olimpia.

Olimpico, *add. m.* agg. de' suddetti giuochi.

Olimpo (*v. gr.*), *sm. propr.* monte altissimo della Tessaglia - *poetic.* il cielo de' cristiani.

Olio, *sm.* umore che si cava dall'oliva, e per distillazione da molte altre sostanze - agg. di santo, l'estrema unzione.

Olioso. V. *Oleoso.*

Oliva, *sf.* frutto dell'olivo, donde si estrae l'olio comune.

Olivastro, *add. m.* di color d'oliva

Oliveto, *sm.* luogo piantato a olivi.

Olivo, *sm.* albero che produce le olive.

Olla (*v. lat.*), *sf.* vaso più o meno grande per lo più di terra cotta verniciata, ad uso di contener liquidi.

Olmeto, *sm.* luogo piantato a olmi.

Olmo, *sm.* albero di spesse foglie, che si accoppia volentieri colla vite.

Olocausto (*v. gr.*), *sm.* sacrifizio presso gli antichi, in cui la vittima era interamente consumata dal fuoco - oggidì *fig.* offerta a Dio di tutto sè stesso.

Ológrafo (*v. gr.*), *add. m.* scritto di proprio pugno (*agg. di testamento*)

Oltra. V. *Oltre.*

Oltracciò, *avv.* inoltre.

Oltracotanza. V. *Tracotanza.*

Oltraggiamento. V. *Oltraggio.*

Oltraggiare, *att.* offendere nell'onore o nella delicatezza.

Oltraggio, *sm.* offesa nell'onore.

Oltraggiosamente, *avv.* ingiuriosamente.

Oltraggioso, *add. m.* che offende.

Oltramarino, *add. m.* d'oltramare.

Oltramontáno, *add. m.* di là dai monti.

Oltrapagáto, *add. m.* pagato più del dovere.

Oltrapassare. V. *Oltrepassare.*

Oltre, *prep.* dopo, di più - alquanto più - *avv.* molto lontano - innanzi.

Oltrachè, *avv.* oltre a questo che.

Oltremare, *avv.* di là del mare.

Oltremirabile, *add. com.* mirabilissimo.

Oltremisura, *avv.* fuor di misura.

Oltremodo, *avv.* smoderatamente.

Oltremonti, *avv.* di là dai monti.

Oltrepassáre, *att.* passare oltre, inoltrarsi - e *fig.* uscire dal convenevole, eccedere.

Omàggio, *sm.* professione di vas-
sallaggio - rispetto - ossequio.

Omài. V. *Oramai.*

Ombelìco, e

Ombellìco, *sm.* (*pl.* chi), quella
parte del corpo nel mezzo del
ventre, donde il feto nel seno
materno riceve il nutrimento.

Ombra, *sf.* oscurità prodotta dai
corpi che trovansi frammezzo
alla direzione della luce - notte - fantasma - apparenza -
protezione - pretesto - sospetto - *In pitt.* colore de-
gradante che rappresenta la
vera ombra dei corpi - *Nella prospett.* la giusta apparenza
di un corpo opaco secondo la
divergenza de' raggi di un corpo luminoso che lo percuotono
- *In pl.* (*v. sp.*), sorta di
giuoco di carte.

Ombrare. V. *Adombrare.*

Ombratile, *add. com.* d'ombra;
immaginario.

Ombreggiare, *att. e n. ass.* far
ombra - prender ombra - *e
in pitt. e prospett.* dare il rilievo colle ombre.

Ombrella, *sf.* arnese per ripararsi dalla pioggia e dal sole
- quel rezzo che fanno le
fronde degli alberi riparando
dai raggi solari.

Ombrellaio, e

Ombrelliere, *sm.* chi fa ombrelli.

Ombrellifero. V. *Ombrifero.*

Ombrello. V. *Ombrella.*

Ombria. V. *Ombra.*

Ombrifero, *add. m.* che fa o reca
ombra.

Ombrosità, *sf.* grande ombra.

Ombroso, *add. m.* che ha ombra - pauroso - sospettoso.

Omèga, *sf.* l'ultima lettera del-
l'alfabeto greco - *fig.* fine.

Omèi (*v. poet.*), *sm. pl.* lamenti.

Omelìa (*v. gr.*), *sf.* sermone famigliare di un prelato al suo
gregge adunato in chiesa.

Omento, *sm.* membrana che lascia gl'intestini seguitandoli
in ogni loro sinuosità.

Omèrico, *add. m.* di Omero (il
più grande degli antichi poeti)

Omero, *sm.* spalla.

Omèttere (*pass.* isi, *pp.* esso),
att. an. tralasciar di fare -
lasciar da parte.

Omicìda, *sm.* (*pl.* di), uccisor
d'uomo - *add. m.* che uccide
o dà morte.

Omicidiàrio, *add. e sm.* reo d'o-
micidio.

Omicidio, *sm.* uccisione d'uomo

Omissione, *sf.* tralasciamento.

Ommèttere. V. *Omettere.*

Omogèneo (*v. gr.*), *add. m.* di
simil genere - della stessa natura

Omòlogo (*v. gr.*), *add. m.* (pl.
gi, ghi), corrispondente.

Omonimo (*v. gr.*), *add. m.* di
simil nome.

Onagra, e onagro (*v. gr.*), su

asino salvatico.

Onanismo, *sm.* peccato abbominevole di Onan, ricordato dalla Scrittura.

Oncia, *sf.* (*pl.* ce.), la dodicesima parte della libbra, o del braccio.

Oncino. V. *Uncino.*

Onda, *sf.* acqua che sale e scende, flutto – *poetic.* mare.

Ondata, *sf.* colpo di mare – e l'agitazione del mare dopo la tempesta – ondulazione.

Onde, *avv.* di che, da che luogo, o da qual luogo – *invece di nome relat.*, di che, o chi, del quale, de' quali, co' quali ec.

Ondeggiamento, *sm.* movimento d'acqua, d'aria, e di qualunque cosa fuori di equilibrio – *fig.* perplessità.

Ondeggiare, *n. ass.* muoversi a onde (*detto propr. delle acque*) – *per simil.* il muoversi delle biade per cagione del vento – non istar fermo sui piedi – *fig.* essere perplesso.

Ondoso, *add. m.* agitato.

Ondulazione, *sf.* tremore cagionato ne' liquidi o nell'aria dal vento, dal suono e dal terremoto.

Onerário (*v. lat.*), *add. m.* che ha il carico di alcuna cosa – agg. di *nave*, da trasporto.

Oneroso, *add. m.* gravoso.

Onestà, *sf.* costante intenzione e contratta abitudine di nulla

fare che possa essere biasimato da persone di mente sana e di puro cuore – decoro – modestia – rettitudine nell'operare.

Onestamente, *avv.* con onestà.

Onestáre, *att.* rendere onesto.

Onesto, *sm.* ciò ch' è doveroso – *add. m.* modesto – decoroso – convenevole.

Onice, *sm.* pietra preziosa della specie delle agate.

Onninamente, *avv.* in tutto e per tutto.

Onnipossente, e

Onnipotente, *add. com.* che può tutto.

Onnipotenza, *sf.* attributo divino, per cui Dio può tutto.

Onorábile, *add. com.*, e

Onorando, *add. m.* pegno di onore.

Onoranza, *sf.* onorificenza che si presta, o si riceve.

Onoráre, *att.* rendere onore.

Onorário, *sm.* premio – salario – *add. m.* che reca onore.

Onoratamente, *avv.* con onoratezza.

Onoratezza, *sf.* senso di onore.

Onoráto, *add. m.* venerato – riputato – che fa azioni onorate.

Onore, *sm.* giudizio favorevole – stima che meritano le oneste persone – ossequio, rispetto – dignità, pompa.

Onorévole. V. *Onorábile.*

Onorevolezza, *sf.* quantità di ciò ch'è onorevole.

Onorevolmente, *avv.* con onore

Onnificáre. V. Onorare.

Onnificénza, sf. tutto ciò che si
- fa in contemplazione del merito di alcuno.

Onorífico, add. m. (pl. ci, chi),
che reca onore.

Onta, sf. villania, ingiuria.

Ontáno, sm. albero comune lungo i torrenti.

Ontología (v. gr.), sf. parte della metafisica che tratta dell'onte in generale o in astratto.

Ontóso, add. m. dispettoso — vergognoso.

Onusto (v. lat.), add. m. carico, ripieno.

Opacità, sf. quantità di tutti i corpi non luminosi per sè stessi — ombra —contr. di trasparenza.

Opáco, add. m. (pl. chi), non luminoso — fosco, contr. di diafono o trasparente.

Opera, sf. propr. qualunque cosa operi l'uomo — ed impropr. lavoro, fatica giornata di lavoro — maneggio, affare — scrittura voluminosa — rappresentazione teatrale in musica.

Operaja, sm. lavorante.

Operante, add. com. che opera.

Operáre (pr. òpero ec.), att. impiegare il sapere, la fatica e l'esercizio in checchessia — in chir. tagliare — n. ass. far operazione (detto delle medicine)
neutro, add. m. efficace.

Operáto, m. operazione.

Operatóre, m. che opera — di corpo.

Operatório. V. Operativo.

Operazióne, sf. l'atto di operare — virtù, o facoltà d'onde procede un effetto — effetto delle medicine — taglio di chirurgo.

Operosità, sf. attività.

Operóso, add. m. assiduo al lavoro, attivo.

Opíno (v. lat.), add. m. gran, copioso — agg. di spoglie, chiamavano dai romani quelle di un re ucciso in battaglia.

Opinante, add. m. ch'è di parere.

Opináre, n. ass. essere di parere.

Opinióne, sf. giudizio non ben certo dell'intelletto — credenza probabile — parere — stima.

Oppiáto, add. m. mescolato ad oppio.

Oppignorazióne, sf. sequestro.

Oppilazióne, sf. otturamento di pori del corpo, per cui restano impedite le ordinarie secrezioni degli umori.

Oppio, sm. albero di legname dolce ad uso speciale. d'intagli — (v. gr.), sonnifero estratto dal papavero — preparato, il laudano.

Opponénte, add. com. contraddicente.

Opponimento. V. Opposizione.

Opporre (sinc. dal lat. oppono), att. an. (pr. oppongo, chi o

pass. ói, pp. osto), porre, o
addurre in contrario - muovere difficoltà.

Opportunamente, *avv.* a proposito.

Opportunità, *sf.* occasione favorevole.

Opportúno, *add. m.* che viene a
tempo - necessario.

Oppositóre, *sm.* contraddittore.

Opposizióne, *sf.* contraddizione,
contrarietà - *In astr.* situazione di due corpi diametralmente opposti.

Opposto, *sm.* contrario - *add.
m.* posto a rimpetto.

Oppressióne, *sf.* aggravamento,
pressura.

Oppressivo, *add. m.* che opprime.

Oppressóre, *sm.* tiranno.

Opprimere *(pass.* essi, *pp.* esso),
att. an. tener sotto, aggravare,
sopraffare.

Oppugnáre, *att.* contrariare, contraddire - vincere a forza,
superare.

Oppugnatóre, *sm.* contrariante.

Oppugnazióne, *sf.* contrasto.

Opra *(v. poet.), sinc. di* opera. V.

Opulente *(v. lat.), add. com.* ricco.

Opulenza *(v. lat.), sf.* ricchezza
somma.

Opuscolo *(v. lat.), sm.* operetta, trattatello scientifico o fi-
lologico.

Ora, *sf.* la ventiquattresima parte
del giorno naturale - *In pl.
assolut.* le ore canoniche -

In mit. figlie di Giove, guar-
diane del cielo e fornitrici dei
cavalli del sole - *avv.* adesso
- adunque.

Orácolo, *sm.* risposta divina -,
predizione - persona autorevole, capace di dare savj e
sicuri consigli.

Oragáno, *sm.* tempesta violentis-
sima pel contrasto di più venti.

Oramái, *avv.* ora, adesso.

Orante, *add. com.* che prega.

Oráre *(v. lat.), att.* pregare con
raccoglimento.

Orário, *sm.* distribuzione di faccende di ora in ora - *add. m.*
d'ora in ora.

Oráta, *sf.* pesce di mare.

Oratóre, *sm.* che prega - *più
comun.* dicitore, predicatore -
ed anche ambasciatore.

Oratória, *sf.* l'arte del ben parlare, *altr.* rettorica.

Oratoriamente, *avv.* da oratore.

Oratório, *sm.* V. *Cappella* -,
congregazione di persone di-
vote - dramma sacro per musica - *add. m.* spettante al-
l'oratoria, o all'oratore.

Orazióne, *sf.* preghiera a Dio -
panegirico, elogio - *In gramm.*
la favella, il discorso.

Orbáre *(v. lat.), att.* privare.

Orbe *(v. lat.), sm.* cerchio -,
sfera de' pianeti.

Orbicoláre, *add. com.* rotondo,
sferico.

Orbita (*v. lat.*), *sf.* rotaja -
In *estr.* cerchio descritto col
suo moto da un pianeta - In
anat. cavità che contiene
l'occhio.

Orbità, *sf.* cecità - *fig.* privazione.

Orbo, *add. m.* cieco - *fig.* privo.

Orca, *sf.* (*pl.* che), mostro marino.

Orchestra (*v. gr.*), *sf.* parte bassa
dell'antico teatro - palco dei
sonatori - e i sonatori stessi.

Orcio, *sm.* vaso di terra cotta
per conservare olio od altri
liquidi.

Orco, *sm.* (*pl.* chi), chimera, o
bestia immaginaria - *poetic.*
inferno.

Orda, *sf.* brigata di tartari erranti, e in *gen.* di barbari.

Ordegno, e meglio

Ordigno, *sm.* nome generico di
qualunque stromento artificioso
per uso di arti.

Ordimento, *sm.* tessitura - *e per
simil.* intreccio.

Ordinale, *add. com.* V. Ordinario.
- *add.* agg. di *numero,* quello
che indica l'ordine delle cose,
come *primo, secondo ec.*

Ordinamento, *sm.* giusta disposizione di più cose - regolamento.

Ordinando, *sm.* chi deve ricevere gli ordini ecclesiastici.

Ordinante, *add. com.* che ordina
- *sm.* vescovo che conferisce
gli ordini sacri.

Ordinanza, *sf.* ordine - In *mil.*
soldato che porta gli ordini.

Ordinare (*pr.* ordino *ec.*), *att.*
disporre al suo luogo in buon
ordine, assettare - regolare -
stabilire - commettere - conferire gli ordini ecclesiastici.

Ordinariamente, *avv.* comunemente.

Ordinario, *sm.* vescovo - corriere che arriva in certi determinati giorni - *add. m.*
consueto, comune - di poco
conto, vile.

Ordinatamente, *avv.* con ordine.

Ordinativo, *add. m.* agg. per lo
più di *numero,* lo stesso che
ordinale. V.

Ordinatore, *sm.* che ordina, e
dispone.

Ordinatorio, *sm.* libro di rubri-
che ecclesiastiche.

Ordinazione, *sf.* l'ordinare, e
l'ordine stesso - il conferire
gli ordini sacri.

Ordine, *sm.* convenienza delle
cose col loro fine - regolarità
- commissione, comando -
sesto sagramento della chiesa
- regola monastica - costumanza - *Nelle arti,* proporzionata distribuzione delle parti
secondo diverse regole.

Ordire (*pr.* sco *ec.*), disporre le
fila sull'orditoio per fare tela
- *fig.* disporre mezzi pel buon
esito di checchessia.

Ordito, m. il filo steso sull'orditojo

Orditoja, m. strumento per ordire.

Orditura, sf. il distendere le fila sull'orditoja.

Oréade, sf. ninfa abitatrice dei monti.

Orecchia. V. Orecchio.

Orecchiare, n. ass. accostarsi per sentire.

Orecchiata, f. tirata d'orecchio.

Orecchino, sm. pendente che portano le donne alle orecchie.

Orecchio, sm. (pl. cchi m., e cchie, cchia f.), l'organo dell'udito - per simil. la parte prominente di certe cose, e quella parte per la quale si sospendono certi arnesi.

Orecchiuto, add. m. che ha lunghe orecchie.

Orefice, sm. artefice di metalli preziosi.

Oreficeria, sf. arte dell'orefice.

Oreografia (v. gr.), sf. descrizione de' monti.

Oreria, sf. più cose d'oro lavorato.

Orezza, sf. e più comune.

Orezzo, sm. venticello spirante all'ombra degli alberi.

Orfana, sf. e

Orfano (v. gr.), sm. fanciulla e fanciullo privo di padre e di madre.

Orfanotrofio (v. gr.), sm. luogo pio ove si allevano ed educano gli orfani.

Organicamente, avv. in modo organico.

Organico, add. m. (pl. ci, chi), agg. dalle parti del corpo alle a compiere alcuna operazione perfetta - strumentale.

Organismo, sm. complesso degli organi.

Organista, sm. (pl. sti), sonatore di organo.

Organizzare, att. formare gli organi del corpo animale o vegetabile - fig. ordinare, disporre ec.

Organizzazione, sf. il modo con cui un corpo è costrutto e tessuto -, nell'uso, ordinamento, disposizione.

Organo (v. gr.), sm. nome generico di ciascuna parte del corpo con cui l'animale eseguisca alcuna delle sue funzioni - strumento musicale da chiesa - fig. mezzo.

Orgasmo (v. gr.), sm. movimento straordinario interno ed impetuoso che dura alcun tempo.

Orgia (v. gr.), sf. (pl. ge, gie), misura lineare antica di quattro cubiti - In pl. feste notturne che si facevano dai romani in onore di Plato - fig. dissipazioni notturne.

Orgoglio, sm. soverchia stima di sé stesso - forza, gagliardia.

Orgoglioso, add. m. che fa soverchia stima di sé, fastoso.

Oricalco (v. gr.), sm. (pl. chi

ottone, o rame giallo – lat pl.
fig. bronze.

Orientale, add. com. d' oriente
– sm. sorte di drappo.

Orientare, att. porre un oggetto
in modo che sia volto verso
oriente – e per simil. verso
quella parte del mondo che si
vuole.

Oriente, sm. quello de' quattro
punti cardinali d' onde spunta
il sole, altr. levante.

Orifiamma, sf. gonfalone in cui
era dipinta una fiamma in
campo d' oro (insegna reale di
varie nazioni d' Europa nei
tempi di mezzo)

Orifizio, e

Orifizio, sm. apertura o bocca
de' vasi.

Originale, sm. prima scrittura o
pittura, o abbozzo qualunque
da cui si traggono copie –
add. com. d' origine, o che
trae origine – nell'uso, singolare

Originalità, sf. ragione formale
dell' origine – nell'uso, singo-
larità.

Originalmente, avv. per origine.

Originare (pr. igino ec.), att. e
n. ass. dare, e prendere origine o principio.

Originariamente, avv. da principio.

Originario, add. m. che prende,
o trae origine.

Origine, sf. principio, nascimen-

to – schiatta, prosapia.

Origliere, sm. guanciale di cuojo
o di pelle (non mai quello che
serve pel letto)

Orina, sf. escremento liquido separato dal sangue ne' reni.

Orinale, sm. vaso ove si orina.

Orinaliera, sf. cassa degli orinali.

Orinare, n. ass. mandar fuori
l' orina.

Orinario, add. m. agg. de' canali delle orine.

Orinata, sf. quanta orina si scarica in una volta.

Orione, sm. una delle costellazioni meridionali.

Oriuolajo, sm. chi fa od accomoda gli oriuoli.

Oriuolo, sm. macchina di più
sorte che mostra le ore.

Orizzontale, add. com. parallelo
al piano dell' orizzonte.

Orizzonte (v. gr.), sm. superficie
piana che non inclina verso il
centro da niuna parte – in
astr. circolo massimo della
sfera, che divide il mondo in
due parti ed emisferi – in
geogr. estensione della visuale
da ogni parte.

Orlare, att. far l' orlo, cioè cucire nell' estremità.

Orlatura, sf. l' orlare, e l' orlo
stesso.

Orliccio, sm. estremità della costa del pane.

Orlo, sm. estremità de' panni

tacita interna - e per simil.
qualsivoglia estremità, lembo
e margine.

Orma, sf. impressione del piede,
pedata, vestigio - per simil.
contrassegno - fig. insegnamento - traccia - esempio.

Ormai. V. Oramai.

Ormare, att. seguir l' orme -
fig. rintracciare.

Ormeggiare, n. ass. dar fondo ad
su' ancora.

Ormeggio, sm. cavo che tien
ferma la nave dalla parte di
poppa - In pl. le gomene, ancore ed altri attrezzi per ormeggiare.

Ormesino, sm. drappo di seta a
onde.

Ornamento, sm. abbellimento,
fregio - fig. qualunque cosa
che serva di lustro a checchessia.

Ornare, att. abbellire, fregiare.

Ornatamente, avv. con ornamenti.

Ornatezza, sf. eleganza e perfezionamento di checchessia.

Ornato, sm. V. Ornamento -
add. m. abbellito con ornamenti.

Ornatura. V. Ornatezza.

Ornitologia (v. gr.), sf. trattato
degli uccelli.

Orno, sm. albero di montagna
del genere frassino, che somministra la manna.

Oro, sm. il più prezioso de' me-

talli - fig. danaro - ricchezza.

Orologiare. V. Orinolajo.

Orologio. V. Orinolo.

Oroscopo (v. gr.), sm. quel punto ne' cieli che da levante sorge sull' orizzonte nell' istante
in cui alcun avvenimento ha
luogo, e dal quale gli astrologi antichi traevano presagi
di prosperità e sventura - fig.
presagio buono o cattivo che
si trae da certi dati.

Orpellamento, sm. specioso inganno.

Orpellare. V. Inorpellare.

Orpello, sm. rame indorato in
lamine sottilissime - finzione,
pretesto.

Orpimento, sm. arsenico mineralizzato di color d' oro.

Orrendamente, avv. in modo spaventevole.

Orrendo, add. m. spaventevole -
abbominevole - pessimo - poetic. venerando.

Orrettizio (v. lat. e del foro)
add. m. agg. di scrittura in
cui malignamente sia taciuta
alcuna cosa necessaria alla sua
validità.

Orrevole, sinc. di onorevole. V.

Orrevolezza. V. Onorevolezza.

Orribile, add. com. che desta
orrore.

Orribilmente, avv. con orrore.

Orridezza, sf. orrore - deformità
orribile.

Orrido, add. m. spaventevole - rozzo, ruvido (detto d' abito penitente) - ispido (parlando di capelli arruffati) - maestoso, che raccapriccia ec. (parlando di selve, alpi e simili)

Orrore, sm. spavento - raccapriccio - oscurità - abbominazione.

Orsa, sf. la femmina dell' orso - In astr. due costellazioni celesti (che distinguonsi cogli agg. di maggiore e minore)

Orsacchio, e

Orsacchiotto, sm. dim. di orso.

Orsino, add. m. di orso.

Orso, sm. animale feroce assai peloso, abitatore di luoghi freddi e montuosi.

Orsojo, sm. seta che serve a ordire.

Orsù, avv. or via.

Ortaggio, sm. nome collettivo di tutte l'erbe che si coltivano negli orti per cibo umano.

Ortiglia, sf. orto, e l'erbe che vi si coltivano - quantità di orti.

Ortense, add. com. di orto.

Ortica, sf. (pl. che), erba che punge.

Orticaio, sm. luogo pieno di ortiche.

Orticella, sm. dim. di orto.

Orto, sm. campo chiuso, coltivato a erbe mangerecce - (v. lat. e poet.), contr. di occaso, cioè il nascimento del sole o

de' pianeti, altr. oriente, e levante.

Ortodossia (v. gr.), sf. conformità alle sante dottrine della Chiesa.

Ortodosso, add. m. di retta credenza religiosa.

Ortografia (v. gr.), sf. parte della grammatica che insegna a scrivere rettamente - e, per estensione, a pronunziare con intelligenza quel che si scrive o legge (che meglio dicesi ortologia ed ortoepia)

Ortografico, add. m. di ortografia.

Ortolano, sm. coltivatore e custode dell' orto - sorta di uccelletto assai stimato, che s'ingrassa in serbatojo - add. m. di orto.

Ortologia (v. gr.), sf. parte della grammatica, che insegna la retta pronunzia.

Orza, sf. fianco sinistro del vascello guardando verso prua - o quella corda che si lega all' antenna a sinistra del medesimo.

Orzare, n. ass. andare a orza, cioè per traverso.

Orzata, sf. bevanda rinfrescante di orzo cotto - ed anche di semi di popone.

Orzeggiare. V. Orzare.

Orzo, sm. sorta di biada stagnuola come il grano.

Orzola, e

Ormala, sf. specie di orzo, ... scandella.

Osanna (v. ebr. deprecativa: salvaci), sf. nome che gli ebrei danno ad una preghiera che recitano il quarto giorno della festa de' Tabernacoli.

Osàre, n. ass. avere ardimento.

Oscenamente, avv. senza verecondia.

Oscenità, sf. disonestà, lascivia.

Oscéno, add. m. disonesto.

Oscillàre, n. ass. muoversi per vibrazione.

Oscillatório, add. m. agg. del moto di oscillazione.

Oscillazióne (v. lat.), sf. ascesa e discesa alternativa di un pendulo - vibrazione - tremito

Oscuramente, avv. con oscurità.

Oscurare, att. fare oscuro togliendo la luce - offuscare - appannare - ecclissare.

Oscurità, sf. privazione di luce - fig. ignoranza - scritto o discorso poco intelligibile - bassezza di natali.

Oscuro, sm. oscurità, bujo - add. m. privo di luce - difficile a intendersi - ignobile.

Ospedale, sm. luogo che accoglie gl'infermi per carità.

Ospitale, add. com. che usa ospitalità.

Ospitalità, sf. liberalità nell'alloggiare e fornire del necessario chi ne abbisogna, e spe-

cialmente i forestieri.

Ospitalmente, avv. con ospitalità

Ospite, sm. chi alloggia, ed è alloggiato.

Ospizio, sm. luogo ove si alloggiano forestieri ed amici - ricetto d'infermi e pellegrini fondato dalla cristiana pietà.

Ossame, sm. quantità di ossa.

Ossatúra, sf. ordine, e componimento delle ossa - per simil. sostegno interiore di alcuna macchina - il complesso dei legami che formano il corpo di un bastimento.

Ossequiàre, att. rendere ossequio.

Osséquio, sm. riverenza, rispetto - tutto ciò che si fa a piacere e gradimento altrui.

Ossequiosamente, avv. con ossequio.

Ossequioso, add. m. rispettoso.

Osservábile, add. com. da osservarsi.

Osservante, add. com. che osserva - sm. religioso francescano dell'osservanza.

Osservanza, sf. l'adempimento di un precetto - ordine di monaci legati ad una stessa regola - ossequio - mantenimento di promessa.

Osservàre, att. considerare attentamente - mantenere la promessa - spiare gli altrui andamenti - prestarsi all'adempimento di alcuna legge.

Osservatamente, *avv.* a bello studio.

Osservatóre, *sm.* annotatore - indagatore - mantenitore - abbilitante.

Osservatòrio, *sm.* torre per farvi le osservazioni astronomiche, *altr.* specola.

Osservazióne, *sf.* esame di checchessia per conoscere le proprietà, le cause, gli effetti, lo scopo, le relazioni.

Ossesso, *add. e sm.* invaso dal demonio - *fig.* angustiato.

Ossificáre (*pr.* ifico, chi ec.), *n. ass.* formarsi in osso.

Ossificazióne, *sf.* formazione delle ossa - e conversione delle parti molli in consistenza ossea.

Ossigenato, *add. m.* che ha dell'ossigeno.

Ossigéno (*v. gr.*), *sm.* sostanza che forma quel fluido che ci mantiene in vita, perciò detta anche *aura*, o *aria vitale*.

Ossimèle (*v. gr.*), *sm.* liquore composto di aceto, melee acqua.

Osso, *sm.* (*pl.* ossi *m.*, e ossa *f.*) la parte più solida e priva di senso del corpo animale, collegata co' nervi e rivestita della carne di cui è sostegno.

Ossuto, *add. m.* che ha grand'ossa.

Ostàcolo, *sm.* impedimento.

Ostaggio, *sm.* persona data in mano altrui per sicurtà di una convenzione pubblica.

Ostáre, *n.* fare ostacolo, contrariare.

Oste, *sm.* chi dà bere e mangiare e alberga altrui - e l'albergo stesso (più comun. ospite) - (*v. lat.*), *s. com.* esercito.

Osteggiáre, *n. ass.* campeggiar coll'esercito.

Ostello, *sm.* casa - ospizio - albergo signorile.

Ostensibile, *add. com.* che può farsi vedere.

Ostensivo, *add. m.* che si può mostrare.

Ostensióne, *sf.* l'atto del mostrare.

Ostensório, *sm.* sacro arredo per l'esposizione del SS. Sacramento.

Ostentáre, *att.* far pompa.

Ostentazióne, *sf.* manifestazione di cosa nostra per effetto di vanità.

Osteria, *sf.* luogo dove si mangia e si alloggia con pagamento.

Ostessa, *sf.* albergatrice - anche la moglie dell'oste.

Ostetrice (*v. lat.*), *sf.* levatrice.

Ostetricia, *sf.* arte che insegna il modo di assistere le partorienti.

Ostia (*v. lat.*), *sf.* ciò che si offre a Dio in sacrifizio - vittima - pane che si consacra a messa - pasta sottilissima uso di sigillare lettere.

Ostiariato, *sm.* il primo...

ordini ecclesiastici minori.

Ostiário (*v. lat.*), *sm.* chi ha ricevuto il primo ordine minore - custode dell' uscio, usciere.

Ostile, *add. com.* nemico, avverso,

Ostilità, *sf.* atto da nemico - *Nella mil.* guerra in azione.

Ostilmente, *avv.* da nemico.

Ostinarsi, *np.* persistere nella propria opinione a dispetto di ogni rimostranza in contrario.

Ostinatamente, *avv.* con pertinacia

Ostinato, *add. m.* fermo nel suo proposito - agg. di *male*, che resiste a tutti i rimedii.

Ostinazione, *sf.* fermezza nel male contro ragione, pertinacia.

Ostracismo (*v. gr.*), *sm.* condanna ad un esilio di dieci anni, stabilita dagli antichi ateniesi contro que'potenti cittadini che davano ombra alla repubblica.

Ostrica, *sf.* (*pl.* che), specie di conchiglia marina.

Ostro (*v. lat. e poet.*), *sm.* porpora - manto reale - vento di mezzodì (*meglio* austro)

Ostruire (*pr.* sco ec., *pp.* uito, *e* ostrutto), *att. an.* cagionare ostruzione.

Ostruttivo, *add. m.* che induce ostruzione.

Ostruzione, *sf.* otturamento dei vasi per cui scorrono i liquidi del corpo.

Ostupefare (*pr.* fò, *pass.* feci, *pp.* fatto, *n. ass.* an. istupidire per maraviglia.

Otre, *e* otro, *sm.* sacco di pelle per riporvi olio o vino.

Ottagésimo. V, *Ottantesimo.*

Ottágono. V, *Ottangolo.*

Ottalmia. V. *Oftalmia.*

Ottàngolo, *sm.* figura piana di otto angoli e lati.

Ottante, *add. num. com.* che comprende otto decine.

Ottantesimo, *add. numer. ordinat. di ottanta.*

Ottativo, *add. m.* agg. di uno de'modi del verbo, ch'esprime desiderio.

Ottava, *sf.* spazio di otto giorni (*e propr. quelli che seguono una solennità, o l'ultimo di essi*) - *In mus.* voce unisona distante otto voci di seguito dalla prima - *In poes.* stanza composta di otto versi rimati,

Ottavarima, *sf.* metro delle stanze poetiche di otto versi.

Ottavario, *sm.* prediche nell'ottava di qualche solennità.

Ottavino, *sm.* flauto acuto, usato per lo più nelle bande musicali.

Ottavo, *sm.* l'ottava parte di un intero - *add. numer. ordinat. di otto.*

Ottenebrare (*pr.* enebro ec.) *att.* oscurare, offuscare.

Ottenere (*pr.* engo, ieni ec., *pass.* enni, *pp.* enuto), *att. an.* conseguire ciò che si è domandato.

Ottenibile, add. com. che può ottenersi.

Ottenimento, sm. conseguimento.

Ottica (v. gr.), sf. (pl. che), la scienza della luce, de'colori e della visione – e l'arte di fabbricare gli stromenti servienti alla visione.

Ottico, add. m. appartenente alla vista – sm. chi studia, o professa l'ottica.

Ottimamente, avv. superl. di bene, benissimo, a perfezione.

Ottimato (v. lat.), sm. chi per grado, nobiltà o ricchezze è fra' primi di uno stato qualunque.

Ottimo, add. m. superl. di buono, cioè perfetto.

Ottobre, sm. decimo mese del l'anno volgare.

Ottocento, add. num. com. che contiene otto centinaja.

Ottogenario. V. Ottuagenario.

Ottomanno, add. e sm. propr. turco della stirpe regnante.

Ottonaja, sm. artefice di ottoni.

Ottonario, add. m. di otto.

Ottone, sm. rame preparato con una sostanza chimica che gli cambia il colore e lo aumenta di peso e di consistenza.

Ottuagenario, add. m. che ha ottant' anni.

Ottuplo, add. m. ch'è otto volte altrettanto.

...are, ... chiudere, e serrar

l'apertura con turacciolo.

Ottusamente, avv. in modo ottuso.

Ottusità, sf. qualità di ciò ch'è ottuso – fig. materialità, durezza d'ingegno.

Ottuso, add. m. spuntato, contr. di acuto – fig. materiale, grossolano – agg. di angolo, maggiore del retto – d'uomo, pensieroso – d'ingegno, tardo a comprendere.

Ovaja, sf. organo delle femmine ovipare, in cui si conservano e si sviluppano le uova.

Ovale, add. com. di figura tonda oblunga.

Ovato, sm. spazio di figura ovale – add. m. di figura ovale.

Ovatta, sf. sopravveste imbottita.

Ovazione (v. lat.), sf. trionfo minore che i romani accordavano ai loro capitani dopo che avevano spedite guerre di lieve momento e con poco spargimento di sangue.

Ove, avv. dove – partic. condizionale, caso che – mentre che

Ovile, sm. luogo ove si chiudono le pecore.

Oviparo, add. e sm. animale che concepisce e partorisce l'uovo per poi covarlo.

Ovo. V. Uovo.

Ovvero, partic. separativa, o

Ovviare, n. opporsi, sfuggire att. impedire, rimuovere.

Ovvio, add. m. ordinario –

cile a presentarsi alla mente.
Ovunque, *avv.* in qualunque luogo.
Ozio, *sm.* riposo (*per lo più vizioso*) - pigrizia, scioperatezza - agio, quiete.

Oziosamente, *avv.* scioperatamente
Oziosità, *sf.* vizio di chi sta in ozio, scioperatezza.
Ozioso, *add. m.* sfaccendato, scioperato - *fig.* inutile.

P

P, lettera labiale, decimaquinta dell'alfabeto italiano, e undecima delle consonanti.
Pacatamente, *avv.* con calma.
Pacatezza, *sf.* calma, placidezza.
Pacato, *add. m.* ridotto a calma.
Pacca (*v. bassa*), *sf. (pl.* cche), percossa.
Pacchetto, *sm.* piego di carte - *In marin.* barca per trasporto di lettere e passeggieri oltre mare, *altr.* patchebotto.
Pacchiare (*v. bassa*), *att. e n. ass.* mangiare con ingordigia.
Pacchio (*v. bassa*), *sm.* ciò che si mangia.
Pacco, *sm. (pl.* cchi), involglio di merci (*meno di* balla)
Pace, *sf.* stato soave dell'anima, il quale risulta dalla mancanza di ogni sofferta e ricordata molestia - quiete pubblica, *contr. di* guerra - concordia privata - immaginetta a forma di reliquiario, che si dà a baciare in alcune funzioni ecclesiastiche - *In mil.* divisa allegorica.

Pachetto. V. *Pacchetto.*
Paciere, *sm.* mediatore di pace.
Pacificamente, *avv.* con pace.
Pacificare (*pr.* ifico ec.), *att.* metter pace - *np.* far pace, tornare amico.
Pacificatore. V. *Paciere.*
Pacificazione, *sf.* riconciliazione.
Pacifico, *add. m. (pl.* ci, chi), amatore di pace - concorde.
Padella, *sf.* arnese da cucina, per uso di friggere.
Padiglione, *sm.* arnese che circonda e cuopre il letto. - tenda militare.
Padre, *sm.* chiunque ha figli - titolo di rispetto che si dà ai religiosi claustrali - *In pl.* i patriarchi e i dottori della Chiesa - i senatori romani - *fig.* maestro, autore, fondatore ec.
Padreggiare. V. *Patrizzare.*
Padrino, *sm.* chi tiene a battesimo un bambino - e chi mette in campo ed assiste il duellista.
Padronanza, *sf.* superiorità.
Padronato, *sm.* diritto sulla cosa

3o

lazione de' ..... ecclesiastici.

Padrone, sm. chi ha possesso, o autorità - protettore, patrono.

Paesàggio, sm. pittura di soggetto villereccio.

Paesàno, sm. abitator di paese - contadino - patriotta - add. m. del paese.

Paése, sm. regione - clima - patria - paesaggio.

Paesista, sm. (pl. sti), pittore di paesaggi.

Paga, sf. (pl. ghe), mercede, stipendio.

Pagàbile, add. com. da pagarsi.

Pagamento, sm. soddisfazione del debito.

Paganésimo, sm. religione di chi adora gl'idoli.

Pagàno, sm. idolatra.

Pagàre, att. soddisfare il debito.

Paggio, sm. servo giovanetto - è garzone nobile che presta servigio a grandi personaggi ne' giorni di cerimonie pubbliche.

Pàgina, sf. facciata di libro.

Pàglia, sf. fusto di grano secco.

Pagliaccio, sm. maschera buffonesca

Pagliajo, sm. massa di paglia.

Pagliariccio, e

Pagliericcio, sm. il saccone che sta sotto a' materassi ne' letti.

Pagliume, sm. quantità di frantumi di paglia insieme raccolti.

Pagnotta, sf. porzione di pasta lievitata cotta in forno.

Pago, add. m. (pl. ghi), sod-

disfatto.

Pagòde, sm. nome dato dai ... loghesi ai templi degl'... presso tutte le nazioni orientali.

Pàjo, sm. due cose della stessa specie.

Pajuòlo, sm. vaso di rame di cucina per bollirvi checchessia.

Pala, sf. qualunque arnese maneggevole, che finisca in un piano, e che serva a tramutare oggetti minuti - arnese per informare il pane - la parte piana del remo.

Paladino, sm. titolo di alcuni valorosi cavalieri di Carlomagno.

Palafitta, sf. opera idraulica di pali ficcati in terra per frenare l'impeto de' fiumi.

Palafreniere, sm. chi cammina alla staffa del cavaliere.

Palafréno, sm. cavallo nobile.

Palàgio. V. Palazzo.

Palamìta, sf. pesce di mare si simile al tonno.

Palanca, sf. (pl. che), palo diviso pel lungo per fare il palacco...

Palancàto, sm. chiusura di pa- lanche in vece di siepe o di muro, che si fa agli orti.

Palàncola, sf. pancone per pas- sare un fiumicello ov'è più stretto.

Palandra, sf. nave piana pel trasporto di macchine da guerra

Palandrano, sm. gabbano.

Palàta, sf. V. Palizzata - qu...

lo uso di materia in una pala.

Palatinato, sm. dominio del principe palatino.

Palatino, sm. anticam. titolo di qualunque uffiziale della casa dei re - modernam. titolo principesco in Polonia ed in Ungheria.

Palato, sm. la parte superiore della bocca - add. m. munito di pali.

Palazzo, sm. casa grande isolata per alloggiamento di principi o di gran signori - e comun. ogni vasta abitazione.

Palco, sm. (pl. chi), legnami commessi insieme e sostenuti da travi per reggere soffitti e pavimenti - tavolato elevato a foggia di anfiteatro per vedere spettacoli - luogo di esecuzione per man del carnefice.

Palesamento, sm. manifestazione.

Palesare, att. svelare cosa segreta.

Palese, add. com. manifesto.

Palestra, sf. luogo pubblico destinato dagli antichi agli esercizj del corpo - fig. contrasto letterario.

Paletta, sf. piccola pala di ferro pel focolare.

Palificata. V. Palizzata.

Palificare (pr. ifico, chi ec.), att. ficcar pali per riparo degli argini de' fiumi.

Palinodia (v. gr.), sf. ritrattazione.

Palio, sm. drappo appeso ad un'

asta, destinato in premio a chi vince alla corsa. - pallio. V.

Paliotto, sm. quell' arnese che cuopre il davanti degli altari.

Palischermo, sm. barchetta di servizio alla grossa navi.

Palizzata, sf. steccato di pali fitti in terra per fortificare. Invece che si vogliono farsi sopra.

Palla, sf. corpo rotondo - pompa di ferro, o di piombo per caricare artiglierie - sorta di giuoco.

Palladio, sm. statua di Pallade conservata nell'antica Troja, da cui credevasi dipendere il destino di essa - fig. protezione, sicurezza.

Palliamento, sm. coperta - fig. simulazione, finzione.

Palliare, att. dare apparenza favorevole ad un'azione malvagia.

Palliativo, add. m. che mitiga il male - fig. che cuopre una intenzione, o scusa un'azione.

Pallidezza, sf. livida bianchezza del volto, per malattia, o per estrema agitazione di affetti.

Pallido, add. m. smorto, sbiancato.

Pallio (v. lat.), sm. manto - striscia di lana bianca con varie croci, che il papa manda ai metropolitani in segno di giurisdizione.

Pallone, sm. palla grande di cuojo gonfiata d'aria, che

giovane si manda e si rimanda col pugno armato di bracciale.

Pallore, sm. pallidezza di volto.

Pallottta, e

Pallottola, sf. piccola palla - e - dimin. palla di legno da giocare per terra.

Palma, sf. albero altissimo sempre verde, indigeno dell'Asia e dell'Africa, che produce il dattero - il concavo della mano - e poetic. tutta la mano - fig. vittoria.

Palmento, sm. luogo ove si pigiano le uve - macchina del mulino.

Pálmite (v. lat.), sm. il tralcio della vite.

Palmo, sm. estensione della mano dalla punta del dito grosso a quella del mignolo.

Palo, sm. legno lungo ficcato in terra attorno alla vite per sostegno - ciascuno de' semi delle carte da giuoco.

Palombo, sm. colombo salvatico.

Palóscio, sm. spada larga e corta a un solo taglio.

Palpábile, add. com. che ha corpo - fig. chiaro, indubitato.

Palpáre, att. brancicar con mano aperta - fig. accertarsi di una cosa.

Palpebra, sf. coperta esterna movibile dell'occhio.

...seggiare. V. Palpare.

Palpitare (pr. pálpito ec.), n. ass. il battere frequente del cuore, quando è agitato da qualche affetto veemente.

Palpitazione, sf. propr. battimento frequente del cuore - ed anche pulsazione irregolare ed accelerata in qualche altra parte del corpo animale.

Paludamento (v. lat.), sm. antica veste militare de' romani.

Palúde, sf. terreno basso ove stagnano le acque.

Paludoso, add. m. di natura di palude.

Palustre, add. com. di palude.

Pámpano, sm. la foglia della vite.

Panata, sf. minestra di pane cotto nell'acqua o nel brodo.

Panattiéra, sf. arnese da porvi il pane.

Panattiére, sm. fornajo.

Panca, sf. (pl. che), arnese di legno su cui possono sedere più persone.

Pancale, sm. panno con cui per ornamento si cuopre la panca.

Páncia, sf. la parte del corpo dalla bocca dello stomaco alle cosce.

Panciúto, add. m. di grossa pancia.

Pancóne, sm. tavola grossa segata - la panca su cui lavorano i falegnami.

Pandette (v. gr.), sf. pl. corpo delle leggi civili compilate per ordine di Giustiniano.

Pane, sm. cibo comunissimo di

farina di grano, e talora anche di altre biade - *In s* mit. dio delle campagne e dei pastori.

Panegirico (*v. gr.*), *sm.* orazione in lode di alcun santo, o personaggio distinto per virtù.

Panegirista, *sm.* (*pl.* sti), chi fa panegirici.

Pareréccio, *sm.* doloroso tumore che si forma alle estremità delle unghie delle dita.

Pánia, *sf.* materia tenace per pigliare uccelli, *altr.* vischio - coll'agg. di *amorosa*, *fig.* attrattive, lacci d'amore.

Pánico (*v. gr.*), *add. m.* (*pl.* ci, chi), agg. di timore mal fondato e subitaneo, che non può superarsi colla ragione.

Panico, *sm.* pianta annuaria, la cui semenza minutissima si dà per cibo agli uccelli.

Paniera, *sf.* e

Paniére, *sm.* cesta di vinchi.

Panione, *sm.* verga impaniata.

Panna, *sf.* la parte più sostanziosa e più densa del latte.

Panneggiamento, *sm.* disposizione de' panni che gli artisti danno alle figure umane.

Panneggiare, *n. ass.* mostrare le pieghe de' panni al naturale.

Pannina, *sf.* nome collettivo di ogni sorta di panno in pezza.

Panno, *sm.* tessuto di fila di lana o di lino - macchia che

si genera nella luce dell'occhio (detta anche *albugine*) e quel certo velo che si penetra alla superficie del vino - *In pl.* ogni sorta di vestimenti.

Pannocchia, *sf.* spiga del formentone, miglio ec.

Pantalone, *sm.* maschera veneziana

Pantano, *sm.* luogo melmoso pel ristagno delle acque.

Pantanoso, *add. m.* fangoso.

Pánteon (*v. gr.*), *sm.* tempio in Roma dedicato a tutti gli dei, oggi chiesa detta la Rotonda.

Pantéra, *sf.* bestia ferace con pelle mocheggiata di bianco e nero.

Pantofola, *sf.* pianella, ciabatta.

Pantomimo (*v. gr.*), *sm.* attore in teatro che rappresenta coi gesti.

Panziéra. *sf.* armatura della pancia

Paonazzo. V. *Pavonazzo*.

Paone. V. *Pavone*.

Papa, *sm.* (*pl.* pi), il sommo pontefice del cristianesimo (*vicario di G. C. sua divina fondatrice*)

Papato, *sm.* dignità e giurisdizione del papa.

Papávero, *sm.* pianta che dà l'oppio.

Pápero, *sm.* oca giovane.

Papiro, *sm.* pianta perenne di cui si servirono gli egiziani come di bambagia per tener accese le lampade, o di cui pere lavorano la chela.

Pappa. V. *Pancia.*

Pappafico, *sm. (pl. chi)*, la più alta delle tre parti che formano l'altezza dell'alberatura di una nave.

Pappagallo, *sm.* uccello delle Indie, di color verdastro, che imita la favella umana.

Pappare, *n. ass.* mangiare ingordamente – *fig. (in modo basso)* scialacquare.

Pappo, *sm.* lanugine del seme di alcune piante.

Parabola (*v. gr.*), *sf.* racconto allegorico, che contiene una morale.

Paraclito (*v. gr.*), *sm.* consolatore (*attributo dello Spirito Santo*)

Paradiso (*v. gr. o cald.*), *sm. propr.*: il giardino di Eden, ove fu collocato da Dio il primo uomo – seggio de' beati – *fig.* felicità.

Paradosso (*v. gr.*), *sm.* proposizione apparentemente assurda, perchè contraria alle ricevute opinioni.

Parafango, *sm. (pl. ghi)*, coperta anteriore di un calesso.

Parafrasare (*pr. afraso ec.*), *att.* ridurre in parafrasi.

Parafrasi (*v. gr.*), *sf.* spiegazione di un testo in termini più estesi.

Parafraste, *sm.* che fa parafrasi. V. *Paragone.*

Paragonare, *att.* confrontare – *np.* mettersi a paragone.

Paragone, *sm.* confronto tra due o più cose – pietra nera, sulla quale fregando i metalli si conosce il grado della loro finezza.

Paragrafo (*v. gr.*), *sm.* una delle parti in cui dai legisti si dividono le leggi, apponendovi il segno §, che ne ritiene il nome – *per simil.* parte di orazione o scrittura.

Parallelo, e parallelo (*v. gr.*), *sm.* comparazione – *add. m.* agg. di linee o piani ugualmente distanti fra loro in tutta la estensione

Paralipomeni (*v. gr.*), *sm. pl.* nome di due libri della Sacra Scrittura che servono di supplimento ai quattro libri de' re.

Paralisia (*v. gr.*), *sf.* malattia del corpo umano per cui o tutto o in parte rimane privo del moto, e talvolta della sensazione – *fig.* tremore, scotimento.

Paralitico, *add.* e *sm. (pl. ci, chi)*, infermo di paralisia.

Parallelo: V. *Parallelo.*

Paralogismo (*v. gr.*), *sm.* argomento falso – errore di raziocinio.

Paramento, *sm.* veste sacerdotale – drappo per ornar le chiese – abbigliamento di palafreno.

Paramosche, *sm.* ventilatore per cacciar le mosche.

Paranco, sm. (pl. chi), strumento di cui servonsi i marinai per imbarcare e sbarcare carichi pesanti.

Parangone, sm. sorta di carattere grosso da stampa.

Paraninfo (v. gr.), sm. propr. chi accompagnava lo sposo, allorchè questi menava a casa la nuova sposa – oggi mezzano di matrimonio.

Parazza, sf. grossa barca a vela latina.

Parapetto, sm. sponda laterale dei ponti, balconi, terrazze ec.

Parapiglia, sf. confusione di persone

Pararo, att. ornare, addobbare – impedire – riparare, ribaltere – np. coprirsi – opporsi – fig. cautelarsi.

Parascéve (v. gr. preparazione), sf. presso gli ebrei era il sesto giorno della settimana, in cui preparavano i commestibili pel seguente sabato – presso noi, è il venerdì della settimana santa, consacrato dalla morte del Redentore.

Parasole, sm. ombrello.

Parassita (v. gr.), sm. gran mangiatore, ghiottone.

Parata, sf. esposizione di checchessia in mostra – In mil. comparsa di truppe schierate – Nella scherma, arte di riparare un colpo.

Paravento, sm. uscio con cui chiudonsi le porte interne, – e volgarm. arnese mobile a libro per riparo delle correnti d'aria

Parcamente, avv. con parsimonia.

Parcità, sf. frugalità, sobrietà.

Parco, sm. (pl. chi), luogo murato e riservato alle caccie dei grandi – palizzata mobile per rinchiudere il bestiame minuto in campagna – campo fortificato negli eserciti, ove stanno riunite le artiglierie e le munizioni da guerra – add. m. moderato nell' uso d'ogni diletto della vita, frugale – fig. ritenuto – scarso nello spendere.

Pardo. V. Leopardo.

Parecchi, e parecchia, add. mf. pl. num. indeterm. ma di non molta quantità, cioè alcuni, alquanti.

Pareggiamento, sm. il pareggiare

Pareggiare, att. far pari, adeguare – n. ass. divenire uguale.

Pareggio. V. Pareggiamento.

Parelio (v. gr.), sm. meteora ottica che mostra l'immagine del sole ritratta in una nuvola vivacemente illuminata.

Parentado, sm. V. Parentela – talora, anche tutti i parenti di alcuno – lignaggio, casato.

Parente, sm. congiunto di sangue

Parentela, sf. prossimità di sangue, consanguinità, affinità – per simil. somiglianza, connessione.

Parentesi (v. gr.), sf. Linetta curva che, insieme ad altra opposta ( ), serve a racchiudere un membretto staccato del discorso.

Parére (pr. pajo, pari ec., pass. parvi, pp. parso), n. m. mostrare di essere, sembrare - impers. essere d'avviso - ed essere manifesto.

Parére, sm. opinione, consiglio.

Paretajo, sm. ordigno per pigliare uccelli col mezzo di zimbelli e reti.

Paréte, s. com. muraglia - per simil. la superficie interna di varie cose - fig. riparo.

Pari, add. com. uguale - sm. pl. titolo di dignità in Francia ed in Inghilterra.

Pariglia, sf. accoppiamento di due cose simili - contraccambio.

Parimente, avv. similmente.

Parità, sf. egualità, conformità.

Parlamentáre, n. ass. favellare nei consigli - Nella mil. trattare fra assediati e assedianti della resa di una piazza.

Parlamentário, sm. araldo che gli assediati inviano agli assedianti per intavolare negoziati di capitolazione - add. m. che appartiene a parlamento.

Parlamento, sm. il parlare - Nella politica, grande assemblea composta delle prime magistra-

ture dello stato e dei rappresentati di una nazione, convocata dal re per deliberare sul bene pubblico, e per fare o rivocare leggi.

Parlare, n. ass. favellare - sm. il discorso.

Parlata, sf. ragionamento - allocuzione fatta da un capo ai suoi sottoposti.

Parlatóre, sm. oratore, dicitore.

Parlatório, sm. luogo ove si parla alle monache.

Parnáso, e Parnasso, sm. monte della Grecia consacrato dai poeti ad Apollo e alle Muse.

Paro. V. Pajo.

Paròcchia. V. Parrocchia.

Pàroco (v. gr.), sm. (pl. chi) rettor di parocchia con giurisdizione sulla medesima.

Parodia (v. gr.), sf. composizione in cui sono travestiti i pensieri altrui ad altro proposito.

Paròla, sf. voce articolata composta di sillabe - facoltà di parlare.

Parolaje, sm. chi parla molto e conclude poco.

Parosismo (v. gr.), sm. intervallo fra una febbre e l'altra.

Parricida, sm. (pl. di), uccisore del padre o della madre - fig. chi porta distruzione alla patria.

Parricidio, sm. uccisione del padre.

Parròcchia (e più regolarm. parrocchia) sf. (v. gr.), il circuit di terreno dentro cui abita il popolo dipendente dalla giurisdizione di un paroco - chiesa parrocchiale.

Parrocchiale (e parocchiale), add. com. di parrocchia, e del paroco.

Parrocchiano (e parocchiano), sm. V. *Paroco* - In pl. il popolo della parrocchia.

Pàrroco. V. *Paroco*.

Parrucca, sf. (pl. cche), capellatura finta.

Parrucchiere, sm. propr. chi fa parrucche - e per estensione, chi fa il mestiere di radere barba e di acconciar capelli, volg. barbiere.

Parsimonia, sf. moderato uso di ciò ch'è in nostro potere.

Parte, sf. porzione di un tutto considerato come diviso - banda - luogo - setta - partito - l'uno de' due litiganti - In gramm. una delle otto classi di tutte le parole che formano il discorso - In mus. quel pezzo della intera partizione che si scrive a parte, per comodo di chi deve eseguirla.

Partecipare (pr. écipo ec.), n. aver parte - essere a parte - att. far partecipe.

Partecipe, add. com. che ha parte nella distribuzione di un tutto.

Parteggiare, n. ass. tener da una parte.

Partenza, sf. il partire.

Parterre (v. fr.), sm. giardinetto diviso in ajuole con basse siepi e fiori, che sta di prospetto alla casa - nell'uso, la platea del teatro - e gli spettatori nella stessa.

Partecipare. V. *Partecipare*.

Particella, sf. dim. di parte - voce che serve di legatura al discorso.

Partecipazione, sf. l'avere una parte di ciò che altri dispensa - l'atto di notificare, o di ricevere la notificazione.

Participio, sm. parte del discorso che partecipa del nome e del verbo.

Pàrticola, sf. porzioncella - ostia consacrata, altr. comunichino.

Particolare, sm. particolarità - add. com. contr. di generale.

Particolarità, sf. dote propria - cosa particolare.

Particolarizzare, att. narrare minutamente.

Particolarmente, avv. specificatamente, distintamente.

Partigiano, sm. chi tiene del partito di uno.

Partire (pr. sco ec.), att. far parte, dividere - In aritm. dividere un numero in parti eguali - n. ass. andar via (e in questo sign. si conjuga parto, parti ec.)

Partita, sf. partenza - sota di

debito o di credito - conversazione di giuoco legata in
due o più persone - e la gio-
cata stessa.

Partitamente, avv. separatamente.

Partito, sm. modo, mezzo - condizione - stato, - accordo -
risoluzione - deliberazione per
voti - fazione opposta ad un'altra - occasione di matrimonio.

Partitore, sm. chi fa le parti.

Partizione, sf. divisione.

Parto, sm. il partorire - e la
prole partorita - fig. qualsi
voglia produzione dell'ingegno o dell'arte.

Partoriente, add. sf. donna di parto

Partorire (pr. sco ec.), att. e
n. ass. mandar fuori dell'utero
il feto.

Parvità, sf. pochezza.

Parziale, add. com. che tiene da
una parte - fautore.

Parzialità, sf. propensione del-
l'animo per una cosa o persona.

Pascere, n. ass. il cibarsi d'erba
che fanno le bestie - att. dar
da mangiare - np. cibarsi -
fig. appagarsi.

Pascolare. V. Pascere (nel 1 sign.)

Pascolo, sm. prato ove pascolano
le bestie - fig. tutto ciò che
istruisce e diletta la mente.

⁓ua (v. ebr. passaggio), sf.
pr. solennità della risurre-
⁓a di N. S. - ed improp.
⁓ività del medesimo, e la

Pentecoste.

Pasquale, add. com. di pasqua.

Pasquinata, sf. propr. libello infamatorio che suole attaccarsi
alla statua di Pasquino in Roma
- ed in generale satira qualunque.

Passabile, add. com. mediocre.

Passaggio, sm. il passare da un
luogo ad un altro - e il luogo
per cui si passa - fig. morte -
Nella mus. breve porzione
di un'aria che con certe mo-
dulazioni sale o scende da un
tuono ad un altro.

Passaporto, sm. lettera rilasciata
da un governo, la quale accorda la libertà di passare da
un paese ad un altro - fig.
accesso libero.

Passare, n. traversare un luogo
per andare in un altro - att.
trafiggere - feltrare - ed assolut. spirar l'anima (altr.
trapassare)

Passata, sf. il passare - ammonizione, censura - nella scherma,
avanzamento sul nemico.

Passatempo, sm. trattenimento
piacevole.

Passeggiare (frequent. di passare), n. ass. andare a lento
passo per diporto.

Passeggiata, sf. il passeggiare -
e il luogo ove si passeggia.

Passeggiere, sm. viandante.

Passeggiere, add. m. atto a pasa - *fig.* di breve durata.

Paseggio. V. *Passeggiata.*

Pauera, *sf.* è

Pasero, *sm.* uccelletto che ama annidar sulle muraglie.

Pasetto, *sm.* misura longitudinale su cui sono segnate le parti del braccio.

Pasibilità, *sf.* stato di chi può patire.

Passione, *sf.* sensazione che si prova nel percepire un bene od un male che c'interessino - ogni affetto del cuore umano - patimento - *In filos.* opposto di azione.

Pasività, *sf.* stato di chi è passivo.

Passivo, *add. m.* che denota passione o sofferenza - agg. di voce, idoneità ad essere eletta - di *debito,* quello che devesi pagare - di *verbo,* quello ch'esprime azione sofferta, *contr.* di attivo.

Passo, *sm.* spazio fra un piede e l'altro camminando - passaggio - luogo e tempo propizio alla caccia di certi volatili - luogo di scrittura, o di autore - misura di cinque piedi.

Pasta, *sf.* farina stemperata con acqua e manipolata per far pane e pasticcerie - *Nelle arti,* mistura per contraffare le pietre dure e le gemme.

Pasteggiare, *att.* dar da mangiare lautamente - e *n. ass.*

mangiare insieme, o in convito.

Pasticceria, *sf.* l'arte che insegna a preparare la pasta con diversi ingredienti saporosi ogni sorta di pasticcio - e la bottega del pasticciere.

Pasticciere, *sm.* chi fa, o vende pasticcerie.

Pasticcio, *sm.* vivanda colla entro rinvolto di pasta.

Pastinaca, *sf.* (*pl.* che), radice di aceto sapore, che si mangia colta.

Pasto, *sm.* cibo - desinare, o cena - *fig.* alimento alle voglie.

Pastoja, *sf.* impaccio che si lega a' piedi de' cavalli, acciò non possano camminare a loro talento.

Pastorale, *sm. propr.* bastone di pastore - *oggi comun.* bastone vescovile - *sf.* allocuzione a stampa diramata dai vescovi per la propria diocesi intorno ad oggetti di religione - *add. com.* di pastore - agg. di *poesia,* che tratta di soggetti villerecci.

Pastore, *sm.* custode di greggi - *fig.* vescovo - *s impropr.* paroco

Pastorizia, *sf.* arte di collivare e custodire le greggie.

Pastosità, *sf.* morbidezza al tatto - *In pitt.* morbidezza rilevata di carni.

Pastoso, *add. m.* morbido al tatto - *fig.* flessibile, secondevole.

Pastrano. V. Gabbano.

Pastume, sm. nome collettivo di ogni sorta di paste.

Pastura. V. Pascolo.

Pasturare, att. e n. ass. condurre, o tenere a pascolo gli armenti.

Patata, sf. radice tuberosa o farinacea, che si mangia cotta.

Patema (v. gr.), sm. (pl. mi), afflizione d'animo.

Patena (v. lat.), sf. vaso sacro a foggia di piattello, che cuopre il calice e serve alla messa.

Patente, sf. lettera con sigillo del principe, con cui fa nota la sua volontà - add. com. aperto, manifesto.

Patera, sf. tazza usata anticam. ne' sagrifizj.

Paternità, sf. lo stato di padre.

Paterno, add. m. di padre.

Patetico (v. gr.), add. m. (pl. ci, chi), agg. di tutto ciò ch'è atto a muovere gli affetti - sm. nella mus. opposto ad allegro.

Patibolo, sm. palco su cui si eseguisce la pena di morte.

Patimento, sm. passione, travaglio

Patina (v. lat.), sf. anticam. piatto - oggi comun. vernice - e più propr. quell'inverniciatura naturale che il tempo imprime sulle medaglie, pitture ec. - fig. falsa apparenza.

... (v. ... ...), att. soggia...

ce all'opinione, contr. di ... - sopportare - sentir dolore di corpo o d'anima.

Patologia (v. gr.), sf. parte della medicina che tratta delle malattie, della loro natura, cause, sintomi ec.

Patria, sf. luogo dove uno è nato, o donde trae l'origine.

Patriarca (v. gr.), sm. (pl. chi), nome che distingue alcuni sommi personaggi dell'antico Testamento, e che si dà pure ai primi institutori degli ordini religiosi - titolo di suprema dignità ecclesiastica con estesa giurisdizione.

Patriarcato, sm. dignità e giurisdizione del patriarca.

Patrigno, sm. marito della madre di chi abbia perduto il padre.

Patrimonio (quasi patris munus), sm. beni pervenuti per eredità del padre, o della madre, e degli antenati.

Patrino. V. Padrino.

Patrio, add. m. della patria.

Patriotismo, sm. affetto naturale alla patria.

Patriziato, sm. ordine de' patrizi

Patrizio, sm. uomo della prima nobiltà - add. m. nobile.

Patrizzare, n. ass. essere simile al padre d'animo o di costume - e nell'uso, rassomigliare nelle forme esterne più al padre che alla madre.

Patrocinatore, att. difendere.

Patrocinatore, sm. protettore, avvocato.

Patrocinio, sm. protezione, difesa.

Patrono (v. lat.), sm. protettore.

Patta, sf. al giuoco, pace, pari, cioè nè perdita, nè vincita.

Pattare, att. pareggiare.

Patteggiare, n. ass. convenire.

Patto, sm. accordo, convenzione.

Pattuglia, sf. ronda notturna di soldati per sicurezza pubblica.

Pattuire (pr. sco ec.), att. e n. far patti – stabilire il prezzo.

Paturnia (v. gr.), sf. tristezza d'animo.

Paura, sf. errore de'sensi, o alterazione d'animo cagionato da viltà (diversa da timore)

Pauroso, add. m. che teme facilmente – vile (diverso da timido)

Pausa, sf. fermata, riposo.

Paventare, n. ass. aver paura.

Pavido, add. m. timoroso.

Pavimento, sm. suolo di pietra o di mattoni.

Pavoneggiarsi, np. compiacersi di sè.

Paziente, add. com. che patisce, o soffre – nelle scuole, contr. di agente.

Pazienza, sf. virtù per cui si soffrono le avversità senza lamentarsi – rassegnazione.

Pazzamente, avv. da pazzo.

Pazzia, sf. mancanza di senno.

Pazzo, add. m. privo di senno.

Pecca, sf. (pl. cche), vizio, difetto.

Peccaminoso, add. m. che ha in sè peccato.

Peccare, n. ass. cadere in colpa.

Peccato, sm. propr. trasgressione della legge di Dio – colpa – compassione.

Peccatore, sm. chi pecca.

Pecchia, sf. insetto che fa il mele.

Pece, sf. gomma tenace che si trae da alcuni alberi per calafatare le navi, volg. pegola.

Pecora, sf. quadrupede lanifero, la femmina del montone.

Pecorajo, sm. guardiano di pecore.

Pecorile. V. Orile.

Pecorina, sf. sterco di pecora.

Pecorino, add. m. di pecora.

Peculiare, add. com. particolare.

Peculio (v. lat.), sm. mandria, gregge – In legge, tutto ciò che un figlio di famiglia o un servo acquista colla propria industria – fig. danari di riserbo.

Pecunia (v. lat.), sf. danaro.

Pedaggio, sm. dazio che si paga per passare per qualche luogo.

Pedagogia (v. gr.), sf. educazione de'fanciulli.

Pedagogo, sm. (pl. ghi), chi guida o istruisce i fanciulli.

Pedale, sm. il fusto dell'albero.

Pedana, sf. legno ove posa piedi il cocchiere – rinfor. di panno da piede alla veste.

Pedante, sm. V. Pedagogo

chi ha più letteratura che buon senso.

Pedanteria, *sf.* falsa erudizione.

Pedata, *sf.* segno che lascia il piede camminando sul fango, sulla neve o sulla polvere – colpo di piede.

Pedestre, *add. com.* che va a piedi.

Pedignone, *sm.* infiammazione nelle mani o ne'piedi per soverchio freddo, *altr.* gelone, *e volg.* buganza.

Pedilúvio, *sm.* bagno de'piedi.

Pedina, *sf.* pezzo che sta davanti nel giuoco degli scacchi, o con cui si giuoca a dama – *fig.* donna di bassa condizione.

Pedone, *sm.* soldato, o viandante a piedi.

Pedule, *sm.* la parte della calza che veste il piede.

Pegaso, *sm.* cavallo alato favoloso.

Peggio, *avv. comparat.* più che male.

Peggiorare, *att.* ridurre in peggiore stato – *n. ass.* cadere di male in peggio.

Peggiore, *add. comparat. com.* più cattivo.

Pegno, *sm.* sicurtà del debito in mano del creditore – e la cosa data in sicurtà – *fig.* attestato di benevolenza.

Pegola. V. Pece.

Pelago (*v. gr.*), *sm.* (*pl. ghi*),

profondo ridotto d'acqua – *fig.* abisso – intrigo.

Pelare, *att.* svellere i peli, o le penne – *fig.* smugnere con angherie, o con vezzi.

Pelle, *sf.* membrana distesa su tutto il corpo dell'animale.

Pellegrinaggio, *sm.* viaggio lontano dalla patria.

Pellegrinare, *n. ass.* viaggiare in paesi lontani.

Pellegrino, *sm.* viaggiatore fuor di patria – *add. m.* forestiero – non più veduto, raro.

Pellicano, *sm.* uccello egiziano che ha un falso esofago, da cui toglie parte de'cibi trangugiati per cibare i figli – strumento per cavar denti.

Pelliccería, *sf.* luogo ove si conciano, o vendono le pelli.

Pelliccia, *sf.* (*pl. cce*), veste fatta, o foderata di pelli con lungo pelo.

Pelliccíajo, *sm.* venditor di pellicce.

Pelo, *sm.* filamento ch'esce dalla pelle come il capello, ma più corto – piccola crepatura nelle muraglie.

Peloso, *add. m.* che ha molti peli

Peltro, *sm.* stagno raffinato.

Peluria, *sf.* lanugine.

Pena, *sf.* castigo – afflizione – fatica – multa.

Penale, *add. com.* di pena.

Penare, *n. ass.* patir pena alfaticarsi.

Penati, *sm. pl.* dei famigliari dei gentili.

Pendaglio, *sm.* cosa che pende - quei finimenti che servono a cingere la spada.

Pendente, *add. com.* che pende, o dipende - dubbioso, non deciso - *sm.* giojello attaccato agli orecchi.

Pendenza, *sf.* declività - *fig.* inclinazione (*meglio* tendenza)

Pendere, *n.* star sospeso - piegare all'ingiù, inchinare - non essere deciso.

Pendice, *sf.* fianco di monte pendente.

Pendio, *sm.* declivio.

Pendolo, *sm.* peso pendente da filo a uso di pigliare il perpendicolo di checchessia - oriuolo a pendolo - *add. m.* che pende.

Penetrabile, *add. com.* facile a penetrarsi.

Penetrale (*v. lat.*), *sm.* la parte più interna della cosa.

Penetrante, *add. com.* che penetra, acuto.

Penetrare, *att.* internarsi - trapassare - *fig.* comprendere.

Penetrativo, *add. m.* che penetra - *fig.* perspicace.

Penetrazione, *sf. fig.* sottigliezza d'ingegno.

Penisola, *sf.* terra unita al continente per un piccolo brac-

cio (*istmo*)

Penitente, *add. e s. com.* che fa penitenza (*propr.* de'suoi peccati)

Penitenza, *sf.* punizione o volontaria, o inflitta - uno de'sette sacramenti della chiesa cattolica

Penitenziere, *sm.* confessore che ha facoltà di assolvere da'casi riservati.

Penna, *sf.* ciò di che copronsi gli uccelli, e di che servonsi per volare (*composto di* cannello, di fusto e di piuma) - il cannello suddetto temperato per iscrivere - *fig.* la scrittura stessa - *Nelle arti,* la parte schiacchiata del martello - *In marin.* l'estremità superiore dell'antenna.

Pennacchio, *sm.* arnese di più penne colorate per ornamento al cappello de'militari.

Pennajuolo, *sm.* strumento da serbare le penne.

Pennacchio, *sm.* quantità di lino che si mette sulla rocca per filarlo.

Pennello, *sm.* strumento che serve a'pittori per l'applicazione dei colori.

Pennone, *sm.* stendardo con lunga coda (*diverso da* bandiera)

Pennuto, *add. m.* pieno di penne

Penosamente, *avv.* con pena.

Penoso, *add. m.* che dà pena.

Pensamento, *sm.* pensiere.

Pensáre, a. as. aver presenti
idee o nozioni - ponderare colla mente - considerare - stimare - immaginare.

Pensáta, sf. pensamento.

Pensiéro, sm. atto particolare ed
essenziale della mente - idea
o nozione - affetto a checchessia - cura, diligenza - inquietudine, sollecitudine - concetto.

Pensieróso, add. m. pieno di
pensieri.

Pénsile, add. com. che sta sospeso

Pensionário, sm. che gode pensione.

Pensióne, sf. assegnamento annuo per servigi o meriti o titoli passati.

Pensóso. V. Pensieroso.

Pentágono (v. gr.), sm. figura di
cinque lati.

Pentatéuco (v. gr.), sm. i primi
cinque libri del Testamento
vecchio.

Pentecoste (v. gr.), sf. solennità
della discesa dello Spirito Santo sugli apostoli.

Pentimento, sm. rimordimento
interno di mala azione commessa.

Pentirsi (v. pr. penitente), np.
sentir rammarico di mala azione commessa - mutarsi d'opinione.

'ola, sf. vaso di terra cotta
cuocer vivande.

Pensilina, add. m. lontani l'ab-
fina.

Penuria, sf. carestia, scarsezza.

Penurioso, add. m. che scarseggia

Penzolàre (pr. pénzolo ec.), n. as.
star pendente o sospeso in aria.

Pénzolo, sm. grappolo d'uva.

Penzolóne, avv. a modo di cosa
che penzola.

Peonia, sf. pianta perenne degli orti.

Peota, sf. barca coperta a remi e
vela, usata specialmente in
Venezia per trasporto di passeggieri e per diporto.

Pepe, sm. droga piccante aromatica delle Molucche, la quale
serve di condimento, volg. pe-
vere.

Per, prep. di moto, di causa e di
strumento.

Pera, sf. frutto del pero.

Percepire (v. lat.), att. an. (pa-
sco ec., pp. ito, e percetto)
acquistar idee e nozioni - intendere - nell'uso riscuote,
riscuotere, ec.

Percettibile, add. com. che si può
intendere.

Percezióne (v. lat.), sf. l'atto del
percepire, apprendimento.

Perchè, partic. interrog. e respons.
- acciocchè - poichè.

Percórrere (pass. orsi, pp. orso),
att. an. scorrere - legger di
volo.

Percossa, sf. colpo, botta.

Percuotere (pass. ossi, p. pr. otente, e uziente, pp. osso), att. an. battere, dar di cozzo - venire a battaglia.

Perdere (pass. dei, detti, e persi ec., pp. duto e perso), att. an. rimaner privo di alcuna cosa già posseduta - al giuoco, contr. di vincere - mandare in rovina.

Perdita, sf. scapito - danno.

Perditempo, sm. tempo mal consumato.

Perdizione, sf. rovina - dannazione

Perdonabile, add. com. degno di perdono.

Perdonanza, sf. perdono - indulgenza a chi visita luoghi pii.

Perdonare, att. obbliare le offese.

Perdono, sf. condonazione di offesa e di pena - indulgenza concessa dal papa ai penitenti per la remissione delle pene dell'altra vita.

Perdulamente, avv. dissolutamente - eccedentemente.

Peregrinare. V. Pellegrinare.

Perenne (v. lat.), add. com. continuo.

Perentorio, add. m. agg. di termine, ultimo.

Perfettamente, avv. interamente.

Perfettibilità, sf. naturale inclinazione a sempre maggiore di rozzamento.

Perfetto, add. m. intero, compinto - condotto a perfezione

- che ha tutti i requisiti della sua natura.

Perfezionamento, sm. il perfezionare.

Perfezionare, att. ridurre a perfezione.

Perfezione, sf. consistenza nel soggetto di tutto ciò che deve o può avere - fine, compimento - fisica, quella per cui tutte le potenze di un corpo sono nel loro pieno rigore - morale, grado eminente di virtù.

Perfidia, sf. mancanza di fede, slealtà - ostinazione perversa.

Perfido, add. m. mancator di fede, sleale.

Pergamena, sf. pelle di pecora o capra conciata in modo che sia atta a scriverci sopra, volg. carta pecora - codice antico.

Pergamo, sm. pulpito.

Pergola, sf. ingraticolamento di pali sopra cui si mandano le viti.

Pergolato, sm. quantità di pergole unite.

Periclitante, add. com. ch'è in pericolo.

Pericolare (pr. icolo ec.), n. ass. essere in pericolo - andare in rovina.

Pericolo, sm. rovina che sovrasta - rischio, cimento.

Pericoloso, add. com. pieno pericoli.

Perielio (v. gr.), sm. la maggiore vicinanza di un pianeta al sole.

Periferia (v. gr.), sf. la circonferenza di un cerchio.

Perifrasi (v. gr.), sf. giro di parole, circonlocuzione.

Periglio (v. poet.) V. Pericolo.

Periodicamente, avv. con periodo.

Periodico, add. m. che ha periodo

Periodo (v. gr.), sm. giro di parole che contiene un senso compiuto - progressione regolare di alcuna cosa - In med. durata di un accesso febbrile - corso di una malattia - In astr. il tempo impiegato da un pianeta nella sua rivoluzione - In cronol. un determinato spazio di tempo.

Peripezia (v. gr.), sf. avventura per cui accade cambiamento di cose - In dramm. scioglimento finale dell'intreccio di un dramma.

Perire (pr. sco, e poet. pero ec., p. fut. perituro), n. ass. an. perdersi - morire.

Peristilio (v. gr.), sm ordine di colonne che circonda un edifizio

Perito, add. e smf. esperto - (da perire), perduto.

Perizia, sf. pratica maestria - stima di periti.

Perla, sf. gioja rotondetta di colore argenteo, prodotta da una conchiglia simile all'ostrica -

fig. con pregiata - persona amabile per ogni sua qualità.

Permaloso, add. m. che piglia a male i detti altrui.

Permanente, add. com. durevole.

Permanenza, sf. stabilità - perseveranza - e nell'uso domicilio prolungato.

Permettere (pass. isi, pp. esso), att. an. lasciar fare, concedere.

Permissione, sf. licenza, facoltà.

Permuta, e men. comun. permuta, sf. baratto,

Permutare (pr. uto ec.), att. cambiare una cosa con un'altra.

Permutazione, sf. cambiamento - variazione.

Pernice, sf. volatile salvatico ricercatissimo per la bontà della sua carne.

Pernicioso, add. m. dannoso.

Pernizie (v. lat.), sf. danno.

Pernizioso. V. Pernicioso.

Perno, sm. centro di gravità su cui si equilibrano le parti di un corpo scambievolmente sostenute - sostegno incavato su cui alcuna cosa si aggira - fig. sostegno, fondamento.

Pernottare. n. ass. passar la notte

Pero, sm. albero che produce pere.

Però, cong. per questa cagione.

Perocchè, avv. imperciocchè.

Perorare (pr. oro ec.), n. propr. finire il discorso caldeggiandolo - e in più sign. fare un discorso.

Perorazione, *sf.* conclusione del discorso, e ristretto di esso.

Perpendicolare, *add. com.* che cade a diritto.

Perpendicolarmente, *avv.* a piombo

Perpendicolo, *sm.* piombino per trovare il piano.

Perpetuamente, *avv.* per sempre.

Perpetuare, *att.* rendere immortale.

Perpetuo, *add. m.* che dura per sempre, o quanto la vita — *agg.* di moto, quello che si rinnova continuamente da sè senza intervento di causa esterna.

Perplessità, *sf.* irresolutezza.

Perplesso, *add. m.* irresoluto, ambiguo.

Perquisizione, *sf.* diligente ricerca.

Perrucca. V. Parrucca.

persecutore, *sm.* che perseguita.

persecuzione, *sf.* molestia continua fatta ad alcuno.

perseguitare (*pr.* eguito ec.), *att.* cercar di nuocere altrui — tener dietro correndo, inseguire.

perseverante, *add. com.* costante.

perseveranza, *sf.* virtù che fa l'uomo permanente nel bene operare.

perseverare, *n.* continuare costantemente in una cosa.

persica, *sf.* (*pl.* che), frutto del persico.

essicca, *sf.* conserva di persiche

Persica, *sm.* albero che produce le persiche.

Persistenza, *sf.* perseveranza.

Persistere (*pass.* stei, o stetti ec., *pp.* stito), *n. an.* durare costantemente in checchessia.

Persona, *sf.* nome generico d'uomo e di donna.

Personaggio, *sm.* uomo d'alto affare — interlocutore di commedia.

Personale, *add. com.* concernente la persona.

Personalità, *sf.* qualità personale.

Personalmente, *avv.* in persona.

Personificare (*pr.* ifico, chi ec.), *att.* attribuire le prerogative di persone ad esseri inanimati (*proprio della poesia*).

Perspicace, *add. com.* di acuta vista — *fig.* di fine intendimento

Perspicacia, *sf.* acutezza di vista, o d'ingegno.

Persuadere (*pass.* asi, *pp.* aso), *att. an.* indurre alcuno a credere, o a fare ciò che si vuole — *np.* restar convinto.

Persuasione, *sf.* insinuazione nella mente altrui di ragioni atta a convincerlo.

Persuasiva, *sf.* facoltà di persuadere.

Persuasivo, *add. m.* atto a persuadere.

Pertanto, *avv.* nondimeno.

Pertempo, e per tempo, *avv.* buon'ora.

Pertenere. V. *Appartenere*.

Pértica, *sf.* (*pl.* che), lungo bastone - misura di terreni.

Perticare (*pr.* pértico, chi ec.), *att.* battere con pertica - e nell'uso, misurare il terreno colla pertica.

Perticatore. V. *Agrimensore*.

Pertinace; *add. com.* ostinato - *in med.* che resiste ai rimedj.

Pertinácia, *sf.* ostinazione viziosa.

Pertinenza. V. *Appartenenza*.

Pertugiare, *att.* bucare, forare.

Pertúgio, *sm.* buco, foro.

Perturbare, *att.* scompigliare.

Perturbazione, *sf.* disturbo, agitazione.

Pervenire (*pr.* engo, ieni ec.), *pass.* enni, *pp.* enúto), *n. an.* arrivare - e venire *semplicem*.

Perversamente, *avv.* malvagiamente.

Perversare. V. *Imperversare*.

Perversione, *sf.* depravazione di costumi.

Perversità, *sf.* malvagità.

Perverso, *add. m.* iniquo.

Pervertimento, *sm.* disordinamento

Pervertire (*pr.* sco ec., e *poet.* erto, *pp.* ito, e perverso), *att.* guastar l'ordine - *np.* divenire perverso.

...vicáce, *add. com.* ostinato.

...vicácia, *sf.* ostinazione sfrontata.

..., *add. com.* grave - *fig.*

importante - contr. di delicato e leggiero.

Pesare, *att.* rilevare il peso dei corpi colla bilancia o colla stadera - *n. ass.* essere grave - rincrescere - *fig.* ponderare, considerare.

Pesatamente, *avv.* con ponderazione.

Pesca, *sf.* (*pl.* sche), luogo acconcio per pescare - la stagione di pescare - e la qualità di pesca pescato - pesca.

Pescagione, *sf.* il pescare - e la pesca stessa.

Pescare, *att. propr.* pigliar pesci - e per *simil.* trarre dall'acqua tutto ciò che siavi caduto - cercare *semplicem*.

Pescareccio, *add. m.* spettante pesca.

Pescata, *sf.* tratta di pesce.

Pescatore, *sm.* chi fa il mestiere di pescare.

Pesce, *sm.* nome generico di tutti gli animali che nuotano e vivono nell'acqua - *in pl.* uno dei segni del zodiaco.

Pescheria, *sf.* ogni sorta di pesce in generale - l'arte di pescare - e il luogo ove si vende il pesce.

Peschiera, *sf.* serbatojo d'acqua ove si conserva il pesce vivo.

Pescivendolo, *sm.* venditore di pesce.

Pesco. V. *Persico*.

Peso, sm. proprietà de'corpi, per
cui tendono al centro – la materia pesante – la stadera che
misura la gravità – una certa
quantità di libbre – *fig.* gravezza d'affanno, o di pensiero – *In legge,* obbligo – condizione – importanza.

Pessimamente, *avv. superl. di*
malamente.

Péssimo, *add. m. sup. di* cattivo.

Pestamento, sm. l'atto del pestare.

Pestáre, *att.* ammaccare percotendo – calcar co' piedi.

Peste, *sf.* morbo contagioso – fetore, puzzo.

Pestifero, *add. m,* che reca peste – *fig.* fetentissimo.

Pestilenza. V. *Peste.*

Pestilenziále. V. *Pestifero.*

Pestóne, sm. arnese da spianar la
terra.

Petécchia, *sf.* macchia rossa e
nera che viene nelle febbri
maligne.

Petecchiále, *add. com.* agg. di
febbre che produce le petecchie.

Petizióne (*v. gr.*), *sf.* domanda
giudiziale, istanza, supplica –
di principio, in logica, l'appoggiare la prova a quella pre-
posizione che forma appunto il
soggetto della controversia.

Peto, sm. coreggia, fiato.

Petraja, *sf.* massa di pietra.

Petrarchesco, *add. m.* (*pl.* schi),

dello stile del Petrarca (*eccel-
lentissimo fra' poeti del XIV sec.*

Petrificáre (*pr.* ifico, chi ec.), *att.*
ridurre a stato di pietra una
sostanza vegetabile o animale.

Petrificazióne, *sf.* cambiamento
in pietra.

Petrifico, *add. m.* (*pl.* ci, chi),
che converte in pietra.

Petrigno, *add. m,* di natura della pietra.

Petronciána, *sf.* pianta annua
ortense.

Petróso, *add. m.* sassoso – duro
come pietra.

Pettegola, *sf.* donna di bassissima
estrazione – *più comun. nel-
l' uso,* grande ciarliera.

Pettegoleggiáre, *n. ass.* ciarlar
molto, particolarmente de'fatti
altrui.

Pettignóne, sm. parte carnosa e
rilevata al fondo del ventre.

Pettinágnolo, sm. fabbricatore di
pettini.

Pettináre (*pr.* pettino ec.), *att.*
ravviare e pulire i capelli col
pettine – affinare col pettine
il lino o la canapa – *fig.* conciar male.

Pettinatóre, sm. chi pettina la
canapa o il lino.

Pettinatúra, *sf.* il pettinare, o la
materia rozza estratta col pettine dalla canapa o dal lino.

Pettine, sm. strumento d
tinare – *In poes.* ple

Pettinièra, sf. arnese dove si ripongono i pettini.

Pettirosso, sm. uccelletto gentile rosso di petto.

Petto, sm. la parte dinanzi dell' animale dal collo al ventre - parlando di donna, seno - fig. animo, coraggio - forza.

Pettorále, sm. striscia di cuojo che fascia il petto del cavallo - add. com. di petto.

Pettoralmente, avv. con petto alto e fermo.

Pettorúto, add. m. alto di petto - fig. orgoglioso.

Petulante, add. com. arrogante.

Petulantemente, avv. con arroganza.

Petulanza (v. lat.), sf. arroganza

Pèvera, sf. arnese di legno simile all' imbuto, che si pone nell' orifizio superiore della botte per infondarvi il vino.

Peverada, sf. brodo impeverato, cioè infusovi pepe con pane e cacio grattugiato (salsa antichissima ed usitatissima tuttora nelle mense)

Pevero. V. Pepe.

Pezza, sf. una intera striscia di panno o di tela, quale uscì dal telajo - ritaglio di panno o di tela - pannolino ove ravvolgonsi i bambini - sorta di moneta d'oro o d'argento - all'uso documento ec.

...to, add. m. agg. del man-

llo de' cavalli, quando è macchiato a pezzi grandi di più colori - parlando di marmi, variegato.

Pezzente, add. e s. com. bene di vesti, mendico.

Pezzetta, sf. sorte di piccola moneta d'oro di Spagna.

Pezzo, sm. parte di cosa solida - frammento - quantità di tempo o di luogo - d'artiglieria, cannone montato.

Pezzuola, sf. e

Pezzuolo, sm. dim. di pezza, di pezzo.

Piacente, add. com. che piace.

Piacentemente, avv. con piacevolezza.

Piacenteria, sf. adulazione.

Piacére (pr. accio, ati ec., pp. acqui, pp. aciuto), n. an. essere grato - dilettare.

Piacére, sm. diletto d'animo, giocondità - voglia - servigio - agevolezza nel prezzo.

Piacévole, add. com. cortese, ... riale (detto di persona) - ... lettevole (detto di cosa)

Piacevolezza, sf. affabilità.

Piacevolmente, avv. con gra... dolcemente.

Piacimento, sm. diletto - volere.

Piaga, sf. (pl. ghe), corrosione di carne o per causa fisica, per ferita - fig. danno, rovi...

Piagáre, att. far piaga, ferire.

Piaggia, sf. (pl. gge), propr. s...

ta di monte - lido che va dolcemente al mare - *poetic.* qualunque luogo.

Piaggiáre, *att. fig.* secondare le opinioni altrui, mirando al proprio interesse.

Piagnente, *add. com.* che piagne.

Piágnere (*pl.* ango, *pass.* ansi, *pp.* anto), *n. ass. an.* spargere lagrime o per dolore, o per piacere - *att.* compiagnere.

Piagnistéo, *sm.* il lamento che dagli antichi si faceva ai morti - *oggi volg.* pianto prolungato di più persone.

Pialla, *sf.* arnese de'legnajuoli per appianare e assottigliare le assi.

Piallare, *att.* assottigliare e levigare i legni con pialla.

Piamente, *avv.* con pietà.

Piana, *sf.* legno quadrato, più grosso del corrente o travicello.

Pianatojo, *sm.* strumento per lisciare i metalli.

Pianella, *sf.* scarpa senza allacciatura e senza coperta del calcagno - mattone sottilissimo.

Pianerotto, *sm.* piccolo spazio piano.

Pianerottolo, *sm.* quello spazio ch'è in capo o a mezzo delle scale nelle case.

Pianeta (*v. gr.*), *sm.* (*pl.* ti), corpo celeste che si rivolge periodicamente intorno al sole, o ad un altro pianeta, come suo centro - *sf.* quel para-

mento che il sacerdote indossa per ultimo nel dire la messa.

Pianezza, *sf.* luogo piano - *fig.* agevolezza, facilità.

Piágere. V. *Piagnere.*

Piangoláre (*pr.* ángolo ec.), *n. ass.* vagire (*proprio de' bambini*)

Pianigiáno, *add. e sm.* che abita in pianura.

Piáno, *sm.* pianura - ordine di appartamenti di una casa - disegno - progetto vasto d'impresa - *add. m.* che ha uguaglianza alla superficie, liscio - *fig.* chiaro, intelligibile - *avv.* a bassa voce - adagio.

Pianoforte (*v. moderna*), *sm.* clavicembalo a martelli.

Pianta, *sf.* nome generico di ogni sorta di vegetabili, siano alberi od erbe - *In anat.* tutta la parte inferiore del piede - *In archit.* disegno di una città, di una fabbrica qualunque - *nell'uso,* elenco ordinato dei nomi degli officiali componenti un dicastero.

Piantagióne, *sf.* il piantare - e la pianta stessa posta sotterra.

Piantanimále, *sm.* zoofito.

Piantáre, *att.* affondare in terra rami e piante d'alberi acciò si attacchino e germoglino - *per simil.* fermare, stabilire - lasciare, abbandonare.

Piantáta, *sf.* fila di piante.

Pianto, *sm.* gemito di dolore - e le lagrime che scorrono dagli occhi di chi piange.

Piantone, *sm.* pollone spiccato per trapiantare.

Pianura, *sf.* vasta estensione di terreno - luogo piano.

Piastra, *sf.* metallo ridotto in lamina - *In poes.* armadura - sorta di moneta.

Piastrella, *sf.* sassuolo piano di cui servonsi i fanciulli per giocare invece di pallottole.

Piastriccio, *sm.* mescuglio confuso - negozio conchiuso in fretta.

'Piatire (*pr* sco ec.), *n. ass.* contendere in giudizio, o fuori - disputare.

Piato, *sm.* lite dinanzi al tribunale - contesa qualunque.

Piatta, *sf.* sorta di barca col fondo piano.

Piattaforma, *sf.* rialto di terra per collocarvi batterie di cannoni.

Piatteria, *sf.* assortimento di piatti

Piatto, *sm.* vaso alquanto concavo in cui si servono in tavola le vivande - coppa della bilancia - assegno de' principi del sangue o cardinali - *add. m. quasi* appiattato (celato) - piano, schiacciato.

Piattola, *sf. volg.* insetto che si appiatta fra pelle e pelle nelle parti vestite di pelo.

Piattonare, *att.* percuotere col piano della spada.

Piattonata, *sf.* colpo di spada pel piano.

Piazza, *sf.* luogo spazioso nelle città, circondato da edifizj, ch' è per lo più il centro degli affari e de' pubblici trattenimenti - il corpo de' negozianti di una città - *nell'uso* carica, impiego, posto ec. - *d'armi*, città fortificata.

Piazzeggiare, *n. ass.* andare a spasso per le piazze.

Pica. V. *Gazza.*

Picca (*v. fr.*), *sf.* (*pl.* ecche), asta lunga con punta di ferro - soldato armato di picca - gara, emulazione - *In pl.* uno dei quattro semi delle carte da giuoco.

Piccante, *add. com.* pungente - frizzante.

Piccare, *att.* (*forse da picca*), pungere - *fig.* offendere, mordere con parole - *In sign.* ass. dicesi del vino frizzante, dell' aria rigida e simili - *np.* pretendere di sapere, o di riuscire in chacchessia.

Picchetto, *sm.* piccolo drappello di soldati - sorta di giuoco di carte.

Picchiare, *att.* percuotere - *n. ass.* bussare alle porte - *np.* battersi.

Picchiettare, *n. ass.* picchiare piano e spesso - punteggiare di più colori.

Picchio. *sm.* uccello di più specie e colori - colpo di martello alle porte - piccolo maglio di legno.

Picciolezza. V. *Piccolezza.*

Picciolo. V. *Piccolo.*

Piccione. V. *Colombo.*

Picciuolo, *sm.* gambo di frutto - attaccatura de' bottoni.

Picco, *sm. (pl.* cchi*)*, montagna altissima isolata - A picco, *avverb.* perpendicolarmente - col verbo *andare*, sommergersi (*detto delle navi*)

Piccolezza, *sf. contr.* di grandezza

Piccolo, *add. m.* corto - scarso - stretto - *contr.* di grande - e parlando di tempo, breve - *sm.* la quarta parte di un quattrino di Toscana.

Piccone, *sm.* grosso palo di ferro per incavare o rompere macigni e per ismuovere grossi pesi - grosso martello dei muratori.

Pidocchieria, *sf. fig.* estrema avarizia, meschinità - cosa di lieve momento.

Pidocchio, *sm.* insetto parassito che si genera specialmente in capo a' fanciulli.

Pidocchioso, *add. m.* pieno di pidocchi - *fig.* vile, spilorcio.

Piede, *sm.* membro dell'animale dal ginocchio in giù - *per simil.* fusto d'albero - pianta d'erba - misura di lunghezza di dodici pollici = *In poes.*

misura de' versi - *In archit.* sostegno, base - *fig.* la parte inferiore di checchessia.

Piedestallo, *sm.* pietra quadrata con cornici che sostiene colonne, statue e simili - *fig.* sostegno.

Piega, *sf. (pl.* ghe*)*, riga che rimane nella cosa piegata.

Piegamento, *sm.* il piegare - *fig.* abbassamento - inclinazione.

Piegáre, *att.* torcere, curvare - porre a più doppj (*detto di panni*) - *fig.* persuadere - *n. ass.* non resistere (*detto di milizie in azione di battaglia*) - volgere verso una parte.

Piegatúra V. *Piega*, e *Piegamento.*

Pieghévole, *add. m.* facile a piegarsi - e *fig.* lasciarsi persuadere.

Pieghevolezza, *sf.* facilità ad arrendersi.

Pieggería, *sf.* sicurtà, malleveria.

Piego, *sm. (pl.* ghi*)*. plico di carte

Piéna, *sf.* gonfiamento d'acque nei fiumi - *per simil.* folla di gente.

Pienamente, *avv.* appieno, affatto.

Pienezza, *sf.* soprabbondanza.

Piéno, *add. com. contr.* di vôto - *agg.* di *vaso*, ove non entri più cosa veruna - *fig.* sazi - carnoso - *sm.* pienezza.

Pienotto, *add. m.* polputo, sotto.

Pierie, *add.* e *sf. pl.* agg. delle nove muse, dal monte Pierio, di cui erano, secondo i poeti, abitatrici.

Pietà . *sf.* virtù per cui si ama ed onora Dio, i genitori e la patria – compassione amorevole verso il suo simile – divozione.

Pietanza, *sf.* portata di vivande.

Pietosamente, *avv.* con compassione.

Pietoso, *add. m.* compassionevole – pio.

Pietra, *sf.* terra indurita – *In med.* concrezione nella vescica orinaria, *altr.* calcolo.

Pietrificare. V. *Petrificare.*

Pietroso. V. *Petroso.*

Pievania, *sf.* parrocchia di campagna con varie altre suffraganee.

Pievano, *sm.* rettor della pieve.

Pieve. V. *Pievania.*

Pifferare (*pr.* piffero ec.), *n. ass.* sonare il piffero – *att. fig.* percuotere – *ed anche* corbellare.

Piffero, *sm.* strumento pastorale da fiato.

Pigiare, *att.* calcare, premere (*detto propriamente dell' uva nella tina*)

Pigionante, *add.* e *s. com.* chi tiene casa a pigione (*volg.* inquilino)

Pigione, *sf.* prezzo che si pa-

ga per uso di abitazione non propria.

Pigliare. V. *Prendere.*

Piglio, *sm.* presa – guardatura.

Pigmeo (*v. gr.*), *sm.* uomo di bassissima statura.

Pigna, *sf.* in *archit.* punta, angolo – *In marin.* strumento da forare le trombe – *di aes*, grappolo.

Pignatta. *sf.* pentola di terra e di rame.

Pignere. V. *Spignere, e Dipignere.*

Piguolo. V. *Pinocchio.*

Pignone, *sm.* difesa di muraglia contro l' acqua de' fiumi.

Pignoramento, *sm.* l' impegnare.

Pignorare (*pr.* pignoro ec.) , *att.* dare , o prendere in pegno, impegnare.

Pignoratario, *sm.* chi ha ricevuto il pegno del suo credito.

Pignorativo, *add. m.* agg. di una specie di contratto di vendita, con facoltà di riscatto.

Pignorato, *add. m.* dato in pegno.

Pigolare (*pr.* pigolo ec.), *n. ass.* far la voce del pulcino – *fig.* rammaricarsi.

Pigramente , *avv.* con pigrizia.

Pigrezza, e

Pigrizia, *sf.* lentezza nell'opere – infingardaggine.

Pigro, *add. m.* tardo, lento, neghittoso.

Pila, *sf.* pilastro su cui posano

...fianchi degli archi de' ponti
- vaso di pietra, che contenga o riceva acqua - *Nelle
arti*, recipiente per sodare il
panno - e recipiente dove si
pestano i cenci nelle cartiere.

Pilastro, *sm.* colonna quadrata
sulla quale si veggono gli archi degli edifizj.

Pilatro, *sm.* radice del Levante,
che allevia il dolore de' denti.

Pileo (*v. lat.*), *sm.* sorta di cappello, ch'era insegna di libertà
presso i romani.

Piletta, *sf.* vasetto che si tiene
appeso al tetto per contener
l'acqua benedetta.

Pillare, *att.* pigiare con pillo.

Pillo, *sm.* grosso bastone per pillare o pigiare checchessia.

Pillola, *sf.* pallottolina medicinale

Pillottare, *att.* ungere l'arrosto
mentre gira con lardo od olio
bollente.

Pilone, *sm.* pilastro a più angoli
che sostiene le cupole.

Piloro (*v. gr.*), *sm.* orifizio inferiore dello stomaco, per cui
da questo il cibo passa negli
intestini.

Pilota, e

Piloto, *sm* chi guida la nave,
nocchiero - *fig.* direttore.

Piluccare, *att.* staccare a uno a
uno i granelli d'uva dal grappolo - *fig.* consumare, o mangiare a poco a poco.

Pina, *sf.* il frutto del pino -
addiettivam. agg. di *erba*,
pianta perenne, la cui radice
serve a tingere in giallo la lana

Pinnicolo (*v. lat.*) V. *Comignolo.*

Pinacoteca (*v. gr.*), *sf.* (*pl.* che),
galleria *propr.* di quadri, e in
gener. anche di statue ed altre cose rare.

Pinazza, *sf.* vascello grosso mercantile, usato nei grandi mari
dagl' inglesi e dai francesi.

Pinco. *sm.* (*pl.* chi), bastimento
piano da carico.

Pindaricamente, *avv.* sul fare di
Pindaro.

Pindarico, *add. m.* (*pl.* ci, chi),
agg. di ode, o di *stile*, sul
fare di Pindaro (*sommo liri-
co della Grecia*)

Pingere. V. *Dipingere,* e *Spingere*

Pingue (*v. lat.*), *add. com.* grasso.

Pinguedine (*v. lat.*), *sf.* grassezza.

Pinna (*v. lat.*), ala de' pesci - e
del naso - sorta di conchiglia.

Pinnacolo (*v. lat.*) V. *Comignolo.*

Pino, *sm.* albero sempre verde,
che produce le pine, o pigne
- *fig.* nave.

Pinocchio, *sm.* seme del pino
racchiuso nella pina o pigna
(*volg.* pignolo)

Pinta, *sf.* V. *Spinta - In Lomb.*
misura di due boccali di liquido.

Pinzare. V. *Appinzare.*

Pinzette, *sf. pl.* mollette di
acciaio per diversi usi nelle

e perchè a diversa foggia.

Pinzo, *sm.* pungiglione – *add. m.* picciolissimo.

Pinzochero, *add. e sm.* chi veste abito religioso senza appartenere al ceto ecclesiastico – *fig.* ipocrita.

Pio, *add. m.* religioso, divoto – pietoso.

Pioggia, *sf. (pl. gge),* acqua che cade dal cielo – *per simil.* quantità di checchessia cadente dall'alto.

Piombaggine, *sf.* minerale della natura del piombo, che serve specialmente a disegnare – pianta la cui radice mitiga il dolore de' denti.

Piombare, *att.* riscontrare se il di sopra di un corpo corrisponda perpendicolarmente al disotto – *n. ass.* andare precipitosamente dall'alto.

Piombata, e

Piombatura, *sf.* palla di piombo – *volg.* stagnatura.

Piombinare, *att.* cercare l'altezza de' fondi, o le diritture, col piombino.

Piombino, *sm.* strumento di piombo col quale si cerca l'altezza de' fondi o le diritture (*volg.* scandaglio) – matita per abbozzar disegni.

Piombo, *sm.* metallo turchiniccio, il più pesante dopo l'oro molto arrendevole al mar-

tello – piombino. V. – A piombo, *avverb.* perpendicolarmente.

Pioppo, *sm.* albero infruttifero di alto fusto, il cui legno serve a varj lavori di legnajuolo – *abusiv.* nome generico di tutti gli alberi che sostengono le viti.

Piova. V. *Pioggia.*

Piovano, *sm.* V. *Piovano* – *add. m.* agg. dell'acqua che piove.

Piovere (*pass.* ovve, *pp.* ovuto), *n. ass. an. impers.* cader l'acqua dal cielo – *e per simil.* cadere dall'alto checchessia abbondantemente.

Piovigginare, *n. ass. impers.* piovere leggiermente.

Piovigginoso, *add. m.* agg. di tempo, o di giornata, cioè volta alla pioggia.

Piovoso, *add. m.* agg. di tempo, o di stagione, in cui piove assai.

Pipa, *sf.* strumento da fumar tabacco.

Pipare, *n. ass.* trar fumo di tabacco o di altra cosa per bocca.

Pipistrello. *sm.* uccello notturno, *volg.* nottola.

Pippione, *sm.* colombo giovane.

Pira (*v. gr.*), *sf.* massa di legne per ardervi i cadaveri – piccola urna de' cenotafj figurante ardente.

Piramidale, add. ... e foggia di piramide.

Piramide (v. gr.), sf. edificio a più facce regolari che da un piano ristringendosi finisce in punta (diversa da obelisco, guglia)-In pl. edificj degli antichi egiziani ad uso di sepolcri, di tanta sontuosità che furono annoverati fra le meraviglie del mondo.

Pirala (v. lat.), sm. V. Cortale.

Pirateria, sf. ruberia di mare.

Piroetta (v. fr.), sf. giro della persona senza cambiar posto.

Piroga, sf. (pl. ghe), barchetta de' salvatici americani, fatta d'un tronco d'albero scavato.

Pirologia (v. gr.), sf. parte della fisica, che tratta del fuoco.

Piropo, sm. pietra preziosa del colore del fuoco.

Pirotecnia (v. gr.), sf. l'arte di far fuochi artificiali.

Pirrone, sm. parte del torchio degli stampatori, che preme il foglio da imprimersi.

Pirronismo. V. Scetticismo.

Pirronista, sm. (pl. sti), seguace del sistema filosofico di Pirrone.

Pisciare. V. Orinare.

Piscina (v. lat.), sf. peschiera - bagno.

Pisello, sm. legume notissimo.

Pisside (v. gr.), sf. vaso dove si conserva il SS. Sagramento.

Pistacchio, sm. albero; e frutto di esso come una nocciola involto in una tunica rossiccia, colla mandorla verde.

Pistagna, sf. strisciuola di panno che circonda il collo del vestito - falda di veste.

Pistola, sf. arma corta da fuoco.

Pistola. V. Epistola.

Pistolese, sm. sorta d'arme bianca

Pistone, sm. archibugio corto - la parte mobile della tromba.

Pistore (v. lat.), sm. fornajo.

Pitici, add. m. pl. agg. di giuochi che celebravansi a Delfo in onore di Apollo.

Pitoccare, n. ass. mendicare.

Pitoccheria, sf. mendicità - sordidezza nello spendere.

Pitocco, sm. (pl. cchi), mendico.

Pitonessa (v. gr.), sf. sacerdotessa di Apollo nel tempio di Efeso - indovina.

Pittagorico, add. m. (pl. ci, chi), di Pittagora, o seguace di Pittagora (celebre filosofo greco)

Pittagorismo, sm. dottrina di Pittagora.

Pittima, sf. decozione di aromi in vino generoso per corroborare lo stomaco - fig. avaro, spilorcio - e chi sta sempre presso di alcuno annojandolo.

Pittore, sm. chi professa l'arte del dipingere.

Pittoresco, add. m. (pl. schi), maniera di pittore - fig. de...

, ricco a vedersi (*detto di prospettive amene*)

Pittura, *sf.* l'arte del dipingere – la tela dipinta.

Pitturare, *att. propr.* dipingere i ornati, fiorami, od altro nelle stanze.

Pituita (*v. lat.*), *sf.* uno degli umori del corpo umano –. la parte più viscosa e glutinosa del sangue (*altr.* flemma)

Più, *avv.* che forma il comparat. e talvolta il superl. degli aggettivi (più buono, più bello ec.) – unito al verbo, maggiormente – coll'art. pl., la maggior parte – co' nomi sost., molto, maggiore ec.

Piuma, *sf.* la penna più fina degli uccelli – ogni penna – *fig.* le coltrici, e il letto stesso.

Piumato, *add. m.* vestito di penne

Piumino, *sm.* ornamento domestico di piume rare o di gioje – fiocco da impolverare i capelli – guanciale da letto per tener caldi i piedi.

Piuolo. V. *Cavicchio.*

Piuttosto, *avv.* anzi, che.

Piva. V. *Cornamusa.*

Piviale, *sm.* paramento sacerdotale a foggia di mantello.

...ragnolo, *sm.* venditore di ... cacio od altro che ...

... pizzico, chi ... pizzicore – *m. ass.*

... fig. eccitare, stimolare.

Pizzico, *sm.* (*pl.* chi), quanto si piglia colle punta delle dita.

Pizzicotto, *sm.* puntello – sensualità.

Pizzo, *sm.* barbetta sul mento – trina (guarnizione e trasforo)

Pizzochera. V. *Pizzochero.*

Placabile, *add. com.* che può placarsi.

Placare, *att.* calmare chi trovasi agitato (*detto di persona, d mare, di vento ec.*)

Placenta (*v. lat.*), *sf.* involto del feto nell'utero materno – e del seme delle piante.

Placidamente, *avv.* con calma.

Placidezza, *sf.* calma, tranquillità – *fig.* dolce temperamento

Placido, *add. m.* quieto, in calma.

Plaga (*v. lat.*), *sf.* (*pl.* ghe), clima, regione.

Plagiario, *sm.* chi espilando le opere altrui se ne appropria il merito.

Plagio (*v. lat.*), *sm.* furto di scritti altrui.

Planetario, *add. m.* appartenente ai pianeti.

Planisferio, *sm.* delineazione della sfera co' suoi circoli in piano.

Plasma (*v. gr.*), *sf.* forma in cui gettatosi i metalli fusi per ricevere consistenza e figura – gemma verde, macchiata di puntini di varj colori.

Plasmare, *att.* dar la forma.

Plastica (*v. gr.*), *sf.* (*pl. che*), arte di far figure di gesso, creta e simili.

Platano (*v. gr.*), *sm.* albero sterile, che fa grand'ombra ed ama i luoghi umidi.

Platea, *sf.* piano del fondamento su cui posano le fabbriche – la parte più bassa del teatro per gli spettatori.

Platonico, *add. m.* (*pl. ci, chi*), secondo la dottrina di Platone (*il più eloquente de' filosofi greci, fondatore dell' accademia*)

Platonismo, *sm.* dottrina di Platone

Plausibile, *add. com.* che ha l'apparenza di buono e di pregevole.

Plausibilmente, *avv.* con plauso.

Plauso. V. *Applauso.*

Plebaglia, *sf.* feccia della plebe.

Plebe, *sf.* la parte più ignobile del popolo.

Plebeo, *add. m.* ignobile, vile.

Plebiscito (*v. lat.*), *sm.* decreto della plebe presso i romani.

Plenario, *add. m.* pieno – agg. d'*indulgenza*, remissione di tutte le colpe leggiere, e delle pene per quelle e per le più gravi meritate.

Plenilunio, *sm.* luna piena.

Plenipotenza, *sf.* facoltà di ultimare qualunque negozio, delegata da chi ha autorità di darla.

Plenipotenziario, *add. e sm.* agg. di ministro che ha piena fa-

coltà di trattare.

Pleonasmo (*v. gr.*), *sm.* sovrabbondanza di parole superflue per ornamento del discorso.

Plettro (*v. gr.*), *sm.* strumento per sonare la lira – *fig.* la lira stessa – *e poetic.* i versi che si cantano al suono della lira.

Pleura (*v. gr.*), *sf.* membrana del torace.

Pleuritide (*v. gr.*), *sf.* infiammazione della pleura.

Plico, *sm.* (*pl. chi*), quantità di lettere, o carte scritte, chiuse in una stessa coperta.

Plurale (*v. lat.*), *add. com. e sm.* numero del più presso i grammatici.

Pluralità (*v. lat.*), *sf.* quantità discreta che consta di più numeri – il numero maggiore, maggioranza.

Pluralmente, *avv.* in numero plurale.

Pluviale, *add. com.* di pioggia, piovoso.

Pneumatica (*v. gr.*), *sf.* (*pl. che*), la dottrina dell'aria e delle sue proprietà ed effetti.

Pneumatico, *add. m.* agg. di una macchina che serve ad ottenere il vuoto, ossia la rarefazione dell'aria.

Po', *abbrev.* di poco. V.

Pochezza, *sf.* scarsità.

Poco, *sm.* (*pl. chi*), piccola quantità o numero – *add. m.* e *avv.*

cont. di molto.

Podàgra (v. gr.) V. Gotta.

Podagróso. V. Gottoso.

Podére, sm. V. Potere - possessione di più campi con casa colonica.

Poderosamente, avv. vigorosamente.

Poderóso, add. m. forte.

Podestà, sf. potere, autorità - sm. prima magistratura civica in ciascun municipio - e in generale, magistrato civile con autorità demandata.

Podesteria, sf. l'ufficio, la dignità e la giurisdizione del podestà.

Pòdico (v. lat.), sm. il deretano.

Poèma (v. gr.), sm. (pl. mi), componimento poetico narrativo con intreccio di episodj.

Poesìa (v. gr.), sf. l'arte del verseggiare - componimento poetico.

Poéta (v. gr.), sm. (pl. ti), facitore di poemi e poesie.

Poetàre, n. ass. compor versi.

Poetastro, sm. poeta di poco valore.

Poetessa, sf. donna che compone in versi.

Poètica (v. gr.), sf. (pl. che), l'arte del poetare - e il libro o trattato che ne dà le regole.

Poeticamente, avv. da poeta.

Poètico, add. m. (pl. ci, chi), di poeta, o poesia.

Pòggia, sm. corda a destra delle nove legata all'antenna.

Poggiàre, att. V. Appoggiare - n. ass. salire - e fig. inalzarsi - in marin. navigare col vento in poppa, cont. di orza.

Pòggio, sm. monticello, collinetta.

Poggiuolo, sm. balaustrata - loggetta.

Poi, avv. dopo, appresso.

Polàcca, sf. (pl. cche), nave da carico.

Polàre, add. com. vicino al polo.

Polèdro. V. Puledro.

Polèmica (v. gr.), sf. (pl. che), parte della teologia che tratta delle controversie.

Polènta, sf. vivanda per lo più di farina di formentone bollita con acqua.

Poliandrìa (v. gr.), sf. matrimonio di donna con più uomini nel medesimo tempo.

Poligamìa (v. gr.), sf. matrimonio di uomo con più donne nel medesimo tempo.

Polìgamo, sm. chi ha più mogli a un tempo stesso.

Poliglòtto (v. gr.), add. m. di libro impresso in più lingue - sm. chi possede più lingue.

Polìgono (v. gr.), sm. fig. di più lati e di più angoli.

Poligrafìa (v. gr.), sf. l'arte di scrivere in diversi caratteri.

Polìgrafo (v. gr.), sm. chi scrive sopra varie materie.

...imnia, sf. quella delle nove muse che presiede alle arti belle.

Polipo (v. gr), sm. sorta di pesce (volg. polpo) - In chir. escrescenza carnosa specialm. nel naso con molte radici.

Polisillabo (v. gr.), add. m. di più sillabe.

Politeismo (v. gr.), sm. sistema che ammette la pluralità degli dei.

Politeista, sm. (pl. sti), chi crede in più dei, opposto di ateista.

Politica (v. gr.), sf. (pl. che), la scienza di governare i popoli - ragione di stato - nell'uso accortezza.

Politico, sm. (pl. ci, chi), uomo di stato - e nell'uso accorto, scaltro - add. m. spettante alla politica, o secondo la politica.

Polizia, sf. vigilanza pubblica per prevenire i delitti e mantenere le città sicure - pulitezza, nettezza.

Polizza, sf. piccola carta contenente breve scrittura.

Polla, sf. vena d'acqua, sorgente.

Pollajo, sm. luogo ove si tengono i polli.

Pollajuolo, sm. venditore di polli.

Pollame, sm. ogni sorta di volatili domestici.

Pollastro, sm. pollo giovane.

Polleria, sf. luogo ove si tengono o vendono i polli.

Pollice, sm. dito grosso della mano o del piede - la duodecima parte di un piede (misura)

Pollina, sf. sterco di polli.

Pollo, sm. nome generico del gallo e della gallina - pulcino di qualunque volatile.

Pollone, sm. rampollo vigoroso degli alberi.

Polluto, add. m. macchiato.

Polluzione (v. lat.), sf. spargimento di seme - imbrattamento qualunque.

Polmonare, add. m. appartenente a'polmoni.

Polmone, sm. organo primario della respirazione animale.

Polmonia, sf. infiammazione del polmone.

Polo (v. gr.), sm. estremità, dell'asse su cui la sfera si muove

Polpa, sf. la carne senza osso e senza grasso - la parte più carnosa e rilevata della gamba - per simil. quella parte molle e succulenta ch'è tra la scorza ed il seme delle frutta.

Polpetta, sf. vivanda di carne battuta con ingredienti.

Polpo, sm. pesce senza osso con molte branchie (altr. polipo e in Venesia folpo)

Polputo, add. m. che ha mol polpa - fig. agg. di vino, e

gliando — di *terreno*, grasso ec.

Polso, *sm.* battimento del cuore e delle arterie — parte che congiunge la mano al braccio — *fig.* forza, vigore.

Poltiglia, *sf.* imbratto liquido.

Poltrire (*pr. sco ec.*), *n. ass.* starsi in ozio vizioso.

Poltróne, *add. m.* neghittoso — codardo.

Poltroneria, *sf.* infingardaggine.

Polve (*v. post.*), e

Polvere, *sf.* terra arida e sottilissima — *per simil.* qualunque cosa polverizzata, tritume — composto di salnitro e solfo per le armi da fuoco.

Polveriéra, *sf.* fabbrica, o conserva delle polveri da schioppo.

Polverio, *sm.* quantità di polvere sollevata dal vento.

Polverizzáre, *att.* ridurre checchessia in polvere, o come polvere.

Polverizzazióne, *sf.* riduzione in polvere.

Polveróso, *add. m.* coperto di polvere.

Pomário, *sm.* luogo piantato a frutti.

Pomata, *sf.* unguento profumato con aromi per ungere i capelli.

Pómice, *sf.* pietra leggierissima friabile, che serve a pulire diverse manifatture.

Pomiciáre, *att.* pulir colla pomice

Pomifero, *add. m.* agg. generico

di ogni pianta che produce grosse frutta (*diverso da baccifero*) — e in particolare dell'albero che dà le poma.

Pomo, *sm.* (*pl.* pomi *m.*, pome poma *f.*), nome generico di tutte le frutta degli alberi — specifico del frutto del melo *altr.* mela — *per simil.* ogni cosa rotonda.

Pomolo, *sm.* palla di metallo in cui finisce la guardia della spada

Pompa, *sf.* magnificenza, sfoggio — solennità — ambizione — all'uso tromba assorbente.

Pompeggiáre, *n. ass.* far pompa — e *np.* adornarsi con lusso.

Pomposamente *avv.* magnificamente

Pomposità, *sf.* sfarzo — vanità

Pompóso, *add. m.* sfarzoso — di *stile*, gonfio.

Ponderáre (*v. lat.*), *att.* pondero ec.), considerare maturamente — *n. ass.* servire contrappeso.

Ponderazióne, *sf.* matura

Pondo (*v. lat.*), *sm.* peso — *fig.* importanza.

Ponente, *sm.* la parte ove tramonta il sole — i paesi che vi guardano — ed il vento che soffia da quel lato — curia rom. relatore di cause

Ponere. V. Porre (*più com.*)

Ponsò (*v. fr.*), *add.* e *sm.* color rosso chiaro.

Ponte, *sm.* edifizio di pietra

legno, per lo più arcato, eretto sopra un fiume o canale, per passare da una banda all'altra - piano di nave ove sono schierati i cannoni - *volante*, formato di barche e tavolati per passaggio di eserciti - *levatojo*, quello che si usa alzare ed abbassare sulle fosse che ciugono le fortezze.

Pontefice, *sm.* chi ha il sommo grado del sacerdozio (*presso i cattolici* papa)

Pontificale, *add. com.* appartenente al pontefice - *sm.* libro delle sacre cerimonie vescovili - e la messa che dal vescovo si celebra con solennità.

Pontificato, *sm.* dignità, e dominazione del pontefice.

Pontificio, *add. m.* di pontefice.

Pontone, *sm.* ponte volante mobile

Popolano, *sm.* chi dipende da una parrocchia - *add. e sm.* della fazione del popolo.

Popolare (*pr.* popolo ec.), *avv.* mettere genti in un luogo per abitarvi.

Popolare, *add. com.* che si riferisce al popolo.

Popolaresco, *add. m.* del popolo, o secondo il gusto del popolo.

Popolarità, *sf.* maniera affabile con cui una persona d'alto grado conversa cogl'inferiori.

Popolarmente, *avv.* a maniera popolare.

Popolato, *add. m.* agg. di luogo ov'è popolo numeroso.

Popolazione, *sf.* numero degl'individui di una città o provincia.

Popolo, *sm.* moltitudine di persone - nazione - plebe - gli abitanti di una parrocchia.

Popoloso. V. *Popolato.*

Popone(*v.gr.*), *sm.* frutto molto sugoso e saporito, *volg.* mellone.

Poppa, *sf.* mammella - la parte deretana delle navi.

Poppante, *add. com.* lattante.

Poppare, *n. ass.* succiare il latte dalle poppe o mammelle.

Porca, *sf.* (*pl.* che), terra seminata e ricoperta fra solco e solco - la femmina del porco.

Porcajo, *sm.* guardiano di porci.

Porcellana, *sf.* sorta di terra composta della quale si fanno stoviglie di molto pregio - e il vascellame fatto con essa.

Porcheria, *sf.* sporcizia.

Porcile, *sm.* stanza ove tengonsi i porci - *per simil.* luogo sporco

Porcino, *add. m.* di porco.

Porco, *sm.* animale domestico che s'ingrassa per mangiare - *fig.* dicesi a persona di laidi costumi, e generalm. per ingiuria.

Porfido (*v. gr.*), *sm.* il più duro ed il più prezioso di tutti i marmi, di color rosso bruniccio, e screziato di puntine bianche.

Porgere (*sinc. del lat.* porrigere)

all. an. (pass. porsi, *pp.* por-lo), presentare, offerire – dare in mano.

Poro (*v. gr.*), *sm.* interstizio fra le molecole dei corpi – piccolo meato della cute.

Porosità, *sf.* qualità di ciò ch' è poroso.

Poróso, *add. m.* che ha pori.

Pórpora (*v. gr.*), *sf.* chiocciola che dà il color rosso sanguigno rilucente dello stesso nome – drappo tinto in porpora – *fig.* manto reale o cardinalizio.

Porporato, *add. e sm.* agg. di cardinale.

Porporino, *add. m.* di color di porpora.

Porre (*sinc. di* ponere), *all. an.* (*pr.* pongo, poni ec., *pass.* posi, *fut.* porrò, *pp.* posto), mettere in alcun luogo, collocare – disporre, ordinare – apporre, attribuire – imporre, comandare – deporre, lasciare – *n. ass.* deliberare – presupporre, mettere il caso ec.

Porro, *sm.* agrume del genere delle cipolle – escrescenza callosa e senza dolore che si forma sulle mani o sulle parti genitali.

Porta, *sf.* apertura regolare e ornata per cui si entra nelle città, templi, palagi e case grandi (quella de' piccoli edifisj o delle stanze interne dice.i uscio) – *sm.* facchino.

Portafoglio, *sm.* arnese per lo più di marrocchino ove si serbano unite più carte di piccolo volume per non ismarrirle.

Portalettere, *sm.* dispensatore per la città delle lettere giunte per la posta.

Portamento, *sm.* atteggiamento di persona, e modo di camminare – tenore di vivere.

Portantina, *sf.* lettiga portatile da due uomini.

Portáre, *att.* recare alcuna cosa da un luogo ad un altro – allegare, addurre – sopportare – apportare, cagionare – *n.* condurre (*parlando di strade*) – essere di natura, o proprietà.

Portata, *sf.* condizione di persona – carico della nave – mettere di vivande.

Portátile, *add. com.* atto ad essere portato.

Portatúra, *sf.* foggia di vestire – prezzo del porto o facchinaggio.

Portello, *sm.* la parte del portone che sta aperta di giorno, mentre quello sta chiuso.

Portento (*v. lat.*), *sm.* cosa meravigliosa, prodigio.

Portentóso, *add. m.* meraviglioso.

Portería, *sf.* ricetto presso la porta in alcuni conventi.

Pórtico, *sm.* (*pl.* ci, chi), loggia terrena con archi sostenuti da colonne.

Portiéra, sf. paramento di drappo o d'altro che si tiene agli usci interni della casa.

Portiére, sm. chi ha in guardia le porte de' palagi, volg. guardaportone – abusiv. servo di anticamera negli uffizj.

Portinajo, sm. custode della porta de' casamenti abitati da più famiglie, e dei conventi di monaci.

Porto, sm. luogo sulla spiaggia del mare, o all'imboccatura dei grandi fiumi, comodo all'ancoraggio delle navi – fig. luogo di sicurezza, rifugio – portatura. V. – franco, quello ove i mercanti di tutte le nazioni possono caricare e scaricare senza pagar dazio.

Portóne, sm. porta maggiore di un palazzo, o di un pubblico edifizio.

Porzióne, sf. ciò che tocca a ciascuno spartendosi alcuna cosa tra più persone.

Posa, sf. riposo, quiete – pausa, fermata – segno nella scrittura che accenna la pausa.

Posáre, att. por già il peso di dosso – n. ass. deporre le fecce che fanno i liquori – giacere – np. riposarsi.

Posáta, sf. fermata – e il luogo delle fermate nei lunghi viaggi – strumenti da tavola consistenti in cucchiajo, forchetta e coltello.

Posatamente, avv. adagio.

Posatezza, sf. pacatezza – fig. contr. di vivacità di tempe ramento.

Posatúra, sf. l'atto di posare – attitudine naturale delle figure dipinte o scolpite – fondiglio delle cose liquide.

Póscia, avv. dipoi, dopo.

Posciaché, avv. poiché – quantunque.

Poscritto, sm. aggiunta alla lettera nello stesso foglio.

Posdománi, avv. domani l'altro.

Positivamente, avv. inalterabilmente – effettivamente – senza pompa od eccedenza.

Positivo, add. m. che non si può alterare o mutare – effettivo – modesto nel vestire e nel procedere.

Positúra; e

Posizióne, sf. il modo come la cosa è posta.

Pospasto, sm. l'ultimo servito della mensa.

Posporre (pr. ongo, oni ec., pass. osi, fut. orrò, pp. osto), att. an. mettere dopo ciò che dovrebb'essere innanzi – stimar meno.

Possa, sf. potere, forza.

Possanza, sf. potenza – efficacia.

Possedére (pr. iedo, eggo, iedi ec., pass. edéi, edétti ec.), att. an. aver dominio e possesso di una cosa.

Possedimento, sm. dominio.

Possente, add. com, che ha gran potere.

Possentemente, avv. con gran forza

Possessione, sf. campagna di considerevole estensione (altr. podere) – In legge, l'azione di possedere od occupare una cosa

Possessivo, add. m. In gramm. agg. di pronomi che indicano possesso, come mio, tuo ec.

Possesso, sm. dominio di fatto.

Possessore, sm. chi ha dominio legale sopra una cosa.

Possibile, add. com. che può essere o avvenire.

Possibilità, sf. non repugnanza di esistere in una cosa la quale per niun conto esiste.

Possibilmente, avv. in modo, e per quanto è possibile.

Possidente, sm. chi possiede stabili

Posta, sf. luogo fisso ove uno può fermarsi – spedizione di corrieri – luogo ove si cambiano i cavalli – uffizio pubblico dove si ricevono e si distribuiscono le lettere – luogo e tempo determinato – spazio di cammino pel quale si corre co' medesimi cavalli – somma d'invito al giuoco – positura, sito.

Postarsi, np. prendere posto, accamparsi.

Postema (v. gr.), sf. enfiatura

che marcisce.

Postergare, att. porre o gittar dietro le spalle – detto di carte scrivere nella pagina esterna.

Posteri (v. lat.), sm. pl. discendenti

Posteriore, add. com. di dietro - che segue.

Posteriormente, avv. dalla parte di dietro – dopo.

Posterità (v. lat.), sf. tutti quelli che verranno dopo di noi.

Posticcio, add. m. agg. di cosa che non istà naturalmente al suo luogo, ma vi è posta per arte, e per breve tempo.

Posticipare (pr. icipo ec.), att. mettere dopo, differire.

Posticipazione, sf. trasportamento di cosa oltre il tempo stabilito.

Postiere, sm. chi tien cavalli di posta.

Postiglione, sm. guida dei cavalli di posta.

Postilla, sf. quella breve dichiarazione del testo che si scrive nel margine.

Postillare, att. far postille o annotazioni a un libro.

Posto, sm. luogo ove uno sta - fig. impiego, carica, uffizio - Nella mil. ogni situazione di pace di alloggiare soldati - terreno fortificato – guardia avanzata.

Postremo (v. lat.), add. m. ultimo

Postribolo, *sm.* lupanare, bordello.

Postulante, *add. com. e sm.* candidato, concorrente.

Postulazióne (*v. lat.*), *sf.* nomina di alcun soggetto per la elezione ad una dignità ecclesiastica, dalla quale sarebbe escluso secondo i canoni, a motivo di qualche impedimento da rimuoversi.

Póstumo (*v. lat.*), *add. m.* nato dopo la morte del padre.

Potàbile (*v. lat.*), *add. com.* buono a bere.

Potàre, *att.* tagliare i tralci o i rami inutili alle viti ed agli alberi fruttiferi.

Potassa, *sf.* sostanza salina che si ricava dalle ceneri di certe piante.

Potatúra, *sf.* il potare, e quanto si taglia dalla vite e dagli altri alberi.

Potentáto, *sm.* alto dominio – governo di pochi potenti (*altr.* oligarchia)

Potente, *add. com.* che ha gran potere – gagliardo – agiato, ricco.

Potentemente, *avr.* con gran forza.

Potenza, *sf.* cosa efficace per sè stessa – *In filos.* attitudine a fare od ottenere un risultamento – *In mecc.* forza qualunque che tende a muovere un corpo, o un sistema di corpi – *In polit.* stato potente – e la forza riunita di uno stato.

Potenziale, *add. com.* di potenza

Potenzialmente, *avr.* possentemente

Potére (*pr.* posso, puoi, può ec., *pass.* potéi, potè ec., *fut.* potrò, *p. pr.* potente o possente), *n. ass. an.* avere facoltà, essere possibile – ed essere valoroso.

Potére, *sm.* possanza, forza – facoltà – influsso.

Potestà. V. *Podestà.*

Poveráglia, *sf.* gente povera.

Poveramente, *avr.* da povero – scarsamente – debolmente.

Póvero, *add. e sm.* che manca dei comodi della vita – *fig.* scarso – negletto – pusillanime – sterile – stentato.

Povertà, *sf.* mancanza de'comodi della vita – *fig.* scarsità – angustia (*di casa, di vestito ec.*) – sterilità (*di terreni*)

Pozióne (*v. lat.*), *sf.* beranda medicinale.

Pozza, *sf.* piccola buca piena di acqua ferma.

Pozzánghera, *sf.* molte pozze in una pubblica via, che la rendono quasi impraticabile.

Pozzo, *sm.* incavo circolare profondo e murato sotterra per conservare l'acqua da bere.

Pozzolána, *sf.* terra che si adopera a mutare in vece di calce.

Prammática, e

Prammática (*v. gr.*), *sf.* (*pl.* che), rescritto del principe ad un corpo morale – statuto con cui il sovrano, intesa il suo consiglio, regola l'ordine di successione nella sua famiglia – riforma delle pompe, cioè di lusso eccedente ec.

Prammatico, *add. e sm.* che segue più la tradizione che la dottrina.

Pranzáre. V. *Desinare.*

Pranzo, *sm.* ciò che si mangia circa il mezzodì.

Pratajuolo, *add. m.* de'prati – *sm.* sorta di fungo.

Pratense, *add. com.* di prato, o che alligna ne'prati.

Prateria, *sf.* vasto prato, o più prati insieme.

Prática, *sf.* (*pl.* che), perizia acquistata col lungo operare – frequente conversazione – negozio, trattato – *In marin.* la permissione a coloro che giungono da paesi sospetti di contagio di avere commercio libero con gli abitanti della città a cui arrivano.

Praticábile, *add. com.* che può praticarsi, o usarsi.

Praticamente, *avv.* in atto pratico.

Praticante, *add. com. e sm.* che fa pratica.

Praticáre (*pr.* prático, chi ec.), *att.* mettere in pratica, esercitare – conversare frequentemente – frequentare un luogo – consultare, negoziare.

Prático, *add. e sm.* (*pl.* ci, chi), che ha pratica, esercitato, perito –

Nelle scuole, operativo, contr. di speculativo.

Prato, *sm.* campo non coltivato, e lasciato ad erba per fieno o pascolo.

Pravamente, *avv.* iniquamente.

Pravità, *sf.* malvagità – *morale,* qualità delle azioni che oppongonsi alla giustizia, alla umanità, alla gratitudine.

Pravo, *add. m.* maligno, cattivo.

Preámbolo, *sm.* introduzione al discorso, prefazione.

Prebenda, *sf.* rendita certa di benefizio.

Prebendário, *sm.* benefiziato.

Precariamente, *avv.* in modo precario – *nell'uso,* per breve tempo.

Precário, *add. m.* domandato in grazia e con preghiera – fatto per tolleranza – *nell'uso,* di breve durata.

Precauzione, *sf.* cautela per non incorrere in qualche sinistro.

Prece (*v. lat.*), *sf.* preghiera – *In pl.* serie ordinata di orazioni ecclesiastiche.

Precedentemente, *avv.* prima, innanzi.

Precedenza, *sf.* preminenza, primato.

Precédere, *att.* andare innanzi.

Precettáre, *att.* mandare il precetto o di pagare o di comparire.

Precettivo, *add. m.* che contiene precetti o regole – che serve di regola – istruttivo.

Precetto, *sm.* comandamento – regola – *Nel foro*, citazione a comparire in giudizio.

Precettóre, *sm.* maestro.

Precinto, *add. m.* cinto davanti, o all' intorno.

Precipitáre (*pr.* ipito ec.), *att.* gittare una cosa dall'alto a basso con furia – mandare in rovina – incitare furiosamente – *n. ass.* cadere rovinosamente – *fig.* andare incontro inconsideratamente ad un pericolo – *In chim.* l' andare a fondo delle materie sciolte ne' liquori.

Precipitatamente, *avv.* a precipizio.

Precipitáto, *sm.* medicamento corrosivo, tratto dal mercurio.

Precipitazione, *sf.* soverchia fretta ed imprudenza nell' operare.

Precipitosamente, *avv.* sconsideratamente.

Precipitóso, *add. m.* che ha precipizio – *fig.* inconsiderato, furioso.

Precipizio, *sm.* luogo dirupato, abisso – caduta grandissima.

Precipuamente, *avv.* principalmente.

Precipuo (*v. lat.*), *add. m.* principale.

Precisamente, *avv.* succintamente – esattamente – nè più nè meno.

Precisióne, *sf.* esattezza, distinzione.

Preciso, *add. m.* esatto, distinto.

Precláro (*v. lat.*), *add. m.* illustre, eccellente.

Preclúdere (*pass.* usi, *pp.* uso), *att. an.* vietare, impedire.

Precóce (*v. lat.*), *add. com.* non maturo.

Precognizióne, *sf.* cognizione che deve precedere lo studio di alcuna cosa.

Precónio (*v. lat.*), *sm.* pubblicazione di bene – lode.

Preconizzáre, *att.* pubblicare con lode.

Preconizzazióne, *sf.* pubblicazione fatta dal papa in concistoro di que' soggetti che vuol promuovere al vescovado o al cardinalato.

Precórrere (*pass.* orsi, *pp.* orso), *att. an.* correre avanti – prevenire.

Precursóre, *sm.* chi va innanzi ad uno per annunziarne la venuta (*titolo proprio di S. Giovanni Battista*)

Preda, *sf.* acquisto fatto con violenza – e la cosa stessa predata, bottino.

Predáre, *att.* tor per forza.

Predatóre, *sm.* ladro violento.

Predecessóre, *sm.* chi ha preceduto un altro nello stesso grado o uffizio.

Predella, *sf.* arnese di legno per

posare i piedi - scaglione ultimo dell'altare.

Predestinare, *att.* destinare avanti.

Predetto, *add. m.* detto innanzi.

Prediale, *add. com.* di terreni - *sf.*
sottoint. *imposta*, gravezza sugli stabili.

Prédica, *sf.* (*pl.* che), ragionamento sacro - *fig.* riprensione, ammonimento.

Predicáre (*pr.* édico, chi ec.),
att. dichiarare al popolo la
divina parola - dir bene, lodare - pubblicare.

Predicatóre, *sm.* sacro oratore.

Predicazióne, *sf.* il predicare, e
la predica stessa.

Prediletto, *add. m.* amato sópra
ogni altro della stessa specie.

Predilezióne, *sf.* amore prestato
con distinzione.

Prediligere (*pass.* éssi, *pp.* etto),
an. an. amare di preferenza.

Prédio (*v. lat.*), *sm.* possessióne,
campo.

Predire (*pr.* ico, *pass.* issi, *pp.*
etto), *att. an.* dire ciò che ha
da essere, prima che accada.

Predizióne, *sf.* indovinamento.

Predomináre (*pr.* ómino ec.), *att.*
signoreggiare con superiorità.

Predomínio, *sm.* superiorità di
dominio.

Prefázio (*v. lat.*), *sm.* proemio -
e *propr.* orazione al mezzo della messa.

Prefazióne (*v. lat.*), *sf.* pream-

bolo - *propr.* discorso preliminare al principio di un libro.

Preferenza, *sf.* il preferire.

Preferire (*pr.* sco ec.), *att.* fare
scelta di una persona o di una
cosa piuttosto che di un' altra.

Prefetto, *sm. presso i rom. ant.*
luogotenente in assenza de're
o de'consoli - *oggidì* governatore di provincia - *e negli
stabilim. di educazione*, chi è
preposto al buon ordine degli
studj, ed alla morale condotta
degli alunni.

Prefettúra, *sf.* dignità e giurisdizione del prefetto.

Prefiggere (*pass.* issi, *pp.* isso),
att. an. determinare - *np.*
mettersi nell'animo.

Pregáre, *att.* domandare umilmente - *n. ass.* fare orazione.

Pregévole, *add. com.* da tenersi
in pregio.

Preghiéra, *sf.* domanda di grazia
o favore - sollevamento della
mente o del cuore a Dio (*altr.*
orazione)

Prégio, *sm.* stima - qualità pregevole - fama - prezzo (*valut*

Pregiudicáre (*pr.* údico, chi ec.)
n. recar pregiudizio, nuocere.

Pregiudiciale, e

Pregiudiziale, *add. com.* che rec
pregiudizio, o danno.

Pregiudízio, *sm.* danno - fal
opinione concepita o per di
fetto di educazione, o per ma

canza di giusto esame.

Pregnante, *add. com.* gonfio - *sf.* (*per lo più usato*), donna gravida

Pregno, *add. m.* pieno, gonfio - *f.* gravida.

Prego (*v. poet.*) V. *Preghiera.*

Prelatizio, *add. m.* di prelato.

Prelato, *sm.* ecclesiastico elevato in alta dignità.

Prelatura, *sf.* dignità de'prelati.

Prelazione, *sf.* l'essere preferito - superiorità, maggioranza.

Prelezione, *sf.* lezione precedente

Prelibato, *add. m.* eccellente, squisito.

Preliminare, *sm.* prima disposizione delle cose attenenti al trattato da farsi - *add com.* nell'uso, che precede, o va innanzi.

Preludio (*v. lat.*), *sm.* principio - indizio - pezzo di sinfonia che serve d'introduzione ad un pezzo di musica.

Prematuramente, *avv.* prima del tempo.

Premeditare (*pr. édito ec.*), *att.* pensare avanti.

Premeditazione, *sf.* il premeditare

Prèmere (*pass.* emei, emetti, *e* pressi, *pp.* emuto, *e* presso), *att. an.* stringere una cosa tanto che n'esca il sugo (*che meglio dicesi* spremere) - spignere - calcare - conculcare - incalzare - *n. ass.* essere necessario, o importante.

Premessa, *è più comun.*

Premesse, *sf. pl.* la prima, ó le prime due proposizioni di un argomento. - *fig.* qualunque cosa detta antecedentemente, da cui traesi conseguenza.

Premettere (*pass.* isi, *pp.* esso), *att. an.* mettere innanzi.

Preminente, *add. com.* che ha preminenza.

Preminenza, *sf.* vantaggio d'onore, maggioranza.

Prémio, *sm.* ricompensa del ben operare - o contraccambio di servigj fatti - distinzione scolastica per buona condotta o profitto - e distinzione d'incoraggiamento e di onore data dal principe a chi più si distinse nei concorsi delle arti - *In comm.* prezzo pattuito per l'assicurazione dell'andata e del ritorno di un vascello.

Prémito, *sm.* contrazione di muscoli o delle tuniche intestinali

Premonizione, *sf.* ammonizione anticipata.

Premorire (*pr.* muojo, muóro, *e* móro, *pass.* morii, *ful.* morrò, *e* morirò, *p. pr.* morente, *e* moriente, *pp.* morto), *n. ass.* morire avanti.

Premunire (*pr.* scó ec.), *att.* munire, o provvedere innanzi - *np.* munirsi preventivamente.

Premura, *sf.* sollecitudine ardente di fare.

Premurosamente, *avv.* con premura.

Premuróso, *add. m.* sollecito, ansioso.

Prence (*v. poet.*), V. *Principe.*

Préndere (*pass. ési, pp. éso*), *att. an.* pigliare con mano – ridurre in suo potere – cogliere – accettare – *Nella mil.* impadronirsi di una cosa – *e in agric. n.* radicare.

Prenóme, *sm.* il nome proprio prima del gentilizio.

Prenozióne, *sf.* cognizione precedente un'altra.

Prenunciáre, e

Prenunziáre, *att.* predire.

Preoccupáre (*pr. óccupo ec.*), *att.* occupare avanti – guadagnare l'animo altrui in favore di altra cosa o persona.

Preoccupazióne, *sf.* prevenzione.

Preparamento, V. *Preparazione.*

Prepaáre (*pr. áro ec.*), *att.* apparecchiare, disporre – *np.* accignersi – munirsi delle necessarie disposizioni per ben riuscire in alcuna impresa.

Preparatívo, *add. m.* atto a preparare – *sm.* preparamento.

Preparatório, *add. m.* atto a preparare.

Preparazióne, *sf.* apparecchiamento

Preponderanza, *sf.* eccedenza di peso.

Preponderáre (*pr. óndero ec.*), *n. ass.* superar di peso – *fig.* es-

sere più forte, prevalere.

Preporre (*pr. ongo, óni ec., pass. ósi, fut.* orrò, *pp.* osto), *att. an.* metter avanti – preferire.

Prepositúra. V. *Propositura.*

Preposizióne, *sf.* particella indeclinabile che premessa ad altre parti del discorso ne determina il significato.

Prepóstero, *add. m.* fuor di tempo.

Prepotente, *add. com.* che può più degli altri – *nell'uso*, violento, audace.

Prepotenza, *sf.* sommo potere – *nell'uso*, abuso di potere.

Prepúzio, *sm.* pelle che cuopre la punta del membro virile.

Prerogatíva, *sf.* privilegio o preminenza che una persona ha sopra un'altra.

Presa, *sf.* il prendere – l'imprigionare – quantità di medicamento preso in una volta – quantità di preda fatta in una cacciata – raccolta delle carte giocate in una data – *Nelle arti* assodamento – parte per cui una cosa si acchiappa.

Preságio, *sm.* augurio o indizio di cosa avvenire.

Presagíre (*pr. sco ec.*), *att.* pronunziare, predire.

Preságo, *add. m.* che prevede il futuro – *sm.* indovino.

Presáme. V. *Caglio.*

Présbite (*v. gr.*), *sm.* chi da vicino vede confusamente, e di stintamente da lontano.

Presbiterato (v. gr.), sm. uno degli ordini sacri per cui si conferisce il sacerdozio.

Presbiterio (v. gr.), sm. luogo nelle chiese destinato ai sacerdoti.

Précia, sf. fretta.

Prescienza, sf. notizia del futuro (proprietà unicamente d'Iddio)

Prescindere, a. fare eccezione.

Prescito, add. m. saputo innanzi – dannato.

Presciutto. V. Prosciutto.

Prescritto, sm. precetto, legge – add. m. scritto innanzi – ordinato immutabilmente – limitato.

Prescrivere (pass. issi, pp. itto), n. ass. an. acquistar dominio per prescrizione – rischiudere fra certi termini, limitare – stabilire, ordinare.

Prescrizione, sf. ragione acquistata coll'uso e col tempo – ordinazione.

Presedere (pr. iedo, eggo ec., pass. edéi, edetti ec.), n. ass. an. sedere il primo in un congresso, averne la presidenza.

Presentaneo, add. m. che opera subito.

Presentare, att. porgere, esibire – far donativo di cose mobili – condurre alla presenza per la prima volta – consegnare in mano – np. comparire dinnanzi ad uno.

Presentatore, sm. chi presenta, e consegna, o introduce.

Presentazione, sf. il presentare.

Presente, sm. donativo, regalo – In gramm. tempo ch'esprime attualità – add. com. ch'è ella presenza.

Presentemente, avv. in questo istante.

Presentimento, sm. sentore di cosa avvenire.

Presentire, att. aver sentore di una cosa prima che accada.

Presenza, sf. l'essere presente – aspetto, apparenza. – Di presenza, avverb. in persona.

Presepio (v. lat.), sm. stalla, e mangiatoja nella stalla (propr. quella ove nacque N. S.)

Preservare, att. salvare da male presente o futuro possibile.

Preservativo, add. m. che preserva – sm. rimedio atto a preservare.

Preservazione, sf. il preservare.

Préside (v. lat.), e

Presidente, sm. capo di un'adunanza – add. com. che presiede.

Presidenza, sf. autorità, maggioranza.

Presidiare, an. munire – porre un corpo di soldati a custodia di una città o fortezza.

Presidio, sm. guarnigione – In med. rimedio per arrestare il corso di un male – fig. difesa, riparo.

Presiédere. V. *Presedere.*

Presuntuosamente, avv. con arroganza.

Presuntuoso, add. m. che presume troppo di sè.

Pressa, sf. calca, folla – fretta.

Pressante, add. com. che incalza – premuroso.

Pressappóco, e presso a poco, avv. quasi, poco meno.

Pressáre, att. incalzare, sollecitare.

Pressatúra, sf. istanza nel domandare.

Pressióne, sf. il premere.

Presso, prep. e avv. vicino.

Pressúra, sf. pressione, o compressione – fig. oppressione.

Prestabilito, add. m. stabilito innanzi.

Prestamente, avv. prontamente.

Prestamento, sm. prestito, prestanza.

Prestante (v. lat.), add. com. ch'è sopra gli altri, eccellente.

Prestanza, sf. il prestare, e la cosa prestata – (v. lat.) preminenza, eccellenza.

Prestáre, att. dare in prestito – concedere – n. ass. il cedere che fanno alcune materie in toccandole o premendole.

Prestatore, sm. chi presta.

Prestazióne, sf. il prestare – tassa, tributo.

Prestezza, sf. affrettamento, sollecitudine.

Prestigio, sm. incanto – fig. inganno per falsa apparenza.

Prestigióso, add. m. ingannevole.

Préstito, e

Presto, sm. l'atto di prestare e la cosa prestata per esser renduta – monte di pietà.

Presto, add. m. sollecito, spedito – apparecchiato, pronto – avv. subito.

Presúmere (pass. unsi, pp. unto), n. aver troppa estimazione del proprio merito – immaginare, conghietturare.

Presumibile, add. com. che può presumersi.

Presuntamente, avv. in modo presuntivo.

Presuntivo, add. m. che può essere presupposto – agg. di erede, il parente più prossimo, al quale va l'eredità di chi muore ab intestato.

Presuntuosamente. V. *Presuntuosamente.*

Presuntuoso. V. *Presuntuoso.*

Presunzióne, sf. eccessiva estimazione di sè stesso, presunzione temeraria – In legge sospetto o congettura fondata sopra indizj.

Presupporre (pr. ongo, oni e pass. osi, fut. orrò, pp. osto) att. an. supporre chicchessia per vero.

Presupposizióne, sf. e

Presupposto, sm. il presupporre.

Presúta, sf. V. Presa.

Prete (v. gr.), sm. sacerdote secolare - nell' uso arnese di legno da scaldare il letto.

Pretendente, add. com. che pretende, cioè aspira al conseguimento di checchessia.

Preténdere (pass. ési, pp. éso), att. an. ritenere di avere ragione o diritto su qualche cosa - aspirare - essere d'avviso.

Pretensióne, sf. credenza di dover conseguire alcuna cosa.

Preterire (v. lat.), n. ass. (pr. sco ec.), mancar di effetto - att. lasciare, omettere.

Pretérito, sm. il passato. - In gramm. uno de' tempi de' verbi - il deretano - add. m. passato.

Preterizióne (v. lat.), sf. trasandamento - In rett. il mostrare di passar sotto silenzio ciò che effettivamente si dice - In legge il non far menzione di un figlio nel testamento.

Preternaturále, add. com. che sorpassa l'espettativa della naturale costituzione.

Pretesta (v. lat.), sf. lunga veste bianca listata di porpora, che portavano i figli dei senatori romani finché indossassero la toga virile.

Pretesto, sm. ragione falsa o vera addotta per conestare un'azione fatta o da farsi.

Pretismo, sm. condizione di prete.

Pretóre, sm. magistratura insigne presso i romani, che amministrava la giustizia - oggidì magistratura giudiziaria di secondo ordine.

Pretoriáno, add. m. agg. delle guardie del corpo presso gli imperatori romani, quasi simile ai giannizzeri del Gran Signore.

Pretório, sm. luogo ove il pretore amministrava la giustizia presso gli antichi romani - add. m. di pretore.

Prettamente, avv. schiettamente.

Pretto, add. m. schietto, puro.

Pretúra, sf. uffizio e giurisdizione del pretore.

Prevalenza, sf. superiorità di valore.

Prevalére (pr. algo, áli ec., pass. alsi, fut. alerò, e arrò, pp. aluto, e also), n. essere di più valore, eccedere - vincere nella gara - np. trar vantaggio, approfittarsi.

Prevaricáre (pr. árico, chi ec.), n. ass. trasgredire i precetti.

Prevaricatóre, sm. trasgressore.

Prevaricazióne, sf. trasgressione.

Prevedére (pr. édo, eggo, éggia ec., pass. idi, fut. edrò, pp. edúto, e isto), att. an. vedere innanzi, antivedere.

Preveniente add. com. che previene (detto per lo più della

grazia divina.

Prevenire(pr. engo, iéni ec.), pass. enni, fut. errò, pp. enúto), att. an. venire innanzi, anticipare.

Preventivamente, avv. innanzi.

Preventivo, add. m. atto a prevenire – nell'uso anteriore.

Prevenzione, sf. anticipazione – l'essere preoccupato, nel 2 sign. di preoccupare.

Previdenza, sf. antivedimento.

Prévio (v. lat.), add. m. che va innanzi, o precede.

Previsione, sf. antivedimento.

Prevosto. V. Proposto.

Prevostura. V. Propositura.

Preziosità, sf. gran pregio o valore.

Prezioso, add. m. di gran pregio o valore – smorfioso.

Prezzare, att. V. Apprezzare – stabilire il prezzo.

Prezzémolo, sm. erbolina degli orti che dà sapore e odore alle vivande.

Prezzo, sm. valuente di una cosa – fig. pregio, estimazione.

Prezzolare (pr. ézzolo ec.), att. acquistare la servità di alcuno a prezzo stabilito.

Pria (v. poet.), avv. prima.

Priego (v. poet.) V. Preghiera.

Prigióne, sf. V. Carcere – sm. carcerato.

Prigionía, sf. lo stato di chi è in carcere.

Prigioniére, e

Prigioniéro, sm. chi ha perduto la propria libertà per cagione civile o criminale o militare.

Prima, sf. una delle ore canoniche – avv. innanzi.

Primamente, avv. da principio.

Primariamente, avv. principalmente.

Primário, add. m. principale.

Primate (v. lat.), sm. chi soprastà agli altri – arcivescovo investito di giurisdizione sopra molti altri vescovi.

Primaticcio, add. m. agg. di frutto che si matura prima del tempo.

Primáto, sm. primo luogo d'onore e di dignità.

Primavéra, sf. quella delle quattro stagioni, nella quale si rinverdisce la terra – poetic. l'età giovanile dell'uomo.

Primazia, sf. dignità di primate.

Primeggiáre, n. ass. vantare il primato in alcuna cosa.

Primicério, sm. dignità primaria ecclesiastica.

Primiéra, sf. giuoco di sorte che si fa colle carte.

Primieramente, avv. prima di tutto.

Primiéro, add. m. primo.

Primigénio (v. lat.), add. m. primo-originato.

Primitivamente, avv. in origine.

Primitivo, add. m. che non ha origine da alcuno – in gramm. radicale.

Primizia *sf.* frutto primaticcio.

Primo, *add. m. num. ordinat. a cui succede* secondo, terzo ec. – principale.

Primogénito, *sm.* il primo nato di più figli.

Primogenitura, *sf.* il diritto del primo nato tra fratelli – parte di eredità spettante al primogenito.

Primórdio, *sm.* principio.

Principale, *add. com. e sm,* il primo di grado, superiore, il più importante.

Principalità, *sf.* stato e condizione di persona o cosa che sovrasta alle altre.

Principalmente, *avv.* soprattutto.

Principato, *sm.* titolo e dominio del principe – *fig.* preminenza.

Príncipe, *sm.* titolo di chi è investito della suprema signoria di uno stato – e de' membri delle famiglie reali – *ed anche* titolo di nobiltà feudale o semplicemente onorario.

Principesco, *add. m. (pl.* schi), di, o da principe.

Principessa, *sf.* moglie di principe, o signora di stato.

Principiante, *add. com.* che comincia – *sm.* chi non è ancora bene istruito, *altr.* novizio.

Principiáre, *att.* cominciare.

Principio, *sm.* ciò da cui una cosa ha l'essere, o cagióne,

origine – cominciamento – primo fondamento di alcuna scienza – *In chim.* le sostanze più semplici onde sono composti i corpi – *scientifico o pratico,* proposizione generale risultante da parecchi particolari.

Priorato, *sm.* titolo di prioria ecclesiastica – e durata dell'uffizio di priore.

Priore, *sm.* primo superiore dei monaci dopo l'abate – dignità negli ordini cavallereschi.

Prioria, *sf.* chiesa con cura di anime, retta da un priore.

Priorità, *sf.* l'essere il primo – *In legge,* anteriorità di possesso.

Prisco (*v. lat.*), *add. m. (pl.* schi), antico.

Prisma, *sm.* strumento triangolare di vetro per fare esperienze sulla luce e sui colori

Pristino (*v. lat.*), *add. m.* primiero.

Priváre, *att.* togliere ad uno ciò che ha, spogliarlo di alcuna cosa che gli apparteneva.

Privatamente, *avv.* da privato, o in privato.

Privativamente, *avv.* esclusivamente.

Privativo, *add. m.* che priva.

Privato, *sm.* persona privata – cesso – *add. m.* particolare, opposto di pubblico.

Privazione, *sf.* mancanza di cose

che fa di bisogno – e mancanza assoluta.

Privilegiare, att. far grazia particolare o esenzione a luogo o
a persona.

Privilégio, sm. grazia o esenzione concessa a luogo o a persona.

Privo, add. m. mancante.

Pro, sm. giovamento, vantaggio.

Proavo, sm. bisavolo.

Probàbile, add. com. verisimile.

Probabilità, sf. inclinazione del
giudizio dall' una più che dal-
l'altra delle opposte proposizioni – verisimiglianza.

Probabilmente, avv. verisimilmente.

Probazione (v. lat.), sf. prova
– noviziato dei monaci – esame
de' laureandi presso le università.

Probità, sf. abituale ed effettivo
amore alle virtù sociali.

Probléma (v. gr.), sm. (pl. mi).
proposizione dubbia che può
impugnarsi e difendersi – In
filos. questione per cui si chie-
de ragione di cosa ignota.

Problemàtico, add. m. (pl. ci,
chi), disputabile per una parte
e per l'altra.

Probo (v. lat.), add. m. buono,
retto, leale.

Proboscide (v. gr.), sf. tromba
dell' elefante – per simil. il
succhiatoio delle mosche, ec.

tare e simili.

Procacciare (da caccia), att. ingegnarsi per avere o far aver
– np. procurarsi, guadagnarsi

Procaccia, sm. chi porta le lettere da una città all' altra
vicina.

Procédere, n. ass. andare avanti
camminando – continuare, proseguire – derivare – torna
bene o in acconcio.

Procedimento, sm. proseguimento, progresso – modo di trattare bene o male colle persone.

Procedura, sf. maniera di trattare, e di agire – Nel foro, i
corso, l'ordine degli atti di un
lite, o di un processo.

Procella, sf. tempesta impetuosa
– fig. grave pericolo.

Procelloso, add. m. burrascoso

Processare, att. formar processo

Processione, sf. stuolo ordinat
di ecclesiastici e divoti ch
vanno attorno cantando litanie o salmi.

Processo, sm. progresso – Ne
foro, tutte le scritture deg
atti giudiziarj per cause sì ci
vili che criminali – In chim
il corso intero di un' operazi
ne o esperimento.

Processura. V. Procedura.

Procinto (v. lat.), sm. recint
circuito – apparecchio – ess
esser in procinto, cioè app

, sécchio la.

Proclàma, *sm.* (*pl. mi*), pubblicazione, editto.

Proclamàre, *att.* pubblicare, divulgare.

Proclìve (*v. lat.*), *add. com.* inclinato - facile, disposto - *sm.* pendio.

Proclività, *sf.* propensione, inclinazione.

Proconsolàre, *add. com.* spettante al proconsole.

Proconsolàto, *sm.* uffizio del proconsole.

Procònsolo, *sm.* chi fa le veci del console.

Procrastinàre (*v. lat.*), *att.* (*pr. àstino ec.*), indugiare d'oggi in domani, differire.

Procrastinazióne (*v. lat.*), *sf.* temporeggiamento.

Procreàre, *att.* generare figli.

Procùra, *sf.* strumento di scrittura, col quale uno dà autorità ad altrui di operare in nome di sè medesimo.

Procuràre, *att.* ingegnarsi di avere e far avere - aver cura - difendere le altrui cause.

Procuratìa, *sf.* e più comun.

Procuratìe, *sf. pl.* l'abitazione un tempo de' procuratori in Venezia - oggidì i portici della gran piazza di s. Matteo nella medesima città.

Procuratóre, *sm.* chi prende a difendere nel foro le cause altrui - chi ha commissione di agire come delegato in qualunque negozio per conto di un altro.

Pròda, *sf.* sponda, ripa (*onde approdare*)

Pròde, *add. com.* valoroso, valente.

Prodeménte, *avv.* con prodezza.

Prodézza, *sf.* valore, gagliardia - opera generosa.

Prodigalità, *sf.* eccesso nello spendere, scialacquamento.

Prodigalizzàre, *att.* scialacquare il suo - *fig.* dare con soprabbondanza.

Prodigaménte, *avv.* senza misura.

Prodìgio, *sm.* cosa insolita nell'ordine di natura - segno di cosa futura.

Prodigiosaménte, *avv.* maravigliosamente.

Prodigióso, *add. m.* maraviglioso - raro.

Pròdigo, *add. m.* (*pl. ghi*), scialacquatore.

Proditoriaménte, *avv.* a tradimento.

Prodótto, *sm.* il risultato della moltiplicazione di due o più numeri.

Prodùrre (*pr. ùco, pass. ussi, fut. urrò, pp. otto*), *att. an.* dare l'essere, generare - cagionare - *fig.* addurre, allegare.

Produzióne, *sf.* il produrre.

Proemiàle, *add. com.* che serve di proemio.

Proèmio, *sm.* la prima parte di un discorso, introduzione.

Profanáre, *att.* applicare le cose sacre ad usi profani - *fig.* far cattivo uso di cosa sacra.

Profanazióne, *sf.* violazione di cosa sacra.

Profáno, *add. m.* secolaresco, mondano - *fig.* empio, *opposto di* sacro, santo ec.

Proferíre (*pr.* sco ec. , *pass.* erii, *e* proferei ec. , *pp.* erito, *e* proferto), *att. an.* mandar fuori le parole, pronunziare - *np.* offerirsi, esibirsi.

Proferta. V. *Offerta.*

Professáre, *att.* far professione religiosa , cioè obbligarsi con voto solenne - *nell'uso*, insegnare pubblicamente alcuna scienza od arte.

Professióne, *sf.* atto per cui uno si offerisca a Dio con voto solenne - esercizio di arte nobile.

Professo , *sm.* religioso che ha fatto professione in alcun ordine monastico.

Professóre, *sm.* chi dà pubbliche lezioni di alcuna facoltà.

Profeta (*v. gr.*), *sm.* (*pl.* ti), persona inspirata da Dio nella cognizione degli eventi futuri.

Profetáre. V. *Profetizzare.*

Profetico, *add. m.* (*pl.* ci, chi), di profeta.

Profetizzáre, *att.* annunziare il futuro.

Profezia (*v. gr.*), *sf.* predizione degli eventi futuri per divina inspirazione.

Profferíre. V. *Proferire.*

Profferta, *sf.* V. *Offerta* - c che si offre di prezzo a men contrattandola.

Profilo, *sm.* veduta di una f gura o ritratto per parte.

Proficuo (*v. lat.*), *add. m.* pr fittevole, giovevole.

Profiláre, *att.* ritrarre in prof

Profilo. V. *Proffilo.*

Profittáre. V. *Approfittare.*

Profittévole, *add. com.* giovev le, utile.

Profitto, *sm.* vantaggio - progres

Profluvio (*v. lat.*), *sm.* traboc (*detto degli umori del corpo*) *fig.* abbondanza (*detto per più di parole*)

Profondaménte , *avv.* molto fondo - *fig.* diligente.

Profondáre, *n. ass.* cadere o p cipitare nel fondo - *att.* d dare a fondo - *np.* andare fondo, immergersi - *fig.* netrare in una cosa, interna

Profondere (*pass.* usi, *pp.* u *att. an.* spargere profusame - scialacquare.

Profondità, *sf.* altezza dal s mo al fondo (*una delle dimensioni de' solidi*) - grandezza - intensità.

Profondo, *add. m.* molto fon intimo - *fig.* intenso - *sm* fondità - *art.* profonda

rofugo. *add. m.* (*pl.* ghi), fuggiasco, ramingo.

rofumàre, *att.* dare ad una cosa odor di profumo — *n. ass.* tramandare odore — *fig.* incensare di lodi.

Profumatamente, *avv.* con odore — *fig.* con gran diligenza.

Profumiére, *sm.* chi fa unguenti odorosi.

Profumo, *sm.* qualunque cosa atta in qualsiasi modo a rendere buon odore.

Profusamente, *avv.* prodigamente.

Profusione, *sf.* spesa senza misura.

Progénie, *sf.* stirpe, schiatta.

Progenitóre, *sm.* antenato.

Progettàre, *att.* far progetto o proposta.

Progetto, *sm.* piano e disposizione dei mezzi per ottenere uno scopo — principio di trattato, proposta.

Pregnostico. V. *Pronostico.*

Programma (*v. gr.*), *sm.* (*pl.* mmi), scritto che contiene il disegno e l'argomento di un'opera.

Progredire, *n.* andare avanti.

Progressione, *sf.* avanzamento con ordine.

Progressivamente, *avv.* con avanzamento regolare.

Progressivo, *add. m.* che va avanti.

Progresso, *sm.* avanzamento.

Proibire (*pr.* sco ec.), *att.* comandar che non si faccia, vietare.

Proibitivo, *add. m.* che proibisce.

Proibizione, *sf.* divieto.

Projetta, *sm.* nome generico di ogni corpo grave in qual si voglia maniera e per ogni verso gettato — *In archit.* quel membro degli ornamenti di un edifizio che sporge in fuora.

Prole (*v. lat.*), *sf.* parto — più figli di uno stesso padre.

Prolegómeno (*v. gr.*), *sm.* discorso preliminare.

Prolificáre, *n.* far prole, generare.

Prolifico, *add. m.* (*pl.* ci, chi), fecondo.

Prolissamente, *avv.* a lungo.

Prolissità, *sf.* lunghezza soverchia nell'operare o nel favellare.

Prolisso, *add. m.* lungo, diffuso.

Prólogo (*v. gr.*), *sm.* (*pl.* ghi), *propr.* ragionamento che dagli antichi francesi precedeva ai poemi teatrali per dar contezza agli spettatori dell'argomento — preambolo.

Prolungamento, *sm.* dilazione, indugio.

Prolungàre, *att.* V. *Allungare* — mandare in lungo, differire.

Prolusióne, *sf.* componimento che serve d'introduzione ad un'opera, e ad un corso di studj.

Promessa, *sf.* parola data di fare o di dare alcuna cosa.

Prométtere (*pass.* isi, *pp.* esso),

att. an. obbligare altrui la sua
fede di fare o dare alcuna cosa
— dar parola — np. lusingarsi con
fondamento di conseguire alcuna cosa (più che sperare) —
presumere. —

Prominente, add. com. che ha
prominenza.

Prominenza, sf. elevazione sul
rimanente della superficie.

Prominentemente, avv. indistintamente.

Promiscuità, sf. mescolanza, confusione.

Promiscuo, add. m. confuso, indistinto.

Promontorio, sm. punta di terra
che sporge in mare.

Promotore, sm. che promuove.

Promovere, V. Promuovere.

Promozione, sf. innalzamento di
persona a dignità o grado.

Promulgare, att. pubblicare legge
od altro colle dovute solennità
— divulgare checchessia.

Promulgazione, sf. pubblicazione.

Promuovere (pass. ossi, pp. osso),
att. an. conferire grado o dignità ad una persona — dar
moto ed incitamento ad una
cosa.

Pronipote, e

Pronipote, s. com. figlio o figlia
del nipote — In pl. discendenti oltre al nipote.

Pronome, sm. parte del discorso
che fa le veci del nome.

Pronosticare (pr. ostico, chi ec.
att. prevedendo annunziare il
futuro — congetturare.

Pronostico (v. gr.), sm. (pl.
chi), indizio di cosa futura,
congettura — In med. giu-
dizio sullo stato e sull'esito
una malattia.

Prontamente, avv. senza indugi

Prontezza, sf. prestezza

Pronto, add. m. apparecchiato,
spedito, diligente — ardito.

Proaubo (v. lat.), sm. preambolo
del matrimonio.

Pronuncia e

Pronunzia, sf. articolazione
parole di una lingua
il loro valore ortografi
ortologico.

Pronunziare, att. proferire le
role, parlare — pubblicare
chiarare.

Propaganda, sf. nome di
congregazione in Roma pe
propagazione della fede.

Propagare, att. dilatare,
dere — np. diffondersi.

Propagazione, sf. moltiplic
per via di generazione —
fede, progresso della mate
ne' paesi degl'infedeli.

Propagginare (pr. aggino
att. coricare sotterra i
delle piante acciocché
glino.

Propaggine, sf. il ramo pi
ginale.

pulire, *att.* divulgare, manifestare.

propendere (*pass.* endei, o endetti
ec., *pp.* enduto e propenso),
n. aver propensione o inclinazione.

Propensione, *sf.* tendenza naturale de' corpi gravi verso il
centro – *fig.* secreto impulso
che provoca a un' azione qualunque.

ropina, *sf.* ciò che si paga dai
lavoranti a' professori.

ropinquo, *add. m.* vicino – parente.

ropiziatorio, *add. m.* agg. di
sacrifizio, di propiziazione.

ropiziazione, *sf.* sacrifizio offerto a Dio per renderlo propizio.

opizio, *add. m.* favorevole.

oponimento, *sm.* deliberazione,
risoluzione.

oporre (*pr.* ongo, óni ec., *pass.*
óśi, *fut.* orrò, *pp.* osto), *att.*
an. porre innanzi o in campo
il soggetto di cui si vuol ragionare – fare proposta – *np.*
mettersi in animo, determinare.

porzionale, *add. com.* che ha
proporzione.

oporzionalmente. V. *Proporzionatamente.*

porzionare, *att.* ridurre due
cose alla debita corrispondenza.

porzionatamente, *avv.* colla
debita proporzione.

porzionato, *add. m.* che ha

la dovuta convenienza in tutte
le sue parti.

Proporzione, *sf.* convenienza
delle cose fra loro – *Nelle
arti,* relazione tra cose ine-
guali della medesima specie –
In archit. relazione delle diverse parti col tutto.

Proposito, *sm.* determinata risoluzione di fare o non fare una
cosa – soggetto – motivo.

Propositura, *sf.* dignità, giurisdizione e casa del proposto.

Proposizione, *sf.* espressione di
un qualunque giudizio della
mente – uno dei membri del
sillogismo – proposta – massima.

Proposta, *sf.* ciò che si propone
a trattare – proponimento.

Proposto, *sm.* titolo d' onore dato ad un ecclesiastico con cura
d' anime, il quale lo distingue
da' parochi inferiori – il soggetto proposto – deliberazione.

Propriamente, *avv.* con proprietà,
giustamente.

Proprietà, *sf.* qualità particolare
ad una cosa – ciò che si possiede – possesso.

Proprietario, *sm.* quegli che ha
le proprietà di alcuna cosa –
nell' uso, possidente.

Proprio, *add. m.* di sua ragione
– *In gramm.* agg. di nome
di nascita – *sm.* proprietà –
avv. propriamente.

Propugnácolo (v. lat.), sm. fortificazione di mura o di città – fig. difesa.

Propugnáre, att. difendere.

Prora, sf. la parte dinnanzi della nave, opposto di poppa.

Proroga, sf. (pl. ghe), dilazione.

Prorogáre (pr. orogo, ghi ec.), att. rimettere una cosa ad altro tempo.

Prorómpere (pass. uppi, pp. otto), n. ass. an. uscir fuori con impeto – fig. non potersi più contenere, scagliarsi.

Prosa, sf. linguaggio naturale dell'uomo, non vincolato da misure poetiche.

Prosáico, add. m. di prosa.

Prosápia, sf. stirpe, schiatta.

Prosatore, sm. chi scrive in prosa.

Proscénio (v. gr.), sm. il luogo della rappresentazione teatrale tra il parterre ed il palco scenico.

Prosciógliere, e sinc.

Prosciorre (pr. olgo, ogli ec., pass. olsi, fut. orrò, pp. olto), att. att. assolvere – liberare dal giuramento, da un voto ec.

Proscingáre, att. togliere l'umidità da checchessia.

Prosciutto, sm. coscia del porco insalata e secca.

Proscritto, add. m. condannato ad esilio.

Proscrivere (pass. issi, pp. itto), att. an. condannare all'esilio – fig. escludere, allontanare.

Proscrizióne, sf. condanna di esilio.

Proseggiáre, n. ass. scrivere in prosa.

Proseguimento, sm. continuazione.

Proseguíre (pr. sco, e éguo, léguo ec.), att. an. seguitare avanti, continuare.

Proselitismo, sm. tendenza a far proseliti.

Prosélito (v. gr.), sm. nuovo convertito alla fede – fig. seguace di qualunque nuova dottrina.

Prosódia (v. gr.), sf. parte della grammatica che insegna la quantità delle sillabe ed il modo di pronunziarle.

Prosontuosamente. V. Presuntuosamente.

Prosontuoso. V. Presuntuoso.

Prosopopéa (v. gr.), sf. fig. ret. per cui si fanno parlare persone lontane e morte, ed anche cose inanimate – presunzione, arroganza.

Prosperamente, avv. felicemente.

Prosperáre (pr. óspero, ec.), att. mandare di bene in meglio, migliorare – e n. ass. andare di bene in meglio.

Prosperévole, add. com. favorevole.

Prosperità, sf. avvenimento felice – buon essere della persona.

Próspero, add. m. felice – in buon essere.

Prosperóso, *add. m.* favorevole - in buono stato di sanità.

Prospettiva, *sf.* arte che insegna a disegnare le cose come appariscono alla vista - e le cose per tal guisa disegnate - *In archit.* la rappresentazione dell'interno, o dell'esterno di una fabbrica - *In pitt.* veduta naturale di un paese.

?ospetto, *sm.* veduta - disegno, progetto ec.

?ossimamente, *avv.* da vicino.

?ossimità, *sf.* vicinanza in riguardo di luogo, o di tempo, o di sangue.

?ossimo, *sm.* ogni uomo relativamente al suo simile - *add. m.* vicino - congiunto di sangue

ostituire (*pr.* sco ec.), *att.* esporre a mal uso - abbassare, avvilire.

ostituta, *sf.* donna di partito, meretrice.

?ostituzione, *sf.* il prostituire - avvilimento.

?strare, *att.* distendere a terra - *fig.* umiliare - *np.* inchinarsi profondamente.

?strazione, *sf.* profonda riverenza - abbattimento di forze.

?suntuoso. V. Presuntuoso.

?sunzione. V. Presunzione.

?tagonista (*v. gr.*), *sm.* personaggio principale in una rappresentazione teatrale, pittorica, storica ec.

Protasi (*v. gr.*). *sf.* prima parte dell'antica commedia... la proposizione ed il soggetto - *In med.* prolungamento del respiro.

Proteggere (*pass. essi, pp. etto*), *att.* am dar favore, difendere.

Protervia, *sf.* superba ostinazione

Protervo, *add. m.* arrogante - ostinato.

Protesta, *sf.* solenne dichiarazione contro una violenza, ingiustizia ec. vera o supposta.

Protestanti, *sm. pl.* nome collettivo di tutti i seguaci delle riforme dopo quella di Lutero.

Protestare, *att.* confessare pubblicamente - denunziare a taluno in via giuridica che faccia o non faccia alcuna cosa - *np.* dichiarare di voler fare ec.

Protestazione. V. *Protesta.*

Protesto, *sm.* pubblica dichiarazione della propria volontà - *In comm.* atto giuridico per chiamare a rispondere di una cambiale non accettata o non pagata.

Protettore, *sm.* che intraprende a proteggere il debole o il povero o il tribolato.

Protezione, *sf.* difesa ed aiuto impiegato da uno in favore di chi ne ha bisogno.

Proto (*v. gr.*), *sm.* primo fra più lavoranti dello stesso genere.

Protocollo (*v. gr.*), *sm.* libro ove

i .... i ....
e .... da .... segni – e
libro .... si registrano
le carte che vengono e si spe-
discono presso i pubblici officj.

Protomártire (v. gr.), sm. chi col
sacrificio della propria vita re-
se testimonianza prima di ogni
altro della verità della religione cristiana, quale fu il diacono santo Stefano.

Protomédico (v. gr.), sm. il primo e principale de' medici.

Protonotário, sm. grado di promozione nella curia romana.

Protoplasta (v. gr.), sm. primo
formatore, cioè Iddio.

Protoplasto (v. gr.), sm. primo
formato (propr. detto di Adamo siccome il primo uomo
creato da Dio)

Prototipo (v. gr.), sm. primo modello di checchessia, originale –
add. m. primordiale, primitivo.

Protrarre (pr. aggo, ài ec., pass.
assi, aedài ec.; fut. arrò, pp.
atto), att. an. tirar linee –
tirare in lungo.

Protrazione, sf. prolungamento.

Protuberanza, sf. escrescenza ossea

Prova, sf. esperimento, cimento – saggio – testimonianza –
pena, simulazione – prudenza.

Prováre, att. far prova e saggio,
sperimentare – confermare con
ragioni per convincere – allignare (detto di piante)

Protuldo. V. Provedere.

Provediquato. V. Provedimento

Proveniènza, sf. derivazione.

Provenire (pr. engo, ièni ec., pas-
seni, fut. errò, pp. enùto), –
sn. derivare – allignare (detto di piante)

Provento, sm. rendita, guadagno

Proverbiale, add. com. di proverbio.

Proverbialmente, avv. per proverbio.

Proverbiáre, att. rispondere con
parole acerbe – più comun. con
acerbe – sp. bisticciare

Provèrbio, sm. detto breve e
arguto, dedotto da una lunga
esperienza, e contenente qualche
utile avvertimento – motto
derisione.

Provetto, add. m. di età matura – fig. avanzato nella ....

Provianda, sf. provisione da bocca, vettovaglia.

Providamente, avv. con ....
sapienza.

Providenza, sf. ragione eterna ...
cui Dio le cose create ....
conserva – cura e ....
delle cose a buon fine – ....
dimento, accortezza.

Próvido, add. m. saggio, ...

Provigione, sf. assegnamento.

Provincia, sf. presso i rom. ....
conquistato e governato dal
luogotenente – oggidì distretto
di un regno contenente più ....

città sotto lo stesso governo:
rvinciale, sm. abitatore di provincia — add. com. della provincia, o spettante ad una provincia.

...esére (pr. duoco, chi ec.),
att. muovere a fare, incitare —
...amre — np. concitarsi.

...cazione, sf. incitamento.

rovvedére (pr. édo, egga, o éggio ec.; pass. idi), pp. duto, o
isto), att. an. somministrare
altrui ciò che gli abbisogna —
aver occhio ad alcuna cosa, rimediare — usar provvidenza,
cioè indirizzare le cose al loro
fine.

rovedimento, sm. il provvedere

rovveditóre, sm. chi provvede
le cose necessarie.

...vvidenza. V. Providenza,

...vvisione, sf. provvedimento —
mercede di servitù, stipendio,
assegnamento — ciò che si paga
ad un negoziante per danaro
od opera prestata a favore di
un altro.

...vvista, sf. provvedimento, e
la cosa provveduta.

...a. V. Prora.

...dente, add. com. e sm. chi
parla ed agisce in modo da
non cimentare la propria o
l'altrui convenienza, saggio.

dentemente, avv. con prudenza

denza, sf. arte di proporre
alle nostre azioni i fini per

noi migliori, e di scegliere i
mezzi più acconci per conse-
guirli — maturità di consiglio.

Prudenziale, add. com. di prudenza.

Pruma, sf. susina.

Prugno, sm. l'albero che produce le prugne.

Prugnola, sf. susina salvatica.

Prugnolo, sm. frutice che fa la
prugnola, e del quale si formano le siepi.

Prunaja, sf. luogo pieno di pruni.

Prunella, sm. nome volgare delle
spine nere.

Pruno, sm. nome collettivo di
tutti i frutici spinosi per formar siepi.

Pruriginoso, add. m. che fa prurito

Prurito, sm. pizzicore — fig. desiderio, brama ardente.

Psicologia (a. gr.), sf. trattato o
scienza dell'anima.

Pubblicamente, avv. in pubblico.

Pubblicano, sm. anticam. appaltatore delle pubbliche rendite

Pubblicare (pr. pubblico, chi ec.),
att. manifestare al pubblico,
divulgare.

Pubblicazione sf. l'atto di far
nota al pubblico una cosa.

Pubblicista, sm. (pl. sti), chi è
versato nel gius pubblico.

Pubblicità, sf. qualità di ciò
ch'è pubblico.

Pubblico, sm. (pl. ci, chi), l'aggregato di una popolazione.

i comunità - *add.* m. comune
al ognuno, *contr. di* privato -
noto, manifesto.

Pube. V. *Pettignone.*

Pubertà, *sf.* età nella quale spuntano i primi peli nel pube,
determinata dalle leggi ai quattordici anni ne' maschi ed ai
dodici nelle femmine.

Pubblicamente. V. *Pubblicamente*

Publicare. V. *Pubblicare.*

Publicazione. V. *Pubblicazione.*

Pudende, *sf. pl.* le parti vergo-
gnose del corpo umano.

Pudicamente, *avv.* con pudicizia.

Pudicizia, *sf.* virtù morale per
cui si ha rossore a sentire e
vedere cose oscene.

Pudico, *add.* m. (*pl.* ci, chi),
modesto ne'costumi, negli atti
e nelle parole.

Pudore (*v. lat.*), *sm.* sentimento
tendente a frenare l' impeto
dell' amor sessuale - rossore
al vedere e sentire cose oscene.

Puerile, *add. com.* fanciullesco.

Puerilità, *sf.* fanciullezza - *fig.*
azione da fanciullo.

Puerilmente, *avv.* da fanciullo.

Puerizia, *sf.* età puerile (*che
succede all'infanzia e precede
la gioventù*)

Puérpera (*v. lat.*), *sf.* donna di
parto.

[Pu]erpério (*v. lat.*), *sm.* il tempo,
gl'incomodi del parto.

[...]lato (*v. lat.*), *sm.* giuoco di

pugna nell'antica ginnastica.

Pugilatore, *sm.* giocatore di pugni

Puglia, *sf.* segno dei giuochi di
carte.

Pugna (*v. lat.*), *sf.* combattimento - *fig.* qualunque aspra contesa.

Pugnalata, *sf.* colpo di pugnale.

Pugnale, *sm.* arma corta da ferir
di punta.

Pugnare, *n.* combattere - *fig.*
contrastare.

Pugnere (*pr.* ungo, ugni ec., *pass.*
unsi, *pp.* nuto), *att. an.* forare
leggiermente con cosa acuta -
fig. offendere con detti mordaci.

Pugno, *sm.* (*pl.* gni m., e gna *f.*)
la mano serrata - percossa
colla mano serrata - e quella
quantità di materia che può
contenere la mano serrata o
chiusa.

Pula, *sf.* guscio delle biade.

Pulce, *sf.* insetto notissimo che
si attacca alla pelle per succhiare il sangue.

Pulcella, *sf.* fanciulla vergine.

Pulcinella, *sm.* (*pl.* lli), maschera
napoletana.

Pulcino, *sm.* pollastrino appena
nato finchè segue la chioccia
- figlio di ogni altro volatile
finchè segue la madre.

Puledro, *sm.* cavallo, asino o
mulo, non ancora domato.

Puléggio, *sm.* sorta di erba palustre

limento, *sm.* il pulire, e l'effetto che risulta da tale azione.

lire (*pr. sco ec.*), *att.* levare le macchie, nettare, mondare – lustrare – lisciare – ridarre a perfezione qualunque lavoro meccanico.

litamente, *avv.* nettamente.

litezza, *sf.* nettezza – leggiadria – civiltà.

lito, *add. m.* netto – liscio – civile – sgombro d'impedimenti.

litura. V. *Pulimento.*

lizia. V. *Polizia* (nel 2 sign.)

llulàre (*pr. pullulo ec.*), *att. e n. ass.* mandar fuora germogli, germogliare. (detto delle piante)

lmonàrio, *add. m.* attenente al polmone.

lpito, *sm.* luogo rilevato ad uso di predicare.

lsàre (*v. lat.*), *att.* percuotere.

lsazione, *sf.* battimento di un'arteria o del cuore.

lzella. V. *Pulcella.*

ugere. V. *Pugnere.*

ngiglione, *sm.* bastoncello acuto per istimolare i buoi – ago delle pecchie e delle vespe – *fig.* tutto ciò che stimola a qualche cosa o che affligge.

ugitojo, *sm.* strumento da pungere.

ugolàre (*pr. pungolo ec.*), *att.* stimolare col pungolo.

Pùngolo. V. *Pungiglione* (nel 1 sign.)

Punìbile, *add. com.* degno di punizione.

Pùnchio (*v. ingl.*), *sm.* bevanda forte di acquavite con rum, limone e zucchero.

Punìre (*pr. sco ec.*), *att.* gastigare.

Punitore, *sm.* chi punisce e gastiga.

Punizione, *sf.* pena data pe' falli commessi.

Punta, *sf.* estremità acuta di checchè sia dotato di lunghezza – estremità qualunque – *In med.* infiammazione di petto – *In geogr.* capo di terra sporgente in mare – *Nelle arti* strumento di acciaio sotto diverse forme – puntura.

Puntàle, *sm.* fornimento appuntato all'estremità di alcune cose.

Puntàre, *att.* segnare con punti – punteggiare. V.

Puntàta, *sf.* colpo di punta – misura lineare de' muratori di circa tre braccia – nell'uso, fascicolo o parte di un volume che si dirama prima che il tutto sia impresso.

Puntatùra, e

Puntazione, *sf.* il punteggiare la scrittura.

Punteggiamento, *sm.* il dividere un discorso in periodi e membri col mezzo di punti e virgole.

Punteggiàre, *att.* porre i punti e le virgole alla scrittura – *Nel*-

le arti, intagliare a picchiettare a puntini.

Punteggiatura. V. *Punteggiamento*.

Puntelláre, att. porre puntello e sostegno ad una cosa acciò non cada, o non si chiuda.

Puntéllo, sm. ciò che puntella e sostiene — *fig.* appoggio, ajuto.

Puntequolo, sm. strumento di acciajo appuntato per uso di forare.

Puntiglio, sm. cavillazione — pretensione di soprastare altrui.

Puntiglióso, add. m. che sta sul puntiglio.

Punto, sm. quantità indivisibile — segno per chiudere i periodi del discorso — segno musicale di tempo — e nota per distinguere i tuoni — luogo notato nel cielo e altrove e distinto con epiteto particolare — ogni lavoro di trine o merletti fatto coll'ago — momento di tempo — capo di ragionamento — tirata d'ago nel cucito e ricamo — add. m. leggiermente trafitto — avv. nulla, niente — alquanto.

Puntóne, sm. macchina per nettare dal fango i porti di mare.

Puntuále, add. com. esatto nei doveri contratti, diligente.

Puntualità, sf. diligenza, accuratezza.

Puntuazióne. V. *Interpunzione*.

Puntúra, sf. ferita fatta da strumento a punta — *fig.* affanno,

tribolazione — motto pungente.

Puntúto, add. m. acuto in punta.

Punzecchiáre (frequent. di pugnere), att. pugnere leggiermente e replicatamente.

Punzóne, sm. forte colpo di pugno — strumento di acciajo con cui s'imprime nella matrice una lettera dell'alfabeto od altro segno di scrittura per formarne il carattere da stampa

Pupílla, sf. la luce dell'occhio.

Pupilláre, add. com. di pupillo.

Pupíllo, sm. chi rimane in età minore dopo la morte del padre

Puramente, avv. sinceramente, schiettamente.

Pure, partic. riemp. che aggiugne forza all'espressione — nondimeno — quand'anche ec.

Purézza, sf. mondezza, schiettezza

Púrga, sf. (pl. ghe), medicamento replicato più giorni per addolcire il sangue — *In pl.* mestrui.

Purgánte, add. com. che purga — sm. rimedio purgativo.

Purgáre, att. torre il superfluo e nocivo e immondo da checchessia — *fig.* assolvere da colpa — mostrare con prove la propria innocenza — np. pigliar medicamenti purgativi.

Purgataménte, avv. con istile purgato.

Purgatívo, add. e sm. che ha virtù di purgare il corpo.

Purgatòrio. *sm.* luogo ove le anime patiscono pena temporale per purgarsi dai loro peccati – *fig.* gran travaglio d'animo.

Purgazióne, *sf.* l'atto di purgare una cosa – mestruazione – *fig.* espiazione.

Purgo, *sm.* (*pl.* ghi), luogo dove si purgano i panni lani.

Purificàre (*pr.* ìco, chi ec.), *att.* purgare da ogni macchia.

Purificatojo, *sm.* pannolino con cui il sacerdote pulisce il calice e la patena.

Purificazióne, *sf.* depurazione, raffinamento – *fig.* la benedizione che ricevono le donne dopo il parto la prima volta che vanno alla chiesa – festa che la Chiesa celebra il secondo giorno di febbrajo in memoria della presentazione della Vergine al tempio quaranta giorni dopo la nascita di G. C.

Purità, *sf.* mondezza d'animo – castità, pudicizia.

Puro, *add. m.* mondo, netto – casto – *agg.* di *vino*, schietto.

Purpureo, *add. m.* di color di porpora.

Purulento (*v. lat.*), *add. m.* marcioso.

Purulenza (*v. lat.*), *sf.* umore marcioso.

Pusillánime, *add. com.* mancante di coraggio, vigliacco.

Pusillanimità, *sf.* piccolezza d'animo, codardia.

Pústola, e

Pústula (*v. lat.*), *sf.* bollicola marciosa sulla pelle.

Putativo, *add. m.* tenuto, riputato per tale (*agg.* per *padre*)

Putire (*pr.* sco, e puto ec.), *n. ass.* mandar puzzo.

Putrédine, *sf.* corruzione di umori, fracidume.

Putrefàre, ersi, *n. ass. e np.* corrompersi, marcire.

Putrefazióne, *sf.* corrompimento dei corpi naturali per cessata vegetazione o vitalità.

Putridire. V. *Imputridire.*

Pútrido, *add. m.* corrotto, fracido.

Putridúme, *sm.* quantità di cose guaste.

Putto, *sm.* fanciullo.

Puzza, *sf.* umore corrotto – cattivo odore.

Puzzàre, *n. ass.* mandar cattivo odore.

Puzzo, *sm.* cattivo odore, fetore.

Puzzolente, *add. com.* che puzza – sporco, laido.

Q

Q, lettera consonante, la decimasesta dell'alfabeto italiano, che non ha da sè vibrazione, se non è seguita dall' u con altra vocale appresso, come questi, questo ec.; e non raddoppiasi mai fuorchè in toqquadro.

Qua, avv. in questo luogo.

Quácchero, e

Quácquero (v. ingl.), sm. seguace di una setta di visionarj entusiasti in Inghilterra, così detti dal tremore e dalle contorsioni che fanno nelle loro adunanze, credendosi inspirati dallo Spirito Santo.

Quadernále, e

Quadernário, sm. strofa di quattro versi rimati.

Quaderno, sm. unione di più fogli di carta per iscrivervi — talora anche fascicolo o puntata, cioè parte di un volume che si dirama prima che il tutto sia impresso — libro maestro de' negozianti — spazio quadro negli orti.

Quadra. V. Quadrante.

Quadragenário, add. m. che ha quaranta anni.

Quadragésima. V. Quaresima.

Quadragésimo, add. com. ordi-

nat. di quaranta.

Quadrangoláre, add. com. che ha quattro angoli.

Quadrante, sm. la quarta parte della circonferenza del circolo — strumento per osservare gli astri — mostra degli oriuoli — add.com. acconcio, conveniente

Quadráre, att. ridurre in forma quadra — fig. raddrizzare le facoltà intellettuali — n. tornare in acconcio, soddisfare

Quadráto, sm. figura piana di quattro lati eguali — add. fatto o ridotto in forma quadra

Quadratúra, sf. l'atto di ridurre in quadro una materia qualunque — In geom. il ridurre una figura a quadrato — una delle facce di un corpo quadrangolare.

Quadrello, sm. (pl. lla f.), freccia — ferro di punta quadrangolare — strumento di quattro lati — mattone quadrato.

Quadrería, sf. raccolta di quadri

Quadrieánio, sm. lo spazio di quattro anni.

Quadriforme, add. com. di forma quadra.

Quadriga (lat.), sf. (pl. ghe) cocchio tirato da quattro cavalli.

Quadriglia, *sf.* piccola schiera non minore di quattro, nè maggiore di dodici cavalieri - sorta di ballo intrecciato a quattro a quattro fra più prersone.

Quadrilátero, *add. m.* di quattro lati - *sm.* figura di quattro lati.

Quadriluago, *add.* o *sm.* (*pl.* ghi), agg. di figura di quattro lati più lunga che larga.

Quadrimestre, *sm.* lo spazio di quattro mesi.

Quadripartíre, *att.* dividere in quattro parti.

Quadrisíllabo, *add. m.* di quattro sillabe.

Quadrívio (*v. lat.*), *sm.* incrociatura di quattro strade.

Quadro, *sm.* figura quadrata che ha angoli e facce uguali - spartimento di giardino - una tavola o tela dipinta con cornice o senza - *add. m.* di figura quadrata - *In pl.* uno de' semi delle carte da giuoco.

Quadrúpede, *sm.* animale da quattro piedi.

Quadruplicáre (*pr.* úplico, chi ec.), *att.* moltiplicare per quadruplo, o per quattro.

Quádruplo, *add. m.* quattro volte maggiore.

Quaggià, *avv.* in questo luogo abbasso - in questo mondo.

Quáglia, *sf.* uccello di passo, di carne squisita.

Quagliarsi, *np.* rappigliarsi, coa-

gularsi (*detto de' corpi fluidi e specialm. del latte*)

Qualche, *add. com.* e

Qualchedúno, e

Qualcúno, *add. m.* alcuno tra molti.

Quale, *pron. com. relat.* a persona o a cosa antecedente, o *pron. indic. di qualità.*

Qualificáre (*pr.* ífico, chi ec.), *att.* dare qualità, o alcuna prerogativa - nobilitare.

Qualificazióne, *sf.* specificazione, o distinzione dell'altrui qualità.

Qualità, *sf.* attributo per cui una cosa ha maggiore o minor perfezione nel suo genere - natura, condizione.

Qualmente, *avv.* come.

Qualóra, *avv.* ogni volta che.

Qualsisía, e

Qualsivóglia, *add. com.* qualunque

Qualunque, *pron. com.* indeterm. ogni, cioè ciascuna persona o cosa.

Quando, *avv.* dáppoi - allorachè - coll' interrogat. a che ora, in qual tempo - *sm.* tempo, ora.

Quantità, *sf.* attitudine all' aumento ed alla diminuzione - abbondanza - moltitudine.

Quantitatívo, *sm.* la quantità della cosa di cui si tratta - *add. m.* di quantità.

Quanto, *sm.* quantità - *add. m.* che dinota quantità - *avv.* di

34

. *quantità e di tempo.*

Quantunque, *add. com.* quanto -
avv. per quanto - benchè, ancorchè.

Quaranta , *add. num.. com.* di
quattro decine.

Quaranténa, *sf.* lo spazio di quaranta giorni - *più particolarm.*
i quaranta giorni prescritti
dalle leggi sanitarie ai vascelli provenienti da paesi sospetti di contagio.

Quarantésimo , *add. num. ordinat. di* quaranta.

Quarantína, *sf.* serie di quaranta oggetti - spazio di quaranta
- giorni - e indulgenza di quaranta giorni.

Quarésima , *sf.* digiuno di qua-
ranta giorni prescritto dalla
Chiesa in preparazione alla
Pasqua.

Quaresimále, *add. com.* di quaresima - *sm.* serie dello quaranta prediche che si recitano
in quaresima.

Quarta , *sf.* la quarta parte di
checchessia (*meglio* quarto) -
uno degl'intervalli armonici -
e una delle posizioni del ballo
e della scherma.

Quartàna, *sf.* febbre intermitente
il cui accesso ritorna ogni tre
giorni.

Quartaruolo , *sm.* misura di biade, equivalente al quarto dello
stajo.

Quartáre , *att.* V. *Squartare*
In maria. il veleggiare
fianco di un vascello.

Quarteruola. V: *Quarteruolo.*

Quartetto, *sm.* pezzo musicale
quattro voci.

Quartiére, la quarta parte di u
tutto - caserma de' soldati -
parte di città - appartam
di più stanze.

Quartína. V. *Quadernario.*

Quarto, *sm.* la quarta parte
un tutto - periodo lun-
grado di nobilità - *add. m.*
ordinat. di quattro - *avv.* d
lat. in quarto luogo.

Quartogénito, *add. m.* nato
quarto luogo.

Quartúccio, *sm.* la sessantaqu
tresima parte dello stajo
l'ottava parte di un fasco.

Quasi, *avv.* a un di presso, cir

Quasicontratto , *sm.* obbliga
reciproca fra due persone
sa preventiva convenzione.

Quassù, *avv.* in questo luogo

Quateruário, *sm.* V. *Quade*
rio - *add. m.* di quattro.

Quattamente, *avv.* occultam

Quatto, *add. m.* chinato p
scondersi.

Quattriduáno (*v. lat.*), *add.*
morto da quattro giorni (
*per lo più dato al sepolto L
zaro evangelico*)

Quattrino , *sm.* moneta minu
di rame - *In pl.* nome p

...co d'ogni moneta.

quattrocento, add. num. com. che comprende quattro centinaja

quattromila, add. num. com. che comprende quattro migliaia.

quegli, pron. pers. m. (pl. quegli, (glino), colui, o quella persona (non serve che al caso retto negli altri casi fa quello, pl. quegli, quelli, quei),

qualchesisia, e quel che si sia, add. com. che che sia, qualsivoglia cosa.

quello. V. Quegli.

querceto, sm. luogo pieno di querce.

quercia; sf. (pl. ce), albero ghiandifero, durissimo e pesante.

quercino, add. m. di quercia.

querciuolo, sm. quercia giovane.

querela, sf. doglianza contro' alcuno per torto ed offesa ricevuta – notificazione de' misfatti di alcuno alla corte.

querelante, add. com. e sm. chi fa la querela, accusatore.

querelare, att. accusare uno criminalmente di misfatti commessi – r.p. dolersi, rammaricarsi.

querimonia, sf. lamentanza.

querulo, add. m. che di tutto si lagna.

quesito, sm. domanda che si propone da sciogliere – add. m. (lat.), mendicato, ricercato.

questi, pron. pers. m. la persona presente, e di cui si parla (usato nel solo caso retto: negli altri questo)

Questionabile, add. com. disputabile.

Questionare, n. ass. far contesa di parole, o di fatti.

Questione, sf. contesa, contrasto – dubbio, o proposta intorno alla quale si dee disputare.

Questo, pron. V. Questi – sm. questa cosa.

Questore, sm. presso i rom. amministratore delle pubbliche rendite – oggidì camerlingo, o tesoriere.

Questua. V. Questuazione.

Questuante, add. com. mendico.

Questuare, n. ass. andare limosinando.

Questuazione, sf. accattamento di pane o altro per carità.

Questura, sf. dignità ed uffizio del questore.

Quetamente, avv. con quiete.

Quetanza, sf. ricevuta di pagamento.

Quetare. V. Quietare.

Quete. V. Quiete.

Qui, avv. in questo luogo – in questo caso – in questo stato.

Quiddità, sf. essenza, o definizione di ciascuna cosa.

Quidditare (pr. iddito ec.), att. nell'uso matter in chiaro un conto, liquidare ec.

Quidditativo, add. m. essenziale.

Quidditazione, *sf. nell'arte* liqui-
. dazione.

Quidità. V. *Quiddità e dario.*

Quiescente, *add. com.* in riposo
– tranquillo.

Quiescenza, *sf. nell' uso* stato di
riposo.

Quietamente. V. *Quetamente.*

Quietanza. V. *Quetanza.*

Quietáre, *att.* dar quiéte o riposo, arrestare il moto – *fig.*
sedare, calmare – *a. ass.* riposare – *np.* placarsi ec.

Quiéte, *sf.* riposo, *contr. di* moto – *fig.* calma d'animo.

Quieto, *add. m.* tranquillo, in
calma – pacifico, contento.

Quinário, *sm.* raccolta di cose in
numero di cinque – *add. m.* di
cinque.

Quinci, *avv.* di quì, o di qua –
per questo luogo – di poi.

Quindénnio, *sm.* lo spazio di
quindici anni.

Quindi, *avv.* di qui – di quel
. luogo – di poi – per questa
cagione.

Quindicésimo, *add. num. m.* deci-
moquinto.

Quinquagenário, *add. m.* che ha
cinquanta anni.

Quinquagésima, *sf.* la domenica
più prossima alla quaresima.

Quinquagésimo, *add. num. m.*
cinquantesimo.

Quinquennále, *add. com.* che ri-
corre ogni cinque anni.

Quinquénnio, *sm.* spazio di cinque anni *(poetic.* lustro)

Quinta, *sf.* una delle consonan-
musicali – *Nel giuoco di ca-*
te, sequenza di cinque cart
dello stesso seme.

Quintále, *sm.* peso di cento libbr

Quintána. V. *Chintana.*

Quinterno, *sm.* fascetto di pi
fogli di carta da scrivere –
propr. venticinque fogli, co
sicchè venti quinterni forman
una risma.

Quintessenza, *sf.* estratto dell
sostanze più pure ed essenziali
de' vegetabili per farne us
ne' medicinali o ne' profumi.

Quinto, *sm.* la quinta parte
un intero – *add. num. ordina*
di cinque.

Quintodécimo, *add. num. m.* de
cimo quinto, o quindicesimo.

Quintuplicáre *(pr.* úplico, chi ec)
att. moltiplicare per cinque.

Quintuplo, *add. m.* cinque vol
maggiore.

Quisquíglia, e

Quisquilia *(v. lat.), sf.* immon
dezza, superfluità.

Quistionáre. V. *Questionare.*

Quistióne. V. *Quistione.*

Quitanza. V. *Quetanza.*

Quitáre, *att.* far quitanza, sa
dar la partita.

Quitáto, *add. m.* liberato dal
l'obbligazione.

Quivi, *avv.* in qual luogo – i

quella occasione, allora. -

Quota, *sf.* quella porzione che tocca a ciascuno, quando un tutto debbe dividersi in più.

Quotidianamente, *avv.* ogni giorno – di giorno in giorno.

Quotidiano, *add. m.* di ogni giorno

Quoto, e

Quoziente, *sm.* numero che risulta dalla divisione di un numero maggiore per un più piccolo.

R

R (erre), consonante liquida semivocale, la diciassettesima del nostro alfabeto.

Rabárbaro, e rabárbero, *sm.* radice medicinale purgativa.

Rabbassáre. V. *Riabbassare.*

Rabbellíre (*pr.* sco. ec.), *att. e n. ass.* fare, e divenir più bello

Rábbia, *sf.* malattia propria dei cani (*altr.* idrofobia) – *per simil.* eccesso di furore e d'ira – impeto, violenza.

Rabbino (*v. ebr.*), *sm.* dottore nella legge ebraica.

Rabbiosamente, *avv.* con rabbia.

Rabbioso, *add. m.* infetto di rabbia – *per simil.* furioso, stizzito

Rabbordáre, *att.* tornare all'abbordo.

Rabbracciáre, *att.* di nuovo abbracciare.

Rabbreviáre, *att.* abbreviar di nuovo.

Rabbrividíre. V. *Abbridere.*

Rabbuffáre, *att.* avviluppare, disordinare (*detto specialm.* dei capelli) – rimproverare aspra-

mente – riprendere bravando – *np.* accapigliarsi.

Rabbuffo, *sm.* bravata minacciosa.

Rabesco. V. *Arabesco.*

Raccapezzáre, *att.* ritrovare, investigare – *e talora* intendere.

Raccapitoláre. V. *Ricapitolare.*

Raccapricciáre V. *Accapricciare.*

Raccapriccio, *sf.* tremore di membra per paura, spavento.

Raccenciáre, *att.* rappezzare i panni vecchi.

Raccéndere. V. *Riaccendere.*

Raccettáre. V. *Ricettare.*

Racchetáre. V. *Acchetare.*

Racchiúdere (*pass.* usi, *pp.* uso), *att. an.* chiudere entro un recinto qualunque.

Raccógliere (*pr.* olgo, ogli ec., *pass.* olsi, *fut.* oglierò, e orrò, *pp.* olto), *att. an.* pigliar da terra – mettere insieme – dare ricetto – *fig.* riporre nella mente – *np.* rivolgere i pensieri a Dio – concentrarsi colla mente in un pensiero – rannicchiarsi – ricoverarsi.

Raccoglimento, sm. ... resistente a cause distratti - ...

Raccoglitore, sm. chi raccoglie - nel f. colei che raccoglie il parto, comun. levatrice.

Raccolta, sf. il prodotto de' semi nati e delle piante - collezione di varie scritture o d'altro

Raccolto, sm. V. *Raccolta*.

Raccomandare, att. pregare alcuno che abbia a cuore la cosa o persona proposta - affidare alla protezione, o al favore altrui - attaccare una cosa a checchessia perché la sostenga - np. implorare l'ajuto altrui

Raccomandazione, sf. il raccomandare ad alcuno cosa o persona, o a voce o per lettera.

Raccomodare (pr. *omodo* ec.), att. racconciare.

Racconciamento, sm. il rimettere una cosa in buono stato.

Racconciare, att. rimettere in buon essere - fig. rappacificare.

Racconciatura, sf. l'azione di racconciare.

Racconsolare, att. dar consolazione.

Raccontare, att. narrare, riferire.

Racconto, sm. narrazione di un fatto - e la cosa narrata.

Raccordare, att. far più corto - abbreviare.

Raccorre, sinc. di raccogliere. V.

Accostare, att. accostar di nuovo

- np. accostarsi più di ...

Raccozzamento, sm. unione di cose insieme.

Raccozzare, att. mettere insieme più cose - np. riunirsi.

Racemo (v. lat.), sm. grappo d'uva.

Rachitico, add. m. malato di ... chitide.

Rachitide (v. gr.), sf. malattia de' fanciulli che consiste una notabile incurvazione di le ossa, prodotta da ... nutrizione delle medesime

Racimolare (pr. *imolo* ec.), ... cogliere gli ultimi grappoli di la vite - per simil. levar residui di alcuna cosa.

Racimolo. V. *Racemo*.

Racquetare. V. *Quietare*.

Racquistare, ... tornare a ... sedere cosa perduta, o ...

Racquisto, sm. ricuperazione cosa perduta o alienata.

Rada, sf. luogo di mare poco ... casto dalla spiaggia, ... portano all'ancoramento

Radamente, avv. rare volte

Raddensare, att. far più denso

Raddirizzare, att. dirizzare di ... vo - fig. riordinare.

Raddobbo, sm. raccomodamento ... un bastimento dopo lungo ... vigatione o naufragio.

Raddoppiamento, sm. ... di aria, di sangue ec.

Raddoppiare (pr. *oppio* ec.), att. ...

divenir più dolce – *fig.* mitigare. – *n. ass.* il temperarsi
della stagione fredda.

Raddoppiáre, *att.* aumentare del
doppio – *n. ass.* crescere del
doppio – *np.* crescere di numero

Raddoppiamento, *avv.* del doppio

Raddormentáre, *att.* addormentare di nuovo – *np.* ripigliare
il sonno.

Raddrizzáre, *sinc. di* raddirizzare

Raddrizzamento, *sm.* il raddrizzare

Rádere (*pass.* radéi, *e* rasi ec. ,
p. pr. radente *e* rasente, *pp.*
raso), *att. an.* tagliare il pelo
col rasojo – raschiare – *n. ass.*
andare rasente, cioè vicinissimo

Radezza, *sf. contr. di* spessezza.

Radiále, *add. com.* che appartiene a raggio – a guisa di raggio – pieno di raggi.

Radiante, *add. com.* che tramanda raggi.

Radiáre, *n. ass.* tramandar raggi

Radíce. V. *Radice.*

Radicále, *add. com.* che deriva
dalla radice – *fig.* primitivo.

Radicalmente, *avv.* colla radice
– *fig.* originalmente.

Radicamento , *sm.* il primo germogliare delle piante, distendendo le radici – *fig.* il principio di alcuna cosa.

Radicáre (*pr.* adico , chi ec.), *n.*
ass. appigliarsi alla terra colle
radici (*propria delle piante*) –
fig. internarsi, profondarsi.

Radicazióne , *sf.* l' abbarbicarsi
delle piante.

Radicchio, *sm.* erba ortense che
si mangia in insalata.

Radíce, *sf.* parte sotterranea della pianta, *altr.* barba – *fig.*
cagione, origine di checchessía
– *In gramm.* voce originaria,
da cui vengono le *derivate* –
In geogr. il principio di una
montagna.

Rado , *add. m. contr. di* fitto,
spesso *o* denso – *fig.* singolare,
eccellente – *avv.* radamente.

Radunamento, *sm.* raccoglimento
di più persone, o di qualità di
una stessa materia in un luogo.

Radunanza, *sf.* unione di persone.

Radunáre. V. *Adunare.*

Ráfano, *sm.* vegetabile degli orti
assai acre, che si mangia crudo

Raffazzonáre. V. *Affazzonare.*

Rafferma, *sf.* conferma.

Raffermáre, *att.* confermare ciò
che altri ha già affermato – e
riformare uno nell' uffizio che
dovea lasciare.

Raffibbiáre, *att.* affibbiar di nuovo, o con doppia affibbiatura.

Raffidarsi, *np.* riporre fiducia in
taluno.

Raffiguráre, *att.* riconoscere uno
ai lineamenti del volto, *altr.*
ravvisare – rassomigliare – veder meglio un oggetto.

Raffiláre , *att.* V. *Affilare* – il
pareggiare che fanno i sarti e

i calzolai colle forbici e col coltello i loro lavori.

Raffinamento, *sm.* maggiore pulitura – perfezionamento.

Raffinare, *att.* V. *Affinare* – *np.* perfezionarsi.

Raffinatezza, *sf.* perfezione di lavoro – *fig.* sottigliezza d'ingegno.

Raffio, *sm.* uncino di ferro a più punte.

Raffondare, *att.* far più fondo – ed *anche* rifar le fondamenta.

Rafforzare, *att.* far più forte – *np.* pigliar forza.

Raffreddamento, *sm.* il raffreddarsi – *fig.* scemamento di affetto, di zelo, di attività.

Raffreddare, *att.* far divenir freddo – *n. ass.* e *np.* divenir freddo – *fig.* rallentar di fervore, o di affetti.

Raffreddore, *sm.* mossa di catarro alla testa o al petto per freddo patito.

Raffrenare. V. *Affrenare*.

Raffrontare, *att.* affrontar di nuovo – far nuova opposizione – riscontrare – *n. ass.* e *np.* combinarsi in più nell'affermare la stessa cosa.

Raganella, *sf.* strumento con girella che si suona in chiesa la settimana santa.

Ragazzaglia, *sf.* e

Ragazzame, *sm.* moltitudine di ragazzi.

Ragazzata, *sf.* azione da ragazzo

Ragazzo, *sm.* fanciullo – serv pei più vili servizj.

Raggentilire. V. *Ingentilire*.

Ragghiare, *n. ass.* il mandar fuori che fa l'asino la voce.

Ragghio, *sm.* la voce dell'asino

Raggiante. V. *Radiante*.

Raggiare, *n. ass.* percuotere c raggi – *fig.* risplendere.

Raggiato, *add. m.* fatto a guisa di raggi.

Raggiera, *sf.* parte dell'ostensorio, fatta a guisa di raggi.

Raggio, *sm.* (*pl.* ggi, e *poetic.* rai) linea di luce propagata da u corpo radiante – *poetic.* occhio.

Raggiornare, *n. ass.* farsi giorno

Raggioso, *add. m.* che ha raggi

Raggirare, *n. ass.* girar di nuovo *np.* avvolgersi intorno – *fig.* ingannare.

Raggiratore, *sm.* ingannatore.

Raggirevole, *add. com.* che facilmente si raggira, o ravvolg

Raggiro, *sm.* avvolgimento – *fig.* inganno, frode.

Raggiugnere (*pr.* ungo, ugni *pass.* unsi, *pp.* unto), *att.* arrivare uno correndogli diet – ricongiugnere – *np.* unir

Raggranellare, *att.* ragunare granella sparse – *fig.* mette insieme, tenendo conto del p co alla volta.

Raggravare, *att.* aggravar di nu

...vo - *n. ass.* farsi più grave.

Raggrinzáre, *att.* increspare.

Raggrottáre, *att.* aggrottar di nuovo le ciglia.

Raggruppáre. V. *Aggruppare.*

Raggruppo, *sm.* raggiro.

Ragguagliáre, *att.* ridurre al pari - paragonare - riferire - *n.ass.* aver relazione con alcuna cosa - e *np.* andar d'accordo nel raccontare la stessa cosa.

Ragguagliatamente, *avv.* computato l'un per l'altro.

Ragguáglio, *sm.* proporzione - notizia particolarizzata.

Ragguardamento, *sm.* aspetto - minuta considerazione.

Ragguardáre, *att.* guardare attentamente e minutamente - *n. ass.* appartenere.

Ragguardévole, *add. com.* che merita considerazione - qualificato, eccellente.

Rágia, *sf.* umore viscoso ch'esce dagli alberi resinosi.

Ragionamento, *sm.* il favellare a lungo ed ordinatamente sopra una materia - operazione dell'intelletto, raziocinio.

Ragionáre, *n. ass.* favellare, trattare parlando di alcuna cosa - conchiudere ragionando - filosofare - discutere con ragioni una questione.

Ragionáre, *sm.* ragionamento, discorso.

Ragionatamente, *avv.* con ragione.

Ragionáto, *add. m.* dotato di ragione o di senso - *agg.* di tutto ciò che rende ragione delle cose di cui si tratta - *sm.* ragioniere. V.

Ragióne, *sf.* quella potenza dell'anima per cui l'uomo discerne e giudica del bene e del male, e per cui si distingue da' bruti - argomento, prova, motivo, cagione - il giusto - diritto, legge - e la scienza delle leggi - sorta, qualità - perizia, arte, destrezza - conto di dare e di avere - ditta mercantile - di stato, politica. V. - *sufficiente*, il motivo per cui le cose anche in particolare esistono.

Ragionévole, *add. com.* conforme alla ragione - dotato di ragione - convenevole.

Ragionevolezza, *sf.* attitudine al raziocinio - conformità alla ragione.

Ragionevolmente, *avv.* conforme alla ragione, giustamente.

Ragioniére, *sm.* calcolatore, computista - revisore di conti.

Ragliáre. V. *Ragghiare.*

Raglio. V. *Ragghio.*

Ragna, *sf.* rete da pigliar uccelli - tela di ragno - *fig.* inganno, frode.

Ragnaja, *sf.* bosco acconcio per uccellarvi colla ragna.

Ragnáre, *n. ass.* tendere la ragna, 'o uccellare colla ragna – le svolazzare degli uccelli intorno alla ragna – l' interspargersi delle nuvole – il logorarsi del panno.

Ragnatela, sf. la tela del ragno.

Ragno, sm. vermicciuolo che fabbrica e distende una tela a foggia di rete – sorta di pesce di mare.

Ragù (s. fr.), sm. intingolo per aguzzare l'appetito.

Ragunamento, sm. adunanza – accumulamento.

Ragunanza. V. Redunanza.

Ragunare. V. Adunare.

Raja, sf. sorta di pesce del genere delle razze – principi indiani minori.

Rallegramento, sm. il rallegrarsi.

Rallegrare, att. indurre allegrezza in altri – np. prendere piacere di bene proprio o altrui.

Rallegrativo, add. m. atto a rallegrare.

Rallentamento, sm. riposo, quiete.

Rallentare, att. rilasciare – fig. scemare, affievolire.

Ralligare, n. ass. alligare, o attaccarsi di nuovo.

Ralluminare (pr. úmino ec.), ass. rendere il lume e la vista – fig. far ravvedere.

Rallungare, att. far più lungo.

Rama, sf. piccolo ramo d'albero.

Ramaccio, sm. pegg. di ramo – rama non purgato.

Ramajuolo, sm. strumento di ghisa da cucina a guisa di gran cucchiajo per togliere il brodo dalla pignatta.

Ramarro, sm. sorta di lacertone per lo più verde serpeante – direttore delle processioni.

Ramata, sf. strumento di legno tessuto di vinchi ed invischiato per pigliare uccelli – rete di filo di ferro o di ottone per difendere i vetri delle finestre, o per altri simili usi.

Ramato, add. m. (da ramo) disteso in rami – (da rame), di rame, di color di rame, o fornito di piastra di rame.

Rame, sm. metallo duttile di color giallo rosso particolare e il più sonoro di tutti i metalli – moneta di rame – al pl. utensili da cucina.

Ramicello, sm. dim. di ramo.

Ramiere, sm. lavoratore di rame.

Ramificare (pr. íñco, chi ec.), ass. spandersi in rami (dei dei alberi; e per simil. delle rame, de' fiumi e simili)

Ramificazione, sf. distendimento de' rami – per simil. dicesi altresì delle arterie, delle vene, delle acque correnti e d'altre.

Ramigno, add. m. della natura del ramo.

Ramina, sf. scaglia del rame che cade nel batterlo – arnese di rame.

Raminga, *add. m. (pl. ghi)*, che va di ramo in ramo (*proprio degli uccelli*) - *per simil.* chi va errando di paese in paese.

Ramaio, *sm.* arnese, vaso di rame.

Ramanzina, *sf.* aspra riprensione.

Rammarginare. *V. Rimarginare.*

Rammaricarsi (*pr. arico, chi ec.*), *np.* lagnarsi dell'altrui mal procedere - mandar voci lamentevoli per dolore fisico o morale.

Rammarichio, *sm.* lamento.

Rammarico, *sm. (pl. chi)*, doglianza - dolore d'animo o di corpo.

Rammattonare, *att.* ammattonare di nuovo.

Rammembrare. *V. Rimembrare.*

Rammemorare (*pr. amoro ec.*), *att.* ridurre a memoria, ricordare - *np.* risovvenirsi.

Rammemorato, *add. m.* di cui si è fatto menzione.

Rammemorazione, *sf.* ricordanza.

Rammentanza, *sf.* ricordanza.

Rammentare, *att.* ridurre alla mente, ricordare - *np.* risovvenirsi.

Rammentatore, *sm.* chi rammenta - In teatro suggeritore.

Rammollire. *V. Ammollire.*

Rammorbidire. *V. Ammorbidire.*

Ramo, *sm.* braccio dell'albero - *per simil.* ogni divisione minore in cui si spartisce un tutto - braccio di un fiume che da per imboccare nel mare, quando non perda per questo il nome.

Ramoláccio. *V. Rafano.*

Ramoscello. *V. Ramuscello.*

Ramosità, *sf.* qualità di ciò che dividesi in rami.

Ramoso, *add. m.* abbondante di rami (*detto anche delle radici*)

Rampa, *sf.* zampa dinanzi d'animale.

Rampare, *att.* ferire colla rampa.

Rampáro (*v. fr.*), *sm.* parapetto di terra ad un forte, che ne impedisce al nemico l'assalto.

Rampata, *sf.* colpo di rampa.

Rampicare. *V. Arrampicarsi.*

Rampicone, *sm.* grosso uncino di ferro.

Rampino, e

Rampo, *sm.* ferro uncinato.

Rampogna, *sf.* riprensione.

Rampognare, *att.* mordere con parole, riprendere.

Rampollante, *add. com.* che rampolla o scaturisce (*detto dell'acqua, delle fontane ec.*)

Rampollare, *n. ass.* lo scaturire che fa l'acqua dalla terra - *fig.* aver origine, derivare.

Rampollo, *sm.* picciola vena d'acqua che scaturisce dalla terra - pollone nato da fusto vecchio d'albero - *per simil.* prole, figlio.

Rampone. *V. Rampicone.*

Ramuscello. V. *Ramicello*.

Rana, *sf.* animaletto anfibio.

Rancáre, *n. ass.* l'andare storto degli zoppi, zoppicare.

Ranciáto, *add. m.* di color rancio, o giallo carico.

Rancidezza, *sf.* qualità di sostanze grasse, che per lungo star chiuse si guastano.

Ráncido, *add. m.* vieto, fetido – *fig.* molto vecchio.

Rancidúme, *att.* il sapore di rancido.

Ráncio, *add. m.* di colore della melarancia matura – troppo vecchio – *sm. in mil.* il pasto de' soldati – *In maria.* il letto de' marinarj).

Rancióso, *add. m.* rancido.

Ranco, *add. m.* (*pl.* chi), zoppo, sciancato.

Rancóre, *sm.* odio coperto, o per lo più inveterato.

Randelláre, *att.* percuotere con randello.

Randelláta, *sf.* colpo di randello.

Randello, *sm.* bastone corto e ricurvo con cui si stringono le funi, onde sono serrate le some.

Ranella, *sf.* legamento sotto la lingua che impedisce a'fanciulli di parlare e di allattare.

Rango (*v. fr.*), *sm.* (*pl.* ghi), ordine, grado, condizione – *In mil.* linea di soldati.

Rannáta, *sf.* lisciva forte più del ranno.

Rannicchiáre, *att.* ristrignere più cose in gruppo – *np.* stringersi in sè stesso.

Ranno, *sm.* acqua bollita colla cenere per uso di purgare le biancherie, *volg.* lisciva – fatta di spine.

Rannobilíre (*pr.* sco ec.), *att.* ingentilire.

Rannodamento, *sm.* il rannodare e la cosa rannodata.

Rannodáre, *att.* rifare il nodo sciolto – *fig.* riunire.

Rannuvoláre, *att.* V. *Annuvolare* – *fig.* turbarsi nell'aspetto.

Ranocchia, *sf.* e

Ranocchio, *sm.* V. *Rana*.

Ranto, e

Rántolo, *sm.* catarro affannoso di petto, che impedisce il parlare.

Ranúncolo, *sm.* sorta di fiore di primavera.

Rapa, *sf.* pianta degli orti con radice grossa, bulbosa, e mangiabile.

Rapáce, *add. com.* che rapisce (detto degli uccelli e degli animali di rapina) – *fig.* rapitore delle cose altrui.

Rapacemente, *avv.* con rapacità.

Rapacità, *sf.* avidità della fiera che piomba con violenza sulla preda – e *fig.* di chi rapisce l'altrui.

Rapè, *sm.* sorta di tabacco che suole di più qualità.

lpidamente , avv. velocissimamente.

lpidità, sf. velocità grande.

lpido , add. m. velocissimo -
fatto in poco tempo - rapace.

lpimento , sm. il rapire , e il
trarre con violenza - fig. ela-
vazione delle mente a Dio
(con v. gr. estasi)

lpina, sf. il torre altrui checchessia con violenza - e la
cosa rapita.

apire (pr. sco ec.), att. togliere
con violenta mano e contro
ragione - trarre per forza -
fig. trasportar l'animo fuori
de' sensi per profonda contemplazione.

pilo, pp. di rapire - add. m.
fig. fisso nella contemplazione
di alcuna cosa.

pilare, sm. chi toglie a forza
e senza ragione.

ppaciare, att. mettere in pace
e d'accordo - np. calmar la
collera.

ppacificamente , sm. riconciliazione.

ppacificare. V. Rappaciare.

pparire, sm. apparir di nuovo.

ppattumare (forse da patta, pace). V. Rappaciare.

ppellare, att. richiamare.

ppezzamento , sm. racconciamento - per simil. zibaldone ,
piuttosto rapsodia.

ppezzare, att. racconciare qua

cosa rotta, aggiungendovi un
pezzo della stessa natura.

Rappezzatura. V. Rappezzamento.

Rappiccare , att. attaccare di
nuovo cosa già attaccata e disgiunta - ricominciare.

Rappigliamento, sm. il congular-
si de' fluidi.

Rappigliare , att. far sodo un
corpo liquido, congulare, congelare - np. assodarsi, strignersi (detto del latte) - appigliarsi di nuovo.

Rapportare , att. portare altrui
notizia o avviso - ridire per
malizia o per leggerezza le cose
ascoltate - np. rimettersi al
detto o al fatto altrui.

Rapportatore, sm. delatore, spia.

Rapporto, sm. relazione, ragguaglio - correlazione, attenenza
- In pl. nelle arti que' pezzi
che si adattano per ornamento
a qualche lavoro.

Rapprendere. V. Rappigliare, e
Ripigliare.

Rappresaglia, sf. il ritenere persone o robe altrui per forza
o illegittimamente, quando capitano nelle mani , in compenso di quello che ci è stato
tolto.

Rappresentante , add. com. che
rappresenta - sm. colui che
rappresenta pubblicamente il
personaggio del committente.

Rappresentanza, sf. l'atto di rapr picchiare una pecotta in qualche negozio.

Rappresentáre, *att.* mettere alla presenza, mostrare – mettere avanti agli occhi, far presente – fare le voci di un altro – imitare negli spettacoli le azioni o i personaggi della favola o della storia – *np.* venire alla presenza, comparire.

Rappresentativo, *add. m.* atto a rappresentare (*detto delle cose e non delle persone*)

Rappresentazióne, *sf.* figura di alcuna cosa – esposizione di un'opera teatrale.

Rappréso, *add. m.* congelato, rassodato – intirizzito.

Rappressáre, *att.* ravvicinare.

Rapprofondáre, *att.* far più profondo.

Rapprossimáre. V. *Appressimare.*

Rappuntáre, *att.* appuntare di nuovo.

Rapsodia (*v. gr.*), *sf.* raccolta di passi e pensieri di varj autori per tesserne un nuovo componimento (*volg.* centone)

Raramente, *avv.* poche volte.

Rarefáre (*pr.* fò, e fáccio, fi ec., *pass.* féci, *pp.* fatto), *att. an.* far divenir raro – e *np.* divenir raro, opp. di condensarsi.

Rarefazióne, *sf.* l'atto per cui un corpo si dilata e senza crescere di massa occupa uno spazio maggiore, opp. di condensazione.

Rarescim. V. *Rarità* nel 1 senso

Rarità, *sf.* dilatazione delle parti di un tutto – poco numero, scarsezza – cosa rara e pregevole.

Raro, *add. m. contr.* di spesso e denso – poco – scarso – lento – singolare, eccellente – *sm.* rarezza – *avv.* raramente.

Raschiáre, *att.* levare la prima superficie di un corpo con ferro tagliente.

Raschiatojo, *sm.* strumento da raschiare.

Raschiatúra, *sf.* l'atto di raschiare, e la materia che si perde raschiando.

Ráscia, *sf.* (*pl.* sce), sorta di pannolano ordinario.

Rasciugáre. V. *Asciugare.*

Rasentáre, *att.* quasi toccare passando.

Rasente, *avv.* tanto vicino che quasi tocchi.

Raso, *sm.* drappo di seta liscio e lucente – *add. m.* levato rasojo – *fig.* logoro – spianato – cancellato.

Rasojo, *sm.* coltello taglientissimo con cui si rade la barba.

Raspa, *sf.* sorta di lima per digare le scolture – arnese da raschiare la madia e tagliare la pasta.

Raspáre, *att.* percuotere e raschiar la terra colle davanti (*proprio de' ca...*)

cani ed altri quadrupedi, - adoperare la raspa — *fig.* portar via, rubare.

raspino, *sm.* strumento di ferro senato degli argentieri, casellatori e simili.

raspo, *sm. propr.* la parte legnosa de'grappoli d'uva, *altr.* graspo - cespuglio.

raspollare, *n. ass.* andar cercando i raspolli.

raspollo, *sm.* grappoletto d'uva, sfuggito al vendemmiatore.

rassegna, *sf.* rivista di un corpo di truppe schierate in battaglia.

rassegnare, *att.* consegnare rispettosamente - presentare-*np.* comparire - uniformarsi alla volontà altrui.

rassegnato, *add. m.* uniformato alla volontà di Dio.

rassegnazione, *sf.* sommissione - il conformarsi al volere di Dio.

assembramento, *sm.* e

assembranza, *sf.* rassomiglianza.

assembrare, *n. ass.* rassomigliare.

assereuamente *sm.* rischiaramento

asserenare, *att. far* sereno (detto del cielo quando è sgombro di nubi) - *fig.* illuminare, ricreare - *np.* deporre la tristezza.

assettamento, *sm.* racconciamento.

assettare, *att.* rimettere in buon ordine, restaurare.

assicurare, *att.* far sicuro - in-

coraggiare—*np.* prender animo.

Rassodamento, *sm.* induramento.

Rassodare, *att.* far duro e consistente, indurire - *fig.* afforzare - *np.* rappigliarsi - *fig.* farsi più stabile in alcuna cosa.

Rassodia. V. *Rapsodia.*

Rassomigliante , *add. com.* che rassomiglia.

Rassomiglianza, *sf.* uniformità di sembianza o di figure fra due oggetti.

Rassomigliare, *n. ass.* avere somiglianza.

Rasta, e

Rástia, *sf.* strumento di ferro per nettar dall'erba i viali o le strade.

Rastello. V. *Rastrello.*

Rastiare. V. *Raschiare.*

Rastrellare , *att.* adoperare il rastrello.

Rastrellata, *sf.* quanto uno tira a sè di fieno o paglia con una menata di rastrello.

Rastrelliéra, *sf.* graticcio di legno che sostiene il fieno sulla mangiatoja — arnese simile dove si tengono le stoviglie — arnese da appendervi le armi — *per simil.* ordine e disposizione de'denti.

Rastrello, *sm.* strumento dentato per iscevrare i sassi dalla terra e le paglie dalle biade — uscio fatto di stecconi (*più propr.* cancello)

Rastro (v. lat.), sm. stromento
di agricoltura per isminure la
terra e coprire le sementi.

Rata, sf. porzione che tocca a
ciascuno dividendo convenevolmente un tutto fra più persone

Ratificare (pr. theo, chi ec.), att.
confermare quanto altri ha
detto o fatto per sè.

Ratificazióne, sf. approvazione.

Rato, add. m. confermato, ap-
provato.

Rattaccáre, att. attaccare di nuovo

Rattacconáre, att. rappezzare -
fig. riparare alla meglio.

Rattamente, avv. velocemente.

Rattemperáre (pr. émpero ec.),
att. ridurre a temperamento,
moderare - np. contenersi,
frenarsi.

Rattenére (pr. engo, iéni ec.,
pass. enni, fut. errò, pp. enúto), att. an. fermare, arrestare - np. contenersi, moderarsi.

Rattenimento, sm. moderazione.

Rattezza, sf. velocità - ripidezza.

Rattizzáre, att. riordinare i tizzoni del fuoco acciò meglio
ardano - fig. fomentare.

Ratto, sm. rapimento di una
fanciulla - corrente bassa e
rapida di un fiume - topo, o
sorcio - rapina. V. - estasi.
V. - add. m. veloce, rapido -
erto, ripido - rapito - avv.
rattamente.

Rattoppáre, att. racconciare chec-

chin mettendovi toppa tal
cosa rotta.

Rattrarre (pr. aggo, ái ec., p...
mi, fut. arrò, pp. atti)
a. an. essere preso da rat...
mento di nervi.

Rattristáre. V. Attristare.

Raucédine, sf. diminuzione ...
voce con asprezza.

Ráuco, add. m. (pl. chi), ...
chiaro di voce.

Raumiliáre, att. tor l'altere...
e l'ira.

Raunanza. V. Radunanza.

Raunáre. V. Adunare.

Ravaglióne, sm. vajuolo salva...

Ravanello, e

Rávano, sm. V. Rafano.

Raviuóli, sm. pl. vivanda di ...
cacio, erbe, uova ed altri ...
gredienti ravvolti in pi...
pezzetti di pasta.

Ravvaloráre, att. crescere il ...
lore - np. rafforzarsi.

Ravvedersi (pr. édo, eggo, ...
gio, pass. ídi, fut. ed...
edrò, pp. edúto), np de...
i proprj errori, emenda...

Ravvedimento, sm. emend...

Ravviamento, sm. il ravvi...

Ravviáre, att. rimettere ...
buona via, contr. di svi...
riordinare cose avvilup...
arruffate, come capelli,
tasse e simili - e ri...
insieme cose confuse e ...
se - np. rippettersi in ...

vicinare, att. accostar di nuovo - np. farsi più vicino.

vviluppare. V. Avviluppare.

vvisare, att. riconoscere al viso, altr. raffigurare.

vviramento, sm. il tornare in vita.

vvivare, att. rendere la vita - fig. invigorire - np. riprender vita o vigore.

vvolgere (pr. olgo, pass. olsi, np. olto), att. an. rinvoltar checchessia in carta o panno o simili - np. andare erranlo - fig. ragionare intorno ad una o più cose.

vvolgimento, sm. tortuosità - ..torcimento di persona - ..mplicazione di negozj.

..volto. V. Involto.

..iocinare, att. discorrere per modo di ragioni, ragionare.

..iocinio (v. lat.), sm. discorso ragionato.

..ionale, add. com. ragionevole.

..ionalità, sf. qualità di ciò ch'è razionale, ragione.

..ione, sf. porzione di vitto giornaliero assegnata ai soldati ..ai marinaj - e la qualità ..pane di detta razione.

..za (zz aspre), sf. discendenza ..atinuata di padre in figlio, ..enerazione, schiatta - mandria (zz dolce), nome generico di ..ordine di pesce marino ..e distinguesi in più specie -

Nelle arti quel pezzo di legno che, partendosi dal mezzo delle ruote, collega e regge il cerchio di fuori.

Razzajo, sm. lavoratore di fuochi artifiziali.

Razzare (zz aspre), n. ass. il raspare del cavallo colle zampe davanti - (zz dolci), raggiare (risplendere)

Razzo (zz dolci), sm. raggio - razza della ruota - fuoco d'artifizio che incendiato sollevasi a grande altezza per l'aria sinchè scoppiando il suo invoglio disperdasi in una pioggia di piccoli fuochi.

Razzola, sf. spezie di raspa.

Razzolare (pr. razzolo ec.), n.ass. propr. il raspare in terra dei polli - per simil. cercare con curiosità - fig. indagare.

Razzuffarsi, np. azzuffarsi di nuovo.

Re, sm. legittimo signore di un regno - per simil. chi sovrasta agli altri in checchessia - il pezzo più nobile al giuoco degli scacchi - d'arme, araldo, messaggiero.

Realdire (pr. sco ec.), att. o n. ass. ascoltar di nuovo un giudizio.

Reale, add. com. di, o da re, attenente a re - ch'esiste attualmente, attuale - vero, opposto di apparente - In legge

che riguarda le cose, *contr.*
di personale (*che riguarda le
persone*) - *sm.* sorta di moneta di Spagna del valore di
un quarto di franco.

Realista, *sm.*(*pl.*sti) aderente al re

Realizzare, *att. nell' uso* effettuare.

Realizzazione, *sf. nell'uso* effetto,
adempimento.

Realmente, *avv.* da re - effettivamente - schiettamente.

Realtà, *sf.* sostanza della cosa.

Reame, *sm* regno.

Reamente, *avv.* da malvagio.

Reato (*v. lat.*), *sm.* colpa.

Reazione, *sf.* azione per cui un
corpo agisce vicendevolmente
contro un altro - *fig.* opposizione.

Rebbio, *sm.* uno dei rami della
forca o del forcone.

Recalcitrante, *add. com.* restio.

Recalcitrare. V. *Calcitrare.*

Recapito. V. *Ricapito.*

Recare, *att.* portare - condurre -
riferire - *np.* andare.

Recedere (*pass.* edei, edetti, o essi, *pp.* eduto, o esso), *n. ass.*
tirarsi da checchessia - abbandonare le pretensioni, le
intraprese e simili.

Recente (*v. lat.*), *add. com.* di
poco tempo fa.

Recentemente, *avv.* di fresco.

Recesso, *sm.* ritiramento - luogo
ritirato.

Recidere (*pass.* isi, *pp.* iso), *a.*
tagliare - *fig.* togliere, levar

Recidiva, *sf.* ricaduta nel m
o nella colpa.

Recidivo, *add. m.* che torna al
cose di prima (*agg. di* malat
e di peccatore)

Recinto, *sm.* luogo chiuso.

Recipiente, *sm.* vaso che ricev
la materia distillata - qualu
que cosa capace.

Reciprocamente, *avv.* scambi
volmente.

Reciproco, *add. m.* (*pl.* chi)
vicendevole.

Reciso, *add. m.* tagliato - fi
breve (*più comun.* conciso)

Recita, *sf. nell'uso* l'atto di re
citare una commedia.

Recitante, *add. com. e sm.*
tore di commedia.

Recitare (*pr.* recito ec.), *att.*
a mente alla distesa - rap
sentare commedia.

Recitativo, *sm.* canto con
compagnamento non obblig
usato nelle poesie narrative
differenza delle ariette.

Recitazione, *sf.* narrazione p
nunziata col solo ajuto dell
memoria - lettura fatta ad a
la voce.

Reclamare, *n. ass.* far lament
querelarsi.

Reclamo, *sm.* querela, lament

Reclinare, *n. ass.* inclinarsi
contrario.

Reoléta , *sf.* arrolamento di soldati - e soldato di fresco ar-
rolato.

Reclutáre , *att.* arrolare nuovi
soldati.

Recognizióne, *sf.* ricompensa.

Recóndito, *sm.* la parte più segreta di una casa - *fig.* il
profondo di una scienza, o
dell' animo - *add. m.* nascosto - segreto - astruso.

Reconditório, *sm.* piccolo vacuo
nel mezzo della mensa degli
altari , in cui sono incassate
reliquie di santi.

Recriminazióne, *sf.* nuova controversia sovra un delitto già
esaminato - accusa posteriore
dell' accusato contro l' accusatore.

Recusáre. V. *Ricusare.*

Redáre. V. *Ereditare.*

Redargu̇íte (*pr.* sco ec.), *att.* non
approvare, rigettare - ricon-
venire - rimproverare.

Redarguizióne, *sf.* argomentazione in contrario - biasimo,
rimprovero.

Redentóre, *sm.* chi redime o ri-
scatta, liberatore - *per antonomasia,* il N. S. G. C. che
col suo sangue ha redento gli
uomini (*altr.* Salvatore)

Redenzióne, *sf.* liberazione , riscatto - riparo, rimedio, scampo

Redimere (*pass.* imei , *e* redensi
ec., *pp.* redento), *att. an.* ri-

scattare, liberare - ricuperare
np. pagare il riscatto.

Redimibile , *add. com.* che può
redimersi o ricuperarsi.

Rédina, *e*

Rédine, *sf.* la briglia del cavallo
- *fig.* ritegno.

Redintegráre. V. *Reintegrare.*

Redivívo, *add. m.* tornato in vita

Reduplicáre (*pr.* úplico, chi ec.),
att. raddoppiare.

Refe, *sf.* filo ritorto per cucire.

Referendário , *sm.* nome di dignità ecclesiastica - delatore,
spia.

Referto. V. *Rapporto.*

Refettório, *sf.* luogo ove i claustrali o convittori di collegi
vanno a desinare e a cena.

Refezióne, *sf.* ristoro.

Reficiáre , *att.* rinvigorire specialmente col cibo.

Reflusso, *sm.* il ritirarsi del mare
dalla spiaggia, *contr.* di flusso.

Refocilláre (*v. lat*), *att.* ristorare - *np.* prendere ristoro.

Refrángere. V. *Risfrangere.*

Refrattario , *add. m.* contumace
(*detto specialm. di coscritti
che non si presentano al ruolo*)

Refrazióne. V. *Rifrazione.*

Refrigerante, *add. com.* che rin-
fresca o ristora.

Refrigeráre (*pr.* igero ec.), *att.*
rinfrescar leggermente - *np.*
ricrearsi, ristorarsi.

Refrigerativo, *add. m.* che ha

virtù di rinfrescare.

Refrigerazione, *sf.* rinfrescamento.

Refrigério, *sm.* sollievo nelle pene

Refugio, *sm.* scampo, ricovero.

Refúso, *sm.* forma andata male nelle stampe, o lettera scambiata di sito nello scomporre la forma.

Regaláre, *att.* far regali o presenti, donare.

Regále, *add. com.* di, o da re.

Regalìa, *sf.* quel diritto per cui volgonsi al principe le rendite de'benefizj vacanti.

Regalmente, *avv.* da re.

Regalo, *sm.* donativo.

Regáta, *sf.* gara di barche usata specialmente a Venezia.

Rege (*e. poet.*) V. *Re.*

Reggente, *add. com.* che regge o governa – *sm.* chi è preposto al governo di un regno o in assenza od in minorità del principe legittimo – prefetto di scuola.

Reggenza, *sf.* amministrazione qualunque – e il tempo della durata della medesima.

Réggere (*pass.* essi, *pp.* etto), *att. an.* sostenere checchessia – resistere alla forza – *fig.* governare – proteggere – sofferire – *n. ass.* durare – *np.* appoggiarsi, sostenersi.

Réggia, *sf.* palagio di re.

Reggimento, *sm.* governo – modo di procedere – sostegno –

In mil. numero di soldati co mandato da un colonnello.

Reggitóre, *sm.* governatore.

Régia. V. *Reggia.*

Regicida, *sm* (*pl.* di), uccisore di re

Regicídio, *sm.* uccisione di re

Regína, *sf.* moglie di re, e si gnora di regno – il second dei pezzi maggiori al gioco degli scacchi.

Régio, *add. m.* di re, reale.

Regióne, *sf.* paese, provincia porzione di luogo.

Registráre, *att.* scrivere al libro – inserire un atto nei registri della cancelleria.

Registratúra, e

Registrazione, *sf.* il registrare.

Registro, *sm.* libro ove son segnati gli atti pubblici.

Regnante, *add. com.* che regge – *sm.* monarca.

Regnáre, *n. ass.* esser re, do nare – *fig.* prevalere.

Regnatóre, *sm.* re.

Regnicolo, *add. m.* nato nel regno

Regno, *sm.* complesso di stati provincie governati da un re – dominio – corona – animale, vegetabile e minerale, una delle tre classi in cui da naturalisti è divisa la natura del nostro globo.

Régola, *sf.* dimostramento modo di operare – norma precetto da osservarsi in arte o scienza.

golamento, *sm.* ordinamento fatto con regola – e gli ordini che si danno o le leggi che si prescrivono.

golare (*pr.* régolo ec.), *att.* prescrivere modo o misura di operare – dirigere, moderare – governare – *np.* temperarsi.

golare, *add. com.* ch'è secondo le regole – agg. di *clero,* che abbraccia gli ordini claustrali – *sm.* religioso claustrale.

golarità, *sf.* l'andamento di una cosa a tenore delle regole – esattezza nell'osservare le regole.

golarmente, *avv.* secondo la regola – per ordinario.

golatamente, *avv.* con ordine o misura.

golato, *add. m.* moderato – ordinato – stabilito.

golatóre, *add. m.* chi regola, o dà regole.

golo, *sm.* piccolo re – statuetta rappresentante un re – termine generico delle arti per esprimere qualsivoglia lista diritta di legno, riquadrata, più lunga che larga, la quale serva a tirar linee rette.

gresso, *sm.* ritorno indietro – *In legge,* facoltà di rivalersi contro altrui.

gurgitare (*pr.* úrgito ec.), *n.* ringorgare, riboccare.

gúrgito, *sm.* ringorgo delle acque di un fiume, il quale trovi intoppo alla imboccatura

Reina (*v. poet.*) V. *Regina.*

Reina, *sf.* sorta di pesce di acqua dolce.

Reintegráre (*pr.* íntegro, *e poetic.* égro ec.), *att.* rimettere la cosa nello stato primiero.

Reintegrazione, *sf.* ristabilimento.

Reità, *sf.* colpa, peccato.

Reiteráre (*pr.* ítero ec.), *att.* replicare.

Reiteratamente, *avv.* più volte di seguito.

Relativamente, *avv.* comparativamente.

Relativo, *add. m.* che ha relazione – *In gramm.* agg. di nome che si riferisce all'antecedente.

Relatóre, *sm.* che riferisce (*proprio di giudici, consiglieri e scienziati*)

Relazione, *sf.* descrizione di alcun fatto accaduto – convenienza di più cose fra loro – attenenza di parentela o di amicizia fra più persone.

Relegáre, *att.* confinare in un luogo per castigo.

Relegazione, *sf,* esilio in luogo particolare, *altr.* confine.

Religione, *sf.* culto prestato alla divinità – ordine di religiosi regolari.

Religiosamente, *avv.* con pietà – fedelmente.

Religiosità, *sf.* sentimento naturale di religione – scrupolosa esattezza.

Religióso, *sm* persona consacrata con voti solenni alla vita monastica – *add. m.* pio, divoto.

Reliquia , *sf.* ciò che avanza di cosa qualunque – avanzi conservati di corpi santi o di cose sante.

Reliquiário, *sm.* custodia di sacre reliquie.

Remáre, *n. ass.* spignere il naviglio co'remi, *volg.* vogare.

Remáta, *sf.* colpo di remo.

Remalóre, *sm.* chi rema o voga, barcajuolo.

Reméggio, *sm.* guernimento di remi del naviglio.

Remigante, *add. com.* é *sm.* chi remiga (*detto per lo più degli schiavi di galera*)

Remigáre (*v. lat.*) V. *Remare.*

Reminiscenza, *sf.* potenza della mente per cui si richiamano alla memoria le nozioni acquistate.

Remissibile, *add. com.* perdonabile

Remissióne, *sf.* perdono – allentamento – dispensa – *In med.* declinazione di febbre.

Remissória, *sf.* patente, per cui si rimette ad altra autorità un atto giuridico.

Remo, *sm.* arnese di legno con cui si spinge per acqua una barca – *fig.* pena di galere.

Rémora, *sf.* pesciolino di mare

poco dissimile dall'aringa, che si attacca alle navi, e che gli antichi credevano avesse forza di arrestarne il corso – *per trasl.* ostacolo, impedimento

Remóto. V. *Rimoto.*

Remuneráre. V. *Rimunerare.*

Remunerazióne. V. *Rimunerazione.*

Rena, *sf.* la parte più arida della terra, rilavata dalle acque, *altr.* sabbia.

Renáccio, *sm.* terreno sabbia.

Renajo , *sm.* parte del lito del mare, o del letto di un fiume rimasta in secco.

Réndere (*pass.* resi, rendé, rendetti, *pp.* rendúto, o reso *att. an.* ridare ciò ch'è stato prestato – dare il contraccambio – fruttare – *np.* arrendersi

Rendévole. V. *Arrendevole.*

Rendiconto , *sm.* nell'uso, presentazione di conti.

Rendimento, *sm.* il rendere – *grazie,* ringraziamento.

Réndita, *sf.* entrata di beni, altri averi.

Rene, *sm.* (*pl.* i reni, e le reni) organo che separa le urine – in pl. parte deretana del corpo.

Renella, *sf.* rena minuta – minutissime pietruzze che si generano ne' reni, e producono acuti dolori.

Renfecio, *sm.* quantità di

intorno alle acque correnti.

nitente, *add. com.* ritroso.

nitenza, *sf.* repugnanza a far checchessia.

nsa, *sf.* e

nso, *sm.* sorta di tela finissima (*dalla città di Reims in Francia*)

nunzia. V. *Rinunzia.*

nunziare. V. *Rinunziare.*

o, *sm.* chi è accusato e convinto di reità - *convenuto*, chi è chiamato in giudizio civilmente - *add. m.* colpevole.

parare. V. *Riparare.*

parto, *sm.* distribuzione di cose in più persone.

pollente, *add. com.* che rispinge.

pellere (*v. lat.*), *att. an.* (*pass.* ilsi, *pp.* ulso), respingere.

pentaglio, *sm.* rischio, cimento

pente, *add. com.* veloce - rapido - violento - *avv.* a un tratto, subito.

entemente, e

entinamente, *avv.* subitamente.

entino, *add. m.* subitaneo.

eribile, *add. com.* che può trovarsi.

ertorio, *sm.* indice di libri o scritture, per ritrovarle più facilmente.

lezione (*v. lat.*), *sf.* ripienezza di stomaco.

lica, *sf.* (*pl.* che), ripetizio e - *Nel foro,* risposta alla sposta avversaria.

Replicare (*pr.* replico, chi ec.), *att.* fare, o dire di nuovo la cosa stessa - *n.* contraddire, opporsi - rinnovare istanze.

Replicatamente, *avv.* più volte.

Reprimere (*pass.* essi, *pp.* esso), *att. an.* tenere in freno, raffrenare.

Reprobo (*v. lat.*), *add. e sm.* riprovato, dannato - malvagio.

Repubblica, *sf.* stato in cui il popolo ha la somma del governo - *letteraria,* tutto il corpo dei letterati del mondo.

Repubblicano, *add. m.* che appartiene a repubblica.

Repudiare. V. *Ripudiare.*

Repudio. V. *Ripudio.*

Repugnanza. V. *Ripugnanza.*

Repugnare. V. *Ripugnare.*

Repulsa. V. *Ripulsa.*

Repulsare. V. *Ripulsare.*

Repulsione, *sf.* l'atto di una potenza per cui certi corpi naturali si rispingono a vicenda, *contr.* di attrazione.

Reputare (*pr.* reputo ec., e *poet.* uto), *att.* stimare, credere - tenere in concetto - *n. ass.* essere di opinione.

Reputazione. V. *Riputazione.*

Requie (*v. lat.*), *sf.* riposo, quiete - suffragio de'morti - sorta di medicamento sonnifero.

Requisito, *sm.* qualunque delle qualità che richieggonsi ad ottenere checchessia - *add. m.*

richiesto.

Requisizióne (*v. lat.*), *sf.* ricerca.

Resa, *sf.* sommissione volontaria di una città assediata, o di un esercito al vincitore.

Resarcíre. V. *Risarcire.*

Rescritto, *sm.* risposta del principe alle suppliche.

Rescrivere (*pass.* issi, *pp.* itto), *att. ass.* rispondere in iscritto – copiare – fare rescritti.

Resecáre. V. *Risecare.*

Residente, *add. com.* che risiede – *sm.* ministro di un principe alla corte di un altro, ma di grado inferiore all'ambasciatore.

Residenza, *sf.* luogo ove si dimora

Residuo, *sm.* resto, avanzo.

Résina, e

Resína, *sf.* sugo grasso mucilaginoso e sulfureo che cola da alcuni alberi.

Resinífero, e

Resinóso, *add. m.* agg. di albero che produce resina o gomma.

Resistenza, *sf.* opposizione – potenza che opera in opposizione ad un'altra, e che ne distrugge o ne diminuisce l'effetto

Resistere (*pass.* stéi, e stetti, *pp.* stíto), *n. ass.* opporre forza a forza – *fig.* reggere, soffrire – durare.

°solutivo. V. *Risolutivo.*

°luzióne. V. *Risoluzione.*

°ibile. V. *Risolvibile.*

Respettivamente, *avv.* relativamente – proporzionatamente.

Respettivo, *add. m.* relativo.

Respignere (*pr.* ingo, igni ec. *pass.* insi, *pp.* into), *att. ass.* spignere indietro, o di nuovo.

Respirábile, *add. com.* da potersi respirare.

Respiráre, *n. ass.* attrarre l'aria nei polmoni e rimandarla – *fig.* vivere – ricrearsi.

Respirazióne, *sf.* l'atto di assorbire l'aria esterna ne'polmoni (*inspirazione*), e di mandarla fuori (*espirazione*)

Respíro, *sm.* il respirare – comodo – riposo – ricreamento – dilazione chiesta, o accordata al pagamento di un debito

Responsívo, *add. m.* agg. di lettera in risposta alla missiva

Responso (*v. lat.*), *sm.* risposta di oracolo, o degli antichi giureconsulti.

Responsório (*v. lat.*), *sm.* ciò che leggesi nell'ufficio divino dopo le lezioni, o dopo i capitoli

Resta, *sf.* filo sottilissimo che sta in punta alla prima spoglia del grano nelle spighe – resta o lisca del pesce – treccia di cipolle o di altri agrumi estensi – ferro nel petto dell'armatura, ove i cavalieri antichi fermavano la lancia per colpire – e l'impugnatura della lancia stessa – (da restare fermata, posa.

Restante, sm. residuo, avanzo.

Restáre, n. ass. rimanere a fare - cessare - mancare - np. fermarsi.

Restauráre. V. Ristaurare.

Restaurazióne, sf. riparazione - risarcimento di danni.

Restáuro. V. Ristauro.

Restío, add. m. agg. di bestia da cavalcare, che si ostini a non passare avanti - per simil. che sente repugnanza.

Restituíre (pr. sco ec.), att. rendere altrui cosa toltagli in qualunque modo - riparare.

Restituzióne, sf. il restituire - l'emendare alcun passo sformato di un antico autore.

Resto, sm. residuo, avanzo.

Restrígnere. V. Ristrignere.

Restrittivo, add. m. atto a ristrignere.

Restrizióne, sf. ristrignimento - l'atto di limitare una cosa a più stretti confini.

Resultamento. V. Risultamento.

Resultáre. V. Risultare.

Resurrezióne, sf. risorgimento a nuova vita.

Resuscitáre. V. Risuscitare.

Retággio, sm. eredità - possessione di beni.

Retáta, sf. quantità di pesce preso ogni volta che si getta e si tira la rete.

Rete, sf. tessuto di filo o di cor-

dicella per pigliar pesci o uccelli - qualunque intrecciatura di fune o di filo metallico - chiuso di corde entro a cui i pastori custodiscono il gregge di notte a cielo scoperto - In anat. omento che involge il fegato - fig. inganno, insidia.

Reticella, sf. dim. di rete - lavoro traforato di seta o di refe fatto con ago o con piombini.

Reticenza, sf. fig. rett. per cui l'oratore fa intendere alcuna cosa, col far mostra di non dirla - omissione volontaria di alcuna cosa che si vorrebbe dire, ma che si tace per prudenza o per altri motivi.

Reticoláto, add. m. intrecciato a guisa di rete.

Retína, sf. una delle tuniche dell'umore cristallino dell'occhio.

Rélore (v. gr.), sm. professore di rettorica.

Retribuíre (pr. sco ec.), att. ricompensare.

Retribuzióne, sf. ricompensa.

Retro (v. lat. e poet.), avv. dietro.

Retroattivo, add. m. che opera sul passato.

Retroazióne, sf. azione di legge sul passato, cioè prima della sua pubblicazione.

Retrocámera, sf. camera segreta.

Retrocédere (pass. edei, edetti, e cessi, pp. edúto, e meglio retrocesso), n. ass. farsi e tornare indietro – *att.* rendere cosa avuta da altri.

Retrocessione, *sf.* il tornare indietro – restituzione.

Retrogradàre, *n. ass.* tornare indietro (*detto del moto apparente de' pianeti*)

Retrogrado, *add. m.* agg. del moto de' pianeti allorchè sembrano tornare indietro – *per simil.* agg. di tutto ciò che torni indietro.

Retroguàrdia, *sf.* e

Retroguardo, *sm.* l'ultima parte dell' esercito in marcia.

Retroscritto, *add. m.* scritto nella pagine addietro.

Retrotrarre (*pr.* aggo, ai ec., *pass.* assi, *pp.* atto), *att. an.* supporre che una cosa sia avvenuta in un tempo anteriore (*detto della data di scrittura*)

Rettamente, *avv.* bene, con ordine – giustamente.

Rettàngolo, *sm.* figura piava geometrica di quattro lati con tutti gli angoli retti.

Rettificàre (*pr.* ifico, chi ec.), *att.* purificare, migliorare – aggiustare, pareggiare, addrizzare

Rettificazione, *sf.* purificazione.

Rèttile (*v. lat.*), *sm.* animale senza piume e senza pelo, strisciantesi sulla terra, e talvolta anfibio.

Rettilineo, *add. m.* compreso da linee rette.

Rettitùdine, *sf.* dirittura nell'operare – giustizia.

Retto, *add. m.* diritto – *fig.* giusto – *In gramm.* agg. di caso quello che regge l'azione.

Rettóre, *sm.* governatore – capo di collegio, università, parrocchia ec.

Rettoría, *sf.* uffizio del rettore – chiesa parrocchiale, o beneficiale.

Rettórica (*v. gr.*), *sf.* (*pl.* che) arte di dire acconciamente per istruire, persuadere e commuovere.

Rettoricamente, *avv.* con rettorica

Rettórico, *sm.* che insegna e usa rettorica – *add. m.* attinente a rettorica.

Réuma (*v. gr.*), *sf.* catarro.

Reumatismo, *sm.* dolore vagante e continuo ne' muscoli.

Reverendo, *add. m.* degno di riverenza (*titolo per lo più di sacerdoti*) – *in superl.* titolo di ecclesiastici costituiti in dignità

Reverenza. V. *Riverenza.*

Reverire. V. *Riverire.*

Revisione, *sf.* disamina – correzione di carte o di libri.

Revisóre, *sm.* esaminatore – censore.

Revocàre. V. *Rivocare.*

Revoluzióne. V. *Rivoluzione.*

Rezzo (*za dolci*), *sm.* fresco ombra per oggetto qualsa opposto a' raggi del sole.

Riabbassàre, *att.* abbassare di nuovo.

Riabilitàre (*pr.* flito ec.), *att.* abilitare di nuovo.

Riabilitazione, *sf.* atto per cui il principe ristabilisce un delinquente nella condizione civile in cui trovavasi prima del fallo.

Rialto, *sm.* luogo rilevato – ed altresì quella dolce prominenza di terra che s'incontra talvolta nelle pianure – *add. m.* rilevato – orgoglioso.

Rialzàre, *att.* alzare di nuovo.

Riamàre, *att.* corrispondere in amore.

Riamicàre, *att.* riconciliare persone che aveano cessato di amarsi.

Riandàre, *att.* esaminar di nuovo una cosa fatta – richiamarsi alla mente cose passate.

Riapertùra, *sf.* nuova apertura.

Riaprire (*pass.* aprii, *e* apersi, *pp.* aperto), *att. an.* aprire di nuovo.

Riàrdere (*pass.* arsi, *pp.* arso), *att. e n. an.* diseccare per troppo freddo o caldo – *fig.* esser compreso da forte passione

Riassùmere (*pass.* unsi, *pp.* unto), *att. an.* assumere di nuovo – epilogare o ripigliare in breve quanto fu detto.

Riassunto, *sm. nell'uso,* epilogo.

Riattamento, *sm.* ristauro.

Riattàre, *att.* racconciare, restaurare.

Riavére (*comp. di* avere. V.), *att. an.* ricuperare – rendere il vigore – *np.* tornar ne'sensi, rimettersi in forza.

Ribadìre (*pr.* sco ec.), *att.* ribattere la punta del chiodo nella materia confitta.

Ribaditùra, *sf.* la parte ribadita del chiodo, e l'atto di ribadire.

Ribalderìa, *sf.* azione iniqua.

Ribaldo, *sm.* furfante, malvagio.

Ribalta, *sf.* arnese da accomodarsi sopra un vano qualunque per passarvi sotto con sicurezza, e da potersi alzare ed abbassare a piacere.

Ribaltàre, *att.* dar la volta, mandar sossopra – *n. ass. e np.* l'andar sossopra de'cocchi, di navi e simili.

Ribalzàre, *n. ass.* fare più balzi o salti (*detto della palla*)

Ribasso, *sm.* sconto che il compratore, pagando all'istante, ottiene sul valore che avrebbe la merce pagandola a respiro – scemamento di un conto per componimento fra il creditore ed il debitore.

Ribàttere, *att.* ripercuotere – *fig.* ristuzzicare le ragioni dell'avversario – riflettere (*parlando di raggi*)

Ribattimento, *sm.* ripercussione

confutazione - riflessione di luce.

Ribeccáre, *att.* beccar di nuovo - *per trasl.* pungere con parole chi prima avea tentato di pungere con quelle.

Ribellàre, *att.* sollevare sudditi dalla obbedienza dovuta alle leggi ed al principe - *np.* partirsi dall' ubbidienza - lanciare un partito per appigliarsi ad un altro.

Ribelle, *sm.* traditore verso il suo principe, sedizioso.

Ribellióne, *sf.* sollevazione di sudditi contro il loro sovrano.

Ribes, *sm.* pianta che produce grappoletti di bacche rosse o nere, un poco acide.

Ribóbolo, *sm.* detto breve e burlesco.

Riboccáre, *n. ass.* versar fuori per troppa pienezza, *altr.* traboccare - *per simil.* abbondare.

Ribocco, *sm.* (*pl.* cchi), soprabbondanza.

Ribollimento, *sm.* riscaldamento del sangue - gorgogliamento.

Ribollire (*pr.* ollo, e isco ec.), *n. ass.* bollir di nuovo o eccedentemente (*detto del sangue*) - guastarsi (*detto del vino*) - commoversi (*detto di moltitudine*).

Ribrezzo, *sm.* tremito delle membra per freddo o febbre - *per simil.* orrore - spavento.

Ributtáre, *att.* sospingere, rim-

tuzzare - *ed anche* vomitare.

Ricacciáre, *att.* scacciar di nuovo - rimandar indietro a forza.

Ricadére (*pass. addi, e men co mun.* adéi, adélti ec., *fut.* adé rò, e adrò ec.), *n. ass.* cader o cascar di nuovo - il piegar delle spighe per soverchio ri goglio - *In legge,* il passare (beni livellarii o fidecommissi (altri, per estinzione di linea (per inosservanza di condizi — *fig.* peccare di nuovo.

Ricadimento, *sm.* il tornare i fermo - o peccare di nuovo.

Ricaducità, *sf.* il ricadere di (velli o fidecommissi in pote altrui.

Ricadúta. V. *Recidiva.*

Ricalcitráre. V. *Calcitrare.*

Ricamáre, *att.* fare coll' ago (versi lavori su' drappi e sul tele.

Ricambiáre. V. *Contraccambia*

Ricámbio, *sm.* compenso - (*comm.* cambio sopra cambi

Ricámo, *sm.* l'opera ricamata.

Ricantáre, *att.* cantare di nuo - cantare il contrario - (disdirsi.

Ricapitáre (*pr.* ápito ec.), (indirizzare al suo luogo - (prevenire alcuna cosa in m. di chi la debbe avere.

Ricápito, *sm.* indirizzo - ricett partito di matrimonio - a l'uso, documento ec.

Recapitolàre (*pr.* ìtolo ec.), *att.* ridire in breve ciò che fu detto alla distesa.

Ricapitolazióne, *sf.* sommaria ripetizione di ciò che si è detto o scritto, epilogo.

Ricaricáre (*pr.* árico, chì' ec.), *att.* caricar di nuovo – *per simil.* porre di nuovo una cosa sopra un'altra.

Ricascáre. V. *Ricadere.*

Ricattáre, *att.* V. *Riscattare.* – *np.* rendere la pariglia, vendicarsi.

Ricatto. V. *Riscatto.*

Ricaváre, *att.* cavar di nuovo – trar profitto da traffico o industria qualunque.

Ricávo, *sm. nell' uso* entrata, profitto.

Riccamente, *avv.* doviziosamente – abbondantemente.

Ricchezza, *sf.* abbondanza di beni di fortuna.

Ricciaja, *sf.* quantità di capelli ricciuti.

Riccio, *sm.* la scorza spinosa della castagna – ciocca di capelli crespi o innanellati – *add. m.* crespo – innanellato.

Ricciolino, *sm.* piccola ciocca di capelli innanellati.

Ricciùlo, *add. m.* agg. di capelli innanellati.

Ricco, *add. m.* (*pl.* cchi), che possiede ampj beni di fortuna – di molto pregio – di gran costo

Ricerca, *sf.* (*pl.* che), inchiesta, domanda – investigazione di cosa che si vuol trovare.

Ricercáre, *att.* cercare di nuovo – investigare – domandare – penetrare per ogni parte.

Ricercatamente, *avv.* studiosamente.

Ricercáto, *add. m.* investigato – squisito – scelto – affettato.

Ricetta, *sf.* formola di un rimedio prescritto dal medico al malato.

Ricettácolo, *sm.* luogo ove uno possa ricoverarsi, o dove possa riporsi alcuna cosa.

Ricettáre, *att.* dare ricetto, ricoverare – *att.* comporre ricette – *np.* rifuggirsi.

Ricettário, *sm.* libro ove sono scritte le ricette.

Ricetto, *sm.* ricovero – stanza d'ingresso negli appartamenti – col verbo *dare,* accogliere in propria casa.

Ricévere, *att.* accettare ciò che vien dato o presentato – accogliere.

Ricevimento, *sm.* l' atto ed il modo di ricevere o accogliere.

Ricevitóre, *sm.* chi riceve – e chi accoglie i forestieri nelle comunità religiose – riscottore di gabelle.

Ricevuta. V. *Quietanza.*

Richiamáre, *att.* chiamare di nuovo – e chiamate indietro

chi se ne va – *np.* querelarsi
di torto ricevuto.

Richiamo, *sm.* il richiamare –
doglianza.

Richiedere (*pass.* ési, *pp.* esto),
att. an. chiedere di nuovo –
e chiedere pregando – domandare la restituzione di cosa
prestata – *np.* essere necessario o convenevole.

Richiesta, *sf.* domanda – interrogazione – chiamata in giudizio

Richiudere (*pass.* úsi, *pp.* uso),
att. an. chiudere di nuovo –
np. il ricongiugnersi di cose
che si erano separate.

Ricidere, V. *Recidere*.

Ricignere (*pr.* ingo, igni ec. ,
pass. insi, *pp.* into), *att. an.*
cignere o fasciare attorno.

Ricino, *sm.* pianta oleosa da cui
si estrae l'olio nelle farmacie.

Ricinto. V. *Recinto*.

Ricisa , *sf.* troncamento – tragetto – via più breve.

Riclamo. V. *Reclamo*.

Ricogliere (*pr.* olgo, ogli ec.,
pass. olsi, *fut.* oglierò, e orrò, *pp.* olto), *att. an.* adunare cose disperse – mettere insieme i frutti della terra –
riscuotere – *fig.* comprendere
– *np.* ricoverarsi.

Ricoglimento. V. *Raccoglimento*.

Ricoglitore. V. *Raccoglitore*.

Ricognizione. V. *Recognizione*.

Ricolmare, *att.* colmare di nuovo,

Ricolmo, *add. m.* pieno quant
è possibile.

Ricolta, *sf.* e

Ricolto, *sm.* V. *Raccolta*.

Ricominciare , *att.* ripigliare i
lavoro o qualunque azione so
spesa,

Ricompensa, *sf.* premio, merced
– contraccambio.

Ricompensare , *att.* dare il pre
mio o la mercede che uno s
è meritata.

Ricompera , *sf.* il comprare d
nuovo cosa venduta.

Ricomporre (*pr.* ongo, *pass.* os
pp. osto) , *att. an.* rimetter
insieme – moderare – calmar

Ricompra, *sinc. di* ricompera. V

Ricomunica, *sf.* assoluzione del
scomunica.

Riconcentrare. V. *Concentrar*

Riconciare, *att.* V. *Racconci*
– aggiugnere condimenti a
una vivanda.

Riconciliare , *att.* far ritorna
d'accordo e in amicizia due
più persone divenute nemich
– rimettere in grazia – ri
rappacificarsi.

Riconciliazione, *sf.* pace ed am
cizia rifatta.

Ricondurre (*pr.* úco, *pass.* uss
pp. otto), *att. an.* condur
di nuovo cosa o persona
luogo dov' era – ridurre
fermar di nuovo al soldo.

Riconduzione , *sf.* nuovo affit

di un podere, o appigionamento di un edifizio.

Riconfermáre, *att.* confermare di nuovo.

Riconfortáre, *att.* far coraggio - *np.* prendere conforto o speranza - rincorarsi.

Ricongiùgnere (*pr.* ungo, ugni ec., *pass.* unsi, *pp.* unto), *att. an.* riunire insieme - il rammarginarsi delle piaghe.

Riconoscente, *add. com.* che riconosce i beneficj, grato.

Riconoscenza, *sf.* riconoscimento di beneficj ricevuti, e ricambio de' medesimi.

Riconóscere (*pass.* obbi, *pp.* osciuto), *att. an.* richiamare alla memoria persona o cosa già conosciuta - scoprire il vero di checchessia. – *In mil.* spiare in che stato trovasi una piazza o un paese - *In marin.* osservare da vicino coste, flotte o simili - *np.* ravvedersi degli errori, pentirsi.

Riconoscìbile, *add. com.* che si può riconoscere o ravvisare.

Riconoscimento, *sm.* agnizione - pentimento - contraccambio.

Riconoscitóre, *sm.* chi riconosce o ravvisa.

Riconquistáre, *att.* ricuperare colle armi cosa perduta in guerra.

Riconsigliáre, *att.* consigliar di nuovo - *np.* pigliar nuovo partito.

Riconvenìre (*pr.* engo, ieni ec., *pass.* enni, *pp.* enuto), *att. an.* convenire in giudizio chi ci convenne il primo - rimproverare alcuno per mancanza a qualche suo dovere.

Riconvenzióne, *sf.* l' impugnare il detto altrui - *Nel foro*, domanda del convenuto opposta ad altra domanda dell'attore dinanzi allo stesso giudice

Ricopiáre, *att.* copiar di nuovo - imitare.

Ricoprìre (*pass.* rii, *ed* ersi, *pp.* erto), *att. an.* coprir nuovamente - - *fig.* occultare, nascondere - dissimulare - assicurare i suoi crediti.

Ricordanza, *sf.* atto della memoria che si ricorda - menzione.

Ricordáre, *att.* rammentare - mentovare - *np.* richiamarsi alla memoria.

Ricordìno, *sm.* piccolo anello da ricordi.

Ricordo, *sm.* memoria - cosa trasmessa in iscritto o per tradizione di padre in figlio - ammaestramento - qualunque oggetto donato altrui per memoria di sè.

Ricorrente, *add. com.* che di quando in quando ritorna.

Ricórrere (*pass.* orsi, *pp.* orso), *n. an.* andare a chiedere ajuto o giustizia a qualcheduno - usar rimedj che possano giovare

.Ricorso , sm. rifugio - rappresentazione fatta al tribunale
di offesa o ingiustizia ricevuta.

Ricotta, sf. fior di latte separato
dal siero col mezzo del fuoco.

Ricoverare (pr. overo ec.), att.
ricuperare, riavere - rimettere in grazia - np. ridursi in
salvo.

Ricovero, sm. rifugio, asilo.

Ricreare, att. dar ristoro alle
fatiche o affanni sofferti - dar
divertimento - np. pigliare
ristoro dalle fatiche.

Ricreativo, add.m. atto a ricreare

Ricreazione, sf. passatempo a
cui uno si abbandona dopo
lunga occupazione.

Ricredere, n. ass. credere altrimenti da ciò che prima credevasi - np. disingannarsi -
diffidare.

Ricucire, att. cucire cosa sdrucita.

Ricuocere, att. cuocer di nuovo
- concuocere. V.

Ricuperare (pr. upero ec.), att.
ritornare in possesso di cosa
perduta, o alienata.

Ricurvo, add.m. piegato in arco.

Ricusare, att. non accettare.

Ridare (com. di dare. V.), att.
an. dare di nuovo la stessa
cosa - rendere ciò ch'era
stato prestato.

Ridda, sf. ballo di molte persone
fatto in giro.

...dc, add. com. allegro, gio-

joso - agg. di fortuna, fave
reggiante - di luogo, ameno

Ridere (pass. risi, pp. riso), a
ass. an. dare colla bocca
colla voce segno di allegria -
np. burlarsi.

Ridevole, add. com. da far ridere

Ridevolmente , avv. in modo ridicolo.

Ridicolo, sm. ciò che fa ridere -
la parte ridicolosa nelle commedie - add. m. che fa ridere

Ridicolosaggine, sf. buffoneria.

Ridicoloso, add. m. atto a muovere il riso.

Ridire (comp. di dire. V.), att
an. replicare cosa già detta -
raccontare cosa udita - svelare cosa confidata - np. dire
il contrario di quanto si è
detto.

Ridomandare, att. chiedere che
venga renduta cosa già data
prestata.

Ridondante, add. com. che so-
vrabbonda.

Ridondanza , sf. soverchia abbondanza.

Ridondare, n. ass. venire in
conseguenza - abbondare soverchiamente.

Ridotto , sm. luogo di pubblica
radunanza o per trattenimento piacevole o per qualche negozio - In mil. nome ge-
rico che si dà a varie op
di fortificazione, nelle q...

ridscono i combattenti.

iducibile, *add. com.* che si può ridurre.

idurre (*pr.* úco, *pass.* ussi, *pp.* otto), *att. an.* far ritornare – convertire una cosa sotto altra forma – *np.* riunirsi – ricoverarsi – ristrignersi.

iduzióne, *sf.* trasmutamento – conversione.

iédere (*v. poet.*), *n. difett.* (*di cui non si usano ; oltre all'inf., che* riédo, di, de, *pl.* riédono, *e* riéda, *pl.* riédano), ritornare.

iedificáre (*pr.* ifico, chi *ec.*), *att.* fabbricar di nuovo.

iémpiere, *att.* empiere di nuovo o abbondantemente – *fig.* saziare.

iempitivo, *add. m.* agg. di partic. del discorso – superfluo.

ientráre, *n.* entrar di nuovo.

iepilogáre (*pr.* ilogo, ghi *ec.*), *att.* ripigliar brevemente le cose già dette.

iescíre. V. *Riuscire.*

ifacimento, *sm.* riparazione – compensazione di danni recati.

ifáre (*comp. di* fare. V.), *att. an.* far di nuovo – *np.* ritornare in forze – ristorarsi di danni sofferti.

iferimento, *sm.* relazione.

iferire (*pr.* sco *ec.*, *pp.* ito, *ed* erto), *att. an.* rapportare altrui ciò che si è udito o ve-

dato – attribuire – *n. p.* aver relazione o dipendenza – rimettersi al fatto o al detto altrui.

Riferto. V. *Rapporto.*

Rifiatamento, *sm.* respirazione.

Rifiatáre, *n.* respirare – pigliare riposo.

Rifiggere (*pass.* issi, iggesti *ec.*, ilte *o* isse), *att. an.* ficcar più volte – affissare di nuovo (gli occhi)

Rifinimento, *sm.* mancanza grande di forze.

Rifinire (*pr.* sco *ec.*), *att.* dar fine – *e talora* dar esito – *n. ass. e np.* ridursi in cattivo stato di averi o di sanità.

Rifiorimento, *sm.* il rifiorire delle piante – *fig.* ristabilimento di lettere, scienze, commercio *ec.*

Rifiorire (*pr.* sco *ec.*), *n. ass.* fiorir di nuovo – *fig.* tornare in buono stato dopo un deperimento (*detto d'arti, scienze, commercio ec.*) – *att.* rendere più vago – *In pitt.* ritoccare i colori di un dipinto che il tempo abbia oscurati o indeboliti.

Rifiutáre, *att.* rigettare con isdegno – non accettare – rinunziare.

Rifiuto, *sm.* rinunzia sdegnosa – e la cosa stessa rifiutata – ripudio, divorzio – *Al giuoco,* il non rispondere al seme giocato.

36

Riflessione , sf. ripercussione dei
raggi. - per simil. meditazione
della mente sovra alcun oggetto non ben compreso .- attenzione dilatata a più oggetti
- pensieri esposti in iscritto
sovra alcun soggetto di dottrina morale o scientifica.

Riflesso, sm. ribattimento di luce
(meglio riverbero. V.) - impropr. considerazione.

Riflettere (pp. effetto, e riflesso),
att. an. ribattere indietro -
n. ass. e np. tornar indietro
(detto de' raggi della luce e
di corpi che si urtano) - fig.
ruminare, meditare.

Rifluire (pr. sco ec.), att. scorrere
di nuovo o indietro.

Rifluss. V. Reflusso.

Rifocillare, att. ristorare.

Rifondare, att. fondar di nuovo
- far più profondo - rialzare
le fondamenta di edifizj.

Rifondere (pass. usi, pp. uso), att.
an. fondere di nuovo - attri-
buir la cagione - rimborsare.

Riforma, sf. riordinamento , restaurazione - correzione degli
abusi introdottisi nelle antiche
discipline di qualche istituto
- statuto monastico - per an-
tonom. lo scisma di Lutero.

Riformare, att. dare nuova o
miglior forma - ristabilire in
miglior ordine - riordinare -
np. ritornare nel suo quieto

primiero.

Riformatore , sm. chi dà nu-
forma ad una cosa - e
corregge gli abusi.

Rifrangere (pass. ansi, pp. atto
att. an. far deviare un rag
dal suo diritto cammino
incontro di diverso mez
np. deviarsi (detto ass
raggi, come del suono)

Rifrangibilità , sf. la disposi
dei raggi o del suono ad e
re rifratti.

Rifrazione , sf. la deviazione
raggi della luce.

Rifreddo, sm. avanzo di
raffreddati.

Rifrigerare. V. Refrigerare.

Rifrustare, att. cercare
mente (modo basso) -
cuotere con frusta o si

Rifuggire, n. ricoverarsi
alcuno ed in alcun
salvezza - att. sentire
np. ritirarsi.

Rifugio, sm. luogo ove
possa mettersi in sicuro
tensione, difesa.

Rifulgere (n. lat.), n. an.
uloi senso pp.) , risple
mostrarsi splendidame

Rifusione, sf. nuova liq
de' metalli - nell' uso
grazione, rimborso.

Riga, sf. (pl. ghe), re
condurre linee rette -
dirizza a filo un lavoro

nico ~ e la stessa linea tirata col regolo - lista di varj colori intessuta in certi drappi.

Rigaglia, sf. il di più che si ricava dalle possessioni oltre il prodotto principale - mancia.

Rigagno, e

Rigagnolo, sm. piccolo rivo - più propr. l'acqua piovana che corre per la parte più bassa delle strade.

Rigare, att. tirare linee - irrigare. V.

Rigattiere; sm. rivenditore di mercanzie usate.

Rigenerare (pr. énero ec.), att. dare nuova forma e migliore ad una cosa.

Rigeneratore, sm. chi nel recar cambiamento conduce a maggior perfezione una cosa.

Rigettamento, sm. rifiuto.

Rigettare, att. ributtare, escludere - gettar di nuovo - n. ass. buttar fuori, vomitare.

Rigetto, sm. scarto, rifiuto.

Righettato, add. m. segnato di spesse linee sottili; e talvolta di color diverso.

Rigidezza, e

Rigidità, sf. durezza, inflessibilità - severità, asprezza.

Rigido, add. m. che non si piega, inflessibile - aspro, severo - alpestre.

Rigiramento, sm. cammino tortuoso.

Rigirare, att. andare in giro, circondare - fig. ingannare.

Rigiratore. V. Raggiratore.

Rigiro. V. Raggiro.

Rigno, sm. il verso del cane quando mostra, digrignando i denti, di voler mordere.

Rigo, sm. (pl. ghi), linea segnata in carta.

Rigoglio, sm. rilievo di cosa che si alzi fuori dell'ordinaria dirittura - vigore, o forza vegetativa delle piante - fig. orgoglio, alterigia - soverchio ardire.

Rigoglioso, add. m. vigoroso, florido (parlando di piante) - orgoglioso, altero (parlando di persona)

Rigonfiamento, sm. quel crescimento che fanno i fluidi bollendo o l'acqua nei fiumi per soverchia pioggia o per nevi disciolte.

Rigonfiare, att. gonfiar di nuovo - n. ass. crescere ingrossando.

Rigore, sm. durezza - inclemenza - severità - tremor convulsivo cagionato da freddo, da accesso di febbre o simili.

Rigorismo, sm. il seguire le sentenze più austere.

Rigorista, sm. (pl. sti), chi tiene le sentenze morali più austere.

Rigorosità, sf. durezza - severità.

Rigoroso, add. m. severo, contr. d'indulgente - agg. di prezzo, alto - di *termine*, preclso.

Riguadagnare, *att.* guadagnar di nuovo - ricuperar cosa perduta - *np.* rifarsi amico taluno, tornargli in grazia.

Riguardamente, *av.* sguardo - circospezione.

Riguardare, *att.* guardar di nuovo o attentamente una cosa - guardare indietro - avere riguardo - *n.* appartenere - *fig.* essere volto verso un luogo - essere circospetto - *np.* aver cura della propria sanità - astenersi da checchessia.

Riguardevole. V. *Ragguardevole.*

Riguardo. *sm.* guardatura - aspetto - vista - *fig.* rispetto, considerazione - avvertenza, attenzione.

Rigurgitamento, *sm.* *propr.* quel moto retrogrado che fanno le acque correnti ove trovino intoppo per via - *per simil.* andirivieni di gente affollata in un luogo.

Rigurgitare. V. *Regurgitare.*

Rigurgito. V. *Regurgito.*

Rilasciare, *att.* rimettere, condonare - liberare da prigionia o servitù - *nell'uso*, dare, emanare ec.

Rilascio, *sm.* l'atto di rilasciare.

Rilassamento, *sm.* ripeto, sollievo, affievolimento nella pietà, o nei costumi.

Rilassare, *att.* aggiungere le forze

- rilasciare - *np. fig.* intie... pidirsi nel fervore, o scostar... dal vivere onesto.

Rilassatezza, *sf.* allentamento indebolimento - *fig.* trasa... damento di pietà, di costumi di disciplina.

Rilegare, *att.* legar di nuovo impedire - relegare. V.

Rileggere (*pass.* essi, *pp.* etto) *att. an.* leggere di nuovo ed anche leggere il propri... scritto.

Rilevamento, *sm.* l'alzare un cosa acciò stia ritta.

Rilevante, *add. com.* che rilen... - importante.

Rilevanza, *sf.* importanza.

Rilevare, *att.* levare o alzar... nuovo - *fig.* sollevar da cal... mità - riconfortare - *Nell* arti, lo sporgere in fuor... qualunque cosa affissa al... - *n. ass.* importare - *np.* ri... quistare vigore - risorger... peccato - drizzarsi in piedi

Rilevato, *sm.* prominenza che... solleva sul piano - *add.*... rialzato - sollevato - rip... colmo - segnalato - grand...

Rilievo, *sm.* tutto ciò che si... za dal suo piano - *In*... figura prominente dal fond... *fig.* osservazione - consid... zione - importanza.

Rilucente, *add. com.* che rispl...

Rilucentezza, *sf.* splendore.

ilúcere (pass. ussi e ucei ec.,
senza pp.), n. ass. an. avere
in sè e tramandare splendore
- fig. comparire con pompa.

ima, sf. consonanza che risulta
da due parole di uguale desinenza, con cui finiscono due
o più versi - In pl. componimenti poetici.

imandare, sf. mandare o inviare di nuovo - mandar via -
ripudiare - vomitare.

imanenza, sf. rimasuglio, avanzo - permanenza. V.

imanére (pr. ango, áni ec.,
pass. ási, pp. áso, e asto), n.
ass. an. restare - np. fermarsi a stare - cessar di fare,
astenersi.

imarcábile (v. sf.), add. com.
rilevante, importante.

imarcáre (v. fr.), n. ass. rilevare,
importare - e nell'uso, osservare.

imarco (v. fr.), sm. (pl. chi), rilievo - e nell'uso, osservazione

imare, n. ass. scrivere in versi
(e propr. in versi rimati)

imarginare (pr. árgino ec.), att.
ricongiugnere insieme le parti
disgiunte per ferite e tagli nei
corpi degli animali e delle
piante - fig. riparare i danni
sofferti.

imário, sm. vocabolario di desinenze e di voci a tali desinenze corrispondenti, per comodo di verseggiare.

Rimaritáre, att. dare nuovamente marito - fig. ricongiugnere
(detto di persone o di cose) -
np. ritorre marito.

Rimasticáre (pr. ástico, chi ec.),
att. ruminare - fig. rivolgere
più volte nella mente.

Rimasuglio, sm. avanzo di poca
importanza.

Rimatóre, sm. poeta (e propr.
quegli che compone in versi
rimati)

Rimbalzáre, n. ass. risaltare -
balzare più volte successivamente.

Rimbalzo, sm. il retrocedere di
cosa che nel suo moto trovi
intoppi.

Rimbambire (pr. sco ec.), n. ass.
perdere il senso e le forze
della virilità per vecchiezza.

Rimbeccáre, att. ripercuotere col
becco - ribattere indietro (comun. detto della palla)

Rimbellire (pr. sco ec.), att. an.
ass. fare, e divenir più bello.

Rimboccáre, att. capovolgere un
vaso - rovesciare l'estremità,
ossia la bocca di sacco e simili
- n. ass. traboccare. V.

Rimboccatúra, sf. quella parte
del lenzuolo, che si arrovescia
sulla coperta da capo.

Rimbombáre, n. ass. far rimbombo, risonare.

Rimbombo, sm. fragore prolungato prodotto da romore in

luoghi cavernosi - strepito grande.

Rimborsare, *att.* rimettere nella borsa - rendere il danaro che uno abbia prima speso per noi.

Rimborso, *sm.* pagamento di' danaro che altri ha sborsato per noi.

Rimbottare, *att.* mettere di nuovo nella botte quel liquore che erasene estratto.

Rimbrottare, *att.* rinfacciare borbottando.

Rimbrotto, *sm.* rinfacciamento; rampogna.

Rimediare, *n.* applicar rimedio - porre riparo a' qualche disordine morale.

Rimedio, *sm.* qualunque applicazione esterna od interna di medicamenti per guarire da malattia - *fig.* riparo, spediente.

Rimeggiare. V. *Rimare.*

Rimembranza, *sf.* memoria di cosa prima conosciuta.

Rimembrare, *att.* rammentare - *n. ass.* e *np.* ricordarsi.

Rimenare, *att.* condur al luogo donde uno era stato fatto partire - dimenare. V.

Rimendare, *att.* ricucire le rotture de'panni in modo che non si conosca la rottura - *fig.* aggiustare un affare.

Rimeritare (*pr.* erito ec.), *att.* rimunerare, ricompensare.

Rimescolamento, *sm.* il confon-

dere insieme più cose in disordine - Il conversare con persone di condizione diversa - terrore che nasce da subito spavento.

Rimescolare (*pr.* escolo ec.), *att.* confondere insieme - *np.* impaurirsi.

Rimessa, *sf.* il mandar danari da un luogo ad un altro col mezzo di cambiali - spedizione o consegna fatta di cosa qualunque per commissione d'altri - stanza terrena ove si pongono carrozze e vetture.

Rimessiticcio, *sm.* ramo nuovo rimesso sul fusto vecchio.

Rimesso, *sm.* intarsiatura. V. *add. m* riposto - *fig.* pusillanime - debole - basso, piano.

Rimettere (*pass.* si, *pp.* esso), *att. an.* riporre nel luogo e nello stato primiero - rimere - perdonare - condonare - porre in arbitrio altri - mandare danari per lettera di cambio - *n. ass.* spuntar nuovi rampolli (*parlando di piante*) - *np.* ricuperar la sanità dopo una malattia - riportarsi al giudizio altrui - raffreddarsi in una passione.

Rimirare, *att.* guardar con attenzione.

Rimodernare, *att.* riformare cose antiche sul gusto moderno.

Rimontare, *n. ass.* risalire

nuovo - tornare a crescere di
prezzo - att. guarnire di nuovo - porre in sesto i pezzi di
una macchina.

imórdere (pass. orsi, pp. orso),
att. an. mordere di nuovo -
fig. affliggere, travagliare -
n. ass. provar pentimento dei
falli commessi.

imordimento, e

imorso, sm. riconoscimento di
errore con pentimento.

imostranza, sf. dimostrazione -
doglianza - rimprovero per correggere altrui di qualche fallo.

imostráre, att. far conoscere.

imoto, add. m. lontano - poco
frequentato.

impalmáre, att. impeciare le
navi

impatriáre, n. ass. e np. tornare
in patria dopo lunga assenza.

impennáre, att. rimettere le
penne a certi strumenti - fig.
ridonare vigore - n. ass. e np.
sorgere di nuovo le penne agli
uccelli - inalberarsi (detto
de' cavalli quando si alzano
ritti su' piedi di dietro), meglio
impennarsi. V.

impetto, prep. di faccia - avv.
dirimpetto.

impiattáre. V. Appiattare.

impiazzáre (v. fr.), att. mettere
cosa o persona in luogo di altra
che sia mancata (meglio sur-
rogare)

Rimpicciolíre (pr. sco ec.), att.
ridurre in forma più piccola.

Rimpozzáre, att. il rimanersi delle acque stagnanti senza sfogo.

Rimprocciáre. V. Rimbrottare.

Rimpróccio. V. Rimbrotto.

Rimproveráre (pr. overo ec.), att.
ricordare altrui i benefaj fat-
tigli tacciandolo d'ingratitudine - riprendere, o redarguire
uno de' proprj viaj - lamentarsi insultando.

Rimprovero, sm. riprensione aspra.

Rimuneráre (pr. unero ec.), att.
ricompensare.

Rimunerazióne, sf. guiderdone.

Rimuóvere (pass. ossi, pp. osso),
att. an. dar nuovo moto -
allontanare - dissuadere uno da
un suo proponimento.

Rimurchiáre, att. tirare un bastimento col mezzo di altro naviglio minore attaccato al primo e mosso per lo più a forza
di remi.

Rimurchio, sm. quel battello che
a forza di remi si tira dietro
altra barca maggiore a cui è
attaccato con fune.

Rináscere (pass. acqui, pp. ato),
n. ass. riprodursi - e fig. sorgere a nuova vita.

Rinsaldáre, att. fortificare con
terra alberi, pianticelle, e simili o per facilitarne la vegetazione o per assicurarne la
difesa - fig. afforzare - solleci-

tare (*meglio incalzare*)

Rincantucciarsi, *np.* ritirarsi nei canti per non essere veduto.

Rincaráre, *att. e n. ass.* crescere il prezzo, o di prezzo (*meglio incarire*)

Rischiúdere. V. *Racchiudere.*

Rincominciáre, *att.* cominciar di nuovo.

Rincontráre. V. *Incontrare.*

Rincontro, *sm.* V. *Incontro* – *avv.* dirimpetto.

Rincoráre, *att.* dare animo – *np.* ripigliar coraggio.

Rincréscere (*pass. ebbi, pp. esciúto*), *n. an.* venire a noja o fastidio – aver compassione.

Rincrescévole, *add. com.* fastidioso, molesto.

Rincrescimento, *sm.* noja, fastidio – dispiacere.

Rinculáre, *n. ass.* farsi indietro senza voltarsi.

Rinegáre. V. *Rinnegare.*

Rinfacciáre, *att.* rimproverare aspramente – rammentare ad uno i beneficii fatti nell' atto di rampognarlo.

Rinfervorarsi, *np.* ripigliar fervore.

Rinfianco, *sm.* (*pl.* chi), muro di rinforzo.

afondimento, *sm.* nuova o maggiore infusione.

orzáre, *att.* aggiugnere forza p. ripigliar forza e vigore.

o, *sm.* accrescimento di

forze – soccorso, ajuto.

Rinfrancáre, *att.* rinvigorire – rifarsi de' danni sofferti.

Rinfrángere (*pass. ansi, pp. anto*) *att. an.* di nuovo frangere – *np.* rompersi del mare.

Rinfrenáre, *att.* rimettere il freno.

Rinfrescáre, *att.* far fresco ciò ch'è caldo – ricreare, ristorare – rinnovare frequentemente – *n. ass.* divenire fresco (detto d'aria o di vento) – *fig.* rinvigorire – *np.* pigliar ristoro di cibo o di riposo.

Rinfrescáta, *sf.* refrigerio – pioggia che nella state smorza il calore eccessivo.

Rinfrescativo, *add. m.* atto a rinfrescare.

Rinfresco, *sm.* (*pl.* schi), ciò che ristora o ricrea – bevanda e lale che servonsi nei festini e simili – *In marin.* nuova provisione di viveri.

Ringagliardáre (*pr. sco ec.*), dar nuovo vigore – *n. ass.* *np.* ripigliar vigore.

Ringhiáre, *n. ass.* il broncio dei cani allorchè, digrignando i denti, minacciano di mordere.

Ringhiéra, *sf.* luogo dove si ringa – *per simil.* ripiano sterno di un balcone munito di un parapetto.

Ringhio. V. *Rigno.*

Ringiovaníre (*pr. sco ec.*), *n.* ritornar giovane, rinnovellarsi rinverdire (*detto di persone e di piante*)

ingorgare, *n. ass.* rigonfiare.

ingorgo, *sm.* (*pl. ghi*), rigonfiamento d'acque trattenute nel loro libero corso da qualche intoppo – *fig.* affollamento di negozj.

ingraziare, *att.* rendere grazie – riconoscere con umili parole i beneficj ricevuti.

ingrossare, *att.* far più grosso – *n. ass.* crescere.

innegare, *att.* ribellarsi da un superiore per aderire a un altro – rinunciare.

innegato, *sm.* chi ha rinunciato alla fede cristiana (*altr. con v. gr.* apostata)

innestare, *att.* innestare di nuovo – *fig.* ricongiugnere – *Nelle arti*, rintaccare le parti di qualche arnese di metallo, che si fossero distaccate.

innovare, *att.* far di nuovo, rifare

innovazione, *sf.* rifacimento – rinascimento (*detto de' pianeti*)

rinnovellare, *att.* V. *Rinnovare.* – far rivivere – *np.* riassumere le prime forme.

rinoceronte (*v. gr.*), *sm.* grossissimo animale feroce, poco dissimile dall'elefante, con un corno sul naso e con pelle durissima.

rinomanza, *sf.* fama, celebrità.

rinomato, *add. m.* stimato do-

vunque per alcun pregio particolare (*detto tanto di persona che di cosa*)

Rinsaccare, *att.* alzare ed abbassare il sacco scotendolo per istirarlo – *n. ass.* balzellare trottando sul cavallo.

Rinselvarsi, *np.* rientrare nella selva – darsi alla vita solinga.

Rinserrare, *att.* rinchiudere.

Rintanarsi, *np.* ritornar nella tana – *per simil.* nascondersi.

Rintegrare, *att.* V. *Reintegrare.* – *np. nell' uso*, rivalersi per intero di spese fatte.

Rinterramento. V. *Colmata.*

Rinterrare, *att.* colmare di terra un fondo seminabile.

Rintocco (*pl. cchi*), *sm.* suono di campana a tocchi distaccati.

Rintoppare, *att.* incontrare cosa o persona che ponga ostacolo ad avanzarsi – *np.* urtarsi nell' incontro.

Rintoppo, *sm.* impedimento.

Rintracciare, *att.* cercare seguendo le tracce – investigare.

Rintronare, *n. ass.* rimbombare fortemente – scuotersi.

Rintuzzare, *att.* ribattere la punta di cosa acuta – *fig.* reprimere delli mordaci – respingere forza con forza – *np.* umiliarsi – reprimersi.

Rinunzia, *sf.* l'atto di abbandonare qualche diritto.

Rinunziare, *att. e n.* cedere

...otmeamente la própria ragione a una cosa, e il possesso di quella.

Rinvenire (pr. engo, ieni ec., pass. enni, pp. enuto), att. an. ritrovare - n. ass. riaversi dopo uno svenimento - np. ritrovarsi colla mente e col pensiero - rammentarsi.

Rinverdire (pr. sco ec.), n. ass. ritornar verde - fig. rinnovarsi - ringiovanire.

Rinvestimento, sm. scambio di una cosa in un'altra equivalente - impiego di capitali infruttiferi in acquisto di terreni.

Rinvestire (pr. esto, o estisco ec.), att. rinnovar l'investitura - permutare contrattando un genere con uno diverso equivalente.

Rinviare. V. Rimandare.

Rinvigorire (pr. sco ec.), att. dar nuovo vigore, rinforzare - n: ass. riprendere vigore.

Rinvitare, att. invitare di nuovo - e invitare per ricambio chi ci ha invitati.

Rinvolgere. V. Ravvolgere.

Rio, sm. fiumicello, o piuttosto ruscello, rigagnolo - add. m. (v. poet.), reo, colpevole.

Rione (quasi regione), sm. quartiere da cui è divisa una città.

Riordinare (pr. ordino ec.), att. rimettere in ordine cosa scomposta.

Rissoso, add. m. contenzioso, litigioso.

Ripa (v. lat.), sf. riva - ciglio o argine di terreno.

Ripaggio (v. mod.), sm. dazio che dalle barche si paga in alcuni passi di fiumi.

Riparare, n. porre riparo, o riparti - rimediare a un male acciò non accada di peggio - att. difendere, sostenere - ristaurare - np. ricoverarsi

Riparazione, sf. ristauro - fig. provvedimento.

Riparo, sm. rialto di terra per fortificare o difendere un posto - fig. rimedio, provvedimento - ricovero.

Ripartire (pr. sco ec.), att. distribuire in parti.

Ripassare, att. passar di nuovo - fig. rivedere scritti ed opere d'arte.

Ripassata, sf. il ripassare per luogo - fig. nuovo esame di una cosa.

Ripasso, sm. ritorno nei paesi degli uccelli in certe stagioni.

Ripatriare. V. Rimpatriare.

Ripastiglio. V. Repostiglio.

Ripercotimento, sm. il battere insieme due o più cose - parlando di raggi, riflessione

Ripercuotere (pass. ossi, cosso), att. an. percuotere di nuovo - riflettere i raggi

n. ass. e np. battere insieme scambievolmente.

percussione, sf. V. Ripercotimento - In mus. ripetizione frequente degli stessi tuoni.

pescare, att. tirar su dall'acqua oggetto che vi sia caduto - fig. rintracciar qualche cosa con sagacità e industria.

petere, att. ridire più volte cose già dette - richiamare alla memoria - In legge, domandare in giudizio ciò che si crede ingiustamente occupato da altri.

petitore, sm. chi ripete - e chi ripete privatamente la lezione agli scolari.

petizione, sf. il ripetere - istruzione privata sulle materie insegnate in pubblico - oriuolo da tasca che batte le ore allo scatto di una molla.

piano, sm. quello spazio che s'incontra in cima alla scala, e alla metà di essa.

picco, sm. (pl. chi), ripercotimento di colpo contro colpo.

pidezza, sf. inclinazione troppo scoscesa di monte o di strada.

pido, add. m. scosceso.

piegamento, sm. piegamento replicato.

piegare, att. raddoppiare in sè stessi panni, e simili - fig. trovare un provvedimento - np. rivolgersi - incurvarsi.

Ripiego, sm. (pl. ghi), provvedimento.

Ripienezza, sf. lo stato di ciò che non può ricevere di più.

Ripieno, sm. tutto ciò che serve ad empiere cosa vuota - e tutto ciò che sta ozioso in qualche luogo - filo con cui dai tessitori si riempie l'ordito - In gramm. particella non necessaria, ma di ornamento al discorso - add. m. pieno; colmo, contr. di vuoto.

Ripigliare, att. pigliar di nuovo - ricuperare - ricominciare.

Riporre (pr. ongo, oni ec., pass. osi, pp. osto), att. an. collocar di nuovo una cosa dove era prima - chiudere per sicurezza - nascondere - mettere nel numero.

Riportare, att. portare di nuovo una cosa al suo luogo - rendere cosa prestata - citare parole o scritti altrui per autorità - attribuire un effetto ad una cagione - riferire cosa udita.

Riporto, sm. la cosa riportata - ricamo che si può applicare a qualsiasi veste o altro.

Riposare, att. pigliar riposo - dormire - posare di nuovo.

Riposatamente, avv. adagio.

Riposo, sm. quiete di corpo e d'animo per cessazione di fatica o di affanno, ad oggetto

.di rinnovar le forze affievolite
- *poetic.* pausa - sonno.

Ripostamente, *avv.* di nascosto.

Ripostiglio, *sm.* luogo secreto da
riporvi checchessia.

Riprendere (*pass.* ési, *pp.* éso),
att. an. prendere o pigliar di
nuovo - ammonire sgridando -
biasimare - *np.* emendarsi.

Riprensione, *sf.* sgridata, *volg.*
rammanzina.

Ripresa, *sf.* il ripigliare a fare
cosa sospesa - ammonizione -
pretesto - obbiezione - *In
mus.* ritornello di un'aria, o di
una variazione - ed il segno
che mostra doversi l'aria ripetere - luogo ove i barberi
vegono arrestati, finita la
corsa.

Riprezzo. V. *Ribrezzo.*

Riprodurre (*an.* úco, *pass.* nesi,
pp. otto), *att. an.* produrre
di nuovo - *np.* rigenerarsi.

Riproduzione, *sf.* l'atto per cui
una cosa è nuovamente prodotta, o cresce una seconda
volta - restaurazione.

Ripromettere (*pass.* ísi, *pp.* esso),
att. an. promettere di nuovo
- *np.* sperare.

Riprova, *sf.* nuova prova - sperimento - riscontro.

Riprovare, *att.* provar di nuovo
- disapprovare - confutare -
condannare - *np.* tentar di
nuovo cosa che non riuscì la

prima volta.

Riprovazione, *sf.* disapprovazio-
ne - condanna (*contr.* di pre-
destinazione)

Ripudiare, *att.* rigettar da sé
(*detto di moglie, di eredità* ec.)

Ripudio, *sm.* divorzio.

Ripugnanza, *sf.* sensazione molesta, data dal percepire l'opposto di un male a cui ci tro-
viamo esposti - resistenza.

Ripugnare, *n.* fare resistenza -
provare avversione, e ...

Ripulire (*pr.* sco ec.), *att.* dare
l'ultima mano a lavori d'arte,
a scritti e simili - ornare.

Ripulitura, *sf.* maniera di netta...
checchessia.

Ripullulare (*pr.* úllulo ec.),
att. spuntar di nuovo -
rinnovarsi.

Ripulsa, *sf.* negativa.

Ripulsare, *att.* dare ...
fare resistenza - respin...
gli aggressori.

Ripurgamento, *sm.* ripuli...
- purga - ricettacolo d'im...
mondezza.

Ripurgare, *att.* purgar di nuo...
- spogliarsi di parti vizi...

Riputare. V. *Reputare.*

Riputazione, *sf.* buona opinio...
che si gode, o che si ha ...
taluno.

Riquadrare, *att.* ridurre in qua...
dro, o in forma quadra -
fig. richiamare le idee.

iquadratura, *sf.* quella parte di spazio irregolare che avanza togliendone da un quadro regolare.

isaja, *sf.* campo seminato a riso - e l'edifizio per batterlo e nettarlo.

isaldare, *att.* saldare di nuovo, o riunire parti staccate di metallo, terraglia ec. - rimarginare piaghe o ferite.

isaltare, *n. ass.* saltar di nuodo - ribalzare - riflettere *(detto de' raggi solari)* - *fig.* spiccare - *In archit.* sporgere in fuori di qualche membro.

lisalto, *sm.* ciò che sporge da un muro - prominenza qualunque - *fig. nell'uso,* spicco di cosa relativamente ad altre dello stesso genere.

lisalutare, *att.* rendere il saluto.

isanare, *att.* rimettere in sanità - *n. ass.* ricuperare la sanità.

lisapére (*pr.* so , *pass.* seppi , *pp.* saputo), *att. an.* saper le cose o per relazione o per fama.

lisarcimento, *sm.* restauraz'one - *fig.* compenso de' danni sofferti.

lisarcire (*pr.* sco ec.), *att.* racconciare, restaurare - *fig.* ricompensare i danni recati.

lisata, *sf.* il ridere smoderato, e beffardo.

liscaldamento, *sm.* l'effetto del

soverchio moto, che induce sudore - ribollimento di sangue - *fig.* stimolo della carne - accendimento di collera.

Riscaldáre , *att.* fare che una cosa fredda diventi calda - *np.* adirarsi - infervorarsi.

Riscattáre, *att.* redimere da schiavitù o da prigionia di guerra - ricuperare cosa tolta o predata - *np.* rendere la pariglia (*più comun.* riscattarsi)

Riscatto , *sm.* somma di danaro pagata per redimere uno schiavo, o un prigioniero di guerra.

Rischiaráre, *att.* render chiaro - spiegare, dichiarare - *n. ass.* e *np.* acquistar chiarezza - divenir celebre.

Rischio , *sm.* cimento di buono o cattivo esito in un'impresa.

Risciacquáre , *att.* leggermente lavare - *np.* pulirsi la bocca con acqua o simile.

Risciacquáta, *sf.* leggera lavatura - *fig.* aspra riprensione.

Riscontráre , *att.* V. *Incontrare* - confrontare - collazionare.

Riscontro , *sm.* incontro - confronto - riprova, conferma - ornamento o ricamo di vesti - indirizzo di lettera - *e nell'uso* risposta a lettera.

Riscossa, e

Riscossióne , *sf.* il riscuotere , esazione.

Riscuotere (*pass.* ossi, *pp.* osso) ,

a'l. an. ricevere il pagamento - riscaltare cosa perduta,
od obbligata altrui - np. ri-
vincere il perduto al giuoco -
contraccambiare ingiurie - liberarsi - tremare per subita
paura -riavere gli spiriti smar-
riti per astrazione.

Riseccare, att. tagliare - fig. rimuovere.

Riseccare. V. Disseccare.

Risedére (pr. iédo o eggo, pass.
edéi o edelli, pp. edúto),
n. ass. an. stare di continuo
in un luogo - rimettersi a se-
dera - fig. riposarsi in un
pensiero.

Risegna, sf. cessione di benefizj,
pensioni, crediti e simili.

Risegnare, att. rinunziare, ce-
dera - approvare sottoscri-
vendo.

Risentimento, sm. doglianza, lamento - resto di male o di
dolore.

Risentire, att. sentire o udire
di nuovo - np. svegliarsi dal
sonno - ricuperare il senso -
fig. ravvedersi degli errori -
pigliar forza o vigore - dolersi d'ingiuria.

Risentitamente, avv. con risentimento.

Risentito, add. m. sdegnoso -
piccante.

Riserbare. V. Riservare.

iserbo, sm. il custodire - cir-

cospezione, riguardo - riva. V.

Riserrare. V. Rinserrare.

Riserva, sf. eccezione espres
in un contratto.

Riservatamente, avv. cautamen

Risguardare. V. Riguardar.

Risibilità, sf. proprietà di ri
appartenente all'uomo.

Risicare (pr. risico, chi ec.)
n. ass. porsi a rischio - p
vare se una cosa riesce a be

Risico. V. Rischio.

Risipola, e risipola (v. g.),
infiammazione superficiale
parziale della cute.

Risma, sf. fascio di cinque
to fogli di carta.

Riso, sm. (pl. sa f.), mot
compiacenza, di allegria
giovialità che si fa colla
ca - fig. allegrezza, gio
pianta e seme di essa m
simo, di cui fannosi mi
ed altre pietanze.

Risolutamente, avv. franca

Risolutezza, e

Risoluzione, sf. determina
a fare - ardimento.

Risolvere (pass. olvéi,
risolsi, pp. olúto, e
att. an. consumare,
sciogliere - n. ass. deli
stabilire - np. consumars
mutandosi in altra cosa -
terminarsi.

Risolvimento, sm. sciogli

Risonanza, *sf.* circolamento dell'aria nel corpo degli strumenti musicali - *fig.* significazione di nomi.

Risonàre, *att.* sonar di nuovo - mandar suono - *n. ass.* rimbombare - *fig.* parlarsi con lode di una cosa.

Risòrgere (*pass.* orsi, *pp.* orto), *n. ass. an.* sorger di nuovo - risuscitare dopo morte - tornare nello stato primiero.

Risorgimento, *sm.* il risorgere.

Risospignere, e

Risospìngere (*pass.* insi, *pp.* into), *att. an.* ributtare indietro - far forza, indurre.

Risovvenirsi (*pr.* engo, ieni ec., *pass.* enni, *fut.* errò, *pp.* enuto), *np.* ricordarsi.

Risparmiàre, *att.* usar poco di una cosa - avanzare - *n. ass.* astenersi dalle soverchie spese - *fig.* aver riguardo - eccettuare - *np.* aversi riguardo.

Rispàrmio, *sm.* l'usare con giusta moderazione di ciò che si ha, acciò ne avanzi per istraordinarj bisogni.

Rispettàbile, *add. com.* meritevole di rispetto.

Rispettàre, *att.* portare rispetto, onorare.

Rispettivamente, *avv.* V. Respettivamente.

Rispetto, *sm.* considerazione, riguardo - riverenza - relazione.

Rispìgnere. V. Respìngere.

Risplendènte, *add. com.* che risplende - luminoso.

Risplèndere, *n. ass.* tramandar raggi di luce, sfavillare - *per simil.* spiccare - *fig.* vivere splendidamente.

Rispóndere (*pass.* osi, *pp.* osto), *n.* dare risposta - essere corrispondente - riuscire a bene o male - andare di concerto - giocar le carte del medesimo seme.

Risponsàbile (*v. fr.*), *add. com.* ch'è in impegno di render conto di una cosa.

Risponsabilità, *sf.* nell'uso mallevaria.

Risposta, *sf.* ciò che si dice o scrive per replicare ad una inchiesta.

Rissa, *sf.* forte contesa - zuffa.

Rissàre, *n. ass.* contendere - *np.* adirarsi.

Rissóso, *add. m.* dedito a far risse.

Ristabilíre (*pr.* sco ec.), *att.* rimettere una cosa nello stato in cui era prima.

Ristagnàre, *att.* saldare con istagno - far che un vaso cessi di versare chiudendone i pori.

Ristagno, *sm.* il ristagnare - *fig.* nell'uso, arrenamento di affari in corso.

Ristampa, *sf.* nuova edizione di un libro.

Ristampàre, *att.* pubblicare nevamente colle stampe un libro.

Ristáre (pr. stò, pass. stetti, pp. stato), n. ass. an. trattenersi, fermarsi - rimanersi da fare.

Ristaurare (pr. áuro, ec.), att. rimettere in buono stato alcuna cosa guasta — np. ricuperare la sanità.

Ristáuro, sm. rifacimento, riparazione - sollievo - conforto.

Ristoppáre, att. turare le fessure colla stoppa o simili.

Ristoráre, att. ristaurare, rifare - risarcire - rimettere nello stato di prima - riavvigorire - np. ricrearsi.

Ristorativo, add. m. che ha virtù di ristorare e di corroborare.

Ristóro, sm. rifacimento - risarcimento - ricompensa - conforto, ricreazione.

Ristretto, sm. compendio - luogo angusto ove più cose si uniscono insieme - add. m. raccolto in sé - serrato - racchiuso.

Ristrignere, e

Ristringere (pr. ingo, pass. insi, pp. etto), att. an. stringere più forte, e stringere insieme - costrignere - ridurre a meno - raffrenare - np. raccogliersi in sé stesso.

Risultamento, sm. conclusione ed effetto di discorso - conseguenza.

Risultáro, n. ass. venire per con-

seguenza, derivare.

Risultáto, sm. V. Risultamento

Risurrezione. V. Resurrezione.

Risuscitáre (pr. úscito ec.), att. richiamare a vita dopo mort... - fig. far tornare al prim... stato una cosa - n. ass. su... gere da morte - dare o pi... gliar vigore.

Risvegliáre, att. svegliare, e sve... gliar di nuovo - fig. suscit... sollevare.

Ritagliáre, att. tagliare a picc... pezzetti.

Ritaglio, sm. pezzo di... tello o avanzato dalla pezza.

Ritardáre, att. far indugiar... n. ass. trattenersi, indugi...

Ritardo, sm. indugio.

Rilegno, sm. l'ostacolo che i... pedisce il moto - l'azion... trattenere - fig. modestia.

Ritenére (pr. engo, ieni ec.,... enni, pp. enúto), att. an.... tenere, fermare - tener... certo - e tenere a men... np. arrestarsi - tenere p... - fig. raffrenarsi - ast...

Ritentíva, sf. facoltà di ri... a memoria.

Ritenutamente, avv. con... tinua.

Ritenutezza, sf. prudenza nel... lare o nell'operare.

Ritenúto, add. m. fermato,... polito - fig. cauto, circos...

Ritiráre, att. tirar di nuovo...

tirare indietro – far rientrare in sè stesso alcuna cosa – raccorciare (*parlando di nervi*) – riscuotere (*parlando di denari*) – *np.* rientrare in sè stesso – tirarsi indietro – lasciare un'impresa – ricoverarsi.

Ritirata, *sf.* il ritirarsi degli eserciti dalla battaglia.

Ritiratezza, *sf.* allontanamento dal tumulto – e dal commercio del mondo.

Ritirato, *add. m.* che conversa poco

Ritiro, *sm.* luogo appartato o solitario – il riprendere di mano altrui cosa statagli consegnata.

Ritmo (*v. gr.*), *sm.* numero, cadenza del verso, ed il verso stesso – *Nella mus.* battuta di tempo.

Rito, *sm.* usanza, costume – modo di trattare esteriormente le cose religiose.

Ritoccamento, *sm.* il dare l'ultima mano a scritti od opere d'arte.

Ritoccare, *att.* toccar di nuovo, e toccar chi ha toccato – ripercuotere – *fig.* importunare richiedendo – *np.* rassettarsi.

Ritocco. V. *Ritoccamento.*

Ritogliere (*pr.* olgo, e oglio, *pass.* olsi, *pp.* olto), *att. a n.* di nuovo torre o pigliar quel ch'è stato nostro – *np.* sciogliersi, liberarsi.

Ritondare, *att.* dar forma ritonda – tagliare l'estremità di alcu-

na cosa per pareggiarla.

Ritondezza, e

Ritondità, *sf.* qualità di cosa la cui superficie è da ogni parte equidistante dal suo centro.

Ritondo, *add. m.* composto in giro

Ritorcere (*pass.* orsi, *pp.* orto), *att. an.* rivoltare indietro – *np.* rivoltarsi dall'altra parte.

Ritornare, *n.* tornar di nuovo – diventar come prima – *att.* rimettere, ristabilire – ricondurre

Ritornata, *sf.* ritorno.

Ritornello, *sm.* ripetizione – *In poes.* verso intercalare – coda di sonetto – *In mus.* segno che dinota doversi ripetere il pezzo eseguito.

Ritorno, *sm.* il ritornare – girata intorno – *nell'uso* retrocessione.

Ritorta, *sf.* vermena verde attortigliata per servirsene di legame – legame o fune – *poetic.* fune da nave, *altr.* sarte.

Ritrarre (*sinc. di* ritirare), *att. an.* (*pr.* aggo, ái ec., *pass.* assi, *pp.* atto), *lo stesso che* ritirare – *ed inoltre* scolpire in marmo o riportare in tela la immagine di persona – *fig.* descrivere – venire in cognizione – *np.* mutar pensiero – liberarsi da un impegno.

Ritrattare, *att.* riandare le cose trattate – *np.* disdirsi.

Ritrattazione, *sf.* disdetta di ciò

37

che si era asserito.

Ritrattista, *sm.* (*pl.* sti), pittore di ritratti.

Ritratto, *sm.* figura dipinta rappresentante una persona – prezzo di cosa venduta.

Ritrosìa, *sf.* ripugnanza a far ciò che ad altri piaccia, o per effetto di salvatichezza o di naturale pudore – atto di ritroso.

Ritróso, *add. m.* opposto, contrario – difficile a contentarsi – vergognosetto.

Ritrováre, *att.* abbattersi in checchessìa – riavenire cosa smarrita – *n. ass.* venire in cognizione – *e np.* essere presente.

Ritrováto, *sm.* combriccola – *Nell'uso,* invenzione – scoperta.

Ritrovatóre, *sm.* chi ritrova – inventore.

Ritróvo, *sm.* riunione di più persone.

Ritto, *sm.* la principale delle due facce di una cosa – *opp. di* rovescio – *add. m.* che sta in piedi, *opp. di* seduto – diritto, *opp. di* torto – *avv.* dirittamente.

Rituale, *sm.* libro che contiene le cerimonie da osservarsi nelle sacre funzioni.

Riunióne, *sf.* congiugnimento – unione, concordia.

Riunire (*pr.* sco ec.), *att.* unir di nuovo – riconciliare – rimarginare.

Riuscimento, *sm.* successo, esito

Riuscíre (*pr.* esco, *pass.* uscii *pp.* uscito), *n. ass. an.* uscire di nuovo – aver effetto – ottenere cosa ambìta – venire alla conclusione di un discorso – spuntar fuori, apparire.

Riuscita. V. *Riuscimento.*

Riva, *sf.* confine della terra col l'acqua del mare o di un fiume – *fig.* termine – *In marin* fondamenta su palafitte.

Rivále, *sm.* chi ha pretensione su cosa o persona in concorso con altri.

Rivalersi (*pr.* algo, *pass.* alsi *fut.* arrò, e alerò, *pp.* alito e also), *np.* rifarsi, ricattarsi servirsi.

Rivalità, *sf.* concorrenza di persone a pretendere il possesso di cosa o persona.

Rivangáre, *att.* vangar di nuovo – *fig.* ricercare, riandare.

Rivedére (*pr.* edo, eggo, e eggio *pass.* idi, *fut.* edrò, *pp.* eduto *att. an.* vedere, od esaminare di nuovo – *In mil.* far la vista o la rassegna.

Riveláre, *att.* manifestare occulta – inspirare.

Rivelazióne, *sf.* manifestazione di cosa occulta – ed assolutamente rivelazione divina – inspirazione soprannaturale.

Rivéndere, *att.* vendere cosa comprata, per guadagno.

ivendicáre (pr. éndico, chi ec.),
att. vendicar di nuovo - Nel-
l'uso, ripetere la cosa usur-
pata con animo di vendicarsi,
bisognando, dell'usurpatore -
rendere la pariglia dell'ingiuria

ivendigliolo, sm. chi rivende
cose minute.

iverberáre (pr. érbero ec.), n.
ass. ripercuotere indietro i
raggi di sole o di luce - att.
offuscare, abbagliare.

iverbero, sm. ripercussione dei
raggi - In pl. quelle lastre
forbitissime di metallo che si
adattano ai lampioni acciò ri-
flettano maggior lume.

iverente, add. com. rispettoso.

iverenza, sf. inchino che si fa
colla testa, col ginocchio o
colla persona in segno di rispetto e di onore.

iverire (pr. sco ec.), att. salutare con rispetto - onorare.

iversáre, att. versar di nuovo
- voltare a rovescio - sbaragliare eserciti - np. rivoltarsi.

ivestire (pr. esto, e estisco ec.),
att. an. vestir di nuovo - è
vestire di panni migliori -
ricoprire - np. vestirsi di
nuovo - fig. abbellirsi.

iviera, sf. paese contiguo alla
riva del mare o di un lago -
fiume - campagna.

ivisitáre (pr. isito ec.), att. vi-

sitar di nuovo - e rendere la
visita.

Rivista, sf. il rivedere - In mil.
rassegna, mostra.

Rivivere (pass. issi, pp. ivúto, e
issuto), n. ass. an. tornare a
vivere.

Rivo, sm. V. Rio.

Rivocáre, att. richiamare - stornare - ritrattare ordini -
annullare leggi.

Rivocazione, sf. l'atto di annullare una facoltà, un privilegio, o concessione qualunque
prima accordata.

Rivolere (pr. voglio, vuoi ec.,
pass. volli e volsi, fut. orrò,
pp. oluto), att. an. voler di
nuovo - e volere che ci sia
renduta cosa già nostra.

Rivolgere (pass. olsi, pp. olto),
att. an. piegare in altra banda
- np. mutarsi di parere - rivoltarsi contro chi minaccia
offesa.

Rivolgimento, sm. il rivolgere
o rivolgersi - sconvolgimento
di stati (altr. rivolta) - tur-
bazione di liquidi - giro di
astri o di avvenimenti naturali.

Rivolo, sm. dim. di rivo, rigagnolo.

Rivolta, sf. rivolgimento - fig.
mutazione - ribellione - vicissitudine in cose umane -
parte di veste che si volta o
piega.

Rivoltáre. V. *Arrovesciare.*

Rivoltolàre (*pr. óltolo ec.*), *att.* avvolgere in giro.

Rivoltóso, *add. m.* sedizioso.

Rivoluzióne, *sf.* volgimento in giro – ribellione di popoli, e mutazione di stato – *In astr.* il giro periodico di un pianeta.

Rizzáre, *att.* levar su – dirizzare – *np.* levarsi in piedi.

Roba, *sf.* nome generalissimo che comprende qualunque genere di beni mobili e immobili, merci ec.

Róbbia, *sf.* pianticella dalle cui radici si estrae un sugo per tingere in rosso la lana.

Robustezza, *sf.* fortezza di membra, gagliardia.

Robusto, *add. m.* forte, gagliardo – agg. di *stile, fig.* grave di sentimenti.

Rocaggine, *sf.* raucedine.

Rocca, *sf. (pl.* cche), luogo forte murato – torretta del cammino donde esce il fumo – (*coll'o stretto*), strumento di canna o di legno su cui le donne assettano la conocchia per filare.

Rocchetto, *sm.* veste, di tela bianca che scende alla metà della persona, e cuopre tutte il braccio fino al polso, indossata da' prelati e canonici nelle funzioni ecclesiastiche (*diverso da* cotta *e da* camice)

– strumento cilindrico di legno forato per lungo ad uso d'incannare.

Róccia, *sf. (pl.* cce), luogo dirupato, rupe – scoglio.

Rocco, *sm. (pl.* cchi), bastone vescovile, altr. pastorale – uno dei pezzi maggiori del giuoco degli scacchi.

Roco, *add. m. (pl.* chi), agg. di voce che ha perduto la sua naturale chiarezza.

Ródere (*pass.* rosi, rodesti ec. *pp.* roso), *att. an.* triturar co' denti (*proprio di topi, tarli ec.*) – *fig.* consumare a poco a poco – mordere – *np.* consumarsi di rabbia.

Rodimento, *sm.* il rodere – cruccio interno.

Rogáre, *att.* distendere e scrivere qualunque contratto per l'autorità notarile.

Rogazióni, *sf. pl.* processioni che si fanno ne' tre di anteriori all'Ascensione per implorare buona ricolta.

Rogito, *sm.* l'atto e la scrittura del rogare.

Rogna, *sf.* male cutaneo contagioso, che produce incomodissimo prurito.

Rognóne, *sm.* parte carnosa reni dell'animale.

Rognóso, *add. m.* infetto di rogna

Rogo (*v. lat.*), *sm. (pl.* ghi), catasta di legna su cui ardevasi

si i cadaveri, *altr.* pira. V.
— sorta di pruno per far siepi, *altr.* rovo.

mano, *sm.* il contrappeso della stadera — *add. m.* agg. di checchessia appartenente alla città di Roma antica e moderna.

manzesco, *add. m.* (*pl.* schi), di romanzo.

manziere, *sm.* scrittore di romanzi.

manzo, *sm.* storia favolosa scritta in verso o in prosa.

mba, *sf.* V. *Fromba* — suono prolungato della campana, del tuono, o di altro strepito lontano.

ubare, *n. ass.* fare rombo o rumore prolungato (*proprio delle vespe, zanzare e simili*)

mbazzo, *sm.* frastuono.

nbo, *sm.* rumore prolungato e confuso d'insetti volanti o di corpi lanciati con forza — rumore che talvolta si sente nel timpano degli orecchi — e quel fragore decrescente che si ode per l'aria dopo il fulmine, uno sparo di artiglierie ec. — pesce di mare schiacciato quasi rotondo.

milaggio, *sm.* abitazione solitaria de' romiti.

arto (*r. gr.*), *sm.* uomo solitario che vive in eremo — g. nome ritirato, che poco frequenta la società.

Romitorio. V. *Romitaggio.*

Romore. V. *Rumore.*

Romoreggiare, *n. ass.* far rumore.

Romoroso, *add. m.* pieno di romore — pubblicato per fama — che dà molto a parlare.

Rompere (*pass.* ruppi, *pp.* rotto), *att. an.* fare in più pezzi una cosa intera — ridurre in pezzi — *fig.* fendere l'aria, il suolo, l'acqua ec. — interrompere studio, lavoro ec. — scoppiare — infragnere le ossa con percosse — *np.* andare in pezzi — *fig.* adirarsi — squarciarsi.

Rompicapo, *sm.* cosa molesta qualunque.

Rompicollo, *sm.* persona di poco buon affare.

Ronca, *sf.* (*pl.* che), arme in asta adunca e tagliente.

Roncare. V. *Arroncare.*

Ronciglio, *sm.* uncino, graffio.

Ronco, *sm.* (*pl.* chi), ferro uncinato, tagliente come una piccola falce — vicolo senza uscita.

Roncola, *sf.* coltello adunco per uso di agricoltura.

Roncone, *sm.* strumento villico adunco e tagliente, con lungo manico.

Ronda, *sf.* il girare de'soldati la notte per far guardia — e il soldato medesimo che fa la ronda.

Rondine, *sf.* uccelletto di passo

che a noi viene di primavera e parte col finire della state.

Rondóne, sm. specie di rondine, ma più grossa e più forte.

Ronfàre. V. *Russare.*

Ronfàre, *v. ass.* romoreggiare volando (*proprio d'insetti*) - *fig.* andare oziosamente girando qua e là.

Ronzíno, sm. cavallo piccolo.

Ronzío, sm. quel rumore che fanno volando certi insetti.

Ronzóne (*z aspra*), sm. cavallo grande - (*z dolce*), moscone o tafano.

Rosa, sf. fiore odoroso conosciutissimo di più specie che nasce da un arbusto armato di spini - *fig. e poetic.* vermiglio delle labbra e delle gote - *de' venti*, cartoccino circolare adattato alla bussola, e su cui sono segnati i trentadue venti.

Rosajo, sm. pianta che produce la rosa.

Rosário, sm. serie ordinata di paternostri e avemmarie che si recitano in onore della B. V. - e lo strumento per contarli, *volg.* corona.

Rosáto, *add. m.* di colore di rosa.

Rosecchiáre, *att.* rodere leggiermente - *np. fig.* censurarsi scambievolmente.

..o, *add. m.* di color di rosa.

..ta, *sf.* rosa che sboccia -

...lla (così detto per essere i diamanti disposti a foggia di rosa) - Nelle arti, ferro per tagliano le unghie ai cavalli.

Rosicáre, e

Rosicchiáre. V. *Rosecchiare.*

Rosignólo, sm. uccelletto stimatissimo per la dolcezza del suo canto.

Rosmaríno, sm. arboscello sempre verde ed odorifero, le cui foglie servono di condimento.

Rosolía, sf. infermità contagiosa, la quale empie la pelle di spesse macchie rosse.

Rosolíno, e

Rosólio, sm. liquore composto di spirito di vino, zucchero e droghe, dalla diversità delle quali piglia sapore e nome.

Rospo, sm. specie di rana di natura velenosa - *per tras.* uomo salvatico ed avaro.

Rossastro, *add. m.* che tende al rosso.

Rosseggiáre, *n. ass.* tendere al color rosso.

Rossetto, *add. m.* alquanto rosso - sm. belletto. V.

Rossezza, sf. qualità di ciò ch'è rosso.

Rossíccia, e

Rossigno, *add. m.* alquanto rosso.

Rosso, *add. m.* agg. di colore simile a quello del sangue - sm. il colore rosso.

Rossóre, *sm.* colore rosso - *fig.* verecondia - vergogna.

Rosta, *sf.* strumento per farsi fresco o cacciar le mosche, *più comun.* ventaglio - ramoscello con frasche - la riunione de' braccinoli del mantice.

rostrato, *add. m.* che ha rostro.

rostri, *sm. pl.* ringhiera, ove nel foro romano gli oratori aringavano al popolo.

rostro (*o. lat.*), *sm.* becco degli uccelli - proboscide dell'elefante - sprone delle navi, con cui gli antichi colpivano combattendo le nari nemiche per isfasciarle, o colarle a fondo.

rota. V. *Ruota.*

rotaja, *sf.* il segno che lascia in terra la ruota - e la traccia prefinitale.

rotante, *add. com.* che rota.

rotáre. V. *Ruotare.*

rotazióne, *sf.* volgimento in giro - *In mecc.* moto circolare di un corpo che gira intorno al suo asse.

roteáre (*n. poet.*) V. *Rotare.*

rotella, *sf. dim. di* ruota - *per simil.* sorta di scudo - cerchiello, macchia tonda.

rotolare (*pr.* rotolo ec.), *att.* spingere una cosa per terra facendola girare.

rotolo, *sm.* volume che si avvolge insieme ugualmente da due capi (*diverso da* cartoccio)

' - *In pl.* scritture in pergamena degli antichi le quali avvolgeransi e non piegavansi.

Rotondáre. V. *Ritondare.*

Rotondeggiáre, *n. ass.* inclinare al rotondo.

Rotondezza, e

Rotondità. V. *Ritondezza,* e *Ritondità.*

Rotondo. V. *Ritondo.*

Rotta, *sf.* sconfitta di eserciti - apertura di argini fatta dalla violenza delle acque de'fiumi - *fig.* costernazione.

Rottame, *sm.* quantità di frantumi o di cose rotte.

Rotto, *sm.* rottura - parte aliquota di un intero - *add. m.* spezzato - infranto - interrotto - sconfitto.

Rottório, *sm.* V. *Cauterio.*

Rottúra, *sf.* stato di ciò ch'è rotto. - fessura - luogo ove una cosa è rotta - *fig.* nimistà fra persone, e stati - inosservanza di precetti.

Rovaglióne. V. *Ravaglione.*

Rovajo, *sm.* vento di tramontana.

Roventáre. V. *Arroventare.*

Rovente, *add. com.* rosso, o infocato (*detto del ferro*) - *fig.* caldissimo.

Roventezza, *sf.* stato d'infocamento.

Róvere, e

Róvero, *sm.* albero di costruzione simile alla quercia.

Rovesciàre. V. *Arrovesciare.*

Rovéscio, *sm.* la parte contraria della principale , *opp. di di-* ritto - subita e veemente ca- duta di pioggia.

Rovescióne , *sm.* colpo grande dato col braccio all' indietro.

Rovéto, *sm.* luogo pieno di rovi.

Rovìna, *sf.* il rovinare, e la ma- teria rovinata - danno grave - eccidio - furia, impeto.

Rovinàre, *att.* atterrare fabbri- che - mettere a soqquadro - sterminare - impoverire - *n. ass.* cadere precipitosamente d'alto in basso - e *np.* andare in precipizio.

Rovinosamente, *avv.* precipitosa- mente.

Rovinóso, *add. m.* impetuoso - precipitoso nell' ira - troppo arrischiato ne'suoi affari.

Rovistáre , *n. ass.* muovere la masserizia di casa da luogo a luogo per cercare cosa smarrita

Rovo, *sm.* pruno, virgulto spi- noso del quale si fanno lesiepi.

Rozza (a *aspri*), *sf.* cavallo di cattiva razza.

Rozzamente, *avv.* grossamente - villanamente.

Rozzézza , *sf.* stato di cosa im- perfetta - ruvidezza di super- ficie - *fig.* semplicità di co- stumi - idiotaggine.

Rozzo (a *dolci*). *add. m.* ruvido, opposto *di levigato - fig.* zo-

tico - idiota - semplice.

Ruba, *sf.* rapina - saccheggi.

Rubacchiàre, *att.* rubare di qua do in quando poco alla vo.

Rubacuòri , *s. com.* chi uccid amanti - *add.* lusinghero attrattivo.

Rubàre, *att.* torre l' altrui o p violenza o per inganno - sp gliare rubando - *fig.* appr priarsi le invenzioni altrui.

Rubello. V. *Ribelle.*

Rubería, *sf.* ladroneccio.

Rubicóndo , *add. m.* rosseggia te, vermiglio.

Rubíno , *sm.* gemma rossiccia detta anche *carbonchio* qua do è grossissima , per la s somiglianza col carbone acces

Rubrica (*v. lat.*) , *sf. (pl. che* compendio o sunto di libro *In pl.* le regole secondo quali si dee celebrare b turgia e l' officio divino (p *chè scritte con inchiostro r*

Rúbrica, *sf. (pl.* che), nome un'argilla ocracea rossa, d anche *terra rubrica*, e m rossa.

Rudimento, *sm.* primo insg mento di qualsivoglia scien od arte.

Ruffa, *sf.* furia o calca di m nel pigliare una cosa.

Ruffianesco, *add. m. (pl.* sc ogg. di arte , modi e p di ruffiano.

Ruffaneria, *sf.* a

Ruffanésimo, *sm.* arte e maniera di ruffiano - *fig.* artifizio.

Ruffiáno, *sm.* mezzana prezzolato d'amore impudico - *add. m.* appartenente a ruffanesimo.

Ruffoláre (*pr.* rúffolo ec.), *n. ass.* mangiare col muso chino (*proprio delle bestia*).

Ruga , *sf.* (*pl,* ghe.), grinza o crespa nella pelle, *e specialm.* della faccia - *fig.* macchia , colpa dell'anima.

Rugghiamento , *sm.* il rugghiare - *per simil.* quel rumore che per ventosità si sente nel ventre.

Rugghiáre , *n. ass.* il mandar fuora la voce che fa il leone o per fame, o per ira, o per dolore - *per simil.* il romoreggiare del tuono , del mare in burrasca e simili.

Rúgghio, *sm.* la voce del leone - *e fig.* il furore del vento, del mare, del tuono.

Rúggine, *sf.* materia rossigna che si genera sul ferro e lo consuma - *fig.* immondezza morale - odio, mal animo - sorta di malattia nelle biade che le fa perire.

Rugginóso, *add. m.* preso dalla ruggine - di calor di ruggine.

Ruggire (*pr.* sco ec.), *n. ass.* mandar fuora il ruggito (*proprio del leone, e fig. d'uomo*

inselvitito, di venti rinchiusi, acque sotterranee e simili)

Ruggito , *sm.* la voce rabbiosa del leone - *per simil.* gorgogliamento di venti rinchiusi, d' acque sotterranee e simili.

Rugiada, *sf.* umidità deposta dal raffreddamento dell'aria serena nelle stagioni temperate.

Rugiadóso , *add. m.* sparso di rugiada - *fig.* fresco, florido.

Rugóso, *add. m.* pieno di rughe o grinze.

Rugumáre. V. *Ruminare.*

Ruina (*v. poet.*) V. *Rovina.*

Rulláre, *att.* far girar una cosa attorno a sè per muoverla - *n. ass.* avvolgersi intorno al suo asse.

Rullo, *sm.* sorta di giuoco in cui, tirando di pallottole, si fanno cadere certi legnetti messi in piedi che dicousi *rulli* - *In agric.* cilindro volubile per ispianare la terra rompendo le zolle - *In macc.* grosso cilindro di legno sottoposto a gravi pesi per muoverli.

Rum, *sm.* bevanda spiritosissima estratta per distillazione dalle canne di zucchero.

Ruminante, *add. com.* agg. di animale che mastica di nuovo quanto ha mangiato.

Ruminare (*pr.* rúmino ec.), *att.* rimandar in bocca il cibo masticato per masticarlo di nuovo.

(*proprio degli animali di più fesso*) – *fig.* rivolvere col pensiero, pensar fra sè.

Rombo, suono indistinto e prolungato, susurro – *fig.* tumulto di popolo, sollevazione – fama, vociferazione.

Ruolo, *sm.* catalogo di nomi di uomini descritti per la milizia – registro qualunque – lista – indice.

Ruota, *sf.* strumento rotondo di più sorte, il quale volgendosi in giro serve a moltissimi usi in tutte le arti meccaniche – giro, circonferenza – sorta di supplizio degli antichi – pietra rotonda per affilare ferri taglienti – adunanza d'uomini di legge, i quali con ordine vicendevole giudicano delle cause.

Ruotare, *att.* girare, e far girare a guisa di ruota.

Ruoteggio, *sm.* quella pesta che lasciano per le strade le ruote de' carri e delle carrozze.

Ruotolo. V. *Rotolo.*

Rupe, *sf.* altezza scoscesa di monte, scoglio o simili.

Rurale (*v. lat.*), *add. com.* di villa, e dell'agricoltura.

ruscello, *sm.* piccolo rivo d'acqua.

rusignuolo. V. *Rosignuolo.*

ruspa, *sf.* il ruspare de' polli per cercar cibo.

ruspare, *att.* e *n. ass.* grattar col

piedi come fanno i polli colle zampe.

Ruspo, *add. m. agg.* di moneta coniata di fresco e che non abbia ancora perduto la ruvidezza del conio – *per simil.* ruvido, rozzo (*parlando di cose*)

Russare, *n. ass.* romoreggiare, dormendo, nel respirare.

Rusticamente, *avv.* villanescamente.

Rusticano. V. *Rustico.*

Rusticare (*pr. rústico, chi ec.*), *n. ass.* villeggiare.

Rustichezza, e

Rusticità, *sf.* qualità rustica e villana – rozzezza di costumi.

Rústico, *add. m.* (*pl. ci, chi*), da contadino, villereccio – *fig.* rozzo, zotico.

Ruta, *sf.* pianta legnosa di acutissimo odore, e di sapore amaro e spiacevole.

Rutilare (*v. lat.*), *n. ass.* (*pr. utilo ec.*), scintillare.

Ruttare, *n. ass.* mandar fuora dalla bocca il vento ch'era chiuso nello stomaco con uno strepito ingrato.

Rutto, *sm.* vento che dallo stomaco si manda fuora per la bocca.

Ruvidamente, *avv.* sottilmente – aspramente.

Ruvidezza, e

Ruvidità, *sf.* qualità di ciò ch'è

ruvido e scabro alla superficie – *fig.* asprezza di stile –
ratichezza di tratto.

uvido, *add. m.* che ha la superficie scabra ed aspra – *fig.*
ratico, scortese.

ussáre, *n. ass.* scherzare fra
più persone con parole e con
mani.

uzzo, *sm.* scherno di bocca o
di mano.

Rúzzola. V. *Trottola.*

Ruzzoláre (*pr.* rúzzolo ec.), *n.*
ass. girare per terra la ruz-
zola – *per simil.* rivoltolare
checchessia – indietreggiare in
modo sdrucciolo – *In marin.*
mettere in acqua una nave.

Ruzzolóne, *sm.* grossa pietra che
si fa rotolare.

Ruzzolóni, *avv.* ruzzolando, e
rotolando.

S

S (esse), lettera consonante semivocale, la diciottesima del-
l'alfabeto italiano, con due
suoni, aspro, come in *sangue*,
e dolce, come in *rosa*, ec.

àbato (*v. ebr.* riposo), *sm.* nome del settimo dì della settimana.

àbbia, *sf.* rena mescolata con
terra.

abbione, *sm.* terra arenosa.

acca, *sf.* (*pl.* cche), bisaccia a
due tasche che portano sulle
spalle i frati mendicanti.

accente, *add. com.* che affetta
di sapere – saputello.

accentería, *sf.* presunzione di
sapere.

acheggiamento V. *Saccheggio.*

accheggiáre, *att.* fare spoglio
violento di tutto ciò ch'è di
mobile in un paese, in una

città, in una casa.

Sacchéggio, *sm.* depredazione di
una città o di una terra, fatta
da gente armata.

Sacchettáre, *att.* percuotere con
sacchetti pieni di rena.

Sacco, *sm.* (*pl.* i sacchi e le sacca), recipiente di tela cucita
ai due lati ead una delle teste,
che serve per mettervi dentro
cose minute da trasportare –
misura di biade – saccheggiamento – abito di penitenza.

Saccóccia, *sf.* (*pl.* cce), tasca del
vestito.

Saccomanno, *sm.* chi serve di
scorta al bagaglio degli eserciti.

Saccóne. V. *Pagliariccio.*

Sacerdòte, *sm.* chi ha ricevuto
l'ordine ed il carattere del
sacerdozio.

Sacerdotéssa, *sf.* donna dedicata

al ministero delle cose sacre presso i pagani.

Sacerdózio, sm. uno degli ordini sacri, in virtù del quale chi n'è insignito può celebrare la messa, ed amministrare i sacramenti, toltone la cresima e l'ordine sacro.

Sacramentáre, att. amministrare i sacramenti - n. pass. ricevere i sacramenti.

Sacramentário, sm. antico rituale ecclesiastico - In pl. eretici che hanno sostenute dottrine erronee riguardo ai sacramenti

Sacramento, sm. in generale segno di cosa sacra - segno sensibile della grazia santificante, istituito da G. C. - per antonomasia, la SS. Eucaristia - cosa secreta - giuramento.

Sacráre, att. dedicare al culto di Dio - np. dedicarsi.

Sacrário (v. lat.), sagrestia.

Sacráto, sm. luogo d'immunità - per ragione sacra - add. m. sacro - grande, solenne.

Sacrestía. V. Sagrestia.

Sacrificáre (pr. ifico, chi ec.). att. offerire in sacrifizio - dedicare - n. ass. far sacrifizio.

Sacrifício, e

Sacrifízio, sm. offerta fatta a Dio col mezzo de' sacerdoti per placarlo, onorarlo o ringraziarlo - voto.

...rilegamente, avv. con sacrilegio

Sacrilégio, sm. violazione o profanazione di cosa sacra.

Sacrilego, add. m. (pl.-ghi), profanatore di cosa sacra.

Sacro, add. m. dedicato a Dio - venerabile - grande, solenne.

Sacrosanto, add. m. sacro e santo

Saetta, sf. dardo scagliato coll'arco-folgore - In pl. fig. i raggi più caldi del sole.

Saettamento, sm. continuo lanciar di saette.

Saettáre, att. ferir con saetta - lanciar saette - per simil. scagliar con forza - ferire acutamente (detto di fuoco, di raggio solare ec., e fig. di cocente passione)

Saettatóre, sm. abile tirator d'arco

Sáffico, add. m. agg. di verso endecasillabo di cui Saffo (celeberrima poetessa greca) fu l'inventrice.

Saffiro. V. Zaffiro.

Sagáce, add. com. acuto d'ingegno.

Sagácia, e

Sagacità, sf. acutezza d'ingegno - finezza di discernimento.

Saggezza. V. Saviezza.

Saggiáre, att. fare il saggio o la prova de'metalli.

Saggina, sf. biada di una cui sparte si fanno le spazzole comuni.

Saggio, sm. uso che si fa di una cosa per giudicare se sia o no di buona qualità - porzioncella che si leva dall'intero per farne prova o mostra - piccola quantità di merzanzia, che si manda per mostra (*altr.* campione) - esperienza - *add. m.* savio. V.

Sagittario, *sm.* soldato armato di arco, *altr.* arciere. - *In astr.* uno de' dodici segni del zodiaco.

Sagoma (*v. gr.*), *sf.* il contrappeso della stadera.

Sagra, *sf.* dedicazione, consecrazione di chiese, campane ec. - *più comun.* la festa della consecrazione di una chiesa.

Sagramentare. V. *Sacramentare.*
Sagramento. V. *Sacramento.*
Sagrare. V. *Sacrare.*
Sagrato. V. *Sacrato.*
Sagrestano, *sm.* chi ha la custodia della sagrestia.
Sagrestia, *sf.* luogo annesso immediatamente alle chiese, dove si pongono i sacri arredi, e dove si parano i sacerdoti.
Sagrificare. V. *Sacrificare.*
Sagrifizio. V. *Sacrifizio.*
Sagrista, *sm.* (*pl.* sti), prelato che fa le veci di sagrestano nel palazzo del papa - *comun.* sacerdote primo custode delle sagrestie presso le collegiate, o vaste parrocchie.
Sagro. V. *Sacra.*
Sagrosanto. V. *Sacrosanto.*

Saja, *sf.* panno lano sottile e leggiero.
Sala, *sf.* stanza maggiore della casa - sorta d'erba palustre, la quale, secca che sia, serve ad impagliar seggiole, e fiaschi - *Nelle arti,* l'asse intorno a cui si aggirano le ruote di carri, carrozze e simili.
Salamandra, *sf.* specie di lucertola molto simile al ramarro.
Salame, *sm.* nome generico di carne salata, per lo più di porco, sotto qualunque figura e con qualunque preparazione, acciò si conservi lungo tempo.
Salamistra, *sf.* donna saccente.
Salamoja, *sf.* acqua insalata per conservarvi pesce, olive e simili
Salomone, *sm.* nome proprio notissimo del più sapiente degli uomini - sorta di pesce che si spedisce in commercio infuso nella salamoja.
Salare, *att.* aspergere di sale per condire o per conservare. -
Salariare, *att.* dare salario a chi presta servigio.
Salario, *sm.* mercede pattuita a chi serve, *altr.* stipendio.
Salassare, *att.* cavar sangue.
Salasso, *sm.* cavata di sangue.
Salato, *sm.* carne secca salata - *add. m.* aspero o condito con sale - salso.
Salce, *sinc.* di salice. V.
Salda, *sf.* colla d'amido stempe.

sala, con cui si fanno strie i pannilini incartati e distesi.

Saldamente, *avv.* stabilmente.

Saldamento, *sm.* il saldare – pareggiamento di conti.

Saldare, *att.* ricongiungere le aperture, fessure, ferite e simili – dar da salda ai pannilini – pareggiar le partite.

Saldatura, *sf.* il saldare – il luogo saldato – e la materia con che si salda.

Saldezza, *sf.* stabilità di cosa materiale, per cui difficilmente può essere abbattuta – *fig.* costanza.

Saldo, *sm.* pareggio de' conti – *add. m.* senza rottura – fermo, stabile – *fig.* costante – ardito – saldato, pareggiato – *avv.* saldamente.

Sale, *sm.* sostanza che si estrae particolarmente dall'acqua marina, per condimento e conservazione di cose mangiabili – *fig.* detto spiritoso e leggiadro – senno, saviezza.

Saleggiare, *att.* aspergere di sale.

Salica, *add. f.* (*pl.* che), agg. della legge stabilita in Francia, dopo che i Francesi s'impadronirono delle Gallie, per cui in qualunque caso le femmine sono escluse dalla successione al trono.

Saliera, *sf.* vasetto in cui si appresta in tavola il sale.

Salina, *sf.* luogo dove si ... e raffina il sale.

Salinaruolo, *sm.* chi nelle saline attende alla fabbricazione del sale.

Salino, *add. m.* di sale, e che ha del sale.

Salire (*pr.* salgo, saglio, e salisco, *pass.* salii e salsi, *p. pr.* salente, e sagliente), *n. ass.* andare ad alto, montare – *fig.* crescere di grado, di dignità, di fama.

Saliscendi, e

Saliscendo, *sm.* stanghetta di ferro fermata a uso delle imposte dell'uscio in modo che possa scorrere, e chiudesi entrando nel monachetto sovrapposto.

Salita, *sf.* il salire, e il luogo per chi di sale.

Saliva, *sf.* umore sottile separato dalle glandole della bocca e dalle fauci, che giova a masticare, e bagnare il cibo, e farne la prima digestione, e a tenere sempre umida la lingua e le fauci ...

Salivare, *n. ass.* ... saliva la bocca e le fauci.

Salivazione, *sf.* l'atto di ...

Salma, *sf.* soma, peso – ... corpo mortale, spoglia.

Salmastro, *add. m.* che ... del sale – *sm.* salsedine.

Salmeggiare, *n. ass.* leggere...

cantar salmi.

Salmería (*da* salma), *sf.* quantità di bestie da soma cariche di bagaglio.

Salmista, *sm.* (*pl.* sti), compositore de' salmi - *più comun.* salterio.

Salmo (*v. gr.*), *sm.* canzone sacra.

Salmodìa (*v. gr.*), *sf.* canto di salmi.

Salmògrafo. V. *Salmista.*

Salnitro, *sm.* specie di sale sulfureo ed infiammabile, prima base della polvere da schioppo.

Salomóne. V. *Salamone.*

Salóne, *sm.* sala grande.

Salotto, *sm.* piccola sala, o antisala.

Salpáre, *att.* levare l'ancora dal mare e mettersi alla vela.

Salsa, *sf.* condimento di più maniere che si fa per aggiungere sapore alle vivande.

Salsamentário (*v. lat.* e dell'uso), *sm.* chi vende salame, cacio e simili, *più comun.* pizzicagnolo.

Salsapariglia, *sf.* radice di una pianta delle Indie Occidentali assai lunga, e grossa come la graniglia, che in polvere o in decotto si piglia per addolcire il sangue.

Salsedine, *sf.* qualità di ciò ch'è salso.

Salsiccia, *sf.* (*pl.* cce), carne di porco tritata sottilmente, con-

ciata con droghe e sale, e rinchiusa nelle intestina dello stesso animale.

Salsiccióne, e

Salsicciotto, *sm.* salsiccia grossa.

Salso, *add. m.* di sapor di sale - *fig.* mordace.

Salsúme. V. *Salsume*, e *Salsedine.*

Saltáre, *n.* levarsi da terra con tutta la vita, ricadendo nel luogo stesso, o di netto in altra banda senza toccare lo spazio di mezzo - *fig.* vagare col discorso e col pensiero → omettere alcuna cosa leggendo, scrivendo ec. - ballare.

Saltatóre, *sm.* chi salta - ballerino (*specialm.* di corda)

Salteggiáre, *ass.* danzare salteltando con regolare misura.

Salteltáre, *n. ass.* fare spessi e piccoli salti.

Saltelllóne, e

Saltellóni, *avv.* a salti, interrottamente.

Saltèrio (*v. gr.*), *sm.* libro che contiene i salmi di David - libretto su cui i fanciulli imparano a leggere (*così detto perchè contiene alcuni salmi*) – strumento musicale presso gli antichi con dieci corde; e presso i moderni, strumento triangolare con trenta corde di ottone accordate all'ottava.

Saltimbanco. V. *Cantambanco.*

Salto, *sm.* lancio, sbalzo – *fig.*
velocità – ballo.

Salubérrimo, *superl. di*

Salùbre, *add. com.* che apporta
salubrità, sano.

Salubrità, *sf.* temperamento buono, buona disposizione (*detto*
per lo più dell'aria)

Salùme , *sm.* tuttociò che di
mangiabile si conserva col sale.

Salutáre , *att.* pregar salute altrui, riverire.

Salutáre, *add. com.* utile al corpo, o all'anima.

Salutazione, *sf.* saluto – *angelica*, l'ave maria.

Salúte , *sf.* liberazione da ogni
danno e pericolo morale *(per
benessere di corpo dicesi meglio sanità)*

Salutévole , *add. com.* che apporta salute, o che conferisce alla sanità.

Salva, *sf.* lo scaricare nello stesso tempo molte artiglierie da
fuoco.

Salvadanajo , *sm.* arnese fanciullesco da serbare i danari.

Salvadóre. V. *Salvatore.*

Salvaggina, *sf.* e

salvaggiume , *sm.* nome generico
di tutti gli animali salvatici
buoni a mangiare.

raguardia ; *sf.* sicurtà accor-
ata dal principe – *fig.* dife-
a, riparo.

amento , *sm.* salvezza – A

salvamento, *avv.* sano e salvo

Salváre , *att.* conservare – difendere – custodire – trar di
pericolo, liberare – *np.* scam-
pare – andare in luogo di salvamento.

Salvatichezza, *sf.* qualità di ciò
ch'è salvatico, o incolto – *fig.*
rozzezza, zoticheza.

Salvático, *sm.* (*pl.* ci, chi), luogo
pieno di alberi ombrosi – nel-
l'uso qualunque sorta di vegetazione – *add. m. agg. di
luogo*, incolto, non frequentato – *d'uomo*, scortese, sotico
– *di fiera*, che vive ne' bo-
– *di albero*, spontaneo.

Salvatóre. *sm.* chi salva, liberatore (*detto per eccellenza di*
N. S. G. C.)

Salvazione , *sf.* salvezza – salute
eterna dell'anima.

Salve (*v. lat.*), ti saluto, addio.

Salvezza, *sf.* liberazione da ogni
danno e pericolo

Salvia, *sf.* erba aromatica orten

Salvietta (*v. fr.*), *sf.* tovagliuola
che a mensa si tiene dinanzi
per nettarsi le mani e la bocca

Salvo, *sm.* convenzione con certi
patti e riserve – luogo di sicurezza – *add. m.* ch' è fuor
di pericolo – *avv.* eccettuato,
fuorché.

Salvocondotto, *sm.* grazia di salvo e temporario e locale, che
il principe concede a talu

secciò non gli sia fatta esecuzione personale o reale.

lutilero, *add. m.* che apporta salute;

luto, *sm.* riverenza, inchino.

imbáco, *sm.* (*pl.* chi); albero delle siepi con fusto midolloso, fiori bianchi, e virtù diuretica.

impogna, *sf.* pistato contadinesco;

in, *accorc. di* santo. V.

mabile, *add. com.* atte a sanarsi.

isamente, *avv.* con sanità - saggiamente.

mare, *att.* rendere sanità a chi era malato - *n. ass.* ricuperare la sanità.

mativo, *add. m.* atto a sanare.

incíre (*v. lat.*), *att.* (*pr.* sco ec.), statuire, decretare.

indáto, *sm.* legno duro indiano di sapore aromatico e di odore simile alla rosa - specie di barchetta - ricca pianella usata anticam. dalle dame greche e romane - *oggidì* calzare dei prelati e vescovi quando portano gli abiti pontificali - ed il calzare usato dai cappuccini.

andracca (*v. gr.*), *sf.* (*pl.* cche), combinazione dell'arsenico collo solfo - specie di gomma da vernici.

ingue, *sm.* umore vermiglio che scorre caldo nelle vene e nelle arterie degli animali - *fig.*

stirpe, progenie

Sanguificáre (*pr.* ifico, chi ec.), *n. ass.* generar sangue.

Sangùigno, *add. m.* del sangue - del color del sangue - abbondante di sangue.

Sanguinário, *add. m.* cupido di sangue.

Sanguineo. V. *Sanguigno.*

Sanguinolento, *add. m.* vago di sparger sangue - grondante di sangue.

Sanguinóso, *add. m.* imbrattato di sangue.

Sanguisúga. V. *Mignatta.*

Sanità, *sf.* stato di un corpo vivente o di un vegetabile, in cui non sia impedimento alcuno nell' operate, *opp.* di malattia.

Sanna. V. *Zanna.*

Sano, *add. m.* che ha sanità - *fig.* senza rottura, intero - retto, giusto - saggio, giudizioso - salubre - utile.

Santamente, *avv.* a guisa di santo.

Santificante, *add. com.* che santifica (*agg. per lo più dalla grazia divina*)

Santificáre (*pr.* ffico, chi ec.), *att.* far santo - canonizzare. V. - *n. ass.* divenir santo.

Santità, *sf.* mondezza da peccato - titolo del sommo pontefice.

Santo, *sm.* chiesa - chi è ritenuto dalla Chiesa, per le provate sue virtù, nel numero de' comprensori - e pittura, statua o stampa che ne rappresenti la effigie - *add. m.* agg. di chi, anche in questo mondo, vive santamente - e delle cose consacrate al culto di Dio - pio, religioso.

Santolo, *sm.* chi fa da padrino al sacro fonte o alla cresima a un fanciullo, relativamente al medesimo.

Santonico, *sm.* sorta di assenzio dei monti.

Santuário, *sm.* reliquia di santi - arnese sacro - *comun.* chiesa ove si conservano reliquie di maggior pregio e venerazione.

Sanzióne, *sf.* forma autorevole per cui un atto diventa legale ed autentico, ratificazione.

Sapére (*pr.* so, sai, sa, sappiamo, sapéte, sanno, *pass.* seppi, sapesti ec. *fut.* saprò, *cong.* sáppia, *p. pr.* sapiente, *pp.* saputo), *att. an.* possedere certa cognizione di alcuna cosa per via di ragione od esperienza, o di veduta o di relazione - *n. ass.* aver sapore od odore - *fig.* ritrarre di checchessia.

Sapére, *sm.* scienza, dottrina, senno

Sapiente, *add. com.* che sa, o ha sapienza - *sm.* uomo dottissimo.

Sapienza, *sf.* scienza che contem-

pla le cagioni di tutte le q - uno degli attributi di D per cui egli sa tutto - e particolarm. il Verbo etc - uno dei libri della sc Scrittura - luogo ove s'in gnano le scienze.

Saponáceo, *add. m.* che part pa delle proprietà del sapo

Saponaja. V. *Saponaria.*

Saponajo, *sm.* fabbricatore e ve ditor di sapone.

Saponária, *sf.* pianta acqua estiva, che sbattuta nell'acq la rende spumosa e deterg come il sapone.

Saponáta, *sf.* quella spuma c fa l'acqua in cui sia s sciolto il sapone - *fig.* lazione.

Sapóne, *sm.* composto d'ol calce e cenere per uso di pu gar biancherie.

Saponería, *sf.* luogo dove si fa brica il sapone.

Sapóre, *sm.* sensazione che pro va la lingua nel gustare alcu na cosa; e qualità della co che produce tale sensazione sentimento per cui conoscon donsi i sapori, *altr.* gust *fig.* diletto che arreca all'ani mo il godimento di cose va ghe e graziose - *In pitt.* la grazia che si scorge nel maniera dei buoni artisti.

Saporello, *sm.* salsa.

poritamente, *avv.* con sapore
- gustosamente.

porito, e

poroso, *add. m.* che ha sapore,
o di buon sapore, gustoso – *fig.*
dilettevole.

puta, *sf.* notizia, cognizione.

putamente, *avv.* con piena cognizione.

puto, *pp. di* sapere – *add. m.*
savio, accorto.

rcasmo (*v. gr.*), *sm.* amara
ironia, per deridere motteggiando.

racinesca, *sf.* serratura di legname o ferro calata da alto
a basso.

rchiare, *att.* nettare col sarchio le sementi delle erbe salvatiche.

rchiame. V. *Sartiame.*

rchie. V. *Sarte.*

rchiellare, *att.* radere leggiermente e nettare dalle erbe
l'aja che deve prepararsi per
la battitura delle granaglie.

rchio, *sm.* piccola marra per
uso di sarchiare o nettare
dall'erbe salvatiche le sementi.

rcofago (*v. gr.*), *sm.* sepolcro
di pietra o di marmo in cui si
riponevano i cadaveri non destinati ad abbruciarsi.

rdella, *sf.* pesciolino di mare
simile all'aringa, *forse* così
detto dall'isola di Sardegna,
sulle coste della quale si pesca

in maggior copia che altrove.

Sardónico, *sm.* (*pl.* ci, chi), gemma di color rosso – *add. m.*
agg. di riso non sincero e derisorio.

Sermento. V. *Sermento.*

Sarta, *sf.* donna che taglia e
cuce vesti per lo più donnesche.

Sarte, *sf. pl.* nome generico di
tutti i grossi cordami dei vascelli.

Sartiame, *sm.* nome generico di
tutte le funi che si adoperano
nelle navi.

Sártie. V. *Sarte.*

Sarto. V. *Sartore.*

Sartore, *sm.* chi taglia e cuce
vestimenta per lo più maschili.

Sassafrasso, *sm.* legno gialliccio
odorifero di sapor acre e aromatico, proveniente dalla Florida, e usato in medicina.

Sassata, *sf.* colpo di sasso.

Sásseo, *add. m.* di sasso o simile
a sasso – convertito in sasso.

Sassifrága, *sf.* (*pl.* ghe), erba
che nasce fra sassi e in luoghi
aridissimi.

Sasso, *sm.* nome generico di
ogni sorte di pietra di qualunque grandezza – e pietra di
tal grandezza da potersi scagliar con mano – *poetic.* sepolcro di pietra – *fig.* cuore
duro ed insensibile – uomo
stupido.

Sassoso, add. m. di sasso – pieno
di sassi – di qualità di pietra
composta di diversi sassi.

Sàtana, e

Satanasso (v. ebr.), sm. nome
del principe de' demonj – fig.
uomo crudele, feroce e pessimo.

Satèllite (v. lat.), sm. soldato che
accompagna altrui – e soldato
ministro di esecuzioni tiranni-
che – sbirro – In astr. pianeta secondario, che si muove
periodicamente intorno ad un
pianeta primario, e segue le
rivoluzioni di lui intorno al
sole.

Satelliato, sm. compagnia di sa-
telliti – sbirraglia.

Sàtira (v. gr.), sf. poesia mordace che si propone di riprendere i vizj.

Satireggiàre, n. ass. far satire –
att. fig. vilipendere, biasimare.

Satírico, sm. (pl. ci, chi), compositore di satire – add. m. di
satira – mordace.

Satirista, sm. (pl. sti), attore
drammatico che nelle antiche
danze rappresentava un satiro.

Satirizzàre. V. Satireggiare.

Sàtiro (v. gr.), sm. dio boschereccio dei poeti in figura di
mezzo uomo e mezzo capro –
fig. persona rozza e salvatica.

tisfàre. V. Soddisfare.

tivo (v. lat.), add. m. agg.

dalle piante che si dimesti-
no per cultivamento – domes-
co, opp. di silvestre.

Satollamento, sm. tanta quan-
di cibo che satolli.

Satollàre, att. saziare col ci-
sfamare – n. ass. fig. prende-
piena soddisfazione di che
chessia, appagarsi.

Satollo, add. m. sazio – fig. n-
nojato per sovverchia abbondanza di checchessia.

Satrapìa, sf. la dignità del sa-
trapo.

Sàtrapo (v. pers.), sm. governatore di provincia e di eserci-
presso gli orientali – fig. uomo che si presume grande e
autorevole.

Saturnàli, add. s. com. pl. agg.
feste che celebravansi dai Romani in onore di Saturno per
tre giorni nel mese di decemb.

Sàuro, add. m. agg. di mantell-
di cavallo tra bigio e rosso.

Saviamente, avv. con senno,
giudiziosamente.

Saviezza, sf. sapienza – prudenza – accorgimento.

Sàvio, sm. uomo sapiente – p-
eccellenza, Salomone – add.
m. che ha sapienza – senno –
prudente – perito – esperto.

Savóre, sm. sapore, gusto – sals-
per condire alcune vivande.

Saverra. V. Zavorra.

Saziàre, att. soddisfare inte

mente l'appetito e le voglie.

azietà, *sf.* intero soddisfacimento dell'appetito e de' sensi.

aziévole, *add. com.* che sazia - *fig.* stucchevole.

azievolezza, *sf.* V. Sazietà - *fig.* stucchevolezza.

azievolmente, *avv.* con sazietà.

azio, *add. m.* che ha soddisfatto l'appetito - *fig.* infastidito.

badataggine, *sf.* disattenzione, spensieratezza.

badáto, *add. m.* spensierato.

badigliáre, *n. ass.* aprire la bocca raccogliendo il fiato, e poscia mandandolo fuori, per cagione quasi sempre di sonno o di noja.

badiglio, *sm.* l'atto delle sbadigliare.

bagliáre, *n. ass.* prendere sbaglio o errore.

baglio, *sm.* fallo, errore.

baire (*pr.* sco ec.), *n. ass.* quasi svenire per gran dolore.

ballare, *att.* disfare le balle - dimettere il ballo - *nell'uso*, perdere al giuoco.

balordimento, *sm.* grande ammirazione, stupore - sbigottimento, paura.

balordire (*pr.* sco ec.), *att.* far perdere il sentimento - *n. ass.* rimanere attonito per paura o per maraviglia.

balzáre, *att.* far saltare - *fig.* levare altri d'una carica - e

n. ass. saltare in qua e in là.

Sbalzo, *sm.* lo sbalzare.

Sbandáre, *att.* disperdere (detto spezialm. di eserciti sconfitti) - *np.* scomporsi - *In marin.* il piegarsi della nave per la forza del vento sopra una banda.

Sbandáto, *add. m.* posto in rotta o in disordine.

Sbandeggiáre, *att.* mandare in bando.

Sbandire. V. *Bandire*.

Sbaragliáre, *att.* mettere in rotta (detto di eserciti) - *np.* disperdersi.

Sbaraglino, *sm.* sorta di giuoco che si fa co' dadi...

Sbaraglio, *sm.* confusione, scompiglia - sorta di giuoco simile allo sbaraglino, che si fa con tre dadi.

Sbarazzáre, *att.* tor via gl'imbarazzi od impedimenti.

Sbarbáre, *att.* svellere dalle barbe le piante.

Sbarbáto, *add. m.* sradicato - privo di barba.

Sbarbicáre. V. *Sbarbare*.

Sbarcáre, *att. e n. ass.* cavare, e uscir dalla barca.

Sbarco, *sm.* (*pl.* chi), lo sbarcare.

Sbarra, *sf.* frammezzo di legno per separare o per impedire il passo - traverso di legno posto per sostegno di cosa che minacci rovina, o che voglia chiudersi - *fig.* freno, ritegno;

Sbarráre, *att.* frammezzar con sbarra - spaloncare.

Sbassáre. V. *Abbassare.*

Sbáttere, *att.* battere spessamente, scuotere, agitare - *fig.* diffalcare somma da somma - *np.* dimenarsi - commuoversi veementemente per dolore di corpo o per passione d'animo.

Sbattezzáre, *n.* e *np.* mutar nome.

Sbattimento, *sm.* percotimento - agitazione - *In pitt.* ombra cagionata sulla tela da cosa dipinta, corrispondente a quella oscurità che cagionerebbe la cosa stessa se fosse realmente esposta alla luce.

Sbottúto, *add. m.* scosso, agitato - *fig.* languido - pallido - abbattuto di forse - sbigottito - diffalcato da' conti.

Sbaulare, *att.* cavar fuori del baule.

Sbavagliáre, *att.* torre il bavaglio.

Sbaváre, *n. ass.* mandar bava.

Sbaváto, *add. m.* senza bava - imbrattato di bava.

Sbavatúra, *sf.* bava - *per simil.* peluria che circonda esteriormente i bozzoli della seta - e la peluria della lana mal filata - difetto di levigatezza nelle opere di getto, quando vengono estratte dalla forma.

Sbavazzatúra, *sf.* bagnamento di bava.

Sbavigliáre. V. *Sbadigliare.*

Sbeffáre, e

Sbeffeggiáre, *att.* deridere.

Sbendáre, *att.* togliere la benda - *fig.* illuminarsi nella mente.

Sbercidáre, *n. ass.* non cogli nel segno.

Sberleffáre, *att.* schernire.

Sberleffe, e

Sberleffo, *sm.* sfregio sul viso - gesto derisorio colla bocca.

Sberrettáta, *sf.* il cavarsi la berretta di testa per riverenza.

Sbertáre, *att.* dar la berta, burlare.

Sbevazzáre, *n. ass.* bevere spesso ma poco alla volta.

Sbévere (*pass.* evvi, evvi, evetti, *fut.* erò e everò *all. an.* consumare bevendo stravizzando.

Sbiadilo, *add. m.* agg. di cilestro o azzurro-tenue za biada (*parlando di*

Sbiadilo, *add. m.* smorto, bolito (*detto di colore*)

Sbiancáre. V. *Imbiancare.*

Sbiaváto. V. *Sbiadato.*

Sbiecamente, *avv.* stortamente

Sbiecáre, *att.* storcere - giare o rendere diritta cosa storta - guardare co per vedere se alcun sia a filo - *n. ass.* sbieco o stortamente - venire sbieco o losco.

Sbiéco, *add. m.* (*pl.* chi),

stravolto – A sbieco, *avv.* per traverso.

sbigottimento, *sm.* stato di costernazione in che si rimane per eccessiva paura.

sbigottire (*pr.* sco ec.), *att.* mettere grave paura – *n. ass.* e *np.* impaurirsi sommamente.

sbigottito, *add. m.* impaurito – attonito.

sbilanciare, *att.* tirar giù la bilancia – levar d' equilibrio – *fig.* dissestare.

sbilancio, *sm.* lo sbilanciare.

sbirciare, *att.* guardare con occhio socchiuso per discernere con più facilità le cose minute o lontane – guardare per banda, movendo la pupilla alla coda dell'occhio.

sbirraglia, *sm.* tutto il corpo insieme degli sbirri.

sbirreria, *sf.* mestiere, ed abitazione degli sbirri – *ed anche* sbirraglia.

sbirro. V. *Birro*.

sbizzarrire (*pr.* sco ec.), *att.* scapricciare – *np.* cavarsi i capricci.

sboccamento, *sm.* lo sboccare – imboccatura – *In pl.* parole disoneste.

sboccare, *n.* far capo, andare a finire (*detto di strade, fiumi e simili*) – *In marin.* uscir fuori dell' imboccatura di un canale – *per simil.* uscir fuori con

impeto – rompere la bocca ai vasi – *fig.* parlare poco onestamente.

Sboccatamente, *avv.* senza ritegno – *fig.* con disonestà.

Sboccato, *pp. di* sboccare – *add. m. fig.* libero nel parlare – duro di bocca, o che non cura il morso (*detto del cavallo*)

Sboccatura, *sf.* il luogo ove un fiume si perde in uno maggiore o nel mare – e il luogo d'onde vi sbocca.

Sbocciare, *n. ass.* lo spuntare del fiore dal suo calice – '*per simil.* l' uscire a forza dalla terra di acque sotterrance.

Sbombardare, *att.* scaricar le bombarde – *fig.* narrare con enfasi cose poco verisimili.

Sbordellare. V. *Bordellare*.

Sborsamento. V. *Sborso*.

Sborsare, *att.* cavar dalla borsa – pagare in contanti.

Sborso, *sm.* pagamento in contanti.

Sbottonare, *att.* e *np.* sfibbiare i bottoni.

Sbottoneggiare, *att.* e *n. ass.* motteggiare alcuno con parole pungenti, o atte a screditarlo.

Sbozzare, *att.* dare una prima forma ad un' opera qualunque chè debbasi poi condurre all'ultimo pulimento.

Sbozzimare (*pr.* ozzimo ec.), *att* cavare la bozzima dalla tel greggia.

Sbozzo. V. *Abbozzo.*

Sbozzoláre (*pr. ózzolo ec.*), *att.* levare i bozzoli della seta dall'infrascato - *fig.* dir male di alcuno.

Sbracarsi , *np.* cavarsi le brache - *fig.* fare ogni diligenza.

Sbracatamente , *avv.* spensieratamente.

Sbracciáre , *att.* cavar del braccio - *np.* nudare il braccio riboccando la camicia per essere più spedito al lavoro - *fig.* adoperare ogni forza e sapere.

Sbraciáre , *att.* allargare la brace accesa, acciò renda maggior calore - *fig.* larghcggiare in fatti o in parole.

Sbraciáta , *sf.* allargamento della brace accesa - *fig.* millanteria.

Sbramáre , *att.* cavar la brama - *np.* cavarsi la voglia.

Sbramáre , *att.* rompere in brani o pezzi - lacerare, squarciare.

Sbrancáre , *att.* cavar di branco (*detto di bestie che vivono in mandra*) - *np.* uscir di branco - *fig.* fuggir alla rinfusa.

Sbrattáre , *att.* nettare - *fig.* levare gl'impedimenti.

Sbricioláre (*pr. icíolo ec.*), *att.* ridurre in bricioli (*detto per lo più del pane*)

Sbrigamento, *sm.* speditezza nell'operare.

Sbrigáre , *att.* spedire con prestezza una faccenda - *np.* uscir

presto da una cosa - e *np* di briga o di fastidio.

Sbrigativo , *add. m.* che facilmente si sbriga (*detto di lavori*) - che fa presto (*detto di persona*)

Sbrigliáre, *att.* cavare la briglia - *fig.* porre in libertà.

Sbrigliato , *add. m.* senza briglia - *fig.* dissoluto, scapestrato.

Sbroccáre, *att.* lo staccare delle foglie che fanno colla bocca le bestie dagli alberi - *np* dar fuori tutt' a un tratto e con impeto - e *fig.* parlare per isfogo o inconsideratamente.

Sbroccoláre (*pr. óccolo ec.*) *att* rodere le foglie dei rami (*proprio del bestiame*)

Sbrogliáre, *att.* levare gl'imbrogli - *np.* sbrigarsi.

Sbruffáre , *att.* spruzzare colla bocca vino o altro liquore a guisa di pioggia.

Sbruffo , *sm.* l'atto di mandar fuora dalla bocca il vento cagionato da troppo bere, accompagnato da spruzzo d'umido.

Sbucáre, *att.* cavar dalla buca - *n. ass. fig.* uscir fuora - prorompere con violenza da un agguato (*detto di truppe in guerra*)

Sbucciáre , *att.* levare la buccia o corteccia de' vegetabili - *np* deporre la buccia o la pelle -

e scorticarsi la pelle.

budellàre, *att.* trarre le budella di corpo - ferire uno in guisa che gli escano le budella - ammazzare.

buffare, *att.* dire con isdegno - *n. ass.* soffiare del cavallo quando si spaventa - fremere.

buffo, *sm.* spruzzo gettato per bocca, particolarmente da chi nuota - il soffiare del cavallo spaventato.

scabbia, *sf.* malattia della pelle *più comun.* detta rogna.

scabbiosa, *sf.* pianta perenne creduta buona per la scabbia.

scabbioso, *add. m.* che ha scabbia.

scabello. V. *Sgabello.*

scabro, *add. m.* che ha la scorza o la superficie ruvida.

scabrosità, *sf.* qualità di ciò che è scabroso - *fig.* difficoltà grande.

scabroso, *add. m.* V. *Scabro* - *fig.* difficile, intrigato.

scacazzare, *att. e n. ass.* mandar fuora gli escrementi in più tratti e in più luoghi.

scaccheggiato, *add. m.* fatto a scacchi.

scacchiére, *sm.* tavola quadra divisa in sessantaquattro quadretti sui quali si giuoca agli scacchi e a dama.

scacciare, *att.* rimuovere da un luogo.

scacco, *sm.* (*pl.* cchi), uno dei

sessantaquattro quadretti delle scacchiere - difetto del panno che nasce da mancanza di filo dell'ordito - *In pl.* il giuoco degli scacchi, e le figure di esso.

Scaccomatto, *sm.* il termine del giuoco degli scacchi - *fig.* perdita

Scadenza, *sf.* scadimento - *In legge* il termine in cui scade un pagamento od altro ch'è da fare.

Scadére, *n. ass.* venire in peggiore stato - venire per via di eredità - venir meno - *In legge* essere passato il tempo prefisso ad un pagamento od altro che dovea farsi.

Scadimento, *sm.* lo scadere.

Scaffale, *sm.* armadio aperto a palchetti per uso di tener libri o altri oggetti (*volg.* scansia)

Scafo, *sm.* corpo di nave senza armamento.

Scaglia, *sf.* la scorza dura e scabrosa del serpente e del pesce sopra la pelle (*altr.* squama) - pezzuolo che lo scarpello distacca dalle pietre nel lavorarle - ciò che cade da alcuni metalli affocati quando sono percossi col martello - fromba per iscagliare sassi.

Scagliare, *att.* levare le scaglie ai pesci - lanciare con forza - *fig.* buttar via - *np.* dibattersi - avventarsi.

Scaglietta, *sf.* sorta di tabacco.

Scaglióne, sm. grosso e rozzo scalino – e fig. ciò che serve a
salire di grado – dente anteriore del cavallo – sorta di
pesce d'acqua dolce.

Scaglióso, add. m. che ha squa-
glie o squame.

Scagliuóla, sf. sorta di pietra tenera simile al talco, di cui si
fa il gesso pe' doratori, ed una
mistura per ricoprir tavole.

Scagno, sm. V. Scranna.

Scala, sf. strumento per salire
composto di scaglioni o di gradini – per simil. ordine di ciò
che va gradatamente crescen-
do o scemando – e fig. tutto
ciò che da una cosa conduce
ad un'altra – In geogr. misura di lunghezza accennata
sulle carte per conoscere la
distanza dei luoghi – In marin.
porto – Nella mus. gradazione de' tuoni per salire dal grave all'acuto, e per discendere
dall'acuto al grave.

Scalare, att. salire – dar l'assalto.

Scaláta, sf. il salire colla scala.

Scalcáre, att. calpestare – volg.
fare da scalco.

Scalcheggiáre, e

Scalciáre, n. ass. tirar calci.

Scalcináre, att. levar la calcina
dai muri guastando l'intonaco.

Scalco, sm. (pl. chi), chi ordina
il convito – e chi trincia e pone in tavola le vivande.

Scaldaletto, sm. vaso di rame
forma di padella con coperchi
traforato, dentro il quale
mette il fuoco per riscaldar
il letto.

Scaldáre. V. Riscaldare.

Scaldatojo, sm. stanza comune
dov'è il cammino, o la stufa.

Scaldavivande, sm. vaso con fuoco per tener calde le vivande.

Scaléa, sf. ordine di scaglioni
dinanzi a grandi edifizj.

Scalfire (pr. sco ec), att. levar
alquanto di pelle penetrando
leggermente nel vivo.

Scalíno, sm. grado, di quelli on-
d'è composta una scala comune.
(se sontuosa, dicesi gradino ;
se amovibile, piuolo)

Scalmána. V. Scarmana.

Scalo, sm. luogo fatto a pen-
per cui si sale o scende senza
scaglioni – più travi disposte
in modo da potervi rotolar
sopra le botti che si sbarcano.

Scalpello. V. Scarpello.

Scalpitáre (pr. álpito ec.), att.
calcare co' piedi camminando.

Scalpitío, sm. pestamento di piedi.

Scalpóre, sm. risentimento grande che si fa di una cosa –
strepito, contesa.

Scaltramente, avv. con scaltrezza.

Scaltrezza, sf. accortezza, sagacità

Scaltríre (pr. sco ec.), att. rendere sagace.

Scaltro, add. m. astuto, sagace

calzáre, *att.* trarre i calzari di
gamba - *In agric.* levare la
terra intorno alle radici delle
piante - *np.* nudarsi i piedi dei
calzari.

calzo, *add. m.* senza calzari -
fig. nudo - povero, abbietto.

cambiáre, *att.* dare, o pigliare
una cosa in cambio di un' altra
- tramutare.

cambieltáre, *att.* mutare spesso
- fare scambietti in ballando.

cambietto, *sm.* salto in ballando.

cambiévole, *add. com.* reciproco.

cambievolezza, *sf.* il fare più
cose una alla volta - o il fare
la cosa stessa in più persone
a vicenda.

cámbio, *sm.* cambiamento - e
la cosa presa in iscambio.

cameráre, *att.* levare dall'erario.

camiciáto, *add. m.* spogliato di
camicia.

camonéa, *sf.* sorta di pianta
medicinale.

campanáre, *n. ass.* fare un gran
sonar di campane.

campanáta, *sf.* l' atto dello
scampanare.

campanelláre, *n. ass.* sonare a
distesa un campanello.

campanío, *sm.* gran sonar di
campane.

campáre, *att.* salvare da pericolo
- *n. ass.* liberarsi da pericolo
- uscir di mano, scappare.

campo, *sm.* salvezza dá pericolo

- sutterfugio.

Scámpolo, *sm.* ritaglio di panno
- *fig.* avanzo, rimasuglio.

Scanaláre, *att.* incavare legno o
pietra a foggia di canaletto.

Scanalatúra, *sf.* l' effetto dello
scanalare - *In pl.* cavità per-
pendicolari tagliate nel fusto
della colonna.

Scancelláre. V. *Cancellare.*

Scancellatúra. V. *Cancellatura.*

Scandagliáre, *att.* misurare colle
scandaglio l' altezza del mare
- *fig.* esaminare esattamente.

Scandáglio, *sm.* piombo piramidale che si cala nel mare per
misurare l' altezza dell' acqua
e la quantità del terreno nel
fondo - piombino. V. - *fig.*
calcolo, sperimento.

Scandalezzáre, e

Scandalizzáre, *att.* dar mal esempio ad altri in fatto di costumi - e dar occasione di peccare - *np.* pigliare scandalo.

Scándalo (*v. gr.*), *sm.* qualunque
mal esempio o insegnamento
che porga altrui occasione di
peccare - *e in più largo sing.*,
qualsiasi impedimento, e qualunque atto onde possa venire
sconcio o danno - disonore,
infamia - discordia.

Scandaloso, *add. m.* che commette, o dà scandalo.

Scandella, *sf.* spezie di orzo.

Scándere (*v. lat.*), *att.* salire.

misurare i versi.

Scandescenza. V. *Escandescenza.*

Scandolezzare. V. *Scandalezzare.*

Scàndolo. V. *Scandalo.*

Scannáre, *att.* tagliare la canna della gola - *fig.* angariare.

Scannelláre, *att.* svolgere il filo sul cannello - *Nelle arti,* fare gl'incavi, o scanalature per ornamento dei lavori in metallo, pietra o legno.

Scanno, *sm.* panca certa da sedere - banco di rena o in riva al mare, o nel letto de' fiumi.

Scansáre, *att.* discostare alquanto una cosa dal suo luogo - evitare, sfuggire - *np.* discostarsi.

Scansía, *sf.* arnese a forma di scaffale per uso di riporvi libri o scritture.

Scantonáre, *att.* levare i cantoni a checchessia - voltare al primo canto quasi per non incontrare taluno che ci sia molesto - *fig.* sfuggire - *n. ass.* e *np.* andarsene nascostamente.

Scapestrare, *att.* guastare i costumi - *n. ass.* vivere disordinatamente - *np.* levarsi il capestro - e *fig.* trarsi d'impaccio.

Scapestrato, *add. m. propr.* rimesso in libertà - *fig.* senza freno di verecondia, dissoluto.

Scapezzáre. V. *Scavezzare.*

nessione, *sm.* colpo a mano

aperta che si dà nel capo.

Scapigliáre, *att.* scompigliare i capelli - *np.* darsi al vivere dissoluto.

Scapitáre (pr. *àpito* ec.), *n. ass.* perdere del capitale - e perdere della propria virtù ed efficacia (*detto di liquidi, medicamenti,* ec.)

Scápito, *sm.* danno, perdita.

Scapo, *sm.* parte inferiore del fusto della colonna.

Scapoláre (pr. *àpolo* ec.), *att.* liberare - *n. ass.* sottrarsi inosservato - uscire.

Scapoláre, *sm.* cappuccio de' frati - larga striscia di panno che pende davanti e di dietro a' religiosi - due quadratelli di panno coll'immagine della Madonna, attaccati a due nastri, che per divozione la medesima portano al collo i divoti.

Scápolo, *add. m.* libero da soggezione - non ammogliato.

Scaponire (pr. *sco* ec.), *att.* vincere l'altrui ostinazione.

Scappáre, *n. ass.* fuggir velocemente.

Scappáta, *sf. propr.* la prima mossa di cani o cavalli messi in libertà del ritegno - slancio di fantasia - errore grave o poca considerato fatto o in detto.

Scappelláre, *att.* cavare il cappello

np. cavarsi il cappello per salutare.

appellàta, sf. saluto cavando il cappello di testa.

appellotto, sm. colpo di mano sulla parte deretana del capo (forse per far cadere il cappello)

appináre, att. fare lo scappino o pedule agli stivali.

appino, sm. pedule.

appucciáre, n. ass. inciampare - np. cavarsi il cappuccio.

appúccio, sm. lo scappucciare - fig. errore, per lo più morale.

apricciáre, att. tor di testa i capricci - np. cavarsi i capricci

arabáttola, sf. e

carabáttolo, sm. foggia di cassetta o di stipo dove a guardia di cristalli si conservano vasi, chincaglierie ed altre cose gentili.

arabocchiare, att. fare scarabocchi.

arabócchio, sm. segno d'imperfetto scrivere o disegnare lasciato sulla carta da un principiante.

arafággio, sm. animaletto nero del genere degl'insetti.

aramúccia, sf. (pl. cce) ruffa di pochi soldati fuor d'ordinanza.

aramucciáre, n. ass. combattere alla spicciolata, o in piccoli corpi.

nceráre (pr. árcero ec.), att. levar di carcere.

Scarcerazióne, sf. liberazione dal carcere.

Scarco (v. poet.) V. Scarico.

Scardare, att. cavar le castagne dal cardo.

Scardassáre, att. raffinar la lana cogli scardassi.

Scardasso, sm. strumento con denti di fil di ferro uncinati, con cui si raffina la lana per poterla filare.

Scárica, sf. (pl. che), sparata di più armi da fuoco a un tempo stesso - lo scaricare un bastimento delle sue merci.

Scaricáre (pr. árico, chi ec.), att. levare il carico di dosso - fig. sgravare la coscienza - np. sboccare (parlando di fiumi) - perdere la vivacità (parlando di colori)

Scárico, sm. (pl. chi), sgravio - evacuazione di ventre - fig. giustificazione, scuse - add. m. sgravato dal peso - fig. sciolto, libero.

Scarlattína, sf. specie di febbre maligna che attacca ordinariamente i fanciulli.

Scarlatto, sm. pannolano rosso di nobilissima tintura - add. m. agg. di vivissimo color rosso.

Scarmána, sf. infermità cagionata da subito raffreddamento dopo essersi riscaldato.

Scarmanáre, n. ass. incorrere nella scarmana.

Scarmigliáre, *att. propr.* dare il cardo alla lana – *per simil.* scompigliare (*detto de' capelli*) – *np.* azzuffarsi graffiandosi e disordinandosi abiti e capelli.

Scarmo. V. *Scarno.*

Scarnáre, *att.* levare alquanto di carne superficialmente – *per simil.* levare alquanto della superficie a cosa qualunque – *np.* dimagrare.

Scarnificáre, e

Scarnire (*pr.* ifico, chi ec., e sco ec.), *att.* levare altrui la carne.

Scarpa, *sf.* il calzare del piede – *In archit.* pendio delle muraglie che le fa sporgere in fuora più da piè che da capo – *Nelle arti* ferro incurvato che si adatta sotto le ruole di una carrozza perchè non girano precipitosamente alla discesa.

Scarpelláre, *att.* lavorare le pietre collo scarpello – intagliare in pietra.

Scarpellino, *sm.* chi lavora le pietre collo scarpello.

Scarpello, *sm.* strumento di ferro tagliente in cima, col quale si lavorano pietre, legni e metalli.

Scarpione. V. *Scorpione.*

carrozzáre, *n. ass.* fare trottate in carrozza.

arseggiáre, *att.* spendere scarsamente – *n. ass.* avere scar-

sità di alcuna cosa.

Scarsella, *sf.* borsa di cuojo p portarvi danari – *volg.* lad delle vesti.

Scarsezza, e

Scarsità, *sf.* strettezza, *opp. d* larghezza – mancanza, poche za, *opp. di* abbondanza.

Scarso, *add. m.* alquanto manche vole – che spende con gra parsimonia – non corrivo calaute (*parlando di moneta*)

Scartabelláre, *att.* svolgere car te leggendo prestamente e con poca attenzione.

Scartabello, e

Scartafáccio, *sm.* libretto di leggenda, o di scrittura di poc pregio.

Scartáre, *att.* mettere da parte le carte che si hanno di più al giuoco – *fig.* rifiutare.

Scarto, *sm.* lo scartare delle carte al giuoco, e le carte scartate – e *per simil.* rifiutare, e la cosa rifiutata.

Scassáre, *att.* cacciar di casa.

Scassáre, *att.* cavar dalla cassa le mercanzie – rompere un cassa per trarne fuora ciò che contiene.

Scatarráre, *n. ass.* sputare il catarro.

Scalampata, *sf.* spurgo di catarro.

Scatenáre, *att.* sciorre altrui la catena, e trar di catena – *np.* sciorsi dalla catena – *fig.* sol levarsi con furia e con tempeto (detto di venti, tempeste ec.)

...itola, sf. cassetta di sottilissime assicelle in varie figure per riporvi oggetti diversi - e arnese tascabile di più forme per contenere tabacco, comun. tabacchiera.

...alurigine (v. lat.), sf. sorgente d'acqua.

...alurire (pr. sco ec.), n. ass. il primo uscire dell'acqua dalla terra o dai massi, sgorgare (detto anche delle lagrime) - trarre origine, derivare.

...avalcare, att. gettar giù da cavallo - per simil. levare una cosa di sopra l'altra - fig. far cadere uno di grazia o di posto sottentrandovi - n. ass. smontare da cavallo.

...avallare, att. V. Scavalcare.

(nel 1 sign.) - np. fig. darsi alla vita dissoluta.

...avamento, sm. l'atto di scavare, e lo stato della cosa scavata.

...avare, att. cavare sotto - e cavar fuori - incavare.

...avazione, sf. lo scavare, scavo.

...avezzacollo, sm. caduta a rompicollo - fig. uomo di scandalosa vita.

...avezzare, att. tagliar via la cima de' rami degli alberi, acciò facciano rimesse più vigorose - spezzare, rompere - np. perdere le cavezze - e fig.

rompersi il collo.

Scavezzóne, sm. rottami ed avanzi di materie fragili.

Scavo, sm. la parte scavata di qualche cosa - escavazione. V.

Scégliere (pr. elgo, e églio, pass. elsi, pp. elto), att. an. separare cose di qualità diversa per distinguerle - eleggere.

Scelleràggine, e

Scelleratezza, sf. atto pessimo per eccessiva malvagità.

Scellerato, add. m. malvagio.

Scellino (v. ingl.), sm. moneta inglese d'argento del valore di circa venti soldi.

Scelta, sf. elezione - la parte più eccellente di checchessia.

Sceltezza, sf. qualità di ciò ch'è scelto.

Scelto, add. m. eletto - buono, squisito.

Scemáre, att. ridurre a meno - n. ass. e np. diminuirsi.

Scemo, sm. diminuzione - add. m. che manca in qualche parte della pienezza o grandezza - mancante di tutto - fig. di poco senno, sciocco.

Scempiággine, sf. balordaggine.

Scempiáre, att. sdoppiare, contr. di addoppiare - ridurre a chiara semplicità.

Scémpio, sm. strazio crudele - strage senza pietà - add. m. contr. di doppio - e fig. sciocco, scipito.

Scena (*v. gr.*), *sf.* il luogo dove
si finge dai comici che accada
la rappresentazione teatrale —
tela dipinta che rappresenta il
luogo finto dai comici — palco
scenico — teatro — e il dramma ivi rappresentato — parte
in cui è diviso ciascun atto
della rappresentazione — *fig.*
apparenza di poca durata.

Scenario, *sm.* tutto lo spazio occupato dalle scene del teatro
— e le scene medesime — quel
foglio che per la buona direzione della commedia contiene
i nomi de' recitanti, le scene,
e i tempi nei quali debbono
essi uscire sul palco.

Scendere (*pass.* ési, *pp.* éso), *att.*
an. andare in basso, *opp. di*
salire — venire per generazione — scemare di prezzo.

Sceneggiare, *n. ass.* recitare, e
figurare sulle scene.

Scenico, *add. m.* appartenente o
scena o teatro.

Scernere (*pass.* ernei, e scersi
ec.), *att. an.* distinguere cogli
occhi o colla mente — mostrare a dito — scegliere.

Scerpellato, *add. m.* che ha le
palpebre stravolte.

Scerre, *sinc. di* scegliere. V.

Scesa, *sf.* via per la quale si entra
da alto al basso, *contr. di* salita — l'atto dello scendere.

Scetticismo (*v. gr.*), *sm.* dottrina

degli scettici, i quali avendo
per principio che nulla v'è
certo, e che si ha da dubitar
di tutto.

Scettico, *add. e sm.* che dubita
d'ogni cosa.

Scettro (*v. gr.*), *sm.* bacchetta
reale, segno di autorità e
dominio — *fig.* autorità e potenza del sovrano.

Sceverare (*pr.* évero ec.), *att.*
separare — scegliere — *np.*
dare disgiunto, segregarsi.

Scévero. V. *Scerro*.

Sceverare, *sinc. di* sceverare.

Scerro (*sinc. di* scevero), *add.*
m. separato.

Scheda (*v. gr.*), *sf.* cartella
scritta.

Scheggia, *sf.* (*pl.* gge), pezzo
di legno che nel tagliare i legnami si viene a spiccare
pezzuolo di legno che pene-
nella carne — *per simil.* pezzetto che si spicca nel romp-
re qualche cosa o nel battere
fortemente su un corpo solido.

Scheggiare, *att.* fare scheggie,
n. ass. e *np.* rompersi
in scheggie.

Scheletro (*v. gr.*), *sm.* tutte le
ossa spolpate di un animale
morto, tenute insieme da nervi, o collegate artificialmente
con fili.

Scherano, *sm.* uomo fac-
noroso;

herma, sf. arte che insegna a misurare i colpi di offesa e di difesa colla spada.

hermidore, sm. chi insegna l'arte della scherma.

hermire (pr. sco ec.), n. ass. ... nel riparare con arte i colpi del nemico, cercando di offenderlo al tempo stesso - np. difendersi.

hermo, sm. riparo, difesa.

hernire (pr. sco ec.) att. dispregiare alla scoperta - non curare.

herno, sm. dispregio, beffa.

herzare, n. ass. burlare - non far da senno.

hernevole, add. com. giocoso.

ierzo, sm. trastullo, passatempo.

ierzoso, add. m. burlevole, faceto.

hacciare, att. rompere il guscio per trarre il seme di qualche frutto - per simil. fare piano, percotendo, ciò ch'era rotondo - fig. rintuzzare, reprimere.

iaffeggiare, att. dare schiaffi.

hiaffo, sm. colpo dato nel viso con mano aperta.

iamazzare, n. ass. il gridare delle galline dopo fatto l'uovo, e de' polli quando sono impauriti e scacciati - fig. fare strepito, gridare.

iamazzo, sm. fracasso per lo più di chi grida.

Schiantare, att. rompere, cogliere, o strappar con violenza.

Schiarare, att. far chiaro, illuminare - fig. dichiarare - n. ass. e np. divenir chiaro - e fig. uscir di dubbio.

Schiarimento, sm. dichiarazione.

Schiarire (pr. sco ec.), n. ass. farsi chiaro - divenir chiaro - att. porre in chiaro.

Schiatta, sf. stirpe, progenie.

Schiattare, n. ass. crepare per non potersi contenere.

Schiavina, sf. sorta di veste lunga di panno grosso propria di schiavi, pellegrini, e romiti - coperta da letto di panno della stessa qualità.

Schiavità, sf. stato e condizione di schiavo.

Schiavo, sm. quegli che perduta la libertà, è in intera podestà altrui - add. m. obbligato.

Schiccherare (pr. chero ec.), att. imbrattar fogli scrivendo o disegnando - nell'uso, dire liberamente ciò che uno sente.

Schidione, e

Schidone. V. *Spiedo*.

Schiena, sf. nell'uomo la parte deretana dalle spalle alla cintura, nel quadrupede dalle spalle alla groppa, e nei pesci tutta la parte di sopra tra il capo e la coda - per simil. la parte più elevata di un monte ec.

Schienále, *sm.* schiena de' giumenti.

Schienella, *sf. propr.* malore che viene ai cavalli tra il ginocchio e la giuntura de' piedi anteriori – *per simil.* qualsivoglia malore o incomodo fisico.

Schiéra, *sf.* quantità di soldati in ordinanza – *fig.* ogni moltitudine ordinata – brigata di persone – filare d'alberi.

Schieráre, *att.* mettere in ischiera – *np.* mettersi in ordinanza (*detto per lo più di truppe*)

Schiettamente, *avv.* con sincerità.

Schiettezza, *sf.* qualità di ciò che non è mescolato con altra cosa – *più propr.* sincerità.

Schietto, *add. m.* non mischiato, puro – *fig.* sincero, ingenuo, franco.

Schifáre, *att.* sfuggire, evitare – avere a schifo o a stomaco.

Schifezza, *sf.* laidezza, sporcizia – stomacaggine.

Schifiltà, *sf.* ritrosia, ripugnanza – stomacaggine – nausea – azione da ritroso.

Schifiltoso, *add. m.* ritroso.

Schifo, *sm.* il più piccolo dei barchetti, per cui dal vascello si scende a terra – *add. m.* sporco, lordo – ritroso – riservato, guardingo.

Schifoso, *add. m.* sporco, lordo

– che reca nausea.

Schiodáre, *att.* cavare il chiodo confitto, sconficcare.

Schioppo. V. *Archibugio.*

Schiúdere (*pass.* usi, *pp.* uso) *att.*, *an.* aprire – *np.* di luogo chiuso – *parl. di fiori*, sbocciare.

Schiúma, *sf.* quell' aggregato d'infinite bollicine piene d'aria e biancheggianti che formano nelle cose liquide per bollore o per agitarsi veementc – bava – acqua del mare – *fig.* mondezza di coscienza.

Schiumáre, *att.* levar la schiuma – e *n. ass.* generare schiuma.

Schiumóso, *add. m.* pieno di schiuma.

Schiváre. V. *Schifare.*

Schivo, *add. m.* ritroso – modesto – lezioso – *sm.* ripugnanza per nausea.

Schizzáre, *n. ass.* scaturire con impeto per piccoli sprazzi (*detto di liquidi*) – *att.* gittar con forza cosa liquida – *pitt.* sbozzare un disegno.

Schizzatojo, e

Schizzetto, *sm.* strumento col quale si attrae e si schizza acqua o liquore.

Schizzinoso, *add. m.* lezioso, ritroso.

Schizzo, *sm.* macchia di sugo o di liquido qualunque che ri...

bello schizzare - *per simil.*
minutissima particella, e piccolo saggio di checchessia -
In pitt. abbozzo di disegno.

abla, e

abola, *sf.* arma bianca ricurva simile alla scimitarra.

acquáre. V. *Risciacquare.*

agúra, *sf.* cattiva sorte, disgrazia.

aguratággine, *sf.* malvagità.

aguratamente, *avv.* con sciagura.

aguráto, *add. m.* sventurato - abbietto - malvagio.

alacquáre, *att.* spendere senza misura - *fig.* far pompa - *np. fig.* il confondersi fra loro di due correnti d'acqua.

alacquatore, *sm.* dissipatore, prodigo.

alácquo, *sm.* dissipazione delle proprie sostanze.

ialáre, *n. ass.* sfogare, esalare - *np.* sfogarsi - darsi bel tempo - dissipare - sfoggiare.

aliva. V. *Saliva.*

ialo, *sm.* scialacquo - pompa, sfoggio.

ialuppa, *sf.* battello per servigio di una nave.

amannáto, *add. m.* scomposto negli abiti e nella persona.

áme, e

ámo, *sm.* quella moltitudine di pecchie le quali vivono insieme - *per simil.* moltitu-

dine adunata insieme.

Sciancáto, *add. e sm.* che ha guasta l'anca, zoppo.

Sciarpa. V. *Ciarpa.*

Sciarráta, *sf.* poesia enigmatica, indovinello.

Sciática (*v. gr.*), *sf.* (*pl. che*), dolore che si fissa all'articolazione della coscia coll'osse scio.

Sciaúra. V. *Sciagura.*

Scíbile, *add. com.* che si può sapere - *sm.* ciò che si può sapere.

Sciente, *add. com.* che sa.

Scientemente, *avv.* con piena cognizione.

Scientifico, *add. m.* (*pl.* ci, chi), appartenente a scienza.

Scienza, *sf.* cognizione chiara e distinta - complesso di cognizioni che si aggirino intorno allo stesso soggetto e mirino al medesimo scopo - ogni sorta di dottrina e di letteratura.

Scienziáto, *add. m.* versato nelle scienze.

Scignere. V. *Discignere.*

Scilinguágnolo, *sm.* filetto membranoso posto nel mezzo della lingua inferiormente, che si taglia a' bambini appena nati acciò possano parlare.

Scilinguáre, *n. ass.* balbettare.

Scilinguáto, *add. m.* che balbetta.

Scilocco, *sm.* (*pl.* cchi), vento tra levante e mezzodì.

Sciloppo. V. *Sciroppo.*

Scimia, *sf.* animale di più spe-

cie, il quale imita facilmente
ciò che vede fare dalle persone, altr. bertuccia.

Scimiotto, sm. scimia giovane.

Scimitarra, sf. spada corta e larga, con taglio e costola a guisa di coltello, ma colla punta
rivolta verso la costa.

Scimmia. V. Scimia.

Scimunito, add. m. sciocco.

Scindere (v. lat.), att. an. (pass.
issi, pp. isso), separare.

Scintilla, sf. favilla di fuoco che
esce dalla pietra focaja bat-
tula.

Scintillare, n. ass. sfavillare –
risplendere tremolando – att.
tramandare, diffondere.

Scintillazione, sf. il tramandare
splendore tremolo.

Scioccàggine,

Scioccheria, e

Sciocchezza, sf. stato di chi ha
poco senno – stoltezza.

Sciocco, add. m. (pl. cchi), senza sapore, scipito – fig. che
manca di savieza o di prudenza.

Sciogliere. V. Sciorre.

Scioglimento, sm. lo sciogliere.

Sciolo, add. e sm. saputello, sac-
centuzzo.

Scioltezza, sf. agilità di membra
– fig. franchezza di tratto e
di maniera.

Sciolto, add. m. slegato – fig.
libero – agile.

Scioperàggine, e

Scioperatezza, sf. il non far nulla, ozio.

Scioperato, add. m. sfaccendato.

Sciorinare, att. spiegare all'aria
i panni – fig. esporre.

Sciorre (sinc. di sciogliere), att.
an. (pr. olgo, e oglio, p...
chi, pp. olto), disfare le le-
gature – liberare – assolvere – np. disfarsi – liberarsi.

Scipitezza, sf. qualità di ciò che
è senza sapore.

Scipito, add. m. senza sapore –
fig. senza senno.

Sciringa, sf. (pl. ghe), cannell...
rotondo liscio a guisa di pena, che s'introduce nella vescica per estrarne l'orina.

Sciringare, att. introdurre la sciringa nella vescica.

Scirocco. V. Scilocco.

Sciroppo, sm. bevanda medicinale fatta con decozioni e sughi d'erbe uniti ... zucchero.

Scisma (v. gr.), sm. (pl. ...)
separazione dalla com...
con una religione – per ...
qualunque discordia.

Scismatico, add. e sm. (pl. ci, chi)
che promuove scisma, o è
nello scisma.

Scissura (v. lat.), sf. fessura
divisione.

Sciugare. V. Rasciugare.

Sciugatojo, sm. pezzo di pan-
lino per rasciugarsi.

sciupáre, *att.* dissipare, scialacquare – *np.* sconciarsi, guastarsi.

scivolare. (*pr.* ívolo ec.), *n.* fischiare de' serpi – sdrucciolare.

sciroletto, *sm.* *in mus.* passaggio di voce filato.

sclamare. V. *Esclamare.*

scoccáre, *att.* fare scappare cosa
tesa – *n. ass.* lo scappare che
fanno le cose tese – lo spuntare dell' arpa – il battere
delle ore – uscir fuori improvvisamente.

scocco, *sm.* (*pl.* cchi), lo scoccare – *fig.* il battere delle ore.

scodare, *att.* tagliare la coda a
un cavallo.

scodella, *sf.* vasetto di terra che
serve per lo più a mettervi
entro minestre – guscio della
tartaruga.

scodellino, *sm.* parte dell' archibugio dov' è il focone.

scogliéra, *sf.* quantità di scogli
nudi.

scóglio (*v. gr.*), *sm.* masso nudo
prominente dalla superficie del
mare o dalla sua ripa – rupe
anche in fra terra.

scolare, *n. ass.* cadere a poco
a poco a basso o all' ingiù
(*detto di materie liquide e del
loro residuo*) – *att.* fare scolare.

scolare, *sm.* che va a scuola.

scolaresca, *sf.* (*pl.* sche), tutta
la moltitudine di scolari che
frequentano uno stabilimento
di pubblica istruzione.

Scolaresco, *add. m.* (*pl.* schi),
appartenente a scolare.

Scolasticamente, *avv.* secondo le
scuole.

Scolastico, *add. m.* (*pl.* ci, chi),
di scuola, o appartenente a
scuola.

Scolatojo, *sm.* luogo pendente
pel quale scolano le cose liquide.

Scolatúra, *sf.* la materia scolata.

Scoliaste (*v. gr.*), *sm.* chiosatore
di antico autor classico.

Scolio (*v. gr.*), *sm.* nota grammaticale o critica per agevolare l' intelligenza di qualche
autor classico.

Scollacciáto, *add. m.* col collo
scoperto – senza cravatta al
collo.

Scollegamento, *sm.* disunione di
due o più cose che dovreb-
bero essere, o che erano, collegate insieme.

Scollegáre, *att.* disunire.

Scolmáre, *att.* tor via la colmatura di checchessia.

Scolo, *sm.* esito delle cose liquide.

Scoloráre, *att.* torre il colore –
np. perdere il colore – impallidire.

Scolorire (*pr.* sco ec.), *n. ass.*
perdere il colore.

Scolpamento, *sm.* giustificazione.

Scolpáre, *att.* difendere, scusare - *np.* giustificarsi.

Scolpimento, *sm.* lo scolpire.

Scolpire (*pr.* sco ec. *pp.* olpito, e sculto), *att.* an. formar figure in materia solida per via d'intaglio - improntare - *fig.* imprimere profondamente nel cuore o nella mente.

Scolpitamente, *avv.* distintamente (*detto delle parole proferite*)

Scolta, *sf.* sentinella.

Scombro, *sm.* pesce marino tondo e carnoso, e di pelle cerulea, risplendente e quasi fosforica.

Scombujare, *att.* porre in disordine, disperdere - *np.* becarsi.

Scombussolare (*pr.* ùssolo ec.), *att.* mettere sossopra.

Scommessa, *sf.* patto di dover vincere o perdere sotto alcuna determinata condizione.

Scommettere (*pass.* isi, *pp.* esso), *att. an. propr.* disfare opere di legname od altro che fossero commesse o unite insieme - *fig.* giocare per sostenere un'opinione a patto di perdere o vincere una cosa o somma stabilita.

Scomodare. V. *Incomodare.*

Scomodo. V. *Incomodo.*

Scompaginare (*pr.* àgino ec.), *att.* turbare l'ordine o la simmetria - *np.* confondersi nell'ordine.

...pagnare, *att.* dimaire - *np.*

separarsi da' compagni.

Scomparire (*pr.* arisco e aj... isce, e are, *pass.* arsi, ar... e arsi, *pp.* arito, e arso), *ass. an.* perdere di pregio di bellezza una cosa per... confronto con altra più pi... gevole - *nell'uso*; sparire, i... legnarsi.

Scompartimento, *sm.* distribuzione.

Scompartire. V. *Compartire.*

Scompigliare, *att.* disordinare... *fig.* confondere la fantasia... *np.* confondersi di mente.

Scompiglio, *sm.* confusione, p... turbamento.

Scomponimento, *sm.* ...ento di aggiustatezza e d'ordine.

Scomporre (*pr.* ongo, *pass.* ... *pp.* osto), *att. an.* guastare l'ordine di ciò ch'era... composto - *In tipogr.* disfare una forma separando le lettere, e riponendole nelle proprie cassette - *In fis.* lo sciogliersi de' corpi.

Scomposizione, *sf.* scioglimento di un tutto nelle sue parti.

Scomodestia, *sf.* immodestia.

Scomunica, *sf.* (*pl.* che), pena ecclesiastica che priva della partecipazione ai sacramenti del commercio co' fedeli.

Scomunicare (*pr.* ùnico, dal c...), *att.* fulminare scomunica.

Sconcatenato, *add. m.* sconnesso...

Sconcertáre, *att.* cavar di concerto - *fig.* disordinare.

Sconcerto, *sm.* discordanza di voci. o. di suoni - disordine qualunque.

Sconcezza, *sf.* disordinamento - scompostezza.

Sconciamente, *avv.* in maniera sconcia.

Sconciamento, *sm.* disordinamento

Sconciáre, *att.* guastare, disordinare - scomodate - *np.* guastarsi - disperdersi (*detto di donne gravide che abortiscono*)

Sconciatúra, *sf.* aborto - *per. simil.* pianta imperfetta - *fig.* cosa, o persona imperfetta o malfatta.

Sconcio, *sm.* disagio, danno - *add. m.* disadorno - schifoso - sconvenevole. - stravagante - smisurato - guasto - deforme - disordinato

Sconcordanza, *sf. contr.* di concordanza.

Sconficcáre. V. *Schiodare.*

Sconfidáre. V. *Diffidare.*

Sconfiggere (*pass.* issi, *pp.* itto), *att. an.* rompere il nemico in battaglia - *fig.* abbattere - ed anche sconficcare.

Sconfitta, *sf.* rotta di esercito in battaglia - *fig.* guasto grande; devastazione.

Sconfóndere (*pass.* úsi, *pp.* úso), *att. an.* mettere in gran disordine.

Sconfortamento, *sm.* scoraggiamento - dissuazione.

Sconfortáre, *att.* torre il coraggio - dissuadere - *np.* perdere il coraggio - diffidare.

Sconforto, *sm.* molestia - dispiacere - scoraggiamento.

Scongiuramento, *sm.* il pregare caldamente usando ogni mezzo lecito per ottenere.

Scongiuráre, *att.* violentare i demonj a uscir d'addosso a chi n'è invaso - provocare a fare alcuna cosa con giuramento esecratorio - istantemente pregare

Scongiurazióne, *sf.* e

Scongiúro, *sm.* esorcismo. V. - prego caldissimo - giuramento esecratorio.

Sconnessióne, *sf.* disgiugnimento - discordanza;

Sconnéttere (*pass.* essi, *pp.* esso), *att. an.* disgiugnere - *n. ass. fig.* scrivere senza ordine d'idee - discordare.

Sconoscente, *add. com.* non ricordevole de'benefcj, ingrato.

Sconoscenza, *sf.* ingratitudine;

Sconóscere (*pass.* obbi ec.), *att. an.* essere sconoscente, o ingrato.

Sconosciúto, *add. m.* incognito - senza fama.

Sconquassáre. V. *Conquassare.*

Sconquasso. V. *Conquasso.*

Sconsideratezza, *sf.* inavvertenza - impudenza, balordaggine

Sconsideráto, *add. m.* che fa, o
è fatto senza considerazione.

Sconsigliáre, *att.* dissuadere.

Sconsigliatamente , *avv.* imprudentemente.

Sconsigliatezza , *sf.* mancanza di
prudenza o di riflessione.

Sconsigliáto , *add. m.* privo di
consiglio – dissuaso.

Sconsoláre, *att.* recar afflizione.

Scontáre , *att.* diminuire il debito compensando con cosa od
opera di corrispondente valore – *In comm.* separare da
una somma di danaro gl'inte-
ressi confusi col capitale per
un certo tempo.

Scontentáre , *att.* rendere malcontento.

Scontento, *sm.* disgusto – *add. m.*
malcontento, sconsolato.

Sconto, *sm.* diminuzione di debito – *In comm.* ribasso di un
tanto per cento sul prezzo di
mercanzie comprate a credito,
ad ogni rata che sia pagata
prima dei termini stabiliti.

Scontórcere (*pass.* orsi, *pp.* orto),
att. an. volgere per altro verso – travolgere le membra per
dolore o per dispiacere – *np.*
ripiegarsi in sè stesso.

Scontorcimento, *sm.* lo scontor-
cere della bocca, del viso e
della persona tutta per dolore
fisico o morale.

Scontramento , *sm.* lo scontrarsi

di due o più persone, o cos[e]

Scontráre. V. *Incontrare.*

Scontro. V. *Incontro.*

Sconvenévole, *add. com.* disdicevole.

Sconvenevolezza, *sf.* ciò che [si]
dice o non conviene.

Sconveniente, *add. com.* che non
conviene.

Sconvenienza , *sf.* cosa malfatta
– sproporzione delle parti.

Sconvenire. V. *Disconvenire.*

Sconvólgere (*pass.* olsi, *pp.* olto),
att. an. travolgere – *fig.* dissuadere – sedurre.

Sconvolgimento, *sm.* scompiglio,
disordine.

Scopa , *sf.* arboscello assai piccolo con radice nodosa e durissima – frutice che esce
più alto, e serve a fare granate, ad infrascar bachi da
seta, a far fuochi di breve
durata ec. – e la granata stessa
composta di vermene di quel-
o altra pianta più appresso.

Scopáre, *att.* percuotere con iscó-
pa – spazzare.

Scopatóre, *sm.* spazzino.

Scopazzóne. V. *Scapazzone.*

Scoperchiáre, *att.* levare il coperchio.

Scoperta, *sf.* scoprimento –
trovamento di cosa nuova –
invenzione.

Scoperto, *sm.* luogo scoperto – *add.*
m. non coperto – *fig.* palese

scapetta, sf. spazzola formata di fili di saggina piegati in mazzo per nettare i panni.

copettare. V. *Spassolare*.

copo, sm. mira, bersaglio - *fig.* intenzione, fine.

scoppiare, n. ass. aprirsi violentemente e con istrepito di un vaso o per troppa pienezza o per soverchio calore ec. - *fig.* aver gran voglia di checchessia - non potersi più contenere - durare fatica - pullulare (*parlando di piante*) - far rumore (*detto di artiglierie*)

coppiettare, n. ass. fare scoppietti (*detto delle legne che fanno tale effetto abbruciando*)

coppietteria, sf. soldati armati di scoppietto.

coppietto, sm. piccolo scoppio - e piccolo schioppo - fuoco artificiato che fa strepito nella esplosione.

scoppio, sm. rumore che fanno le cose nello scoppiare - schioppio, archibugio.

coprimento, sm. lo scoprire, e la cosa scoperta.

coprire (*pass.* ersi, *pp.* erto), att. ass. app. di coprire - vedere, e far conoscere ciò che prima esisteva ma non era conosciuto - *fig.* manifestare - np. levarsi il cappello o la berretta

copritore, sm. chi scopre il primo cosa non mai veduta.

Scoraggiare, att. tor e altrui il coraggio - np. sgomentarsi.

Scorbio, sm. macchia d'inchiostro - *fig.* cosa sconcia o imperfetta.

Scorbato, e scorbuto, sm. malattia prodotta da straordinaria acrimonia nel sangue, per cui s'imputridiscono i liquidi del corpo umano.

Scorciare. V. *Accorciare*.

Scorcio, sm. via più corta per giugnere al fine - *fig.* positura stravagante.

Scordare, att. torre la consonanza - n. ass. non essere d'accordo (*detto di strumenti, di voci ec.*) - np. dimenticarsi.

Scordevole, add. cam. di poca memoria - facile a dimenticarsi.

Scorgere (*pass.* orsi, *pp.* orto), att. an. vedere da lontano - mostrare il cammino - guidare altrui con sicurezza.

Scoria, sf. materia che si separa dai metalli nelle fornaci quando si fondono.

Scornare, att. rompere le corna - *fig.* svergognare - np. prendere o ricever vergogna.

Scorno, sm. vergogna, ignominia.

Scorpacciata, sf. gran mangiata.

Scorpena, sf. sorta di pesce di color rossigno (*la femmina dello scorpione*)

Scorpione (*v. gr.*), sm. animale terrestre simile a un gambe-

retto con due bocche e lunga coda, talvolta velenoso – sorta di
pesce di mare – *In astr.* uno
dei dodici segni del zodiaco.

Scorporare (*pr.* órporo ec.), *att.*
separare una cosa dal corpo
a cui stava unita.

Scorreggere (*pass.* essi, *pp.* etto),
att. an. rendere scorretto,
cioè licenzioso – e correggere
male le scritture dagli errori.

Scorrere (*pass.* orsi, *pp.* orso),
n. ass. il muoversi di cosa
qualunque quasi scappando dal
suo ritegno e camminando più
velocemente che non dovrebbe – passar con prestezza (*detto del tempo*) – *att.* trapassare
con velocità uno spazio – leggere con prestezza.

Scorreria, *sf.* quello scorrere che
fanno gli eserciti in un paese
nemico per dargli il guasto.

Scorretto, *add. m.* mancante di
correzione (*detto di scrittura*)
– *fig.* dissoluto di costumi –
licenzioso nel parlare.

Scorrezione, *sf.* errore di scrittura.

Scorridojo. V. *Scorsojo*.

Scorsa, *sf.* gita, o lettura rapida.

Scorsojo, *add. m.* agg. di modo
che scorre agevolmente.

Scorta, *sf.* guida, compagnia –
accompagnatura per sicurezza –
munizioni di viveri per eserciti
– *fig.* provvisione.

Scortare , *att.* fare la scorta
accompagnare per sicurezza.

Scortecciare, *att.* levare la c
teccia.

Scortese, *add. com.* incivile.

Scortesía, *sf.* mala creanza ne'
tti e parole.

Scorticare (*pr.* órtico, chi ec,
att. lo strappare la pelle a
animali – *per simil.* sbucci
o scorzare alberi – *fig.* sm
guere con angherie o con
giri il danaro ad altrui.

Scorticatojo, *sm.* coltello da ma
ticare.

Scorticatura , *sf.* piaga legg
in parte ove sia levata o st
ta la pelle – e la pelle st
scorticata.

Scorto, *add. m.* veduto ó la
tano – *fig.* guidato, indiriz

Scorza, *sf.* buccia degli albe
delle frutta – *fig.* l'esterin
checchessia.

Scorzare, *att.* levare la scort
np. perdere la scorza.

Scorzone, *sm.* serpe veleno
no – *fig.* uomo rozzo.

Scoscendere (*pass.* esi, *pp.*
att. an. rompere (detto
mi d'alberi) – *np.* pe
fendersi, aprirsi.

Scoscendimento , *sm.* bur
sceso.

Scosceso, *add. m.* dirupat
vtasto.

Scossa, *sf.* lo scuotere – p

di breve durata, ma gagliarda
— di terremoto, quel subito
tremito gagliardo che il terremoto comunica alle fabbriche,
alle persone ec.

costare. V. Discostare.

costumatezza, sf. mala condotta ne' costumi.

colimento, sm. lo scolere.

coto, sm. sorta di drappo sfila-
mato di stame (così detto perchè il primo fu recato dalla
Scozia)

otta, sf. siero non rappreso —
fune marinaresca.

ottare, att. abbruciar leggiermente nella pelle — n. ass. fig.
recar grave danno o dispiacere.

ottatura, sf. lo scottarsi, è la
parte scottata.

otto, sm. parte del pagamento
che spetta a ciascuno di più
commensali per un convito in
comune — e la quantità stessa
delle vivande da pagarsi.

ovíglia, sf. immondizia che
si toglie via colla scopa.

ovrire. V. Scoprire.

ozzare, att. mescolare le carte.

ozzonare, att. domare cavalli —
fig. dirozzare chi non è pratico

ozzone, sm. chi comincia a
cavalcare un puledro per do-
marlo.

ranna, sf. sedia — fig. autorità.

reditare. V. Discreditare.

repolare. V. Crepolare.

Scrépolo, sm. fessura.

Screziare, att. macchiare a più
colori.

Screziato, add. m. di più colori.

Scriba (v. lat.), sm. (pl. bi),
scrittore — dottore della legge
giudaica — presso i rom., segretario d'ogni magistrato.

Scricchiare, e

Scricchiolare (pr. ecchiolo ec.),
n. ass. rendere quel romore
che fa cosa dura e secca nel
rompersi.

Scrigno, sm. la gobba della schiena — forziere serrato per conservar danari.

Scrinfre, att. sciorre i crini o
capelli — np. lasciar crescere abbandonati i capelli.

Scritta, sf. scrittura — contratto
in iscritto — iscrizione.

Scritto, sm. scrittura qualunque

Scrittojo, sm. piccola stanza ap-
partata per uso di leggere,
scrivere e conservare scritture.

Scrittore, sm. autore di opere
scritte — copista.

Scrittura, sf. la cosa scritta —
la sacra Bibbia — e il libro
che la contiene — ciò che si
scrive nei libri e quaderni
mercantili — contratto fra più
persone, privato, o pubblico pe
man di notajo.

Scritturale, sm. scrivano — add.
com. appartenente a scrittura

Scritturare, att. distendere in

i scritto.

Scrivacchiáre, att. scrivere malamente.

Scrivanería, sf. esercizio, e impiego dello scrivano.

Scrivanía, sf. tavola per uso di scrivere.

Scrivano, sm. chi scrive nei libri de' conti - copista.

Scrivere (pass. issi, pp. itto) att. en. significare in carta le parole colle lettere dell'alfabeto - notare - comporre.

Scroccáre, att. vivere a spese altrui - n. ass. fare scrocchi (usure), usureggiare.

Scrocchio, sm. il dare o torre robe per prezzo sconvenevolissimo con iscapito grave di chi le riceve.

Scrocco, sm. (pl. cchi), lo scroccare - scrocchio. V.

Scroccóne, sm. chi scrocca volentieri.

Scrofa, sf. troja.

Scrofola, sf. tumore sieroso delle glandole, frequente più che altrove nel collo.

Scrollàre. V. Crollare.

Scrollo. V. Crollo.

Scrosciáre, n. ass. il crepitare del pane fresco fra denti - e il bollire smoderatamente dell'acqua.

Scroscio, sm. romore d'acqua bollente o di pioggia rovinosa - per simil. fracasso.

Scrostáre, att. levare la crosta.

Scroto (v. lat.), sm. borsa de' testicoli.

Scrupoleggiáre, n. ass. avere scrupoli.

Scrupolo, sm. dubbio in cui è coscienza - sospetto - la terza parte della dramma (la ventiquattresima di un'oncia)

Scrupolosamente, avv. con troppa esattezza.

Scrupolosità, sf. soverchia delicatezza nell'operare.

Scrupoloso, add. m. troppo esatto o delicato.

Scrutáre, att. ricercare.

Scrutinio, e

Scruttinio (v. lat.), sm. ricerca rigorosa - squittinio. V.

Scucire (pr. scúcio, e meglio scucisco eci); att. en. disfare il cucito.

Scuderia, sf. stalla magnifica ove tengonsi numerosi cavalli.

Scudiere, sm. ne' tempi di mezzo chi serviva il cavaliere al bisogno dell'arme - oggi personaggio nobile che serve nelle corti de' principi in varj uffici onorevoli - servitore.

Scudiscio, sm. sottile bacchetta.

Scudo, sm. arme difensiva a foggia di larga piatta che si tiene imbracciata nella sinistra - fig. difesa, riparo - sorta di moneta che, secondo i diversi stati, ha più o meno valore.

Nell'arald: quell'ovato ove sono dipinte le insegne delle famiglie.

cuffia. V. *Cuffia.*

culacciare, *att.* dar delle mani nel culo.

culettare. V. *Culeggiare.*

culto (*v. lat.*), *add. m.* scolpito.

cultore, *sm.* chi esercita l'arte della scultura.

cultura, *sf.* quella delle nobili arti per cui si ritraggono le umane forme o qualunque oggetto in marmo, in metallo o in plastica.

cuola, *sf.* luogo dove s'insegna arte o scienza – i discepoli o seguaci di un insigne maestro – adunanza di scolari – confraternita – sinagoga – *In pitt.* il differente modo dei maestri più insigni o dei luoghi ove l'arte fu condotta al sommo grado di perfezione.

cuotere (*pass.* ossi, *pp.* osso), *att. an.* agitare violentemente alcuna cosa – levarsi di dosso – liberarsi – *np.* commuoversi per subita paura.

cure, *sf.* strumento di ferro tagliente con lungo manico, per tagliar legname, *altr.* accetta.

Scuriada, e

Scuriata, *sf.* sferza di cuojo per frustare i cavalli.

curo. V. *Oscuro.*

currile (*v. lat.*), *add. com.* buf-

fonesco, ridicolo.

Scurrilità, *sf.* loquacità disonesta.

Scusa, *sf.* discolpa di fallo leggiero – ragione che si allega per iscusarsi.

Scusabile, *add. com.* degno di scusa

Scusare, *att.* scolpare – esentare.

Scuscire. V. *Scucire.*

Sdebitarsi (*pr.* ebito ec.), *np.* uscir de' debiti – *per simil.* soddisfare ad alcun obbligo.

Sdegnare, *att.* non degnare, disprezzare – *np.* sdirarsi – *att.* provocare a sdegno.

Sdegno, *sm.* iracondia, rabbia.

Sdegnosamente, *avv.* con isdegno.

Sdegnoso, *add. m.* pieno di sdegno facile a risentirsi.

Sdentare, *att.* rompere i denti a qualche ruota, sega o altro strumento,

Sdentato, *add. m.* che non ha, o ha perduto, i denti.

Sdoganare, *att.* cavar di dogana le mercanzie pagandone il dazio.

Sdrajarsi, *np.* porsi a giacere abbandonandosi di persona.

Sdrucciolare (*pr.* ucciolo ec.), *n. ass.* scorrere senza ritegno – scendere velocemente – *fig.* trascorrere in qualche fallo.

Sdrucciolevole, *add. com.* che sdrucciola o fa sdrucciolare.

Sdrucciolo, *sm.* sentiero sdrucciolevole – *add. m.* che scorre

facilmente , e velocemente - |
agg. di verso, quello che ha
l'accento sulla terz'altima
sillaba.

Sdrucire, e

Sdrucire, att, V. Scucire - np.
per simil. fendersi, spaccarsi.

Se, cong. condizion. o dubitat.

Sè, pron. primit, di entrambi i
num, e generi.

Sebbène e se bene, cong, benchè.

Secca , sf. (pl, cche), luogo di
acqua bassa nel mare, pericoloso a' naviganti.

Seccaggine, sf. secchezza - luogo
arido - fig. noja, importunità.

Seccare, att. V. Diseccare - fig.
importunare.

Seccatore, sm. fig. importuno.

Secchezza, sf. mancanza di umore
- aridità - In pitt, stento ,
app. di scioltezza.

Secchia, sf. e

Secchio, sm. vaso per attingere
l'acqua , o raccorre il latte
nel mugnere.

Secco, sm. (pl. cchj), siccità, aridità - add, m. privo di umore
- per simil. magro, scarno -
gretto - stentato.

Seccomoro , sm. alberello con
bellissime verghe e bella
buccia.

Seccume, sm, tutto ciò che v'ha di
secco sugli alberi e sulle piante.
centismo, sm. maniera di scrivere propria del secolo deci-

mosesto in Italia,

Secentista, sm. scrittore del secolo decimosesto - e chi scrive
sul fare di quelli.

Socento ; add, num, com, che
contiene sei centinaja - sm.
il secolo decimosesto.

Sacesso (v. lat,), sm. ritiro.

Seco, v. comp. di con e sè, usato
in tutti i numeri e in tutti i
generi parlando di persone.

Secolare, sm. chi vive al secolo
- add, com. attenente a secolo
- mondano - che si fa di secolo
in secolo.

Secolaresco, add. m. (pl. schj)
attenente a secolo - profano.

Secolarizzare, att. sciorre un religioso dai voti monastici -
np. farsi secolare.

Secolarizzazione , sf. ritorno alla
vita secolare.

Secolo , sm. lo spazio di cento
anni - e talora spazio di tempo indeterminato - fig. mondo
o cose mondane - stato di
vita mondana , app. di vita
religiosa.

Seconda, sf. il secondare - membrana che avvolge il feto nel-
l'utero.

Secondare, att. andar dietro sì
nel pensare, che nel parlare,
come nel moto - venire in secondo luogo - fig. andare a
versi.

Secondariamente , avv. in secondo luogo.

secondário, *add. m.* che succede dopo il primo.

Secondina. V. *Seconda.*

secondo, *add, m.* che viene immediatamente dopo il primo – *prep.* conforme.

secondogénito, *add.* e *sm.* figliuolo nato immediatamente dopo il primo.

Secretário, V. *Segretario.*

ecreto, V. *Segreto.*

ecurtà. V. *Sicurtà.*

sedáre (*v. lat.*), *att.* quietare, calmare.

sedatívo; *add. m.* calmante *(agg. per lo più di rimedio)*

sede, *sf.* V. *Sedia* – residenza.

sedentário, *add. m.* agg. di vita di chi siede molto, e poco si adopera negli esercizj del corpo.

sedére (*pr.* siéddo, e seggo, *pass.* sedéi, e sedetti ec.), *n. ass. an.* riposarsi posando le natiche in qualche luogo – essere collocato – regnare (*detto più comun, de' papi*)

sédere, *sm.* il sedere, e il luogo dove si siede – il deretano.

sedia, *sf.* arnese a più fogge per sedervi sopra – qualunque vettura a due posti e a due ruote per viaggiare.

sedile, *sm.* sedia rozza.

sedimento, *sm.* posatura di liquori.

Sedizióne, *sf.* sollevamento popolare contro la legittima podestà

Sedizióso, *add. m.* vago di suscitar tumulti.

Seducente, *add. com.* che seduce o alletta.

Sedulità (*v. lat.*), *sf.* diligenza, esattezza.

Sedurre (*pr.* úco, *pass.* ussi, *pp.* otto), *att. an.* distorre con inganno altrui dal bene e trascinarlo al male.

Sedúta. V. *Sessione.*

Seduttóre, *sm.* chi seduce.

Seduzióne, *sf.* il sedurre.

Sega, *sf.* (*pl.* ghe), ferro dentato per dividere legname, marmo od altro.

Segàla , e segále , *sf.* sorta di biada più minuta, più lunga e di colore più forte che il grano

Segàligno, *add. m. propr.* di segala – *fig.* (*detto di persona*), asciutto, magro.

Segamento, *sm.* il segare – *In geom.* punto in cui due linee si tagliano a vicenda.

Segare, *att.* recidere colla sega – tagliare in due una cosa – e tagliare le biade quando sono mature, mietere – *per simil.* solcare le onde.

Segatóre, *sm.* chi sega il legname – mietitore.

Segatúra, *sf.* parte di legno ridotta quasi in polvere dalla sega – la fessura fatta dalla

sega nel segno - stagione del
mietere le biade - l'azione
del segare.

Seggetta, sf. portantina - sorta
di sedia per andar del corpo

Séggio, sm. sedia reale, pontificale ec.

Seggiòla, sf. sedia - portantina.

Seggiolóne, sm. sedia grande a
bracciuoli.

Seguacíso, sm. monosillabo indeclinabile trovato per supplire al difetto di alcuni casi.

Segnácolo, sm. contrassegno.

Segnaláre, att. rendere famoso -
np. rendersi illustre.

Segnaláto, add. m, famoso, illustre

Segnále, sm. segno, o contrassegno arbitrario che avverte da
lontano - augurio - indizio
ne' malati, che induce il pro-
gnostico della malattia - arme, insegna - In marin. pezzo
galleggiante di sughero o di
legno, che serve ad indicare
dove fu fitta l'ancora - tele-
grafo. V.

Segnáre, att. fare qualche segno
per riconoscere, ritrovare e
simili - sottoscrivere - improntare il sigillo - np. farsi
il segno della croce - maravigliarsi.

Segnalamente, avv. particolarmente - espressamente.

Segnáto, add. m. notato - prescritto - improntato - assegna-

to - firmato, sottoscritto.

Segnatúra, sf. segno, o contra
segno - ministero di pre
in Roma.

Segno, sm. ciò che serve pri
ralmente e da vicino a f
conoscere checchessia - a
trassegno, o indizio - sigillo
insegna - vestigio, orma - be
saglio, scopo - termine pr
fisso - macchia, cicatrice.

Sego, sm. (pl. ghi), sostan
grassa delle bestie bovine
serve a fare candele.

Segregáre (pr. ségrego, ghi ec
att. separare - np. dividers

Segréta, sf. luogo segreto - ca
cere ove non si concede r
di vedere o parlare con ch
chessia - parole della m
che si pronunciano a bassa

Segretariáto, sm. uffizio del s
gretario.

Segretário, sm. chi si adop
negli affari segreti del suo s
gnore - chi conserva, d
e distende gli atti di acc
mie e di magistrature - t
stiglio.

Segreteria, sf. luogo ove si sta
a scrivere i segretarj, e si c
servano gli atti di una m
tratura o di un' accademi

Segretezza, sf. il tenere segr

Segréto, sm. cosa occulta, e
nota occulta - interno dell'
nimo - add. m. occulto - con

eguáce, *add. com.* e *sm.* che va dietro - aderente alle massime e dottrine, o esempi di alcuno

eguente, *add. com.* che vien dopo immediatamente.

eguenza, . *sf.* continuazione - gran numero di cose della stessa specie.

eguire, *att.* e *n.* andare, o venire dietro - continuare - secondare - *n. ass.* accadere, avvenire.

eguitamente, *avv.* di seguito.

eguitare. **V.** *Seguire.*

éguito, *sm.* persone che vanno dietro a personaggi, *alti.* corteggio.

elce (*sinc. di* selice), *sf.* pietra in generale - e sorta di pietra dura e liscia, che taglia o solca il vetro, e battuta dà scintille.

elciáre, *att.* ciottolare le strade.

elciáta, *sf.* e

elciáto, *sm.* lastrico di strade.

elenite (*v. gr.*), *sm.* supposto abitatore della luna.

ella, *sf.* arnese di cuojo che si pone sulla groppa del cavallo per poterlo comodamente cavalcare.

ellajo, *sm.* facitore di selle.

elláre, *att.* mettere la sella al cavallo.

elva, *sf.* luogo piantato di alberi annosi e fitti, boscaglia - raccolta di pensieri o di ma-

teriali da valersene per un componimento.

Selvaggio , *add. m.* di selva, salvatico - *fig.* rozzo, incolto.

Selvático. **V.** *Salvatico.*

Selvoso, *add. m.* pieno di selve

Sembiante, *sm.* e

Sembianza, *sf.* aspetto, faccia - apparenza, somiglianza.

Sembráre, *n. ass.* parere - somigliare.

Seme, *sm.* sostanza nella quale è virtù di riprodurre cosa simile al suo subbietto - *fig.* origine, generazione - *In pl.* le quattro diverse sorte, nelle quali sono divise le carte da giuoco.

Sementáre, *att.* seminare.

Semente, *sf.* seme delle cose che si seminano in terra, acciò si moltiplichino.

Semenza, *sf.* seme - seminato - *fig.* discendenza - cagione.

Semenzajo , *sm.* luogo dove si seminano e nascono le pianticelle che voglionsi trapiantare.

Semenzina, *sf.* seme di un' erba persiana , detto anche *seme santo,* usato nelle spezierie.

Semenzire (*pr.* sco ec.), *n. ass. an.* produrre seme.

Semestrale, *add. com.* che si fa o accade ogni sei mesi.

Semestre, *sm.* spazio di sei mesi.

Semi, *partic. che unita ad una parola, esprime* metà.

Semicerchio, e

40

Semicircolo, *sm.* mezzo cerchio o circolo.

Semicúpio, *sm.* il sedersi in un bagno in cui l'acqua non passi l'ombellicó.

Semidéo, *sm.* quasi dio.

Semidiámetro, *sm.* mezzo diametro.

Semidóppio, *sm.* uffizio della Chiesa, nel quale non si replica la recita delle antifone.

Semidotto, *add. m.* mezzanamente dotto.

Semilunáre, *add. com.* ch'è a foggia di mezza luna.

Seminále, *add. com.* di, o da seme.

Semináre (*pr.* sémino ec.), *att.* spargere il seme sulla materia atta a produrre - *fig.* divulgare.

Seminário, *sm.* semenzajo. V. - *fig.* luogo dove si educano i giovanetti iniziati allo stato ecclesiastico.

Seminarista, *sm.* (*pl.* sti), chi vive in seminario.

Semináto, *sm.* luogo dov'è sparso il seme.

Seminatóre, *sm.* chi semina o sparge.

Seminatúra, *sf.* il tempo del seminare la terra.

Seminazióne, *sf.* l'atto del seminare.

Semivivo, *add. m.* mezzo vivo.

Semivocále, *add. com. e sf.* consonante che nel pronunziarsi isolata comincia e finisce con vocale.

Sémola. V. *Crusca.*

Semolíno, *sm.* pasta ridotta in minuti granellini, che si cuoce e mangia in minestra.

Semovente, *add. com. e s.* muoventesi per proprio moto.

Sempiterno, *add. m.* che non ha avuto principio, nè avrà fine (*attributo di Dio*)

Sémplice, *add. com.* senza mistura, *contr. di composto* - senza artifizio - senza malizia - *pl. sm.* l'erbe medicinali.

Semplicista, *sm.* (*pl.* sti), nico.

Semplicità, *sf.* stato di ciò che è semplice - inesperienza - genuità - naturalezza.

Sempre, *avv.* continuamente, ogni volta.

Sena, *sf.* arboscello del Levante le cui foglie sono purgative.

Sénape (*v. gr.*), *sf.* erba, di essa, di acutissimo sapore.

Senapismo, *sm.* empiastro di senape con altre sostanze.

Senário, *add. m.* ch'è in numero di sei numeri.

Senáto, *sm.* adunanza d'uomini eletti per consigliare e governare ne' casi di maggior importanza.

Senatóre, *sm.* membro del Senato.

nòrio, *add. m.* di senatore.

le, *add. com.* di vecchia età.

iòre (*v. lat.*), *sm.* il più vecchio

o, *sm.* sapienza, prudenza –

tellelto, giudizio – parere,

pinione – astuzia.

), *sm.* parte del corpo uma-

o fra la gola ed il bellico –

mammelle delle donne –

lero – *per simil.* il mezzo di

ecchessia – *fig.* animo, cuo-

– *In geogr.* braccio di mare

he s'insinua dentro terra –

anat. cavità delle ossa.

ale, *sm.* mezzano nelle con-

attazioni di compra e vendita.

alamente, *avv.* per via dei

nsi – con giudizio.

tezza, *sf.* saviezza, senno.

ilo, *add. m.* sensibile – sag-

o, giudizioso.

nione, *sf.* impressione che

nima riceve per mezzo dei

nsi.

eria, *sf.* mercede dovuta al

nsale per l'opera sua.

bile, *add. com.* alto a com-

endersi col mezzo de'sensi –

atto a ricevere sensazioni –

ll'uso, facile a commuoversi.

bilità, *sf.* qualità per cui

animali o le piante sono

i a ricevere le impressioni

sensi – *nell' uso*, senso di

umiltà, compassione.

ilmente, *avv.* in modo che

la sotto i sensi – col senso,

---

opp. *di* spiritualmente.

Sensilità, *sf.* facoltà di conoscere mediante i sensi.

Sensitiva, *sf.* facoltà di comprendere col mezzo dei sensi – pianta che ad ogni soffio o leggiero contatto riserra le foglie.

Sensitivo, *add. m.* che ha senso – di senso – facile a commuoversi per alcuna passione (*meglio che* sensibile)

Senso, *sm.* potenza e facoltà per la quale l'anima comprende le cose corporee presenti col mezzo degli organi del corpo – significato di parole – sensualità – intelligenza.

Sensorio, *sm.* quel punto del cervello, ove si raccolgono tutti i nervi – senso – e strumento del senso.

Sensuale, *add. com.* di senso – secondo il senso – dato a'piaceri del senso.

Sensualità, *sf.* stimolo del senso – comprendimento per via dei sensi.

Sensualmente, *avv.* con sensualità.

Sentenza, *sf.* decisione di lite fatta dal giudice – *per simil.* soluzione di dubbio – parere – motto breve e arguto.

Sentenziare, *att.* giudicare – condannare per sentenza.

Sentenzioso, *add. m.* pieno di sentenze o motti arguti.

Sentiére, e

Sentiéto, sm. piccola strada o via - *fig.* condotta per ottenere un fine.

Sentimento, sm. potenza, e facoltà di sentire - attenzione - intelletto - significato - Bellezza di concetto - opinione.

Sentina, sf. fondo della nave - fogna - ogni ricettacolo d'immondezze fisiche, o morali.

Sentinella, sf. soldato che fa la guardia - *fig.* difesa, custodia.

Sentire, att. ricevere le impressioni che si producono nel corpo dagli oggetti esterni sensibili - o nell'animo dalle interne affezioni - n. ass. credere, essere di parere - aver sapore - np. essere consapevole a sè medesimo.

Sentitamente, avv. accortamente.

Sentito, add. m. compreso con l'organo di alcun senso - accorto, giudizioso.

Sentóre, sm. odóre - indizio non ben certo di qualche cosa accaduta, o che sia per accadere.

Senza, prep. in mancanza - oltre, o senza contare.

Senzato, add. com. dotato di senso.

Separáre (pr. séparo ec.), att. disgiugnere - np. dividersi.

Separatamente, avv. distintamente.

Separazione, sf. disgiungimento - distacco.

Sepolcrále, add. com. di sepolcro.

Sepolcro, sm. luogo ove si seppelliscono i morti.

Sepolto, add. m. riposto sotterra - *fig.* occulto, nascosto.

Sepoltúra, sf. sepolcro - l'atto del seppellire.

Seppellíre (pr. sco ec.), att. riporre i cadaveri entro la sepoltura - *fig.* nascondere.

Séppia, sf. sorta di pesce, di cui il maschio manda un umore néro come l'inchiostro, ed è detto perciò *calamajo.*

Sequéla, sf. successo - conseguenza del peccato.

Sequénza. V. *Seguenza.*

Sequestráre, att. allontanare, separare - porre il sequestro a beni mobili o immobili, e gire - obbligare uno ad uscire da un luogo.

Sequestratário, sm. quegli a cui si fa il sequestro.

Sequéstro, sm. separazione di una cosa controversa, sul possesso delle parti, sia decisa la ragione secondo la legge - *personale,* imposto ad uno di non uscire dalla città o dalla casa.

Sérá, sf. l'estrema parte del giorno, e la prima della notte.

Seráfico, add. m. di serafino, della religione di san Francesco, così detta perchè G. gli apparve in forma di

...sino quando ricevè le stimate.

...rafino (v. ebr. ardente), sm. spirito celeste della prima gerarchia, cosi detto per l'ardente amore di Dio ond'è acceso,

...ralmente, avv. ogni sera,

...raschiére, sm. generalissimo di terra presso j turchi.

...ráta, sf. spazio della sera — veglia.

...rbáre, att. conservare — ritenere — indugiare — aver cura.

...rbo, sm. l'atto di serbare — luogo di educazione delle fanciulle.

...renáre, att. far sereno — fig. tranquillare — n. ass. nella mil. passar la notte sotto l'armi a cielo sereno o scoperto — np. divenir sereno (il cielo)

...renáta, sf. chiarezza dell'aria — il sonare e cantare notturno a ciel sereno dinanzi alla casa dell'amata.

...renissimo, add. m. superl. di sereno — fig. tranquillissimo — titolo che si dà a gran principi.

...renità, sf. nettezza di cielo da nubi e da nebbie — fig. tranquillità d'animo — gioviality di volto — astratto del titolo di serenissimo.

...réno, sm. chiarezza dell'aria — cielo o aria scoperta — fig. splendore divino — add. m. chiaro — fig. lieto — tranquillo.

...gente, sm. ministro — sbirro —

nella mil. offiziale inferiore d'infanteria.

Serico (v. lat.), add. m. di seta.

Série, sf. ordine di cose fra loro correlative.

Serietà, sf. sostegno grave.

Série, add. m. grave, contegnoso — sm. serietà.

Seriôso, add. m. importante.

Sermento, sm. ramo secco della vite.

Sermône, sm. pubblico ragionamento per lo più spirituale — ed anche semplice ragionamento — linguaggio.

Serótino (v. lat.), add. m. agg. di frutte che maturano al fine della stagione — fig. tarda — prossimo a sera.

Serpo, s. com. serpente senza piedi — per simil. canna ritorta ad uso di distillare.

Serpeggiáre, n. ass. andar torto a guisa di serpe — essere tortuoso — ed essere picchiettato.

Serpentária, sf. erba medicinale.

Serpentário, sm. una delle costellazioni celesti.

Serpente, sm. serpe grande — e serpe semplicem. — strumento musicale da fiato.

Serpentino, sm. marmo durissimo nero o verdastro con larghe macchie che imitano quelle de' serpenti — add. m. di, o a guisa di serpente — agg. di lingua, maledica, mordace.

Serra (v. lat.), sf. sega. V. - luogo stretto e serrato - riparo di muro o simile fatto per reggere il terreno, o impedire lo scorrere delle acque, o ristringerne il corso, altr. steccaja - impeto nell'azzuffarsi - calca di gente - instanza premurosa - In geogr. fila di colline o di montagne - Nelle arti cintura superiore dei calzoni che allaccia il ventre.

Serraglia, e

Serraglio, sm. steccato fatto per riparo e difesa - per simil. riparo qualunque - fig. riparo di previdenza - oggidì castello con giardini sempre chiuso e custodito, ove i principi orientali tengono chiuse le loro donne - e le donne stesse che vi sono chiuse - il palazzo dell'imperatore dei turchi - luogo murato dove si tengono chiuse fiere ed animali venuti da strani paesi.

Serrame, sm. serratura, toppa.

Serrare, att. opporre ad apertura qualunque lo strumento suo proprio per chiuderla, acciò non entri od esca cosa alcuna - chiudere, contr. di aprire - fig. ritenere in sè - occultare - contenere, incalzare - stringere, comprimere - congiugnere.

Serratura, sf. serrame di usci,

casse, armarj ec., che si aprono col mezzo di chiavi.

Serto (v. lat.), sm. ghirlanda, corona.

Servaggio (v. poet.), sm. servitù

Serrare. V. Serbare.

Servente, add. com. che serve, utile - sm. servo - amador.

Servidore, sm. chi presta l'opera sua al padrone per una mercede stabilita - persona dipendente.

Servigio, sm. il prestar l'opera sua ad un padrone in cambio di pattuita mercede - operazione - beneficio ed opera fatta a pro altrui - negozio, faccenda - uopo, bisogno - tutto il vasellame da tavola - nome collettivo de' servi che servono attualmente una persona o una famiglia.

Servile, add. com. di, o da servo - basso, vile.

Servilmente, avv. a maniera di servo.

Servire, att. e n. impiegar l'opera sua ne' servigj altrui - dipendere dalla podestà di un altro - ed assolut. stare in servitù, essere schiavo.

Servito, sm. muta di vivande.

Servitore. V. Servidore.

Servitù, sf. opera, impiego vile - fig. obbligo - famiglia di serventi - In legge, fondato sopra luogo stabile pro di altra persona.

ervizíale, *sm.* lavativo.

ervo, *sm.* chi serve o per forza o per propria volontà - *add. m.* di servità, servile.

essagenário, *add. m.* che ha sessanta anni.

essagésima, *sf.* la penultima domenica del carnovale.

esságono, *sm.* figura geometrica di sei lati e sei angoli.

essanta, *add. num. com.* che contiene sei decine.

esséunio, *sm.* lo spazio di sei anni.

essióne, *sf.* unione di più persone per consultare sopra alcun affare.

esso, *sm.* l'essere proprio del maschio e della femmina, che distingue l'uno dall'altro.

esta, *sf.* strumento matematico da misurare, *volg.* compasso – una delle ore canoniche.

estérzio, *sm.* moneta antica di argento del valore di diciassette centesimi di Francia.

estíle, *sm.* nome del sesto mese astronomico presso i romani, *oggidì* agosto.

estína (*v. poet.*), *sf.* stanza di sei versi rimati.

esto, *sm.* ordine, misura – *In archit.* curvità, o rotondità degli archi o delle volte – la sesta parte di checchessia – *add. num. ordinat. di* sei.

Séstuplo, *add. e sm.* che contiene sei volte.

Seta, *sf.* filo prezioso sottilissimo prodotto da alcuni vermi chiamati volgarmente *bachi da seta* o *filugelli* - e il drappo stesso fatto di seta.

Setajuolo, *sm.* mercante che fa lavorare e che vende i drappi di seta.

Sete, *sf.* appetito di bere - *fig.* ardente desiderio.

Setería, *sf.* nome collettivo di tutte le mercanzie di seta.

Setifício, *sm.* l'arte di preparare la seta per le manifatture.

Sétola, *sf.* pelo ispido del porco sulla schiena – pennello fatto con le setole – spazzola per nettare i panni – scoppiatura nella pelle, e specialm. nei capezzoli delle poppe delle donne, che cagiona dolorosa lacerazione.

Setoláre (*pr.* sétolo ec.), *att.* nettare i panni colla setola o spazzola

Setoloso, *add. m.* pieno di setole.

Setta, *sf.* quantità di persone che seguitano qualche particolare opinione, dottrina od istituto – fazione, congiura.

Settágono, *sm.* figura geometrica di sette angoli.

Settanta, *add. num. com.* che contiene sette decine.

Settário, *sm.* seguace di setta.

Settembre, *sm.* il nono mese dell' anno volgare.

Settembrino, *add. m.* agg. di frutta del settembre.

Settenário, *add. m.* di sette – *sm.* spazio di sette giorni.

Settennále, *add. com.* di sette anni.

Setténnio, *sm.* spazio di sette anni.

Settentrionále, *add. com.* di settentrione.

Settentrióne , *sm.* la plaga del mondo sottoposta al polo artico.

Settimána , *sf.* spazio di sette giorni.

Settuagenário, *add. m.* che ha settant' anni.

Settuagésima, *sf.* la terza domenica avanti la quaresima.

Séttuplo , *add. m.* sette volte maggiore.

Severità, *sf.* rigore, asprezza.

Sevéro, *add. m.* che ha severità.

Sevízia (*v. lat.*), *sf.* crudeltà.

Sevo, V. *Sego.*

Sezióne (*v. lat.*), *sf.* tagliamento – parte di un trattato o di un libro – *In anat.* tagliamento di cadaveri.

Sfaccendálo, *add. m.* che non ha faccende, ozioso.

Sfacchináre. V. *Affacchinare.*

Sfacciaggine, e

Sfacciatezza, *sf.* audacia.

Sfacciálo, *add. m.* senza verecondia.

Sfamáre, *att.* dar da mangiare finchè uno sia satollo – *np.* saziarsi.

Sfangáre, *att. e n. ass.* camminare pel fango – cavare, e uscir dal fango.

Sfarfalláre, *n. ass.* divenir farfalla (*detto de' bachi da seta*) *fig.* cinguettare a sproposito.

Sfarfallóne, *sm.* detto sproposito.

Sfarináre, *att.* ridurre in polvere a guisa di farina – *np.* ridursi in farina, disfarsi.

Sfarzo, *sm.* pompa, magnificenza.

Sfarzóso , *add. m.* magnifico, splendido.

Sfasciáre, *att.* levar le fasce, o altra cosa che circondi chechessia.

Sfavillante, *add. com.* lucido.

Sfavilláre, *n. ass.* mandar faville (*proprio del fuoco*) – *fig.* spargere raggi o splendore.

Sfera (*v. gr.*), *sf.* corpo perfettamente rotondo – *circolo* scienza che insegna il moto e la disposizione de' corpi celesti.

Sfericamente, *avv.* rotondamente.

Sférico, *add. com.* di forma rotonda.

Sferráre, *att.* sciorre il ferro – *np.* il distaccarsi dei ferri dai piedi de' cavalli o d' altri animali per consumamento.

Sferza, *sf.* strumento per battere.

Sferzáre , *att.* percuotere con sferza – *fig.* incitare – castigare.

Sferzáta, *sf.* colpo di sferza, castigo – *fig.* motteggio, rimprovero.

Sfiancáre, arsi, *n. ass. e np.* ro

persi checchessia nelle parti laterali per forza interna.

Sfiatáre, n. ass. mandar fuora il fiato - np. perdere il fiato per soverchio gridare.

Sfibráre, att. guastar le fibre - snervare.

Sfidáre, att. provocare a battaglia - disanimare - np. diffidare

Sfiguráre, att. difformare.

Sfilacciare, att. fare le filaccia - n. ass. l' uscire che fanno le fila sul taglio o sullo strascico dei panni.

Sfiláre, att. (da filo), disunire ciò ch' era infilato - n. ass. (da fila), uscir di fila.

Sfinge (v. gr.), sf. mostro favoloso ed enimmatico, con testa e seno di donna e corpo di leone.

Sfinimento, sm. smarrimento di spiriti, abbandonamento di forze

Sfinito, add. m. nell' uso, abbandonato di forze, spossato.

Sfioráre, att. abbattere i fiori dell' erbe e delle piante - np. perdere il fiore - e fig. il più vago della bellezza, il migliore.

Sfiorire (pr. sco ec.), n. ass. perdere il fiore.

Sfioritúra, sf. lo sfiorire.

Sfoderáre (pr. ódero ec.), att. (da fodera), levare la fodera - (da fodero), cavare dal fodero - e fig. cavar fuori.

Sfogáre, n. ass. uscir fuora, esa-

lare - att. mandar fuora (detto di affetti) - np. fare ogni sforzo.

Sfoggiáre, n. ass. vestire sontuosamente - fig. eccedere.

Sfoggio, sm. usanza sontuosa di vestimento, di suppellettili ec.

Sfoglia, sf. falda sottilissima di checchessia.

Sfogliáre, att. levar le foglie - n. ass. fig. dimagrare.

Sfogliáta, sf. specie di torta fatta di sfoglie di pasta.

Sfogo, sm. (pl. ghi), uscita, esito - fig. alleggerimento di passioni - nell' uso, disbrigo di un affare.

Sfolgoráre (pr. ólgoro ec.), n. ass. risplendere a guisa di folgore.

Sfondáre, att. levare, o rompere il fondo - rompere checchessia con violenza per penetrare entro - n. ass. affondare.

Sfondáto, add. m. senza fondo - fig. insaziabile - smisurato.

Sformáre, att. mutar la forma - cavar di forma.

Sformáto, add. m. deforme - smisurato.

Sfornáre, att. cavar di forno.

Sfornire (pr. sco ec.), att. tor via i fornimenti.

Sfortúna, sf. mala sorte.

Sfortunáto, add. m. sventurato.

Sforzáre, att. violentare - usar

forza - *np.* affaticarsi, ingegnarsi.

Sforzatamente, *avv.* con isforzo - contro voglia.

Sforzo, *sm.* ogni maggiore forza.

Sfacellàre, *att.* quasi interamente disfare infrangendo - *np.* infranger si.

Sfratàre, *att.* cavar dalla religione - e *np.* uscir dalla religione.

Sfrattàre, *att.* mandar via, esiliare - *n. ass.* andar via con prestezza.

Sfratto, *sm.* bando, esilio.

Sfregiàre, *att.* tor via il fregio o l'ornamento - fare un taglio nel viso altrui - *fig.* offendere nell'onore - *np.* perdere il fregio.

Sfregio, *sm.* taglio fatto ad altrui sul viso - cicatrice che rimane al taglio - *fig.* smacco, disonore.

Sfrenàre, *att.* cavar di freno - sciorre il freno alla lingua, alle passioni ec. - *np.* trarsi il freno - *fig.* divenire licenzioso.

Sfrenatamente, *avv.* licenziosamente.

Sfrenatezza, *sf.* soverchia licenza.

Sfrenàto, *add. m.* senza freno - *fig.* licenzioso - eccessivo.

Sfrondàre, *att.* tor via le fronde.

Sfrontarsi, *np.* farsi ardito.

Sfrontatezza, *sf.* sfacciataggine.

Sfrontàto, *add. m* e *smf.* senza

pudore, sfacciato.

Sfuggévole, *add. com.* che sfugge - lubrico, liscio.

Sfuggire, *att.* scansare, evitare

Sfumante, *add. com.* che sfuma

Sfumàre, *att.* mandar fuori fumo, vapore o simile - *n. ass.* svanire - *fig.* spiccare - la *pitt.* digradare i colori confondendo dolcemente il chiaro collo scuro.

Sgabbiàre, *att.* cavar dalla gabbia.

Sgabellàre, *att.* trarre le mercanzie dalla dogana, pagandone la gabella.

Sgabello, *sm.* arnese di legno su cui si siede.

Sgambàre, *n. ass.* camminar di fretta - *np.* stancarsi le gambe

Sgambàto, *add. m.* senza gambe - e, *detto di fiori*, senza garbo - *fig.* stracco.

Sgambettàre, *n. ass.* dimenar gambe - *fig.* stare in ozio.

Sgambetto, *sm. propr.* impedimento alle gambe di chi cammina - *fig.* inganno.

Sganasciàre, *att.* slogar le ganasce - *n. ass.* ridere smoderatamente.

Sgangheràre (*pr.* ànghero ec.) *att.* cavar da' gangheri, sconnettere - *fig.* levar di sesto slogare.

Sgangheràto, *add. m.* ppr. di sgangherare - *fig.* sciamannato.

Sgannàre. V. *Disingannare.*

garbatezza, *sf.* mala grazia.

garbáto, *add. m.* senza garbo, incivile.

garbo, *sm.* maniera disobbligante.

gargarizzáre, *n. ass.* fare gargarismi.

gargarizzo. V. *Gargarismo.*

garráre, *n. ass.* prendere errore.— fallare un cólpo.

gavazzáre. V. *Gavazzare.*

ghembo, *sm.* tortuosità - *add. m.* storto.

ghermirsi (*pr.* sco ec.), *np.* staccarsi.

gherro, *sm.* bravaccio.

ghiacciáre, *n. ass.* sciogliersi il ghiaccio.

ghignáre, *att.* deridere, schernire

ghignazzáre, *n. ass.* ridere con istrepito beffando.

gobbáre, *att.* portar sul dorso alcun peso - *n. ass.* durar fatiche materiali.

goccioláre (*pr.* ócciolo ec.), *n. ass.* versare infino all'ultima goccia.

goláto, *add. m.* senza gola - colla gola scoperta.

gomberáre(*pr.* ómbero ec.)e sinc.

gombráre, *att.* vuotare un luogo di masserizie - mandar via - *fig.* purgare, liberare – discacciare - *n. ass.* levar le masserizie di una casa che si abbandona, e trasportarle in altra che si va ad abitare.

Sgombro, *sm.* lo sgombrare - pesce di mare. V. *Scombro* - *add. m.* vuoto di masserizie - *fig.* scarico - libero.

Sgomentáre, *att.* sbigottire - *npi* costernarsi per imminente pericolo.

Sgomento, *sm.* sbigottimento.

Sgomináre (*pr.* ómino ec.), *att.* mettere sossopra, scompigliare.

Sgomitoláre (*pr.* ítolo ec.), *att.* disfare i gomitoli.

Sgonfiáre, *att.* levare l'enfiagione,

Sgónfio, *sm.* enfiatura - *add. m.* contr. di gonfio.

Sgórbia, *sf.* scarpello fatto a doccia, per intagliare in legno.

Sgórbio. V. *Scorbio.*

Sgorgáre, *n. ass.* uscir fuora che fa l'acqua per soverchia abbondanza – *att.* scolare acque irrigatorie – spargere abbondantemente lagrime.

Sgorgáta, *sf.* la quantità d'acqua che nella tromba solleva lo stantuffo ad ogni impulso del movente.

Sgorgo, *sm.* (*pl.* ghi); lo sgorgare

Sgozzáre, *att.* tagliare il gozzo (detto di pollami) - votare il gozzo.

Sgradévole, *add. com.* non gradito.

Sgradíre. V. *Disgradire.*

Sgraffiáre. V. *Graffiare.*

Sgráffio *sm.* V. *Graffio.* - sorta di pittura in muro esposto, a chiaro-scuro.

Sgranáre, att. cavare i legumi dal guscio.

Sgranelláre, att. staccare i granelli dell'uva dal grappolo.

Sgraváre, att. alleggerire – liberare da sospetto – np. partorire.

Sgravidáre (pr. ávido ec.), n. ass. partorire.

Sgrávio, sm. lo sgravare.

Sgraziatamente, avv. senza grazia o garbo – per disgrazia.

Sgraziáto, add. m. senza grazia o garbo – sfortunato.

Sgretoláre, att. stritolare.

Sgridáre, att. riprendere con grida minaccevoli.

Sgrido, sm. lo sgridare.

Sgroppáre, e

Sgruppáre, att. sciorre il groppo.

Sguaiáto, add. m. sgarbato, incivile.

Sguaináre (pr. íno ec.), att. cavar dalla guaina armi da taglio

Sguardo, sm. occhiata, vista.

Sguazzáre, att. V. Guazzare – ed anche godere – scialacquare.

Sguerníre (pr. sco ec.), att. sfornire.

Sguizzáre. V. Guizzare.

Sgusciáre, att. cavar dal guscio.

Sgúscio, sm. incavo fatto in qualche lavoro.

Sì, avv. affermat. opp. di no.

Sibarita, sm. (pl. ti), nome dato alla crapula ed al lusso.

Sibiláre (pr. síbilo ec.), n. ass.

fischiare.

Sibilla (v. gr.), sf. indovina, e propr. dicesi di dieci celebri indovinatrici dell'antichità.

Sibillino, add. m. appartenente a sibilla.

Síbilo, sm. fischio.

Sicário (v. lat.), sm. chi per commissione altrui uccide a tradimento.

Sicchè, o si che, avv. per la qual cosa – di modo che.

Siccità, sf. aridità d'aria.

Siclo, sm. sorta di peso, e di piccola moneta, ebraici.

Sicomóro (v. gr.), sm. sorta di albero simile al fico.

Sicuramente, avv. senza rischio, o dubbio.

Sicurezza, sf. sicurtà, franchezza – riparo – fiducia.

Sicúro, add. m. senza sospetto – fuori di pericolo – certo – sm. cosa sicura – sicurtà – avv. sicuramente.

Sicurtà, sf. sicurezza – scorta – fiducia – cauzione.

Sidro, sm. bevanda fatta di mele e di pere, usata dagli antichi.

Siepáre. V. Assiepare.

Siepe, sf. riparo di pruni o stecchi che si piantano su'cigliosi dei campi per chiuderli – fig. tutto ciò che serve di riparo chiudendo.

Siero, sm. parte acquosa del sangue e del latte.

Sierosità, *sf.* qualità di ciò ch' è sieroso.

Sieroso, *add. m.* che ha in sè del siero.

Sifilide (*v. gr.*), *sf.* lue venerea.

Sifone, *sm.* cannello vôto entro – e tubo curvo per votar vasi.

Sigillare, *att.* chiudere lettere o pacchi di carte con cera di Spagna, o con ostie – *fig.* confermare – turar bene.

Sigillo, *sm.* strumento per improntare – *fig.* colmo di perfezione.

Sigle, *sf. pl.* lettere uniche, o abbreviature di sillabe o di parole, usate dagli antichi nelle iscrizioni lapidarie.

Significare (*pr.* fico, chi ec.), *att.* dimostrare, esprimere – far intendere, avvisare.

Significato, *sm.* concetto racchiuso nelle parole.

Significazione, *sf.* nel foro. notificazione di un atto giuridico fatto alla parte contraria.

Signore, *sm.* chi ha signoria e dominio sugli altri – padrone – titolo di maggioranza e di rispetto.

Signoreggiare, *n. ass.* avere signoria o dominio – *fig.* soprastare – trattar da signore – *att.* superare di statura.

Signoria, *sf.* dominio, giurisdizione – governo – titolo che si dà scrivendo a persona di alto affare.

Signorile, *add. com.* da signore – grandioso.

Signorotto, *sm.* signore di picciol dominio.

Silenzio, *sm.* lo star cheto, taciturnità – intermissione, posa – luogo solitario.

Silenzioso, *add. m.* che parla poco.

Siliqua, *sf.* guscio dei legumi.

Sillaba (*v. gr.*), *sf.* vocale, o aggregato di più lettere con una o più vocali, che si possono pronunziare in un solo suono e di cui sono composte le parole.

Sillabare, *att.* pronunziare, senza compilare, e giustamente distaccando le sillabe di cui sono composte le parole.

Sillogismo (*v. gr.*), *sm.* argomentazione da cui, in virtù di cose anteposte e specificate ordinatamente, si trae una conseguenza.

Sillogizzare, *n. ass.* fare sillogismi, o ridurre a sillogismo.

Silvano (*v. poet.*), *add. m.* di selva, rustico.

Silvestre, *add. com.* salvatico.

Simboleggiare, *n. ass.* significar con simboli.

Simbolicamente, *avv.* per via di simboli.

Simbolico, *add. m.* che significa cosa diversa da quella che cade sotto i sensi.

Símbolo (*v. gr.*), *sm.* cosa per mezzo della quale ne viene significata un'altra – regola della nostra santa Fede, *volg.* il credo.

Simetria. V. *Simmetria.*

Simia. V. *Scimia.*

Simigliante, *add. com.* che somiglia – *sm.* la medesima cosa – *avv.* similmente.

Simiglianza, *sm.* qualità che dichiara una cosa simile a un'altra – comparazione.

Simigliáre, *n.* avere simiglianza – *att.* paragonare – *np.* rendersi simile.

Símile, *sm.* cosa simile – *add. com.* conforme – *avv.* similmente.

Similitúdine, *sf.* somiglianza, comparazione.

Simmetría (*v. gr.*), *sf.* proporzione delle parti fra loro.

Simonía (da *Simon mago mentovato negli Atti degli Appostoli*), *sf.* il concedere benefizj o cose sacre e spirituali per mercedi ricevute.

Simoniáco, *add. e sm.* che fa simonía.

Simpatía (*v. gr.*), *sf.* convenienza, o scambievole appetito – mutua inclinazione.

Simpático, *add. m.* (*pl.* ci, chi), che desta inclinazione.

Simpatizzáre, *n. ass.* sentire inclinazione, o consentire scambievolmente di una persona o cosa rispetto ad altra.

Simpósio (*v. gr.*), *sm.* convito, o luogo del convito – vaso serviente ai sacrifizj ed alle libazioni degli antichi.

Simulácro, *sm.* immagine, spettro – statua di divinità falsa, idolo.

Simuláre (*pr.* símulo), *att.* mostrare il contrario di quello che si ha nell'animo, fingere.

Simulatamente, *avv.* fintamente.

Simulazione, *sf.* maliziosa dimostrazione in parole o in atti del contrario a ciò che altri sente nell'animo.

Sinagóga (*v. gr.*), *sf.* (*pl.* ghe), l'adunanza degli ebrei sotto l'antica legge – la religione mosaica – *fig.* confusione.

Sinceráre, *att.* persuadere con evidenza di ragioni – *np.* venire in chiaro, accertarsi.

Sincerità, *sf.* schiettezza, *opp. a* finzione.

Sincéro, *add. m.* senza finzione – non contraffatto.

Sincopáre (*pr.* síncopo *ec.*), *att.* usare la figura sincope.

Sincope (*v. gr.*), *sf.* fig. grammat. per cui si accorcia qualche parola – *In med.* subito smarrimento di spiriti, svenimento.

Sindacáre (*pr.* síndaco, chi *ec.*), *att.* rivedere i conti altrui per la minuta – *fig.* censurare, biasimare.

indacáto , *sm.* rendimento di conto – ufficio di sindaco.

indaco (*v. gr.*), *sm.* (*pl.* ci , chi), revisore di conti – procuratore di comunità.

indéresi (*v. gr.*), *sf.* rimordimento di coscienza.

inédrio (*v. gr.*), *sm.* principale tribunale degli ebrei.

infonía (*v. gr.*), *sf.* concerto di strumenti musicali.

inghiozzáre , *n. ass.* avere il singhiozzo – piangere dirottamente singhiozzando.

inghiozzo, *sm.* gemito affannoso.

ingoláre, *add. com.* particolare – diverso – eccellente, raro – strano – *In gramm.* numero del meno, *opp.* a plurale.

ingolarità, *sf.* particolarità, proprietà – eccellenza, rarità.

ingolarizzáre , *att.* ridurre in singolare – *np.* uscir da ciò che fanno gli altri.

ingolarmente, *avv.* particolarmente.

ingolo (*v. lat.*), *add. m.* ciascun per sè.

ingulto (*v. lat. e poet.*), *sm.* singhiozzo – pianto.

iniscalco, *sm.* (*pl.* chi), maggiordomo – chi ha la cura della mensa, e l'imbandisce.

inistra, *sf.* mano o parte opposta alla destra.

inistramente, *avv.* malamente.

inistro, *sm.* accidente infausto ,

disgrazia – *add. m.* ch'è dalla banda contraria alla destra – cattivo, dannoso.

Sinodále, *add. com.* di sinodo.

Sínodo (*v. gr.*), *sm.* adunanza di ecclesiastici per consultare sopra materie di religione.

Sinonímia (*v. gr.*), *sf.* arte di porre i sinonimi in modo che i più incalzanti si succedano uno dopo l'altro.

Sinónimo (*v. gr.*), *add. e sm.* che ha la stessa significazione,

Sintassi (*v. gr.*), *sf.* disposizione, e ordine delle parole.

Síntomo (*v. gr.*), *sm.* indizio o effetto di malattia – circostanza che accompagna qualsivoglia cosa.

Sinuosità, *sf.* qualità di ciò ch'è sinuoso – via o giro tortuoso,

Sinuóso , *add. m.* che fa seno , curvo.

Sióne, *sm.* contrasto per aria di opposti venti che aggirano le nuvole e sollevano gli oggetti sottoposti.

Sipário (*v. lat.*), *sm.* tenda che si alza e cala dinanzi al palco scenico de' teatri.

Sire, *sm.* signore (*titolo di monarchi usato per lo più poetic.*)

Siréna (*v. gr.*), *sf.* mostro favoloso marino dal capo alle coste, donna, e dalle coste in giù pesce, che colla dolcezza del canto dicevasi addormentasse i naviganti - *fig.* allettatrice.

Siringa. V. *Sciringa.*

Sirocco. V. *Scilocco.*

Siroppo. V. *Sciroppo.*

Sirte (*v. gr.*), *sf.* luogo arenoso presso al mare.

Sistéma (*v. gr.*), *sm.* (*pl.* mi) metodo che si tiene nel trattare le materie scientifiche, o di erudizione - *In astr.* ordine delle principali parti dell'universo giusta le opinioni particolari degli astronomi - *In med.* unione di più corpi della stessa natura, come vasi, canali, nervi ec. - *In bot.* generale distribuzione delle piante fondata sopra un solo principio.

Sistemáre, *att. nell' uso* ordinare, assestare ec.

Sistemazióne, *sf. nell' uso* riordinazione, ordine ec.

Sistemático, *add. m.* (*pl.* ci, chi), di sistema.

Sistola, *sf.* vaso di metallo traforato con cui gli speciali colano le medicine più dense.

Sistole (*v. gr.*), *sf.* contrazione del cuore, *opp. di* diastole.

Sistro (*v. gr.*), *sm.* strumento musicale di acciajo a foggia di triangolo.

Sitibondo, *add. m.* che ha sete

Sito, *sm.* luogo - positura di luogo - abitazione - *add. m.*

(*v. lat.*), situato.

Situáre, *att.* porre in sito, e suo luogo, collocare.

Situazióne, *sf.* positura di luogo, nell' uso, grado, stato.

Siviglia, *sf.* sorta di tabacco sottilissimo da naso.

Slacciáre, *att.* sciorre dai lacci *np.* liberarsi da'lacci - e da chec-chessia.

Slanciáre. V. *Lanciare.*

Slattáre, *att.* torre il latte.

Sleale. V. *Disleale.*

Slealtà, *sf.* perfidia.

Slegare, *att.* sciogliere i le

Slitta, *sf.* traino senza ruote rato sul ghiaccio da cui per velocità di cammino e sollazzo.

Slogáre, *att.* muovere di luogo *np.* l'uscire di alcun osso dalla sua naturale positura.

Slogatúra, *sf.* slogarsi delle ossa

Sloggiáre, *n.* abbandonare un'abitazione.

Slombáre, *att.* guastare i lombi - *np.* indebolirsi.

Slontanáre. V. *Allontanare.*

Slungáre. V. *Allungare.*

Smaccáre, *att.* svergognare altrui scoprendone i difetti - avvilire il prezzo di una mercanzia

Smacchiáre, *n. ass.* uscir di macchia o boscaglia - sgombrare un terreno di piante che fanno bosco - via le macchie da' vestiti.

nacco, sm. (pl. cchi), ingiuria che si fa a taluno manifestando le sue debolezze per farlo rimanere in vergogna.

magliare, att. rompere maglie - sciorre le belle ammagliato - n. ass. scintillare (di gemme)

magrire. V. *Dimagrare.*

maltare, att. coprire di smalto qualche lavoro di orificeria - *fig.* ricoprire a guisa di smalto

maltimento, sm. digestione - vendita rapida e consumo di mercanzie.

maltire (pr. sco ec.), att. con... il cibo nello stomaco - smaltire le mercanzie.

maltista, sm. (pl. sti), chi lavora di smalti.

mallo, sm. materia di più colori che si pone per ornamento sulle orerie - lavoro di smalto - composto di ghiaja è calcina rassodate insieme - per simil. poetic. prato ricoperto di fiori - *fig.* qualunque cosa dura.

mania, sf. eccessiva agitazione d'animo, o di corpo, per soverchio di passione, o di prurito - brama ardente.

maniare, n. ass. dar segno di soverchia passione, prurito o dolore.

maniglia, sf. e

maniglio, sm. allacciatura preziosa che dalle donne si tiene alle braccia.

Smaniuso, add. m. pieno di smania

Smantellare, att. diroccare, atterrare (detto di fabbriche)

Smargiassare, n. ass. fare lo smargiasso.

Smargiassata, sf. bravata.

Smargiasso, sm. spaccone.

Smarrimento, sm. perdita - sbigottimento - fallo.

Smarrire (pr. sco ec.). att. perdere con poca speranza di ritrovata - *fig.* confondere - np. errare la strada.

Smascellare, att. guastar le mascelle - n. ass. e np. ridere smoderatamente.

Smascherare (pr. schero ec.), att. cavar la maschera - np. levarsi la maschera.

Smembrare, att. tagliare i membri - trinciare - *fig.* torre una parte da un tutto.

Smemoraggine, sf. difetto di memoria.

Smemorare (pr. emoro ec.), n. ass. perdere la memoria.

Smemorato, add. m. senza memoria - stupido.

Smentire (pr. sco ec.), n. ass. dare una mentita.

Smeraldo (v. gr.), sm. gemma lucidissima di colore verde.

Smergo. V. *Mergo.*

Smeriglio, sm. pietra da brunire.

Smerlo, sm. uccello della specie de' falconi.

Smidollare, att. tor via la midolla – *fig.* dichiarare, spiegare.

impallidire.

Smilace, *sf.* erba serpentosa, che si adopera in luogo della salsapariglia per addolcire il sangue

Smorto , *add. m.* di color di morte, pallido – bianchiccio (*detto di colore*) – appassito (*detto di fiore*)

Sminuire. V. *Diminuire.*

Smorzare, *att.* spegnere – estinguere.

Sminuzzamento, *sm.* riducimento in piccole parti di un tutto –*fig.* spiegazione chiara e distinta.

Smossa, *sf.* movimento sforzato

Smotta. V. *Motta.*

Sminuzzare, *att.* ridurre in piccoli pezzi – *fig.* spiegar chiaramente e minutamente.

Smottare. V. *Ammottare.*

Smozzicare (*pr.* òzzico, chi ec.) *att.* tagliare alcuna parte d'un membro da checchessia.

Smisuratamente, *avv.* a dismisura.

Smisuratezza, *sf.* immensità.

Smugnere. V. *Mugnere.*

Smisurato, *add. m.* senza misura – eccessivo – intemperante.

Smunto, *add. m.* secco, macilente – *fig.* indebolito, esausto

Smoccolare (*pr.* óccolo ec.), *att.* tor via quella parte del lucignolo che rimane sulla candela accesa.

Smuovere (*pr.* ossi, *pp.* osso) *att. an.* muovere con fatica – commuovere – indurre, persuadere – rimuovere da un

Smoccolatojo, *sm.* strumento da smoccolare.

Smurare, *att.* guastar le mura – rovinare un muro per cavarne checchessia già murato.

Smoccolatúra, *sf.* lucignolo arsiccio.

Smussare, *att.* tagliare l'angolo di checchessia.

Smodatamente, *avv.* senza modo.

Smodato, *add. m.* smoderato.

Smusso, *add. m.* che non va per diritto – rotto , tronco.

Smoderatamente , *avv.* senza moderazione.

Smoderatezza, *sf.* eccesso nel modo

Snasato, *add. m.* senza naso.

Smoderato, *add. m.* soverchio.

Snaturare, *att.* far cangiar natura

Smogliato, *add. m.* senza moglie

Snaturato, *add. m.* fuor di natura – inumano.

Smontare, *att.* fare scendere – *n. ass.* scendere.

Snebbiare, *att.* sgombrare la nebbia.

Smorfia, *sf.* atto lezioso.

Snellezza, *sf.* agilità di corpo.

Smorfioso, *add. m.* cascante di vezzi.

Snello, *add. m.* sciolto di membra

morsare, *att.* trarre il morso.

Snervamento, *sm.* indebolimento

ortire (*pr.* sco ec.), *n. ass.*

Snervare, *att.* tagliare, lo

stare i nervi – indebolire, spossare. – *np.* infiacchirsi.

nervatezza, *sf.* debolezza.

nervato, *add. m.* indebolito.

nidare, e

nidiare, *att. e n. ass.* cavare, e uscir dal nido.

nocciolare (*pr. occiolo ec.*), *att.* cavare i noccioli – *fig.* dichiarare – recitare in fretta.

nodare. V. *Disnodare.*

nodatura, *sf.* piegatura delle giunture.

nudare, *att.* sguainare, sfoderare – *np.* spogliarsi del tutto.

natto, *sm.* cuojo tenue.

oave, *add. com.* grato a' sensi – piacevole – *avv.* soavemente.

oavemente, *avv.* dolcemente – quietamente – piacevolmente.

oavità, *sf.* dolcezza – fragranza – benignità.

obbollimento, *sm.* leggiero bollimento.

obbollire (*pr. ollo, e isco ec.*), *n. ass.* copertamente bollire.

obborgo, *sm.* (*pl. ghi*), borgo contiguo alla città.

obriamente, *avv.* con sobrietà.

obrietà, *sf.* moderazione nel mangiare e nel bere, ed in qualunque cosa appetibile – *fig.* la via di mezzo frà il poco ed il troppo.

obrio, *add. m.* parco nel mangiare e nel bere.

occhiudere (*pass. usi, pp. uso*), *att.*

an. non interamente chiudere.

Soccio, *sm.* accomandita di bestiame che si dà altrui a mezzo guadagno ed a mezza perdita – il bestiame medesimo – e chi piglia il soccio.

Soccita, *sf.* soccio (*nel 1 sign.*)

Socco, *sm.* (*pl. cchi*), calzare alla greca usato da' personaggi comici – *fig.* la commedia.

Soccombere (*pass. ombei, pp. ombuto*), *n. an.* soggiacere.

Soccorrenza, *sf.* flusso di ventre senza sangue.

Soccorrere (*pass. orsi, pp. orso*), *att. an.* porgere ajuto o sussidio – *n.* venire in mente, sovvenire.

Soccorrevole, *add. com.* che soccorre – ausiliario.

Soccorrimento, e

Soccorso, *sm.* assistenza nel bisogno.

Sociabile, *add. com.* che ama compagnia.

Sociabilità. V. *Socialità.*

Sociale, *add. com.* che appartiene alla società – compagnevole.

Socialità, *sf.* naturale amore alla vita sociale.

Società, *sf.* compagnia di più persone nel medesimo luogo – *nell' uso*, il genere umano incivilito – *In comm.* accordo fra più persone che per un certo tempo convengono di aver parte nel profitti o nelle perdita de' negozj in comune.

Socio, *sm.* ch'è in società, compagno.

Sodamente, *avv.* con sodezza.

Sodare. V. *Assodare.*

Soddisfacimento, *sm.* riparamento di offesa o di fallo commesso.

Soddisfare (*pr.* fò, *pass.* feci, *pp.* fatto), *att. m.* appagare — dare soddisfazione — acquietare — pagare il debito.

Soddisfazione, *sf.* riparazione d'ingiuria o danno — piacevole richiamo alla memoria di ciò che ne addossa onore e consolazione — una delle tre parti della penitenza — pagamento di debito.

Sodezza, *sf.* durezza — *fig.* stabilità, fermezza — nell' uso sottenkenza.

Sodo, *sm.* sicurtà — *In archit.* ogni sorta d'imbasamento — *In agric.* terreno incolto, o lasciato senza lavorarlo — *add. m.* non arrendevole al tatto, duro — *fig.* stabile, fermo — durevole — forte — *avv.* sodamente, fortemente.

Sodomia, *sf.* atto venereo tra persone del medesimo sesso.

Sofà, *sm.* sorta di letticciuolo basso per uso di adagiarsi, usato da'turchi.

Sofferente, *add. com.* che ha sofferenza.

Sofferenza, *sf.* virtù che fa ... portare con costanza e rassegnazione ogni miseria e travaglio.

Sofferire. V. *Soffrire.*

Soffermare, *arsi,* *att. e np.* fermare, e fermarsi per breve tempo.

Soffermata, *sf.* breve fermata.

Sofi, *sm.* titolo dei re persiani.

Soffiare, *n. ass.* spingere l'aria violentemente col fiato, stringendo e aguzzando le labbra — spirare di vento — ... alcuna passione di animo — ansare — *att.* spingere l'aria del fiato — *fig.* ... eccitare — e in modo basso fare la spia.

Soffice, *add. com.* morbido (detto di tolere e ...)

Soffietto, *sm.* strumento ... di generare vento per accendere fuoco, *altr.* mantice.

Soffio, *sf.* il soffiare.

Soffione, *sm.* ... trafora ... soffiar nel fuoco — e in basso, spia.

Soffitta, *sf.* stanza a tetto.

Soffittare, *att.* fare soffitto, soffitto alle stanze.

Soffitto, *sm.* V. *Soffitta.*

Soffocante, *add. com.* che ...

Soffocare, e

Soffogare (*pr.* soffoca, chi ... e soffogo, ghi ec.), *att.* ... il respiro — *fig.* opprimere

... add. m. alquanto freddo.

...fregare, att. leggermente fregare

offribile, add. com. che si può soffrire, o atto ad essere sofferto.

...friggere (pass. issi, pp. itto), att. an. leggermente friggere.

offrire (sinc. di soffrire), att. an. (pass. soffrii, o soffersi, pp. sofferto), tollerare; comportare — reggere ad alcun disagio — aspettare con pazienza.

...municare (pr. unico, chi ec.), att. affumicar leggermente.

...sma (v. gr.), sm. (pl. smi), argomento fallace e vizioso.

...sta (v. gr.), sm. (pl. sti), che usa sofismi per trarre in inganno.

...fistica, sf. (pl. che), parte della logica che insegna a scoprire la falsità de' sofismi.

...sticamente, avv. cavillosamente.

...isticare (pr. istico, chi ec.), v. ass. usar sofismi, cavillare.

...isticheria, sf. cavillazione — indole d'uomo cavilloso.

...istico, add. m. (pl. ci, chi), di sofista — cavilloso, fantastico — stravagante.

...getto, sm. ciò intorno a cui si a vera o si ragiona — add. e sm. che soggiace all'altrui podestà.

...gezione, sf. l'essere sotto la podestà altrui.

Sogghignáre, n. ass. mostrare o far segno di ridere, sorridere.

Sogghigno, sm. l'atto di ridere sommessamente, quasi per disprezzo.

Soggiacére (pr. accio, aci ec., pass. acqui, acosti ec. pp. aciuto), n. an. essere soggetto, o sottoposto.

Soggiacimento, sm. sommissione.

Soggiogáre (quasi mettere sotto il giogo), att. ridurre in sua podestà.

Soggiornáre, n. dimorare in un luogo.

Soggiorno, sm. dimora di non lunga durata in un luogo — domicilio, abitazione.

Soggiúgnere (pass. unsi, pp. unto), att. an. aggiungere nuove parole alle dette — aggiugnere cosa a cosa — arrivare improvvisamente (meglio sopraggiugnere)

Sogguardáva, att. guardar di soppiatto.

Sóglia, sf. parte inferiore dell'uscio, altr. limitare — tutto il contorno di pietra di una porta.

Sóglio, sm. seggia reale, trono.

Sognáre, att. e n. ass. fare sogni — immaginarsi — fingere.

Sogno, sm. immagini anteriori ritenute dalla mente, e riprodotte confusamente nel sonno

Soja, sf. adulazione mista di beffe

Solajo, sm. quel piano che serve di palco alla stanza inferiore e di pavimento alla superiore - nell'uso soffitta.

Solamente, avv. unicamente.

Solare, add. com. di o del sole.

Solata. V. Solinata.

Solatìo, sm. terreno posto a mezzodi - add. m. esposto al sole.

Solcare, att. fare solchi nella terra - per simil. il camminare delle navi sul mare.

Solco, sm. (pl. chi), fossetta che lascia dietro a sè l'aratro nella terra - fig. traccia che lascia la nave camminando per acqua - grinza.

Soldano, sm. titolo di dignità turchesca, oggi sultano.

Soldatesca, sf. (pl. sche), quantità di soldati.

Soldatesco, add. m. (pl. schi), di, o da soldato.

Soldato, sm. chi serve in armi il suo stato ed il suo principe.

Soldo, sm. moneta di rame, parte della lira - paga del soldato - stipendio d'impiegato pubblico.

Sole, sm. pianeta maggiore che rischiara il mondo e misura il tempo col suo giro apparente e col suo lume - fig. giorno.

Solecismo (v. gr.), sm. errore grammaticale.

Soleggiare, att. porre checchessia al sole acciò si ascinghi.

Solenne, add. com. di festa, festivo - magnifico - straordinario - in sommo grado - formalità.

Solennemente, avv. con grand apparecchio.

Solennità, sf. giorno di qualche festa - apparato grande, pompa - In legge, formalità stabilita per la celebrazione di contratti, testamenti e simili.

Solerte (v. lat.), add. com. accurato, diligente.

Solerzia (v. lat.), attenzione, diligenza.

Solfa, sf. caratteri e note musicali - e la musica stessa.

Solfanello, sm. fuscello da accender fuoco.

Solfeggiare, n. ass. cantare la solfa.

Solfeggio, sm. il solfeggiare.

Solfo. V. Zolfo.

Solidamente, avv. fondatamente.

Solidario, add. m. obbligato in solido.

Solidezza, e

Solidità, sf. saldezza, stabilità.

Solido, sm. sodo - corpo matematico capace di altezza, larghezza e lunghezza - add. m. opp. di liquido.

Soliloquio, sm. parlata che uno fa da se solo.

Solinata, sf. colpo di sole violento, talora mortale.

Solingo (v. poet.), add. m. (pl. ghi), solitario.

Solitària, add. e sm. che sfugge la compagnia – romito – parlando di luogo, non frequentato, deserto.

Solito, add. m. consueto, usitato.

Solitúdine, sf. luogo non frequentato, o devastato – stato di chi vive ritirato.

Sollazzàre, att. piacevolmente intrattenere – pigliarsi buon tempo.

Sollazzévole, add. com. piacevole

Sollazzo, sm. ricreazione piacevole

Sollecitamente, avv. con sollecitudine.

Sollecitàre (pr. écito ec.), att. affrettare, stimolare – np. affannarsi.

Sollecitatóre, sm. chi sollecita – Nel foro, procuratore.

Sollécito, add. m. presto a fare – accurato, diligente.

Sollecitúdine, sf. prestezza, premura – stimolo – assiduità.

Solleticàre (pr. ético, chi ec.), destar prurito, stuzzicare.

Solletico, add. m. impressione dilettevole de' sensi –fig. cosa che dia gusto e piacere.

Sollevàre, att. levàr su, innalzare –fig. porre di basso in miglior grado – indurre a ribellione – commuovere – np. alzarsi – ribellarsi – ricrearsi.

Sollevazióne, sf. innalzamento – sedizione, tumulto.

Sollièvo, sm. risnamento.

Sollióne, sm. il tempo che il sole è nel segno del lione.

Solo, add. m. non accompagnato – avv. solamente.

Solstizio, sm. il tempo che il sole è ne' tropici, cioè della maggior lunghezza o brevità del dì.

Soltanto, avv. solamente.

Solúbile, add. com. che può sciogliersi.

Solubilità, sf. proprietà di potersi sciogliere.

Soluzióne, sf. scioglimento – e in mat. di un problema.

Solvènte, add. com. che scioglie – che paga, o può pagare.

Sólvere (v. poet.), att. an. (pp. solúto), sciogliere.

Soma, sf. quel carico che si pone ai giumenti – peso – per simil. il corpo – fig. aggravio.

Somàro, e

Somiére, sm. giumento che porta la soma, asino.

Somigliànza, sf. V. Simigliànza.

Somma, sf. quantità che risulta dall'addizione di più quantità o numeri presi insieme – conclusione, sunto – estremità.

Sommacco, o

Sommáco, sm. pianta con cui si concia il cuojo.

Sommamente, avv. più che grandemente.

Sommàre, att. ridurre più numeri ad uno solo – n. ass.

fare la somma.

Sommariamente, avv. brevemente - con giudizio sommario.

Sommário, sm. compendio - add. m. fatto sommariamente.

Sommérgere (pass. essi, pp. erso), att. an. mandar a fondo nell'acqua - n. ass. andare a fondo - e fig. in rovina.

Sommersióne, sf. l'andare, o il mandare a fondo - inondazione vastissima.

Sommessamente, avv. a bassa voce - adagio - umilmente.

Somministrare, att. dare, porgere.

Somministrazióne, sf. l'atto di somministrare.

Summissióne, sf. il metter sotto - l'umiliarsi.

Sommità, sf. la parte estrema dell'altezza - fig. termine - sublimità.

Somma, sm. sommità, estremità - il maggior colmo - add. m. grandissimo, supremo.

Sommossa, sf. instigazione - sedizione, sollevazione.

Sonáglio, sm. piccolo globetto di metallo, entrovi una pallottolina mobile, la quale movendosi tramanda suono - bollicella dell'acqua bollente, o in gran moto.

Sonáre, att. far che uno strumento renda suono - fig. pubblicare - significare - manifestare con parole - n. ass.

pandere suono - fig. discorre si apertamente - riccare fama - farsi sentire.

Sonáta, sf. il sonare lungamente.

Sonatóre, sm. maestro di ...

Sonetto, sm. poesia lirica quattordici versi endecasillabi rimati, divisi in due quartine e due terzine.

Sonnacchióso, n. ass. dormire leggermente.

Sonnecchióso, add. m. che ha gli occhi aggravati dal sonno.

Sonnámbulo, sm. chi cammina sognando. V. Nottambulo.

Sonnífero, sm. medicamento che concilia il sonno - add. m. che cagiona sonno.

Sonno, sm. riposo dalle operazioni esterne per assopimento del sensorio, dato dalla natura per ristorare le forze degli animali.

Sonnolenza, sf. intenso aggravamento di sonno.

Sonóro, add. m. che rende suono - strepitoso.

Sontuosamente, avv. magnificamente.

Sontuosità, sf. magnificenza.

Sontuoso, add. m. di gran spesa, magnifico, splendido.

Soperchiare, n. ass. ... re - att. sopraffare - ...

Soperchieria, sf. oppressione oltraggiosa.

Sopérchio, sm. eccesso - add. m.

eccessivo – *avv.* troppo.

Sopíre (*pr.* sco *ec.*), *att.* reprimere, ammorzare.

Sopíre (*v. lat.*), *sm.* sonno grave, quasi letargo.

Soppannáre, *att.* mettere la fodera ad una vesta.

Soppanno, *sm.* tela, che per difesa o per ornamento si mette sotto ai vestimenti.

Sopperíre (*pr.* sca ca.), *n.* sovvenire al difetto (*meglio* supplire).

Soppiantáre, *att.* mettere sotto i piedi – e *fig.* sbalzare, con inganno, di carica o posto.

Soppiatto, *add. m.* celato, occulto – Di soppiatto, *avv.* di nascosto, furtivamente.

Sopportáre, *att.* soffrire – sostenere.

Soppressa, *sf.* strumento da soppressare.

Soppressáre, *att.* calcare violentemente checchessia – spianare le biancherie.

Sopprimere (*pass.* essi, *pp.* esso), *att. an.* calcare, conculcare.

Sopra, *prep.* dinotante sito di luogo superiore, opp. di sotto.

Soprabbondanza, *sf.* eccesso.

Soprabbondáre, *n. ass.* eccedere.

Sopraccaricáre (*pr.* árico, chi ec.), *att.* aggravare più del dovere.

Sopraccárico, *sm.* (*pl.* chi), ciò che si mette oltre al carico ordinario – *fig.* aggravio maggiore

ro – *In marin.* l'uomo che si mette nel bastimento per custodia delle mercanzie e per soprintendervi.

Sopracconsumáto, *add.* consumare precedentemente.

Sopracciclo, *sm.* la parte superiore del cortinaggio del letto – per simil. volta.

Sopracciglio, *sm.* (*pl.* gli *m.*, e glia *f.*), arco peloso che s'incurva sopra l'occhio.

Sopraccitáre, *att.* citare avanti.

Sopraddote, *sf.* effetti oltre la dote – giunta di dote.

Sopraffáre (*pr.* fò, *pass.* féci, *pp.* fatto), *att. an.* soperchiare, vantaggiare – *fig.* opprimere.

Sopraffino, *add. m.* più che fino.

Sopraggiúngere (*pr.* ungo, ungi *ec.*, *pass.* unsi, *pp.* unto), *n. ass. an.* arrivare improvvisamente – *att.* cogliere all'improvviso – aggiungere di più.

Sopraggraváre. V. *Sopraccaricare*.

Soprallétto. V. *Sopracciclo*.

Soprammercáto, *sm.* sopreppiù.

Sopramodo, *avv.* fuor di modo, eccessivamente.

Soprammontáre, *att.* crescere.

Soprannaturále, *add. com.* ch'è sopra la natura, o sopra l'ordine della medesima.

Sopranno, *add. m.* che ha più di un anno.

Soprannóme, *sm.* cognome – terzo nome che per qualche perticolarità si pone a qualcuno.

Sopranumerario, add. m. che nel numero è posto di soprappiù.

Soprano, sm. la voce più alta della musica - add. m. supremo

Soprantendente, sm. chi ha autorità primaria su qualche officio od opera.

Soprantendenza, sf. presidenza.

Soprantendere (pass. esi, pp. eso), n. ass. essere superiore agli altri in autorità - aver la soprantendenza di checchessia.

Soprappagáre, att. pagar più del dovere.

Soprappiù, sm. soverchio - avv. da vantaggio, in oltre.

Soprapponimento, sm. il porre cosa sopra cosa.

Soprapporre (pr. ongo, óni ec., pass. ósi, fut. orrò, pp. osto), att. an. porre sopra - aggiugnere di più - anteporre.

Soprascritta, sf. iscrizione - scritto sulla faccia esteriore delle lettere, che contiene il nome di quello a cui sono dirette.

Soprassalire (pr. algo, áglio e alisco, áli, agli ec., pass. alii e salii ec.), att. an. assalire all' improvviso.

Soprassedére (pr. iédo, eggo, e eggio ec.), att. an. tralasciare per qualche tempo, differire.

Soprastante, sm. custode, guardiano - add. com. che sta sopra - fig. imminente.

Soprastáre (pr. stò, o asto, pass. stetti), n. an. stare sopra, essere superiore - soverchiare - differire - essere imminente.

Soprattenére (pr. engo, iéni ec., pass. enni, fut. errò, pp. enuto), att. an. trattenere oltre al dovere.

Soprattutto, e sopra tutto, avv. principalmente.

Sopravanzáre, att. superare - n. ass. avanzar in fuori.

Sopravanzo, sm. ciò che sopravanza.

Sopravvegnenza, sf. il sopravvenire.

Sopravvenire (pr. engo, iéni, pass. enni, fut. errò, pp. enuto), n. an. improvvisamente arrivare - att. sorprendere.

Sopravvento, sm. in marin. vantaggio del vento che si ha rispetto a chi sta sotto vento - fig. soverchieria - nell' uso vantaggio.

Sopravvenuto, sf. arrivo inaspettato.

Sopravvesta, e

Sopravveste, sf. veste che si porta sopra le altre.

Sopravvivere (pass. issi, fut. iverò, e ivrò; pass. ivissi, issuto), n. an. vivere più che un altro.

Supremminenza, sf. luogo più eminente - supremazia.

Soprintendere. V. Soprantendere.

opresso, n. grossezza per esso rotto o scommessi.

sopramáso, add. m. più che umano, straordinario.

soprusáre. V. *Abusáre*.

soprúso, sm. ingiuria.

soqquádro, sm. rovina.

soráre, n. ass. volare per gioco.

sorba, sf. piccolo frutto acidetto, che cogliesi acerbo e matura sulla paglia.

sorbettiéra, sf. vaso di stagno nel quale si tiene a gelare il sorbetto

sorbetto, sm. bevanda congelata.

sorbire. V. *Assorbire*.

sorbo, sm. albero che produce le sorbe.

sorbóna, sf. famosa scuola teologica presso l'università di Parigi

sórcio. V. *Topo*.

sordággine, sf. stato di chi non ode

sordamente, avv. chetamente.

sordidezza, sf. schifezza - avarizia - miseria eccedente.

sórdido, add. m. schifo - avaro.

sordità, sf. perdita, o diminuzione notabile dell'udito.

sordo, add. e sm. privo di udito.

sorella, sf. nome correlativo di femmina tra li nati dallo stesso padre e dalla stessa madre, o dall'uno de' due. - fig. monaca - amica intrinseca.

sorgente, sf. prima origine dei fiumi - e fig. di checchessia - luogo dove scaturisce l'acqua, altr. fonte.

Sórgere (*pass.* sorsi, sorgenti ec. *pp.* sorto), *n. ass. an.* uscir fuori, apparire, spuntare - sollevarsi - scaturire - salire - incominciare - nascere, derivare - pigliar porto, apprendere.

Soriáno, add. m. agg. di color bigio listato di nero che ha il mantello di una sorta di gatti (*forse da Sorta dond'è la razza*).

Sorite, sf. sorta di argomentazione spesso fallace.

Sormontáre, att. montar sopra - fig. esaltare - n. ass. avanzare, prosperare.

Soro, add. m. fig. semplice, inesperto - sauro. V.

Sorpassáre, att. passar sopra, sopravanzare.

Sorprendente, add. com. maraviglioso.

Sorpréndere (*pass. ési, pp. éso*), att. an. cogliere all'improvviso - ingannare - nell'uso, recar maraviglia.

Sorprésa, sf. sopravvegnenza - nell'uso stupore, maraviglia.

Sorréggere (*pass. essi, pp. etto*), att. an. sostenere - np. fig. fermarsi - contenersi.

Sorridere (*pass. ísi, pp. íso*), n. ass. an. ridere pianamente - sogghignare - mostrar godimento con bocca ridente - compiacersi.

Sorriso, sm. risetto di compiacenza - ghigno malizioso.

Sortíre, e

Sorteggiáre, *att.* bere a sorti.

Sorso, *sm.* quantità di liquore che si beve in un tratto senza pigliar fiato – *fig.* piccolo ristoro.

Sorta, e sorte, *sf.* specie, qualità, condizione – modo, forma, guisa – capitale fruttifera.

Sorte, *sf.* ventura, fortuna, destino – condizione, stato – porzione distribuita per sorte.

Sortilegio, *sm.* arte reza d'indovinare o deliberar checchessia per via di sorti.

Sortimento, V. *Assortimento.*

Sortíre (*pr.* sco ec.), *att.* eleggere in sorte – ottenere in sorte – e cavare a sorte – scompartire fra più persone una cosa – (*pr.* sorto ec.), *nella mil.* uscire dalle piazze assediate per assaltare il nemico – ed anche uscir fuora semplicem. (*frances.*)

Sortíta, *sf.* scelta – assortimento – *nella mil.* l'uscire fuora de' soldati da luogo munito per assaltare i nemici – porta segreta per le sortite.

Sortù (*v. fr.*), *sm.* abito che s'indossa sopra gli altri.

Sorvolare, *n. ass.* volar sopra, o alto – *fig.* sopravanzare.

Sottoscrivere (*sinc. di* sottoscrivere), *att. an.* (*pass.* issi, *pp.* itto) scrivere di propria mano

il suo nome sotto una scrittura per autenticarne il contenuto.

Soscrizione, *sf.* firma – e lo scritto stesso sotto una scrittura.

Sospéndere (*pass.* ési, *pp.* éso) *att. an.* sospinere la cosa in modo che non tocchi terra, sollevare – alzare – *fig.* rendere dubbioso, – differire – impiccare – proibire per pistigo ad un sacerdote di celebrare la messa.

Sospensióne, *sf.* ambiguità – dilazione – censura ecclesiastica.

Sospensorio, *sm.* brachiere. V.

Sospettáre, *att. n. e n. ass.* avere sospetto – dubitare della fede di alcuno, o del buon esito di una cosa.

Sospetto, *sm.* opinione dubbia di futuro male – *add. m.* che reca sospezione.

Sospettóso, *add. m.* pieno di sospetto – pauroso – ombroso.

Sospezióne, *sf.* diffidenza.

Sospígnere, e

Sospíngere (*pr.* igno, e ingo, igni ec., *pass.* insi, *pp.* into) *att. an.* spignere, forare – cacciar via – *fig.* eccitare – instigare – avanzarsi.

Sospínta, *sf.* urto – *fig.* impulso, instigazione.

Sospiráre, *n. ass.* mandar fuori sospiri, gemere – *att. e n. desiderare ardentemente.

Sospíro, *sm.* respirazione

dala fuori dal profondo del
petto per dolore, o affanno, a
desiderio.

spiroso, *add.* m. che sempre
sospira.

sopra, *avv.* a rovescio — *sm.*
sconvolgimento.

sta, *sf.* quiete, pace — cessazione d'armi o d'offese — fune
di nave.

stantivo, V. *Sustantivo.*

stanza. V. *Sustanza*

stanziale. V. *Sustanziale.*

stanzialmente. V. *Sustanzialmente.*

stanziosa. V. *Sustanziosa.*

stare, *att.* fermare — *np.* arrestarsi,

stegno, *sm.* cosa che sostiene,
puntello, appoggio — *fig.* ajuto, protezione,

stenere (*pr.* engo, iéni ec. *pass.*
enni, *fut.* errò, *pp.* enùto), *att.*
an. tenere sopra di sè, portare e appoggiar checchessia —
per simil. comportare, soffrire
— *fig.* proteggere — difendere
con ragioni quistionando —
mantenere — *n.* e *np.* durare
resistendo — trattarsi nobilmente — contenersi.

stentamento, *sm.* sostegno, appoggio — mantenimento.

stentare, *att.* mantenere, alimentare — reggere — *np.* difendersi.

stenutezza, *sf.* contegno grave.

Sostituire (*pr.* isco ec.), *att.* mettere uno in luogo di un altro,
o di sè stesso — *in legge*, isti-
tuire il secondo erede,

Sostituito, *sm.* chi tiene le veci
di un altro — successore di
eredità dopo l'istituito.

Sostituzione, *sf.* il sostituire.

Sottana, *sf.* veste donnesca dalla cintola ai piedi o sopra o
sotto altre vesti — veste lunga
chericale dal collo ai piedi.

Sottentrare, *n.* entrar sotto —
venir dopo — soggingnere —
sopravvenire.

Sotterfugio, *sm.* scusa non troppo plausibile.

Sotterra, *avv.* sotto terra.

Sotterraneo, *add.* m. ch'è sotterra — *sm. pl.* stanze sotto
terra.

Sotterrare, *att.* mettere sotterra,
seppellire.

Sottigliare. V. *Assottigliare*

Sottigliezza, *sf.* qualità di ciò
ch'è sottile — *fig.* acutezza d'
ingegno.

Sottigliume, *sm.* unione di cose
sottili — e comun. cibi di poca
sostanza.

Sottile, *add. com.* ch'è di poco
corpo, *opp. di grosso* — di poca mole, minuto — *sm.* estremità — *avv.* sottilmente.

Sottilizzare, *n. ass.* aguzzare
l'ingegno — fantasticare.

Sottilmente, *avv.* con sottigliezza

-- sagacemente - minimamente.

Sottintèndere (pass. ési, pp. éso) att. an. intendere cosa non espressa e solo accennata.

Sotto, prep. opp. di sopra - avv. nella parte inferiore.

Sottocoppa, sf. sorta di piatto, per lo più di metallo e con piede, su cui si presentano i bicchieri.

Sottomèttere (pass. ísi, pp. esso), att. an. assoggettare.

Sottoporre (pr. ongo, ési ec., - pass. ósi, fut. orrò, pp. osto), ass. an. porre sotto - soggiogare.

Sottoscála, sf. spazio vuoto che resta sotto le scale.

Sottoscritta, sf. sottoscrizione.

Sottostáre (pr. stò, pass. stetti, pp. státo), att. an. essere soggetto.

Sottovento, sm. fianco della nave opposto a quello donde soffia il vento.

Sottovóce, avv. a bassa voce.

Sottrarre (pr. aggo, pass. assi, fut. arrò, pp. atto), att. an. cavar di sotto - fig. ritirare - liberare - nascondere - In aritm. cavare una somma minore da una maggiore.

Sottrazióne, sf. sottrarre.

Sovente, e

Soventemente, avv. spesso.

...erchiamente, avv. di troppo.

...chiáre. V. Soperchiare.

Soverchio. V. Soperchio.

Sóvero. V. Sughero.

Soverscio, sm. biada svelta col aratro e coperta, per ingrassare il terreno.

Sovrabbondanza. V. Soprabbondanza.

Sovraggiáre, n. ass. far da sovrano.

Sovranità, sf. diritto di sovrano.

Sovráno, sm. chi è investito di potere supremo in una monarchia - add. m. superiore in grandezza, abilità e potere -eccellente - supremo - ...

Sovrastáre. V. Soprastare.

Sovrumáno. V. Soprumano.

Sovvenire (pr. engo, ieni ec. pass. enni, fut. errò, pp. enuto), att. an. soccorrere, aiutare - n. giovare - np. ricordarsi.

Sovvenzióne, sf. sussidio, soccorso.

Sovversióne, sf. rovesciamento.

Sovvertimento, sm. rovina.

Sovvertire (pr. sco ec., pp. ito ed erso), att. an. mandar sossopra, rovinare.

Sósio. V. Socio.

Sozzamente, avv. bruttamente - viluperosamente.

Sozzáre, att. imbrattare - fig. macchiare di colpa.

Sozzo, add. m. sordido - dis-onesto - malvagio.

Sozzúra, sf. lordura - disonestà - malvagità.

paccamonti, sm. millantatore.

paccáre, att. fendere – np. a-
prirsi con violenza.

paccáto, sm. disegno interiore
di una fabbrica rappresentato
sulla carta.

paccatúra, sf. fenditura.

pacciáre, att. esitare agevolmente cose venali – strigare
affari – np. sbrigarsi – liberarsi.

pacciatamente, avv. con prestezza.

pacciativo, add. m. che si spaccia.

páccio, sm. l'esitare merci.

paccóne, sm. millantatore.

pada, sf. arme offensiva lunga,
tagliente da ogni banda e appuntata – punizione – sorta di
pesce – In pl. uno de' semi
delle carte da giuoco.

padaccino, sm. chi porta la spada solo per pompa.

padiglia, sf. nel giuoco del-
l'ombre, l'asso di spade e di
picche.

pagliáre, att. levare la paglia.

pago, sm. (pl. ghi), funicella
sottile.

palancáre, att. largamente aprire – fig. parlare aperto e chiaro.

palla, sf. parte del busto dal-
l'appiccatura del braccio fino
al collo.

pallàre, att. guastar le spalle al
cavallo – np. guastarsi le
spalle.

Spalleggiáto, n. ass. il camminare de' cavalli con bel movimento di gambe – att. fig.
ajutare altrui.

Spalliéra, sf. asse o simile a cui
sedendo si appoggiano le spalle – per simil. verzura artificiale che cuopre le mura
degli orti – parata di soldati
che fanno ala al passaggio di
alcun grande personaggio.

Spalláto, add. m. di larghe
spalle.

Spalmáre, att. distendere colla
palma della mano empiastro o
simile sopra una superficie –
racconciare navi – coprirne di
sego la parte sott' acqua.

Spalto, sm. pavimento – In archit. mil. terreno a pendio che
sembra una muraglia.

Spampanáta, sf. fig. (da pampa-
no) millanteria, ostentazione.

Spándere (pass. ansi, pp. anto), att. an. spargere, versare
– fig. distendere – divulgare.

Spanna, sf. la lunghezza della
mano aperta dalla stremità
del dito grosso a quella del
mignolo.

Spannocchiáre, att. tagliare la
pannocchia.

Sparágio, o spárago, sm. erba ortense con sottilissime foglie,
di cui si mangiano i talli appena spuntati da terra.

Sparagnáre, att. risparmiare

Spongne, sm. risparate.

Sparáre, att. fendere la pancia per cavarne gl' interiori – spogliare de' paramenti – scaricare armi da fuoco – scagliare.

Sparáta, sf. scarica di arme da fuoco.

Sparecchiáre, n. ass. levar via le vivande e le altre cose da tavola.

Spárgere (pass. arsi, pp. arso, e arto), att. an. versare – distendere – divulgate – dilatare.

Spargírica, sf. (pl. che), quella parte della chimica che insegna la maniera di separare il puro dalle fecce.

Sparíre (pr. sco ec.), att. torsi di vista, dileguarsi – distolversi.

Sparláre, n. dir male, biasimare.

Sparo, sm. lo sparare armi da fuoco.

Sperpagliáre, att. spargere confusamente in qua e in là.

Spartamente, avv. disunitamente.

Spartimento, sm. divisione.

Spartíre (pr. isco, e spartò ec.), att. separare – distribuire.

Spartíto, sm. esemplare che contiene riunite tutte le parti di un componimento musicale – add. m. separato – diviso.

Spartisione, sf. divisione.

Sparúto, add. m. di poca apparenza.

Sparvière, è

Sparvière, sm. uccello di rapina

Spasimáre (pr. ásimo ec.) ass. soffrir gran dolore – durar gran fatica, affannarsi

Spasimáto, add. m. fortemente travagliato, e innamorato.

Spasimo, sm. dolore intenso.

Spasmódico, add. m. convulsivo

Spassáre, voci, n. ass. e np. pigliar sollazzo.

Spasseggiáre, n. ass. andare a spasso

Spassionatamente, avv. senza passione.

Spassionatezza, sf. indifferenza candore – ingenuità.

Spassionáto, add. m. indifferente – schietto.

Spasso, sm. passatempo.

Spátola, sf. scalpelletto usato dagli speciali in forma di mestola per manipolare distendere cerotti.

Spatriáre, n. ass. uscir di patria o per sempre o per lungo tempo – att. mandar via dalla patria – np. lasciare i costumi della patria.

Spauracchio, sm. straccio che mette ne' campi appeso ad un palo per far paura agli uccelli, onde non guastino i frutti – fig. apparenza di vano – paura.

Spauráre, è

Spauríre (pr. sco ec.), att. impaurire – np. impaurirsi.

ventáre, *att.* mettere spaven-
lo - *np.* impaurirsi.

ventévole, *add. com.* che
nette spavento.

vento , *sm.* sensazione mo-
estissima, nata da grave male
eminente.

ventóso , *add. m.* che reca
spavento.

niáre, *n. ass.* andar vagando
- spargersi largamente.

iaio, *sm.* idoneità a contenere
a materia - quel luogo o quel
empo ch'è di mezzo fra due
ermini - *In tipogr.* ciò che
erve a separare le parole nel
omporre.

iosità, *sf.* ampiezza di luogo.
ióso, *add. m.* ampio.

azáre, *att.* nettare i pavimenti colla granata o scopa -
fig. sgombrare - portar via
quanto è in una stanza.

azzatúra, *sf.* immondizia che
si toglie via spazzando.

zzola, *sf.* granatina o scopetta
per nettare i panni.

zzoláre (*pr.* ázzolo ec.), *att.*
nettare colla spazzola.

cchiarsi, *np.* guardarsi nello
pecchio - fisamente mirarsi.

ecchio, *sm.* strumento di cri-
tallo che riflette l'immagine
degli oggetti - qualunque cosa
ucida - *fig.* esemplare - ristretto, compendio - prospetto.

cialità, *sf.* particolarità.

Spécie, *sf.* ciò che abbraccia
molti individui ed è compreso
nel genere - forma - sorta.

Specificáre (*pr.* fico, chi ec.),
att. dichiarare in particolaré
e distintamente.

Specificatamente, *avv.* in modo
particolare.

Specificazióne, *sf.* dichiarazione
delle cose particolari nello
specificarle.

Specifico, *add. m.* (*pl.* ci, chi),
ch'è proprio di una cosa di-
stinguendola da ogni altra -
sm. medicamento più appropriato alla guarigione di qualche malattia.

Speco (*v. lat. e poet.*), *sm.* (*pl.*
chi), antro, grotta, spelonca.

Spécola, *sf.* luogo eminente donde co' telescopj si contemplano
gli astri, *altr.* osservatorio.

Specoláre, e

Speculáre (*pr.* écolo, e éculo ec.),
n. ass. impiegare l'intelletto
nella contemplazione delle cose

Speculativa, *sf.* virtù e potenza
di speculare.

Speculativo, *add. m.* dato alla
contemplazione - e ch'è oggetto della contemplazione.

Speculatóre, *sm.* chi specula, o
contempla - e chi fa progetti.

Speculazióne, *sf.* contemplazione
- e la cosa speculata o con-
templata - osservazione fatta
o scritta da chi ha speculato

— nell'usa, progetto di una impresa qualunque.

*Spedále, *sm.* luogo pio che per carità raccetta gl'infermi.

Spedaliére , *sm.* prefetto dello spedale.

Spediente, *sm.* provvedimento – *add. com.* profittevole, utile.

Spedire (*pr.* sco, ec.), *att.* dar fine con prestezza – *np.* affrettarsi – sbrigarsi,

Speditamente, *avv.* senza indugio.

Speditezza, *sf.* prontezza.

Speditivo, *add. m.* che presto si sbriga.

Spedito, *add. m.* pronto – libero da intoppi.

Spedizióne, *sf.* lo spedire – impresa militare – sollecitudine.

Spedizioniére, *sm.* chi fa spedizione di mercanzie.

Spéglio (*v. poet.*). V. *Specchio.*

Spégnere (*pr.* engo, *pass.* ensi, *pp.* ento), *att. an.* estinguere, smorzare – *fig.* cancellare – uccidere.

Spegnitojo, *sm.* arnese con cui si spengono i lumi.

Speláre, *att.* levare i peli – *n. ass.* e *np.* perdere i peli.

Spelonca, *sf.* (*pl.* che), caverna.

Speme (*v. poet.*). V. *Speranza.*

Spéndere (*pass.* esi, *pp.* eso),*att. an.* dar danaro in cambio di oggetti venali – consumare il tempo – *n. ass.* trattarsi lautamente,

Spenditóre, *sm.* chi provvede bisogni della casa.

Spene (*v. poet.*). V. *Speme*

Spernacchiáre, *att.* guastar te delle penne – *np.* sogliarsi.

Spennáre, *att.* cavar le penne *np.* perdere le penne.

Spensieratezza, *sf.* sbadataggi

Spensieráto, *add. m.* senza pensieri – trascurato.

Spenzoláre. V. *Penzolare.*

Spera. V. *Sfera.*

Sperábile, *add. com.* che sperarsi,

Speranza, *sf.* sensazione piacevole nata dalla probabilità conseguimento di un bene una delle tre virtù teologali – aspettativa.

Speranzáre, *att.* e *n. ass.* fare e avere speranza.

Speráre, *n. ass.* avere speranza credere, stimare.

Spérdere. V. *Disperdere.*

Spérgere. V. *Dispergere.*

Spergiuráre , *n. ass.* giurare sostenere il falso.

Spergiúro , *sm.* giuramento – *add.* e *m.* che ha giurato falso, o che tradisce re a cui erasi legato con ramento.

Sperienza. V. *Esperienza.*

Sperimentále, *add. com.* che pende dall'esperienza.

Sperimentáre, *att.* far prova

rimentáto, *add. m.* provato – s perto.

–rimento, *sm.* prova.

–rma (*v. gr.*), *sm. (pl.* mi), eme prolifico degli animali.

–róne. V. *Sprone.*

–rticáto, *add. m.* sproporzio– –ato per soverchia lunghezza.

–erto. V. *Esperto.*

–sa, *sf.* lo spendere, il costo – *In pl.* alimenti.

–sáre, *att.* alimentare.

–ssamente, *avv.* frequentemen– e – densamente.

–sseggiáre, *att.* rinnovare spes– so la stessa cosa o azione.

–ssezza, *sf.* densità – frequenza.

–ssíre (*pr.* sco ec.), *n. ass.* far– si densi i liquori col bollire.

–sso, *add. m.* denso – folto – frequente – *avv.* spesse volte.

–ttácolo, *sm.* festa o giuoco pubblico – *fig.* ogni oggetto che tragge a sè gli occhi e l' attenzione – *nell' uso* rappre– sentazione teatrale.

–ttáre (*v. lat.*), *n.* appartenere.

–ttatóre, *sm.* chi assiste a spet– tacolo – osservatore.

–ttoráre, *n. ass.* e *np.* scoprirsi il petto – *nell' uso* scatarrare.

–ttro (*v. lat.*), *sm.* fantasma, larva – spauracchio.

–ziale, *sm.* chi compone me– dicamenti ordinati dal medico (*altr. con gr. v.* farmacista) – *add. m.* particolare.

Spezialità. V. *Specialità.*

Spezie. V. *Specie.*

Spezieria, *sf.* bottega dello spe– ziale – *In pl.* aromati.

Spezzáre, *att.* ridurre in pezzi – *np.* andare in pezzi.

Spia, *sf.* esploratore – chi ri– porta alla giustizia gli altrui misfatti – avviso.

Spiacére. V. *Dispiacere.*

Spiacévole, *add. com.* disgustoso

Spiacevolezza, *sf.* disgusto.

Spiággia, *sf. (pl.* gge), lido del mare.

Spianáre, *att.* ridurre in piano – *fig.* dichiarare – abbattere e– dificj – distendere in terra.

Spianáta, *sf.* luogo spianato – spianamento di campagna at– torno alle fortezze per como– do di eserciti.

Spiantáre, *att.* rovinar dalla pianta (*detto per lo più di edifizj*) – sbarbare le piante – *fig.* distruggere – *np.* cadere in povertà.

Spiantáto, *add. m.* atterrato – sradicato – ridotto in miseria.

Spiáre, *att.* indagare osservando i segreti altrui – cercare dili– gentemente.

Spica. V. *Spiga.*

Spiccáre, *att.* staccare – separare – *n. ass.* dividersi agevolmen– te con mano di alcune frutte – fare spicco o mostra.

Spiochio, *sm.* una delle particel–

le dell' aglio, della cipolla e
simili – una delle parti in cui
si tagliano pel lungo le pere e
le mele – *fig.* piccola parte di
checchessia.

Spicciáre, *n. ass.* sgorgare con
forza – *fig.* spedire, spacciare.

Spiccioláre (*pr.* icciolo ec.), *att.*
staccare dal picciuolo gli acini
d'uva – *n. ass.* gettare poco e
adagio (*detto di fontane*)

Spicco, *sm.* (*pl.* echi), risalto di
cosa relativamente ad altro
dello stesso genere.

Spiédo, *sm.* arme in asta per ferire bestie feroci – *più coman.*
schidione per cuocere arrosto.

Spiegáre, *att.* distendere, allargare – *fig.* dichiarare per maggiore intelligenza.

Spietatamente, *avv.* senza pietà.

Spietatezza, *sf.* crudeltà.

Spietáto, *add. m.* fiero, crudele.

Spiga, *sf.* (*pl.* ghe), quella piccola pannocchia del grano e
dell'orzo, ove si conduce a
maturazione il frutto.

Spignere e spingere (*pr.* ingo,
igni, e ingi ec., *pass.* insi, *pp.*
into), *att. an,* far forza di
rimuovere checchessia.

Spigo, *sm.* (*pl.* ghi), pianta odorosa (*volg.* lavanda)

Spigoláre (*pr.* igolo ec.) , *att.*
raccorre le spighe lasciate nei
campi mietuti.

'pigolo, *sm.* canto o angolo ri-

vo ne'corpi solidi.

Spilla. *V.* *Spillo.*

Spilláre, *att.* trar per le spi-
il vino dalla botte.

Spillo, *sm.* ago per uso di appun-
tarsi le vesti o simili – ferro
con cui si forano le botti per
assaggiarne il vino – e il buco
stesso fatto collo spillo – qualsivoglia piccolo foro in vaso
che contenga liquidi.

Spilorcería, *sf.* strettezza nello
spendere.

Spilórcio, *add. m.* sordido, avaro

Spina, *sf.* stecco acuto de'pruni – ago della pecchia – il buc-
le delle reni – lisca del pesce – sorta di lavoro fatto
coll'ago – sorta di pan buc
lavoro.

Spináce , *sm.* erba estesa che
si mangia cotta.

Spinále, *add. com.* di spina –
appartenente alla spina del
dorso.

Spinetta, *sf.* strumento a tasto
come il cembalo.

Spino, *sm.* virgulto spinoso.

Spinóso, *add. m.* pieno di spine – *fig.* difficile, astruso.

Spinta, *sf.* urto – *fig.* impulso

Spiombáre, *att.* cavare il piom

Spira (*v. gr.*), *sf.* rivolu
o rivolgimento in giro.

Spiráglio, *sm.* fessura per
trapela il lume – e il rag
stesso di luce che trapela

la fessura.

pirale, *add. com.* fatto a spira.

piráre, *n. ass.* soffiare (*proprio di vento*) - respirare - svaporare - mandar fuori l'ultimo fiato, morire - terminare (*detto di tempo*) - *att.* infondere (*meglio inspirare*)

pirazióne, *sf.* respiro - stimolo interno a virtù (*meglio inspirazione*)

piritáre (*pr. iíto ec.*), *n. ass.* divenire spiritato - essere preso da eccessivo spavento.

piritáto, *add. m.* indemoniato - impaurito al sommo.

pírito, *sm.* nome generale che si dà ai principj pensanti - intelligenza incorporea - Dio, anima, angelo, demonio (*secondochè lo indicano i predicati*) - *metaf.* animo, valore, coraggio - intelletto - finezza d'ingegno - alito, fiato - la parte più sottile di tutti gli enti, particolarm. de'liquori.

piritóso, *add. m.* che contiene molte parti spiritose e svaporabili (*detto di cose*) - *fig.* vivace, acuto (*detto di persona*)

piritúale, *add. com.* di spirito, incorporeo.

pirto (*v. poet.*), *sinc.* di spirito. V.

piumacciáre, *att.* battere con mano per più versi matasassi, coltrici ec. per renderli più soffici.

Splendé́re, *att.* levare la piuma.

Spléndere. V. *Risplendere*

Splendidamente, *avv.* magnificamente.

Spléndido, *add. m.* rilucente - magnifico.

Splendóre, *sm.* luce - *fig.* gloria, eccellenza - fama.

Spóglia, *sf.* quello di che altri è spogliato - preda - *fig.* resto - corpo morto - *per simil.* buccia, scorza - *In pl.* avanzi di cose già intere - ciò ch'è tolto in guerra a'nemici.

Spogliáre, *att.* levar di dosso le vesti - tor via la spoglia - predare - *fig.* privare - *np.* deporre.

Spóglio, *sm.* tutto ciò che si addice agli attrezzi di una casa - preda - raccolta di notizie ricavate dalla lettura di autori - *In comm.* estratto delle partite de'debitori.

Spola, *sf.* strumento di legno a foggia di navicella incavata nel mezzo, per uso del tessere.

Spolpáre, *att.* levare la polpa - *fig.* tor la forza, snervare - *np.* smagrirsi.

Spolveráre (*pr. ólvero ec.*), *att.* nettar dalla polvere - e coprir di polvere.

Spolverina, *sf.* sopravveste da viaggio per riparo dalla polvere.

Spolverizzáre. V. *Polverizzare.*

Sponda, *sf.* parapetto di ponti,

fumi e simili - estremità di
letti, tavole ec.

Sponga. V. *Spugna.*

Sponsále, *add. com.* da sposi.

Sponsalizia, *sf.* e.

Sponsalizio, *sm.* promessa delle
future nozze.

Spontaneità, *sf.* volontà avver-
tita e non vincolata.

Spontáneo, *add. m.* volontario.

Spopoláre (*pr.* ópolo ec.), *att.*
distruggere, o diminuire la
popolazione - *np.* diminuirsi
la popolazione.

Spoppáre. V. *Slattare.*

Sporcáre, *att.* imbrattare.

Sporchezza, e

Sporcizia, *sf.* lordura - *fig.* disonestà.

Sporco, *add. m.* (*pl.* chi), lordo
- *fig.* disonesto.

Spórgere (*pass.* orsi, *pp.* orto),
n. ass. an. uscir checchessia
dal piano - *fig.* mostrarsi, apparire - *att.* porgere.

Sporre. V. *Esporre.*

Sporta, *sf.* arnese tessato di
giunchi o paglia per uso di
trasportare robe per lo più
commestibili

Sportáre. V. *Sporgere.*

Sportello, *sm.* piccolo uscello in
alcune porte grandi – apertura
per cui si entra in carrozza.

Sporto, *sm.* quella parte di un
edifizio che sporge in fuori.

portula (*v. lat.*), *sf.* onorario,

gratificazione.

Sposa, *sf.* fanciulla che deve
maritarsi, o donna ma...
di fresco.

Sposalizio, *sm.* la solennità del
sposarsi.

Sposáre, *att.* pigliar per mog...
o per marito - ammin...
il sacramento del matrim...

Spositore, *sm.* commentatore.

Sposizione, *sf.* commento.

Sposo, *sm.* chi si per ammog...
o si è ammogliato di fresco.

Spossáre, *att.* infiacchire - np.
indebolirsi molto.

Spossatezza, *sf.* mancanza di
forze.

Spostáre, *att.* levar di posto -
np. scostarsi.

Spranga, *sf.* (*pl.* ghe), legno o
ferro che si conficca a traverso delle tavole per tener
meglio unite le fenditure.

Sprangáre, *att.* mettere le spran-
ghe.

Spregévole, *add. com.* che merita dispregio.

Spregiáre, *att.* tener a vile.

Sprégio, *sm.* disprezzo.

Spregiudicato, *add. m.* disinganna-
to - di liberi sentimenti.

Sprémere (*pass.* emei, emetti,
spressi, *pp.* emuto, e spresso)
att. an. premere con la
checchessia per estrarne il su...

Spretarsi, *np.* depor l'abito di pre...

Sprezzáre. V. *Disprezzare.*

tezzo. V. Disprezzo.

rigionáre, att. cavar di prigione.

rizzáre, att. minutamente schizzare.

rofondáre. V. Profondare.

rolungáre. V. Prolungare.

ronáre, att. pungere collo sprone le bestie da cavalcare perchè camminino più velocemente – fig. sollecitare.

ronáta, sf. colpo di sprone – fig. incitamento.

rone, sm. strumento pungente fisso nel tacco degli stivali, con cui si punge il cavallo perchè acceleri il passo – fig. stimolo, incitamento – In marin. punta di ferro alla prua de' navigli.

ronella, sf. la stelletta dello sprone.

ropiáre. V. Spropriare.

roporzionáre, att. cavar di proporzione.

roporzióne, sf. mancanza di proporzione.

ropositáre (pr. ósito ec), n. ass. dire, operare, o essere fuor di proposito.

ropositatamente, avv. a sproposito, o fuor di proposito.

repósito, sm. cosa fuor di proposito, di regola o di ragione.

ropriáre, att. privare delle cose proprie – np. cedere,

vendere.

Sprovveduto, e

Sprovvisto, add. m. senza provvedimento.

Spruzzáglia, sf. poca pioggia e leggiera – fig. poca quantità di checchessia.

Spruzzáre, att. bagnare leggermente – per simil. spargere minutamente – fig. aspergere.

Spruzzo, sm. spargimento di materia liquida in minutissime gocce.

Spruzzoláre (pr. uzzolo ec), n. ass. piovigginare – aspergere.

Spugna, sf. animale marino a guisa di pianta, il quale secco e purgato si gonfia di umidità e serve a molti usi.

Spugnosità, sf. mollezza di alcun corpo atto a rimandare l'umido naturale.

Spugnóso, add. m. bucherellato a guisa di spugna, poroso.

Spulciáre, att. ter via da dosso le pulci.

Spuma. V. Schiuma.

Spumánte, add. com. che fa spuma, o coperto di spuma.

Spumáre. V. Schiumare.

Spumóso, add. m. pieno di spuma

Spuntáre, att. rompere la punta – distaccare – np. perdere la punta – n. ass. cominciar a nascere – uscir fuora.

Spuntelláre, att. levare i puntelli.

Spuntonáta, sf. colpo di spuntone – *fig.* parole di schermò.

Spuntóne, *sm.* arme in asta con lungo ferro quadro, non molto grosso, ma acuto – spina legnosa grossa ed acuta in alcuna pianta, ovvero ossea in alcuni pesci.

Spurgáre, *att. e n. ass.* trar fuori con forza il catarro dalle fauci – purgare. V.

Spurgo, *sm.* (*pl.* ghi), lo spurgarsi – e la materia spurgata – luogo ove si pongono le robe sospette di contagio.

Spúrio, *add. m.* nato da adulterio e incesto.

Sputacchiáre, *n. ass.* sputare addosso per dispregio – sputare sovente, ma poco alla volta.

Sputacchiéra, *sf.* vaso per sputarvi entro.

Sputáre, *n. ass.* mandar fuori saliva, catarro o altre di bocca – *per simil.* mandar fuori checchessia con impeto.

Sputo, *sm.* saliva e altre che si sputi.

Spuzzára. V. Puzzara.

Squaccheráre, e

Squacqueráre (*pr.* ácchero, e ácquero ec.), *n. ass. propr.* cacar tenero – *att. fig.* far presto checchessia – dice le cose che si sanno, senza motivo di palesarle.

Squaderáre, *att.* volgere e rivolgere attentamente le pa-

gine dei libri – *fig.* manifestare apertamente – qualcure – considerare minutamente.

Squadra, *sf.* strumento col qual si squadra – schiera di soldati – moltitudine qualunque di persone – *In marin.* numero di navigli da guerra diretti da un comandante.

Squadráre, *att.* rendere quadro, o ad angoli retti – *fig.* guardare minutissimamente ignuno

Squadriglia, *sf.* piccola squadra o schiera di gente armata.

Squadronáre, *att.* ordinare squadroni – schierare in battaglia – *np.* porsi in ordinanza.

Squadróne, *sm.* schiera di soldati – *oggidì* corpo di cavalleria minore del reggimento.

Squagliáre, *att.* liquefare – *fig.* distruggere.

Squallido, *add. m.* scolorito, smorto – *fig.* mesto, malinconico

Squallóre, *sm.* pallidezza ardente – *fig.* desolazione grande

Squama, *sf.* scaglia del pesce e del serpente – *per simil.* qualunque cosa sopra fatta a quella foggia.

Squamóso, *add. m.* che ha squame

Squarciáre, *att.* stracciare adusando – *fig.* aprire, spalancare

Squárcio, *sm.* taglio grande – *fig.* pezzo di qualche opera letteraria.

Squartáre, *att.* dividere in quar

Squassàre, *att.* scuotere con impeto.

Squasso, *sm.* scossa impetuosa.

Squilla, *sf.* piccola campana – campanello che si pone al collo delle bestie da lavoro – campana che suona ad ora determinata sul fare e sul finire del giorno.

Squillàre, *n. ass.* rendere suono – *fig.* risonare la fama – volar con prestezza.

Squillo, *sm.* suono di campana.

Squinternàre, *att.* sconcertare, disordinare.

Squisitezza, *sf.* accuratezza nell'operare – finezza di gusto e di lavoro.

Squisito, *add. m.* di perfetta qualità.

Squittinàre, *att.* mandar a partito per l'elezione de' magistrati ed altri uffiziali.

Squittino, *sm.* adunanza di cittadini per eleggere i magistrati o simili – il mandare a partito.

Squittìre (*pr.* sco ec.), *n. ass.* stridere interrottamente ed acutamente, come fanno i cani allorchè inseguono la preda.

Sradicàre (*pr.* àdico, chi ec.), *att.* cavar di terra le piante colle radici – *fig.* estirpare, distruggere.

Sragionévole. V. *Irragionevole.*

Sragionamente, *sm.* disordine.

Sregolatamente, *avv.* senza regola

Sregolatezza, *sf.* smoderatezza, disordine.

Sregolàto, *add. m.* smoderato, eccessivo.

Srugginàre. V. *Dirugginare.*

Stabbiàre. V. *Stallare.*

Stàbbio, *sm.* sterco delle bestie.

Stàbile, *add. com.* fermo, durevole – *fig.* costante – *sm.* opp. *di* mobile.

Stabilimento, *sm.* lo stabilire – e la cosa stabilita – solidità, fermezza – qualunque luogo destinato a scuola, a educazione o altra pubblica beneficenza.

Stabilìre (*pr.* sco ec.), *att.* deliberare, ordinare – assegnare – collocare.

Stabilità, *sf.* fermezza – *fig.* costanza.

Stabilmente, *avv.* fermamente – durevolmente.

Staccàre, *att.* spiccare frutta dalle piante – separare da persona o da cosa – tor giù cosa appesa – *nf.* scostarsi.

Stacciàre, *att.* separare collo staccio la farina dalla crusca.

Stàccio, *sm.* specie di vaglio fino per uso specialmente di separar la farina dalla crusca.

Stadéra, *sf.* strumento col mezzo del quale si trova la gravità di differenti corpi coll'uso di un solo peso.

Stàdio (*v. lat.*), *sm.* l'ottava parte di un miglio – carriera nella quale i greci facevano la corsa - *In med*. periodo.

Staffa, *sf.* strumento sferoidale di ferro, che pende per una cigna della sella, per comodo di montare a cavallo, e di riposarvi il piede cavalcando.

Staffetta, *sf.* uomo che corre a cavallo a portare alcuna lettera o avviso.

Staffiere, *sm.* palafreniere. *V.* oggidì, qualunque servo che porti ambasciate.

Staffilare, *att.* percuotere collo staffile.

Staffilata, *sf.* percossa di staffile - *fig.* motto pungente.

Staffile, *sm.* striscia di cuojo alla quale sta attaccata la staffa - sferza pure di cuojo per battere altrui.

Staggio, *sm.* quel bastone che sostiene le reti, le scale a piuoli e simili. - ostaggio. *V.*

Staggire. *V.* *Sequestrare*.

Stagionare, *att.* condurre a perfezione - conservare diligentemente.

Stagionatura, *sf.* maturazione.

Stagione, *sf.* nome comune a ciascuna delle quattro parti dell'anno nei climi temperati - tempo indeterminato.

Stagliare, *att.* tagliare alla grossolana.

Staglio, *sm.* computo alla grossa.

Stagnajo, *sm.* lavoratore di stagno.

Stagnamento, *sm.* ristagno - lo stato dell'acqua stagnante.

Stagnante, *add. com.* che non corre.

Stagnare, *n. ass.* fermarsi l'acqua senza correre - *fig.* cessar di gettare - *att.* coprire di stagno la superficie dei metalli.

Stagnata, *sf.* vaso di rame stagnato.

Stagno, *sm.* ricettacolo d'acqua morta, palude - metallo bianchiccio e pieghevole.

Stajo, *sm.* misura di capacità per biade e granaglie.

Stalla, *sf.* stanza terrena dove si custodiscono le bestie.

Stallaggio, *sm.* quel che si paga alle osterie per l'alloggio delle bestie - e l'albergo stesso delle bestie.

Stallare, *n. ass.* lo sgravarsi il ventre che fanno le bestie - dimorare in istalla.

Stallìa, *sf.* dimora volontaria e forzata che si fa in un porto - e il tempo convenuto per lo sbarco delle mercanzie.

Stalliere, *sm.* famiglio che serve alla stalla.

Stallo, *sm.* luogo dove si sta, dimora - sedia di prelato - appartimento per ciascun posto in coro o simili.

Stallone, *sm.* bestia da cavallo destinata a far razza - garzone di stalla.

Stamburáre, *n. ass.* sonare il tamburo.

Stame, *sm.* la parte più fina della lana – qualsivoglia sorta di filo.

Stamigna, *sf.* tela fatta di stame o di pelo di capra per uso di colare liquori.

Stampa, *sf.* impronta d'immagine o di scrittura fatta sulla carta o sul drappo con caratteri o instrumenti mobili tinti d'inchiostro o qualsivoglia colore – e la cosa stampata in qualunque guisa o materia, forma, modello – *fig.* qualità, natura.

Stampáre, *att.* imprimere con caratteri di metallo alcuna cosa manoscritta – effigiar checchessia – pubblicar colle stampe alcun'opera – *fig.* imprimere nell'anima.

Stampatóre, *sm.* chi stampa – e *propr.* chi stampa libri.

Stampella, *sf.* bastone forcuto in cima che serve di appoggio agli storpiati.

Stamperia, *sf.* officina dove si stampano libri (*altr. con gr. v.* tipografia)

Stampíglia, *sf. nell'uso* impronta, bollo ec. – e la carta improntata o bollata.

Stampo, *sm.* strumento da stampare drappi, corami e simili.

Stanáre, *n. ass.* uscir dalla tana.

Stancáre, *att.* indebolire le forze – *np.* indebolirsi le forze nell'operare – *n. ass.* venir meno, mancare.

Stancheggiáre, *att. e n.* procedere con rigore e stranezza – angariare

Stanchezza, *sf.* diminuimento di forze cagionato da soverchia fatica, o da indisposizione naturale.

Stanco, *add. m.* (*pl.* chi), affievolito di forze.

Stanga, *sf.* (*pl.* ghe), pezzo di travicello che serve a diversi usi.

Stangáre, *att.* puntellare colla stanga.

Stangáta, *sf.* colpo di stanga.

Stangheggiáre. V. *Stancheggiare.*

Stanghetta, *sf.* piccola stanga.

Stantìo, *add. m.* che ha perduto la sua perfezione per troppo tempo (*detto di carni, grasso e simili*) – *fig.* renduto, per lunghezza di tempo, inutile.

Stantuffo, *sm.* quella parte della tromba da acque, schizzetti, sciringhe ec. che riempiendone la cavità attira e sospinge i liquidi.

Stanza, *sf.* nome generico di ogni parte della casa divisa da tramezzi di muro – albergo, alloggio – dimora permanente – acquartieramento di soldati – *In poes.* parte di canzone e poema che racchiude l'ordine de' versi rimanti che si è profosse il poeta (altr. non gr. ?, strofa)

Stanziamento, sm. ordine, mandato

Stanziáre, att. ordinare, statuire - pensare, stimare - collocare - n. ass. e np. dimorare fissamente.

Stare (pr. sto, pass. stetti, pp, stato), n. ass. essere - consistere - abitare - cessare dal moto - dimorare - indugiare - cessare - tralasciare - perseverare - appartenere - np. rimanersi, desistere.

Starna, sf. scola di pernice della grossezza di un piccione.

Starnutáre, n. ass. mandar fuora lo starnuto.

Starnuto, sm. strepito nel mandar fuora l'aria per le narici e per la bocca, a cagione di un veemente moto convulsivo del petto.

Stasi (v. gr.), sf. insuperabile ristagno del sangue e di altre umore ne' minimi vasi del corpo animale.

Statário, sm. soldato romano che aspettava il nemico di piè fermo - add. m. agg. di giudizio, compendioso, senza le formalità della legge.

Stato. V. Estate.

Stática (v. gr.), sf. (pl. che), parte della meccanica che tratta dell'equilibrio delle potenze, e delle leggi con cui è cor-

pi agiscono gli uni sugli altri

Statista, sm. (pl. sti), personaggio addetto al regolamento degli affari di stato.

Statística, sf. scienza che tratta della ragione di ciò che costituisce la ricchezza e la forza degli stati.

Stato, sm. grado, condizione - stabilità - mantenimento - posto d'onore - potenza, dominio - In pl. provincie componenti una monarchia o una repubblica - e termine altresì applicato a varj ordini di un popolo, radunati per consultare delle cose pubbliche.

Státua, sf. figura in pieno rilievo e scolpita e di getto, in sembianza umana e per lo più in piedi.

Statuária, sf. l'arte di scolpire le statue in pietra, e di gettarla in metallo.

Statuário, sm. scultore di statue - add. m. agg. di marmo, atto a scolpirvi statue.

Statuire (pr. sco ec.), a. ec. deliberare, risolvere.

Statúra, sf. altezza del corpo - positura.

Statúto, sm. legge di luogo particolare - e legge, decreto in generale.

Stazionário, add. m. fermo (detto per lo più de' pianeti) - nell'uso, fermo in un luogo e posto

mióne, *sf.* fermata, dimora – visita a qualche chiesa per acquistare le indulgenze stabilite dai pontefici – ogni fermata della *via crucis.*

tecca, *sf.* (*pl.* cche), pezzo di legno sottile e piano – legnetto de' calzolai per lustrar le suola delle scarpe – osso di balena per tener distesi i busti delle donne – strumento d'osso o d'avorio per piegar carta – bastone pesante nel calcio e sottile e leggiero in cima per giocare al bigliardo.

teccadenti, *sm.* fascelletto assottigliato per istuzzicarsi i denti.

teccáto, *sm.* riparo di legname fatto per difesa di città o di eserciti – chiusura di stecconi.

tecco, *sm.* (*pl.* cchi), spina sul fusto o sui rami di alcune piante – qualunque fuscello aguzzo.

teccóne, *sm.* palo diviso per lungo in due parti, per uso di fare stoccato.

tella, *sf.* nome generico di tutti i corpi celesti luminosi da sè – punto di costellazione – *fig.* destino – *poetic.* occhio.

tellàto, *sm.* quantità di stelle – *add. m.* pieno di stelle – che ha figura di stella.

tellionáto, *sm.* delitto di chi vende cosa non sua, o per ciò ch' ella non è – truffa.

Stellione, *sm.* animaletto come la lucertola, *altr.* tarantola.

Stelo, *sm.* gambo di fiori o d'erbe.

Stemma (*v. gr.*), *sm.* (*pl.* mmi), arme, insegna gentilizia.

Stemperáre (*pr.* émpero ec), *att.* fare divenir quasi liquido checchessia disfacendolo con liquore – *np.* disfarsi, corrompersi – *Nelle arti,* levar la tempra ai ferri.

Stemperáta, *add. m.* sciolto, liquefatto – a cui è stata levata la tempera – smoderato.

Stemperáre, *sinc. di* stempe rare. V.

Stendárdo, *sm.* insegna o bandiera principale.

Stendere. V. *Distendere.*

Stenditojo, *sm.* luogo destinato a distendere biancherie, stampe ec. per farle asciugare.

Stenebráre (*pr.* énebro ec), *att.* tor via le tenebre, il luminate.

Stenografía (*v. gr.*), *sf.* arte di scrivere prestamente col mezzo di abbreviature o di cifre.

Stentáre, *n. ass.* avere scarsità nelle cose necessarie alla vita – patire – indugiare – aspettare – *att.* arrecare stento – mandare in lungo.

Stentatamente, *avv.* con istento o difficoltà.

Stento, *sm.* mancanza del necessario – patimento – fastidio.

Stenuáre, *att.* V. *Estenuare.*

Sterco, *sm.* (*pl.* chi), feces che

si mandano fuori dal ventre degli animali.

Stercorazióne, *sf.* ingrassamento dei campi.

Stérile, *add. com.* che non produce frutto.

Sterilezza, e

Sterilità, *sf.* infecondità.

Sterilmente, *avv.* con isterilità – *fig.* con poco frutto.

Sterlíno, *sm.* moneta immaginaria d' Inghilterra che vale 25 franchi circa.

Sterminare (*pr.* érmino ec.), *att.* mandare in rovina, in conquasso

Sterminatezza, *sf.* grandezza smisurata.

Sterminato, *add. m.* smisurato, eccedente.

Sterminatóre, *sm.* che stermina.

Sterminio. V. *Esterminio.*

Sterpáre, *att.* levar via gli sterpi – *fig.* svellere checchessia.

Sterpo, *sm.* fruscolo che pullola da ceppaja di albero secco, o da residuo di barba d' albero tagliato.

Sterquilínio, e

Sterquilino, *sm.* luogo dove si ammonta il letamo.

Sterráre, *att.* levare il terreno, sbassar la terra – dissotterrare cadaveri.

Sterzáre, *att.* dividere in terzo, o a proporzione.

Sterzo, *sm.* cocchio guidato da chi siede dentro senza cocchiere.

Stesso, *pron. relat. m.* medesimo

Stige, *sf.* il secondo de' fiumi infernali della favola.

Stígio, *add.m.* di Stige, infernale

Stiláre (*da* stile, *costume*), *n. ass.* costumare, praticare.

Stile (*v. gr.*), *sm.* verghetta sottile per tirar linee – ferro acuto con cui gli antichi scrivevano sulle tavolette incerate – fusto dell' albero in tutta la sua lunghezza e dirittura – ferro acuto per diversi usi nelle arti – *fig.* bastone lungo e sottile – modo particolare a ciascuno di esporre in iscritto i proprj pensieri – costume, modo di procedere.

Stilettáre, *att.* ferire con istiletto, o stilo.

Stilettáta, *sf.* ferita con istile.

Stiletto, *sm.* arme corta di lama appuntatissima e triangolare.

Stilla, *sf.* piccola goccia.

Stilláre. V. *Distillare.*

Stillicidio, *sm.* umore cadente a stille a stille – grondaja – docciatura medicinale.

Stilo, *sm.* V. *Stile* – pugnale corto, altr. stiletto. V. – ferro della stadera ove sono segnate le once e le libbre.

Stima, *sf.* pregio, apprezzamento – e nell' uso, quel pregio che una cosa si crede valere per determinazione di un perito,

Stimàbile, *add. com.* degno di stima e di considerazione.

Stimáre, *n. ass.* essere d'opinione, giudicare – *att.* avere in pregio, – dare giudizio del valore di checchessia.

Stimate (*v. gr.*), *sf. pl.* le cicatrici delle piaghe di N. S. G. C. – *per simil.* i segni della passione di G. C. impressi sul corpo del serafico san Francesco – qualunque piaga o cicatrice.

Stimoláre (*pr.* ímolo ec.), *att.* pungere collo stimolo – punzecchiare – *fig.* incitare.

Stímolo, *sm.* strumento con cui si pungono buoi, cavalli e simili animali per sollecitarli al cammino – *fig.* incitamento a fare – incentivo dei sensi – *In med.* attività de'rimedj stimolanti.

Stincáta, e

Stincatúra, *sf.* percossa nello stinco.

Stinco, *sm.* (*pl.* chi), osso della gamba dal ginocchio al collo del piede – parte anteriore della gamba – e *talora* tutta la gamba.

Stíriguere. V. *Estinguere.*

Stipa, *sf.* legna minuta da far fuoco – mucchio di cose stivato insieme.

Stipáre, *att.* circondare di stipa – *fig.* mettere insieme, am-

mucchiare – condensare.

Stipendiáre, *att.* dare lo stipendio a persone dipendenti.

Stipéndio, *sm.* paga, salario.

Stípite, *sm.* pedale d'albero, fusto – membro laterale della porta, che regge unitamente all'altro l'architrave – persona prima donde vengono le discendenze delle famiglie.

Stipo, *sm.* armadio ornato per riporvi oggetti minuti e di valuta

Stipuláre (*pr.* ípulo ec.), *att.* far contratto fra due o più persone di cose insieme convenute.

Stipulazióne, *sf.* lo stipulare,

Stiracchiáre, *att.* fare interpretazioni sofistiche, cavillare.

Stiracchiatamente, *avv.* a stento.

Stiracchiatúra, *sf.* sofisticheria.

Stiráre, *att.* tirare distendendo – spianare e lisciare col ferro le biancherie (*volg.* soppressare)

Stirpáre. V. *Estirpare.*

Stirpe, *sf.* schiatta, origine.

Stitichezza, *sf.* qualità di ciò che ha dell'aspro e dell'acerbo – difficoltà di beneficio del corpo – *fig.* procedere fastidioso.

Stítico, *sm.* (*pl.* ci, chi), chi ha con difficoltà il beneficio del corpo – *add. m.* che soffre di stitichezza – astringente – *fig.* ritroso – avaro – e *parlando di componimenti,* secco, freddo, debole.

Stiva, *sf.* manico dell'aratro –

fondo della nave.

Stivale, sm. lungo calzare di cuojo per difendere le gambe dall'acqua.

Stivamento, sm. unione stretta.

Stivare, att. strettamente unire insieme - In marin. porre in ordine le robe della nave.

Stizza, sf. ira, collera - inimicizia - sorta di scabbia canina.

Stizzare, arsi, n. ass. e np. incollerirsi.

Stizzire (pr. sco ec.), att. far pigliare la stizza a uno - n. ass. e np. incollerirsi.

Stizzo, sm. tizzone acceso.

Stizzoso, add. m. inclinato alla stizza, o infetto di stizza.

Stoccata, sf. colpo di stocco - fig. dolore acutissimo per novella infausta ed inaspettata.

Stoccheggiare, att. ferire collo stocco - fig. star sulle difese.

Stocco, sm. (pl. cchi), arme simile alla spada, ma più corta e più acuta.

Stoffa, sf. pezza di drappo di seta o di altra materia nobile.

Stoicismo, sm. modo di pensare degli stoici - insensibilità.

Stoico, sm. filosofo della setta di Zenone ateniese - add. m. a modo degli stoici.

Stola, sf. veste, abito - striscia di drappo che fascia il collo al sacerdote immediatamente sotto la pianeta.

Stolidezza, sf. stupidità.

Stolido, addm. stupido, bal...

Stoltezza, sf. sciocchezza.

Stolto, add. m. sciocco.

Stomacaggine, sf. rivolgimento di stomaco.

Stomacare (pr. omaco, ch ...) n. ass. perturbarsi lo stomaco per ischifezza - att. fig. ... fastidire.

Stomachevole, add. com. che perturba lo stomaco.

Stomaco, sm. (pl. chi), membrana interna del corpo ... male a foggia di sacco, ... si ricevono e si conc... gli alimenti.

Stomatico, add. m. (pl. ci, ...) che corrobora lo stomaco.

Stonare, n. ass. uscir di tono.

Stoppa, sf. materia che si ... dopo il caperchio nel pet... nare lino o canapa.

Stoppaccio, sm. stoppa o ... simile con cui si cala la ... polvere e la munizione d... l'archibugio.

Stoppare, att. turare con ...

Stoppia, sf. quella parte di pa... glia che rimane in sul camp... segate le biade.

Stoppinare, att. dar fuoco ... stoppino.

Stoppiniera, sf. arnese a cui s... adatta una piccola cande... gitare le stanze senza p... lucerne o candellieri (altr...

oppiao, *sm.* lucignolo di candela.

opposo, *add. m.* che ha della stoppa – arido, secco.

órcere (*pass.* orsi, *pp.* orto), *att. an.* raddrizzare una cosa torta – *fig.* stravolgere – interpretare sinistramente – *np.* contrapporsi.

ordimento, *sm.* lo stordire – stupidità.

ordire. (*pr.* sco ec.), *att.* far rimanere sbalordito – *n. ass.* e *np.* restar attonito.

orditezza, *sf.* balordaggine.

oria, *sf.* diffusa ed ordinata narrazione di cose accadute – avvenimento – pittura o scultura rappresentante alcun fatto – *fig.* cosa lunga e intrigata.

oriare, *att.* dipingere storie o avvenimenti – *n. ass.* scrivere storie – *In pitt.* adornare con varie cose minute e vaghe.

oricamente, *avv.* per via di storia.

orico, *sm.* scrittore di storie – *add. m.* appartenente a storia.

oriografo (*v. gr.*), *add. e sm.* storico.

torione, *sm.* pesce di mare ricercatissimo, che amando l'acqua dolce rimonta i gran fiumi.

lormire (*pr.* sco ec.), *n. ass.* far rumore.

tormo, *sm.* adunanza d'uomini per combattere, e il combattimento stesso – qualsiasi moltitudine anche d'animali.

Stornare, *att. propr.* far tornare indietro – *fig.* rimuovere, dissuadere – *n. ass.* ritirarsi.

Stornello, *sm.* uccello nericcio picchiettato di bigio, che vola a schiere – *add. m.* agg. del mantello de' cavalli misto di bianco e nero.

Storno, *sm.* lo stornare – rescissione, o rivocazione di contratto – stornello. *V.*

Storpiare, *att.* guastar le membra – *fig.* pronunziare erratamente alcune voci.

Storpiatura, *sf.* lo storpiare, e la cosa storpiata – alterazione nella pronunzia d'un vocabolo.

Storsióne V. *Estorsione e Torsione*

Storta, *sf.* tortuosità di fiumi, strade e simili – distensione violenta di tendini, muscoli e simili – scimitarra – strumento da fiato – vaso per uso di distillare.

Stortamente, *avv.* biecamente.

Storto, *add. m. pp. di* storcere – sconvolto – *fig.* iniquo.

Stovigliajo, *sm.* chi fa o vende stoviglie.

Stoviglie, *sf. pl.* vasi di terra per uso di cucina.

Stra, *partic.* che in composizione denota accrescimento.

Strabalzare. V. *Trabalzare.*

Strabére (*pr.* évo, *pass.* évi, evéi, e evetti, *pp.* evuto), *n.*

ass. ass. bere smoderatamente.

Strabiliare, n. ass. uscir fuora
di sè per lo stupore.

Straboccare. V. *Traboccare*.

Strabocchévole, add. sett. eccessivo, smoderato.

Strabocchevolmente, avv. senza
ritegno.

Straceáre, att. torre, o diminuire
le forze – *fig.* annojare, seccare – np. indebolirsi.

Stracchezza, sf. affievolimento di
forze.

Stracciafóglie, sf. quaderno che i
mercanti tengono per sem-
plice ricordo, notandovi le
partite prima di postarle sui
libri maggiori.

Stracciajuolo, sm. rivenditore di
robe usate.

Stracciáre, att. squarciar panni,
carte e simili – sbranare –
fracassare – disunire – straziare. *V.*

Stráccio, sm. qualsivoglia panno
logoro e stracciato – pezzo, o
brano della cosa stracciata –
squarcio di libro.

Straceo, add. m. (pl. cchi), indebolito di forze.

Stracontento, add. m. conten-
tissimo.

Strac...... (pass. orsi, pp. orso),
n. ass. ass. correre senza ritegno – passare oltre correndo.

Stracotto, add. m. cotto eccedentemente.

Strada, sf. spazio di terreno d...
stinato per andare da luogo
luogo.

Stradóne, sm. spazioso d...
fiancheggiato di alberi regolarmente piantati.

Stradóppio, add. m. agg. d'al-
re mostruoso pel soverchi
numero delle foglie.

Strafalcióne, sm. errore comme...
so per trascuraggine.

Strafatto, add. m. più che fa...
(agg. per lo più di frutta)

Strafóro, sm. foro fatto traforan...

Strage, sf. mortalità grande.

Stragrande, add. com. di stra
dinaria grandezza.

Stralciáre, att. levare i tral...
dalle viti – per simil. togli...
checchessia alla peggio – *fig*
dar fine – terminare una con
troversia col consentimen...
delle parti.

Stralcio, sm. lo stralciare – a...
ponimento di controversia.

Strale, sm. (pl. ali, e poetic. a)
legnetto con punta di fe...
che dagli antichi si adatta...
all'arco per ferire – *fig.* col...
di avversa fortuna.

Stralunáre, att. stravolgere i...
qua e in là gli occhi apr...

Stramazzáre, att. gettare im...
tuosamente a terra – n. o
cadere con un tuono a t...

Stramusso. V. *Mostaccio*.

Strambo, add. m. storto t...

di gamba) - nell'uso fig. strano.

Strambotto, *sm.* poesia d'innamorati per lo più in ottava rima

Strame, *sm.* ogni erba secca che serva di cibo o di letto a bestiame.

Stramortire. V. *Tramortire.*

Strampalato, *add. m.* stravagante.

Stranamente, *avv.* con istranezza - stravagantemente.

Stranare, *att.* usare stranezze - soverchiar nel prezzo.

Stranezza, *sf.* maltrattamento, angheria - cosa straniera.

Strangolare (pr. ángolo ec.), *att.* uccidere soffocando - np. strozzarsi - alzar la voce sforzatamente.

Strangolato, *add. m.* soffocato - per símil. troppo stretto.

Stranguria (v. gr.), *sf.* difficoltà nell'orinare.

Straniére, e

Straniéro, *add. e sm.* forestiero - sconfitto.

Stránio, *add. m.* alieno - straniero - inusitato.

Strano, *add. m.* non congiunto di parentela nè di amicizia - straniero - fig. inusitato, stravagante - di maniere scortesi.

Straordinario, *sm.* corriere che non ha giorno determinato a portar lettere - *add. m.* fuor dell'usato.

Strapagare, *att.* pagare oltre il dovere.

Straparlare, *n. ass.* parlar male.

Strapazzare, *att.* maltrattare - operare alla peggio.

Strapazzo, *sm.* maltrattamento.

Strapiantare. V. *Trapiantare.*

Straportare. V. *Trasportare.*

Strappare, *att.* spiccare a forza - lacerare - schiantare.

Strappato, *add. m.* spiccato a forza - fig. ottenuto - e allontanato per forza.

Straricco, *add. m.* (pl. chi), ricchissimo.

Strariपévole, *add. com.* boscoso.

Stráscico, *sm.* (pl. chi), parte deretana della veste, che si strascina.

Strascinare, *att.* tirarsi dietro alcuna cosa senza sollevarla da terra.

Strasccolare. V. *Trascolare.*

Stratagemma (v. gr.), *sm.* (pl. mmi), inganno, astuzia (per lo più militare)

Strato, *sm.* pavimento nella stanza su cui si cammina - tappeto disteso in terra in segno di osservanza - letto - *In pl.* diconsi tutti i letti di terre, minerali, metalli, pietre, fossili ec. che posano sotto la superficie terrestre.

Strattagemma. V. *Stratagemma.*

Stravagante, *add. com.* fantastico.

Stravaganza, *sf.* qualità di ciò ch'è fantastico.

Stravario, *add. m.* variissimo.

Stravestire. V. *Travestire.*

Straviziare, *n. ass.* fare stravizio.

Stravizzo, *sm.* disordine nel mangiare e nel bere fuor del bisogno.

Stravolgere (*pass.* olsi, *pp.* olto), *att. az.* torcere con violenza – *fig.* tor via – *np.* volgersi sossopra.

Stravolgimento, *sm.* rivolgimento.

Stravoltare, *att.* V. *Stravolgere.* – *fig.* rovesciar l'ordine delle cose, o il senso delle parole.

Straziare, *att.* dilacerare – malmenare – dissipare.

Strazio, *sm.* dilacerazione, scempio – scialacquo – scherno.

Strega, *sf.* (*pl.* ghe), maliarda.

Stregare, *att.* ammaliare.

Stregghia, *sf.* arnese di ferro dentato, con cui si fregano e ripuliscono i cavalli.

Stregone, *sm.* maliardo.

Stregoneria, *sf.* malia. *V.*

Stremo. V. *Estremo.*

Strenna (*v. lat.*), *sf.* mancia – nell'uso, presente di primo d'anno, natalizio e simili.

Strenuo (*v. lat.*), *add. m.* valoroso, prode.

Strepitare (*pr.* epito ec.), *n. ass.* fare strepito.

Strepito, *sm.* rumor grande e scomposto.

Stretta, *sf.* lo strignere – calca – passo stretto.

Strettamente, *avv.* con istrettez-

za – scarsamente – rigorosamente – in succinto.

Strettezza, *sf.* angustia di spazio o di luogo – *fig.* limitazione – scarsità – urgenza.

Stretto, *sm.* luogo di poca larghezza – *In geogr.* lingua di terra che divide due mari, ovvero braccio di mare che divide due continenti – *add. m.* compreso con forza – serrato – angusto – chiuso – intrinseco – denso – scarso – *avv.* strettamente.

Strettoja, *sf.* fascia per uso di strignere.

Strettojo, *sm.* strumento di strigne per forza di vite, e serve a spremere checchè – fasciatura stretta.

Strettura. V. *Stretta.*

Stridere, *n. ass.* gridare acutamente.

Strido, *sm.* (*pl.* da f.) grida acute.

Stridore, *sm.* strido – freddo eccessivo.

Stridulo, *add. m.* agg. di ... e di suono, troppo acuto.

Strigare, *att.* sviluppare – *fig.* aggiustar cosa imbrogliata – *np.* trarsi d'impaccio.

Strige, *sf.* uccello notturno di rapina, che non può ... la luce del giorno.

Striglia. V. *Stregghia.*

Strignere (*pr.* ingo, igni ec. ... insi, *pp.* etto), *att. az.* ...

primere con forza una cosa coll'altra, ovvero le parti di un tutto – raccogliere insieme – *np.* raccogliersi in sè stesso.

rilláre, *n. ass.* motte e urli.

sillo, *sm.* grido forte ed acuto.

ringa, *sf.* (*pl.* ghe), pezzo di nastro, o striscetta di cuojo, per uso di allacciare.

ringáre, *att.* ristringere.

ringáto, *add. m.* succinto – stretto, o piccolo.

ringere. V. *Strignere.*

iscia, *sf.* (*pl.* sce), pezzo di panno o simile che sia più lungo che largo – orma che rimane in terra dallo strisciare.

isciáre, *n. ass.* muoversi stropicciando il terreno come la serpe – *fig.* passare rasente con impeto.

itoláre (*pr.* ítolo ec.), *att.* spezzare in minutissimi pezzi – *np. fig.* consumarsi per soverchia brama.

ofa, *e* strofe (*v. gr.*), *sf.* stanza di una canzone.

ofináre, *att.* fregare con mano leggiermente per ripulire (*meno che* stropicciare)

omento. V. *Strumento.*

picciáre, *att.* fregare con mano (*detto più comun. dei panni che si lavano*), o fregare gagliardamente (*più che* trofinare)

picolo, *e* stropiccío, *sm.* con-tinuato e forte fregamento di piedi e di mani.

Stroppa, *e* stróppia, *sf.* ritorta per legar fascine, legne.

Stroppiáre. V. *Storpiáre.*

Strozza, *sf.* canna della gola.

Strozzáre, *att.* uccidere stringendo fortemente la strozza.

Strággere (*pr.* usi, *pp.* utto), *att. an.* liquefare per forza di calore – distruggere – *n. ass.* e *np. fig.* desiderare ardentemente.

Struggimento, *sm.* liquefazione – disfacimento – *fig.* deliquio – intenso desiderio.

Strumentále, *add. com.* da strumento (*agg. di musica*)

Strumento, *sm.* quello col quale, o per mezzo del quale si opera – *In mus.* qualunque macchina armoniosa, sia a corde, a tasti, o a fiato – *In fis.* qualunque macchina che serva a fare esperimenti – *In anat.* qualunque ferro chirurgico – *In legge* qualunque contratto o scrittura pubblica. *Nelle arti* qualunque ordigno o ferro proprio di ciascheduna di esse.

Strutto, *sm.* grasso di porco cotto e colato – *add. m.* liquefatto – *fig.* squallido – magrissimo.

Struttúra, *sf.* costruzione, fabbrica – modo con cui una cosa è costrutta.

Struzzo (v. gr.), sm. uccello grande con lunghe gambe e piedi, di cui sono molto stimate le penne per ornamento donnesco.

Stuccare, att. attaccare con istucco – chiudere buchi con istucco – n. ass. recar nausea (detto di cibi) – fig. annojare – np. per simil. lisciarsi.

Stucchévole, add. m. rincrescevole – nauseante.

Stucco, sm. (pl. chi), composto di diverse materia per uso di attaccare cose, o riturar fessure – pasta formata di calcina o polvere di marmo finissima per fare ornamenti e figure di rilievo – add. m. infastidito.

Studente, sm. che studia in una università o in un liceo.

Studiáre, n. ass. applicarsi alle lettere e alle scienze – e attendere a qualunque altra cosa – att. fig. coltivare – affrettare – np. industriarsi.

Studio, sm. applicazione fissa della mente alla cognizione delle cose – l'arte o la scienza ch'è l'oggetto dell'applicazione – diligenza, industria – luogo ove si studia, scuola – e la stanza ove si sta a studiare – raccolta di cose rare per oggetto di studio, volg. gabinetto – In pl. riflessioni,

osservazioni, esperimenti intorno a qualche soggetto per acquistarne la scienza.

Studiosamente, avv. con istudio – diligentemente.

Studioso, add. m. dedito allo studio – diligente.

Stufa, sf. stanza riscaldata internamente o esternamente di fuoco – macchina di ferro o di mattoni, solamente un fornello in cui si fa fuoco, e diversi condotti, pe'quali passando il fumo caldo si comunica il calore alle pareti della stufa, e da quelle a tutta la stanza.

Stufáre, att. fig. infastidire.

Stufo, add. m. infastidito.

Stuoja, sf. tessuto di giunchi o di canne palustri per varj usi.

Stuolo, sm. moltitudine di genti – e quantità di animali.

Stuonáre. V. Stonare.

Stupefáre (pr. fò, pass. feci, pp. fatto), n. ass. e np. maravigliarsi altamente – empiere di stupore.

Stupendo, add. m. maraviglioso – ottimo.

Stupidezza. V. Stupidità.

Stupidíre (pr. sco, ec), n. divenire stupido – rimanere sommamente maravigliato.

Stupidità, sf. insensatezza.

Stupido, add. m. insensato – poco da stupore – intontito

...to (parlando di membra)

Stupire (pr. sco ec.), n. ass. empierai di stupore.

Stupore, sm. somma grado di maraviglia.

Stuprare, att. commettere stupro.

Stupro, sm. sverginamento illecito

Sturare, att. schiudere.

Sturbare, V. Disturbare.

Stuzzicare (pr. uzzico, chi ec.), att. punzecchiar leggermente con alcuna cosa appuntata - fig. stimolare - irritare - np. soffregarsi insieme.

Su, avv., opp. di giù - in alto - prep. sopra - vicino - partic. esortativa, alla quale talora si aggiunge la voce via.

Suadere (pass. asi, pp. aso), att. ... consigliata a fare, esortare (diversa da persuadere. V.)

Subacido, add. m. acidetto.

Subalterno, add. e sm. che dipende da un altro - subordinato - secondario.

Subastare, att. vendere all'asta.

Subbia, sf. grosso scarpello appuntato, usato dagli scultori per abbozzare e dirozzare le pietra.

Subbietto. V. Soggetto.

Subbio, sm. legno rotondo che serve a' tessitori per avvolgervi la tela di mano in mano ch'è tessuta.

Subbissare, att. sprofondare - n. ass. andare in precipizio.

Subbisso, sm. rovina grande.

Subbollire. V. Sobbollire.

Subentrare. V. Sottentrare.

Subintendere. V. Sottintendere.

Subissare. V. Subbissare.

Subitamente, avv. senza indugio

Subitaneamente, avv. improvvisamente.

Subitaneo, e

Subitano, add. m. improvviso.

Subitezza, sf. prontezza grande.

Subito, add. m. veloce - improvviso - inaspettato - avv. subitamente.

Sublimare, att. innalzare molto - e fig. inalzare con lodi. - In chim. raffinare per distillazione - np. sollevarsi in gran fama.

Sublime, add. com. più che alto, eccelso - elevato, eccellente.

Sublimità, sf. altezza somma - eccellenza - sensazione gradita che accompagna lo stupore.

Sublunare, add. com. ch'è sotto la luna, terrestre.

Subodorare, att. propr. odorare leggermente - fig. aver sentore di cosa accaduta o che sia per accadere.

Subordinare, att. costituire uno dipendente da alcun superiore - e nell'uso, sottoporre alla decisione di un superiore.

Subordinatamente, avv. con subordinazione.

Subordinato, add. m. dipendente da alcun superiore.

Subordinazióne, sf. dipendenza.

Subornáre, att. instigare di nascosto a fare qualche azione inonesta.

Subordinazióne, sf. disviamento dal bene operare.

Subúglio, sm. confusione, scompiglio.

Suburbáno (v. lat.), add. m. prossimo alla città.

Succedáneo, add. m. che succede, o si sostituisce ad altra cosa.

Succédere (pass. edéi, e essi, pp. eduto, e esso), att. an. entrare nell'altrui luogo, o. grado, o dignità - venir dopo - ereditare - n. ass. avvenire - riuscire.

Succeneríccio, add. sm. cotto sotto la cenere.

Successióne, sf. il succedere - diritto di sottentrare al possesso degli effetti lasciati da un defunto - ciò che vien dopo - figliolanza - posterità.

Successivamente, avv. l'un dopo l'altro.

Successivo, add. m. che va per successione - progressivo.

Successo, sm. avvenimento - esito.

Successóre, sm. chi tiene il luogo che prima era occupato da altro - erede.

...re, att. bucar col succhiello - succiare. V.

...re, att. forare col suc-

chiello.

Succhinello, dim. di

Sécchio, sm. strumento di ferro per uso di forar legnami.

Succiáre, att. attrarre a sé l'umore e il sugo - imbevere.

Succidere (pass. isi, pp. iso, att. an. tagliare dalla parte di sotto - fig. toglier via.

Succignere, e

Succingere (pr. ingo, igni e ...ec., pass. insi, pp. into), att. an. legar sotto la cintura le vesti lunghe per tenerle alte da terra.

Succintamente, avv. con brevità

Succinto, add. m. cinto di sotto - corto, o che ha veste corta, o alzata per acconciarsi - sm. compendio, ristretto.

Succio, sm. sorso - sangue attratto alla pelle da caldo bacio

Succóso. V. Sugoso.

Succursále, add. com. agg. di chiesa che serve invece di parrocchia.

Súcido, add. m. imbrattato, sporco - disonesto.

Sucidúme, sm. sporcizia.

Sud (v. ingl.), sm. mezzodì, opp. di nord.

Sudacchiáre, n. ass. leggermente sudare.

Sudáre, n. ass. mandar fuori sudore dalla pelle - gocciare - att. guadagnar con fatica

Sudário, sm. sciugatojo - pann...

lino, in cui rimase effigiata l'immagine di N. S.

Sudaticcio, *add. m.* alquanto sudato

Suddelegáre (*pr.* élego, ghi ec.), *att.* delegare un altro in vece di sè.

Suddetto, *add. m.* detto di sopra.

Suddiaconáto, *sm.* ordine sacro che precede il diaconato.

Suddiácono, *sm.* quegli che ha l'ordine del suddiaconato.

Súddito, *sm.* chi è sotto il dominio di alcun principe – *add. m.* sottoposto.

Sudicería, *sf.* sordidezza.

Sudício. V. *Sucido.*

Sudóre, *sm.* quell'umore che traspira dalla pelle degli animali o per fatica o per affanno – premio di fatica.

Sufficiente, *add. com.* bastevole – atto, abile.

Sufficientemente, *avv.* quanto basta

Sufficienza, *sf.* abilità, idoneità – bastevolezza.

Suffocáre. V. *Soffocare.*

Suffragáneo, *add. m.* agg. di vescovo, sottoposto al metropolitano.

Suffragáre, *n.* giovare, sovvenire.

Suffrágio, *sm.* soccorso, sollievo – voto – ciò che i fedeli offrono di bene a vantaggio delle anime purganti.

Suffumicáre, e

Suffumigáre (*pr.* úmico, chi ec., e úmigo, ghi ec.), *att.* spar-

gere di fumo.

Suffumígio, *sm.* il bruciare aromi o profumi in una stanza per correggerne l'aria guasta.

Sufoláre. V. *Zufolare.*

Sugáre, *att.* succiare l'umido – *n. ass.* non reggere della carta all'inchiostro per mancanza di colla.

Suggelláre. V. *Sigillare.*

Suggello. V. *Sigillo.*

Súggere (*v. lat. e poet.*), *att.* succiare, o succhiare.

Suggerire (*pr.* sco ec.), *att.* proporre.

Suggeritóre, *sm.* chi rammenta le parti ai commedianti o cantanti di teatro.

Suggestióne, *sf.* instigazione.

Suggestívo, *add. m.* agg. d'interrogatorio, che ingannevolmente trae altrui di bocca ciò che altrimenti non avrebbe detto.

Suggetto. V. *Soggetto.*

Suggezióne. V. *Soggezione.*

Súghero, *sm.* albero ghiandifero, la cui corteccia leggerissima, del medesimo nome, serve a tener a galla, a turar bottiglie e ad altri usi.

Sugna, *sf.* grasso di porco.

Sugo, *sm.* (*pl.* ghi), umore delle piante che, attratto per li pr della radice, circola per tr le parti delle piante stesse – *fig.* la sostanza di un lib di un discorso ec.

Sugóso, *add. m.* pieno di sugo.

Suicìda, *sm.* (*pl. di*), uccisor di sè stesso.

Sulfureo, *add. m.* di qualità di solfo.

Sultàna, *sf.* moglie del sultano.

Sultàno, *sm.* titolo di sovranità presso i turchi.

Sunto, *sm.* ristretto, compendio - estratto.

Suntuosità. V. *Sontuosità*.

Suntuoso. V. *Sontuoso*.

Suo, *pron. dinotante proprietà, ed avente relazione colla 3 pers. sing. di tutt' i generi (pl. suoi, e poetic. sui)* - Il suo, *in forza di sm.*, il suo avere, la sua roba - I suoi, *pure in forza di sm. pl.*, i suoi parenti, amici, famigli.

Suocera, *sf.* e

Suocero, *sm.* la madre e il padre della moglie o del marito.

Suola, *sf.* quel cuojo che nella scarpa difende la pianta.

Suolo, *sm.* superficie di terreno o di altro su cui si cammina.

Suonàre. V. *Sonare*.

Suonatóre. V. *Sonatore*.

Suono, *sm.* rumore che si fa nell'udito dal moto tremolo dell'aria cagionato da percossa, strumento, canto o simili - *fig.* fama, grido.

Suora, *sf.* sorella - monaca.

Superàre, *att.* rimanere superiore

sopravanzare.

Superbamente, *avv.* con superbia - nobilmente - magnificamente.

Superbia, *sf.* senso smodato e perverso della propria eccellenza e di ciò che si possiede, con disprezzo degli altri - pompa, magnificenza.

Superbire. V. *Insuperbire*.

Superbo, *add. m.* che ha superbia - nobile, magnifico.

Supererogazione, *sf.* ciò che si fa oltre al proprio dovere.

Superficiale, *add. com.* ch'è di superficie - *fig.* esterno.

Superficialità, *sf.* qualità di ciò ch'è superficiale - *fig.* poca costanza.

Superficialmente, *avv.* esteriormente - senza profondarsi.

Superficie, *sf.* Il di fuori delle cose. - *In mat.* ciò che ha larghezza e lunghezza senza profondità.

Superfluamente, *avv.* con superfluità.

Superfluità, *sf.* ciò ch'è di più al bisogno.

Superfluo, *add. m.* ch'è più del bisognevole o del conveniente.

Superi (*v. lat. e poet.*), *sm. pl.* gli dei de' gentili.

Superiore, *sm.* quello da cui altri dipende - *add. com.* che sta sopra, opp. d'inferiore.

Superiorità, *sf.* stato di chi è superiore - autorità, dominio

speriormente, *avv.* dalla parte
di sopra.

uperlativamente, *avv.* in modo
superlativo.

uperlativo, *add. m.* che sorpassa tutti – *In gramm.* agg. di
quel nome che denota la
maggiore grandezza, o il più
alto grado di qualsivoglia proprietà.

Supernále, *add. com.* e

Superno, *add. m.* superiore –
celeste – spirituale.

Superstite, *add. com.* che rimane dopo la morte altrui.

superstizione, *sf.* alto erroneo
di religione, o falso culto, che
procede da qualche errore intorno alla divinità – *fig.* soverchia scrupolosità in checchessia.

superstizioso, *add. m.* pieno di
superstizione – derivante da
superstizione.

Supervacáneo, *add. m.* superfluo.

Supino, *add. m.* che sia o giace
colla pancia all'insù.

Suppelléttile, *sf.* arnesi, masserizie di una casa – *fig.* capitale
di cognizioni acquistate.

Supplantáre (*v lat.*). V. *Sup-
piantare.*

Supplemento. V. *Supplimento.*

Súpplica, *sf.* memoriale con cui
si supplicano i superiori di
qualche grazia.

Supplicáre (*pr. sépplico, chi ec.*),

att. pregare umilmente a voce
o in iscritto.

Supplicazióne, *sf.* umile preghiera.

Súpplice, e

Supplichévole, *add. com.* che
supplica umilmente.

Supplício. V. *Supplizio.*

Supplimento, *sm.* ciò che si dà
per supplire al difetto – appendice, aggiunta.

Supplíre (*pr. sco ec.*), att. e n.
sovvenire al difetto, adempiere – aggiugnere ciò che manca.

Supplízio, *sm.* gastigo imposto
dalla giustizia a'malfattori.

Supporre (*pr. ongo, óni ec., pass.
osi, fut. orrò, pp. osto*), n. ess.
figurarsi che sia una cosa che
veramente non è – att. metter
sotto – porre in luogo d'altri.

Supposizióne, *sf.* e

Supposto, *sm.* V. *Ipotesi.*

Suppuráre, n. ass. venire a sup-
purazione (*detto di tumori o
simili*)

Suppurazióne, *sf.* maturazione di
tumore.

Supremazía, *sf.* diritto arrogatosi
da' sovrani d'Inghilterra di
essere capi della religione loro

Supremità, *sf.* autorità suprema.

Supremo, *add. m.* ch'è sopra
ogni altro.

Súrgere. V. *Sorgere.*

Surrogáre, att. mettere uno in
luogo di un altro.

Surrogazióne, *sf.* l'atto di sostituire una persona nel luogo di un'altra autorizzandola ai diritti della medesima.

Suscettibile, *add. com.* capace di attrarre e in sè ricevere.

Suscettibilità, *sf.* qualità di ciò ch'è suscettibile.

Suscettívo, *add. m.* che riceve, o atto a ricevere.

Suscitáre (*pr.* súscito ec.), *att.* di morto far tornare vivo – eccitare – *n. ass.* e *np.* risvegliarsi.

Susina, *sf.* frutta del susino.

Susino, *sm.* albero che produce le susine.

Susseguente, *add. com.* che seguita subito.

Susseguíre (*pr.* éguo, e isco ec.), *n. ass. an.* venire immediatamente dopo.

Sussidiáre (*v. lat.*), *att.* porgere sussidio o ajuto.

Sussidiário, *add. m.* ausiliario.

Sussidio (*v. lat.*), *sm.* ajuto nella necessità – soccorso – *Nella mil.* corpi di riserva, rinforzo.

Sussiégo, *sm.* (*pl. ghi*), gravità, sostenutezza.

Sussistenza, *sf.* attuale esistenza – *nell'uso*, alimenti.

Sussistere(*pass.* stei, e stetti ec.), *n. ass. an.* avere attuale esistenza – essere valido o fondato – *nell'uso*, vivere.

f. corda con che si le-

gano le some – molla in generale.

Sustantivo, *add. m.* che ha sustanza o consistenza – *agg. di verbo*, che non significa atto, ma relazione, e nel quale ogni altro verbo del concetto si risolve – *di nome*, quello che per sè sussiste, *opp. di aggettivo*, o addiettivo.

Sustanza, *sf.* essenza – somma, ristretta – facoltà, averi – *nell'uso*, nutrizione.

Sustanziále, *add. com.* di sustanza – essenziale – importante.

Sustanzialmente, *avv.* essenzialmente.

Sustanziáre, *att.* recare sostanza o nutrizione – *np.* nutrirsi.

Sustanzióso, *add. m.* che ha, o dà sustanza – nutritivo.

Susurráre, *n. ass.* leggermente romoreggiare – mormorare.

Susurrio, e

Susurro, *sm.* bisbiglio, mormorio.

Sutterfúgio, *sm.* modo da uscir di pericolo o d'impegno – scampo – scusa non plausibile.

Suzzáre, *att.* rasciugare a poco a pocò.

Svagamento, *sm.* distrazione.

Svagáre. V. *Divagare.*

Sraligiáre, *att.* cavar dalla valigia – spogliare altrui violentemente delle cose sue.

Svanire (*pr.* sco ec.), *n. ass.*

l'esalare che fanno i liquori delle loro parti più sottili, rimanendo così privi di sapore, odore o forza - *per simil.* sparire, cessare - non riuscire.

vantaggio, *sm.* danno, pregiudizio

vantaggioso, *add. m.* che arreca pregiudizio.

vaporare, *att.* mandar fuora i vapori - *fig.* esalare, sfogare.

vaporazione. V. *Evaporazione*

variare, *n. ass.* non istar fermo in un proponimento.

variatamente, *avv.* con varietà,

variato, *add. m.* vario, diverso - di più colori.

vario. V. *Divario.*

varione, *sm.* detto sproposito.

sveglia, *sf.* squilla degli oriuoli che suona a tempo determinato per isvegliare - suono di tromba, tamburo o campana di buon mattino per isvegliare i soldati o i convittori.

svegliare, *att.* rompere il sonno, destare - *fig.* rendere attento e operativo - *n. ass.* terminare la veglia - *np.* destarsi - *fig.* divenire attento ed operoso.

svegliatezza, *sf.* accortezza, vivacità.

svegliato, *add. m. fig.* d'ingegne acuto e destro.

svegliere. V. *Svellere.*

sveglierino, *sm.* tutto ciò ch'è atto a svegliare dal sonno.

Svelare. V. *Disvelare.*

Svellere (*pr.* elgo e ello, *pass. pp.* ello), *att. an.* spiccar piante o erba dalla terra unitamente alle radici, sradicare - *per simil.* spiccar qualunque cosa di là dov'era attaccata o radicata.

Sveltezza, *sf.* scioltezza di membra

Svelto, *add. m.* spiccato dalla radice - sciolto di membra.

Svenare, *att.* tagliare le vene - *per simil.* spillare la botte.

Svenévole, *add. com.* senza garbo o grazia - sguaiato.

Svenevolezza, *sf.* sgarbatezza.

Svenimento, *sm.* deliquio.

Svenire (*pr.* engo, ieni, *pass.* enni, *fut.* errò, *pp.* enuto), *n. ass. an.* venir meno, tramortire.

Sventare, *att.* sventolare. V. - *n. ass.* e *np.* prender aria - *Nella mil.* rendere vano l'effetto delle mine col mezzo di contrammine - *e fig.* guastare un negozio già incominciato a trattarsi.

Sventato, *add. m. fig.* privo di senno.

Sventolare, (*pr.* éntolo ec.), *att.* alzare in alto spandendo al vento - agitar in aria per forza di vento - *n. ass.* muoversi di cosa esposta al vento.

Sventrare, *att.* trarre gl'interiori di corpo altrui - *passa* il ventre con armi - *n. ass. fig.* mangiare e bere assai.

Sventura, *sf.* mala ventura, disgrazia.

Sventuratamente, *avv.* per mal a sorte.

Sventurato, *add. m.* disgraziato.

Sverginare (*pr. érgino ec.*), *att.* torre altrui la verginità - *per simil.* incominciare ad usar checchessia.

Svergogna, *sf.* smacco.

Svergognare, *att.* torre altrui la vergogna - *n. ass.* e *np.* avere rossore di alcuna cosa accaduta o che sia per accadere men che onesta.

Svergognato, *add. m.* sfacciato.

Svernare, *n. ass.* dimorare il verno in alcun luogo - uscir dall'inverno, ed entrare in primavera - *att.* tenere checchessia in alcun luogo nel tempo d'inverno.

Sverza, *sf.* sorta di cavolo verdastro, detto anche *cavolo verzotto.*

Svestire, *att.* spogliare - *np. fig.* deporre quelle chessia che toglie la vera sembianza.

Svezzare. V. *Divezzare.*

Sviare. V. *Deviare.*

Svignare, *n. ass.* fuggire con prestezza.

Svillaneggiare, *att.* dire altrui villanie - *np.* dirsi scambievolmente villanie.

Sviluppare, *att.* ravviare le ... avviluppate - *per simil.* ... gere.

Sviluppo, *sm.* lo sviluppare.

Svinare, *sm.* cavar il mosto ... tino.

Svincolare (*pr. incolo ec.*), ... sciogliere dai vincoli e lega... - *np.* sciogliersi - liberarsi

Svisare, *att.* guastare il viso ... *np.* guastarsi la faccia ... percossa o caduta.

Sviscerare (*pr. iscero ec.*), ... cavar i visceri - *np. fig.* ... ogni possa per ardente amor

Svisceratezza, *sf.* amor cordi... ed eccessivo.

Svisceratò, *add. m.* sviscerat... *fig.* affezionatissimo.

Svista, *sf.* sbaglio, inavve... tenza.

Svitare, *att.* sconnettere le ... fermate colla vite.

Svizzare. V. *Disvizzare.*

Svogliare, *att.* tor la vogl... dissuadere - *np.* perder voglia.

Svogliatezza, *sf.* mancam... voglia a fare - fastidio, ...

Svogliato, *add. m.* senza vo... - e *propr.* senza appeti... mangiare.

Svolare. V. *Volare.*

Svolazzare, *n. ass.* volare ... or qua, or là - dibatter ... - *fig.* vagare or qua or ... essere ajutato dal vento.

svolare. V. *Disvolare*.

Svolgere (pass. *olsi*, pp. *olto*), att. n. sciogliere, sviluppare — *fig.* rimuovere alcuno dalla sua opinione - dissuadere -

spiegare distesamente.

Svolgimento, sm. lo svolgere.

Svolare, att. cavar fuori lana e crine dai cuscini, basti ec. - volare. V.

T

T, lettera consonante, la decimanona dell'alfabeto italiano, assai simile al D, usandosi sovente l'una per l'altra, come *potestà* e *podestà*, *lito* e *lido* ec.

Tabaccaje, sm. venditor di tabacco.

Tabaccheide, sf. poesia che tratta del tabacco.

Tabacchiera, sf. scatoletta in cui si tiene il tabacco da naso.

Tabacco, sm. (pl. *cchi*), pianta esotica e divenuta indigena in Europa, la cui foglia manipolata si mastica e si brusia per prenderne il fumo, o si riduce in polvere per tirarla su pel naso.

Tabarro, sm. mantello con bavero.

Tabe (v. gr.), sf. corruzione, putredine.

Tabella, sm. strumento di legno usato invece di campane la settimana santa - tavoletta dipinta che per voto di grazia ricevuta si appende nelle chiese.

Tabellionato, sm. cifra di notaje pubblico, di cui è munito ogni atto da esso rogato.

Tabellione (v. lat.), sm. notajo.

Tabernacolo, sm. cappelletta per conservare immagini di santi - ciborio del ss. Sacramento.

Tabido (v. lat.), add. m. infetto di tabe.

Tacca, sf. (pl. *cche*), piccolo taglio - legnetto diviso pel lungo con piccoli segni e riscontro per memoria di chi non sa scrivere - piccolo mancamento nel filo di strumento tagliente - piccola macchia - *fig.* vizio, magagna.

Taccagno, add. m. sordido, avaro.

Taccato, add. m. pieno di tacche o macchie.

Taccia, sf. (pl. *cce*), vizio, difetto.

Tacciare, att. imputare altrui alcun mancamento.

Tacco, sm. (pl. *echi*), suola a più doppj che si pone nelle scarpe sotto il calcagno per alzarsi - conio che serve a tener alzata alcuna cosa.

Taccóne, *sm.* pezzo di suola che si attacca alle scarpe rotte – *per simil.* rappezzo.

Taccuíno, *sm.* libretto da notare per ricordo.

Tacére (*pr.* táccio, taci ec., *pass.* tacqui, tacesti ec., *pp.* taciúto), *n. ass. an.* star cheto, non parlare–finir di parlare – *fig.* non far rumore – *att.* tener segreto.

Tacitamente, *avv.* in silenzio.

Tacitáre (*pr.* tácito), *att.* nell'uso, soddisfare, pagare.

Tacitazióne, *sf.* nell'uso, soddisfacimento.

Tácito, *add. m.* cheto, mutolo – sottinteso.

Taciturnità, *sf.* silenzio.

Taciturno, *add. m.* che tace – che non fa rumore.

Tafanário, *sm.* deretano.

Tafáno, *sm.* insetto volatile più grosso della mosca, assai nojoso agli animali.

Taffettà, *sm.* tela di seta leggerissima e arrendevole.

Táglia, *sf.* gravezza – prezzo promesso con pubblico bando a chi consegni in mano alla giustizia un malfattore – legnetto diviso con segni per memoria (*altr.* tacca) – natura – qualità, statura, grandezza (*altrim.* taglio)

Tagliaborse. V *Borsajuolo.*

Tagliapietra, *sm.* scarpellino.

Tagliáre, *att.* far più parti [d'] una quantità continua con istrumento tagliente – trinci[are] – *per simil.* separare, se[pa]gare – *fig.* troncare l'av[anza]mento di alcuna cosa.

Taglieggiáre, *att.* metter taglia o gravezza a un pae[se] conquistato – imporre il pr[ez]zo a schiavi o banditi.

Tagliente, *add. com.* ben affilato – acuto – *fig.* maledico – pungente.

Tagliére, e

Tagliéro, *sm.* legno piano su [cui] si tagliano le vivande.

Táglio, *sm.* la parte taglien[te] di strumento destinato a tagliare – ferita che si fa [nel] tagliare – natura, qualità, occasione, opportunità – [fig.] proporzionata statura – *la[met]* sezione de' cadaveri.

Taglióne, *sm.* pena per cu[i il] malfattore è punito in sé [di] ciò che fece ad altri.

Tagliuzzáre, *att.* tagliare mitamente.

Tálamo (*v. gr.*), *sm.* letto [nu]ziale – camera degli spo[si] – *per trasl. alla lat.* nozze, [ma]trimonio.

Talchè, *avv.* di maniera ch[e]

Talco, *sm.* (*pl.* chi), pietra [fos]sile – materia artificiale [tra]sparente, e formata di s[ottili] foglie e tagliabile.

ale, *pron. com.* alcuno - quale - taluno - simile - *avv.* talmente.

alentáre, *n.* andare a gento.

alento, *sm.* voglia, volontà - disposizione naturale per ben riuscire in alcuna cosa - abilità - moneta ideale, presso gli antichi.

alía, *sf.* quella delle nove muse che presiede alla commedia e alla poesia lirica.

alleró, *sm.* moneta d'argento del valore di due fiorini.

allo (*v. gr.*), *sm.* la messa dell'erbe quando vogliono andare in semenza - ramoscello da trapiantare.

allóne, *sm.* osso del piede, ch'è come base alla tibia.

almente, *avv.* con modo tale.

almúde, *sm.* titolo di un libro degli ebrei, che contiene le loro dottrine.

alóra, *avv.* alcuna volta.

alpa, *sf.* animale che vive sotterra.

alúno, *pron. m.* alcuno.

alvolta, *avv.* qualche volta.

amarindo, *sm.* albero dell'Arabia o delle Indie, donde vengono a noi i suoi baccelli, dello stesso nome, che contengono un succo grato, ma brusco, per uso nella medicina.

amburino, *sm.* piccolo tamburo - sonator di tamburo.

Tamburláno, *sm.* arnese di metallo per uso delle distillazioni.

Tambúro, *sm.* strumento militare che si suona con due bacchette.

Tampóco, *avv.* nemmeno, nè pure.

Tana, *sf.* nascondiglio di bestie salvatiche - fossa.

Tanáglia, *sf.* strumento di ferro per uso di stringere, sconficcare, o trarre checchessia con forza - *fig.* sforzo.

Tanè, *add. e sm.* color lionato scuro.

Tanfo, *sm.* il fetor della muffa.

Tangente, *add. com.* che tocca - *sf. nell'uso*, porzione.

Tánghero, *sm.* persona grossolana.

Tangíbile, *add. com.* che si può toccare.

Tanto, *pron. m. di quantità o grandezza indeterm. - avv. dinotante lunghezza di tempo, grandezza di spazio, quantità di cosa.*

Tantosto, *avv.* immantinente.

Tapináre, *n. ass.* menar vita infelice - *np.* affliggersi molto.

Tapíno (*v. gr.*), *add. m.* misero, infelice - tribolato - *per simil,* gretto, basso.

Tappa, *sf.* luogo per mangiare e riposarsi ne' viaggi - e luogo ne' porti di mare ove i mercanti conducono le merci per essere vendute.

Tappáre, *att.* chiudere - coprire una cosa sicchè non si veg-

44

ga - *np*. imbacuccarsi nel mantello.

Tappéto, sorta di panno grosso a opera in varj colori per uso di coprir tavole - qualunque panno e di qualunque colore che copra tavole o pavimenti - pezzo di terra a forma di prato che si fa per ornamento nei giardini.

Tappezzáre, *an*. parare con tappezzerie.

Tappezzería, *sf*. paramento di stanze consistente in tessuti artificiosi per coprir le muraglie.

Tappezziére, *sm*. artefice di tappezzerie - paratore di stanze

Tappo, *sm*. turacciolo per botti, bottiglie, fiaschi e simili.

Tara, *sf*. diffalco che si fa a' conti quando si vogliono saldare - *per simil*. eccezione.

Tarabúso, *sm*. uccello di palude di collo lunghissimo e becco lungo ed acuto.

Tarantella, e

Tarántola, *sf*. ragno velenosissimo della Puglia.

Taráre, *att*. ridurre al giusto, nel saldare i conti, il soverchio prezzo domandato dagli artefici o venditori - *per simil*. detrarre, diffalcare.

Tarchiáto, *add*. *m*. di grosse membra.

Tardamento, *avv*. con lentezza.

Tardanza, *sf*. lentezza.

Tardáre, *n*. indugiare, trattenere - *att*. trattenere, ritardare.

Tardi, *avv*. fuor di tempo - con indugio.

Tardívo, *add*. *m*. che tarda a maturare (*detto di frutta*)

Tardo, *add*. *m*. pigro, lento - intempestivo - grave, severo

Tariffa, *sf*. determinazione tassazione dei prezzi - nota de'prezzi assegnati a chi deve vendere.

Taláre, *n*. *ass*. generar tarli.

Tarlo, *sm*. vermicciuolo che rodendo il legno vi si ricovra - e la polvere che fa il tarlo rodendo.

Tarma, *sf*. vermicciuolo che a guisa del tarlo rode diverse cose, specialm. carta e vestimenta.

Tarmáto, *add*. *m*. roso da tarme - butterato dal vajuolo

Taroccáre, *n*. *ass*. gridare, adirarsi.

Tarocco, *sm*. (*pl*. cchi), sorta di giuoco composto di carte divise in quattro seni con 14 carte cadauno, dieci carte figurate e numerate dette *tarocchi*, ed una detta *matto* ch'entra per tutto.

Tarpáre, *att*. spuntare le penne delle ali e della coda agli uccelli quando non si vuole alzino il volo - *fig*. indebore le forze, o togliere i mezzi ad alcuno.

arsia, sf. lavoro di pezzetti di legname di varj colori, uniti insieme a forma di musaico.

arsiare. V. Intarsiare.

arso, sm. sorta di marmo duro e bianchissimo di Toscana - In anat. la parte posteriore del piede.

artagliare, n. ass. replicare più volte una stessa sillaba per difetto di scioltezza nella pronunzia.

artana, sf. bastimento con un albero solo e vela latina, molto usato nel Mediterraneo.

artareo (v. poet.), add. m. infernale.

artaro (v. gr. e poet.), sm. il più profondo dell' Inferno - gromma, o crosta che fa il vino dentro alla botte, di cui i chimici fanno molte preparazioni specialm. per la medicina - calcinaccio de' denti.

artaruga, sf. (pl. ghe), animale testaceo terrestre e marittimo, munito di un guscio osseo che sempre porta con sè, ed in cui si rannicchia in caso di pericolo (altr. testuggine)

artassare, att. malmenare - affliggere.

artufo, sm. sorta di fungo odoroso che vegeta sotterra.

Tasca, sf. (pl. sche), saccoccia del vestito.

Tascabile, add. com. che può portarsi senza incomodo in una delle tasche o saccocce del vestito.

Tassa, sf. imposizione in danari da pagarsi al governo.

Tassare, att. stabilire la tassa da pagarsi - fig. determinare, fissare.

Tassativamente, avv. precisamente, segnatamente.

Tassativo, add. m. che determina invariabilmente.

Tassazione, sf. il tassare.

Tassellare, att. metter tasselli.

Tassello, sm. pezzo di panno, di legno o di pietra, commesso a rottura, o aggiunto per ornamento.

Tasso, sm. albero alpestre con foglie simili a quelle dell'abete - animale che dorme assai.

Tasta, sf. piccolo involglio di fila che si mette nelle piaghe o ferite per tenerle aperte e nette.

Tastare, att. toccare leggermente - riconoscere col tatto - fig. cercare di conoscere o di sapere destramente.

Tastatura, sf. l'ordine de' tasti di organi o clavicembali.

Tasteggiare, att. toccare i tasti di uno strumento - fig. tentar bellamente di scoprire.

Tastiera. V. Tastatura.

Tasto, *sm.* il senso del tatto – *In pl.* que' legnetti ordinati dell'organo o clavicembalo, o quegli spartimenti del manico negli strumenti a corda, dove si aggravano le dita sulle corde per fare gli accordi.

Táttera, *sf.* magagna – minuzia.

Táttica (*v. gr.*), *sf.* (*pl.* che), l'arte di disporre la soldatesca in battaglia, e di fare l'evoluzioni militari.

Tatto, *sm.* uno de' sensi esteriori pel quale si acquista l'idea della estensione, del solido e del molle, del ruvido e del liscio ec.

Taumaturgo (*v. gr.*), *add. e sm.* (*pl.* ghi), operatore di miracoli.

Taverna, *sf.* osteria di basse persone.

Taverniére, *sm.* frequentator di taverne – e chi tiene taverna.

Távola, *sf.* arnese di più assi orizzontali, retto da una, tre o quattro gambe, per più usi, ma specialmente per imbandire la mensa – asse *simplicem.* – quadro di altare – *In pl.* carte contenenti rami e figure illustrative del libro a cui sono attaccate.

Tavoláto, *sm.* parete o pavimento di tavole.

Tavoletta, *sf.* piccola tavola – piccolo quadro – tavolozza di

pittori – toeletta o toletta.

Tavoliére, *sm.* tavoletta su cui si giuoca.

Tavolíno, *sm.* piccola tavola da giuoco o da studio.

Tavolozza, *sf.* sottile assicella sulla quale i pittori tengono stemperati i colori nell'atto di dipingere.

Tazza, *sf.* bicchiere nobile – per simil. gran vaso di marmo o di bronzo posto a ricevere le acque che versano le fontane.

Te, *voce di tutt' i casi obliqui del pron. primit.* tu – *sm.* arboscello della China e del Giappone, delle cui foglie secche si fa una bevanda dello stesso nome (*altr.* the)

Teatrále, *add. com.* di, o da teatro.

Teatro (*v. gr.*), *sm.* edifizio destinato a pubblici spettacoli.

Tecchire. V. *Attecchire.*

Técnico (*v. gr.*), *add. m.* relativo ad arte.

Tecnología (*v. gr.*), *sf.* ragionamento filosofico sulle arti utili e meccaniche.

Tediáre. V. *Attediare.*

Tédio(*v. lat.*)*sm.* noja – importunità

Tediosamente, *avv.* con noja.

Tedióso, *add. m.* rincrescevole.

Tegáme, *sm.* vaso di terra piatto per uso di cuocere vivande.

Tegghia, *sf.* vaso di rame piatto e stagnato per cuocere torte simili.

égola, *sf.* e

égolo, *sm.* sorta di canaletto di terra cotta, che serve a coprire le congiunture degli embrici su' tetti.

eismo (*v. gr.*), *sm.* dottrina dei teisti.

eista (*v. gr.*), *sm.* (*pl.* sti), chi, ammettendo l'esistenza di Dio, esclude ogni rivelazione, seguendo la filosofia naturale per ciò che riguarda la divinità.

ela, *sf.* tessuto di lino, canapa o cotone per uso di vestimenti – quadro, pittura – *fig.* cosa lunga.

elájo, *sm.* ordigno di legname per tessere tela, drappi ec,

elégrafo (*v. gr.*), *sm.* macchina che col mezzo di certi segnali dà notizia di checchessia in brevissimo tempo a chi si trova in grandissima distanza.

eleria, *sf.* quantità di tele.

elescopio (*v. gr.*), *sm.* strumento di più cristalli con cui si veggono ingranditi e avvicinati gli oggetti lontani.

elo, *sm.* pezzo di drappo o di tela della sua larghezza, e di lunghezza conveniente, che unito con altri compie vestiti, paramenti, lenzuola e simili – pezzo di tela – (*v. lat. e poet.*) dardo.

Telonio (*v. lat.*), *sm.* banco di cambiator di moneta.

Tema (*v. gr.*), *sm.* (*pl.* mi), soggetto, argomento – *In gramm.* radice di verbo o di nome – *sf.* timore.

Temerário, *add. m.* troppo ardito, insolente.

Temére, *att.* avere rispetto e suggezione – *n. ass.* dubitare, sospettare.

Temerità, *sf.* ardire soverchio, audacia, presunzione.

Témpera, *sf.* consolidazione che si dà al ferro gettandolo infocato nell'acqua o in altro liquido – qualità, natura, indole – disposizione.

Temperamento, *sm.* modo di governare – misura per ottenere un intento – ripiego – accoppiamento di qualità – complessione del corpo.

Temperante, *add. com.* e *sm.* astinente, parco.

Temperanza, *sf.* virtù morale per cui l'uomo raffrena ogni disordinato appetito – moderazione.

Temperáre (*pr.* témpero ec.), *att.* dare la tempera – *fig.* correggere – moderare – regolare – *np.* contenersi.

Temperino, *sm.* strumento da temperare le penne.

Tempesta, *sf.* impetuoso sconvolgimento delle acque marine

cagionato dal vento – burrasca – gragnuola – *fig.* gran
travaglio d'animo – grave disastro.

Tempestáre, *n. ass.* essere in
tempesta – grandinare – imperversare – *att.* sconvolgera
– *fig.*travagliare –importunare

Tempestáto, *add. m. fig.* travagliato – asperso di macchie –
confortato, smaltato di gemme ec.

Tempestóso, *add. m.* che porta,
e è in tempesta – *fig.* agitato.

Tèmpia, *sf.* parte della faccia
tra l'occhio e l'orecchio.

Témpio, *sm.* edifizio sacro dedicato al culto.

Templárî, *sm. pl.* ordine religioso militare stabilito, il primo d'ogni altro del suo genere, in Gerusalemme in favore dei pellegrini che andàva-
no in Terra Santa.

Tèmpo, *sm.* quantità che misura
il moto delle cose mutabili
rispetto al prima e al poi –
età – un determinato punto
del giorno, o della vita umana – opportunità – stato del-
l'aria – stagione – *In grammatica,* una inflessione nei
verbi mediante la quale distinguono le circostanze di
tempo nel loro significato –
Nella mus. misura del moto
delle voci o de' suoni.

Témpora, *sf. pl.* i digiuni di
giorni prescritti dalla Chi...
ad ognuna delle quattro stagioni. o tempi dell'anno.

Tempo0rále, *sm.* tempesta, burrasca – *add. com.* caduco,
mondano – durevole a tempo

Temporalmente, *avv.* a tempo.

Temporàneo, e

Temporário, *add. m.* non durevole, non perpetuo.

Temporeggiáre, *n. ass.* governarsi secondo il tempo o l'opportunità – guadagnar tempo
indugiare.

Tempra, *sinc. di* tempera. *V.*

Tempráre, *sinc. di* temperare. *V.*

Tenáce, *add. com.* che fortemente si attacca – che è
forte – *fig.* fermo nell'opinione – avaro.

Tenacità, *sf.* viscosità – for-
ostinazione – avarizia.

Tenáglia. *V. Tanaglia.*

Tenda, *sf.* tela che s'inal...
distesa per riparar dal sole,
dalla pioggia o dall'aria –
siparlo ne' teatri – *In pl.* i
digiuni di eserciti.

Tendenza, *sf.* propensione.

Téndere, *att.* V. *Distendere* –
n. avere mira ad alcuna co...
per conseguirla.

Téndine, *sm.* parte del musco...
che biancheggia e che ter...
ma l'estremità.

Tendóne, *sm.* siparlo di tela...

fnebra, *e più comun.*

snebre, *sf. pl.* mancanza di luce – *fig.* ignoranza.

enebrosità, *sf.* oscurità profonda – offuscamento di vista o di mente.

enebroso, *add. m.* oscuro – *fig.* turbato, confuso – opaco, *opp. di* lucido.

cnente, *sm.* uffiziale militare sotto il capitano ed il colonnello.

enoramente, *avv.* affettuosamente

enère (*pr.* tengo, tièni ec., *pass.* tenni, *fut.* terrò, *pp.* tenùto), *att. an.* avere in suo potere, possedere – impedire checchessia che non possa muoversi, o cadere, o fuggire – *np.* astenersi, contenersi.

enerezza, *sf.* stato di ciò ch'è tenero, *opp. di* durezza – *fig.* giovane età – affetto, compassione – *In pl.* dimostrazioni di tenerezza.

enero, *add. m.* morbido, molle, *opp. di* duro – *fig.* di poca età – dilicato – affettuoso.

enesmo, *sm.* voglia e sforzo continuo di evacuare, producenti poco muco.

enòre, *sm.* soggetto del discorso – breve contenuto – forma, modo – quella parte del canto ch'è tra il basso e il contralto.

ensióne, *sf.* distendimento forzato per lo più di nervi.

Tenta, *sf.* sottile strumento chirurgico per conoscere la profondità delle piaghe.

Tentáre, *att. e n. ass.* far prova, sperimentare – toccare leggermente per chiarirsi di alcun dubbio – incitare, instigare – cercar di corrompere la fede altrui – cimentarsi.

Tentativo, *sm.* prova, sforzo.

Tentazióne, *sf.* instigazione diabolica – stimolo.

Tentennáre, *att.* dimenàre – *n. ass.* il non essere stabilmente fermo, ed il muoversi ad ogni piccolo tocco.

Ténue (*v. lat.*), *add. com.* scarso – sottile, leggiero.

Tenuità (*v. lat.*), *sf.* scarsità – cosa di poco momento.

Tenùta, *sf.* possessione – capacità di un vaso.

Tenzóne, *sf.* contrasto, questione.

Teocrazìa (*v. gr.*), *sf.* governo di Dio, quale era presso gli Ebrei.

Teogonìa (*v. gr.*), *sf.* quella parte della mitologia che tratta della genealogia degli Dei.

Teologále, *add. com.* di teologia.

Teologìa (*v. gr.*), *sf.* scienza che ha per oggetto Dio e la rivelazione.

Teológico, *add. m.* appartenente a teologia.

Teólogo, *sm.* (*pl.* gi, ghi), professore in teologia.

Teoréma (*v. gr.*), *sm.* (*pl.* mi), proposizione speculativa dedotta da varie definizioni paragonate insieme.

Teoretico, *add. m.* (*pl.* ci, chi), che appartiene a teoria.

Teoria (*v. gr.*), *sf.* riflessione acuta alla quale ne guida l'esame della natura.

Teórica (*v. gr.*), *sf.* (*pl.* che), sienza speculativa che dà regola alla pratica e rende ragione delle operazioni.

Tepidezza. V. *Tiepidezza.*

Tépido. V. *Tiepido.*

Tepore (*v. lat.*), *sm.* leggier calore.

Terapéutica, *sf.* (*pl.* che), parte della medicina, la quale insegna i modi di guarire le malattie sanabili, e di mitigare i sintomi e gli effetti delle insanabili.

Térgere (*v. lat.*), *att. an.* (*pass.* tergei e tersi, *pp.* terso), ripulire – rasciugare.

Tergiversáre (*v. lat.*), *n. ass.* schermirsi, cercar sutterfugj.

Tergiversazione, *sf.* sutterfugio.

Tergo (*v. lat.*), *sm.* (*pl.* ghi *m.*, e ga *f.*), la parte di dietro dell'uomo, dorse.

Teriáca. V. *Triaca.*

Termale, *add. com.* attenente a terme.

Terme (*v. gr.*), *sf. pl.* edifizj degli antichi per uso di bagni caldi – *oggidì* certe naturali

scaturigini di acque cald in diversi luoghi si trov: pubblica salute dell'uma nere.

Terminare (*pr.* término e *att.* porre termini, o coa segni di confine di posses ni – *per simil.* finire – d minare – *n. ass.* aver ter o fine.

Terminazione, *sf.* confina des'nenza delle parole.

Término, *sm.* confine, e con segno di confine – ordine fisso – fine, compimento spazio di tempo – grado, sere – locuzione particolare

Termómetro (*v. gr.*), *sm.* st mento di fisica che mi l'accrescimento o lo sc mento del caldo e del fred

Terná̄rio, *add. m.* di num composto di tre cose.

Terno, *sm.* punto de' dadi qu do ambe due scoprono il 3 la combinazione di tre num al giuoco del lotto.

Terra, *sf.* sostanza che form base di tutte le pietre, ed e tra altresì nella composi de' corpi organizzati – pian che si aggira periodicam attorno al sole, e nel qu noi abitiamo – mondo – te reno coltivabile – suole – l *geogr.* provincia, paese – c stello murato – *terme*, ged che non è circondata dal mare, *opp. d'*isola.

'errácqueo, *add. m.* agg. del globo da noi abitato.

'errapiéno, *sm.* bastione fatto o ripieno di terra.

'errático, *sm.* (*pl.* ci, chi), quella contribuzione che il colono è tenuto a pagare al padrone diretto per li frutti della terra.

'errazzáno, *sm.* abitatore di castello o terra murata – ch'è del medesimo paese, paesano.

'errazzo, *sm.* parte alta della casa, scoperta o aperta da uno o più lati.

'erremoto, *sm.* veemente scossa di qualche parte della terra per causa naturale.

'erréno, *sm.* la terra che si coltiva – territorio – appartamento abitabile della casa più vicino a terra, o che posa sulla terra – *add. m.* della terra, terrestre – mondano.

'erreo, *add. m.* di qualità, o color di terra.

'errestre, *add. com.* della terra, terreno, che ha qualità di terra

'erribile, *add. com.* che apporta terrore.

'erribilmente, *avv.* in modo terribile.

'erritoriále, *add. com.* spettante a territorio.

'erritório, *sm.* contenuto di dominio e di giurisdizione –

distretto, paese.

Terróre, *sm.* paura grande, spavento.

Terrorismo (*frances.*), *sm.* quel terrore che, nei grandi sconvolgimenti degli stati, alcuni i quali si assumono il potere, spargono per contener la moltitudine.

Tersícore (*v. gr.*), *sf.* una delle nove muse, che presedeva alla musica e alla danza.

Terso, *add. m.* senza macchia – agg. di *stile*, purgato, elegante.

Terza, *sf.* una delle ore canoniche.

Terzána, *sf.* febbre che viene ogni terzo dì.

Terzetto, *sm.* componimento in terza rima – parte di sonetto o di capitolo composto di tre versi rimati – canto concertato a tre voci, o sonata concertata a tre strumenti, o ballo combinato con tre ballerini.

Terzina, *sf.* lo stesso che *Terzetto* nei 2 primi significati.

Terzo, *sm.* una delle tre parti del tutto – *add. num. m.* che seguita dopo il secondo.

Tesa, *sf.* distendimento – parte distesa del cappello.

Téschio, *sm.* cranio – capo spiccato dal busto.

Tesi (*v. gr.*), *sf.* proposizione scientifica che si sostiene pubblicamente nelle scuole.

Tesoreria, *sf.* luogo dove si ti

...he il tesoro - è amministra-zione del tesoro.

Tesoriére, sm. ministro e custode del tesoro.

Tesóro (v. gr.); sm. copia di danaro - deposito di danari o di oggetti preziosi sotterrato e nascosto - fig. oggetto amatissimo e sommamente pregiato.

Téssera (v. lat.), sf. segno o contrassegno.

Téssere (pp. téssuto, e testo), att. an. comporre la tela - per simil. comporre checchèssia a guisa di un tessuto - fig. comporre scritti, compilare.

Tessitóre, sm. chi tessè la tela.

Tessitúra, sf. il tessere, e il modo di tessere - la cosa tessuta - per simil. intrecciatura - fig. ordine, disposizione delle parti di un discorso.

Téssuto, sm. cosa tessuta - per simil. qualsivoglia cosa intrecciata.

Testa, sf. tutta la parte dell'animale dal collo in su, altr. capo - estremità di lunghezza in qualsivoglia cosa - fig. intelletto, criterio.

Testáceo, add. m. agg. di pesce qualunque del genere delle conchiglie.

...amento, sm. scrittura, per lo in forma pubblica, per l'uomo dichiara l'ultima

sua volontà, e si costituisce l'erede - la sacra Scrittura.

Testáre, n. ass. far testamento.

Testáta, sf. estremità di cui solida che ha lunghezza.

Testatóre, sm. chi fa, o fece testamento.

Testè, avv. poc'anzi, or ora.

Testeréccio, add. m. ostinato, caparbio.

Testícolo, sm. organo dell'animale, che separa il seme.

Testiéra, sf. testa di lupo e di cartone per sostenere capelli o cuffie.

Testificáre (pr. fico, chi ec), att. fare testimonianza.

Testificazióne, e

Testimoniánza, sf. deposizione fatta in giudizio di aver veduto o udito quello di che uno è interrogato.

Testimoniáre, att. e n. far fede - affermare con giuramento.

Testimónio, sm. chi è presente ad alcuna cosa - e chi fa fare testimonianza.

Testo, sm. parte principale un libro, a differenza chiose e commenti.

Testóre. V. *Tessitore*.

Testuále, add. com. ch'è secondo il testo di un autore.

Testúggine. V. *Tartaruga*.

Testúra. V. *Tessitura*.

Tetro, add. m. che ha poco me - oscuro - di colore

...dente al netto.
...etta, sf. mammella = capezzolo.
...ettáre, n. ass. poppare.
...etto, sm. coperta delle fabbriche.
...ettoja, sf. tetto fatto in luogo aperto.
...eutónico, add. m. (pl. ci, chi), agg. di un ordine di cavalieri in Germania, ora quasi estinto - di un popolo antico di quel paese - e della lingua che parlava.
...he, sm. V. Te, nel 2 sign.
...i, partic. esprimente il 3 o il 4 caso sing. del pron. tu, cioè a te, o te.
...iara (v. gr.-pers.), sf. ornamento sacerdotale e reale presso gli antichi - oggidì mitra vescovile, e più particolarm. quella del papa.
...ibia, sf. antico strumento di suono a fiato (forse il flauto moderno) - In anat. uno degli ossi della gamba.
...icchio, sm. capriccio; ghiribizzo.
...iepidamente, avv. con tiepidezza - freddamente.
...iepidezza, sf. stato di ciò ch'è poco caldo - fig. lentezza nell' operare.
...iepido, add. m. tra caldo e freddo - fig. pigro, lento.
...fo (v. gr.), sm. malattia epi-
Tidemica che produce alterazione nel sistema nervoso e specialmente nel cervello.

Tifóne (v. gr.), sm. turbine vorticoso nell'aria.
Tiglio, sm. albero di bell'aspetto, il cui legno è ottimo per lavori d'intaglio - parte filamentosa del legname.
Tiglioso, add. m. fibroso.
Tigna, sf. ulcere sulla cotenna del capo che tramanda un umore marcioso - fig. in modo basso, persona avara.
Tignete. V. Tingere.
Tignoso, add. e sm. infetto di tigna
Tignuola. V. Tarma.
Tigre (v. gr.); sf. animale ferocissimo con pelle macchiata di varj colori - fig. persona crudele.
Timbro (v. gr.); sm. nell' uso marchio, impronta.
Timidamente, avv. con timore.
Timidezza, e
Timidità, sf. piccolezza d'animo.
Timido, add. m. che teme agevolmente, di poco animo.
Timo (v. gr.), sm. erba odorifera.
Timóne, sm. legno mobile, col quale si governa il moto della nave - quel legno altresì del carro o della carrozza a cui si allaccano le bestie che debbono tirarla - fig. guida.
Timoniere, sm. chi maneggia e governa il timone.
Timorato, add. m. di buona coscienza.

Timóre, *sm.* perturbamento d'animo cagionato da eccesso di prudenza – o *forse meglio*, sensazione molesta, nata dalla probabilità d'incorrere nel male

Timoróso, *add.* timorato – timido.

Timpaníte, *sf.* distensione del venire per gas accumulati.

Timpano (*v. gr.*), *sm.* strumento di suono strepitoso, risultante da percosse date sovra una pelle secca fortemente distesa sopra l'orlo di un vaso concavo – strumento militare come il tamburo, che si suona a cavallo.

Tinca, *sf.* (*pl.* che), pesce di lago o di fiume, conosciutissimo.

Tinello, *sm.* stanza dove mangiano, propr., le persone di servizio.

Tingere (*pr.* tingo, *pass.* tinsi, *pp.* tinto), *att. an.* far pigliare ad alcuna cosa un colore che prima non avea.

Tino, *sm.* (*pl.* tini *m.* e tina *f.*), vaso grande di legname con la parte superiore aperta, dove si pigiano e si lasciano le uve a bollire.

Tinozza, *sf.* vaso di legno o di rame ad uso di porte sotto la tina, o di bagnarsi.

, *sf.* materia colla quale si — colore, o colorito.

, *sm.* piccolo suono.

, *sm.* chi esercita l'arte del tingere.

Tintoría, *sf.* l'arte, e l'officina de' tintori.

Tintúra, *sf.* il colore della con tinta – *fig.* notizia, o perizia superficiale in checchessia.

Tipo (*v. gr.*), *sm.* modello, esemplare.

Tipografía (*v. gr.*), *sf.* l'arte della stampa – e l'officina dello stampatore.

Tipográfico, *add. m.* appartenente a tipografia.

Tipógrafo, *sm.* impressore, stampatore.

Tirabusciône e

Tirabussóne (*v. fr.*), *sm.* strumentino ad uso di sturare bottiglie.

Tiranneggiáre, *n. ass.* dominare tirannicamente – angariare.

Tirannía (*v. gr.*), *sf.* dominio usurpato ed esercitato con violenza – azioni e modi da tiranno.

Tiránnico, *add. m.* da tiranno atroce.

Tiránnide. V. *Tirannia.*

Tiranno (*v. gr.*), *sm.* edificatore, monarca – oggidì ch usurpa con violenza alcun principato – persona qualunque ingiusta e crudele co' suoi inferiori.

Tiránte, *add. com.* che tira che tende a qualche fine che si accosta di somiglianza

izáre, *all.* condurre a sè checchessia con forza – strascinare
– scagliare con forza lontano
da sè – attrarre – *fig.* allettare, indurre – aver la mira –
spirare (*detto d'armi da fuoco*) – allungare (*detto di tempo*)
– imprimere (*detto di stampa*)
– *np.* accostarsi.

Firáta, *sf.* lunghezza continuata
di checchessia – quanto si beve
a un fiato.

Firatóre, *sm.* chi tira – *Nelle
stamp.* torcoliere.

Firella, *sf.* fune o striscia di
cuojo, con cui li cavalli si
attaccano alla carrozza.

Firo, *sm.* l'atto del tirare – e
il colpo stesso – distanza
quanto porta l'arme che si
scarica acciò colpisca.

Firocinio (*v. lat.*), *sm.* noviziato
in qualche arte o scienza.

Firso (*v. gr.*), *sm.* asticciuola
attortigliata di pampini e frondi d'ellera che portavasi in
mano nelle feste di Bacco.

Fisichezza (*v. gr.*), *sf.* infermità di polmoni ulcerati.

Fisico, *add. m.* (*pl.* ci, chi), infetto di tisichezza.

Fitillare, *all.* eccitar blanda e
molle commozione in parte
membranosa e nervosa del
corpo animale.

Fitoláre (*pr.* titolo ec.), *all.*
dare un titolo – nominare,

chiamare.

Titoláre, *add. com.* che appartiene a titolo, o che ha titolo.

Titoláto, *sm.* personaggio che ha
titolo di signoria o di dignità.

Titolo, *sm.* dignità, grado, o
nome che vi corrisponda – inscrizione di libro o d'altro,
denominazione – ragione, diritto – pretesto.

Titubáre (*pr.* titubo ec.), *n. ass.*
scontorcersi, vacillare – *per sim.*
stare ambiguo, non si risolvere.

Titubazióne, *sf.* incertezza a risolversi.

Tizzo, e

Tizzóne, *sm.* pezzo di legno ab-
bruciato da un lato.

Toccánte, *add. com.* che tocca,
o è a contatto – che appartiene
o spetta.

Toccáre, *all.* accostare una mano o parte qualunque del corpo ad una cosa – *fig.* muovere, stimolare – sollecitare le bé-
stie acciò si muovano più spedite – discorrere brevemente
e superficialmente, accennare
– *n.* appartenere, spettare.

Tocco, *sm.* (*pl.* cchi), pezzo di
checchessia – (*coll'o stretto*),
tatto – colpo di battaglio nella
campana – *add. m.* toccato
fig. mosso, inspirato.

Toeletta. V. *Tofetta*.

Toga, *sf.* (*pl.* ghe), sorta
abito lungo, ampio e ser

maniche, usato dagli antichi romani – oggidì, abito lungo usato da' professori nelle università, dagli ufficiali nei tribunali, e da'cherici.

Togato, *add. m.* vestito di toga.

Togliere (*pr.* tolgo, togli ec., *pass.* tolsi, *fut.* torrò, *pp.* tolto), *att. an.* pigliare, prendere – levar via – rubare – *fig.* – liberare – impedire – distornare.

Toletta (*v. fr.*), *sf.* assortimento di varj arnesi per cui si adorna la donna nel gabinetto.

Tollerabile, *add. com.* che può essere tollerato o sofferto.

Tolleranza, *sf.* sofferenza.

Tollerare (*pr.* tollero ec.), *att.* sopportare con pazienza cosa spiacevole – permettere che accada un male acciò non ne avvenga uno peggiore.

Tomba (*v. gr.*), *sf.* la fossa ov'è sepolto il morto – e il monumento per conservarne la memoria.

Tombola, *sf.* sorta di giuoco che si fa con cartelle di quindici numeri presi dall'uno al [no]vanta.

[Tomb]olare (*pr.* tombolo ec.), *n.* cadere col capo all'ingiù. *v. V. Capitombolo.*

[Tomo (*v.* gr.), *sm.* parte di] era, volume. *V. Tonica.*

Tonante, *add. com.* che tuona e fulmina – *sm. poetic.* Giove.

Tonare, *n. ass.* lo strepitare che fanno le nuvole – *fig.* romoreggiare.

Tondare, *att.* far tondo – tosare – potare le viti.

Tondeggiare, *n. ass.* pendere alla figura tonda – *att.* far tondo.

Tondezza, *sf.* rotondità.

Tondino, *sm.* piatto in cui si mangiano a tavola le vivande.

Tondo, *sm.* globo, circolo – piattello – *add. m.* di figura circolare – *fig.* goffo, ignorante.

Tonellata, *sf.* peso (2-300 libbre) con cui si determina la portata delle navi mercantili.

Tonfo, *sm.* gran percossa di cosa che cade e che battendo fa gran rumore.

Tonica, *sf.* (*pl.* che), lunga veste degli antichi – oggidì lunga veste de' chierici, e de' claustrali.

Tonicella, *sf.* paramento del diacono o del suddiacono.

Tonico (*v. gr.*), *add. m.* (*pl.* chi), *agg.* dei rimedj sì interni che esterni che aumentano la forza, il vigore e l'elasticità delle parti del corpo.

Tonnara, *sf.* tutto il recinto delle reti che si tendono per fare la pesca de' tonni.

Tonnellággio, *sm.* la misura del carico di un bastimento espressa in tonnellate.

Tonnelláta. V. *Tonellata.*

Tonnína, *sf.* tonno tagliato a pezzi e riposto in barili con sale.

Tonno, *sm.* grosso pesce di mare.

Tonsúra (*v. lat.*), *sf.* tosatura, e *propr.* quella tosatura circolare di capelli che si fanno i chierici nel capo.

Topaja, *sf.* nido di topi.

Topázio, *sm.* pietra preziosa lucentissima.

Topico (*v. gr.*), *add. m.* agg. di rimedio locale.

Topinaja, *sf.* casa vecchia e mal abitabile.

Topo, *sm.* piccolo quadrupede che danneggia le case, ed a cui i gatti fanno guerra.

Topografía (*v. gr.*), *sf.* descrizione o pianta di qualche luogo particolare.

Toppa, *sf.* serratura – ritaglio di panno o tela, che si cuce sulla rottura di un vestito – e in generale, pezzo di qualsivoglia materia che si adatti a rotture.

Toppo, *sm.* pezzo di grosso pedale di albero atterrato e riciso, su cui poggia l'ancudine, o si taglia la carne nelle macellerie – qualsiasi pezzo di grosso legno informe.

Toráce (*v. gr.*), *sm.* parte del corpo, che comprende i polmoni, il cuore e le parti vitali (*volg.* il petto)

Torba, *sf.* la corrente de' fiumi intorbidata per le piogge – deposito di parti vegetabili ed altri corpi che si forma sotto i terreni palustri.

Torbidáre. V. *Intorbidare.*

Torbidezza, *sf.* stato di ciò che non è chiaro o trasparente (*detto di liquidi, di cristalli e simili*)

Tórbido, e *sincop.*

Torbo, *add. m. opp.* di chiaro.

Tórcere (*pass.* torsi, *pp.* torto), *att. an.* piegare checchessia dalla sua dirittezza – volgere, o far volgere – *fig.* sconvolgere la mente, l'animo, i costumi ec. – *np.* scontorcersi.

Torchio, *sm.* strumento a vite per istampare o premere checchessia – strettojo ove s' inchiudono i libri per tondarli – torcia. V.

Torcia, *sf.* (*pl.* ce), candela grande, o più candele avvolte o unite insieme.

Torcimento, *sm.* tortuosità.

Tórcolo. V. *Torchio.*

Tordo, *sm.* uccello salvatico di più specie, di grossezza media tra il piccione e l' allodola, e di ottimo sapore – *fig.* uomo semplice e balordo.

Torello, e

Toretto, *sm.* toro giovane.

Torma, sf. truppa di persone o di animali.

Tormentare, att. recare grave dolore, martoriare - fig. affliggere l'animo - infestare - np. affliggersi.

Tormento, sm. pena afflittiva del corpo - strumento con cui si tormenta, o atto a pungere - fig. passione d'animo.

Tornaletto, sm. parte del cortinaggio che fascia il letto da piede per ornamento.

Tornare, n. incamminarsi altri verso il luogo donde prima si era partito - att. ricondurre, rimettere - cangiare.

Tornata, sf. ritorno - adunanza di accademie, di magistrati, di compagnie in certi determinati giorni - ritorno periodico di qualsivoglia cosa.

Torneamento, e

Torneo, sm. armeggiamento solenne in occasione di pubbliche feste.

Tornio, sm. ordigno col quale si fanno lavori rotondi od ovali in legno, osso, avorio o metallo.

Tornire (pr. sco ec.), att. lavorare al tornio.

Tornitore, sm. chi lavora al tornio

Torno, sm. V. Tornio.

Toro (v. gr.), sm. propr. il maschio delle bestie vaccine - (v. lat.) letto - In astr. uno

de' dodici segni del zodiaco.

Torpere (v. lat.) V. Intepidire

Torpidezza, sf. e

Torpore, sm. impedimento di moto, intirizzimento - fig. tardità, pigrizia - per sim. ottusità, stupidità.

Torraccia, sf. e

Torrazzo, sm. torre vecchia e rovinosa.

Torre, sinc. di togliere. V.

Torre, sf. edificio eminente, per lo più quadrangolare, ma più alto che largo.

Torreggiare, n. ass. elevarsi sopra gli oggetti vicini per la gigantesca statura o altezza - att. circondare di torri.

Torrente, sm. fiume che nasce non da sorgente, ma da molte piogge, sicché cresce e manca in breve tempo.

Torretta, sf. rocca del cammino

Torriare, att. munire di torri

Torrione, sm. torre grande.

Torrito, add. m. difeso da molte torri.

Toro, e

Torsolo, sm. fusto di una pianta e più comun. del cavolo - il rimanente delle frutta, tolta ne la polpa - statua mozza di capo, braccia e gambe.

Torta, sf. vivanda di carne battute, o di uova e latte, che si cuoce in tegame.

Torto, sm. ingiustizia, ingiuria

inginola pretensione – *add. m.*
piegato – *fig.* irragionevole –
ingiurioso.

órtora, *sf.* uccello molto simile di figura al colombo, ma
più piccolo di esso, con penna
bigia, e che fa un verso lamentevole.

ortuosità , *sf.* obbliquità , curvità – serpeggiamento.

ortuoso, *add. m.* pieno di tor-
cimenti, che si muove torcen-
dosi – serpeggiante.

ortúra, *sf.* pena afflittiva che
si dava in antico per far confessare i misfatti, oggidì a-
bolita presso tutt' i governi
inciviliti.

orturáre , *att.* porre alla tor-
tura – *fig.* crucciare, affliggere.

orvo, *add. m.* agg. d' *occhio*,
fiero, orribile.

osa (*v. lomb.*), *sf.* fanciulla.

osáre, *att.* tagliare la lana alle pecore – *per simil.* tagliare
i capelli – e tagliare in giro,
rotondare.

osatúra, *sf.* l'atto del tosare –
e la materia che si leva nel
tosare.

oscanésimo, e

oscanismo, *sf.* modo di parlare, o di scrivere, de' toscani.

oscanizzáre, *n. ass.* affettare il
toscanismo.

osco (*v. poet.*), sinc. di tóssico. V.
– *add. m.* toscano.

Tosóne, *sm.* segno che portano
al collo i cavalieri di san-
t' Andrea – lana di pecora –
vello d'oro, quello che, secondo la favola, Giasone andò a
conquistare nella Colchide.

Tosse, *sf.* respirazione veemente ed interrotta cagionata da
irritazione de' nervi ne' polmoni

Tossicáre (*pr.* tóssico, chi ec.),
att. avvelenare.

Tóssico (*v. gr.*) , *sm.* (*pl.* chi),
veleno vegetabile o minerale
perfido sopra tutti i veleni –
e veleno in generale.

Tossicóso, *add. m.* velenoso.

Tossíre (*pr.* sco ec.) , *n. ass.*
spingere con violenza l' aria
dal petto per cacciarne ciò
che impedisce la respirazione.

Tostamente, *avv.* subito.

Tosto, *add. m.* presto, veloce –
avv. subito.

Totále, *add. com.* intero.

Totalità, *sf.* l' integrità di una
cosa.

Totalmente , *avv.* interamente ,
affatto.

Továglia , *sf.* pannolino bianco,
per lo più tessuto a opere ,
per uso di apparecchiar la
mensa, coprire altari ec.

Tovagliolíno, e

Tovagliólo. V. *Salvietta.*

Tozzo, *sm.* pezzo per lo più di
pane – *add. m.* che ha grossezza o larghezza soverchia

45

in confronto della lunghezza o altezza.

Tra, *prep.* in mezzo - nel numero, in compagnia - *unita a molte voci, denota eccesso nel loro sign., come* tracolta, tracotante ec. - *avv.* parte.

Trabacca. V. *Baracca.*

Trabaccolo, *sm.* sorta di bastimento di mediocre grandezza con due o tre alberi, che d'ordinario serve a piccole navigazioni dell'Adriatico.

Traballare. V. *Barcollare.*

Trabalzare, *att.* tramandare da un luogo ad un altro.

Trabante, *sm.* nome che davasi in antico alle guardie dell'imperatore - *oggidì,* soldato veterano che porta uniforme d'uffiziale, e che fa corte al principe ne' giorni solenni.

Traboccamento, *sm.* pienezza eccedente - *fig.* disfacimento, rovina.

Traboccante, *add. m.* che trabocca - grave più del giusto peso.

Traboccare, *att.* precipitare - *n. ass.* cadere precipitosamente da alto a basso - il versare dalla bocca quella quantità di liquore che si mette ne' vasi oltre la loro capacità - *per simil.* spandere - *fig.* soprabbondare - l' uscire de' fiumi dal loro letto.

Trabocchello, e

Trabocchetto, *sm.* luogo ... cato con insidie, ... quale si precipita a ... *fig.* insidie tese.

Traboccevole. V. *Stabocc... vole.*

Trabocco, *sm.* (*pl.* cchi), l'... re d'equilibrio - luogo ... si corra rischio di precipi...

Tracannare, *att.* bere avidamente.

Tracheggiare, *n. ass.* temp... reggiare.

Traccia, *sf.* (*pl.* cce), ... fiera o di animale qual... - *per simil.* segno o ... segno - cammino - il pr... schizzo di componimento q... lunque.

Tracciare, *att.* seguitare la tr... cia - cercare - *nell'uso,* ... bozzare - delineare - disegn... re ec.

Trachea (*v. gr.*), *sf.* aspera ... teria, *volg.* canna della g...

Tracolla, *sf.* striscia per lo ... di cuojo che dalla spalla ... rando sotto all'opposto bra... regge la spada o altro.

Tracollare, *n. ass.* minacciar... cadere - *per simil.* trabal...

Tracollo, *sm.* caduta, rovi... *fig.* disgrazia, pericolo.

Tracotante, *add. com.* arrog... presuntuoso.

Tracotanza, *sf.* insolenza, ... ganza - orgoglioso dispre...

Tracotto. V. *Stracotto.*

radimento, sm. fellonia, inganno

radíre (pr. áco ec.), att. usar fraude contro a chi si fida – mancar di fede, ingannare.

raditóre, sm. infedele, fellone.

radizióne (v. lat.), sf. memoria cavata non da scrittura, ma da racconto passato di bocca in bocca de' vecchi – In teol. secondo fondamento della religione cristiana dopo la rivelazione – (v. lat. e del l' uso), conseguazione.

radurre (pr. úco, pass. ussi, fut. urrò, pp. otto), att. an. trasportare – e più comun. volgarizzare scritti da una lingua in un' altra.

raduttóre, sm. chi traduce.

raduzióne, sf. il trasportamento da una lingua in un'altra – e l' opera tradotta.

raente, add. com. che trae a sè – In comm. sm. chi fa tratta di cambiale.

ráere. V. Trarre.

rafelare, n. languire.

raffcante, sm. negoziante.

raffcáre (pr. áffico, chi ec.), n. ass. esercitare il traffico e la mercatura, negoziare – att. maneggiare.

ráffico, sm. (pl. ci, chi), il mercanteggiare comprando e vendendo per guadagno.

rafiggere (pass. issi, pp. itto), att. an. trapassare da un can-

to all' altro con instrumento che ferisca – fig. affiggere aspramente con modi, con atti, e con parole.

Trafila, sf. strumento per cui sì fanno passare i metalli per assottigliarli.

Trafiláre, att. passare i metalli per la trafila.

Traforáre, att. forar da banda a banda – trapassar forando.

Trafóro, sm. piccolo foro, o pertugio.

Trafugáre, att. trasportar via di nascosto – np. sottrarsi nascostamente.

Tragédia (v. gr.), sf. poema rappresentativo di un' azione segnalata di personaggio illustre con esito per lo più infelice – fig. accidente violento e deplorabile.

Tragettáre, att. gettare in qua e in là sconciamente – far passare dall'una parte all'altra – np. passar oltre.

Tragetto. V. Tragitto.

Traghettáre, att. e n. ass. condurre, e passare da un luogo ad un altro.

Traghetto. V. Tragitto.

Tragicamente, avv. con fine tragico

Trágico, add. m. di tragedia – mesto, doloroso – sm. compositor di tragedie.

Tragicommédia (v. gr.), sf. commedia mista di tragedia.

Tragicomico, sm. compositor di tragicommedie - add. m. appartenente al comico e al tragico.

Tragittare. V. *Tragettare.*

Tragitto, sm. piccolo sentiero non frequentato - luogo per cui si trapassa.

Trainare, att. tirare il traino.

Traino, sm. quanto tirano in una volta gli animali - e il veicolo su cui si traina per le colline invece che sul carro.

Tralasciare, att. omettere.

Tralcio, sm. ramo di vite ancor verde sulla pianta - e per simil. ramo lungo di altra pianta o erba.

Traliccio, sm. tela molto rada e lucente - e più comun. tela grossa da far sacchi e simili.

Tralignare, n. ass. non somigliare a' genitori, degenerare - per simil. imbastardirsi (detto delle piante)

Tralucere. V. *Rilucere.*

Tralunare. V. *Stralunare.*

Trama, sf. quella seta che serve per ripieno - fig. disegno o maneggio occulto ed ingannevole.

Tramandare, att. mandar oltre o dopo di sè.

Tramare, att. riempire l'ordito colla trama - fig. concertare occultamente un inganno.

Trambusto, sm. disordine, scompiglio.

Tramesso, sm. vivanda di ... minuto che mettesi in tavola tra un servito e l'altro - pl. piccole quantità di ... che non entrano nelle ... di carico.

Tramettere. V. *Frammettere.*

Tramezzare, att. e n. ass. entrare o essere tra una cosa e l'altra - mettere tramezzo.

Tramezzo, sm. ciò ch'è posto tra cosa e cosa per dividere, o scompartire, o distinguere.

Tramoggia, sf. cassetta sopra le macine, da cui esce il grano.

Tramontana, sf. vento principale che spira da settentrione.

Tramontare, n. ass. il nascondersi del sole e delle stelle sotto l'orizzonte.

Tramonto, sm. il tramontare.

Tramortire (pr. sco ec.), n. ass. svenire.

Trampoli, sm. pl. ordigno di legno per passar acque o ... senza bagnarsi o imbrattarsi.

Tramutare, att. mutar da luogo a luogo - scambiare - tramare - n. ass. e np. cambiare abitazione.

Tragugiare, att. inghiottire ingordamente - fig. sopportare con rassegnazione - sopprimere collera, bile ec.

Tranquillamente, avv. placidamente.

Tranquillare, att. rendere tr...

mille o quieto – abbonacciare.

tranquillità, sf. stato di ciò ch'è in quiete e libero da turbamento – calma di mare – fig. quiete d'animo.

tranquillo, add. m. quieto, pacato – in bonaccia (detto di mare) – fig. benigno – contento

ansalpino, add. m. ch'è di là dalle alpi.

transazione, sf. artifizio rettorico, per cui elegantemente si passa da una cosa ad un'altra – In legge, patto, o componimento tra le parti per fuggire la lite o terminarla d'accordo.

transitare (pr. ánsito ec.), n. passare per qualche luogo.

transitivo, add. m. agg. di verbo, il quale esprime un'azione che da persona passa a persona, o da cosa a cosa.

transito (v. lat.), sm. passaggio – l'atto di morire.

transitoriamente, avv. di passaggio.

transitorio, add. m. che passa presto, o dura poco.

transuntare, att. fare l'estratto di una scrittura.

transunto, sm. estratto di un discorso, o di una scrittura.

trapanare (pr. ápano ec.), att. forare col trapano – e foracchiare comunque sia.

trapano, sm. strumento d'ac-

ciajo con cui si fora il ferro, le pietre ec.

trapassare, n. ass. passar avanti – e passar di questa vita, morire – finire – cessare – att. sormontare, superare – trasgredire – tralasciare – forar da banda a banda forando – fig. trafiggere di dolore.

trapassato, add. m. passato oltre – e passato all'altra vita, defunto.

trapelare, n. ass. uscire per sottilissima fessura (detto di liquidi e di luce) – penetrare – fig. passare nascosamente e insensibilmente.

trapiantare, att. piantare una pianta sbarbata da un altro luogo, perchè ella goda più aria, o perchè sia arricchito di quella specie un luogo che ne manchi.

trappola, sf. arnese da prendere insidiosamente animali e particolarm. topi – fig. insidia, inganno.

trappolare (pr. áppola ec.), att. pigliare colla trappola – fig. tendere insidie – ingannare con apparenza di bene.

trapporre. V. Frapporre.

trapuntare, att. lavorar di trapunto.

trapunto, sm. lavoro fatto con punto d'ago (sorta di ricamo) – add. m. lavorato a trapunto.

Brave, *sinc. di* tenere: V.

Trascedáre, *n. ass.* trascorrere – *fig.* uscir de' termini convenevoli – *att.* trascurare – trasgredire.

Trascégliere (*pr.* elgo *e poet.* eglio, *pass.* elsi, *pp.* elto), – *att. an.* scegliere con accuratezza e diligenza.

Trascinàre. V. *Strascinare.*

Trascórrere (*pass.* orsi, *pp.* orso), *att. an.* velocemente scorrere – e scorrere avanti – *fig.* portarsi con impeto oltre ai confini convenevoli – *att.* dare una scorsa superficiale e rapida a libro, passo ec. – trapassare – tralasciare.

Trascorso, *sm.* errore, fallo, colpa.

Trascrivere (*pass.* issi, *pp.* itto), *att. an.* copiare scritture o libri

Trascuràggine. V. *Trascuratezza.*

Trascuráre, *att.* non curare – far con négligenza.

Trascuratezza, *sf.* negligenza.

Trascolàre (*pr.* écolo ec.), *n. ass.* maravigliarsi oltremodo – *att.* porre in confusione la mente.

Trasferíre (*pr.* sco ec.), *att.* trasportare – e *np.* portarsi da un luogo a un altro.

Trasfigurare, *att.* mutare effigie o figura – *n. ass.* o *np.* trasformarsi.

Trasfigurazióne, *sf.* trasformazione.

Trasfóndere (*pass.* usi, *pp.* uso),

att. an. volare da ...un altro – far passare ...so da uno in altro ...

Trasformáre, *att.* cangiare in altra forma – *np.* mutar ...

Trasformazióne, *sf.* ... di forma.

Trasfusióne, *sf.* ... uno in altro vaso.

Trasgredíre (*pr.* sco ec.), *att.* non ubbidire a' comandamenti – oltrepassare i limiti convenienti – *n. ass.* mancare al dovere.

Trasgressióne, *sf.* disubbidienza a' precetti.

Trasgressóre, *sm.* chi disubbidisce

Traslatáre, *att.* trasportare da luogo a luogo – trasmutare – tradurre scritti da una lingua in un' altra.

Traslàto, *sm. fig. rett.* per il quale si permuta il senso proprio di una voce in altro figurato – *add. m.* trasferito.

Trasmettere (*pass.* isi, *pp.* ...), *att. an.* mandar oltre – trasfondere.

Trasmigráre (*v. lat.*), *n.* ... mutar paese.

Trasmigrazióne (*v. lat.*), *sf.* passaggio di un popolo da ...paese in un altro per ... birvisi – e passaggio dell'anima da un corpo in un altro secondo i pittagorici (*altr. gr. v.* metempsicosi)

amiosióne, sf. trasporto.

ismutáre. V. *Tramutare*.

...gnáre, n. ass. delirar colla mente.

...padáno, add. e sm. compreso li là dal Po.

...spárente, add. com. diafano.

...sparenza, sf. qualità di certi corpi, per la quale lasciano passare i raggi di luce.

...sparíre (pr. sco, sci, sce, e spáre, pass. rii, e arvi, pp. aríto, e arso), n. ass. l'apparire che fa alla vista lo splendore o altra cosa visibile penetrando per cristallo o altro corpo diafano - tralucere.

...spiantáre. V. *Trapiantare*.

...spiráre, n. ass. il mandar fuori le particelle che debbono uscire da'corpi per traspirazione - per simil. il farsi manifesta cosa occulta.

...spirazióne, sf. leggiero trasudamento delle sottilissime parti ch'escono da'corpi animali o vegetabili.

...spórre. V. *Trasporre*.

...sponimento, sm. cambiamento di ordine e di luogo.

...spórre (pr. ongo, pass. ósi, fut. orrò, pp. osto), att. an. trasportare - trapiantare.

...sportáre, att. portare da un luogo a un altro - condurre quasi a forza - tradurre, volgarizzare.

Trasporto, sm. il trasportare - fig. agitazione, o commozione d'animo.

Trasposizióne. V. *Trasponimento*.

Traslo, sm. parte di mezzo della barca.

Trastulláre, att. trattenere con diletti vani e fanciulleschi - np. sollazzarsi.

Trastullo, sm. passatempo per lo più fanciullesco.

Trasudáre, n. ass. sudare assai - fig. trapelare.

Trasversále, add.com. che va, o sia per traverso.

Trasversalmente, avv. obbliquamente.

Trasvoláre, n. ass. velocissimamente volare - trapassar volando - fig. alzarsi a volo col pensiero.

Tratta, sf. il tirar con forza, e tutto a un tratto - quello spazio che passa dal punto donde si tira e quello dove la cosa tirata colpisce - spazio di luogo, o di tempo - In comm. il trarre o cavare danaro dal negozio proprio o dall'amico corrispondente.

Trattábile, add.com. maneggevole - fig. pieghevole.

Trattabilità, sf. morbidezza - fig. pieghevolezza, docilità.

Trattamento, sm. trattato, discorso - affare di cui trattasi - contratto, accordo - maniera.

di trattare o di portarsi con alcuno – *nell'uso*, stipendio, emolumento.

Trattáre, *att.* maneggiare – ragionare, discorrere – adoperarsi per conchiudere un negozio – *n. ass.* praticare con persona.

Trattáto, *sm.* discorso scritto sopra qualche particolare soggetto – maneggio, affare.

Tratteggiáre, *att.* fare tratti di penna su fogli – unire le tinte a forza di tratti – *n. ass.* dire molti arguti in conversazione.

Trattéggio, *sm.* linee tirate a traverso ad altre linee.

Trattenére (*pr.* engo, iéni ec., *pass.* enni, *pp.* enúto), *att. an.* tenere a bada – *e np.* stare a bada.

Trattenimento, *sm.* il trattenere o trattenersi – occupazione per lo più dilettevole.

Tratto, *sm.* tirata – distanza – spazio – maniera di trattare o di portarsi con alcuno – atto fraudolento – motto o detto arguto – segno che si fa strisciando con penna, carbone e simili – fiata, volta – *add. m.* tirato – condotto.

Trattóre, *sm.* che trae o tira – *sm. nell'uso*, oste che dà mangiare e bere, ma non dormire.

Trattúra, *sf.* il trarre, o tirare.

Travagliáre, *att.* dare molestia,

tribolare – *n. ass. e np.* affaticarsi in checchessia – faticarsi – occuparsi, impiegarsi – *nell'uso*, lavorare.

Travagliáto, *add. m.* afflitto, affaticato – agitato.

Travéglio, *sm.* agitazione d'animo – molestia – qualche cosa faticosa o difficile.

Travalicáre (*pr.* álico, chi ec., *att.* valicar oltre, trapassare.

Travamento; *sm.* ordine delle travi nelle impalcature.

Travasáre, *att.* far passare un liquore da un vaso in un altro.

Travatúra. V. *Travamento.*

Trave, *s. com.* legno grosso e lungo che si adatta negli edifizj per reggere palchi e tetti – albero grosso da far travi.

Travedére (*pr.* édo, eggo ec., *pass.* ídi, *fut.* edrò, *pp.* eduto e isto), *n. ass. an.* vedere una cosa per un'altra, o vedere in mezzo alle cose – prendere abbaglio, che dicesi anche aver le travéggole.

Travérsa, *sf.* trammezzo posto a traverso per riparare, dividere, o impedire il passo – e simile qualunque cosa posta a traverso – spazio che attraversa.

Traversáre. V. *Attraversare.*

Traversía, *sf.* furia di vento che traversa il corso della nave – disavventura, calamità.

Travérso, *sm.* colpo dato a traverso

– *add. m.* non diritto, obbliquo

ravestire (*pr.* esto, e meglio estisco ec.), *att. an.* vestire alcuno degli altrui panni, acciocchè non sia conosciuto – *np.* immascherarsi – *fig.* nascondere sotto bella apparenza i proprj difetti.

raviamento, *sm.* svagamento.

raviáre, *att.* cavar di via – *n. ass.* uscire di via – *fig.* uscire dall'onesto – e uscir di proposito.

ravisáre, *att.* far cambiar faccia, immascherare – *fig.* mostrare una cosa per un'altra.

ravolgere. V. *Stravolgere.*

rebbia, *sf.* strumento da trebbiare.

rebbiáre, *att.* battere il grano o riso sulle aje col mezzo di cavalli.

rebbiatúra, *sf.* il trebbiare.

rebbio, *sm.* crocicchio dove fanno capo tre strade.

recca, *sf.* (*pl.* ecche), rivendugliola d'erbe, frutte e legumi.

réccia, *sf.* (*pl.* cce), tutto ciò ch'è insieme intrecciato, ma particolarm. i capelli delle donne.

recciáre: V. *Intrecciare.*

reccóne, *sm.* rivendugliolo di frutte, legumi e simili cose mangerecce.

recentista, *sm.* (*pl.* sti), autore del trecento, o scrittore sullo stile di chi scriveva nel sec. XIII.

recento, *add. numer. com.* tre

volte cento.

Préggia, *sf.* (*pl.* gge), veicolo rustico senza ruote, con cui i buoi trascinano paglie o altro che da' campi.

Tregua, *sf.* sospensione d' armi – *per simil.* riposo da travaglio.

Tremáre, *n. ass.* il dibattersi delle membra per soverchio freddo o paura – aver gran paura – *per simil.* scuolersi, agitarsi alquanto – *att. poetic.* paventare, riverir con tremore.

Tremendamente, *avv.* terribilmente.

Tremendo, *add. m.* che reca tremore o spavento.

Trementina, *sf.* liquore viscoso, trasparente e combustibile, che si estrae specialmente dal terebinto.

Trémito, *sm.* l'atto del tremare.

Tremoláre (*pr.* émolo ec.), *n. ass.* muoversi checchessia quasi tremando.

Trémolo, *sm.* l'oscillazione di ciò che tremola.

Trémolo, *add. m.* che tremola.

Tremóre, *sm.* tremito – timore – riverente soggezione d'Iddio.

Trémulo. V. *Tremolo.*

Tremuoto. V. *Terremoto.*

Treno, *sm.* seguito, equipaggio – (*v. gr.*) lamentazione.

Trentina, *sf.* tre decine.

Trepidáre (*v. lat.*), *n. ass.* (*pr.* épido ec.), aver paura, paventare.

Trepidazione(*v. lat.*), *sf.* gran paura

Treppiè, e

Treppiède, *sm.* strumento triangolare di ferro con tre piedi, per uso per lo più di cucina.

Tresca, *sf.* (*pl.* sche), ballo antico a salti – *fig.* conversazione di piacere – intrigo amoroso.

Trescare, *n. ass.* ballare la tresca – scherzare in allegra brigata.

Tresette, e tresetti, *sm.* giuoco di carte che si fa in quattro.

Triaca (*v. gr.*), *sf.* (*pl.* che), composto strano di 100 medicamenti fra loro contrarii.

Triangolare, *add. com.* di tre angoli.

Triángolo, *sm.* figura solida o lineare rinchiusa fra tre linee formanti tre angoli.

Tribolare (*pr.* íbolo ec.), *att.* affliggere, molestare – *n. ass.* provare pena, travaglio, inquietudine.

Tribolato, *add. m.* infelice, sciagurato.

Tribolazione, *sf.* afflizione, travaglio.

Tribolo, *sm.* punta spinosa, che produce frutti parimente spinosi, dello stesso nome – spina – *fig.* tribolazione.

Tribù, *sf.* una delle parti nelle quali si dividono le nazioni selvagge o barbare, e alle volte le città per distinguerne le

famiglie.

Tribúna, *sf.* luogo elevato nella piazza, donde i romani parlavano al popolo radunato per tribù (*altr.* rostri) – il coro delle chiese dietro l'altar maggiore – la cantoria dei musici ove sta l'organo.

Tribunále (*da* tribuna), *sm.* luogo ove risieggono i giudici per rendere ragione.

Tribunáto, *sm.* magistratura dei tribuni presso gli ant. romani.

Tribúno, *sm.* chi ha il grado del tribunato.

Tributáre, *att.* dare per tributo – *fig.* porgere in segno di ossequio

Tributário, *add. m.* obbligato a pagar tributo.

Tribúto, *sm.* ciò che il vassallo al signore, o il suddito allo stato, paga in tempi determinati – *fig.* segno di ossequio.

Triclínio (*v. gr.*), *sm.* luogo presso gli antichi dove stendevano tre letti, su cui coricati cenavano – terrazzo da cenarvi in luogo aperto.

Tridente, *sm.* ferro o forcone con tre punte o rami.

Tridúo, *sm.* corso di tre giorni.

Triégua. V. *Tregua.*

Triennále, *add. com.* di triennio.

Triénnio, *sm.* corso di tre anni.

Trifáuce (*v. lat. e poet.*), *add. com.* che ha tre fauci o gole (*detto del cerbero infernale*)

Trifóglio, sm. erba di varie specie che fa in ogni prato e campo.

Triforme, add. com. di tre forme.

Triglia, sf. piccolo pesce di mare che ha testa ed ale di color rosato.

Trilátero, add. m. che ha tre lati

Trillare, n. ass. fare il trillo.

Trillo, sm. tremolìo di voce o di suono.

Trilustre (v. lat. e poet.), add. com. di tre lustri.

Trimestre, sm. spazio di tre mesi

Trina, sf. sorta di guarnizione lavorata a trafóro.

Trincáre, att. bere assai, cioncare

Trincéa, sf. alzamento di terreno a foggia di bastione, entro al cui recinto stannosi i soldati a coperto di artiglierie, o di sorprese dell'inimico.

Trinceramento, sm. luogo trincerato.

Trincerare, att. riparare — np. fortificarsi con trincee.

Trinciante, sm. chi trincia le vivande — e il coltello con cui si trinciano.

Trinciáre, att. tagliare le carni cotte prima di passarle ai commensali — fare in pezzi — smembrare.

Trinciéra. V. Trincea.

Trincieráre. V. Trincerare.

Trinità, sf. term. teologico col quale si denotano le tre Persone divine.

Trino, add. m. di tre persone.

Trionfale, add. com. di trionfo.

Trionfáre, n. ass. ricevere l'onore del trionfo — n. restar vittorioso. — att. onorare del trionfo.

Trionfo, sm. pompa solenne che facevasi in Roma in onore dei re o capitani quando tornavano coll'esercito vittorioso — al giuoco dell'ombre, il seme nominato dal giocatore.

Tripartito, add. m. partito in tre

Triplicato, add. m. e

Triplice, add. com. ripetuto tre volte.

Triplo, add. m. tre volte maggiore

Trípode (v. gr.), sm. treppiede — o pro. sedia nel tempio d'Apollo delfico sostenuta da tre piedi, su cui sedea la pitonessa che dettava gli oracoli.

Trípolo, sm. terra per pulire metalli.

Trippa, sf. ventre, pancia.

Tripudiáre, n. ass. festeggiare — e nell'uso, scialacquare le proprie sostanze in bagordi e stravizj.

Tripúdio (v. lat.), sm. qualunque festa in cui con salti e simili movimenti si mostri piena giocondità e contento.

Triregno, sm. mitra propria del sommo pontefice romano.

Trisillabo (v. gr.), add. m. di tre sillabe.

Tristezza, sf. commozione spiacevole che procede da male o temuto o successo — mestizia.

Tristo, add. m. mesto, malinconico — meschino, infelice — malizioso, furbo — malvagio.

Tritare, att. ridurre in minutissime particelle.

Tritello, sm. cruschello. V.

Trito, add. m. sminuzzato — frequentato — di poco pregio — comune — usitato.

Trittongo (v. gr.), sm. (pl. ghi), sillaba di tre vocali.

Tritume, sm. aggregato di cose trite — minuzia.

Triturare (pr. ituro ec.), att. ridurre in tritoli e minuzzoli.

Triumvirato (v. lat.), sf. principato di tre persone.

Triumviro, sm. uno de' tre del triumvirato.

Trivella. V. Trivello.

Trivellare, att. bucare col trivello.

Trivello, sm. strumento di ferro a vite per bucare (ven. verigola)

Triviale, add. com. ordinario, basso.

Trivio (v. lat.). V. Trebbio.

Trofeo (v. gr.), sm. mucchio d' armi e di spoglie di vinti eretto sul campo di battaglia da' vincitori.

Troja, sf. la femmina del bestiame porcino.

Tromba, sf. strumento da fiato

'musicale e guerriero — pro boscide dell' elefante — parte sottilissima di alcuni insetti con cui succiano i liquori. In idraul. strumento in forma cilindrica, nel cui vôto percorre uno stantuffo il quale fa salire l' acqua a molta altezza — turbine o vortice d'aria che ha luogo in tempo di burrasca.

Trombone, sm. sorta di tromba — arme da fuoco assai corta, maneggevole e che scaglia molto — In pl. grossi stivali per corrieri e postiglioni.

Troncamento, sm. il troncare — In gramm. elisione di lettera.

Troncare, att. mozzare, recidere, rompere — fig. far cessare — poetic. uccidere.

Tronco, sm. (pl. chi), pedale dell' albero — fig. stirpe, progenie — busto del corpo senza capo, gambe e braccia — fusto della colonna — add. m. mozzato — fig. interrotto.

Tronfio, add. m. gonfio per superbia.

Trono (v. gr.), sm. seggio destinato per uso di principi o di vescovi nelle funzioni solenni. In pl. uno degli ordini angelici — baldacchino del s. sacramento.

Troppo, sm. più del necessario, eccesso — add. m. soverchio — avv. soverchiamente.

rottáre, *n. ass.* andare di trotto
— *per simil.* camminare di
passo veloce.

rotto, *sm.* passo del cavallo
di mezzo tra il comunale ed
il galoppo.

róttola, *sf.* strumento di giuoco
fanciullesco.

rováre, *att.* rinvenire ciò che
si cercava — abbattersi in persona o in cosa — inventare.

rovatello, *sm.* fanciullo esposto.

rováto, *sm.* invenzione.

rovatóre, *sm.* inventore ant. poeta

rucco. V. *Bigliardo.*

ruce (*v. lat.*), *add. com.* fiero,
crudele.

rucidáre (*pr.* ido er.), *att.* uccidere crudelmente tagliando a pezzi

ruffa, *sf.* frode nel contrattare.

ruffaldíno, *sm.* personaggio ridicolo in commedia.

ruffáre, *att.* rubare sotto la fede.

ruffería. V. *Ruffa.*

ruogolo, *sm.* vaso in cui si dà
il mangiare a' polli e a' porci.

ruppa, *sf.* turma, schiera.

tu, *pron. primit. com.* della 2
pers. *sing.* (nei casi obbliqui te)

tubércolo, *sm.* ogni piccolo ascesso o tumoretto che formasi
nel corpo.

tuberóso, *add. m.* pieno di tubercoli.

tubo, *sm.* cilindro cavo e aperto per la lunghezza dell'asse.

tuffamento, *sm.* immersione.

Tuffáre. V. *Attuffare.*

Túfolo, *sm.* nome generico degli smerghi (così detti dal
tuffarsi nell'acqua)

Tufo, *sm.* specie di terreno arido e sodo.

Tugúrio, *sm.* casa povera, o contadinesca.

Tulipáno, *sm.* pianta che fa cipolla,
e un fiore non odoroso, ma vago per la diversità dei colori.

Tumefazione, *sf.* gonfiamento.

Tumidezza, *sf.* gonfiezza.

Túmido (*v. lat.*), *add. m.* gonfio
— *fig.* superbo.

Túmolo, *sm.* piccolo colle — monticello di rena sulla spiaggia
del mare.

Tumóre, *sm.* enfiamento — *fig.*
alterigia.

Túmulo (*v. lat.*), *sm.* sepolcro.

Tumulto, *sm.* fracasso di popolo
sollevato e commosso.

Tumultuáre, *n. ass.* ammutinarsi.

Tumultuariaménte, *avv.* senz'ordine.

Tumultuóso, *add. m.* disordinato.

Túnica (*v. lat.*), *sf.* (*pl.* che), V.
Tonica — buccia, o membrana.

Tuo, *pron. possess. derivat.* di
tu, *cioè* di te (*pl.* tuoi, e poetic. tui) — il tuo, *in forza di*
sm., la tua roba — I tuoi, *pure*
in forza di sm. pl., i tuoi
parenti o amici.

Tuono, *sm.* quello strepito che si
sente nella bassa regione del-

l' aria, eccitato da subitaneo
accendimento dell' elettricità
– *per simil.* strepito, rumore
– *fig.* fama, grido – forma di
cantilena de' salmi corali – *In
med.* vigore, robustezza.

Tuorlo, *sm.* rosso d'uovo.

Turáccio, e turácciolo, *sm.* quello con che si chiudono i vasi.

Turáre. V. *Otturare.*

Turba, *sf.* moltitudine in confuso – popolaccio, volgo.

Turbamento, *sm.* alterazione d'animo – disturbo.

Turbante, *sm.* arnese fatto di più fasce di tela avvolte in forma rotonda, usato in luogo di cappello dagli orientali.

Turbáre, *att.* intorbidare liquidi movendo – commuovere l'animo altrui, attristare – guastare, scompigliare – *np.* alterarsi, commuoversi.

Túrbine, *sm.* vento impetuoso e vorticoso.

Turbinóso, *add. m.* tempestoso.

Turbo (*v. poet.*). V. *Turbine.*

Turbolento, *add. m.* agitato, commosso.

Turbolenza, *sf.* perturbazione, alterazione.

Turcasso, *sm.* guaina dove si portavano le frecce.

Turchina, *sf.* gemma di color cilestro non trasparente.

Turchino, *sm.* colore azzurro – *add. m.* di colore azzurro o ceruleo.

Turcimanno, *sm.* chi parla e risponde per un altro che non intende il linguaggio.

Turgidezza, *sf.* gonfiezza – *fig.* alterigia.

Túrgido (*v. lat.*), *add. m.* gonfio – *fig.* superbo.

Turíbolo, *sm.* vaso dove si arde l' incenso per incensare.

Turiferário (*v. lat.*), *sm.* colui che nelle sacre funzioni porta il turibolo.

Turma, *sf.* schiera d' uomini armati a cavallo – frotta di persone – moltitudine di animali.

Turno, *sm.* ricorrimento dell' alternativa nell'esercizio di qualche ufficio.

Turpe (*v. lat.*), *add. com.* difforme – disonesto.

Turpezza, e

Turpitúdine, *sf.* deformità, laidezza.

Tutela, *sf.* protezione – difesa.

Tuteláre, *add. com.* che difende e protegge.

Tuteláto, *add. m.* difeso dal tutore.

Tutóre, *sm.* chi ha in protezione o cura un pupillo.

Tuttavia, e

Tuttavolta, *avv.* nondimeno, con tutto ciò.

Tutto, *sm.* ogni cosa – *add. m.* intero – *avv.* interamente.

Tuttoché, *avv.* ancorché, sebbene.

Tuttora, e tutt'ora, *avv.* di continuo, sempre.

U

J, quinta lettera vocale, e vigesima dell' alfabeto italiano, la quale, per la molta sua affinità coll' O chiuso, facilmente si scambia con esso, come *sorgere* e *surgere*, *scoltura* e *scultura* ec. – coll'apostrofo (u'), poetic. per *dove*.

Ibbia, *sf.* opinione o pensiero superstizioso o malauguroso.

Ibbidienza. V. *Obbedienza*.

Ibbidire. V. *Obbedire*.

Ibbriachezza, *sf.* l'atto e l'abito d'inebbriarsi.

Ibbriaco, *add.* e *sm.* (*pl.* chi), alterato dal vino.

Ibertà (*v. lat.*), *sf.* fertilità – abbondanza.

Ibertóso, *add. m.* fertile – abbondante, copioso.

Ibicazióne, *sf.* positura di luogo, situazione.

Ibriachezza. V. *Ubbriachezza*.

Ibriaco. V. *Ubbriaco*.

Iccellagióne, *sf.* tempo nel quale si uccella – esercizio dell'uccellare – preda fatta nell'uccellare.

Iccelláme, *sm.* quantità di uccelli morti.

Iccelláre, *n. ass.* tendere insi-

die agli uccelli per pigliarli – *att. fig.* beffare, burlare.

Uccellatóre, *sm.* chi tende insidie agli uccelli – *fig.* chi si procura alcuna cosa con industria.

Uccellatúra, *sf.* il tempo e l'atto dell'uccellare.

Uccelliéra, *sf.* luogo dove si conservano vivi gli uccelli.

Uccello, *sm.* nome generico di tutt'i volatili.

Ucchiello. V. *Occhiello*.

Uccidere (*pass.* ísi, *pp.* íso), *att. an.* privar di vita.

Uccisióne, *sf.* l'uccidere – strage.

Uccisóre, *sm.* chi uccide.

Udienza, *sf.* ascolto – luogo dove le persone pubbliche ascoltano – adunanza di persone raccolte per ascoltare prediche – ammissione dinanzi a principi o gran signori per esporre ad essi le proprie istanze.

Udire (*ind. pr.* odo, odi, ode, udiámo, udíte, ódono; *cong. pr.* oda, udiámo, udiáte, ódano); *att. an.* ricevere l'impressione del suono coll' orecchio.

Udíto, *sm.* uno de' cinque sentimenti, l'organo del quale è l'orecchio.

Uditóre, *sm.* chi ode - discepolo (*meglio* ascoltatore)

Uditório, *sm.* adicenza (*nel* 3 *sign.*) - *add. m.* appartenente all'organo dell'udito.

Ufficiále, *sm.* V. *Officiale* - *add. com.* che ha uffizio - nell'uso, autentico.

Ufficiáre, *n. ass.* celebrare nelle chiese i divini uffizj - *att.* nell'uso, far buono o cattivo uffizio, cioè servigio ec.

Ufficiatúra, *sf.* l'ufficiare.

Uffizio, *sm.* V. *Officio.*

Uffizioso. V. *Officioso.*

Uffiziále. V. *Ufficiale.*

Uffiziáre. V. *Ufficiare.*

Uffízio. V. *Officio.*

Uffiziuólo, *sm.* libretto contenente l'uffizio della B. V.

Uggia, *sf.* (*pl.* gge), ombra cagionata dalle fronde degli alberi.

Uggióso, *add. m.* ombreggiato foltamente da alberi e macchie.

Ugna. V. *Unghia.*

Ugnere. V. *Ungere.*

Ugola, *sf.* parte glandulosa alla stremità del palato presso le fauci.

Ugonotto, *sm.* nome che si dava ai calvinisti in Francia.

Uguaglianza, *sf.* l'uguagliare.

Uguagliáre, *att.* essere in perfetta proporzione di peso, di misura, di forma e simili fra

una cosa ed un'altra della stessa natura.

Uguále, *add. com.* che non prepondera da una parte né dall'altra - che in ogni sua qualità corrisponde alla cosa, alla quale sia in confronto.

Ugualmente, *avv.* in modo uguale.

Ulcera, *sf.* piaga cagionata da umore acre e maligno.

Ulceráre (*pr.* úlcero ec.), *att.* cagionar ulcere - *np.* ridursi in ulcera.

Ulcerazióne, *sf.* formazione dell'ulcera.

Ulceróso, *add. m.* che proviene da ulcere - che ha ulcera.

Uliva. V. *Oliva.*

Ulivastro. V. *Olivastro.*

Ulivéto. V. *Oliveto.*

Ulivo. V. *Olivo.*

Ulterióre, *add. m.* che precede più oltre - In geogr. ch'è di là

Ulteriormente, *avv.* di più.

Ultimamente, *avv.* alla fine - poco fa.

Ultimáre (*pr.* último ec.), *att.* condurre a fine.

Ultimazióne, *sf.* nell'uso compimento.

Ultimo, *add. m.* che in ordine tiene l'estremo luogo.

Ultóre (*v. lat. e poet.*), *sm.* vendicatore.

Ululáre (*v. lat. e poet.*) (*pr.* úlulo ec.), *n. ass.* urlare.

Ululáto (*v. lat.*), *sm.* urlo

...lungato e malinconico.

Umanamente, *avv.* a modo d'uomo - con umanità, amorevolmente.

Umanarsi, *np.* farsi uomo (*detto del Verbo eterno*)

Umanista, *sm.* (*pl.* sti), professore di belle lettere.

Umanità, *sf.* condizione umana - costante intenzione e contratta abitudine di secondare la compassione coll'astenersi dal nuocere, e col prestare soccorso agl'indigenti - benignità, amorevolezza - studio di lettere umane.

Umano, *add. m.* di uomo - compassionevole - benigno, mansueto.

Umazione (*v. lat.*), *sf.* sotterramento.

Umbilico. **V.** *Ombellico.*

Umerale (*v. lat.*), *sm.* velo da spalle che adoprasi nelle funzioni ecclesiastiche.

Umettare (*v. lat.*), *att.* bagnare leggermente.

Umettazione, *sf.* leggier bagnamento.

Umidire (*pr.* sco ec.), *att.* bagnare alquanto.

Umidità, *sf.* qualità de' liquidi.

Umido, *sm.* umore - *add. m.* che ha in sè umidità.

Umile, *add. com.* modesto, dimesso - poco alto da terra, basso - *fig.* ignobile, abbietto.

Umiliare, *att.* ristumare l'orgoglio, mortificare - *fig.* mitigare - *np.* abbassarsi.

Umiliazione, *sf.* sommessione, mortificazione.

Umilmente, *avv.* con umiltà.

Umiltà, *sf.* virtù che fa l'uomo sentir basso di sè - sommissione.

Umore, *sm.* materia umida liquida - qualunque fluido del corpo animale - *in senso morale*, misterioso e volubile miscuglio di stizza e di pretensione, che si manifesta sulla brusca faccia e nel riservato contegno.

Umorista, *sm.* (*pl.* sti), persona fantastica ed incostante.

Unanimamente, *avv.* concordemente.

Unanime, *add. com.* dello stesso parere e sentimento.

Unanimità, *sf.* uniformità di opinioni.

Uncinare, *att.* pigliar coll'uncino.

Uncinato, *add. m.* a guisa di uncino.

Uncino, *sm.* arnese per lo più di ferro adunco, a una o più punte, per attaccarvi alcuna cosa, o per ripescare oggetti caduti nell'acqua.

Ungere (*pass.* unsi, *pp.* unto), *att. an.* impiastrare con grasso, olio o altra cosa untuosa - *fig.* medicare.

Unghero, sm. moneta ungherese d'oro, equivalente allo zecchino

Unghia, sf. particella ossea alla estremità delle dita degli animali - fig. la minima parte di checchessia.

Unghiata, sf. graffio.

Unghione, sm. artiglio.

Unguento, sm. composto untuoso medicinale - e composto di cose untuose odorifere.

Unico, add. m. (pl. ci, chi), che non ha altri della sua specie.

Uniforme, add. com. di forma simile - sm. nell' uso divisa militare.

Uniformità, sf. somiglianza o uguaglianza di forma o di maniera.

Unigenito, sm. figlio unico.

Unione, sf. accoppiamento - fig. concordia.

Uniparo, add. m. che partorisce un sol vivente al parto.

Unire (pr. sco ec.), att. strignere insieme, congiugnere - np. congiugnersi - fig. far lega od amicizia.

Unisono, sm. accordo di più suoni o voci del medesimo grado - add. m. ch'è di suono conforme.

Unitamente, avv. insieme.

Unità, sf. opp. di pluralità.

Unitivo, add. m. che ha forza e virtù di unire.

Universale, sm. quello che hanno di comune tutti gl' individui sotto la medesima specie, o tutte le specie sotto medesimo genere - add. ... che comprende tutte le co... delle quali si parla - che ... estende dapertutto.

Universalità, sf. comprendimento di tutte le cose delle qu... si parla.

Universalmente, avv. senza e... cettuare cosa alcuna.

Università, sf. universalità - tu... to il popolo di una città... luogo di studio pubblico d... ve s' insegnano le scienze.

Universo, sm. tutto il creato... complesso di tutte le parti... il tutto - add. m. tutto.

Uno, pron. m. principio del... quantità discreta o numerica... un solo - un certo - alcun...

Unto, sm. materia untuosa - a... m. imbrattato di grasso o ... mile - fig. plebeo.

Untume, sm. materia untuosa.

Untuoso, add. m. che ha in... dell' unto.

Unzione, sf. l'ugnere - ... che ugne.

Uomo, sm. (pl. uomini), ani... le dotato di ragione e di ... vella, fatto ad immagi... similitudine di Dio - ... no - alcuno - soggetto, ... pendente - figura rappre... tante un uomo.

pó, ... utile, pre – bisogno.

ro, sm. (pl. vi m., e più comun. va f.), parto di volatili,
pesci, serpenti ec.

apa (v. lat.) V. *Bubbula.*

agáno. V. *Oragano.*

inia, sf. quella delle nove
muse che presiede all' astronomia. –

banamente, avv. civilmente.

banità, sf. civiltà, cortesia.

báno, add. m. di città – di
modi cittadineschi e civili.

etra (v. gr.), sf. il canale per
cui si scarica l' orina.

gente, add. com. che preme –
imminente.

pessa, sf. stretto bisogno.

gere (v. lat.), n. ed att. an. e
difett. (di cui, oltre all' inf.,
non trovansi usate che le voci
urge, urgeva, ed il p. pr. ur-
gente), spingere, premere –fig.
instare.

na. V. *Orina.*

áne, n. ass. mandar fuora urli.

o, sm. voce lamentevole,
propria del lupo – per simil.
strido, grido.

a, sf. vaso da tener acqua –
e presso gli antichi, vaso
donde si estraevano le sorti.

áre, att. spingere incontro
con impeto e violenza – n.
ass. e np. fig. venire in controversia con alcuno.

lo, sm. spinta, impulso.

Urtóne, sm. spinta impetuosa e
violenta.

Usanza, sf. consuetudine, costume – frequenza – pratica, conversazione.

Usáre, n. ass. essere solito, costumare – praticare, conversare – frequentare alcun luogo – att. mettere in uso, adoperare.

Usatamente, avv. comunemente.

Usáto, add. m. conforme all'uso
– posto in uso – pratico, avvezzo – frequentato – adope-
rato, contr. di nuovo.

Usbergo, sm. (pl. ghi), armatura
del busto, corazza – fig. difesa.

Usciére, sm. custode e guardia
dell' uscio.

Uscio, sm. porta di casa o di
camera per entrare e uscire
(diverso da porta, che dicesi
di città o grandi palagi) – le
imposte che serrano l' uscio.

Uscíre (pr. esco, esci y esce,
usciámo, uscíte, éscono, cong.
esca, éscano), n. ass. andare e
venir fuora, contr. di entrare – aver l' uscita in alcun
luogo (detto di case e strade)
– aver effetto – np. andar via.

Uscíta, sf. apertura per uscire –
soccorrenza di corpo – esito
d'affare – spesa – opp. di entrata (rendita)

Usignuòlo. V. *Rosignuolo.*

Usitàto, *add. m.* usato, consueto.

Uso, *sm.* consuetudine – esercizio – dimestichezza – *In legge,*
facoltà di adoperar checchessia senza averne il possesso –
add. m. sinc. di usato.

Usoliére, *sm.* nastro per legare
le brache, calze, e simili.

Ussaro, *sm.* soldato a cavallo
leggermente armato.

Ustòrio, *add. m.* agg. di *specchio*,
che abbrucia.

Usuàle, *add. com.* di *uso*, comune.

Usucapióne, *sm.* ragione di proprietà che si acquista sopra
cose corporali pacificamente
possedute per gli anni stabiliti
dalla legge.

Usufruttére, e

Usufruttuare, *att. e n.* aver l'u-
sufrutto di checchessia.

Usufrutto, *sm.* facoltà di godere
i frutti di checchessia.

Usúra, *sf.* interesse ingiustamente tratto da capitali impre-
stati.

Usurajo, *sm.* chi dà a prestito
usura.

Usurário, *add. m.* che contiene
usura.

Usurpàre, *att.* occupare e torre ingiustamente ciò che spetta
ad altri.

Usurpatóre, *sm.* chi usurpa.

Usurpazióne, *sf.* l'usurpare.

Utensili, *sm. pl.* tutti i mobili
delle case che servono a maneggio continuo.

Uterino, *add. m.* appartenente
all'utero.

Utero, *sm.* viscere in cui la
femmina concepisce e porta
il feto.

Utile, *sm.* profitto – interesse –
add. com. vantaggioso.

Utilità, *sf.* profitto – giovamento.

Utilizzàre, *n. ass.* trarre utile,
guadagnare.

Utilmente, *avv.* con vantaggio.

Uva, *sf.* frutto della vite, da cui
si cava il vino.

Uvola. V. *Ugola.*

V

V (pronunziasi *ve*), la vente-
nesima lettera dell'alfabeto
italiano, e la decimasesta delle consonanti.

Vacante, *add. com.* ch'è senza possessore – che attende a checchessia – *nell'uso*, disoccupato.

Vacanza, *sf.* il tempo durante
il quale un impiego o be-
nefizio è senza possessore –
il tempo in cui cessano gli
studj accademici di univers-
tà, scuole, collegi ec. – intermissione, riposo.

...re (v. lat.), n. ass. ritenere senza possessore benefaj, cariche, impieghi - essere privo - attendere ad alcuna cosa - riposarsi.

...ca, sf. (pl. cche), la femmina del bove.

...caro, sm. guardiano di vacche.

...cchetta, sf. cuojo del bestiame vaccino - libro ove giornalmente si scrivono le spese minute.

...ccina, sf. carne di vacca.

...ccino, sm. vajuolo preso dal bestiame bovino per innestarlo altrui.

...cillante, add. com. che vacilla - fig. incerto, irresoluto.

...cillare, n. ass. essere incerto, dubbioso - errar colla mente.

...chia re. V. Evacuare.

...cuità, sf. mancanza di materia - privazione.

...cuo, sm. vacuità - add. m. vôto - sprovveduto - esente - nloso, vaghittoso.

...do. V. Guado.

...gabondare, n. ass. andare attorno senza un fine e senza saper dove - fig. vagar col pensiero.

...gabondaggio, sm. lo stato di vagabondo.

...gabondo, add. m. che va errando - poltrone, ozioso.

...gamente, sm. con vaghezza, leggiadramente.

Vagare, n. ass. andare attorno senza saper dove e perché - fig. uscir dal preso tema.

Vagazione, sf. distrazione.

Vagheggiare, att. rimirare affettuosamente e con diletto la persona amata - contemplar con diletto fissando cosa qualunque - np. compiacersi, invanirsi.

Vaghezza, sf. voglia, desiderio - diletto, piacere - bellezza attraente.

Vagina (v. lat.), sf. guaina, fodero.

Vagire (pr. sco ec.), n. ass. il gemere de'bambini in fasce - fig. essere nell' infanzia.

Vagito, sm. lamento de'bambini in fasce.

Vaglia, sf. valore - prezzo - nell' uso obbligazione di pagare entro un dato termine.

Vagliare, att. sceverare col vaglio la mondiglia dal grano.

Vaglio, sm. arnese di pelle forata, per mondar grano e biade da cattive semenze.

Vago, sm. (pl. ghi), damerino, amante - add. m. vagabondo - desideroso - grazioso, leggiadro.

Vainiglia, sf. baccelletto odoroso di un frutice delle Indie Occidentali, che va serpeggiando sugli alberi - piccola pianta, che produce un gen-

...le, fiorellino di grato odore muschiato o di vainiglia, donde trae il nome.

Vajo, sm. animaletto di colore bigio scuro – la pelle di esso, ed il vestito foderato di detta pelle – add. m. macchiato di nero.

Vajuolo, sf. infermità per lo più infantile, accompagnata da frequenti pustole marciose.

Valanga, sf. (pl. ghe), gran massa di neve che si stacca e precipita rovinosamente dalle montagne più alte.

Valente, add. com. che vale assai nella sua professione, di grande abilità – prode, valoroso.

Valentía, sf. prodezza, bravura – gagliardia.

Valentuómo, sm. (pl. uómini), uomo di vaglia.

Valére (pr. valgo, e poet. vaglio, pass. valsi, fut. valerò, e varrò, pp. valúto, e valso), n. ass. an. essere di prezzo, costare – essere valente, ed essere di merito – bastare – giovare – aver la forza di significare (detto di parole o concetti) – np. servirsi, giovarsi

Valeriána, sf. pianta la cui radice è un eccitante alquanto energico ad un narcotico leggiero.

Valetudinário (v. lat.), add. e sm. malaticcio.

Valévole, add. com. giovev... utile.

Valicáre (pr. válico, chi ... att. trapassare – fig. ecc... i limiti del dovere, tra... dire.

Válico, sm. (pl. chi), ape... per la quale si trapass... una parte all'altra – ogni... go donde si passa.

Validaménte, avv. con val...

Validáre. V. Convalidáre.

Validità, sf. forza, efficacia...

Válido, add. m. gagliardo, ... deroso.

Valígia, sf. sacca da viag...

Valláre (v. lat.), att. circ... dare con fosse o muraglie... alloggiamenti militari.

Valláta, sf. tutto lo spazio ... la valle da un capo all'al...

Valle, sf. il più basso ter... fra due file di monti.

Vallótto, sm. servo giovane... paggio.

Valligiáno, add. e sm. abita... di valle.

Vallo, sm. steccato intorno ... città in tempo di guerra.

Vallonéa o Valonéa, sf. ghia... di cerro provenienti princi... mente da Valona, che serv... no ai tintori ed ai conciai ... tingere il nero.

Valóre, sm. prezzo, valut... virtù dell'anima che fa l'... mo eccellente in ogni c...

Fa' egli imprenda (*diverso da* bravura *e* coraggio).

lorosamente, *avv.* con valore.

oroso, *add. m.* che ha valore – prode in armi – vigoroso.

lsento, *sm.* e

luta, *sf.* ciò che costa una
cosa, prezzo.

lutábile, *add. com.* pregevole, stimabile.

lutáre, *att.* apprezzare, stimare – *fig.* avere in considerazione.

lutazione, *sf.* estimazione del
valore.

lvula, *sf.* ingegno che facilita
o impedisce l'entrata o l'uscita di fluidi o liquidi.

mpa, *sf.* ardore ch' esce da
gran fiamma – *fig.* veemenza
di passione.

mpeggiáre, *n. ass.* render
vampa.

nagloria, *sf.* sentimento troppo vantaggioso di sè, prodotto
da vanità e da smodato desiderio di gloria.

nagloriarsi, *np.* entrare in
vanagloria.

naglorioso, *add. m.* millantatore, superbo.

namente, *avv.* con vanità –
oziosamente – inutilmente.

neggiamento, *sm.* follia.

neggiáre, *n. ass.* folleggiare,
scherzare – *att.* rendere vano.

nga, *sf.* (al. che) strumento

rustico, per rivoltare la terra
e prepararla alla semente.

Vangáre, *att.* lavorar la terra
colla vanga.

Vangáta, *sf.* colpo di vanga.

Vangatúra, *sf.* l' atto del van-
gare – e la stagione propria a
tal lavoro.

Vangélo, ec. V. *Evangelio, ec.*

Vanguardia, *sf.* la parte anteriore dell' esercito.

Vanità, *sf.* insussistente supposi-
zione di un merito che non
abbiamo – fallacia – follia
giovanile.

Vanitóso, *add. m.* borioso.

Vanni (*v. poet.*), *sm. pl.* penne
delle ali – e le ali stesse.

Vano, *sm.* la parte vana o vuota – e la parte inutile o difettosa di checchessia – *In
archit.* ogni adito di una casa,
per cui si può entrare od uscire – *add. m.* vòto – *fig.* caduco – vanaglorioso, leggiero.

Vantaggiáre. V. *Avvantaggiare.*

Vantággio, *sm.* quel che si ha di
più degli altri – profitto –
gioramento – ginnta.

Vantaggiosamente, *avv.* con vantaggio.

Vantaggióso, *add. m.* che cerca,
e che apporta vantaggio.

Vantáre, *att.* dar vanto, esaltare
con soverchie lodi – *np.* darsi
vanto, gloriarsi.

Vanto, *sm.* vana lode che altri

dà a sè stesso, millanteria.

Vaporáre. V. *Svaporare.*

Vapóre, *sm.* la parte più sottile de'corpi umidi, che si solleva rarefatta dal calore – esalazione – nebbia – *In med.* infermità che rende malinconico, ed offusca l'intendimento.

Vaporóso, *add. m.* pieno di vapori.

Varáre, *att.* trasportar un vascello di prima costruzione dal cantiere in mare.

Varcáre. V. *Valicare.*

Varco. V. *Valico.*

Variábile, *add. com.* mutabile, instabile.

Variamente, *avv.* con varietà – in modi diversi.

Variante, *add. m. propr. di* variare – diverso – *sf.* (sott. lezione o simile), differente modo di leggere o narrare checchessia.

,Variáre, *att.* mutare – *n. ass.* fare differentemente.

Variatamente, *avv.* con modo variato.

Variazióne, *sf.* differenza – mutazione – *in pl.* diversificazioni di melodia sopra un tema.

Varíce, *sf.* dilatazione di vena.

Varicóso, *add. m.* agg. di vene dilatate.

Varieggiáre, *n. ass.* divenir vario o diverso.

Varietà, *sf.* diversità – mutazio-

ne – differenza.

Vário, *add. m.* diverso, differente – volubile – di più colori.

Vasca, *sf.* (*pl.* sche), ricetto murato ove cade l'acqua delle fontane.

Vascello, *sm.* nave grossa d'alto bordo – *nell'uso*, nave qualunque.

Vasellame, *sm.* quantità di vasi di qualsivoglia materia per uso di tavola e cucina.

Vaso, *sm.* nome generico di ogni sorta di arnese da contener liquidi – *In anat.* ogni sorta di canaletto del corpo animale, come arterie, vene ec.

Vassallággio, *sm.* servitù che prestasi dal vassallo al suo signore.

Vassello, *sm.* chi ha in feudo un signore – e *generalm.* suddito.

Vassojo, *sm.* arnese per uso trasportare in capo checchessia

Vastità, *sf.* ampiezza grande.

Vasto, *add. m.* ampissimo.

Vate (*v. lat. e poet.*), *sm.* indovino – poeta.

Vaticáno, *sm.* uno de'sette colli di Roma, su cui è ora la basilica di s. Pietro e il principal palazzo del papa.

Vaticináre (*v. lat.*), *att.* predire il futuro.

Vaticinio (*v. lat.*), *sm.* predi-

e, *partic.* usata in luogo di
a vei o voi al 3 e 4 caso –
avv. ivi, ed ove – *acciore.* di
vedi.

Vecchiaja, *sf.* età avanzata del-
l'animale, che nell'uomo vien
dopo la virilità.

Vecchiardo, *add. e sm.* vecchio
(in cattivo significato)

Vecchiezza, *sf.* vecchiaja – lunghezza di tempo.

Vecchio, *add. e sm.* ch'è nel-
l'età della vecchiaja – antico,
opp. di nuovo e di moderno.

Vecchione, *sm.* uomo venerando
per lunga età e senno.

Vecchiume, *sm.* quantità di cose
vecchie – e di persone vecchie

Vece, *sf.* persona o cosa che sta
in luogo di altra – ufficio, incombenza.

Vedere (*pr.* edo, veggo, o veg-
gio, *pass.* vidi, vedesti ec.,
fut. vedrò, *pp.* veduto, o
visto), *att. an.* comprendere
coll'occhio l'obbietto illumi-
nato che ci si para davanti
– *fig.* conoscere, comprendere
– per mente, avvertire.

Vedere, *sm.* senso del vedere,
vista.

Vedetta, *sf.* chi fa sentinella
sulle mura di città, sui bastioni
o sul ponte di una nave – e il
luogo dove essa sta.

Vedova, *sf.* donna a cui sia morto
il marito.

Vedovanza, *sf.* stato vedovile.

Vedovile, *add. com.* di vedova,
e vedovo.

Vedovo, *sm.* uomo a cui sia
morta la moglie – *add. m.*
solo, scompagnato – privo.

Veduta, *sf.* vista – prospettiva
– luogo donde si scopra molto
paese – *fig.* pensiero, progetto.

Veemente, *add. com.* gagliardo,
impetuoso, violento.

Veemenza, *sf.* forza nel dire o
nell'operare, ardore.

Vegetabile, *add. com.* che vegeta – *sm. nell'uso,* vegetale.

Vegetale, *add. com.* spettante a
ciò che vegeta – *sm.* corpo organico vivente a cui manca la
facoltà di sentire e di muoversi, pianta.

Vegetare (*pr.* vegeto ec.), *n. ass.*
il vivere e crescere delle
piante.

Vegetativo, *add. m.* che ha forza
di vegetare.

Vegetazione, *sf.* sviluppo successivo delle parti componenti il
vegetabile.

Vegeto, *add. m.* robusto, pro-
speroso.

Vegghia, e

Veglia, *sf.* il vegliare – la prima
parte della notte che si consuma operando o conversando –
fig. l'operato nella veglia –
in pl. studj letterarj.

Vegliare, e vegghiare, *n. ass.* star

dento di sotto–passar le prime
ore della sera operando o conversando – *att.* far la guardia
ad alcuna cosa.

Veglio (*v. poet.*). V. *Vecchio.*

Veicolo (*a. lat.*), *sm.* carta o
simili – condotto del corpo
animale.

Vela, *sf.* nome generico di qualunque unione di pezzi di tela
che si usa sulle navi per resistere al vento o farle camminare – *fig.* nave.

Velame, *sm.* coprimento – e per
simil. sottilissima scorza –, assortimento di veli – *fig.* cosa
sotto di cui se ne celi alcuna
altra.

Velare, *att.* coprire con velo –
per simil. celare, nascondere
– np. *fig.* far professione (*detto delle monache*) – cominciare
ad agghiacciarsi la superficie
di alcun liquore.

Velata, *sf.* monaca professa –
giubba, o giustacuore (*vas.*
velada)

Veleggiare, *n. ass.* andare a vela
– *att.* spignere per forza di
vele.

Veleno, *sm.* sostanza, animale,
o minerale che applicata al-
l'organismo animale, uccide o
cagiona gravi accidenti – *fig.*
odio rabbioso, stizza.
noso; *add. m.* che ha ve-
– *fig.* pestifero, dannoso.

Veletta. V. *Vedetta.*

Veliti, *sm. pl.* soldati vestiti
alla leggiera nelle legioni romane, riprodotti anche ne' nostri tempi.

Vello (*v. lat.*), *sm.* la lana delle
pecore – la pelle di pecora
col pelo non tosato – pelo
semplicem.

Velloso, *add. m.* peloso.

Vellutato, *add. m.* tessuto a foggia di velluto.

Velluto, *sm.* drappo di seta o
di cotone col pelo corto e
spesso.

Velo, *sm.* tela finissima e rada
tessuta di seta cruda – abbigliamento di tela finissima e
sato anticam. in testa dalle
donne, e ora dalle monache –
donde *fig.* lo stato monacale – tutto ciò che cuopre – superficiale agghiacciamento dei
liquidi.

Veloce, *add. com.* celere, rapido.

Velocemente, *avv.* rapidamente.

Velocità, *sf.* moto veloce, rapi-
dità.

Veltro, *sm.* cane di velocissima
corsa (*altr. levriere*)

Vemenza, *sf.* V. *Veemenza.*

Vena, *sf.* vaso o canale, nel
corpo animale, che riporta il
sangue dalle parti al cuore,
donde era stato portato alle
parti per le arterie – canaletto naturale per cui scorre

l'acqua – *per simil.* segue che serpeggia ne'legni, nella pietre e nel corpo degli animali – *fig.* fecondità, abbondanza – disposizione; talento – sorta di biada per cavalli. (*altr.* avena).

Venále , *add. com.* da vendersi – che si muove per danaro, mercenario.

Venalità , *sf.* il lasciarsi corrompere con danaro o equivalente.

Venatório (*v. lat.*), *add. m.* appartenente a caccia.

Venatúra , *sf.* segni che vanno serpendo nei legni e nelle pietre.

Venazióne (*v. lat.*), *sf.* l'arte della caccia – e la preda stessa fatta a caccia.

Vendémmia , *sf.* il vendemmiare , e il tempo del vendemmiare – *fig.* qualunque raccolta di mal acquisto.

Vendemmiáre , *n. ass.* cogliere l' uva matura dalle viti per farne il vino – *fig.* ragunar roba insieme per lo più di mal acquisto.

Véndere , *att.* concedere ad altri il total possesso di cosa sua per un prezzo convenuto.

Venderéccio , *add. m.* da vendersi – agevole a trovarne spaccio – *fig.* mercenario (meglio venale)

Vendetta , *sf.* onta, o danno che

si fa altrui in contraccambio di offesa ricevuta.

Vendibile , *add. m.* da vendersi – facile a vendersi.

Vendicáre (*pr.* véndico, chi ec), *att.* far vendetta di offesa ricevuta – far sua una cosa, o attribuirsela.

Vendicativo , *add. m.* inclinato alla vendetta.

Vendicatore , *sm.* che vendica, o si vendica.

Véndita , *sf.* alienazione di una cosa per prezzo convenuto.

Veneficio (*v. lat.*), *sm.* malia – avvelenamento.

Venefico (*v. lat.*), *add. m.* (*pl.* ci, chi), che avvelena.

Veneno. V. Veleno.

Venerábile , *add. com.* degno di venerazione – *sm. per antonomasia*, il SS. Sacramento dell' altare.

Veneranda , *add. m.* venerabile.

Veneráre (*pr.* vénero ec.), *att.* onorare, riverire ossequiosamente.

Venerazióne , *sf.* rispetto dovuto alle cose sante, od a persone degne di riverenza.

Venerdì , *sm.* il sesto dì della settimana.

Venéreo , *add. m.* lussurioso, libidinoso – cagionato da libidine (agg. di male)

Veniále , *add. com.* agg. di peccato, leggiero, e di cui facilmento si ottiene la remissione.

Ventre (pr. vengo, vieni ec., pass. venni, venisti ec., fut. verrò, pp. venuto), n. ass. appressarsi camminando da luogo lontano a quello ov'è chi ragiona o di cui si ragiona.

Venticcio, add. m. avventiccio.

Venoso, add. m. pieno di vene.

Ventaglio, sm. arnese per farsi vento nella calda stagione (volg. ventola)

Ventare, n. ass. tirare, e produr vento - att. lo scuotere che fa il vento.

Ventilabro (v. lat.), sm. arnese col quale si spargono al vento le biade per mondarle.

Ventilare (pr. ventilo ec.), att. spiegare al vento, o all'aria - aprire le finestre e gli usci per cambiare l'aria interna - fig. discutere, esaminare.

Ventilatore, sm. macchina che serve per rinnovar l'aria delle camere.

Ventilazione, sf. il ventilare.

Ventina, sf. quantità numerata che arriva alla somma di venti.

Vento, sm. aere dibattuto e mosso da un luogo ad un altro con maggiore o minore impeto - fig. vanità - orgoglio - fiato - piega di cappello.

Ventola, sf. V. Ventaglio - rosta per parare il lume di lucerna acciò non offenda la

vista.

Ventolare. V. Sventolare.

Ventosa, sf. vasetto rotondo con bocca larga, che si attacca, facendogli pigliar vento, alle parti del corpo onde attrarre il sangue alla pelle, richiamandolo da altra parte.

Ventosità, sf. indisposizione cagionata da vento che si genera nel corpo degli animali per materie indigeste (altr. fiato o flatulenza)

Ventraja, sf. ventre, pancia.

Ventrata, sf. colpo nel ventre.

Ventre, sm. quella parte del corpo animale che racchiude lo stomaco, gl'intestini ec. - l'utero della femmina.

Ventricolo, sm. stomaco. V. - per simil. cavità del cuore e del cervello.

Ventura, sf. sorte, fortuna (tanto in buona che in mala parte)

Venturiere. V. Avventuriere.

Ventriloquo, add. e sm. chi parla dal basso ventre.

Venturina, sf. gemma di color di caffè con venature d'oro naturale, od artificiale, che si fa a Venezia.

Venturo, p. fut. m. di venire, che dee venire.

Venturoso, add. m. fortunato - propizio.

Venustà (v. lat.), sf. leggiadria, bellezza.

Venusto (v. lat.), add. m. bello, gentile.

Venùta, sf. arrivo.

Veprajo, sm. luogo ingombro di vepri o pruni.

Vepre (v. lat.), sm. specie di pruno.

Veràce, add. com. veritiero - sincero.

Veracemente, avv. con verità.

Veracità, sf. virtù per cui l'uomo si mostra in atti e parole qual è internamente nell'animo.

Veramente, avv. con verità - certamente.

Verbàle, add. com. di viva voce e non per iscritto - In gramm. agg. di nome o aggettivo formato da verbo.

Verbalmente, avv. di viva voce, a bocca.

Verbasco, sm. pianta le cui corolle sono mucilagginose e pettorali, le foglie buone per cataplasmi.

Verbo (v. lat.), sm. parola - la seconda persona della Trinità, Gesù Cristo - In gramm. parola declinabile per modi e tempi, significante azione, a differenza dei nomi che significano cosa.

Verbosità, sf. soprabbondanza di parole.

Verboso, add. m. che parla assai.

Verdastro, add. m. che tende al verde.

Verde y sm. verdura o verzura V. - fig. vigore - colore simile a quello delle erbe e delle piante - add. com. di color verde - fresco - fig. pieno di speranza, vivo.

Verdeggiare, n.ass. apparir verde

Verderame, sm. quella gromma verde che si genera nel rame per umidezza, o si fa artifizialmente immergendo lamine di rame nella feccia del vino.

Verdezza, sf. qualità di ciò ch'è verde.

Verdognolo, add. m. che ha del verde.

Verdume, sm. la parte verdeggiante delle piante.

Verdùra, sf. verzura. V. - fig. la parte più viva e più vegeta.

Verecondia (v. lat.), sf. rossore - pudore.

Verga, sf. (pl. ghe), bacchetta - scettro - pezzo di metallo ridotto a forma diversa - membro genitale - lista tessuta ne' drappi.

Vergàre, att. far le liste a drappi o panni - per simil. scrivere (coll'aggiugnervi però sempre la carta o le carte o simili)

Vergello. V. Vergone.

Vergenza, sf. tendenza.

Verginàle, add. com. di vergine.

Vergine, s. e add. com. giovanetto, o fanciulla, che non sieno

venuti ad atti carnali — *estolat.*
la ss. Vergine madre di N.
S. G. C. — uno de' segni del
zodiaco — *fig.* qualunque cosa
non adoperata.

Verginità, *sf.* stato di vergine —
purità, castità.

Vergogna, *sf. propr.* atto a dimostrazione di modesta ingenuità. — paura di riportar biasimo — e il biasimo stesso che
si teme, o si ha, o si vuole
recare altrui.

Vergognare. V. *Svergognare.*

Vergognosamente, *avv.* con vergogna — rispettosamente.

Vergognóso, *add. m.* vituperevole — e *talora* soverchiamente
rispettoso.

Vergola, *sf.* seta addoppiata e
torta.

Vergone, *sm.* mossa impaniata
per pigliare uccelli.

Veridico, *add. m.* che dice il
vero.

Verificáre (*pr.* ifico, chi ec.), *att.*
dimostrar vero — *nell'uso* confrontare scritture.

Verificazióne, *sf.* il verificare.

Verisimiglianza, *sf.* somiglianza
di verità.

Verisimile, *add. com.* simile al
vero.

Verisimilmente, *avv.* con verisimiglianza.

Verità, *sf.* uniformità delle cose
con sé stessa, co' nostri pen-

altrui, e di quegli colle nuove
espressioni (laonde *è metafisica, o fisica, o morale*)

Veritiére, *add. com.* e

Veritiéro, *add. m.* che sempre
dice il vero.

Verme, *sm.* animaletto senza
vertebre che si genera in quasi
tutt' i corpi, e gli corrode —
fig. affetto interno che di continuo tormenta.

Verména, e vérmena, *sm.* sottile
e giovane ramoscello di pianta.

Vermiglio, *add. e sm.* rosso acceso chermisi, rubicondo, por-
pureo.

Vérmine. V. *Verme.*

Verminóso, *add. m.* pieno di
vermini.

Vernácolo (*v. lat.*), *add. m.* ch'è
del paese (*detto per lo più di
linguaggio o dialetto*)

Vornále, *add. com.* del verno —
e *talvolta alla lat.* di primavera

Vernáre, *n. ass.* V. *Svernar*-
farsi verno.

Vernáta. V. *Invernata.*

Vernereccio, *add. m.* di verno —
buono pel verno — che suol
venire in tempo di verno.

Vernice, *sf.* composto di gomma ed altri ingredienti per
dare il lustro.

Verniciáre. V. *Inverniciare.*

Verno. V. *Inverno.*

Vero, *sm.* verità — *add. m.* che
non ammette dubbio, che ha

.. Tal sa verità – legittimato.

Verone, sm. andito scoperto, per passare da stanza a stanza – terrazzo.

Verruca (v. lat.), sf. (pl. che), porro che viene sulla pelle.

Versare, att. far uscir fuori quello ch'è dentro a vaso, sacco, o simile – spandere – rovesciare – fig. spendere prodigamente, scialacquare – n. ass. traboccare.

Versatile, add. com. girevole – fig. pieghevole, facile a cangiare applicazione.

Versatilità, sf. mutabilità, variabilità – fig. attitudine ad applicazioni diverse.

Versato, add. m. pratico, esperto.

Verseggiare, n. ass. far versi.

Verseggiatore, sm chi fa versi (diverso da poeta)

Verseggiatura, sf. maniera di verseggiare.

Versetto, sm. piccoli periodi o membretti tratti dalla Sacra Scrittura, o nei quali se ne dividono i capitoli.

Versiera (v. lat. da adversarius), sf. propr. il diavolo o spirito infernale sognato dalle femminucce per atterrire i fanciulli

Versificazione, sf. il verseggiare.

Versione, sf. rivolgimento – traduzione da un idioma in un altro.

Verso, sm. membro di scrittura poetica compreso sotto un certo numero di piedi e di sillabe – canto degli uccelli – aria di suono o di canto – riga o linea di scrittura – banda, o parte – prep. dalla parte – contra – intorno – o circa.

Vertebra, sf. osso nella serie di quelli che compongono la spina dorsale pieghevole degli animali.

Vertente, add. com. che si rivolge – agg. di anno, che attualmente corre – di lite, non ancor giudicata.

Vertenza, sf. nell'uso questione, controversia.

Vertere, n. imp. consistere, ravvolgersi, o aggirarsi intorno ad alcun subbietto.

Verticale, add. com. di vertice, o che corrisponde a vertice.

Verticalmente, avv. perpendicolarmente all'orizzonte.

Vertice (v. lat.), sm. cima, sommità – In geom. il punto più distante dalla base.

Vertigine, sf. offuscamento di cerebro – capogiro.

Vertiginoso, add. m. che patisce di vertigini.

Veruno, pron. negat. m. neppure uno, nessuno.

Verzino, sm. legno che si adopera per tingere in rosso, e il colore rosso fatto collo stesso legno.

Vernice, sm. costa di scudo.

Verdura, sf. quantità di erbe e di piante verdeggianti.

Vescica, sf. (pl. che), ricettacolo interno delle orine — vaso di rame per uso di stillare — gonfiamento di pelle cagionato da scottatura — rigonfiamento d'acqua piovana o bollendo, altr. bolla e sonaglio.

Vescicante, e

Vescicatório, sm. medicamento caustico che, applicato esternamente, fa levar vescica.

Vescovádo, sm. territorio della giurisdizione del vescovo (più comun. diocesi) — curia del vescovo — palazzo vescovile.

Vescovíle, add. com. da, e di vescovo.

Véscovo (v. gr.), prelato con giurisdizione, inferiore ad arcivescovo e a patriarca.

Vespa, sf. insetto volatile simile alla pecchia.

Vespajo, sm. nido delle vespe.

Véspero, e sincop. vespro (v. gr.), sm. ora tarda, verso la sera — una delle ore canoniche.

Vessàre (v. lat.), travagliare ingiustamente.

Vessazióne, sf. molestia ingiusta.

Vessicante, o vessicatório. V. *Vescicante.*

Vessíllo (v. lat.), sm. stendardo, bandiera.

Vesta, e veste, sf. abito, vesti-mento — fig. e poetic. il corpo umano — per simil. qualunque cosa che cuopra checchessia.

Vestiário, sm. luogo dove si serbano le vesti — nell'uso, vestimenta — add. m. relativo a vestimenta.

Vestíbolo, e

Vestíbulo (v. lat.), sm. grande spazio all'ingresso dei vasti edifizj.

Vestígio, sm. (pl. gi e gj m., ge, gie e gia f.), pedata lasciata in terra dagli animali camminando — fig. qualunque resto di checchessia, che ricordi cosa o persona la quale più non si trovi in un dato luogo — esempio da seguirsi o da fuggirsi — In archit. avanzi di fabbriche dirocate, ma non affatto distrutte.

Vestimento, sm. (pl. ti m., e ta f.), qualunque abito che s'indossi per bisogno o per ornamento.

Vestíre, att. e n. ass. mettere in dosso il vestimento — per simil. ricoprire o simile.

Vestíto, sm. vestimento — spesa del vestirsi.

Vestitúra, sf. il vestire, e la maniera di vestirsi.

Vestizióne, sf. il vestire l'abito religioso in un chiostro.

Vesúvio, sm. monte ignivomo nel

regno di Napoli - *fig.* ardore immenso.

'eteráno, *add.* e *sm.* soldato che abbia esercitato la milizia molto tempo.

'eterinária, *sf.* arte che tratta della cura de' morbi delle bestie.

'eterinário, *add.* e *sm.* chi cura la salute delle bestie.

'etraja, *sf.* fornace da vetri.

'etrajo, *sm.* chi fa vasi di vetro - e chi mette e racconcia i vetri alle finestre.

'etrário, *add. m.* agg. dell'arte di far vetri.

'etráta, e

'etriáta. V. *Invetriata.*

'etrice, *sm.* sorta di salice.

'etriéra, *sf.* lo stesso che *vetriata.* V.

'etrina, *sf.* materia che si dà ai vasi di creta da cuocersi in fornace, che li fa lustri.

'etriuola, *sf.* erba comunissima che giova a purgare i vetri, *altr.* parietaria.

'etriuolo, *sm.* sorta di sale minerale così detto dal suo aspetto vitreo e dalla sua trasparenza nella frattura.

Vetro, *sm.* materia dura, trasparente e fragile, composta di sabbia quarzosa e di soda col mezzo del fuoco - bicchiere.

'etta, *sf.* sommità, cima - ramicello d'albero - bastone ap-

piccato al correggiato con cui si battono i grani.

Vettováglia, *sf.* tutto ciò che attiene al nutrimento special- mente di eserciti.

Vettovagliáre, *att.* provveder di vettovaglie.

Vettúra, *sf.* prestatura di bestie da cavalcare o someggiare a prezzo stabilito - e la mercede che si paga per questo.

Vetturále, *sm.* guidator di bestie da soma.

Vettureggiáre, *att.* portare a vettura.

Vetturíno, *sm.* chi dà bestie a vettura, e chi le guida.

Vetustà (*v. lat.*), *sf.* antichità.

Vetusto (*v. lat.*), *add. m.* antico.

Vezzeggiáre, *att.* far vezzi o carezze, accarezzare.

Vezzeggiatívo, *add. m.* che si usa per vezzo.

Vezzo, *sm.* trastullo, carezza – *In pl.* carezze smorfiose, lezj – modo di procedere, consuetudine – ornamento donnesco di gioje da portarsi al collo.

Vezzosamente, *avv.* con graziosa maniera.

Vezzóso, *add. m.* grazioso, manieroso – lezioso, smorfioso.

Vi, *avv. di luogo*, ivi, o quivi – *avv. di moto*, colà – *parti.* ch'esprime il 3 e 4 caso.

Via, *sf.* strada. V. – cammino qualunque luogo onde si p

47

netri in checchessia - *per simil.* modo, guisa, maniera - *avv.* molto, assai - *interj.* su, orsù - *partic. che congiunta coi verbi accresce loro forza od equivale alla preposiz.* da.

Viaggiare, *n. ass.* far viaggio.

Viaggio, *sm.* l'andare per lunga via (*se per breve, è gita*)

Viale, *sm.* strada diritta lunga e piana, fiancheggiata d'alberi regolarmente disposti, per rendere più ombroso e grato il passeggio - *add. com.* di via

Viandante, *sm.* chi fa viaggio.

Viatico, *sm.* (*pl.* ci, chi), cibo che si porta in viaggiando - il ss. Sacramento dell'altare che si dà ai moribondi.

Vibrare, *att.* muovere scotendo - *fig.* scagliare.

Vibratezza, *sf.* forza e concisione continuata (*detto di stile*)

Vibrazione, *sf.* forza del vibrare, ed il moto di cosa vibrata - scotimento.

Vicariato, *sm.* uffizio del vicario - e luogo del suo governo - *nell'uso* titolo di benefizio sacerdotale.

cario, *sm.* chi tiene le veci di n altro.

sf. lo stesso che *vece*, e ₋e a comporre, premetten₋₋, molte parole in cui e₋ ₋ale a *persona, o cosa, che*

fa le veci di . . .

Vicegerente, *sm.* chi opera invece di altri.

Vicenda, *sf.* contraccambio - ricompensa - commercio - mutazione, vicissitudine.

Vicendevole, *add. com.* scambievole.

Vicendevolmente, *avv.* ora l'uno ora l'altro - reciprocamente.

Vicenome, *sm.* V. *Pronome.*

Vicerè, *sm.* chi tiene il luogo del re.

Vicereale, *add. com.* di vicerè.

Vicereggente, *sm.* chi regge e governa invece di altri.

Vicinamente, *avv.* appresso.

Vicinanza, *sf.* stato di persona e cosa vicina - mucchio di case contigue le une alle altre - e gli abitatori delle medesime

Vicinare, *n.* essere vicino, confinare.

Vicinato. V. *Vicinanza.*

Vicinità, *sf.* prossimità - somiglianza, conformità.

Vicino, *sm.* chi abita da presso - cittadino - compagno - *add. m.* prossimo - somigliante - *avv.* di poca, o a poca distanza - *prep.* circa, intorno.

Vicissitudine, *sf.* permutazione vicenda.

Vico, e

Vicolo, *sm.* strada stretta o senz'uscita - chiasso - borgo.

Vietare, *att.* proibire - impedir

Viéto, *add. m.* stantio, rancido
. – invecchiato.

Vigere (*v. lat.*), *n. ass. imp.* e
difett. (*di cui trovansi le voci*
vige, vigéra, vigesse ec., *ed*
il p. pr. vigente), essere in
vigore (*detto specialm. di*
leggi)

Vigilante, *add. com.* che vigila
– sollecito, accorto – intento,
pronto,

Vigilanza, *sf.* attenzione, diligenza.

Vigiláre (*v. lat.*), *n. ass.* (*pr.* vi-
gido ec.), star desto, vegliare –
att. V. *Invigilare.*

Vigile (*v. lat.*). V. *Vigilante.*

Vigilia, *sf.* il vegliare – giorno
che precede una festa solenne,
particolarm. della Chiesa.

Vigliaccamente, *avv.* da poltrone.

Vigliaccheria, *sf.* poltroneria,
. viltà.

Vigliacco, *add. m.* (*pl.* cchi),
poltrone, vile.

Viglietto, *sm.* lettera breve, che
si manda per lo più da una
casa all'altra.

Vigna, *sf.* campo coltivato a viti,
. e la vite stessa.

Vignajuolo, *sm.* custode, e lavoratore della vigna.

Vignáre, *att.* ridurre un campo a
vigna.

Vignáto, *add. m.* agg. di terreno
coltivato a vigna.

Vigógna, *sf.* quadrupede ameri-

cano della grossezza della pe-
:cora, che dà lana finissima
per panni e cappelli.

Vigóre, *sm.* robustezza, gagliardia (*detto di piante, di mem-*
bra e della mente) – *fig.* validità.

Vigoría. V. *Vigore.*

Vigorosamente, *avv.* con vigore.

Vigoróso, *add. m.* gagliardo –
rigoglioso.

Vile, *add. com.* di poco pregio,
abbietto – timido, pauroso.

Vilipéndere (*pass.* ési, *pp.* éso),
att. an. non fare stima, disprezzare.

Vilipéndio, *sm.* disprezzo sommo.

Villa, *sf.* possessione con casa
comoda di campagna – vil-
laggio – contado.

Villággio, *sm.* mucchio di case
in campagna senza cinte di
mura.

Villanamente, *avv.* da villano –
con villania – sconciamente.

Villaneggiáre. V. *Svillaneggiare.*

Villanescamente, *avv.* rozzamente.

Villanesco, *add. m.* (*pl.* schi),
di villano – rozzo.

Villanía, *sf.* ingiuria di fatti o
di parole – inciviltà, scortesia.

Villáno, *sm.* uomo di villa, contadino – *add. m.* di rozzi costumi – inurbano, scortese.

Villeggiáre, *n. ass.* stare in villa
a diporto.

Villeggiatúra, *sf.* il villeggiare

— la stagione dal villeggiare, e il luogo dove si sta a villeggiare.

Villereccio, add. m. di villa.

Vilmente, avv. con viltà.

Viltà, sf. inesistente distima di noi e delle nostre forze — abbiezione d'animo — bassezza di condizione, o di pregio.

Viluppo, sm. fila di accia, seta, capelli e simili, insieme avvoltolate in confuso — fig. intrigo — moltitudine confusa.

Vimine, sm. vermena di giunco con cui si tessono ceste e panieri.

Vinarcia, sf. (pl. cce), acini dell'uva, toltone il mosto.

Vinacciuolo, sm. granellino ch'è dentro il grano dell'uva.

Vinario, add. m. di vino.

Vinello, add. m. dal colore del vino rosso.

Vinattiere, sm. rivenditore di vino

Vincastro, sm. bacchetta dei pastori.

Vincere (pass. insi, pp. into), att. an. riportar vittoria dell'avversario — superar la forza di checchessia, talchè non possa resistere.

Vinciglio, sm. legame di vinco.

Vincita, sf. il vincere, contr. di perdita — la quantità del danaro vinto al giuoco.

Vincitore, sm. chi riporta vittoria

Vinco, sm. (pl. chi), specie di

salcio delle cui vermene e moscelli si fanno panier ceste.

Vincolare (pr. vincolo ec.). stringere con vincoli, lega obbligare con patti e con zioni.

Vincolo, sm. legame — fig. q lunque cosa che tenga attaccato a checchessia.

Vindice (v. lat.), add. e s. c che vendica.

Vinello, sm. acqua passata per vinacce.

Vino, sm. liquore tratto d l'uva spremuta.

Vinolento (v. lat.), add. m. dito al vino.

Vinolenza, sf. il soverchio be

Vinosità, sf. vizio di chi è d dito al vino.

Vinoso, add. m. che ha in molto mosto (detto dell'uva) di vino, vago di vino.

Viola, sf. fiore di varie sorte distinte per lo più in sempl e doppie — strumento mus cale un poco più grande e meno più grave del violi

Violaceo, add. m. di color viola.

Violare (pr. violo ec.), att. la verginità — fig. corrompe contaminare.

Violatore, sm. chi svergina contamina.

Violazione, sf. corrompime

di verginità - contaminazione delle cose sacre.

Violentàre, *att.* far forza in maniera che sia impossibile il resistervi.

Violente. V. *Violento.*

Violentemente, *avv.* a viva forza.

Violento, *add. m.* che fa violenza - sfrenato, impetuoso.

Violenza, *sf.* forza fatta a danno altrui - abuso di potere.

Violetto, *add. m.* di color di viola.

Violino, *sm.* strumento musicale a corda.

Violoncello, *sm.* strumento musicale a corde, di grandezza e di tuono tra il violino ed il violone.

Violóne, *sm.* strumento musicale a corda maggiore, di grossezza e di tuono più basso del violoncello (*altr.* basso e contrabbasso)

Viòttola, *sf.* e

Viòttolo, *sm.* piccola via a traverso di campi o boschi.

Vipera, *sf.* spezie di serpe velenosissimo - nell'uso per simil. persona oltremodo iraconda.

Viperino, *add. m.* di vipera.

Vipero, *sm.* il maschio della vipera.

Viràre, *att.* far volgere la nave dall'una all'altra parte.

Virgola, *sf.* segno di posa nella

scrittura.

Virgoláre (*pr.* vírgolo ec.), *att.* porre nella scrittura le virgole.

Virgulto, *sm.* sottile rampollo di pianta.

Virile, *add. com.* d' uomo, e che attiene ad uomo - fig. valoroso - di gran forza - generoso.

Virilità, *sf.* vigore, robustezza - età matura fra la gioventù e la vecchiezza.

Virilmente, *avv.* da uomo maturo e di forza.

Virtù, *sf.* disposizione dell'anima che ci porta a seguire il bene e fuggire il male - eccellenza, buona qualità - possanza, forza naturale - facoltà - *In pl.* il quinto degli ordini angelici.

Virtuale, *add. com.* che ha virtù, facoltà o potenza.

Virtualmente, *avv.* in virtù, potenzialmente.

Virtuosamente, *avv.* con virtù - con gran maestria.

Virtuoso, *sm.* artefice eccellente ed esperto - letterato, scienziato - e più comun. nell'uso professore di musica o danza, cantante o ballerino di teatro - *add. m.* che ha virtù - valoroso - potente.

Virulento (*v. lat.*), *add. m.* d'indole velenica.

Virulenza (*v. lat.*), *sf.* umore

velenoso.

Visáccio, sm. viso contraffatto.

Viscera, sf. e

Viscere, sm. parte nobile interna del corpo animale, come fegato, cuore ec. – fig. l' intimo del cuore e della mente – per simil. parte interna di checchessia.

Vischio, sm. frutice che nasce sui rami delle querce, degli abeti e simili, e produce alcune coccole di colore ranciato, dalle quali si trae la pania con che si prendono gli uccelli – e la pania stessa fatta colle coccole suddette – fig. inganno.

Vischióso, e

Viscide, add. m. viscoso, tenace.

Visciola, sf. sorta di ciriegia.

Vísco. V. Vischio.

Visconte, sm. nome di dignità o grado inferiore al conte.

Viscosità, sf. tenacità.

Viscóso, add. m. attaccaticcio, tenace.

Visibile, add. com. che può vedersi – manifesto, palese.

Visibilità, sf. qualità di ciò ch'è visibile.

Visibilmente, avv. palesemente.

Visiéra, sf. parte dell'elmo che copre il viso.

Visionário, add. e sm. che si figura le cose come se l'avesse veduta.

Visióne, sf. l'atto del vedere - apparizione agli occhi dello spirito, o anche del corpo, che Iddio fa all' uomo talora vedere – immagine apparente, fantasma.

Visíre, sm. ministro alla corte del gransignore.

Vísita, sf. l'atto del visitare.

Visitáre (pr. vísito ec.), att. andare a vedere altrui per uffizio di carità, o di affezione, o di osservanza – per simil. andare in alcun luogo per vedere od osservare checchessia.

Visitatóre, sm. chi visita.

Visitazióne, sf. visita – e la festa instituita in onore della ss. Vergine, in memoria della visita da essa fatta a s. Elisabetta.

Visivamente, avv. col mezzo del vedere.

Visívo, add. m. che ha virtù e potenza di vedere – visibile.

Viso, sm. faccia, volto, aspetto – per simil. esteriorità, superficie – quella sembianza che trasparisce nel volto secondo la diversità degli affetti dell' animo.

Vispezza, sf. prontezza, vivacità.

Vispo, add. m. vivace, bizzarro.

Vísta, sf. il senso, e l'atto del vedere – apparenza – sembianza, aspetto – mira, scopo segno esteriore.

'istosità, *sf.* appariscenza.

'istoso, *add. m.* di bella vista - e nell' uso considerabile, notabile, eccessivo ec.

'isuále, *add. com.* appartenente alla vista.

'isualmente, *avv.* per mezzo della vista.

Vita, *sf. nell'uomo* unione dell'anima col corpe - lo spazio del vivere umano - narrazione della vita di alcuno - modo di vivere - persona molto amata.

Vitale, *add. com.* che ha vita, o conserva la vita.

Vitalizio, *add. e sm.* assegnamento annuale pel mantenimento della persona.

Vite, *sf.* pianta notissima che produce l'uva dalla quale si cava il vino - *In mecc.* ciliadro circondato alla superficie da una spirale, il quale aggirandosi nella madre vite tra mezzo ad un'altra spirale serve a diversi usi per istrignere.

Vitello, *sm.* parto della vacca, - il quale non abbia passato l'anno - e la pelle di vitello conciata.

Viticcio, *sm.* tralcio di vite, e *propr.* il riccio di esso tralcio - rimessiticcio della vite dal piè del tronco.

Vitigno, *sm.* sorta di vite.

Vitreo, *add. m.* simile al vetro - trasparente.

Vitriuolo. V. *Vetriuolo.*

Vittima, *sf.* animale presso gli antichi destinato al sacrifizio - *per simil.* chiunque si sacrifichi pel bene altrui.

Vitto, *sm.* provvisione necessaria al vivere, nutrimento.

Vittória, *sf.* il rimanere al di sopra di un avversario.

Vittorioso, *add. m.* che ha vinto.

Vittováglia,

Vittuáglia, e Vittuária. V. *Vettovaglia.*

Vituperáre (*pr.* úpero ec.), *att.* svergognare, infamare - far disonore colle proprie azioni - biasimare.

Vituperazióne, *sf.* infamia - biasimo.

Vituperévole, *add. com.* degno di biasimo.

Vitupério, *sm.* gran disonore, scorno.

Vituperóso, *add. m.* infame, disonorante.

Viváce, *add. com.* vegeto, robusto - pieno di brio.

Vivacità, *sf.* svegliatezza, brio.

Vivagno, *sm.* l'estremità laterale della tela.

Vivajo, *sm.* ricetto murato di acque per uso di conservar pesce.

Vivamente, *avv.* con vivezza a veemenza.

Vivanda, *sf.* cibo con che s'imbandisce la mensa.

Vivandiéra, *sf.* arnese a foggia di tegame chiuso, in cui si trasporta il desinare dall'osteria alla casa o altrimenti.

Vivandiére, *sm.* chi vende le vivande a' soldati.

Vivente, *sm.* uomo che vive – *add. com.* ch'è in vita.

Vivere (*pass.* vissi, *fut.* viverò o vivrò, *pp.* vivúto o vissúto), *n. ass. an.* essere e stare in vita – nutrirsi, cibarsi – *fig.* sussistere – *sm.* cibaria necessaria al vivere – maniera di vivere, o di procedere.

Vivezza, *sf.* disinvoltura – efficacia – motto argúto, argutezza

Vívido, *add. m.* vigoroso.

Vivificáre (*pr.* ifico, chi ec.), *att.* dar vita, ravvivare.

Vivifico, *add. m.* (*pl.* ci, chi), che dà vita.

Vivíparo (*x lat.*), *add. m. agg.* di quegli animali che partoriscono figli vivi.

Vivo, *sm.* parte viva – *fig.* la parte più sensitiva – *add. m.* che vive – fiero, ardito – spiritoso, brioso.

Viziáre, *att.* introdurre in alcuna cosa una cattiva qualità in luogo di una buona che avova, guastare.

Viziáto, *add. m.* guasto, corrot-

to – difettoso – astuto – ingannevole.

Vizio, *sm.* mal costume, abito malvagio – difetto – appetito pravo.

Vizioso, *add. m.* di mali costumi.

Vizzo, *add. m.* che ha perduto la sua naturale consistenza – molle, floscio.

Vocabolário, *sm.* raccolta di vocaboli disposti alfabeticamente, e coll' aggiunta a ciascuno del proprio significato.

Vocabolarista, *sm.* (*pl.* sti), compilatore di vocabolarii.

Vocábolo, *sm.* voce, o nome, con cui si denota alcuna cosa o azione particolare.

Vocále, *add. com.* di voce, o che si esprime colla voce – *sf.* lettera che si pronunzia colla semplice apertura della bocca.

Vocalizzáre, *n. ass.* usare molte vocali.

Vocalmente, *avv.* colla voce.

Vocatívo, *sm.* quinto caso delle declinazioni de' nomi.

Vocazióne (*v. lat.*), *sf.* chiamata, invito – movimento interno per cui Iddio chiama alcuno ad abbracciare uno stato di vita.

Voce, *sf.* suono prodotto dall'animale colla bocca per manifestare qualche affetto – parola, vocabolo – suono di strumento

di. fiato – *fig.* fama , riputazione – *In comm.* ciò che ognuno mette per corpo di società
o compagnia.

ociferáre (*pr.* ifero ec.), *n. ass.*
sparger voce o fama.

ociferazióne, *sf.* nuova confusa.

oga, *sf.* (*pl.* ghe), la spinta
che un naviglio riceve dalla
forza de' remi – *fig.* impeto ,
ardore – *nell'uso*, moda.

ogáre, *n. ass.* remare per far
camminar la barca.

óglia, *sf.* volontà, desiderio –
disposizione d'animo – macchia
nel corpo, supposta segno di
volontà non soddisfatta della
madre durante la gravidanza.

oglióso, *add. m.* desideroso –
volonteroso.

oi, *pl. com. del pron.* tu sì nel
caso retto come negli obbliqui.

olante, *add. com.* che vola –
fig. volubile, instabile – leg-
gerissimo al corso.

oláre, *n. ass.* il trascorrere per
l'aria che fanno gli uccelli
agitando le ali – *per simil.*
andare o passare con gran velocità – *sm.* volo – come velocissimo.

oláta, *sf.* il volare – *In mus.*
progressione rapidissima di
note eseguita dal cantante.

olática, *sf.* (*pl.* che), asprezza
della cute cagionata da spesse
bollicine secche e accompa-

gnata con forte pizzicore.

Volátile, *sm.* nome generico di
ogni sorta di uccelli – *add.*
com. atto a volare – che può
essere agitato dal vento – *In*
chim. ridotto a volatilità.

Volatilità , *sf.* il sommo grado
della fluidezza.

Voleggiáre, *n. ass.* andar volando.

Volentiéri, *avv.* di buona voglia.

Volére (*pr.* vóglio, vuói, vuó-
le ec., *pass.* volli, *fut.* vorrò,
pp. volúto) , *ass. m.* avere
voglia, volontà, o intenzione
– essere risoluto di fare – ordinare – prescrivere – *sm.* volontà – appetito.

Volgáre, *add. com.* di volgo ,
comunale – *agg.* d' uomo ,
idiota, senza lettere – di vino,
basso, debole – di lingua, o
idioma , quello che volgarmente si favella nel paese di
cui si tratta.

Volgarizzáre, *att.* tradurre scritture da lingua morta o straniera in quella che si favella.

Volgarmente, *avv.* comunemente – in lingua volgare.

Volgere (*pass.* olsi , *pp.* olto) ,
att. an. piegare verso altra
parte. – muovere in giro – *fig.*
indurre, persuadere.

Volgimento, *sm.* l' atto di volgersi – *fig.* metamorfosi.

Volgo, *sm.* basso popolo, plebe.

Volo, *sm.* il volare – il tragitto

percorso del volatore – per
simil. gran velocità di movimento.

Volontà, sf. potenza motiva del-
l' anima ragionevole, per la
quale l' uomo desidera come
buone le cose intese, e le
rifiuta come malvage – voglia,
desiderio.

Volontariamente, avv. di proprio
volere.

Volontário, add. m. spontaneo –
sm. soldato che spontaneamente si arruola nelle milizie.

Volonterosamente, avv. di buona
voglia.

Volonteróso, add. m. che si mette
con gran volontà e prestezza
alle operazioni.

Volontiéri. V. Volentieri.

Volpeja, sf. tana di volpi.

Volpe, sf. animale astutissimo
e tristo che vive di rapina –
fig. persona astuta e maliziosa.

Volpeggiáre, n. ass. usare astu-
zie come le volpe.

Volpíno, add. m. di volpe – fig.
astuto.

Volpóne, sm. volpe maschio e
giovane – od anche volpe vecchia e grossa – fig. persona
assai astuta e sagace.

Volta, sf. rivolgimento – movimento in giro che il cavaliere fa fare al cavallo – coperta di stanza fatta in arco

tenga sostegni inferiori di legname – vicenda e vice, cioè
la volta che tocca ad alcuno
di operar checchessia, quando le operazioni si debbono
fare determinatamente or da
uno or da un altro.

Voltáre, att. V. Volgere. –
mutare – convertire – rotolare – np. mutarsi d'opinione.

Voltáta, sf. girata.

Volteggiáre, n. ass. voltarsi in
qua e in là, aggirarsi – fig.
tergiversare – att. muovere
in giro.

Volto (coll'o stretto), sm. viso,
faccia, sembiante – fig. e poetic. apparenza esteriore, superficie – (coll'o largo), pp. di
volgere.

Voltolare, att. rivoltare.

Voltúra, sf. il voltare de'debiti
e crediti, cioè il levarli dal
conto di alcuno, e imporli
in quello di un altro – traduzione da lingua a lingua.

Volúbile, add. com. che agevolmente si volta – fig. incostante.

Volubilità, sf. disposizione a volgersi – fig. incostanza.

Volubilmente, avv. fig. con incostanza.

Volúme, sm. libro, e parte distinta di libro – fig. viluppo
– mole.

Voluminóso, add. m. che molto

vi estende e ravvolge.

oluttà (v. lat.), sf. diletto sensuale - fig. diletto soavissimo.

oluttuoso, add. m. pieno di piaceri e di passatempi - che serve al lusso - che spira dolcezza - dedito alla voluttà.

olvolo, e

olvulo, sm. rigetto delle fecce per bocca.

omere, e

omero, sm. strumento di ferro che s'incastra nell'aratro per fendere in arando la terra.

omica, sf. (pl. che), postema polmonare suppurata.

omitare (pr. vomito ec.), att. e n. ass. mandar fuori per bocca il cibo mangiato e non digerito - fig. rigettare.

Vomitatrice. V. Vomitorio.

Vomitivo, add. m. atto a far vomitare.

Vomito, sm. il vomitare, e la materia vomitata.

Vomitorio, sm. medicamento che provoca il vomito.

Vorace, add. com. che ingordamente mangia e divora.

Voracità, sf. ingordigia, insaziabilità.

Voraggine, e

Voragine, sf. luogo di smisurata profondità - (altr. con gr. v. baratro)

Vertice (v. lat.), sm. avvolgimento di materia che gira intorno ad un centro comune, come fa l'acqua ne' gorghi di un fiume, o la polvere raggirata dal vento.

Vorticoso, add. m. pieno di vortici.

Vostro, pron. possess. m. di voi - sm. il vostro avere.

Votacesso, sm. chi vota i cessi.

Votare (da vòto), att. cavar fuori, contr. di empiere - rovesciare - sgombrare - (da voto), obbligare per voto - dare il voto, ballottare.

Votivo, add. m. di voto, promesso per voto.

Voto (coll' o stretto), sm. promessa fatta a Dio di opera migliore - immaginetta d'argento, o quadrello, che si appende agli altari o ad immagini sacre, in contrassegno di ringraziamento per grazia ricevuta - In pl. desiderj e prieghi - dichiarazione della propria opinione o in voce o con segni di fare od altro, che si dà ne' partiti delle assemblee - (coll'o largo), il vano, la concavità vacua - fig. superfluità, vanità - add. m. opp. di pieno - fig. privo, mancante - senza effetto.

Vulcanico, add. m. (pl. ci, chi), appartenente a vulcano.

Vulcano, sm. nella mitol. dio dei fuochi sotterranei - poggio,

lunga ignivoma, come il Vesu-
vio e simili.

Vulgáre. V. *Volgare*.

Vulgáta, sf. la traduzione della
Bibbia fatta da san Girolamo
dall'ebreo in latino, e che
serve oggidì di testo autentico
nella Chiesa cattolica.

Vúlgo (v. lat.), avv. volgarmente

— sm. (v. poet.), volgo.

Volnestária, sf. pianta giovevole
alle ferite recenti.

Vulneráría, add. m. agg. di ri
medio buono a sanar ferite.

Valva (v. lat.), sf. orificio e
stremo della vagina dell'utero.

Vuotáre. V. *Votare* (nel 1 sign

Vuoto. V. *Voto* (coll'o largo

Z

Z, (zita, o seta), l'ultima lettera
dell'alfabeto italiano, e la diciassettesima delle consonanti,
di doppio suono, cioè aspro,
come in *sappa, zoccolo* ec.,
e dolce, come in *zazzera,
zezzo* ec.

Zácchera, sf. schizzo di fango,

Zaccheráre, att. e np. lordare e
lordarsi di zacchere.

Zaffáta, sf. spruzzo improvviso
che danno talvolta i liquori
uscendo con impeto dai vasi
— detto anche degli odori.

Zafferáno, sm. filetti di color
rossigno, che si trovano entro
il fiore del croco, i quali pol-
verizzati servono a colorar alcune vivande.

Zaffíro, sm. gemma di color porporino, e tuschino.

Záffo, sm. taracciolo da botte,
bottiglie ec. — birro, satellite

Záina (v. lomb.), sf. misura di

liquidi, contenente la quarta
parte di un boccale.

Zaíno, sm. sacchetto di pelo col
pelo che si portano dietro
spalla i pastori.

Zambecco, sm. (pl. cchi), sorta
di piccolo naviglio.

Zamberlucco, sm. (pl. cchi), ve
ste lunga e larga usata da
Greci e da Turchi.

Zámpa, sf. piede davanti di an
male quadrupede.

Zampáta, sf. colpo di zampa.

Zampettáre, n. ass. camminare
a muovere le zampe.

Zampilláre, n. ass. uscire o
mandar fuora a piccoli zampil
li liquore — sgorgare, scaturire.

Zampíllo, sm. sottil filo di acqua
o di altro liquore, che schizza
fuori con impeto.

Zampógna. V. *Sampogna*.

Zána, sf. cesta ovata di vinchi
per tenervi dentro più cose,

» quantità di esse.

...nàta, sf. roba che empie una zana.

...nca, sf. (pl. che), gamba – per simil. ripiegatura di leva, di asta e simile – In pl. le bocche del granchio.

...ncàto, add. m. ripiegato da un capo.

...nco, add. m. (pl. chi), mancino.

...ingola, sf. quella spezie di secchia, in cui si dibatte il latte per fare il burro.

...nna, sf. dente di fiera lungo oltre gli altri, come quelli del cinghiale.

...nnàre. V. Assannare.

...nnàta, sf. cosa da zanni, frivolezza.

...nni, sm. personaggio ridicolo in commedia, come Arlecchino, Brighella ec.

...nnúto, add. m. che ha grandi zanne.

...nzàra, sf. insetto volatile molestissimo nelle notti estive.

...anzariére, sm. cortinaggio di velo rado per difendersi la notte dalle zanzare.

...appa, sf. strumento rustico per lavorare la terra non sassosa.

...appàre, att. lavorare la terra colla zappa.

...appatóre, sm. chi zappa – In mil. soldato armato di zappa per adattar le strade all'eser-

cito, o per far lavori di fortificazioni, mine ec.

Zappatúra, sf. lo zappare, e il tempo atto a zappare le terre.

Zappóne, sm. zappa stretta e lunga

Zatta, e

Zàttera, sf. veicolo piano di legni collegati insieme, che va a nuoto.

Zavorra, sf. ghiaja mescolata con rena, che si mette nella sentina della nave acciò stia pari.

Zavorràre, att. mettere la zavorra nella nave.

Zàzzera, sf. capellatura lunga degli uomini, almeno fino alle spalle.

Zebra, sf. e

Zebro, sm. animale quadrupede del Capo di Buona Speranza quasi simile al cavallo.

Zecca, sf. (pl. cche), luogo ove si battono le monete – insetto che succia il sangue ai cani, alle volpi e simili.

Zecchino, sm. moneta d'oro.

Zeffiro, e

Zefiro (v. gr.), sm. vento di primavera che spira d'occidente, altr. favonio.

Zelàre, n. ass. avere zelo.

Zelo (v. gr.), sm. amore, affetto – forte stimolo del proprio e dell'altrui bene e onore.

Zendàdo, sm. specie di drappo di seta sottilissimo.

Zenìt (v. arab.), sm. punto

estremo immaginario del cielo,
dove perverrebbe una perpen-
dicolar che venisse innalzata
dal piano dell'orizzonte (opp.
di nadir)

Zenzála. V. *Zanzara.*

Zénzero, *sm.* pianta aromatica di
sapore simile al pepe, ch'entra
in molte composizioni medicinali.

Zeppa, *sf.* bietta o conio piccolo
per uso di serrare, strignere
e calzar checchessia.

Zeppáre, *att.* riempiere eccessivamente, stivare.

Zeppo, *add. m.* pieno interamente, stivato.

Zerbinería , *sf.* atti e lezj da
zerbino – quantità di zerbini.

Zerbíno, *sm.* guerriero romanze-
sco seguace di venture amo-
rose, quindi – *fig.* persona
attillata per piacere alle donne.

Zéro, *sm.* segno aritmetico della
lettera O, che solo nulla significa, ma unito ad altre cifre
numerali le alza a gradi superiori per decine, centinaja
ec. – *fig.* nulla o piccolissima cosa.

Zeta, *sf.* (*pl.* te *f.*, e ti *m.*), ultima lettera dell'alfabeto italiano.

Zia, *sf.* sorella di padre o madre

Zibaldóne, *sm.* mescuglio – raccolta di dottrina o scritture
tolte da più libri, e alla rinfusa raccolte in uno.

Zibellino, *sm.* animale simile
martora, di pelo bianco –
altresì la pelle di esso.

Zibetto, *sm.* animale somi-
mile al gatto – materia lida onimosa e di forte odo-
che trovasi in una vesci
dello stesso animale.

Zibibbo, *sm.* specie di uva
e bianca con granelli bi
ghi, che ci viene dal Leva
ottima al gusto si fresca
secca.

Zimarra (o. sp.), *sf.* vesta lu
con bavero e maniche lar
da non imbracciarsi, ma p
denti per ornamento – app
veste talare de' sacerdoti e
cherici.

Zimbelláre, *att. e n. ass.* alle
tare gli uccelli collo zimbel

Zimbello, *sm.* uccello invi
cato e legato a una leva p
chè serva di richiamo a qu
che sono per aria – *fig.* all
tamento, lusinga.

Zinco, *sm.* (*pl.* chi), semimet
solido di color bianco au
rino, che dà al rame il col
giallo.

Zinfonía. V. *Sinfonia.*

Zingana, e

Zingaro, *sm.* persona che va
da sotto pretesto di a
re buona ventura.

Zinna, *sf.* mammella.

anzáre, n, ass. poppare.

nzinnáre e

nzinnáre, n. ass. bere a zinzinni, cioè a piccoli sorsi, assaggiare.

inzino, sm. piccolissima porzione di checchessia, e specialm. di vino o altro liquore.

io, sm. fratello del padre o della madre, correlat. di nipote

ipolo, sm. legnetto col quale si tura la cannella della botte.

irláre, n. ass. mandar fuora il zirlo, sufolare. -

irlo, sm. la voce acuta e tronca del tordo - e il tordo stesso che si tiene in gabbia per zirlare.

itella, sf. fanciulla.

itto, sm. piccolissimo rumore (usato quasi sempre colla negativa) - voce con cui si comanda il silenzio - add. m. fig. quieto.

izzánia (v. gr.) sf. pianta che non seminata nasce tra il grano (altr. loglio)

occo. V. Zoccolo.

occolante, add. com. che va in zoccoli - sm. frate di una delle religioni di san Francesco, che porta gli zoccoli.

occoláre (pr. zóccolo ec.), n. ass. far fracasso co' zoccoli o tacchi camminando.

óccolo, sm. calzare simile alla pianella, ma colla pianta di

legno - In archit. quella pietra quadrata ch'è base a colonne, piedestalli e simili - pezzo di terra spiccato dalla sua massa.

Zodíaco (v. gr.), sm. (pl. ci, chi), uno de' cerchi massimi della sfera, nella cui fascia sono compresi i dodici segni corrispondenti ai dodici mesi dell' anno.

Zoilo, sm. nome proprio di un antico sofista, non per altro famoso che per avere censurato Omero - oggidì, critico maledico.

Zolfa. V. Solfa.

Zolfanello. V. Solfanello.

Zolfo, sm. sostanza semplice e comunissima in natura, assai friabile e combustibile.

Zolla, sf. pezzo di terra spiccata pe' campi lavorati.

Zona (v. gr.), sf. fascia che contorna checchessia - In cosmogr. ciascuna di quelle cinque parti in cui è divisa la superficie terrestre, per meglio distinguere le regioni fredde, calde, e temperate.

Zonzáre, n. ass. andare attorno senza oggetto.

Zoofito. V. Piantanimale.

Zoologìa (v. gr.), sf. parte della storia naturale che tratta degli animali.

Zootomìa (v. gr.), sf. anatomia

comparata de' bruti.

Zoppeggiare, e

Zoppicàre (*pr.* zóppico, chi ec.), *n. ass.* andare alquanto zoppo – *fig.* pendere in qualche vizio e difetto.

Zoppo, *s. e add. m.* impedito sì nelle gambe, che non può camminare diritto e sciolto – *fig.* difettoso – che si regge su' piedi disuguali.

Zoticamente, *avv.* rozzamente.

Zòtico, *add. m.* (*pl.* ci, chi), ruvido, rozzo – intrattabile.

Zucca, *sf.* (*pl.* cche), pianta ortense che rampica per terra con larghi pampini e grosso frutto acquoso, che mangiasi cotto – popone o altro frutto simile che trovisi sipito – vaso fatto di corteccia di zucca – *fig.* capo.

Zúcchero, *sm.* estratto acquoso di certe canne simili alla sag-

gina raffinato fino alla cristallizzazione.

Zuccheroso, *add. m.* che ha in sè dello zucchero – *fig.* che reca piacere.

Zucconc, *sm.* chi ha il capo spogliato di capelli.

Zuffa, *sf.* baruffa, contesa.

Zufolàre (*pr.* zúfolo ec.), *n. ass.* sonare lo zúfolo – fischiare – il ronzare della zanzara.

Zúfolo, *sm.* strumento di canna a guisa di flauto, che sonano i pastori – fischio – *fig.* minchione, scimunito.

Zuppa, *sf.* pane intinto nel vino, o in brodo, o in qualunque altro liquore – *fig.* confusione, mescolanza.

Zurlàre, *n. ass.* andare in zurlo, cioè gongolare per eccesso di allegria o di desiderio.

Zurlo, *sm.* eccesso di allegria e di desiderio.

REPERTORIO

ALFABETICO

DE' PIÙ FREQUENTI NOMI PROPRJ,

STORICI, MITOLOGICI, GEOGRAFICI

48

ABBREVIATURE

OLTRE A QUELLE USATE NEL VOCABOLARIO

Afr. – Africa
Am. o *Amer.* – America
ant. – antico
As. – Asia
asiat. – asiatico
Bav. – Baviera
c. – città
cant. – cantone
cap. – capitale, o capitano
cel. – celebre
cittad. – cittadinesco
Dan. – Danimarca
distr. – distretto
duc. – ducato
eccl. – ecclesiastico
Eur. – Europa
europ. – europeo
f. – fiume
fil. – filosofo
Fr. – Francia
Germ. – Germania
Gr. – Grecia
granduc. – granducato
imp. – impero, o imperatore
Ingh. – Inghilterra
is. – isola
It., o *ital.* – Italia, o italiano
Lomb. – Lombardia
maritt. – marittimo
mat. – matematico
Medit. – Mediterraneo
merid. – meridionale

mit. – mitologia, o mitologico
naz. – nazione, o nazionale
occid. – occidentale
np. – nome proprio
Ol. – Olanda
orient. – orientale
p. – porto
picc. – piccolo
Piem. – Piemonte
Pol. – Polonia
Port. – Portogallo
pr. – provincia
princ. – principato
prov. – provinciale
r. – regno
rom. – romano
rep. – repubblica
Sard. – Sardegna
Sass. – Sassonia
sec. – secolo
sett. – settentrionale
Sic. – Sicilia
sopr. – soprannome
Sp. – Spagna
st. – storia, o storico
St. Un. – Stati Uniti
Svizz. – Svizzera
territ. – territorio
Tosc. – Toscana
Ungh. – Ungheria
univ. – università
vill. – villaggio.

REPERTORIO

STORICO-MITOLOGICO-GEOGRAFICO

Abelardo, *np. d'uomo.*

Abele, *figlio di Adamo.*

Abérden, *c. ed univ. della Scozia.*

Abissinia, *vasto r. d'Afr.*

Abo, *c. della Finlandia.*

Acabbo, *re d' Israello.*

Acaja (*ora* Livadia), *distretto della Grecia* (*prov.* achéo)

Acate, *comp. di Enea.*

Achille, *eroe de'Greci.*

Acqui, *c. forte del Piem.*

Acri, *c. e p. nella Siria.*

Adamo, *il primo uomo.*

Adelaide, *np. di donna.*

Adige, *f. dell'Italia.*

Adolfo, *np. d' uomo.*

Adone, *amante di Venere*

Adriano, *imp. romano.*

Adrianopoli, *c. nella Turchia. europ.*

Africa, *una delle grandi divisioni del mondo.*

Agaménnone, *cap. greco*

Agata, *np. di donna.*

Agesilao, *capitano greco*

Agnese, *np. di donna.*

Aglaja, *una delle Grazie*

Agostino, *dottore della Chiesa.*

Aja (l'), *c. d'Olanda.*

Aix (*it.* Es), *c. della Fr.*

Alba, *c. antica, famosa nella st. rom.* (*prov.* albano)

Albania, *pr. della Turchia* (*prov.* albanese)

Alberto, *np. d' uomo.*

Albuquerque (*it.* Albucherche), *c. della Fr.*

Alcibiade, *cel. discepolo di Socrate.*

Alcíde, *sopr. di Ercole.*

Alemagna, *vasta confederazione di Stati al centro dell' Europa* (*naz.* alemanno)

Alentejo, *pr. del Port.*

Aleppo, *c. nella Siria.*

Alessandria, *c. del Basso Egitto* — *altra nel Piemonte* (cittad.ales- sandrino)

Alessandro, *re di Maced.*

Aletto, *una delle Furie.*

Alfonso, *np. d' uomo.*

Alfredo, *cel. re d' Ingh.*

Algarvie (le due), *pr. del Portogallo.*

Algeri, *c. dell'Africa.*

Alicante, *o. e p. della Sp.*

Alpi, *catena di mont. che circond. l'It. al nord.*

Alsazia, *pr. della Fr.*

Altorf, *c. della Svizzera.*

Alvergna, *pr. della Fr.*

Amadriadi, *ninfe bosch.*

Amalasunta, *reg. d'Ital.*

Amalia, *np. di donna.*

Amázoni, *gran f. dell'A- mer. merid.*

Ambrogio, *arciv. di Mil.*

Amburgo, *c. ans. in Germ.*

Amedeo, *np. d' uomo.*

America, *una delle gran- di parti del mondo.*

Amiens, *c. della Francia.*

Amilcare, *cap. cartag.*

Amsterdam, *c. e p. de l' Olanda.*

Anacleto, *papa nel 1.°sec*

Anacreonte, *poeta greco*

Anastasio, *imp. d'Orient*

Anasságora, *filos. greco*

Anchise, *padre di Enea*

Ancona, *c. e p. d'Ital.* (*prov.* anconitano)

Andalúsia, *pr. della Sp.*

Andrea, *uno degli apos*

Andrómaca, *moglie di Et*

Andrómeda, *sposa d Perseo.*

Andronico, *imp. d'Or.*

Angelica, *amante di Orl*

Angió, *prov. della Fr.*

Anglesey (*it.* Enghelse) *is. dell'Inghilterra.*

Anna, *madre della B. V.*

Annecy (*it.* Annsì), *e. della Savoja.*

Annibale, *cap. cartag.*

Annóver, *r. e c. in Germ.* (*prov.* annoverese)

Anseatiche, *città liber della Germania.*

Anselmo, *np. di uomo.*

Anténore, *eroe trojano*

nteo, *gigante.*

ntigono, *re d'Asia.*

ntille, *isole nel golfo messicano.*

ntioco, *re di Siria.*

atiochia, *c. antica nella Siria.*

ntípatro, *re di Maced.*

ntistene, *filos. greco.*

ntonio, *np. di uomo.*

ntonino, *imp. romano.*

nversa, *c. del Belgio.*

pelle, *pittore greco.*

pennini, *catena di monti che traversano l'It.*

polliñare, *np. di uomo.*

pollo, *dio della poesia.*

pollodoro, *np. di uomo.*

pollonio, *np. di uomo.*

ppiano, *storico latino.*

quisgrana, *c. di Prussia*

rabia, *vasto paese dell'Asia.*

rbace, *1.° re dei Medi.*

rcadia, *pr. del Pelop. (prov. árcade)*

rcadio, *imp. d'Oriente.*

rcangelo, *c. e porto della Russia.*

rchimede, *matem. gr.*

Arcipélago, *mare e gruppo d' isole (anticamente* Mare Egeo)

Arduíno, *lett. francese.*

Arianna, *moglie di Bacco.*

Ariosto, *poeta italiano.*

Aristidè, *cap. greco.*

Aristippo, *filos. greco.*

Aristodemo, *re di Micene.*

Aristofane, *gram. greco.*

Aristotele, *filos. greco.*

Armenia, *pr. dell' Asia (prov.* armeno)

Arno, *f. della Toscana.*

Aronne, *fratello di Mosè.*

Arragona, *pr. della Spagna (prov.* arragonese)

Arrigo, *np. di uomo.*

Artaserse, *re di Persia.*

Artemisia, *reg. di Caria.*

Asia, *una delle grandi divisioni del mondo (prov.* asiatico)

Ascanio, *figlio di Enea.*

Asdrubale, *cap. cartag.*

Aspasia, *cortigiana gr.*

Assalonne, *figl. di David.*

Assiria, *pr. dell' Asia (prov.* assiro)

Assuero, *re di Persia.*

Astianatte, *figlio di 'Ett.*

Astracán, *c. della Rus-*
sia asiatica.

Astrea, *dea della giust.*

Asturia, *pr. della Spagna.*

Atalia, *reg. di Giuda.*

Atene, *c. ant. e cel. della*
Gr. (*cittad.* ateniese)

Atlante, *catena di mont.*
nell' Africa.

Atos, *prom. nella Gr.*

Augusta (*ted.* Augsburg),
c. della Baviera (*cit-*
tad. augustano)

Aureliano, *imp. romano.*

Aurelio, *np. di uomo.*

Austria, *arciduc. della*
Germ. (*prov.* austriaco)

Ava, *imp. nell' India.*

Avana, *c. e porto nel-*
l'isola di Cuba.

Avérroe, *fil. e med. arabo*

Avignone, *c. della Fr.*

Azóre, *is. del mare atlant.*

Babilonia, *cap. ant. del-*
la Caldea.

Bacco, *dio del vino.*

Bacone, *fil. inglese.*

Baden, *granduc. in Ger-*

mania (*prov.* bades

Bagdad, *c. cel. dell' Asi*

Bajardo, *eroe frances*

Balaam, *falso profeta.*

Baldassar, *re di Babil.*

Balduino, *eroe delle cr*
ciate.

Barbara, *np. di donna*

Barberia, *vasta region*
sett. nell' Africa.

Barcellona, *c. e p. di S*

Bartolommeo, *uno deg*
apostoli.

Basiléa, *c. e cantone de*
la Svizzera.

Basilio, *greco dott. del*
la Chiesa.

Bassano, *c. d'Italia.*

Bastía, *cap. della Corsic*

Batavia, *cap. dell' isol*
di Giava.

Baviera, *r. di Germ*
(*prov.* bavarese)

Béira, *pr. del Portogall*

Belgio, *nuovo r. d'Eu*

Belgrado, *c. forte della*
Turchia europ.

Belisario, *cap. greco.*

Bellisle (*it.* Bellil), *is. su*
la costa della Fr.

ellona, *dea della guerra*

ender, *c. nella Bessa-*
rabia turca.

enedetto, *np. di uomo.*

enevento, *c. nel r. di Nap.*

éngala, *vasta regione*
dell'India.

eniamino, *figlio predi-*
letto di Giacobbe.

erengario, *re d'Italia.*

erenice, *reg. d'Egitto.*

érgamo, *città d'Italia*
(cittad. bergamasco)

erlino, *cap. della Pruss.*

ernardo, *1.° abate di*
Chiaravalle.

erna, *c. e cant. della*
Svizzera.

essarabia, *pr. della Rus-*
sia europ.

essarione, *card. e lett. gr.*

Biagio, *np. di uomo.*

Bianca, *np. di donna.*

Bilbao, *c. forte della Sp.*

Biscaglia, *pr. della Spa-*
gna (prov. biscaino)

Bitinia, *pr. dell'Asia min.*

Bizanzio, *nome ant. di*
Costantinopoli (citta-
din. bizantino)

Boccaccio, *novell. ital.*

Boemia, *r. della Germ.*
(naz. boemo)

Boemondo, *eroe delle*
crociate.

Boezio, *scritt. e poeta lat.*

Bolivia, *nuova rep. nel-*
l'Amer. merid.

Bologna, *c. d'It. con univ.*

Bonaventura, *dott. della*
Chiesa.

Bonifacio, *np. di uomo.*

Bordeaux (*it.* Bordò), *c. e*
p. della Francia.

Borgogna, *pr. della Fr.*
(prov. borgognone)

Bósforo, *stretto di Co-*
stantinopoli.

Bósnia, *pr. della Tur-*
chia europ. (prov. bos-
niaco)

Boulogne (*it.* Bulogn), *c.*
e p. della Francia.

Brabante, *pr. del Belgio*
(prov. brabanzese)

Braganza, *c. del Portog.*

Bramante, *archit. rom.*

Brandeburgo, *pr. e c.*
nella Germ.

Brasile, *imp. nell'Amer.*

Brema, *duc. e c. nell'al-*
  ta Sassonia.

Brescia, *c. dell'Italia.*

Breslavia, *c. della Slesia.*

Brest, *c. e p. della Fr.*

Bretagna, *pr. della Fr.*
  (*prov.* bréttone)

Britannia, *nome gener.*
  delle Is. Britanniche
  (*naz.* britanno, inglese)

Briaréo, *gigante.*

Brígida, *np. di donna.*

Briséide, *schiava di A-*
  chille.

Brunone, *fondatore dei*
  Certosini.

Brusselles, *cap. del Belgio*

Bruto, *console romano.*

Buda, *cap. dell' Ungh.*

Busíride, *crudelissimo*
  faraone d'Egitto.

Cadice, *c. e p. della Sp.*

Cágliari, *cap. della Sard.*

Cáifa, *sommo pontefice*
  dei Giudei.

íno, *figlio di Adamo.*

iro, *cap. dell' Egitto.*

jo, *cogn. romano.*

labria, *pr. del r. di*

Nap. (*prov.* calabrese

Calcutta, *cap. dell' imp*
  ingl. nelle Ind. orient

Calígola, *imp. romano.*

Callao, *c. e p. del Peri*
  presso Lima.

Callímaco, *poeta greco.*

Callisto, *np. di varj pap*

Calmar, *pr. della Svesia*

Calvino, *eresiarca franc*

Cambise, *re di Persia.*

Cambrai (*it.* Cambrè), *c*
  della Francia.

Cambridge (*it.* Chémbri-
  ge), *c. e univ. d'Ingh*

Camillo, *cap. romano.*

Canadà, *vasta regione*
  dell' Amer. sett.

Canarie, *is. del mare atl*

Cánton, *c. della China*

Canuto, *np. di varj re d*
  Danimarca.

Capraja, *is. del mar di*
  Toscana.

Caramania, *pr. della Nat*

Carlo, *np. di uomo.*

Carlstadt, *capitale della*
  Croazia.

Carniola, *pr. conf. al-*
  l'est coll' Italia.

Carolina, *uno degli Stati Uniti d'America.*

Garonte, *tragittatore delle anime all'inferno.*

Carpazj, *mont. d'Ungh.*

Cartagéna, *c. e porto della Spagna.*

Gartesio, *fil. francese.*

Casimiro, *np. di varj re di Polonia.*

Cassandro, *re di Maced.*

Cassiano, *mart. nel 3.° sec.*

Cassiodoro, *ministro di Teodorico.*

Castiglia, *pr. della Sp.*

Cástore, *eroe greco.*

Catania, *c. della Sicilia.*

Caterina, *np. di donna.*

Catilina, *capo di congiura romana.*

Catone, *gran citt. rom.*

Cáttaro, *c. forte della Dalmazia.*

Cáucaso, *mont. dell'As.*

Cecilia, *np. di donna.*

Gefalonía, *is. della Grecia, una delle Jonie.*

Celestino, *np. di varj papi*

Cérbero, *guardiano dell'inferno.*

Cerigo, *is. del Pelopon.*

Cesare, *dittatore rom.*

Chiara, *np. di donna.*

Chilì, *pr. dell'Am. merid.*

Cibele, *madre di Giove.*

Cicerone, *orat. latino.*

Cimabue, *pitt. italiano.*

Cimone, *cap. greco.*

Cina, *imp. vastissimo dell'Asia orient.*

Cipriano, *dottore della Chiesa.*

Cipro, *is. del Medit.*

Circassia, *pr. della Russia asiat.*

Cirillo, *np. di uomo.*

Claudio, *imp. romano.*

Clelia, *eroina romana.*

Clemente, *np. di uomo.*

Clementina, *np. di donna.*

Cleopatra, *reg. di Egitto.*

Clitennestra, *moglie di Agamennone.*

Clotario, *np. di varj anti re di Francia.*

Clotilde, *np. di donna.*

Colombo, *scopritore dell'America.*

Colonia, *c. della Germ.*

Columbia, *nuova rep.*

dell'America sett.

Commodo, *imp. rom.*

Compiegne, *c. della Fr.*

Congo, *r. dell'Africa.*

Copenághen, *cap. della Danimarca.*

Copérnico, *astron. ted.*

Córdova, *c. della Spagna.*

Corfù, *una delle isoleJonie - e c. capit.di esse*

Cornelio, *storico lat.*

Corinto, *antica e. della Morea.*

Corogna, *c. e p. della Sp.*

Coromandel, *costaorient. dell'Indostan.*

Córsica, *is. del Medit. (prov.* corso *)*

Cortona, *c. della Tosc.*

Costante, *np. di uomo.*

Costantino, *imp. greco.*

Costantinopoli, *cap. dell'imp. turco.*

Costanzo, *np. di uomo.*

Cracóvia, *c. libera in Pol.*

Crema, *c. dell'Italia(cittad.* cremasco*)*

Cremona, *c. dell'Italia.*

Creúsa, *moglie di Enea.*

Crimea, *penis. nel mar*

nero.

Cristianìa, *c. della No*

Crisostómo *(bocca d'ro), sopr. greco*

Cristina, *np. di dònna*

Cristoforo, *np. di uom*

Cuba, *is. delle Indie oc*

Curlandià, *pr. della Russia europea.*

Dacia, *ant. nome dell Transilvania.*

Damasco, *c. cel. dell Turchia asiat.*

Dámaso, *papa nel* 4.° *sec*

Danae, *madre di Perse*

Danaidi, *figlie di Danao*

Dánao, *re d'Argo.*

Daniello, *profeta ebreo*

Danimarca, *r. sett. d'Europa (naz.* danese*)*

Dante, *il maggiore dei poeti italiani.*

Danubio (*ted.* Donau), *f. della Germania.*

Dánzica, *c. e p. della Prussia.*

Dardanelli, *due ant. castelli a difesa del Bosforo.*

Darien, *lingua di terra che unisce le due parti sett. e merid. dell' America.*

Davide, *re prof. dei Giud.*

Débora, *profetessa ebrea*

Decio, *imp. romano.*

Delfinato, *pr. della Fr.*

Demetrio, *np. di uomo.*

Democrito, *filos. greco.*

Demostene, *orat. greco.*

Deucalione, *re di Tess.*

Diana, *dea della caccia.*

Didone, *fondatrice e regina di Cartagine.*

Dieppe, *c. e p. della Fr.*

Digione, *c. della Francia.*

Diocleziano, *imp. rom.*

Diodato, *np. di varj papi*

Diodoro, *storico greco.*

Diógene, *filos. greco.*

Diomede, *re di Tracia.*

Dione, *storico romano.*

Dionigi, *tiranno di Sirac.*

Dioscoride, *med. greco.*

Dolabella, *partigiano di Cesare.*

Domenico, *fondatore dell' ord. de' Predicatori*

Domingo (s.), *o* Haïti, *la*

più gr. *delle Antille.*

Domiziano, *imp. rom.*

Don, *o* Tanai, *f. della Russia europ.*

Dordrecht, *c. dell'Ol.*

Dorotea, *np. di donna.*

Dresda, *cap. della Sass.*

Dríadi, *ninfe dei boschi.*

Dublino, *cap. dell' Irl.*

Dunkerque (*it.* Duncherc), *c. e p. della Francia.*

Durazzo, *c. e p. d' Albania*

Dusseldorf, *c. forte della Germania.*

Ebe, *dea della gioventù.*

Ebridi, *isole occid. della Scozia.*

Ecate, *dea dell' Inferno.*

Ecuba, *moglie di Priamo.*

Edimburgo, *cap. della Scozia.*

Edipo, *o* Edippo, *sciaguratissimo re di Tebe.*

Edmondo, *re degli Angli*

Edoardo, *np. di uomo.*

Egeria, *ninfa romana.*

Egisto, *figlio di Tieste.*

Egitto, *cel. ant. regno d' Africa.*

Egle, *madre delle Grazie.*

Elba, *is. sulla costa di Toscana—f. in Germ.*

Elena, *np. di donna.*

Eleonora, *np. di donna.*

Elettra, *sorella di Oreste.*

Elia, *profeta ebreo.*

Eliano, *retore romano.*

Eliodoro, *statuario gr.*

Eliogàbalo, *imp. rom.*

Elisabetta, *np. di donna.*

Eliseo, *profeta ebreo.*

Elvezio, *med. olandese.*

Emmanuele, *np. di uomo.*

Empédocle, *fil. siciliano.*

Endimione, *amante di Diana.*

Enea, *eroe trojano.*

Ennio, *poeta latino.*

Eolo, *dio dei venti.*

Epaminonda, *cap. greco.*

Epicúro, *filos. greco.*

Epiro, *pr. della Turchia*

Eraclio, *imp. greco.*

Erasmo, *lett. oland.*

Eratóstene, *filos. greco.*

Ercole, *dio della forza.*

Ermete, *sin. di Mercurio*

Erode, *re dei Giudei.*

Ersilia, *mogl. di Romolo*

Esaù, *figlio d'Isacco.*

Eschilo, *poeta greco.*

Esculapio, *dio della med.*

Escuriale, *palazzo reale de're di Spagna.*

Esdra, *sommo sacerdote ebreo.*

Esichio, *gram. greco.*

Esiodo, *poeta greco.*

Esopo, *favolegg. greco.*

Ester, *eroina ebrea.*

Estremadura, *pr. della Sp. - altra nel Portog.*

Etiopia, *vasta regione dell'Africa.*

Etna, *monte vulcanico della Sicilia.*

Etrúria, *sin. di Toscana.*

Euclide, *mat. greco.*

Eugenio, *np. d'uomo.*

Eudossia, *imp. d'Oriente.*

Eufemia, *np. di donna.*

Eufrate, *f. nella Turchia asiatica.*

Eulero, *matem. sviz.*

Eumene, *cap. greco.*

Euridice, *mogl. di Orfeo.*

Euripide, *poeta trag. gr.*

Europa, *una delle parti principali del mondo,*

la più piccola, ma la più incivilita.

Eustachio, *np. di uomo.*

Evandro, *antico fondatore di Roma.*

Ezechia, *re di Giuda.*

Ezechiele, *prof. ebreo.*

Ezio, *cap. romano.*

Ezzelino, *tiranno di Padova nel 13.° sec.*

Fabio, *cap. romano.*

Fabricio, *lett. tedesco.*

Falaride, *tiranno di Agrigento.*

Falloppio, *med. italiano*

Faraone, *nome comune ai re d'Egitto.*

Fáuno, *dio campestre.*

Fausta, *e*

Faustina, *np. di donne cel. romane.*

Federico, *np. di varj imp. d'Alemagna.*

Fedro, *favolegg. latino.*

Felícita, *np. di donna.*

Ferdinando, *np. di uomo.*

Ferrara, *c. dello stato pontificio.*

Fez, *c. dell'imp. di Marocco in Africa.*

Fiandra, *pr. del Belgio.*

Fidia, *cel. scult. greco.*

Filadelfia, *cap. della Pensilvania in Amer.*

Filippo, *re di Maced.*

Filippine (isole), *nel mare della China.*

Filomela, *sorella di Progne.*

Filomena, *np. di donna.*

Filone, *scritt. ebreo.*

Finlándia, *pr. della Svez.*

Firenze, *cap. della Tosc.*

Fiume, *c. ep. dell'Illirio*

Flaminio, *cap. romano.*

Flaviano, *np. di due santi*

Florida, *pr. dell'Am. sett.*

Floro, *storico latino.*

Fortunato, *np. di uomo.*

Francesco, *istitut. dell' ord. de' frati minori.*

Francia, *r. floridissimo in Eur. (naz. francese)*

Francoforte, *c. in Germ.*

Friburgo, *c. e cant. della Svizzera.*

Friuli, *una delle pr. ven.*

Fulvia, *moglie del triunviro Antonio.*

Gabriele, *uno degli arcangeli.*

Gaéta, *c. forte del r. di Napoli.*

Gaetano, *fondatore della congreg.de' Teatini*

Galeno, *medico greco.*

Galizia, *pr. della Sp.*

Galilea, *ant.pr.di Palest.*

Gallo (san), *c. e cant. della Svizzera.*

Gange, *f. dell'Indie or.*

Ganimede, *coppiere di Giove.*

Gáspare, Gásparo, e Gáspero, *np. d'uomo.*

Gedeone, *giud.d'Israele*

Genevieffa, *verg.patrona di Parigi.*

Gennaro, *mart.nel 4.°sec.*

Génova, *c. e p. col. in Ital.*

Georgia, *pr. dell'Asia e pr. degli Stati Uniti d'America.*

Gerardo, *np. d'uomo.*

Geremia, *profeta ebreo.*

Gerione, *gigante.*

Germania, *vasta regione in Europa.*

Geroboamo, *re d'Israello*

Gerusalemme, *c. famosa della Palestina.*

Gervasio, *mart.nel 1.°sec.*

Gesnéro, *med. svizzero.*

Gezabele, *reg. di Giuda.*

Giacinto, *np. d'uomo.*

Giacobbe, *patriarca ebr.*

Giacomo, *nome di due apostoli.*

Giamáica, *is. delle Indie occidentali.*

Giansenio, *dott.eccl.ted.*

Giánnina, *c.della Grecia.*

Giappone, *imp. dell'Asia orientale.*

Giasone, *eroe greco.*

Gibilterra, *c. forte di Sp.*

Ginevra, *c. della Sviz. (cittad. ginevrino)*

Gioabbo, *cap. ebreo.*

Gioachino, *marito di S. Anna e padre della B.V.*

Giocasta, *madre di Edipo*

Giona, *profeta ebreo.*

Giorgio, *np. d'uomo.*

Giosafat, *re di Giuda.*

Giosuè, *cap. ebreo.*

Giove, *primo degli dei.*

Giovanni, *uno degli ap.*

Giovenale, *poeta latino.*

Girolamo, *cel. dottore della Chiesa.*

Giuda, *tradit. di Cristo*

Giuditta, *eroina ebrea.*

Giulio, *np. d'uomo.*

Giunone, *moglie di Giove*

Giuseppe, *sposo della B.V*

Giustina, *np. di donna.*

Giustiniano, *imp. d'Qr.*

Glaris, *cant. della Svizz.*

Glocester (*it.* Gloster), *contea dell'Inghilt.*

Goffredo, *eroe delle Cro- ciate.*

Golconda, *r. nell'Indost.*

Gota, *c. della Sassonia.*

Granata, *c. e pr. della Sp.*

Gran -Bretagna, *la più grande delle Isole Britanniche* (naz. bri- tanno, inglese)

Grécia, *nuovo r. europ., cel. nell'ant. st.* (naz. greco)

Gregorio, *np. di varj papi*

Grenoble, *c. della Fr.*

Grigioni, *popoli abitato- ri delle Alpi.*

Groninga, *c. d'Olanda.*

Grozio, *lett. fiammingo.*

Guascogna, *pr. della Fr.* (prov. guascone)

Guglielmo, *np. d'uomo.*

Guinea, *regione occid. dell'Africa.*

Gujana, *vasto paese nel- l'Amer. merid.*

Gustavo, *re di Svezia.*

Hermanstadt, *c. della Transilvania.*

Ida, *monte di Candia, cel. nella mitologia.*

Idra, *is. dell'arcip. greco*

Ignazio, *fond. de' Gesuiti*

Ilario, *papa nel 5° sec.*

Ildebrando, *re de' Longo- bardi in Italia.*

Indie orientali, *regioni dell'Asia di qua e di là del Gange, bagnate dall'oceano indiano.*

—occidentali, *le gran- di e piccole Antille, e molte altre isole lun- go la costa orientale dell'America.*

Inghilterra, *parte merid.*

della Gran Bretagna (*naz.* inglese)

Innocenzo, *np. di varj papi.*

Indo, *f. dell'Asia.*

Indostan, *parte dell'India entro i rami del Gange.*

Insbruck, *cap. del Tirolo*

Ippócrate, *med. greco.*

Ippodamia, *moglie di Piritoo.*

Ippolito, *figlio di Teseo.*

Ircania, *ant. reg. dell'Africa — e ant. nome d'una parte della Persia.*

Irene, *np. di donna.*

Irlanda, *una delle Isole Britanniche* (*naz.* irlandese)

Isabella, *np. di donna.*

Isacco, *patriarca ebreo.*

Isaia, *profeta ebreo.*

Iside, *dea dell'Egitto.*

Isidoro, *autore greco.*

Islanda, *is. del mar Glaciale.*

Ismaele, *figlio di Abramo.*

Isocrate, *retore greco.*

Istria, *pr. dell'Illirio.*

Itaca, *una delle is. Jon.*

Italia, *penis. vasta mezzodì d'Europa.*

Ivica, *una delle is. Baleari nel Medit.*

Janeiro (Rio), *cap. del l'imp. del Brasile.*

Kiel, *o. forte della Sass.*

Konisberga, *c. di Prussia*

Labáno, *suocero di Giacobbe.*

Labradór, *pr. dell'America settentrionale.*

Ladislao, *np. di varj d'Ungheria.*

Landau, *c. forte di Sass.*

Landshut, *c. forte dell Baviera.*

Laocoonte, *figl. di Priamo*

Laomedonte, *padre di Priamo.*

Lapponia, *regione sett d'Europa.*

Larissa, *ant. c. della Turchia europ.*

Laura, *np. di donna.*

Lavinia, *moglie di Enea.*
Lazaro, *np. d'uomo.*
Leandro, *np. d'uomo.*
Leibnizio, *mat. e fil. ted.*
Leida, *c. dell'Olanda.*
Lémano, *lago dellaSvizz.*
Lenno, *is. dell'Arcipel.*
Leone, *np. di varj papi.*
Leopoldo, *np. di varj du-*
  chi d'Austria ed imp.
  di Germania.
Lépanto, *c. della Grecia.*
Licurgo, *legisl. greco.*
Liegi, *c. della Germania.*
Lilla, *c. della Francia.*
Lima, *c. cap. del Perù.*
Linguadoca, *pr. della Fr.*
Linneo, *nat. e bot. svezz.*
Lione, *c. di Fr., la più*
  import. dopo Parigi.
Lìpari, *is. presso la Sic.*
Lipsia, *c.cel. della Germ.*
Lipsio, *lett. e crit. ted.*
Lisandro, *cap. greco.*
Lisboná, *cap. del Portog.*
Lisímaco, *cap. greco.*
Lituánia, *granduc. della*
  Russia europea.
Livádia, *pr. della Grecia*
  (*l'ant. Acaja*)

Liverpool (*it.* Lìverpol),
  c. e p. dell'Ingh.
Livorno, *c. e p. di Tosc.*
Locke, *lett. e fil. ingl.*
Lombardia, *r. dell'Au-*
  stria nell'alta Italia.
Londra, *cap. vastissima*
  dell'Ingh. (*cittad.*lon-
  drino)
Longino, *lett. greco.*
Lorenzo, *mart.del 3.° sec.*
Loréto, *c. nellaMarca di*
  Ancona, cel. pel san-
  tuario dellaMadonna
Losanna, *c. della Svizz.*
Lotario, *np. di varj imp.*
Lovánio, *c. forte delBegio*
Lubecca, *c. della Germ.*
Luca, *uno dei vangelisti.*
Lucca, *c. e duc. d'Italia.*
Lucano, *poet. latino.*
Luciano, *lett. greco.*
Lucio, *np. d'uomo.*
Lucrezio, *poeta latino.*
Lucullo, *cap. romano.*
Luigi, *np. d'uomo.*
Luigiana, *pr. degli Stati*
  Uniti d'America.
Luisa, *np. di donna.*
Luneburgo, *duc. dell'al-*

ta Sassonia.

Luneville, c. della Lorena.

Lutero, eresiarca ted.

Macedonia , pr. della Turchia europ.(prov. macédone).

Madagascàr, grande is. all' est del Capo di Buona Speranza.

Maddalena, np. di donna.

Madéra, is. nell' oceano atlantico.

Madras, c. e p. nelle Ind. orientali.

Madrid, cap. della Sp.

Magdeburgo , c. forte dell' alta Sassonia.

Magellano, strett. cel. al sud dell'Amer.

Magonza, c. della Germ.

Majórica, una delle is. Baleari sulla costa merid. della Spagna.

Malabàr, costa occid. delle Indie orientali.

Malacca, penis. presso al regno di Siam.

Malachia, prof. ebreo.

Maldive, gruppo d'isole nell' oceano ind.

Malta, is. del Medit.

Manasse, re di Giuda.

Manuzio, tip. e lett. ven.

Mántova, c. forte d. Ital.

Maometto, falso profeta de' Mussulmani.

Maratona, c. cel. della Grecia antica.

Marcantonio , triumviro romano.

Marco, uno dei vangelisti.

Marcello, cap. romano.

Margherita, np. di donna.

Maria, la madre di G. C.

Marianna, np. di donna.

Marino (san), picc. ed ant. rep. d'Italia.

Mármora , braccio di mare fra l'arcipel. ed il mar Nero.

Mario, cap. romano.

Marocco, vasto imp. dell'Africa.

Marsiglia, c. e p. della Fr.

Marta, np. di donna.

Marte, dio della guerra.

Martinica, is. delle Indie occidentali.

Martino, *santo vescovo di Tours.*

Maryland, *uno degli Stati Uniti di Amer.*

Marzia, *moglie di Catone.*

Marziale, *poeta latino.*

Massachusset (*it.* Massaciuset), *uno degli Stati Uniti d'America.*

Massimino, *imp. d'Occid.*

Massimiliano, *np. di alcuni imp. di Germ.*

Massimo, *sopr. di parecchi imp. romani.*

Matilde, *np. di donna.*

Mattéo, *apost. ed evang.*

Mattía, *uno degli apost.*

Maurizio, *np. d'uomo.*

Máusolo, *marito di Artemisia.*

Mecca, *cap. dell'Arabia, patria di Maometto.*

Mecenate, *ministro di Augusto.*

Medea, *amante di Giasone.*

Medina, *c. dell'Arabia, ov' è sepolto Maometto.*

Mediterraneo (mare), *pro-*

priamente quello che comincia allo stretto di Gibilterra, e bagna l'Europa merid.

Medoro, *cel. amante di Angelica nel Furioso dell'Ariosto.*

Medusa, *una delle Gorgoni.*

Megera, *una delle Furie.*

Melantone, *teol. prot. ted.*

Menandro, *poeta greco.*

Mercurio, *dio del comm.*

Messina, *c. della Sicilia.*

Méssico, *c. e nuova rep. nell'Amer.* (naz. messicano)

Michele, *uno degli arcangeli.*

Milano, *cel. cap. della Lombardia.*

Milton, *poeta inglese.*

Milzíade, *cap. greco.*

Minerva, *dea della sapienza.*

Mingrélia, *pr. dell'As.*

Minórica, *una delle Bal.*

Minosse, *giud. dell'Inf.*

Mississipì, *gran f. dell'Amer. sett.*

Missolongi, *c. cel. nei fasti eroici della moderna Grecia.*

Mitridate, *re di Ponto.*

Modena, *cap. del duc. dello stesso nome in It. (cittad.* modenese)

Modesto, *scrittore lat.*

Moka, *c. dell' Arabia, cel. pel caffè.*

Moldávia, *pr. della Turchia europ.*

Molucche, *gruppo d'is. al sud delle Filippine.*

Montezuma, *np. degli ant. re del Messico.*

Moravia, *pr. dell' imp. d'Aust.(prov.* Moravo)

Moréa, *penis. della Gr. (l'ant.* Peloponneso)

Mosca, *ant. cap. della Russia.*

Mosè, *cap. e legisl. ebreo.*

Moscóvia, *ant. nome della Russia (naz.* moscovita)

Murcia, *pr. della Spagna.*

Mustafà, *np. di varj sultani turchi.*

Nabucódonosor, *re di Assiria.*

Namur, *c. del Belgio.*

Nankin, *c. della Cina.*

Nantes, *c. della Francia.*

Napoli, *r. e c. cap. di esso in Italia.*

Narbona, *c. della Fr.*

Narciso, *innamorato della propria immagine.*

Narsete, *cap. greco.*

Nassau, *c. della Germ.*

Nasso, *is. dell'Arcipel.*

Natanaello, *profeta ebr.*

Natolia, *pr. della Turchia asiatica.*

Navagéro, *letterato ital.*

Navarra, *pr. della Spagna, col tit. di regno.*

Negrizia, *vasta regione dell'Africa.*

Negro, *f. dell'Africa.*

Nerone, *imp. romano.*

Néstore, *eroe greco.*

Nestorio, *eresiarca gr.*

Nettuno, *dio del mare.*

Neufchatel (*it.* Neusciatél), *principato della Svizzera.*

Niceforo, *di varj imp. d'Oriente*

Nicoláo, Nicóla, e Nicolò, *np. d'uomo.*

Nicodemo, *disc. di G. C.*

Nicoméde, *np. di più cel. uomini dell'antichità.*

Niester (*it.* Nister), *f. della Russia.*

Nilo, *f. cel. dell'Egitto.*

Nimega, *c. dell'Olanda.*

Ninive, *ant. c. dell'Assiria*

Nino, *re di Assiria.*

Nizza, *c. e p. dell'Italia (cittad. nizzardo)*

Noè, *secondo progenitore degli uomini.*

Norimberga, *c. della Bav.*

Normandia, *pr. della Fr.*

Norvegia, *r. nella Svezia.*

Novogorod, *c. e pr. della Russia.*

Nubia, *r. dell'Africa.*

Ohio, *f. dell'Amer. sett.*

Olanda, *antica rep., ora regno d'Europ. (naz. olandese)*

Olimpo, *monte cel. dell'Asia minore.*

Oloferne, *cap. assiro.*

Omero, *poeta greco.*

Oneglia, *c. e p. del Genovesato.*

Onorio, *imp. d'Occid.*

Oporto, *c. e p. del Port.*

Orazio, *poeta latino.*

Orenóco, *f. nell'Am. mer.*

Oreste, *figlio di Agamennone e di Clitennestra*

Orleans, *c. e pr. della Fr.*

Ormus, *is. nel golfo persico.*

Orfeo, *poet. greco.*

Origéne, *lett. e dott. eccl.*

Orlando, *paladino.*

Osmano, *progenitore dei gransultani.*

Ostenda, *c. forte del Belg.*

Otranto, *c. e pr. del regno di Napoli.*

Ottaviano, *primo nome di Augusto.*

Ovidio, *poeta latino.*

Oviedo, *c. della Spagna.*

Oxford, *c. e univ. in Ingh.*

Padova, *c. con univ. nel r. Lomb. Ven.*

Palamede, *cap. greco.*

Palemone, *dio marino*. | Parrasio, *pitt. greco*.

Paleólogo, *soprannome di varj imp. greci*. | Parténope, *sirena del mar Tirreno*.

Palestina, *pr. della Turchia asiatica*. | Pasquale, *np. d'uomo*.

Pallade, *sin. di Minerva* | Pátmos, *is. dell'arcip., famosa per l'esilio di s. Giovanni*.

Palladio, *architetto ital.* |

Pamplona, *c. forte della Spagna*. | Patrasso, *c. della Morea*.

Pánama, *c. ed istmo, che unisce l'Am. sett. colla merid*. | Patrizio, *apost. d'Irl.*

Pavia, *c. con univ. nel r. Lomb. Ven. (cittad. pavese)*

Pándora, *l'Eva della fav.* | Pegù, *r. delle Indie orientali*.

Pane, *dio dei pastori*. |

Paolino, *np. d'uomo*. | Pekino, *cap. vastissima dell'imp. della Cina*.

Paolo, *l'Apost. per eccell.* |

Papiniano, *giurecons. gr.* | Pelagio, *eresiarca*.

Papinio, *eroe romano*. | Pellegrino, *np. d'uomo*.

Paracelso, *medico svizz.* | Penélope, *mogl. d'Ulisse*.

Paraguay, *vasta regione dell'Am. merid*. | Pensilvánia, *uno degli Stati Uniti d'Amer.*

Paride, *rapitore d'Elena* | Péricle, *gran politico dell'ant. Grecia*.

Parga, *c. e p. nella Grecia*. |

Parigi, *cel. e grandissima cap. della Francia*. | Perpignano, *c. della Fr.*

Pérseo, *marito di Andromeda*.

Parma, *c. e ducato in Ital.* | Pérsia, *r. nell'Asia*.

Parnasso, *monte famoso della Livadia*. | Pertinace, *imp. rom.*

Perù, *rep. nell'Am. merid., cel. per le miniere d'oro*.

Paros, *is. dell'arcip., cel. pe'suoi marmi*. |

Petrarca, *poeta italiano.*

Piacenza, *c. del duc. di Parma.*

Picardia, *pr. della Fr.*

Piemonte, *princ. d'Italia.*

Pietro, *il principe degli apostoli.*

Pietroburgo, *cap. dell' impero russo.*

Pilato, *gov. della Giudea.*

Pilade, *l'amico di Oreste.*

Pindaro, *poeta greco.*

Pirenéi, *catena di mont. che dividono la Francia dalla Spagna.*

Pirro, *re d'Epiro.*

Pirrone, *fil. greco.*

Pisa, *c. con univ. in Tosc.*

Pitágora, *fil. greco.*

Platone, *fil. greco.*

Plinio, *natural. latino.*

Plutarco, *fil. greco.*

Plutone, *dio dell' Inf.*

Po, *f. principale d'Ital.*

Poitù (*it. Poatù*), *f. della Francia.*

Polinice, *frat. di Eteocle.*

Polifémo, *gigante mostro.*

Polissena, *figl. di Priamo.*

Poliziano, *lett. fiorent.*

Polonia, *r. dipendente dalla Russia, formato di parte dell'antico regno di Polonia* (*naz. polacco*)

Pomerania, *pr. della Prussia.*

Pomona, *dea delle frutta.*

Pompeo, *gran competitore di Cesare.*

Pope, *poet. inglese.*

Portogallo, *r. il più occid. d'Europa* (*naz. portoghese*)

Potosì, *c. e p. del Perù.*

Praga, *cap. della Boemia.*

Prassitéle, *scult. greco.*

Prevésa, *c. e p. nella Gr.*

Priamo, *re di Troja.*

Priápo, *dio della generazione.*

Procopio, *stor. greco.*

Prometeo, *eroe mitol.*

Properzio, *poeta latino.*

Proserpina, *mogl. di Plut.*

Prospero, *np. d'uomo.*

Proteo, *dio marino.*

Prudenzio, *poeta lat.*

Provenza, *pr. merid. della Fr.* (*citt. provenzale*)

Prussia, *r. dell'Europa.*

Quintiliano, *orat. rom.*

Rachéle, *moglie predi-*
letta di Giacobbe.

Radamanto, *giudice del-*
l'Inferno.

Raffaele, o Raffaello, *uno*
degli arcangeli.

Ragusi, *c. della Dalm.*

Raimondo, *np. d'uomo.*

Ratisbona, *c. della Bav.*

Ravenna, *c. della Roma-*
gna (cittad. ravennate)

Reims (*it.* Rems), *c. del-*
la Francia.

Remigio, *ap. dei Franc.*

Reno, *f. della Germania.*

Riccardo, *np. di varj re*
d'Inghilterra.

Riga, *cap. della Livonia.*

Rinaldo, *paladino.*

Rio-Janéiro; *f. del Bra-*
sile—e cap. di quel-
l'impero.

Roberto, *np. d'uomo.*

Rocco, *np. d'uomo.*

Rocella, *c. e p. della Fr.*

Rochefort (*it.* Roscefòr),

c. e p. della Francia.

Ródano, *f. della Svizz. e*
della Francia.

Rodi, *is. nel Mediterr.*

Rodolfo, *np. di varj prin-*
cipi di Germania.

Romagna, *pr. dello Stato*
pontificio in It. (prov.
romagnuolo)

Roma, *cap. dell' ant.*
mondo; oggidì degli
stati pontificj, sede
del Papa, e dei più
preziosi monumenti
delle arti.

Romolo, *1.º re di Roma.*

Romualdo, *fondat. del-*
l'ord. de' Camaldolesi

Rosa, *np. di donna.*

Rosalía, *np. di donna.*

Rotterdam, *c. dell'Ol.*

Rouen (*it.* Roano), *c. del-*
la Francia.

Ruggero, *conquist. delle*
Sic. nell' 11.º sec.

Roveréto, *c. del Tirolo*
italiano.

Rovigno, *c. maritt. del-*
l'Istria.

Rovigo, *c. capol. di una*

delle pr. venete

Russia, *vastiss. imp. parte in Europa, e parte in Asia (naz.* russo)

Salamanca, *c. con univ. nella Spagna.*

Saffo, *poetessa greca.*

Salisburgo , *ant. c. dell' imp. austr. (prov.* salisburghese).

Sallustio, *stor. latino.*

Salomone, *il più sapiente degli uomini.*

Salonicchi, *c. e p. nella Romelia.*

Salvadore, *np. d'uomo.*

Samos, *is. dell' arcipelago greco.*

Sannazzaro, *poeta ital.*

Sansone, *eroe ebreo.*

Sansovino, *archit. ital.*

Santorino, *is. nell'arcipelago greco con vulcano sottomarino.*

Sardanapálo, *re d'Assiria, famoso per le sue dissolutezze.*

Saragozza, *c. della Sp.*

Sardegna , *is. del medi-*

terraneo, con tit. di regno (naz. sardo)

Sassónia , *una delle ant. grandi divisioni della Germ. ; oggi picc. r. (naz.* sássone)

Saturno, *padre di Giove,*

Saul, *re d' Israello.*

Savoja, *duc. appart. al reame di Sardegna (naz.* savojardo)

Scaligero, *crit. fil. ital.*

Schélda, *f. nei P. B.*

Sciaffusa, *c e cant. della Svizzera.*

Scilla , *celebre scoglio presso la Sicilia.*

Scio, *is. dell'arcip. greco*

Scipione, *eroe romano.*

Scozia, *parte sett. della Gran Bretagna (naz.* scozzese, *o* scoto)

Screvélio , *scritt. oland.*

Sebastiano, *np. d' uomo.*

Sebastiano (san), *c. forte e p. della Spagna.*

Sebeníco, *c. della Dalm.*

Segóvia, *c. della Spagna.*

Semiramide, *reg. d' Ass.*

Séneca, *filos. latino.*

Senégal, regno. e fiume nel centro dell'Africa

Senofonte, cap. e stor. gr.

Serse, re di Persia.

Servia, pr. della Turch. europ. (naz. serviano)

Servilio, np. di parecchi illustri romani.

Severo, imp. romano.

Siam, r. delle Indie orientali.

Siberia, vasta regione sett. della Russ. asiat.

Sicilia, is. del Medit. appartenente al regno di Napoli (naz. siciliano)

Sigismondo, np. di varj imp. e re.

Sigonio, scritt. italiano.

Silla, cap. romano.

Silvestro, np. di due papi

Simeone, figlio di Giac.

mone, uno degli apost.

nònide, fil. e poeta gr.

lai, monte nell'Arabia Petrea.

acusa, c. ant. nella Sic.

ria, pr. della Turchia asiatica.

Siroe, re di Persia.

Sisto, np. di varj papi.

Siviglia, c. di Spagna, cap. dell'Andalusia.

Slesia, pr. appart. in parte alla Prussia ed in parte all'Austria.

Smirne, c. comm. e p. nella Natolia.

Sócrate, gran fil. gr.

Sofia, np. di donna.

Sófocle, poeta trag. gr.

Sofonisba, reg. di Numid.

Spagna, vasto r. occid. d'Europa (naz. spagnuolo)

Spálato, c. della Dalm.

Spézia, is. nel golfo di Napoli di Romania.

Spira, c. della Germania, famosa pei sepolcri degli ant. imperatori.

Stanislao, np. di due santi e di due re di Pol.

Stazio, poet. latino.

Stefano, primo martire.

Stiria, pr. dell'Austria.

Stocolma, cap. della Svez.

Strabone, stor. geog. gr.

Stralsunda, c. forte della Prussia.

Strasburgo, *cap. dell' Alsazia.*

Stuttgard, *cap. del r. di Virtemberga.*

Susanna, *eroina ebrea.*

Svévia, *uno degli ant. circ. della Germ.(naz. svevo)*

Suez, *c. e istmo all'estremità del Mar rosso.*

Svezia, *r. nel nord dell' Europa (naz. svezzese, o svedese)*

Svìzzera, *rep. montuosa, e centrale in Europa (naz. svizzero)*

Susa, *c. del Piemonte.*

Tácito, *stor. latino.*

Tago, *f. del Portogallo.*

Taléte, *filos. greco.*

Tamerlano, *eroe tartaro.*

Tamigi, *f. dell' Ingh.*

Tántalo, *re di Lidia.*

Táranto, *c. e p. del regno di Napoli.*

Tarquinio, *re di Roma.*

Tarragona, *c. della Sp.*

Tasso, *poeta italiano.*

Tartaria, *vasta regione*

dell'Asia(naz. tártara)

Tauro, *catena di monti nell'Asia.*

Tazio, *re dei Sabini.*

Tebaide, *ant. c. e regione dell'alto Egitto.*

Tebe, *ant. c della Grecia—ed altra nell'Egitto, famosa per le sue cento porte.*

Telémaco, *figlio d'Ulisse*

Témide, *dea della giust.*

Temìstocle, *cap. greco.*

Ténedo, *is. dell' arcipelago greco.*

Teodorico, *re degli Ostrogoti in Italia.*

Teodosio, *imp. d'Or.*

Teofrasto, *fil. greco.*

Terenzio, *poeta lat.*

Teresa, *np. di donna.*

Tertulliano, *dott. eccles.*

Téseo, *eroe greco.*

Tespi, *poeta trag. gr.*

Teti, *dea del mare.*

Tévere, *f. che passa per Roma.*

Thionville (*it. Tionvill), c. della Francia.*

Tiberio, *imp. romano.*

Tibet, *r. montuoso della Tartaria Cinese.*

Tibullo, *poeta latino.*

Ticone, *astr. danese.*

Tieste, *frat. di Atreo.*

Tigri, *cel. f. dell'Asia.*

Timante, *pitt. greco.*

Timoleone, *cap. greco.*

Timóteo, *cap. greco.*

Tintoretto, *pittore ital.*

Tiro, *c. e p. della Siria* — *ant. cap. della Fenicia.*

Tiróle, *princ. montuoso, uno degli Stati ereditarii della Casa d'Austria (naz. tirolese)*

Tito Livio, *stor. latino.*

Tivoli, *c. dello St. pont.*

Tiziano, *pittore ital.*

Tobìa, *giusto ebreo.*

Tokay, *c. dell'Ungheria cel. pe' suoi vini.*

Tolédo, *c. di Spagna, col più ricco vescovado del mondo (cittad, toledano)*

Tolóne, *c. e p. della Fr.*

Tolósa, *c. della Linguadoca in Francia.*

Tommaso, *uno degli ap.*

Toscana, *granduc. nell'Italia.*

Transilvania, *pr. orient. dell'imp. d'Austria.*

Trento, *c. del Tirolo ital., celebre per l'ultimo concilio ecumenico.*

Tréveri, *c. della Germ.*

Trieste, *c. e p. nell'Illirio.*

Trìpoli, *uno degli stati barbareschi al nord dell'Africa (naz. tripolitano)*

Troja, *ant. c. dell'Asia, cap. della Troade, cel. pei poemi d'Omero.*

Troyes (*it.* Troà), *c. della Francia.*

Tacìdide, *stor. greco.*

Tullio, *np. di parecchi illustri romani.*

Túnisi, *uno degli stati barbareschi al nord dell'Africa (naz. tunisino)*

Turchia, *nome dei do-*

minj del Gran Signo-
re, situati parte in
Europa, parte in Asia
e parte in Africa(naz.
turco)

Turingia, pr. della Sass.

Ubaldo, np. d'uomo.

Ugo , nome cel. nella
Stor. di Francia.

Ulma, c. della Germ.

Ulisse, eroe greco.

Ulpiano, giurecons. gr.

Unterwald, cant. della
Svizzera.

Upsal, c. con univ. nella
Svezia.

Urbano, np. di varj papi

Uri, cant. nella Svizzera.

Utica, c. d'Africa, fam.
per la morte di Ca-
tone (cittad. uticese)

Utrecht, una delle ant.
Prov. Un. d'Olanda.

Valachia, princ. tribu-
tario della Turchia
(prov. valacco)

Valente, imp. romano.

Valentino, np. d'uomo.

Valentiniano, imp. d'Or.

Valenza, c. e pr. della
Spagna—c. di Fran-
cia (cittad. valenzano)

Valeriano, imp. rom.

Valerio, np. d'uomo.

Vallése, cant. della Svizz.

Varsavia, cap. del r. di
Polonia.

Varo, cap. romano.

Varrone, enciclop. rom.

Venere , dea della bel-
lezza.

Venézia, c. sing. e p.
dell' Adriatico , già
cap. di una rep. cel.
(naz. veneziano)

Venezuéla, cap. d' una
nuova rep. dello stes-
so nome in America.

Verona c. d'It. sull'Adige

Veronica, np. di donna.

Versailles (it. Versaglies)
c. della Fr. famos(
pe' suoi giardini.

Vespasiano, imp. rom.

Vesta, dea del fuoco.

Vesúvio, vulcano pres-
so Napoli in Italia.

Vienna, cap. dell' imp.

austriaco — *c. nella Fr. (cittad. viennese)*

Vincenzo, *np. d'uomo.*

Violante, *np. di donna.*

Virgilio, *poeta latino.*

Virginia, *uno degli Stati Uniti d'America.*

Virginia, *donzella rom.*

Virginio, *np. di parecchi illustri romani.*

Vistola, *f. della Polonia.*

Vitellio, *imp. romano.*

Vitruvio, *architetto rom.*

Vittore, *np. di varj papi*

Vittoria, *c. della Spagna.*

Vossio, *critico oland.*

Vulcano, *dio del fuoco.*

Washington (*it. Vasinton*), *cap. degli Stati Uniti d'America.*

Weimar, *c. della Turingia in Germania.*

Wilna, *c. con univ. nella Lituania.*

Wittemberg, *r. nella Germania.*

Wirzburgo, *c. e distr. nella Germania.*

Yorck, *c. dell'Inghilt.*

— (nuova), *c. e una degli St. Un. d'Amer.*

Zacaria, *profeta ebreo.*

Zante, *una delle is. Jonie.*

Zara, *cap. della Dalmazia*

Zelanda, *pr. dell'Olanda.*

Zenobia, *reg. dei Parti.*

Zenone, *filos. greco.*

Zoilo, *retore greco.*

Zeroastro, *astron. pers.*

Zosimo, *stor. greco.*

Zorobabele, *capo ebr.*

Zuinglio, *eresiar. svizz.*

Zurigo, *c. e cant. della Svizzera.*